KB266242

2026 최신개정판
JLPT 한권으로 끝내기
100% 환급 패키지

0_원

△ 자세히보기

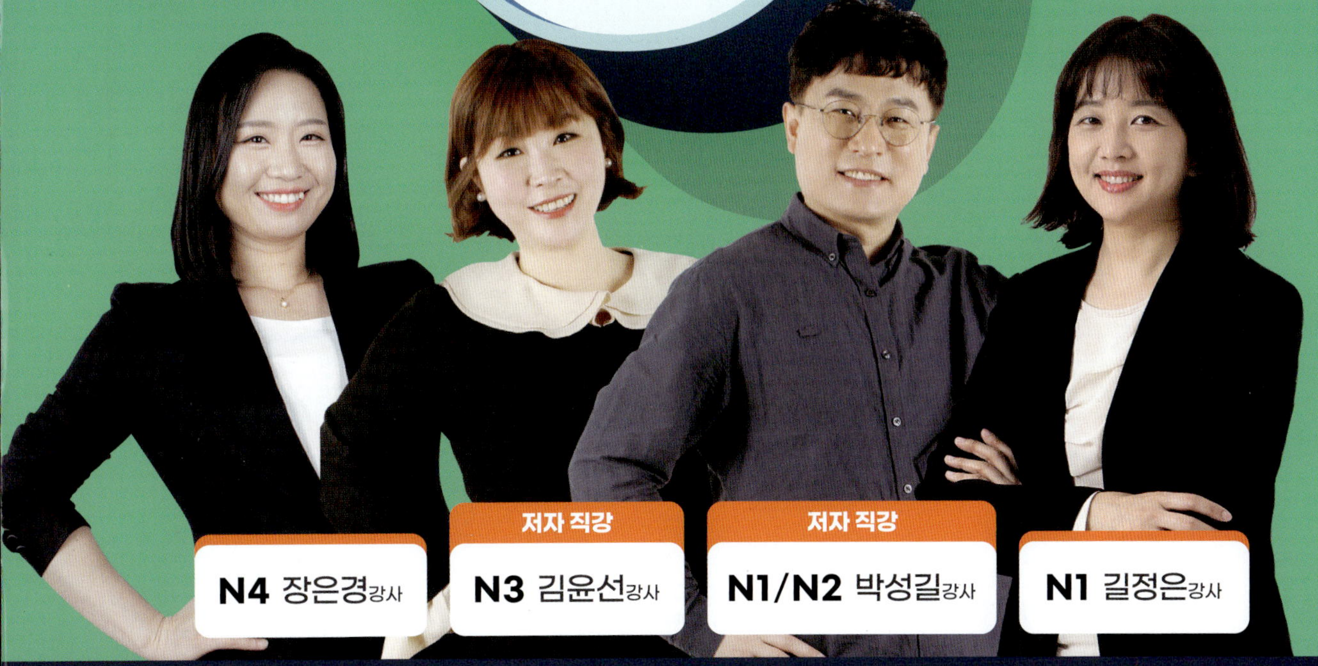

저자 직강
저자 직강

N4 장은경강사 | **N3** 김윤선강사 | **N1/N2** 박성길강사 | **N1** 길정은강사

합격만 하면
수강료 100% 환급

판매량 1위! 10년 연속 베스트셀러

그 압도적 노하우를 강의에 담았습니다.
교재로 시작하고 강의로 완성하세요!

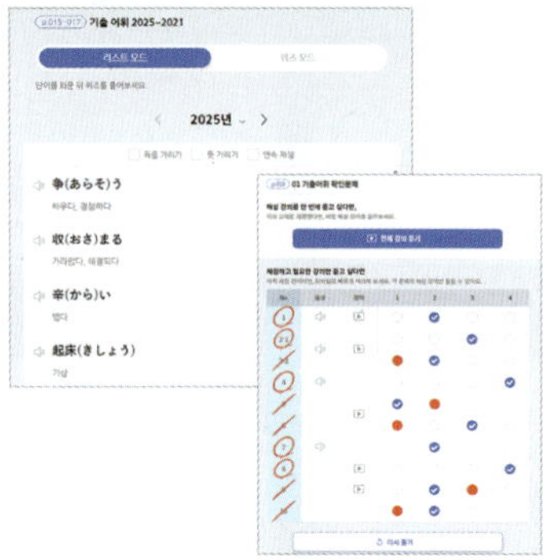

한자 어휘, 족집게 특강 등
실전 대비 특강 무료

OMR 채점&해설지,
기출 어휘 QUIZ 무료

기출어휘집, 문법요약집 등
합격 비법 자료 무료

JLPT 한 권으로 끝내기

이치우, 기타지마 치즈코, 김성곤 공저

다락원

JLPT(일본어능력시험)는 일본어를 모국어로 하지 않는 학습자들의 일본어 능력을 측정하고 인정하는 것을 목적으로 하는 시험으로, 국제교류기금 및 일본국제교육지원협회가 1984년부터 실시하고 있습니다. JLPT는 일본 정부가 공인하는 세계 유일의 일본어 시험인 만큼 그 결과는 일본의 대학, 전문학교, 국내 대학의 일본어과 등의 특차 전형과 기업 인사 및 공무원 선발에서 일본어 능력을 평가하는 자료로도 활용되고 있습니다.

JLPT의 수험자층은 초등학생에서 일반인으로 그 폭이 넓어지고 있고 수험의 목적도 실력 측정이나 취직 및 승진을 위해서 대학이나 대학원 등의 진학을 위해서 등등 다양해지고 있습니다. 이와 같은 변화에 대응하여 국제교류기금과 일본국제교육지원협회는 시험 개시로부터 20년 넘게 발전해 온 일본어 교육학이나 테스트 이론의 연구 성과와 지금까지 축적해 온 시험 결과의 데이터 등을 활용하여 JLPT를 실시하고 있습니다.

『JLPT 한권으로 끝내기 N1』는 2021년에 발행된 『JLPT(일본어능력시험) 한권으로 끝내기 N1』의 개정판으로, 실제 시험 문제와 같은 형식인 1교시 언어지식(문자·어휘·문법)·독해, 2교시 청해 순으로 구성되어 있습니다. JLPT N1에서 고득점을 받을 수 있도록 문자·어휘, 문법, 독해, 청해의 각 파트별 총정리는 물론, 예상문제와 실전모의테스트 4회분(교재 수록 2회+온라인 2회)이 실려 있습니다. 또한 현재까지 출제된 어휘와 문법을 연도별로 정리하였고, 새롭게 출제된 문제 유형을 철저히 분석 및 반영하여 JLPT N1의 모든 파트를 종합적으로 마스터할 수 있도록 하였습니다. 또한 해설집에는 해석과 포인트 해설, 단어를 실어 더욱 쉽게 학습이 가능하도록 하였습니다.

이 책을 이용하는 독자 여러분 모두에게 아무쪼록 좋은 결과가 있기를 바랍니다. 끝으로 이 책의 출판에 도움을 주신 (주)다락원의 정규도 사장님과 일본어 편집부 직원분들께 이 자리를 빌어 감사 드립니다.

저자 일동

JLPT(일본어능력시험)에 대하여

❶ JLPT의 레벨

N1, N2, N3, N4, N5로 나뉘어져 있으며 수험자가 자신에게 맞는 레벨을 선택한다. 각 레벨에 따라 N1~N2는 언어지식(문자·어휘·문법)·독해, 청해의 두 섹션으로, N3~N5는 언어지식(문자·어휘), 언어지식(문법)·독해, 청해의 세 섹션으로 나뉘어져 있다.

시험 과목과 시험 시간 및 인정기준은 다음과 같으며, 인정기준을 「읽기」,「듣기」의 언어 행동으로 나타낸다. 각 레벨에는 이들 언어행동을 실현하기 위한 언어지식이 필요하다.

레벨	과목별 시간		인정기준
	유형별	시간	
N1	언어지식(문자·어휘·문법) 독해	110분	**폭넓은 장면에서 사용되는 일본어를 이해할 수 있다.** 【읽기】 신문의 논설, 논평 등 논리적으로 약간 복잡한 문장이나 추상도가 높은 문장 등을 읽고, 문장의 구성과 내용을 이해할 수 있으며, 다양한 화제의 글을 읽고 이야기의 흐름이나 상세한 표현의도를 이해할 수 있다.
	청해	55분	
	계	165분	【듣기】 자연스러운 속도로 체계적 내용의 회화나 뉴스, 강의를 듣고, 내용의 흐름 및 등장인물의 관계나 내용의 논리구성 등을 상세히 이해하거나 요지를 파악할 수 있다.
N2	언어지식(문자·어휘·문법) 독해	105분	**일상적인 장면에서 사용되는 일본어의 이해에 더해, 보다 폭넓은 장면에서 사용되는 일본어를 어느 정도 이해할 수 있다.** 【읽기】 신문이나 잡지의 기사나 해설, 평이한 평론 등, 논지가 명쾌한 문장을 읽고 문장의 내용을 이해할 수 있으며, 일반적인 화제에 관한 글을 읽고 이야기의 흐름이나 표현의도를 이해할 수 있다.
	청해	55분	
	계	160분	【듣기】 자연스러운 속도로 체계적 내용의 회화나 뉴스를 듣고, 내용의 흐름 및 등장인물의 관계를 이해하거나 요지를 파악할 수 있다.
N3	언어지식(문자·어휘)	30분	**일상적인 장면에서 사용되는 일본어를 어느 정도 이해할 수 있다.** 【읽기】 일상적인 화제에 구체적인 내용을 나타내는 문장을 읽고 이해할 수 있으며, 신문 기사 제목 등에서 정보의 개요를 파악할 수 있다. 일상적인 장면에서 난이도가 약간 높은 문장은 대체 표현이 주어지면 요지를 이해할 수 있다.
	언어지식(문법)·독해	70분	
	청해	45분	【듣기】 자연스러운 속도로 체계적 내용의 회화를 듣고, 이야기의 구체적인 내용을 등장인물의 관계 등과 함께 거의 이해할 수 있다.
	계	145분	
N4	언어지식(문자·어휘)	25분	**기본적인 일본어를 이해할 수 있다.** 【읽기】 기본적인 어휘나 한자로 쓰여진, 일상생활에서 흔하게 일어나는 화제의 문장을 읽고 이해할 수 있다.
	언어지식(문법)·독해	55분	
	청해	40분	【듣기】 일상적인 장면에서 다소 느린 속도의 회화라면 내용을 거의 이해할 수 있다.
	계	120분	
N5	언어지식(문자·어휘)	20분	**기본적인 일본어를 어느 정도 이해할 수 있다.** 【읽기】 히라가나나 가타카나, 일상생활에서 사용되는 기본적인 한자로 쓰여진 정형화된 어구나 문장을 읽고 이해할 수 있다.
	언어지식(문법)·독해	40분	
	청해	35분	【듣기】 일상생활에서 자주 접하는 장면에서 느리고 짧은 회화라면 필요한 정보를 얻어낼 수 있다.
	계	95분	

※N3 ~ N5 의 경우, 1교시에 언어지식(문자·어휘)과 언어지식(문법)·독해가 이어서 실시된다.

❷ **시험 결과의 표시**

레벨	득점 구분	득점 범위
N1	언어지식(문자·어휘·문법)	0 ~ 60
	독해	0 ~ 60
	청해	0 ~ 60
	종합득점	0 ~ 180
N2	언어지식(문자·어휘·문법)	0 ~ 60
	독해	0 ~ 60
	청해	0 ~ 60
	종합득점	0 ~ 180
N3	언어지식(문자·어휘·문법)	0 ~ 60
	독해	0 ~ 60
	청해	0 ~ 60
	종합득점	0 ~ 180
N4	언어지식(문자·어휘·문법)·독해	0 ~ 120
	청해	0 ~ 60
	종합득점	0 ~ 180
N5	언어지식(문자·어휘·문법)·독해	0 ~ 120
	청해	0 ~ 60
	종합득점	0 ~ 180

※ 일본어능력시험은 매회 시험의 난이도를 관리하고, 새로운 유형의 문제를 평가하기 위해 득점에 가산되지 않는 문제를 포함할 수 있다.

❸ **시험 결과 통지의 예**

다음 예와 같이 ① '득점 구분 별 득점'과 득점 구분 별 득점을 합계한 ② '종합득점', 앞으로의 일본어 학습을 위한 ③ '참고 정보'를 통지한다. ③ '참고 정보'는 합격/불합격 판정 대상이 아니다.

*예 : N3을 수험한 Y씨의 '합격/불합격 통지서'의 일부 성적 정보 (실제 서식은 변경될 수 있다.)

① 득점 구분 별 득점			② 종합득점
언어지식 (문자·어휘·문법)	독해	청해	120 / 180
50 / 60	30 / 60	40 / 60	

③ 참고 정보	
문자·어휘	문법
A	C

A 매우 잘했음 (정답률 67% 이상)
B 잘했음 (정답률 34%이상 67% 미만)
C 그다지 잘하지 못했음 (정답률 34% 미만)

이 책의 **구성과 활용**

이 책은 2010년부터 시행된 JLPT N1을 완벽하게 대응할 수 있도록 출제 경향 및 문제 유형을 철저히 분석하여 종합적으로 정리한 학습서이다. 이번 개정판에서는 2010년부터 출제된 기출 어휘, 문법과 함께 새 문제 경향에 대비한 문제도 함께 추가하였다. 전체 구성은 본책 〈1교시 끝내기 – 언어지식(문자·어휘·문법) / 독해〉〈2교시 끝내기 – 청해〉와 〈실전모의테스트 2회분〉 별책 〈해설집〉〈스피드 체크북〉으로 이루어져 있다.

❶ 교시 끝내기   언어지식(문자·어휘·문법) / 독해

제1~2장 언어지식
– 문자·어휘 기출 공략편/예상 공략편

제1장은 문자·어휘 기출 공략편으로 JLPT N1에 출제된 기출 어휘를 현재~2021, 2020~2010, 2009~2000으로 각각 나누어 정리하고 확인문제를 실었다. 제2장에서는 출제 가능성이 높은 문자와 어휘를 품사별로 나누어 정리하고 문제별 예상문제를 통해 학습한 내용을 다시 한 번 확인할 수 있도록 하였다.

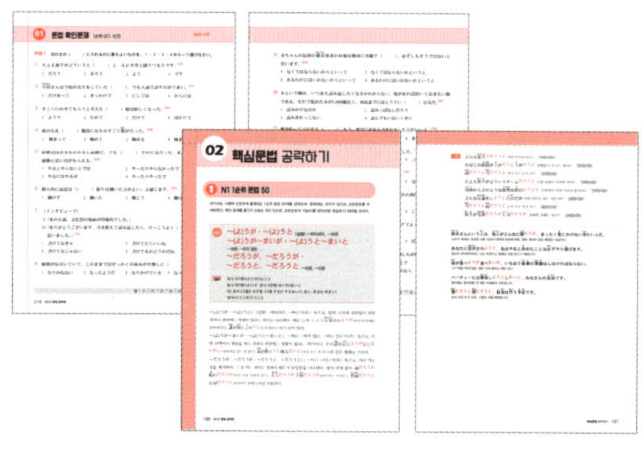

제3장 언어지식 – 문법 공략편

JLPT N1 대비용으로 선정한 150개의 기능어를 빈출순으로 1순위(50개), 2순위(100개)로 나누어 수록하고, 출제 가능성이 높은 경어와 접속사, 사역/수동/사역수동, 조사도 정리하였다. 또한 문제 유형에 맞추어 제시한 문법 확인문제로 기능어가 가진 역할과 함께 새로운 문제 패턴을 충분히 이해하고 연습할 수 있다.

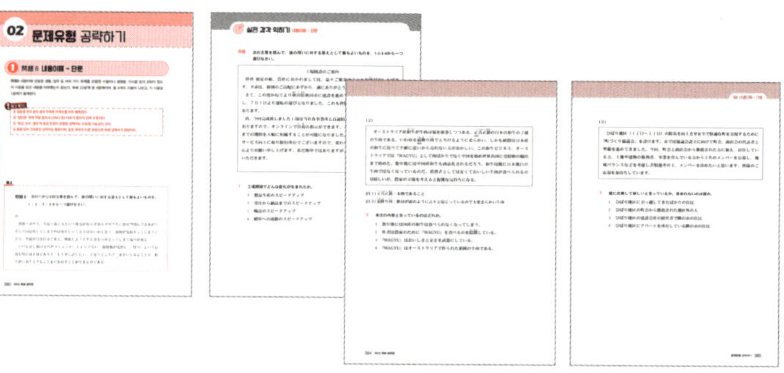

제4장 독해 공략편

JLPT N1 독해 문제의 유형 분석과 함께 문제를 푸는 요령을 정리하였다. 각 문제 유형별로 예제를 통해 실전 감각을 익히고, 다양한 연습문제를 통해 실전에 대비할 수 있도록 하였다.

제5장 청해 공략편

우리나라 사람들이 알아 듣기 힘든 발음을 항목별로 정리하고 원어민 음성을 통해 요령을 터득할 수 있도록 하였다. 또한 각 문제 유형별로 예제를 통해 실전 감각을 익히고, 다양한 확인문제를 통해 실전에 대비할 수 있도록 하였다.

청해 MP3 파일은 다락원 홈페이지에서 다운로드할 수 있으며, QR코드를 찍으면 쉽게 스마트폰으로 접속하여 음성을 들을 수 있다.

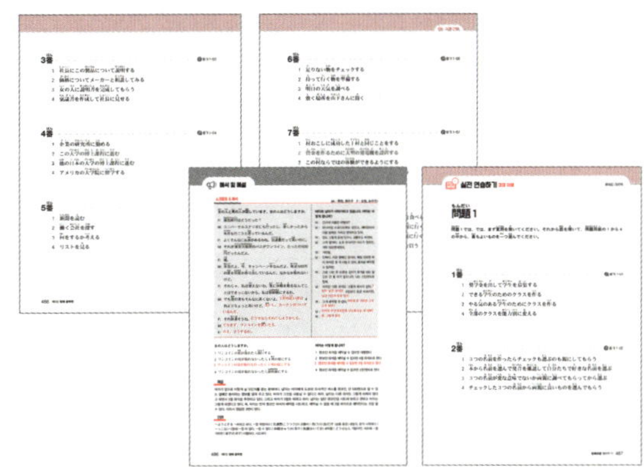

실전모의테스트 (2회분)

실제 시험과 동일한 형식의 모의테스트 2회분이 본책 후반부에 수록되어 있다. 모의테스트를 통해 학습한 내용을 최종적으로 점검하고 함께 수록된 채점표를 통해 본 시험에서의 예상 점수를 확인해 볼 수 있다. 해설집 뒤에 있는 해답용지를 이용하여 사전에 해답 기재 요령을 익혀 실제 시험에서 당황하지 않도록 하길 바란다.

별책 부록

해설집

학습의 이해도와 능률을 높이기 위하여 1~5장의 확인문제 해석과 해설, 단어를 실었다. 실전모의테스트 해설에서는 문제의 정답과 해설, 단어가 정리되어 있다. 문제를 풀고 확인하기 편리하게끔 별책으로 제공한다.

스피드 체크북

2000년~현재까지 문자·어휘 파트에서 출제된 어휘를 각 문제 유형별로 나누고 あいうえお 순으로 정리하였다. 문법 파트에서는 교재에 수록되어 있는 150개 문법을 예문과 함께 실어 평소 자투리 시간을 이용하여 공부할 수 있으며, 시험 당일 최종 점검용으로도 활용할 수 있다.

목차

별책 1

해설집

문자·어휘 기출 공략편
문자·어휘 예상 공략편
문법 공략편
독해 공략편
청해 공략편
실전 모의테스트
해답용지

별책 2

스피드 체크북

01 언어지식 문자·어휘 직전 체크!

02 언어지식 문법 직전 체크!

N1

끝내기

언어지식(문자·어휘·문법) **/ 독해**

제 1 장

문자·어휘

기출 공략편

문제유형
완전분석
동영상 강의

問題1 한자읽기 공략하기

1 문제유형 완전분석

問題1 한자읽기는 밑줄 친 한자의 히라가나 표기를 묻는 문제로, 문자·어휘 25문제 중 6문제가 출제된다.

알고 풀자!

① 한자만 보지 않고 전체 문장을 읽어 숙어의 의미를 파악한다.

② 숙어는 대부분 음독으로 읽으며, 한 음절의 음독 변화에 유의한다.

③ 선택지 간의 탁음/청음, 장음/촉음의 미세한 차이를 통해 오답을 소거한다.

④ 자주 틀리거나 음독이 헷갈리는 한자는 따로 모아 정리하고 반복해서 확인한다.

예시

問題1 ＿＿＿＿の言葉の読み方として最もよいものを、1・2・3・4から一つ選びなさい。

1 申し訳ありませんが、父は面会謝絶となっております。

　　✓ しゃぜつ　　　2 しゃせつ　　　3 さぜつ　　　4 させつ

해석　죄송하지만, 아버지는 면회 **사절**로 되어 있습니다.

해설　謝絶는 '사양함, 정중히 거절함'이라는 뜻으로, **1 しゃぜつ**라고 읽는다. 面会謝絶는 병원 등에서 환자의 상태가 좋지 않아 면회를 사양하거나 금지함을 뜻한다.

단어　申し訳ありませんが 죄송하지만〈매우 공손한 사과 표현〉　面会 면회　～となっております ～로 되어 있습니다

 제1장 **문자 · 어휘 기출 공략편**

2025

□ 余暇（よか） 여가

□ 鈍い（にぶい） 둔하다

□ 検閲（けんえつ） 검열

□ 崇高（すうこう） 숭고함

□ 裁く（さばく） 중재하다, 재판하다

□ 胸中（きょうちゅう） 흉중, 가슴 속, 심정

□ 頑丈（がんじょう） 튼튼함, 견고함

□ 潜む（ひそむ） 숨어 있다, 잠재하다

□ 行政（ぎょうせい） 행정

□ 卓越（たくえつ） 탁월, 뛰어남

□ 芳しくない（かんば しくない） 바람직하지 않다

□ 管轄（かんかつ） 관할

2024

□ 腐敗（ふはい） 부패

□ 粗い（あらい） 거칠다, 조잡하다

□ 粘膜（ねんまく） 점막

□ 寿命（じゅみょう） 수명

□ 戒める（いましめる） 경고하다, 징계하다

□ 誓約書（せいやくしょ） 서약서

□ 絶叫（ぜっきょう） 절규

□ 背後（はいご） 등 뒤, 배후

□ 抱負（ほうふ） 포부

□ 侮る（あなどる） 깔보다, 업신여기다

□ 筋道（すじみち）(を立（た）てる) 조리(있게 하다)

□ 奔放（ほんぼう）な(性格（せいかく）) 자유 분방한 (성격)

- 騒然（そうぜん）とする　소란스럽다, 술렁이다
- 秩序（ちつじょ）　질서
- 朗（ほが）らかな　명랑한
- 軌跡（きせき）　궤적
- 矛盾（むじゅん）　모순
- 賄（まかな）う　마련하다, (식사를) 제공하다
- 諭（さと）す　타이르다
- 潜伏（せんぷく）　잠복
- 振興（しんこう）　진흥
- 偏（かたよ）り　편견, 치우침
- 誇張（こちょう）　과장
- 軽率（けいそつ）な　경솔한

memo

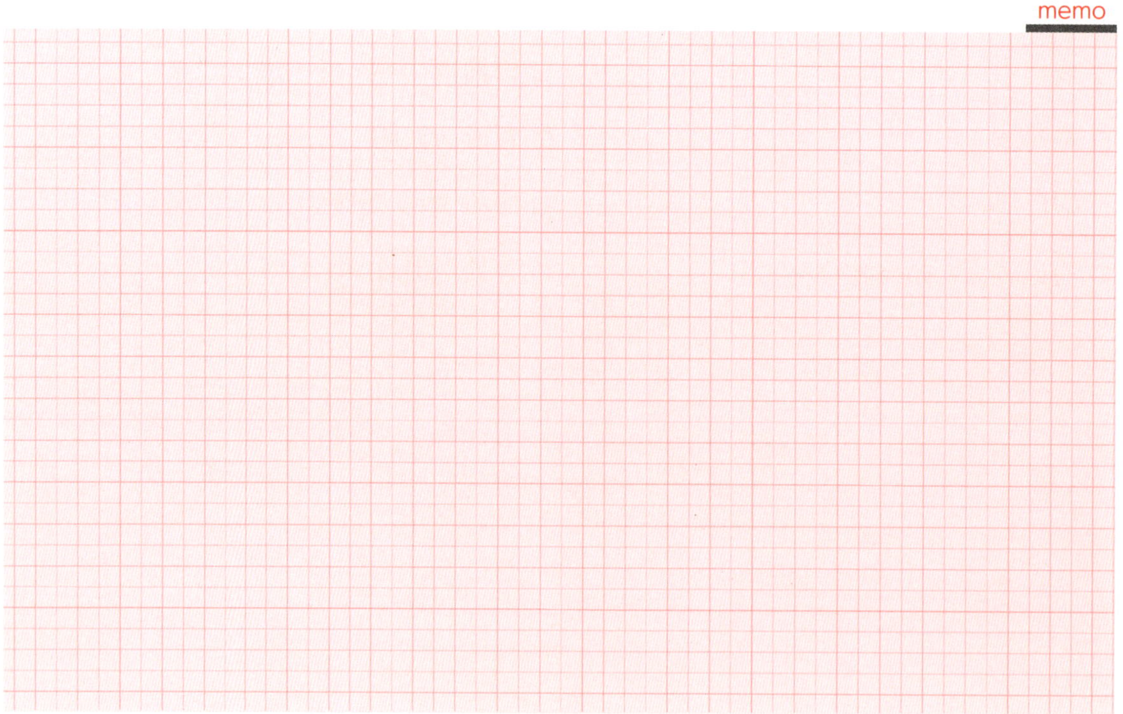

□ 勇敢に （ゆうかん） 용감하게

□ 慕う （した） 사모하다, 깊이 존경하다

□ 沈下 （ちんか） 침하, 물속에 가라앉음

□ 監督 （かんとく） 감독

□ 透ける （す） 비쳐 보이다, 들여다 보이다

□ 臨む （のぞ） 임하다, 마주하다

□ 忠告 （ちゅうこく） 충고

□ 施錠 （せじょう） 자물쇠를 채움

□ 阻まれる （はば） 가로막히다

□ 派生 （はせい） 파생

□ 恩恵 （おんけい） 은혜

□ 如実に （にょじつ） 여실히, 있는 그대로

memo

☐ 錯覚 ^{さっかく} 착각	☐ 尊い ^{とうと} 소중하다, 귀중하다
☐ 枯渇 ^{こかつ} 고갈	☐ 慰める ^{なぐさ} 달래다, 위로하다
☐ 克明に ^{こくめい} 극명하게, 상세하게	☐ 緊迫した ^{きんぱく} 긴박한
☐ 遺憾 ^{いかん} 유감	☐ 閉鎖 ^{へいさ} 폐쇄
☐ 心遣い ^{こころづか} 마음을 씀, 걱정함, 배려	☐ 憤る ^{いきどお} 분개하다, 성내다
☐ 貧富 ^{ひんぷ} 빈부	☐ 治癒 ^{ちゆ} 치유

memo

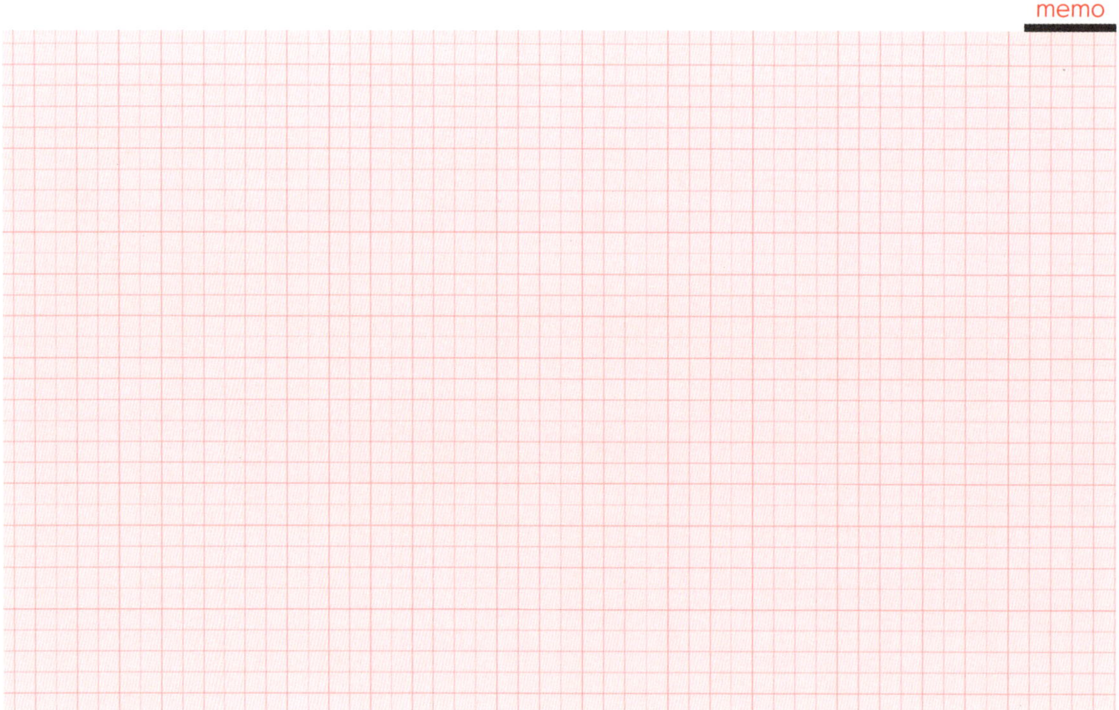

問題1 ＿＿＿の言葉の読み方として最もよいものを、１・２・３・４から一つ選びなさい。

1 先生は彼の間違いをやさしく諭した。
1 いやした　　2 さとした　　3 つくした　　4 ただした

2 自然の恩恵を大切にしながら暮らす。
1 おんけい　　2 おんえい　　3 しけい　　4 しえい

3 彼は、胸中の不安を必死に抑えた。
1 きょうじゅう　　2 きょうちゅう　　3 こうじゅう　　4 こうちゅう

4 カーテン越しに月が透けて見える。
1 かけて　　2 かたむけて　　3 すけて　　4 ぼけて

5 台風に阻まれ、花火大会は中止になった。
1 からまれ　　2 こばまれ　　3 はばまれ　　4 へこまれ

6 話を面白くするためか、彼は誇張して話す癖がある。
1 こちょう　　2 ごちょう　　3 こくちょう　　4 ごうちょう

7 この作家の作品は、奔放な表現が魅力で人気がある。
1 はんぽう　　2 ふんぽう　　3 ほんぽう　　4 へんぽう

8 相手チームの実力を侮っていたことを、試合で痛感させられた。
1 つちかって　　2 あなどって　　3 からかって　　4 ののしって

9 売上のデータは経済の落ち込みを如実に示している。
1 じょじつに　　2 にょじつに　　3 じょうじつに　　4 にょうじつに

10 ネット上には、様々な危険が潜んでいる。
1 こばんで　　2 なごんで　　3 ひそんで　　4 ふくんで

答 1② 2① 3② 4③ 5③ 6① 7③ 8② 9② 10③

問題1 ＿＿＿の言葉の読み方として最もよいものを、1・2・3・4から一つ選びなさい。

1 外出時は必ず玄関の施錠を心がけましょう。

1　してい　　　　　2　じじょう　　　　3　せてい　　　　　4　せじょう

2 彼は部下の不注意な言動を厳しく戒めた。

1　せめた　　　　　2　いましめた　　　3　なぐさめた　　　4　あきらめた

3 火災の知らせに店内は騒然となった。

1　そぜん　　　　　2　そうぜん　　　　3　ぼぜん　　　　　4　ぼうぜん

4 地盤の沈下が進み、建物が傾いた。

1　しんか　　　　　2　しんげ　　　　　3　ちんか　　　　　4　ちんげ

5 人類の平和という崇高な理念を掲げて活動する。

1　すうこう　　　　2　しょうこう　　　3　せいこう　　　　4　そうこう

6 テストの結果は芳しくなかった。

1　こうばしく　　　2　かんばしく　　　3　このましく　　　4　あさましく

7 彼はアルバイトの収入で生活費を賄っている。

1　きらって　　　　2　になって　　　　3　ふるまって　　　4　まかなって

8 花粉が鼻の粘膜を刺激し、くしゃみが止まらない。

1　えんまく　　　　2　ねんまく　　　　3　えんばく　　　　4　ねんばく

9 人間の平均寿命は延び続けている。

1　しゅみょう　　　2　しゅめい　　　　3　じゅみょう　　　4　じゅめい

10 彼女は朗らかな性格の持ち主だ。

1　あきらか　　　　2　ほがらか　　　　3　なめらか　　　　4　やすらか

답　1④　2②　3②　4③　5①　6②　7④　8②　9③　10②

問題1 ＿＿＿＿の言葉の読み方として最もよいものを、１・２・３・４から一つ選びなさい。

1 法律に従って不正を裁く。
1 あざむく　　　2 さばく　　　3 そむく　　　4 もがく

2 彼の話には矛盾が多くて信頼できない。
1 むじゅん　　　2 むじゅう　　　3 もじゅん　　　4 もじゅう

3 会社の過去20年の軌跡を振り返る。
1 きせき　　　2 きてき　　　3 けいせき　　　4 けいてき

4 地震の強い揺れに、絶叫する声が聞こえた。
1 ぜっきょ　　　2 ぜっきょう　　　3 ぜっきゅ　　　4 ぜっきゅう

5 彼の傷は順調に治癒し、明日退院するそうだ。
1 ちゆ　　　2 ちょう　　　3 じゆ　　　4 じょう

6 彼を慕う同僚が数多くいる。
1 うやまう　　　2 したう　　　3 つちかう　　　4 すくう

7 地下水が枯渇し、農業に深刻な影響が出ている。
1 こうかつ　　　2 こうけい　　　3 こかつ　　　4 こけい

8 背後から声をかけられて、驚いて振り返った。
1 せいご　　　2 せいこう　　　3 はいご　　　4 はいこう

9 貧富の格差が広がり、教育の機会に影響している。
1 びんぶ　　　2 ひんぷ　　　3 びんぶう　　　4 ひんぷう

10 彼女の演奏は、卓越した表現力に満ちていた。
1 ちょうえつ　　　2 ちょういつ　　　3 たくえつ　　　4 たくいつ

答 1② 2① 3① 4② 5① 6② 7③ 8③ 9② 10③

2020

☐ 干渉 (かんしょう) 간섭		☐ 粘る (ねば) 끈기 있게 버티다, 끈적거리다	
☐ 巧妙 (こうみょう) 교묘함		☐ 促す (うなが) 재촉하다, 촉구하다	
☐ 措置 (そち) 조치		☐ 振興 (しんこう) 진흥	

2019

☐ 猛烈 (もうれつ) 맹렬함		☐ 克服 (こくふく) 극복	
☐ 崩れやすい (くず) 무너지기 쉽다		☐ 繁殖 (はんしょく) 번식	
☐ 履歴 (りれき) 이력		☐ 映える (は) 빛나다, (사진 등에) 잘 나오다, 돋보이다	
☐ 披露 (ひろう) 피로, 공표함		☐ 砕ける (くだ) 부서지다, 깨지다	
☐ 執着 (しゅうちゃく) 집착		☐ 債務 (さいむ) 채무, 빚	
☐ 貢献 (こうけん) 공헌, 기여		☐ 潔い (いさぎよ) 떳떳하다, (미련없이) 깨끗하다	

2018

☐ 回顧 (かいこ) 회고, 회상		☐ 偽り (いつわ) 거짓	
☐ 嫌悪感 (けんおかん) 혐오감		☐ 自粛 (じしゅく) 자숙, 자제	
☐ 戒める (いまし) 경고하다, 징계하다		☐ 丘陵 (きゅうりょう) 구릉, 언덕	
☐ 豪快 (ごうかい) 호쾌함		☐ 忍耐 (にんたい) 인내	
☐ 募る (つの) ① 모집하다, 모으다 ② 점점 심해지다		☐ 膨大 (ぼうだい) 방대함	
☐ 滞る (とどこお) 정체되다, 막히다, 밀리다		☐ 驚嘆 (きょうたん) 경탄(놀라며 감탄함)	

2017

- 潤す（うるお） ① 축이다 ② 윤택하게 하다
- 殺菌（さっきん） 살균
- 託される（たく） 맡겨지다
- 傾斜する（けいしゃ） 경사지다
- 阻まれる（はば） 저지되다, 막히다
- 暴露（ばくろ） 폭로
- 開拓（かいたく） 개척
- 復興（ふっこう） 부흥
- 怠る（おこた） 게을리하다
- 了承（りょうしょう） 승낙, 납득, 양해
- 指図（さしず） 지시, 지휘
- 巡り（めぐ） 한바퀴 돎, 여기 저기 들름

2016

- 樹木（じゅもく） 수목
- 蓄える（たくわ） 대비해 두다, 저장하다
- 陳列（ちんれつ） 진열, 전시
- 華やか（はな） 화려함
- 鑑定（かんてい） (미술품 등의) 감정
- 偏る（かたよ） 치우치다, 기울다
- 人脈（じんみゃく） 인맥
- 賢い（かしこ） 현명하다, 영리하다
- 顕著に（けんちょ） 현저하게
- 多岐（たき）(にわたる) 여러 갈래, 다방면(에 걸치다)
- 廃れる（すた） 쇠퇴하다, 유행하지 않게 되다
- 相場（そうば） 시세

2015

- 興奮（こうふん） 흥분
- 唱える（とな） 외치다, 주장하다
- 変遷（へんせん） 변천
- 値する（あたい） 가치가 있다, ~할 만하다
- 随時（ずいじ） 수시, 그때그때
- 励む（はげ） 힘쓰다, 노력하다
- 添付（てんぷ） 첨부
- 慕われる（した） 존경받다, 사랑받다
- 破損（はそん） 파손
- 承諾（しょうだく） 승낙
- 淡い（あわ） (맛, 빛깔) 엷다, 희미하다
- 画一的（かくいつてき） 획일적

2014

- □ <ruby>概略<rt>がいりゃく</rt></ruby> 개략, 대략
- □ <ruby>臨む<rt>のぞ</rt></ruby> 임하다, 마주하다
- □ <ruby>督促<rt>とくそく</rt></ruby> 독촉
- □ <ruby>漂う<rt>ただよ</rt></ruby> 떠돌다, 표류하다
- □ <ruby>厳正<rt>げんせい</rt></ruby> 엄정함
- □ <ruby>拒む<rt>こば</rt></ruby> 거부하다
- □ <ruby>躍進<rt>やくしん</rt></ruby> 약진, 도약
- □ <ruby>遂行<rt>すいこう</rt></ruby> (계획·책임 등) 수행
- □ <ruby>凝縮<rt>ぎょうしゅく</rt></ruby> 응축, 응결
- □ <ruby>健やか<rt>すこ</rt></ruby> 튼튼함, 건강함
- □ <ruby>中枢<rt>ちゅうすう</rt></ruby> 중추, 핵심
- □ <ruby>否めない<rt>いな</rt></ruby> 부정할 수 없다

2013

- □ <ruby>把握<rt>は あく</rt></ruby> 파악
- □ <ruby>憤り<rt>いきどお</rt></ruby> 분노
- □ <ruby>趣旨<rt>しゅ し</rt></ruby> 취지
- □ <ruby>日夜<rt>にち や</rt></ruby> ① 밤낮 ② 언제나, 늘
- □ <ruby>貫く<rt>つらぬ</rt></ruby> 관철하다, 관통하다
- □ <ruby>貧富<rt>ひん ぶ</rt></ruby> 빈부
- □ <ruby>愚かな<rt>おろ</rt></ruby> 어리석은
- □ <ruby>巧妙な<rt>こうみょう</rt></ruby> 교묘한
- □ <ruby>憩い<rt>いこ</rt></ruby> 휴식
- □ <ruby>需要<rt>じゅよう</rt></ruby> 수요
- □ <ruby>緩和<rt>かん わ</rt></ruby> 완화
- □ <ruby>跡地<rt>あと ち</rt></ruby> 철거부지, 잔해

2012

- □ <ruby>枠<rt>わく</rt></ruby> 테두리
- □ <ruby>網羅<rt>もう ら</rt></ruby> 망라
- □ <ruby>名誉<rt>めい よ</rt></ruby> 명예
- □ <ruby>費やす<rt>つい</rt></ruby> 소비하다
- □ <ruby>由緒<rt>ゆいしょ</rt></ruby> 유서
- □ <ruby>手際<rt>て ぎわ</rt></ruby> 솜씨, 수완
- □ <ruby>群衆<rt>ぐんしゅう</rt></ruby> 군중
- □ <ruby>覆す<rt>くつがえ</rt></ruby> 뒤엎다, 뒤집다
- □ <ruby>心地よい<rt>ここ ち</rt></ruby> 기분이 좋다, 상쾌하다
- □ <ruby>改革<rt>かいかく</rt></ruby> 개혁
- □ <ruby>克明<rt>こくめい</rt></ruby> ① 자세하고 꼼꼼함 ② 성실하고 정직함
- □ <ruby>踏襲する<rt>とうしゅう</rt></ruby> 답습하다, 전철을 밟다

2011

- □ 鈍る（にぶる） 둔해지다
- □ 漠然と（ばくぜんと） 막연히
- □ 閲覧（えつらん） 열람
- □ 釈明（しゃくめい） 변명, 해명
- □ 兆し（きざし） 조짐, 징조
- □ 合併（がっぺい） 합병
- □ 利益（りえき） 이익
- □ 逃れる（のがれる） 벗어나다, 면하다
- □ 考慮（こうりょ） 고려
- □ 遮る（さえぎる） 가로막다, 차단하다
- □ 根拠（こんきょ） 근거
- □ 肝心（かんじん） 가장 중요함, 핵심

2010

- □ 本筋（ほんすじ） 본론
- □ 伴奏（ばんそう） 반주
- □ 推理（すいり） 추리
- □ 極める（きわめる） 더없이 ~하다, 다하다
- □ 練る（ねる） ① 반죽하다 ② (계획, 구상) 짜다 ③ (초안) 가다듬다
- □ 締める（しめる） ① (끈 등으로) 매다 ② 죄다, 잠그다
- □ 繁盛（はんじょう） 번성, 번창
- □ 契約（けいやく） 계약
- □ 潤う（うるおう） ① 풍요로워지다 ② 혜택을 받다
- □ 手薄な（てうすな） 허술한, 불충분한
- □ 壊す（こわす） 부수다, 고장내다
- □ 華々しい（はなばなしい） 화려하다

問題1 ＿＿＿＿の言葉の読み方として最もよいものを、１・２・３・４から一つ選びなさい。

1 僕らのことに干渉するのはやめて、そっとしておいてほしい。
  1　がんしょう　　　2　かんしょう　　　3　がんぼ　　　4　かんぼ

2 公務員の犯罪が増加していることは遺憾である。
  1　いがい　　　2　いかん　　　3　いかく　　　4　いかり

3 多文化社会での暮らしはしばしば忍耐が必要になる。
  1　じんたい　　　2　じんてい　　　3　にんてい　　　4　にんたい

4 彼は農業をするため砂漠の開拓に力を注いだ。
  1　かいだく　　　2　かいぜき　　　3　かいたく　　　4　かいせき

5 この氷河には地球温暖化の影響が顕著に現れている。
  1　けんちょ　　　2　げんちょ　　　3　けんしょ　　　4　げんしょ

6 彼女は引っ込み思案な性格を徐々に克服していった。
  1　こうふく　　　2　かくふく　　　3　かいふく　　　4　こくふく

7 ポケットの中でビスケットが砕けていた。
  1　くだけて　　　2　かけて　　　3　はじけて　　　4　さけて

8 日本語スピーチコンテストの参加者を募っています。
  1　しぼって　　　2　ねって　　　3　つのって　　　4　さぐって

9 私は日記をつけることを２、３日怠った。
  1　ためらった　　　2　おこたった　　　3　いつわった　　　4　あやまった

10 彼女の趣味は多岐にわたっている。
  1　たき　　　2　たじ　　　3　たぎ　　　4　たし

답　1② 2② 3④ 4③ 5① 6④ 7① 8③ 9② 10①

問題1 ＿＿＿の言葉の読み方として最もよいものを、１・２・３・４から一つ選びなさい。

1 みんなが途中であきらめてしまうのに、彼女は最後まで粘った。

1　ねばった　　　2　あらそった　　　3　きそった　　　4　ふんばった

2 その会社は約100億円の債務超過に陥っている。

1　さいむ　　　2　ざいむ　　　3　せきむ　　　4　ぜきむ

3 その事件の解明に膨大な時間がかかった。

1　はくだい　　　2　ほうだい　　　3　ばくだい　　　4　ぼうだい

4 予約は承っておりませんので、ご了承ください。

1　りょうしょう　　　2　りょうしゅう　　　3　ろうしょう　　　4　ろうしゅう

5 近くに新しい店がオープンしてからその店は急に廃れてしまった。

1　くずれて　　　2　かすれて　　　3　つぶれて　　　4　すたれて

6 彼の随筆は現役時代の回顧に終始している。

1　かいこう　　　2　かいこ　　　3　かいそう　　　4　かいそ

7 山田さんは最後まで潔い態度を貫いた。

1　きよい　　　2　とうとい　　　3　いさぎよい　　　4　こころよい

8 彼はローンの支払いが２か月滞っている。

1　とどこおって　　　2　つまって　　　3　てこずって　　　4　たまって

9 私の指図どおりにやればうまくいくよ。

1　しす　　　2　さしず　　　3　しじ　　　4　さしじ

10 もしものときのためにお金は多少蓄えておいたほうがいいよ。

1　たずさえて　　　2　そなえて　　　3　かかえて　　　4　たくわえて

답　1① 2① 3④ 4① 5④ 6② 7③ 8① 9② 10④

問題1 ＿＿＿＿の言葉の読み方として最もよいものを、１・２・３・４から一つ選びなさい。

1 青少年の犯罪に対して必要な措置を取った。
　　1　そち　　　　　　2　そうち　　　　　3　しょち　　　　　4　しょうち

2 この池で珍しいカエルが繁殖している。
　　1　ばんしょく　　　2　ばんちょく　　　3　はんしょく　　　4　はんちょく

3 銀行業界は政治献金を自粛することを決めた。
　　1　じしゅう　　　　2　じしゅく　　　　3　じせい　　　　　4　じせき

4 市場動向を把握し、的確な戦略を立てるべきだ。
　　1　はあく　　　　　2　はおく　　　　　3　ばあく　　　　　4　ばおく

5 博物館には先史時代の土器が陳列してあった。
　　1　ちんれつ　　　　2　しんれつ　　　　3　しんれい　　　　4　ちんれい

6 この絵は本物のピカソだと鑑定された。
　　1　かんじょう　　　2　かんてい　　　　3　けんじょう　　　4　けんてい

7 彼女は上司の性差別発言に憤っていた。
　　1　どなって　　　　2　ののしって　　　3　いきどおって　　4　うなって

8 彼は志望校合格を目指し、日々勉強に励んでいる。
　　1　いどんで　　　　2　およんで　　　　3　はげんで　　　　4　いとなんで

9 工場のずさんな安全管理の実態が暴露された。
　　1　ばくろう　　　　2　ぼうろう　　　　3　ばくろ　　　　　4　ぼうろ

10 荷物がどちらかに偏るとボートが傾いてしまう。
　　1　こだわる　　　　2　あやまる　　　　3　いつわる　　　　4　かたよる

答　1① 2③ 3② 4① 5① 6② 7③ 8③ 9③ 10④

問題1　＿＿＿＿の言葉の読み方として最もよいものを、１・２・３・４から一つ選びなさい。

1 被疑者はかたくなに供述を拒んでいる。
　1　いとなんで　　　2　こばんで　　　3　あゆんで　　　4　つつしんで

2 スタジアムは興奮した観客でいっぱいだった。
　1　こうふん　　　2　きょうふん　　　3　こうぶん　　　4　きょうぶん

3 我々の活動は貧困撲滅がその趣旨です。
　1　しゅうじ　　　2　しゅうし　　　3　しゅじ　　　4　しゅし

4 私たちは予定どおりに計画を遂行した。
　1　すいこう　　　2　すいごう　　　3　ついこう　　　4　ついごう

5 老いの孤独から逃れるすべはない。
　1　それる　　　2　はなれる　　　3　のがれる　　　4　まぬかれる

6 警察は宝石の窃盗はプロの仕業と推理した。
　1　すいじ　　　2　すいり　　　3　ついじ　　　4　ついり

7 彼は前任者のやり方を踏襲しようとはしなかった。
　1　とうしゅ　　　2　とうしゅう　　　3　どうしゅ　　　4　どうしゅう

8 舌の感覚がどんどん鈍ってきました。
　1　にぶって　　　2　になって　　　3　つぶって　　　4　おどって

9 住宅の需要と供給のバランスが取れている。
　1　しゅうよう　　　2　しゅよう　　　3　じゅうよう　　　4　じゅよう

10 この街は由緒ある建築が魅力だ。
　1　ゆしょ　　　2　ゆそ　　　3　ゆいしょ　　　4　ゆいそ

답　1② 2① 3④ 4① 5③ 6② 7② 8① 9④ 10③

問題1 ＿＿＿＿の言葉の読み方として最もよいものを、１・２・３・４から一つ選びなさい。

1 週末に憩いのひとときをもつ。
1　いこい　　　　2　つどい　　　　3　うるおい　　　　4　にぎわい

2 厳正な抽選の結果20名が選ばれました。
1　けんせい　　　　2　けんしょう　　　　3　げんせい　　　　4　げんしょう

3 丸１日費やして資料に目を通した。
1　はやして　　　　2　ひやして　　　　3　かいやして　　　　4　ついやして

4 借金の返済を督促されている。
1　とくそく　　　　2　とくぞく　　　　3　とっそく　　　　4　とっぞく

5 団地のおかげで周辺の商店街も潤っている。
1　うるおって　　　　2　あきなって　　　　3　まかなって　　　　4　もうかって

6 君の報告書はいつも肝心な点が抜けている。
1　たんじん　　　　2　たんしん　　　　3　かんじん　　　　4　かんしん

7 年金制度は幾多の変遷を経て今日に至っている。
1　へんさん　　　　2　へんさい　　　　3　へんせん　　　　4　へんせい

8 赤ん坊は心地よさそうに眠っている。
1　ここじ　　　　2　ここち　　　　3　ごこじ　　　　4　ごこち

9 A氏が果たしてノーベル賞に値するだろうか。
1　ちする　　　　2　ねする　　　　3　ちょくする　　　　4　あたいする

10 今年はわが社にとって躍進の年であった。
1　やくじん　　　　2　やくしん　　　　3　りゃくじん　　　　4　りゃくしん

答　1① 2③ 3④ 4① 5① 6③ 7③ 8② 9④ 10②

あ

- 危^{あや}ぶむ 의심하다, 걱정하다
- 意義^{いぎ} 의의
- 至^{いた}る 이르다, 닥치다
- 挑^{いど}む 도전하다
- 促^{うなが}す 재촉하다, 촉구하다
- 円滑^{えんかつ} 원활함
- 演奏^{えんそう} 연주
- 大幅^{おおはば} 대폭(적임)
- 丘^{おか} 언덕
- 惜^おしむ 아끼다, 아쉬워하다
- 襲^{おそ}う 덮치다, 습격하다
- 穏^{おだ}やか 온화함, 차분함
- 訪^{おとず}れ 방문, 소식

か

- 貝殻^{かいがら} 조개껍데기
- 海峡^{かいきょう} 해협
- 介護^{かいご} 간호
- 怪獣^{かいじゅう} 괴수
- 開拓^{かいたく} 개척
- 輝^{かがや}く 빛나다
- 垣根^{かきね} 울타리, (비유적으로) 장벽
- 架空^{かくう} 가공, 가짜
- 各種^{かくしゅ} 각종
- 駆^かける 달리다, 뛰다
- 火災^{かさい} 화재
- 稼^{かせ}ぐ (돈을) 벌다
- 花壇^{かだん} 화단
- 頑丈^{がんじょう} 튼튼함, 견고함
- 監督^{かんとく} 감독
- 企業^{きぎょう} 기업
- 戯曲^{ぎきょく} 희곡
- 既婚者^{きこんしゃ} 기혼자
- 厳^{きび}しい 엄하다, 심하다
- 寄附^{きふ} 기부
- 脚本^{きゃくほん} 각본, 대본
- 拒否^{きょひ} 거부
- 吟味^{ぎんみ} 음미, 검토, 잘 조사하여 고름
- 崩^{くず}す 무너뜨리다, 흩뜨리다
- 工夫^{くふう} 궁리, 고안, 아이디어
- 詳^{くわ}しい 상세하다, 자세하다
- 経緯^{けいい} 경위
- 欠陥^{けっかん} 결함
- 賢明^{けんめい} 현명함
- 行為^{こうい} 행위
- 香辛料^{こうしんりょう} 향신료
- 強盗^{ごうとう} 강도
- 考慮^{こうりょ} 고려
- 快^{こころよ}い 기분이 좋다, 상쾌하다
- 小銭^{こぜに} 잔돈
- 献立^{こんだて} 식단, 메뉴

さ

- ☐ 遮る 가로막다, 차단하다
- ☐ 裂く 찢다, 가르다
- ☐ 削減 삭감
- ☐ 避ける 피하다
- ☐ 寂しい 쓸쓸하다
- ☐ 色彩 ① 색채 ② 특색, 경향
- ☐ 自己 자기
- ☐ 姿勢 자세
- ☐ 施設 시설
- ☐ 慕う 그리워하다, 연모하다
- ☐ 実費 실비
- ☐ 執筆 집필
- ☐ 芝居 연극, 연기
- ☐ 斜面 경사면
- ☐ 収益 수익
- ☐ 終始する 일관하다, 내내 ～하다
- ☐ 柔軟 유연함
- ☐ 祝賀会 축하 모임
- ☐ 修行 수행, 불도를 닦음
- ☐ 首相 수상
- ☐ 奨励 장려
- ☐ 人材 인재
- ☐ 真珠 진주
- ☐ 迅速 신속함
- ☐ 慎重 신중함
- ☐ 辛抱 참음, 인내
- ☐ 勧める 권하다
- ☐ 澄む 맑다, 맑아지다
- ☐ 盛大 성대함
- ☐ 是正 시정, 바로잡음
- ☐ 折衷 절충
- ☐ 迫る ① (시각) 다가오다 ② (상태) 직면하다
- ☐ 添える 첨부하다, 곁들이다
- ☐ 素材 소재
- ☐ 阻止 저지
- ☐ 訴訟 소송
- ☐ 措置 조치, 조처
- ☐ 率先 솔선

た

- ☐ 妥協 타협
- ☐ 漂う 떠돌다, 감돌다
- ☐ 脱する 벗어나다
- ☐ 中旬 중순
- ☐ 彫刻 조각
- ☐ 徴収 징수
- ☐ 沈黙 침묵
- ☐ 尽くす 다하다, 애쓰다
- ☐ 償い 보상, 속죄
- ☐ 努めて 애써, 되도록
- ☐ 募る ① 모집하다 ② 점점 심해지다
- ☐ 邸宅 저택
- ☐ 徹夜 철야
- ☐ 転換 전환
- ☐ 典型 전형
- ☐ 陶器 도기, 도자기
- ☐ 隣 이웃
- ☐ 問屋 도매상

な

- □ 苗（なえ） 모종
- □ 眺める（ながめる） 바라보다, 멀리보다
- □ 嘆く（なげく） 탄식하다
- □ 倣う（ならう） 모방하다, 따르다
- □ 認識（にんしき） 인식
- □ 縫う（ぬう） 꿰매다
- □ 臨む（のぞむ） 임하다, 당면하다

は

- □ 把握（はあく） 파악
- □ 端（はし） 끝, 가장자리
- □ 鉢（はち） 화분, 사발
- □ 華やか（はなやか） 화려함
- □ 浜辺（はまべ） 바닷가
- □ 反射（はんしゃ） 반사
- □ 悲惨（ひさん） 비참함
- □ 人影（ひとかげ） 사람의 그림자, 인적
- □ 人柄（ひとがら） 인품
- □ 人質（ひとじち） 인질
- □ 侮辱（ぶじょく） 모욕
- □ 再び（ふたた び） 재차, 다시
- □ 復興（ふっこう） 부흥
- □ 赴任（ふにん） 부임
- □ 腐敗（ふはい） 부패
- □ 不平等（ふびょうどう） 불평등
- □ 踏み場（ふみば） 발 디딜 곳
- □ 閉鎖（へいさ） 폐쇄
- □ 別荘（べっそう） 별장
- □ 返済（へんさい） 변제, (빚을) 갚음
- □ 奉仕（ほうし） 봉사
- □ 飽和（ほうわ） 포화
- □ 朗らか（ほがらか） 명랑함
- □ 墓地（ぼち） 묘지
- □ 滅ぶ（ほろぶ） 멸망하다, 쇠퇴하다
- □ 本場（ほんば） 본고장

ま・や

- □ 賄う（まかなう） 조달하다, 마련하다
- □ 紛らわしい（まぎらわしい） 헷갈리기 쉽다
- □ 無言（むごん） 무언, 말이 없음
- □ 巡る（めぐる） 둘러싸다, 돌다, 돌아다니다
- □ 催す（もよおす） 개최하다, 열다
- □ 融通（ゆうずう） ① (돈의) 융통 ② 융통성
- □ 夕闇（ゆうやみ） 땅거미, 황혼
- □ 幽霊（ゆうれい） 유령

ら・わ

- □ 寮（りょう） 기숙사
- □ 類似（るいじ） 유사, 비슷함
- □ 連日（れんじつ） 연일, 매일
- □ 廊下（ろうか） 복도
- □ 老衰（ろうすい） 노쇠
- □ 枠内（わくない） 테두리 안, 범위 내

問題1 ______の言葉の読み方として最もよいものを、1・2・3・4から一つ選びなさい。

1 出発が目前に迫っているのに準備はまだだ。
1　とまって　　　　2　せまって　　　　3　たまって　　　　4　そまって

2 彼は何をやっても世間知らずのお坊ちゃんの域を脱していない。
1　さっして　　　　2　ぜっして　　　　3　だっして　　　　4　いっして

3 うちの娘の服装ときたら色彩感覚を疑いたくなる。
1　しきさい　　　　2　しきざい　　　　3　しょくさい　　　　4　しょくざい

4 東京の道路は飽和状態だ。
1　しょくあ　　　　2　しょくわ　　　　3　ほうあ　　　　4　ほうわ

5 夜中、寝ている時にマンションに強盗が入ったことがある。
1　きょうとう　　　　2　きょうどう　　　　3　ごうとう　　　　4　ごうどう

6 視線を遮る木が除かれた。
1　せばめる　　　　2　へだてる　　　　3　さえぎる　　　　4　さまたげる

7 この二つの製品はデザインが類似しているため、消費者の混同を招くおそれがある。
1　るいい　　　　2　るいじ　　　　3　るいに　　　　4　るいね

8 人生はなかなか自分の描いた脚本どおりにはいかないものだ。
1　きょくぼん　　　　2　きょくほん　　　　3　きゃくぼん　　　　4　きゃくほん

9 梅雨時は食べ物の腐敗が早く進む。
1　ふうはい　　　　2　ふうばい　　　　3　ふはい　　　　4　ふばい

10 同じ姿勢のままあまり長時間座っていると腰にくる。
1　じせい　　　　2　しせい　　　　3　じぜい　　　　4　しぜい

答　1② 2③ 3① 4④ 5③ 6③ 7② 8④ 9③ 10②

問題1　＿＿＿＿の言葉の読み方として最もよいものを、１・２・３・４から一つ選びなさい。

1　警察はテロ容疑者が住んでいる家を襲った。

1　おそった　　　2　うばった　　　3　しばった　　　4　なぐった

2　太陽はあっという間に沈んで夕闇が迫ってきた。

1　ゆうやみ　　　2　ゆやみ　　　3　ゆうぐれ　　　4　ゆぐれ

3　明日をもって当工場は閉鎖されます。

1　かんさ　　　2　へいさ　　　3　かんさく　　　4　へいさく

4　徹夜の復旧作業でようやく中央線は運転を再開した。

1　ていや　　　2　ていよ　　　3　てつや　　　4　てつよ

5　機動隊はデモ行進の行く手を阻止した。

1　そうし　　　2　そし　　　3　そっし　　　4　そんし

6　子供たちは澄んだ目で私を見つめた。

1　くんだ　　　2　すんだ　　　3　しずんだ　　　4　とんだ

7　銀行強盗が人質をとって店内に立てこもっている。

1　にんしち　　　2　にんじち　　　3　ひとしち　　　4　ひとじち

8　この町は瀬戸内海に面していて気候が穏やかだ。

1　ゆるやか　　　2　おだやか　　　3　すこやか　　　4　さわやか

9　こうなったら訴訟に持ち込むしかない。

1　そしょう　　　2　せっしょう　　　3　そこう　　　4　せっこう

10　あの幼稚園の先生は園児から慕われている。

1　したわれて　　　2　したがわれて　　　3　うやまわれて　　　4　ともなわれて

답　1① 2① 3② 4③ 5② 6② 7④ 8② 9① 10①

問題1 ＿＿＿の言葉の読み方として最もよいものを、1・2・3・4から一つ選びなさい。

1 貿易の不均衡を是正するための措置をとる。
1　ぜいしょう　　　2　ぜしょう　　　3　ぜいせい　　　4　ぜせい

2 全体の意見を円滑にまとめるのは司会の役目だ。
1　えんかつ　　　2　えんこつ　　　3　えんがつ　　　4　えんごつ

3 私たちは組織変更に対して柔軟な対応が必要です。
1　しゅうけつ　　　2　じゅうけつ　　　3　しゅうなん　　　4　じゅうなん

4 これは先例に倣って処理させていただきます。
1　ならって　　　2　たよって　　　3　したがって　　　4　ともなって

5 長い沈黙の後、彼女は重い口を開いた。
1　ちんぼく　　　2　しんぼく　　　3　ちんもく　　　4　しんもく

6 できる限りの償いはするつもりです。
1　つきあい　　　2　つぐない　　　3　あつかい　　　4　あらそい

7 彼はアルバイトで生活費を稼いでいる。
1　ふせいで　　　2　つないで　　　3　かせいで　　　4　あおいで

8 メールで送り届けられた架空の請求書にだまされてはいけない。
1　かくう　　　2　かこう　　　3　きょくう　　　4　きょこう

9 美術館の職員はカメラを使用しないよう注意を促した。
1　すました　　　2　ほどこした　　　3　せかした　　　4　うながした

10 警官は私に道路の端に寄って止まるよう合図した。
1　すみ　　　2　おく　　　3　かど　　　4　はし

답　1 ④　2 ①　3 ④　4 ①　5 ③　6 ②　7 ③　8 ①　9 ④　10 ④

① 문제유형 완전분석

問題2는 문맥구성에 해당되며, 문자·어휘 25문제 중 7문제가 출제된다. 주어진 단문의 괄호 안에 들어갈 알맞은 어휘를 고르는 문제이다.

알고 풀자!

①빈칸 앞뒤의 전체 상황을 파악하고, 문장이 긍정적인지 부정적인지 판단한다.

②명사와 동사가 짝을 이루는 패턴과 조사와의 결합을 확인하여 적절한 단어를 고른다.

③비슷한 의미의 단어라도 사용되는 범위와 특정 뉘앙스의 차이를 명확히 구분하여 선택한다.

④선택지 중 모르는 단어가 있다면 일단 남겨두고, 확실히 오답인 선택지부터 소거해 나간다.

예시

問題2 （　　　　）に入れるのに最もよいものを、1・2・3・4から一つ選びなさい。

1 会社での人間関係が（　　　）行くように祈っています。

✓ 円滑に　　　　　2 綿密に　　　　　3 丹念に　　　　　4 敏感に

해석 회사에서의 인간관계가 **원활하게** 진행되기를 기원하고 있습니다.

해설 문맥상 가장 자연스러운 것은 **1 円滑に**이다. 인간관계나 협상, 회의 등에서 자주 쓰인다.

단어 祈_{いの}る 빌다, 기원하다　円滑_{えんかつ}に 원활하게, 순조롭게　綿密_{めんみつ}に 세밀하게, 치밀하게　丹念_{たんねん}に 정성 들여, 꼼꼼히　敏感_{びんかん}に 민감하게, 예민하게

2025

- □ (二つの会社が)合併 (두 회사가) 합병
- □ 手先(が器用だ) 손재주(가 좋다)
- □ (年齢を)ごまかす (나이를) 속이다
- □ (足りない点を)加筆する (부족한 점을) 덧붙이다
- □ (何年も)ブランクがある (몇 년이나) 공백이 있다
- □ うすうす(気づいた) 어렴풋이 (눈치챘다)
- □ 脳裏(に浮かんだ) 뇌리(에 떠올랐다)
- □ (教育活動の)一環 (교육 활동의) 일환
- □ (二人の実力は)互角 (두 사람의 실력은) 호각, 막상막하
- □ (毎日の仕事を)割り当てる (매일의 업무를) 분배하다
- □ 周到な(準備) 주도면밀한 (준비)
- □ ひとまず(休憩をする) 일단, 우선 (휴식을 취하다)
- □ (Aチームが1点)リードする (A팀이 1점) 리드하다, 앞서다
- □ (嫌なことがあって気分が)むしゃくしゃする (싫은 일이 있어서 기분이) 짜증나다, 언짢다

memo

□ 根底(から 覆す) 근저, 근본(부터 뒤엎다)

□ (休日を)返上する (휴일을) 반납하다

□ (担当者に)取り次ぐ (담당자에게) 전하다

□ (工事は)難航している (공사는) 난항을 겪고 있다

□ (期待と不安が)交錯する (기대와 불안이) 교착하다, 뒤얽히다

□ がやがやと(騒がしい) 왁자지껄 (소란스럽다)

□ 足手まとい(になる) 거치적거림, 짐(이 되다)

□ (環境に)適応 (환경에) 적응

□ (目標を)掲げる (목표를) 내걸다

□ (駅で)足止めされる (역에서) 발이 묶이다

□ (不安の)払拭 (불안의) 불식

□ (疲れて)へとへとになる (지쳐서) 녹초가 되다

□ (前市長の政策を)踏襲する (이전 시장의 정책을) 답습하다, 전철을 밟다

□ とっさに(友人の腕をつかむ) 순간적으로, 바로 (친구의 팔을 잡다)

memo

- □ (家を出て)自立 (집을 나와) 자립
- □ (利益を)還元 (이익을) 환원
- □ どんよりと(曇る) 잔뜩 (흐리다)
- □ ネック(になる) 걸림돌, 장애물(이 되다)
- □ (ストレスの)発散 (스트레스의) 발산
- □ (優勝という)快挙 (우승이라는) 쾌거
- □ (よく似ていて)まぎらわしい (아주 비슷해서) 혼동하기 쉽다
- □ (掃除が)行き届いている (청소가) 구석구석까지 잘 되어 있다 → 세심하다, 철저하다
- □ (混乱を)助長する (혼란을) 조장하다
- □ 見返り(を求める) 대가, 보상(을 바라다)
- □ (代表チームが)結成される (대표팀이) 결성되다
- □ (出張の)手配 (출장) 준비
- □ つくづく(感じる) 절실히 (느끼다)
- □ (緊張が)ほぐれる (긴장이) 풀리다

memo

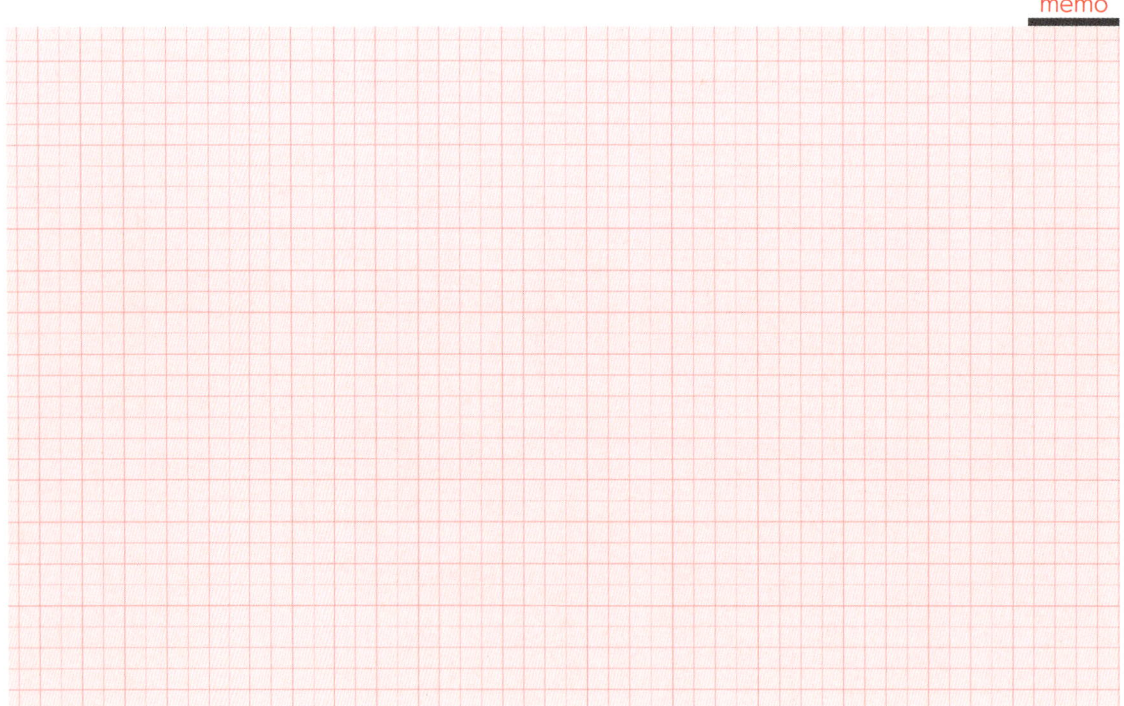

- □ 軽快な(リズムに合わせ) 경쾌한 (리듬에 맞춰)
- □ (第三者が)仲裁 (제3자가) 중재
- □ (欠陥が)発覚 (결함이) 발각
- □ (議論が)かみ合わない (논의가) 맞지 않다
- □ 忠実に(再現した) 충실히 (재현했다)
- □ 念願(のマイホーム) 염원(하던 내 집)
- □ (上位に)食い込む (상위권으로) 파고들다, (상위권을) 차지하다
- □ てっきり(地元の人かと思ったら) 틀림없이 (현지 사람인 줄 알았더니)

- □ サイクル(を繰り返す) 사이클(을 반복하다)
- □ (息子の)しわざ (아들의) 짓, 소행
- □ (肌が)すべすべ (피부가) 매끈매끈
- □ (プライバシーを)保護 (프라이버시를) 보호
- □ (水を両手で)すくう (물을 양손으로) 뜨다, 건져 올리다
- □ (カメラの)ピント (카메라의) 핀트, 초점

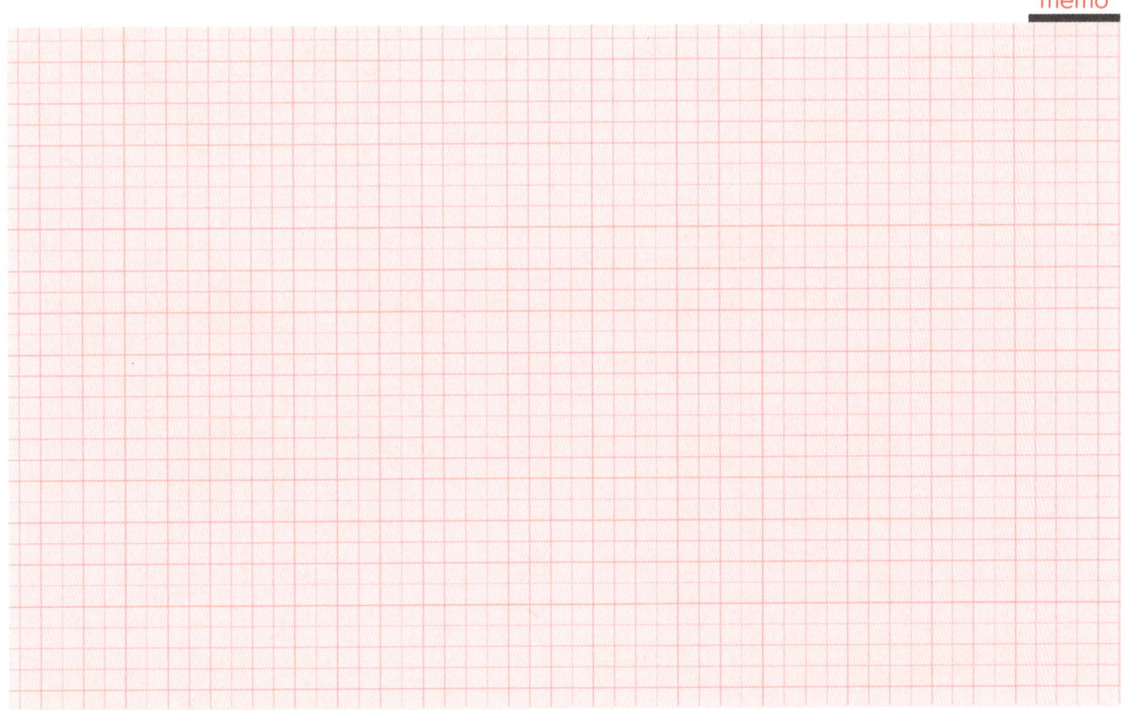

□ (会社を)存続させる (회사를) 존속시키다

□ (賛成)派 (찬성)파

□ (餅を食べる)風習 (떡을 먹는) 풍습

□ (仕組みを)熟知する (구조를) 숙지하다

□ (何もできず)もどかしい (아무것도 할 수 없어) 애가 타다, 안타깝다

□ めきめき(上達する) 눈에 띄게, 부쩍부쩍 (향상되다)

□ (話が)こじれる (이야기가) 복잡해지다, 뒤틀리다

□ (私の提案を)却下した (내 제안을) 각하(기각)했다

□ (好奇心が)旺盛 (호기심이) 왕성

□ 目先(の利益) 눈앞, 현재, 당장(의 이익)

□ (彫刻が)施されている (조각이) 장식되어 있다

□ (その)余波(が世界中に) (그) 여파(가 전세계에)

□ (会社の将来を)になう (회사의 장래를) 짊어지다

□ (友達との関係が)ぎくしゃくしている (친구와의 관계가) 껄끄럽다, 어색하다

memo

12 기출어휘 확인문제 문맥구성

問題2 （　　　　）に入れるのに最もよいものを、１・２・３・４から一つ選びなさい。

1 写真の（　　　）がずれて、人物がぼやけて写っている。
　　1　コントラスト　　　2　テンポ　　　　　　3　ピント　　　　　　4　ポーズ

2 今日は祝日だと（　　　）勘違いして学校を休んでしまった。
　　1　しっかり　　　　　2　ちゃっかり　　　　3　きっぱり　　　　　4　てっきり

3 病気のときには健康のありがたみを（　　　）実感するものだ。
　　1　おどおど　　　　　2　せいぜい　　　　　3　つくづく　　　　　4　はきはき

4 ２社の（　　　）により誕生した巨大グループは、世界市場での競争力を高めた。
　　1　合併　　　　　　　2　集約　　　　　　　3　連携　　　　　　　4　組立

5 何かを説明するときは、（　　　）表現を避けて、はっきりと伝えるべきだ。
　　1　みすぼらしい　　　2　まぎらわしい　　　3　はなはだしい　　　4　もっともらしい

6 予算不足が製品開発の最大の（　　　）となって進まない。
　　1　ネック　　　　　　2　ロック　　　　　　3　ノイズ　　　　　　4　ロス

7 この分野では日本とアメリカの研究レベルは（　　　）である。
　　1　接近　　　　　　　2　互角　　　　　　　3　並行　　　　　　　4　均等

8 （　　　）な音楽が流れ、自然と気分も明るくなってきた。
　　1　軽率　　　　　　　2　軽快　　　　　　　3　手軽　　　　　　　4　軽薄

9 カラオケで思い切り歌ってストレスを（　　　）した。
　　1　発散　　　　　　　2　流出　　　　　　　3　排出　　　　　　　4　追放

10 長年の努力の結果、（　　　）の資格を取得し、彼は涙を流した。
　　1　絶望　　　　　　　2　念願　　　　　　　3　欲求　　　　　　　4　本番

답　1 ③　2 ④　3 ③　4 ①　5 ②　6 ①　7 ②　8 ②　9 ①　10 ②

問題2 （　　　）に入れるのに最もよいものを、１・２・３・４から一つ選びなさい。

1 ビルの工事は予想外の問題により（　　　）し、完成が大幅に遅れている。

ㅤ1　低迷　　　　　2　沈下　　　　　3　衰退　　　　　4　難航

2 彼はチームの（　　　）にならないように、必死に練習を重ねた。

ㅤ1　および腰　　　2　足手まとい　　3　骨折り　　　　4　すご腕

3 このホテルはサービスが細部に至るまで（　　　）いて感動した。

ㅤ1　行き詰まって　2　行き交って　　3　行き通って　　4　行き届いて

4 マスコミの過剰な報道が不安を（　　　）する場合もある。

ㅤ1　指導　　　　　2　催促　　　　　3　助長　　　　　4　補充

5 この店は、購入金額の10％をポイントで（　　　）するキャンペーンを実施中だ。

ㅤ1　返上　　　　　2　還元　　　　　3　譲渡　　　　　4　配当

6 今回の世界大会で、日本人選手が優勝という（　　　）を成し遂げた。

ㅤ1　好況　　　　　2　繁盛　　　　　3　快挙　　　　　4　脈絡

7 彼女は（　　　）が器用で、ハンドメイドのアクセサリーをネットで販売している。

ㅤ1　手元　　　　　2　手際　　　　　3　手先　　　　　4　手間

8 運転中に人が飛び出してきたので、（　　　）ブレーキを踏んだ。

ㅤ1　いまに　　　　2　まもなく　　　3　とっくに　　　4　とっさに

9 ささいな誤解で二人の関係が（　　　）し始めた。

ㅤ1　がっちり　　　2　ぎくしゃく　　3　しょんぼり　　4　どうどうと

10 管理職には、社員に仕事を公平に（　　　）責任があります。

ㅤ1　引き起こす　　2　繰り上げる　　3　割り当てる　　4　振りまく

답 1④　2②　3④　4③　5②　6③　7③　8④　9②　10③

問題2 （　　　　）に入れるのに最もよいものを、１・２・３・４から一つ選びなさい。

1 この落書きは隣の子供の（　　　　）に違いない。
　　１　しわざ　　　　２　そぶり　　　　３　わざわい　　　　４　ておち

2 このクリームを使うと、肌が（　　　　）になると評判だ。
　　１　すべすべ　　　　２　かさかさ　　　　３　ねばねば　　　　４　ざらざら

3 わが社は顧客第一を（　　　　）、常にサービスの改善に努めている。
　　１　担って　　　　２　察して　　　　３　掲げて　　　　４　添えて

4 突然の雨に（　　　　）されて、しばらく喫茶店で時間をつぶした。
　　１　息抜き　　　　２　足止め　　　　３　手抜き　　　　４　棚上げ

5 災害の時は、不安を（　　　　）するため、正確な情報を伝える必要がある。
　　１　排斥　　　　２　蓄積　　　　３　払拭　　　　４　喪失

6 （　　　　）の利益にとらわれず長期的な視点で考える必要がある。
　　１　手中　　　　２　胸中　　　　３　背後　　　　４　目先

7 意見が（　　　　）、議論がなかなか進まない。
　　１　かみ合わず　　　　２　釣り合わず　　　　３　張り合わず　　　　４　もみ合わず

8 両者の言い分を聞いた上で、上司が（　　　　）に入った。
　　１　判決　　　　２　代行　　　　３　仲裁　　　　４　干渉

9 震災で目にした光景があまりにも衝撃的で、今も（　　　　）から消えない。
　　１　心境　　　　２　脳裏　　　　３　裏目　　　　４　頭部

10 上司に叱られて（　　　　）した気持ちで一日を過ごした。
　　１　うとうと　　　　２　じりじり　　　　３　ふらふら　　　　４　むしゃくしゃ

答　1① 2① 3③ 4② 5③ 6④ 7① 8③ 9② 10④

2020

- □ (お客さんから)クレーム(が来た) (손님에게서) 클레임, 불만(이 왔다)
- □ (地球の歴史を描いた)壮大な (지구의 역사를 그린) 장대한
- □ (導入することになった)経緯 (도입하게 된) 경위　　□ (朝から晩まで)みっちり (아침부터 밤까지) 착실히
- □ (ごみの)撤去 (쓰레기의) 철거　　□ (開催が)危ぶまれる (개최가) 불투명해지다, 우려되다
- □ (早く遊びたくて)うずうずしている (빨리 놀고 싶어서) 몸이 근질근질하다, 좀이 쑤시다

2019

- □ センサー(が感知して) 센서(가 감지해서)　　□ 壮大な(夢を実現した) 장대한 (꿈을 실현했다)
- □ (耳に)ここちよく(響き) (귀에) 기분 좋게 (울려)　　□ (遺伝子の研究に)従事 (유전자 연구에) 종사, 매진함
- □ (雨でインクが少し)にじむ (비때문에 잉크가 조금) 번지다
- □ (過度の期待をするのは)禁物 (지나친 기대를 하는 것은) 금물
- □ 精力的に(講演を行い) 정력적으로, 열정적으로 (강연을 하며)
- □ ひしひしと(感じる) 절실히 (느끼다)　　□ (引退することを)表明した (은퇴하는 뜻을) 표명했다
- □ (ペットのことが)気がかりで (펫이) 걱정되어　　□ (人口の)推移 (인구의) 추이
- □ (継続が)危ぶまれる (계속하는 것이) 우려되다　　□ ずっしりと(重い) 묵직하게, 육중하게 (무겁다)
- □ (違いが)歴然としている (차이가) 뚜렷하다

2018

- □ 在庫(がない) 재고(가 없다)
- □ リスク(を伴う) 위험(을 동반하다)
- □ 堅実な(経営) 견실한 (경영)
- □ (光を)遮断する (빛을) 차단하다
- □ がらりと(変わる) 싹 (변하다) → 갑자기 변하는 모양
- □ (友人に)なだめられる (친구가) 달래주다
- □ (開始時期には)言及しなかった (개시 시기에는) 언급하지 않았다
- □ (交通規制が)解除 (교통규제가) 해제
- □ レイアウト(を工夫すれば) 레이아웃(을 궁리하면)
- □ (アナウンサーを)起用 (아나운서를) 기용
- □ (現場に)駆けつけた (현장에) 급히 달려갔다
- □ 多角的な(経営) 다각적인 (경영)
- □ 盛大に(行われる) 성대하게 (거행되다)
- □ せかせかと(忙しそうに) 부산하게 (바쁜 듯이) → 성급하여 침착하지 못한 모양

2017

- □ (教育の)一環 (교육의) 일환
- □ コンスタントに(売れる) 꾸준히 (팔리다)
- □ (記憶が)よみがえる (기억이) 되살아나다
- □ 念願(の金メダル) 염원(하던 금메달)
- □ (成績を)たたえる (성적을) 칭찬하다, 기리다
- □ 非(はない) 잘못(은 없다)
- □ もっぱら(推理小説ばかり) 오로지 (추리소설만)
- □ シェア(を占める) 점유율(을 차지하다)
- □ (それとなく)打診された (넌지시) 타진받았다
- □ (元警察官という)経歴 (전직 경찰관이라는) 경력
- □ (水を)はじく (물을) 튕기다
- □ (設立目的から)逸脱する (설립목적에서) 벗어나다
- □ いとも(簡単に) 아주 (간단히)
- □ (大きさも)まちまち (크기도) 제각각, 가지각색

2016

- ☐ 教訓(をもとに) 교훈(을 토대로)
- ☐ センス(が抜群で) 센스(가 뛰어나서)
- ☐ (技術が)流出 (기술이) 유출
- ☐ (最善を)尽くす (최선을) 다하다
- ☐ (バスが)頻繁に (버스가) 빈번하게
- ☐ (話を)切り出す (이야기를) 꺼내다, 시작하다
- ☐ へとへとに(疲れた) 몹시 (지쳤다) → 지쳐서 힘이 없는 모양
- ☐ 基盤(を築いた) 기반(을 구축했다)
- ☐ (佐藤さんを)見かける (사토 씨를) 언뜻 보다, 마주치다
- ☐ (経営の)ノウハウ (경영의) 노하우
- ☐ (味が)染みる (맛이) 배다
- ☐ すんなり(結論が出た) 쉽게 (결론이 나왔다) → 일이 저항 없이 잘 되는 모양
- ☐ (不安を)一掃する (불안을) 일소하다, 완전히 떨쳐내다
- ☐ 愛着(があって捨てられない) 애착(이 있어서 버릴 수 없다)

2015

- ☐ (機械を)稼働 (기계를) 가동
- ☐ すさまじい(勢いで) 굉장한, 맹렬한 (기세로)
- ☐ (困難に)直面した (어려움에) 직면했다
- ☐ しいて(選ぶなら) 굳이 (고른다면)
- ☐ くよくよ(していないで) 끙끙(대지 말고) → 사소한 일을 늘 걱정하는 모양
- ☐ (条件に)該当する (조건에) 해당하다
- ☐ (書類や資料に)紛れる (서류나 자료에) 뒤섞이다
- ☐ (両社は)合意して (두 회사는) 합의해서
- ☐ メディア(で紹介された) 미디어, 매체(에서 소개되었다)
- ☐ (参加は)強制しない (참가는) 강요하지 않는다
- ☐ (明るくて)おおらかだ (밝고) 대범하다
- ☐ 幅広い(年齢層) 폭넓은 (연령층)
- ☐ 起伏(が激しい) 기복(이 심하다)
- ☐ (冷静さを)取り戻す (냉정함을) 되찾다

2014

- ☐ 支障(を来す) 지장(을 초래하다)
- ☐ おびただしい(量のゴミ) 엄청난 (양의 쓰레기)
- ☐ 絶大な(人気) 절대적인 (인기)
- ☐ (平行線を)たどる (평행선을) 걷다 → 의견일치를 못 보다
- ☐ てきぱきと(仕事を進める) 척척 (일을 진행하다) → 일을 척척 해내는 모양

□ ウエイト(を置く) 무게, 중점(을 두다) =ウエート
□ 予断(を許さない) 예측(을 불허하다) → 예측하기 어렵다
□ (賛成多数で)可決される (찬성 다수로) 가결되다
□ 心細い(気持ち) 불안한, 걱정스러운 (마음)
□ (経営の悪化を)食い止める (경영 악화를) 저지하다
□ ノルマ(が課される) 할당량, 목표치(가 부과되다)
□ 異色(の組み合わせ) 이색(적인 조합)
□ (信頼が)揺らぎはじめた (신뢰가) 흔들리기 시작했다
□ (最新技術を)駆使する (최신 기술을) 구사하다, 능숙하게 다루다

2013

□ (コピー代を)立て替える (복사비를) 대신 치르다
□ (社長に)一任する (사장에게) 일임하다
□ むしょうに(食べたくなる) 몹시 (먹고 싶어진다)
□ 強硬に(主張した) 강경하게 (주장했다)
□ 荷(が重い) 짐, 책임(이 무겁다)
□ (お気に)障る (비위에) 거슬리다 → 기분이 상하다
□ (部屋が)じめじめする (방이) 눅눅하다 → 습기가 많은 모양
□ (対策を)練る (대책을) 짜다, 마련하다
□ 念頭(になかった) 염두(에 없었다)
□ とりわけ(サッカーが大好きだ) 특히, 무엇보다도 (축구를 아주 좋아한다)
□ そわそわして(落ち着かない) 들떠서 (진정하지 못하다) → 침착하지 못한 기분이나 태도를 나타내는 모양
□ (将来を)になう (장래를) 짊어지다
□ 腕前(を披露する) 솜씨, 기량(을 선보이다)
□ (発言するのを)ためらう (발언하기를) 주저하다, 망설이다

2012

□ ハードル(が高い) 기준(이 높다)
□ (プランの)大筋 (계획의) 대강, 대략, 요점
□ (本書の改訂)版 (본서의 개정)판
□ (原因を)究明する (원인을) 규명하다
□ (「ソ」と「リ」は)紛らわしい (「ソ」와 「リ」는) 헷갈리기 쉽다, 혼동하기 쉽다
□ (缶詰に)加工する (통조림으로) 가공하다
□ (写真展が)催される (사진전이) 개최되다, 열리다
□ 急遽(私が代理で) 갑작스럽게 (내가 대리로)
□ (まだ)言い張っている (아직도) 우기고 있다
□ (互いに)妥協する (서로) 타협하다
□ (医学の発展に)寄与する (의학 발전에) 기여하다
□ (30万人を超える)人出 (30만 명을 넘는) 인파
□ (痛みが)和らぐ (통증이) 누그러지다
□ (必要な作業を)リストアップした (필요한 작업을) 열거했다

2011

- □ (ほこり)**まみれ** (먼지)투성이
- □ 実情(に合ったシステム) 실정(에 맞는 시스템)
- □ (書類に)不備がある (서류가) 다 갖추어지지 않았다
- □ (彼の)強み (그의) 강점, 장점
- □ 無謀だ 무모하다
- □ (批判的な)ニュアンス (비판적인) 뉘앙스
- □ (新聞記事からの)抜粋 (신문기사에서의) 발췌

- □ (会話が)弾む (대화가) 활기를 띠다
- □ (十人に一人の)逸材 (10명 중 1명의) 인재
- □ (絵画の)修復 (그림의) 복원
- □ 猛(反対) 맹(반대)
- □ 会心の(出来) 회심의, 마음에 드는 (완성품)
- □ 並行して(走る) 나란히 (달리다)
- □ (コピー用紙の)ストック (복사용지의) 재고

2010

- □ (全12話で)完結する (전 12화로) 완결되다
- □ 念願(のマイホーム) 염원(하던 내집)
- □ やんわり(断られる) 완곡하게 (거절당하다)
- □ 綿密な(計画を立てる) 면밀한 (계획을 세우다)
- □ (環境に)及ぼす(影響) (환경에) 미치는 (영향)
- □ (歴史)上 (역사)상
- □ 結束(を強める) 결속(을 강화하다)

- □ (課長が)フォローする (과장님이) 지원하다
- □ 本音(を言えば) 본심(을 말하면)
- □ 当(ホテル) 당, 저희 (호텔)
- □ (ニュースを)報じる (뉴스를) 보도하다
- □ (20年もの)キャリア (20년이나 되는) 경력
- □ 円滑に(進む) 원활하게 (진행되다)
- □ (巨大な資本を)背景に (거대한 자본을) 배경으로

問題2 （　　　　）に入れるのに最もよいものを、１・２・３・４から一つ選びなさい。

1 証拠不十分で訴えは（　　　　）された。

1 脱却　　　　　2 却下　　　　　3 駆除　　　　　4 除去

2 彼は次の大統領選には出馬しないと（　　　　）した。

1 証言　　　　　2 開示　　　　　3 供述　　　　　4 表明

3 確かにプロとアマチュアには（　　　　）した実力差がある。

1 歴然と　　　　2 整然と　　　　3 続々と　　　　4 堂々と

4 将来私はボランティア活動に（　　　　）するつもりです。

1 従事　　　　　2 勤務　　　　　3 在籍　　　　　4 就労

5 母は一日中（　　　　）家の中を動き回っている。

1 のろのろと　　2 すいすいと　　3 せかせかと　　4 ふらふらと

6 今日は日本一周をすることになった（　　　　）について書いてみたいと思います。

1 軌道　　　　　2 経緯　　　　　3 経路　　　　　4 軌跡

7 彼の行為は社会常識をいちじるしく（　　　　）している。

1 脱退　　　　　2 逸脱　　　　　3 分解　　　　　4 拡散

8 防犯対策の（　　　　）として監視カメラを設置することになった。

1 一定　　　　　2 一体　　　　　3 一環　　　　　4 一律

9 閉店してシャッターを閉めた店舗は商店街でよく（　　　　）光景だ。

1 見合わせる　　2 見過ごす　　　3 見かける　　　4 見違える

10 彼女は服の（　　　　）が抜群で、いつも素敵な服装をしている。

1 センス　　　　2 タイミング　　3 ステップ　　　4 ニュアンス

답 1② 2④ 3① 4① 5③ 6② 7② 8③ 9③ 10①

問題2 （　　　　）に入れるのに最もよいものを、１・２・３・４から一つ選びなさい。

1 高橋さんは昇進したことをみんなに言いたくて（　　　　）している。

　　１　うずうず　　　　２　はらはら　　　　３　おどおど　　　　４　びくびく

2 小林さんのいちばんの（　　　　）は病気の母のことだった。

　　１　手つかず　　　　２　臆病　　　　３　気がかり　　　　４　迷惑

3 住民はその建物の（　　　　）を求めた。

　　１　消去　　　　２　駆除　　　　３　撤去　　　　４　消除

4 経営陣は営業部長に若手を（　　　　）することに難色を示した。

　　１　採取　　　　２　引用　　　　３　採択　　　　４　起用

5 新社長は会社再建という十字架を（　　　　）ことになる。

　　１　になう　　　　２　いたわる　　　　３　かなう　　　　４　かかげる

6 わが社は日本のデジタルカメラ市場で20パーセントの（　　　　）を占めている。

　　１　レート　　　　２　レベル　　　　３　ランク　　　　４　シェア

7 一口にワインといっても、高級な物から料理用まで（　　　　）だ。

　　１　ごろごろ　　　　２　まちまち　　　　３　ぐらぐら　　　　４　ぬるぬる

8 彼は頑として自分の（　　　　）を認めようとしなかった。

　　１　悪　　　　２　非　　　　３　苦　　　　４　没

9 何らかのストーリーをもったものは、（　　　　）があってなかなか捨てられないものだ。

　　１　心情　　　　２　好感　　　　３　熱意　　　　４　愛着

10 我々は最善を（　　　　）その仕事をしなければならない。

　　１　遂げて　　　　２　尽くして　　　　３　果たして　　　　４　極めて

答 1① 2③ 3③ 4④ 5① 6④ 7② 8② 9④ 10②

問題2 （　　　　）に入れるのに最もよいものを、１・２・３・４から一つ選びなさい。

1 雨で試合が流れるのではないかと（　　　　）野球ファンも多かった。

　１　損なう　　　　　２　恐れる　　　　　３　崩れる　　　　　４　危ぶむ

2 その土器には美しい装飾が（　　　　）いた。

　１　設けられて　　　２　装われて　　　　３　据えられて　　　４　施されて

3 東京地方に出ていた大雨警報が（　　　　）されました。

　１　解除　　　　　　２　解禁　　　　　　３　廃止　　　　　　４　停止

4 （　　　　）視点からエネルギー問題について話し合いましょう。

　１　建設的な　　　　２　盲目的な　　　　３　圧倒的な　　　　４　多角的な

5 大地震発生の際は、迅速なガス供給の（　　　　）が求められる。

　１　拒絶　　　　　　２　駆除　　　　　　３　遮断　　　　　　４　隔離

6 鈴木さんはテレビディレクターとしての長い（　　　　）をもっている。

　１　由来　　　　　　２　経路　　　　　　３　経歴　　　　　　４　従来

7 彼女は英語のテストで（　　　　）80点以上を取っている。

　１　クリアに　　　　２　ストレートに　　３　シンプルに　　　４　コンスタントに

8 多くの人が震災で生活の（　　　　）を失った。

　１　根拠　　　　　　２　基盤　　　　　　３　源　　　　　　　４　基地

9 彼はペンション経営の基本的な（　　　　）を知りたがっている。

　１　データベース　　２　ベテラン　　　　３　ライフワーク　　４　ノウハウ

10 小林さんは長いこと歩いた後なので（　　　　）疲れきっていた。

　１　すっきり　　　　２　からからに　　　３　へとへとに　　　４　ぎっしり

답　1④　2④　3①　4①　5③　6③　7④　8②　9④　10③

問題2 （　　　　）に入れるのに最もよいものを、1・2・3・4から一つ選びなさい。

1 壁画の（　　　）をしようとした時、色々な準備や難しい問題がたくさんあることを聞いてすごくびっくりした。

1 修復　　　　　2 回復　　　　　3 復興　　　　　4 復旧

2 （　　　）数の群衆が広場を埋めつくした。

1 限りない　　　2 極まりない　　3 おびただしい　　4 めまぐるしい

3 危機が社員の（　　　）を強める。

1 結晶　　　　　2 結合　　　　　3 結成　　　　　4 結束

4 道路の拡張により、車2台が（　　　）して走れるようになった。

1 並列　　　　　2 並行　　　　　3 同伴　　　　　4 同盟

5 彼が辞退することはまるで（　　　）になかった。

1 専念　　　　　2 専用　　　　　3 念頭　　　　　4 念願

6 工場にはエアコンがなく、社員は毎日汗（　　　）になって働いている。

1 がらみ　　　　2 ずくめ　　　　3 ぐるみ　　　　4 まみれ

7 今月は数日休んだが、何とか保険契約の（　　　）は果たせそうだ。

1 サポート　　　2 ブランク　　　3 ノルマ　　　　4 メカニズム

8 その運動は貧困地域の福祉に大いに（　　　）した。

1 関与　　　　　2 寄与　　　　　3 波及　　　　　4 普及

9 連休期間中の遊園地はどこも相当な（　　　）が見込まれている。

1 人影　　　　　2 人出　　　　　3 人通り　　　　4 人並み

10 （　　　）な人とは、心が広く、細かいことを気にしない人のことです。

1 あざやか　　　2 おおらか　　　3 すみやか　　　4 ささやか

답 1① 2③ 3④ 4② 5③ 6④ 7③ 8② 9② 10②

問題2 （　　　）に入れるのに最もよいものを、１・２・３・４から一つ選びなさい。

1 昨日のパーティーでは楽しい話題で話が（　　　）。

1 舞った　　　　2 転がった　　　　3 弾んだ　　　　4 跳ねた

2 彼は監督やチームメートから（　　　）信頼を得ている。

1 強大な　　　　2 偉大な　　　　3 膨大な　　　　4 絶大な

3 どんな風習もその文化的（　　　）を離れては理解できない。

1 発端　　　　2 背景　　　　3 根源　　　　4 系統

4 彼女は（　　　）の演技で最後のステージを飾った。

1 会心　　　　2 肝心　　　　3 心地　　　　4 心境

5 （　　　）と建前という概念は、外国人にとってはどうもよくわからないと言われる。

1 弱音　　　　2 弱気　　　　3 本音　　　　4 本気

6 料理の（　　　）を競う大会が開かれた。

1 腕前　　　　2 内心　　　　3 素振り　　　　4 口出し

7 これは最新のCG技術を（　　　）して作られた映像です。

1 勃発（ぼっぱつ）　　2 勃興（ぼっこう）　　3 駆除（くじょ）　　4 駆使（くし）

8 このドラマの鈴木（すずき）さんは、非常に感情の（　　　）が激しい人だと思います。

1 高低　　　　2 出没　　　　3 明暗　　　　4 起伏

9 母はおじの会社の経理を（　　　）している。

1 訃告　　　　2 訃報　　　　3 一括　　　　4 一任

10 今夜は10年に１度の（　　　）とされるバンドのライブがある。

1 玄人（くろうと）　　2 逸材（いつざい）　　3 大家（たいか）　　4 巨匠（きょしょう）

答 1③ 2④ 3② 4① 5③ 6① 7④ 8④ 9④ 10②

あ

□ 愛想 붙임성(あいそう로도 읽음)	□ あえて 감히, 굳이	□ 明かす 밝히다, 털어놓다
□ あっさり 간단히, 깨끗이	□ 圧迫 압박	□ あやふや 불확실힘, 모호함
□ 誤る 실수하다, 잘못하다	□ あらかじめ 미리, 사전에	□ ありのままに 있는 그대로
□ 安静 안정	□ いじる 만지작거리다	□ 一連 ① 일련 ② 일행
□ 一挙に 일거에, 단숨에	□ 意図 의도	□ いやらしい 불쾌하다
□ 意欲 의욕	□ ウイルス 바이러스	□ うぬぼれる 자만하다
□ うっとうしい ①(날씨가) 눅눅한 ②(기분이) 답답한, 울적한		□ 閲覧室 열람실
□ 負う 짊어지다, 혜택을 입다	□ 大げさ 과장됨, 야단스러움	□ おどおど 쭈뼛쭈뼛, 벌벌
□ オーバー 오버, 초과	□ おろか 어리석음	□ おろそか 소홀함

か

□ 回収 회수	□ 改修 개수, 수리	□ 概説 개설
□ 介入 개입	□ 革新 혁신	□ 過疎 과소, 지나치게 드묾
□ かつ 동시에, 한편	□ 頑固 완고함	□ 肝心 매우 중요함, 요긴함
□ カンニング 커닝	□ 危害 위해	□ 規格 규격
□ きっちり 꼭 맞는 모양	□ きっぱり(と) 딱 잘라, 단호하게	□ 規範 규범
□ 気品 기품	□ 起伏 기복, 굴곡	□ 教訓 교훈
□ 興じる 즐기다, 흥겨워하다	□ 覆す 뒤엎다, (정권을) 무너뜨리다	□ 形勢 형세
□ けなす 혹평하다, 헐뜯다	□ 煙たい 맵다, 거북하다	□ ～圏 ～권
□ 権威 권위	□ 健全 건전함	□ 厳密 엄밀함
□ 向上 향상	□ 心得 소양, 이해	□ 心強い 마음 든든하다

□ こじれる 꼬이다, (병이) 악화되다	□ 誇張 과장	□ こつ 요령
□ ことごとく 모조리, 죄다	□ ことによると 어쩌면, 경우에 따라서는	
□ 孤立 고립	□ ごろごろ(と) 데굴데굴	

さ

□ サイズ 사이즈	□ 再発 재발	□ さえる (머리가) 맑아지다
□ 察する 헤아리다, 살피다	□ さも 자못, 아주, 정말로	□ しいて 굳이, 억지로
□ 自覚 자각	□ しかけ 장치, 속임수	□ 辞退 사퇴, 사양
□ シック 멋진 모양, 세련된 모양	□ しぶとい 고집이 세다, 강인하다	□ 視野 시야
□ ジャンル 장르	□ 収容 수용	□ 主導権 주도권
□ 処置 처치, 조치	□ 進呈 증정, 드림	□ すがすがしい 상쾌하다
□ すばしこい 민첩하다	□ スペース 공간	□ 切実 절실함
□ 摂取 섭취	□ せつない 애달프다, 괴롭다	□ 設立 설립
□ セレモニー 세레모니, 의식	□ 選考 선고, 전형	□ 壮大 장대함
□ 備わる 갖추어지다	□ そっけない 무정하다, 냉담하다	

た

□ 台無し 엉망이 됨	□ 打開 타개	□ だるい 나른하다
□ 断言 단언	□ 忠告 충고	□ 直感的に 직감적으로
□ つじつま 앞뒤 관계, 이치	□ 貫く 관철하다, 고수하다	□ 手遅れ 때늦음, 시기를 놓침
□ デザート 디저트, 후식	□ 手順 순서, 절차	□ データ 데이터
□ 同意 동의	□ 同感 동감	□ 統合 통합
□ 到底 도저히	□ どうにか 그럭저럭, 겨우	□ 特技 특기
□ とぼける 시치미를 떼다	□ 取り締まり 단속	□ 取り締まる 단속하다
□ 取り次ぐ 전하다, (전화를) 연결하다		

な

- □ 何<ruby>何<rt>なに</rt></ruby>とぞ　부디, 아무쪼록
- □ なれなれしい　지나치게 친한 척하다, 허물없다
- □ ナンセンス　넌센스
- □ のぞましい　바람직하다

は

- □ ばかばかしい　몹시 어리석다
- □ 破棄<rt>はき</rt>　파기
- □ はじく　튀기다, 튕겨 내다
- □ 生<rt>は</rt>やす　(수염·초목 등) 기르다
- □ ひいては　(더) 나아가서는
- □ 一息<rt>ひといき</rt>　한숨 돌림
- □ 貧弱<rt>ひんじゃく</rt>　빈약함
- □ 頻繁<rt>ひんぱん</rt>　빈번함
- □ ファイト　투지
- □ フォーム　폼, 모양
- □ 深<rt>ふか</rt>まる　깊어지다
- □ ふらふら　휘청휘청, 비틀비틀
- □ ぶらぶら　① 대롱대롱 ② 어슬렁어슬렁 ③ 빈둥빈둥
- □ 振<rt>ふ</rt>り出<rt>だ</rt>し　출발점, 처음 상태
- □ 付録<rt>ふろく</rt>　부록
- □ 便宜<rt>べんぎ</rt>　편의
- □ 返却<rt>へんきゃく</rt>　반납, 반환
- □ 補充<rt>ほじゅう</rt>　보충
- □ 募集<rt>ぼしゅう</rt>　모집
- □ ぼやける　흐릿해지다

ま

- □ 見苦<rt>みぐる</rt>しい　보기 흉하다
- □ 密接<rt>みっせつ</rt>　밀접함
- □ 見積<rt>みつ</rt>もる　어림잡다, 견적·평가하다
- □ 身<rt>み</rt>なり　옷차림
- □ 身<rt>み</rt>の回<rt>まわ</rt>り　신변
- □ 未練<rt>みれん</rt>　미련
- □ 明白<rt>めいはく</rt>　명백함
- □ 名誉<rt>めいよ</rt>　명예
- □ 目覚<rt>めざ</rt>ましい　눈부시다
- □ 面倒<rt>めんどう</rt>を見<rt>み</rt>る　돌봐 주다
- □ (情報<rt>じょうほう</rt>)網<rt>もう</rt>　(정보)망
- □ 模型<rt>もけい</rt>　모형
- □ 目下<rt>もっか</rt>　목하, 현재
- □ もてなす　대접하다, 환대하다
- □ もろに　정면으로, 직접

や〜わ

- □ 野心<rt>やしん</rt>　야심
- □ ややこしい　복잡하다, 까다롭다
- □ 誘惑<rt>ゆうわく</rt>　유혹
- □ ゆとり　여유
- □ 抑制<rt>よくせい</rt>　억제
- □ よみがえる　되살아나다
- □ リード　리드
- □ 連帯<rt>れんたい</rt>　연대
- □ ロマンチック　로맨틱함, 낭만적임
- □ 論理<rt>ろんり</rt>　논리
- □ 割<rt>わ</rt>り込<rt>こ</rt>む　끼어들다

問題2 （　　　　）に入れるのに最もよいものを、1・2・3・4から一つ選びなさい。

1 目下失業中なので毎日（　　　　）しています。

1　ずるずる　　　　2　くるくる　　　　3　ちらちら　　　　4　ぶらぶら

2 生きるのがつらいといって麻薬に走るなんて（　　　　）なことだ。

1　おろか　　　　2　かすか　　　　3　のどか　　　　4　はるか

3 母は私の気持ちを敏感に（　　　　）何も言わなかった。

1　制して　　　　2　称して　　　　3　察して　　　　4　即して

4 この夏は、むし暑く（　　　　）日が続いた。

1　うっとうしい　　　2　気味悪い　　　3　あつかましい　　　4　生ぬるい

5 ゴキブリは（　　　　）なかなか捕まらない。

1　ひさしくて　　　　2　とうとくて　　　　3　なまぐさくて　　　　4　すばしこくて

6 講演者の話は長いわりには中身が（　　　　）だった。

1　貧弱　　　　2　陰湿　　　　3　貧乏　　　　4　陰気

7 彼が責任を取って辞職するつもりであることが（　　　　）になった。

1　正規　　　　2　明白　　　　3　詳細　　　　4　素朴

8 彼らは見ず知らずの私たちを温かく（　　　　）くれた。

1　もらして　　　　2　もがいて　　　　3　もたらして　　　　4　もてなして

9 （　　　　）言わせてもらうが、君の意見にはかなり偏見がある。

1　以って　　　　2　あえて　　　　3　まして　　　　4　せめて

10 もしそれが必要なら（　　　　）ご連絡ください。

1　あしからず　　　　2　あいにく　　　　3　あらかじめ　　　　4　あいかわらず

答　1④　2①　3③　4①　5④　6①　7②　8④　9②　10③

問題2 （　　　）に入れるのに最もよいものを、1・2・3・4から一つ選びなさい。

1 巨大な津波でその地域の家は（　　　）破壊された。
  1　とかく　　　　　2　つくづく　　　　　3　ようやく　　　　4　ことごとく

2 アポロ計画は人類の夢を乗せた（　　　）な計画だった。
  1　多大　　　　　　2　偉大　　　　　　3　壮大　　　　　　4　盛大

3 民族闘争に第三国が（　　　）してきて大きな戦争に発展した。
  1　侵入　　　　　　2　潜入　　　　　　3　加入　　　　　　4　介入

4 メールをしながら歩いていたら、電柱に（　　　）ぶつかってしまった。
  1　いやに　　　　　2　かりに　　　　　3　もろに　　　　　4　ふいに

5 彼は医学研究の分野で（　　　）業績をあげた。
  1　やかましい　　　2　なやましい　　　3　かしましい　　　4　めざましい

6 彼はいつも奥さんのことを人前で（　　　）。
  1　けなす　　　　　2　くるしむ　　　　3　おいこむ　　　　4　おびやかす

7 彼は秀才で（　　　）非常な努力家だ。
  1　かつ　　　　　　2　それでも　　　　3　ゆえに　　　　　4　しかしながら

8 社会の安全を維持するために、警察は交通違反や不正行為を（　　　）義務がある。
  1　とりこむ　　　　2　とりしまる　　　3　とりあつかう　　4　とりまぜる

9 （　　　）ご許可くださいますよう、お願い申し上げます。
  1　何だか　　　　　2　何でも　　　　　3　何とぞ　　　　　4　何より

10 彼の証言には（　　　）の合わないところがあった。
  1　あべこべ　　　　2　よしあし　　　　3　つじつま　　　　4　まとまり

답　1④　2③　3④　4③　5④　6①　7①　8②　9③　10③

問題2　（　　　　）に入れるのに最もよいものを、１・２・３・４から一つ選びなさい。

1　これは政権を（　　　　）ようなスキャンダルだ。
　１　反る　　　　　　２　繕う　　　　　　３　断つ　　　　　　４　覆す

2　子供と離れて暮らしている母親はさぞ（　　　　）ことだろう。
　１　たやすい　　　　２　あくどい　　　　３　せつない　　　　４　いやしい

3　問題と答案用紙は後ほどすべて（　　　　）します。
　１　没収　　　　　　２　領収　　　　　　３　徴収　　　　　　４　回収

4　最新の技術の（　　　　）は実にめざましい。
　１　革新　　　　　　２　革命　　　　　　３　改修　　　　　　４　改定

5　彼の不注意でせっかくの計画が（　　　　）になった。
　１　不合理　　　　　２　うつろ　　　　　３　台無し　　　　　４　不適切

6　結婚式の時には、きちんとした（　　　　）で出席しなければならない。
　１　身なり　　　　　２　身の上　　　　　３　身の回り　　　　４　身ぶり

7　朝の空気は何とも言えず（　　　　）。
　１　わかわかしい　　２　すがすがしい　　３　めざましい　　　４　たくましい

8　頼まれても無理なことなら（　　　　）断ったほうがいい。
　１　じっくり　　　　２　げっそり　　　　３　きっぱり　　　　４　くっきり

9　このコートは雨は（　　　　）が汗は通す。
　１　なげく　　　　　２　もがく　　　　　３　はじく　　　　　４　つつく

10　就職に際しては、昔の級友に（　　　　）をはかってもらった。
　１　適宜　　　　　　２　便利　　　　　　３　有利　　　　　　４　便宜

답 1④　2③　3④　4①　5③　6①　7②　8③　9③　10④

問題3 유의표현 공략하기

1 문제유형 완전분석

問題3은 밑줄 친 부분과 가장 비슷한 의미를 가진 선택지를 고르는 문제로, 문자·어휘 25문제 중 6문제가 출제된다.

! 알고 풀자!

① 주어진 문장의 의미와 뉘앙스를 정확히 이해하고, 이를 바꿀 수 있는 자연스러운 표현을 찾는다.

② 속담, 관용구, 고유의 문법 패턴 등을 학습해두면 유리하다.

③ 다양한 표현을 반복적으로 연습하고, 문장 내에서 어떤 표현이 적합한지 학습한다.

④ 단어 하나만 바꾸는 것이 아니라, 전체 문장이 자연스럽고 의미가 일관되게 유지되는지 확인한다.

예시

問題3 　　　　　の言葉に意味が最も近いものを、1・2・3・4から一つ選びなさい。

1 式典はおおむね予定どおりに進行している。

　　1 やっと　　　　　　**2 だいたい**　　　　　3 すこし　　　　　4 すぐに

해석　기념식은 **대체로** 예정대로 진행되고 있다.

해설　おおむね(대체로, 거의, 대부분)와 비슷한 표현은 **2 だいたい**(대체로)이다. 공식 문서나 뉴스 등에서 자주 사용된다.

단어　式典 의식, 기념식　～どおりに ～대로　進行する 진행되다　やっと 겨우, 드디어

2025

□ 着手して 착수하고	≒	始めて 시작하고
□ トレンド 트랜드, 경향	≒	傾向 경향
□ 破格な 파격적인	≒	特によい 특히 좋은
□ 冷やかして 놀리고	≒	からかって 놀리고
□ けげんな 의아한	≒	不思議そうな 이상한, 신기한
□ ことごとく 전부, 모두, 모조리	≒	すべて 전부, 모두
□ 誇張 과장	≒	大げさ 과장됨
□ ひそかに 몰래, 은밀하게	≒	こっそり 슬쩍, 몰래
□ 試練 시련	≒	苦難 고난, 어려움
□ うろたえる 당황하다, 허둥대다	≒	慌てる 당황하다, 허둥대다
□ 当面 당분간	≒	しばらく 당분간, 얼마 동안
□ 自前の 자비로, 스스로 부담한	≒	自分で買った 자기가 산

□ 委託する 위탁하다	≒	任せる 맡기다, 위임하다
□ すがすがしい(気分) 상쾌한, 후련한 (기분)	≒	爽やかな 상쾌한, 개운한
□ (費用を)工面する (비용을) 마련하다	≒	用意する 준비하다, 마련하다
□ ぞんざいな(扱い) 함부로 하는, 거친 (취급)	≒	雑な 거친, 조잡한
□ うなだれる 고개를 떨구다(숙이다)	≒	下を向く 아래를 향하다, 머리를 숙이다
□ 打撃 타격	≒	ダメージ 대미지, 피해
□ 手腕 수완, 능력	≒	能力 능력
□ (時間を)ロスする (시간을) 낭비하다	≒	無駄にする 헛되게 하다, 낭비하다
□ おろそかになる 소홀해지다	≒	いいかげんになる 대충하게 되다
□ 目下(の目標) 현재, 지금(의 목표)	≒	今 지금
□ (改修工事を)請け負う (개수 공사를) 맡다	≒	引き受ける 맡다, 떠맡다
□ 進呈する 증정하다, 드리다	≒	差し上げる 드리다

memo

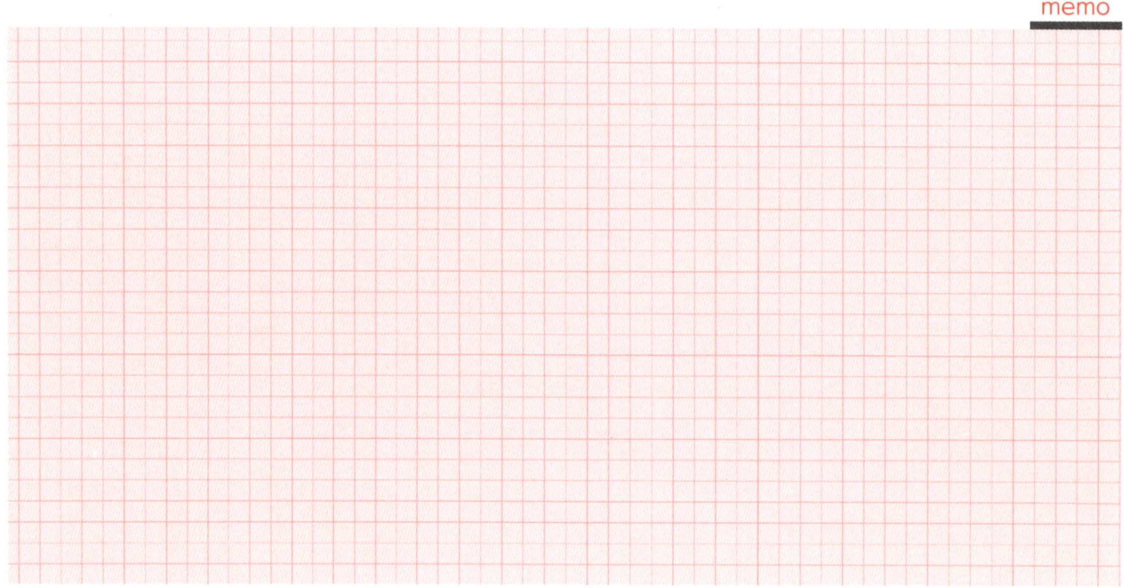

□ 懸念（けねん）される 염려되다, 우려되다　≒　心配（しんぱい）される 걱정되다

□ (何（なん）だか)やつれている (왠지) 야위어 있다　≒　やせ衰（おとろ）えている 바짝 말라 있다, 수척해져 있다

□ 奮闘（ふんとう）する 분투하다　≒　必死（ひっし）に頑張（がんば）る 필사적으로 힘내다

□ 不慮（ふりょ）(の事故（じこ）) 뜻밖(의 사고)　≒　思（おも）いがけない 뜻밖이다, 의외이다

□ 根（ね）こそぎ(持（も）っていく) 전부, 몽땅 (가지고 가다)　≒　すべて 모두, 전부

□ (仕事（しごと）に)没頭（ぼっとう）する (일에) 몰두하다　≒　熱中（ねっちゅう）する 열중하다

□ (自分（じぶん）の)尺度（しゃくど） (자신의) 척도　≒　基準（きじゅん） 기준

□ わずらわしい(仕事（しごと）) 성가신, 귀찮은 (일)　≒　面倒（めんどう）な 귀찮은

□ 肝心（かんじん）な(話（はなし）) 가장 중요한 (이야기)　≒　重要（じゅうよう）な 중요한

□ (仕事（しごと）が)はかどる (일이) 진척되다　≒　順調（じゅんちょう）に進（すす）む 순조롭게 진행되다

□ 辛抱（しんぼう） 참음, 참고 견딤　≒　我慢（がまん） 참음

□ (この地方（ちほう）の)しきたり (이 지방의) 관습, 관례　≒　慣習（かんしゅう） 관습

memo

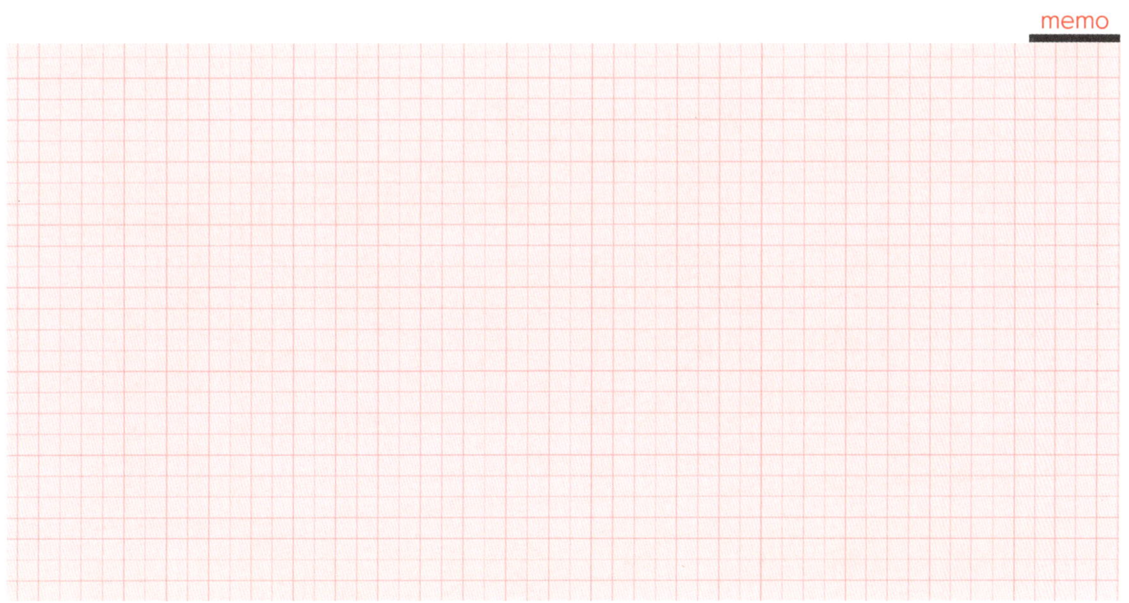

□ (友人に)触発される (친구에게) 촉발되다, 자극되다　≒　刺激される 자극되다

□ (彼の言動に)閉口した (그의 언동에) 질렸다, 곤란했다　≒　困った 곤란했다

□ 気ままな(生活) 제멋대로의, 자유로운 (생활)　≒　自由な 자유로운

□ 若干(空席がある) 약간 (공석이 있다)　≒　いくつか 몇 개, 조금

□ 手分け 분담　≒　分担 분담

□ てきぱきと(処理する) 척척 (처리하다)　≒　早く正確に 빠르고 정확하게

□ (必要な資金を)調達した (필요한 자금을) 조달했다　≒　用意した 준비했다

□ 温和な(性格) 온화한 (성격)　≒　穏やかな 온화한, 평온한

□ (おすすめの)スポット (추천하는) 장소　≒　場所 장소

□ (実力は)拮抗する (실력은) 팽팽하다　≒　差がない 차이가 없다

□ (住民からの)風当たり (주민들의) 비난, 비판　≒　批判 비판

□ あどけない(表情) 천진난만한 (표정)　≒　無邪気な 천진난만한

memo

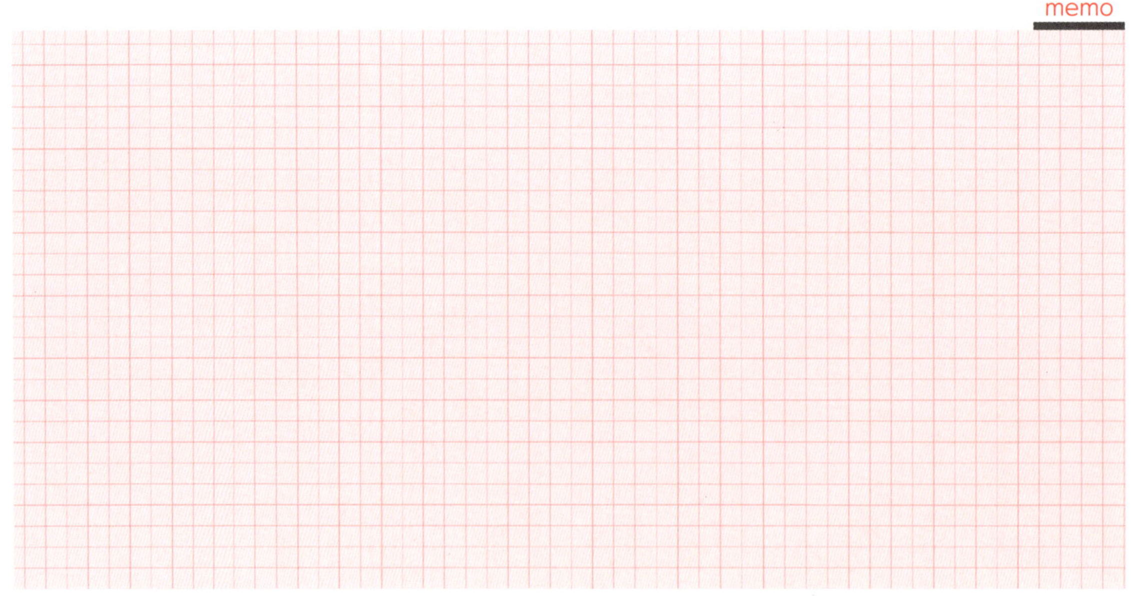

□ リスク(が伴う) 위험(이 따른다) ≒ 危険 위험

□ (アイディアを)絶賛する (아이디어를) 극찬하다 ≒ 非常に素晴らしいとほめる 매우 훌륭하다고 칭찬하다

□ くつろいで 편안히 쉬고 ≒ ゆっくりして 편안히 하고

□ (その件は)うやむやに (그 건은) 흐지부지 ≒ あいまいに 애매하게, 두루뭉술하게

□ 出馬する 출마하다 ≒ 選挙に出る 선거에 나가다

□ お手上げだ 속수무책이다 ≒ どうしようもない 어찌할 도리가 없다

□ 寡黙な(人) 과묵한 (사람) ≒ 口数が少ない 말수가 적은

□ (会議が)紛糾した (회의가) 시끄러워졌다 ≒ 混乱した 혼란스러웠다

□ (発売は)ずれ込みそうだ (발매는) 늦어질 것 같다 ≒ 遅くなりそうだ 늦어질 것 같다

□ ろくに(説明されなかった) 제대로 (설명받지 못했다) ≒ たいして 별로, 그다지

□ スケール(が違う) 스케일, 규모(가 다르다) ≒ 規模 규모

□ 寄与(によるところが大きい) 기여(에 의한 바가 크다) ≒ 貢献 공헌

memo

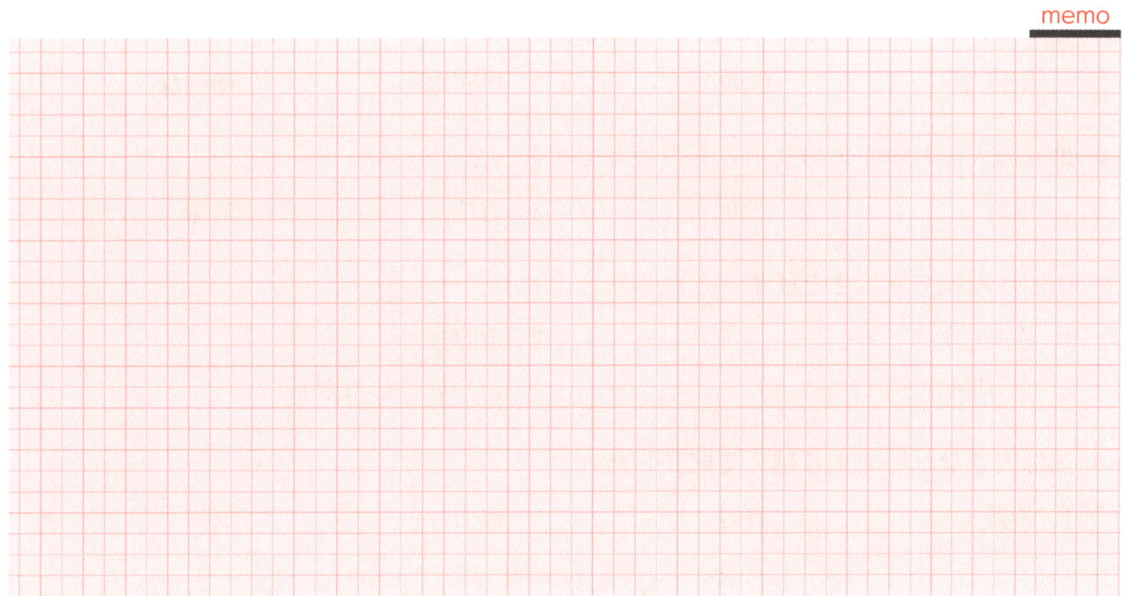

問題3 ＿＿＿＿の言葉に意味が最も近いものを、１・２・３・４から一つ選びなさい。

1 上司の許可を得てから着手することにした。

　1　取り戻す　　　　2　断る　　　　　3　始める　　　　4　やり直す

2 責任の所在がうやむやに終わってしまった。

　1　ほがらか　　　　2　あいまい　　　3　ひそか　　　　4　おおらか

3 不慮のトラブルで予定が狂ってしまった。

　1　みっともない　　2　しょうがない　3　思いがけない　4　言うまでもない

4 古いしきたりに縛られず、自由な生き方を選ぶ。

　1　歴史　　　　　　2　思想　　　　　3　慣習　　　　　4　法律

5 場所を変えたら作業がはかどった。

　1　スムーズに進んだ　　　　　　　2　大幅に遅れた
　3　少しスピードが落ちた　　　　　4　できなくなった

6 彼は研究に没頭するあまり、食事さえ忘れていた。

　1　あこがれる　　　2　失望する　　　3　熱中する　　　4　疲労を感じる

7 わずらわしい人間関係が原因で、転職を決めた。

　1　気軽な　　　　　2　危険な　　　　3　退屈な　　　　4　面倒な

8 地元の人におすすめのスポットを教えてもらった。

　1　場所　　　　　　2　時期　　　　　3　方法　　　　　4　対象

9 山田さんはてきぱきと仕事をこなした。

　1　心を込めて　　　　　　　　　　2　手際よく
　3　十分時間をかけて　　　　　　　4　いやいやしながら

10 彼は大きな試練を乗り越えて成長した。

　1　苦難　　　　　　2　遭遇　　　　　3　協力　　　　　4　反省

答　1③　2②　3③　4③　5①　6③　7④　8①　9②　10①

問題3 ______ の言葉に意味が最も近いものを、１・２・３・４から一つ選びなさい。

1 台風で家が根こそぎ流されてしまった。

1 めったに　　　　2 すべて　　　　3 わざわざ　　　　4 直ちに

2 気候変動による農作物への影響が、農業関係者の間で懸念されている。

1 予想　　　　2 心配　　　　3 期待　　　　4 研究

3 新しい設備の導入に必要な物資を調達した。

1 保存　　　　2 返却　　　　3 用意　　　　4 積載

4 成功の尺度は人によって異なる。

1 方法　　　　2 基準　　　　3 分類　　　　4 理想

5 子供たちのあどけない表情が、今も目に浮かぶ。

1 慎重な　　　　2 無邪気な　　　　3 心配そうな　　　　4 健全な

6 新入社員が奮闘する姿が一番印象的だった。

1 我慢しつづける　　　　　　　　2 必死に頑張る
3 ひどく怒る　　　　　　　　　　4 完全にやる気をなくした

7 健康管理をおろそかにすると、大きな病気につながるおそれがある。

1 いいかげんに　　　2 ほどよく　　　3 厳重に　　　4 適切に

8 その映画のスケールに圧倒された。

1 目的　　　　2 規模　　　　3 反響　　　　4 方針

9 新たなトレンドが急速に広まりはじめた。

1 傾向　　　　2 理論　　　　3 論争　　　　4 影響

10 彼は、皆がうろたえる中で指示を出した。

1 唱える　　　　2 嫌がる　　　　3 諦める　　　　4 慌てる

答 1② 2② 3③ 4② 5② 6② 7① 8② 9① 10④

問題3 ＿＿＿の言葉に意味が最も近いものを、１・２・３・４から一つ選びなさい。

1 彼は経営者としての手腕を発揮し、プロジェクトを成功に導いた。

1　能力　　　　　2　戦略　　　　　3　経験　　　　　4　権利

2 商品を破格の価格で販売する。

1　均一の　　　　2　一番安い　　　3　平常どおりの　　4　大幅に割安な

3 人員のロスが続き、生産性が低下した。

1　延長　　　　　2　損失　　　　　3　補完　　　　　4　過剰

4 目下、契約の件は最終段階に入っている。

1　当然　　　　　2　将来　　　　　3　現在　　　　　4　最低限

5 休日は好きな音楽を聞きながら、家でくつろいでいる。

1　ゆっくりして　　2　うっかりして　　3　はらはらして　　4　しっかりして

6 彼女は自前の食材で料理を作った。

1　自分の前にある　　　　　　　　2　自分で買った
3　自分の好きな　　　　　　　　　4　自分でチェックした

7 今回の不祥事は会社の信用に深刻な打撃を与えた。

1　ダメージ　　　　2　プレッシャー　　3　メリット　　　　4　アイデンティティー

8 彼のわがままな行動に、教師もお手上げだ。

1　意欲に満ちている　　　　　　　2　びっくりしている
3　歓迎している　　　　　　　　　4　どうしようもない

9 リスクを承知の上で新しい事業に挑戦した。

1　変動　　　　　2　利益　　　　　3　反対　　　　　4　危険

10 作業を手分けして進めることにした。

1　分析　　　　　2　分割　　　　　3　分担　　　　　4　分裂

答　1① 2④ 3② 4③ 5① 6② 7① 8④ 9④ 10③

❸ 유의표현 기출어휘 2020~2010

2020

□ エキスパート 엑스퍼트, 전문가	≒ 専門家 전문가
□ (新聞の記事を)凝視した (신문기사를) 응시했다	≒ じっと見た 지그시 봤다
□ 架空の(人物) 가공의 (인물)	≒ 想像の 상상의
□ かねがね(お目にかかりたいと) 전부터, 진작부터 (만나뵙고 싶다고)	≒ 以前から 이전부터
□ 当面(ない) 당분간 (없다)	≒ しばらくは 당분간은
□ ぼやいている 투덜거리고 있다	≒ 愚痴を言っている 투덜거리고 있다

2019

□ コンパクトな(車) 소형의 (차)	≒ 小型の 소형의
□ 極力(減らそう) 극력, 힘껏, 최대한 (줄이자)	≒ できるだけ 가능한 한
□ つぶやく 중얼거리다, 투덜대다	≒ 小さな声で言う 작은 목소리로 말하다
□ 不審な(点) 수상한, 의심스러운 (점)	≒ 怪しい 수상한
□ ばててしまった 지쳐 버렸다	≒ 疲れてしまった 지쳐 버렸다
□ (任務を)まっとうする (임무를) 완수하다, 다하다	≒ 完了する 완료하다
□ 異例の 이례적인	≒ 珍しい 드문, 희귀한
□ (実験に)打ち込んだ (실험에) 몰두했다	≒ 熱中した 열중했다
□ (お金に関して)ルーズな(人) (돈에 관해) 허술한 (사람)	≒ だらしない 야무지지 못한, 허술한
□ 脈絡(がない) 맥락(이 없다)	≒ つながり 연계, 연관

□ つぶさに 자세히, 구체적으로　≒　詳細に 상세하게

□ (プロジェクトについて)吟味する　≒　検討する 검토하다
(프로젝트에 대해서) 음미하다, 충분히 검토하다

2018

□ すみやかに(片づける) 빨리, 신속히 (치우다)　≒　できるだけ早く 가능한 한 빨리

□ (主張は)漠然としていた (주장은) 막연했다　≒　ぼんやりしていた 어렴풋했다

□ 妨害する(つもりはない) 방해할 (생각은 없다)　≒　じゃまする 방해할

□ エレガントな(服) 우아한 (옷)　≒　上品な 고상한, 품위 있는

□ つかの間の(休息) 잠깐 동안의 (휴식)　≒　短い 짧은

□ しくじる 망치다, 실패하다　≒　失敗する 실패하다

□ (ハムを)スライスして (햄을) 슬라이스 해서　≒　薄く切って 얇게 잘라서

□ めいめいに(配る) 각각에게 (나눠주다)　≒　一人一人に 한 사람 한 사람에게

□ 克明に(記される) 자세하고 꼼꼼하게 (기록되다)　≒　詳しく丁寧に 자세하게 정성들여

□ (改善する)手立て (개선할) 방법, 방도　≒　方法 방법

□ ありありと(浮ぶ) 뚜렷이, 똑똑히 (떠오르다)　≒　はっきり 분명히, 확실히

□ 返事をしぶっていた　≒　なかなか返事をしようとしなかった
대답을 주저하고 있었다　　좀처럼 대답을 하려고 하지 않았다

2017

□ 粘り強く(交渉した) 끈기 있게 (협상했다)　≒　あきらめずに 포기하지 않고

□ 入念に(調査を行う) 공들여, 꼼꼼히 (조사를 하다)　≒　細かく丁寧に 세심하게 공들여

□ うすうす(気づく) 어렴풋이 (깨닫다)　≒　なんとなく 왠지 모르게, 그냥

□ (方法の)難点 (방법의) 단점, 문제점　≒　悪いところ 나쁜 점, 단점

□ むっとしたようだった   ≒   怒った<ruby>怒<rt>おこ</rt></ruby>ったような<ruby>顔<rt>かお</rt></ruby>をしていた
화가 치민 듯했다   화가 난 듯한 표정을 짓고 있었다

□ <ruby>照会<rt>しょうかい</rt></ruby>した　조회했다, 문의했다   ≒   <ruby>問<rt>と</rt></ruby>い<ruby>合<rt>あ</rt></ruby>わせた　문의했다

□ <ruby>抱負<rt>ほうふ</rt></ruby>(を<ruby>述<rt>の</rt></ruby>べる)　포부(를 말하다)   ≒   <ruby>決意<rt>けつい</rt></ruby>　결의, 다짐

□ (<ruby>暮<rt>く</rt></ruby>らしに)ゆとり(がある)　(생활에) 여유(가 있다)   ≒   <ruby>余裕<rt>よゆう</rt></ruby>　여유

□ <ruby>若干<rt>じゃっかん</rt></ruby>(<ruby>伸<rt>の</rt></ruby>びている)　약간 (늘고 있다)   ≒   わずか　조금, 약간

□ (<ruby>発言<rt>はつげん</rt></ruby>を)<ruby>撤回<rt>てっかい</rt></ruby>した　(발언을) 철회했다   ≒   とりけした　취소했다

□ <ruby>張<rt>は</rt></ruby>り<ruby>合<rt>あ</rt></ruby>っている　경쟁하고 있다   ≒   <ruby>競<rt>きそ</rt></ruby>い<ruby>合<rt>あ</rt></ruby>っている　경쟁하고 있다, 겨루고 있다

□ かたくなな(<ruby>態度<rt>たいど</rt></ruby>)　완고한, 고집 센 (태도)   ≒   <ruby>頑固<rt>がんこ</rt></ruby>な　완고한, 고집 센

2016

□ <ruby>端的<rt>たんてき</rt></ruby>に(<ruby>表<rt>あらわ</rt></ruby>している)　단적으로 (표현하고 있다)   ≒   <ruby>明白<rt>めいはく</rt></ruby>に　명백하게

□ わずらわしい(<ruby>作業<rt>さぎょう</rt></ruby>)　번거로운, 귀찮은 (작업)   ≒   <ruby>面倒<rt>めんどう</rt></ruby>な　귀찮은

□ かろうじて(<ruby>思<rt>おも</rt></ruby>い<ruby>出<rt>だ</rt></ruby>した)　겨우, 간신히 (생각해냈다)   ≒   <ruby>何<rt>なん</rt></ruby>とか　그럭저럭, 간신히

□ <ruby>自尊心<rt>じそんしん</rt></ruby>(を<ruby>取<rt>と</rt></ruby>り<ruby>戻<rt>もど</rt></ruby>した)　자존심(을 되찾았다)   ≒   プライド　프라이드, 자존심

□ ささいな(<ruby>問題<rt>もんだい</rt></ruby>)　사소한 (문제)   ≒   <ruby>小<rt>ちい</rt></ruby>さな　작은

□ とまどって　당황해   ≒   <ruby>困<rt>こま</rt></ruby>って　곤란해, 난처해

□ かねがね(お<ruby>会<rt>あ</rt></ruby>いしたいと)　전부터 (만나고 싶다고)   ≒   <ruby>以前<rt>いぜん</rt></ruby>から　전부터

□ <ruby>故意<rt>こい</rt></ruby>に(<ruby>捨<rt>す</rt></ruby>てた)　고의로 (버렸다)   ≒   わざと　일부러

□ (<ruby>鈴木<rt>すずき</rt></ruby>さんに)おわびした　(스즈키 씨에게) 사죄했다   ≒   <ruby>謝<rt>あやま</rt></ruby>った　사과했다

□ (<ruby>強<rt>つよ</rt></ruby>い)<ruby>意気込<rt>いきご</rt></ruby>み　(강한) 의욕, 기세, 패기   ≒   <ruby>意欲<rt>いよく</rt></ruby>　의욕

□ おびえて　무서워하고, 겁내고   ≒   <ruby>怖<rt>こわ</rt></ruby>がって　무서워하고

□ (その<ruby>一言<rt>ひとこと</rt></ruby>に)<ruby>安堵<rt>あんど</rt></ruby>した　(그 한마디에) 안도했다   ≒   ほっとした　안심했다

2015

□ (作品が)仕上がる (작품이) 완성되다　　　≒　完成する 완성되다

□ (両チームの力は)互角だ (양팀의 실력은) 막상막하하다　　≒　大体同じだ 대체로 같다

□ (お客様からの)クレーム (고객에게서 온) 클레임, 불만　　≒　苦情 불평, 불만

□ 助言(を求められる) 조언(을 요청받다)　　≒　アドバイス 어드바이스, 충고

□ 錯覚する(のもしかたがない)　　≒　勘違いする 착각하는
착각하는 (것도 어쩔 수 없다)

□ (観光客が)殺到した (관광객이) 쇄도했다　　≒　一度に大勢来た 한꺼번에 많은 사람이 왔다

□ (必死に)弁解する (필사적으로) 변명하다　　≒　言い訳する 변명하다

□ ありふれた(もの) 어디에나 있는, 흔해빠진 (것)　　≒　平凡な 평범한

□ うろたえずに(対処した) 당황하지 않고 (대처했다)　　≒　慌てずに 허둥대지 않고

□ (問題解決の)糸口 (문제해결의) 실마리, 단서　　≒　ヒント 힌트

□ ふいに(訪ねてきた) 느닷없이 (찾아왔다)　　≒　突然 갑자기

□ 誇張して(話す) 과장해서 (말하다)　　≒　大げさに 과장되게

2014

□ 無償で(受けられる) 무상으로 (받을 수 있다)　　≒　ただで 무료로

□ (仕事に)打ち込んでいる (일에) 몰두하고 있다　　≒　熱心に取り組んでいる 열심히 몰두하고 있다

□ ストレートに(言う)　　≒　率直に 솔직하게
단도직입적으로, 솔직하게 (말하다)

□ お手上げだ 두 손 두 발 다 들었다, 속수무책이다　　≒　どうしようもない 어쩔 도리가 없다

□ 格段に(増えている) 현격히 (늘고 있다)　　≒　大幅に 대폭, 크게

□ いたって(簡単だ) 지극히, 대단히 (간단하다)　　≒　非常に 매우, 상당히

□ 気掛かり 걱정, 근심　　≒　心配 걱정

□ 案の定 아니나 다를까, 예측대로 　　≒　やはり 역시

□ 不用意な(発言) 조심성이 없는 (발언) 　　≒　不注意な 부주의한

□ 厄介な(問題) 귀찮은, 번거로운 (문제) 　　≒　面倒な 귀찮은

□ (当時のことを)回想する (당시의 일을) 회상하다 　　≒　思い返す (지난 일, 결정한 일을) 다시 생각하다

□ 手分け 분담 　　≒　分担 분담

2013

□ 従来の(経営戦略) 종래의 (경영전략) 　　≒　これまでの 지금까지의

□ あらかじめ(お送りします) 미리 (보내드립니다) 　　≒　事前に 사전에, 미리

□ (成績が)抜群だった (성적이) 뛰어났다 　　≒　ほかと比べて特に良かった
다른 것과 비교해서 특히 좋았다

□ バックアップ(を受ける) 백업, 지원(을 받다) 　　≒　支援 지원

□ 仰天した 깜짝 놀랐다 　　≒　とても驚いた 아주 놀랐다

□ おおむね(理解できた) 대체로, 대강 (이해되었다) 　　≒　だいたい 대개

□ ことごとく(外れた) 모두, 모조리 (빗나갔다) 　　≒　すべて 전부

□ 雑踏(を抜けた) 혼잡한 곳(을 빠져나갔다) 　　≒　人込み 붐빔, 북적임, 북적이는 곳

□ (台風発生の)メカニズム 　　≒　しくみ 구조
(태풍 발생의) 메커니즘, 구조

□ 裏づけ 뒷받침, 증거 　　≒　証拠 증거

□ (伝える)すべがない (전할) 방법이 없다 　　≒　方法がない 방법이 없다

□ せかす 재촉하다 　　≒　急がせる 재촉하다

2012

□ (山田先生に)触発される ≒ 刺激を受ける 자극을 받다
(야마다 선생님에게) 자극받다

□ すがすがしい(表情) 상쾌한, 시원한 (표정) ≒ さわやかな 상쾌한

□ 簡素な(デザイン) 간소한 (디자인) ≒ シンプルな 단순한

□ ひそかに(進める) 살짝, 몰래 (진행하다) ≒ こっそり 몰래

□ (参加を)断念する (참가를) 단념하다 ≒ あきらめる 포기하다

□ おのずと(表れてくる) 저절로, 자연히 (나타난다) ≒ 自然に 자연스럽게

□ 当面(ない) 당분간 (없다) ≒ しばらくは 얼마 동안은, 한동안

□ スケール(が違う) 스케일, 규모(가 다르다) ≒ 規模 규모

□ しきりに(うなずく) ≒ 何度も 몇 번이고
자주, 몇 번씩이나 (고개를 끄덕이다)

□ 先方(に確認する) 상대편(에게 확인하다) ≒ 相手 상대

□ けなされる 깎아내려지다, 욕을 먹다 ≒ 悪く言われる 나쁜 말을 듣다

□ おっくうだ 귀찮다, 번거롭다 ≒ 面倒だ 귀찮다

2011

□ 画期的な(手法) 획기적인 (수법·기교) ≒ 今までになく新しい 지금까지 없는 새로운

□ (～への進出を)もくろむ (～로의 진출을) 계획하다 ≒ 計画する 계획하다

□ 手がかり(が欲しい) 단서(가 필요하다) ≒ ヒント 힌트

□ にわかには(信じられない) 당장에는 (믿을 수 없다) ≒ すぐには 바로는, 당장은

□ (この鍋は)重宝している ≒ 便利で役に立っている
(이 냄비는) 쓸모가 있어 편리하다 　편리해서 도움이 된다

□ (仕事に対して)シビアだ ≒ 厳しい 엄(격)하다, 지독하다
(일에 대해) 엄격하다, 혹독하다, 심하다

□ ありきたりの(もの) 흔한, 평범한 (것) ≒ 平凡な 평범한

□ (実力の差は)歴然としている (실력차는) 뚜렷하다　≒　はっきりしている 분명하다

□ 極力(減らそう) 극력, 힘껏, 최대한 (줄이자)　≒　できる限り 가능한 한

□ (結果を聞いて)落胆する (결과를 듣고) 낙담하다　≒　がっかりする 실망하다

□ (小説の結末は)あっけない　≒　意外につまらない 의외로 재미없다
(소설의 결말은) 어이없다, 싱겁다

□ (色の)コントラスト (색의) 대비　≒　対比 대비

2010

□ ルーズな(ところ) 칠칠치 못한, 허술한 (면)　≒　だらしない 칠칠치 못한

□ (この職場にも)なじむ (이 직장에도) 익숙해지다　≒　慣れる 익숙해지다

□ (お互いに)張り合う (서로) 경쟁하다　≒　競争する 경쟁하다

□ 朗報(が届く) 낭보, 기쁜 소식(이 도착하다)　≒　うれしい知らせ 기쁜 소식

□ わずらわしい(作業) 귀찮은 (작업)　≒　面倒な 귀찮은, 번거로운

□ いやみ(を言われた) 빈정거림, 비아냥(을 들었다)　≒　皮肉 비꼼, 야유

□ (出席者が)まばらだ (참석자가) 드문드문하다　≒　少ない 적다

□ どんよりした天気だ 날씨가 잔뜩 흐리다　≒　曇っていて暗い 흐려서 어둡다

□ 丹念に(新聞に目を通す)　≒　じっくりと 꼼꼼히
정성들여, 꼼꼼히 (신문을 훑어보다)

□ (仕事が)はかどっている (일이) 진척되고 있다　≒　順調に進んでいる 순조롭게 진행되고 있다

□ (計画を)見合わせる (계획을) 보류하다, 중단하다　≒　中止する 중지하다

□ やむをえず 어쩔 수 없이　≒　しかたなく 어쩔 수 없이

問題3 ＿＿＿＿の言葉に意味が最も近いものを、１・２・３・４から一つ選びなさい。

1 30歳で社長になるとは異例の昇進だ。
　　1　めずらしい　　　2　めでたい　　　3　立派な　　　4　幸運な

2 彼女はよく脈絡のない話をする。
　　1　うそ　　　　　　2　面白み　　　　3　つながり　　　4　終わり

3 昨日、コンパクトなカメラを購入した。
　　1　新型の　　　　　2　小型の　　　　3　家族向けの　　4　若者向けの

4 不審なことがあればすぐ知らせてください。
　　1　でたらめな　　　2　頼りない　　　3　怪しい　　　　4　あいまいな

5 レモンをスライスした。
　　1　細かく切った　　2　薄く切った　　3　よく焼いた　　4　軽く焼いた

6 すみやかに掃除してください。
　　1　元の通りに　　　　　　　　　　2　できるだけきれいに
　　3　できるだけ早く　　　　　　　　4　決めた通りに

7 新社長は就任の抱負を語った。
　　1　見解　　　　　　2　感謝　　　　　3　反省　　　　　4　決意

8 粘り強く努力した。
　　1　覚悟して　　　　2　油断せずに　　3　思い切って　　4　あきらめずに

9 このことはかねがね両親から言われていた。
　　1　できれば　　　　2　以前から　　　3　ぜひ　　　　　4　早いうちに

10 その事件は荒廃した世相を端的に物語っている。
　　1　明白に　　　　　2　部分的に　　　3　大げさに　　　4　主に

答　1①　2③　3②　4③　5②　6③　7④　8④　9②　10①

問題3　______の言葉に意味が最も近いものを、１・２・３・４から一つ選びなさい。

1　彼女は遺伝の研究に打ち込んだ。
　　1　熱中した　　　　2　失敗した　　　　3　協力した　　　　4　苦労した

2　彼は調査結果を上司につぶさに報告した。
　　1　のんびりと　　　2　繰り返して　　　3　詳細に　　　　　4　懐かしそうに

3　極力出費を減らそう。
　　1　できるだけ　　　2　大幅に　　　　　3　一気に　　　　　4　思い切って

4　私はこの意外な言葉を聞いて、思わず彼の顔を凝視した。
　　1　ざっと見た　　　2　じっと見た　　　3　ちらっと見た　　4　ぼうっと見た

5　研究経過を克明に記録した。
　　1　簡潔にまとめて　2　生き生きと　　　3　客観的に　　　　4　詳しく丁寧に

6　妨害するつもりはなかった。
　　1　だます　　　　　2　いたずらする　　3　からかう　　　　4　じゃまする

7　日本の失業率は若干減少している。
　　1　いまだ　　　　　2　わずか　　　　　3　つねに　　　　　4　さらに

8　友人もうすうす気づいていたと思います。
　　1　おそらく　　　　2　さすがに　　　　3　なんとなく　　　4　とっくに

9　３月に予定されていた新製品の発表はずれ込みそうだ。
　　1　早くなりそうだ　2　多くなりそうだ　3　遅くなりそうだ　4　少なくなりそうだ

10　かろうじて最終バスに間に合った。
　　1　なぜか　　　　　2　何とか　　　　　3　すぐに　　　　　4　たまたま

答　1①　2③　3①　4②　5④　6④　7②　8③　9③　10②

問題3 ＿＿＿＿の言葉に意味が最も近いものを、１・２・３・４から一つ選びなさい。

1 あの先生は幼児教育のエキスパートだ。

  1 発明家   2 協力者   3 責任者   4 専門家

2 契約するとき内容をよく吟味しましたか。

  1 報告   2 提案   3 検討   4 決定

3 彼はぶつぶつつぶやいていた。

  1 ゆっくり言って   2 大きな声で言って
  3 早口で言って   4 小さな声で言って

4 彼女は与えられた任務をまっとうして帰国した。

  1 継続して   2 完了して   3 実行して   4 担当して

5 その光景はまだありありと記憶に残っている。

  1 次々と   2 ぼんやり   3 はっきり   4 ふと

6 つかの間の幸せだった。

  1 短い   2 久しぶりの   3 充実した   4 十分な

7 ２人の社長はお互いに張り合った。

  1 見つめ合った   2 助け合った   3 競い合った   4 傷つけ合った

8 彼女はむっとしたようだった。

  1 驚いたような顔をしていた   2 怒ったような顔をしていた
  3 疲れたような顔をしていた   4 飽きたような顔をしていた

9 彼女はおびえているようだった。

  1 焦って   2 怖がって   3 悩んで   4 悔やんで

10 犬が一晩中ほえていたのでろくに眠れなかった。

  1 全く   2 なかなか   3 たいして   4 事前に

답 1④ 2③ 3④ 4② 5③ 6① 7③ 8② 9② 10③

問題3　______の言葉に意味が最も近いものを、１・２・３・４から一つ選びなさい。

1　現代社会の<u>メカニズム</u>は複雑だ。
　　1　しくみ　　　　　2　きっかけ　　　　3　可能性　　　　4　危険性

2　彼女は必死に<u>弁解</u>していた。
　　1　考えて　　　　　2　反論して　　　　3　謝って　　　　4　言い訳して

3　天気が悪いから、今夜の出発は<u>見合わせる</u>しかない。
　　1　変更する　　　　2　承認する　　　　3　中止する　　　　4　実施する

4　まず<u>先方</u>の言い分を聞こう。
　　1　専門家　　　　　2　相手　　　　　　3　全員　　　　　4　手相

5　すべてのガンに効く<u>画期的な</u>新薬の登場が待たれる。
　　1　広く知られている　　　　　　　2　最近ではめずらしい
　　3　非常に時間がかかる　　　　　　4　今までになく新しい

6　爆発の音に村人たちは<u>仰天</u>した。
　　1　深く感動した　　2　深く同情した　　3　とても驚いた　　4　とても喜んだ

7　早く食べろと子を<u>せかす</u>。
　　1　驚かせる　　　　2　待たせる　　　　3　急がせる　　　　4　困らせる

8　彼はベートーベンの音楽に<u>触発されて</u>作曲家を志した。
　　1　誘発を受けて　　2　衝撃を受けて　　3　感銘を受けて　　4　刺激を受けて

9　彼女はその知らせを聞いてひどく<u>落胆</u>した。
　　1　がっかりした　　2　びっくりした　　3　動揺した　　　　4　暴動した

10　やっと<u>厄介な</u>作業から解放された。
　　1　退屈な　　　　　2　苦手な　　　　　3　地味な　　　　　4　面倒な

답　1①　2④　3③　4②　5④　6③　7③　8④　9①　10④

問題3　＿＿＿＿の言葉に意味が最も近いものを、１・２・３・４から一つ選びなさい。

1　なんだか今日はどんよりした天気だった。
　　１　晴れていて明るかった　　　　　　２　風が吹いて涼しかった
　　３　曇っていて暗かった　　　　　　　４　雨が降って蒸し暑かった

2　彼のぎこちない演技に拍手もまばらだった。
　　１　まじめだった　　２　ふまじめだった　　３　少なかった　　４　多かった

3　ルーズな人に仕事は任せられない。
　　１　よわい　　　　　２　うるさい　　　　３　ずうずうしい　　４　だらしない

4　映画はあっけない幕切れだった。
　　１　意外につまらない　　　　　　　　２　本当におもしろい
　　３　意外につまらなくない　　　　　　４　本当におもしろくない

5　彼の立てた企画はことごとく失敗した。
　　１　だいたい　　　　２　すべて　　　　３　ほとんど　　　４　おおむね

6　雨の日に外出するのはおっくうだ。
　　１　面倒だ　　　　　２　平気だ　　　　３　愉快だ　　　４　困難だ

7　謙虚であることはいいことだが、度が過ぎるといやみに聞こえる。
　　１　皮肉　　　　　　２　愚痴　　　　　３　冗談　　　　４　不平

8　昨夜、ふいに友達が訪ねてきた。
　　１　わざわざ　　　　２　久しぶりに　　　３　再び　　　　４　突然

9　今年の夏の水不足はとてもシビアだった。
　　１　厳しかった　　　２　弱気だった　　　３　注意深かった　　４　柔軟だった

10　国民投票を実施する計画は当面ない。
　　１　直接は　　　　　２　大して　　　　３　まさか　　　４　しばらくは

답 1③　2③　3④　4①　5②　6①　7①　8④　9①　10④

① 문제유형 완전분석

問題4는 용법 문제로, 문자·어휘 25문제 중 6문제가 출제된다. 주어진 어휘의 올바른 사용법을 묻는 문제이다.

! 알고 풀자!

① 각 어휘의 기본적인 의미와 사용되는 상황을 잘 이해해야 한다.

② 문장을 전체적으로 읽고 상황에 맞는 용법을 고른다.

③ 선택지에서 제공하는 어휘들 간의 미세한 차이를 잘 파악해야 한다.

예시

問題4　次の言葉の使い方として最もよいものを、１・２・３・４から一つ選びなさい。

1　なつく

1　子どもたちは新しい環境にすぐ<u>なついた</u>。

2　電車での長距離通勤にはもう<u>なついている</u>。

3　彼はいまだに生活費を両親に<u>なついている</u>。

✓ 4　生徒たちは新しい先生にすぐに<u>なついた</u>。

해석　정이 들다, 따르다

1　아이들은 새로운 환경에 금방 <u>정들었다</u>.

2　전철로의 장거리 통근에는 이미 <u>정들어</u> 있다.

3　그는 아직도 생활비를 부모님께 <u>정들어</u> 있다.

4　학생들은 새로운 선생님께 금방 <u>정들었다</u>.

해설　なつく(懐く)는 사람이 다른 사람이나 동물에게 정이 들어 잘 따른다는 뜻이다. 사용 형태는 반드시 「～に懐く」(감정 대상이 '사람'). 따라서 선생님(사람)이 대상인 4번이 가장 자연스럽다. 1번, '환경'은 감정 대상이 아니므로 慣(な)れた(익숙해졌다)가 되어야 한다. 2번, '통근'도 감정 대상이 아니므로 慣れて로 해야 한다. 3번, 의미상 '의지하고 있다'가 자연스럽기 때문에 頼(たよ)って로 해야 한다.

단어　環境 환경　長距離 장거리　通勤 통근　いまだに 아직도, 여전히　生徒 학생(보통 초·중·고생)

2025

- □ (返答を)保留 (답변을) 보류
- □ (混雑の)緩和 (혼잡의) 완화
- □ まろやかな(味) 부드러운, 순한 (맛)
- □ (機材を)使いこなす (기기를) 잘 다루다
- □ (目標には)程遠い (목표에는) 동떨어지다, 차이가 많이 나다
- □ (古い体制から)脱却する (낡은 체제에서) 탈피하다, 벗어나다
- □ (会社の資金)運用 (회사의 자금) 운용
- □ (声が)かすれる (목소리가) 쉬다
- □ 緻密な(観察) 치밀한, 정교한 (관찰)
- □ (体が大きくて)迫力がある (몸집이 크고) 박력이 있다, 기세가 대단하다
- □ (前に走っていた車が)抜き打ちで (앞에 달리던 차가) 갑자기, 불시에
- □ 目まぐるしく(入れ替わる) 매우 빠르게, 어지럽게 (바뀌다)

2024

- □ (社会の)風潮 (사회의) 풍조
- □ (変化を)もたらす (변화를) 가져오다, 초래하다
- □ (発言を)撤回する (발언을) 철회하다
- □ コンスタントに(売れている) 꾸준히 (팔리고 있다)
- □ (別の事業の収益で)補填する (다른 사업의 수익으로) 보충하다, 메우다
- □ ずばりと(指摘される) 딱 (지적받다) → 정곡을 정확히 찌르는 모양
- □ (木材を)加工する (목재를) 가공하다
- □ (3人の子供を)養う (3명의 아이를) 양육하다, 기르다
- □ (陸上選手としての)資質 (육상선수로서의) 자질
- □ 正当な(評価) 정당한 (평가)
- □ (ストーリーは)ありきたりだ (스토리는) 흔하다
- □ (親しい)間柄 (친한) 관계

- □ (よくなる)兆(きざ)し (좋아질) 조짐, 징조
- □ (観客を)収容(しゅうよう)する (관객을) 수용하다
- □ 目(め)がさえる 잠이 안 오다, 눈이 말똥말똥하다
- □ 痛烈(つうれつ)な(批判(ひはん)) 통렬한 (비판)
- □ (次回(じかい)で)完結(かんけつ)する (다음 회에) 완결되다
- □ (壁(かべ)が)もろくなる (벽이) 약해지다, 무너지기 쉽다
- □ (保険(ほけん)を)解約(かいやく)する (보험을) 해약하다
- □ (村(むら)の)特産(とくさん) (마을의) 특산
- □ (友人(ゆうじん)たちから)問(と)い詰(つ)められる (친구들에게) 추궁당하다
- □ (橋(はし)を)改修(かいしゅう)する (다리를) 개수하다, 수리하다
- □ 手厚(てあつ)く(もてなす) 극진히 (대접하다)
- □ デマ(を流(なが)す) 헛소문, 유언비어(를 퍼뜨리다)

memo

□ (物語の)結末 (이야기의) 결말

□ (食欲を)そそる (식욕을) 돋우다, 자극하다

□ (外部の音を)遮断する (외부 소리를) 차단하다

□ (被災地からの)要請 (재해 지역에서 온) 요청

□ (緊張して動作が)ぎこちない (긴장해서 동작이) 어색하다, 딱딱하다

□ 断じて(許されない) 결단코, 절대로 (용서받을 수 없다)

□ (商品の)出荷 (상품의) 출하

□ (友人に)譲る (친구에게) 넘겨주다, 양도하다

□ (大事な場面での)底力 (중요한 상황에서의) 저력

□ 絶大な(人気) 절대적인 (인기)

□ 手痛い(ミス) 뼈아픈, 심한 (실수)

□ (工場を)誘致する (공장을) 유치하다

memo

□ 均等に(割り振る) 균등하게 (할당하다)

□ (凶器を)押収した (흉기를) 압수했다

□ (マラソン大会では途中で)リタイアした (마라톤 대회에서는 도중에) 기권했다 → 기권, 퇴직, 은퇴

□ (経験があることが)望ましい (경험이 있는 것이) 바람직하다

□ (ジャズの)本場 (재즈의) 본고장

□ (情熱を内に)秘める (정열을 마음속에) 간직하다, 숨기다

□ (恐竜は)絶滅した (공룡은) 멸종되었다

□ 素早い(対応) 재빠른 (대응)

□ 露骨に(嫌な顔) 노골적으로 (싫은 표정)

□ (証明書の)交付 (증명서의) 교부

□ かたくなに(押し通した) 완고하게, 완강하게 (끝까지 밀어붙였다)

□ (うちの犬は私の友人に)なついている (우리집 개는 내 친구를) 잘 따른다

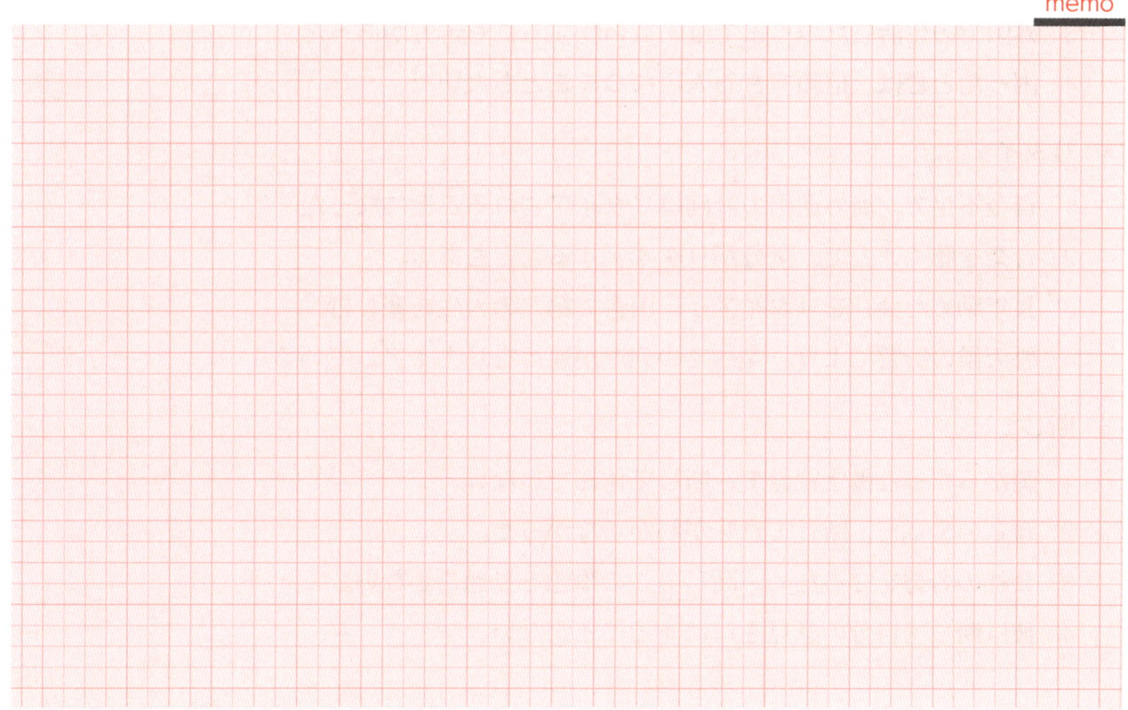

memo

問題4　次の言葉の使い方として最もよいものを、１・２・３・４から一つ選びなさい。

1　質素

1　機械の操作に質素で作業がなかなか進まない。

2　ぺこぺこ頭を下げている自分が質素だ。

3　悩みごとが多く質素になる種が尽きない。

4　贅沢に慣れた身には山村の質素な暮らしはつらい。

2　遮断

1　厚いカーテンが外からの光を完全に遮断している。

2　体調が悪いときは、無理な運動を遮断するべきだ。

3　担当者の判断で会議の開催が遮断されたという。

4　医師の指示に従って、激しい運動はしばらく遮断するようにした。

3　なつく

1　最初は緊張したが、数回の練習で舞台になついてきた。

2　うちの犬は知らない人にもすぐになついてしまう。

3　外国での生活になつくまでは、買い物するにも苦労があった。

4　困ったときは、信頼できる人になつくことも大切だ。

4　リタイア

1　資金不足で、海外進出の計画はリタイアされることになった。

2　音楽を聴くことで、気分がリタイアすることもある。

3　長年勤めた会社をリタイアし、田舎で第二の人生を楽しむ。

4　悪天候の影響により、すべての列車が運行をリタイアしている。

5　断じて

1　朝からずっと働き続けて、断じて休んでいない。

2　難しい文章で、断じて意味がわからなかった。

3　会社の名誉を守るため、断じてこの事態を見過ごせない。

4　彼は断じて自分の意見を口にすることがない。

답　1④　2①　3②　4③　5③

問題4　次の言葉の使い方として最もよいものを、1・2・3・4から一つ選びなさい。

1 間柄

1　気候と農作物の収穫量には密接な間柄がある。

2　経済と社会問題の間柄は複雑で理解が難しい。

3　その事件と彼はいっさい間柄がないと証明された。

4　友人という間柄でも、言っていいことと悪いことがある。

2 さえる

1　開店直後に行くと、店内がさえていて快適に買い物ができた。

2　深夜にコーヒーを飲んだせいで、目がさえて眠れなくなった。

3　通勤ラッシュを避けたおかげで、電車がさえていて座ることができた。

4　夏の強い日差しにより、カーテン越しの人影がさえて見えた。

3 ぎこちない

1　台風の影響で、川の水位がぎこちないレベルに達している。

2　会話の途中で沈黙が続き、ぎこちない雰囲気が広がった。

3　犯人の被害者への冷酷な態度に、多くの人がぎこちなさを感じた。

4　経営悪化の中で、社長はぎこちなく大規模なリストラを行った。

4 露骨

1　彼の発言には露骨な偏見があり、周囲を驚かせた。

2　部屋の中は露骨な装飾で、落ち着かない印象だった。

3　説明が露骨でないと、誤解を招くおそれがある。

4　発表が失敗した原因は、準備不足にあることは露骨だ。

5 保留

1　パソコンに作成した文書を保留し忘れた。

2　食品は冷蔵庫で適切に保留する必要がある。

3　店員は商品を棚に保留しておいた。

4　交渉がまとまらず、結論は保留となった。

答　1④　2②　3②　4①　5④

問題4　次の言葉の使い方として最もよいものを、１・２・３・４から一つ選びなさい。

1 問い詰める

1　嘘をついたことを問い詰められ、彼は真実を話した。

2　イベントの参加方法について、主催者に詳細を問い詰めた。

3　先生の説明が理解できず、もう一度問い詰めて確認した。

4　試験に落ちたことを問い詰めて、部屋にこもっていた。

2 かたくな

1　このパンは焼きすぎて、外側がとてもかたくなになってしまった。

2　留学前に、かたくなに語学の基礎を身につけておきたい。

3　警備がかたくなで、内部には関係者以外は入ることができない。

4　交渉相手はかたくなな姿勢を崩さず、話し合いはなかなか進まない。

3 目まぐるしい

1　彼女は目まぐるしい演技で、観客を魅了した。

2　市場環境は目まぐるしい変化を続けている。

3　健康のためには、目まぐるしい生活を送ることが大切だ。

4　彼の説明は目まぐるしいため、内容を理解できなかった。

4 緩和

1　古い資料を詳しく緩和してから報告書を作成した。

2　製品の品質を緩和することが今後の課題だ。

3　渋滞を緩和するため、新しい道路が建設された。

4　新しい技術を緩和することで生産性が向上した。

5 秘める

1　子どもたちは無限の可能性を秘めており、未来が楽しみだ。

2　自分のミスを秘めるために嘘をついたが、結局ばれてしまった。

3　子どもは注射の痛みに耐え、必死に涙を秘めていた。

4　誰かに頼らず一人で秘めることが、かっこいいとは限らない。

답　1① 2④ 3② 4③ 5①

問題4　次の言葉の使い方として最もよいものを、１・２・３・４から一つ選びなさい。

1 痛烈

1　痛烈な嵐の影響で交通機関がすべて止まった。
2　彼の演説は経済政策に対する痛烈な批判を含んでいた。
3　両者は、痛烈な議論の末、ようやく合意に達した。
4　痛烈な道路状況が交通事故を増加させている。

2 そそる

1　入賞を目指し、選手たちは練習に全力をそそっている。
2　地域のリーダーが、交通安全運動への参加を住民にそそっている。
3　限定品という言葉が購買欲をそそるのは、心理的な効果が大きいからだ。
4　家庭の事情が彼に進学の断念をそそることになった。

3 迫力

1　トラが大きな声でほえた瞬間、その迫力に圧倒された。
2　この機械の迫力は、他社の製品より優れている。
3　彼は、今の仕事の迫力を理解し、真剣に取り組んだ。
4　この会社は迫力の高い製品を作っている。

4 ありきたり

1　彼の提案はありきたりで、特に新しさを感じなかった。
2　彼は若い頃にありきたりの苦労を乗り越えてきたらしい。
3　昨日のイベントには、ありきたりの人が集まっていた。
4　社会の一員として、秩序を守るのはありきたりの義務だ。

5 コンスタントに

1　新しい制度が導入されるたびに、コンスタントに混乱が生じる。
2　あの作家はコンスタントに作品を発表して注目を集めている。
3　彼女はコンスタントに誰にも言わずに悩みを抱えていた。
4　イベント会場の前には開場を待つ客がコンスタントに並んでいた。

답　1② 2③ 3① 4① 5②

2020

□ もはや(通用しない) 이제는 (통용되지 않는다)

□ 円滑に(運営する) 원활하게 (운영하다)

□ (注意を)怠る (주의를) 게을리하다

□ (汚職事件で)失脚する (비리사건으로) 실각하다

□ (観客を)収容する (관객을) 수용하다

□ 実に(よく書けている) 실로 (잘 쓰여 있다)

2019

□ (手続きは)簡素になる (절차는) 간소해진다

□ (がんの仕組みを)解明する (암의 구조를) 풀어내다

□ (見ていて)ほほえましい (보고 있으면) 흐뭇하다

□ (一日に6キロを)目安に (하루 6킬로미터를) 목표로

□ (社会の)様相 (사회의) 양상, 모양, 모습

□ (冗談を)交える (농담을) 섞다

□ (市民の)要望 (시민의) 요망, 바람

□ (定説を)覆す (정설을) 뒤집어 엎다, 뒤엎다

□ (スーパーが)繁盛する (슈퍼마켓이) 번창하다

□ (失敗して)くじける (실패해서) 좌절하다

□ ひたむきな(姿) 한결같은 (모습)

□ (実力は)互角 (실력은) 호각, 막상막하

2018

□ 巧みな(技術) 정교한 (기술)

□ (希望の部署に)配属される (희망 부서에) 배속되다

□ (調査に)乗り出す (조사에) 착수하다

□ 面識(はない) 면식, 안면(은 없다)

□ (一部分を)抜粋 (일부분을) 발췌

□ 心当たり(がない) 짐작 가는 곳(이 없다)

□ (安全装置が)作動 (안전장치가) 작동

□ しぶとい(ところ) 고집이 센, 완고한 (면)

□ (白を)基調に (흰색을) 기조로, 바탕으로

□ (荷物が)かさばる (짐이) 부피가 크다

□ (パソコンが)備え付けてある (컴퓨터가) 비치되어 있다, 구비되어 있다

□ (様々な思いが)交錯する (여러 생각이) 교차하다, 엇갈리다

2017

- □ (部長に)昇進 (부장으로) 승진
- □ (無料で)配布 (무료로) 배포
- □ (大災害によって)滅びる (큰 재해로 인해) 멸망하다, 쇠퇴하다
- □ (この団体は)発足した (이 단체는) 발족했다
- □ (問題を)提起 (문제를) 제기
- □ (ゼロを一つ)見落とす (0을 하나) 빠뜨리다
- □ (データの)重複 (데이터의) 중복
- □ (京都を)拠点に (교토를) 거점으로
- □ 真っ先に(頭に浮かぶ) 맨 먼저 (머리에 떠오르다)
- □ 緊密に(協力する) 긴밀히 (협력하다)
- □ (変化を)遂げる (변화를) 이루다, 달성하다
- □ うなだれて(顔を上げなかった) 고개를 숙이고 (얼굴을 들지 않았다)

2016

- □ (交通が)規制される (교통이) 규제되다
- □ (情報を)入手 (정보를) 입수
- □ 素早い(対応) 재빠른 (대응)
- □ (解決に至った)経緯 (해결에 이른) 경위
- □ (地位を)退く (지위에서) 물러나다
- □ (社会に)還元する (사회에) 환원하다
- □ 閑静な(場所) 한적한 (장소)
- □ たやすく(解決できる) 쉽게 (해결할 수 있다)
- □ (気持ちを)察する (기분을) 헤아리다, 살피다
- □ (出張費の)内訳 (출장비의) 내역, 명세
- □ (話が)食い違う (말이) 엇갈리다, 일치하지 않다
- □ 過密な(スケジュール) 빽빽한 (스케줄)

2015

- □ (研究に)没頭 (연구에) 몰두
- □ 人手(が要る) 일손(이 필요하다)
- □ 今更(変えるように) 이제와서 (바꾸도록)
- □ くまなく(探す) 빠짐없이 (찾다)
- □ (無理をしないで)安静 (무리하지 말고) 안정
- □ (関連部門を)統合 (관련부문을) 통합
- □ (責任をとって)辞任 (책임을 지고) 사임
- □ 軌道(を修正する) 궤도(를 수정하다)
- □ (現実味を)帯びる (현실미를) 띠다 → (어떤 성질·성분·경향을) 띠다
- □ 思い詰めた(表情) 골똘히 생각하는 (표정)
- □ もはや(通用しない) 이제는 (통용되지 않는다)
- □ (破損が)はなはだしい (파손이) 매우 심하다

- 一律に(削減する)　일률적으로 (삭감하다)
- (値段のシールを)はがす　(가격택을) 떼다, 벗기다
- 心構え(が決まらない)　마음가짐, 각오(가 서지 않는다)
- (母の足に)しがみつく　(엄마 다리에) 매달리다
- (信頼関係を)損なう　(신뢰관계를) 해치다 → ① 파손하다 ② (건강・기분) 상하게 하다, 해치다
- (資金を)工面する　(자금을) 변통하다
- (薬品の開発に)携わる　(약품 개발에) 종사하다
- (前向きな言葉とは)裏腹に　(긍정적인 말과는) 달리, 전반대로
- (一人で)抱え込む　(혼자서) 떠맡다 → ① (양팔로) 껴안다 ② (많은 것을) 떠맡다
- 耐えがたい(暑さ)　견디기 힘든 (더위) → (괴로움, 외부의 자극을) 견디기 힘들다
- 人一倍(努力する)　갑절로 (노력하다) → 두 배, 갑절
- (停電が)復旧した　(정전이) 복구되었다

- 円滑に(進む)　원활하게 (진행되다)
- (母が)かばってくれた　(엄마가) 감싸 주었다
- (誰も来る)気配がない　(아무도 올) 낌새가 없다
- (予測に)合致する　(예측에) 일치하다
- (他社より)優位　(타사보다) 우위 → 다른 것보다 유리한 입장
- (勤務態度も)加味する　(근무태도도) 더하다 → (맛, 다른 요소를) 더하다, 가미하다
- (適切な)処置　(적절한) 처치, 조치
- (私生活にまで)口出しする　(사생활까지) 참견하다
- (手続きが)煩雑だ　(절차가) 번거롭고 복잡하다
- (危機的状況を)打開　(위기적 상황을) 타개
- (持ち上げた)拍子に　(들어올린) 순간에 → ～한 순간에, ～한 찰나에
- (社会全体に)当てはめる　(사회 전체에) 적용시키다 → 꼭 들어 맞추다, 적용시키다

- (入学金が)免除　(입학금이) 면제
- (2年の)ブランク　(2년의) 공백, 경력 단절
- (努力を)怠る　(노력을) 게을리하다
- (退院の)見込み　(퇴원할) 예정, 전망
- (人口500人に)満たない　(인구 500명에) 미치지 못하다 → 500명 미만이다

□ (世界でも)有数の (세계에서도) 유수의, 손꼽히는　　□ 広大な(キャンパス) 광대한 (캠퍼스)

□ (情熱を)秘める (정열을) 숨기다, 속에 간직하다　　□ (熱を)発散する (열을) 발산하다

□ (子供の)仕業 (아이의) 짓, 소행

□ 総じて(伸びている) 대체로 (증가하고 있다) → 대체로, 전반적으로

□ (髪も)無造作に(束ねる) (머리도) 아무렇게나 (묶다) → ① 손쉽게 하는 모양 ② 신경쓰지 않고 대충 하는 모양

2011

□ (地域と)連携する (지역과) 연계하다, 협력하다　　□ 不服(を唱える) 불복, 이의(를 제기하다)

□ (夢が)かなう (꿈이) 이루어지다　　□ 目覚ましい(成長) 눈부신 (성장)

□ (靴のひもが)ほどける (신발 끈이) 풀어지다　　□ (海外の支社に)赴任 (해외 지사로) 부임

□ とっくに(帰った) 벌써, 훨씬 전에 (돌아갔다)　　□ (時間が)まちまちだ (시간이) 각기 다르다, 제각각이다

□ (経済的に)ゆとりが (경제적으로) 여유가　　□ (無料サンプルを)配布 (무료 샘플을) 배포

□ (友達を)見失う (친구를) 놓치다 → 보던 것을 (시야에서) 놓치다

□ 質素な(生活) 검소한, 소박한 (생활)

2010

□ (古い住宅が)密集 (낡은 주택이) 밀집　　□ 潔く(謝る) 깨끗하게, 미련 없이 (사과하다)

□ (団体の)発足 (단체의) 발족　　□ ひとまず(これで) 일단, 우선 (이것으로)

□ (どこのレストランも)にぎわう (어느 레스토랑이나) 붐비다, 북적이다

□ (休暇を)満喫 (휴가를) 만끽　　□ (資金を)調達 (자금을) 조달, 마련

□ 細心(の注意) 세심(한 주의)　　□ 意地(を張る) 고집(을 부리다)

□ めきめき(上達した) 눈에 띄게, 부쩍부쩍 (향상되었다)　　□ 目先(の利益) 눈앞, 당장(의 이익)

□ (重要な連絡を)見落とす (중요한 연락을) 빠뜨리다

問題4　次の言葉の使い方として最もよいものを、１・２・３・４から一つ選びなさい。

1　もはや

1　その硬貨は日本ではもはや通用していない。
2　テストは予想していたよりもはややさしかった。
3　彼はもはやにもまして勉学に励むようになった。
4　その後もはやして雨が降り出した。

2　乗り出す

1　彼は割り箸を使うのをやめようとみんなに乗り出した。
2　彼女はぎりぎりにならないと宿題に乗り出さない。
3　警察はようやくその事件の捜査に乗り出した。
4　役員たちは、新たな市場に乗り出しようとしなかった。

3　繁盛

1　山本さんはアメリカに出発する前に繁盛した見送りを受けた。
2　ネット上で宣伝し始めたら、商売が繁盛するようになった。
3　庭の少し上の繁盛しているところが愛犬の墓です。
4　火事発生から５時間たったが、火はまだ繁盛していた。

4　内訳

1　全体の栄養を考えて内訳の良い食事を心がけましょう。
2　合計は10万円で内訳は次の通りです。
3　本日は６月１日に行われた入学式の内訳を紹介します。
4　一度、来週の内訳を確認した上で、改めてご連絡さし上げます。

5　うなだれる

1　期待していた成績を収めた彼は、歓喜の表情を浮かべながらうなだれた。
2　彼女の言い訳は私たちにはうなだれないところがあった。
3　彼はショックのあまりうなだれて何も言わず部屋から出ていった。
4　つり橋がちょっとうなだれただけで彼女は大声をあげた。

答　1① 2③ 3② 4② 5③

問題4　次の言葉の使い方として最もよいものを、１・２・３・４から一つ選びなさい。

1　しぶとい

1　それは熱にしぶとくて、さらに加工もしやすい素材だった。

2　梅雨から夏の時期は湿気がしぶとく、じめじめとした天気が続きますよね。

3　あいつはなかなか自分の負けを認めないしぶといやつだ。

4　今日は朝から微熱があって体がしぶとい。

2　失脚

1　その政治家はかなりの実力者だったが、今度の政変で失脚したらしい。

2　その役者は初舞台でやじられてすっかり自信を失脚してしまった。

3　あの教授は高名な学者であるが、人格的には失脚だ。

4　目撃者は「飛行機は墜落前に突然失脚した」と語った。

3　滅びる

1　資金が滅びて彼の店は閉店に追い込まれた。

2　彼女は最愛の息子に先立たれて生きる望みを滅びた。

3　その災難の知らせを聞いて滅びるほどびっくりした。

4　核戦争が起こったら人類は滅びるだろう。

4　ひたむきに

1　田中さんがひたむきに生きるその姿は実にけなげだ。

2　日が暮れたと思ったらひたむきに風が冷たくなった。

3　宇宙開発は人類の夢だが、その実現にはひたむきに資金が必要です。

4　選挙に勝てたのはひたむきに皆様のおかげです。

5　基調

1　今度の日本代表チームは主将の中村選手を基調によくまとまっている。

2　人々に衝撃を与えたこのニュースを基調に書かれた小説がこの映画の原作だ。

3　当院ではご予約・急病の方を基調にして診察させていただいております。

4　黒を基調としたシンプルかつ落ち着いた雰囲気の寝室だ。

答　1③　2①　3④　4①　5④

問題4　次の言葉の使い方として最もよいものを、1・2・3・4から一つ選びなさい。

1　めきめき

1　子供は先生の質問にめきめき答えた。

2　相次いでかかってくる電話にめきめき応対した。

3　彼の英語はめきめき上達した。

4　ゆうべは伯母（おば）に夜遅くまでめきめき説教された。

2　ほほえましい

1　ガーデニングはどの世代の人にとってもほほえましいものだ。

2　子供たちの遊んでいる様子はほほえましかった。

3　その研究チームは科学上のほほえましい業績を挙げた。

4　男の子が生まれたというほほえましい知らせが姉から届いた。

3　交錯

1　石原（いしはら）さんの話には真実と虚構とが交錯していた。

2　すきま風が吹き込んで書類が交錯して机から落ちた。

3　その大学は、大きな道路を交錯した反対側の道沿いにある。

4　いろいろな人々と交錯することで人間関係が深まった。

4　円滑

1　この法律は改正を繰り返した結果ますます円滑になった。

2　会議の円滑な運営を図るため、議事運営委員会を設ける。

3　変更があった場合には円滑にお知らせください。

4　彼女は円滑な人柄で、誰からも慕われている。

5　退く

1　緊急でもないのに夜遅く電話をするのは退いてください。

2　その選手は体力の衰えから現役を退いた。

3　この仕事を退かないと家に帰れない。

4　その歌手は薬物中毒更生プログラムへの参加を約束して起訴を退いた。

답　1③　2②　3①　4②　5②

問題4　次の言葉の使い方として最もよいものを、１・２・３・４から一つ選びなさい。

1　帯びる

1　最近の塗料には様々な機能を帯びたものがある。

2　この事件は政治的性格を帯びてきた。

3　資格の取得に力を入れてきたので、複数の資格を帯びている。

4　小林社長は部下を帯びて海外視察に行った。

2　軌道

1　もう９月だというのに私はまだ卒業後の軌道が決まらない。

2　駅なら次の交差点を右へ行くのが軌道です。

3　私たちの研究も軌道に乗ってきたようだ。

4　万里の長城がどんな軌道で築かれたのか知りたいものだ。

3　発足

1　シャトルバスは西口ターミナルから発足する。

2　首相は強権を発足して改革を断行した。

3　その航空会社は旅客機を18機アメリカの会社に発足した。

4　その団体は発足してまだまもない。

4　ほどける

1　歩いているうちに靴のひもがほどけてきた。

2　大根の皮をするすると器用に包丁でほどけていく。

3　年月がたつとペンキがほどけて汚くなる。

4　貝を塩水に漬けておいたら砂がほどけた。

5　不服

1　サービスに対して不服に高い代金を請求された。

2　そのドラマの最終回は視聴者から不服の声が上がった。

3　彼は私のやり方に不服を唱えた。

4　彼女の不服を晴らすには時間がかかるだろう。

답 1② 2③ 3④ 4① 5③

問題4　次の言葉の使い方として最もよいものを、１・２・３・４から一つ選びなさい。

1　思い詰める

1　鈴木さんはいつも先生たちにほめられているので思い詰めている。
2　池田さんは何事に関しても思い詰めがちな性格だ。
3　石原さんは思い詰めて新しい事業に乗り出した。
4　中村さんは就職するつもりだったが、思い詰めて進学することにした。

2　復旧

1　山手線は数時間後に復旧の見込みだ。
2　山本さんは壁画の復旧の専門家だ。
3　このバイクは復旧すればまだ使えるよ。
4　山本さんは体力があるので復旧は早いだろう。

3　意地

1　選手間の意地の疎通を欠いたことが敗因だ。
2　ジェットコースターが急降下した時は生きた意地がしなかった。
3　そんなつまらないことであまり意地を張るなよ。
4　彼は試験に落ちて意地を失った。

4　ブランク

1　彼の経歴には２年間のブランクがある。
2　日本チームはブランクが弱いのが欠点だ。
3　勇気を出して彼女に愛をブランクした。
4　関東ブランクからは２チームが代表に選ばれる。

5　目覚ましい

1　あの留学生の日本語の上達ぶりは目覚ましい。
2　あの男は金もうけにしか興味のない目覚ましい人間だ。
3　先生は目覚ましい形相で教室に入ってきた。
4　その子供は傷口から血が目覚ましく流れていた。

答　1② 2① 3③ 4① 5①

問題4　次の言葉の使い方として最もよいものを、１・２・３・４から一つ選びなさい。

1 はなはだしい

1　最近の彼女の英語の上達ぶりにははなはだしいものがある。

2　回復期間中は、暑い環境での運動やはなはだしい運動は厳禁です。

3　彼のはなはだしい所は練習で忙しいはずなのに、成績がいい所だ。

4　ボルト、ナットの腐食のはなはだしい場合は新品と交換してください。

2 工面

1　授業料100万円を何とか工面した。

2　技術を工面してこの機械を造り上げました。

3　そのトンネルの工面は困難を極めた。

4　このところ体の工面がとても良い。

3 打開

1　物語は意外な方向に打開した。

2　事態の打開をはかる対策が必要だ。

3　すべての国民に情報の打開は必要だ。

4　その火災は彼の事業には大きな打開であった。

4 とっくに

1　宿題はとっくにやってしまった。

2　東京に着いたらとっくに電話をください。

3　山本さんはとっくに戻って来るはずだ。

4　とっくに真相が明らかになるだろう。

5 調達

1　経営方針に関する調達が難航している。

2　裁判所から出廷するようにと調達があった。

3　洋風の家具がこの和室によく調達している。

4　被災地に食糧を調達することが急務だ。

答　1④　2①　3②　4①　5④

あ

- □ あざやか 선명함
- □ 案の定（あんじょう） 예상대로, 아니나 다를까
- □ 一括（いっかつ） 일괄, 한데 묶음
- □ 一見（いっけん） 언뜻 보기에
- □ いやに 이상하게, 묘하게
- □ おごる 한턱내다, 대접하다
- □ (〜は)おろか (〜은) 고사하고, (〜은) 물론

か

- □ 仮に（かりに） 가령, 임시로
- □ かんぺき 완벽함
- □ きざ 불쾌함, 아니꼬움
- □ 極端（きょくたん） 극단적임
- □ 禁物（きんもつ） 금물
- □ 軽率（けいそつ） 경솔함
- □ 欠如（けつじょ） 결여
- □ 交付（こうふ） 교부(나라나 시청에서 금전이나 서류를 건넴)
- □ 高尚（こうしょう） 고상함
- □ 巧妙（こうみょう） 교묘함

さ

- □ 指図（さしず） 지시, 지휘
- □ しなやか 탄력이 있고 부드러운 모양, 유연함
- □ 終日（しゅうじつ） 종일
- □ 執着（しゅうちゃく） 집착
- □ 照合（しょうごう） 대조
- □ 昇進（しょうしん） 승진
- □ 親善（しんぜん） 친선
- □ ショック 쇼크, 충격
- □ ずらっと 늘어선 모양, 주욱
- □ 相応（そうおう） 상응, 어울림
- □ そらす (딴 데로) 돌리다, 빗나가게 하다

た～な

□ 単一（たんいつ） 단일 　　□ 忠実（ちゅうじつ） 충실함 　　□ 中毒（ちゅうどく） 중독

□ つぶやく 중얼거리다, 투덜거리다 　　□ 手際（てぎわ） 솜씨, 수완 　　□ どうやら 어쩐지, 아무래도

□ とぐ 갈다 　　□ とっさに 순간적으로 　　□ 突如（とつじょ） 갑자기, 별안간

□ なんとか 어떻게든, 그럭저럭 　　□ にじむ 번지다, 스며들다 　　□ ののしる 욕을 퍼붓다, 매도하다

は

□ はかどる 진척되다 　　□ 腹（はら）が立（た）つ 화가 나다 　　□ 品種（ひんしゅ） 품종

□ ぶかぶか 헐렁헐렁 　　□ 不順（ふじゅん） 불순, 순탄치 못함 　　□ 不満（ふまん） 불만

□ ぺこぺこ 굽실굽실 　　□ へりくだる 겸손하다 　　□ ボイコット 보이콧, 불매 운동

□ ぼつぼつ 슬슬, 조금씩

ま～わ

□ まるまる 전부, 완전히 　　□ よほど 훨씬, 상당히 　　□ 両立（りょうりつ） 양립, 병행

□ 露骨（ろこつ） 노골적임 　　□ わざわざ 일부러

問題4　次の言葉の使い方として最もよいものを、1・2・3・4から一つ選びなさい。

1 手際

1　何をするにも彼は相変わらず手際がいい。

2　彼はその犯人をつかまえるという手際をあげた。

3　この資料は大切なので、いつも手際に置いておく。

4　ここまで来るのにずいぶん手際がかかったね。

2 おごる

1　ここにある本は私が父におごったものです。

2　昼ご飯をおごるからこの書類にざっと目を通してくれよ。

3　手作りのケーキをおごっていただいて恐縮です。

4　卒業祝いに気持ちばかりのプレゼントをおごった。

3 ずらっと

1　私はカタログにずらっと目を通した。

2　北海道は、明日はずらっと晴れるようですよ。

3　息子は1年間でずらっと背が伸びた。

4　沿路には、選手を応援する人々がずらっと並んでいた。

4 はかどる

1　その会社は年々はかどっている。

2　この病院は地区最高の設備をはかどっている。

3　路線工事は着々とはかどっている。

4　彼女の考え方は10年はかどっている。

5 へりくだる

1　候補者のへりくだった態度が有権者の心をつかんだ。

2　子供のころ、登った木からへりくだれなくて困ったことがある。

3　小川の流れをへりくだる山道を歩いて行った。

4　父は私に頭をへりくだって、家業を継いでくれと言った。

答　1① 2② 3④ 4③ 5①

問題4　次の言葉の使い方として最もよいものを、1・2・3・4から一つ選びなさい。

1　指図

1　私は彼女に誤りを指図してやった。

2　彼は遠くの看板を指図して「あの店だ」と言った。

3　お前の指図なんか受けるもんか。

4　ペンがなかったので、わからない字を指図して教えてもらった。

2　つぶやく

1　子どもたちがつぶやきあいながら元気に遊んでいた。

2　キリギリスは夏中楽しそうにつぶやいていた。

3　あの老人はいつもぶつぶつ何かつぶやいている。

4　よく聞き取れませんから、もっと大声でつぶやいてください。

3　執着

1　彼は明日の夜執着する予定です。

2　彼は自分の意見に執着して他人に耳を貸さない。

3　お気に入りのコートを毎日執着しています。

4　容疑者の靴には泥が執着していた。

4　交付

1　補助金が交付されるまでには時間がかかります。

2　ご注文の品は5日以内に交付するように致します。

3　給与のほかに交通費が別途交付されます。

4　隣の人にハワイ旅行のおみやげを交付した。

5　巧妙

1　われわれは彼の巧妙な手口にだまされた。

2　この家具は職人によって一つ一つ巧妙に作られた。

3　車を手入れしたので、以前に比べて巧妙になった。

4　うちのペットは顔がとても巧妙でかわいらしい。

答　1 ③　2 ③　3 ②　4 ①　5 ①

問題4　次の言葉の使い方として最もよいものを、１・２・３・４から一つ選びなさい。

1　とっさに

1　とっさに用事ができてしまい、パーティーに出席できなかった。

2　爆弾が爆発したとき、彼はとっさに地面に伏せた。

3　彼の病状は、とっさによくなっている。

4　ゆうべは約束があったので、仕事が終わるととっさに帰った。

2　不順

1　天候不順のため、プールの入場客は去年より減った。

2　店にはたくさんの商品が、不順に並んでいた。

3　あなたなら、不順に練習すれば発音もよくなるよ。

4　このところ、会社が業績不順で心配です。

3　仮に

1　仮に頑張って、りっぱな成績をおさめることができた。

2　仮に彼を説得したが、結局彼は来なかった。

3　仮に自分が事故にあったことを一度は考えるべきだ。

4　仮に１ドルを110円として費用を計算してみよう。

4　にじむ

1　この布は水につけると色がにじむ。

2　今日は風邪で鼻がにじんでいます。

3　あまり大声を出して声がにじんでしまった。

4　煮物は一晩おくと味がにじんで一層おいしくなる。

5　まるまる

1　来ている人たちまるまるにプレゼントを用意してあります。

2　その新製品はとても好評でまるまるだったそうだね。

3　その点で君と意見がまるまる一致しているわけではない。

4　テーブルの下でまるまる寝ているのが私のネコです。

答　1②　2①　3④　4①　5③

問題4　次の言葉の使い方として最もよいものを、1・2・3・4から一つ選びなさい。

1　なんとか

1　一生懸命走って終電になんとか間に合った。
2　このごろの食べ物はなんとかまずくなったような気がする。
3　彼女はなんとか僕を避けているらしい。
4　このごろなんとか疲れやすい。

2　両立

1　この地域では、大雨と強風が両立しているので注意してください。
2　勉強と部活動を両立させるのはむずかしい。
3　私と彼は目標に向かって両立して進んだ。
4　駅の北口と南口に二つのマンションが両立している。

3　突如

1　突如で新しい考えが浮かんだ。
2　私の頭に突如良い考えがひらめいた。
3　突如な地震だったが、幸いけが人は出なかった。
4　前の車が突如に車線変更した。

4　どうやら

1　どうやらあしたは雨らしい。
2　私はこの言葉の意味がどうやらわからない。
3　彼女のことは心配しなくても、どうやらなるだろう。
4　どうやらあの大学に合格したいと思っている。

5　一括

1　参加者は一括して50名だった。
2　今日の午後娘と一括して買い物に行くつもりだ。
3　彼はジョッキ一杯のビールを一括して飲み干した。
4　これらの問題は一括して処理できる。

답　1① 2② 3② 4① 5④

제 2 장

문자·어휘

예상 공략편

예상어휘 공략하기

1 출제 예상 명사

1 한자 1자로 된 명사

あ

- □ 麻（あさ） 삼, 삼베
- □ 脚（あし） (사람의) 다리
- □ 値（あたい） 값어치, 가치, ～할 만함
- □ 当て（あて） 목표, 기대, 전망
- □ 網（あみ） 그물, 망
- □ 過ち（あやま） 잘못, 실수
- □ 頂（いただき） 꼭대기, 정상
- □ 渦（うず） 소용돌이
- □ 器（うつわ） 그릇, 용기
- □ 潤い（うるお） 습기, 보탬, 혜택
- □ 尾（お） 꼬리
- □ 公（おおやけ） 공, 공공, 공정함
- □ 雄（おす） 동물의 수컷
- □ 恐れ（おそ） 두려움
- □ お宮（みや） 신사
- □ 趣（おもむき） 풍취, 멋

か・さ

- □ 塊（かたまり） 덩어리, 뭉치
- □ 傍ら（かたわ） 옆, 곁
- □ 狩り（か） 사냥
- □ 絆（きずな） 고삐, 정, 인연, 유대
- □ 茎（くき） 줄기
- □ 蔵（くら） 곳간, 창고
- □ 獣（けもの） 짐승
- □ 志（こころざし） 뜻, 마음
- □ 暦（こよみ） 달력
- □ 策（さく） 책략, 계략
- □ 様（さま） 모양, 상태, 모습
- □ 潮（しお） 조수, 밀물, 썰물, 바닷물
- □ 軸（じく） 축, 굴대
- □ 僧（そう） 승려

た・な

□ 丈 （たけ） 키, 기장, 길이	□ 盾 （たて） 방패	□ 魂 （たましい） 영혼, 정신
□ 筒 （つつ） 통, 속이 비고 긴 관	□ 角 （つの） 뿔	□ 唾 （つば） 침
□ 壺 （つぼ） 단지, 항아리	□ 露 （つゆ） 이슬	□ 胴 （どう） 몸통, 몸의 중앙부
□ 隣 （となり） 옆, 이웃	□ 扉 （とびら） 문	□ 虜 사로잡힌 사람, 포로
□ 情け （なさけ） 정, 인정	□ 鉛 （なまり） 납	□ 並 （なみ） 보통, 중간
□ 主 （ぬし） 주인, 가장	□ 沼 （ぬま） 늪	□ 延 （のべ） 연, 총계
□ 呪い （のろい） 저주		

は

□ 刃 （は） （칼 따위의） 날	□ 肺 （はい） 폐	□ 恥 （はじ） 부끄러움, 수치, 치욕, 창피
□ 旗 （はた） 깃발	□ 罰 （ばつ） 벌	□ 果て （は） 끝, 말로
□ 浜 （はま） 호숫가, 바닷가	□ 票 （ひょう） 표, 명찰, 쪽지	□ 節 （ふし） 마디, 관절
□ 房 （ふさ） ① （여러 가닥의 실로 만든） 술 ② （포도 등의） 송이		□ 札 （ふだ） 표찰, 표
□ 穂 （ほ） 이삭	□ 蛍 （ほたる） 개똥벌레, 반디	□ 堀 （ほり） 수로, （성 둘레에 판） 해자

ま〜わ

□ 膜 （まく） 막	□ 誠 （まこと） 진실, 사실, 진심	□ 幹 （みき） 나무의 줄기
□ 峰 （みね） 봉우리	□ 脈 （みゃく） 맥, 맥박	□ 群れ （む） 떼, 무리
□ 雌 （めす） 동물의 암컷	□ 喪 （も） 상, 상중	□ 矢 （や） 화살
□ 闇 （やみ） 어둠	□ 弓 （ゆみ） 활	□ 枠 （わく） 틀, 범위

あ

□ **愛惜** あいせき 애석, 아쉬워함

□ **合席** あいせき 합석, 동석

□ **悪事** あくじ 나쁜 짓, 악행

□ **斡旋** あっせん 알선, 주선

□ **油絵** あぶらえ 유화

□ **雨具** あまぐ 비 올 때 쓰는 도구

□ **暗算** あんざん 암산

□ **暗示** あんじ 암시

□ **暗黙** あんもく 암묵

□ **家柄** いえがら 집안, 가문

□ **家路** いえじ (집으로의) 귀갓길, 귀가

□ **異議** いぎ 이의

□ **幾多** いくた 많음, 다수

□ **威厳** いげん 위엄

□ **萎縮** いしゅく 위축

□ **衣装** いしょう 의상

□ **依存** いぞん 의존

□ **委託** いたく 위탁

□ **一時** いちじ 한때, 잠시

□ **一途** いちず 외곬, 한결같음

□ **一躍** いちやく 일약

□ **一様** いちよう 똑같음, 한결같음

□ **一挙** いっきょ 일거, 한 번의 행동

□ **一色** いっしょく 일색, ～뿐임

□ **一掃** いっそう 일소, 한꺼번에 없앰

□ **一帯** いったい 일대

□ **逸品** いっぴん 일품, 걸작품

□ **一変** いっぺん 일변, 완전히 달라짐

□ **逸話** いつわ 일화

□ **稲光** いなびかり 번개(=稲妻 いなずま)

□ **威力** いりょく 위력

□ **違和感** いわかん 위화감

□ **印鑑** いんかん 인감

□ **隠居** いんきょ 은거

□ **引率** いんそつ 인솔

□ **隠蔽** いんぺい 은폐

□ **陰謀** いんぼう 음모

□ **有無** うむ 유무

□ **浮気** うわき 바람, 외도

□ **運賃** うんちん 운임

□ **運搬** うんぱん 운반

□ **運輸** うんゆ 운수

□ **鋭敏** えいびん 예민(함)

□ **英雄** えいゆう 영웅

□ **栄養** えいよう 영양

□ **笑顔** えがお 웃는 얼굴

□ **疫病** えきびょう 역병, 돌림병

□ **会釈** えしゃく 가볍게 인사함

□ **会得** えとく 터득, 깨달음

□ **獲物** えもの 사냥감, 전리품

□ **沿岸** えんがん 연안

□ **遠征** えんせい 원정

□ **沿線** えんせん 연선, (버스·지하철의) 노선 주변

□ **縁談** えんだん 혼담

□ **横行** おうこう 횡행, 활개침, 난무함

□ **黄金** おうごん 황금

□ **往診** おうしん 왕진

□ **大口** おおぐち 큰 입, 대량 주문

□ **大損** おおぞん 큰 손해

□ **汚職** おしょく 독직, 공직자의 비리

□ **穏便** おんびん 온당하고 원만함, 모나지 않음

か

- □ 改悪（かいあく） 개악(고쳐서 더 나쁘게 만듦)
- □ 外貨（がいか） 외화
- □ 外観（がいかん） 외관
- □ 階級（かいきゅう） 계급
- □ 悔恨（かいこん） 회한, 뉘우침
- □ 開墾（かいこん） 개간, 개척
- □ 解釈（かいしゃく） 해석
- □ 懐柔（かいじゅう） 회유
- □ 階層（かいそう） 계층
- □ 回想（かいそう） 회상
- □ 慨嘆（がいたん） 개탄
- □ 改築（かいちく） 개축
- □ 懐中（かいちゅう） 회중, 주머니 속
- □ 害虫（がいちゅう） 해충
- □ 改訂（かいてい） (출판물의) 개정
- □ 街頭（がいとう） 가두, 길거리
- □ 概念（がいねん） 개념
- □ 外泊（がいはく） 외박
- □ 海抜（かいばつ） 해발
- □ 快方（かいほう） (병의) 차도
- □ 解剖（かいぼう） 해부
- □ 開幕（かいまく） 개막
- □ 皆無（かいむ） 전무, 전혀 없음
- □ 概要（がいよう） 개요
- □ 回覧（かいらん） 회람
- □ 拡散（かくさん） 확산
- □ 隔週（かくしゅう） 격주
- □ 拡充（かくじゅう） 확충
- □ 覚醒（かくせい） 각성
- □ 確定（かくてい） 확정
- □ 獲得（かくとく） 획득
- □ 楽譜（がくふ） 악보
- □ 格別（かくべつ） 각별함
- □ 革命（かくめい） 혁명
- □ 隔離（かくり） 격리
- □ 確率（かくりつ） 확률
- □ 確立（かくりつ） 확립
- □ 河川（かせん） 하천
- □ 課題（かだい） 과제
- □ 片言（かたこと） 한마디의 말, 서투른 말씨
- □ 家畜（かちく） 가축
- □ 割愛（かつあい） ①할애 ②생략
- □ 喝采（かっさい） 갈채
- □ 合唱（がっしょう） 합창
- □ 合点（がってん） 납득, 수긍
- □ 株価（かぶか） 주가
- □ 株式（かぶしき） 주식
- □ 貨幣（かへい） 화폐
- □ 眼科（がんか） 안과
- □ 感慨（かんがい） 감개(깊이 느낌)
- □ 感激（かんげき） 감격
- □ 刊行（かんこう） 간행
- □ 慣行（かんこう） 관행
- □ 勧告（かんこく） 권고
- □ 監査（かんさ） 감사
- □ 換算（かんさん） 환산
- □ 監視（かんし） 감시
- □ 慣習（かんしゅう） 관습
- □ 観衆（かんしゅう） 관중
- □ 完熟（かんじゅく） 완숙, 완전히 익음
- □ 願書（がんしょ） 원서
- □ 勘定（かんじょう） 계산, 셈
- □ 感触（かんしょく） 감촉
- □ 歓声（かんせい） 환성
- □ 関税（かんぜい） 관세
- □ 岩石（がんせき） 암석
- □ 感染（かんせん） 감염
- □ 観測（かんそく） 관측
- □ 勘当（かんどう） 의절

☐ 元年 원년 (がんねん)	☐ 完備 완비 (かんび)	☐ 幹部 간부 (かんぶ)
☐ 勘弁 용서함 (かんべん)	☐ 感銘 감명 (かんめい)	☐ 慣用 관용(습관적으로 자주 씀) (かんよう)
☐ 寛容 관용(너그러움) (かんよう)	☐ 観覧 관람 (かんらん)	☐ 官吏 관리 (かんり)
☐ 官僚 관료 (かんりょう)	☐ 慣例 관례 (かんれい)	☐ 還暦 환갑 (かんれき)
☐ 議案 의안, 안건 (ぎあん)	☐ 気概 기개 (きがい)	☐ 企画 기획 (きかく)
☐ 器官 (호흡·소화 등의) 기관 (きかん)	☐ 棄却 기각 (ききゃく)	☐ 喜劇 희극 (きげき)
☐ 議決 의결 (ぎけつ)	☐ 起源 기원 (きげん)	☐ 機構 (조직의) 기구 (きこう)
☐ 気心 본래의 성질이나 생각 (きごころ)	☐ 記載 기재(적어 넣음) (きさい)	☐ 気質 기질, 성향 (きしつ)
☐ 期日 기일 (きじつ)	☐ 記述 기술 (きじゅつ)	☐ 気性 천성, 기질 (きしょう)
☐ 偽証 위증 (ぎしょう)	☐ 傷跡 상처 자국, 흉 (きずあと)	☐ 犠牲 희생 (ぎせい)
☐ 奇跡 기적 (きせき)	☐ 寄贈 기증 (きぞう)	☐ 貴族 귀족 (きぞく)
☐ 議題 의제 (ぎだい)	☐ 喫煙 흡연 (きつえん)	☐ 詰問 힐문(나무라고 따짐) (きつもん)
☐ 規定 규정 (きてい)	☐ 危篤 위독, 중태 (きとく)	☐ 技能 기능(기술적인 재능) (ぎのう)
☐ 気迫 기백 (きはく)	☐ 気風 기풍, 성향 (きふう)	☐ 規約 규약 (きやく)
☐ 脚色 각색 (きゃくしょく)	☐ 逆接 역접 (ぎゃくせつ)	☐ 逆転 역전 (ぎゃくてん)
☐ 逆流 역류 (ぎゃくりゅう)	☐ 逆境 역경 (ぎゃっきょう)	☐ 究極 궁극 (きゅうきょく)
☐ 救済 구제 (きゅうさい)	☐ 吸収 흡수 (きゅうしゅう)	☐ 給食 급식 (きゅうしょく)
☐ 休戦 휴전 (きゅうせん)	☐ 宮殿 궁전 (きゅうでん)	☐ 急変 급변 (きゅうへん)
☐ 窮乏 궁핍 (きゅうぼう)	☐ 急務 급선무 (きゅうむ)	☐ 究明 구명, 규명 (きゅうめい)
☐ 驚異 경이 (きょうい)	☐ 脅威 위협 (きょうい)	☐ 共感 공감 (きょうかん)
☐ 協議 협의 (きょうぎ)	☐ 供給 공급 (きょうきゅう)	☐ 境遇 경우, 처지, 형편 (きょうぐう)
☐ 強行 강행 (きょうこう)	☐ 凶作 흉작 (きょうさく)	☐ 享受 향수, 누림 (きょうじゅ)
☐ 業種 업종 (ぎょうしゅ)	☐ 教習 교습 (きょうしゅう)	☐ 郷愁 향수(고향을 그리는 마음) (きょうしゅう)
☐ 恐縮 죄송스럽게 여김 (きょうしゅく)	☐ 供述 공술, 진술 (きょうじゅつ)	☐ 教職 교직 (きょうしょく)

□ 形相 _{ぎょうそう} 형상, 생김새	□ 共存 _{きょうぞん} 공존	□ 境地 _{きょうち} 경지
□ 協定 _{きょうてい} 협정	□ 郷土 _{きょうど} 향토	□ 脅迫 _{きょうはく} 협박
□ 共鳴 _{きょうめい} ① 공명, 공진 ② 공감함	□ 供与 _{きょうよ} 공여, 제공	□ 郷里 _{きょうり} 향리, 고향
□ 極限 _{きょくげん} 극한	□ 局面 _{きょくめん} 국면, 형세	□ 拒絶 _{きょぜつ} 거절
□ 漁船 _{ぎょせん} 어선	□ 漁村 _{ぎょそん} 어촌	□ 許容 _{きょよう} 허용
□ 義理 _{ぎり} ① 의리, 도리 ② 법적인 관계	□ 岐路 _{きろ} 기로, 갈림길	□ 疑惑 _{ぎわく} 의혹
□ 近眼 _{きんがん} 근시	□ 禁忌 _{きんき} 금기	□ 緊縮 _{きんしゅく} 긴축
□ 勤勉 _{きんべん} 근면	□ 禁物 _{きんもつ} 금물	□ 偶然 _{ぐうぜん} 우연
□ 空腹 _{くうふく} 공복	□ 駆除 _{くじょ} 구제, 제거	□ 苦戦 _{くせん} 고전
□ 屈折 _{くっせつ} 굴절	□ 暗闇 _{くらやみ} 암흑, 어둠	□ 軍艦 _{ぐんかん} 군함
□ 群集 _{ぐんしゅう} 군집	□ 軽減 _{けいげん} 경감	□ 警護 _{けいご} 경호
□ 警告 _{けいこく} 경고	□ 警察 _{けいさつ} 경찰	□ 軽視 _{けいし} 경시
□ 形跡 흔적, 자취	□ 境内 _{けいだい} (신사·절의) 경내	□ 啓発 _{けいはつ} 계발
□ 刑罰 _{けいばつ} 형벌	□ 計略 _{けいりゃく} 계략	□ 激減 _{げきげん} 격감, 급감
□ 撃墜 _{げきつい} 격추	□ 激怒 _{げきど} 격노	□ 決意 _{けつい} 결의, 결심
□ 血管 _{けっかん} 혈관	□ 決議 _{けつぎ} 결의, 의결	□ 欠勤 _{けっきん} 결근
□ 決行 _{けっこう} 결행	□ 結合 _{けつごう} 결합	□ 傑作 _{けっさく} 걸작
□ 月謝 _{げっしゃ} 월사금, 월 회비	□ 欠如 _{けつじょ} 결여	□ 結晶 _{けっしょう} (눈이나 땀의) 결정
□ 潔白 _{けっぱく} 결백	□ 月賦 _{げっぶ} 월부	□ 欠乏 _{けつぼう} 결핍
□ 仮病 _{けびょう} 꾀병	□ 険悪 _{けんあく} 험악함	□ 兼業 _{けんぎょう} 겸업
□ 厳禁 _{げんきん} 엄금	□ 権限 _{けんげん} 권한	□ 健在 _{けんざい} 건재
□ 検索 _{けんさく} 검색	□ 厳守 _{げんしゅ} 엄수	□ 元首 _{げんしゅ} (국가) 원수
□ 健勝 _{けんしょう} 건승	□ 懸賞 _{けんしょう} 현상, 경품	□ 厳選 _{げんせん} 엄선
□ 源泉 _{げんせん} 원천	□ 元素 _{げんそ} 원소	□ 幻想 _{げんそう} 환상

□ 減速 げんそく 감속	□ 減退 げんたい 감퇴	□ 見地 けんち 견지, 관점
□ 原典 げんてん 원전(기준이 되는 본래의 책)	□ 原点 げんてん 원점	□ 健闘 けんとう 건투
□ 倹約 けんやく 검약, 절약	□ 原油 げんゆ 원유	□ 兼用 けんよう 겸용
□ 権力 けんりょく 권력	□ 言論 げんろん 언론	□ 交易 こうえき 교역
□ 航海 こうかい 항해	□ 後悔 こうかい 후회	□ 恒久 こうきゅう 항구, 영구
□ 好況 こうきょう 호황, 호경기	□ 鉱業 こうぎょう 광업	□ 耕作 こうさく 경작
□ 工作 こうさく ① 공작(만들기) ② 공작(비밀 활동)	□ 講習 こうしゅう 강습	□ 口述 こうじゅつ 구술
□ 控除 こうじょ 공제	□ 強情 고집이 셈, 완강함	□ 更新 こうしん 갱신
□ 攻勢 こうせい 공세	□ 公然 こうぜん 공공연함	□ 構想 こうそう 구상
□ 抗争 こうそう 항쟁	□ 拘束 こうそく 구속	□ 後退 こうたい 후퇴
□ 光沢 こうたく 광택	□ 膠着 こうちゃく 교착(상황변화가 없음)	□ 豪邸 ごうてい 호화 주택
□ 口頭 こうとう 구두(입으로 말함)	□ 講読 こうどく 강독	□ 購読 こうどく 구독
□ 荒廃 こうはい 황폐	□ 購買 こうばい 구매	□ 好評 こうひょう 호평
□ 交付 こうふ 교부	□ 降伏 こうふく 항복	□ 候補 こうほ 후보
□ 公募 こうぼ 공모	□ 傲慢 ごうまん 오만함, 거만함	□ 行楽 こうらく 행락, 나들이
□ 護衛 ごえい 호위	□ 顧客 こきゃく 고객	□ 告訴 こくそ 고소
□ 極意 ごくい 비법, (예도·무술의) 가장 심오한 경지		□ 告知 こくち 고지, 알림, 통지
□ 酷評 こくひょう 혹평	□ 極楽 ごくらく 극락	□ 心地 ここち 기분, 마음
□ 誤差 ごさ 오차	□ 孤児 こじ 고아	□ 固辞 こじ 고사(굳이 사양함)
□ 誇示 こじ 과시	□ 固執 こしつ 고집, 고수	□ 戸籍 こせき 호적
□ 骨子 こっし 골자, 요점	□ 事柄 ことがら 사항, 일, 사물의 형편, 사정	□ 孤独 こどく 고독
□ 粉々 こなごな 산산이 부서짐, 산산조각	□ 小幅 こはば 소폭	□ 古墳 こふん 고분
□ 根幹 こんかん 근간	□ 懇願 こんがん 간원(간절히 원함)	□ 根源 こんげん 근원
□ 混雑 こんざつ 혼잡	□ 昏睡 こんすい 혼수(상태)	□ 昆虫 こんちゅう 곤충
□ 混同 こんどう 혼동	□ 根本 こんぽん 근본	□ 困惑 こんわく 곤혹

□ 災害 (さいがい) 재해	□ 才覚 (さいかく) 재치, 기지	□ 細菌 (さいきん) 세균
□ 細工 (さいく) 세공	□ 採掘 (さいくつ) 채굴	□ 採決 (さいけつ) 채결
□ 歳月 (さいげつ) 세월	□ 再現 (さいげん) 재현	□ 財源 (ざいげん) 재원
□ 採算 (さいさん) 채산, 수익성	□ 採集 (さいしゅう) 채집	□ 財政 (ざいせい) 재정
□ 在籍 (ざいせき) 재적, 재학	□ 栽培 (さいばい) 재배	□ 細胞 (さいぼう) 세포
□ 催眠 (さいみん) 최면	□ 最良 (さいりょう) 최선, 가장 좋음	□ 裁量 (さいりょう) 재량(자율적인 판단)
□ 差額 (さがく) 차액	□ 詐欺 (さぎ) 사기	□ 錯誤 (さくご) 착오
□ 作戦 (さくせん) 작전	□ 策略 (さくりゃく) 책략	□ 挫折 (ざせつ) 좌절
□ 雑貨 (ざっか) 잡화	□ 昨今 (さっこん) 작금, 요즘	□ 冊子 (さっし) 책자
□ 刷新 (さっしん) 쇄신	□ 殺到 (さっとう) 쇄도, 한꺼번에 밀려듦	□ 座標 (ざひょう) 좌표
□ 作用 (さよう) 작용	□ 酸化 (さんか) 산화	□ 山岳 (さんがく) 산악
□ 参観 (さんかん) 참관	□ 残金 (ざんきん) 잔금	□ 惨事 (さんじ) 참사
□ 産出 (さんしゅつ) 산출	□ 残高 (ざんだか) 잔고, 잔액	□ 惨敗 (ざんぱい) 참패
□ 産物 (さんぶつ) 산물, 생산물	□ 山脈 (さんみゃく) 산맥	□ 飼育 (しいく) 사육
□ 歯科 (しか) 치과	□ 自我 (じが) 자아	□ 磁器 (じき) 자기(도자기)
□ 磁気 (じき) 자기(자석이 갖는 작용·성질)	□ 資金 (しきん) 자금	□ 資源 (しげん) 자원
□ 施行 (しこう) 시행, 실시	□ 試行 (しこう) 시행(시험삼아 행함)	□ 志向 (しこう) 지향
□ 時効 (じこう) (공소)시효	□ 至極 (しごく) 지극, 더없음, 극히	□ 示唆 (しさ) 시사
□ 思索 (しさく) 사색	□ 資産 (しさん) 자산	□ 自主 (じしゅ) 자주
□ 死傷 (ししょう) 사상(자)	□ 師匠 (ししょう) 선생, 스승	□ 辞職 (じしょく) 사직
□ 視線 (しせん) 시선	□ 持続 (じぞく) 지속	□ 下心 (したごころ) 본심, 속셈, 숨겨진 의도
□ 下地 (したじ) 준비, 기초, 소질	□ 下火 (したび) 불기운이 약해짐, 한고비 지남	□ 実家 (じっか) 본가, 친정
□ 失格 (しっかく) 실격	□ 疾患 (しっかん) 질환	□ 質疑 (しつぎ) 질의, 질문

□ 失脚(しっきゃく) 실각	□ 実況(じっきょう) 실황	□ 実刑(じっけい) 실형
□ 失言(しつげん) 실언	□ 執行(しっこう) 집행	□ 叱責(しっせき) 질책
□ 実践(じっせん) 실천	□ 実態(じったい) 실태	□ 指摘(してき) 지적
□ 老舗(しにせ) 노포, 오래된 점포	□ 自負(じふ) 자부	□ 司法(しほう) 사법
□ 志望(しぼう) 지망	□ 脂肪(しぼう) 지방	□ 始末(しまつ) 결과, 꼴, 모양
□ 使命(しめい) 사명	□ 指紋(しもん) 지문	□ 謝罪(しゃざい) 사죄
□ 謝辞(しゃじ) 감사의 말	□ 謝絶(しゃぜつ) 사절	□ 若干(じゃっかん) 약간, 어느 정도
□ 邪魔(じゃま) 방해	□ 砂利(じゃり) 자갈	□ 収穫(しゅうかく) 수확
□ 修学(しゅうがく) 수학(학문을 익힘)	□ 周期(しゅうき) 주기	□ 就業(しゅうぎょう) 취업
□ 襲撃(しゅうげき) 습격	□ 秀作(しゅうさく) 수작, 걸작	□ 修士(しゅうし) 석사
□ 収支(しゅうし) 수지	□ 収縮(しゅうしゅく) 수축	□ 重傷(じゅうしょう) 중상
□ 修飾(しゅうしょく) 수식	□ 終生 일생 동안, 평생	□ 終息(しゅうそく) 종식
□ 従属(じゅうぞく) 종속	□ 拾得(しゅうとく) 습득	□ 就任(しゅうにん) 취임
□ 修了(しゅうりょう) 수료	□ 収録(しゅうろく) 수록	□ 守衛(しゅえい) 수위
□ 受給(じゅきゅう) 수급(급여나 배급을 받음)	□ 需給(じゅきゅう) 수급(수요와 공급)	□ 祝賀(しゅくが) 축하
□ 淑女(しゅくじょ) 숙녀	□ 熟慮(じゅくりょ) 숙려, 숙고	□ 熟練(じゅくれん) 숙련
□ 手芸(しゅげい) 수예, 수공예	□ 主権(しゅけん) 주권	□ 主催(しゅさい) 주최
□ 種子(しゅし) 종자, 씨앗	□ 主軸(しゅじく) 주축	□ 主唱(しゅしょう) 주창, 주장
□ 守勢(しゅせい) 수세, 수비 태세	□ 出帆(しゅっぱん) 출범	□ 守備(しゅび) 수비
□ 授与(じゅよ) 수여	□ 受理(じゅり) 수리(문서를 받아서 처리)	□ 樹立(じゅりつ) 수립
□ 生涯(しょうがい) 생애, 평생	□ 消去(しょうきょ) 소거	□ 証言(しょうげん) 증언
□ 小康(しょうこう) 소강, 조금 안정됨	□ 賞賛(しょうさん) 칭찬	□ 上質(じょうしつ) 상질, 질이 좋음
□ 成就(じょうじゅ) 성취	□ 詳述(しょうじゅつ) 상술, 자세하게 진술함	□ 精進(しょうじん) 정진, 전념
□ 焦燥(しょうそう) 초조	□ 消息(しょうそく) 소식	□ 正体(しょうたい) 정체

□ 証人 증인	□ 照明 조명	□ 消滅 소멸
□ 上陸 상륙	□ 蒸留 증류	□ 除外 제외
□ 所行 (나쁜) 소행(所業라고도 씀)	□ 職務 직무	□ 徐行 서행
□ 所持 소지	□ 触覚 촉각	□ 所定 소정(정한 바)
□ 処分 처분	□ 庶民 서민	□ 飼料 사료
□ 指令 지령	□ 素人 풋내기, 아마추어	□ 仕業 소행, 짓(좋지 않은 행동)
□ 師走 섣달, 음력 12월	□ 侵害 침해	□ 審議 심의
□ 心境 심경	□ 辛苦 쓰라린 고생	□ 進撃 진격
□ 新興 신흥	□ 進攻 진공, 진격	□ 親交 친교
□ 侵攻 침공	□ 震災 진재, 지진으로 인한 재해	□ 紳士 신사
□ 伸縮 신축(늘이고 줄임)	□ 心情 심정	□ 神聖 신성
□ 真相 진상	□ 陣地 진지	□ 新築 신축(새로 지음)
□ 進呈 증정, 드림	□ 進展 진전	□ 神殿 신전, 신사의 본전
□ 振動 진동	□ 信任 신임	□ 神秘 신비
□ 真理 진리	□ 侵略 침략	□ 診療 진료
□ 素足 맨발	□ 水準 수준	□ 随所 도처, 여기저기, 곳곳
□ 推奨 추천, 권장	□ 衰退 쇠퇴	□ 水田 수전, 논
□ 出納 출납	□ 水泡 수포, 물거품	□ 素手 맨손, 빈손
□ 精鋭 정예	□ 西欧 서구	□ 正規 정규
□ 正義 정의(올바른 도리)	□ 制御 제어	□ 政局 정국
□ 政権 정권	□ 制裁 제재	□ 精算 정산
□ 整然 정연(가지런하게 정돈되어 있음)	□ 盛装 성장(옷을 화려하게 차려 입음)	□ 制定 제정
□ 製鉄 제철	□ 精度 정도, 정밀도	□ 整頓 정돈
□ 征服 정복	□ 精密 정밀	□ 税務 세무

□ 整列 <ruby>せいれつ</ruby> 정렬	□ 責務 <ruby>せきむ</ruby> 책무	□ 赤面 <ruby>せきめん</ruby> 얼굴을 붉힘
□ 施工 <ruby>せこう</ruby> 시공(しこう로도 읽음)	□ 絶賛 <ruby>ぜっさん</ruby> 절찬, 극찬	□ 窃盗 <ruby>せっとう</ruby> 절도
□ 切望 <ruby>せつぼう</ruby> 갈망	□ 絶望 <ruby>ぜつぼう</ruby> 절망	□ 是非 <ruby>ぜひ</ruby> 시비, 옳고 그름
□ 世論 <ruby>せろん</ruby> 여론(よろん으로도 읽음)	□ 繊維 <ruby>せんい</ruby> 섬유	□ 旋回 <ruby>せんかい</ruby> 선회
□ 宣言 <ruby>せんげん</ruby> 선언	□ 戦災 <ruby>せんさい</ruby> 전재(전쟁으로 인한 재해)	□ 詮索 <ruby>せんさく</ruby> (꼬치꼬치) 캐물음
□ 戦術 <ruby>せんじゅつ</ruby> 전술	□ 潜水 <ruby>せんすい</ruby> 잠수	□ 宣誓 <ruby>せんせい</ruby> 선서
□ 全盛 <ruby>ぜんせい</ruby> 전성(기)	□ 前提 <ruby>ぜんてい</ruby> 전제	□ 戦闘 <ruby>せんとう</ruby> 전투
□ 先導 <ruby>せんどう</ruby> 선도	□ 潜入 <ruby>せんにゅう</ruby> 잠입	□ 専念 <ruby>せんねん</ruby> 전념
□ 船舶 <ruby>せんぱく</ruby> 선박	□ 羨望 <ruby>せんぼう</ruby> 선망	□ 全滅 <ruby>ぜんめつ</ruby> 전멸
□ 占領 <ruby>せんりょう</ruby> 점령	□ 善良 <ruby>ぜんりょう</ruby> 선량	□ 洗練 <ruby>せんれん</ruby> 세련
□ 総会 <ruby>そうかい</ruby> 총회	□ 雑木 <ruby>ぞうき</ruby> 잡목	□ 増強 <ruby>ぞうきょう</ruby> 증강
□ 遭遇 <ruby>そうぐう</ruby> 조우(우연히 만남)	□ 創建 <ruby>そうけん</ruby> 창건	□ 総合 <ruby>そうごう</ruby> 종합
□ 捜査 <ruby>そうさ</ruby> 수사	□ 捜索 <ruby>そうさく</ruby> 수색	□ 喪失 <ruby>そうしつ</ruby> 상실
□ 操縦 <ruby>そうじゅう</ruby> 조종	□ 増進 <ruby>ぞうしん</ruby> 증진	□ 争奪 <ruby>そうだつ</ruby> 쟁탈
□ 装着 <ruby>そうちゃく</ruby> 장착	□ 贈呈 <ruby>ぞうてい</ruby> 증정	□ 騒動 <ruby>そうどう</ruby> 소동
□ 遭難 <ruby>そうなん</ruby> 조난	□ 装備 <ruby>そうび</ruby> 장비	□ 創立 <ruby>そうりつ</ruby> 창립
□ 阻害 <ruby>そがい</ruby> 저해	□ 促進 <ruby>そくしん</ruby> 촉진	□ 即席 <ruby>そくせき</ruby> 즉석
□ 測定 <ruby>そくてい</ruby> 측정	□ 狙撃 <ruby>そげき</ruby> 저격	□ 組織 <ruby>そしき</ruby> 조직
□ 素質 <ruby>そしつ</ruby> 소질	□ 疎通 <ruby>そつう</ruby> 소통	□ 即刻 <ruby>そっこく</ruby> 즉각, 곧
□ 尊厳 <ruby>そんげん</ruby> 존엄		

た

□ 退却 <ruby>たいきゃく</ruby> 퇴각, 후퇴	□ 耐久 <ruby>たいきゅう</ruby> 내구, 오래 견딤	□ 退治 <ruby>たいじ</ruby> 퇴치
□ 大衆 <ruby>たいしゅう</ruby> 대중	□ 態勢 <ruby>たいせい</ruby> 태세	□ 大勢 <ruby>たいせい</ruby> 대세

☐ 対談 (たいだん) 대담(서로 이야기를 주고 받음)　☐ 台帳 (だいちょう) 대장, 장부　☐ 台頭 (たいとう) 대두(세력을 뻗음)

☐ 滞納 (たいのう) 체납　☐ 待望 (たいぼう) 대망　☐ 怠慢 (たいまん) 태만

☐ 貸与 (たいよ) 대여　☐ 楕円 (だえん) 타원　☐ 達筆 (たっぴつ) 달필(글씨나 문장을 잘 씀)

☐ 打撃 (だげき) 타격　☐ 妥結 (だけつ) 타결　☐ 駄作 (ださく) 졸작

☐ 脱出 (だっしゅつ) 탈출　☐ 達人 (たつじん) 달인　☐ 脱税 (だつぜい) 탈세

☐ 担架 (たんか) 들것　☐ 嘆願 (たんがん) 탄원　☐ 弾丸 (だんがん) 탄환

☐ 探求 (たんきゅう) 탐구　☐ 団結 (だんけつ) 단결　☐ 探検 (たんけん) 탐험

☐ 断絶 (だんぜつ) 단절　☐ 炭素 (たんそ) 탄소　☐ 断念 (だんねん) 단념

☐ 断面 (だんめん) 단면　☐ 弾力 (だんりょく) 탄력　☐ 鍛錬 (たんれん) 단련, 연마

☐ 談話 (だんわ) 담화　☐ 畜産 (ちくさん) 축산　☐ 蓄積 (ちくせき) 축적

☐ 窒息 (ちっそく) 질식　☐ 着実 (ちゃくじつ) 착실　☐ 着手 (ちゃくしゅ) 착수

☐ 着目 (ちゃくもく) 착목, 주목, 착안　☐ 着工 (ちゃっこう) 착공　☐ 抽出 (ちゅうしゅつ) 추출

☐ 中傷 (ちゅうしょう) 중상(모략)　☐ 調印 (ちょういん) 조인　☐ 聴覚 (ちょうかく) 청각

☐ 兆候 (ちょうこう) 징후, 조짐　☐ 調停 (ちょうてい) 조정, 중재　☐ 著述 (ちょじゅつ) 저술

☐ 著書 (ちょしょ) 저서　☐ 貯蓄 (ちょちく) 저축　☐ 賃金 (ちんぎん) 임금

☐ 沈殿 (ちんでん) 침전(밑바닥에 가라앉음)　☐ 沈没 (ちんぼつ) 침몰　☐ 追求 (ついきゅう) 추구

☐ 追跡 (ついせき) 추적　☐ 墜落 (ついらく) 추락　☐ 痛感 (つうかん) 통감

☐ 津波 (つなみ) 쓰나미, 해일　☐ 提供 (ていきょう) 제공　☐ 提携 (ていけい) 제휴

☐ 体裁 (ていさい) ① 외관, 겉모양 ② 체면　☐ 停止 (ていし) 정지(하던 일을 중도에 멈춤)　☐ 提示 (ていじ) 제시

☐ 提唱 (ていしょう) 제창　☐ 停滞 (ていたい) (자금·경기·업무 등의) 정체　☐ 低調 (ていちょう) 저조

☐ 堤防 (ていぼう) 제방, 둑　☐ 適宜 (てきぎ) 적당함　☐ 適性 (てきせい) 적성

☐ 摘発 (てきはつ) 적발　☐ 手口 (てぐち) (범죄) 수법　☐ 手錠 (てじょう) 수갑

☐ 手数 (てすう) 수고　☐ 鉄鋼 (てっこう) 철강　☐ 撤収 (てっしゅう) 철수

☐ 撤退 (てったい) 철퇴, 철수　☐ 転嫁 (てんか) 전가, 떠넘김　☐ 伝言 (でんごん) 전언

□ 転覆 (てんぷく) 전복, 뒤집힘	□ 店舗 (てんぽ) 점포	□ 展望 (てんぼう) 전망
□ 転落 (てんらく) 전락, 굴러 떨어짐	□ 投機 (とうき) 투기	□ 討議 (とうぎ) 토의
□ 陶芸 (とうげい) 도자기 공예	□ 投稿 (とうこう) 투고	□ 動向 (どうこう) 동향
□ 洞察 (どうさつ) 통찰	□ 投資 (とうし) 투자	□ 同士 (どうし) 한패, ~끼리
□ 統制 (とうせい) 통제	□ 統率 (とうそつ) 통솔	□ 到達 (とうたつ) 도달
□ 統治 (とうち) 통치	□ 同調 (どうちょう) 동조	□ 同等 (どうとう) 동등
□ 投入 (とうにゅう) 투입	□ 同封 (どうふう) 동봉	□ 答弁 (とうべん) 답변
□ 動揺 (どうよう) 동요	□ 登録 (とうろく) 등록	□ 度胸 (どきょう) 담력, 배짱
□ 得策 (とくさく) 상책	□ 特集 (とくしゅう) 특집	□ 独創 (どくそう) 독창
□ 匿名 (とくめい) 익명	□ 途上 (とじょう) 도상, 도중	□ 特許 (とっきょ) 특허
□ 特権 (とっけん) 특권	□ 土手 (どて) 둑, 제방	□ 土俵 (どひょう) 씨름판
□ 土木 (どぼく) 토목	□ 鳥肌 (とりはだ) 소름	□ 徒労 (とろう) 헛수고

な

□ 内蔵 (ないぞう) 내장(내부에 가지고 있음)	□ 仲人 (なこうど) 중매(인)	□ 雪崩 (なだれ) 눈사태
□ 納得 (なっとく) 납득	□ 任意 (にんい) 임의	□ 人情 (にんじょう) 인정
□ 音色 (ねいろ) 음색	□ 熱意 (ねつい) 열의	□ 熱湯 (ねっとう) 열탕, 뜨거운 물
□ 熱量 (ねつりょう) 열량	□ 粘液 (ねんえき) 점액	□ 年賀 (ねんが) 연하, 신년 축하
□ 年鑑 (ねんかん) 연감	□ 捻出 (ねんしゅつ) 염출, 각출	□ 燃焼 (ねんしょう) 연소
□ 年配 (ねんぱい) ① 연배, 나이 또래 ② 중년	□ 念仏 (ねんぶつ) 염불	□ 燃料 (ねんりょう) 연료
□ 農耕 (のうこう) 농경	□ 濃縮 (のうしゅく) 농축	

は

□ 媒介 (ばいかい) 매개	□ 排気 (はいき) 배기	□ 廃棄 (はいき) 폐기

□ 配給(はいきゅう) 배급　□ 排出(はいしゅつ) 배출, 배설　□ 排除(はいじょ) 배제

□ 賠償(ばいしょう) 배상(손해를 물어줌)　□ 配信(はいしん) (정보·데이터 등의) 전송　□ 排水(はいすい) 배수

□ 廃水(はいすい) 폐수　□ 排斥(はいせき) 배척　□ 敗北(はいぼく) 패배

□ 培養(ばいよう) 배양　□ 倍率(ばいりつ) 배율　□ 破壊(はかい) 파괴

□ 波及(はきゅう) 파급　□ 迫害(はくがい) 박해　□ 爆撃(ばくげき) 폭격

□ 剥奪(はくだつ) 박탈　□ 爆弾(ばくだん) 폭탄　□ 爆破(ばくは) 폭파

□ 派遣(はけん) 파견　□ 破綻(はたん) 파탄　□ 発芽(はつが) 발아

□ 伐採(ばっさい) 벌채　□ 発注(はっちゅう) 발주　□ 発砲(はっぽう) 발포(총포를 쏨)

□ 破裂(はれつ) 파열　□ 繁栄(はんえい) 번영　□ 反響(はんきょう) 반향

□ 反撃(はんげき) 반격　□ 判決(はんけつ) 판결　□ 万障(ばんしょう) 만사

□ 判定(はんてい) 판정　□ 万人(ばんにん) 만인　□ 晩年(ばんねん) 만년, 노년

□ 氾濫(はんらん) 범람　□ 悲観(ひかん) 비관　□ 否決(ひけつ) 부결

□ 秘訣(ひけつ) 비결　□ 比重(ひじゅう) 비중　□ 微笑(びしょう) 미소

□ 秘蔵(ひぞう) 비장　□ 備蓄(びちく) 비축　□ 必修(ひっす) 필수(ひっしゅう로도 읽음)

□ 必然(ひつぜん) 필연　□ 匹敵(ひってき) 필적　□ 一頃(ひところ) 한때, 한동안, 왕년

□ 一筋(ひとすじ) 한줄기, 외곬, 일편 단심　□ 人波(ひとなみ) 인파, 사람의 물결　□ 人目(ひとめ) 남의 눈

□ 一目(ひとめ) 한 번(만) 봄, 한눈(에 들어오는 모양)　□ 皮肉(ひにく) 빈정거림, 비꼼, 야유　□ 火花(ひばな) 불꽃, 불똥, 불티

□ 悲鳴(ひめい) 비명　□ 飛躍(ひやく) 비약　□ 描写(びょうしゃ) 묘사

□ 肥沃(ひよく) 비옥함　□ 肥料(ひりょう) 비료　□ 微量(びりょう) 미량, 극소량

□ 披露(ひろう) 피로, 공개, 공표　□ 秘話(ひわ) 비화　□ 貧困(ひんこん) 빈곤

□ 便乗(びんじょう) 편승　□ 頻度(ひんど) 빈도　□ 封鎖(ふうさ) 봉쇄

□ 風俗(ふうぞく) 풍속　□ 負荷(ふか) 부하, 짐을(임무를) 짐　□ 不吉(ふきつ) 불길

□ 不朽(ふきゅう) 불후, 불멸　□ 複合(ふくごう) 복합　□ 複写(ふくしゃ) 복사

□ 服従(ふくじゅう) 복종　□ 服装(ふくそう) 복장, 옷차림　□ 覆面(ふくめん) 복면

□ 福利 복리, 복지	□ 富豪 부호, 갑부	□ 負債 부채
□ 腐食 부식	□ 不振 부진	□ 風情 운치, 정취
□ 武装 무장	□ 復活 부활	□ 物議 물의, 논란
□ 物資 물자	□ 沸騰 비등, 끓어오름	□ 不評 불평
□ 訃報 부고	□ 扶養 부양	□ 不慮 의외, 뜻밖
□ 浮力 부력	□ 武力 무력	□ 噴火 분화
□ 憤慨 분개	□ 憤激 격분	□ 粉砕 분쇄
□ 分散 분산	□ 紛失 분실	□ 噴出 분출
□ 紛争 분쟁	□ 分担 분담	□ 奮闘 분투
□ 粉末 분말, 가루	□ 分離 분리	□ 分裂 분열
□ 兵器 병기, 무기	□ 閉業 폐업	□ 閉口 질림, 말문이 막힘
□ 平常 평상, 평소, 보통	□ 閉幕 폐막	□ 並列 병렬, 줄을 지음
□ 別途 별도(로)	□ 変革 변혁	□ 返還 반환
□ 偏見 편견	□ 弁護 변호	□ 弁償 변상
□ 変貌 변모	□ 弁論 변론	□ 防衛 방위
□ 貿易 무역	□ 崩壊 붕괴	□ 放棄 포기
□ 防御 방어	□ 冒険 모험	□ 方策 방책
□ 豊作 풍작	□ 報酬 보수	□ 傍聴 방청, 참관
□ 膨張 팽창	□ 法廷 법정	□ 報道 보도
□ 暴動 폭동	□ 放任 방임	□ 褒美 포상
□ 暴落 폭락	□ 暴力 폭력	□ 捕獲 포획
□ 保管 보관	□ 補給 보급(채워 넣음)	□ 補強 보강
□ 募金 모금	□ 保障 보장	□ 補償 보상
□ 舗装 포장(공사)	□ 発作 발작	□ 没収 몰수

□ 発端 발단, 시초	□ 勃発 발발(갑자기 발생함)	□ 没落 몰락
□ 捕虜 포로	□ 本望 본망, 숙원	

ま

□ 埋設 매설	□ 埋蔵 매장	□ 埋没 매몰
□ 真心 진심, 정성	□ 麻酔 마취	□ 抹消 말소
□ 末端 말단	□ 麻痺 마비	□ 慢性 만성
□ 身柄 신분, 신병	□ 水気 수분, 물기	□ 道端 길의 주변, 길가
□ 密度 밀도	□ 妙案 묘안	□ 無縁 무연고, 관계가 없음
□ 無断 무단	□ 無念 무념	□ 名簿 명부
□ 目方 무게, 중량	□ 目線 눈길, 시선	□ 滅亡 멸망
□ 免疫 면역	□ 免責 면책	□ 面倒 ① 귀찮음 ② 돌봄, 보살핌
□ 面目 면목, 체면(めんもく로도 읽음)	□ 猛暑 혹서, 심한 더위	□ 妄想 망상
□ 盲点 맹점	□ 目撃 목격	□ 黙認 묵인
□ 喪服 상복	□ 模倣 모방	

や

□ 役職 직책, 직함	□ 役場 관공서	□ 屋敷 대지, 집의 부지, 저택
□ 遺言 유언	□ 優越 우월	□ 誘拐 유괴
□ 融合 융합	□ 融資 융자	□ 優勢 우세
□ 優先 우선	□ 悠然 유연(침착하고 여유가 있는 모양)	□ 誘導 유도
□ 誘発 유발	□ 優美 우아하고 아름다움	□ 雄弁 웅변
□ 遊牧 유목	□ 憂慮 우려	□ 融和 융화
□ 溶液 용액	□ 養護 양호(보살피고 보호함)	□ 様式 양식

□ <ruby>容赦<rt>ようしゃ</rt></ruby> 용서	□ <ruby>養殖<rt>ようしょく</rt></ruby> 양식, 재배	□ <ruby>要約<rt>ようやく</rt></ruby> 요약
□ <ruby>余暇<rt>よか</rt></ruby> 여가	□ <ruby>余興<rt>よきょう</rt></ruby> 여흥	□ <ruby>抑圧<rt>よくあつ</rt></ruby> 억압
□ <ruby>欲望<rt>よくぼう</rt></ruby> 욕망	□ <ruby>抑揚<rt>よくよう</rt></ruby> 억양	□ <ruby>抑留<rt>よくりゅう</rt></ruby> 억류
□ <ruby>予兆<rt>よちょう</rt></ruby> 예조, 전조, 징조	□ <ruby>欲求<rt>よっきゅう</rt></ruby> 욕구	□ <ruby>輿論<rt>よろん</rt></ruby> 여론
□ <ruby>弱音<rt>よわね</rt></ruby> 약한 말, 나약한 말		

ら・わ

□ <ruby>落胆<rt>らくたん</rt></ruby> 낙담	□ <ruby>酪農<rt>らくのう</rt></ruby> 낙농	□ <ruby>拉致<rt>らち</rt></ruby> 납치(らっち라고도 함)
□ <ruby>濫用<rt>らんよう</rt></ruby> 남용	□ <ruby>理屈<rt>りくつ</rt></ruby> 도리, 이치	□ <ruby>利子<rt>りし</rt></ruby> 이자
□ <ruby>利潤<rt>りじゅん</rt></ruby> 이윤	□ <ruby>利息<rt>りそく</rt></ruby> 이자	□ <ruby>利便<rt>りべん</rt></ruby> 편리, 편의
□ <ruby>略奪<rt>りゃくだつ</rt></ruby> 약탈	□ <ruby>領土<rt>りょうど</rt></ruby> 영토	□ <ruby>旅券<rt>りょけん</rt></ruby> 여권
□ <ruby>輪郭<rt>りんかく</rt></ruby> 윤곽	□ <ruby>臨終<rt>りんじゅう</rt></ruby> 임종	□ <ruby>倫理<rt>りんり</rt></ruby> 윤리
□ <ruby>列挙<rt>れっきょ</rt></ruby> 열거	□ <ruby>連係<rt>れんけい</rt></ruby> 연계	□ <ruby>連行<rt>れんこう</rt></ruby> 연행
□ <ruby>連中<rt>れんちゅう</rt></ruby> 한 패, 동아리, 일당, 그 패들	□ <ruby>連邦<rt>れんぽう</rt></ruby> 연방	□ <ruby>連盟<rt>れんめい</rt></ruby> 연맹
□ <ruby>朗読<rt>ろうどく</rt></ruby> 낭독	□ <ruby>朗報<rt>ろうほう</rt></ruby> 낭보, 좋은 소식	□ <ruby>労力<rt>ろうりょく</rt></ruby> 노력, 수고
□ <ruby>露出<rt>ろしゅつ</rt></ruby> 노출	□ <ruby>惑星<rt>わくせい</rt></ruby> 혹성	□ <ruby>腕力<rt>わんりょく</rt></ruby> 완력, (팔의) 힘

③ 그밖의 명사

あ

□ <ruby>上<rt>あ</rt></ruby>がり 끝남, (근무·일) 마침	□ <ruby>跡継<rt>あとつ</rt></ruby>ぎ 대를 이음, 후계자	□ あられ 싸락눈
□ ありさま 상태, 형편	□ いびき 코고는 소리	□ いんちき 부정, 사기, 엉터리임
□ うたたね 선잠, 얕은 잠	□ <ruby>有頂天<rt>うちょうてん</rt></ruby> 기뻐서 어쩔 줄 모름	□ うぬぼれ 자만, 우쭐해 함
□ <ruby>裏返<rt>うらがえ</rt></ruby>し 뒤집음	□ <ruby>奥<rt>おく</rt></ruby>の<ruby>手<rt>て</rt></ruby> 오의, 비법	□ おまけ 값을 깍음, 덤, 경품

か

- □ **かかと** 발뒤꿈치
- □ **駆け足** 뛰어감, 구보
- □ **かすみ** 안개(특히 봄안개를 이름)
- □ **花粉症** 꽃가루 알레르기
- □ **体付き** 몸매, 체격
- □ **感無量** 감개 무량
- □ **気兼ね** 어렵게 여김, 스스럼
- □ **気まぐれ** 변덕
- □ **生真面目** 고지식함
- □ **くじ** 제비, 추첨
- □ **くちばし** 부리, 주둥이
- □ **けだもの** 짐승

さ

- □ **差し引き** 공제, 정산 결과
- □ **さなか** 한창 ~인 때
- □ **仕打ち** (남에 대한) 처사
- □ **仕掛け** 장치, 속임수
- □ **しぐさ** 몸짓
- □ **仕組み** 구조(＝メカニズム)
- □ **しずく** 물방울
- □ **下調べ** 예비 조사, 예습
- □ **しつけ** 예의 범절을 가르침
- □ **終始一貫** 시종일관
- □ **下取り** 신품의 대금 일부로 중고품을 판매자가 인수하는 일
- □ **正念場** 중요한 고비
- □ **ずぶぬれ** 흠뻑 젖음
- □ **擦れ違い** 마주 스쳐 지나감, 엇갈
- □ **そっぽ** 다른 쪽, 딴 쪽

た

- □ **たきび** 모닥불
- □ **断トツ** 단연 톱
- □ **蛋白質** 단백질
- □ **宙返り** 공중제비, 공중회전
- □ **継ぎ目** 이음매, 이은 자리
- □ **つぼみ** 꽃봉우리
- □ **手がかり** 단서, 실마리
- □ **手さばき** 손놀림
- □ **手付き** 솜씨, 손놀림
- □ **手つかず** 아직 손을 안 댐, 한 번도 쓰지 않음
- □ **手直し** 불완전한 곳을 고침
- □ **出直し** 다시 함
- □ **手の平** 손바닥
- □ **戸締まり** 문단속
- □ **戸惑い** 당황함, 허둥댐, 당혹함
- □ **共働き** 맞벌이(＝共稼ぎ)
- □ **取り柄** 취할 점, 쓸모, 장점
- □ **取り返し** 되찾음, 만회, 복원
- □ **取り調べ** 조사, 수사, 문초, 신문
- □ **取り所** 취할 점, 장점
- □ **度忘れ** 깜빡 잊어버림

な・は

- □ **何より** 최상, 제일
- □ **並大抵**（なみたいてい） 보통, 평범, 어지간함
- □ **値打ち**（ね う） 가치, 값어치
- □ **ねばり** 찰기, 끈기
- □ **根回し**（ねまわ） 사전 교섭
- □ **念入り**（ねんい） 조심스러움, 공들임
- □ **ばい菌**（きん） 세균
- □ **配偶者**（はいぐうしゃ） 배우자
- □ **橋渡し**（はしわた） 다리를 놓음, 가설, 중개, 중매
- □ **裸足**（はだし） 맨발
- □ **発起人**（ほっきにん） 발기인
- □ **花びら**（はな） 꽃잎
- □ **繁華街**（はんかがい） 번화가
- □ **被疑者**（ひぎしゃ） 피의자, 용의자
- □ **人並み**（ひとな） 보통 정도, 남과 같음
- □ **日取り**（ひど） 날짜를 정함, 기일, 일정
- □ **ひなた** 양지, 양달
- □ **不可解**（ふかかい） 불가해, 이해할 수 없음
- □ **不祥事**（ふしょうじ） 불상사, 불미스러운 일
- □ **不条理**（ふじょうり） 부조리
- □ **ほとり** 근처, 부근

ま

- □ **前売り**（まえう） 예매
- □ **真っ二つ**（まぷた） 두 동강, 딱 절반
- □ **まばたき** 눈 깜박임
- □ **丸ごと**（まる） 통째(로), 온통
- □ **まんえん** 만연
- □ **見積もり**（みつ） 어림, 견적
- □ **見通し**（みとお） 전망, 장래의 예측
- □ **身の上**（みうえ） 신상, 일신의 처지, 운명
- □ **見晴らし**（みは） 전망
- □ **身振り**（みぶ） 몸짓
- □ **結び付き**（むすつ） 연결, 결합, 결속
- □ **無駄遣い**（むだづか） 낭비, 헛되이 씀
- □ **むら** 얼룩
- □ **目付き**（めつ） 눈의 표정, 눈초리
- □ **目盛り**（めも） (계량기의) 눈금
- □ **もくろみ** 계획, 의도, 목적
- □ **持ち切り**（もき） 그 상태나 화제가 계속됨, 자자함

や〜わ

- □ **夕暮れ**（ゆうく） 황혼, 해질녘
- □ **夕焼け**（ゆうや） 저녁놀
- □ **容疑者**（ようぎしゃ） 용의자
- □ **良し悪し**（よ あ） 좋고 나쁨, 선악
- □ **よそ見**（み） 한눈팖, 곁눈질
- □ **よだれ** (흘리는) 침, 군침
- □ **夜更かし**（よふ） 밤 늦게까지 안 잠, 밤샘
- □ **夜更け**（よふ） 야밤, 심야
- □ **臨機応変**（りんきおうへん） 임기 응변
- □ **渡り鳥**（わたどり） 철새
- □ **割り当て**（わ あ） 할당, 배당
- □ **わんぱく** 장난꾸러기, 개구쟁이

あ

□ 仰^{あお}ぐ 쳐다보다, 우러러보다	□ 赤^{あか}らむ 붉어지다, 불그레해지다	□ 商^{あきな}う 장사하다, 판매하다
□ 飽^あきる 질리다	□ 欺^{あざむ}く 속이다	□ あざわらう 조소하다, 비웃다
□ あせる (색이) 바래다	□ 値^{あたい}する ~할 만하다, ~에 상당하다	□ あつらえる 주문하다, 맞추다
□ 暴^{あば}く 폭로하다, 파헤치다	□ 甘^{あま}える 응석부리다, 어리광부리다	□ 操^{あやつ}る 조종하다, 다루다
□ 荒^あらす 망치다, 휩쓸다	□ 改^{あらた}まる 새로워지다, 격식을 차리다	□ 著^{あらわ}す 저술하다
□ 案^{あん}じる 걱정하다, 염려하다	□ 言^いい渡^{わた}す (결정·명령 등) 알리다, 선고하다	
□ 意気込^{いきご}む 힘을 내다, 분발하다	□ 生^いける (꽃 등을) 꽂다	□ 炒^{いた}める 기름에 볶다, 지지다
□ 痛^{いた}める (신체·마음) 상하게 하다	□ 傷^{いた}める (물건·음식·신체) 상하게 하다	□ 営^{いとな}む 영위하다, 경영하다
□ 否^{いな}む 거절하다, 사절하다	□ 癒^{いや}す (상처·병 따위를) 고치다	□ いらだてる 초조하게 하다, 애태우다
□ 浮^うかび上^あがる 떠오르다	□ 受^うけ継^つぐ 이어받다, 계승하다	□ 受^うけ止^とめる 받다, 받아들이다
□ 薄^{うす}まる 엷어지다	□ 埋^{うず}める ① 푹 묻다 ② (얼굴을) 파묻다	□ 打^うち切^きる 중단하다
□ 疎^{うと}んじる 싫어하다, 멀리하다	□ 潤^{うる}む 울먹이다, (습기로) 흐려지다	□ 老^おいる 늙다
□ 演^{えん}じる ① (무대에서) 연기하다 ② (어떤 역할을) 맡다		□ 侵^{おか}す 침범하다, 침해하다
□ 興^{おこ}る 흥하다, 일어나다	□ 抑^{おさ}える 억제하다, 막다	□ 治^{おさ}まる 고요해지다, 가라앉다
□ 修^{おさ}める 닦다, 수양하다	□ 押^おし切^きる 강행하다, 무릅쓰다	□ 押^おし寄^よせる 밀려 들다, 밀어 닥치다
□ 推^おす 밀다, 추진시키다	□ 恐^{おそ}れ入^いる 황송해하다	□ おだてる 부추기다, 띄워주다
□ 落^おち合^あう 만나다, 합류하다	□ 陥^{おちい}る 빠지다, 헤어나지 못하게 되다	□ 陥^{おとしい}れる 함정(계략)에 빠뜨리다
□ おどす 으르다, 위협하다	□ 赴^{おもむ}く 향하여 가다	□ 折^おれる 부러지다, 꺾이다
□ 重^{おも}んじる 중요시하다, 존중하다	□ 下^おろす 내리다, (돈을) 찾다	

か

- □ 害する 해치다, 상하게 하다
- □ 顧みる 돌아보다, 회고하다
- □ 欠く 빠지다, 결여하다
- □ かける 걸다, 내기를 하다
- □ かさむ 부피가 커지다
- □ かすむ 안개가 끼다, 희미하게 보이다
- □ かする 스치다
- □ 傾ける 기울이다
- □ 奏でる 연주하다
- □ 適える ① 들어맞추다 ② 충족시키다 ③ 성취시키다
- □ かばう 감싸다, 비호하다
- □ かぶれる (옻 등을) 타다, 피부염을 일으키다
- □ 構える 갖추다, 자세를 취하다
- □ 枯れる (초목이) 마르다, 시들다
- □ 渇く 목이 마르다, 물이 마르다
- □ 交わす 주고받다, 교환하다
- □ 着飾る 몸치장을 하다, 성장하다
- □ 利く ① 잘 움직이다, 기능을 발휘하다 ② 가능하다
- □ 兆す 싹트다, 징조가 보이다
- □ 傷付く 상처를 입다
- □ 競う 다투다, 경쟁하다
- □ 喫する 마시다, 피우다, 당하다
- □ くぐる 빠져 나가다
- □ 口ずさむ 읊조리다, 흥얼거리다
- □ 朽ちる 썩다
- □ 組み合わせる 짜 맞추다, 편성하다
- □ 組み込む 짜넣다, 편성하다
- □ 繰り上げる (예정보다) 앞당기다
- □ 繰り下げる 뒤로 돌리다(물리다)
- □ 企てる 계획하다, 꾀하다
- □ 煙る 연기가 나다, 부예지다
- □ 心掛ける 항상 주의하다, 명심하다
- □ 試みる 시도해 보다, 시험해 보다
- □ こす 거르다, 여과하다
- □ こもる 자욱하다, 가득 차다
- □ こぼす ① 흘리다 ② 불평하다, 푸념하다
- □ 懲りる 질리다, 넌더리가 나다
- □ 凝らす (눈, 귀 등을) 한곳에 집중시키다
- □ 凝る ① 엉기다, 응고하다 ② 열중하다

さ

- □ さえずる (새가) 지저귀다
- □ 裂ける 찢어지다, 갈라지다
- □ 捧げる 바치다
- □ 差し出す 내밀다, 제출하다, 발송하다
- □ 授ける 수여하다, 하사하다
- □ さする 문지르다
- □ 定まる 정해지다
- □ 定める 정하다
- □ 察する 헤아리다, 살피다
- □ 悟る 깨닫다
- □ 裁く 시비를 가리다, 심판하다
- □ 妨げる 방해하다
- □ さまよう 방황하다, 헤매다
- □ さらう 채다, 채가다
- □ 強いる 강요하다, 강제하다
- □ 仕入れる 사들이다, 매입하다
- □ 敷く 깔다, 밑에 펴다
- □ 沈む ① 가라앉다 ② (해·달) 지다

□ 沈める 가라앉히다, 잠그다	□ 親しむ ① 친하게 지내다 ② 익숙해지다	□ 仕立てる 만들다, 양성하다
□ しつける 예의 범절을 가르치다	□ しなびる 시들다	□ しのぐ 참고 견디다
□ しぶる 주저하다, 꺼리다	□ 搾る 짜(내)다	□ 称する 칭하다
□ 仕向ける ① (어떤 태도로) 대하다 ② 발송하다		□ しゃれる 세련되다, 멋지다
□ 据える (물건을) 놓다, 설치하다	□ すすぐ 씻다, 헹구다	□ 薦める 추천하다, 권유하다
□ 滑る 미끄러지다	□ 澄ます ① 맑게 하다 ② (귀를) 기울이다	□ 擦る 문지르다, 갈다
□ 擦れる 스치다	□ 制する 제지하다, 억제하다	□ 狭める 좁히다
□ 即する 입각하다	□ 損なう・損ねる ① 파손하다 ② (건강·기분 등을) 상하게 하다, 해치다	
□ 唆す 꼬드기다, 부추기다	□ 備え付ける 설치하다, 비치하다	□ そびえる 우뚝 솟다, 치솟다
□ 染まる 물들다	□ 背く 등지다, 어기다, 거역하다	□ 染める 물들이다, 염색하다
□ 反る (활 모양으로) 휘다, 젖혀지다		

た

□ 巧む 꾸미다, 기교를 부리다	□ たじろぐ 위축되다, 주춤하다	□ 断つ 끊다, 자르다
□ 立ち込める (안개·연기·구름 등이) 자욱하게 끼다		□ 奉る 바치다
□ たどり着く 겨우 다다르다	□ 束ねる ① 묶다 ② 총괄하다	□ たまう 주시다, 내리시다
□ 賜る 받다, 내려주시다	□ 絶やす 끊다, 없애다	□ たるむ 느슨해지다, 해이해지다
□ 垂れる 드리워지다	□ 縮まる ① 줄다, 감소하다 ② 움츠러들다	□ 縮む 주름이 지다, 줄어들다
□ 仕える 시중들다, 섬기다	□ 司る 맡다, 담당하다	□ 継ぐ 잇다, 계승하다
□ 償う 갚다, 보상하다, 변상하다	□ 付け加える 덧붙이다, 첨가하다	□ 伝う (어떤 것을 따라서) 이동하다
□ 培う 가꾸다, 기르다, 배양하다	□ 謹む 황공해 하다, 경의를 표하다	□ 慎む 삼가다, 조심하다
□ つ(っ)つく 쿡쿡 찌르다, 들추어 내다	□ 突っ張る 버티다	□ 勤まる 감당되다, 맡을 수 있다
□ つねる 꼬집다	□ つぶる (눈을) 감다	□ つまむ 집다, 집어 먹다
□ 摘む 뜯다, 따다	□ 詰めかける 몰려들다, 밀려들다	□ 連ねる 늘어놓다, 나열하다

□ 連なる ① 나란히 늘어서다 ② 소속되다　　□ 手掛ける ① 직접하다 ② 돌보다

□ 出くわす (우연히) 만나다　　□ 徹する 철저하다, 투철하다　　□ 出直す 다시 하다

□ 転じる 전환하다　　□ 投じる ① 편승하다 ② 참여하다 ③ 항복하다 ④ 던지다

□ 動じる 동요하다　　□ 同じる 동의하다　　□ 尊ぶ 숭상하다, 존경하다

□ 遠ざかる 멀어지다　　□ 遠ざける 멀리하다, 기피하다　　□ とがめる 책망하다

□ 説く 설득하다　　□ 途切れる 중단되다, 도중에 끊어지다　　□ とじる 철하다

□ 途絶える 두절되다, 끊어지다　　□ 整う・調う ① 구비되다, 갖추어지다 ② 성립되다, 마련되다

□ 整える・調える ① 조정하다, 조절하다 ② 갖추다, 준비하다　　□ 届ける ① 보내어 주다 ② 신고하다

□ とどめる ① 머무르게 하다 ② 남기다 ③ 한정하다　　□ どなる 호통을 치다

□ 跳び上がる 뛰어오르다, (놀람·기쁨으로) 펄쩍 뛰다　　□ 飛び交う 어지럽게 날다

□ 飛び掛かる 대들다, 덤벼들다　　□ 飛び散る 사방에 흩날리다, 비상하다　　□ 飛び抜ける 크게 차이나다, 뛰어나다

□ 富む 재산이 많다, ~이 풍부하다　　□ 取り押さえる 억누르다, 붙잡다　　□ 取り下げる 취하하다, 철회하다

□ 取り調べる 조사하다, 문초하다　　□ 取り立てる ① 강제로 징수하다 ② 특별히 거론하다

□ 取り付ける 달다, 장치하다　　□ 取りとめる ① 멈추다 ② 명확히 하다　　□ 取り外す 떼다, 빼다, 해체하다

□ 取り巻く 둘러싸다, 에워싸다　　□ 取り持つ 주선하다, 접대하다　　□ とろける 녹다

□ 取り寄せる (주문해서) 가져오게 하다(시키다)

な

□ 萎える 힘이 풀리다, 쇠약해지다　　□ なじる 힐책하다, 따지다　　□ なぞる (글씨·그림 위에) 덧쓰다, 본뜨다

□ なめる ① 핥다 ② (쓰라림을) 겪다 ③ 깔보다　　□ 慣らす 길들이다, 단련시키다

□ 似通う 서로 비슷하다, 흡사하다　　□ 抜かす 빠뜨리다　　□ ねじれる 비뚤어지다, 꼬이다

□ ねたむ 시기하다, 질투하다　　□ ねだる 조르다, 졸라대다　　□ 逃す 놓치다

□ 粘り着く ① 끈적하게 달라붙다 ② 끈질기게 매달리다　　□ のっとる(則る) 따르다, 본받다

□ 乗っ取る ① 빼앗다 ② 납치하다　　□ 飲み込む ① 삼키다 ② 이해하다　　□ 載る (신문, 잡지에) 실리다

は

□ 計らう 처리하다, 배려하다 □ 図る 꾀하다, 도모하다 □ 諮る 의견을 묻다, 상의하다

□ はぐ ① (껍질 등을) 벗기다 ② 박탈하다 □ 育む 기르다, 새끼를 품어 기르다 □ はげる (칠 등이) 벗겨지다

□ 博する 얻다, 널리 퍼지게 하다 □ ばける 둔갑하다, 가장하다

□ 恥じらう 부끄러워하다, 수줍어하다 □ 恥じる 부끄러워하다

□ 走り抜ける ① 빠져나가다 ② 끝까지 뛰다 □ はたく 치다, 때리다

□ 発する ① 발하다, 출발하다 ② 시작하다 □ 果てる 끝나다

□ 跳ね上がる 뛰어오르다, 날뛰다 □ 跳ね返る 튀어서 되돌아오다 □ はねる ① 뛰다, 튀다 ② 차로 치다

□ はばかる 꺼리다, 삼가다, 주저하다 □ はまる 꼭 맞다, 채워지다 □ 晴らす (불쾌감·의심 등) 해소시키다

□ ばらす 분해하다, 해체하다 □ ばらまく 흩뿌리다 □ 張り裂ける (가슴이) 미어 터지다

□ 張り出す・貼り出す 게시하다, 내어 붙이다 □ はれる 붓다

□ ばれる 탄로나다, 발각되다, 들키다 □ 控える ① 삼가다 ② 앞두다 □ 率いる 거느리다, 인솔하다

□ 引き起こす 일으키다 □ 引き落とす 이체하다, 송금하다 □ 引きずる 질질 끌다

□ ひしめく 북적거리다 □ ひずむ 일그러지다, 비뚤어지다 □ ひそむ 숨다

□ ひそめる 찌푸리다, 찡그리다 □ 浸す (액체 속에) 담그다 □ 引っ掻く 할퀴다

□ 冷やかす ① 놀리다 ② (살 생각도 없이) 물건을 보거나 값만 물어 보다 □ ひらめく (생각이) 번쩍 떠오르다

□ 膨れる 부풀다 □ ふける 열중하다 □ 老ける 늙다

□ 踏まえる 입각하다 □ 踏み込む 발을 들여 놓다 □ 震わせる 떨다, 떨게 하다

□ 隔たる (거리가) 떨어지다, 멀어지다 □ 葬る 매장하다 □ 放り込む (아무렇게나) 넣다

□ ぼける 둔해지다, 흐려지다 □ ぼやく 투덜거리다 □ 滅ぼす 멸망시키다

ま

□ 舞う 춤추다, 흩날리다 □ 負かす 이기다, 굴복시키다 □ 任す 맡기다

□ まごつく 당황하다, 망설이다 □ 勝る 낫다, 뛰어나다 □ 交わる ① 교차하다 ② 뒤섞이다

□ またがる 걸치다, 올라타다　　□ 待ち望む 기다리고 기다리다　　□ まつわる 달라붙다, 얽히다

□ まとう 감다, (몸에) 걸치다, 입다　　□ 惑う 갈팡거리다, 망설이다　　□ 惑わす 혼란시키다, 유혹하다

□ 見入る 열심히 보다　　□ 見せ付ける 과시하다　　□ 見せびらかす 과시하다

□ 乱す 어지럽히다, 흩트리다　　□ 見とれる 넋을 잃고 보다　　□ みなす 간주하다

□ 見習う 본받다, 견습하다　　□ 見抜く 간파하다, 꿰뚫어보다　　□ 見逃す 놓치다, 못 보다

□ 見計らう 가늠보다, 적당히 고르다　　□ 診る 신찰하다　　□ 見渡す 멀리 바라다보다, 전망하다

□ 報いる 보답하다, 갚다　　□ むしる 쥐어뜯다, 잡아뽑다, 떼어 내다

□ 結び付く 결부되다, 이어지다　　□ 結び付ける 결합시키다　　□ 群がる 군집하다

□ めくる 넘기다, 젖히다　　□ 召す '먹다·마시다·입다' 등의 높임말　　□ 免じる 면제하다

□ 申し入れる 제의하다, 제기하다　　□ 申し出る 자청하다, 신청하다　　□ 燃える 타다

□ もがく 발버둥치다　　□ もてあます 힘에 겨워하다, 주체 못하다

□ 基づく 기초를 두다, 의거하다　　□ もめる 분규가 일어나다, 옥신각신하다

□ 漏らす 새게 하다, 누설하다　　□ 漏る (물 등이) 새다　　□ 漏れる 새다, 누설되다

や

□ 安らぐ (마음이) 편안해지다　　□ 破る 깨다, 어기다　　□ 病む 병들다, 앓다

□ 辞める 그만두다, 사직하다　　□ やり遂げる 완수하다, 끝까지 해내다

□ やり通す 끝까지 하다　　□ 有する 가지다, 소유하다　　□ ゆがむ 비뚤어지다, 일그러지다

□ 委ねる 맡기다, 위임하다　　□ 揺らぐ 흔들리다　　□ 緩む 헐렁해지다, 누그러지다

□ 緩める 늦추다, 완화하다　　□ 要する 요하다, 필요로 하다　　□ よける 피하다, 옆으로 비키다

□ 寄せる ① 밀려오다 ② 바싹 대다　　□ 寄り掛かる 기대다, 의존하다

あ・か

□ あどけない 천진난만하다　□ 荒っぽい 거칠다, 난폭하다　□ いじらしい 애처롭다, 안쓰럽다

□ 意地悪い 심술궂다, 짓궂다　□ 卑しい 천하다, 야비하다　□ 疎い (사이가) 멀다, 소원하다

□ うとましい 거슬리다, 싫다　□ うるさい ① 시끄럽다 ② 까다롭다　□ 奥床しい 은근하다, 그윽하다

□ 重々しい 엄숙하고 무게가 있다　□ かいがいしい 바지런하다　□ かなわない 견딜 수 없다

□ 決まり悪い 쑥스럽다, 창피하다　□ くすぐったい 간지럽다, 낯간지럽다

□ けがらわしい 더럽다, 추잡스럽다　□ けばけばしい 요란하다, 현란하다　□ 好ましい 마음에 들다, 호감이 가다

さ・た

□ 渋い 떫다　□ せこい 교활하다, 믿을 수 없다

□ たどたどしい 더듬거리다, 비틀거리다　□ 手荒い 난폭하다, 거칠다

□ たゆみない 게으름 피우지 않다, 한결같다　□ 手ぬるい 미온적이다

な・は

□ 情けない 한심하다　□ 情け深い 인정이 많다　□ 何気ない 아무렇지도 않다

□ 生臭い 비린내가 나다　□ 悩ましい 괴롭다, 고통스럽다　□ 粘り強い 끈기 있다

□ はかない 덧없다, 무상하다　□ 甚だしい 심하다, 대단하다

ま～わ

□ 待ち遠しい 몹시 기다려지다　□ みすぼらしい 초라하다　□ 空しい 공허하다, 허무하다

□ 目まぐるしい (변화가) 빠르다, 어지럽다　□ 物々しい 어마어마하다

□ 欲深い 욕심이 많다　□ よそよそしい 서먹서먹하다

あ

- [ ] 浅(あさ)はか 천박함, 경솔함
- [ ] 安穏(あんのん) 안온함
- [ ] いい加減(かげん) 무책임함, 엉터리
- [ ] 粋(いき) 멋짐, 세련됨
- [ ] 嫌味(いやみ) 불쾌함, 아니꼬움
- [ ] 淫乱(いんらん) 음란함
- [ ] 鋭利(えいり) 예리함
- [ ] 婉曲(えんきょく) 완곡함
- [ ] 臆病(おくびょう) 겁이 많음
- [ ] 厳(おごそ)か 엄숙함
- [ ] 穏和(おんわ) 온화함

か

- [ ] 果敢(かかん) 과감함
- [ ] 過激(かげき) 과격함
- [ ] 苛酷(かこく) 가혹함
- [ ] 過敏(かびん) 과민함
- [ ] 華麗(かれい) 화려함
- [ ] 簡潔(かんけつ) 간결함
- [ ] 寛大(かんだい) 관대함
- [ ] 気軽(きがる) 소탈함, 부담 없음
- [ ] 気(き)さく 싹싹함
- [ ] きちょうめん 규칙적이며 꼼꼼함
- [ ] 希薄(きはく) 희박함
- [ ] きゃしゃ 가냘픔
- [ ] 窮屈(きゅうくつ) 거북함, 답답함, 비좁음
- [ ] 強固(きょうこ) 공고함, 강경함
- [ ] 狭小(きょうしょう) 협소함, 비좁음
- [ ] 強大(きょうだい) 강대함, 강력함
- [ ] 強烈(きょうれつ) 강렬함
- [ ] 清(きよ)らか 맑음, 깨끗함
- [ ] きらびやか 눈부시게 화려함
- [ ] 愚直(ぐちょく) 우직함
- [ ] 軽薄(けいはく) 경박함
- [ ] 謙虚(けんきょ) 겸허함
- [ ] 厳重(げんじゅう) 엄중함
- [ ] 厳粛(げんしゅく) 엄숙함
- [ ] 豪華(ごうか) 호화로움
- [ ] 高慢(こうまん) 거만함, 건방짐
- [ ] 傲慢(ごうまん) 오만함, 거만함
- [ ] 滑(こっ)けい 우스움, 우스꽝스러움

さ

- □ 残酷（ざんこく） 잔혹함, 참혹함
- □ 散漫（さんまん） 산만함
- □ したたか 여간 아님, 만만치 않음
- □ 失敬（しっけい） 버릇없음, 무례함, 실례
- □ 淑やか（しと やか） 정숙함, 우아함
- □ 地道（じ みち） 성실함, 착실함
- □ 従順（じゅうじゅん） 온순함, 다소곳함
- □ 周到（しゅうとう） 주도, 빈틈없음
- □ 親密（しんみつ） 친밀함, 친함
- □ 粋（すい） 풍류를 즐김
- □ 素直（す なお） 순진함, 솔직함
- □ 精巧（せいこう） 정교함
- □ 誠実（せいじつ） 성실함
- □ 静粛（せいしゅく） 정숙함
- □ 成熟（せいじゅく） 성숙함
- □ 疎遠（そ えん） 소원함
- □ 早急（そうきゅう） 조급, (매우) 급함(さっきゅう로도 읽음)
- □ 素朴（そ ぼく） 소박함

た・な

- □ 堪能（たんのう） (그 길에) 뛰어남
- □ 淡泊（たんぱく） 담백함, 산뜻함
- □ 稚拙（ち せつ） 치졸함, 서투름
- □ 緻密（ち みつ） 치밀함
- □ 著名（ちょめい） 저명함
- □ 陳腐（ちん ぷ） 진부함
- □ 痛快（つうかい） 통쾌함
- □ 痛切（つうせつ） 통절함, 절실함
- □ つぶら 동그랗고 귀여움
- □ 強気（つよ き） (성미가) 강함, 강경함
- □ 強腰（つよごし） 태도가 강경함, 고자세
- □ 丁重（ていちょう） 정중함, 극진함
- □ 丁寧（ていねい） ① 친절함, 공손함 ② 꼼꼼함
- □ 手近（て ぢか） 가까이 있음
- □ 唐突（とうとつ） 당돌함
- □ 特異（とく い） 특이함
- □ 突飛（とっ び） 엉뚱함, 별남
- □ 鈍感（どんかん） 둔감함
- □ 和やか（なご やか） 부드러움, 온화함
- □ 柔和（にゅう わ） 온유함, 온화함
- □ 濃厚（のうこう） 농후함
- □ 濃密（のうみつ） 농밀함, 진함

は

- □ 博識（はくしき） 박식함
- □ 抜本的（ばっぽんてき） 발본적
- □ はるか (거리가) 아득함
- □ 繁雑（はんざつ） 번잡함, 일이 많고 복잡함
- □ 半端（はん ば） 불완전함, 어중간함
- □ ひそか 은밀함
- □ 不穏（ふ おん） 불온함
- □ 不確か（ふ たし か） 불확실함, 애매함
- □ 不調（ふ ちょう） 상태가 나쁨, 부진함
- □ 不当（ふ とう） 부당함, 정당하지 않음
- □ 平穏（へいおん） 평온함
- □ 凡庸（ぼんよう） 범용, 평범함

☐ **まどか** 원만함, 평온함	☐ **まとも** 착실함	☐ **未熟**(みじゅく) 미숙함
☐ **無邪気**(むじゃき) 천진함, 순진함, 악의 없음	☐ **無尽蔵**(むじんぞう) 무진장, 무궁무진	☐ **夢中**(むちゅう) 열중함, 몰두함
☐ **むちゃくちゃ** 엉망진창, 터무니 없음		☐ **無能**(むのう) 무능함
☐ **憂鬱**(ゆううつ) 우울함	☐ **有益**(ゆうえき) 유익함	☐ **勇敢**(ゆうかん) 용감함
☐ **雄大**(ゆうだい) 웅대함	☐ **緩**(ゆる)**やか** 완만함, 느릿함, 느슨함	☐ **妖艶**(ようえん) 요염함
☐ **律儀**(りちぎ)・**律義**(りちぎ) 의리가 두터움, 성실하고 정직함		☐ **理不尽**(りふじん) 불합리함, 무리함
☐ **冷酷**(れいこく) 냉혹함	☐ **零細**(れいさい) 영세함	☐ **歴然**(れきぜん) 분명함, 또렷함
☐ **老練**(ろうれん) 노련함	☐ **ろく** 변변함, 제대로임	

5 출제 예상 부사

あ

☐ **あながち** ① 반드시 ② 억지로	☐ **あまりにも** 너무나도, 지나치게
☐ **あらわに** 노골적으로, 공공연히	☐ **案外**(あんがい) 의외로
☐ **いざ** 자, 막상, 만일	☐ **いちいち** 일일이, 하나하나
☐ **一応**(いちおう) 우선, 일단	☐ **一概**(いちがい)**に** 일률적으로, 무조건
☐ **一度**(いちど) ① 한 번 ② 일단	☐ **いつかしら** 어느 결에, 모르는 사이에, 언젠가는
☐ **いったん** ① 일단 ② 잠시, 잠깐	☐ **未**(いま)**だ** 아직
☐ **未**(いま)**だに** 아직껏, 아직까지도, 현재까지도	☐ **今**(いま)**ひとつ** 뭔가 좀 (부족한 모양)
☐ **今**(いま)**や** 지금이야말로, 바야흐로, 지금은	☐ **嫌々**(いやいや) 싫으나 할 수 없이, 마지못해서
☐ **うっとり** 넋을 잃고, 황홀하게	☐ **うんざり** 진절머리가 남, 지긋지긋함
☐ **えてして** 자칫하면, 까딱하면	☐ **おろおろ** 허둥지둥(어찌할 바를 몰라 당황하는 모양)

□ **がっくり(と)** 폭, 덜컥, 맥없이

□ **がっしり** (체격이나 짜임새가) 실팍한, 딱 벌어진, 야무지게

□ **がっちり** 단단히, 꽉, 야무진, 빈틈없이

□ **かねて** 미리, 전부터

□ **きちっと・きちんと** 제대로, 깔끔하게

□ **きっかり** 꼭, 딱(꼭 들어맞아서 우수리가 없는 모양)

□ **ぎっしり** 가득, 잔뜩

□ **口酸っぱく** 입이 닳도록

□ **くっきり** 뚜렷하게, 선명하게

□ **ぐっと** ① 꾹, 힘껏 ② 단숨에 ③ 훨씬

□ **ぐらぐら** 흔들흔들

□ **くれぐれも** 부디, 아무쪼록

□ **げっそり** 홀쭉하게(갑자기 야위는 모양)

□ **こうこうと** 휘황찬란하게(번쩍번쩍 빛나는 모양)

□ **ごっそり** 모두, 몽땅

□ **殊に** 각별히, 특히

□ **さしたる** 이렇다 할, 별반의

□ **さっぱり(と)** 산뜻한 모양, (맛 등) 담백함, 남김없이

□ **さらさら(〜ない)** 결코, 조금도

□ **さらさら** ① 졸졸 ② 부들부들 ③ 사각사각

□ **散々** 몹시, 실컷, 단단히, 호되게

□ **暫く** ① 잠깐 ② 당분간

□ **主として** 주로(=主に)

□ **瞬時** 순식간, 잠시

□ **じりじりと** 쨍쨍(태양 따위가 내리쬐는 모양)

□ **じりじりする** 바작바작 속을 태우다

□ **じわじわ** 서서히, 조금씩

□ **しんなり** 나긋나긋

□ **少なからず** 적지 않게, 많이

□ **すらりと・すらっと** 술술, 쑥(막힘이 없는 모양)

□ **ずるずる** 질질(질질 끌거나 끌리는 모양)

□ **精一杯** ① 힘껏, 최대한으로 ② 고작

□ **せいぜい** 기껏, 겨우, 고작

□ **ぜひとも** 꼭, 무슨 일이 있어도

□ **漸次** 점차, 차차, 점점

た

- だらだら 질질, 완만하게, 지루하게
- ちょくちょく 이따금, 가끔
- ちらっと・ちらりと 흘끗, 언뜻
- とうてい 도저히
- どうりで 그 때문에, 어쩐지, 과연
- どことなく 어딘지 (모르게)
- 取り急ぎ 급히
- とろとろ 눅진눅진, 끈적끈적
- ちやほや 치켜세우는 모양
- ちょっぴり 조금, 약간
- 遂に 드디어, 마침내, 결국
- 堂々と 당당히, 버젓이
- 時折 때때로, 이따금
- どたばた 우당탕, 요란스럽게
- とりたてて 각별히
- どろどろ 질척질척, 흐물흐물

な・は

- 尚更 더더욱, 더한층
- なるたけ 되도록, 될 수 있는 대로
- なんと 얼마나, 대단히, 참
- なんとなく 왠지 모르게, 어쩐지
- ねちねち 끈적끈적, 치근치근
- はるかに 훨씬, 매우
- ひそひそ 소곤소곤
- ひょっと 뜻밖에, 불쑥
- ひんやり 썰렁, 선뜩(찬 기운을 느끼는 모양)
- ふらふらと 비틀거리며
- ぼうぜんと 멍하니
- 長々 오랫동안, 길게, 장황하게
- なんだかんだ 이것저것, 이러니저러니
- なんという ① 어쩌면 ② 이렇다 할
- なんなりと 무엇이든(지), 무엇이건
- はっと 문득, 언뜻
- はるばる 멀리
- ひたすら 오로지, 오직, 한결같이
- ぴんぴん 펄떡펄떡, 팔팔
- ふいに 갑자기, 느닷없이
- べとべと 끈적끈적

- □ まして 하물며, 더구나
- □ 丸々 전부, 완전히
- □ 漫然と 산만하게, 멍하게
- □ みるみるうちに 순식간에, 삽시간에
- □ めそめそ 훌쩍훌쩍
- □ やけに 몹시, 지독히, 매우
- □ ゆるゆる 천천히, 느릿느릿
- □ わりに 비교적, 생각한 것보다는
- □ まるっきり 도무지, 전혀
- □ まんざら 반드시 (~한 것만은 아니다)
- □ みすみす 빤히, 보고도, 눈뜨고
- □ むげに 함부로, 딱 잘라
- □ もろもろ 여러 가지, 가지가지
- □ やんわりと 부드럽게, 온화하게, 살며시
- □ よもや 설마

❻ 출제 예상 외래어

あ

- □ アクセル 액셀, 가속 장치
- □ アピール 어필, 호소, 공감, 항의
- □ アンコール 앙코르, 재청
- □ インターチェンジ 인터체인지
- □ インターン 인턴, 실습생
- □ インテリ 인텔리, 지식인
- □ インテリア 인테리어, 실내 장식
- □ インフルエンザ 독감
- □ インフレ 인플레이션
- □ ウエット 정에 약함, 인정 많음
- □ ウェブ 웹
- □ エース 에이스, 제1인자
- □ エピローグ 에필로그
- □ エントリー 참가 등록, 출전 명단, 입문(용)
- □ オプション 옵션
- □ オリエンテーション 오리엔테이션

か

- ☐ **ガード** (도로·선로 위의) 철교, 육교
- ☐ **ガードレール** 가드레일
- ☐ **カーペット** 카펫, 양탄자
- ☐ **カウンター** 카운터, 계산대
- ☐ **カウント** 카운트, 셈, 계산
- ☐ **カテゴリー** 카테고리, 범주
- ☐ **カルテ** 카르테, 진료 기록 카드
- ☐ **キープ** 자기 수중에 가짐, 확보함
- ☐ **ギブアップ** 기브 업, 단념함
- ☐ **キャスター** 캐스터, 해설자
- ☐ **キャスト** 캐스트, 배역
- ☐ **キャッチ** 캐치
- ☐ **キャップ** 캡, 뚜껑
- ☐ **キャラクター** 캐릭터, 성격, 싱질
- ☐ **キーワード** 키워드
- ☐ **クリア** 장애물을 뛰어넘음, 난관을 헤쳐나감
- ☐ **クローズアップ** 클로즈업
- ☐ **グローバル** 글로벌, 세계적임
- ☐ **コーディネーター** 코디네이터
- ☐ **コネクション・コネ** 연고, 연줄
- ☐ **コマーシャル** 커머셜, 방송 광고

さ

- ☐ **サポーター** 서포터, 후원자, 지지자
- ☐ **シート** 시트
- ☐ **ジャズ** 재즈
- ☐ **シャトル** 셔틀, 정기 왕복편
- ☐ **ジャンプ** 점프, 뜀, 도약
- ☐ **ジャンボ** 점보, 거대함
- ☐ **スクラップ** 스크랩, 고철
- ☐ **スタジオ** 스튜디오, 촬영실
- ☐ **ステーション** 역, 정거장
- ☐ **ステータス** 사회적 지위, 신분
- ☐ **ストライキ・スト** 동맹 파업
- ☐ **ストロー** 스트로우, 빨대
- ☐ **ストロボ** 스트로보, 섬광 장치
- ☐ **スポンサー** 스폰서, 광고주, 후원자
- ☐ **スリル** 스릴
- ☐ **スローガン** 슬로건
- ☐ **ソックス** 양말

た・な

- ☐ **タイムリー** 시의적절함
- ☐ **タッチ** 터치, 감촉
- ☐ **タレント** 탤런트, 재능이 있는 사람
- ☐ **チャイム** 차임(벨)
- ☐ **チャージ** 차지, 충전
- ☐ **チャンネル** 채널, 선택의 폭
- ☐ **ティッシュ(ペーパー)** 화장지
- ☐ **データベース** 데이터베이스
- ☐ **デッサン** 데생, 소묘
- ☐ **テナント** 테넌트, 세입자
- ☐ **デビュー** 데뷔
- ☐ **デフレ** 디플레이션
- ☐ **ドライ** 드라이, 매몰참
- ☐ **トリック** 트릭, 책략, 속임수

□ ドリル 드릴, 반복 연습　　□ ネゴ/ネゴシエーション 협상, 교섭

□ ノイローゼ 노이로제　　□ ノルマ 할당량, 목표치

は・ま

□ バッジ 배지, 휘장　　□ バッテリー 배터리　　□ バット 배트

□ パトカー 패트롤카, 순찰차　　□ パロディー 패러디　　□ ファイル 파일, 서류철

□ フィルター 필터　　□ フェリー 페리　　□ ブザー 버저, 초인종

□ フラッシュ 플래시　　□ ブランド 브랜드, 상표　　□ ブロック 블록

□ プロローグ 프롤로그, 서막　　□ フロント 정면, (호텔의) 접수계　　□ ペア 페어, 한 쌍, 짝

□ ベース 베이스, 토대, 기초　　□ ポジション (직무상의) 지위, 수비 위치

□ ポジティブ 적극적임, 긍정적임　　□ マージン 마진, 이문

□ マスコミ 매스컴　　□ マスメディア 매스 미디어　　□ マッサージ 마사지

□ メロディー 멜로디, 선율

や・ら

□ ユニフォーム 유니폼, 제복　　□ ランク 랭크, 순위를 정함　　□ リアリティー 리얼리티, 현실(성)

□ レッテル ① 상표지, 라벨 ② 낙인, 꼬리표　　□ レギュラー 레귤러, 정규멤버

□ レバー 레버, 지렛대　　□ レントゲン 뢴트겐, 엑스레이

□ ロケーション・ロケ 로케이션, 현지 촬영　　□ ロック 자물쇠를 채움

□ ワット 와트

접두어

□ 来る～ 오는～	来る十日 오는 10일	来る土曜日 오는 토요일	
□ 誤～ 오~	誤作動 오작동	誤操作 오조작	誤動作 오동작
□ 去る～ 지난~	去る五日の朝 지난 닷샛날 아침	去る日曜日 지난 일요일	
□ 超～ 초~	超高速 초고속	超能力 초능력	超満員 초만원
□ 当～ 당~, 저희~	当ホテル 저희 호텔	当研究所 당 연구소	
□ 被～ 피~	被保険者 피보험자	被任命者 임명받은 사람	被選挙権 피선거권
□ 副～ 부~	副作用 부작용	副社長 부사장	
□ 猛～ 맹~	猛練習 맹연습	猛反対 맹반대	猛非難 맹비난

접미어

□ ～額 ~액	支出額 지출액	生産額 생산액	評価額 평가액
□ ～がらみ ~에 관련됨, ~가량	仕事がらみ 일에 관련됨	汚職がらみ 비리에 관련됨	50がらみ 50(세) 가량
□ ～観 ~관	価値観 가치관	人生観 인생관	歴史観 역사관
□ ～ぐるみ ~까지 몽땅	家族ぐるみ 온 가족이 몽땅	町ぐるみ 마을 전체	
□ ～圏 ~권	英語圏 영어권	合格圏 합격권	首都圏 수도권
□ ～源 ~원	供給源 공급원	収入源 수입원	情報源 정보원
□ ～心地 ~한 기분, ~했을 때의 기분	乗り心地 승차감	住み心地 거주했을 때의 기분	
□ ～先 ~처	取引先 거래처	発送先 발송처	連絡先 연락처
□ ～陣 ~진	講師陣 강사진	経営陣 경영진	報道陣 보도진

□ ~戦 ~전	えんちょうせん 延長戦 연장전	くうちゅうせん 空中戦 공중전	けっしょうせん 決勝戦 결승전
□ ~隊 ~대	おんがくたい 音楽隊 음악대	そうさくたい 捜索隊 수색대	たんけんたい 探検隊 탐험대
□ ~味 ~미	げんじつみ 現実味 현실미	しんせんみ 新鮮味 신선미	にんげんみ 人間味 인간미
□ ~網 ~망	じょうほうもう 情報網 정보망	つうしんもう 通信網 통신망	ほうそうもう 放送網 방송망
□ ~欄 ~란	か ていらん 家庭欄 (신문·잡지의) 가정란	こうこくらん 広告欄 광고란	こくせきらん 国籍欄 국적란
□ ~裏 ~리	せいきょう り 盛況裏 성황리	せいこう り 成功裏 성공리	ひ みつり 秘密裏 비밀리

복합어

□ ~こなす 잘 ~하다	き 着こなす 맵시 있게 입다	つか 使いこなす 잘 다루다	ひ 弾きこなす 잘 연주하다
□ ~込む 충분히 ~하다	おも こ 思い込む 믿어버리다	と こ 飛び込む 뛰어들다	わ こ 割り込む 끼어들다
□ ~損ねる ~놓치다	う そこ 受け損ねる 받을 기회를 놓치다 の そこ 乗り損ねる (탈것을) 놓치다	き そこ 聞き損ねる 잘못 듣다, 못 듣다	
□ ~そびれる ~할 기회를 놓치다	い 行きそびれる 갈 기회를 놓치다	い 言いそびれる 말할 기회를 놓치다	

⑧ 출제 예상 유의어

あ

□ あえて 감히, 굳이	≒ しいて 굳이 む り すす 無理に進んで 무리하게 자진해서
あかし □ 証 증거, 증명	しょう こ ≒ 証拠 증거
あきな □ 商い 장사	しょうばい ≒ 商売 장사
□ あさましい 비열하다, 치사하다	ひ れつ ≒ 卑劣だ 비열하다

□ 欺<ruby>欺<rt>あざむ</rt></ruby>く 속이다	≒ だます 속이다
□ アシスタント 어시스턴트, 조수, 보조역	≒ 助手<rt>じょしゅ</rt> 조수
□ あたかも 마치, 흡사	≒ まるで 마치
□ アタック 어택, 공격	≒ 攻撃<rt>こうげき</rt> 공격
□ 頭打ちになる<rt>あたまう</rt> 한계점에 이르다	≒ ピークに達<rt>たっ</rt>する 절정에 달하다
□ アチーブメント 어치브먼트, 달성, 성취	≒ 達成<rt>たっせい</rt> 달성／成就<rt>じょうじゅ</rt> 성취
□ アプローチ 접근	≒ 接近<rt>せっきん</rt> 접근
□ あべこべ 뒤바뀜, 반대	≒ さかさま・逆<rt>ぎゃく</rt> 거꾸로 됨
□ あまねく 널리, 골고루	≒ 広<rt>ひろ</rt>く 널리
□ あやふや 불확실함, 애매함, 모호함	≒ あいまい 애매함
□ あわただしい 분주하다	≒ 忙<rt>いそが</rt>しい 바쁘다
□ 安直<rt>あんちょく</rt> 손쉬움, 간편함	≒ 手軽<rt>てがる</rt>・安易<rt>あんい</rt> 손쉬움
□ いいかげん 무책임함, 엉터리임	≒ でたらめ 엉터리／ぞんざい 아무렇게나 함
□ いかに ① 어떻게 ② 아무리 ③ 얼마나	≒ どのように 어떻게／どんなに 아무리／どれほど 얼마나
□ いきさつ 경위, (얽힌) 사정	≒ 経緯<rt>けいい</rt> 경위
□ 憤<rt>いきどお</rt>る 분개하다, 성내다, 노하다	≒ 怒<rt>おこ</rt>る 화내다
□ 息抜<rt>いきぬ</rt>き 잠시 쉼, 한숨 돌림	≒ ひと休<rt>やす</rt>み 잠깐 쉼
□ 憩<rt>いこ</rt>い 푹 쉼, 휴식	≒ 休息<rt>きゅうそく</rt> 휴식
□ 頂<rt>いただき</rt> (산 따위의) 꼭대기, 정상	≒ 山頂<rt>さんちょう</rt> 산꼭대기／頂上<rt>ちょうじょう</rt> 정상
□ 一向<rt>いっこう</rt>に 전혀	≒ 少<rt>すこ</rt>しも 조금도
□ いっそ 도리어, 차라리	≒ むしろ 차라리／かえって 오히려
□ 偽<rt>いつわ</rt>る 거짓말하다, 속이다	≒ ごまかす 속이다
□ 挑<rt>いど</rt>む (싸움 등을) 걸다, 도전하다	≒ 挑戦<rt>ちょうせん</rt>する・チャレンジする 도전하다

□ いとも 매우, 아주	≒	非常(ひじょう)に 상당히
□ 今(いま)さら 이제 와서, 새삼스럽게	≒	今(いま)となっては 이제 와서
□ 今(いま)ひとつ 좀, 조금(부족한 모양)	≒	少々(しょうしょう) 조금
□ いやみ 빈정댐, 불쾌감	≒	皮肉(ひにく) 빈정거림 ／ きざ 아니꼬움
□ いらだつ 초조하다, 애가 타다	≒	あせる 초조하게 굴다
□ 色合(いろあ)い 색조	≒	トーン・色調(しきちょう) 색조
□ インターナショナル 인터내셔널, 국제적	≒	国際的(こくさいてき) 국제적
□ ウエート・ウエイト 무게, 중점	≒	重点(じゅうてん) 중점
□ うかがう 엿보다, 살피다, 노리다	≒	のぞく 엿보다 ／ ねらう 노리다
□ 受(う)かる 붙다, 합격하다	≒	合格(ごうかく)する 합격하다
□ 受(う)け持(も)ち 담임, 담당	≒	担任(たんにん) 담임 ／ 担当(たんとう) 담당
□ 打(う)ち明(あ)ける 털어놓다, 고백하다	≒	告白(こくはく)する 고백하다
□ 疎(うと)ましい 싫다, 역겹다	≒	いやだ 싫다
□ うぬぼれる 자만하다, 자부하다	≒	思(おも)い上(あ)がる 우쭐하다
□ うんざりする 지긋지긋하다	≒	まいる 질리다
□ エプロン 앞치마	≒	前(まえ)かけ 앞치마
□ エレガント 우아함, 고상함	≒	優雅(ゆうが) 우아함 ／ 高尚(こうしょう) 고상함 ／ 上品(じょうひん) 고상함
□ 円滑(えんかつ)に 원활하게	≒	順調(じゅんちょう)に・滑(なめ)らかに・スムーズに 순조롭게, 원활하게
□ 縁起(えんぎ) (길흉의) 조짐, 재수	≒	ジンクス 징크스 ／ 先触(さきぶ)れ 조짐, 징조
□ 縁故(えんこ) 관계, 연줄	≒	手(て)づる・コネ・つて 연줄, 연고
□ エンターテインメント 엔터테인먼트, 오락, 연예	≒	娯楽(ごらく) 오락 ／ 芸能(げいのう) 예능
□ 殴打(おうだ)する 구타하다	≒	なぐる 때리다
□ 大方(おおかた) 거의, 대강	≒	ほぼ 거의
□ オートマチック 오토매틱, 자동(식의)	≒	自動的(じどうてき) 자동적

□ 往来 ^{おうらい} 왕래, 길(거리) ≒ 行き来 왕래／道路 도로, 길

□ おおまかに 대략, 대충 ≒ おおざっぱに 대충

□ 幼い ^{おさな} 어리다, 유치하다 ≒ 幼稚だ 유치하다

□ 収まる ^{おさ} 수습되다 ≒ 片づく・解決する 해결되다

□ おさらい 복습 ≒ 復習 복습

□ おっかない 무섭다, 두렵다 ≒ 怖い・恐ろしい 무섭다, 두렵다

□ 自ずから ^{おの} 저절로, 자연히 ≒ おのずと・ひとりでに・自然に 저절로

□ 思う存分 ^{おも ぞんぶん} 마음껏, 힘껏 ≒ 精一杯 힘껏

□ 思うまま ^{おも} 마음껏 ≒ 思い切り 마음껏

□ 趣 ^{おもむき} ① 재미, 정취, 멋 ② 느낌, 모습, 분위기 ≒ 味わい 정취／感じ 느낌／様子 모습

□ 面持ち ^{おも も} 표정, 안색 ≒ 表情・顔つき 표정, 안색

□ 思惑 ^{おもわく} 생각, 의도 ≒ 意図 의도

□ おろそかに 소홀히 ≒ ぞんざいに 아무렇게나／いいかげんに 무책임하게

か

□ ガードマン 가드 맨, 경비원 ≒ 警備員 경비원

□ 解雇される ^{かい こ} 해고당하다 ≒ 首になる 해고당하다

□ 回顧する ^{かい こ} 회고하다 ≒ 振り返る 회고하다

□ 概して ^{がい} 대체로 ≒ だいたい・総じて 대체로

□ 介抱 ^{かいほう} 병구완, 간호 ≒ 看護 간호／看病 간병

□ カウンセラー 카운셀러, 상담원 ≒ 相談係 상담원

□ 愕然とする ^{がくぜん} 깜짝 놀라다 ≒ びっくりする 깜짝 놀라다

□ 格別に ^{かくべつ} 각별히, 특별히 ≒ とりわけ 특히

□ 風当たり ^{かぜ あ} 비난, 비판 ≒ 非難 비난／批判 비판

□ かたくな 완고함, 고집스러움	≒	頑固 완고함／強情 고집이 셈
□ 傍ら 옆, 가	≒	わき・そば 옆
□ 勝手に 마음대로	≒	自由に 자유롭게／思うままに 생각하는 대로
□ かつて ① 일찍이, 전에 ② 전혀, 한 번도	≒	以前 이전에／一度も 한 번도
□ 葛藤 갈등, 분쟁	≒	もめごと 분쟁
□ かなた 저쪽, 저편	≒	向こうの方・あちら 저쪽
□ 奏でる 켜다, 연주하다	≒	演奏する 연주하다
□ 構え (건물의) 외관, 구조, 태세, 준비	≒	姿勢 자세／態度 태도
□ ガレージ 차고	≒	車庫 차고
□ 代わる代わる 번갈아, 교대로	≒	交互に 번갈아
□ 玩具 완구, 장난감	≒	おもちゃ 장난감
□ 感触 감촉	≒	手ざわり 감촉
□ 肝心 (가장) 중요함	≒	重要 중요함
□ 元来 원래	≒	もともと 원래
□ 気兼ね 사양, 스스러움	≒	遠慮 사양
□ 危機 위기	≒	ピンチ 핀치, 위기
□ 兆し 조짐, 징조, 전조	≒	兆候 징후
□ きざな (언어·동작 등이) 같잖은, 아니꼬운	≒	いやみな 불쾌한
□ 帰するところ 결국	≒	つまり 결국
□ 毀損 훼손, 파손	≒	破損 파손
□ 鍛える 단련하다, 맹렬히 훈련하다	≒	熱心に訓練する 열심히 훈련하다
□ 気立て 심지, 마음씨	≒	気前 기질／性質 성질
□ 脚本 각본, 대본	≒	シナリオ 각본／台本 대본
□ 脚光 각광	≒	フットライト 푸트라이트, 각광

□ ギャップ 갭, 틈새, 간격, 차이 ≒ 差 ちがい／格差 격차

□ キャリア 캐리어, 경력 ≒ 経歴 경력

□ 恐慌 공황, 두려워 당황함 ≒ パニック 패닉

□ 競走 경주 ≒ レース 레이스, 경주

□ 仰天する 깜짝 놀라다 ≒ とても驚く 몹시 놀라다

□ 巨匠 거장, (예술가의) 대가 ≒ 大家 대가

□ 切り捨てる 잘라 버리다 ≒ 削減する 삭감하다

□ 亀裂 균열, 금 ≒ ひび (잔)금

□ 極めて 극히, 매우, 더없이 ≒ 非常に 대단히

□ クール 쿨함, 냉정함 ≒ 冷静 냉정함

□ くじける (기세가) 꺾이다, 좌절하다 ≒ ひるむ (기세가) 꺾이다

□ くじ引き 제비뽑기, 추첨 ≒ 抽選 추첨

□ 朽ちる 썩다, 쇠퇴하다 ≒ くさる 썩다／衰える 쇠퇴하다

□ 屈指 굴지 ≒ 有数・指折り 손꼽힘

□ 首飾り 목걸이 ≒ ネックレス 목걸이

□ 工面 주머니 사정 ≒ 金回り 돈의 유통, 주머니 사정

□ 玄人 전문가, 숙련자 ≒ プロ・専門家 전문가

□ 企て 계획, 기도 ≒ 計画 계획

□ ケア 돌봄, 간호 ≒ 看護・介護 간호

□ 経過 경과 ≒ 成り行き 경과, 일의 전개

□ 警戒 경계 ≒ 用心 경계, 조심

□ 軽率 경솔함 ≒ 不注意 부주의함

□ 恵沢 혜택, 은혜 ≒ 恵み・恩恵 은혜

□ 経路 경로 ≒ ルート 루트, 경로

□ 激励する 격려하다	≒	励ます 격려하다
□ 欠乏 결핍	≒	不足 부족
□ 懸念 걱정, 근심, 불안	≒	心配・気がかり 걱정／不安 불안
□ 堅実な 견실한	≒	しっかりした 야무진
□ 厚顔だ 낯두껍다	≒	鉄面皮だ 철면피다／ずうずうしい 뻔뻔스럽다
□ 心得 마음 가짐, 소양	≒	心がけ 마음 가짐
□ 心構え 마음의 준비, 각오	≒	覚悟 각오
□ 心細い 어쩐지 마음이 불안하다, 허전하다	≒	不安だ 불안하다
□ 試み 시도(해 봄), 시험	≒	試し 시도
□ 誤植 오식, 오자, 오탈자	≒	ミスプリント 미스 프린트, 오탈자
□ ことのほか 대단히, 특별히, 유달리	≒	とても 대단히／とりわけ・特別に 특별히
□ 拒む 거부하다, 응하지 않다	≒	ことわる 거절하다
□ こまやかに 자세히	≒	詳しく・詳細に 자세히
□ コミッション 커미션, 수수료	≒	手数料 수수료
□ コメディー 코미디	≒	喜劇 희극
□ 暦 달력	≒	カレンダー 달력
□ コンディション 컨디션	≒	体調・調子・体の具合 몸의 상태, 컨디션
□ コンテスト 콘테스트, 경연 대회	≒	競演会・コンクール 경연 대회

さ

□ 遮る 가리다, 막다, 차단하다	≒	遮断する 차단하다
□ 栄える 성해지다, 번영하다	≒	繁盛する 번창하다
□ さげすむ 깔보다	≒	軽蔑する 경멸하다
□ 指図 지시, 지휘	≒	指示 지시／指揮 지휘

□ 定^{さだ}か 확실함　≒　たしか 확실함

□ 錯覚^{さっかく} 착각　≒　勘違^{かんちが}い 착각

□ ざっくばらんに 솔직히, 탁 까놓고　≒　率直^{そっちょく}に 솔직히

□ さっと (비·바람이) 쏴, 휙, 활짝　≒　すばやく 재빠르게

□ 障^{さわ}る 지장이 있다, 방해가 되다　≒　さしつかえる 지장이 있다

□ 参上^{さんじょう}いたす 찾아뵙다　≒　うかがう 찾아뵙다

□ シークレット 시크릿, 기밀, 비밀　≒　秘密^{ひみつ} 비밀

□ 仕返^{しかえ}し 보복, 복수　≒　報復^{ほうふく} 보복 ／ 復讐^{ふくしゅう}・リベンジ 복수

□ 仕掛^{しか}ける ① (싸움 등을) 걸다 ② 장치하다　≒　いどむ (싸움을) 걸다 ／ セットする 설치하다

□ しかるに 그런데, 그럼에도 불구하고　≒　ところが 그런데 ／
にもかかわらず 그럼에도 불구하고

□ 仕草^{しぐさ} 하는 짓, 태도, 몸짓　≒　身^みぶり 몸짓

□ 仕組^{しく}む (몰래) 계획하다　≒　たくらむ・計画^{けいかく}する 계획하다

□ したたかに 세게, 호되게　≒　しぶとく 세게

□ しなやかに 유연하게　≒　柔軟^{じゅうなん}に 유연하게

□ 釈明^{しゃくめい} 해명, 변명　≒　弁明^{べんめい}・弁解^{べんかい}・言^いい訳^{わけ} 변명

□ 終始^{しゅうし} 시종, 내내, 줄곧　≒　ずっと 쭉

□ 種々^{しゅじゅ} 갖가지, 여러 가지　≒　いろいろ・さまざま・もろもろ 여러 가지

□ 主将^{しゅしょう} 주장　≒　キャプテン 캡틴 ／ 統率者^{とうそつしゃ} 통솔자

□ 巡回^{じゅんかい} 순회, 순찰　≒　パトロール 패트롤, 순찰

□ 条理^{じょうり} 조리, 도리　≒　すじみち 사리, 조리

□ 所詮^{しょせん} 어차피　≒　どうせ 어차피

□ 所存^{しょぞん} 생각　≒　考^{かんが}え 생각 ／ つもり 작정

□ しょっちゅう 늘, 언제나, 부단히　≒　いつも 언제나

□ 序論 서론	≒	前置き 서론	
□ 退く (장소·지위에서) 물러나다, 물러서다, 후퇴하다	≒	後退する 후퇴하다／引退する 은퇴하다	
□ 素人 비전문가, 아마추어	≒	アマチュア 아마추어	
□ 仕分ける 분류하다	≒	分類する 분류하다	
□ 真摯 진지함	≒	真面目 성실함／真剣 진지함	
□ 進捗する 진척되다	≒	はかどる 진척되다／順調に進む 순조롭게 진행되다	
□ 衰退する 쇠퇴하다	≒	衰える・朽ちる 쇠퇴하다	
□ すこぶる 매우, 대단히	≒	とても・はなはだ 매우	
□ 素性 가문, 태생	≒	生まれ 태생	
□ スチーム 스팀, 증기	≒	蒸気 증기	
□ ストック 재고	≒	在庫 재고	
□ すべ 방법, 수단, 도리	≒	方法 방법	
□ スラックス 슬랙스, 바지	≒	ズボン 바지	
□ セキュリティー 시큐리티, 안전, 보안, 방범	≒	安全 안전／保安 보안／防犯 방범	
□ セクション 섹션, 분할	≒	部門 부문	
□ せっかち 성급함	≒	性急 성급함	
□ 折衝 절충(외교적 담판)	≒	交渉 교섭, 협상／話し合い 의논, 교섭	
□ 絶頂 절정	≒	ピーク 절정	
□ セレモニー 세레모니, 의식	≒	儀式 의식	
□ センス 센스, 감각	≒	感覚 감각	
□ 先だって 앞서, 얼마전에, 요전에	≒	このあいだ 요전에	
□ 旋律 선율	≒	メロディー 멜로디	
□ 総じて 대체로, 일반적으로	≒	概して・おおよそ 대체로	

□ 装飾〔そうしょく〕 장식 ≒ デコレーション 장식

□ 即日〔そくじつ〕 바로 그 날, 당일 ≒ 当日〔とうじつ〕 당일

□ 素振り〔そぶり〕 거동, 기색 ≒ 気配〔けはい〕 기색

た

□ 大概〔たいがい〕 대개, 대강, 대체로 ≒ だいたい・たいてい 대개, 대체로

□ 対抗する〔たいこう〕 대항하다 ≒ 立ち向かう〔たむ〕 대항하다

□ ターゲット 타깃, 표적 ≒ 的〔まと〕 표적

□ 蛇足〔だそく〕 사족, 군더더기, 쓸데없는 것 ≒ よけいなもの 쓸데없는 것

□ 立ち寄る〔たよ〕 다가서다, 들르다 ≒ 近寄る〔ちかよ〕 다가가다 ／ 訪れる〔おとず〕 방문하다

□ 達者〔たっしゃ〕 능숙함 ≒ 上手〔じょうず〕 능숙함

□ 建前〔たてまえ〕 원칙, 방침 ≒ 原則〔げんそく〕 원칙

□ だぶだぶ (옷이) 헐렁헐렁 ≒ ぶかぶか 헐렁헐렁

□ 便り〔たよ〕 소식, 편지 ≒ 手紙〔てがみ〕 편지

□ 断じて〔だん〕 ① 반드시, 꼭 ② 절대로 ≒ 必ず〔かなら〕 반드시 ／ 決して〔けっ〕 결코

□ 丹念に〔たんねん〕 세밀히, 정성들여 ≒ じっくりと 곰곰히 ／ 克明に〔こくめい〕 꼼꼼하게

□ 段落〔だんらく〕 단락 ≒ 区切り〔くぎ〕 단락

□ 胆力〔たんりょく〕 담력 ≒ 度胸〔どきょう〕 담력

□ 治癒〔ちゆ〕 치유, 회복 ≒ 回復〔かいふく〕 회복

□ 注意深い〔ちゅういぶか〕 매우 조심스럽다, 신중하다 ≒ 慎重だ〔しんちょう〕 신중하다

□ 中途半端〔ちゅうとはんぱ〕 흐지부지함, 어중간함 ≒ 未完成〔みかんせい〕 미완성

□ 重宝する〔ちょうほう〕 쓸모가 있어 편리하다 ≒ 便利で役に立つ〔べんり・やく・た〕 편리해서 도움이 된다

□ 調和〔ちょうわ〕 조화 ≒ ハーモニー 조화

□ 賃貸〔ちんたい〕 임대 ≒ レンタル 렌탈

□ ついて(い)る 재수가 있다　≒　運がいい 운이 좋다

□ 月並み 평범함, 진부함　≒　平凡・ありきたり 평범함

□ 償い 속죄, 보상　≒　補償 보상

□ 繕う 고치다, 수선하다　≒　修繕する 수선하다

□ 告げる 고하다, 알리다　≒　知らせる 알리다

□ つつましい 조심스럽다　≒　控えめだ 조심스럽다

□ 集い 모임, 회합　≒　集まり・会合 모임, 회합

□ 募る 모집하다, 모으다　≒　広く呼びかけて集める 널리 호소하여 모으다

□ 手 방법, 수단　≒　方法・手段 방법, 수단

□ 手薄 허술함, 적음, 불충분함　≒　不十分 불충분함

□ 手頃 알맞음, 적당함　≒　適当・適度・適切 적당함

□ てっぺん 꼭대기, 정상　≒　頂上 정상／頂点 정점

□ 手はず 준비, 계획　≒　準備 준비／計画 계획

□ 手引き (손을 잡고) 인도함, 안내함, 첫걸음(책)　≒　マニュアル 매뉴얼／案内 안내

□ デリケート 섬세함, 민감함, 미묘함　≒　繊細 섬세함／敏感 민감함／微妙 미묘함

□ てんで ① 전혀, 아예, 도무지 ② 대단히, 매우　≒　まるっきり・まったく 전혀／非常に 상당히

□ 道理で 그 때문에, 과연　≒　そういうわけで・なるほど 그래서, 과연

□ 土壇場 막판, 마지막 순간, 막다른 곳　≒　最後の瞬間 마지막 순간／窮地 궁지

□ とっさに 순식간에　≒　瞬間的に 순간적으로

□ どっさり 듬뿍, 많이, 잔뜩　≒　たくさん 많이

□ 突如 갑자기, 별안간　≒　にわかに・突然 돌연, 갑자기

□ 唱える 주창하다, 주장하다　≒　主唱する 주창하다／主張する 주장하다

□ 途方もない 터무니없다　≒　とんでもない 당치도 않다

□ 捉える 포착하다, 파악하다 ≒ 把握する 파악하다

□ 取りも直さず 곧, 결국 ≒ すなわち 곧／結局 결국

な

□ 懐く 따르다, 친해지다 ≒ なじむ・馴れる 따르다, 친숙해지다

□ なにかと 이것저것, 여러 가지로 ≒ あれこれ 이것저것／いろいろ 여러 가지로

□ 何卒 제발, 부디, 아무쪼록 ≒ どうぞ・どうか 부디, 아무쪼록

□ 波に乗る 시류에 편승하다 ≒ 時流に便乗する 시류에 편승하다

□ 並びに 및, 또 ≒ および・かつ・また 및, 또

□ ならわし 관습, 관례 ≒ しきたり 관례／慣習 관습

□ 軟弱 연약함 ≒ 弱気・弱腰 연약함

□ なんだか 왜 그런지, 어쩐지 ≒ なんとなく 왠지 모르게

□ 賑わう 활기차다, 번창하다 ≒ 繁盛する 번창하다

□ ネガティブ 네거티브, 소극적, 부정적 ≒ 消極的 소극적／否定的 부정적

□ ネック 넥, 지장, 걸림돌 ≒ 支障 지장／障害 장애

□ 粘り 찰기, 끈기 ≒ 根気 끈기

□ 乗り越える 뛰어넘다, 극복하다 ≒ 克服する 극복하다

は

□ はかばかしい 진척되다, 병이 호전되다 ≒ 順調だ 순조롭다

□ バック ① 배경 ② 후원 ≒ 背景 배경／サポート・後援 후원

□ 抜群だ 발군이다, 뛰어나다 ≒ ほかと比べてとくによい
다른 것과 비교해서 특히 좋다

□ ばったり 뜻밖에 마주치는 모양, 딱 ≒ 偶然 우연히

□ ばてる 지치다, 기진하다 ≒ 疲れる 지치다, 피곤하다

□ バトル 배틀, 싸움	≒	戦い 싸움
□ 甚だ 매우, 몹시, 심히	≒	非常に・たいそう 대단히, 매우
□ バロメーター 지표	≒	指標 지표
□ ひしと 강렬하게, 매섭게	≒	厳しく 엄격하게
□ 批評 비평	≒	コメント 코멘트
□ 比喩 비유	≒	例え 비유
□ 日和 일기, (좋은) 날씨	≒	天気 날씨 ／ 晴天 좋은 날씨
□ ひらめき 번뜩임, 기발한 생각	≒	着想 착상, 생각의 실마리 ／ 思いつき 문득 떠오른 생각
□ 翻す 뒤집다, 바꾸다	≒	裏がえす 뒤집다
□ 不意に 돌연히, 갑자기, 느닷없이	≒	突然・いきなり・急に 갑자기
□ フォローする 보조하다	≒	補助する 보조하다 ／ 補う 보조하다, 보완하다
□ 不器用 서투름, 손재주가 없음	≒	へた 서투름
□ 不思議に 이상하게, 신기하게	≒	奇妙に 기묘하게, 이상하게
□ 不精・無精 귀찮아 함	≒	面倒くさがり 귀찮아 함
□ 不振だ 부진하다	≒	はかばかしくない 부진하다
□ 復帰 복귀	≒	カムバック 복귀
□ ふに落ちない 납득이 가지 않다	≒	納得できない 납득할 수 없다
□ ふにゃふにゃ 부드러워 팽팽한 맛이 없는 모양	≒	やわらかい感触 부드러운 감촉
□ フランク 프랭크, 솔직함	≒	率直 솔직함
□ ブランク 블랭크, 여백, 공백	≒	空白 공백
□ 振り返る 뒤돌아보다, 회고하다	≒	回顧する 회고하다
□ 振り出し 출발점, 처음 상태	≒	出発点 출발점
□ 振る舞い 행동	≒	行動 행동

□ 無礼 무례, 실례 　≒　 失礼 실례

□ プロセス 프로세스, 절차, 경과, 과정 　≒　 手続き 절차／経過 경과／過程 과정

□ プロフィール 프로필 　≒　 横顔 프로필／略歴 약력

□ ふんだんに 많이, 넉넉히 　≒　 大量に 대량으로

□ 並行 병행 　≒　 両立 양립／同時進行 동시진행

□ 平生 평소 　≒　 ふだん・平常・平素 보통, 평소

□ へきえきする 손들다, 질리다 　≒　 閉口する 손들다, 질리다

□ へま 실수 　≒　 失敗 실수, 실패

□ 返事をしぶる 대답을 주저하다 　≒　 なかなか返事をしようとしない
좀처럼 대답하려고 하지 않다

□ ポーズ 포즈, 자세 　≒　 姿勢 자세

□ 本腰 진지함, 본격적으로 임함 　≒　 本気 진지함／まじめ 성실함

ま

□ 参る ① 지치다, 질리다 ② 곤란하다 　≒　 うんざりする 지긋지긋하다／困る 곤란하다

□ 前向き 적극적, 진취적 　≒　 積極的 적극적

□ まさしく 틀림없이 　≒　 確かに 확실히／間違いなく 틀림없이

□ まちまち 갖가지, 각기 다름 　≒　 さまざま 여러 가지

□ マッチ 매치, 어울림, 일치 　≒　 調和 조화／一致 일치

□ まなざし 눈길, 시선 　≒　 視線 시선

□ 満遍なく 구석구석, 빠짐없이, 골고루 　≒　 もれなく 빠짐없이／あまねく 골고루

□ 見合わせる 실행을 미루다, 보류하다 　≒　 中止する 중지하다／延期する 연기하다

□ ムード 무드, 분위기, 기분 　≒　 雰囲気 분위기／気分 기분

□ 無性に 몹시, 공연히, 무턱대고 　≒　 むやみに・やたらに 함부로

□ 無造作に 손쉽게, 아무렇게나 　≒　簡単に 간단하게／
深い考えもなく 깊이 생각하지도 않고

□ 無謀 무모함 　≒　無鉄砲 무모함

□ 無論 물론 　≒　もちろん 물론

□ 目当て 목적, 목표 　≒　めど 목표

□ 明瞭だ 명료하다 　≒　はっきりする 확실하다

□ メンテナンス (건물·기계 등의) 관리, 유지 　≒　管理 관리／維持 유지

□ 設ける 마련하다, 베풀다, 설치하다 　≒　用意する 준비하다

□ 申し分 변명, 해명 　≒　言い訳・弁解 변명

□ 毛頭 털 끝만큼도, 조금도, 전혀 　≒　少しも 조금도

□ 目下 현재 　≒　現在 현재

□ 専ら 오로지, 한결같이 　≒　ひたすら 한결같이

□ もてる 인기가 있다 　≒　人気がある 인기가 있다

□ もめごと 다툼, 분규, 갈등 　≒　争い 다툼, 분쟁／葛藤 갈등

□ 盛り上げる 분위기를 고조시키다 　≒　活気づける 활기를 북돋우다

□ もろに 직접, 정면으로 　≒　まともに・じかに 직접적으로

や

□ やきもちを焼く 질투하다 　≒　ねたむ・嫉妬する 시기하다, 질투하다

□ やんちゃな 떼를 쓰는 　≒　わがままな 제멋대로의

□ 誘因 (어떤 상태를 야기하는) 원인 　≒　きっかけ 계기

□ 優雅 우아함, 고상함 　≒　エレガント 우아함／高尚 고상함

□ ユニーク 유니크, 특이, 독특 　≒　独特 독특함

□ 用心深い 신중하다, 조심성이 많다 　≒　慎重だ 신중하다

□ 用心棒 （ようじんぼう） 경호원　≒　ボディーガード 보디가드

□ 弱腰 （よわごし） 소극적임, 저자세　≒　消極的 （しょうきょくてき） 소극적

□ 弱虫 （よわむし） 겁쟁이　≒　いくじなし 겁쟁이

□ 弱る （よわ） 약해지다, 곤란해지다　≒　衰える （おとろ） 쇠약해지다 ／ 困る （こま） 곤란하다

ら〜わ

□ ライバル 라이벌　≒　敵 （てき） 적

□ 立腹する （りっぷく） 역정내다　≒　怒る・腹が立つ （おこ・はら・た） 화가 나다

□ リハーサル 리허설, 예행연습　≒　予行練習 （よこうれんしゅう） 예행연습

□ リベート 리베이트, 수수료　≒　手数料 （てすうりょう） 수수료

□ 流暢 （りゅうちょう） 유창함　≒　ぺらぺら 유창함

□ 了解 （りょうかい） 양해　≒　オーケー・了承 （りょうしょう） 오케이, 양해

□ 劣等感 （れっとうかん） 열등감　≒　コンプレックス 콤플렉스

□ 和解 （わかい） 화해　≒　仲直り （なかなお） 화해

□ 煩わしい （わずら） 귀찮다, 성가시다　≒　面倒だ （めんどう） 성가시다

□ あごを<ruby>出<rt>だ</rt></ruby>す 몹시 지치다

□ <ruby>足<rt>あし</rt></ruby>が<ruby>出<rt>で</rt></ruby>る 적자가 나다, 예산을 초과하다

□ <ruby>肩<rt>かた</rt></ruby>を<ruby>持<rt>も</rt></ruby>つ 편을 들다

□ <ruby>肩<rt>かた</rt></ruby>を<ruby>並<rt>なら</rt></ruby>べる 어깨를 나란히 하다, 필적하다

□ <ruby>気<rt>き</rt></ruby>が<ruby>済<rt>す</rt></ruby>む 마음이 후련하다

□ <ruby>気<rt>き</rt></ruby>を<ruby>晴<rt>は</rt></ruby>らす 우울한 기분을 풀다

□ <ruby>気<rt>き</rt></ruby>をもむ 마음을 졸이다, 애태우다

□ ぐっと<ruby>来<rt>く</rt></ruby>る 강한 감동을 느끼다

□ さじを<ruby>投<rt>な</rt></ruby>げる 가망이 없어 포기하다

□ しのぎを<ruby>削<rt>けず</rt></ruby>る 맹렬히 싸우다

□ そっぽを<ruby>向<rt>む</rt></ruby>く 외면하다, 불응하다

□ <ruby>手<rt>て</rt></ruby>が<ruby>出<rt>で</rt></ruby>ない 어떻게 손을 쓸 수가 없다, 엄두가 안 난다

□ <ruby>手<rt>て</rt></ruby>を<ruby>焼<rt>や</rt></ruby>く 애먹다, 처치 곤란해하다

□ <ruby>途方<rt>とほう</rt></ruby>に<ruby>暮<rt>く</rt></ruby>れる 어찌할 바를 모르다

□ <ruby>念<rt>ねん</rt></ruby>のため 만약을 위해, 혹시 몰라서

□ はっとする 깜짝 놀라다

□ <ruby>鼻<rt>はな</rt></ruby>にかける 뽐내다, 자랑하다

□ <ruby>腹<rt>はら</rt></ruby>を<ruby>決<rt>き</rt></ruby>める 결심하다, 마음을 정하다

□ ほどがある 한도가 있다, 유분수다

□ <ruby>骨<rt>ほね</rt></ruby>が<ruby>折<rt>お</rt></ruby>れる 힘들다, 고생이 되다

□ <ruby>目安<rt>めやす</rt></ruby>をつける 대중을 잡다, 어림잡다

□ <ruby>目<rt>め</rt></ruby>を<ruby>通<rt>とお</rt></ruby>す 대강 훑어 보다, 대충 보다

□ <ruby>平行線<rt>へいこうせん</rt></ruby>をたどる 평행선을 걷다

□ まぎれもない 틀림없다

□ もってのほか 당치도 않음

□ <ruby>躍起<rt>やっき</rt></ruby>になる 기를 쓰다

□ <ruby>指<rt>ゆび</rt></ruby>を<ruby>折<rt>お</rt></ruby>る 손꼽아 헤아리다

問題1 ＿＿＿＿の言葉の読み方として最もよいものを、１・２・３・４から一つ選びなさい。

1 絹の柔らかい感触が好きです。

1　かんじょく　　　2　かんがく　　　　3　かんしょく　　　4　かんかく

2 その作家は今度初めて長編小説を著した。

1　もたらした　　　2　あらわした　　　3　おびやかした　　4　もてあました

3 あの人から受けた恩は、終生忘れることはできない。

1　しゅうじょう　　2　しゅうぜい　　　3　しゅうしょう　　4　しゅうせい

4 情報技術が著しい進歩を見せている。

1　たくましい　　　2　いちじるしい　　3　けがらわしい　　4　おびただしい

5 ゴルフのこつを会得するには時間がかかる。

1　かいたく　　　　2　えたく　　　　　3　かいとく　　　　4　えとく

6 彼らは自分たちのチームが点を入れるたびに歓声を上げた。

1　がんせい　　　　2　がんしょう　　　3　かんせい　　　　4　かんしょう

7 人々は競って福袋を買った。

1　きそって　　　　2　ねらって　　　　3　まかなって　　　4　あきなって

8 お寺の境内にはたくさんの屋台が出ていた。

1　けいない　　　　2　きょうない　　　3　けいだい　　　　4　きょうだい

9 彼は強情だから、一度決めたらなかなか変えない。

1　こうぞう　　　　2　ごうぞう　　　　3　こうじょう　　　4　ごうじょう

10 外野手は素手でボールをつかんで３塁へ矢のような送球をした。

1　そで　　　　　　2　そしゅ　　　　　3　すで　　　　　　4　すしゅ

答　1③　2②　3④　4②　5④　6③　7①　8③　9④　10③

問題1 ______ の言葉の読み方として最もよいものを、1・2・3・4から一つ選びなさい。

1 父は肝臓（かんぞう）を悪くして酒を断った。

1 きった　　　　2 とった　　　　3 たった　　　　4 かった

2 その家に容疑者が立ち寄った形跡がある。

1 けいぜい　　　2 けいぜき　　　3 けいせい　　　4 けいせき

3 私がいくら釈明しても先生に納得してもらうことができなかった。

1 なっとく　　　2 のうとく　　　3 なつえ　　　　4 のうえ

4 ６年間、サッカーに精進した選手に敬意を表します。

1 しょうしん　　2 しょうじん　　3 せいしん　　　4 せいじん

5 知事は新空港の建設を図っている。

1 はかって　　　2 ねらって　　　3 すくって　　　4 さらって

6 30人の生徒を引率して筑波山（つくば）へキャンプに行った。

1 いんせん　　　2 いんそつ　　　3 いんぜん　　　4 いんぞつ

7 ちょっといい点を取ったくらいで有頂天になるんじゃないよ。

1 うちょうてん　2 ゆうちょうてん　3 うていてん　　4 ゆうていてん

8 器がいいと料理もおいしい。

1 おもむき　　　2 たましい　　　3 なまり　　　　4 うつわ

9 X社にプリンターの在庫の有無をメールで問い合わせた。

1 うぶ　　　　　2 うむ　　　　　3 ゆうぶ　　　　4 ゆうむ

10 その国に新しい産業が興った。

1 さとった　　　2 たもった　　　3 しぼった　　　4 おこった

答　1③　2④　3①　4②　5①　6②　7①　8④　9②　10④

問題1 ＿＿＿の言葉の読み方として最もよいものを、１・２・３・４から一つ選びなさい。

1 私たちは池田（いけだ）さんを生徒会長に推した。

1　おした　　　　　2　たくした　　　　　3　そそのかした　　　4　おびやかした

2 彼はピカソの絵について独自の解釈をした。

1　がいせき　　　　2　がいしゃく　　　　3　かいせき　　　　　4　かいしゃく

3 そこでは７日夜から未明にかけて猛烈（もうれつ）な雨となり、河川の氾濫（はんらん）が相次いだ。

1　こせん　　　　　2　かせん　　　　　　3　こそん　　　　　　4　かそん

4 彼女は素足にスニーカーを履いていた。

1　すあし　　　　　2　すそく　　　　　　3　そあし　　　　　　4　そそく

5 多くの企業がオイルショックで経営不振に陥った。

1　ぶしん　　　　　2　ぶじん　　　　　　3　ふしん　　　　　　4　ふじん

6 あの女優は気性が激しい。

1　きしょう　　　　2　きせい　　　　　　3　けしょう　　　　　4　けせい

7 彼女は頭が痛いと言って早退したけど、あれは仮病だよ。

1　かみょう　　　　2　かびょう　　　　　3　けみょう　　　　　4　けびょう

8 財布を拾得して交番に届けた。

1　しゅうどく　　　2　しゅどく　　　　　3　しゅうとく　　　　4　しゅとく

9 本会の経理は予算に基づいて出納し、諸帳簿を整理して監査を受ける。

1　すいのう　　　　2　すいとう　　　　　3　でとう　　　　　　4　でのう

10 彼は父親から商売の秘訣（ひけつ）を授けられた。

1　さずけられた　　2　もうけられた　　　3　ぼやけられた　　　4　とろけられた

答　1①　2④　3②　4①　5③　6①　7④　8③　9②　10①

問題1　＿＿＿の言葉の読み方として最もよいものを、１・２・３・４から一つ選びなさい。

1 この絵には作者の思いが素直に表現されている。
　　1　すなお　　　　2　そじき　　　　3　すっちょく　　　4　そっちょく

2 今は事の是非を争っている場合ではない。
　　1　ぞうぴ　　　　2　しょうひ　　　　3　せいぴ　　　　4　ぜひ

3 我が社はヨーロッパ市場から撤退することを決定した。
　　1　てってい　　　2　てっぱい　　　　3　てったい　　　4　てっきょ

4 ネクタイをしていないのは私だけだったので体裁が悪かった。
　　1　ていさい　　　2　ていざい　　　　3　たいさい　　　4　たいざい

5 ガス給湯器の不完全燃焼で一酸化炭素が発生した。
　　1　ねんしょ　　　2　ねんそ　　　　　3　ねんしょう　　4　ねんそう

6 どの国にもそれぞれ風俗習慣がある。
　　1　ふうぞく　　　2　ふうじょく　　　3　ふぞく　　　　4　ふじょく

7 私は学校創立100周年記念募金の発起人になった。
　　1　ほっきにん　　2　はっきにん　　　3　ほつぎにん　　4　はつぎにん

8 ときどきぜんそくの発作が起こる。
　　1　ほうさ　　　　2　はっさく　　　　3　ほっさ　　　　4　ほうさく

9 彼はエベレストに登頂し、本望を遂げた。
　　1　もとぼう　　　2　もともう　　　　3　ほんぼう　　　4　ほんもう

10 この話は史実に基づいて書かれたものだ。
　　1　いたづいて　　2　たばづいて　　　3　もとづいて　　4　ちかづいて

問題1 ______の言葉の読み方として最もよいものを、1・2・3・4から一つ選びなさい。

1 教授の遺言により、蔵書はすべて大学に寄付された。
1 ゆうごん　　　2 ゆいごん　　　3 ゆうげん　　　4 ゆいげん

2 老練な投資家にも最近の相場は読みにくいという。
1 のうれん　　　2 のうねん　　　3 ろうれん　　　4 ろうねん

3 外出中に先生に会い、会釈をして通り過ぎた。
1 かいしゃく　　　2 かいせき　　　3 えしゃく　　　4 えせき

4 パーティーは終始和やかな雰囲気で進められた。
1 あざやかな　　　2 なごやかな　　　3 ゆるやかな　　　4 はなやかな

5 父親は娘が医学部へ進学するのを切望していた。
1 せつぼう　　　2 せつもう　　　3 ぜつぼう　　　4 ぜつもう

6 彼女の献身的な奉仕活動は多くの人に感銘を与えた。
1 はんきょう　　　2 はんめい　　　3 かんみょう　　　4 かんめい

7 この試みは大成功し、この伝染病の終息宣言に至った。
1 しゅういき　　　2 しゅうそく　　　3 じゅういき　　　4 じゅうそく

8 蛇足ながら新婦は私の妻の高校時代の友人でもあります。
1 たそく　　　2 たぞく　　　3 だそく　　　4 だぞく

9 ついにミュージカル俳優になる夢が成就した。
1 じょうじゅう　　　2 じょうじゅ　　　3 せいしゅう　　　4 せいしゅ

10 警察は、違法駐車を容赦なく取りしまってほしい。
1 ようしゃ　　　2 ようじゃ　　　3 ようしゃく　　　4 ようじゃく

답 1② 2③ 3③ 4② 5① 6④ 7② 8③ 9② 10①

問題1　＿＿＿の言葉の読み方として最もよいものを、１・２・３・４から一つ選びなさい。

1 野生鳥獣（ちょうじゅう）を許可なく捕獲することはできない。
　　1　ほえ　　　　　2　ほかく　　　　　3　ほうえ　　　　　4　ほうかく

2 裁判所は個人情報保護法の厳正な施行を命じた。
　　1　しこう　　　　2　しごう　　　　　3　せきょう　　　　4　せぎょう

3 彼女の提案を前提として議論を進めよう。
　　1　ぜんてい　　　2　ぜんでい　　　　3　ぜんせい　　　　4　ぜんぜい

4 彼女のブローチには繊細（せんさい）な細工が施されていた。
　　1　さいこう　　　2　さいこ　　　　　3　さいくう　　　　4　さいく

5 その講演は示唆に富（と）み、得るところが多かった。
　　1　じさ　　　　　2　じざ　　　　　　3　しさ　　　　　　4　しざ

6 思いがけず敵の計略に陥る。
　　1　おちいる　　　2　むさぼる　　　　3　まぎれる　　　　4　ほうむる

7 彼女は子供にも恵まれて幸せな生涯を送った。
　　1　せいあい　　　2　せいがい　　　　3　しょうあい　　　4　しょうがい

8 集めた部費を有益に使う道を考えよう。
　　1　ゆえき　　　　2　ゆうえき　　　　3　うえき　　　　　4　ありえき

9 むやみに森林を伐採することは、重大な環境破壊につながる。
　　1　はっさい　　　2　はつざい　　　　3　ばっさい　　　　4　ばつざい

10 農家は冷夏による凶作に苦しんだ。
　　1　きょさ　　　　2　きょうさ　　　　3　きょさく　　　　4　きょうさく

답 1② 2① 3① 4④ 5③ 6① 7④ 8② 9③ 10④

問題2　（　　　）に入れるのに最もよいものを、1・2・3・4から一つ選びなさい。

1 このあたりは（　　　）海だったそうで、貝の化石がたくさん見られる。
　1　すでに　　　　　2　もはや　　　　　3　いつか　　　　　4　かつて

2 旅行に出る前の晩にはしっかり準備を（　　　）から寝る。
　1　そなえて　　　　2　とどめて　　　　3　ふけて　　　　　4　ととのえて

3 その島の自然は（　　　）のまま残されている。
　1　手つかず　　　　2　臆病　　　　　　3　気がかり　　　　4　迷惑

4 彼女の口座に預金がないので、銀行は小切手の支払いを（　　　）した。
　1　解禁　　　　　　2　廃止　　　　　　3　解除　　　　　　4　停止

5 値段については僕には決めかねたので、マネージャーの判断に（　　　）。
　1　とどめた　　　　2　なだめた　　　　3　すすめた　　　　4　ゆだねた

6 この端末は本社の顧客（　　　）とつながっています。
　1　データベース　　2　ノウハウ　　　　3　ライフワーク　　4　ベテラン

7 経済不況の中、企業は業績回復に向けてさまざまな工夫を（　　　）いる。
　1　かためて　　　　2　ねんじて　　　　3　たちあげて　　　4　こらして

8 英語では、彼と（　　　）を並べるほどの力のある生徒は、今のところいない。
　1　目　　　　　　　2　肩　　　　　　　3　顔　　　　　　　4　手

9 この物質は人の健康を（　　　）おそれがある。
　1　損なう　　　　　2　危ぶむ　　　　　3　恐れる　　　　　4　崩れる

10 瓶には「子供の手の届かないところに保管すること」という（　　　）がはってあった。
　1　シェア　　　　　2　レッテル　　　　3　レート　　　　　4　ランク

答　1④　2④　3①　4④　5④　6①　7④　8②　9①　10②

問題2　（　　　　）に入れるのに最もよいものを、１・２・３・４から一つ選びなさい。

1 車が（　　　　）するガスによって、大気はかなり汚染されている。
　　1　消除　　　　　2　追放　　　　　3　一掃　　　　　4　排出

2 体育館にはたくさんのいすが（　　　　）並べられていた。
　　1　堂々と　　　　2　整然と　　　　3　続々と　　　　4　歴然と

3 これらの野菜はどのような（　　　　）をたどって消費者の手元に届くのだろうか。
　　1　従来　　　　　2　経路　　　　　3　由来　　　　　4　経歴

4 その地域に大きな地震が起きて地盤（じばん）が約30センチ（　　　　）。
　　1　潤った　　　　2　染みた　　　　3　溶けた　　　　4　沈んだ

5 町中が昨日起こった不思議な出来事のうわさで（　　　　）だった。
　　1　申し出　　　　2　もちきり　　　3　出直し　　　　4　すれ違い

6 景気が（　　　　）し、失業率が５％を超えた。
　　1　休止　　　　　2　停止　　　　　3　渋滞　　　　　4　停滞

7 ヒマラヤの（　　　　）眺めに私はただただ圧倒された。
　　1　巨大な　　　　2　盛大な　　　　3　雄大な　　　　4　絶大な

8 レフリーがカウントを始めると、ボクサーは（　　　　）立ち上がった。
　　1　すいすいと　　2　せかせかと　　3　ひしひしと　　4　ふらふらと

9 あまり働いたので、あごを（　　　　）。
　　1　さげた　　　　2　落とした　　　3　出した　　　　4　あげた

10 新聞記者は、見てきた戦争の（　　　　）をくわしく話した。
　　1　ありさま　　　2　ありかた　　　3　ありあり　　　4　ありきたり

답　1④　2②　3②　4④　5②　6④　7③　8④　9③　10①

問題2 （　　　）に入れるのに最もよいものを、1・2・3・4から一つ選びなさい。

1 当協会に所属する問題解決のプロがいち早く問題を解決し、会員様の不安を
（　　　）します。

1 一掃 2 追放 3 削除 4 排出

2 彼は警察にこの人がホテルから出て来るのを見たと（　　　）しました。

1 表明 2 認証 3 供述 4 開示

3 その高校には約1,200人の生徒が（　　　）している。

1 就労 2 従事 3 在籍 4 勤務

4 地震で家が（　　　）揺れるのがわかった。

1 ぬるぬる 2 ごろごろ 3 ぐらぐら 4 とんとん

5 女性の社会進出に対して（　　　）をもつ人がいる。

1 無効 2 禁物 3 不当 4 偏見

6 伝染病にかかっていた帰国者たちは1か月間（　　　）された。

1 駆除 2 遮断 3 拒絶 4 隔離

7 高橋さんは高跳びで180センチを（　　　）しました。

1 クリア 2 コンスタント 3 シンプル 4 ストレート

8 足にけがをしてから佐藤さんはマラソンへの（　　　）を失った。

1 同感 2 心情 3 熱意 4 好感

9 私はスーツケースに衣類を（　　　）詰め込んだ。

1 へとへとに 2 からからに 3 すっきり 4 ぎっしり

10 悩みがあるときには信頼できる友だちに相談するのが（　　　）だ。

1 よほど 2 もとより 3 まだしも 4 なにより

답 1① 2③ 3③ 4③ 5④ 6④ 7① 8③ 9④ 10④

問題2 （　　　　）に入れるのに最もよいものを、1・2・3・4から一つ選びなさい。

1 そのころ彼は職業を転々と変えた。よくがまんしても（　　　　）4か月で、半年続いたことはなかった。
　1　せいぜい　　　　　2　ほどよく　　　　　3　すっかり　　　　　4　せめて

2 その映画はたくさんの人々の（　　　　）を得た。
　1　強調　　　　　　　2　感心　　　　　　　3　協調　　　　　　　4　共感

3 相手は新人だから（　　　　）説明しなければならない。
　1　いちいち　　　　　2　ぺらぺら　　　　　3　たまたま　　　　　4　のろのろ

4 勉強で忙しくなりますね。風邪を引かないように（　　　　）気をつけてください。
　1　ことによると　　　2　ことごとく　　　　3　もしかして　　　　4　くれぐれも

5 （　　　　）あつかましい男でもデパートで値切ることはできまい。
　1　どうにか　　　　　2　さも　　　　　　　3　いかに　　　　　　4　もっぱら

6 交渉は（　　　　）に終わり、契約を交わすことができなかった。
　1　不振　　　　　　　2　不順　　　　　　　3　不当　　　　　　　4　不調

7 災害対策の品はそろえたが、（　　　　）という時、本当に役に立つのかな。
　1　さぞ　　　　　　　2　いざ　　　　　　　3　さも　　　　　　　4　いまだ

8 弟は受験勉強のせいで（　　　　）やせてしまった。
　1　がっくり　　　　　2　じっくり　　　　　3　くっきり　　　　　4　げっそり

9 結論が出ないので、夜遅くまで（　　　　）した。
　1　協調　　　　　　　2　協力　　　　　　　3　協同　　　　　　　4　協議

10 最近の情報技術の進歩は想像を（　　　　）越えたものだ。
　1　はるかに　　　　　2　さすがに　　　　　3　とっくに　　　　　4　ひそかに

答 1① 2④ 3① 4④ 5③ 6④ 7② 8④ 9④ 10①

問題2 （　　　　）に入れるのに最もよいものを、１・２・３・４から一つ選びなさい。

1 あの人のおかしな言動には、みんなまゆを（　　　　）いるけれど、本人はぜんぜん
わかっていないようだ。
　　１　ぬいて　　　　　　２　ういて　　　　　　３　ひそめて　　　　４　たって

2 この料理は（　　　　）しておいしい。
　　１　とっぷり　　　　　２　さっぱり　　　　　３　どっぷり　　　　４　きっぱり

3 雨は降らないと言っていたが、（　　　　）傘を持って行くことにした。
　　１　あんのじょう　　２　まえもって　　　３　ねんのため　　　４　あらかじめ

4 時間に（　　　　）友人は、私が５分遅れても待ってくれない。
　　１　うるさい　　　　２　あさましい　　　３　あくどい　　　　４　しぶとい

5 今後５年間で失業者をゼロにするなんて、（　　　　）無理な話だ。
　　１　とても　　　　　２　まさか　　　　　３　すっかり　　　　４　たしか

6 考えてみると、私たちの生活には（　　　　）多くのむだがある。
　　１　思いがけない　　２　はるばる　　　３　あまりにも　　　４　むやみに

7 コーヒーを（　　　　）ため、コンピューターがこわれてしまった。
　　１　こもった　　　　２　こぼした　　　　３　ごまかした　　　４　おごった

8 （　　　　）人の話を信じるものではない。
　　１　ひそかに　　　　２　かならず　　　　３　むやみに　　　　４　とくに

9 登山途中、道に迷ったが、やっとのことで山小屋（やまごや）に（　　　　）。
　　１　たよりついた　　２　かけつけた　　　３　たどりついた　　４　たちどまった

10 ここ数年、日本のＩＴ産業の基礎体力と国際競争力の低下は（　　　　）。
　　１　わずらわしい　　２　はなばなしい　　３　めざましい　　　４　いちじるしい

답 1③　2②　3③　4①　5①　6③　7②　8③　9③　10④

問題2　（　　　）に入れるのに最もよいものを、１・２・３・４から一つ選びなさい。

1　夏の　（　　　）、狭い部屋に閉じ込められる苦しさは、冷房でもしない限り、耐える
ことができない。
　　1　めつき　　　　　　2　なぎさ　　　　　　3　さなか　　　　　　4　はだし

2　おじいさんの手紙は、難しくて判読するのに骨が（　　　）。
　　1　こおる　　　　　　2　こわれる　　　　　3　いたむ　　　　　　4　おれる

3　あの人が私にだけ親切にするのは、何か（　　　）があるからなのかしら。
　　1　かたこと　　　　　2　したごころ　　　　3　たてまえ　　　　　4　こころえ

4　彼女はわたしと会う約束を（　　　）とうとう来なかった。
　　1　かくして　　　　　2　やぶって　　　　　3　あきらめて　　　　4　ことわって

5　決まりきった毎日の仕事に（　　　）している。
　　1　あっさり　　　　　2　げっそり　　　　　3　じっくり　　　　　4　うんざり

6　次から次へと買い物をしていたら、とうとう足が（　　　）しまった。
　　1　運んで　　　　　　2　すべって　　　　　3　出て　　　　　　　4　おれて

7　銀行のキャッシュカードでお金を（　　　）。
　　1　さげた　　　　　　2　くだした　　　　　3　くずした　　　　　4　おろした

8　重要な書類は、必ず（　　　）の記録として残しておく必要がある。
　　1　値　　　　　　　　2　公　　　　　　　　3　暦　　　　　　　　4　脈

9　両国間の長期にわたる貿易摩擦が、ようやく（　　　）に至った。
　　1　妥結　　　　　　　2　話題　　　　　　　3　対立　　　　　　　4　審議

10　長官の不用意な発言が、国内外で大きな（　　　）をかもした。
　　1　討議　　　　　　　2　協議　　　　　　　3　物議　　　　　　　4　抗議

답　1③　2④　3②　4②　5④　6③　7④　8②　9①　10③

問題2 （　　　　）に入れるのに最もよいものを、１・２・３・４から一つ選びなさい。

1 企画の前提に誤りが見つかり、すべてをいちから（　　　　）ことになった。
   1 繰り返す   2 引き返す   3 出直す   4 読み通す

2 久しぶりに会った二人は、笑顔であいさつを（　　　　）。
   1 通じた   2 届けた   3 伝わった   4 交わした

3 学校は、生徒たちに過度な競争を（　　　　）教育方針を改めるべきだ。
   1 与える   2 届ける   3 強いる   4 授ける

4 今回発表された二つのモデルは、デザインが（　　　　）、区別がつきにくい。
   1 とびぬけて   2 きりぬけて   3 にかよって   4 めざして

5 彼は高級ブランド品の時計を、わざとらしく（　　　　）かのように手を動かしていた。
   1 かくす   2 あつかう   3 みせびらかす   4 ひっくりかえる

6 彼は、わざと（　　　　）質問をして、相手を困らせた。
   1 意地悪い   2 情け深い   3 丁寧な   4 頑固な

7 祖母は、（　　　　）昔の出来事を昨日のことのように語った。
   1 真新しい   2 目下の   3 現代の   4 遥かな

8 プロジェクトの失敗を避けるため、あらゆる可能性を想定して（　　　　）準備しなければならない。
   1 急いで   2 周到に   3 適当に   4 謙虚に

9 この薬はすぐに効果が出るというより、（　　　　）効いてくるタイプだ。
   1 さっと   2 ずらりと   3 じわじわと   4 ちらっと

10 話の途中、相手の言葉の裏に隠された意図に（　　　　）した。
   1 はっと   2 ぼんやり   3 のんびり   4 うっかり

답 1③ 2④ 3③ 4③ 5③ 6① 7④ 8② 9③ 10①

問題3 ＿＿＿＿の言葉に意味が最も近いものを、１・２・３・４から一つ選びなさい。

1 彼女は返事をしぶっていた。
1 なかなか返事をしようとしなかった　　2 返事するのをすっかり忘れていた
3 返事が来るのをいつまでも待っていた　4 早く返事が欲しいと何度も要求した

2 この家は１階がガレージになっている。
1 倉庫　　　　　2 車庫　　　　　3 金庫　　　　　4 書庫

3 今度の夏休みは思う存分遊びたい。
1 土壇場　　　　2 精一杯　　　　3 道理で　　　　4 無闇に

4 彼女はいまひとつ社交性に欠ける。
1 次々　　　　　2 少々　　　　　3 段々　　　　　4 続々

5 入会に際してわずらわしい手続きはありません。
1 苦手な　　　　2 膨大な　　　　3 単調な　　　　4 面倒な

6 ２晩徹夜続きですっかりばててしまった。
1 飽きて　　　　2 疲れて　　　　3 のどが渇いて　　4 おなかがすいて

7 悪天候のため、本日の式典の挙行は見合わせます。
1 実施します　　2 参観します　　3 見学します　　4 延期します

8 あの人の言い訳には、ふに落ちないところがある。
1 落ち着かない　2 納得できない　3 許されない　　4 うまくいかない

9 君の忠告はひしと受け止めた。
1 きびしく　　　2 くわしく　　　3 やさしく　　　4 したしく

10 自分の容姿に劣等感を持っている。
1 コンプレックス　2 イメージ　　　3 プライド　　　4 コントロール

답 1① 2② 3② 4② 5④ 6② 7④ 8② 9① 10①

問題3 ______ の言葉に意味が最も近いものを、1・2・3・4から一つ選びなさい。

1 彼のかたくなな態度は変わらなかった。

1 真剣な　　　　　　2 強引な　　　　　　3 冷静な　　　　　　4 頑固な

2 彼女は、いつもエレガントな服を着ている。

1 個性的な　　　　　2 上品な　　　　　　3 活動的な　　　　　4 地味な

3 彼は政界からしりぞくことを決心した。

1 出席する　　　　　2 進出する　　　　　3 入門する　　　　　4 引退する

4 赤ちゃんの足はふにゃふにゃしている。

1 とても丈夫な感じだ　　　　　　　2 やわらかい感触だ

3 今にも倒れそうな感じだ　　　　　4 か弱い状態だ

5 脂っぽい食べ物は禁物だ。

1 大嫌いだ　　　　　2 大好きだ　　　　　3 避けるべきだ　　　4 捨てるべきだ

6 彼は「さようなら」と言って人ごみの中にさっと姿を消した。

1 ゆったり　　　　　2 すばやく　　　　　3 どたばた　　　　　4 すらすら

7 彼は手品を披露して会を盛り上げた。

1 動機付けた　　　　2 元気づけた　　　　3 活気づけた　　　　4 義務付けた

8 彼はあたかもその家の主人のような振る舞いをする。

1 やっと　　　　　　2 まるで　　　　　　3 てんで　　　　　　4 ほっと

9 あの人の考え方はおさない。

1 頑固だ　　　　　　2 膨大だ　　　　　　3 綿密だ　　　　　　4 幼稚だ

10 上達するためには毎日練習することが肝心だ。

1 格別だ　　　　　　2 安易だ　　　　　　3 重要だ　　　　　　4 簡易だ

答　1④　2②　3④　4②　5③　6②　7③　8②　9④　10③

問題3 ＿＿＿の言葉に意味が最も近いものを、１・２・３・４から一つ選びなさい。

1 コンピューターの仕組みがわかる人はほとんどいない。

1 改造　　　　2 偽造　　　　3 構想　　　　4 構造

2 そんな卑劣なことをするような男ではない。

1 めざましい　　2 ややこしい　　3 あさましい　　4 うっとうしい

3 その医師のつつましい態度に誰もが尊敬を抱いた。

1 ひかえめな　　2 ざっくばらんな　3 でたらめな　　4 いじわるな

4 しょせんかなわぬ夢とあきらめた。

1 どうか　　　　2 どうせ　　　　3 なにか　　　　4 なにも

5 彼女はあれやこれやとあわただしい毎日を送っている。

1 せわしい　　　2 たのしい　　　3 だるい　　　　4 きつい

6 生徒たちは代わる代わる部屋に入っては出て行った。

1 即座に　　　　2 即時に　　　　3 交番に　　　　4 交互に

7 ざっくばらんに言えば、私はこの案が気に入らない。

1 率直に　　　　2 厳密に　　　　3 大柄に　　　　4 手近に

8 いやみを言ったつもりだったが、彼女にはわからなかったらしい。

1 愚痴　　　　　2 不平　　　　　3 冗談　　　　　4 皮肉

9 ベルの音とともにレースは始まった。

1 闘志　　　　　2 競走　　　　　3 規則　　　　　4 姿勢

10 彼は文学に対する繊細な感覚を持っている。

1 ダンス　　　　2 ボイコット　　3 センス　　　　4 コントロール

答 1④ 2③ 3① 4② 5① 6④ 7① 8④ 9② 10③

問題3　＿＿＿＿の言葉に意味が最も近いものを、１・２・３・４から一つ選びなさい。

1 数年ぶりに訪れた旅行先で、旧友と<u>ばったり</u>出くわした。

1　偶然　　　　　2　とうとう　　　　3　思わず　　　　4　こっそり

2 ひとつだけ<u>気掛かりな</u>ことがある。

1　微妙な　　　　2　異常な　　　　　3　格別な　　　　4　心配な

3 その事故に対しては十分な<u>つぐない</u>がなされた。

1　選考　　　　　2　補償　　　　　　3　評価　　　　　4　分担

4 この<u>ピンチ</u>をどうやったら乗り越えられるだろうか。

1　没落　　　　　2　頂点　　　　　　3　補足　　　　　4　危機

5 新しい制度に対する<u>風当たり</u>が強まっている。

1　期待　　　　　2　信頼　　　　　　3　効用　　　　　4　批判

6 私は<u>不注意</u>にもドアにかぎをかけるのを忘れた。

1　軽率　　　　　2　残酷　　　　　　3　露骨　　　　　4　質素

7 父の<u>思わく</u>では商売を弟に継がせるらしい。

1　意味　　　　　2　意外　　　　　　3　意図　　　　　4　意義

8 彼はそれについて何の<u>批評</u>もしなかった。

1　コメント　　　2　カット　　　　　3　シナリオ　　　4　モニター

9 彼女の口うるさいのには<u>参る</u>ね。

1　やんわりする　2　うんざりする　　3　ひんやりする　4　ぼんやりする

10 バターや砂糖を<u>ふんだんに</u>使ったケーキが並んでいた。

1　微量に　　　　2　大量に　　　　　3　前向きに　　　4　控え目に

答　1① 2④ 3② 4④ 5④ 6① 7③ 8① 9② 10②

問題3 ＿＿＿の言葉に意味が最も近いものを、１・２・３・４から一つ選びなさい。

1 わが社にとって強力な<u>ライバル</u>が出現した。

１　的　　　　　　　２　敵　　　　　　　３　翼　　　　　　　４　魂

2 彼の不作法な態度は見るのもう<u>とましい</u>。

１　いやだ　　　　　２　まれだ　　　　　３　ずるい　　　　　４　かゆい

3 <u>何とぞ</u>ご迷惑をかけたことをお許しください。

１　どうも　　　　　２　何だか　　　　　３　どうか　　　　　４　何となく

4 長いすに寄りかかる<u>姿勢</u>をとってください。

１　インタビュー　　２　ポーズ　　　　　３　ストップ　　　　４　セット

5 彼はその老人を<u>あざむいて</u>財産を取り上げた。

１　だまして　　　　２　くるしませて　　３　きずつけて　　　４　まよわせて

6 事は<u>なめらかに</u>運んだ。

１　微妙に　　　　　２　退屈に　　　　　３　慎重に　　　　　４　順調に

7 彼の突然の人事異動に、社内の全員が<u>仰天した</u>。

１　喜んだ　　　　　２　驚いた　　　　　３　動揺した　　　　４　共感した

8 バス停の前で、学生の<u>群れ</u>が通り過ぎるのを待った。

１　グループ　　　　２　インターン　　　３　ガードマン　　　４　レッスン

9 納期を<u>厳守する</u>ため、社員たちは連日残業を続けた。

１　まもる　　　　　２　そなえる　　　　３　はからう　　　　４　くりあげる

10 特定の食品添加物が、アレルギー反応を<u>誘発する</u>可能性がある。

１　引き返す　　　　２　引き換える　　　３　引き起こす　　　４　引き落とす

답 1② 2① 3③ 4② 5① 6④ 7② 8① 9① 10③

問題3 ______ の言葉に意味が最も近いものを、１・２・３・４から一つ選びなさい。

1 落ち着いた色合いの部屋は、エレガントな雰囲気が漂っていた。
　　1　優雅な　　　　　2　高価な　　　　　3　気ままな　　　　　4　微妙な

2 会議中は、私語を控えることが基本的なマナーである。
　　1　削減する　　　　2　禁止する　　　　3　自制する　　　　4　節約する

3 一部のマスコミによる浅はかな報道が、言論の自由を脅かしている。
　　1　軽薄な　　　　　2　簡潔な　　　　　3　幼稚な　　　　　4　不確実な

4 彼は、密かに恋慕っていた彼女に、勇気を出して告白した。
　　1　こっそりと　　　2　公然と　　　　　3　無理に　　　　　4　大っぴらに

5 彼は、グラスに入ったビールをぐっと一気に飲み干した。
　　1　ゆっくりと　　　2　勢いよく　　　　3　丁寧に　　　　　4　はらはらしながら

6 今後、積極的に外部と提携することで、事業の幅を広げる必要がある。
　　1　協力する　　　　2　担当する　　　　3　参加する　　　　4　契約する

7 ネゴの場では、冷静な態度を保つことが重要だ。
　　1　談合　　　　　　2　連絡　　　　　　3　交渉　　　　　　4　討議

8 この果物は、形や色、傷の有無によって三つのランクに分けられる。
　　1　等級　　　　　　2　標準　　　　　　3　種類　　　　　　4　段階

9 ビジネスにおいては、ひらめきは大切だが、それを実現する地道な努力も欠かせない。
　　1　発想　　　　　　2　構想　　　　　　3　着眼　　　　　　4　着想

10 しっかり準備し、努力を続けていけば、結果はおのずからついてくるものだ。
　　1　必ず　　　　　　2　自然に　　　　　3　すぐに　　　　　4　積極的に

答 1① 2③ 3① 4① 5② 6① 7③ 8① 9④ 10②

問題4　次の言葉の使い方として最もよいものを、１・２・３・４から一つ選びなさい。

1 備え付ける

1　このマンションには家具一式が備え付けられている。

2　自宅の車庫に備え付けてあった車が燃えてしまった。

3　何から何まで節約してずいぶんお金が備え付けられたでしょう。

4　夕食はホテルでとりますが、昼食は各自備え付けてきてください。

2 かえって

1　長年の努力が実り、かえって高く評価された。

2　事態を収拾しようとした行動が、かえって混乱を広げてしまった。

3　新商品の売上は予想どおりで、かえって安心できた。

4　実験は計画どおり進み、かえって問題はなかった。

3 なんとなく

1　言われたことはなんとなくいたします。

2　彼はなんとなく外出したかもしれない。

3　なんとなくわかりやすく説明してください。

4　虫の声を聞いているとなんとなく寂しくなってくる。

4 いちじ

1　君もいちじは外国を見てきたほうがいいよ。

2　めんどうだから、いちじにやってしまおう。

3　いちじは私も夏が来るたびに山登りに出かけたものだった。

4　どうぞいちじお休みください。

5 とどける

1　私は、友人を駅まで車でとどけていった。

2　彼女はその財布を警察にとどけた。

3　私は感謝の気持ちを彼にとどけました。

4　電話で上司に欠席の理由をとどけました。

答　1① 2② 3④ 4③ 5②

問題4 次の言葉の使い方として最もよいものを、１・２・３・４から一つ選びなさい。

1 わりに

1 冬にくらべ夏はわりに気温が高い。

2 りんごはみかんとわりにあまい。

3 この家は建築費のわりによくできている。

4 試験の前のわりに風邪をひかないように気をつけてください。

2 ぜひ

1 ぜひ彼を説得することはできなかった。

2 今度の試験には、この問題がぜひ出ると思う。

3 われわれはぜひこの計画を実行に移さなければならない。

4 このままでいくと、失業率はぜひ５％はあがるだろう。

3 いちがいに

1 彼女は貧しい家庭に育ったが、いちがいに不幸だった。

2 みんないちがいに黒いスーツを着ていた。

3 あの子はいちがいにどこへ行ったのだろう。

4 彼女だけが悪いとはいちがいには言えませんよ。

4 いちおう

1 ノックもせずにいちおうドアを開けないでください。

2 お話はいちおうおうかがいしておきます。

3 その事故でいちおう500人もの死者が出た。

4 １年にいちおう日本へ行きます。

5 かたむける

1 少しは私の話にも耳をかたむけてください。

2 仕事はもっと熱をかたむけてやりなさい。

3 汽車のまどから顔をかたむけるとあぶない。

4 彼はまじめな顔をして首をかたむけた。

답 1 ③ 2 ③ 3 ④ 4 ② 5 ①

問題4　次の言葉の使い方として最もよいものを、１・２・３・４から一つ選びなさい。

1　けっして

　　１　あの人はけっして帰ってきます。
　　２　私はあなたの考えにはけっして反対です。
　　３　その建物はもうけっしてできている。
　　４　そのような行為はけっして許されるべきではない。

2　いったん

　　１　彼はいったん忠告に耳を貸そうとしない。
　　２　いったん提案を承知した以上変えるべきではない。
　　３　私もいったん大学生です。
　　４　今年はいつもよりいったん寒さが厳しい。

3　かばう

　　１　僕が入っていくと、彼女はさっと何かを引き出しにかばった。
　　２　少年は妹をかばって自分が悪いと言い張った。
　　３　主人は部屋がいくら散らかっていてもかばわない人だ。
　　４　雪が降り出したのでコートをすっぽり頭からかばった。

4　斡旋

　　１　会議に必要な資料を前日までに斡旋しておく。
　　２　知人を通じてアルバイト先を斡旋してもらった。
　　３　パーティー会場で山田さんに友達を斡旋した。
　　４　観光客に現地のおいしい店を斡旋してあげた。

5　暗示

　　１　株価の動きを正確に暗示することは難しい。
　　２　この新しい機械の使い方を暗示してください。
　　３　失敗の原因を分析して解決策を暗示した。
　　４　雲の動きが激しい嵐を暗示している。

답　1④　2②　3②　4②　5④

問題4　次の言葉の使い方として最もよいものを、１・２・３・４から一つ選びなさい。

1　回覧

1　会議の資料を社員に回覧して意見を求めた。
2　家を建てるための図面を何度も回覧した。
3　週末の予定について、家族と回覧して決めた。
4　この美術館では貴重な絵画を客に回覧している。

2　顧みる

1　両社の不正な取引を警察が顧みている。
2　彼は、失敗の原因を冷静に顧みた。
3　古い友人たちと語り合い、夜を顧みた。
4　この会社は、顧客サービスを顧みることに重点を置いている。

3　健在

1　この会社はエネルギー分野で健在な業績をあげている。
2　社長は高齢だが、会社経営の腕は健在だ。
3　彼女は病気から回復し、健在な毎日を送っている。
4　この地域では、今でも豊かな自然が健在している。

4　格別

1　彼は格別な性格で、誰とでも仲良くできる人だ。
2　この仕事は簡単なので、格別に時間はかからない。
3　この店のコーヒーは香りがよく、味も格別においしい。
4　何度説明を聞いても、私には格別に理解できない。

5　倹約

1　子供の遊び時間を倹約するのはよくない。
2　個人情報の倹約がさらに求められている。
3　将来のために少しでも倹約して貯金したい。
4　このレポートは、研究の背景が倹約されている。

답　1① 2② 3② 4③ 5③

問題4　次の言葉の使い方として最もよいものを、１・２・３・４から一つ選びなさい。

1 殺到

1　開店と同時に、大勢の客が店に殺到した。

2　台風の被害状況について詳しく殺到している。

3　病気の流行で、薬の値段が殺到している。

4　この地域は人口が殺到し、住宅不足が深刻だ。

2 ゆだねる

1　図書館に本をゆだねて、新しいものを借りた。

2　会議の資料が足りないので、上司にコピーをゆだねた。

3　池田監督はチームの指揮をコーチにゆだねた。

4　かさを弟にゆだねて、コンビニで新しいのを買った。

3 手口

1　仕事の効率を上げる手口を検討する。

2　その詐欺の巧妙な手口がテレビで報道された。

3　この会社の製法は他社に真似できない手口だ。

4　問題解決のために、この手口を参考にしよう。

4 だらだら

1　会議がだらだら続いて、結局何も決まらなかった。

2　彼は、細かい作業でも妥協しないだらだらした人だ。

3　相手の話をだらだらと聞くことで、信頼が生まれる。

4　宿題をだらだらとやったら、あっという間に終わった。

5 仕業

1　今回の事件は犯罪組織の仕業と見られている。

2　新商品の開発は、社員たちの仕業によって成功した。

3　部屋をきれいに掃除してくれたのは彼女の仕業だろう。

4　この機械の仕業を理解すれば簡単に修理できる。

답 1① 2③ 3② 4① 5①

問題4　次の言葉の使い方として最もよいものを、１・２・３・４から一つ選びなさい。

1　披露

1　彼は、難しい問題を簡単に披露してしまった。

2　その俳優は、素晴らしい演技を披露した。

3　問題解決のため、まず行動を披露すべきだ。

4　会議のスケジュールを披露して、参加者全員の意見を聞いた。

2　波及

1　この薬は、病気の回復を波及する効果がある。

2　この参考書は試験範囲をすべて波及している。

3　彼は、外国語の能力を最大限に波及した。

4　新しい政策の効果が経済全体に波及している。

3　ついに

1　会議の途中で疲れてしまい、ついに居眠りをしてしまいました。

2　彼女はいつも約束に遅れるから、ついに今日も遅刻するだろう。

3　昨日は忙しくて、ついに昼食を食べられなかった。

4　長年の交渉の末、両社はついに合意に達した。

4　おまけ

1　彼は、自分の心情を率直におまけした。

2　チョコを買ったら、店員がガムをおまけでくれた。

3　テストでいい点を取ったら、父からおまけをもらった。

4　事件の解決につながるおまけを探している。

5　あざむく

1　その政治家は国民の信頼をあざむくような発言をした。

2　記者がある企業の不正をあざむく記事を書いた。

3　彼は今まで秘密にしていた過去を親友にあざむいた。

4　彼女はライバルの失敗をあざむくことなく見守った。

답　1② 2④ 3④ 4② 5①

問題4　次の言葉の使い方として最もよいものを、１・２・３・４から一つ選びなさい。

1　軽減

1　会議の時間を短くするために、資料を軽減した。

2　車のスピードを軽減して、安全運転を心がける。

3　この薬は痛みをすぐに軽減する効果がある。

4　彼の言葉を聞いて、少し軽減した気持ちになった。

2　察する

1　彼は、相手の顔色からすぐに気持ちを察した。

2　ひどい失敗を経験してすっかり察してしまった。

3　学生は先生の説明を聞き、その内容を察した。

4　医者は血圧を察して、体の調子を確認した。

3　着目

1　問題解決のため、まず行動に着目すべきだ。

2　研究員は消費動向に着目して報告書を作成した。

3　寒かったので、コートを着目して外出した。

4　彼は会議で問題の解決策を着目した。

4　進呈

1　計画の進呈については、調整が必要だ。

2　ご来場のお客様に記念品を進呈いたします。

3　新しい企画を社長に進呈して承認を得た。

4　この書類を役所に進呈すれば手続きは終わる。

5　おごそか

1　校長先生はおごそかな人で、生徒に人気がない。

2　彼女はおごそかに約束を守る人だ。

3　葬式はおごそかな雰囲気で行われた。

4　彼はおごそかな態度で仕事に取り組んでいる。

답 1 ③　2 ①　3 ②　4 ②　5 ③

問題4　次の言葉の使い方として最もよいものを、1・2・3・4から一つ選びなさい。

1 このましい

1　彼はこのましい人で、いっしょにいると楽しい。
2　田中先生はこのましいので、生徒に人気がある。
3　両国の関係はこのましい方向に進んでいる。
4　あの店の料理はこのましいので、よく食べに行く。

2 促進

1　子供の教育には、促進よりもほめることが大切だ。
2　政府は、経済活性化を促進する政策を実施した。
3　借りた本を返すように友人に促進した。
4　何度も促進しても、彼から返事が来ない。

3 ねたむ

1　私は二度と失敗をしないと深くねたんだ。
2　彼は友人の成功をねたんで、態度が冷たくなった。
3　二人は、長い時間を共に過ごし友情をねたんだ。
4　彼女は友達の幸せをねたんで、結婚式に出席した。

4 おろそか

1　彼女はおろそかな人で、約束を守らない。
2　仕事が忙しくて、睡眠がおろそかになっている。
3　彼の説明はおろそかで分かりにくい。
4　そんな危険なことをするとはおろそかだ。

5 手がかり

1　彼は、彼女との手がかりを深めた。
2　先生は学生に課題を手がかりした。
3　事件解決の手がかりがまだ見つからない。
4　母が誕生日に手がかりのケーキを焼いてくれた。

답　1③　2②　3②　4②　5③

問題4　次の言葉の使い方として最もよいものを、1・2・3・4から一つ選びなさい。

1 ぐるみ

1　彼は金ぐるみの事件に巻き込まれた。
2　地域ぐるみで環境保護に取り組んでいる。
3　社交的な彼は、仕事ぐるみの友人が多い。
4　この計画は予算ぐるみで未だに進んでいない。

2 順調

1　ビルの建設は、計画通り順調に進んでいる。
2　彼は順調な性格なので、みんなに信頼されている。
3　この山道は順調で、初心者でも安全に登れる。
4　新しい機械は、操作が順調で使いやすい。

3 公然

1　新しい計画の具体的な内容を公然した。
2　彼は自分の欠点を公然に認めていない。
3　あの二人は職場で公然と付き合っている。
4　人気歌手の新曲が今日公然される。

4 アピール

1　彼は会議でプレゼン用の資料をアピールした。
2　教師は保護者に連絡事項をアピールした。
3　村山選手は試合で自分の実力をアピールした。
4　彼女は母に買い物の予定をアピールした。

5 培う

1　兄は資金を培って、念願のレストランを開いた。
2　彼女はアルバイトで生活費を培いながら勉強している。
3　その店は、有名なシェフを培っている。
4　彼は長年の研究で専門知識を培ってきた。

答　1② 2① 3③ 4③ 5④

제 **3** 장

문법 공략편

문제유형
완전분석
동영상 강의

❶ 問題 5 문법형식 판단

問題5는 문법형식 판단(기능어 넣기)으로, (   ) 안에 알맞은 표현을 넣어 문장을 완성하는 문제이다.
문법 19문제중 10문제가 출제된다.

！알고 풀자!

괄호에는 주로 내용 흐름상 알맞은 문법기능어를 묻거나, 경어, 조사나 부사, 수동형/사역형/사역수동형 등을 묻는 문제가 출제된다. 또한 근래에는 실생활에서 자주 쓰이는 회화체 표현을 묻는 문제도 출제되고 있다. 문제를 풀 때는 다음 단계로 풀면 된다.

① 문장 해석 먼저 → 전체 의미, 감정, 상황을 이해하고, 부정/긍정, 강조/권유 등을 파악한다.

② 선택지 의미 확인 → 한두 단어라도 정확히 의미를 떠올리고 비슷한 표현끼리 비교한다.

③ 문장과 맞추기 → 문맥, 어감, 자연스러움 등을 확인한다. 틀린 선택지는 문법적 의미와 어울리지 않는 경우가 많다.

예시

問題 5 次の文の （   ） に入れるのに最もよいものを、 1・2・3・4から一つ選びなさい。

26 こんなおいしいフランス料理が食べられるのは、やはり本場に（   ）だね。

　1　いたらこそ　　　　✓　いればこそ　　　　　3　いるならこそ　　　　4　いたならこそ

해석　이렇게 맛있는 프랑스 요리를 먹을 수 있는 것은 역시 본토에 **있기 때문**이야.

　　　1 있었기에　　　　2 있기 때문에　　　3 있다면야　　　　4 있었더라면야

해설　괄호 안에 '이렇게 맛있는 프랑스 요리를 먹을 수 있는 이유'가 들어가야 하므로, **2 이러면쿄소**가 알맞다. '～이기에, ～때문에'라는 의미를 가진 문법기능어 ～ばこそ를 묻는 문제이다.

단어　本場 본고장, 본토

問題 6은 문장만들기(문장의 배열) 문제로, 문장을 잘 구성할 수 있는지 판단하기 위한 문제이다. 4개의 빈칸에 들어가는 말을 순서에 맞게 배열한 후 별표(★표시)에 해당하는 보기를 고른다. 주로 3번째에 들어가는 표현을 물으며, 문법 19문제 중 5문제가 출제된다.

! 알고 풀자!

문장만들기의 경우 다음 순서로 문제를 풀면 [시간 절약 + 문맥 오류 최소화] 두 가지를 동시에 잡을 수 있다.

① 문장 전체 읽기 → 문장 전체를 읽어 빈칸의 역할을 파악한다.

② 보기 확인 → 의미적으로 연결될 수 있는 것끼리 묶어 둔다.

③ 보기와 문장 연결 → 문장 흐름상 자연스러운지를 최종 체크한다.

예시

問題 6　次の文の ＿＿★＿＿ に入る最もよいものを、１・２・３・４から一つ選びなさい。

43 文明の利器である自動車も運転 ＿＿＿＿＿ ＿＿＿＿＿ ＿＿★＿＿ ＿＿＿＿＿ なり得る。

　　1　凶器と　　　　　2　次第で　　　　　3　いくらでも　　　　4　✔ 走る

정답　4 (2-3-4-1)

해석　문명의 이기인 자동차도 운전 에 따라서　얼마든지　★달리는　흉기가 될 수 있다.

해설　이 문장을 자연스럽고 문법적으로 완성하려면, 빈칸에 들어갈 단어들이 '운전하는 방식에 따라 자동차가 흉기로도 될 수 있다'는 의미를 구성해야 한다. 따라서 밑줄에는 2-3-4-1(次第でいくらでも走る 凶器と)의 배열로 넣으면 된다. 상황에 따라 결과가 달라질 수 있음을 나타내는 문법기능어 ～次第で (～에 따라서)가 쓰인 문장이다.

단어　文明 문명　利器 이기　凶器 흉기　～得る ～할 수 있다

問題 7은 글의 문법 문제로, 제시된 글 안의 공란에 들어갈 가장 좋은 표현을 고르는 문제이다. 문법 19문제 중 4문제가 출제된다.

! 알고 풀자!

> 공란에는 문맥상 알맞은 어휘, 접속사, 부사, 기능어 등이 출제된다. 단순히 문법 자체가 아닌 글의 흐름을 파악하는 것으로 종합적인 독해력이 요구된다. N1 기능어 뿐만 아니라, 글의 흐름에 맞는 문법 요소나 어휘 등이 많이 나온다.

예시

問題 7　次の文章を読んで、文章全体の趣旨を踏まえて、　41　から　44　の中に入る最もよいものを、１・２・３・４から一つ選びなさい。

　私たちが聴いて気分のよくなることばというのはいくつかの種類がありますが、そのすべてに共通するのは(誤解を招く表現ですが)、そこに誤解の余地が残されているということです。

　奇妙に聞こえるでしょう？

　でも、誤解の余地なく理解が行き届いたコミュニケーションではなく、誤解の余地が確保されているコミュニケーション　41　、私たちにコミュニケーションをしている実感をもたらしてくれるのです。

　十代の若い人たちは、非常に会話の語彙が貧困です。これは、みなさんも認めてくれると思います。

　「むかつく」とか「うざい」とか「きもい」とか「かわいい」とか、ほんとうに十個くらいの単語だけで延々と会話をしている女子高校生などを電車の中でみかけます。

　ふつうの大人の人は、　42　のを横で聴いて「近頃の若いもんは、なんという貧しいボキャブラリーで意思疎通を行っているのだろう。あんなことでちゃんとしたコミュニケーションが成立しているのであろうか。」と苦々しい顔をしたりします。

　まったく、　43　通りです。

　あれじゃ、意思疎通はできっこありませんね。

　洋服を見ても「かわいい」、化粧を見ても「かわいい」、音楽を聴いても「かわいい」。あれでは、そのような形容詞を交わし合っているもの同士でも、何を言っているのかお互いの心の中がわかっているとはとても思われません。「かわいい」のが洋服の色について言われているのか、デザインについて言われているのか、ボタン穴の微妙な位置関係について言われているのか、スリットの角度について言われているのか、「これ、かわいいね」「うん、かわいいね」だけじゃ、　44　。

41

1 までが   ✔ 2 こそが   3 ほどで   4 からで

42

1 その年   ✔ 2 そういう   3 あの電車   4 あれのような

43

1 いらっしゃる   2 ご覧になる   ✔ 3 おっしゃる   4 お目にかかる

44

1 わからないことはありません   2 わかることはありません

3 わかっていません   ✔ 4 わかりっこありません

해석   우리가 듣고 기분이 좋아지는 말에는 몇 가지 종류가 있지만, 그 모든 것에 공통되는 점은 (오해를 일으키는 표현이지만) 그 말에 오해의 여지가 남아 있다는 것입니다.

이상하게 들리겠죠?

하지만 오해의 여지 없이 이해가 완전히 이루어지는 커뮤니케이션이 아니라, 오해의 여지가 확보되어 있는 커뮤니케이션**이야말로** 우리에게 '커뮤니케이션을 하고 있다'는 실감을 가져다 주는 것입니다.

10대의 젊은 사람들은 대화의 어휘가 매우 부족합니다. 이 점은 여러분도 인정하실 거라고 생각합니다. "짜증 나", "귀찮아", "끔찍해", "귀엽다" 등의 정말로 10개 정도의 단어만으로 계속 대화를 하는 여고생들을 전철 안에서 종종 봅니다.

일반적인 어른들은 **그런** 것을 옆에서 듣고, "요즘 젊은 것들은 어쩜 저렇게 빈약한 어휘로 의사소통을 하는 걸까. 저래서 제대로 된 커뮤니케이션이 이루어질까?" 하며 씁쓸한 표정을 짓기도 합니다.

정말 **말씀하신** 그대로입니다.

저래서는 의사소통이 될 리가 없죠.

옷을 봐도 "귀여워", 화장을 봐도 "귀여워", 음악을 들어도 "귀여워".

그렇게 되면, 그런 형용사를 주고받는 사이끼리라도, 무슨 말을 하고 있는지, 서로의 마음속을 이해하고 있다고는 도저히 생각되지 않습니다. "귀여운" 것이 옷의 색깔에 대해 말하는 것인지, 디자인에 대해 말하는 것인지, 버튼 구멍의 미묘한 위치 관계에 대해 말하는 것인지, 슬릿의 각도에 대해 말하는 것인지, "이거 귀엽다", "응, 귀엽네"만으로는 **알 리가 없습니다.**

해설   41 문장은 **2 こそが**(이야말로)가 들어간 구조가 가장 자연스럽다. 나머지 보기들은 문법적·의미적으로 부자연스럽다.

42 앞에서 언급된 사물이나 상황을 가리키므로 **2 そういう**가 알맞다 . 1번, 3번, 4번은 어색하다.

43 앞 문장에 '요즘 애들 어휘가 빈약하다'는 내용이 있다. 따라서 '정말, 말씀하신 그대로입니다.'가 들어가야 자연스럽다. '말씀하시다'라는 경어는 **3 おっしゃる**이다.

44 빈곳에는 '그것만으로는 도저히 알 리가 없다'라는 의미가 자연스럽다. 따라서 **4 わかりっこありません**이 정답이다. ～っこない는 '절대로 ～할 리가 없다'라는 뜻의 문법기능어이다.

단어   誤解を招く 오해를 불러일으키다   余地 여지, 틈   行き届いた 세심한, 철저한   語彙 어휘   貧困 빈곤, 부족함   延々と 끊임없이, 장황하게   苦々しい 씁쓸하다   ～こそ(が) ～이야말로〈강조 표현〉

1 N1 1순위 문법 50

여기서는 시험에 빈번하게 출제되는 1순위 문법 50개를 실었으며, 항목에는 저자가 임의로 고유번호를 부여하였다. 확인 문제를 풀다가 모르는 것이 있으면, 고유번호의 기능어를 찾아보면 복습하기 편리할 것이다.

001

〜(よ)うが・〜(よ)うと (설령) ~하더라도, ~하든
〜(よ)うが〜まいが・〜(よ)うと〜まいと
~하든 ~하지 않든
〜だろうが、〜だろうが・
〜だろうと、〜だろうと ~이든, ~이든

접속 동사 의지형+(よ)うが/(よ)うと
동사 의지형+(よ)うが 동사 사전형+まいが/まいと
(단, 동사 2그룹은 ます형, 3그룹 する는 するまい/しまい, 来る는 来まい)
명사+だろうが/だろうと

〜(よ)うが・〜(よ)うと는 '(설령) ~하더라도, ~하든'이라는 뜻으로, 앞의 조건과 상관없이 뒤의 결과나 판단에는 영향이 없다는 의미를 나타낸다. 예를 들면, いくら反対されようが(아무리 반대를 당하더라도), 誰が何と言おうと(누가 뭐라고 하든) 등이 있다.

〜(よ)うが〜まいが・〜(よ)うと〜まいと는 '~하든 ~하지 않든, ~하든 말든'이라는 뜻으로, 어떤 선택이나 행동을 하든 결과나 판단에는 영향이 없다는 의미이다. その話を信じようが信じまいが(그 이야기를 믿든 안 믿든), 雨が降ろうと降るまいと(비가 오든 안 오든)과 같은 형태로 쓰인다.

〜だろうが、〜だろうが・〜だろうと、〜だろうと는 '~이든 ~이든'이라는 뜻으로, 여러 가능성을 제시하며, 그 중 어느 것이든 결과나 태도가 동일함을 나타낸다. 명사 뒤에 붙어, 雨だろうが晴れだろうが(비가 오던 날씨가 맑든), 大人だろうが子供だろうが(어른이든 아이든), 賛成だろうと反対だろうと(찬성이든 반대든)처럼 사용된다.

기출

どんな悪人であろうと 어떤 악인일지라도　2012-1회

たばこの値段が上がろうと下がろうと 담뱃값이 오르든 내리든　2012-1회

雨だろうと雪だろうと 비가 오든 눈이 오든　2012-2회

たとえ相手がどういうチームだろうと 설령 상대가 어떠한 팀이든　2013-2회

周囲からどのような批判を浴びようとも 주위에서 어떤 비판을 받더라도　2014-1회

どんな反論をしようと自由だが 어떤 반론을 하든 자유지만　2016-1회

雪だろうと雨だろうと 눈이 오든 비가 오든　2021-1회

相手が先輩だろうが上司だろうが 상대가 선배든 상사든　2025-1회

鈴木さんという人は、他人がどんなに困ろうが、まったく気にかけない冷たい人だ。
스즈키 씨라는 사람은 다른 사람이 아무리 곤란해 하든, 전혀 개의치 않는 매정한 사람이다.

あなたに反対されようと、私はやると決めたことは必ずやり遂げます。
당신이 반대하더라도, 나는 하겠다고 결정한 것은 반드시 해냅니다.

彼が食べようが食べまいが、いちおう食事の準備はしなければならない。
그가 먹든 먹지 않든, 일단 식사 준비는 해야 한다.

パーティーには参加しようとしまいと、みなさんの自由です。
파티에는 참석하든 안 하든 여러분의 자유입니다.

雪だろうと雨だろうと、試合は行う予定です。
눈이 오든 비가 오든, 시합은 치를 예정입니다.

～限り/～限りでは/～ない限り
～하는 한 / ～한 바로는 / ～하지 않는 한

접속	명사+である·の/な형용사+である·な/い형용사 사전형/동사 보통형+限り
	명사+の/동사 보통형+限りでは
	동사 ない형+ない限り

～限りは '～하는 한', ～限りでは는 '～한 바로는'이라는 뜻으로, 판단의 근거가 되는 범위를 한정할 때 쓴다. 주로 できるかぎり(가능한 한), 見渡すかぎり(눈이 미치는 한, 눈에 들어오는 것 모두), ストライキが続く限り(파업이 계속되는 한), 私が調べた限りでは(내가 조사한 바로는), 私の見るかぎりでは(내가 보는 바로는)와 같은 형태로 사용된다. 응용 표현에 ～限りの(～하는 한의)」가 있다.

～ない限りは '～하지 않는 한'이라는 뜻으로, '앞 문장의 내용이 성립되어야 뒤 문장의 내용도 실현될 수 있다'고 할 때 쓴다. 뒤에는 주로 부정적이거나 곤란하다는 의미를 나타내는 문장이 온다. 何か対策を立てない限り(뭔가 대책을 세우지 않는 한), 夜遅く一人で歩かないかぎりは(밤 늦게 혼자서 걷지 않는 한은)와 같은 형태로 사용된다.

기출

定年後も働けるかぎりは働きたい 정년 후에도 일할 수 있는 한은 일하고 싶다　　2014-1회

応援してくれるファンが一人でもいる限り 응원해주는 팬이 한 명이라도 있는 한　　2017-1회

応援してくれるファンの皆さんがいる限り 응원해주는 팬 여러분이 있는 한　　2022-1회

私が知る限りではこれまでにない 내가 아는 바로는 지금까지 없다　　2023-2회

宝くじに当たりでもしない限り 복권에 당첨이라도 되지 않는 한　　2025-1회

私の知る限り、石原社長は絶対そんなことをするような人ではありません。
내가 아는 한, 이시하라 사장은 절대 그런 일을 할 만한 사람이 아닙니다.

朝早くから営業している店は、私の調べた限りではここしかなかった。
아침 일찍부터 영업하고 있는 가게는, 내가 조사한 바로는 여기밖에 없었다.

この契約は、2年後にどちらかが契約の取り消しを申し出ない限り、自動的に継続されます。
이 계약은, 2년 후에 어느 한 쪽이 계약 취소를 신청하지 않는 한, 자동적으로 계속됩니다.

003 **〜がちだ** 자주 〜하다, 〜하기 쉽다

접속 동사 ます형+がちだ

〜がちだ는 '자주 〜하다, 〜하기 쉽다'라는 뜻으로, 어떤 상태나 행동이 반복되거나 계속되는 경향을 나타내며, 주로 부정적인 의미가 포함될 때가 많다. 응용표현에 〜がちになる(자주 〜하게 되다), 〜がちの・〜がちな(자주 〜하는, 〜하기 쉬운)가 있다. 주로 休みがちだ(자주 쉰다), 忘れがちになる(자주 잊게 된다), 曇りがちの天気(자주 흐린 날씨), 子どもにありがちな病気(어린이에게 흔히 있는 병)와 같은 형태로 쓰인다.

기출 短期的な成果が重視されがちな時代 단기적인 성과가 중시되기 쉬운 시대　　2018-2회

野菜不足になりがちなだけに 채소가 부족해지기 쉬운 만큼　　2019-1회

堅苦しいものと思われがちだが 딱딱하다고 여겨지기 십상이지만　　2024-2회

若い人は経験に乏しいので、とかく現実離れにした考えをいだきがちだ。
젊은 사람은 경험이 부족하기 때문에, 자칫 현실과 동떨어진 생각을 품기 쉽다.

このところ、曇りがちの天気で洗濯物が干せなくて困る。
요즘 날씨가 흐린 날이 많아서, 빨래를 말릴 수 없어서 곤란하다.

004 **〜かというと・〜かといえば** 〜하는가 하면, 〜하냐 하면

접속 문장+かというと/かといえば

〜かというと・〜かといえば는 '〜하는가 하면, 〜하냐 하면'이라는 뜻으로, 앞의 상황에 대한 의문이나 평가를 제기하고 뒤에 이유나 설명을 덧붙일 때 사용한다. 주로 一人暮らしの老人の自殺率が高いかというと(독거 노인의 자살률이 높은가 하면), 困ったかといえばそれほどでもなかった(곤란했냐 하면 그 정도는 아니었다)와 같이 활용한다. 관용적으로 쓰이는 何かというと・何かといえば(툭하면, 입만 벙긋하면, 기회만 있으면), どちらかというと・どちらかといえば(어느 쪽이냐 하면)도 잘 익혀 두자. 〜かというと의 회화체인 〜かっていうと의 형태도 출제되고 있다.

 母親でなくてはならないかというと 어머니가 아니면 안 되는가 하면　2010-1회

初めから宇宙飛行士になるつもりだったかっていうと

처음부터 우주비행사가 될 생각이었냐 하면　2011-1회

多くとったからといって、より丈夫になるかというと

많이 섭취했다고 해서, 더 튼튼해지는가 하면　2014-2회

洗剤をたくさん入れればいいかといえば 세제를 많이 넣으면 좋은가 하면　2019-1회

ただ長く眠ればいいかというとそうではない

그냥 오래 자면 되는가 하면 그렇지는 않다　2022-1회

ドラマに出た名所だからといってみんなが見に行くかっていうと、そうでもない。

드라마에 나온 명소라고 해서 모두가 보러 가는가 하면, 그렇지도 않다.

計算結果から2100年の地球がどんな世界になるかといえば、海よりも陸上で気温が上がる。

계산 결과로부터 2100년의 지구가 어떤 세상이 되는가 하면, 바다보다 육지 위에서 기온이 올라간다.

---

005 ～かねる/～かねない　～하기 어렵다 / ～할 수도 있다

접속　동사 ます형+かねる/かねない

～かねる는 '~하기 어렵다, ~할 수 없다'라는 뜻으로, 심정적인 거부감이나 서비스업 등에서 손님의 희망에 응할 수 없음을 완곡하게 말할 때 자주 쓴다. 예를 들어 私はどうも納得しかねる(나는 도무지 납득할 수 없다), お席のご指定はお受けしかねますので(좌석 지정은 받기 어렵사오니)와 같이 쓰인다. 관용 표현인 待ちかねる(더 기다릴 수 없다, 학수고대하다), 見るに見かねて(보다 못해) 등도 알아 두자.

～かねない는 '~할 수도 있다, ~할 위험이 있다'라는 뜻으로, '~라는 나쁜 결과가 될 가능성이나 위험성이 있다'고 말하고 싶을 때 쓴다. '~하기 어렵지 않다'로 해석하지 않도록 주의해야 한다. 주로 事故を起こしかねない(사고를 일으킬 수도 있다), 体をこわしかねない(건강을 해칠 위험이 있다)와 같이 쓴다.

기출　ご使用後の返品対応はいたしかねます

사용하신 후의 반품은 응해드릴 수 없습니다　2012-1회

せっかくの伝統技術が失われかねない

모처럼의 전통기술이 소실될 위험이 있다　2018-2회

「こんなはずではなかった」と言うことになり**かねない**
'이럴리가 없을텐데'라고 말하게 될 수도 있다　2021-1회

うちの娘は大学に進学するか就職するか決め**かねて**いるらしい。
우리 딸은 대학에 진학할지 취직할지 결정하기 어려운 것 같다.

誤解を招き**かねない**表現を使わないように気をつけてください。
오해를 초래할 수도 있는 표현을 쓰지 않도록 주의하세요.

006　〜からには・〜以上は・〜上は　〜할 바에는, 〜한 이상에는

접속　동사 た형+た/동사 사전형+からには/以上は/上は

〜からには는 '〜할 바에는, 〜한 이상에는'라는 뜻으로, '〜하니까 반드시, 〜하니까 당연히 〜한다'는 결의나 결심을 나타내는 경우가 많다. 비슷한 표현에 〜以上は, 〜上は가 있다. この仕事を引き受ける**からには**(이 일을 맡을 바에는), 約束した**からには**(약속한 이상에는), お世話になった先生に頼まれた**以上は**(신세진 선생님께 부탁받은 이상에는), 事態がこうなった**上は**(사태가 이렇게 된 바에는)와 같은 형태로 많이 쓰인다.

기출　いったん仕事を引き受けた**からには** 일단 일을 맡은 이상에는　2010-2회
物事を始めてしまった**以上** 일을 시작해버린 이상　2017-2회
それを知った**からには** 그것을 안 이상에는　2019-1회
先生においでいただく**からには** 선생님이 와주시는 이상에는　2021-2회
不正にアクセスされる恐れがある**以上** 불법으로 접속될 우려가 있는 이상　2024-2회

複数の人間が共同生活を営む**からには**、そこには秩序が必要である。
다수의 인간이 공동생활을 영위하는 이상에는, 그곳에는 질서가 필요하다.

夏目漱石の名言に『山が来てくれない**以上は**、自分が行くよりほかにしかたがあるまい』がある。
나츠메 소세키의 명언에 「산이 와주지 않는 이상에는, 자신이 가는 것 외에 달리 방법이 없을 것이다」가 있다.

007 # ～きる/～きれる/～きれない
다(완전히) ～하다 / 다(완전히) ～할 수 있다 / 다(완전히) ～할 수 없다

접속　동사 ます형+きる/きれる/きれない

～きる는 '다(완전히) ～하다'라는 의미를 나타낸다. 따라서 가능형인 ～きれる는 '다(완전히) ～할 수 있다', 그것의 부정형인 ～きれない는 '다(완전히) ～할 수 없다'라는 뜻이 된다. ～切る/～切れる/～切れない와 같이 한자로 쓰기도 한다. 대표적인 예로 一日で読みきった(하루 만에 다 읽었다), 二人で全部食べきれる(둘이서 전부 다 먹을 수 있다), 今日中には読みきれそうもない(오늘 안으로는 다 못 읽을 것 같다) 등이 있다.

기출
絶対、読みきれっこない 절대로 다 읽을 수 있을 리가 없다　2017-1회

逆にすすぎ切れなかったりして 오히려 다 헹궈내지 못하거나 해서　2019-1회

どんなに感謝してもしきれない 아무리 감사드려도 다 할 수 없다　2021-2회

それまでの教室数では対応しきれない
그 전까지의 교실 수로는 다 대응할 수 없다　2022-1회

一日では見きれないほどの作品 하루 만에는 다 볼 수 없을 정도의 작품　2024-2회

バッテリーは充電前に使い切った方がいいって本当ですか。
배터리는 충전 전에 다 쓰는 편이 좋다는 게 정말입니까?

困難に屈せず、最後までやり切れるのが私の長所です。
어려움에 굴하지 않고, 끝까지 해낼 수 있는 것이 제 장점입니다.

山本さんは押しが強いから、君には断り切れないかもしれないよ。
야마모토 씨는 밀어붙이는 힘이 강해서, 자네는 끝까지 거절하지 못할지도 몰라.

008 〜極(きわ)まりない・〜極(きわ)まる 〜하기 짝이 없다, 극히(너무) 〜하다

접속	な형용사 어간+極まりない/極まる

〜極(きわ)まりない・〜極(きわ)まる는 '〜하기 짝이 없다, 극히(너무) 〜하다'라는 뜻이다. 강한 감정이나 상태를 강조할 때 쓰이는 표현으로, 주로 부정적인 의미에서 많이 사용된다. 대표적인 예로 信号(しんごう)がないのは危険極(きけんきわ)まりない(신호등이 없는 것은 위험하기 짝이 없다), 彼の失礼極(かれ　しつれい　きわ)まりない態度(たいど)(그의 무례하기 짝이 없는 태도), 私には退屈極(たいくつきわ)まるものだった(나에게는 너무 지루한 것이었다) 등이 있다.

기출	失礼極(しつれいきわ)まりない 무례하기 짝이 없다　2010-1회
	危険極(きけんきわ)まりない行為(こうい)だ 위험하기 짝이 없는 행위이다　2013-2회/2021-1회

私は、店員(てんいん)の失礼(しつれい)きわまりない態度(たいど)に我慢(がまん)ならなかった。
나는 점원의 무례하기 짝이 없는 태도에 참을 수 없었다.

田中(たなか)さん以外知(いがいし)らず、「パーティーは退屈極(たいくつきわ)まるだろう」と思(おも)った。
다나카 씨 이외는 몰라서 '파티는 너무 지루할 거야'라고 생각했다.

009 〜くらいなら/〜ぐらいでないと
〜할 정도라면, 〜할 바에야 / 〜할 정도가 아니면

접속	동사 사전형+くらいなら
	명사/동사 사전형+ぐらいでないと

〜くらいなら는 〜くらい(ぐらい)에서 파생된 표현으로 '〜할 정도라면, 〜할 바에야'라는 뜻을 나타낸다. 화자가 어떤 상황을 마음에 들지 않아 거부하면서, 그보단 차라리 다른 선택을 하겠다는 의사를 나타낼 때 사용한다. 대표적인 예로 そのパソコン、捨(す)てるくらいなら(그 컴퓨터, 버릴 바에야), お金(かね)を借(か)りてするくらいなら(돈을 빌려서 할 바에야) 등이 있다.

〜ぐらいでないと는 '〜할 정도가 아니면'이라는 뜻으로, 어떤 행동이나 자질에 필요한 최소한의 조건을 말할 때 사용된다. 대표적인 예로 コンビニのバイトは18歳(さい)ぐらいでないと(편의점 아르바이트는 18세 정도가 아니면), ニュースがわかるぐらいでないと授業(じゅぎょう)についていけない(뉴스를 이해할 정도가 아니면 수업을 따라갈 수 없다) 등이 있다.

기출 食事をするのも時間が惜しいくらい 식사를 하는 것도 시간이 아까울 정도로　2019-2회

せいぜい正しい持ち方ができるようになるぐらいだ

기껏해야 바르게 쥘 수 있게 될 정도이다　2021-2회

一度断られたぐらいであきらめたりしないで

한 번 거절당한 정도로 포기하거나 하지 말고　2021-2회

飛行機に乗るくらいなら 비행기를 탈 바에야　2025-2회

昨日のパーティーには50人から60人ぐらいが出席していた。
어제 파티에는 50명에서 60명 정도가 참석했었다.

あいつに議長を頼むくらいなら会議を中止した方がましだ。
그 녀석에게 의장직을 부탁할 바에야 회의를 중지하는 편이 더 낫다.

長年の経験を積むぐらいでないと、この仕事で一人前とは認められない。
오랜 경험을 쌓는 정도가 아니면, 이 일에서 한 사람의 몫을 한다고는 인정받을 수 없다.

---

010 〜こそ〜が 〜는 〜지만

접속　명사/동사 ます형/동사 사전형+こと/今で+こそ 〜が

〜こそ〜が는 '〜는 〜지만'이라는 뜻으로, 앞의 내용을 강조하면서 뒤에서 다른 시각이나 조건을 덧붙일 때 사용한다. 따라서 보통 역접의 문장으로 이루어져 있다. 즉 勉強こそ大切だが、遊びも必要だと思う(공부는 중요하지만, 노는 것도 필요하다고 생각한다)와 같이 공부를 강조하면서, 뒤에서 노는 것도 필요하다는 내용을 덧붙이고 있는 경우에 사용한다. 대표적인 예로 経験こそ少ないが(경험은 적지만), 彼は言いこそしたが(그는 말은 했지만), 提案を受け入れることこそなかったが(제안을 받아들이지는 않았지만), 今でこそ有名になったが(지금은 유명해졌지만) 등이 있다.

기출 今でこそ一流企業と言われるわが社だが 지금은 일류기업이라 불리는 우리 회사지만　2011-1회

優勝こそ逃したが 우승은 놓쳤지만　2019-1회

今でこそ人口10万人を超える都市となったが

지금은 인구 10만 명을 넘는 도시가 됐지만　2023-1회

雪は積りこそしなかったが 눈은 쌓이지는 않았지만　2024-2회

準備こそ大変だったが、そのおかげですべてがうまくいった。
준비는 힘들었지만, 그 덕분에 모든 것이 잘 됐다.

彼は怒りこそしなかったが、その態度は十分に不満そうだった。
그는 화는 안 냈지만, 그 태도는 충분히 불만스러워 보였다.

今でこそ何でも食べるが、子供の頃は野菜が嫌いだった。
지금은 뭐든지 먹지만, 어렸을 때는 채소를 싫어했다.

011 〜ことから・〜ところから ~로 인해, ~때문에

접속 동사 보통형+ことから/ところから

〜ことから・〜ところからは '~로 인해, ~때문에, ~이 원인이 되어'라는 뜻으로, 근거나 유래 등을 나타낸다. 주로 子供が少なくなってきていることから(어린이가 줄어들고 있기 때문에), 昔から 木が多かったところから(옛날부터 나무가 많았기 때문에)와 같은 형태로 사용된다.

기출 途中で降りることができないことから 도중에 내릴 수가 없기 때문에　2017-2회
高齢者が著しく増加することから 고령자가 현저하게 증가하기 때문에　2020
腰の曲がった老人に似ているところから 허리가 굽은 노인을 닮아서　N2 2020
対応しきれなくなったことから 다 대응할 수 없게 되었기 때문에　2022-1회

奈良公園は特に重要な歴史遺産が多いことから「歴史公園」とも言われている。
나라공원은 특히 중요한 역사 유산이 많아서 '역사공원'이라고도 불리고 있다.

この球場は、大きな卵の形をしているところから、「ビッグ・エッグ」と呼ばれている。
이 구장은 커다란 달걀 모양을 하고 있기 때문에 '빅 에그'라 불리고 있다.

～ごとき/～ごとく ～같은 / ～와 같이, ～처럼

접속	명사(+の)/동사 보통형+ごとき/ごとく
	명사·な형용사 어간+である/い형용사·동사 보통형+かの+ごとき/ごとく
	(かの+ごとき/ごとく의 경우, 명사와 동사에 한정하여 が+ごとき/ごとく로 쓸 수 있음)

～ごとき는 '～같은, ～따위의'라는 뜻으로, 비하하거나 겸손하게 말할 때, 혹은 예시나 비유로 쓰일 때 사용된다. 사람을 의미하는 명사와 함께 쓰이면 대상을 경멸하는 표현으로, 자신에게 사용하면 겸양을 표현하게 된다. 彼ごとき青二才(그 사람 같은 풋내기), 私のごとき未熟者に(저 같은 미숙한 자에게)와 같이 쓰인다.

～ごとく는 '～와 같이, ～처럼'이라는 뜻으로, 실제는 그렇지 않지만 예를 들면 그렇게 보인다고 할 때 사용한다. まるで·あたかも(마치)와 함께 쓰이는 경우가 많다. 예를 들면 あたかも事件には関係していないかのごとく(마치 사건에는 관계하고 있지 않은 것처럼), 飛ぶがごとく売れる(날개 돋힌 듯이 팔리다), まるで予想したかのごとく(마치 예상한 것처럼) 등이 있다.

기출
あたかも他人を眺めるがごとく 마치 타인을 바라보는 것처럼　2011-2회
私ごとき新人に務まるのかと 나같은 신입이 감당할 수 있을까 하고　2018-1회
あたかも事実であるかのごとく 마치 사실인 것처럼　2024-1회

君ごとき人間には、僕の気持ちは分からないだろう。
너 같은 인간은, 내 기분은 모를 거야.

降る雪は、まるで花が散るかのごとく見えた。
내리는 눈은, 마치 꽃이 떨어지는 것처럼 보였다.

～ことは～が・～は～が ～하기는 ～지만

접속	명사+である/な형용사+な/동사・い형용사 보통형+ことは～が
	동사 ます형・た형+た+は～が

～ことは～が는 '～하기는 ～지만'이라는 뜻으로, 기대와 다른 결과를 나타내는 역접의 의미를 나타낸다. 보통 A ことは B が의 형태로 앞뒤에 같거나 비슷한 뜻을 가진 단어를 사용한다. 주로 報告書は書くことは書いたが(보고서는 쓰기는 썼지만), 医者であることは医者なのですが(의사이기는 의사입니다만), 難しいことは難しいが(어렵기는 어렵지만)과 같이 활용한다.

비슷한 표현으로 ～は～が의 형태로 나타낼 때도 있다. 예를 들면 料理を作りはしたが(요리를 만들기는 했지만), 料理を作ったはいいが(요리를 만든 것은 좋았지만)의 형태로 나타내기도 한다. 과거형에 붙는 ～たは～が(~한 것은 ~했지만)의 형태가 가장 강한 어감(유감, 불만, 실망 등)을 갖고 있다고 할 수 있다.

기출
ひと通り読むことは読んだが 대강 읽기는 읽었지만　2019–2회

高性能のパソコンを買ったはいいが 고성능 컴퓨터를 산 것은 좋았지만　2023–2회

まだ使えはするが 아직 쓸 수 있기는 하지만　2024–1회

宿題で出された作文を書いたことは書いたが、まだ足りない所がある。
숙제로 내준 작문을 쓰긴 썼지만, 아직 부족한 부분이 있다.

計画を立てはしたが、実行するのはかなり難しそうだ。
계획을 세우긴 했지만, 실행하는 것은 상당히 어려울 것 같다.

車を洗ったはいいが、まだ汚れが残っている。
세차를 한 것은 좋았지만, 아직 지저분한 것이 남아 있다.

014 ~次第で(は)/~次第だ
~에 따라서(는) / ①~에 달려 있다 ②~한 것이다

접속	명사+次第で(は)
	명사/동사 보통형+次第だ

~次第で(は)는 '~에 따라서(는)'이라는 뜻으로, 상황에 따라 결과가 달라질 수 있음을 나타낸다. 先生のご都合次第では(선생님의 사정에 따라서는), 頼み方次第では(어떻게 부탁하느냐에 따라서는), 検査の結果次第で(검사 결과에 따라서)와 같은 형태로 사용된다.

~次第だ는 '①~에 달려 있다'라는 뜻으로 결과가 무엇에 달려 있다는 것을 말할 때, 그리고 '②~한 것이다'라는 뜻으로, 원인이나 이유의 설명, 상황 설명을 나타낸다. 주로 あとは本人次第だ(나머지는 본인에게 달려 있다), 私が代わりに来た次第です(제가 대신 온 것입니다)와 같은 형태로 사용된다.

기출
使う人の使い方次第で 쓰는 사람이 어떻게 쓰느냐에 따라서　2012-1회
復旧状況次第では 복구상황에 따라서는　2016-2회
ご連絡した次第です 연락드린 것입니다　2021-1회

努力次第で、結果はいくらでも変わりうる。
노력하기에 따라서, 결과는 얼마든지 변할 수 있다.

現在、生活費と学費は全てアルバイトで賄っていて、奨学金を申請する次第です。
현재 생활비와 학비는 전부 아르바이트로 충당하고 있어, 장학금을 신청하는 것입니다.

015 ~じゃない(か) ~하지 않은가, ~잖아

접속	명사/동사 보통형+じゃない(か)

~じゃない(か)는 '~하지 않은가, ~잖아'라는 뜻으로, 예상 외의 일에 놀란 기분을 나타낸다. 여성의 경우는 주로 ~じゃない(の)의 형태를 사용하는 경우가 많다. 주로 外車が買えるじゃないか(외제차를 살 수 있지 않은가), ちょっと狭い(ん)じゃない(좀 좁잖아)와 같이 쓴다.

기출
君、困るじゃないか！ 자네, 곤란하지 않은가!　2010-2회
デザートがただっていうだけじゃないか 디저트가 공짜라는 것뿐이잖아　2012-1회
けっこうよく書けてるじゃない 꽤 잘 썼잖아　2019-1회

アイスクリームが食べたいのに、もうスーパーは閉まっているじゃないか。
아이스크림을 먹고 싶은데, 벌써 슈퍼마켓은 문을 닫았잖아.

その革のベルト、あなたのロングスカートにとても似合ってるじゃない。
그 가죽벨트, 너의 롱 스커트에 너무 잘 어울리네.

016 〜ずに/〜ずに済む
〜하지 않고 / 〜하지 않고 끝나다, 〜하지 않아도 된다

접속	동사 ない형+ずに/ずに済む

〜ずには '〜하지 않고'라는 뜻으로, する에 접속할 경우에는 せずに(하지 않고)가 된다. 〜ずには 〜ないで와 바꿔 쓸 수 있다. 예를 들면, 何も言わずに(=言わないで, 아무 말도 하지 않고), 勉強をせずに(=しないで, 공부를 하지 않고)와 같은 형태로 사용된다.

〜ずに済む는 '〜하지 않고 끝나다, 〜하지 않아도 된다'라는 뜻이다. 이것은 예측되는 상황을 피할 수 있다, 그것을 하지 않고 끝난다는 의미를 나타낸다. 주로 お金を払わずに済んだ(돈을 지불하지 않아도 되었다), 暑さにやられずに済んだ(더위를 먹지 않고 끝났다)와 같이 활용한다.

기출
抜かずに済むものならそうしたい 빼지 않아도 된다면 그렇게 하고 싶다　2015-2회
買えずにいたソファー 사지 못하고 있었던 소파　2018-1회
その洋館を見ずに 그 양옥집을 보지 않고　2019-1회
引っ越しの荷造りができずにいたところ(に) 이삿짐을 못 싸고 있던 참에　2023-1회
なんの責任も取らずに済むわけがない 아무 책임도 지지 않고 끝날 리가 없다　2025-1회

体調が悪い時は無理せずに家でゆっくり休んでください。
컨디션이 안 좋을 때는 무리하지 말고 집에서 푹 쉬세요.

今年の夏は涼しかったので、エアコンを使わずに済んだ。
올 여름은 선선했기 때문에, 에어컨을 사용하지 않아도 되었다.

017 ～そうにない・～そう(に)もない
～할 것 같지 않다, ～못 할 것 같다

| 접속 | 동사 ます형+そうにない/そう(に)もない |

～そうにない・～そう(に)もない는 ～そうだ(~할 것 같다)의 부정형으로, '~할 것 같지 않다, ~ 못 할 것 같다'라는 뜻이다. 주로 時間に間に合いそうにない(시간에 맞추지 못 할 것 같다), 達成できそうもない(달성할 수 있을 것 같지도 않다), 雨は止みそうにもない(비는 그칠 것 같지 않다)와 같이 쓴다.

| 기출 | 間に合いそうになかったら 시간에 맞추지 못 할 것 같으면　2012-2회 |

一度座ったら、立ち上がれそうにないぐらい
일단 앉으면 일어나지 못 할 것 같을 정도로　2022-1회

全然勉強していなくて合格できそうにないから、今回の試験は受けないことにした。
공부를 하나도 안 해 합격할 수 없을 것 같아서, 이번 시험은 보지 않기로 했다.

時間がぎりぎりで間に合いそうにもないので、先に行ってください。
시간이 빠듯해서 시간에 맞추지 못 할 것 같으니, 먼저 가세요.

018 ～だけ/～だけでは/～だけのことだ
①～만, ～뿐 ②～만큼, ～해 봤자 / ～만으로는 / ～한 일일 뿐이다

| 접속 | 명사/な형용사의 어간+な/동사・い형용사 보통형+だけ/だけでは/だけのことだ |

～だけ는 정도나 범위의 한계를 나타내는 말로, '① ~만, ~뿐', '② ~만큼 ~해 봤자'의 뜻이다. 단독으로 쓰이기도 하고 ～だけは(~만은, ~만큼은), ～だけでも(~만이라도, ~만 해도), ～だけだ(~할 뿐이다, ~하기만 하면 된다), ～だけにする(~만으로 정하다) 등 다양하게 활용된다. 대표적인 예로 体に気をつけてとだけ伝えておいて(몸조심하라고만 전해줘), 待つだけ無駄だ(기다려 봤자 소용없다), 材料をまぜて焼くだけだから(재료를 섞어서 굽기만 하면 되니까) 등이 있다.

～だけでは는 '~만으로는, ~만 해서는'이라는 뜻으로 뒤에는 부정 표현이 오며, ～だけのことだ는 '~한 일일 뿐이다, ~하면 그만이다'라는 뜻으로 대수롭지 않은 일을 나타낸다. 見た目だけでは分からない(겉보기만으로는 알 수 없다), 無理だったら断るだけのことだ(무리라면 거절하면 그만이다)와 같이 쓴다.

この書類を預けてくれればいいだけのことだから
이 서류를 맡겨 주기만 하면 그만이니까　2011-2회

ペンギンにせめて気分だけでも南極を感じてもらおうと
펭귄에게 적어도 기분만이라도 남극을 느끼게 해 주려고　2013-1회

ブラウス1枚選ぶだけのことなのに 블라우스 한 장 고르는 일일 뿐인데　2014-1회

単に実力が足りなかっただけのことだ 그저 실력이 부족했던 것뿐이다　2024-1회

買うだけ無駄だよ 사 봤자 소용없어　2024-2회

優勝は夢としてもせめて一回戦だけは勝ちたいと思う。
우승은 꿈이라고 해도 적어도 1차전만은 이기고 싶다고 생각한다.

ここのパンフレットは欲しいだけ持って行ってもかまいません。
이곳의 팸플릿은 원하는 만큼 가져가도 상관없습니다.

テクニックの向上だけでは試合で勝つことはできません。
테크닉의 향상만으로는 시합에서 이길 수 없습니다.

ちょっと熱が出たというだけのことで、医者を呼ぶのは大げさすぎる。
열이 좀 났던 것뿐으로, 의사를 부르는 것은 너무 호들갑이다.

019　～だけあって・～だけに/～だけのことはある
(과연) ~인 만큼 / ~라 할 만하다, ~라 할 만한 가치가 있다

접속　명사/동사 보통형+だけあって
명사+だけに/だけのことはある

～だけあって・～だけには '(과연) ~인 만큼'이라는 뜻으로, '그 재능이나 신분에 걸맞게 ~하다'라는 의미이다. 주로 チームのキャプテンだけあって(팀의 주장인 만큼), さすが学生時代にやっていただけあって(과연 학생 때 했었던 만큼), 長い間楽しみに待っていただけに(오랫동안 기대하며 기다리고 있었던 만큼), 苦労して作った本だけに(고생해서 만든 책인 만큼)와 같이 사용한다. 또한 ～が～だけに(~가 ~인 만큼)의 형태로도 자주 쓰이는데, 年が年だけに(나이가 나이인 만큼), 値段が値段だけに(가격이 가격인 만큼)와 같이 사용된다.

～だけのことはあるる는 '~라 할 만하다, ~라 할 만한 가치가 있다'라는 뜻으로, '~이기 때문에 그만한 값어치를 한다'고 할 때 쓴다. 주로 さすがに元アナウンサーだっただけのことはあるね (과연 전직 아나운서라 할 만하네), チャンピオンだけのことはある(챔피언이라 할 만하네)와 같은 형태로 많이 쓰인다.

魚屋も経営しているだけあって 생선 가게도 경영하고 있는 만큼　2010-1회

時期が時期だけに混雑していた 시기가 시기인 만큼 혼잡했다　2013-2회

幼稚園の先生をしていただけあって 유치원 선생님을 했었던 만큼　2015-2회

日本有数の水量を誇るだけあって 일본 굴지의 수량을 자랑하는 만큼　2018-2회

野菜不足になりがちなだけに 채소가 부족해지기 쉬운 만큼　2019-1회

文句のつけようがないだけに 트집을 잡을 수 없을 만큼　2019-2회

料理が上手な森さんが勧めるだけあって
요리를 잘하는 모리 씨가 추천하는 만큼　2023-2회

日本一のすし屋の娘だけあって、彼女はさすがに魚の種類に詳しい。
일본 제일의 초밥집 딸인 만큼, 그녀는 과연 생선의 종류를 잘 알고 있다.

大きな事故にもつながりかねないだけに、より安全で丈夫に製造してほしいです。
큰 사고로 이어질지도 모르는 만큼, 보다 안전하고 튼튼하게 제조해 주었으면 합니다.

この松茸は最高品だけど、産地直売だけのことはあってめちゃくちゃ安い。
이 송이버섯은 최상품이지만, 산지 직매라 할 만하게 굉장히 싸다.

020 ～だけで ①~만으로도, ~하기만 해도 ②~하기만 하고, ~만 할 뿐

접속　명사/い형용사 기본형/な형용사+な/동사 사전형・た형+た+だけで

～だけで는 '①~만으로도(만에), ~하기만 해도'란 뜻으로, 어떤 조건 하나만으로 충분하거나, 그 자체로 영향이 있다는 것을 강조할 때 사용된다. 예를 들어, 5分だけで一人分の料理ができる(5분 만에 1인분 요리를 할 수 있다), 1日1文字ずつ書くだけで(하루 한 글자씩 쓰기만 해도)와 같이 쓴다. 또 '②~하기만 하고, ~만 할 뿐'이라는 뜻으로도 쓰이는데, 이 때는 단순한 조건을 넘어서 불만족, 부족함, 부정적인 의미를 나타낸다. 예를 들어 彼は文句を言うだけで(그는 불평하기만 하고), 見た目がいいだけで(겉모습만 좋을 뿐) 등이 있다.

기출 見ているだけでほっとする 보고 있기만 해도 안심이 된다　2012-2회

資格を取っただけで希望の職につけるほど
자격을 취득한 것만으로도 희망하는 직업에 취직할 수 있을 정도로　2016-2회

レシピに沿って料理するだけで 레시피에 따라 요리하기만 해도　2023-2회

自分に合った枕に変えるだけで 자신에게 맞는 베개로 바꾸기만 해도　2024-1회

旅行に行くことを考えるだけで楽しくなってくる。
여행가는 것을 생각하기만 해도 즐거워진다.

父は黙って聞くだけで何も言わなかった。
아버지는 잠자코 듣기만 하고(듣기만 할 뿐) 아무 말도 하지 않았다.

021 〜だけでなく・〜のみならず 〜뿐만 아니라

접속　명사+である/な형용사 어간+な(である)/동사·い형용사 보통형+だけでなく
　　　명사·な형용사 어간+である/동사·い형용사 보통형+のみならず

〜だけでなく・〜のみならず는 '~뿐만 아니라'라는 뜻으로, 범위가 그 외에도 널리 미친다는 의미가 내포되어 있다. 그밖에 〜のみではなく・〜ばかりでなく・〜ばかりか・〜に限らず 등도 많이 쓴다. 대표적인 예로 効果が得られないだけでなく(효과를 얻을 수 없을 뿐만 아니라), 味方の応援団からのみならず(우리편 응원단에서 뿐만 아니라), 楽しいことばかりでなく(즐거운 일뿐만 아니라), サッカーに限らず様々なスポーツが(축구뿐만 아니라 다양한 스포츠가) 등이 있다.

기출 成績が学年の上位に入っていることが多いのみならず
성적이 학년 상위권에 들어가 있을 때가 많을 뿐만 아니라　2011-2회 / 2021-1회

森林を単に木材の供給源としてのみではなく
삼림을 그저 목재의 공급원으로서뿐만 아니라　2013-2회

目先の利益だけでなく 당장의 이익뿐만 아니라　2018-2회

英語圏の国だけでなく、スペイン語圏の国も旅してみたい。
영어권 나라뿐만 아니라 스페인어권 나라도 여행해보고 싶다.

彼は俳句を理解するのみならず、自らも作っている。
그는 하이쿠를 이해할 뿐만 아니라 스스로도 짓고 있다.

そればかりか、友人たちからも相当の金を借りているらしい。
그것뿐만 아니라, 친구들에게서도 상당한 돈을 빌리고 있는 것 같다.

中村選手は子供のころ、サッカーに限らずスポーツなら何でも得意だったそうだ。
나카무라 선수는 어릴 적, 축구뿐만 아니라 스포츠라면 뭐든지 잘했다고 한다.

---

022 ～たって/～だって
①～하더라도 ②～해 보았자 /
①～도, ～라도, ～조차도 ②～도 또한 ③～래 ④ (아무리) ～해도, ～하더라도

접속 い형용사 어간+(く)/동사 보통형+たって
명사/な형용사 어간/동사 보통형+だって

～たって에는 '①～해도, ～하더라도'라는 뜻과 '②～하려고 해도, ～해 보았자'라는 뜻이 있다. 즉, ～ても, ～たとしても, ～としても, ～といっても 등의 회화체로, 앞에 촉음이 붙은 ～ったって의 형태로도 많이 쓰인다. 대표적인 예로 泣いたって無駄だ(울어도 소용없다), 今さら言ったってもう遅い(이제 와서 말해보았자 이미 늦다), いくら親しくたって(아무리 친하더라도), 高いったって 5万円はしないよ(비싸봤자 5만 엔은 안 할거야), 逃げようたってだめだぞ(도망가려고 해도 소용없어), 買うったって近くに店はないよ(산다고 해도 근처에 가게는 없어) 등이 있다.

～だって는 '①～도, ～라도, ～조차도'라는 뜻으로, ～でも의 회화체이다. 1日だって休んだことはない(하루도 쉰 적은 없다)와 같이 쓴다. 또 '②～도 또한'이라는 뜻으로, 僕だって困るよ(나도 또한 곤란해)와 같이 쓴다. 세 번째는 '③～래'라는 뜻으로, 다른 사람으로부터 들은 것을 말하거나 확인할 때 쓴다. 彼女、結婚したんだって(그 여자, 결혼했대)와 같이 쓴다. 마지막으로 '④(아무리) ～해도, ～하더라도'라는 뜻으로, いくら飲んだって大丈夫だ(아무리 마셔도 괜찮다)와 같이 쓴다.

기출 そんなこと、どうだってかまわない 그런 건 어찌되든 상관없다　2016-1회

探すったって、どうやって探すの？ 찾는다고 해도 어떻게 찾아?　2018-1회

去年優勝してるんだって 작년에 우승했대　2018-2회

大人だって大勢の前で何かをするのは
어른도 많은 사람들 앞에서 뭔가를 하는 것은　2024-1회

ピアスだって、たまたま落とさない日々 피어싱조차 어쩌다 잃어버리지 않는 날들　2024-2회

あなたが来たって来なくたって、かまいやしないよ。
당신이 오든 안 오든 상관하지 않아.

A 「このキーホルダーはいくらでしょうか。」
이 키홀더는 얼마일까요?

B 「値段が高いったってせいぜい1,000円でしょう。」
가격이 비싸 보았자 기껏해야 천 엔이겠죠.

彼の家の庭にはプールだってあります。
그의 집 정원에는 수영장도 있습니다.

先生は昼過ぎに来るんだって。
선생님은 점심 시간 지나서 온대.

023　〜たところ 〜했더니

접속　동사 た형+たところ

〜たところ는 '〜했더니'라는 뜻으로, 어떤 행동을 했더니 그 결과를 알게 됐거나 어떤 일이 일어났다는 것을 나타낸다. 예를 들어 彼の提案を聞いたところ(그의 제안을 들었더니), 会場を問い合わせたところ(행사장을 문의했더니), 新しい方法でやってみたところ(새로운 방법으로 해 보았더니), 友達に電話したところ(친구에게 전화했더니) 등의 형태로 사용된다.

기출 市民を対象に運動に関する意識調査を行ったところ
시민을 대상으로 운동에 관한 의식조사를 시행했더니　2022-1회

問い合わせが複数寄せられ、調査したところ
문의가 여러 개 들어와, 조사했더니　2023-2회

地図で調べたところ、ホテルまでは歩いてすぐだった。
지도로 알아 보았더니, 호텔까지는 걸어서 바로였다.

ネットで検索したところ、探していた資料が見つかった。
인터넷에서 검색했더니 찾고 있던 자료가 발견되었다.

説明書通りにやってみたところすぐできた。
설명서대로 해 보았더니, 바로 할 수 있었다.

024　～たら～で/～は～で　～하면 ～하는 대로 / ～는 ～대로

접속　동사 た형+たら　동사 た형+た+で
　　　　명사+は　명사+で

～たら～では '～하면 ～하는 대로'의 뜻을 나타내며, ～에는 같은 단어를 넣어 '～의 경우는 필연적으로 ～한다는 결과가 된다', '～의 경우는 당연히 ～해야 한다'는 뉘앙스를 품고 있다. 문맥에 따라 부정적인 측면과 긍정적인 측면 모두 사용된다. 비슷한 표현인 ～は～では '～는 ～대로'의 뜻을 나타낸다. 대표적인 예로 やったらやったで(하면 하는 대로), 片づけたら片づけたで(치우면 치우는 대로), 夏は夏で暑いし(여름은 여름대로 덥고) 등이 있다.

기출　あったらあったで、きっと遊んでしまうのだろう
있으면 있는 대로 분명 놀아버릴 것이다　　2014-1회

大人は大人で大変なことがある　어른은 어른대로 힘든 일이 있다　　2015-2회

自分が決めたことならそれはそれで　자신이 정한 일이라면 그건 그거대로　　2018-2회

息子には大学に受かってほしいが、受かったら受かったでお金が要って大変だ。
아들이 대학에 합격하기를 바라지만, 합격하면 합격하는 대로 돈이 들어서 큰일이다.

始末書を出したのなら、それはそれでいい。今度からは気をつけるように。
시말서를 제출했다면 그건 그거대로 됐어. 다음부터는 조심하도록.

〜つつ(も)/〜つつある ～하면서(도) / ～하고 있다

접속   동사 ます형+つつ(も)/つつある

〜つつ(も)는 '～하면서(도)'라는 뜻으로, 앞 문장의 동작이나 상태에 모순되는 일이 뒤 문장에서 일어남을 나타낸다. 주로 말하는 사람이 반성, 후회, 고백 등을 하는 경우에 쓰인다.

〜つつある는 '(지금 마침) ～하고 있다'라는 뜻으로, 어떤 동작이나 작용이 진행 과정에 있음을 나타낸다. 대표적인 예로 階段を使ったほうがいいと思いつつ(계단을 사용하는 게 좋다고 생각하면서), 体に悪いと知りつつも(몸에 나쁜 줄 알면서도), 勢力はおとろえつつある(세력은 쇠퇴하고 있다) 등이 있다.

기출
優良企業の条件の一つとなりつつある 우량기업의 조건 중 하나가 되고 있다   2010-2회
大学に通いつつ仕事をしていた 대학에 다니면서 일을 하고 있었다   2017-1회
急激に高まりつつある 급격하게 고조되고 있다   2017-2회
今まで欲しいと思いつつ 지금까지 갖고 싶다고 생각하면서   2018-1회
メリットは理解しつつも 장점은 이해하면서도   2024-1회
大切な資源が失われつつある現状 소중한 자원이 사라져 가고 있는 현 상황   2025-1회

母親は口では子供を叱りつつも、心の中では子供がかわいくてたまらないのです。
어머니는 말로는 아이를 야단치면서도, 마음속으로는 아이가 귀여워서 견딜 수가 없습니다.

失われつつある自然を守ろうと、市民たちは運動を始めた。
사라져 가고 있는 자연을 지키려고 시민들은 운동을 시작했다.

問題5　次の文の（　　　）に入れるのに最もよいものを、1・2・3・4から一つ選びなさい。

1　たとえ相手がどういう人（　　　）と、正正堂堂と闘うつもりです。001

　　1　だろう　　　　　2　あろう　　　　　3　よう　　　　　4　です

2　中村さんは学校の先生をしていた（　　　）、今も人前で話すのがうまい。019

　　1　だけあって　　　2　きっかけで　　　3　にしては　　　4　からには

3　そこへ行かせてもらうと考えた（　　　）娘は嬉しくなった。020

　　1　ようで　　　　　2　ためで　　　　　3　だけで　　　　　4　ばかりで

4　彼の失礼（　　　）態度にはものすごく腹がたった。008

　　1　極まって　　　　2　極めて　　　　　3　極める　　　　　4　極まりない

5　結婚式はお金もかかるし面倒だ。でも（　　　）それに見合った、また、それ以上の
　　感動と思い出がもらえる。024

　　1　やるとやらないとでは　　　　　　2　やったりやらなかったで
　　3　やるにはやるが　　　　　　　　　4　やったらやったで

6　個人的に最近は「（　　　）限りは働いた方がよい」と感じます。002

　　1　働けず　　　　　2　働いた　　　　　3　働こう　　　　　4　働ける

7　（インタビューで）
　　A「あの小説、文化祭の場面が印象的でした。」
　　B「ありがとうございます。書き終えて読み返したら、けっこうよく（　　　）と
　　　思いました。」015

　　1　書けてなきゃ　　　　　　　　　　2　書けてたらいいね
　　3　書けてるじゃない　　　　　　　　4　書けてるかどうかだね

8　風邪が長引いていて、このままではせっかくの休みが台無しに（　　　）。005

　　1　なりかねない　　2　なったようだ　　3　なりかけている　　4　なってはならない

答　1①　2①　3③　4④　5④　6④　7③　8①

9 赤ちゃんの最初の愛着要求の対象は絶対に母親で（　　　　）、必ずしもそうではないと思います。004

1　なくてはならないからといって　　　　2　なくてはならないかというと

3　あるわけにはいかないからといって　　4　あるわけにはいかないかというと

10 本という物は、いつまた読み返したくなるかわからない。場があれば置いておきたい物である。それで集めた本が1,000冊以上。死ぬまでにはとうてい（　　　　）分量だ。007

1　読みかけなのか　　　　　　　　　　　2　読みっぱなしだろう

3　読みきれっこない　　　　　　　　　　4　読んでもいないくせに

11 紙を貼って訂正する（　　　　）、もう一度はじめから書きなおした方がいいよ。009

1　くらいなら　　　　2　だけに　　　　3　ばかりか　　　　4　までもないと

12 頑固な父には（　　　）無駄だから、母に相談してみることにした。018

1　言うくらい　　　　2　言うまで　　　　3　言うだけ　　　　4　言うなり

13 念のため、過去のデータも（　　　　）、意外な事実が判明した。023

1　見たきりでは　　　2　見る限りでは　　3　見たところ　　　4　見た上で

14 最近、電話機も薄くなり、性能もよくなった（　　　　）スマホの利用者は増える一方だ。011

1　ものを　　　　2　とともに　　　　3　うえで　　　　4　ことから

15 山本選手は、優勝（　　　　）逃したが、最終日をベストスコアでよく頑張った。来シーズンへの期待と夢を叶えてくれそうだ。010

1　さえ　　　　2　こそ　　　　3　ほど　　　　4　ばかり

16 税金は国民の義務とはいえ、（　　　　）少しでも節税したいと、誰しもが思う。016

1　払わずにいると　　　　　　　　　　　2　払わずにいることで

3　払わずに済むのだから　　　　　　　　4　払わずに済むものなら

17 花子「あれ、指輪がない。どこで落としたんだろう。太郎君、一緒に探して。」

太郎「（　　　　　）、こんな広い砂浜でどうやって探すの？」022

1　探すったって　　　2　探すのかどうか　　　3　探すわりには　　　4　探すっていうより

18 検査の結果（　　　　　）、現在やっているアルバイトをやめようと思っています。014

1　次第には　　　　　2　次第に　　　　　3　次第では　　　　　4　次第

19 （電話で）

山田「もしもし、石原さん？　ごめん、道路が混んでて。」

石原「え、そうなの？　コンサートは6時からだよ。」

山田「うん。（　　　　　）、また電話するね。」017

1　間に合いそうになかったら　　　　　2　間に合いそうになかったから

3　間に合っていなかったのだから　　　4　間に合っていなかったのだったら

20 多くの場合、ビッグデータとは単に量が多い（　　　　　）、様々な種類・形式が含まれる非構造化データ・非定型的データであります。021

1　のみならず　　　2　どころではなく　　　3　までもなく　　　4　ともなしに

問題6　次の文の ＿＿★＿＿ に入る最もよいものを、1・2・3・4から一つ選びなさい。

21 レコードが ＿＿＿＿ ＿＿＿＿ ＿★＿ ＿＿＿＿ 彼は自分の作りたい音楽を作り続けた。001

1　売れ　　　　　2　まいが　　　　　3　売れようが　　　　　4　関係なく

22 ＿＿＿＿ ＿＿＿＿ ＿★＿ ＿＿＿＿ うつ病の状態が良くなったり悪くなったりを繰り返しながら少しずつ回復していきます。025

1　治療によって　　　2　段階で　　　3　回復に向かい　　　4　つつある

23 森林は ＿＿＿＿ ＿＿＿＿ ＿★＿ ＿＿＿＿ 、水や環境を守る役割もある。021

1　として　　　　　2　単に　　　　　3　のみではなく　　　4　木材の供給源

答 17 ①　18 ③　19 ①　20 ①　21 ②(3124)　22 ④(1342)　23 ①(2413)

24 彼は新人だけに、まだ仕事に＿＿＿＿ ＿＿＿＿ ＿★＿ ＿＿＿＿ よく分かる。 019

1　部分があるが
2　ことが
3　真剣に取り組んでいる
4　慣れていない

25 新しい企画が採用されなかったのは、＿＿＿＿ ＿＿＿＿ ＿★＿ ＿＿＿＿ 再度挑戦することにした。018

1　ミスがあった
2　今から修正して
3　一部のデータに
4　だけのことなので

26 今日の会議に＿＿＿＿ ＿＿＿＿ ＿★＿ ＿＿＿＿、コスト面で大きな課題があることがわかった。002

1　企画書の内容を　　2　提出された　　3　限りでは　　4　検討した

27 「乗り掛かった船」ということわざは、乗って岸（きし）を離れた船からは下船できない ＿＿＿＿ ＿＿＿＿ ＿★＿ ＿＿＿＿ ことのたとえである。006

1　物事を始めてしまった
2　以上
3　途中でやめるわけにはいかない
4　ところから

28 効率化やコストダウンばかり＿＿＿＿ ＿＿＿＿ ＿★＿ ＿＿＿＿ 社会との接点とするという考え方はこれからの地域企業の新しいスタイルとなるでしょう。003

1　企業が「学び」を重んじ
2　それを
3　時代において
4　重視されがちな

29 論文をひと通り＿＿＿＿ ＿＿＿＿ ＿★＿ ＿＿＿＿ 内容が全然わかりませんでした。013

1　が　　　　2　読んだ　　　　3　ことは　　　　4　読む

30 世間を騒（さわ）がせたあの事件は数か月前の出来事なのに、まるで＿＿＿＿ ＿＿＿＿ ＿★＿ ＿＿＿＿ 人々の記憶から消え去った。012

1　かの　　　　2　最初から　　　　3　ごとく　　　　4　存在しなかった

답　24 ③(4132)　25 ④(3142)　26 ④(2143)　27 ②(4123)　28 ①(4312)　29 ②(4321)　30 ①(2413)

 次の文章を読んで、文章全体の趣旨を踏まえて、 31 から 34 の中に入る最もよいものを、1・2・3・4から一つ選びなさい。

　このところ、過失とはとうてい思えないような悲惨な交通事故のニュースが相次いでいる。そこで交通事故や被害者の人権について、これから免許を取る若い人に 31 、『交通死』という本の読書リポートを課した。

　大学生だった著者のお嬢さんは、自転車で交差点を横断中、赤信号を無視して突入してきた自動車にはねられて亡くなった。加害者の女性は執行猶予付きの判決で刑務所に入ることもなく、また、損害賠償の交渉も支払いも保険会社が代行した。

　加害者の信号無視で被害者は命を奪われたのに、加害者は(少なくとも形の上では)以前と変わらぬ生活を送ることができるのだ。加害者に手厚い現行の諸制度は、人の命よりも車(イコール企業)を重んじる 32 著者の主張には説得力があると私は思った。

　ところが、少なからぬ学生の反応は予想をしないものだった。「加害者がかわいそうだ」というのである。被害者の立場からの主張のみが述べられているのは「客観性に欠ける」という。私は 33 。著者の文章は、娘を失った父親の沈痛な思いがせつせつと伝わってくるものの、決して激情にかられて書かれたものではない。むしろよくここまで冷静に 34 と感心するくらいなのだ。

　もちろん、加害者には加害者の人生がある。しかし学生たちは、その人生に豊かな社会的想像力を働かせるわけでもなく、単に、被害者側の見解だけでは、一方的だと主張する。杓子定規に客観的・中立的立場を求めなければいけないと思い込んでいるようなのだ。まるで立場の異なる二者の間で意見の対立が見られた場合には、足して二で割ればちょうどよいとでも言わんばかりに。

(小笠原祐子『論壇』による)

31

1 考えてあげたくて　　　　　　2 考えてやりたくて

3 考えてもらいたくて　　　　　4 考えてくれたくて

32

1 社会だとの　　　2 社会としての　　3 社会における　　4 社会だけに

33

1 腹を抱えてしまう　　　　　　2 腹を抱えてしまった

3 頭を抱えてしまう　　　　　　4 頭を抱えてしまった

34

1 書けるべきではない　　　　　2 書けるべきだ

3 書けるものではない　　　　　4 書けるものだ

핵심문법

〜くらい N1 009 〜정도　　　感心（かんしん）するくらいなのだ　감탄할 정도인 것이다(16行)

〜との N1 032 〜라는　　　車（くるま）を重（おも）んじる社会（しゃかい）だとの著者（ちょしゃ）の主張（しゅちょう）

자동차를 중시하는 사회라는 저자의 주장(10行)

〜ものの N1 140 〜하기는 하지만　　　せつせつと伝（つた）わってくるものの　간절히 전해져 오기는 하지만(15行)

〜ものだ N1 043 〜하구나　　　むしろよくここまで冷静に書けるものだと

오히려 용케 여기까지 냉정하게 쓸 수 있구나 하고(16行)

〜わけでもない N1 047 〜는 것도 아니다　　　社会的想像力（しゃかいてきそうぞうりょく）を働（はたら）かせるわけでもなく

사회적 상상력을 작용시키는 것도 아니고(18行)

〜んばかりに 〜할 듯이　　　足（た）して二（に）で割（わ）ればちょうどよいとでも言（い）わんばかりに

중간을 취하면 가장 적절하다고 하는 듯이(21行)

답 **31** ③　**32** ①　**33** ④　**34** ④

026 **〜つもりだ/〜つもりはない**
①〜할 생각이다 ②〜인 줄 알다 / 〜할 생각은 없다

접속 동사 보통형+つもりだ/つもりはない

〜つもり는 '〜할 생각, 작정, 의도'라는 뜻으로, N1문법에서는 〜つもりだ(〜할 생각이다, 〜인 줄 알다), 〜つもりが(〜하려고 생각했는데), 〜つもりの(〜라고 생각한, 〜할 양의), 〜つもりでも(〜하다고 생각해도), 〜つもりはない(〜할 생각은 없다) 등 여러 형태로 쓰인다. 대표적인 예로 試供品だけを注文したつもりが(견본만 주문하려고 생각했는데), 虫が平気なつもりの父でも(벌레가 아무렇지도 않다고 생각한 아버지도), 自分では正しいつもりでも(본인은 옳다고 생각해도), 自分では傷つけたつもりはないけれど(나는 상처 줄 생각은 없었지만) 등이 있다.

기출 初めから宇宙飛行士になるつもりだった 처음부터 우주비행사가 될 생각이었다　2011-1회

人よりも詳しく知っているつもりの私でも
남들보다 더 자세히 알고 있다고 생각하는 나도　2012-2회

新入生が話しやすいようにしたつもりが、逆に…
신입생이 말하기 편하게 해 주려고 생각했는데, 반대로…　2017-1회

きちんと手を洗ったつもりでも 제대로 손을 씻었다고 생각해도　2017-2회

私としては泣かせるつもりはなかった 나로서는 울릴 생각은 없었다　2022-1회

いつものように買い物したつもりが、予定よりも食費がかさんでしまった。
평소처럼 쇼핑했다고 생각했는데, 예정보다도 식비가 불어나 버렸다.

洗ったつもりのその手、本当にきれいだと思いますか。
씻었다고 생각하는 그 손, 정말로 깨끗하다고 생각합니까?

鍵をかけたつもりでも、不安になって戻ることがある。
문을 잠갔다고 생각해도, 불안해져서 되돌아오는 경우가 있다.

事実を伝えただけで、決して悪口を言ったつもりはありません。
사실을 전했을 뿐으로, 결코 나쁘게 말할 생각은 없었습니다.

027 ～でしかない・～にすぎない ～에 불과하다, ～에 지나지 않다

접속	명사/な형용사 어간+でしかない
	명사/동사 보통형+にすぎない

～でしかない는 '～에 불과하다, ～에 지나지 않다'라는 뜻으로, '그 이상은 아니다, 단지 그 정도이다'라고 정도가 낮음을 강조한다. ～にすぎない와 바꿔 쓸 수 있다. ～부분에는 一部分(일부분)・たんなる口実(단지 구실)・ほんの1割程度(그저 10% 정도)・氷山の一角(빙산의 일각)・一介の会社員(일개 회사원) 등이 주로 온다. ～にすぎない는 문장체에서는 ～にすぎず로 쓰이기도 한다.

기출 問題点を指摘しようとしたにすぎず 문제점을 지적하려고 했던 것에 지나지 않으며 `2010-1회`

世界のほんの小さな一部分でしかない 세계의 그저 작은 일부분에 불과하다 `2011-1회`

話題の本だから読んでみようかぐらいの気持ちでしかなかった
화제의 책이라 읽어볼까 정도의 기분에 지나지 않았다 `2013-2회`

正当化するための口実にすぎまい 정당화하기 위한 구실에 지나지 않을 것이다 `2021-1회`

池田さんとは会えば言葉を交わす程度の付き合いでしかない。
이케다 씨와는 만나면 말을 주고받는 정도의 교제에 불과하다.

人の一生は一瞬の夢にすぎないという人もいるが、私は短くも長くもないと思う。
사람의 일생은 한순간의 꿈에 지나지 않는다는 사람도 있지만, 나는 짧지도 길지도 않다고 생각한다.

028 ～ては/～ては～ては ①～하고는 ②～해서는 / ～하고 ～하고

접속	동사 て형+ては/ては～ては

～ては는 '①～하고는, ②～해서는'이라는 두 가지 뜻으로 쓰인다. 주로 息子からの手紙を見ては(아들에게서 온 편지를 보고는), あの子と一緒でなくては(저 아이와 함께가 아니고서는)와 같이 쓴다.

～ては～ては는 '～하고 ～하고'라는 뜻으로, 두 개의 동사를 반복해서 동작이나 현상이 반복되어 일어남을 나타낸다. ちぎっては投げ、ちぎっては投げて(따서 던지고, 따서 던지고), 書いては消し、書いては消し(쓰고 지우고, 쓰고 지우고)와 같이 쓴다.

他人に知られては困る情報 타인에게 알려져서는 곤란한 정보　2016-2회

デザイン画を描いては直すを繰り返す
디자인 도안을 그리고는 고치기를 반복하다　2017-1회

人の手のみに頼っていては 사람의 손에만 의지하고 있어서는　2021-2회

つらいときに読み返しては 괴로울 때 다시 읽고는　2023-2회

子どもの教育機会が奪われることがあってはならない
아이의 교육 기회가 빼앗기는 일이 있어서는 안 된다　2024-2회

うちの庭にあるこの木はこのまま育ってもらっては困るので、悩んでいる。
우리 집 정원에 있는 이 나무는 이대로 자라서는 곤란하기 때문에, 고민하고 있다.

食っては寝、食っては寝で、夏の間に３キロも太った。
먹고 자고 먹고 자고 해서, 여름 동안에 3킬로나 쪘다.

 029 ～という・～なんて/～というような
～라는 / ～라는, ～와 같은

　명사/동사 보통형+という/なんて/というような

～というは '～라는'의 뜻으로, 회화체에서는 ～なんて, ～って, ～っていう 등으로 말한다. 예를 들어 「ヨーロッパの鉄道旅行」というテレビ番組('유럽의 철도여행'이라는 TV프로그램), 山田なんて人(야마다라는 사람), ワンピースってアニメ(원피스라는 애니메이션), すしっていう食べ物(초밥이라는 음식)와 같이 쓴다.

그밖에 ～ということ(~라는 것), ～というより(~라기보다), ～というか(~라고 할까), ～というか～というか(~라고 할까 ~라고 할까) 등의 형태도 출제되고 있다. 慎重というより無能に近い(신중하다기보다 무능에 가깝다), 単純というか素朴な感じだ(단순하다고 할까 소박한 느낌이다), 大胆というか無謀というか(대담하다고 할까 무모하다고 할까) 등이 있다.

～というようなは '～라는 (것과 같은), ~와 같은'의 뜻으로, 예시나 유형, 내용의 성격 등을 설명할 때 자주 쓰인다. 예를 들면, 喜びというような感情(기쁨과 같은 감정), コーヒーというような飲み物(커피와 같은 음료), 本を読むというような習慣(책을 읽는 것과 같은 습관) 등의 형태로 쓰인다. 문법 문제 중 문장만들기에서 자주 출제되고 있다.

 確か「わかる」というような意味だったと思う
아마 '알다'라는 의미였다고 생각한다　2010-1회

さっきの話が冗談だってことくらい　아까 이야기가 농담이라는 것정도　2010-2회/2021-1회

能力というより人気と知名度による　능력이라기보다 인기와 지명도에 의한　2010-2회

できるもんなら捕まえてごらんというような表情
할 수 있으면 잡아봐 라는 표정　2013-1회

職場まで歩いて数分なんて人は　직장까지 걸어서 몇 분이라는 사람은　2013-1회

花という花が一斉に咲いて　꽃이라는 꽃이 일제히 피어서　2014-2회

許してやるもんかなんて気持ちもあった　용서해 줄까보냐 라는 마음도 있었다　2015-2회

赤ちゃんを一見見ようという多くの人で　새끼를 한 번 보려는 많은 사람들로　2017-1회

存続は難しいのではという危機感　존속은 어려운 것은 아닐까라는 위기감　2017-2회

どう考えてもさすがに無理ってもんだ　아무리 생각해도 역시 무리지　2020

広いなんてもんじゃないよ　넓다는 수준이 아니야　2022-1회

かつてこの一帯は海だったという　일찍기 이 일대는 바다였다고 한다　2024-2회

今日だけは遅刻できないというときに限って
오늘만은 지각할 수 없다고 할 때 꼭　2025-1회

今日、鈴木さんという方が見えました。
오늘, 스즈키 씨라는 분이 오셨습니다.

ラーメンなんて食べ物、毎日食べても飽きない。
라면 같은 음식, 매일 먹어도 질리지 않는다.

姉と年が離れているので、兄弟というより親子のようだ。
누나(언니)와 나이 차이가 나서, 형제라기보다 부모자식 같다.

犬や猫というようなペットを飼うのには責任が伴う。
개나 고양이 같은 반려동물을 기르는 데는 책임이 따른다.

一人であんな危険な場所へ行くとは、無茶というか、無知というか、私には理解できない。
혼자서 그런 위험한 장소에 가다니, 무모하다고 할까 무지하다고 할까, 나는 이해할 수 없다.

～というと・～といえば/～といったら
～라고 하면 / ～은 (정말), ～로 말할 것 같으면

접속 명사(+である)/동사·형용사 보통형/문장+というと/といえば/といったら

～というと・～といえば는 '～라고 하면, ～말인데'라는 뜻으로, 어떤 말이나 주제를 화제로 삼거나 연결, 반응, 회상할 때 사용한다. 日本と言えば(일본이라고 하면), 旅行というと(여행 말인데) 등과 같이 쓴다.

～といったら는 '～은 (정말), ～로 말할 것 같으면'이라는 뜻으로 놀람·감탄 등의 감정을 가지고 어떤 사실을 화제로 삼을 때 사용한다. その心細さといったら(그 불안함으로 말할 것 같으면), あの娘の美しさといったら(그 아가씨의 아름다움은 (정말)) 등과 같이 쓴다.

기출 外出といったら近所のスーパーに行く程度
외출로 말할 것 같으면 근처 슈퍼마켓에 가는 정도　2014-1회

自然に囲まれたのどかな所であると言えば
자연에 둘러싸인 한가로운 곳이라고 하면　2018-1회

少しも不安がなかったといえば 조금도 불안감이 없었다고 하면　2023-1회

一般的にビジネス書というと 일반적으로 비즈니스 서적이라고 하면　2024-2회

日本の代表的な都市というと、東京や大阪があげられます。
일본의 대표적인 도시라고 하면, 도쿄나 오사카를 들 수 있습니다.

病気といえば、子供の時、はしかにかかったぐらいでいたって健康です。
병이라고 하면, 어릴 때 홍역에 걸린 정도로 매우 건강합니다.

あの時の恥ずかしかったことといったら、本当に穴があったら入りたい思いだった。
그때의 부끄러웠던 일로 말할 것 같으면, 정말로 구멍이 있다면 들어가고 싶은 심정이었다.

～として/～としても

①～로서 ②～라고 하여 ③～라고 치고/～라고 하더라도

접속 ①명사+として/としても　②명사+として
③명사·な형용사 어간(+だ)/い형용사·동사 보통형+として/としても

～としては ①'자격이나 입장, 명목, 부류'를 나타내며, 명사에 접속하여 '～로서'라는 의미를 나타낸다. 教師として(교사로서), 近代建築に興味がある私としては(근대건축에 흥미가 있는 나로서는)와 같이 쓰며 ～としては(～로서는), ～としても(～로서도)와 같은 형태로도 사용된다. ②'판단·평가'의 의미로 사용되는 경우는, 명사에 접속하여, '～라고 하여(판단하여)'라는 의미를 나타낸다. その噂を根拠のないものとして(그 소문을 근거가 없는 것으로 판단하여), 彼の態度は不誠実として非難された(그의 태도는 불성실하다고 하여 비난받았다). 이 때, 不誠実, 安全, 不当 등은 평소 な형용사로 자주 쓰이지만, 이 경우에는 명사로 사용된다. ③'가정·양보'의 의미로 사용되어, '～라고 치고(가정), '～라고 하더라도(양보)'의 의미를 나타낸다. 事実だとして(사실이라고 치고, 사실이라고 가정하고), 自分の責任だとして(자기 책임이라고 치고), さまざまな障害に出会ったとしても(여러 장애를 만났다고 해도)와 같은 형태로 사용된다. 특히, ①자격이나 입장을 나타내는 경우, N1문법에서는 ～としては의 겸양 표현인 ～といたしましては(～로서는)를 숙지해 두도록 하자.

기출

突然の解雇を不当として 갑작스런 해고를 부당하다고 하여　2010-1회

たとえ自分には責任がなくても自分の責任だとして
비록 자신에게는 책임이 없어도 자신의 책임이라고 치고　2011-1회

目が多少かゆくなるくらいはいいとしても
눈이 약간 가려워지는 정도는 괜찮다고 하더라도　2011-2회

不正に現金を引き出そうとしたとして
불법으로 현금을 인출하려고 했다고 하여　2012-1회

森林を単に木材の供給源としてのみではなく
삼림을 그저 목재의 공급원으로서 뿐만 아니라　2013-2회

農業を身近なものとして考える 농업을 친숙한 것으로서 생각하다　2017-1회

私個人といたしましては、その必要性を感じておりますが
저 개인으로서는, 그 필요성을 느끼고 있습니다만　2023-2회

山田さんはリーダー**として**、チーム全体を導いている。
야마다 씨는 리더로서 팀 전체를 이끌고 있다.

彼は事実と異なる情報**として**、記事の内容を強く非難した。
그는 사실과 다른 정보라고 하여, 기사 내용을 강하게 비난했다.

私**といたしましては**石原さんの考えに賛成しかねます。
저로서는 이시하라 씨의 생각에 찬성하기 어렵습니다.

どれだけ頑張った**としても**、村上選手にはかなわない。
아무리 노력했다고 해도 무라카미 선수는 못 이긴다.

032 ～との・～といった／～といっても ～라는 / ～라고 해도

접속	명사(+だ)+との/といった/といっても
	な형용사·い형용사·동사 보통형＋との/といった/といっても

～とのは '～라는'이라는 뜻으로, 보통 「～との+명사」의 형태로 사용된다. 명사에는 手紙(편지)・返事(답장)・依頼(의뢰)・提案(제안)・報告(보고)・命令(명령) 등 언어활동이나, 意見(의견)・見解(견해)・考え(생각)・希望(희망) 등 사고활동에 관계된 것이 사용된다. 회화에서 자주 쓰이는 ～といったは 주로 명사에 직접 접속한다. 대표적인 예로 出席できない**との**返事(참석할 수 없다는 답장), 異常があった**との**連絡(이상이 있었다는 연락), タオルや洗剤**といった**(타올이나 세제라는), 環境への配慮**といった**(환경에 대한 배려라는) 등이 있다.

～といってもは '～라고 해도'라는 뜻으로, 주로 借金**といっても**(빚이라고 해도), 酒が飲めない**といっても**(술을 못 마신다고 해도)의 형태로 사용된다.

기출 インターネットの功罪**といった**議論 인터넷의 공과(공로와 죄)라는 논의 `2012-1회`

日本一**といっても**過言ではない 일본 제일이라고 해도 과언이 아니다 `2014-1회`

詳細な調査をする必要がある**との**報告 상세한 조사를 할 필요가 있다는 보고 `2015-2회`

シャツにジーンズ**といった**カジュアルな格好
티셔츠에 청바지라는 캐주얼한 모습 `2018-2회`

印刷の設定ができない**との**問い合わせ 인쇄 설정을 할 수 없다는 문의 `2023-2회`

何度も目が覚める**といった**睡眠に関する症状
몇 번이나 잠에서 깬다는 수면과 관련된 증상 `2025-1회`

社長が辞任すべきだとの考えに変わりはありません。
사장이 사임해야 한다는 생각에 변함은 없습니다.

この夏は赤や黄色といった派手な色が流行らしい。
이번 여름은 빨강이나 노랑이라는 화려한 색이 유행인 것 같다.

果物といってもいろいろあるが、私はいちごが好きだ。
과일이라고 해도 여러 가지가 있지만, 나는 딸기를 좋아한다.

033 ～とは　①~란　②~하다니, ~라고는

접속	①명사+とは ②명사+だ/い형용사・な형용사・동사 보통형+とは

～とは는 '①~라는 것은, ~란'이란 뜻으로 무언가를 정의내리거나 설명할 때 쓴다. 또한 '②~하다니, ~라고는'이라는 뜻으로도 쓰이는데, 이 때는 ~라는 사실을 보거나 듣고 그것이 뜻밖임을 강조하는 표현이 된다. 대표적인 예로 人生とははかないものだ(인생이란 덧없는 것이다), そんな簡単なこともできないとは(그런 간단한 것도 못하다니), 部下からそんなことを言われるとは(부하에게 그런 말을 들으리라고는) 등이 있다.

 ブラウス1枚選ぶだけのことなのに4時間もかかるとは
블라우스 한 장 고르는 일일 뿐인데 4시간이나 걸리다니　2014-1회

一生の仕事とはそうしたものであろうと思う
평생의 일이란 그러한 것일 거라고 생각한다　2023-1회

高校レベルの数学の問題をすらすらと解けるとは
고등학교 수준의 수학문제를 술술 풀 수 있다니　2024-2회

真の幸せとは何でしょうか。
진정한 행복이란 무엇일까요?

あの強いチームが初出場チームに敗れるとは、全く予想外だった。
그 강한 팀이 첫 출전 팀에게 패하다니 전혀 예상 밖이었다.

034 **〜ないでもない・〜なくもない** 〜하지 않는 것도 아니다

접속	동사 ない형+ないでもない/なくもない

〜ないでもない・〜なくもない는 '〜하지 않는 것도 아니다'라는 뜻으로, '〜라는 가능성이 있다, 〜라 할 수 있는 면도 있다'라는 의미를 나타낸다. 대표적인 예로 あなたの気持ちは、わからないでもないが(당신의 기분은 모르는 것노 아니지민), 一人で行けなくもないが(혼자서 갈 수 없는 것도 아니지만) 등이 있다. 응용표현인 〜なくはない(〜하지 않는 것은 아니다)는 부분 긍정을 나타내며, 理解できなくはない(이해할 수 없는 것은 아니다)와 같이 쓴다.

기출 まだ少し問題がある気がしないでもないが
아직 조금 문제가 있는 기분이 들지 않는 것도 아니지만 `2011-2회`

Mサイズも着られなくはなかった M사이즈도 입지 못하는 것은 아니었다 `2014-2회`

歩こうとして歩けなくもない 걸으려고 하면 못 걷는 것도 아니다 `2023-1회`

今回の計画について、部長が反対する理由もわからないでもない。
이번 계획에 대해 부장님이 반대하는 이유도 모르는 것도 아니다.

A「お酒は飲まないんですか。」 술은 안 마셔요?
B「飲まなくもないんですが、あまり強くはありません。」 안 마시는 것도 아닌데요, 별로 세지는 않아요.

赤ちゃんのことを考えると、「早めに結婚したい」という気持ちもわからなくはない。
아기를 생각하면, '일찍 결혼하고 싶다'는 기분도 모르는 것은 아니다.

035 **〜など・〜なんか** 〜같은 것, 〜따위

접속	명사+など/なんか

〜など・なんか는 ①예를 들어 설명하는 예시, ②대상을 비하하거나 경멸하는 의미, ③자신을 낮추는 겸손의 의미로 주로 사용된다. 이 때 など가 격식차린 느낌을 준다면, なんか는 회화체에 가까운 표현이라고 할 수 있다. 예를 들어 ①예시의 표현은 ケーキなどの甘いもの(케이크 같은 달콤한 것), ハンバーガーなんか(햄버거 같은 것) 등으로 사용되며, ②경멸의 표현은 マンガなど(만화 따위),

あいつ**なんか**(저 녀석 따위) 등으로 사용되며, ③겸손의 표현은 私**など**(저 같은 사람), うちの会社**な
んか**(우리 회사 따위) 등의 형태로 사용된다. 이 때 예시, 경멸, 겸손 중 어느 용법인지는, 뒷부분의 내
용을 통해서 구분할 수 있다. 또 ～など의 확장된 표현으로 ～など+して가 있는데, '~와 같은 것
을 하여'라는 뜻으로 어떤 행위를 예로 들어 제시하는 표현이다.

기출　もう二度と恋**など**するものか　이제 두 번 다시 사랑 같은 거 할까보냐　`2010-1회`
　　　会社の成長**など**望みようもない　회사의 성장 같은 건 바랄 수도 없다　`2014-2회`
　　　介護施設職員の給与を引き上げる**などして**
　　　간호시설 직원의 급여를 인상하는 것과 같은 것을 하여　`2020`

プレゼントなら、こちら**など**いかがですか。　선물이라면, 이쪽 것은 어떠십니까? 〈예시〉

彼の言うこと**など**信じない方がいいよ。　그가 하는 말 따위 믿지 않는 게 좋아. 〈멸시〉

私**なんか**にできるでしょうか。　저 같은 사람이 할 수 있을까요? 〈겸손〉

036　～ならではの　~만의, ~특유의, ~이 아니고는 할 수 없는

접속　명사+ならではの

～ならではの는 '~만의, ~특유의, ~이 아니고는 할 수 없는'이라는 뜻이다. 대표적인 예로 一流
ホテル**ならではの**豪華な雰囲気(일류 호텔만의 호화로운 분위기), ベテラン技師**ならではの**素晴ら
しいアイディア(베테랑 기술자만의 훌륭한 아이디어), その地方**ならではの**名産がある(그 지방 특유의
특산물이 있다), 店の装飾やサービスに一流の店**ならではの**品格(가게 장식이나 서비스에 일류 상점만
의 품격) 등이 있다.

기출　同世代**ならではの**話題　같은 세대끼리 통하는 화제　`2010-1회`
　　　老舗旅館**ならではの**細やかな心遣い　전통있는 여관만의 세심한 배려　`2011-2회/2020`
　　　海の町**ならではの**新鮮な魚料理　바닷가 마을만의 신선한 생선 요리　`2018-2회`
　　　自然な演技は彼**ならでは**と言える
　　　자연스러운 연기는 그가 아니고는 할 수 없다고 말할 수 있다　`2025-2회`

今度の学園祭にはわがクラスならではの展示をしたいものだが、何かいい企画はないか。
이번 학교 축제에는 우리 반 특유의 전시를 하고 싶은데, 뭔가 좋은 기획은 없을까?

この繊細な彫刻は、熟練した職人ならではと言える。
이 섬세한 조각은 숙련된 장인이 아니고는 할 수 없다고 말할 수 있다.

037 ～にして ①~라도, ~이 되어 ②~로써, ~에 ③~이면서 동시에

접속 명사+にして

～にして는 '①~라도, ~이 되어, ②~로써, ~에, ③~이면서 동시에' 등 다양한 뜻이 있다. 어떤 상황이나 조건, 강조를 표현하는데 문맥에 따라 알맞게 해석해야 한다. 대표적인 예로 あの人にしてそうなのだから(그 사람이라도 그러하니까), あの優秀な田中さんにして(그 우수한 다나카 씨라도), 一日にしてはできない(하루에는 불가능하다), 先生にして作家(선생님이면서 동시에 작가) 등이 있다.

기출 6枚目にして最後となるCD 6장째로 마지막이 되는 CD 2014-2회
専門家にして初めて書ける 전문가가 되어서야 비로소 쓸 수 있다 2018-2회
わずか27歳にして市長となった 불과 27세에 시장이 되었다 2024-1회

ベテランの彼にしてこんな失敗をするのだから、素人の山田君が失敗するのも仕方がない。
베테랑인 그 사람이라도 이런 실수를 하니까, 초보인 야마다 군이 실수하는 것도 어쩔 수 없다.

田中さんは50歳にしてようやく結婚相手を見つけた。
다나카 씨는 50세에 겨우 결혼 상대를 찾았다.

彼は優れた経営者にして、才能ある芸術家でもある。
그는 뛰어난 경영자이면서 동시에, 재능 있는 예술가이기도 하다.

038 〜ばいい/〜ばきりがない 〜하면 된다 / 〜하면 한이 없다

접속　동사의 ば형＋ばいい/ばきりがない

〜ばいい는 '〜하면 된다', 〜ばきりがない는 '〜하면 한이 없다, 〜하면 끝이 없다'라는 뜻이다. 대표적인 예로 君のいいようにすれ**ばいい**(자네가 좋을 대로 하면 돼), いちいち取り上げれ**ばきりがない**(하나하나 거론하면 끝이 없다) 등이 있다.

기출　素直に「ごめん」と謝れ**ばいい** 솔직하게 '미안해'라고 사과하면 된다　2014-2회

単に時間をかけてがんばれ**ばいい** 그저 시간을 들여서 열심히 하면 된다　2016-2회

適当に答えておけ**ばいい**んだよ 적당히 대답해 두면 되는 거야　2018-2회

洗剤をたくさん入れれ**ばいい** 세제를 많이 넣으면 된다　2019-1회

ただ長く眠れ**ばいい** 그냥 오래 자면 된다　2022-1회

A 「夜中に騒いじゃいけないという法律はないよ。」
한밤중에 떠들면 안 된다는 법률은 없어.

B 「あのね、法律違反でなけれ**ばいい**ってもんじゃないだろ。」
저기 말야, 법률 위반이 아니면 된다는 말이 아니잖아.

彼はいつも仕事が雑だ。間違いをあげれ**ばきりがない**。
그는 항상 일이 엉성하다. 실수를 들자면 끝이 없다.

～ばかりで / ～ばかりに ～하기만 해서 / ～하는 바람에, ～한 탓에

접속　동사 사전형＋ばかりで
동사 た형＋た＋ばかりに

～ばかりは '～할 뿐'이라는 뜻으로, N1문법에서는 ～ばかりだ(～할 뿐이다, ～하기만 하다), ～ばかりで(～하기만 해서), ～ばかりになっている(～하기만 하면 된다), ～ばかりとなった(～하기만 하면 되었다) 등의 형태로 출제되고 있다. 대표적인 예로 気持ちはあせる**ばかりだ**(마음은 초조하기만 하다), 物価は上がる**ばかりで**(물가는 오르기만 해서), あとは客を待つ**ばかりになっている**(이제는 손님을 기다리기만 하면 된다) 등이 있다.

～ばかりには '～하는 바람에, ～한 탓에'라는 뜻으로, '겨우 그 정도의 것이 원인이 되어 나쁜 결과가 되고 말았다'라는 뉘앙스가 들어 있다. 대표적인 예로 よけいなことを言った**ばかりに**(쓸데없는 말을 한 탓에), この仕事を選んだ**ばかりに**(이 일을 선택한 바람에)가 있다.

기출　僕がミスをした**ばかりに**君にまで残業してもらうことになってしまって…
내가 실수를 한 바람에 너한테까지 잔업을 하게 만들어서…　2010-1회

あとは出発を待つ**ばかりとなった** 이제는 출발을 기다리기만 하면 되었다　2017-1회

取引先の担当者の名前を間違えた**ばかりに** 거래처 담당자 이름을 틀리는 바람에　2020

余計なことをつい言ってしまった**ばかりに** 그만 쓸데없는 말을 해버리는 바람에　2021-1회

全員そろった。あとはバスが来るのを待つ**ばかりだ**。
전원 다 모였다. 이제는 버스가 오는 것을 기다릴 뿐이다.

荷造りも終わって、もう送り出す**ばかりになっている**。
짐 꾸리기도 끝나서, 이제 부치기만 하면 된다.

あとは新郎新婦の入場を待つ**ばかりとなった**。
이제는 신랑신부의 입장을 기다리기만 하면 되었다.

彼は家が貧しかった**ばかりに**アルバイトをして自力で大学を出たそうだ。
그는 집이 가난했던 탓에 아르바이트를 해서 자력으로 대학을 나왔다고 한다.

040 ～はしない/～もしない ～하지는 않는다 / ～하지도 않는다

| 접속 | 동사 ます형+はしない/もしない |

～はしない는 '～하지는 않는다'라는 뜻으로, 어떤 행동을 하기는 하지만 그것뿐으로, 기대되는 다른 행위는 적극적으로 하지 않는다는 의미를 나타낸다. 예를 들면, 自分の間違いを認めはしない(자신의 잘못을 인정하지는 않는다), 最後まで読みはしない(끝까지 읽지는 않는다)와 같은 형태로 쓰인다.

～もしない는 '～하지도 않는다'라는 뜻으로, 최소한의 것도 하지 않는다는 강한 불만이나 강한 비난을 나타낸다. 예를 들면, 彼女は見ているだけで、手伝いもしない(그녀는 보고만 있을 뿐 돕지도 않는다), 一言しゃべりもしないで、黙っている(한 마디 말도 하지 않고, 잠자코 있다)와 같은 형태로 쓰인다. 이 때 ～もしないで(～하지도 않고)는 문어체로 ～もせず가 된다. 즉, 私は深く考えもせず(나는 깊이 생각하지도 않고)와 같이 쓰는 것이다.

또한 관련 표현에 ～はする(～하기는 한다)가 있으며, 一応、相手の話を聞きはする(일단 상대방의 이야기를 듣기는 한다), 自分で調べはする(자신이 알아보기는 한다), 服を買いはするが、ほとんど着ない(옷을 사기는 하지만 거의 입지 않는다) 등의 형태로 쓴다.

| 기출 | 間違い電話をかけてきて謝りもしないとは
전화를 잘못 걸고는 사과도 안 하다니　2010-1회

多くの人に受けいれられはしない 많은 사람들에게 받아들여지지는 않는다　2010-2회

読みもしないで漫画を批判するから 읽지도 않고 만화를 비판하니까　2016-2회

まだ使えはするが 아직 쓸 수 있기는 하지만　2024-1회

編集者さんたちに気を使わせられはしない
편집자분들이 신경 쓰게 하지는 않겠다　2024-2회

たまにその猫がベランダに逃げ出して、うっかり落ちはしないかとはらはらします。
가끔 그 고양이가 베란다로 도망가서, 까딱 잘못해서 떨어지지는 않을까 조마조마합니다.

彼女は、一言しゃべりもしないで帰ってしまった。
그녀는 한 마디 말도 하지 않고 돌아가 버렸다.

ダイエットは始めはするが、なかなか続かない。
다이어트는 시작하기는 하지만, 좀처럼 계속되지 않는다.

〜まい/〜しかあるまい
①〜하지 않을 것이다〈추측〉 ②〜하지 않겠다〈의지〉 / 〜할 수밖에 없을 것이다

접속　동사 사전형+まい/しかあるまい
（단, 2그룹은 ます형+まい, 3그룹 する는 するまい/しまい, 来る는 来まい）

〜まい는 '①〜하지 않을 것이다'라는 뜻으로 부정적인 추측을 나타내거나 '②〜하지 않겠다'라는 강한 부정의 의지를 나타낸다. 예를 들어 雨は降るまい(비는 오지 않을 것이다), 二度と行くまい(두 번 다시 가지 않겠다)와 같이 쓴다. 응용표현에 〜ではあるまい(〜이 아닐 것이다), 〜ではあるまいか(〜이 아닐까?)가 있으며, 単なる冗談ではあるまい(단순한 농담이 아닐 것이다), 帰国したのではあるまいか(귀국한 게 아닐까?)와 같이 쓴다.

〜しかあるまい는 '〜할 수밖에 없을 것이다'라는 뜻으로, 〜しかないだろう와 같은 뜻이다. 引き受けるしかあるまい(받아들일 수밖에 없을 것이다), 嫌でも行くしかあるまい(싫어도 갈 수밖에 없을 것이다)와 같이 쓴다.

기출　交渉を重ねていくしかあるまい 협상을 거듭해 갈 수밖에 없을 것이다　2018-1회
正当化するための口実にすぎまい 정당화하기 위한 구실에 지나지 않을 것이다　2021-1회

A 「近い将来、富士山は噴火するでしょうか。」
가까운 장래에 후지산은 분화할까요?

B 「いや、噴火はするまい。」
아니, 분화는 하지 않을 거야.

これからは友達と喧嘩はしまいと反省した。
앞으로는 친구와 싸움은 하지 않겠다고 반성했다.

今まで待っても来ないところをみると、まさか逃げたのではあるまいか。
지금까지 기다려도 오지 않는 것을 보니, 설마 도망친 게 아닐까?

目の前で寿司職人さんが作っているのを見たとあれば買うしかあるまい。
눈 앞에서 초밥달인이 만들고 있는 것을 봤다면 살 수밖에 없을 것이다.

～ものか ①~할까 보냐, ~하나 봐라 ②~할 것인지, ~할까

접속　명사/な형용사+な/동사 보통형+ものか

～ものか는 '①~할까 보냐, ~하나 봐라'라는 뜻으로, 상대방의 말이나 생각 등을 강하게 반대·부정하거나, 어떤 동작·행위를 결코 하지 않겠다는 의미를 나타낸다. 좀더 정중한 표현으로 ～ものですか가 있으며, 회화체에서는 ～もんか, ～もんですか와 같이 쓴다. 또 ～ものか에는 '②~할 것인지, ~할까'라는 뜻도 있는데, 이 상황에서는 어떻게 하는 것이 가장 좋은가 궁리할 때 사용된다. 보통 ～ものかと의 형태로 쓰인다. 대표적인 예로 もう二度と行くものか(이제 두 번 다시 가나 봐라), どうしたものかと迷っている(어떻게 할까 망설이고 있다) 등이 있다.

기출　もう二度と恋などするものか 이제 두 번 다시 사랑 같은 거 하나 봐라　`2010-1회`

どうしたものかと悩んでいる 어떻게 할까 고민하고 있다　`2013-2회`

謝ってきても許してやるもんか 사과한다 해도 용서해 줄까 보냐　`2015-2회`

もう少し良いものを使えないものかと思う
조금 더 좋은 걸 쓸 수는 없는 걸까 생각한다　`2019-1회`

こんなところであきらめるもんか、絶対にやり遂げてやる。
이런 곳에서 포기할까 보냐, 꼭 해내고 말겠다.

仕事の負担を減らせないものかと、いつも考えている。
일의 부담을 줄일 수는 없을까 항상 생각하고 있다.

～ものだ/～ものではない

①～하는 법이다〈당연〉　②～하고 싶다〈희망〉　③～하구나〈놀람·감탄〉
④～하곤 했다〈회상〉 / ～하는 게 아니다

접속　명사/な형용사 어간+な/い형용사·동사 사전형+ものだ/ものではない
(④의 뜻일 때는 동사 た형+た)

～ものだ에는 크게 4가지 용법이 있다. '①～하는 법이다'란 뜻으로 당위성을 주장할 때 사용하고, '②～하고 싶다'라는 희망의 뜻으로 보통 ～たいものだ(~하고 싶다), ～てほしいものだ(~하길 바란다)의 형태를 띤다. 또 '③～하구나, ~하군'이라는 뜻으로 놀람이나 감탄, 비난 등 강한 감정을 나타내며, '④～하곤 했다, 자주 ~했었지'라는 회상을 나타내기도 한다.

～ものではない는 '～하는 게 아니다'라는 뜻으로, 당연히 그렇지 않다는 것을 나타낸다. 회화체에서는 ～もんじゃない의 형태로 쓰인다.

기출

これからも続けていってほしいものです
앞으로도 계속해 나가길 바랍니다 〈희망〉　2012-1회

簡単に作れるものだと思った 간단히 만들 수 있구나 하고 생각했다 〈놀람·감탄〉　2015-1회

がんばればいいというものではない 노력하면 된다는 게 아니다 〈당연〉　2016-2회

どう考えてもさすがに無理ってもんだ 아무리 생각해도 역시 무리지 〈당연〉　2020

広いなんてもんじゃないよ 넓다는 수준이 아니야 〈당연〉　2022-2회

よく父のバイクの後ろに乗りたがったものだ
자주 아버지의 오토바이 뒤에 타고 싶어 하곤 했지 〈회상〉　2022-2회

何でも知りたがるものです 뭐든지 알고 싶어하는 법입니다 〈당연〉　2024-1회

全く余計なことをしてくれたものだ 정말 쓸데없는 짓을 해 주었군 〈비난〉　2025-2회

「本を読め」とあんまり強制されると、かえって本が嫌いになるものです。
"책을 읽어"라고 너무 강요받으면, 오히려 책이 싫어지게 되는 법입니다.

市民運動には、できるだけ政治の介入を避けたいものだ。
시민운동에는, 가능한 한 정치 개입을 피하고 싶다.

一年の間、本当にいろいろな事件があったものですね。
1년 동안, 정말로 여러 사건이 있었네요.

人が真面目な話をしている時に、ニヤニヤ笑ったりするものではありません。
남이 진지한 이야기를 하고 있을 때, 히죽히죽 웃거나 하는 게 아닙니다.

044 〜ゆえ(に) ～때문(에), ～탓(에)

〜ゆえ(に)는 '～때문(에), ～탓(에)'라는 뜻으로, 이유나 원인을 나타낼 때 사용한다. 응용표현에 〜ゆえの(～때문에 하는)가 있다. 대표적인 예로 日本は島国ゆえに(일본은 섬나라인 탓에), 貧しいがゆえに＝貧しさゆえに(가난 때문에), 若きゆえの失敗(젊기 때문에 저지르는 실수), 有名人ゆえの悩み(유명인이기에 하는 고민), それゆえに(그 때문에) 등이 있다.

기출 その手軽さゆえに人気を集めている 그 간편함 때문에 인기를 끌고 있다　2011-2회

天才であるがゆえの苦悩 천재이기 때문에 겪는 고뇌　2016-1회

父親が有名な水泳選手であるがゆえに 아버지가 유명한 수영선수이기 때문에　2017-2회

あまりにも正直で真面目すぎるがゆえに
너무나도 정직하고 지나치게 성실한 탓에　2024-2회

女性であるがゆえにこんな差別を受けなければならないなんて、不公平だ。
여성이기 때문에 이런 차별을 받아야 하다니 불공평하다.

これもみな私の未熟さゆえのことです。
이것도 모두 저의 미숙함 때문에 일어난 일입니다.

접속	동사 ます형+ようがない/ようもない

～ようがない는 '～할 수가 없다'라는 뜻으로, 그렇게 하고 싶지만 수단·방법이 없어서 불가능하다는 의미를 나타낸다. 명사를 수식할 때는 ～ようのない(~할 수 없는)의 형태가 되며, 강조할 때는 ～ようもない(~할 수도 없다)를 쓴다. 대표적인 예로 部品がなくては修理しようがない(부품이 없어서는 수리할 수가 없다), 一人で全部集めようもない(혼자서 전부 모을 수도 없다), 何とも言いようのない空気(뭐라고 말할 수 없는 분위기) 등이 있다.

기출 増税は避けようのないもの 증세는 피할 수 없는 것 　2011-2회

政治家としての能力は疑いようがない
정치가로서의 능력은 의심할 수가 없다 　2012-2회

まさに奇跡としか言いようがない 정말로 기적이라고밖에 말할 수 없다 　2014-1회

会社の成長など望みようもない 회사의 성장 같은 것은 바랄 수도 없다 　2014-2회

これ以上きれいにしようがないくらい 더이상 깨끗하게 할 수 없을 정도로 　2016-1회

文句のつけようがないだけに 트집을 잡을 수 없을 만큼 　2019-2회

この古い機械は部品がなく、もう修理しようがない。
이 오래된 기계는 부품이 없어서, 이제 수리할 수가 없다.

誰もがうらやむキャリアを持つ人でも、言いようのない不安に苦しむことがある。
누구나 부러워하는 경력을 가진 사람이라도, 말할 수 없는 불안감에 괴로워할 때가 있다.

もっと早くから受験の対策を立てるべきだったのに、ことここに至ってはどうしようもない。
좀더 일찍부터 입시 대책을 세워야 했는데, 일이 이 지경에 이르러서는 어떻게 할 수도 없다.

～よう(に)/～ようで/～ようでは

①～같이, ～처럼 ②～하도록 ③～하기를(문말) / ～할 것 같아서 / ～해서는

접속 명사+の/な형용사 어간+な/い형용사・동사 보통형+よう(に)/ようで/ようでは

～よう(に)는 N4문법에서 '①～같이, ～처럼'이라는 뜻으로, 비유나 예시를 나타낸다고 배웠다. N1 문법에서는 그밖에 '②～하도록'이라는 뜻으로, '～라는 목적이 실현되기를 기대하여'라는 소원・바람・목적도 나타낸다. 또한 문말에 쓰이면 '③～하기를'의 뜻으로 바람을 나타내기도 한다. 예를 들어 ボールは矢の**ように**(공은 화살처럼), 好きな**ように**しなさい(원하는 대로 해라), よく 聞こえる**ように**(잘 들리도록), どうぞ幸せになる**ように**。(아무쪼록 행복하기를.)와 같이 쓴다.

～ようで는 '～할 것 같아서, ～할 것 같은데'라는 뜻으로, 뒤에는 예상과 다른 결과가 옴을 나타낸다. 예를 들어 彼は冷静な**ようで**、実はそうでもない(그는 냉정할 것 같은데, 사실 그렇지도 않다)와 같이 쓴다.

～ようでは는 '～해서는'이라는 뜻으로, 그렇게 해서는 어떤 일이 성사될 수 없다는 의미를 나타낸다. 예를 들어 いきなりテーマを変える**ようでは**いい論文は書けない(갑자기 주제를 바꿔서는 좋은 논문은 쓸 수 없다)와 같이 쓴다.

기출

迷ってしまったということのない**ように** 길을 헤매버리는 일이 없도록 `2011-1회`

今日こそ何も起きません**ように**。 오늘만은 아무 일도 일어나지 않기를. `2014-1회/2020`

1日も早く回復されます**ように**。 하루라도 빨리 회복하시기를. `2016-1회`

スマホを見るときはテレビを消す**ように** 스마트폰을 볼 때는 TV를 끄도록 `2018-1회`

患者を待たせることなく診察できる**ように**
환자를 기다리게 하지 않고 진찰할 수 있도록 `2019-1회`

しなくていい**ようでいて**、やはり必要なプロセスなのだ
하지 않아도 될 것 같지만, 역시 필요한 과정인 것이다 `2021-2회`

「好きな**ように**生きる」ということを実践できている人は多くないと思います。
'원하는 대로 산다'는 것을 실천할 수 있는 사람은 많지 않다고 생각합니다.

交通事故を起こさない**ように**気をつけてね。
교통사고를 내지 않도록 조심해라.

祖父母がいつまでも元気に長生きします**ように**。
할아버지 할머니가 언제까지나 건강하게 오래 사시기를.

今回は、知っているようで知らない出産内祝いのマナーについて紹介します。
이번에는 알다가도 모를 출산 축하 선물에 대한 답례 매너에 대해 소개하겠습니다.

何度説明してもわからないようでは、やっぱり伊藤さんはこの仕事に向いていないと思う。
몇 번을 설명해도 이해를 못해서는, 역시 이토 씨는 이 일에 맞지 않는 것 같다.

047 ～わけだ/～わけではない ～한 셈이다 / ～하는 것은 아니다

접속 명사+という/な형용사 어간+な/い형용사・동사 보통형+わけだ/わけではない

～わけだ는 '～한 셈이다, ～한 것이다'라는 뜻으로, 당연·필연, 납득 따위를 서술하는 용법이다. 대표적인 예로 まだ1年も経っていないわけだ(아직 1년도 지나지 않은 셈이다)와 같이 쓴다.

～わけではない는 '～하는 것은 아니다'라는 뜻으로, 어떤 사실로부터 필연적으로 도출되는 사실을 부정하는 표현이다. 응용표현인 ～ないわけではない(~하지 않는 것은 아니다)는 부분적으로 어떤 사실을 긍정하는 표현이고, ～わけでもない(~하는 것도 아니다)는 강조표현이다. 대표적인 예로 嫌いだというわけではない(싫어한다는 것은 아니다), 必ずしも外で遊ばないわけではない(꼭 밖에서 놀지 않는 것은 아니다) 등이 있다.

기출
入らなきゃいけないってわけじゃないし 들어가야 하는 건 아니기도 하고　2019-1회

否定しているわけではない 부정하고 있는 것은 아니다　2019-2회

今日じゅうに片付けなくても、何も死ぬわけではない
오늘 중으로 치우지 않아도, 딱히 죽는 것은 아니다　2021-2회

それだけ活性化されるというわけです 그만큼 활성화된다는 것입니다　2024-1회

A「加藤さんは中学時代に陸上部にいたんだって。」
가토 씨는 중학생 때 육상부에 있었대.

B「どうりで足が速いわけだ。」
그래서 발이 빠르구나.

文句を言っても、石原さんに反対しているわけじゃありません。
불평을 해도, 이시하라 씨에게 반대하고 있는 건 아니에요.

～わけにはいかない ~할 수는 없다

접속 동사 사전형+わけにはいかない

～わけにはいかない는 '(그렇게 간단히) ~할 수는 없다'라는 뜻으로, ~하고 싶지만, 사회적·법률적·도덕적·심리적 이유 등으로 할 수 없음을 나타낸다. 겸양 표현으로 쓸 때는 ～わけにはまいりません(~할 수는 없습니다), 강조할 때는 ～わけにもいかない(~할 수도 없다), ～わけにもいかず(~할 수도 없어서) 등의 표현을 쓴다. 부정표현은 ～ないわけにはいかない(~하지 않을 수는 없다)이다. 대표적인 예로 私が遅れて行くわけにはいかない(내가 늦게 갈 수는 없다), あなた様にお見せするわけにはまいりません(당신에게 보여드릴 수는 없습니다), 会社を辞めるわけにもいかない(회사를 그만둘 수도 없다), 社長の命令とあっては、従わないわけにはいかない(사장님의 명령이라면 따르지 않을 수는 없다) 등이 있다.

기출

あと3日待っていただくわけにはいきませんか
앞으로 3일 기다려주실 수는 없습니까?　2011-1회

私としては見に行かないわけにはいかない
나로서는 보러 가지 않을 수는 없다　2013-2회

途中でやめるわけにはいかない 도중에 그만둘 수는 없다　2017-2회

今更組織図から外すわけにもいかない 이제와서 조직도에서 뺄 수도 없다　2018-1회

見なかったことにしてほうっておくわけにもいかず
못 본 척하고 내버려둘 수도 없어서　2018-2회

A「山田先生、今から原稿をいただきにあがってもよろしいでしょうか。」
야마다 선생님, 지금부터 원고를 받으러 방문해도 괜찮을까요?

B「すみません、まだなんです。あと1週間待っていただくわけにはいきませんか。」
죄송합니다, 아직이에요. 앞으로 1주일 기다려 주실 수는 없을까요?

あまり付き合いがなくても、お見舞いに行かないわけにはいかない。
별로 왕래가 없어도, 병문안을 안 갈 수는 없다.

049 〜を機（き）に・〜を契機（けいき）に ～을 계기로

〜を機（き）に・〜を契機（けいき）には '～을 계기로'라는 뜻으로, 入学（にゅうがく）(입학)・就職（しゅうしょく）(취직)・引っ越し（ひっこ）し(이사) 등 사건이나 동작을 나타내는 명사에 붙어 '뭔가의 사건이 계기나 전환점이 되어'라는 뜻을 나타낸다. 비슷한 표현에 〜を契機（けいき）として・〜をきっかけに가 있다. 대표적인 예로 転職（てんしょく）を機（き）に(이직을 계기로), 会社名（かいしゃめい）が変（か）わるのを契機（けいき）に(회사명이 바뀌는 것을 계기로) 등이 있다.

기출
開業（かいぎょう）90周年（しゅうねん）を迎（むか）えるのを機（き）に 개업 90주년을 맞이하는 것을 계기로　2010-2회

来月（らいげつ）初（はじ）めに引っ越（ひっこ）しするのを機（き）に 다음 달 초에 이사가는 것을 계기로　2018-1회

創立（そうりつ）50周年（しゅうねん）を機（き）に始（はじ）めたコンテスト 창립 50주년을 계기로 시작한 콘테스트　2022-1회

引っ越（ひっこ）しを機（き）に買（か）い替（か）えた 이사를 계기로 교체했다　2023-2회

小林（こばやし）さんは定年退職（ていねんたいしょく）を機（き）に絵（え）を習（なら）い始（はじ）めたそうだ。
고바야시 씨는 정년퇴직을 계기로 그림을 배우기 시작했다고 한다.

内田（うちだ）さんは病気（びょうき）を契機（けいき）にお酒（さけ）とタバコをやめた。
우치다 씨는 병을 계기로 술과 담배를 끊었다.

これを契機（けいき）として日本文化（ぶんか）についてもっと勉強（べんきょう）したいと思（おも）います。
이것을 계기로 일본 문화에 대해 더 공부하고 싶습니다.

 **050** # 〜をもって/〜をもってすれば
①〜으로, 〜을 끝으로　②〜으로, 〜을 통해 / 〜(으로)라면

접속　명사+をもって/をもってすれば

〜をもって는 '①〜으로, 〜을 끝으로'라는 의미로 시점의 마감과 '②〜으로, 〜을 통해'라는 의미로 수단이나 방법을 나타낸다. 〜をもってすれば는 '〜(으로)라면'이라는 뜻이다. 대표적인 예로 世界中に衝撃をもって伝えられた(전 세계에 충격으로 전해졌다), 本日をもって終了する(오늘을 끝으로 종료한다), 君の能力をもってすれば(자네의 능력이라면), 博士の頭脳と実力をもってすれば(박사의 두뇌와 실력이라면) 등이 있다.

기출　今年の３月31日をもって廃止された 올해 3월 31일로 폐지되었다　2013-1회

来年２月のコンサートをもって解散するバンド
내년 2월 콘서트를 끝으로 해산하는 밴드　2014-2회

そもそも何をもって幸せとするのだろうか
애당초 무엇으로 행복이라고 하는 걸까　2015-1회

私のノウハウをもってすれば 내 노하우라면　2020

本年３月15日をもって閉館しました 올해 3월 15일로 폐관했습니다　2022-2회

これをもってパーティーを終了させていただきます。
이것으로 파티를 끝내겠습니다.

あなたの実力をもってすれば、どんなことでもやれると思うよ。
당신 실력이라면 어떤 일이든 할 수 있을 거라 생각해.

問題5　次の文の（　　　）に入れるのに最もよいものを、1・2・3・4から一つ選びなさい。

1 大学生にもなって、そんな簡単なこともできない（　　　）、実に情けないことだ。033

　　1　わけに　　　　　　2　にすら　　　　　　3　とは　　　　　　4　ものの

2 神戸は港町（　　　）異国情緒あふれる町だ。036

　　1　ならではの　　　　2　とすれども　　　　3　にかけての　　　　4　となれども

3 旧家の長男と結婚した（　　　）、彼女は人には言えない苦労をした。044

　　1　ほどには　　　　　2　上には　　　　　　3　とばかりに　　　　4　がゆえに

4 私の美貌と才能（　　　）すれば、どんな男性も夢中になるだろう。050

　　1　になって　　　　　2　をとって　　　　　3　にとって　　　　　4　をもって

5 多数の、しかも確かな目撃者が厳然として存在するのであるから（　　　）。045

　　1　ごまかすわけがない　　　　　　　　　2　ごまかしようがない

　　3　ごまかしそうもない　　　　　　　　　4　こまがすほかはない

6 彼は（　　　）消し、（　　　）消し、やっと手紙を書き上げた。028

　　1　書いては / 書いては　　　　　　　　　2　書いても / 書いても

　　3　書くのが / 書くのが　　　　　　　　　4　書くなら / 書くなら

7 先生「普通に大学で授業を受けていた時と比べてオンライン授業はどうなの？」

　　学生「やっぱり、大学で受けるのと家で学ぶのとは全然違って、頭に入らない（　　　）、
　　　　　集中できないですね。」029

　　1　といい　　　　　　2　といわず　　　　　3　というか　　　　　4　といって

8 自分にも悪い点があったことは認めない（　　　）。034

　　1　とばかりだ　　　　2　にかたくない　　　3　にいたる　　　　　4　でもない

답 1③ 2① 3④ 4④ 5② 6① 7③ 8④

9 A 「この本は山本さんから借りたんです。」

B 「ああ、山本さん（　　　　　）、あの方のお父さんのご病気はどうなのでしょう？」030

1　といえば　　　　　2　といっても　　　　3　としたって　　　　4　としたら

10 会社側は経営悪化（　　　　　）、突然の解雇を言い渡した。031

1　だとして　　　　　2　としたって　　　　3　とばかりに　　　4　としたからには

11 ブロードウェイの傑作が動画配信されることは、舞台や映画・ドラマファンにとって、なくてはならないツール（　　　　　）。032

1　の疑いがある　　　　　　　　　　　2　よりほかはない

3　といっても過言ではない　　　　　　4　を余儀なくさせる

12 すっかり準備が終わって、旅行に（　　　　　）。039

1　出かけないばかりになっている　　　2　出かけないほどになっている

3　出かけるばかりになっている　　　　4　出かけるほどになっている

13 仕事の量を減らすのは難しく、結局のところ、自分で細かな工夫を重ねていく（　　　　　）。041

1　どころではなかろう　　　　　　　　2　しかあるまい

3　などあるものか　　　　　　　　　　4　ことすらない

14 初めて自分でピザを作ってみた。ちょっと面倒なことはあるが、意外と簡単に（　　　　　）と思った。043

1　作るまでだ　　　　　　　　　　　　2　作るに限る

3　作れるものだ　　　　　　　　　　　4　作っただけのことはある

15 九分どおり勝てるだろうが、やや体調が悪いので、心配が（　　　　　）。047

1　ないはずがない　　　　　　　　　　2　ないわけではない

3　なくてはならない　　　　　　　　　4　あるわけがない

16 12月20日にさくら駅が開業100周年を迎えるの（　　　）さくら駅の魅力にふれていた
だける記念旅行商品を期間限定で発売します。049

　　1　を限りに　　　　　2　を皮切りに　　　　3　をよそに　　　　4　を機に

17 企業の慈善活動は、結局イメージアップをねらった広告戦略（　　　）という意見も
聞かれる。027

　　1　にしかない　　　　2　でしかない　　　　3　にないしか　　　　4　でないしか

18 社長の突然の辞任（　　　）ような事態に、会社全体が大きく動揺した。029

　　1　という　　　　　　2　とはいい　　　　　3　にある　　　　　4　にあたる

19 あの人は、自分の過ちを認める（　　　）、絶対にしないだろう。035

　　1　ことなんの　　　　2　ことなんで　　　　3　ことなんか　　　　4　ことなんだか

20 仕事で新人さんに（　　　）逆に教えられてしまってとてもはずかしい思いをしたよ。026

　　1　教えたあげく　　　　　　　　　　2　教えるつもりが

　　3　教えるようになったものを　　　　4　教えるようになったばかりか

21 私の祖父の世代は戦争の　______　______　__★__　______　世代です。050

　　1　もって　　　　　2　悲惨さを　　　　3　味わった　　　　4　身を

22 鈴木花子さんとは　______　______　__★__　______　話をしています。036

　　1　ならではの　　　2　こともあって　　3　年が近い　　　4　同世代

23 この音楽祭もコロナの　______　______　__★__　______　演奏会が開催できなくなりま
した。037

　　1　して　　　　　2　70年目に　　　　3　影響で　　　　4　初めて

24 その行為が人として人の道に合っているか、お客さまや世間に知られても恥じる
______ ______ ___★___ ______ 判断基準にしてください。 042

1 どうかを 　　　2 いられるものか　3 胸を張って 　　　4 ことなしに

25 家族の前で ______ ______ ___★___ ______ わけにはいかない。 048

1 「絶対に成功させる」 　　　　　　　2 からには
3 と宣言した 　　　　　　　　　　　4 途中で諦める

26 今年は寒暖の差が厳しい冬ですね。______ ___★___ ______ ______ います。 028

1 離れを 　　　2 近づいては 　　3 流氷が 　　　4 繰り返して

27 彼は、事前に ______ ______ ___★___ ______ するなんて、本当に迷惑だ。 040

1 いい加減な発言を 　　　　　　　2 会議の資料を
3 配られた 　　　　　　　　　　　4 読みもしないで

28 　患者様を ______ ______ ___★___ ______ 、予約時間に応じて採血を行っています。 046

1 診察ができるように 　　　　　　2 予約時間通りに
3 ことなく 　　　　　　　　　　　4 待たせる

29 彼の説明は ______ ______ ___★___ ______ と批判された。 027

1 責任から 　　　　　　　　　　　2 ものだ
3 言い訳にすぎない 　　　　　　　4 逃れるための

30 面接で緊張するなら、______ ______ ___★___ ______ 助言を受けた。 038

1 慣れて 　　　　　　　　　　　　2 繰り返して
3 何回も模擬面接を 　　　　　　　4 おけばいいという

답 24 ②(4321)　25 ②(1324)　26 ②(3214)　27 ④(3241)　28 ②(4321)　29 ③(1432)　30 ①(3214)

　博物館の裏道（うらみち）を通ってJRの駅へいそぐ。途中には寛永寺（かんえいじ）があって、江戸（えど）の面影
をとどめていて、僕の好きな風景の一つである。駅についた。別に珍しいことで
はないが、大きなポスターがたくさん貼ってある。何気なく犯人さがしの一枚に
目をやると“アッ、この顔だ”と6字の短文が　31　。

　日本語はおかしなもので、そのときどきの状況がわかってそれを前提にする
と、ごく短文でも意味が通る。たとえば、二人で食堂に入り“君、なに”“おれ、ウ
ナギ”といえば意味伝達としてはじゅうぶんなのだが、その　32　、それをそのま
ま英語にでも訳そうものなら、“私はウナギである”となって、まるで童話の世界
になる。

　それと、先ほどの6字だが、“アッ”は片仮名“この・だ”が平仮名“顔”が漢字
と3種類の文字が併用（へいよう）されている。いうまでもなく、漢字にたいして、片仮名も
平仮名も日本で工夫され、創出された文字である。　33　ごく短い文章での意志伝
達には、数種類の文字の併用、混用（こんよう）がたいへん効果的なのだ。

　駅の伝言板に目をやる。“ジュン子、いつものParkで待つ。3時”。これは特
定の二人のあいだでの意志伝達だから、わからない点もあるが、それよりも、漢
字、片仮名、平仮名、アルファベット、アラビア数字と、これだけの短文に　34
が併用されている。このことは商品広告のポスターや少女雑誌のペンフレンドを
求める手紙などにもごくありふれた表現としてみることができる。

　英語や中国語、あるいはお隣りの朝鮮半島での雑誌や新聞をみても、多種類の
文字併用は稀（まれ）なことである。とくに朝鮮民主主義人民共和国のものは、漢字は一
切使わず、ハングルだけが使われていて、その国の人にも、どの部分が地名や人
名なのか、それを区別し判読するのにかなりの時間がかかっている。

(森浩一『上野の散策』による)

31

1 印刷してある　　2 印刷している　　3 解釈してある　　4 解釈している

32

1 状況をぬいても　　　　　　　　2 状況をぬきながら
3 状況をぬきにして　　　　　　　4 状況をぬきつつ

33

1 ただし　　　　2 つまり　　　　3 例えば　　　　4 もちろん

34

1 4種類の文字や記号　　　　　　2 4種類の漢字や外来語
3 5種類の文字や記号　　　　　　4 5種類の漢字や外来語

핵심문법

～として(は) N1 031　~로서(는)	意味伝達としては 의미 전달로서는(07行)
	ごくありふれた表現として 아주 흔한 표현으로서(18行)
～ものなら N1 139　~했다가는, ~할 것 같으면	そのまま英語にでも訳そうものなら 그대로 영어로라도 번역했다가는(07行)
～をぬきにして　~을 빼고	その状況をぬきにして ユ 상황을 빼고(07行)
～までもなく N1 131　~할 필요도 없이	いうまでもなく 말할 필요도 없이(11行)
～に対して　~에 대해(서), ~에 비해(서)	漢字にたいして 한자에 비해(11行)

답 31 ①　32 ③　33 ②　34 ③

1순위에서 다루지 않은 100개 항목을 2순위 문법으로 선정하였다. 기능어 앞의 숫자는 학습 편의상 임의로 부여한 고유번호로, 확인 문제 풀이시 이해하기 어려운 부분은 해당번호의 내용을 참조하길 바란다.

---

051 ～あげく ~한 끝에

접속　명사+の/동사 た형+た+あげく

～あげく는 '~한 끝에'라는 뜻으로, 긴 시간 어떤 행동을 한 후 그 결과로 어떤 일이 일어나는 것을 나타내는데, 주로 부정적이거나 기대에 못 미치는 결과가 올 때 사용된다. さんざん(몹시)과 호응하는 경우가 많으며, 주로 悩んだあげく(고심한 끝에), さんざん迷ったあげく(몹시 헤맨 끝에), 口論のあげく(언쟁 끝에), 2年の浪人のあげく(2년의 재수 끝에) 등의 형태로 사용된다.

기출　あれこれ質問に答えさせられたあげく 이런저런 질문에 (억지로) 대답하게 된 끝에　2011-1회

2時間も待たされたあげく、翌日来てくれと言われた。
2시간이나 기다리게 된 끝에, 다음 날 와달라는 말을 들었다.

長時間の議論のあげく、結局何も決まらなかった。
장시간의 논의 끝에, 결국 아무것도 결정되지 않았다.

---

052 ～あっての ~이 있기에 가능한

접속　명사+あっての

～あっての는 '~이 있기에 가능한, ~이 있어야 성립되는'이라는 뜻이다. 앞의 조건이 없으면 뒤의 결과도 성립되지 않음을 나타내며 긍정적 의미에서만 사용된다. 대표적인 예로 努力あっての成功(노력이 있기에 가능한 성공), お客さんあっての商売(손님이 있어야 가능한 장사), 健康あっての幸せ(건강이 있어야 가능한 행복) 등의 표현이 있다.

 今の私があるのも監督あってのことです
지금의 제가 있는 것은 감독님이 계셨기에 가능한 일입니다 　2010-2회

会社は社員あってのものである 회사는 사원이 있기에 존재하는 것이다 　2023-2회

今回の勝利はチームワークあってのものだと思います。
이번 승리는 팀워크가 있기에 가능했다고 생각합니다.

どんなに良いアイデアでも、やはり資金あってのビジネスだ。
아무리 좋은 아이디어라도, 역시 자금이 있어야 가능한 비즈니스다.

---

053 ～上で / ～上に ①~한 후에 ②~하는 데 있어서 / ~인 데다가

접속 ①동사 た형+た+上で　②동사 사전형+上で
명사+の/な형용사+な/い형용사・동사 보통형+上に

～上では 동사 た형에 접속하면 '①~한 후에'라는 뜻으로 쓰여 어떤 행동을 먼저 한 뒤, 그 다음 행동을 한다는 의미가 된다. 그리고 동사 사전형에 접속하면 '②~하는 데 있어서'라는 뜻으로 쓰이는데, 이 때 뒷문장은 앞 문장의 행동을 할 때 중요하거나 주의해야 하는 것을 나타낸다. 예를 들어 先生に相談した上で(선생님과 상담한 후에), 情報を調べた上で(정보를 조사한 뒤에), 子育てをする上で(육아를 하는 데 있어서), 部屋を借りる上で(방을 빌리는 데 있어서)와 같이 쓰인다. 또 ～上での(~한 끝에 ~한, ~에 있어서의)의 형태로도 자주 쓰이는데, 両親と相談した上での結論(부모님과 상의한 끝에 내린 결론), 健康な体を保つ上での食事(건강한 몸을 유지하는 데 있어서의 식사)와 같이 쓰며 뒤에는 명사가 따르게 된다.

～上には '~인 데다가'라는 뜻으로. 한 가지 사실에 또 다른 비슷한 성격의 사실을 추가할 때 사용한다. 주로 面倒な上に(귀찮은 데다가), 責任感が強いうえに(책임감이 강한 데다가), 練習不足のうえに(연습 부족인 데다가), 事業に失敗した上に(사업에 실패한 데다가), よく効くうえに(잘 듣는 데다가)와 같이 쓴다.

기출 利用規約をご覧になった上で 이용규약을 보신 후에　2013-1회

日本の夏を語る上で欠かせないイベント
일본의 여름을 이야기하는 데 있어서 빠뜨릴 수 없는 이벤트　2020

まとめるのに時間がかかるうえに 정리하는 데 시간이 걸리는 데다가　2024-1회

よく考えた上での決断 잘 생각한 끝에 내린 결단　2025-2회

資料をまとめた上で、上司に提出した。
자료를 정리한 후에 상사에게 제출했다.

企画を立てる上で、事前調査は欠かせない。
기획을 세우는 데 있어서, 사전 조사는 빼놓을 수 없다.

両者が合意した上での契約内容です。
양측이 합의한 끝에 확정된 계약 내용입니다.

このへんは物価が高いうえに交通も不便なので暮らしにくい。
이 근처는 물가가 비싼 데다가 교통도 불편하기 때문에 살기 불편하다.

054　～(よ)うにも～(でき)ない ~하려고 해도 ~할 수 없다

접속　동사 의지형(よう)+にも　동사 가능형+ない

~(よ)うにも~(でき)ない는 '~하려고 해도 ~할 수 없다'라는 뜻으로, 본인의 의지와 상관없이 할래야 할 수 없을 때 사용하는 표현이다. 보통 앞부분과 뒷부분의 동사는 동일한 동사가 사용되는 경우가 많다. 대표적인 예로 これでは、作ろうにも作れない(이래서는 만들려고 해도 만들 수 없다), 家から出ようにも出られない(집에서 나가려고 해도 나갈 수 없다), 大雪で交通が麻痺し、動こうにも動けない(폭설로 교통이 마비되어 움직이려고 해도 움직일 수 없다), 歯が痛くて食べようにも食べられない(이가 아파서 먹으려고 해도 먹을 수 없다) 등이 있다.

이와 비슷한 표현에 ～に～(でき)ない(~할래야 ~할 수 없다), ～に～できず(~할래야 ~할 수 없어)가 있다. 예를 들면 言うに言えない(말할래야 말할 수 없다), 泣くに泣けず(울래야 울 수 없어)와 같이 쓴다.

論文がまだ完成しないので、ディズニーランドへ遊びに行こうにも行けない。
논문이 아직 완성되지 않아서, 디즈니랜드에 놀러 가려고 해도 갈 수 없다.

彼が会社をやめたのは、言うに言えない事情があったに違いない。
그가 회사를 그만둔 것은 말할래야 말할 수 없는 사정이 있었음에 틀림없다.

055 ～恐れがある　～할 우려가 있다, ～할 위험이 있다

접속　명사+の/동사 사전형+恐れがある

～恐れがある는 '～할 우려가 있다, ～할 위험이 있다'라는 뜻으로, 부정적인 일이 일어날 가능성이나 위험성을 나타낸다. 大事故につながる恐れがある(대형 사고로 이어질 우려가 있다), 事故を起こす恐れがある(사고를 낼 위험이 있다), 倒産の恐れがある(도산의 위험이 있다)와 같은 형태로 쓰인다.

기출　やる気を失わせてしまうおそれがある　의욕을 잃게 할 위험이 있다　2018-2회

不正にアクセスされる恐れがある　불법으로 접속될 우려가 있다　2024-2회

親鳥に気づかれる恐れがあることから、撮影チームはそれ以上近づくことを諦めた。
어미 새가 눈치챌 우려가 있어서, 촬영팀은 더 이상 다가가는 것을 포기했다.

食品を適切に保存しないと、腐敗する恐れがある。
식품을 적절하게 보존하지 않으면 부패할 위험이 있다.

056 ～思いをする / ～思いだ　～한 기분(경험)을 느끼다(겪다) / ～한 심정이다

접속	な형용사+な/い형용사 사전형/동사 사전형·た형+た+思いをする
	명사+への·という/동사 보통형+という+思いだ

～思いは '～한 마음'이라는 뜻으로, 주로 감정을 나타내는 い형용사, 예를 들어 恥ずかしい(부끄럽다)·危ない(위험하다)·こわい(무섭다)·つらい(괴롭다)·うらやましい(부럽다) 등에 붙는다. N1문법에서는 ～思いをする(～한 기분을 느끼다, ～한 경험을 겪다), ～思いだ(～한 느낌이다, ～한 심정이다) 등의 형태로 출제된다. 대표적인 예로 心臓がとまる思いをした(심장이 멎는 기분을 느꼈다), 毎日いじめられていやな思いをした(매일 괴롭힘을 당해서 불쾌한 일을 겪었다), 背筋が凍る思いだ(등골이 오싹해지는 느낌이다), 人とかかわる仕事がしたいという思いで(사람과 관련된 일을 하고 싶다는 마음으로)와 같이 사용된다.

기출

その責任の重さに身が引き締まる思いです
그 책임의 무게에 몸이 긴장되는 느낌입니다　2010-2회

店員の失礼な態度に大変不快な思いをした
점원의 무례한 태도에 몹시 불쾌한 기분을 느꼈다　2023-2회

ぼくは手術の前には水が飲めなくて、大変つらい思いをした。
나는 수술 전에는 물을 마실 수 없어서, 정말 괴로운 경험을 했다.

もう夫に会えないかと思うと、胸が詰まる思いです。
이제 남편을 만날 수 없나 하고 생각하니, 가슴이 메이는 심정입니다.

057 ～か否か　～인지 아닌지

접속	명사+である/な형용사·い형용사·동사 보통형+か否か

～か否かは '～인지 아닌지'라는 뜻으로 판단이나 확인, 여부를 말할 때 사용된다. ～かどうか의 문어체 표현으로 매우 딱딱한 느낌을 준다. 예를 들면 会議に出席するか否か(회의에 참석할지 말지), 提案を承認するか否か(제안을 승인할지 말지), 彼が犯人であるか否か(그가 범인인지 아닌지)와 같은 형태로 사용된다.

기출 優秀な人材を確保できるか否かにかかっている
우수한 인재를 확보할 수 있는지 아닌지에 달려 있다　2022-2회

この計画が成功するか否かは、全員の協力にかかっている。
이 계획이 성공할지 아닌지는 전원의 협력에 달려 있다.

議会は、その法案が必要か否かをめぐって討論を繰り広げた。
의회는 그 법안이 필요한지 여부를 둘러싸고 토론을 벌였다.

058 ～がたい ～하기 어렵다

접속 동사 ます형+がたい

～がたい는 '～하기 어렵다'라는 뜻으로, 어떠한 동작을 하는 것이 곤란하다는 의미를 나타낼 때 사용한다. 주로 信じがたい(믿기 어렵다), 耐えがたい(견디기 어렵다), 許しがたい(용서하기 어렵다), 理解しがたい(이해하기 힘들다)와 같은 형태로 사용한다. ～にくい(～하기 어렵다, ～하기 곤란한다)와 비슷한 표현이다. 한자로는 ～難い로 표기한다.

기출 すぐには受け入れがたいのではないかと思われる
당장은 받아들이기 어려운 것은 아닐까 생각된다　2011-2회

彼の説明は難しすぎて、理解しがたい部分がある。
그의 설명은 너무 어려워서 이해하기 어려운 부분이 있다.

〜かのようだ (마치) 〜인 듯하다, 〜인 것 같다

접속	명사·な형용사 어간+である/い형용사·동사 보통형+かのようだ

〜かのようだ는 '(마치) 〜인 듯하다, 〜인 것 같다'라는 뜻으로, 실제로는 그렇지 않지만 그와 매우 비슷한 상태나 인상을 준다는 의미이다. 응용표현에 〜かのような(〜인 듯한), 〜かのように(〜인 듯이, 〜인 양), 〜かのようで(〜인 듯해서) 등이 있다. まるで夏になったかのようだ(마치 여름이 된 것 같다), 生きているかのようだ(마치 살아 있는 것 같다), 私が犯人であるかのような目で(마치 내가 범인인 듯한 눈으로), 全部分かっているかのように(전부 알고 있는 듯이)와 같이 쓴다.

기출	どこか知らない町に来たかのような 어딘지 모르는 동네에 온 것 같은	2015-2회
	真夏に戻ったかのような日 한여름으로 돌아간 듯한 날	2022-2회

日に焼けた黒い腕が競技会で優勝した勝利の印であるかのようだった。
햇볕에 탄 까만 팔이 경기 대회에서 우승한 승리의 증표인 것 같았다.

山田さんはまるで自分の家を建てるかのように親身になって対応してくれた。
야마다 씨는 마치 자기 집을 짓는 듯이 정성을 다해 응대해주었다.

〜から言えば・〜からすれば 〜으로 보아, 〜의 입장에서

접속	명사+から言えば/からすれば

〜から言えば・〜からすれば는 '〜으로 보아, 〜으로 보건대, 〜의 입장에서'라는 뜻으로, 판단의 근거나 관점, 누군가의 입장을 나타낼 때 쓴다. 〜から言えば는 비슷한 표현에 〜から言うと, 〜から言って가 있으며, 겸양표현인 〜から言わせてもらえば의 형태도 출제되고 있다. 예를 들어 役柄から言えば(직무로 보아), 私の経験から言うと(내 경험으로 보건대), うちの経済状況から言って(우리의 경제 상황에서 보건대), 私の立場から言わせてもらえば(제 입장에서 보건대)와 같이 쓰인다. 〜からすれば는 〜からすると로 바꿔 쓸 수 있으며, 주로 科学の観点からすれば(과학의 관점으로 보건대), さっきの態度からすると(조금 전의 태도로 보아)와 같은 형태로 쓰인다.

 営業の立場から言わせてもらえば 영업의 입장에서 보면　2012-2회

私みたいな人間からすれば 나같은 사람이 보면　2013-1회

この成績から言えば、東大はかなり無理だと思う。
이 성적으로 보건대, 도쿄대는 상당히 무리라고 생각한다.

A「京都に行くんだけど、金閣寺と銀閣寺、どっちに行くか迷ってるんだ。」
교토에 갈 건데, 금각사와 은각사 중 어느 쪽으로 갈지 망설이고 있어.

B「どっちにも行ったことがある自分から言わせてもらえば、まず金閣寺は見逃せないですね。」
두 곳 모두 가본 적이 있는 제 입장에서 보건대, 우선 금각사는 놓칠 수 없죠.

あの態度からすれば、鈴木さんは引き下がる気はまったくないようだ。
저 태도로 보아, 스즈키 씨는 물러날 생각이 전혀 없는 것 같다.

061　〜からして　①〜부터가　②〜으로 보아

접속　명사+からして

〜からしては '①〜부터가, 〜에서부터'라는 뜻이다. 보통은 그다지 문제시되지 않는 것을 굳이 지적하여 '그것부터가 (그렇고 나머지도)'라는 의미로, 부정적인 비판을 할 때나 감탄할 때도 쓴다. 그리고 '②〜으로 보아'라는 뜻으로 판단의 실마리, 즉 근거를 나타내는 경우에도 쓰인다. 주로 彼の言い方からして気に入らない(그의 말투부터가 마음에 들지 않는다), その発想からして独特だ(그 발상부터가 독특하다), 母は症状からして(어머니는 증상으로 보아), 泥だらけの服からして(진흙 투성이인 옷으로 보아)의 형태로 사용된다.

기출 彼に伝わっていないことからしておかしい
그에게 전해지지 않은 것부터가 이상하다　2010-1회

彼の性格からして最後までやり通すに違いない
그의 성격으로 보아 끝까지 해낼 것임에 틀림없다　2010-2회

部長からして事態を把握していないのだから、平社員によくわからないのも無理はない。
부장부터가 사태를 파악하고 있지 않으니까, 평사원이 잘 모르는 것도 무리는 아니다.

この手紙は筆跡からして彼が書いたに違いない。
이 편지는 필적으로 보아 그가 쓴 것임에 틀림없다.

062 〜からといって・〜からって 〜라고 해서

접속 명사·な형용사 어간+だ/い형용사·동사 보통형＋からといって/からって

〜からといって는 '〜라고 해서'라는 뜻이며, 〜からって는 회화체이다. 이 표현은 아무리 그렇더라도 〜해서는 곤란하다, 단지 그렇다고 해서 〜할 것은 없다는 뉘앙스의 문장에 주로 사용된다. 뒤에는 보통 〜(という)わけではない((〜라는) 것은 아니다), 〜とは限らない(〜라고는 할 수 없다), 〜とはいえない(〜라고는 말할 수 없다)와 같은 부분부정 표현이 온다. 대표적인 예로 しばらく連絡がないからといって(얼마간 연락이 없다고 해서), 説明を聞いたからといって(설명을 들었다고 해서), 試験に落ちたからって(시험에 떨어졌다고 해서) 등이 있다.

기출 雑誌で紹介されたからといって 잡지에서 소개되었다고 해서　2011-2회

多くとったからといって 많이 섭취했다고 해서　2014-2회

いくら好きだからといって毎日見ていたら
아무리 좋아한다고 해서 매일 보고 있으면　2025-1회

日本に住んでいるからといって、日本語が話せるとは限らない。
일본에 살고 있다고 해서, 일본어를 할 수 있다고는 할 수 없다.

値段が高いからって、必ずしも質がいいわけではない。
가격이 비싸다고 해서, 반드시 질이 좋은 것은 아니다.

～ことなしに(は)・～ことなく ～하지 않고(는)

| 접속 | 동사 사전형+ことなしに(は)/ことなく |

～ことなしに(は)・～ことなくは '~하지 않고(는)'이라는 뜻으로, 어떤 행동이나 상태가 선행 조건이 되며, 그것 없이는 뒤의 일이 성립되지 않음을 나타낸다. 대표적인 예로 自然への影響を考えることなしには(자연에 끼치는 영향을 고려하지 않고는), 他人を犠牲にすることなしに(타인을 희생시키지 않고), 友を見捨てることなく(친구를 버리지 않고), 信念をまげることなく(신념을 굽히지 않고) 등이 있다.

기출 どんな困難に遭ってもそれに負けることなく
어떤 어려움에 처해도 그것에 지지 않고　2015-2회

住民の同意を得ることなしに　주민의 동의를 얻지 않고　2018-1회

患者を待たせることなく　환자를 기다리게 하지 않고　2019-1회

事実関係を確認することなしに、うわさだけで彼を犯人だと決めつけるのはおかしい。
사실 관계를 확인하지 않고, 소문만으로 그를 범인이라고 단정짓는 것은 이상하다.

失敗をおそれることなく行動してほしい。
실패를 두려워하지 않고 행동해 주었으면 한다.

064 **〜ことか** (얼마나) 〜한가, 〜한 일인가

접속 명사+だった/な형용사+な(だった)/い형용사·동사 보통형+ことか

〜ことか는 '(얼마나) 〜한가, 〜한 일인가'라는 뜻으로, '반문, 반어, 힐난, 감탄' 등을 나타낸다. 말하는 사람의 기분을 나타내는 표현이기 때문에 どんなに・どれほど・なんと・何度 등과 호응하는 경우가 많다. 대표석인 예로 どんなに寂しいことか(얼마나 쓸쓸한 일인가), 何度注意したことか(몇 번이나 주의를 줬던가) 등이 있다.

기출 富士山の山頂から見た景色のなんと美しかったことか
후지산의 정상에서 본 경치는 얼마나 아름다웠던가　 2018-1회

君には何度だまされ、裏切られたことか、もう許せない。
너한테는 몇 번이나 속고, 배신당했는지, 이제 용서할 수 없다.

15年も一緒に暮らした犬に死なれて、どんなに悲しかったことか。
15년이나 같이 살았던 개가 죽어서, 얼마나 슬펐던가!

065 **〜ことはない / 〜こともある**
〜할 필요는(일은) 없다 / 〜할 때도 있다

접속 동사 사전형+ことはない
명사+という/な형용사·い형용사·동사 보통형+こともある

〜ことはない는 '〜할 필요는(일은) 없다'는 뜻으로, 충고나 조언, 불필요함을 부드럽게 말할 때 쓴다. 예를 들어 そんなにあわてて結婚することはないよ(그렇게 서둘러 결혼할 필요는 없어), まだ30分あるから急ぐことはない(아직 30분 있으니까 서두를 필요는 없다)와 같이 쓰인다.

〜こともある는 '〜할 때도 있다, 〜하기도 하다'라는 뜻으로, 반복적으로 일어나는 일이나 가능성, 경험, 예외적 상황을 말할 때 사용한다. 大雪で電車が遅れることもある(폭설로 인해 전철이 지연될 때도 있다)와 같은 패턴 외에도, 交通の便が悪いこともあって(교통편이 불편하기도 해서)처럼 변형된 형태가 사용되기도 한다.

時間は十分あるから、そんなに急ぐ**ことはない**。
시간은 충분하니까 그렇게 서두를 필요는 없다.

普段は穏やかだが、彼は突然怒り出す**こともある**。
평소에는 온화하지만, 그는 갑자기 화를 낼 때도 있다.

最近仕事が忙しい**こともあって**、家族との時間を作れずに悩んでいる。
요즘 일이 바쁘기도 해서 가족들과 보낼 시간을 내지 못해 고민하고 있다.

066　〜際は 〜할 때는

접속　명사＋の/동사 사전형·た형＋た＋際は

〜際は는 '〜할 때는, 〜시에는'이라는 뜻으로, 어떠한 일이 이루어지는 때나 상황을 의미한다. 〜際に(〜때에)의 형태로 쓰이기도 한다. 出かける際は(외출할 때는), 出発の際は(출발할 때는), 取引先を訪問した際に(거래처를 방문했을 때에)와 같은 형태로 사용된다. 다소 딱딱한 표현이기 때문에 격식차린 회화나 문장에서 사용하는 경우가 많다.

기출 　当センターの相談窓口にお越しになる**際は** 저희 센터의 상담창구에 오실 때는　2024-1회

退室の**際は**、電気を消したか確認しましょう。
퇴실 시에는 불을 껐는지 확인합시다.

会議室を利用する**際は**、必ず予約をしてください。
회의실을 이용할 때는 반드시 예약을 해 주십시오.

067 〜さえ〜ば 〜만 〜하면

접속	명사+さえ〜ば
	동사 ます형+さえすれば / 동사 て형+てさえいれば
	い형용사의 어간+くさえあれば
	な형용사의 어간+でさえあれば

〜さえ〜ば는 '〜만 〜하면'이라는 뜻으로, '다른 것과 상관없이 그 조건만 맞으면 된다'는 가정 조건을 나타낸다. 〜だけ・〜ばかり・〜のみ 등과 뜻은 비슷하지만 바꿔 쓸 수는 없다. 대표적인 예로 雨がやみさえすれば(비가 그치기만 하면), だまってさえいれば(잠자코만 있으면), 天気さえよければ(날씨만 좋으면), 安くさえあれば(싸기만 하면), 衣類は丈夫でさえあれば(옷은 질기기만 하면) 등이 있다.

| 기출 | 水やりを忘れさえしなければ 물주는 것을 잊지만 않으면 | 2010-2회 |

この薬さえ飲めば、すぐによくなるだろう。
이 약만 먹으면 금방 좋아질 것이다.

生きて帰ってきてくれさえすれば、それだけでいい。
살아서 돌아와 주기만 하면, 그것만으로 좋아.

おいしくさえあれば、多少高くても気にしない。
맛있기만 하다면 다소 비싸더라도 개의치 않는다.

あなたが幸せでさえあれば、私はほかのことなどどうでもいい。
당신이 행복하기만 하다면, 나는 다른 건 아무래도 좋아.

068 〜始末だ 〜꼴이다, 〜지경이다

접속	동사 사전형/この・あの+始末だ

〜始末だ는 '〜꼴이다, 〜지경이다'라는 뜻으로, 안 좋은 상황이 점점 심해져서 결국에는 부정적인 결과에 이르렀을 때 사용한다. 대표적인 예로 ついには居眠り運転で事故を起こす始末だ(결국에는 졸음 운전으로 사고를 내는 꼴이다), ついには家出までするしまつだ(결국에는 가출까지 하는 지경이다), いろいろと迷惑をかけたあげく、あの始末だ(이래저래 폐를 끼친 끝에 저 모양이다) 등이 있다.

 しまいには大雨に降られてずぶぬれになる始末だった
결국에는 큰 비를 맞아 흠뻑 젖은 지경이었다   2024-1회

階段で転んで足を痛めてしまい、病院に通う始末だ。
계단에서 굴러서 발을 다쳐, 병원에 다니는 지경이다.

ああした方がいい、こうした方がいいと大騒ぎしたあげく、この始末だ。
이렇게 하는 게 낫다, 저렇게 하는 게 낫다며 큰 소란을 피운 끝에 이 꼴이다.

069 〜た末(に)・〜の末(に) ~한 끝에

접속	동사 た형+た末(に)/명사+の+末(に)

〜た末(に)・〜の末(に)는 '~한 끝에'라는 뜻으로, '여러 가지로 ~한 끝에 이렇게 되었다'라고 말하고 싶을 때 쓴다. 응용 표현에 「〜た末の+명사(~한 끝에 ~한)」가 있다. 대표적인 예로 厳しいレースを勝ちぬいた末に(힘든 경주를 이겨낸 끝에), 何年にもわたる研究の末に(수년에 걸친 연구 끝에), 悩みに悩みぬいた末の結論(고민에 고민을 한 끝에 내린 결론) 등이 있다.

 相手の激しい攻撃に耐えぬいた末に 상대의 거센 공격을 끝까지 견뎌낸 끝에   2017-1회

よく考えた末(に)、田中さんはその申し出を断りました。
곰곰이 생각한 끝에, 다나카 씨는 그 제의를 거절했습니다.

長年の苦労の末(に)、山田さんはとうとう実験に成功した。
오랜 고생 끝에, 야마다 씨는 드디어 실험에 성공했다.

～たとたん(に)・～なり ～한 순간(에), ~하자마자

접속 동사 た형+たとたん(に)
동사 사전형+なり

～たとたん(に)・～なり는 '~한 순간(에), ~하자마자'라는 뜻으로, 앞의 동작이 끝나자마자 바로 다른 동작이 발생하는 경우를 나타낸다. 같은 표현에 ～が早いか, ～や否や 등이 있다. 주로 手紙を見たとたん(편지를 본 순간), 窓を開けたとたんに(창문을 열자마자), 一口食べるなり(한 입 머자마자), 事故のニュースを聞くなり(사고 뉴스를 듣자마자)와 같은 형태로 사용된다.

기출 車から出ようとしたとたんに 차에서 나오려고 한 순간에　2019-2회

ステージに歌手が登場するなり 무대에 가수가 등장하자마자　2021-2회

小学校に入学したとたん 초등학교에 입학하자마자　2022-1회

家に帰るなり、食事も取らずに寝てしまった
집에 오자마자 식사도 하지 않고 자 버렸다　2024-2회

家に帰ってくるなり、楽しそうに話してくれた
집에 돌아오자마자 즐겁게 이야기해 주었다　2025-2회

家を出ようとしたとたんに、雨が激しく降り出した。
집을 나서려는 순간, 비가 세차게 내리기 시작했다.

ベルが鳴るなり、生徒たちは一斉に教室を飛び出した。
벨이 울리자마자, 학생들은 일제히 교실을 뛰쳐나갔다.

071 ～だろうに ～할 텐데

접속 명사/な형용사 어간/い형용사·동사 보통형+だろうに

～だろうに는 '~할 텐데'라는 뜻으로, 어떤 일에 대한 유감이나 아쉬움을 강조하는 표현이다. 주로 ～すれば, ～したら와 같은 가정 표현의 뒤에 사용된다. 예를 들어, もう少し早く家を出ていたら、電車に間に合っただろうに(좀더 일찍 집을 나왔더라면, 전철 시간에 맞췄을 텐데)라는 문장의 경우, 집에서 일찍 나오는 행동을 했다면 전철을 놓치는 일은 없었을 것이라는 후회나 유감스런 감정을 나타내고 있는 것이다.

예를 들면 試験に合格しただろうに(시험에 합격했을 텐데), 作業はとても簡単だろうに(작업은 매우 간단할 텐데), 正直に言えばいいだろうに(솔직히 말하면 좋을 텐데)와 같이 쓰인다.

기출 ちょっと考えれば、冗談だってことぐらいわかるだろうに
조금 생각하면 농담이라는 것정도 알 텐데　2010-2회/2021-1회

彼は専門家だろうに、こんなミスをするなんて信じられない。
그는 전문가일 텐데, 이런 실수를 하다니 믿을 수가 없다.

もう少しだけ注意を払っていれば、事故は起きなかっただろうに。
조금만 더 주의를 기울였더라면 사고는 일어나지 않았을 텐데.

---

072 ～っけ ～더라?, ～던가?, ～였지?

접속　명사·な형용사 어간+だ·だった/い형용사 어간+かった/동사 た형+た+っけ

～っけ는 '～더라?, ～던가?, ～였지?'라는 뜻으로, 화자가 생각이 나지 않는 것을 상대방에게 확인하듯이 묻는 표현이다. 자문자답하는 경우에 사용하기도 한다. 예를 들면 だれだっけ？(누구였지?), 今日は何曜日だっけ？(오늘은 무슨 요일이지?), 以前習ったっけ？(예전에 배웠던가?)와 같은 형태로 사용된다.

기출 『ぜいたく』の『ぜい』って、漢字でどう書くんだっけ？
'사치'의 '사'는 한자로 어떻게 쓰더라?　2019-2회

今日の会議って何時からだっけ？
오늘 회의는 몇 시부터더라?

あのレストラン、予約が必要だったっけ？
그 레스토랑, 예약이 필요했던가?

073 　〜っこない 〜할 리가 없다

| 접속 | 동사 ます형+っこない |

〜っこない는 '〜할 리가 없다'라는 뜻으로, 말하는 사람의 강한 부정, 확신을 나타내는 회화체 표현이다. 주로 ほかの人は知りっこない(다른 사람은 알 리가 없다), いくら買ってもあたりっこない(아무리 사도 당첨될 리가 없다), 恋人なんか出来っこない(애인따위 생길 리가 없다)와 같은 형태로 쓰인다.

기출 読みきれっこないと思ったが 다 읽을 수 있을 리가 없다고 생각했는데　2017-1회

どうせ当選しっこないから、後で問題になることもないと思っていた。
어차피 당선될 리 없으니, 나중에 문제가 될 일도 없다고 생각했었다.

60冊もの漫画を一晩じゃとうてい読み切れっこないからあきらめた。
60권이나 되는 만화책을 하룻밤에 도저히 다 읽을 수 있을 리가 없어서 포기했다.

074 　〜っぱなし 〜한 채로

| 접속 | 동사 ます형+っぱなし |

〜っぱなし는 '〜한 채로'라는 뜻으로, 어떤 동작이나 상태가 끝나지 않고 그대로 방치되어 있는 상황을 나타낸다. 주로 그 방치된 상태에 대한 화자의 불만이나 부정적 평가를 나타내는 경우에 쓴다. 예를 들면, 電気をつけっぱなしにする(불을 켜 둔 채로 두다), 水を出しっぱなしにする(물을 틀어놓은 채 두다), ずっと立ちっぱなしだった(줄곧 서 있었다) 와 같은 형태로 자주 쓰인다.

기출 ズボンのポケットに入れっぱなしだった 바지 주머니에 넣은 채 (그대로)였다　2022-2회

窓を開けっぱなしにしていたら、部屋が冷たくなった。
창문을 열어둔 채로 두었더니 방이 차가워졌다.

靴を履きっぱなしで家に上がり、母に怒られた。
신발을 신은 채로 집에 들어가 어머니에게 꾸중을 들었다.

| 접속 | 동사 た형 + た + つもりで/つもりになる |

〜つもりでは '〜한 셈치고'란 뜻으로, 실제로는 그런 행동을 하지 않았지만 했다고 가정하는 표현이다. だまされたつもりで飲んでみる(속은 셈치고 마셔 보다), 死んだつもりで働く(죽은 셈치고 일하다)와 같은 형태로 사용된다. 응용표현인 〜つもりでいる는 '〜한 셈으로 있다, 〜한 줄 알고 있다'란 뜻으로, 〜つもりになっている와 비슷하다. まだ若いつもりでいる(아직 젊은 줄 알고 있다), 鍵をかけたつもりになっていたが(열쇠를 잠근 줄 알고 있었는데)와 같이 쓴다.

〜つもりになる는 '〜한 셈이 되다'란 뜻으로, 실제로는 그렇지 않지만 그런 식으로 행동하거나 생각하는 경우를 나타낸다. 子どもに戻ったつもりになる(아이로 돌아간 셈이 된다), 全部終わったつもりになる(전부 끝난 셈이 된다)와 같이 쓴다.

| 기출 | 海外を旅行したつもりになれる 해외여행을 한 기분을 느낄 수 있다 `2023-1회` |

志望する大学に向けて死んだつもりで勉強します。
지망하는 대학을 목표로 죽은 셈치고 공부하겠습니다.

秘密にしたつもりでいたのに、みんな知っていた。
비밀로 한 줄 알고 있었는데, 모두가 알고 있었다.

旅行の計画を立てただけで、もう旅行に行ったつもりになる。
여행 계획을 세운 것만으로, 이미 여행을 간 셈이 된다.

問題 5　次の文の（　　　）に入れるのに最もよいものを、１・２・３・４から一つ選びなさい。

1 信頼（　　　）ビジネスであり、目の前の利益よりも信用を大切にすべきだ。052
　　1　たる　　　　　　2　ならではの　　　　3　とはいえ　　　　4　あっての

2 リスクを負うこと（　　　）、新しい道を切り開くことはできないだろう。063
　　1　なくて　　　　　2　なしに　　　　　　3　ないで　　　　　4　ないと

3 とうとう彼は、100万円もする会社の機械をこわしてしまった。手順通りに操作しない
　　と、トラブルが起こるとさんざん注意した結果が、この（　　　）。068
　　1　しまつだ　　　　2　しまいだ　　　　　3　かぎりだ　　　　4　おわりだ

4 さんざん文句を（　　　）、その客は何も買わずに出て行った。051
　　1　言うついでに　　2　言うあげく　　　　3　言ったついでに　4　言ったあげく

5 始める際のハードルが高過ぎてユーザーの意欲を（　　　）ならば、そのハードルを
　　だんだんと上げていけばいいです。055
　　1　失わせてしまうおそれがある　　　　　2　失わせてしまいつつある
　　3　失わせてしまってはならない　　　　　4　失わせてしまうところである

6 人間関係を築く（　　　）、相手を思いやるコミュニケーションは欠かせない。053
　　1　後で　　　　　　2　上で　　　　　　　3　以上で　　　　　4　一方で

7 オリンピック。各国の選手が集まって力と技を競う。なんとすばらしい（　　　）。064
　　1　のか　　　　　　2　ことか　　　　　　3　わけだ　　　　　4　ものだ

8 リーダー（　　　）やる気があまりにもないのだから、ほかの人たちがやるはずがない。
　　　　　　　　　　　　　　　　　　　　　　　　　　　　　　　　　　　　　061
　　1　までして　　　　2　とともに　　　　　3　にしては　　　　4　からして

答　1④　2②　3①　4④　5①　6②　7②　8④

9 明日の初出勤日のことを思うと身の引き締まる（　　　）です。 056

1　始末　　　　　　　　2　思い　　　　　　　　3　見込み　　　　　　　　4　考え

10 A「『働く』を楽しむために必要なことは何だと思いますか。」

B「今は僕らの頃より一人当たりの仕事の量が多い時代。なので、経営者という立場
（　　　）、楽しむ余裕よりも、しっかりと仕事をやりぬくことの方が大切に思え
たりします。」 060

1　に言わせていれば　　　　　　　　　　　2　から言わせてもらえば

3　に言わせてあげれば　　　　　　　　　　4　から言わせてやれば

11 たばこ屋のおやじは、人の顔（　　　）見れば「学のある人は違うねえ。」と言う。 067

1　しか　　　　　　　　2　すら　　　　　　　　3　こそ　　　　　　　　4　さえ

12 新しい製品が店頭に並ぶ（　　　）、数時間で売り切れになってしまった。 070

1　とたん　　　　　　　2　なり　　　　　　　　3　とは　　　　　　　　4　など

13 子どもが食べた後の食器をテーブルに（　　　）、遊びに出てしまった。 074

1　置きにして　　　　　　　　　　　　　　　2　置きっぱなしにして

3　置きつつ　　　　　　　　　　　　　　　　4　置くにあたって

14 厳しい冬を（　　　）雪を割るようにして咲く春の花は美しい。 069

1　耐えかねたほど　　2　耐えかねた末に　　3　耐えぬいたほど　　4　耐えぬいた末に

15 部屋をきれいに掃除した（　　　）いたが、机の下はほこりだらけだった。 075

1　きらいになって　　2　とおりになって　　3　つもりになって　　4　きっかけになって

16 幼いころにいじめられた経験は、（　　　）心の傷となった。 058

1　忘れかねない　　　　　　　　　　　　　　2　忘れるまでもない

3　忘れっぽい　　　　　　　　　　　　　　　4　忘れがたい

17 小さなミスで（　　　　）。いい経験として次に生かせばいいのだ。 065

  1　落ち込んだほうがいい　　　　　　　2　落ち込まないでもない

  3　落ち込むことはない　　　　　　　　4　落ち込むわけではない

18 A：山田君の電話番号、（　　　　）。072

  B：多分変わってないはずだよ。

  1　変わってるなんて　　　　　　　　　2　変わってないんだっけ

  3　変わるからだよ　　　　　　　　　　4　変わればだけど

19 非常（　　　　）、慌てずに係員の指示に従って落ち着いて行動してください。066

  1　のたびに　　　　　2　の末に　　　　　3　の際は　　　　　4　のもとで

20 部長の考えは時代遅れで、若い社員に（　　　　）だろう。073

  1　受け入れるほかない　　　　　　　　2　受け入れても差し支えない

  3　受け入れられっこない　　　　　　　4　受け入れられてもおかしくない

問題 6　次の文の ___★___ に入る最もよいものを、１・２・３・４から一つ選びなさい。

21 刑務所で火事があったが、______ __★__ ______ ______多くの人が亡くなった。054

  1　にも　　　　　　　2　逃げられず　　　　3　逃げよう　　　　4　受刑者たちは

22 仕事優先で家庭を顧みなかった彼は、子供______ ______ __★__ ______始末だった。068

  1　には　　　　　　　2　妻にも　　　　　　3　去られる　　　　4　無視され

23 数々の映画の舞台ともなった______ ______ __★__ ______一枚を撮ってみてはいかがでしょうか。059

  1　映画の主人公に　　2　なりきったかの　　3　場所で　　　　　4　ような

24 体 ＿＿＿＿ ＿＿＿＿ ＿★＿ ＿＿＿＿ 君には俳優としての素質があると思う。061

 1 あふれる表現力 2 からして   3 から   4 じゅう

25 日常的な施設がないのは困りますが、＿＿＿＿ ＿＿＿＿ ＿★＿ ＿＿＿＿ はさほど重要ではありません。060

 1 駅近か   2 からすれば 3 私の立場   4 どうか

26 彼が、＿＿＿＿ ＿＿＿＿ ＿★＿ ＿＿＿＿ 態度は危険ではないだろうか。062

 1 完全に無視する   2 からといって

 3 他の分野の意見を   4 この分野の専門家である

27 政府が出した ＿＿＿＿ ＿＿＿＿ ＿★＿ ＿＿＿＿ 数年後の結果を見て初めて明らかになるだろう。057

 1 適切であった   2 すぐにはわからず

 3 今回の対策が   4 か否かは

28 もっと早く出発していれば ＿＿＿＿ ＿＿＿＿ ＿★＿ ＿＿＿＿ 。071

 1 だろうに   2 済んだ   3 会議にも   4 遅れずに

29 外国語の知識は、＿＿＿＿ ＿＿＿＿ ＿★＿ ＿＿＿＿ はっきり覚えておくべきだ。053

 1 一手段に   2 国際的なビジネスを

 3 すぎないことを   4 行う上での

30 将来のために、貯金した ＿＿＿＿ ＿＿＿＿ ＿★＿ ＿＿＿＿ 数年後には大きな資産になっているかもしれない。075

 1 金額を   2 つもりで   3 株に投資すれば 4 毎月一定の

答 24 ①(4312)　25 ①(3214)　26 ③(4231)　27 ④(3142)　28 ②(3421)　29 ①(2413)　30 ①(2413)

　　人はよく若い時の失敗を口にする。しかし　31　というものは、一般に一種の
微笑を持って回想されるものである。自分の力量や才能を省みることなしに、あ
とから考えるとその無謀にあきれかえるような仕事に手を出したことを、　32　周
囲の人々の思惑をまったく無視して、さだめし人々に心配やら迷惑をかけたであ
ろうようなことを強行したことを、半ばざんげの気持ちで、しかし一方では純真
でひたむきであった若い日の自分の姿に半ば誇らしい気持ちを感じながら、「まっ
たく若気のあやまちでした。」と人々は告白するのである。

　　このような、告白することにむしろ一種の快感を覚えるような思い出は、た
とえそれが失敗や過失の追憶であっても、そのような思い出を多く持つことは青
春時代の充実ぶりを示すものであって、これを悔恨という言葉をもって呼ぶのは
　33　であろう。

　　若い人々を戒める言葉として、「少年老いやすく学成りがたし」という忠告を私
たちは昔からくり返し聞かされてきた。これは幾度くりかえされても十分とはい
えない程、正しい忠告である。人間が持って生まれた才能などというものは結局
大した差はないのであって、当人の終始変わらぬ努力と勉強が最後にものをいう
のである。他人のやることを眺めて、あれぐらいのことはいつでも自分にやれる
自信があると思っているうちに、実践によって本当に学ぶことができ、自分の仕
事を　34　少しずつでも確実に積み重ねていった相手から、いつのまにか遠く引
き離されてしまうのである。

(河盛好蔵『愛・自由・幸福』による)

31

1 貧しさゆえの成功 　　　　2 若さゆえの成功

3 貧しさゆえの失敗 　　　　4 若さゆえの失敗

32

1 あらためて 　　2 すなわち 　　3 あるいは 　　4 ところが

33

1 あたりまえのこと 　　　　2 ふさわしくない

3 はずかしくない 　　　　4 とてもふさわしい

34

1 再び 　　　　2 それほど 　　　　3 たとえ 　　　　4 なるほど

핵심문법

~ことなしに ^{N1 063} ~하지 않고	力量や才能を省みることなしに 역량이나 재능을 돌이켜보지 않고(02行)	
~ゆえの ^{N1 044} ~때문에	若さゆえの失敗というものは 젊기에 겪은 실패란(01行)	
~をもって ^{N1 050} ~으로, ~로써	これを悔恨という言葉をもって呼ぶのは 이것을 회한이라는 말로 부르는 것은(10行)	
~として ^{N1 031} ~로서	若い人々を戒める言葉として 젊은 사람들을 훈계하는 표현으로서(12行)	
~うちに ~동안에	やれる自信があると思っているうちに 해낼 자신이 있다고 생각하는 동안에(16行)	
~によって ~에 의해	実践によって 실천에 의해(17行)	

답 31 ④　32 ③　33 ②　34 ③

076

～てからというもの／～というもの
～하고 나서 (계속) / 최근 ～동안

接続	동사 て형+てからというもの 명사+というもの

～てからというもの는 '～하고 나서 (계속)'이라는 뜻으로, 뭔가가 계기가 되어 나중에 변화된 현상이 계속되고 있다는, 말하는 사람의 심정이 담겨 있는 표현이다. 대표적인 예로 奥さんが亡くなってからというもの(부인이 죽고 나서 계속), 不景気になってからというもの(불경기가 되고 나서 계속) 등이 있다.

～というもの는 '최근 ～동안'이라는 뜻이다. 주로 기간·시간을 나타내는 명사에 접속하여 그것이 길다는 감정을 실어 말할 때 사용한다. 대표적인 예로 ここ3日というものろくに食べていない(요 3일 동안 제대로 먹지 않고 있다), この1週間というもの、仕事どころではない(최근 일주일 동안 일할 상황이 아니다) 등이 있다.

기출	社会人になってからというもの 사회인이 되고 나서 계속　2022-2회

車を手に入れてからというもの、彼は毎週ドライブに出かけている。
차를 구입하고 나서 계속, 그는 매주 드라이브를 가고 있다.

彼女はここ1か月というもの授業を休んでいる。
그녀는 요 한 달 동안 수업을 쉬고 있다.

077

～てこそ ～해서야 비로소, ～해야만

接続	동사 て형+てこそ

～てこそ는 '～해서야 비로소, ～해야만'이라는 뜻으로, 앞에 오는 동작이 없으면 뒤따르는 결과도 있을 수 없다는 의미를 나타낸다. 즉, 어떠한 동작이 뒤에 오는 결과를 발생시키는 유일한 조건이라는 것을 강조한다. 예를 들면, みんなが協力し合ってこそ(모두가 서로 협력해야 비로소), 最後まで頑張ってこそ(끝까지 노력해야만), 挑戦してみてこそ(도전해 보아야만), 親になってこそ(부모가 되어서야 비로소)와 같은 형태로 사용된다.

親になってこそ、親の気持ちを理解できるようになるものだ。
부모가 되어서야 비로소, 부모의 마음을 이해할 수 있게 되는 법이다.

多くの人々の支えがあってこそ、今の自分がいる。
많은 사람들의 지원이 있었기에 비로소, 지금의 내가 있다.

078 〜てならない・〜てたまらない
〜해서 견딜 수 없다, 너무 〜하다

접속　동사·い형용사 て형+てならない/てたまらない

〜てならない・〜てたまらない는 '〜해서 견딜 수 없다, 너무 〜하다'라는 뜻이다. 〜てならない는 동사나 い형용사의 て형 이외에도 残念でならない(너무 유감스럽다), 不安でならない(불안해서 견딜 수 없다)와 같이 な형용사에도 접속한다. 주로 両親に会いたくてならない(부모님을 너무 만나고 싶다), 心配でならない(너무 걱정스럽다), 恥ずかしくてたまらない(부끄러워서 견딜 수 없다), うれしくてたまらない(너무 기쁘다)와 같이 사용된다. 같은 표현에 〜てしょうがない, 〜てしかたがない가 있다.

기출　大事な場面でのミスが悔やまれてならない
중요한 상황에서의 실수가 후회되어 견딜 수 없다　2014-2회

本当は読んでみたくてしかたがない 사실은 읽어보고 싶어서 견딜 수 없다　2020

中村さんは、試験の結果が気になってならないくせに、平然とした顔をしていた。
나카무라 씨는, 시험 결과가 신경쓰여 견딜 수 없는 주제에, 태연한 얼굴을 하고 있었다.

鈴木さんは、嬉しくてたまらないかのような顔をしてみせた。
스즈키 씨는 기뻐서 견딜 수 없다는 듯한 표정을 지어 보였다.

079 **〜では(でも)あるまいし / 〜では(でも)あるまい**

~도 아니고, ~도 아닐 테고 / ~하지 않을 것이다, ~도 아닐 것이다

접속	명사/동사 보통형+の・わけ+では(でも)あるまいし
	명사/な형용사의 어간+では(でも)あるまい

이 문법은 〜ではある(~이기는 하다)・〜でもある(~이기도 하다)와 〜まい(~않을 것이다)가 결합해서 만들어진 문법이다. 주로 〜では(じゃ)あるまいしや 〜でもあるまいし의 형태로 사용되며, 子どもじゃあるまいし(어린애도 아니고), 役者でもあるまいし(배우도 아니고)와 같이 쓰인다.

〜では(でも)あるまい는 '~하지 않을 것이다, ~도 아닐 것이다'라는 뜻으로, 어떤 사실이나 생각에 대해 부정하면서, 상대방에게 동의를 유도하거나 반박할 때 사용된다. 예를 들어 元気ではあるまいと思った(건강하지 않을 거라고 생각했다), 初心者でもあるまい(초보자도 아닐 것이다)와 같이 쓰인다.

기출
何週間も海外に行くわけじゃあるまいし 몇 주나 해외에 가는 것도 아니고　2011-2회

夫婦二人で遊園地でもあるまいし 부부 둘이서 유원지(에 가는 것)도 아닐테고　2019-2회

復読に耐えるほどたいそうな小説でもあるまい
다시 읽을 만큼 대단한 소설도 아닐 것이다　2023-1회

君じゃあるまいし、そんな話にはだまされないよ。
(내가) 너도 아닌데, 그런 말에는 안 속아.

真夏でもあるまいし、こんなに薄着で出かけるのは寒すぎるだろう。
한여름도 아닐테고, 이렇게 얇게 입고 외출하는 것은 너무 추울거야.

「どうせ大したものが入っているわけでもあるまい」と思ったものの、結局買ってしまった。
'어차피 대단한 게 들어 있는 것도 아닐 거야'라고 생각했지만, 결국 사고 말았다.

080 〜てはいられない ~하고 있을 수는 없다

| 접속 | 동사 て형+てはいられない |

〜てはいられない는 '~하고 있을 수는 없다'는 뜻으로, 현재 상황이 매우 긴박하여 그러한 동작이나 상태를 지속하고 있을 수 없다는 의미를 나타낸다. 시간적으로 여유가 없거나, 상황적으로 선택지가 매우 제한되어 있다는 것을 강조하는 표현이다. 예를 들면, 待っ**てはいられない**(기다리고 있을 수는 없다), 休ん**ではいられない**(쉬고 있을 수는 없다), 黙っ**てはいられない**(잠자코 있을 수는 없다)와 같은 형태로 사용된다.

기출 のんびりし**てはいられない** 한가로이 있을 수는 없다　2022-1회

ライバル社に追い付かれている現状で、のんきに構えてはいられない**。**
경쟁사에 쫓기고 있는 현 상황에서 여유를 부리고 있을 수는 없다.

レポートの締め切りが明日だから、ゆっくり休んではいられない**。**
리포트 마감이 내일이라서 느긋하게 쉬고 있을 수는 없다.

081 〜てばかりいる/〜てばかりは(も)いられない
~하고만 있다 / ~하고만 있을 수는(도) 없다

| 접속 | 동사 て형+てばかりいる/てばかりは(も)いられない |

〜てばかりいる는 '~하고만 있다'는 뜻으로, 어떤 행동만 계속해서 하고 있어 문제라는 느낌을 준다. 주로 悩ん**でばかりいる**と(고민만 하고 있으면), ぜんぜん勉強しないで遊ん**でばかりいる**(공부는 전혀 안 하고 놀고만 있다)와 같이 쓴다.
〜てばかりは(も)いられない는 '~하고만 있을 수는(도) 없다'라는 뜻이다. 悲しん**でばかりはいられません**(슬퍼하고만 있을 수는 없습니다), 待っ**てばかりもいられない**(기다리고만 있을 수도 없다)와 같이 활용한다.

기출 落ち込んでばかりいても始まらない 우울해하고만 있어도 소용없다　2015-2회

連休中どこにも出かけず、寝てばかりいたせいか

연휴 내내 아무 데도 나가지 않고 자고만 있었던 탓인지　2023-2회

水不足などのことを考えると喜んでばかりもいられない

물 부족 같은 일을 생각하면 기뻐하고만 있을 수도 없다　2025-2회

そんなずっと食べてばかりいると太るよ。
그렇게 계속 먹고만 있으면 살쪄.

もう親に甘えてばかりはいられないので自立することにした。
이제 부모님께 어리광만 부릴 수는 없어서 독립하기로 했다.

082　～てまで/～までして　～하면서까지 / ～까지 해서

접속　동사 て형+てまで
　　　　명사+までして

～てまで는 '~해서까지', ～までして는 '~까지 해서'라는 뜻으로, 극단적인 수단이나 방법을 써서라도 어떤 행동을 한다는 의미이다. 대표적인 예로 景観を犠牲にしてまで(경관을 희생하면서까지), 借金してまで遊びに行く(빚을 지면서까지 놀러 가다), 担当者は休日出勤までして(담당자는 휴일 출근까지 해서), 環境破壊までして(환경 파괴까지 해서) 등이 있다.

기출 家庭を犠牲にしてまでとなると 가정을 희생하면서까지 (해야 한다)라고 하면　2011-1회

子供の遊ぶ時間を奪ってまで 아이의 놀이 시간을 빼앗으면서까지　2020

好きなことを我慢してまで 좋아하는 것을 참으면서까지　2025-1회

環境破壊をしてまで工業化をおし進めていくのには疑問がある。
환경 파괴를 하면서까지 공업화를 밀고 나가는 것에는 의문이 있다.

いずれにせよ、盗作までして賞を取ろうとする神経は理解できない。
어쨌든, 표절까지 해서 상을 받으려고 하는 정신 상태는 이해할 수 없다.

083 〜てみせる 〜해 보이겠다, 〜하고야 말겠다

| 접속 | 동사 て형+てみせる |

〜てみせる는 '〜해 보이겠다, 〜하고야 말겠다'라는 뜻으로, 자신의 의지와 각오를 나타내는 표현이다. きっと(꼭, 반드시), 必ず(반드시), 絶対に(무조건) 등의 단어와 자주 쓰인다. 대표적인 예로 今年はもっと練習して、きっと優勝してみせる(올해엔 더 연습해서 반드시 우승해 보이겠다), この手術には絶対に成功してみせる(이 수술은 무조건 성공하고야 말겠다) 등이 있다.

| 기출 | 今度はおいしく作ってみせる 이번에는 맛있게 만들고야 말겠어 | 2016-1회 |

私はあのハンサムな男の人ときっと結婚してみせよう。
나는 저 잘생긴 남자하고 반드시 결혼하고 말겠어.

084 〜ても仕方がない・〜ても始まらない
〜해도 하는(어쩔) 수 없다, 〜해도 소용없다

| 접속 | 동사 て형+ても仕方がない/ても始まらない |

〜ても仕方がない・〜ても始まらない는 '〜해도 하는(어쩔) 수 없다, 〜해도 소용없다'라는 뜻으로, 〜ても 대신 〜たって를 쓰면 회화체가 된다. 예를 들어 ここで見栄を張っても仕方がない(여기서 허세를 부려도 소용없다), 泣いたって仕方がない(울어도 소용없다), そんなことを悔やんでも始まらない(그런 것을 후회해도 어쩔 수 없다), 今さらじたばたしたって始まらない(이제 와서 발버둥쳐도 소용없다)와 같이 활용한다.

| 기출 | 落ち込んでばかりいても始まらない 우울해하고만 있어도 소용없다 | 2015-2회 |

全然勉強していないんだから、試験に落ちても仕方がない。
전혀 공부를 안하니까, 시험에 떨어져도 어쩔 수 없다.

後になって悔しがっても始まらない。後悔とはそういう言葉だ。
나중에 분하게 여겨도 소용없다. 후회란 그런 말이다.

085 **〜と相まって** 〜와 더불어, 〜와 함께

접속 명사＋と相まって

〜と相まって는 '〜와 더불어, 〜와 함께, 〜와 어우러져'라는 뜻으로, 〜も相まって(〜도 어우러져), 〜と〜(と)が相まって(〜과 〜이 어울려) 등의 형태로도 사용된다. 대표적인 예로 子どものころの思い出と相まって(어릴 적 추억과 더불어), 人一倍の努力と相まって(남보다 배의 노력과 더불어), 厳しい経済状況も相まって(심각한 경제상황도 겹쳐), 温暖な気候と適度な雨量とが相まって(온난한 기후와 적당한 강우량이 어우러져) 등이 있다.

기출 澄んだ青空と相まって 맑게 갠 푸른 하늘과 어우러져   2022-1회

監督の熱意と出演者の努力とが相まって、素晴らしい番組ができ上がった。
감독의 열의와 출연자의 노력이 어우러져 멋진 프로그램이 완성되었다.

086 **〜とあって/〜とあっては・〜とあれば**
〜이라서 / 〜이라면

접속 명사/い형용사・な형용사・동사 보통형＋とあって/とあっては/とあれば

〜とあって는 '〜이라서, 〜인 만큼'이라는 뜻으로, 특별한 이유나 상황으로 인해 평소와는 다른 일이나 결과가 생김을 강조할 때 쓴다. 대표적인 예로 人前で演技するのは初めての経験とあって(다른 사람 앞에서 연기하는 건 처음 하는 경험이라서), 待ちに待った夏休みがやっと始まったとあって(기다리고 기다리던 여름방학이 드디어 시작된 만큼) 등이 있다.

〜とあっては・〜とあれば는 '〜이라면'이라는 뜻으로, 〜とあっては 뒤에는 부정표현이 많이 오며, 〜とあれば는 주로 「〜のため＋とあれば(〜을 위해서라면)」의 형태로 많이 쓰인다. 대표적인 예로 親友の頼みとあっては、断るわけにはいかない(친한 친구의 부탁이라면 거절할 수는 없다), 自分の恋人の悪口を言われたとあっては(자기 연인의 험담을 들었다면), 社長の命令とあれば(사장님의 명령이라면), 彼はお金のためとあれば(그는 돈을 위해서라면) 등이 있다.

10年に一度のお祭りとあって、村は見物客でにぎわった。
10년에 한 번 있는 축제인 만큼, 마을은 구경꾼으로 북적였다.

君がうそをついたとあっては許すわけにはいかない。
자네가 거짓말을 한 거라면 용서할 수는 없어.

最近の親は、子どものためとあれば出費を惜しまない。
요즘 부모는 자녀를 위해서라면 지출을 아끼지 않는다.

087 ～というところだ・～といったところだ
잘해야(기껏해야) ～이다, ～정도다

접속　명사/동사 사전형+というところだ/といったところだ

～というところだ・～といったところだ는 '잘해야(기껏해야) ～이다, ~정도다'라는 뜻으로, 화자의 주관적인 판단이나 평가를 나타낼 때 사용한다. 간혹 まあまあ+といったところだ(그저 그런 정도이다)의 형태로도 사용된다. 참고로 ～というところだ보다는 ～といったところだ가 더 자주 쓰인다. 대표적인 예로 彼女にとっては単なる遊びというところだ(그녀에게는 단순한 놀이 정도다), 山田さんにとってはちょうどいい散歩といったところだ(야마다 씨에게는 딱 좋은 산책 정도이다), 時給は700円から1000円といったところだ(시급은 기껏해야 700엔에서 1000엔이다), 今年の米のできは、まあまあといったところだ(올해 쌀 작황은 그저 그런 정도이다) 등이 있다.

기출　2時間半といったところでしたから 기껏해야 2시간 반이었으니까　2011-2회

中古は高くても4、5万円といったところだ
중고는 비싸도 잘해야 4, 5만 엔이다　2016-1회

家の建築費は少なめに見積もっても2千万円というところだろう。
집 건축비는 적게 어림잡아도 2천만 엔 정도일 것이다.

店はだいぶ軌道に乗ってきたが、それでもまだ収支トントンといったところだ。
가게는 상당히 궤도에 올랐지만, 그래도 아직 수지가 엇비슷한 정도다.

088 **〜(か)と思いきや** 〜라고 생각했는데

접속　명사·な형용사·い형용사·동사 보통형+(か)と思いきや

〜(か)と思いきや는 '〜라고 생각했는데, 〜한 줄 알았는데 (의외로 그렇지 않다)'라는 뜻의 표현이다. 예상과 다른 결과가 나왔을 때 쓰며, 놀라움이나 반전의 뉘앙스를 담고 있다. 예를 들어 さぞや明るい男だと思いきや(편시 명랑한 남자라고 생각했는데), やっと雨が止んだかと思いきや((드디어 비가 그쳤다고 생각했는데), 性格が穏やかかと思いきや(성격이 온화한 줄 알았는데) 등이 있다.

기출　役作りに悩んでいるのかと思いきやそうでもない
캐릭터 분석으로 고민하고 있는 줄 알았는데 그렇지도 않다　2011-1회

たくさん人が並んでいたので待たされるかと思いきや
사람들이 많이 줄서 있어서 기다리게 되나 생각했는데　2013-2회/2021-2회

てっきり二人は結婚すると思いきや、実はただの飲み友だった。
틀림없이 두 사람은 결혼할 줄 알았는데, 실은 그냥 술친구였다.

彼の提案にみんな反対するだろうかと思いきや、圧倒的に賛成が多かった。
그의 제안에 모두 반대할거라 생각했는데, 압도적으로 찬성이 많았다.

089 **〜とか/〜とかで** 〜라(고 하)던데 / 〜라(고 하)면서

접속　명사+だ/동사 보통형+とか/とかで

〜とか가 문말에 쓰이면 '〜라(고 하)던데'라는 전문을 나타낸다. 하지만 〜そうだ(〜라고 한다)나 〜ということだ(〜라는 것이다)보다 불확실한 느낌을 준다. 주로 長野はきのう大雪だったとか(나가노는 어제 큰 눈이 내렸다던데), また公共料金が上がるとか(또 공공요금이 오른다던데)와 같이 쓴다.
그리고 뒤에 조사 で를 붙여 〜とかで라고 하면 '〜라(고 하)면서'라는 뜻이 된다. 結婚式に行くとかで(결혼식에 간다고 하면서), 体調が悪いとかで(컨디션이 안 좋다면서)와 같이 쓰인다.

기출　そんなこと、どうだってかまわないとか 그런 거 어떻든 상관없다던데　2016-1회
最近テレビで紹介されたとかで 요즘에 TV에서 소개되었다고 하면서　2019-1회
雌に限っての行動なのだとか 암컷에 한정된 행동이라던데　2024-1회

病院での４年間はＯＬ時代には感じることのできなかった楽しさだった**とか**。
병원에서의 4년간은 회사를 다닐 때에는 느끼지 못했던 즐거움이었다던데.

A「山本君は？」
야마모토 군은?

B「急用ができた**とかで**、今帰りました。」
급한 용무가 생겼다면서 방금 돌아갔어요.

---

090 **〜ところだ / 〜たいところだ**
①막 ~하려는 참이다　②한창 ~하는 중이다　③막 ~한 참이다 / ~하고 싶다

접속　①동사 사전형+ところだ　②동사 て형+ている+ところだ　③동사 た형+た+ところだ
동사 ます형+たいところだ

〜ところだ는 동사의 시제(형태)에 따라 '①막 ~하려는 참이다 ②한창 ~하는 중이다 ③막 ~한 참이다'라는 뜻으로 쓰인다. 즉 これから食べる**ところだ**(지금 막 먹으려던 참이다), 今、食べている**ところだ**(지금 한창 먹고 있는 중이다), たった今、食べた**ところだ**(방금 막 다 먹은 참이다)와 같이 쓴다.

〜たいところだ는 '~하고 싶다, ~하고 싶은 심정이다'라는 뜻이다. 마음은 굴뚝같지만 현실적인 제약이 있을 때 쓰는 표현으로, 뒤에는 보통 반대되는 상황이 온다. 예를 들어, 家族との時間を増やし**たいところだ**が(가족과의 시간을 더 늘리고 싶지만), お風呂にゆっくり入り**たいところだ**が(여유롭게 목욕하고 싶지만), 参加し**たいところです**が(참가하고 싶은 심정입니다만)와 같은 형태로 사용한다.

기출　なるべく余計な出費は抑え**たいところだ**が
될 수 있는 한 불필요한 지출은 줄이고 싶지만　2024-2회

これから準備して家を出る**ところだ**。
이제부터 준비해서 집을 나가려던 참이다.

この企画は完璧にやり遂げ**たいところだ**が、時間がない。
이 기획은 완벽하게 해내고 싶지만 시간이 없다.

お酒は飲み**たいところです**が、車で来たので遠慮しておきます。
술은 마시고 싶습니다만, 차로 왔기 때문에 삼가해 두겠습니다.

〜ところだった (하마터면) 〜할 뻔했다

접속 　동사 사전형·사역수동형+ところだった

〜ところだった는 '(하마터면) 〜할 뻔했다'라는 뜻으로, '하마터면'의 뜻을 나타내는 부사 もう少しで・危うく・あわや와 호응하는 경우가 많다. 대표적인 예로 締め切りに間に合わなくなるところだった(마감에 맞출 수 없게 될 뻔했다), 危うく大変なことになるところだった(하마터면 큰일날 뻔했다), あわや、お酒を飲まされるところだった(하마터면, (억지로) 술을 마시게 될 뻔했다) 등이 있다.

기출　教えてもらわなかったら、見逃すところでした
가르쳐 주지 않았다면 놓칠 뻔 했습니다　2018-2회
危うく入会させられるところだった 하마터면 (억지로) 가입하게 될 뻔했다　2019-2회

ちゃんと前を見て運転してよ。今となりの車にぶつかるところだったよ。
앞을 제대로 보고 운전해. 지금 옆 차에 부딪힐 뻔했어.

危うく、一日中買い物を付き合わされるところだった。
하마터면, 하루 종일 쇼핑에 강제로 같이 가게 될 뻔했다.

〜どころではない 〜할 상황이 아니다

접속 　명사/동사 사전형+どころではない

〜どころではない는 '〜할 상황이 아니다'라는 뜻으로, 어떤 행동이나 상태(기쁨, 한가함 등)를 할 수 없을 만큼 긴박하거나 중요한 다른 상황이 있다는 것을 나타낸다. 주로 忙しくて見物するどころではない(바빠서 구경할 처지가 아니다), 今は花見どころではない(지금은 꽃구경을 할 상황이 아니다), 食事をゆっくりするどころではない(식사를 느긋하게 할 상황이 아니다)와 같은 형태로 사용된다.

기출　夜景を楽しむどころではなかった 야경을 즐길 상황이 아니었다　2020
仕事が忙しくて、今年は旅行どころではない
일이 바빠서, 올해는 여행갈 상황이 아니다　2021-2회

台風が近づいているので、のんびり散歩するどころではない。
태풍이 다가오고 있어서, 한가롭게 산책할 상황이 아니다.

家の経済状況が悪いので、貯金どころではない。
집의 경제 상황이 안 좋아서. 저축할 상황이 아니다.

093 〜ところに(へ)/〜ところで/〜ところを
〜하던 차에 / 〜할 즈음에 / ①〜한 와중에, 〜인데도, 〜하는데 ②〜하던 참에

접속 동사 보통형+ところに(へ)/ところで
명사+の/な형용사+な/い형용사 사전형/동사 사전형·た형+た+ところを

〜ところに(へ)는 '〜하던 차에, 〜하던 때에'라는 뜻으로, 구원자나 도움, 새로운 요소가 등장할 때 사용한다. 조사 に/へ 없이 〜ところ 단독으로도 쓸 수 있다. 주로 最終のバスに間に合わなくて困っていたところに(막차를 놓쳐서 난처해 하고 있던 차에), ちょうど顔を洗っていたところ(마침 세수를 하고 있던 때에)와 같은 형태로 사용된다.

〜ところでと '〜하던 참에, 〜할 즈음에'라는 뜻으로, 어떤 동작이 막 일어나려는 '시점'을 끊고, 뒤에 예상치 못한 사건이 발생했을 때 쓴다. 예를 들면 会議が終わるというところで(회의가 끝나려던 즈음에), ご飯ができたところで(밥이 다 된 참에)와 같은 식으로 쓰인다.

〜ところを는 '①〜한 와중에, 〜인데도, 〜하는데'라는 뜻으로, 방해해서 미안하거나 고마울 때, 기대와 다른 결과에 대한 아쉬움 등을 나타낸다. 本日はお忙しいところを(오늘은 바쁘신 와중에), 危ないところを(위험한데도), もう少しで完成するところを(조금만 더하면 완성되는데) 등이 있다. 그리고 '②〜하던 참에, 〜하는 것을'이라는 뜻으로, 누군가에게 발견되거나 상황이 묘사될 때 주로 쓴다. 예를 들어 逃げようとしたところを(도망치려던 참에)와 같이 쓰인다.

기출 わなにかかって苦しんでいるところを 덫에 걸려 괴로워하고 있던 참에 2018-2회
「御社で」と言うべきところを「귀사에서」라고 말해야 되는데 2019-2회
惜しくもあと一歩というところで優勝を逃した
아쉽게도 앞으로 한 걸음을 남겨 둔 즈음에 우승을 놓쳤다 2021-1회
引っ越しの荷造りができずにいたところ 이삿짐을 싸지 못하고 있던 차에 2023-1회

ちょうど出かけようとしていた<ruby>ところ<rt></rt></ruby>へ、<ruby>国<rt>くに</rt></ruby>の<ruby>母<rt>はは</rt></ruby>から<ruby>小包<rt>こづつみ</rt></ruby>が<ruby>届<rt>とど</rt></ruby>いた。
마침 나가려던 차에, 고향에 있는 어머니로부터 소포가 도착했다.

<ruby>買<rt>か</rt></ruby>い<ruby>物<rt>もの</rt></ruby>に<ruby>出<rt>で</rt></ruby>かけようとしたところで、<ruby>急<rt>きゅう</rt></ruby>に<ruby>雨<rt>あめ</rt></ruby>が<ruby>降<rt>ふ</rt></ruby>ってきて<ruby>諦<rt>あきら</rt></ruby>めた。
쇼핑을 나가려던 참에, 갑자기 비가 와서 포기했다.

<ruby>先日<rt>せんじつ</rt></ruby>はお<ruby>忙<rt>いそが</rt></ruby>しいところをおいでくださいまして、<ruby>本当<rt>ほんとう</rt></ruby>にありがとうございました。
일전에는 바쁘신 와중에 와 주셔서 정말로 감사했습니다.

<ruby>本来<rt>ほんらい</rt></ruby>は「<ruby>政府<rt>せいふ</rt></ruby>が」と<ruby>言<rt>い</rt></ruby>うべきところを「<ruby>国<rt>くに</rt></ruby>が」と<ruby>言<rt>い</rt></ruby>っていることがあります。
본래는 '정부가'라고 말해야 되는데 '나라가'라고 말하는 경우가 있습니다.

094 〜ところを<ruby>見<rt>み</rt></ruby>ると 〜하는 것을 보니

접속 명사＋の(だった)/な형용사＋な(だった)/い형용사·동사 보통형＋ところを見ると

〜ところを<ruby>見<rt>み</rt></ruby>ると는 '〜하는 것을 보니'라는 뜻으로, 어떤 사실이나 겉모습을 근거로 삼아 뒤의 내용을 추측할 때 사용한다. 대표적인 예로 あんなに<ruby>喜<rt>よろこ</rt></ruby>んでいるところを見ると(그토록 기뻐하고 있는 것을 보니), <ruby>笑顔<rt>えがお</rt></ruby>だったところを見ると(웃는 얼굴이었던 것을 보니) 등이 있다.

기출 <ruby>毎日<rt>まいにち</rt></ruby><ruby>使<rt>つか</rt></ruby>っているところを<ruby>見<rt>み</rt></ruby>ると 매일 사용하고 있는 것을 보니　2013-1회

<ruby>表情<rt>ひょうじょう</rt></ruby>が<ruby>明<rt>あか</rt></ruby>るいところを見ると 표정이 밝은 것을 보니　2019-1회

またこうして<ruby>送<rt>おく</rt></ruby>ってくれたところを見ると 또 이렇게 보내준 것을 보니　2021-1회

<ruby>店<rt>みせ</rt></ruby>の<ruby>前<rt>まえ</rt></ruby>に<ruby>長<rt>なが</rt></ruby>い<ruby>行列<rt>ぎょうれつ</rt></ruby>ができているところを<ruby>見<rt>み</rt></ruby>ると、<ruby>大変人気<rt>たいへんにんき</rt></ruby>のあるラーメン<ruby>屋<rt>や</rt></ruby>のようだ。
가게 앞에 긴 줄이 생긴 것을 보니, 매우 인기 있는 라면집인 것 같다.

<ruby>二人<rt>ふたり</rt></ruby>があんなに<ruby>親密<rt>しんみつ</rt></ruby>なところを見ると、<ruby>付<rt>つ</rt></ruby>き<ruby>合<rt>あ</rt></ruby>っているに<ruby>違<rt>ちが</rt></ruby>いない。
두 사람이 저렇게 친밀한 것을 보니, 사귀고 있는 게 틀림없다.

～とする/～とすれば ～로 하다 / ～라고 한다면

접속	명사/동사 보통형(+こと)+とする
	명사(+だ)/い형용사·동사 보통형+とすれば

～とする는 '～로 하다, ～로 간주하다'라는 뜻으로, 어떤 사항을 공식적인 결과나 방침으로 확정지을 때 사용한다. 예를 들면 合格者は10名とする(합격자는 10명으로 한다), 全面的に支持するとする (전면적으로 지지하기로 하다)처럼 나타낸다.

～とすれば는 '～라고 한다면'이라는 뜻으로, 어떤 일이 성립된다고 가정하여 결과나 판단을 유도하는 표현이다. ～としたら로 바꿔 쓸 수 있다. 行くとすれば明日だ(간다고 한다면 내일이다), 彼が犯人だとしたら(그가 범인이라고 한다면)와 같은 형태로 사용된다.

기출 じゃあ、残りはあしたやるとするか 그럼, 남은 건 내일 하기로 할까 2013-1회

石川さんでないとすれば 이시카와 씨가 아니라고 하면 2017-1회

新しい方針は、来月から適用するものとする。
새로운 방침은 다음 달부터 적용하기로 한다.

これだけ大量の農薬が使用され続けるとすれば、人畜に与える害は計り知れない。
이만큼 대량의 농약이 계속 사용된다고 한다면, 사람과 가축에게 주는 피해는 헤아릴 수 없다.

096 〜と(も)なると・〜と(も)なれば ～이라도 되면, ～쯤 되면

접속 명사/동사 사전형/문장+と(も)なると/と(も)なれば

〜と(も)なると・〜と(も)なれば는 '～이라도 되면, ～쯤 되면'이라는 뜻으로, 어떤 수준이나 상태에 도달했을 때, 그에 따라 당연히 예상되는 결과가 온다는 것을 나타낸다. 대표적인 예로 休日とも なると(휴일이라도 되면), さすが一流の選手となると(역시 일류 선수쯤 되면), 世界的な俳優ともな れば(세계적인 배우쯤 되면), 日本での生活も10年となれば(일본에서의 생활도 10년쯤 되면) 등이 있다.

기출 家庭を犠牲にしてまでとなると 가정을 희생하면서까지쯤 되면　2011-1회

週末ともなれば家族連れでいっぱいだ
주말이라도 되면 가족동반으로 가득하다　2016-1회

他人のことは冷静に見られるのに、自分のこととなると
타인에 관한 것은 냉정하게 볼 수 있는데, 자기 일이 되면　2021-2회

一国の首相となると、忙しくてゆっくり家族旅行などしてはいられないだろう。
한 나라의 수상쯤 되면, 바빠서 여유롭게 가족 여행 같은 것은 하고 있을 수 없을 것이다.

動物の世界ではボスともなれば、縄張りを守るために命をかけて戦わねばならない。
동물의 세계에서는 보스쯤 되면, 자기 영역을 지키기 위해서 목숨을 걸고 싸워야 한다.

097 〜とは限らない ～하다고는 할 수 없다

접속 명사/な형용사의 어간/い형용사의 종지형/동사 사전형+とは限らない

〜とは限らない는 '～하다고는 할 수 없다'라는 뜻으로 부분부정을 나타낸다. 응용표현에 〜とも 限らない(~하다고도 할 수 없다), 〜ないとも限らない((어쩌면) ~할지도 모른다) 등이 있다. 대표적인 예로 同一の結果が得られるとは限らない(동일한 결과를 얻을 수 있다고는 할 수 없다), 音楽のセンス がいいとも限らない(음악 센스가 좋다고도 할 수 없다), 雨が降らないともかぎらないから(비가 올지 도 모르니까) 등이 있다.

太っているからといって大食いとは限らない。
뚱뚱하다고 해서 대식가라고는 할 수 없다.

今は元気でも、無理を続ければ体を壊さないともかぎらない。
지금은 건강하더라도, 계속 무리하면 몸을 상하게 할지도 모른다.

098　～と引き換えに/～に引き換え
～와 바꿔, ～와 교환으로 /～와는 달리, ～에 비해

접속　명사+と引き換えに/に引き換え

～と引き換えに는 '～와 바꿔, ～와 교환으로'라는 뜻으로, 어떤 이득을 얻는 대신 손해를 본다거나, 무언가를 희생하거나 교환한다는 뉘앙스가 있다. 예를 들어 品物とひきかえに(물건과 바꿔), 人質の生命と引き換えに(인질의 생명과 교환으로)와 같이 쓴다.

～に引き換え는 '～와는 달리, ～에 비해'라는 뜻으로, 두 가지 대상을 비교하여 대조적인 차이를 강조할 때 쓴다. 弟が社交的なタイプなのにひきかえ(남동생이 사교적인 타입인 것과는 달리), いつも冷静でしっかり者の兄に引き換え(항상 냉정하고 야무진 형에 비해)와 같이 쓴다.

기출　便利さとひきかえに失ったものも　편리함과 바꿔 잃어버린 것도　2018-1회
便利で快適な暮らしと引き換えに　편리하고 쾌적한 생활과 바꿔　2025-1회

男は人質とひきかえに3000万円を要求した。
남자는 인질과 교환으로 3000만 엔을 요구했다.

優秀な成績で大学を卒業した兄に引き換え、弟は遊んでばかりだ。
우수한 성적으로 대학을 졸업한 형과는 달리 남동생은 놀기만 한다.

099 ～とも ～하더라도

| 접속 | い형용사의 연용형(～く)/동사 의지형(～よう)+とも |

～とも는 '～하더라도'라는 뜻으로, ～ても와 같은 의미이지만 좀더 문어적이고 격식있는 표현이다. 주로 たとえ(설령), どんなに・いくら(아무리) 등의 부사와 호응하는 경우가 많다. 예를 들어 いくら高くとも(아무리 비싸도), どんなにつらくとも・つらくても(아무리 괴롭더라도), たとえ失敗しようとも(설령 실패하더라도)의 형태로 쓰인다.

기출 どのような批判を浴びようとも 어떤 비판을 받더라도 `2014-1회`
　　　　誰に何と言われようとも 누구한테 무슨 말을 들더라도 `2022-2회`

独りのときは誰が来ようとも、玄関の戸を開けてはいけないよ。
혼자일 때는 누가 오더라도, 현관문을 열어서는 안 돼.

いくら頭がよくとも、他人に対する思いやりがなければ人間として失格だ。
아무리 머리가 좋아도, 타인에 대한 배려가 없으면 인간으로서 실격이다.

~ないことには _{~하지 않으면}

100

| 접속 | な형용사·い형용사·동사 ない형+ないことには |

~ないことには는 '~하지 않으면, ~하지 않고서는'이라는 뜻으로, 앞의 상황이나 동작 없이는 절대로 뒤의 상황이나 동작이 이루어질 수 없다는 의미를 나타낸다. 필수불가결한 조건을 강조하는 문형이므로 'A를 하지 않으면 B를 할 수 없다'는 패턴으로 문장을 구성한다. 예를 들어 自分でやってみないことには(직접 해 보지 않으면), 面白くないことには(재밌지 않으면), 指示が明確ではないことには(지시가 명확하지 않고서는)와 같은 형태로 사용한다.

기출 どんなに良いものでもその存在が知られないことには

아무리 좋은 것이라도 그 존재가 알려지지 않으면　2024-2회

この件は上司に相談してみないことには、お返事できません。

이 건은 상사에게 상담해 보지 않으면 답변할 수 없습니다.

自分の主張が合理的ではないことには、誰も納得しないだろう。

자신의 주장이 합리적이지 않고서는 누구도 납득하지 않을 것이다.

問題5　次の文の（　　　　）に入れるのに最もよいものを、1・2・3・4から一つ選びなさい。

1　初心者じゃ（　　　　）、それくらいのことはわかるはずだ。079
　1　ありながら　　　2　ありそうに　　　3　あるまいし　　　4　あるほどに

2　牧場で飲んだ牛乳は、しぼりたて（　　　　）、さすがに濃厚でとてもおいしかった。086
　1　とあって　　　2　にあって　　　3　として　　　4　にして

3　時間をかけて議論を（　　　　）、説得力のある結論に至るものだ。077
　1　重ねてこそ　　　2　重ねながらも　　　3　重ねるとはいえ　　　4　重ねたが最後

4　やっと梅雨が明けた（　　　　）、今度は大型台風が接近中とのことだ。088
　1　と思いきや　　　2　といえども　　　3　とばかりに　　　4　というもので

5　親に反対（　　　　）、あえて彼と結婚しようとは思わない。082
　1　されるにせよ　　　2　されただけで　　　3　されればこそ　　　4　されてまで

6　仕入れた商品はなんとか売りつくしたが、原価に近いたたき売りだったので、損益なし（　　　　）。087
　1　といえばこそだ　　　　　　　2　といったかもしれない
　3　といったところだ　　　　　　4　というにはあたらない

7　一流の体操選手（　　　　）、さすがに実力が違うようだ。096
　1　ともすると　　　2　ともなると　　　3　となれども　　　4　とあれども

8　姉が静かな性格なの（　　　　）、妹は社交的なタイプの子だ。098
　1　にひきかえ　　　2　はもとより　　　3　とはいえ　　　4　とともに

9　この小説は、作家独特のユーモアがリズミカルな文体と（　　　　）、読む者をあきさせない。085
　1　あれば　　　2　いったら　　　3　するなら　　　4　あいまって

答　1③　2①　3①　4①　5④　6③　7②　8①　9④

10 「成功率は低いが、この手術には絶対成功（　　　　）」と彼は力強く言った。 083

　1　するようだ　　　　　2　してみる　　　　　3　しておる　　　　　4　してみせる

11 先月、野球の試合で、自分のミスで負けてからというもの、落ち込んで練習に集中できなかった。だが、（　　　　）と思って、また練習に励むことにした。 081

　1　落ち込みもしない　　　　　　　　　　2　落ち込むわけではない

　3　落ち込んでいたことは否めない　　　　4　落ち込んでばかりいても始まらない

12 強風で電車が遅れて、あやうく遅刻する（　　　　）。 091

　1　ところだろう　　　　　　　　　　2　ところだった

　3　どころではない　　　　　　　　　4　どころではなかった

13 しっかりかぎをかけないと、泥棒に（　　　　）。 097

　1　入られることはない　　　　　　　2　入れるとはかぎらない

　3　入られないともかぎらない　　　　4　入れなくもない

14 Aというイタリア料理店は、最近テレビで紹介された（　　　　）妻が行きたいって予約して家族4人で行ってきました。 089

　1　というのが　　　　　2　とかなら　　　　　3　というのも　　　　　4　とかで

15 どんなに（　　　　）、私はこの方針を変えるつもりはありません。 099

　1　批判されようにも　　　　　　　　2　批判されようとも

　3　批判されたといえば　　　　　　　4　批判されたにもかかわらず

16 今度の試験のことを考えると緊張して（　　　　）、夜も眠れないほど心配で仕方がない。 078

　1　おらず　　　　　2　かまわず　　　　　3　わけがなく　　　　　4　ならず

17 時間がないと嘆いても（　　　　）のだから、今ある時間を最大限に活用するべきだ。 084

　1　始まってほしくない　　　　　　　2　始めたがらない

　3　始まらない　　　　　　　　　　　4　始めきれない

18 皆様、お食事中の（　　　）大変恐縮ですが、一言ご挨拶させていただきます。⁰⁹³

　1　ことを　　　　　　2　ほうを　　　　　　3　ところを　　　　　4　わけを

19 真実を（　　　）ところだが、今はまだその時期ではないと思う。⁰⁹⁰

　1　打ち明けた　　　　2　打ち明けない　　　3　打ち明けての　　　4　打ち明けたい

20 給料日までお金がないので、新しい服を買う（　　　）。⁰⁹²

　1　ことはない　　　　2　どころではない　　3　ことだ　　　　　　4　ところだ

問題6　次の文の ___★___ に入る最もよいものを、1・2・3・4から一つ選びなさい。

21 子供が ______ ______ ___★___ ______ 自分の時間がなかなかとれない。⁰⁷⁶

　1　生まれて　　　　　2　もの　　　　　　　3　から　　　　　　　4　という

22 自転車屋で店の看板が右から左に ______ ______ ___★___ ______ 戦前の看板だろうか。⁰⁹⁴

　1　と　　　　　　　　2　ところを見る　　　3　昭和20年代か　　　4　貼られている

23 彼が ______ ______ ___★___ ______ 、やはり証拠を見せてほしい。⁰⁷⁹

　1　話していることが　　　　　　　　　　　2　と思いたいが
　3　嘘でも　　　　　　　　　　　　　　　　4　あるまい

24 依頼された原稿の締め切り直前 ______ ______ ___★___ ______ のだから、全力で集中しなければならない。⁰⁸⁶

　1　一分一秒でも　　　2　無駄にする　　　　3　とあっては　　　　4　わけにはいかない

25 委員会は、慎重な議論の末、今回の ______ ______ ___★___ ______ という。⁰⁹⁵

　1　外部には　　　　　　　　　　　　　　　2　会議の結果は
　3　決定を下した　　　　　　　　　　　　　4　公表しないとする

답　18 ③　19 ④　20 ②　21 ④(1342)　22 ①(4213)　23 ④(1342)　24 ②(3124)　25 ④(2143)

26 たとえ状況証拠が揃っていた ＿＿＿＿＿ ＿＿＿＿ ＿★＿ ＿＿＿＿、彼を犯人だと断定することはできない。100

1　決定的な　　　　　2　ことには　　　　3　証拠がない　　　　4　としても

27 今年のボーナスは ＿＿＿＿＿ ＿＿＿＿ ＿★＿ ＿＿＿＿、社員たちはそれを楽しみにしている。089

1　例年より　　　　　2　社内で話題に　　3　なっていて　　　　4　多いとかで

28 レストランで友人と食事を終え、いよいよ ＿＿＿＿＿ ＿＿＿＿ ＿★＿ ＿＿＿＿ 気づいて慌ててしまった。093

1　財布がない　　　　2　店を出ようとした3　ことに　　　　　　4　ところ

29 原材料価格の値上げにより、＿＿＿＿＿ ＿＿＿＿ ＿★＿ ＿＿＿＿ ことになるかもしれない。095

1　とすれば　　　　　　　　　　　2　製品の生産コストが
3　生産を中止する　　　　　　　　4　これ以上かかる

30 顧客からの苦情が相次いでいるので、＿＿＿＿＿ ＿＿＿＿ ＿★＿ ＿＿＿＿ 改善策を実施しなければならない。080

1　そのまま　　　　　　　　　　　2　早急に
3　状況であり　　　　　　　　　　4　放置してはいられない

　　アルバムを開くと、一枚の遠い日の大切な写真がある。オランダの小学校6
年生の遠足（えんそく）の記念写真である。場所はロッテルダムの南にあるZeelandという海岸
で、女の子たちも男の子たちと同じように、ラフに足を組んで砂の上に座ってい
る。金髪や茶色や亜麻色（あまいろ）の髪の子どもたちのなかで、ひとりだけ黒い髪の私は、
くったくのない 31 を見せている。

　　明朗でのびやかに写っている私だが、かつて、日本の小学校1年生のときの通
知表には、私の性格に触（ふ）れて「ひっこみじあん」と書かれてあった。

(中略)

　　オランダ語の 32 、私はオランダ人のコミュニケーションの基本的なあり方
を先生やクラスメートのさまざまな状況でのやりとりから 33 。日本では友だ
ちの家でおやつや食事をすすめられたり、どこかへ一緒に遊びに連れていってあげ
ると言われてもまずは遠慮するのが無難であるが、オランダではむしろ素直に感
謝を表すこと。また、うれしいことやいやなことがあったとき、日本では 34
目立たぬよう周囲に配慮して本音（ほんね）を隠した無表情がいちばんあたりさわりがない
が、オランダでは喜びや悲しみ、時には怒りの感情を率直に出してもよいこと。
さらに日本の小学校では高学年ともなると先生に直接質問する子どもはあまりい
ないが、オランダではよくわからないことがあれば授業中活発に質問をしたり、
先生の指示や学校のきまりの理由についても臆（おく）せずにたずねてもよいことなど。

　　これは、自己抑制的（よくせい）な日本人とは対照的に、子どもの自己主張の発達に価値を
おくオランダ人の対人行動のあり方である。

(佐藤淑子『イギリスのいい子 日本のいい子』による)

31

1 不幸そうな苦笑   2 明朗でなさそうな苦笑

3 幸福そうな笑顔   4 幸福でなさそうな笑顔

32

1 習得とともに   2 習得とあいまって

3 習得がてら   4 習得にもかかわらず

33

1 学ばずにすんだ   2 学んでいった

3 学びつつあった   4 学んできた

34

1 とにかく   2 あらゆる   3 てっきり   4 とっくに

핵심문법

～ともなると N1 096 ~쯤 되면	日本の小学校では高学年ともなると 일본 초등학교에서는 고학년쯤 되면(15行)
～そうだ ~듯하다	くったくのない幸福そうな笑顔 걱정 없는 행복해 보이는 미소(05行)
～てある ~져 있다	「ひっこみじあん」と書かれてあった '내성적임'이라고 적혀 있었다(07行)
～とともに ~와 함께	オランダ語の習得とともに 네덜란드어의 습득과 함께(09行)
～についても ~에 대해서도	学校のきまりの理由についても 학교 규칙의 이유에 대해서도(18行)
～ずに N1 016 ~하지 않고	臆せずにたずねてもよい 겁내지 않고 질문해도 된다(18行)

답 31 ③   32 ①   33 ②   34 ①

101 ～ないまでも ～까지는 않더라도

접속	동사 ない형+ないまでも

～ないまでも는 '～까지는 않더라도, ～하지 않을지언정'이라는 뜻으로, 완벽하진 않아도 최소한의 수준은 갖췄음을 의미한다. 대표적인 예로 天才とは言わないまでも(천재라고까지는 말하지 않더라도), 徹夜はしないまでも(철야까지는 하지 않더라도), 見舞いに来ないまでも(병문안까지는 오지 않더라도) 등이 있다.

기출 解決には至らないまでも 해결까지는 이르지 않더라도　2017-2회

手品のプロにはならないまでも、これを使って人を喜ばせることができたらいい。
프로 마술사까지는 되지 않더라도, 이것을 이용해 남을 기쁘게 할 수 있으면 된다.

102 ～ながらに(して)/～ながらも
～인 채로, ～하면서 / ～이지만, ～이면서도

접속	명사/동사 ます형+ながらに(して) 명사/な형용사 어간/い형용사 사전형/동사 ます형+ながらも

～ながらに(して)는 '～인 채로, ～하면서'라는 뜻으로, 어떤 상태나 상황이 계속 유지된 채로 다른 일이 일어난다는 의미를 나타낸다. 예를 들어, 生まれながらに(타고난), 涙ながらに(눈물을 흘리며), 居ながらにして(그 자리에 있으면서) 등의 형태로 자주 쓰인다. 그밖에 ～ながらの+명사(～그대로의)의 형태도 있다. 예를 들면, 昔ながらの方法(옛날 그대로의 방법), 生まれながらの才能(타고난 재능), いつもながらの風景(평소와 다름없는 풍경) 등과 같이 쓴다.

～ながらも는 '～이지만, ～인데도, ～이면서도'라는 뜻으로, 두 가지 사실이나 상태가 동시에 존재하지만, 그 둘이 반대되는 성격을 가질 때 사용된다. 대표적인 예로 子どもながらも(어리지만, 어린데도), 様々な苦難にあいながらも(여러 고난을 겪으면서도) 등이 있다.

기출 なんだか使いにくいと言いながらも 왠지 사용하기 어렵다고 말하면서도　2013-1회
自宅にいながらにして手軽に購入できる
자택에 있으면서 손쉽게 구입할 수 있다　2023-1회

権利の争いを題材としながらも　권리 다툼을 소재로 하면서도　2025-1회

度重なるけがに悩まされながらも　거듭되는 부상에 시달리면서도　2025-2회

家に居ながらにして、世界中のニュースを知ることができる。
집에 있으면서 전 세계의 뉴스를 알 수 있다.

彼女は生まれながらの優しい性格で、誰に対しても親切だ。
그녀는 타고난 상냥한 성격으로 누구에게나 친절하다.

苦労の末に手に入れた2DKの部屋は、狭いながらも楽しいわが家だ。
고생 끝에 구입한 2DK의 방은 좁지만 즐거운 우리 집이다.

103　〜なくして(は)・〜なしに(は) ~없이(는)

접속　명사/동사 사전형+こと+なくして(は)/なしに(は)

〜なくして(は)・〜なしに(は)는 '~없이(는)'이라는 뜻으로, 어떤 조건이 충족되지 않으면 뒤의 결과는 성립하지 않는다는 의미를 나타낸다. 대표적인 예로 涙なくしては語れない(눈물 없이는 말할 수 없다), 市民の皆さんの協力なくして(시민 여러분의 협력 없이), 先生方のご指導や友人の助けなしには(선생님의 지도와 친구의 도움 없이는), 努力することなしには(노력하는 일 없이는) 등이 있다.

기출　それなくして会社の成長など望みようもない
그것 없이 회사의 성장 따위 바랄 수도 없다　2014-2회

労働条件の改善なくして　근로조건의 개선없이　2017-1회

協力なくしては、実現できない　협력 없이는 실현할 수 없다　2025-2회

皆様のご協力なくしては、とてもこの事業は達成できなかったでしょう。
여러분의 협력 없이는, 도저히 이 사업은 달성할 수 없었을 것입니다.

死ぬほどの努力をすることなしには、この壁を乗り越えることはできない。
죽을 만큼의 노력하는 일 없이는, 이 벽을 뛰어넘을 수는 없다.

104

〜ならともかく・〜ならまだしも 〜라면 몰라도

접속 명사/な형용사 어간+(なの)/い형용사·동사 보통형+(の)+ならともかく/ならまだしも

〜ならと '〜라면'이라는 뜻이다. N1문법에서는 〜ならともかく・〜ならまだしも・〜ならいざしらず(〜라면 몰라도) 등의 형태로 출제된다. 〜는 괜찮지만 뒤에 것은 용납하기 어렵다, 이해하기 어렵다는 의미를 담고 있다. 대표적인 예로 急用があるんならともかく(급한 일이 있다면 몰라도), 単なる冗談ならまだしも(단순한 농담이라면 몰라도), 新入社員ならいざしらず(신입사원이라면 몰라도) 등이 있다.

기출 自分のことについてならともかく 자기에 관해서라면 몰라도 [2019-2회]
プロの写真家ならまだしも 프로 사진가라면 몰라도 [2021-1회]

専門家ならともかく、素人ではこの機械を修理することはできない。
전문가라면 몰라도, 초보가 이 기계를 수리할 수는 없다.

遅れてくるならまだしも、連絡もなしに休むなんて信じられない。
늦게 오는 거라면 몰라도, 연락도 없이 쉬다니 믿을 수 없다.

105

〜なりに/〜なりの 〜나름대로 / 〜나름(대로)의

접속 명사+なりに/なりの

〜なりに/〜なりの는 '〜나름대로/〜나름(대로)의'라는 뜻으로, 어떤 기준이나 상황에 맞추어 노력하거나 행동할 때 사용된다. 대표적인 예로 わたしなりに(제 나름대로), その人なりの生き方や生きがい(그 사람 나름의 생활방식이나 보람), あなたなりのお考えがおありでしょうが(당신 나름대로의 생각이 있으시겠지만) 등이 있다. 또 그것에 접속하여 それなりに(그런대로, 그 나름대로), それなりの(그런대로의)의 형태로도 쓰인다.

기출 それなりに効率よく走れるものができたと思う
그런대로 효율적으로 달릴 수 있는 것이 생겼다고 생각한다 [2017-1회]

私が有名な大学に入れたのは、自分なりに一生懸命勉強したからだと思います。
제가 유명한 대학에 들어갈 수 있었던 것은, 제 나름대로 열심히 공부했기 때문이라고 생각합니다.

若い人には若い人なりの考えがあるだろう。
젊은 사람에게는 젊은 사람 나름의 생각이 있을 것이다.

106 ～にあたり・～にあたって ~을 할 때에, ~함에 있어서

접속 명사/동사 사전형＋にあたり/にあたって

～にあたり・～にあたっては '~을 할 때에, ~에 즈음하여, ~함에 있어서'라는 뜻으로, 어떤 일을 시작하거나 진행할 때의 '기점'이나 '기회'를 맞이하여, 그때 특별히 어떤 행동을 하거나 주의할 때 쓰이는 표현이다. 주로 딱딱한 글이나 공식적인 자리에서 사용되는 문어체 표현이다. 주로 製品の発売にあたり(제품을 발매할 때에), 報告書を作成するにあたって(보고서를 작성할 때에), 開会にあたり(개회에 즈음하여), 本を出版するにあたって(책을 출판함에 있어서) 등의 형태로 사용한다.

기출 私が接客するにあたって常に考えているのは
제가 손님을 응대할 때 항상 생각하고 있는 것은　2021-1회

今回の転職にあたり少しも不安がなかったといえば
이번에 이직을 할 때에 조금도 불안함이 없었다고 하면　2023-1회

本サービスのご利用にあたり、必ず利用規約をご確認ください。
본 서비스를 이용할 때에, 반드시 이용 약관을 확인해 주십시오.

論文の発表を始めるにあたって、資料を配布した。
논문 발표를 시작할 때에 자료를 배포했다.

107 〜にあって(は/も) ~에서(는/도)

| 접속 | 명사＋にあって(は/も) |

〜にあって(は/も)는 '~(상태·상황)에서(는/도)'라는 뜻이다. 대표적인 예로 父は責任者という立場にあって(아버지는 책임자라는 입장에서), この非常時にあっていかにすべきか(이 비상시의 상황에서 어떻게 해야 할 것인가?), 水も食糧もない状況にあっては(물도 식량도 없는 상황에서는), 就職難の時代にあっても(취직난의 시대에서도) 등이 있다.

기출
交流が活発化した現代にあっては 교류가 활발해진 현대에서는 2012-2회
成果が重視されがちな時代にあって 성과가 중시되기 쉬운 시대에서 2018-2회
研究が進んだ現代にあっても 연구가 진척된 현대에서도 2025-1회

彼女は担任という立場にあって、進路指導などを公平にしなければならない。
그녀는 담임이라는 입장에서, 진로 지도 등을 공평하게 해야 한다.

情報化社会にあっては、個人情報の保護が非常に重要だ。
정보화 사회에서는 개인정보 보호가 매우 중요하다.

多忙な日々にあっても、健康管理は怠らないようにしたい。
바쁜 나날 속에서도, 건강관리는 소홀히 하지 않도록 하고 싶다.

108 〜に至って(は)/〜に至るまで
~에 이르러서(는) / ~에 이르기까지

| 접속 | 명사/동사 사전형/ことここ＋ に至って(は)/に至るまで |

〜に至って(は)/〜に至るまでは '~에 이르러서(는)/~에 이르기까지'라는 뜻으로, 이전까지는 어떤 행동이나 변화가 없었지만, 그 시점에서 변하거나 행동을 시작했음을 나타낸다. 대표적인 예로 実際に事故が起こるに至って(실제로 사고가 일어나기에 이르러서), 死亡事件が発生するに至って(사망 사건이 발생하기에 이르러서), 家具はもちろん、皿やスプーンに至るまで(가구는 물론 접시나 스푼에 이르기까지), ことここにいたってはどうしようもない(일이 이 지경에 이르러서는 어찌할 도리가 없다) 등이 있다.

그밖에 〜に至る(~에 이르다, ~에 이르는)・〜に至った(~에 이르렀다, ~에 이른)・〜に至っても(~에 이르러서도)・〜に至らず(~에 이르지 않고) 등도 쓰인다.

기출 単に決定に至るプロセスの問題点 단지 결정에 이르는 과정의 문제점　2011-1회

路線を廃止するに至った経緯 노선을 폐지하기에 이른 경위　2014-1회

実感できるまでに至らない企業もまだ多い
실감할 수 있기까지에 이르지 않은 기업도 아직 많다　2016-1회

コスト面での難しさから導入に至っていない企業が多い
비용면에서의 어려움으로 도입에 이르지 않은 기업이 많다　2024-1회

ことここにいたっては、未経験の僕にはどうすることもできない。
일이 이 지경에 이르러서는, 경험이 없는 나로서는 어떻게 할 수도 없다.

最近の店は、食料品から雑貨・化粧品に至るまで、手広く扱っているところが多い。
요즘의 가게는 식료품에서 잡화·화장품에 이르기까지 폭넓게 취급하고 있는 곳이 많다.

今回の議論では、具体的な解決策を出すまでに至っていない。
이번 논의에서는 구체적인 해결책을 내놓는 데까지 이르지 못했다.

109　〜において/〜における ~에서 / ~에서의

접속　명사+において/における

〜において/〜におけるは '~에서/~에서의'라는 뜻으로, 어떤 일이 행해지는 때나 장소, 장면, 상황 등을 나타낸다. 응용 표현으로 〜においては(~에서는), 〜においても(~에서도), 〜においてさえ(~에서조차) 등이 있다. 주로 安全性において(안전성에서), 日本における学校給食(일본에서의 학교 급식), 物理学においては(물리학에서는), 自然現象においても(자연현상에서도), この経済不況下においてさえ(이 경제 불황 하에서조차) 등과 같이 쓰인다.

기출 脳科学の研究が進んだと言われる現代においてさえ
뇌과학 연구가 진척되었다고 하는 현대에서조차　2017-1회

現在における15歳未満の人口 현재에서의 15세 미만의 인구　2018-1회

介護の現場における人手不足 간호 현장에서의 일손부족　2021-2회

卒業式は体育館において 9 時より開催いたします。

졸업식은 체육관에서 9시부터 개최합니다.

現代の科学の時代においても多くの迷信が残っている。

오늘날의 과학 시대에서도 많은 미신이 남아 있다.

世界におけるその国の役割はますます重要になってきている。

세계에서의 그 나라의 역할은 더욱더 중요해지고 있다.

110 ～にかけては ～에서는, ～에 있어서는

접속　명사+にかけては

～にかけては는 '～에서는, ～에 있어서는'이라는 뜻으로, '～의 소질·능력에 있어서는 자신 있다'고 할 때 쓴다. 응용 표현에 ～にかけても(~에 있어서도)가 있다. 대표적인 예로 味の良さにかけては (맛이 좋은 것에 있어서는), 歌うことにかけても(노래 부르는 것에 있어서도) 등이 있다.

기출　音楽を作る才能にかけては 음악을 만드는 재능에 있어서는　2017-1회

彼女は仕事の段取りにかけては、誰にも負けない。

그녀는 일 처리 능력에서는 누구에게도 지지 않는다.

アメリカ研究にかけてはスミス博士は最も権威ある学者である。

미국 연구에 있어서는 스미스 박사는 가장 권위 있는 학자이다.

111 ～に決まっている 당연히 ～이다, ～할 게 뻔하다

접속　명사/형용사·동사의 종지형+に決まっている

～に決まっている는 '당연히 ～이다, ～할 게 뻔하다'라는 뜻이다. ～に違いない, ～に相違ない (~임에 틀림없다)와 비슷한 의미이지만 추측의 뜻은 없고 필연적이거나 당연하다는 의미를 강조할 때 사용한다. 주로 成功するに決まっている(성공할 게 뻔하다), 夏は暑いに決まっている(여름은 더운 게 당연하다), うそに決まっている(거짓말일 게 뻔하다) 등과 같이 쓰인다.

기출 頼んでも、無理だと言われる**に決まっている**
부탁해도 무리라는 말을 들을 게 뻔하다　2015-2회

ミスはしないほうがいい**に決まっている**が
실수는 하지 않는 게 당연히 좋지만　2023-2회

こんなに難しい問題は、誰がやっても解けない**に決まっている**。
이렇게 어려운 문제는 누가 해도 풀리지 않을 게 뻔하다.

毎日夜遅くまで残業したら、体を壊す**に決まっている**よ。
매일 밤늦게까지 잔업하면 몸을 망칠 게 뻔해.

---

112 〜に越したことはない 〜보다 나은 것은 없다, 〜가 제일이다

접속　명사/な형용사 어간+(である)/い형용사 사전형/동사 사전형·ない형+ない+に越したことはない

〜に越したことはない는 '〜보다 나은 것은 없다, 〜가 제일이다'라는 뜻으로, 그것이 최고의 선택이라는 뉘앙스를 주고 싶을 때 사용한다. 대표적인 예로 ドアの鍵を二つつけるなど用心する**に越したことはない**(문 열쇠를 두 개 다는 등 조심하는 것보다 나은 것은 없다), 体は丈夫である**に越したことはない**(몸은 튼튼한 게 제일이다), 品質が同じなら、安い**にこしたことはない**(품질이 같다면 싼 게 제일이다) 등이 있다.

기출 知識はある**に越したことはありません**が 지식은 있는 게 제일이지만　2016-2회
早く始める**に越したことはない** 빨리 시작하는 게 제일이다　2025-2회

万が一の事態に備えて、保険には加入しておく**に越したことはない**。
만일의 사태에 대비해, 보험은 가입해 두는 것이 제일이다.

入学願書の締め切りは月末だけれど、早めに出せるならそれ**に越したことはない**。
입학 원서 마감은 월말이지만, 일찌감치 제출할 수 있으면 그것보다 나은 것은 없다.

～にしたら・～にすれば / ～にしても
～로서는 / ～라고 하더라도(해도)

접속	명사+にしたら/にすれば
	명사/な형용사 어간(+だ・である)/い형용사・동사 보통형+にしても

～にしたら・～にすれば는 '～로서는, ～의 입장에서는'의 뜻으로, 비슷한 표현에 ～にしてみれば가 있다. 대표적인 예로 あの人の身にしたら(그 사람의 입장에서는), 姉にすれば(언니로서는), 日本人にしてみれば(일본인의 입장에서 보면) 등이 있다.

～にしても는 '～라고 하더라도(해도)'라는 뜻으로, ～라는 사실을 일단 인정하고 그와는 상반・모순된 문장이 뒤에 전개됨을 나타낸다. 회화체에서는 ～にしたって의 형태로도 쓰인다. 대표적인 예로 両親にしても(부모님이라고 해도), その話が本当であるにしても(그 이야기가 사실이라고 하더라도), この料理は初めてにしたって(이 요리는 처음이라고 해도) 등이 있다.

기출	完全に失われることはないにしても 완전히 잃어버리는 일은 없다고 해도	2010-1회
	メールの書き方ひとつにしても 메일 쓰는 법 하나라고 해도	2015-1회
	地元の人にしてみれば 현지인의 입장에서 보면	2015-2회

あの人の立場にしたら、そんなことはできなかっただろう。
그 사람의 입장에서는, 그런 일은 할 수 없었을 것이다.

中学生にしてみれば、ピアスや化粧も自己表現の手段なのだ。
중학생의 입장에서 보면, 피어싱이나 화장도 자기표현의 수단인 것이다.

事故で電車が止まったにしても、一言連絡くらいはできたはずだ。
사고로 전철이 멈췄다고 하더라도, 한마디 연락 정도는 할 수 있었을 것이다.

114

～にしては ～치고는

접속	명사/な형용사 어간/い형용사・동사 보통형+にしては

～にしては는 '～치고는, ～에 비해서는'이라는 뜻으로, '일반적인 기대나 기준에 비해, 실제가 다르다, 예상 밖이다'라는 의미를 나타낸다. 주로 小学生にしては(초등학생치고는), 静かにしては(조용한 것치고는), 初めてケーキを作ったにしては(처음 케이크를 만든 것치고는), それにしては(그것에 비해서는)와 같이 쓴다.

山道に走るバスに揺られながらにしては
산길을 달리는 버스에 흔들리면서 한 것치고는   2014-2회

この店のカレーライスはこの値段にしてはおいしい。
이 가게의 카레라이스는 이 가격치고는 맛있다.

この靴は安いにしては、とても丈夫で履き心地がいい。
이 신발은 저렴한 것치고는, 무척 튼튼하고 착용감이 좋다.

115 ～にしろ・～にせよ/～にしろ～にしろ
～라 하더라도 / ～든 ～든

접속   명사/な형용사 어간/い형용사·동사 보통형+にしろ/にせよ/にしろ～にしろ

～にしろ・～にせよ는 '～라 하더라도'라는 뜻으로, 어떤 조건이나 상황을 가정하면서도 그 조건에 얽매이지 않고 다른 판단이나 주장을 하는 표현이다. 예를 들어 たった二日の旅行にしろ(겨우 이틀의 여행이라 하더라도), 部長に指示されてやったことであるにせよ(부장님에게 지시를 받아 한 일이라 하더라도)와 같이 쓴다.

～にしろ～にしろ는 '～든 ～든'이라는 뜻으로, 두 가지 이상의 예를 들며 어느 쪽이든 같은 결론이나 주장이 적용된다는 것을 나타낸다. 引き受けるにしろ引き受けないにしろ(떠맡든 떠맡지 않든), 与党にしろ野党にしろ(여당이든 야당이든)와 같이 쓴다. 접속사로 쓰이는 いずれにしろ・いずれにせよ(어차피, 결국)도 함께 알아 두자.

기출   A社が開発したものには遠く及ばないにしろ
A사가 개발한 것에는 훨씬 못 미친다 하더라도   2017-1회

どんな理由にしろ、暴力をふるうのはよくない。
어떤 이유라 해도 폭력을 휘두르는 것은 좋지 않다.

無礼とまでは言わないにせよ、彼はぶっきらぼうに話した。
무례하다고까지는 말하지 않더라도, 그는 퉁명스럽게 말했다.

本当にしろうそにしろ大したことじゃない。
정말이든 거짓이든 별일 아니야.

～にたえる/～にたえない
~할 만한 / ①(차마) ~할 수 없다 ②~해 마지않다, 너무나도 ~하다

접속 명사/동사 사전형+にたえる
①동사 사전형+にたえない   ②명사+にたえない

～にたえる는 '~에 견디다'란 뜻 이외에, '~할 만한'이라는 의미로 말하는 사람 자신의 주관적 평가나 심정을 전하기도 한다. 한자로는 ～に耐える로 표기한다. 대표적인 예로 鑑賞にたえる作品 (감상할 만한 작품), 舞台に立つに耐えるレベル(무대에 설 만한 수준) 등이 있다.

～にたえない는 동사 사전형에 접속하면 '①(차마) ~할 수 없다'라는 뜻으로, 너무나도 괴로운 상황을 견디기 힘들다는 의미를 나타낸다. 또한 명사에 접속하면 '②~해 마지않다, 너무나도 ~하다'라는 뜻으로, 그 의미를 강조하는 역할을 하며 공식적인 발언이나 연설, 인사 등에 자주 사용된다. 대표적인 예로 聞くにたえない言葉(차마 들어줄 수 없는 말), ご配慮をたまわり感謝にたえません (배려해 주셔서 너무나도 감사합니다) 등이 있다.

기출 大人の鑑賞にたえるようなアニメ映画 어른이 감상할 만한 애니메이션 영화   2015-2회

彼は、どんな重要な仕事でも任せられる、信頼にたえる人物だ。
그는 어떤 중요한 일이라도 맡길 수 있는, 신뢰할 만한 인물이다.

有名な作家の講演会に行ったところ、あまりに聞くにたえない内容でがっかりした。
유명한 작가의 강연회에 갔더니, 너무나 들어줄 수 없는 내용이라 실망했다.

～につけ(て)/～につけ～につけ/～につけても
~할 때마다 / ~든 ~든 / ~와 관련하여 (항상)

접속 명사/동사 사전형+につけ(て)/につけても
명사/い형용사・동사 사전형+につけ ～につけ

～につけ(て)는 '~할 때마다'라는 뜻으로, '같은 상황에 놓이면 언제나 어떤 기분이 되어 그렇게 한다'라고 말하고 싶을 때 사용한다. 彼の作品を見るにつけ(그의 작품을 볼 때마다), 子どもの成長につけ(아이의 성장을 볼 때마다)와 같이 사용한다. 관용적인 표현인 何かにつけて(무슨 일이 있을 때마다, 걸핏하면)도 함께 알아두자.

～につけ～につけ는 '~든 ~든'이라는 뜻인데, ~부분에 대립되는 의미의 단어를 나열하여 '언제나'라는 뜻을 나타낸다. 주로 いいにつけ悪いにつけ(좋든 싫든), 雨につけ風につけ(비가 오나 바람이 부나)의 형태로 쓰인다.

～につけても는 '~와 관련하여 (항상)'이라는 뜻으로, それにつけても(그것과 관련하여)와 같이 주로 관용적으로 쓰인다.

기출 都会から田舎に移り住んだ人の話を聞くにつけ
도시에서 시골로 이주한 사람의 이야기를 들을 때마다　2011-1회
美しい海を見るにつけ 아름다운 바다를 볼 때마다　2022-1회

学生時代の親友と会うにつけ、昔と変わらない友情を感じる。
학창시절 친한 친구와 만날 때마다 옛날과 다름없는 우정을 느낀다.

電子辞典の登場は良きにつけ悪きにつけ出版界に多大な影響を与えた。
전자사전의 등장은 좋든 나쁘든 출판계에 지대한 영향을 끼쳤다.

それにつけても人は見かけによらないものだ。
그것과 관련하여 사람은 겉보기와는 다른 법이다.

118 ～にほかならない　바로 ~이다, ~임에 틀림없다

접속 명사/동사 보통형+から+にほかならない

～にほかならない는 '바로 ~이다, ~임에 틀림없다'라는 뜻으로, 어떤 사실을 강하게 단정하거나 강조할 때 사용한다. 또한 ～から에 접속하여 ～からにほかならない(바로 ~때문이다)의 형태로 쓰이기도 한다. 예를 들어 努力の結果にほかならない(노력의 결과임에 틀림없다), みんなが関心を持っているからにほかならない(바로 모두가 관심을 갖고 있기 때문이다)와 같이 쓴다.

기출 信頼できる仲間がいたからにほかならない
바로 신뢰할 수 있는 동료가 있었기 때문이다　2015-2회

あなたの言ったことはセクハラにほかなりません。
당신이 한 말은 바로 성희롱입니다.

親が子供を叱るのは、愛しているからにほかならない。
부모가 아이를 꾸짖는 것은 바로 사랑하기 때문이다.

119 **〜にもかかわらず** 〜임에도(인데도) 불구하고

접속	명사/な형용사 어간(+である)/い형용사·동사 보통형+にもかかわらず

〜にもかかわらず는 '〜임에도(인데도) 불구하고'라는 뜻이다. 예상과는 다른 결과나 행동이 나타났을 때 사용하며, 주로 강한 역접의 의미를 가지고 있다. 예를 들어, 雨にもかかわらず(비가 오는데도 불구하고), 簡単にもかかわらず(간단한데도 불구하고), 忙しいにもかかわらず(바쁜데도 불구하고), 注意したにもかかわらず(주의를 주었음에도 불구하고)와 같은 형식으로 쓰인다.

기출	事実ではないにもかかわらず 사실이 아닌데도 불구하고	2024-1회

十分な睡眠にもかかわらず、朝から眠くて仕方がない。
충분한 수면에도 불구하고, 아침부터 졸려서 견딜 수가 없다.

何度も失敗したにもかかわらず、彼は諦めずに挑戦しつづけた。
몇 번이나 실패했음에도 불구하고, 그는 포기하지 않고 계속 도전했다.

120 **〜にもほどがある** 〜에도 정도가 있다

접속	명사/な형용사 어간/い형용사 사전형/동사 보통형+にもほどがある

〜にもほどがある는 '〜에도 정도가 있다'라는 뜻으로, 상대방의 행동이나 상황이 상식을 벗어났을 때 강하게 비판하거나 어이없음을 나타낸다. 예를 들면, 暑さにもほどがある(더위에도 정도가 있다), わがままにもほどがある(제멋대로인 것도 정도가 있다), 冗談にもほどがある(농담에도 정도가 있다), 甘やかすにもほどがある(응석을 받아 주는 것도 정도가 있다) 등의 형태로 쓰인다.

기출	猫好きにもほどがあるだろう 고양이를 좋아하는 것도 정도가 있지	2013-1회 / 2021-2회

長すぎるにもほどがある。会議がもう5時間も続いている。
너무 긴 것도 정도가 있다. 회의가 벌써 5시간이나 이어지고 있다.

失礼にもほどがある。上司に向かってそんなことを言うとは。
실례에도 정도가 있지. 상사에게 그런 말을 하다니.

121 〜の(ん)じゃなかった 〜하는 게 아니었어, 〜하지 말걸

접속	동사 사전형+の(ん)じゃなかった

〜の(ん)じゃなかった는 '〜하는 게 아니었어, 〜하지 말걸'이라는 뜻으로, 어떤 일에 대해 후회하는 마음을 나타낸다. 대표적인 예로 食べ過ぎるのじゃなかった(과식하는 게 아니었어), パソコンが得意だなんて話すんじゃなかった(컴퓨터를 잘한다고 말하지 말걸) 등이 있다.

기출 夜中にラーメンなんか食べるんじゃなかった
한밤중에 라면 같은 거 먹지 말걸　2017-2회

レインコートなんて、着てくるんじゃなかった
비옷 같은 건 입고 오는 게 아니었어　2019-2회

ダイエット中の人なら、やっぱり食べるのじゃなかった、と後で悔いることも多い。
다이어트중인 사람이라면, 역시 먹는 게 아니었어, 하고 나중에 후회하는 일도 많다.

あ、困った、こんなことじゃ、招待なんか受けるんじゃなかった。
아, 난처하네, 이런 거라면, 초대 같은 거 수락하지 말걸.

122 〜のをいいことに・〜にかこつけて
〜을 구실로, 〜을 핑계 삼아

접속	명사·な형용사 어간+な/い형용사·동사 보통형+のをいいことに
	명사+にかこつけて

〜のをいいことに・〜にかこつけて는 '〜을 구실로, 〜을 핑계 삼아'라는 뜻이다. 대표적인 예로 頭痛なのをいいことに(두통인 것을 핑계 삼아), 何も言わないのをいいことに(아무 말도 안 하는 것을 구실로), 父の病気にかこつけて(아버지의 병환을 구실로), いつも何かにかこつけて(항상 뭔가를 핑계 삼아) 등이 있다.

기출 誰にも何も言われないのをいいことに
누구에게도 아무 말도 듣지 않는 것을 핑계 삼아　2018-1회

上司が留守なのをいいことに、彼は万事を思いどおりにした。
상사가 부재인 것을 핑계 삼아, 그는 만사를 마음대로 했다.

取材にかこつけて、憧れの俳優に会いに行った。
취재를 핑계로, 동경하던 배우를 만나러 갔다.

123 ～はいいが ～는 좋지만, ～하기는 한데

접속 명사/な형용사+なの/い형용사 사전형/동사 보통형+の+はいいが

～はいいが는 '～는 좋지만, ～하기는 한데'라는 뜻으로, 앞에는 긍정적인 평가나 어떤 조건이 충족됨을 나타내고, 뒤에는 그에 따른 문제점이나 불만이 나온다. 대표적인 예로 計画はいいが(계획은 좋지만), やる気があるのはいいが(의욕이 있는 것은 좋지만), 真面目なのはいいが(성실한 것은 좋지만), 明るいのはいいが(밝은 것은 좋지만)와 같은 형태로 사용한다.

기출 のどかな所であると言えば聞こえはいいが
한가로운 곳이라고 하면 듣기에는 좋지만　2018-1회

健康のために運動するのはいいが、無理をしてはいけない。
건강을 위해 운동하는 것은 좋지만 무리를 해서는 안 된다.

この料理は見た目がきれいなのはいいが、全然おいしくない。
이 요리는 보기에 예쁜 것은 좋지만, 전혀 맛이 없다.

124 ～ばこそ ～하기 때문에 (비로소)

접속 명사·な형용사 어간+であればこそ/い형용사 어간+ければこそ/동사 가정형(ば형)+ばこそ

～ばこそ는 '～하기 때문에 (비로소)'라는 뜻으로, '～하기 때문에 ～이다, 다른 이유는 없다'라고 말하고 싶을 때 쓴다. 대표적인 예로 親であればこそ(부모이기 때문에), 今が苦しければこそ(지금이 괴롭기 때문에 비로소), 君の将来を考えればこそなんだよ(네 장래를 생각해서 그런 거야) 등이 있다.

기출 好きだという気持ちがあれ**ばこそ**強くなれるのだ
좋아한다는 마음이 있기 때문에 비로소 강해질 수 있는 것이다   `2012-2회`

私のことを思え**ばこそ**だった 나를 생각해서였어   `2022-1회`

道が険し**ければこそ**、頂上にたどり着いた時の感動は大きい。
길이 험하기 때문에 비로소, 정상에 도착했을 때의 감동이 크다.

今回のプロジェクトが無事に完了できたのは、ひとえに貴社のご協力があれ**ばこそ**です。
이번 프로젝트가 무사히 완료될 수 있었던 것은, 전적으로 귀사의 협력이 있었기에 비로소 가능했던 일입니다.

---

125 〜はともかく・〜はどうあれ
~은 차치하고, ~은 어찌 됐든

접속 | 명사+はともかく/はどうあれ

〜はともかく・〜はどうあれ는 '~은 차치하고, ~은 어찌 됐든'이라는 뜻이다. 앞의 사항보다 뒷 사항이 더 우선시됨을 나타내며, 앞에 〜かどうか가 붙기도 한다. 주로 試合の結果はともかく(시합 결과는 어찌 됐든), 売れるかどうかはともかく(팔릴지 어떨지는 차치하고), 冗談はどうあれ(농담은 차치하고)와 같이 쓰인다.

기출 方法**はどうあれ**、現状を打開する必要がある
방법은 어찌 됐든 현 상황을 타개할 필요가 있다   `2021-2회`

実際になるかどうか**はともかく** 실제로 될지 어떨지는 차치하고   `2024-1회`

結果**はともかく**、そこに至るまでの過程が大切だ。
결과는 어찌 됐든, 거기에 이르기까지의 과정이 중요하다.

事情**はどうあれ**、無断欠席は認められない。
사정은 차치하고, 무단결석은 인정할 수 없다.

問題5　次の文の（　　　　）に入れるのに最もよいものを、1・2・3・4から一つ選びなさい。

1　都民の皆さんの協力（　　　　）、ゴミ問題の解決は不可能だ。 103

　　1　とおりに　　　　　2　なくして　　　　　3　ならでは　　　　　4　に限らず

2　絶対とは言えない（　　　　）、成功する確率はかなり高いと思います。 101

　　1　からに　　　　　2　までに　　　　　3　からも　　　　　4　までも

3　会議の準備（　　　　）、資料を整理し、発表内容を確認する必要がある。 106

　　1　によって　　　　　2　にあたって　　　　　3　に対して　　　　　4　に関して

4　やめようと思い（　　　　）、タバコはやめられない。 102

　　1　ながらに　　　　　2　かたがた　　　　　3　ながらも　　　　　4　ついでに

5　自然主義全盛期（　　　　）、時流を越えた高踏的な立場から個人主義に徹したのは
　　鷗外・漱石である。 107

　　1　だけしか　　　　　2　にとって　　　　　3　にあって　　　　　4　ばかりか

6　経済状況が厳しい（　　　　）、社長は新しい事業への投資を決断した。 119

　　1　に関して　　　　　2　にすぎず　　　　　3　にしたがって　　　　　4　にもかかわらず

7　彼らには彼ら（　　　　）思いがあり、恐怖があり、教訓があった。 105

　　1　向きの　　　　　2　なみの　　　　　3　次第の　　　　　4　なりの

8　この仕事を経験者の指示なしに進めれば、どこかで間違いを犯す（　　　　）。 111

　　1　にはあたらない　　2　べきことだ　　　　　3　にきまっている　　4　に限る

9　パパったら傘だけ（　　　　）かばんまで電車の中に忘れてきたのよ。 104

　　1　ならまだしも　　　2　ともなると　　　　　3　にあって　　　　　4　ほどでなくても

答　1② 2④ 3② 4③ 5③ 6④ 7④ 8③ 9①

10 旅行するときには、体調を崩さないように（　　　　）と思いますね。[112]

1　用心するにこしたことはない　　　　2　用心するにたりない

3　用心したくてならない　　　　　　　4　用心しようがない

11 母親が受験に熱心でいる（　　　　）息子はあまりに無関心すぎる。[114]

1　につけても　　　　2　とみえて　　　　3　にしては　　　　4　にすると

12 会議での彼の無礼な発言には、許すにも（　　　　）があると参加者全員が感じたに違いない。[120]

1　ほど　　　　2　すえ　　　　3　あまり　　　　4　あげく

13 健康のために（　　　　）、無理をするとかえって体を壊す。[123]

1　運動するばかりでも　　　　　　　　2　運動するのはいいが

3　運動したにもかかわらず　　　　　　4　運動しただけあって

14 国内旅行（　　　　）、海外旅行に行くとなると、準備も大変だ。[104]

1　とすれば　　　　2　ともなれば　　　　3　なるがゆえに　　　　4　ならともかく

15 彼がお人よし（　　　　）彼女はいつも彼に仕事を押しつける。[122]

1　なのをいいことに　　　　　　　　　2　なのがよければ

3　といいものだから　　　　　　　　　4　とよさそうなのに

16 あの峠は自転車の通行も多い。車のドライバー（　　　　）運転にかなり大変だろう。[113]

1　にしたら　　　　　　　　　　　　　2　といっても

3　はともかくとして　　　　　　　　　4　からして

17 その映画は、通常の大作の水準には遠く及ばない（　　　　）、コロナ禍で３月に多くの映画館が閉鎖されて以降で最大のヒットとなった。[115]

1　につけ　　　　2　にして　　　　3　にされて　　　　4　にしろ

18 被災地の惨状を見る（　　　　）地震の恐ろしさを痛感せずにはいられない。 117

　1　につけ　　　　　　2　とは　　　　　　　3　なり　　　　　　　　4　にしてみれば

19 冷蔵庫には食べ物はなく、お金もない。こんなことじゃ早期退職なんて（　　　　）。

定年まで会社にしがみついて、もっと働いておけばよかった。 121

　1　するんだった　　　　　　　　　　2　するんじゃなかった

　3　したんだった　　　　　　　　　　4　したんじゃなかった

20 結果（　　　　）、挑戦することに意味があると私は考えている。 125

　1　のみならず　　　　2　ともなると　　　　3　はどうあれ　　　　4　にかわって

問題6　次の文の ＿＿＿★＿＿＿ に入る最もよいものを、1・2・3・4から一つ選びなさい。

21 みんなの視線を ＿＿＿＿＿ ＿＿＿＿＿ ＿＿★＿＿ ＿＿＿＿＿雰囲気だった。 116

　1　座っている　　　　2　浴びて　　　　　3　にたえない　　　4　黙って

22 問題 ＿＿＿＿＿ ＿＿＿＿＿ ＿＿★＿＿ ＿＿＿＿＿、こんなに長く研究を続けてこられたのだ。 124

　1　深ければ　　　　2　関心が　　　　　3　に対する　　　　4　こそ

23 銀行からの融資を含むこれほどの大金を投資したのだから、 ＿＿＿＿＿ ＿＿＿＿＿ ＿＿★＿＿
＿＿＿＿＿ 失敗してはならない。 116

　1　成果を出す　　　　　　　　　　2　べきであり

　3　株主や顧客の期待に　　　　　　4　たえる

24 戦後70年を経て、日本はもとより ＿＿＿＿＿ ＿＿★＿＿ ＿＿＿＿＿ ＿＿＿＿＿ 批評的な目で歴史を
再考すべきだろう。 109

　1　置き去りにされつつある今こそ　　　2　現代美術の動向から

　3　世界各地においてさえ　　　　　　　4　版画が衰退の兆候を見せ

답　18 ①　19 ②　20 ③　21 ①(2413)　22 ①(3214)　23 ①(3412)　24 ④(3421)

25 現在の職場は残業も多く、身体的な負担を感じている。しかし、＿＿＿＿ ＿＿＿＿ ＿＿★＿ ＿＿＿＿ 多少忙しくても仕事を続けたいと思う。[125]

1　職場の雰囲気や人間関係が　　　　　2　給料は

3　よければ　　　　　　　　　　　　　4　ともかく

26 石原君は記憶力がすごい。特に人の名前を ＿＿＿＿ ＿＿★＿ ＿＿＿＿ ＿＿＿＿ 速く覚えられる人はほかにいないだろう。[110]

1　覚えることに　　　2　たくさんしかも　　3　かけては　　　　4　彼ほど正確に

27 若い人たちが外来語を好むのは ＿＿＿＿ ＿＿＿＿ ＿＿★＿ ＿＿＿＿ と思います。[118]

1　からに　　　　　2　理由がある　　　3　それなりの　　　4　ほかならない

28 会議では様々な意見が出たが、結局、＿＿＿＿ ＿＿＿＿ ＿＿★＿ ＿＿＿＿ 終了した。[108]

1　合意に達する　　2　いたらない　　　3　まま　　　　　　4　には

29 山田さんはいつも母親の ＿＿＿＿ ＿＿＿＿ ＿＿★＿ ＿＿＿＿ いる。[122]

1　かこつけて　　　2　病気に　　　　　3　会議を　　　　　4　欠席して

30 彼の意見は ＿＿＿＿ ＿＿＿＿ ＿＿★＿ ＿＿＿＿ ことは否定できない。[113]

1　にしても　　　　　　　　　　　　　2　きっかけになった

3　議論を活性化させる　　　　　　　　4　偏っている

　　国連の発表によると、世界の人口増加と産業の拡大、そして、消費の増大が地
球環境に大規模な変化をもたらしているという。世界人口は昨年62億人を超え、
また、世界の総消費支出額は22兆ドルに達した。人口は1960年時点で30億人だった
から、40年間で２倍に増えた。このままで行くと20年後には80億人にもなると予想
されている。総消費支出の伸びも　31　急激であり、1970年時点の10兆2000億ド
ルが、その後30年間で２倍を超えるに至った。

　　31　、さまざまな問題に人類は直面しているが、その一つとして、水不足と
水質汚濁が深刻な状態にある。同じく国連によると、水問題に悩む国は、2000年
で31か国。2025年には48か国で水が不足し、12億人以上が安全な飲料水を確保で
きなくなる状態が心配されている。また、世界水フォーラムによると、「人口増加
や産業発展に対し、下水道などの衛生設備の追いつかない　33　、水質汚濁が問
題となって」おり、今日、途上国における病気の80%の原因が汚れた水、しかも水
が関わる病気で子供たちが８秒に一人ずつ死亡している、という。

　　水問題は今日、　34　、都市化による土地利用の変化、森林の減少、工業化の
進展による淡水利用(海水を除く河川、湖沼、地下水の利用)の変化など、われわれ
の生活様式(生活のしかた)と密接につながり、急務の課題となっている。

31

1　人口増にともなって　　　　　　2　人口増にかかわりなく

3　人口減にともなって　　　　　　4　人口減にかかわりなく

32

1　このごろ　　　　2　そのたび　　　　3　このため　　　　4　その都度

33

1　途上国にもまして　　　　　　2　途上国を通して

3　途上国ばかりか　　　　　　　4　途上国を中心に

34

1　温暖化をとわず　　　　　　　2　温暖化をはじめ

3　温暖化をふまえて　　　　　　4　温暖化をめぐって

핵심문법

문법		예문	
～における N1 109　～에서의		途上国における病気 개발도상국에서의 질병(12行)	
～によると　～에 따르면		国連の発表によると 유엔의 발표에 따르면(01行) / 世界水フォーラムによると 세계 물 포럼에 따르면(10行)	
～にともなって　～와 더불어		人口増にともなって 인구 증가와 더불어(05行)	
～として N1 031　～로서		その一つとして 그 하나로써(07行)	
～に対し　～에 대해		産業発展に対し 산업발전에 대해(11行)	
～を中心に　～을 중심으로		途上国を中心に 개발도상국을 중심으로(11行)	
～をはじめ　～을 비롯하여		温暖化をはじめ 온난화를 비롯하여(14行)	

126 **～ばよかった** ～했더라면(했으면) 좋았겠다

접속　동사 가정형(ば형)+ばよかった

～ばよかった는 '～했더라면(했으면) 좋았겠다'라는 뜻으로, 그렇게 하지 못한 것에 대한 후회·원망·유감 등을 나타낸다. 응용표현인 ～ばよかったのに(～했더라면 좋았을 텐데)도 함께 알아 두자. 주로 ジャケットを持ってくればよかった(재킷을 들고 왔으면 좋았겠다), もっと早く来ればよかった(좀더 빨리 왔더라면 좋았겠다), だまっておけばよかったのに(입을 다물고 있었으면 좋았을 텐데)의 형태로 쓰인다.

기출　声をかけてくれればよかったのに 말을 걸어 줬으면 좋았을 텐데　2018-1회

あの時すぐに治療しておけばよかった 그때 바로 치료해두었으면 좋았겠다　2021-2회

学生時代にもっと真面目に日本語の勉強をしておけばよかった。
학창시절에 좀 더 성실하게 일본어 공부를 해두었으면 좋았겠다.

あの時、頑張って池田さんに好きって言えばよかったのに。
그때 힘을 내서 이케다 씨에게 좋아한다고 말했더라면 좋았을 텐데.

127 **～べきだ/～べきではない** ～해야 한다 / ～해서는 안 된다

접속　동사 사전형+べきだ/べきではない
　　　(する는 するべきだ・すべきだ 모두 가능)

～べきだ는 그렇게 하는 것이 당연하다는 의미로, '～해야 한다'로 해석한다. 대표적인 예로, 約束は守るべきだ(약속은 지켜야 한다), 毎日決まった時間に寝るべきだ(매일 정해진 시간에 자야 한다)와 같은 것을 들 수 있다.

～べきではない는 '～해서는 안 된다'라는 뜻으로, 금지나 부적합의 의미를 나타낸다. 예를 들면, 日々の努力を怠るべきではない(하루하루의 노력을 게을리해서는 안 된다), すぐに諦めるべきではない(바로 포기해서는 안 된다)와 같은 형태로 쓰인다.

 もう何_{なに}も言<sub>い</sub うべきではないのでしょうか 이제 아무것도 말해서는 안 될까요　2010-2회

A国_{こく}の象徴_{しょうちょう}ともいうべき存在_{そんざい}となっている
A국의 상징이라고도 해야 할 존재가 되고 있다　2015-1회

「御社で_{おんしゃ}」と言_いうべきところを '귀사에서'라고 말해야 하는데　2019-2회

自分_{じぶん}の行動_{こうどう}には、自分で責任_{せきにん}をとるべきだ。
자신의 행동에는 스스로 책임을 져야 한다.

運転中_{うんてんちゅう}には、携帯電話_{けいたいでんわ}を操作_{そうさ}すべきではない。
운전 중에는 휴대폰을 조작해서는 안 된다.

128　～べく　～하기 위해, ~하고자

접속　동사 사전형+べく(する는 するべく・すべく 모두 가능)

～べく는 '~하기 위해, ~하고자'라는 뜻으로, 어떤 목적을 가지고 그렇게 했다고 말하고 싶을 때 쓴다. 대표적인 예로 ウイルスの感染経路_{かんせんけいろ}を明_{あき}らかにすべく(바이러스의 감염 경로를 밝히기 위해), 締_しめ切_きりに間_まに合_あわせるべく(마감에 맞추기 위해), 友人_{ゆうじん}を見舞_{みま}うべく(친구를 병문안하기 위해), 美術_{びじゅつ}を学_{まな}ぶべく(미술을 배우고자) 등이 있다.

기출　急_{いそ}いで帰_{かえ}るべく業務_{ぎょうむ}をこなしていても 서둘러 돌아가기 위해 업무를 처리하고 있어도　2012-2회

地球環境_{ちきゅうかんきょう}を守_{まも}るべく 지구환경을 지키기 위해　2018-1회

山田_{やまだ}さんは、借金_{しゃっきん}を返_{かえ}すべく昼_{ひる}となく夜_{よる}となく働_{はたら}いている。
야마다 씨는 빚을 갚기 위해 밤낮없이 일하고 있다.

129 ～まじき ～해서는 안 될

접속　동사 사전형+まじき(단 する는 するまじき·すまじき 모두 가능)

～まじき는 '～해서는 안 될'이라는 뜻으로, 대부분 ある(있다)라는 동사에 접속한다. 보통 도덕적이나 사회적으로 해서는 안 되는 행동을 강하게 비판할 때 사용한다. 대표적인 예로 人としてあるまじき残酷な行為だ(사람으로서 있어서는 안 될 잔혹한 행위다), 医者としてあるまじきことだ(의사로서 있어서는 안 될 일이다), 学生として取るまじき態度(학생으로서 취해서는 안 될 태도) 등이 있다.

기출　教育現場の長としてあるまじき行為 교육 현장의 수장으로서 있어서는 안 될 행위　2017-2회

幼い小学生を何人も殺すとは、人間としてあるまじき行為だ。
어린 초등학생을 몇 명이나 죽이다니, 인간으로서 있어서는 안 될 행위다.

130 ～まで(に)/～までになった
～할 만큼, ～할 정도(로) / ～할 정도까지 되었다

접속　동사 사전형/な형용사 어간+な+まで(に)
　　　　동사 보통형+までになった

～まで(に)는 '～할 만큼, ～할 정도(로)'라는 뜻으로, 정도의 강함이나 심각성을 강조할 때 사용한다. 見事なまでに色づいた紅葉(멋질 정도로(멋지게) 물든 단풍), 倒れるまでに働くなんて(쓰러질 정도로 일하다니)와 같이 쓴다.

～までになった는 ～まで(~까지)와 ～になった(~이 되었다)가 결합한 문법으로, '～할 정도까지 되었다'라는 뜻이다. 簡単な作文は読めるまでになった(간단한 작문은 읽을 수 있을 정도까지 되었다)와 같은 형태로 쓴다.

기출　その確かな表現力で見事なまでに演じきった
그 명확한 표현력으로 훌륭할 정도로 연기했다　2014-2회 / 2021-2회
支店長を任されるまでになったが 지점장을 맡게 될 정도까지 되었지만　2018-2회

我が社の革製品は、完璧なまでに魅力的なデザインを備えている。
우리 회사의 가죽제품은, 완벽할 정도로 매력적인 디자인을 갖추고 있다.

毎日コツコツ勉強して、辞書なしで新聞が読めるまでになった。
매일 꾸준히 공부해서, 사전 없이 신문을 읽을 수 있을 정도까지 되었다.

131 ～までもない/～とまでは言わないが
～할 것까지도 없다, ～할 필요도 없다 / ～라고까지는 할 수 없지만

접속	동사 사전형+までもない
	명사/な형용사 어간/い형용사 사전형/동사 명령형+とまでは言わないが

～までもない는 '～할 것까지도 없다, ～할 필요도 없다'라는 뜻으로, 어떤 행동이나 조치가 과할 정도로 필요하지 않다는 뉘앙스를 표현한다. 특히 言う(말하다)・言われる(말을 듣다)에 자주 붙는다. 대표적인 예로 わざわざ見に行くまでもない(일부러 보러 갈 필요도 없다), 彼が喜んだのは言うまでもない(그가 기뻐한 것은 말할 필요도 없다) 등이 있다.

～とまでは言わないが는 '～라고까지는 할 수 없지만'이라는 뜻으로, 극단적인 표현은 피하면서도, 어느 정도는 사실임을 인정할 때 사용한다. 보통 뒤에는 '하지만 ～이다'와 같은 대조적인 문장이 이어진다. 대표적인 예로 会社を辞めろとまでは言わないが(회사를 그만두라고까지는 할 수 없지만), 最悪とまでは言わないが(최악이라고까지는 할 수 없지만) 등이 있다.

기출 わざわざあなたに説明してもらうまでもない
일부러 당신에게 설명을 들을 필요도 없다　2021-1회

戦争がどんなに恐ろしい結果をもたらすか、今さら言うまでもない。
전쟁이 얼마나 무서운 결과를 초래하는지, 새삼스레 말할 필요도 없다.

最高にうまいとまでは言わないが、値段を考えれば大満足だ。
최고로 맛있다고까지는 할 수 없지만, 가격을 생각하면 대만족이다.

132 〜まま 〜되는 대로, 〜하는 대로

접속 동사 수동형+まま

〜まま가 동사 수동형에 접속하면 '〜되는 대로, 〜하는 대로'라는 뜻이 되며, 어떤 상태나 상황에 맡겨두고 자신의 의지와는 관계없이 무언가를 행하고 있음을 나타낸다. 言われる**まま**(상대가 말하는 대로), 命令される**まま**(상대가 명령하는 대로), 勧められる**まま**(상대가 권유하는 대로) 등과 같이 의사 전달과 관련된 표현 뒤에 사용하는 경우가 많다.

N3에서 나오는 「동사 た형+た+まま」는 '〜한 채로, 〜인 그대로', 동사 ない형+ないまま는 '〜하지 않은 채로'의 의미로, 部屋の電気をつけ**たまま**寝てしまった(방의 불을 켠 채로 자버렸다), 朝ご飯を食べ**ないまま**(아침밥을 먹지 않은 채로)와 같이 쓰므로 구분해서 알아두자.

기출 店員に勧められる**まま** 점원이 추천하는 대로　2010-1회
友人に誘われる**まま** 친구가 권유하는 대로　2022-2회

専門家に勧められる**まま**、投資を始めた。
전문가가 권유하는 대로, 투자를 시작했다.

友人に頼まれる**まま**、新しい仕事を引き受けてしまった。
친구가 부탁하는 대로 새로운 일을 맡고 말았다.

133 〜見込みだ 〜할 전망이다, 〜할 예정이다

접속 동사 사전형+見込みだ

〜見込みだ는 '〜할 전망이다, 〜할 예정이다'라는 뜻으로, 미래에 대한 예상이나 전망을 나타낼 때 사용한다. 문어체로 회화보다는 신문이나 뉴스 등에서 자주 볼 수 있다. 回復する**見込みだ**(회복될 전망이다), 完成する**見込みだ**(완성될 예정이다), 減少する**見込みだ**(감소할 전망이다), 解決する**見込みだ**(해결될 전망이다)와 같은 형태로 사용된다.

来月には1000万人を超える見込みだ 다음 달에는 1000만 명을 넘을 전망이다　2022-1회

西日本を中心に風雨が強まる見込みです
서일본을 중심으로 비바람이 강해질 전망입니다　2024-1회

円高の影響で、来年の輸出量は減少する見込みだという。
엔고의 영향으로, 내년의 수출량은 감소할 전망이라고 한다.

アンケートの回答結果は、今月末までにはまとまる見込みだ。
설문의 응답 결과는 이달 말까지는 정리될 전망이다.

134 ～も～ないも ～든 ～하지 않든

접속　동사 사전형+も　동사 ない형+ないも

～も～ないも는 '～든 ~하지 않든'이란 뜻으로, 어떤 상태나 행동의 유무에 관계없이 결과나 상황이 같다는 것을 나타낸다. 흔히 するもしないも(하든 하지 않든), 食べるも食べないも(먹든 먹지 않든), 増えるも増えないも(늘든 늘지 않든), 急ぐも急がないも(서두르든 서두르지 않든) 등과 같은 형태로 사용된다.

기출　このプロジェクトが成功するもしないも 이 프로젝트가 성공하든 안 하든　2016-1회
商品は売れるも売れないも 상품은 팔리든 팔리지 않든　2024-2회

急ぐも急がないも、終電はすでに出てしまったのだ。
서두르든 서두르지 않든, 막차(마지막 전철)는 이미 떠나 버린 것이다.

息子が大学に合格するもしないも、ただ応援するだけだ。
아들이 대학에 합격하든 안 하든, 그저 응원할 뿐이다.

| **135** | **〜も〜ば〜も** 〜도 〜하고(하거니와) 〜도 |

| 접속 | 명사+も　い형용사 어간+ければ/동사 ば형+ば　명사+も |

〜も〜ば〜も는 '〜도 〜하고(하거니와) 〜도'란 뜻으로, 어떤 일의 다양성을 강조하거나 무언가를 말하고 싶을 때 이유로서 제시되는 경우가 많다. 주로 夢もなければ、希望もない(꿈도 없거니와 희망도 없다), いい時もあれば、悪い時もある(좋을 때도 있고 나쁠 때도 있다)와 같은 형태로 사용된다. 비슷한 표현으로 〜も〜なら〜も(〜도 〜지만 〜도)도 익혀 두자. 주로 父も父なら、子も子だ(아버지도 아버지지만 자식도 자식이다)의 형태로 쓰인다.

| 기출 | 真夏に戻ったかのような日もあれば、ひんやりとした 日もあり |

한여름으로 돌아간 듯한 날도 있고, 썰렁한 날도 있어　　2022-2회

西山さんも西山さんなら課長も課長だ

니시야마 씨도 니시야마 씨지만, 과장님도 과장님이다　　2025-2회

洗濯の好きな人もいれば、料理が趣味という人もいる。
빨래를 좋아하는 사람도 있고 요리가 취미라는 사람도 있다.

こんな事件を起こすなんて、親も親なら子も子だ。
이런 사건을 일으키다니, 부모도 부모지만 자식도 자식이다.

| **136** | **〜もさることながら** 〜도 물론이지만 (또) |

| 접속 | 명사+もさることながら |

〜もさることながら는 '〜도 물론이지만 (또)'라는 뜻으로, 앞의 내용도 중요하지만 뒤에 나오는 내용이 더 중요하거나 강조될 때 사용한다. 대표적인 예로 親の希望もさることながら(부모의 희망도 물론이지만), 空腹や寒さもさることながら(배고픔이나 추위도 물론이지만), 経済問題の解決には政府や企業の対応もさることながら(경제문제 해결에는 정부나 기업의 대응도 물론이지만) 등이 있다.

기출 このドラマの人気は、ストーリーもさることながら
이 드라마의 인기는 스토리도 물론이지만 　2013-1회

機能性もさることながらそのかわいらしいデザインが
기능성도 물론이지만 그 귀여운 디자인이 　2022-1회

A教授は、研究業績もさることながら、政治手腕の方もなかなかのものだ。
A교수는, 연구실적도 물론이지만 정치 수완 쪽도 대단하다.

137 ～もの・～もん ~인걸, ~란 말이야

접속　문장+もの/もん

～ものは '~인걸, ~란 말이야'라는 뜻으로, 여성이나 어린이가 주로 쓴다. 자신의 불만, 투정, 변명, 이유 등을 상대에게 애교 있게 전달하거나 어필할 때 사용한다. ～もんは～もの보다 더 격식없이 편안하게 사용하는 표현이다. 예를 들면 行きたくないもの(가고 싶지 않단 말이야), バスが遅れたんだもの(버스가 늦게 왔는걸), 忙しかったんだもん(바빴단 말이야), 知らなかったんだもん(몰랐단 말이야)와 같은 형태로 사용된다.

기출　難しくて、全然わからないんだもん 어려워서 하나도 모르겠단 말이야 　2014-1회

こんなにたくさんの本が読めるんだもん 이렇게 많은 책을 읽을 수 있는걸 　2023-1회

そんなに怒らないでよ、だって、そんなこと全然知らなかったんだもの。
그렇게 화내지 마, 왜냐하면 그런 거 전혀 몰랐단 말이야.

A：この店、いつも行列ができるんだね。

B：だってこの店のケーキ、おいしいんだもん。

A: 이 가게, 항상 줄을 서는구나.
B: 왜냐하면 이 가게 케이크, 맛있거든.

138 ～(もの)と思われる/～(もの)とは思えない

～라고 여겨지다 / ～라고는 여겨지지 않는다

접속 동사·な형용사·い형용사·명사 보통형＋(もの)と思われる/(もの)とは思えない

(단, 현재형인 경우 な형용사의 어간＋な/명사＋である＋ものと思われる)

～(もの)と思われる는 '～라고 여겨지다, ～로 보인다'라는 뜻으로, ～(もの)と思える와 바꿔 쓸 수 있다. ～(もの)とは思えない는 '～라고는 여겨지지 않는다, ～로 보이지는 않는다'라는 뜻이다. 이것은 동사 思える・思われる(여겨지다, 생각되다)가 앞의 もの와 (は)와 연결되어 문법화된 것이다. 대표적인 예로 事故の原因が明らかになるものと思われる(사고 원인이 명백해지리라 여겨진다), あれは本音だったのだと思えてきた(그건 본심이었다고 여겨졌다), そのまま伝えたものとは思えなかった(그대로 전했다고는 여겨지지 않았다) 등이 있다.

기출 地質構造が明らかになるものと思われる 지질 구조가 명백해지리라 여겨진다 2016-2회

とても100年前に建てられたものとは思えない

도저히 100년 전에 지어졌다고는 여겨지지 않는다 2022-2회

堅苦しいものと思われがちだが 딱딱하다고 여겨지기 십상이지만 2024-2회

この実験は加藤さんの理論を参考にしたものと思われる。

이 실험은 가토 씨의 이론을 참고한 것으로 보인다.

この仕事はそれほど誇りの持てるものとは思えないよ。

이 일은 그리 긍지를 가질 수 있다고는 여겨지지 않아.

139 ～ものなら ①～할 수 있으면 ②～했다가는

접속 ①동사 가능형＋ものなら ②동사 의지형(～よう)＋ものなら

～ものなら는 두 가지 용법으로 쓰인다. 첫 번째는 '①～할 수 있으면'의 뜻으로, 실현되기 힘든 일이 실현되기를 바라거나 기대할 때 사용한다. 따라서 뒷부분에는 ～たい(～하고 싶다)가 오는 경우가 많다. 주로 少年時代に戻れるものなら戻ってみたい(어린 시절로 돌아갈 수 있다면 돌아가 보고 싶다), 国に帰れるものなら帰りたい(고국에 돌아갈 수 있다면 돌아가고 싶다)와 같이 쓴다.

두 번째는 '②~했다가는, ~할 것 같으면'이라는 뜻으로, ~부분이 실현된다면 일의 형편상 큰일이 난다고 말하고 싶을 때 사용된다. 대표적인 예로 ちょっとでも間違いをしようものなら(조금이라도 잘못을 했다가는), 昔は親に反抗しようものなら(옛날에는 부모님에게 반항했다가는) 등이 있다. 회화체에서는 ~もんなら의 형태로도 쓴다.

기출 できるもんなら捕まえてごらん 할 수 있으면 잡아 봐라　2013-1회

　　　　抜かずに済むものならそうしたい 빼지 않아도 된다면 그렇게 하고 싶다　2015-2회

一緒に行けるものなら行ってあげたいが、仕事の都合上、そうもいかない。
같이 갈 수 있다면 가 주고 싶지만, 일의 형편상 그렇게도 안 된다.

掃除をさぼろうものなら、先生にしかられる。
청소를 땡땡이 쳤다가는 선생님에게 야단맞는다.

140　～ものの　～이기는 하지만

접속　명사+である/な형용사 어간+な/い형용사 사전형/동사 た형+た+ものの

～ものの는 '~이기는 하지만'의 뜻으로, 앞의 내용과 상반·모순되는 일이 뒤에 전개됨을 나타낸다. 学生であるものの(학생이기는 하지만), 周りが騒がしいものの(주변이 시끄럽긴 하지만), 彼は冷静なものの(그는 냉정하긴 하지만), 就職はしたものの(취직은 하긴 했지만)와 같은 형태로 쓴다.

기출 能力は疑いようがないものの 능력은 의심할 수 없긴 하지만　2012-2회

　　　　市民の心をつかもうとしたものの 시민의 마음을 사로잡으려고 하긴 했지만　2016-1회

　　　　病院で診てもらうほどではないものの
　　　　병원에서 진료를 받을 정도는 아니긴 하지만　2025-1회

一生懸命勉強したものの、試験の結果は満足できるほどではなかった。
열심히 공부하기는 했지만, 시험 결과는 만족할 수 있는 정도는 아니었다.

軽い怪我だったからいいようなものの、大事故になっていたらと思うと怖い。
가벼운 부상이었기에 다행이긴 하지만, 큰 사고가 났다면 하고 생각하니 무섭다.

141 ～ものを ～인데, ～일 텐데, ～일 것을

접속	な형용사＋な/い형용사·동사 보통형/＋ものを

～ものを는 '～인데, ～일 텐데, ～일 것을'이라는 뜻으로, 불만, 유감, 아쉬움, 후회 등을 나타낸다. 뒤에 오는 상황이 바람직하지 않거나 예상 밖일 때 쓴다. 대표적인 예로 だれかに相談すれば簡単に解決できたものを(누군가와 의논했더라면 간단하게 해결되었을 것을), もう少し早く病院に行けば助かったものを(좀 더 빨리 병원에 갔더라면 살았을 텐데), 電話をくだされば車でお迎えにまいりましたものを(전화를 주셨더라면 차로 마중 나갔을 텐데) 등이 있다.

기출 素直に「ごめん」と謝ればいいものを 솔직하게 '미안해'라고 사과하면 좋을 텐데　2014-2회

すぐに治療しておけばよかったものを 바로 치료해두었으면 좋았을 텐데　2021-2회

対応がもっと早ければよかったものを、救助が遅れて被害が広がった。
대응이 좀 더 빨랐더라면 좋았을 텐데, 구조가 늦어져 피해가 커졌다.

もう少し早く言ってくれれば対処できたものを、なぜ黙っていたんだ。
좀 더 빨리 말해줬으면 대처할 수 있었을 텐데, 왜 잠자코 있었던 거야?

142 ～よう/～ようによっては ～하는 방법 / ～하기에 따라서는

접속	동사 ます형＋よう/ようによっては

～よう/～ようによっては는 '～하는 방법/～하기에 따라서는'이라는 뜻으로, 様(방법)라는 명사에서 파생된 문법이다. 대표적인 예로는 探しようが悪い(찾는 방법이 나쁘다), 勉強のしようが下手だ(공부하는 방법이 서툴다), やりようによっては(하기에 따라서는) 등이 있다.

기출 毒も使いようによっては薬になる 독도 사용하기에 따라서는 약이 된다　2012-1회

考えようによっては、外国語を話すよりも難しい
생각하기에 따라서는 외국어를 말하는 것보다도 어렵다　2012-1회

本のタイトルさえ分かれば、探しようもあるのだが。
책 제목만 알면 찾을 방법도 있는데.

考えようによっては、彼らの人生も幸せだったと言えるかもしれない。
생각하기에 따라서는, 그들의 인생도 행복했었다고 말할 수 있을지도 모른다.

143 ～ようとする/～ようと(は/も)しない
~하려고 하다 / ~하려고(는/도) 하지 않는다

접속　동사 의지형＋ようとする/ようと(は/も)しない

～ようとする는 '~하려고 하다'라는 뜻으로, 어떤 동작이나 행동을 시작하려는 시도나 의지를 나타낸다. 예를 들면 問題を解決しようとする(문제를 해결하려고 하다), 期待に応えようとする(기대에 부응하려고 하다), 相手を理解しようとする(상대를 이해하려고 하다) 등이다.

～ようと(は/も)しない는 '~하려고(는/도) 하지 않는다'라는 뜻으로, 어떤 행동을 시도하거나 하려는 의지가 전혀 없음을 강하게 나타낸다. 대표적인 예로는 人の話を聞こうとしない(다른 사람의 말을 들으려고 하지 않는다), 自分の間違いを認めようとしない(자신의 잘못을 인정하려고 하지 않는다), 野菜を食べようとはしない(채소를 먹으려고는 하지 않는다), 新しいことに挑戦しようともしない(새로운 것에 도전하려고도 하지 않는다) 등이 있다.

기출　A社は決してそれを認めようとはしなかった
A사는 결코 그것을 인정하려고는 하지 않았다　2015-1회

今年ももうすぐ終わろうとしている
올해도 이제 곧 끝나려고 하고 있다　2023-2회

嫌いな服を決して着ようとはしなかった
싫어하는 옷을 절대로 입으려고는 하지 않았다　2025-1회

チームのみんなは今回のプロジェクトを成功させようとして、全力を尽くしている。
팀원 모두는 이번 프로젝트를 성공시키려고 전력을 다하고 있다.

彼は、自分の考えを変えようとはしないので、議論にならない。
그는 자신의 생각을 바꾸려고는 하지 않아서, 토론이 되지 않는다.

144 　～を受け(て) ～을 받아, ～의 영향으로

접속　명사+を受け(て)

～を受け(て)는 행위나 상태의 변화를 나타내는 명사에 붙어 '～을 받아, ～의 영향으로'라는 뜻으로 쓰인다. 대표적인 예로 海外景気の回復を受けて(해외 경기의 회복을 받아), 需要動向を受けて(수요 동향의 영향으로) 등이 있다.

기출
燃料価格の高騰を受けて 연료가격 폭등의 영향으로　　2011-2회
景気の回復傾向を受けて 경기의 회복 경향을 받아　　2014-2회
近年の健康意識の高まりを受けて 최근 고조된 건강 의식의 영향으로　　2024-2회

高橋さんは兄たちの影響を受けてサッカー部に入ったそうです。
다카하시 씨는 형들의 영향을 받아 축구부에 들어갔다고 합니다.

株価の急落を受けて、株式市場は一時パニック状態となった。
주가 급락의 영향으로, 주식시장은 한때 패닉 상태가 되었다.

145 　～を皮切りに ～을 시작으로

접속　명사/동사 보통형+の(こと)+を皮切りに

～を皮切りには '～을 시작으로'라는 뜻으로, 그것을 기점으로 관련된 일이 연달아 일어날 때 사용한다. ～を皮切りとして(～을 시작으로 하여)의 형태로도 쓴다. 예를 들면 会長のスピーチを皮切りに(회장의 연설을 시작으로), 新製品の発表を皮切りに(신제품 발표를 시작으로), ドラマ出演を皮切りに(드라마 출연을 시작으로), SNSで曲を公開したのを皮切りとして(SNS에서 곡을 공개한 것을 시작으로 하여) 등의 형태로 쓰인다.

기출
東京で開催されるのを皮切りに 도쿄에서 개최되는 것을 시작으로　　2021-1회

A社は、国内市場での成功を皮切りに、海外進出を果たした。
A사는 국내 시장에서의 성공을 시작으로 해외 진출을 이뤄냈다.

146 ～を～とする ①~을 ~로 하다 ②~을 ~라고 (간주)하다

접속
①명사+を　명사+とする
②명사+を　명사·な형용사 어간+だ/い형용사·동사 보통형+とする

～を ～とする는 '①~을 ~로 하다'라는 뜻과, 조사 と의 의미를 살린 '②~을 ~라고 (간주)하다'의 뜻이 있다. 대표적인 예로 山田氏を会長とする(야마다 씨를 회장으로 하다), 彼の発言を事実とするには(그의 발언을 사실로 하기에는), 金庫などを盗んだとして(금고 등을 훔쳤다고 해서) 등이 있다. 이밖에 ～を～として(~을 ~로 해서), ～を～とした(~을 ~로 한) 등의 표현도 있다. 無責任な彼をリーダーとして(무책임한 그를 리더로 해서), 人類の平和を主題とした(인류의 평화를 주제로 한)와 같이 쓴다.

기출
突然の解雇を不当として 갑작스런 해고를 부당하다고 하여　2010-1회

クレーン車が電線に接触したのが原因としている
기중기가 전선에 접촉한 것이 원인이라고 간주하고 있다　2017-2회

介護を必要とする高齢者が 간호를 필요로 하는 고령자가　2020

この仮説を正しいとするには 이 가설을 옳다고 하기에는　2025-2회

環境保護を目的とした団体に所属しています。
환경보호를 목적으로 한 단체에 소속되어 있습니다.

多くの学者は、若者の将来への不安を人口減少の最大の要因としている。
많은 학자들은, 젊은이들의 장래에 대한 불안을 인구 감소의 최대 요인이라고 간주하고 있다.

147 ～を控えて ~을 앞두고

접속　명사+を控えて

～を控えて는 '~을 앞두고'란 뜻으로, 동사 控える의 '가까이 두다, 앞두다'의 의미에서 문법화된 표현이다. 가까운 미래에 어떤 일을 예정하고 있음을 나타낸다. 예를 들면, 試合を控えて(시합을 앞두고), 卒業式を控えて(졸업식을 앞두고), 海外出張を控えて(해외출장을 앞두고), 夏祭りを控えて(여름 축제를 앞두고) 등과 같은 형태로 사용한다.

기출 半年後に大学受験を控えて 반년 뒤에 대학 입시를 앞두고　2019-2회

風邪を引かないようにね。大事なコンサートを控えているんだから。
감기에 걸리지 않도록 해. 중요한 콘서트를 앞두고 있으니까.

新商品の発売を控えて、店員たちは陳列の準備で忙しい。
신상품 발매(출시)를 앞두고, 점원들은 진열 준비로 바쁘다.

148　～を踏まえ(て)　～을 고려하여, ～을 바탕으로

접속　명사+を踏まえ(て)

～を踏まえ(て)는 '～을 고려하여, ～을 바탕으로'라는 뜻으로, 무언가를 근거나 전제로 다음 단계로 나아간다는 의미를 나타낸다. 주로 経験(경험), 成果(성과), 結果(결과), 状況(상황) 등의 단어에 붙는다. 예를 들면 実験の結果を踏まえて(실험 결과를 바탕으로), 市場の動向を踏まえて(시장 동향을 고려하여), 社員の意見を踏まえて(사원의 의견을 고려하여) 등과 같은 형태로 사용된다.

기출 受講者からの評判もよくなったことを踏まえ
수강자들의 평판도 좋아진 점을 고려하여　2024-1회

お客様の要望を踏まえて、商品のデザインを一部変更することにした。
고객의 요청을 고려하여 상품의 디자인을 일부 변경하기로 했다.

149　～を余儀なくされる/～を余儀なくさせる
어쩔 수 없이 ～하게 되다 / 어쩔 수 없이 ～하게 하다

접속　명사+を余儀なくされる/を余儀なくさせる

～を余儀なくされる는 '어쩔 수 없이 ～하게 되다'라는 뜻으로, 스스로의 의지와 상관없이 어떤 행동을 하게 되었을 때 사용한다. 대표적인 예로 予算不足のため、変更を余儀なくされた(예산 부족으로 인해 어쩔 수 없이 변경하게 되었다), 多くの人が職場を離れることを余儀なくされている(많은 사람들이 어쩔 수 없이 직장을 떠나게 되고 있다) 등이 있다.

사역표현인 ～を余儀なくさせる는 '어쩔 수 없이 ~하게 하다'라는 뜻으로, 외부 요인에 의해 어쩔 수 없이 어떤 일을 강제로 하게 한다는 의미를 나타낸다. 예를 들어 彼にオリンピック出場の断念を余儀なくさせた(그에게 올림픽 출전을 어쩔 수 없이 단념하게 했다), 突然の雨は試合の中止を余儀なくさせた(갑작스러운 비는 어쩔 수 없이 시합을 중단하게 했다)와 같이 쓴다.

> **기출** さらには事業からの撤回を余儀なくされている
> 심지어 어쩔 수 없이 사업에서 철수하게 되고 있다　2019-2회

楽しみにしていた文化祭であるが、雨のため、中止を余儀なくされた。
기대하고 있었던 문화제지만, 비 때문에 어쩔 수 없이 중단하게 되었다.

干ばつは野菜の値上げを余儀なくさせた。
가뭄은 어쩔 수 없이 채소 가격을 인상하게 했다.

(150) ～をよそに ～을 아랑곳하지 않고

접속	명사+をよそに

～をよそに는 '~을 아랑곳하지 않고, ~을 무시하고'라는 뜻으로, 주로 부정적인 사항에 관계없이 자신의 의지에 따라 행동한다는 뉘앙스를 나타낸다. 대표적인 예로 ひかりは親の心配をよそに(히카리는 부모의 걱정을 아랑곳하지 않고), あの子は教師の忠告をよそに(저 아이는 교사의 충고를 무시하고) 등이 있다.

> **기출** 車内混雑をよそに作業に没頭していた
> 차내 혼잡을 아랑곳하지 않고 작업에 몰두하고 있었다　2016-2회

住民の不安をよそに、原子力発電所の建設はどんどん進められた。
주민의 불안을 아랑곳하지 않고, 원자력 발전소 건설은 착착 진행되었다.

彼は周りの反対をよそに、自分の信念を貫き通した。
그는 주위의 반대를 무시하고 자신의 신념을 관철시켰다.

問題5　次の文の（　　　　）に入れるのに最もよいものを、1・2・3・4から一つ選びなさい。

1　にわか雨（あめ）で野球の試合は中止を（　　　　）。 149

　　1　余儀なくした　　　2　余儀なくさせた　　3　余儀なくされた　　4　余儀なくなった

2　社会が提供（　　　　）福祉制度は、弱者への支援にとどまらず、社会全体の安定にもつながる。 127

　　1　するべき　　　　　2　するほどではない 3　するまでの　　　　4　するまじき

3　5分早く起きればいい（　　　　）、ベッドの中でぐずぐずしているから、遅刻するのだ。 141

　　1　ものを　　　　　　2　はずを　　　　　　3　もので　　　　　4　はずで

4　買い物には来た（　　　　）、あまり高いものばかりなので、買うのがいやになってしまった。 140

　　1　ものの　　　　　　2　ものか　　　　　　3　ものなら　　　　4　とたん

5　市民の安全を（　　　　）、警察はパトロールを強化している。 128

　　1　守るべき　　　　　2　守るべし　　　　　3　守るべく　　　　4　守るべからず

6　先輩の忠告（　　　　）遊びまわっていたら落第（らくだい）してしまった。 150

　　1　をもとに　　　　　2　をよそに　　　　　3　をもって　　　　4　をこめて

7　台風の被害は予想していたが、これほど深刻な被害（　　　　）とは思えなかった。 138

　　1　をもたらすもの　　　　　　　　2　をものともしない
　　3　にいたらない　　　　　　　　　4　にたえる

8　何度も話し合いの場を設けたが、相手側は最後までこちらの提案を（　　　　）。 143

　　1　受け入れかねなかった　　　　　2　受け入れざるを得なかった
　　3　受け入れるまでもなかった　　　4　受け入れようとはしなかった

답　1 ③　2 ①　3 ①　4 ①　5 ③　6 ②　7 ①　8 ④

9 豆腐の搾^{しぼ}りカスは豆腐屋では廃棄物扱いされるが、（　　　）栄養豊かな肥料や飼料になる。142

1　使うとなると　　　　　　　　　　　　2　使おうものなら

3　使わんばかりに　　　　　　　　　　　4　使いようによっては

10 仲のよい友達を駅で見かけたが声をかけられず、『駅で見かけたよ』とメールしたら『気づいたなら声をかけて（　　　）』と返ってきた。126

1　くれたと思ったんだね　　　　　　　　2　もらったと思ったのに

3　くれればよかったのに　　　　　　　　4　もらえばよかったんだね

11 市民団体の強い抗議（　　　）、市当局は再開発計画を全面的に見直すことに決めた。144

1　に際して　　　　　2　を受けて　　　　　3　はおろか　　　　　4　を限りに

12 冬の早朝、この時期は寒いので、窓際^{まどぎわ}だと寒いのにと思いつつ、店員に勧められる（　　　）窓際の席に座った。132

1　まま　　　　　2　ままを　　　　　3　ままでも　　　　　4　ままなのに

13 　政府は、このまま景気回復が進めば、雇用状況は改善する（　　　）と発表した。133

1　きらいだ　　　　2　かぎりだ　　　　3　始末だ　　　　4　見込みだ

14 彼女はその会社にパート従業員として働き始めて、4年後に正社員になり、ひとつの部門を（　　　）。130

1　任されるはずだ　　　　　　　　　　　2　任されたまでだ

3　任されたばかりだ　　　　　　　　　　4　任されるまでになった

15 会社の命令に背^{そむ}こう（　　　）、首にされかねない。139

1　ものを　　　　2　ものなら　　　　3　もので　　　　4　ものだから

16 （　　　）、私たちにできることはすべてやった。134

1　成功したが最後　　　　　　　　　　　2　成功するもしないも

3　成功するがはやいか　　　　　　　　　4　成功したにもかかわらず

답　9 ④　10 ③　11 ②　12 ①　13 ④　14 ④　15 ②　16 ②

17 A：君、そんなに甘いものばかり食べて。

　　B：だってストレス（　　　　　）、我慢できなかったんだよ。 ¹³⁷

1　たまってもいいなんて　　　　　　　　2　たまったっけ

3　たまったんだもん　　　　　　　　　　4　たまることか

18 今日は、台風の影響で、航空便の欠航が（　　　　　）。 ¹³⁸

1　相次いでやまない　　　　　　　　　　2　相次ぐものと思われる

3　相次ぐわけにはいかない　　　　　　　4　相次ぐにかぎる

19 学長のあいさつ（　　　　）、入学式は滞りなく進行していった。 ¹⁴⁵

1　にひきかえ　　　　　2　につき　　　　　　3　をよそに　　　　　　4　をかわきりに

20 前回の会議で出た指摘（　　　　）、今回の提案書はより具体的な事例を盛り込んだ。 ¹⁴⁸

1　をかえりみず　　　2　をふまえて　　　　3　にかぎって　　　　4　にわたって

21 職務上、知り得た情報は ＿＿＿＿＿ ＿＿＿＿＿ ＿★＿＿ ＿＿＿＿＿ ことだ。 ¹²⁹

1　口にする　　　　　2　まじき　　　　　3　家族であっても　4　たとえ

22 近所の店でも売っているものだから、わざわざデパートへ ＿＿＿＿＿ ＿＿＿＿＿ ＿★＿＿ ＿＿＿＿＿。 ¹³¹

1　行く　　　　　　　2　買いに　　　　　3　までも　　　　　　　4　ない

23 本法施行後、新規参入申請は急増していない。これは近年の地価高騰も ＿＿＿＿＿ ＿＿＿＿＿ ＿★＿＿ ＿＿＿＿＿ 考えられる。 ¹³⁶

1　さることながら　　　　　　　　　　　2　大きいと

3　よるところが　　　　　　　　　　　　4　労働力不足等の要因に

答　17 ③　18 ②　19 ④　20 ②　21 ①(4312)　22 ③(2134)　23 ③(1432)

24 先月、さくら市で財務省（ざい む しょう）の職員を装（よそお）い、79歳の ＿＿＿＿ ＿＿＿＿ ＿★＿ ＿＿＿＿ 無職の男が逮捕されました。 146

1　女性から　　　　　　　　　　　　2　キャッシュカード2枚を

3　して　　　　　　　　　　　　　　4　盗んだと

25 A「住まい探しを始めたきっかけを教えてください。」

B「年末に ＿＿＿＿ ＿＿＿＿ ＿★＿ ＿＿＿＿ 、探し始めました。」 147

1　その前に　　　　2　出産を　　　　3　控えて　　　　4　と思い

26 今回発売されたA社の新製品は ＿＿＿＿ ＿＿＿＿ ＿★＿ ＿＿＿＿ 、なかなか評判だ。 135

1　操作方法も　　　2　デザインも　　3　簡単なので　　4　よければ

27 彼女は、＿＿＿＿ ＿＿＿＿ ＿★＿ ＿＿＿＿ 、今でもファイルにしまって大事にしている。 146

1　初めての　　　　2　独立の　　　　3　記念として　　4　給与明細を

28 ある組織の一員である ＿＿＿＿ ＿＿＿＿ ＿★＿ ＿＿＿＿ もしないも結果を出せなければ正当な評価は得られない。 134

1　与えられた役割　　2　努力する　　　3　以上　　　　4　に対して

29 この地域は、以前ただの畑が広がっているところだったが、＿＿＿＿ ＿＿＿＿ ＿★＿ ＿＿＿＿ 発展した。 130

1　大都会になる　　　　　　　　　　2　高層ビルが立ち並ぶ

3　までに　　　　　　　　　　　　　4　今となっては

30 図書館や美術館のような静かな場所では、周囲の利用者に配慮し、＿＿＿＿ ＿＿＿＿ ＿★＿ ＿＿＿＿ ルールがある。 127

1　着信音を　　　　　　　　　　　　2　携帯電話の

3　という　　　　　　　　　　　　　4　鳴らすべきではない

　　わが国では最近むやみに敬語がはやっている感じなのである。どうもそんな気
がする。　31　動向を彼らはいち早く感知して、どうも敬語否定論ははやらないら
しいなんて考えて、商売を手びかえているのではなかろうか。

　　たとえば「駅で待ってますと〇〇さんが来られまして……」などと言う。これな
んかはやはり、「お見えになって……」とか「いらっしゃって……」とか言ってもらい
たい。またたとえば、「〇〇さんがこう言われました」なんて言う。これも、「おっ
しゃいました」だろう。どうも最近の敬語は、あれはサラリーマン敬語というのだ
そうだけれど、万事「れる」「られる」ですます傾向があって、耳に快くなく、風情
がない。しかし　32　、耳に快くて風情があるということこそ敬語本来の目的な
ので、何も目上目下というような人間関係をむきだしにして見せるのが敬語のね
らいではないのである。

　　これを歴史的に考えれば、「れる」「られる」でいっさいすますという最近の傾
向は、戦後、敬語というものが評判が悪くなって、それこそ絶滅しかけていたの
が、また息を吹き返して　33　、本式のところがわからなくなって、やむを得ず
間に合わせに発明したものかもしれない。もちろん敬語の助動詞「れる」「られる」
は昔からあるけれど、昔はたとえば「ご覧になる」と言ったところを、今は「見られ
る」などと、まるで受け身か可能の助動詞みたいに用いるのが大流行なのである。
「おでかけになる」が「ゆかれる」、「めしあがる」が「食べられる」、「おっしゃる」が
「話される」という調子で、事務的、能率的にひょいとくっつける。便利と言えばた
しかに便利だが、どうもあれはほんとうの日本語ではなくて、何となく欧文直訳体
という趣があるね。わたしは　34　けれど、あのサラリーマン敬語よりはむしろ
敬語ぬきのほうをよしとしたくなるくらい、あれがどうも気にくわない。あんなに
「れる」「られる」ばかりやっていると、舌の具合が変にならないものかなんて余計な
心配をするほどである。

　　　　　　　　　　　　　　　　　　　　　　（丸谷才一『日本語のために』による）

31

1 どうして　　　　　2 そういう　　　　　3 当時　　　　　4 現在

32

1 そうはいっても　　　　　　　　2 他人にいわせれば
3 そうはいうものの　　　　　　　4 わたしにいわせれば

33

1 みたものの　　　　2 しまおうが　　　　3 おいたなら　　　　4 いたとしても

34

1 敬語尊重論者ではある　　　　　2 商売尊重論者ではない
3 敬語否定論者ではある　　　　　4 商売否定論者ではない

핵심문법

～ものの N1 140　～이기는 하지만	また息を吹き返してみたものの 다시 숨통이 트여 보긴 했지만(14行)
～かける　～할 뻔하다	絶滅しかけていた 멸종될 뻔했다(13行)
～かもしれない　～일지도 모른다	間に合わせに発明したものかもしれない 임시방편으로 발명한 것일지도 모른다(14行)
～みたいに　～처럼, ～같이	まるで受け身か可能の助動詞みたいに 마치 수동이나 가능의 조동사처럼(17行)
～ではある　～이기는 하다	敬語尊重論者ではあるけれど 경어존중론자이기는 하지만(21行)
～くらい N1 009　～할 정도로	敬語ぬきのほうをよしとしたくなるくらい 경어를 뺀 쪽이 낫다고 하고 싶어질 정도로(22行)
～ものか N1 042　～할 것인지, ～할까	舌の具合が変にならないものか 혀의 상태가 이상해지지 않을까(23行)

답 31 ②　32 ④　33 ①　34 ①

경어는 크게 〈존경어〉〈겸양어〉〈정중어〉로 나누어진다. 이 책에서도 이 3분류로 나누어 정리해 두었다.

1 **존경어**

듣는 사람이나 대화 속에 등장하는 사람을 높이는 말이다.

존경표현

〜ていらっしゃる 〜하고 계시다	・先生は歴史を研究していらっしゃいます。 선생님은 역사를 연구하고 계십니다.
〜でいらっしゃる '〜이다, 〜하다'의 높임말 ▶주로 사람에게 사용되지만, 간혹 (お)기레이でいらっしゃる(예쁘시다), お好きでいらっしゃる(좋아하시다) 등에도 사용	・山田さんは世界的に有名な建築家でいらっしゃいます。 야마다 씨는 세계적으로 유명한 건축가이십니다. ・スポーツは何がお好きでいらっしゃいますか。 스포츠는 무엇을 좋아하십니까?
〜くていらっしゃる '〜하다'의 높임말 ▶い형용사에 접속	・先生は(お)忙しくていらっしゃいます。 선생님은 바쁘십니다.
〜ておいでになる 〜하고 계시다 ▶〜ていらっしゃる(〜하고 계시다)와 쓰임이 거의 같음	・先生は細菌を研究しておいでになります。 선생님은 세균을 연구하고 계십니다.
お(ご)〜だ 〜하시다	・中野区の山田さま、お連れの方がお待ちです。 나카노구에서 오신 야마다님, 동행하신 분이 기다리십니다. ・先生は最近どんな問題をご研究ですか。 선생님은 요즘 어떤 문제를 연구하십니까?
お(ご)〜になる 〜하시다	・先生がこの本をお書きになったそうです。 선생님이 이 책을 쓰셨다고 합니다. ・詳しい計画については、後ほどご説明になります。 자세한 계획에 대해서는 나중에 설명하실 것입니다.
お(ご)〜になれる 〜하실 수 있다	・あの喫茶店ならゆっくりお話しになれますよ。 저 커피숍이라면 느긋이 이야기하실 수 있어요.

～てくださる／ ～てくださいませんか ～해 주시다 / ～해 주시지 않겠습니까?	・わざわざ空港まで迎えに来てくださった。 일부러 공항까지 마중나와 주셨다. ・ちょっと手伝ってくださいませんか。 좀 도와 주시지 않겠습니까?
～(さ)せてくださる／ ～(さ)せてください ～하게 해 주시다 / ～하게 해 주세요	・先生は私にこの本を使わせてくださった。 선생님은 저에게 이 책을 사용하게 해 주셨다. ・明日休ませてください。 내일 쉬게 해 주세요.
お(ご)～くださる／ お(ご)～ください ～해 주시다 / ～해 주십시오	・私の願いをお聞きくだされば誠にありがたいんですが。 제 소원을 들어 주신다면 정말 감사하겠습니다만. ・何かありましたら、いつでもお呼びください。 무슨 일이 있으면, 언제든 불러 주십시오. ・お帰りの際は、忘れ物にご注意ください。 돌아가실 때는, 분실물에 주의해 주십시오.
お(ご)～なさる ～하시다	・もうお休みなさいますか。 이제 쉬실 건가요? ・はい、課長がご説明なさいます。 네, 과장님이 설명하실 겁니다. (사내 상급자에게 보고하는 경우)
～(ら)れる ～하시다 ▶동사의 수동형 중 존경의 의미로 쓰임	・山田教授は明日成田を発ってロンドンに行かれる。 야마다 교수님은 내일 나리타를 출발하여 런던으로 가신다. ・一日も早く回復されますように。 하루라도 빨리 회복하시기를.

あがる '먹다, 마시다, 방에 들어오다'의 높임말	・冷める前に、どうぞおあがりください。 식기 전에 어서 드세요. ・玄関にいないで、どうぞ中へおあがりください。 현관에 있지 말고, 어서 안으로 들어 오십시오.
いらっしゃる '가다, 오다, 있다'의 높임말	・明日はどこかへいらっしゃいますか。 내일은 어딘가 가십니까? ・どちらからいらっしゃったのですか。 어디에서 오셨습니까? ・先生は今日はずっと研究室にいらっしゃいます。 선생님은 오늘은 쭉 연구실에 계십니다.

おいでくださる 와 주시다	・お忙^{いそが}しいところ(を)おいでくださってありがとうございました。 바쁘신 와중에 와 주셔서 감사했습니다. ・講演会^{こうえんかい}には沢山^{たくさん}の方^{かた}がおいでくださいました。 강연회에는 많은 분들이 와 주셨습니다.
おいでになる '가다, 오다, 있다'의 높임말. ▶ いらっしゃると 쓰임이 거의 같음	・明日^{あした}はどこかへおいでになりますか。 내일은 어딘가 가십니까? ・どちらからおいでになったのですか。 어디에서 오셨습니까? ・先生^{せんせい}は鮮明^{せんめい}に覚^{おぼ}えておいでになりました。 선생님은 선명하게 기억하고 계셨습니다.
お越^こしになる／ お越^こしください／ お越^こし 가시다, 오시다 / 가세요, 오세요 / 가심, 오심	・当センターの相談窓口^{そうだんまどぐち}にお越^こしになる際^{さい}は、 저희 센터의 상담창구로 오실 때에는, ・山田様^{やまだ さま}、正面玄関^{しょうめんげんかん}までお越しください。 야마다님, 정면 현관으로 오세요. ・東京^{とうきょう}へお越^こしの節^{せつ}はどうぞ拙宅^{せったく}にお寄^よりください。 도쿄에 오실 때에는 부디 저희 집에 들러 주세요.
おっしゃる 말씀하시다	・先生^{せんせい}のおっしゃる通^{どお}りだと思^{おも}います。 선생님이 말씀하시는 대로라고 생각합니다.
貴^き〜 귀〜	貴社^{き しゃ}(귀사), 貴校^{き こう}(귀교), 貴職^{き しょく}(귀직), 貴兄^{き けい}(귀형), 貴銀行^{き ぎんこう}(귀은행)
くださる／ くださいませんか 주시다 / 주시지 않겠습니까?	・先生^{せんせい}は私にこの本^{ほん}をくださった。 선생님은 저한테 이 책을 주셨다. ・あれをくださいませんか。 저것을 주시지 않겠습니까?
ご存^{ぞん}じだ 알고 계시다	・来週^{らいしゅう}パーティーがあることをご存^{ぞん}じですか。 다음 주 파티가 있는 것을 알고 계십니까?
ご覧^{らん}になる 보시다	・あの映画^{えい が}、もうご覧^{らん}になりましたか。 그 영화, 벌써 보셨습니까? ・利用規約^{りよう きやく}をご覧^{らん}になった上^{うえ}で、お申^{もう}し込^こみください。 이용 약관을 보신 후에 신청해 주세요.

ご覧くださる／ ご覧ください 봐 주시다 / 봐 주십시오	・先生は私のレポートを丁寧にご覧くださった。 선생님은 내 리포트를 꼼꼼히 봐 주셨다. ・絵をどうぞゆっくりご覧ください。 그림을 부디 천천히 봐 주십시오.
なさる 하시다	・先生は授業以外にもいろいろな仕事をなさっている。 선생님은 수업 이외에도 여러 가지 일을 하시고 있다. ・いらっしゃいませ。何になさいますか。 어서 오십시오. 무엇으로 하시겠습니까?
見える 오시다	・部長、ABC銀行の山下さんが見えました。 부장님, ABC은행의 야마시타 씨가 오셨습니다. ・すぐ見えるそうです。 곧 오신답니다.
召し上がる 드시다	・パンはご自由にお召し上がりください。 빵은 자유롭게 드세요. ・どうぞお好きなだけ召し上がってください。 부디 원하는 만큼 드세요.
召す 입으시다, 드시다, 마시다, (감기에) 걸리시다, (마음에) 드시다 등	・お風邪を召す 감기에 걸리시다 ・お年を召す 나이를 드시다 ・お気に召す 마음에 드시다, 만족하시다 ・お着物をお召しになっている。 기모노를 입고 계시다.

② 겸양어

말하는 사람 자신의 동작이나 상태를 낮추어 간접적으로 상대방이나 다른 사람을 높이는 말이다.

～いたす '～하다'의 겸사말	・これで失礼いたします。 이만 실례하겠습니다.
お(ご)～いたす ～해 드리다	・お手伝いいたしましょうか。 도와 드릴까요? ・課長がご説明いたす予定です。 과장님이 설명해 드릴 예정입니다. (외부인에게 이야기할 때)

～ていただく ～해 받다, (～가) ～해 주다	・ちょっと手伝っ<ruby>手伝<rt>て つだ</rt></ruby>っ<ruby>手<rt></rt></ruby>っていただけませんか。 좀 도와 주실 수 없겠습니까? ・また来<ruby>来<rt>き</rt></ruby>ていただけるとうれしいです。 또 와 주시면 좋겠습니다.
～(さ)せていただく (허락을 받아) ～하다	・先生<ruby>先生<rt>せんせい</rt></ruby>の辞書<ruby>辞書<rt>じ しょ</rt></ruby>を利用<ruby>利用<rt>り よう</rt></ruby>させていただいた。 선생님의 사전을 (허락을 받아) 이용했다. ・明日休<ruby>明日休<rt>あした やす</rt></ruby>ませていただけないでしょうか。 내일 쉴 수 없을까요?
お(ご)～いただく／ おいでいただく／ ご覧<ruby>覧<rt>らん</rt></ruby>いただく ～해 주시다 / 와 주시다 / 봐 주시다	・お誉<ruby>誉<rt>ほ</rt></ruby>めいただいて恐縮<ruby>恐縮<rt>きょうしゅく</rt></ruby>の至<ruby>至<rt>いた</rt></ruby>りです。 칭찬해주셔서 황송할 따름입니다. ・どうかご理解<ruby>理解<rt>り かい</rt></ruby>いただきたく、よろしくお願<ruby>願<rt>ねが</rt></ruby>い申<ruby>申<rt>もう</rt></ruby>し上<ruby>上<rt>あ</rt></ruby>げます。 아무쪼록 이해해 주시기를 잘 부탁드리겠습니다. ・本日<ruby>本日<rt>ほんじつ</rt></ruby>は講師<ruby>講師<rt>こう し</rt></ruby>として作家<ruby>作家<rt>さっか</rt></ruby>の山田太郎先生<ruby>山田太郎先生<rt>やま だ た ろうせんせい</rt></ruby>においでいただきました。 오늘은 강사로서 작가이신 야마다 타로 선생님이 와 주셨습니다. ・新商品<ruby>新商品<rt>しんしょうひん</rt></ruby>の資料<ruby>資料<rt>し りょう</rt></ruby>をご覧<ruby>覧<rt>らん</rt></ruby>いただきありがとうございます。 신상품의 자료를 봐 주셔서 감사합니다.
お(ご)～する ～해 드리다	・重<ruby>重<rt>おも</rt></ruby>そうな荷物<ruby>荷物<rt>に もつ</rt></ruby>ですね。駅<ruby>駅<rt>えき</rt></ruby>までお持<ruby>持<rt>も</rt></ruby>ちしましょうか。 무거워 보이는 짐이네요. 역까지 들어 드릴까요? ・会場<ruby>会場<rt>かいじょう</rt></ruby>に到着<ruby>到着<rt>とうちゃく</rt></ruby>されましたら、係<ruby>係<rt>かかり</rt></ruby>の者<ruby>者<rt>もの</rt></ruby>がご案内<ruby>案内<rt>あんない</rt></ruby>します。 회장에 도착하시면, 담당자가 안내해 드리겠습니다.
お(ご)～できる ～해 드릴 수 있다	・明日<ruby>明日<rt>あした</rt></ruby>お届<ruby>届<rt>とど</rt></ruby>けできます。 내일 배달해 드릴 수 있습니다. ・私<ruby>私<rt>わたし</rt></ruby>が先生<ruby>先生<rt>せんせい</rt></ruby>をご案内<ruby>案内<rt>あんない</rt></ruby>できますよ。 제가 선생님을 안내해 드릴 수 있어요.
お(ご)～願<ruby>願<rt>ねが</rt></ruby>う／ おいで願<ruby>願<rt>ねが</rt></ruby>う／ ご覧願<ruby>覧願<rt>らんねが</rt></ruby>う ～을 부탁드리다, ～해 주시기를 바라다 / 와 주시기를 바라다 / 봐 주시기를 바라다	・人事課<ruby>人事課<rt>じんじ か</rt></ruby>の村田<ruby>村田<rt>むら た</rt></ruby>までお知<ruby>知<rt>し</rt></ruby>らせ願<ruby>願<rt>ねが</rt></ruby>います。 인사과의 무라타에게 알려 주시기 바랍니다. ・他<ruby>他<rt>ほか</rt></ruby>のホテルにご変更<ruby>変更<rt>へんこう</rt></ruby>ねがいたいのですが。 다른 호텔로 변경을 부탁드리고 싶습니다만. ・今<ruby>今<rt>いま</rt></ruby>のお気持<ruby>気持<rt>き も</rt></ruby>ちをお聞<ruby>聞<rt>き</rt></ruby>かせ願<ruby>願<rt>ねが</rt></ruby>えますか。 지금의 심정을 들려 주실 수 있겠습니까? ・直接<ruby>直接<rt>ちょくせつ</rt></ruby>お話<ruby>話<rt>はなし</rt></ruby>がしたいので事務所<ruby>事務所<rt>じ む しょ</rt></ruby>までおいで願<ruby>願<rt>ねが</rt></ruby>えますか。 직접 말씀을 드리고 싶으니 사무실로 와 주실 수 있겠습니까? ・本館<ruby>本館<rt>ほんかん</rt></ruby>のご予約前<ruby>予約前<rt>よ やくまえ</rt></ruby>にぜひご覧願<ruby>覧願<rt>らんねが</rt></ruby>います。 본관 예약 전에 꼭 봐 주시기를 바랍니다.

お(ご)〜申し上げる 〜해 드리다, 〜하다	・お願い申し上げます。 부탁드립니다. ・ご案内申し上げます。 안내해 드리겠습니다. ・大変ご迷惑をおかけしましたことを深くおわび申し上げます。 대단히 폐를 끼친 점 깊이 사과드립니다.
おいでいただく 와 주시다	・おいでいただくからには、期待に応えます。 와 주시는 이상, 기대에 부응하겠습니다. ・遠方からおいでいただき、恐縮です。 멀리서 와 주셔서 송구합니다.
〜ことと致す 〜하기로 하다	・次回、改めて検討することと致します。 다음에 다시 검토하기로 하겠습니다,
〜ておる／ 〜ておらず 〜하고 있다(〜ている의 겸사말) / 〜하고 있지 않아서	・今日は特別お安くなっております。 오늘은 특별히 싸게 판매되고 있습니다. ・あれでは何の説明にもなっておらず 저래가지고는 아무런 설명도 되지 않아서
〜てさしあげる／ 〜てあげる 〜해 드리다 / 〜해 주다, 〜해 드리다	・山田さんにご用ですか、呼んで来てさしあげましょう。 야마다 씨에게 용무가 있으십니까? 불러다 드리겠습니다. ・私がそれを取ってきてあげましょう。 제가 그것을 가져다 드리겠습니다.
〜て参る 〜해지다, 〜하고 오다, 〜하고 가다	・私も次第にわかってまいりました。 저도 점차 알게 되었습니다. ・父は明日戻って参ります。 아버지는 내일 돌아오십니다. ・再発防止に努めて参ります。 재발 방지에 힘써 나가겠습니다.

上がる '가다, 방문하다'의 겸사말	・ご注文の品をお届けに上がりたいのですが。 주문하신 물건을 갖다 드리러 방문하고 싶은데요. ・品川駅までスタッフがお迎えに上がりますので。 시나가와역까지 직원이 마중나갈테니까요.
致す '하다'의 겸사말	・ただ今到着致しました。 지금 막 도착했습니다. ・商品ご使用後の返品対応はいたしかねます。 상품을 사용하신 후의 반품은 대응할 수 없습니다.
いただく '받다, 먹다, 마시다'의 겸사말	・私は先生からこの本をいただきました。 저는 선생님께 이 책을 받았습니다. ・朝ジョギングをしているおかげで、何でもおいしくいただけます。 아침에 조깅을 하고 있는 덕분에, 뭐든지 맛있게 먹을 수 있습니다.
伺う '묻다, 듣다, 찾다, 방문하다'의 겸사말	・ちょっと伺いますが。　좀 여쭙겠습니다만. ・先生のお宅に伺う。　선생님 댁에 방문하다.
うけたまわる(承る) 삼가 받다, 삼가 듣다, 삼가 승낙하다	・ご意見をうけたまわる。　의견을 듣다. ・ご注文をうけたまわる。　주문을 받다.
お目にかかる 만나 뵙다	・社長にお目にかかりたいのですが。 사장님을 만나 뵙고 싶은데요.
お目にかける 보여 드리다	・お目にかけたいものがございます。 보여 드리고 싶은 것이 있습니다.
おる '있다'의 겸사말	・父は裏の畑におります。 아빠는 뒤쪽 밭에 있습니다.
ご覧に入れる 보여 드리다 ▶ お目にかける와 거의 쓰임이 같음	・ぜひご覧に入れたいものがあります。 꼭 보여 드리고 싶은 것이 있습니다.
差し上げる／上げる 드리다 / 주다, 드리다	・何か飲み物でも差し上げましょうか。 뭐 마실 거라도 드릴까요? ・君にこの本をあげるよ。　너에게 이 책을 줄게.

小~ しょう '자기~'의 겸사말	**小社**(자기 회사), **小店**(자기 점포, 폐점), **小著**(자기 저서), しょうしゃ　　しょうてん　　しょうちょ **小文**(자신의 문장) しょうぶん
承知する しょう ち '알다'의 겸사말	・**最初**から**自分**の**迂闊**さを**承知**していれば、 さいしょ　　じ ぶん　 う かつ　　 しょう ち 처음부터 자신의 부주의함을 알고 있었다면,
拙~ せっ 졸~, 자기~	**拙著**(졸저, 졸작), **拙稿**(졸고, 자기 원고), **拙作**(졸작, 자기 작품), せっちょ　　　 せっこう　　　　　せっさく **拙宅**(저희 집) せったく
存じる ぞん '알다, 생각하다'의 겸사말	・**引き続き**ご**検討**いただければ**幸い**に**存じます**。 ひ つづ　　けんとう　　　　 さいわ　　ぞん 계속해서 검토해 주시면 감사하겠습니다. ・お**忙しい毎日**をお**過ごし**のことと**存じます**が、 いそが　 まいにち　　す　　　　　　　 ぞん 바쁘신 나날을 보내고 계시리라 생각됩니다만, ・お**忙しい**とは**存じます**が、ご**確認**いただければ**幸い**です。 いそが　　　ぞん　　　　　 かくにん　　　　　　さいわ 바쁘신 줄 압니다만, 확인해 주시면 감사하겠습니다.
存じ上げる ぞん　あ '알다'의 겸사말	・**前**に**仕事**で**大変**お**世話**になったことがあって、よく**存じ** まえ　 し ごと　たいへん　 せ わ　　　　　　　　　　　　　 ぞん **上げて**います。 あ 전에 업무로 대단히 신세 진 적이 있어서 잘 알고 있습니다.
頂戴する・頂戴いたす ちょうだい　　　ちょうだい '받다, 먹다'의 겸사말	・**先生**からおみやげを**頂戴した**(**頂戴いたした**)。 せんせい　　　　　　 ちょうだい 선생님께 선물을 받았다. ・お**客様**から**頂戴した**ご**意見**、ご**感想**を**掲載**しております。 きゃくさま　 ちょうだい　　 い けん　 かんそう　けいさい 고객님들께 받은 의견과 소감을 게재하고 있습니다.
拝~ はい 배~, 삼가 ~함	**拝見**(삼가 봄), **拝借**(배차, 빌림), **拝受**(배수, 받음), **拝聴**(배청), はいけん　　　 はいしゃく　　　　 はいじゅ　　　　 はいちょう **拝読**(삼가 읽음), **拝顔**の**栄**に**浴する**(배안의 영광을 입다) はいどく　　　　 はいがん　 えい　　 よく
拝見する・拝見いたす はいけん　　　はいけん 배견하다, 삼가 보다	・**先生**の**お宅**の**お庭**を**拝見させて**いただきました。 せんせい　　 たく　　 にわ　　 はいけん 선생님 댁의 정원을 잘 보았습니다. ・**乗車券**を**拝見いたします**。 じょうしゃけん　 はいけん 승차권을 좀 보겠습니다.
拝借する・拝借いたす はいしゃく　　　はいしゃく 배차하다, 빌리다	・**明日**まで**拝借しても**よろしいでしょうか。 あした　　　 はいしゃく 내일까지 빌려도 될까요?
弊~ へい 폐~, 자기~	**弊社**(폐사, 자기 회사), **弊店**(폐점, 자기 상점), **弊校**(폐교, 자기 학교), へいしゃ　　　　　　　 へいてん　　　　　　　 へいこう **弊紙**(폐지, 자기 회사의 신문) へい し

参る '가다, 오다'의 겸사말	・駅へお出迎えに参ります。 역에 마중하러 가겠습니다. ・私自らが先頭に立って実行してまいります。 저 스스로가 앞장서서 실행해 나가겠습니다. ・1か月という日限をきめてお借りするというわけには まいりませんか。 한 달이라는 기한을 정해 빌릴 수는 없을까요?
申す '말하다'의 겸사말	・私は山田と申します。 나는 야마다라고 합니다. ・父はそう申しています。 아버지는 그렇게 말씀하고 계십니다.
申し上げる '말씀드리다, 여쭙다	・今のところ、これ以上のことは申し上げられません。 현재로선, 더 이상은 말씀드릴 수 없습니다.

❸ 정중어

정중하고 조심스럽게 말함으로써 상대방에게 경의를 나타내는 말이다.

～ます／～です ～합니다, ～하겠습니다 / ～입니다	・私は毎日学校へ行きます。 나는 매일 학교에 갑니다. ・これは私の本です。 이것은 제 책입니다.
ございます／ございません 있습니다 / 없습니다	・何かご用がございましたら、ご遠慮なくお申し付けください。 뭔가 용무가 있으시면 사양말고 말씀해 주십시오. ・私には兄弟がございません。 제게는 형제가 없습니다.
～でございます ～입니다 ▶～ですの 정중어	・紳士服売り場は5階でございます。 신사복 매장은 5층입니다.
～てございます ～해 있습니다 ▶～てありますの 정중어	・花が飾ってございます。 꽃이 장식되어 있습니다.
ございます 있습니다 ▶ありますの 정중어	・いまだに完成せずにございます。 아직도 완성되지 않아 있습니다.

① 사역

어떠한 동작이나 행위를 지시하거나 허락할 때 사용하는 표현이다. 동사의 사역은 「～(さ)せる (~하게 하다)」로 나타내는데, 강제와 유발의 두 가지 용법이 있다.

- 私は 弟 に部屋の掃除をさせた。 나는 남동생에게 방 청소를 하게 하였다(시켰다). 〈강제〉
- 妹 を泣かせてはいけません。 여동생을 울려서는 안 됩니다. 〈유발〉

▌시험에 출제된 사역표현

기본형	사역형	기출문장
やる 하다	やらせる 하게 하다, 시키다	・子供の遊ぶ時間を奪ってまでやらせる必要はない。 아이의 놀이 시간을 빼앗으면서까지 시킬 필요는 없다.
習う 배우다	習わせる 배우게 하다	・子供に色々なことを習わせたい。 아이에게 다양한 것을 배우게 하고 싶다.
混乱する 혼란하다	混乱させる 혼란하게 하다	・相手を混乱させてしまった。 상대방을 혼란하게 하고 말았다.
待つ 기다리다	待たせる 기다리게 하다	・患者を待たせることなく診察できる。 환자를 기다리게 하지 않고 진찰할 수 있다.
失う 잃다	失わせる 잃게 하다	・やる気を失わせてしまうおそれがある。 의욕을 잃게 해 버릴 우려가 있다.
咲く (꽃이) 피다	咲かせる (꽃을) 피우다	・今年初めて花を咲かせた。 올해 처음으로 꽃을 피웠다.
緊張する 긴장하다	緊張させる 긴장시키다	・逆に緊張させてしまったようだ。 거꾸로 긴장시키고 말았던 것 같다.
辞める 그만두다	辞めさせる 그만두게 하다	・このサークルを辞めさせてもらおうかと 이 서클을 그만둘까 하고
言う 말하다	言わせる 말하게 하다	・友達に言わせると 친구에게 말하게 하니(물으니)
思う 생각하다	思わせる 생각하게 하다	・また新しい恋をしようと思わせてくれた曲 다시 새로운 사랑을 해야겠다고 생각하게 해 준 곡

② **수동**

다른 외부 요소에 의해서 동작이나 작용을 받게 되는 경우를 말하며, 이 때 동작이나 작용을 받는 쪽이 수동문의 주어가 된다. 동사의 수동은 「〜(ら)れる(〜함을 당하다, 〜하게 되다 등)」로 나타낸다. 보통 다음 4가지의 용법으로 쓰인다.

- ・私は昨日母にしか**られた**。 나는 어제 어머니한테 야단을 맞았다. 〈사람과 사람 사이의 수동〉
- ・となりの人に足を踏ま**れた**。 옆 사람에게 발을 밟혔다. 〈소유물의 수동〉
- ・学校から帰る時、雨に降ら**れた**。 학교에서 돌아올 때, 비를 맞았다. 〈피해의 수동〉
- ・この雑誌は毎月発行**されて**いる。 이 잡지는 매달 발행되고 있다. 〈무생물의 수동〉

시험에 출제된 수동표현

기본형	수동형	기출문장
感じる 느끼다	**感じられる** 느껴지다	・老舗旅館ならではの細やかな心遣いが**感じられる**。 전통있는 여관만의 세심한 배려가 느껴진다.
言う 말하다	**言われる** 말하여지다, 말하는 것을 듣다	・家族や友人を悪く**言われる**のは我慢できない。 가족이나 친구를 나쁘게 말하는 것은 참을 수 없다. ・頼んでも無理だと**言われる**に決まっている。 부탁해도 무리라고 할 게 뻔하다.
声をかける 말을 걸다	**声をかけられる** 말을 걸어오다	・**声をかけられた**サークルの勧誘には困った。 말을 걸어온 동아리 권유에는 난처했다.
失う 상실하다	**失われる** 상실되다	・せっかくの伝統技術が**失われ**かねない。 모처럼의 전통기술이 상실될지도 모른다.
助ける 구하다	**助けられる** 구조되다	・わなにかかって苦しんでいるところを**助けられた**鶴 덫에 걸려 괴로워하고 있던 차에 구조된 학
重視する 중시하다	**重視される** 중시되다	・短期的な成果が**重視され**がちな目先の利益だけでなく〜 단기적인 성과가 중시되기 쉬운 당장의 이익뿐만 아니라〜
受け入れる 받아들이다	**受け入れられる** 받아들여지다	・それはそれでひとつの経験として**受け入れられる**と思う。 그건 그거대로 하나의 경험으로서 받아들여지리라 생각한다.
見つける 발견하다	**見つけられる** 발견되다	・完全な直線と呼べるものは**見つけられ**なかった。 완전한 직선이라고 부를 수 있는 것은 발견되지 않았다.
言わない 말하지 않다	**言われない** 말을 듣지 않다	・何も**言われない**のをいいことに 아무 말도 듣지 않는 것을 핑계 삼아

기본형	수동형	기출문장
知る 알다	知られる 알려지다	・他人に知られては困る情報 타인에게 알려져서는 곤란한 정보
注意する 주의를 주다	注意される 주의를 받다	・部屋が汚いことを親に注意されて 방이 더러운 것을 부모에게 주의를 받고
認める 인정하다	認められる 인정받다	・いっさい認められていない。 전혀 인정받고 있지 않다.
する 하다	される 되다	・地元の人に不思議そうな顔をされた。 현지인이 의아한 표정을 지었다.
行う 행하다	行われる 행해지다, 이루어지다	・昨年カリキュラム改定が行われたが、 작년에 커리큘럼 개정이 이루어졌지만,
求める 요구하다	求められる 요구되다	・早急な対策が求められる。 조속한 대책이 요구된다.
揺る 흔들다	揺られる 흔들리다	・山道を走るバスに揺られながらにしては 산길을 달리는 버스에 흔들리면서 한 것치고는
見る 보다	見られる 보여지다	・何らかの発表をするのではないかと見られていたX社 어떤 발표를 하지 않을까 하고 보여졌던 X사
思う 생각하다	思われる 생각되다	・私には一時的な現象のように思われる。 나에게는 일시적인 현상처럼 생각된다.
刺す 물다	刺される 물리다	・万が一、刺されでもしたら大変だ。 만일 물리기라도 하면 큰일이다.

* 한편, 동사의 수동형은 수동적 의미 이외에 존경, 가능, 자발의 표현도 있다. 존경 표현은 경어에서 다루었다.

기본형	수동형	기출문장
続けてくる 계속해 오다	続けてこられる 계속해 올 수 있다	・サッカーを続けてこられたのは 축구를 계속해 올 수 있었던 것은 〈가능〉
着る 입다	着られる 입을 수 있다	・Mサイズも着られなくはなかった。 M사이즈도 입지 못하는 것은 아니었다. 〈가능〉
思い出す 생각해내다	思い出される 생각나다	・昨日のことのように思い出される。 어제 일처럼 (저절로) 생각난다. 〈자발〉
悔やむ 후회하다	悔やまれる 후회되다	・大事な場面でのミスが悔やまれてならない。 중요한 상황에서의 실수가 너무 후회된다. 〈자발〉

 사역수동

사역에 수동을 추가하여, 상대방의 의지에 따라 어떤 행동을 했을 때 쓰는 표현이다. 동사의 사역수동은 〜(さ)せられる(억지로 ~하다, ~하게 되다)로 나타낸다. 단 1그룹 동사는 「あ단+される」 형태로 축약할 수 있다.

- 子供のころ、母にいろいろな野菜を食べさせられました。
  어렸을 적에 어머니 때문에 여러 채소를 억지로 먹었습니다.
- 私は野球部をやめさせられた。 나는 야구부를 어쩔 수 없이 그만두었다.
- 事故のため、電車の中で1時間も待たされた。
  사고 때문에, 전철 안에서 1시간이나 기다리게 되었다.

시험에 출제된 사역수동표현

기본형	사역수동형	기출문장
気を使う 신경 쓰다	気を使わせられる 의도치 않게 신경 쓰다	・編集者たちに、気を使わせられはしない。 편집자들이 신경 쓰게 하지는 않겠다.
入会する 입회(가입)하다	入会させられる 억지로 입회(가입)하다	・危うく入会させられるところだった。 하마터면 억지로 가입할 뻔했다.
認識する 인식하다	認識させられる 인식하게 되다	・あらためて認識させられる出来事だった。 새삼 인식하게 된 사건이었다.
知る 알다	知らされる 알게 되다	・参加者には知らされておらず 참가자에게는 알게 되지(공지되지) 않아
待つ 기다리다	待たされる 기다리게 되다	・待たされるかと思いきや 기다리게 될 줄 알았더니
思う 생각하다	思わされる 생각하게 되다	・子供の出番はないのだと思わされた。 어린이가 나설 차례는 없다고 생각하게 되었다
別れる 헤어지다	別れさせられる 어쩔 수 없이 헤어지다	・親に無理やり別れさせられそうになる話 부모님 때문에 억지로 헤어지게 될 뻔한 이야기
答える 대답하다	答えさせられる 억지로 대답하다	・あれこれ質問に答えさせられたあげく 이것저것 질문에 억지로 대답한 끝에

問題5 次の文の（　　　）に入れるのに最もよいものを、1・2・3・4から一つ選びなさい。

1 弊社の山本（やまもと）という者が、午後に原稿をいただきに（　　　）ので、よろしくお願いいたします。

　1　みえます　　　　　2　あがります　　　　3　くださいます　　　4　さしあげます

2 子供が嫌がっているにもかかわらず無理に（　　　）のは、余計に嫌いになってしまうだけです。

　1　やりぬく　　　　　2　やりたがる　　　　3　やられる　　　　　4　やらせる

3 （手紙で）
師走（しわす）を迎え、慌ただしい日々をお過ごしのことと（　　　）が、お元気でいらっしゃいますか。

　1　致します　　　　　2　承ります　　　　　3　存じます　　　　　4　申し上げます

4 田中（たなか）さんをはじめ皆様と貴重な時間を（　　　）、普段お聞きすることのないお話を伺うことができ、大変勉強になりました。

　1　過ごしてくださる一方で　　　　　　　2　過ごさせてくださる一方で
　3　過ごしていただく中で　　　　　　　　4　過ごさせていただく中で

5 あまりいびきがひどいと、友人や家族から（　　　）、一緒に旅行してもらえないこともあります。

　1　嫌で　　　　　　　2　嫌がられ　　　　　3　嫌がらず　　　　　4　嫌がらせ

6 去年開園する前は乳牛の牧場だった。一面に畑が続き、牛の鳴き声にあたりものんびりした気分に（　　　）ところだった。

　1　させられる　　　　2　しつつある　　　　3　なっている　　　　4　されがちな

7 私は、校内に畑を作って生徒たちに野菜を（　　　）ことを校長に提案した。

　1　育てられる　　　　2　育たれる　　　　　3　育てさせる　　　　4　育つ

답　1② 2④ 3③ 4④ 5② 6① 7③

8 娘は父親にピアノを（　　　　）、最近は自分から進んで練習するようになり、コンクールでの入賞を目指している。

1　習わせたが　　　　　　　　　　　　2　習わせているが

3　習ってくれたが　　　　　　　　　　4　習わせられているが

9 ハチの巣をご自身で対処されますと、万が一（　　　　）大変危険ですので、専門業者にご依頼されることをおすすめします。

1　刺されさえしたら　　　　　　　　　2　刺されでもしたら

3　刺させるなどしても　　　　　　　　4　刺させるくらいしても

10 今回の交通事故は、運転者が前をよく見ていなかったことが原因と（　　　　）おり、警察はさらに詳しく調べを進めている。

1　見えて　　　　　　2　見させて　　　　　　3　見られて　　　　　　4　見させられて

11 （メールで）
このたびは山田様がおけがをされてご入院なさったとのこと、本当に驚きました。その後の具合はいかがでございますか。一刻も早く回復（　　　　）。

1　されますように　　　　　　　　　　2　願ってはどうですか

3　いたしたく思います　　　　　　　　4　していらっしゃるでしょうか

12 リーさんはクラスで日本語が一番上手だが、これまで多くの生徒を教えてきた私に（　　　　）、まだまだなんだ。

1　言われれば　　　　2　言われたら　　　　3　言わせると　　　　4　言わせて

13 会場でスマートフォンが使えないということは参加者には（　　　　）、みんな困っていた。主催者は全員知っていたらしい。

1　知らされておらず　　　　　　　　　2　知らされていないと

3　知られつつも　　　　　　　　　　　4　知られたためか

14 出品・購入共に、それぞれ該当の受付期間、条件・注意事項がございますので、下記

説明を（　　　　）お手続きください。

1　ご覧の結果　　　　　　　　　　　　　2　ご覧になった結果

3　ご覧になった上で　　　　　　　　　　4　ご覧くださった上に

15 昨日２時間も（　　　　）あげく、まずい料理を食べさせられた。

1　待たせた　　　　2　待たされる　　　3　待たせる　　　4　待たされた

16 戦争の悲惨さを描いた映画を見て、人間の平和についてもっと真剣に（　　　　）なった。

1　考えさせられそうに　　　　　　　　　2　考えさせそうに

3　考えさせられるように　　　　　　　　4　考えさせるように

17 １日使ったヘルメットを清潔に保ち、次に装着の際は気持ちよく（　　　　）。

1　かぶって頂きたい　　　　　　　　　　2　かぶらせて頂きたくない

3　かぶってやりたい　　　　　　　　　　4　かぶらせてくれたくない

18 親子の関係は信頼によって（　　　　）いる。だから、一方的に子どもを叱りつける

だけでは、その関係を壊してしまう。

1　支えられて　　　　　　　　　　　　　2　支えようとして

3　支えて　　　　　　　　　　　　　　　4　支えさせられて

19 A「芥川賞受賞、おめでとうございます。受賞された時のお気持ちを（　　　　）。」

B「受賞の知らせを聞いた時はまったく信じられなかったですね。」

1　お聞きいただけませんか　　　　　　　2　お聞かせ願えますか

3　お話しになるでしょうか　　　　　　　4　お話し申し上げましょうか

20 何年か前に庭に植えた桜が、今年初めて花を（　　　　）、家族みんなでとても喜んでいる。

1　咲いて　　　　2　咲かれて　　　　3　咲かせて　　　　4　咲かされて

접속어에는 접속사, 부사, 연어 등이 있으며, 흔히 「こ·そ·あ·ど」라고 불리는 지시어에 대해서도 정리해 두었다.

① 접속사

1 순접

このため(이 때문에), だから(그러니까), それで(그래서), すると(그랬더니), そこで(그래서), ゆえに(그러므로, 따라서), したがって(따라서), よって(따라서)

2 역접

その反面(그 반면에), が(하지만), だが(하지만), でも(하지만), しかし(그러나), しかしながら(그렇지만), ところが(그런데), それが(그런데), だけど(하지만), けれども(하지만), しかるに(그런데도), とはいえ(그렇다고 하더라도), それなのに(그런데)

3 나열·첨가

また(또한), および(및), ならびに(및), なお(또한), しかも(더욱이), それと同時に(그것과 동시에), それから(그리고 나서), そのうえ(게다가), そして(그리고), それに(게다가)

4 대비·선택

あるいは(혹은), または(또는), もしくは(또는), 一方(한편), 一方で(한편으로), それとも(그렇지 않으면), どちらかといえば(어느 쪽인가 하면)

5 설명·보충

つまり(즉), すなわち(즉), なぜなら(ば)(왜냐하면), なぜかというと(왜냐하면), ただし(다만), もっとも(그렇기는 하나)

6 전환

では(그럼), さて(그건 그렇고), それが(그게 말이야), ところで(그런데), ときに(그런데), 次に(다음에)

② 부사

1 상태의 부사

ふと(문득, 갑자기), さっと(휙, 날렵하게), ちかちか(눈이 침침), どんどん(쭉쭉)

2 정도의 부사

はなはだ(매우, 심히), 少々(잠시, 조금), たいそう(매우, 굉장히), とても(대단히, 무척),
ずっと(쭉, 훨씬)

3 호응의 부사

どうして〜か(어째서 〜했는가?), たぶん〜だろう(아마 〜일 것이다), もし〜ば(만약 〜하면),
決して〜ない(결코 〜하지 않다), まさか〜まい(설마 〜하지 않을 것이다),
まるで〜ようだ(마치 〜인 것 같다), ぜひ〜てください(꼭 〜해 주세요)

③ 연어, 연체사, 기타

それなりに(그런 대로), そうかと思えば(그런가 싶더니), にもかかわらず(그럼에도, 불구하고),
ある〜(어느〜, 어떤〜), いわゆる(소위, 이른바), あらゆる(모든), いろんな(여러, 다양한),
たいした〜(대단한〜), とんだ〜(뜻밖의〜, 엉뚱한〜), ほんの〜(그저 명색뿐인〜)

시험에 출제되는 접속어 45

	접속어 / 의미	예문
01	**あらためて(改めて)** 새삼스럽게, 다시	・病気をして健康のありがたさを改めて痛感した。 앓고 나서 건강의 고마움을 새삼스럽게 통감했다.
02	**いつか** 언젠가	・この町にはいつか来たことがある。 이 동네에는 언젠가 온 적이 있다.
03	**一向に** 전혀, 조금도	・毎日同じ景色を見ているのに、一向に飽きることがない。 매일 똑같은 풍경을 보고 있는데도, 전혀 질리는 일이 없다.
04	**いっさい(一切)** 일절, 전혀	・こちらは添加物をいっさい使用していない。 이것은 첨가물을 전혀 사용하지 않았다. ・資料を社外に持ち出すことは、いっさい認められていない。 자료를 사외로 반출하는 것은 일절 허용되지 않는다. ・このお寺は釘などの金属類はいっさい使っていません。 이 절은 못 같은 금속류는 일절 사용하지 않았습니다.

05	**一方(で)** 한편(으로)	・仕事のない人がいる。一方で働きすぎて病気になる人もいる。 일이 없는 사람이 있다. 한편으로 과로해서 병에 걸리는 사람도 있다.
06	**いとも** 매우, 아주	・インターネットを使えば、様々な情報をいとも簡単に入手できる。 인터넷을 사용하면 다양한 정보를 아주 쉽게 입수할 수 있다.
07	**いまさら(今更)** 이제와서(는), 새삼스럽게	・いまさらそんなことを言っても始まらない。 이제 와서 그런 말을 해도 소용없다. ・今更組織図から外すわけにもいかない。 이제 와서 조직도에서 제외할 수도 없다.
08	**いわゆる** 소위, 이른바	・彼女は息子の小1のときのクラスメートの母親で、いわゆる「ママ友」である。 그녀는 아들이 초등1학년 때의 같은 반 친구의 엄마로, 소위 '엄마 친구'이다.
10	**が** 하지만, 그런데	・私は彼を信じていた。が、彼は私の期待を裏切った。 나는 그를 믿고 있었다. 그런데 그는 내 기대를 배신했다.
11	**かつ** 동시에, 또한	・彼は秀才でかつ非常な努力家だ。 그는 수재이면서 동시에 상당한 노력가다.
12	**さらには/ひいては** 게다가 / 나아가서는	・彼らは道に迷い、さらには雨さえ降り出した。 그들은 길을 헤매고, 게다가 비마저 내리기 시작했다. ・自分のため、ひいては国のためにもなる。 자기를 위해서, 나아가서는 국가를 위한 것도 된다.
13	**実に** 실로, 참으로	・新しい図書館は実に立派な建物だ。 새 도서관은 참으로 멋진 건물이다.
14	**実は/実のところ** 실은, 사실은 / 실인 즉, 실제로는	・この問題は一見難しそうだが実は簡単だ。 이 문제는 얼핏 보기엔 어려울 것 같지만 실은 간단하다. ・A「英語は好きですか。」 B「実のところ、あまり興味はないんです。」 A 영어는 좋아합니까? B 실인 즉, 별로 흥미는 없어요.
15	**すなわち** 즉, 곧, 단적으로 말하면	・アメリカの議会は二院、すなわち上院と下院からなる。 미국의 의회는 양원, 즉 상원과 하원으로 구성된다.
16	**すると** 그러자, 그랬더니	・ふたを開けた。すると何かが飛び出した。 뚜껑을 열었다. 그러자 뭔가가 튀어나왔다.

17	せっかく 모처럼, 일부러	・せっかく来たのに博物館は休館日だった。 모처럼 왔는데 박물관은 휴관일이었다.
18	ぜったい(に) (絶対(に)) 절대로, 반드시	・絶対に、夢を夢で終わらせない。 절대로 꿈을 꿈으로 끝내지 않겠다. ・この曲を聴いてごらんよ、絶対に気に入るから。 이 곡을 들어 보렴, 반드시 마음에 들 테니까.
19	そういえば (そう言えば) 그러고 보니	・そういえばあの日は雨だったね。 그러고 보니 그날은 비가 왔었네.
20	そうかと思えば 그런가 싶더니	・この地方はよく吹雪になりますが、そうかと思えば急に 日がさして暑くなったりします。 이 지방은 자주 눈보라가 치지만, 그런가 싶더니 갑자기 햇빛이 내리쬐어 더워지거나 합니다.
21	そこで ①(장소)거기에서, 그곳에서 ②그래서〈접속사〉	・そこで頭をよぎったのが、牛のことだ。 거기서 머리를 스친 것이 소에 관한 일이다. ・彼に言われて、そこで初めて気がついたんだ。 그 사람이 말해 줘서, 그래서 처음으로 깨달았어.
22	そもそも ①도대체, 대저〈접속사〉 ②처음, 애초부터〈부사〉	・みんな「幸せになりたい。」と言うが、そもそも何をもって 幸せとするのだろうか。 모두 '행복해지고 싶어.'라고 말하지만, 도대체 무엇으로 행복이라고 하는 걸까? ・そもそも私の考えが甘かった。 애초부터 내 생각이 안이했다.
23	それが ①그런데〈역접〉 ②그게 말이야〈전환〉	・みんなが反対すると思った。それが、意外にも全員が賛成し てくれた。 모두가 반대할 거라고 생각했다. 그런데 뜻밖에도 전원이 찬성해 주었다. ・この本は最初、全く興味がなかった。それが、読み始めた ら、夢中になってしまった。 이 책은 처음에는 전혀 흥미가 없었다. 그런데 읽기 시작하자 푹 빠져버렸다. ・A「お母様の具合はどう？」 어머님 상태는 어때? 　B「それがあまりよくないんだ。」 그게 말이야, 별로 좋지 않아.
24	それなりに 그런 대로	・マンネリとはいえ、彼の小説はそれなりに面白い。 매너리즘이라고는 하나, 그의 소설은 그런 대로 재미있다.

25	**それを** 그런데, 그런데도	・社員「部長、A社から納期を一週間早めてほしいという連絡 がありました。」 部長「え、納期を決めたのは向こうだろう。**それを**、今に なって急に言われても困るな。」 사원 부장님, A사에서 납기를 일주일 앞당겨 달라는 연락이 왔었습니다. 부장 뭐? 납기를 정한 건 그쪽이잖아. 그런데 이제 와서 갑자기 그렇게 말하면 곤란 한데.
26	**確かに** 확실히, 틀림없이	・A「あの国は世界中で存在感を増したね。」 B「**たしかに**。」 A 그 나라는 전 세계에서 존재감이 커졌네. B 확실히 그래(맞아). ・これらの修飾語は**確か**に食欲を刺激する。 이들 수식어는 확실히 식욕을 자극한다.
27	**ただ** ①단(지), 다만〈접속사〉 ②다만, 그저〈부사〉	・どこへ行ってもいい。**ただ**危ないことはするな。 어딜 가든 좋아. 다만 위험한 짓은 하지 마라. ・君は**ただ**ここにいるだけでいい。 너는 그저 여기에 있는 것만으로 충분해.
28	**どうやら** ①간신히 ②아무래도	・**どうやら**仕事も終わりに近づいた。 간신히 일도 막바지에 가까워졌다. ・**どうやら**うちの猫は、カメラのレンズが怖いようだ。 아무래도 우리 집 고양이는 카메라의 렌즈가 무서운 것 같다. ・表情が明るいところを見ると、**どうやら**うまくいったようだ。 표정이 밝은 것을 보니 아무래도 잘 된 것 같다.
29	**どうりで** 그 때문에, 어쩐지	・道が渋滞している。**どうりで**遅れるはずだ。 길이 막혀 있어. 어쩐지 늦을 만도 해.
30	**とても** 도저히	・**とても**昭和の建物とは思えないほど、今風でおしゃれだった。 도저히 쇼와 시대의 건물이라고는 생각할 수 없을 정도로, 현대적이고 세련돼 있었다. ・1日では**とても**終わりそうもない。 하루에는 도저히 끝날 것 같지 않다.
31	**とはいえ** 그렇다고 하더라도	・**とはいえ**、過剰なコミュニケーション競争は人間関係を 悪くするだろう。 그렇다고 하더라도, 과도한 커뮤니케이션 경쟁은 인간관계를 나쁘게 할 것이다.

32	**なかなか** ①상당히, 어지간히 ②좀처럼, 쉽사리	・ナイアガラの滝はなかなか見事な滝だった。 나이아가라 폭포는 상당히 훌륭한 폭포였다. ・ゆうべは蒸し暑くてなかなか寝つけなかった。 어젯밤은 무더워서 좀처럼 잠들 수 없었다.
33	**なにも(何も)** ①아무것도 ②별로, 굳이, 딱히	・最終日の今日こそ何も起きませんように。 마지막날인 오늘만은 아무 일도 일어나지 않기를. ・少し遅れたぐらいでなにもそんなに怒らなくてもいいだろう。 조금 늦은 정도로 굳이 그렇게 화내지 않아도 되잖아?
34	**なので** 그렇기 때문에	・外は雨だ。なので外出するのはやめにした。 밖은 비가 오고 있다. 그렇기 때문에 외출하는 것은 그만두기로 했다.
35	**(それ)なのに** 그런데도, 그럼에도 불구하고	・みんな最善を尽くした。なのにわがチームは負けてしまった。 모두 최선을 다했다. 그런데도 우리 팀은 지고 말았다.
36	**なんと・なんて**(회화체) 얼마나, 대단히, 참	・富士山頂から見た景色のなんと美しかったことか。 후지산 정상에서 본 경치는 참 아름다웠지! ・なんてかわいい子犬だろう！ 얼마나 귀여운 강아지인가!
37	**なんとも(何とも)** ①참으로, 정말 ②뭐라고, 무엇인지 ③아무렇지도, 아무렇게도 〈부정 수반〉	・なんとも見事なことだった。 참으로 훌륭한 일이었다. ・なんとも説明がつかない。 뭐라고 설명할 수 없다. ・これまで森さんのこと、なんとも思っていなかった。 지금까지 모리 씨에 대해 아무렇게도 생각하고 있지 않았다.
38	**なんら** 아무런, 조금도	・品質にはなんら問題はないと強調した。 품질에는 아무런 문제가 없다고 강조했다.
39	**はたして(果たして)** ①과연, 역시 ②과연, 정말로	・果たして彼は失敗した。 역시 그는 실패했다. ・はたして子どもの読書量は本当に減っているのだろうか。 과연 어린이의 독서량은 정말로 줄고 있는 걸까.
40	**まず** ①우선, 먼저 ②거의, 틀림없이, 어쨌든	・まずは相手の話を聞くようにしてください。 우선은 상대방의 이야기를 듣도록 해 주세요. ・かなり高価で買ったことはまず間違いない。 상당히 비싼 가격에 샀다는 것은 거의 틀림없다.

41	**まるで** ①마치, 꼭 ②전혀, 전연, 통	・彼はまるで「彼女を信用するな」と言うかのように、首を横に振った。 그는 마치 '그녀를 신용하지 마'라고 말하는 것처럼, 고개를 옆으로 흔들었다. ・私はオリンピックにはまるで興味ない。 나는 올림픽에는 전혀 흥미 없다.
42	**もしかしたら** **もしかすると** 어쩌면	・もしかしたら小説を書くことそのものに満足を覚えるようになったかもしれない。 어쩌면 소설을 쓰는 것 그 자체에 만족을 느끼게 되었는지도 모른다.
43	**もっとも** 그렇다고는 하나, 하긴	・息子はかなり恥ずかしがり屋です。もっとも以前ほどひどくありませんが。 아들은 꽤 수줍음을 많이 탑니다. 그렇다고는 하나 이전만큼 심하지 않습니다만.
44	**もっぱら(専ら)** 오로지, 한결같이	・最近はもっぱら推理小説ばかりだ。 최근에는 오로지 추리 소설 뿐이다.
45	**要するに** 요컨대, 결국	・要するに見込みはないってことだ。 요컨대 가망은 없다는 말이다.

4 지시어

지시어에는 다음과 같은 것이 있다.

대명사	これ／それ／あれ／どれ(이것/그것/저것/어느 것)
연체사	この／その／あの／どの(이/그/저/어느)
	こんな／そんな／あんな／どんな(이런/그런/저런/어떤)
장소	ここ／そこ／あそこ／どこ(여기/거기/저기/어디)
방향	こちら(こっち)／そちら(そっち)／あちら(あっち)／どちら(どっち)(이쪽/그쪽/저쪽/어느 쪽)
부사	こう／そう／ああ／どう(이렇게/그렇게/저렇게/어떻게)
	こういう(こういった)／そういう(そういった)／ああいう(ああいった)／どういう(どういった) (이러한/그러한/저러한/어떠한)
	こうして／そうして／ああして／どうして (이렇게 해서/그렇게 해서/저렇게 해서/어떻게 해서(어째서))

	지시어 / 의미	예문
01	**ああいう** 저러한, 그러한(서로 알고 있는 상황)	・「**ああいう**のが一人、部下にいたらなあ」と言った。 '그러한 사람이 한 명, 부하로 있다면 (좋겠군)'이라고 말했다.
02	**ある** 어떤~, 어느~	・私の敬愛する知人の一人が**ある**時言った。 내가 경애하는 지인 중 한 사람이 어느 날 말했다.
03	**あんなに** 저렇게, 저토록, 그렇게(서로 알고 있는 상황)	・**あんなに**きれいな海も、地元の人にしてみれば日常の風景なのだろう。 저렇게 아름다운 바다도, 현지 사람들 입장에서 보면 일상적인 풍경일 것이다.
04	**こうした** 이런, 이러한	・**こうした**最古の装飾は魔除けのために用いられたのだという。 이런 아주 오래된 장식은 마귀를 쫓기 위해서 사용된 것이라고 한다.
05	**こうして** 이렇게 해서	・**こうして**生まれる格差は若年夫婦で群を抜いて大きい。 이렇게 해서 생기는 격차는 젊은 부부에서 아주 크다.
06	**この** 이, 이번	・私の好きな歌手が**この**6月に来日します。 내가 좋아하는 가수가 이번 6월에 일본에 옵니다.
07	**これ以上** 더 이상	・疲れているので、もう**これ以上**歩けません。 지쳐서 이제 더 이상 걸을 수 없습니다.
08	**こんなに** 이렇게(까지), 이토록	・**こんなに**遅くまでどこへ行ってたの？ 이렇게 늦게까지 어디에 가 있었어?
09	**そう** 그렇게, 그리	・**そう**簡単には治らないものだ。 그렇게 쉽게는 낫지 않는 법이다.
10	**そういう** 그러한	・君に**そういう**才能があるとは想像もしなかったよ。 자네한테 그러한 재능이 있다고는 상상도 하지 않았어.
11	**その** 그	・彼は日本を代表する作家で、**その**名は世界にも広く知られている。 그는 일본을 대표하는 작가로, 그 이름은 세계에도 널리 알려져 있다.
12	**それは** ①그것은 ②정말로, 참으로, 매우	・私に対して**それは**ないでしょう。 나한테 그건 좀 아니죠. ・その人は**それは**美しい方でした。 그 사람은 정말로 아름다운 분이었습니다.

13	**それを** 그것을	・A社は決してそれを認めようとはしなかった。 A사는 결코 그것을 인정하려고는 하지 않았다.
14	**そんな** 그런	・そんなのやってみなきゃわかんないよ。 그런 건 해 보지 않으면 몰라.
15	**そんなに** 그렇게(까지), 그토록	・2週間しか借りられないんだから、そんなに絶対読みきれっこないと思ったが。 2주밖에 빌릴 수 없으니까, 그렇게 절대로 다 읽을 수 있을 리가 없다고 생각했는데.
16	**どう～ても** 아무리 ～해도	・どう考えてもさすがに無理ってもんだ。 아무리 생각해도 역시 무리지.
17	**どんな** 어떤	・相手の意見に対して、どんな反論をしようと自由です。 상대방의 의견에 대해 어떤 반론을 하든 자유입니다.
18	**どんなに** 아무리, 얼마나	・夢がかなったらどんなにうれしいことか。 꿈이 이루어진다면 얼마나 기쁠까!

6 N1에서 출제되는 조사

최근 JLPT N1의 공란문제에 조사 문제가 자주 등장하고 있다. 여기서는 시험에 출제된 조사뿐만 아니라
앞으로 출제 가능성이 높은 조사를 예문과 함께 정리해 두었다.

시험에 출제되는 조사 18

	조사 / 의미	예문
01	**~かしら** ~인가	・カフェで勉強していると、誰かしら知り合いが声をかけてくる。 카페에서 공부하고 있으면, 누군가 아는 사람이 말을 걸어온다. ・人は誰でも何かしらのこだわりを持っているものだ。 사람은 누구나 저마다의(무언가의) 고집을 가지고 있는 법이다.
02	**~からしか** ~로부터밖에 (~않다) ~에서만 (~하다)	・信頼は、長い時間からしか得られない。 신뢰는 오랜 시간으로부터밖에 얻을 수 없다. ・この指輪の高級感は、手作りからしか生まれません。 이 반지의 고급스러움은 수제품에서만 생겨납니다.
03	**~きり** ① ~뿐, ~만〈한정〉 ② ~을 마지막으로 〈한도, 한계〉	・あなたと二人きりで話したいことがあります。 당신과 둘이서만 이야기하고 싶은 것이 있어요. ・彼とは仕事で一度会って以来、それっきり会っていない。 그와는 일로 한 번 만난 이후로, 그것을 마지막으로 만나지 않았다.
04	**~すら・~さえ** **・~でさえ** ~조차, ~마저	・その事件は複雑で、警察すら手を出せなかった。 그 사건은 복잡해서 경찰조차 손을 댈 수 없었다. ・そのニュースは衝撃的で、冷静な彼でさえも動揺した。 그 뉴스는 충격적이라 냉정한 그마저도 동요했다.
05	**~ての** ① ~해서의, ~하기에〈원인〉 ② ~해서의, ~한〈수단, 방법〉 ③ ~한 후에, ~하고 나서의 〈순서〉	・先生が厳しく指導するのは、生徒の成長を願ってのことだ。 선생님이 엄격하게 지도하는 것은 학생의 성장을 바라기에 한 것이다. ・インターネットを使っての申請も可能です。 인터넷을 사용한 신청도 가능합니다. ・買い物をしての帰りに本屋に寄った。 쇼핑을 한 후 돌아오는 길에 서점에 들렀다.
06	**~では** ~로는〈조건〉	・作業量が多かったら、半日では足りないと思います。 작업량이 많으면 반나절로는 부족할 것 같습니다. ・海水の酸性化で、生態系に影響が出てからでは遅い。 바닷물의 산성화로 생태계에 영향이 나타난 후에는 늦다.

07	**～でも** ～라도	・虫に刺されでもしたら大変だから、虫よけを忘れないで。 벌레에 물리기라도 하면 큰일이니까, 모기약을 잊지 마. ・宝くじに当たりでもしない限り、そんな大金は手に入らないよ。 복권에 당첨이라도 되지 않는 한, 그런 큰돈은 손에 넣을 수 없어.
08	**～と** ①～로 (삼아)〈목적〉 ②～라고〈인용〉 ③～에도 ～에도(～に ～にと)	・母の日の贈り物にと、きれいな花束を注文した。 어머니의 날 선물로, 예쁜 꽃다발을 주문했다. ・現職議員が脱税を行った疑いがあるなどと報じられた。 현직 의원이 탈세를 한 혐의가 있는 등이라고(있다고) 보도되었다. ・もう少し早く出発していたらよかったのにと思う。 좀 더 일찍 출발했으면 좋았을 텐데 라고 생각한다. ・このバッグは通勤に、旅行にと、いろいろな場面で使える。 이 가방은 통근에도, 여행에도, 다양한 상황에서 사용할 수 있다.
09	**～とでも** ～라고라도〈강조〉	・あなたは私が間違ってるとでも言うのですか。 당신은 내가 틀렸다고라도 말하는 건가요? ・彼が謝ったからって、すぐに許すとでも思っているの？ 그가 사과했다고 해서, 바로 용서할 거라고라도 생각하는 거야?
10	**～に** ①～에〈첨가, 나열〉 ②～로〈상태, 결과〉	・朝食には、トーストにコーヒーといった簡単なもので済ませる。 아침 식사는 토스트에 커피 같은 간단한 것으로 때운다. ・努力して成功した彼を、友だちとして誇りに思う。 노력하여 성공한 그를 친구로서 자랑으로 생각한다.
11	**～には** ～하려면	・試験に合格するには勉強が欠かせない。 시험에 합격하려면 공부를 빠뜨릴 수 없다. ・事故の原因を特定するには詳細な調査をする必要がある。 사고의 원인을 특정하려면 자세한 조사를 할 필요가 있다.
12	**～のでは** ①～인 것은 아닐까 〈추측, 불확실한 내용〉 ②～라면〈조건〉	・現状のままでは、目標達成は難しいのではという不安が広がっている。 현 상태로는 목표 달성이 어려운 것은 아닐까 하는 불안감이 확산되고 있다. ・そんな簡単なこともできないのでは、話にならない。 그런 간단한 것도 못 한다면 말이 안 된다.
13	**～のは** ～하는 것은	・口で言うのは簡単だが、実行するのは難しいものだ。 말로 하는 것은 쉽지만, 실천하는 것은 어려운 법이다.

14	**～のみ** ～만, ~뿐	・会場には招待客のみが入場できます。 행사장에는 초대 손님만이 입장할 수 있습니다. ・大事な決断では、直感のみに頼ってはいけない。 중요한 결단에서는 직감에만 의존해서는 안 된다.
15	**～のも** ~하는 것도	・今日はちょっと休憩を取るのも惜しいくらい、仕事が山積みだった。 오늘은 잠깐 휴식을 취하는 것도 아까울 정도로 일이 산더미였다.
16	**～も** ①~도 〈수량의 강조〉 ②~도 〈대상의 강조〉	・40代も後半となり、中高年と呼ばれる世代になった。 40대도 후반이 되어, 중장년이라 불리는 세대가 되었다. ・冗談にすぎないのに、そんなことで腹を立てる君も君だよ。 농담에 지나지 않는데, 그런 걸로 화를 내는 너도 너야.
17	**～を～で** ~을 ~으로	・夢を夢で終わらせず、実現するために、留学を決意した。 꿈을 꿈으로 끝내지 않고 실현하기 위해, 유학을 결심했다. ・年を取ると冗談を冗談で受け止められないことがあるよ。 나이가 들면 농담을 농담으로 받아들이지 못할 때가 있어.
18	**～をも** ~도, ~까지도 〈대상의 강조〉	・彼は音楽だけでなく、演技をも得意とする才能を持っている。 그는 음악뿐 아니라 연기도 잘하는 재능을 가지고 있다. ・この映画は、映画に興味のない人をも引き込む魅力がある。 이 영화는 영화에 관심이 없는 사람까지도 끌어들이는 매력이 있다.

축약형

① ～でしまう→じゃう / ～てしまう→ちゃう ~해 버리다

・先に食べ物、頼んじゃわないか。お腹がすいててさ。 음식 먼저 시켜버릴까? 배가 고파서 말이야.

・図書館で本を借りてきたけど、うっかり返すのを忘れちゃった。
도서관에서 책을 빌려왔는데, 깜빡하고 반납하는 것을 잊어버렸어.

② ～ておく→とく ~해 두다

・この件については、もう少し考えといて。
이 건에 대해서는 조금 더 생각해 둬.

・A「あ、その資料はまた使うから、捨てないで。」

B「わかった。引き出しの中に入れとくね。」

A 아, 그 자료는 또 쓸 거니까 버리지 마.
B 알았어. 서랍 안에 넣어 둘게.

1 今までは上司の指示が的確に部下に伝わっていた。（　　　） 最近なぜか対立してばかりで雰囲気が悪い部署になってしまった。

　1　それは　　　　　　2　それも　　　　　　3　それか　　　　　　4　それが

2 プロジェクトの進行には、多くの関係者の協力が必要で、1年（　　　） 終わらないだろうと言われている。

　1　とは　　　　　　　2　しか　　　　　　　3　とか　　　　　　　4　では

3 このイベントは （　　　）1回で無くなるかもしれませんので、そこは気をつけてください。

　1　とはいえ　　　　　2　確かに　　　　　　3　もしかしたら　　　4　実は

4 この新しい技術は、今までの産業構造（　　　）根本から変える可能性を秘めている。

　1　こそ　　　　　　　2　ほど　　　　　　　3　をも　　　　　　　4　とを

5 その計画は現在まで発表されていないところを見ると、（　　　） 準備作業だけで終わってしまったようだ。

　1　必ずしも　　　　　2　どうやら　　　　　3　まさか　　　　　　4　仮に

6 会社を辞めた （　　　）、彼はどこで何をしているのか、誰も知らないのが現状だ。

　1　ついでに　　　　　2　きり　　　　　　　3　ほどに　　　　　　4　からには

7 その知らせを聞いたとき、あまりの衝撃に私は言葉（　　　） 出なかった。何が起こったのか、頭が真っ白になった。

　1　すら　　　　　　　2　しか　　　　　　　3　とは　　　　　　　4　だけ

8 去年の調査では、2社に1社が「正社員不足」と答えている。非正規社員では、特に飲食店で8割が人手不足。（　　　）現場は、学生アルバイトが過酷な勤務で回している。

　1　その他の　　　　　2　例の　　　　　　　3　こうした　　　　　4　以下のような

答　1④　2④　3③　4③　5②　6②　7①　8③

9 A「給料上げてくれるって言ったじゃないですか。」

　B「（　　　　）ねえ、うちも不景気でねえ。」

1　ついに　　　　　　　2　しかし　　　　　　　3　いったい　　　　　4　そうやって

10　計画は失敗するのではないかという気がしていたが、（　　　　）その通りになった。

1　仮に　　　　　　　　2　まさか　　　　　　　3　どうにか　　　　　4　果たして

11　息子がしっかり勉強していると思って、私たちはお金を送り続けた。（　　　　）息子と
　　きたら、毎日遊びほうけていたのだ。

1　すると　　　　　　　2　なのに　　　　　　　3　こうして　　　　　4　それどころか

12　健康な体を維持する（　　　　）、毎日バランスの取れた食事をすることと、適度な運動
　　を続けることが大切だ。

1　には　　　　　　　　2　では　　　　　　　　3　とも　　　　　　　4　とて

13　このシステムは、保安のため、特別なパスワードを入力した人（　　　　）アクセス
　　できないことになっている。

1　だけでも　　　　　　2　からしか　　　　　　3　にまで　　　　　4　まででも

14　倉庫で働く社員は新しい機器が入ったら一目散^{いちもくさん}に見に行くタイプが多いが、私は機器
　　には（　　　　）興味がない。

1　二度と　　　　　　　2　たとえ　　　　　　　3　とうとう　　　　4　まるで

15　これは日本人において自分と他者とは分かち難^{がた}く結びついていること、（　　　　）、
　　他者との調和的関係が自己の安定にとって重要であるということとも関係している。

1　もっとも　　　　　　2　しかも　　　　　　　3　すなわち　　　　4　それどころか

16　世間を騒がせたあの事件の犯人は、今もどこ（　　　　）潜んでいるかもしれない。

1　からは　　　　　　　2　とかは　　　　　　　3　かしらに　　　　4　だけなら

답 9②　10④　11②　12①　13②　14④　15③　16③

17 子供は、おもちゃ売り場の前で、新しいおもちゃを買ってほしい（　　　）思って
いるのか、親の服を引っ張った。

1　とでも　　　　　　2　とかは　　　　　　　3　ばかりか　　　　4　までも

18 仕事も軌道に乗ってきた。（　　　）ひとつ相談に乗ってもらいたいことがある。

1　さっき　　　　　　2　一度　　　　　　　　3　必ず　　　　　　4　そこで

19 私は洋服を買うときに、（　　　）手に取ってよく確かめてから買います。

1　というのは　　　　2　実は　　　　　　　　3　それを　　　　　4　ただし

20 今では情報がコンピューター回線を通じて世界中に伝わる。（　　　）ことは昔の人に
は想像もつかなかったに違いない。

1　ある　　　　　　　2　こんな　　　　　　　3　そうして　　　　4　あの

답　17 ①　18 ④　19 ③　20 ②

제 4 장

독해
공략편

문제유형
완전분석
동영상 강의

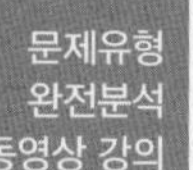

독해요령 알아두기

1 문제유형별 독해 포인트

JLPT N1 독해는 내용이해(단문·중문·장문), 통합이해, 주장이해, 정보검색으로 총 6가지 문제 유형이 출제된다. 문제별 내용은 다음과 같다.

1 내용이해(단문·중문·장문)

내용이해 문제는 주로 생활, 업무, 학습 등 다양한 주제를 포함한 200자 정도의 설명문이나 지시문을 읽고 내용을 이해했는지를 묻는 단문 문제, 신문 평론, 설명문, 수필 등 500자 정도의 텍스트를 읽고 인과관계나 개요, 이유, 필자의 생각 등을 이해할 수 있는지를 묻는 중문 문제, 해설, 수필, 소설 등 1000자 정도의 텍스트를 읽고 개요나 이유, 필자의 생각 등을 이해할 수 있는지를 묻는 장문 문제가 출제된다.

2 통합이해

신문 기사나 칼럼 등의 같은 화제에 대한 두 가지 이상의 글(합계 600자 정도)을 읽고 공통점이나 상이점을 비교하거나, 복수의 텍스트 내용을 종합하여 이해하는 능력을 요구하는 문제이다. 따라서 단순히 글을 읽는 것을 넘어, 두 필자가 같은 주제를 두고 어떤 '태도'를 취하는지를 파악하는 것이 핵심이다.

3 주장이해

사설이나 평론 등의 추상적이고 논리적인 1000자 정도의 장문의 텍스트를 읽고 필자가 전달하려는 주장, 의견을 얼마나 이해했는지를 묻는다. 전체적인 내용이해, 키워드, 논리 전개 등을 파악하는 것이 무엇보다 중요하다. 독해 문제 중에서 난이도가 가장 높은 문제이다.

4 정보검색

광고, 팸플릿, 정보지, 전단지, 비즈니스 문서 등의 정보를 다룬 700자 정도의 텍스트에서 자신에게 필요한 정보를 찾아낼 수 있는지를 묻는 문제이다. 먼저, 질문과 선택지를 읽고 필요한 정보가 무엇인지 파악한 뒤, 텍스트에서 얼마나 빠르고 정확하게 필요한 정보를 파악할 수 있는가가 핵심이다.

JLPT N1 독해에서 출제되는 6가지 문제 유형에는 주로 필자의 생각이나 주장을 묻는 문제, 전체 지문의 내용을 묻는 문제, 밑줄 친 부분의 의미를 찾는 문제, 문맥을 파악하는 문제 등 다양한 유형의 질문이 출제된다.

① 필자 관련 문제

필자의 생각이나 주장을 묻는 문제로, 주로 내용이해(단문·중문·장문), 통합이해, 주장이해 등의 문제 유형에서 출제된다. 필자의 주장을 묻는 경우는 단락이 하나일 경우에는 첫 문장과 마지막 문장, 단락이 2개 이상일 경우에는 마지막 단락을 주의해서 읽는다. 필자가 가장 말하고 싶어하는 주장, 의견, 요점을 나타낸 키워드를 찾는다.

② 의미 파악 문제

밑줄 친 부분에 대한 의미를 찾는 문제로, 주로 내용이해(단문·중문·장문), 주장이해 등의 문제 유형에서 출제된다. 밑줄 친 말의 의미를 확실히 이해한 다음, 앞뒤 문맥을 잘 살펴본다.

③ 내용 파악 문제

지문의 전체적인 내용을 파악하는 문제로, 내용이해(단문·중문·장문), 통합이해, 정보검색 등의 문제 유형에서 출제된다. 문제 유형별로 문제 푸는 요령이 조금씩 다른데, 내용이해의 경우는 먼저 선택지를 읽고 난 후 본문의 내용과 비교하며 선택지를 지워가면서 문제를 푼다. 통합이해의 경우, 공통적으로 언급되는 내용이나 한 쪽에서 언급되는 내용을 먼저 파악하는 것이 중요하다. 그리고 정보검색의 경우에는 질문이 먼저 나오고 지문이 나오므로, 먼저 질문을 읽고 난 다음 질문에서 요구하는 정보를 텍스트에서 재빨리 파악해야 한다.

1 問題 8 내용이해 – 단문

問題8 내용이해 단문은 생활, 업무 등 여러 가지 화제를 포함한 수필이나 설명문, 지시문 등의 200자 정도의 지문을 읽고 내용을 이해했는지 묻는다. 독해 22문제 중 4문제이며, 총 4개의 지문이 나오고, 각 지문당 1문제가 출제된다.

알고 풀자!

① 질문을 먼저 읽어 글의 주제와 키워드를 미리 예측한다.

② '일반론' 뒤의 역접 접속사(그러나 등) 이후가 필자의 진짜 주장이다.

③ '항상, 모두, 절대'와 같은 단정이 포함된 선택지는 오답일 가능성이 크다.

④ 본문 단어 그대로인 선택지는 함정이며, 같은 의미의 다른 표현으로 바뀐 선택지가 정답이다.

예시

問題 8 　次の⑴から⑷の文章を読んで、後の問いに対する答えとして最もよいものを、
1・2・3・4から一つ選びなさい。

⑴

　教師＝話す人、生徒＝聞く人という構造が知らず知らずのうちに教室空間にできあがり、そして固定化してしまうのは恐ろしいことではないかと思う。教師が先取りしてしまうことで、生徒が自分自身で考え、解決しようとする芽をつみとってしまう場合がある。

　いつも話し続けるのがコミュニケーションでない。教師側が沈黙し、「待つ」という行為も時には大切であろう。もう少し話したい、と思うところで一歩ひいてみることで、相手が言おうとすることを引き出すことができるのである。

問題　次の文章を読んで、後の問いに対する答えとして最もよいものを、1·2·3·4から一つ
選びなさい。

工場開設のご案内

　拝啓　初夏の候、貴社におかれましては、益々ご繁栄のこととお慶び申し上げま
す。平素は、格別のご高配にあずかり、誠にありがとうございます。

　さて、この度かねてより秋田県秋田市に建設を進めておりました秋田工場が完成
し、7月1日より運転の運びとなりました。これも皆様のご支援の賜物と深謝して
おります。

　尚、今回完成致しました工場は当社各事業所と高速情報ネットワークで接続されて
おりますので、オンラインで出荷の指示ができます。これにより、ご注文から納品
までの期間を大幅に短縮することが可能になりました。今後も当社は、業務改善と
サービス向上に取り組む所存でございますので、変わらぬご支援を賜りますよう、
心よりお願い申し上げます。甚だ簡単ではありますが、工場開設のご挨拶とさせて
いただきます。

敬具

1　工場開設でどんな変化が生まれたか。

　1　製品生産のスピードアップ

　2　受注から納品までのスピードアップ

　3　輸送のスピードアップ

　4　顧客への連絡のスピードアップ

해석

공장 개설 안내

배계. 초하지절, 귀사 더욱 번창하심을 경하드립니다. 평소 각별한 보살핌을 주신 데 대해 진심으로 감사드립니다.

그런데, 이번에 전부터 아키타현 아키타시에 건설을 진행하고 있었던 아키타 공장이 완성되어, 7월 1일부터 가동할 단계에 이르렀습니다. 이것도 여러분의 지원 덕분으로 깊이 감사드리고 있습니다.

또한 이번에 완성된 공장은 당사 각 사업소와 고속 정보 네트워크로 접속되어 있으므로, 온라인으로 출하 지시가 가능합니다. 이에 따라 **주문에서 납품까지의 기간을 대폭 단축하는 것이 가능해졌습니다.** 앞으로도 당사는 업무 개선과 서비스 향상에 힘쓸 생각이오니, 변치 않는 지원을 해 주시길 진심으로 부탁드립니다. 대단히 간단하지만, 공장 개설의 인사차 보내드립니다.

경구

1 공장 개설로 어떤 변화가 생겼는가?

1 제품 생산의 속도 향상
2 수주에서 납품까지의 속도 향상
3 수송의 속도 향상
4 고객에 대한 연락 속도 향상

해설

질문은 '공장 개설로 어떤 변화가 생겼는지'를 묻는 문제로, 문장 전체의 내용을 파악해야만 풀 수 있다. 이런 유형의 문제는 선택지를 읽은 후 지문을 읽어가면서 틀린 것을 지워가는 것이 문제 푸는 요령이다. 먼저, 1번은 '제품 생산의 속도 향상'이라고 했는데, 지문에서는 생산 능력에 대해서는 언급하지 않았다. 따라서 틀린 내용이다. 2번은 '수주에서 납품까지의 속도 향상'이라고 했는데, 지문에는 '이번에 완성된 공장이 당사 각 사업소와 고속 정보 네트워크로 접속되어 온라인으로 출하 지시가 가능하고, 이에 따라 주문에서 납품까지의 기간을 대폭 단축하는 것이 가능해졌다'고 했으므로 정답이 된다. 3번은 '수송의 속도 향상'이라고 했는데, 배송의 속도 향상이 아니라 온라인에 의한 출하 지시로 주문에서 납품까지의 속도가 향상되었다는 것이므로 틀린 내용이다. 4번은 '고객에 대한 연락 속도 향상'이라고 했는데, 지문에는 고객에 대한 연락 속도 내용은 언급되지 않았으므로 틀린 내용이다.

단어

初夏(しょか)の候(こう) 초하지절 | ～におかれましては ～에 있어서는(～においては의 겸양표현) | ご繁栄(はんえい) 번영 | ～のこととお慶(よろこ)び申(もう)し上(あ)げます ～하시리라 믿으며 축하 인사를 드립니다 | 格別(かくべつ)の 각별한 | ご高配(こうはい) 높으신 배려 | あずかる (혜택 등을) 입다, 받다 | かねてより 전부터, 진작부터 | 運転(うんてん)の運(はこ)び 운용하게 됨(일이 진행되어 그런 단계에 이름) | 賜物(たまもの) 결과물, 결실, 은혜 | 深謝(しんしゃ) 깊이 감사함 | 出荷(しゅっか) 출하 | 納品(のうひん) 납품 | 短縮(たんしゅく) 단축 | 業務(ぎょうむ)改善(かいぜん) 업무 개선 | 取(と)り組(く)む 힘쓰다 | ～所存(しょぞん)でございます ～할 생각입니다 | ～賜(たまわ)りますよう ～해 주시기를 | 心(こころ)より 진심으로, 간절히 | お願(ねが)い申(もう)し上(あ)げます 부탁드립니다 | 甚(はなは)だ 매우, 대단히 | 挨拶(あいさつ) 인사 | ～とさせていただきます ～하는 것으로 하겠습니다

問題8 次の(1)から(8)の文章を読んで、後の問いに対する答えとして最もよいものを、1・2・3・4から一つ選びなさい。

(1)

　秋の夜、静かに耳を澄ますと虫の声が聞こえてくる。月を見ながらの夕涼みに虫の声。日本ならではの風情ある風景である。チンチロリン、リンリン、スイッチョンと可愛らしい鳴き声。日本人は虫の声を心地よく感じている。さらに日本人は虫の声の聞き分けもできる。一方、西洋人には全てが雑音としか聞こえないらしい。同じ音を聞いているのになぜか。人間の脳は右脳と左脳とに分かれている。虫の音をどちらの脳で聴くかという点で日本人と西洋人の違いが現れるのだそうだ。西洋人は虫の音を機械の音や雑音と同様に右脳つまり音楽脳で処理するのに対し、日本人は左脳つまり言語脳で受けとめるのだそうだ。つまり西洋人は音楽として、日本人は声として聞いているということになる。

1　この文は何について書いてあるか。

1　日本人と西洋人の虫に対する感じ方の違い

2　日本人と西洋人の虫の声の聞こえ方の違い

3　日本人と西洋人の耳の構造の違い

4　日本人と西洋人の脳の仕組みの違い

（2）

　オーストラリア産和牛が牛肉市場を席巻しつつある。正真正銘[注1]の日本の和牛の子孫の牛肉である。いわゆる霜降り肉[注2]でとろけるように柔らかい。しかも値段は日本産の和牛に比べて半値に近いから売れない方がおかしい。この和牛ビジネス、オーストラリアでは「WAGYU」として肉ばかりでなく中国を始め世界各国に受精卵の輸出まで始めた。数年後には中国産和牛も商品化されるだろう。和牛は既に日本独自の牛肉ではなくなっているのだ。消費者としては安くておいしい牛肉が食べられるのは嬉しいが、農家の立場を考えると複雑な気持ちになる。

（注1）正真正銘：本物であること
（注2）霜降り肉：脂身が霜のように点々と混じっているので大変柔らかい牛肉

2　本文の内容と合っているのはどれか。

1　数年後には国産の和牛は食べられなくなってしまう。
2　作者は農家のために「WAGYU」を食べるのを躊躇している。
3　「WAGYU」はおいしさと安さを武器にしている。
4　「WAGYU」はオーストラリアで作られた新種の牛肉である。

(3)

> 　ひばり地区（１丁目〜５丁目）の防災を向上させ安全で快適な町を実現するために「町づくり協議会」を設けます。市では協議会設立に向けて町会、商店会の代表者と準備を進めてきました。今回、町会と商店会から推薦された方に加え、居住している方、土地や建物の権利者、事業を営んでいる方から５名のメンバーを公募し、地域バランスなどを考慮し書類選考の上、メンバーを決めたいと思います。皆様のご応募をお待ちしています。

3　誰に応募して欲しいと言っているか。含まれないのは誰か。

1　ひばり地区に引っ越してきたばかりの住民

2　ひばり地区の町会から推薦された地区外の人

3　ひばり地区の建設会社の経営者で隣の市の住民

4　ひばり地区にアパートを所有している隣の市の住民

（4）

> 　蜂が絶滅する時、人間も滅びかねないと言われている。最近授粉の手助けをする蜂が減少して農業が打撃を受けている。授粉用蜜蜂の売買が行われているほどだ。更に進んで授粉用ドローンの開発も行われている。しかしドローンは製造時にも運転時にも絶えずエネルギーを必要とし、ゴミも発生させる。今やるべきなことはドローン製造よりも蜂が生き続けられる環境の整備であろう。それは私達人間のためにもなるに相違ない。

4　「それは」は何を指しているか。

　　1　蜂を育てて増やすこと
　　2　蜂に授粉をさせること
　　3　蜂によい環境を作ること
　　4　ドローンより蜂を使うこと

（5）

> 　日本の水道は水道管や施設が古くてそれを更新するのに莫大な資金が必要です。特に過疎の村は水道料金だけではとても賄いきれません。その解決の手段として開発された設備が2025年にある過疎の村の3分の1の家に付けられました。雨水から飲み水を作り、生活で使った水はまたきれいにしてお風呂や台所の食器洗いや洗濯に繰り返して使います。トイレの水もきれいにしてまたトイレに使います。これは水道管を新しくするのに比べて3割も費用を抑えることができるので大いに期待しています。

（注）過疎：人口が少なくなって地域の経済的な活動も減っていく状態

5　筆者が特に期待していることは何か。

1　水道料金がいらなくなること
2　過疎の村の人口が増えること
3　水道管が安く取り換えられること
4　新しい設備は費用が減らせること

(6)

　日本は20年後には生産年齢人口が激減して全ての職場で働き手が20％も不足するそうだ。それにもかかわらず韓国に比べてデジタル化が遅れている。国や地方自治体に納付する税金や保険料などがまだ紙で行われている場合が多い。紙では納付する人にとっても手間がかかるし、行政も銀行から回ってくる通知書で入金をチェックしなければならないので多大な時間が必要だ。死亡時に必要なたくさんの書類、高校受験の資料なども紙が多い。全く非能率である。少なくとも公共サービスの効率化は急務ではないだろうか。

6　筆者はどうすべきだと言っているか。

1　デジタル化で行政の仕事の能率を高めるべきだ。

2　入金確認ができないから紙の納付は止めるべきだ。

3　労働人口が減る20年以内にデジタル化を進めるべきだ。

4　人手不足解消のために公共サービスで書類をなくすべきだ。

（7）

　　生きる上で必要なものに「有形資産」と「無形資産」があります。誰もがお金などの「有形資産」を蓄える重要性は認識していますが、「無形資産」のほうはあまり顧みられていないようです。でも無形資産には生きる上で必要な友達や家族、知識や経験などあらゆるものが含まれます。健康や生き甲斐などもあります。ですから、こちらのほうが生きる喜びという面では重要です。無形資産が少ない人生は侘しいものです。ですから無形資産を積み上げたほうがいいです。若者は社会人になるとお金を稼ぐことになります。それを貯金などの有形資産を溜めることに向けることも必要ですが、その一部を自分へ投資したらどうでしょうか。

7　なぜ筆者はその一部を自分へ投資したらどうでしょうかと言っているのか。

1　有効にお金を使って有形・無形の資産をバランスよく得られる方法だから

2　生活の基盤を築くとともに精神的にも豊かな生活を得られる可能性があるから

3　有形資産を増やすのは勿論、無形資産を増やすには自分への投資が最もいいから

4　有形資産の重要性は知っているだろうが、無形資産のほうが大切さだと教えたいから

（8）

　高級レストランがおせちなどの宅配サービスを利用するようになった。これは、店の味をほぼそのまま届けられるようになったためだ。品質を落とさず長期保存が可能な液体凍結ができる機械を使う。食品を密閉してマイナス30度の液体アルコールで冷凍すると一般的な空気冷凍の約20倍のスピードで冷凍できて細胞を壊さない。解凍時にドリップもほとんど出ない。だからまるで出来立てのような料理が提供できる。食の保存技術はここまで進化している。

（注）ドリップ：汁

8　どのような冷凍技術か。

1　急速な冷凍で細胞を壊さず、味や食感を保つ技術

2　生の肉や魚をできるだけ新鮮な状態で保つ技術

3　冷凍しても品質の変化を少なくする技術

4　細胞を守るために温度を下げながらゆっくり冷やす技術

# ② 問題 9 **내용이해 – 중문**

問題9 내용이해 중문은 비교적 평이한 내용의 평론, 해설, 수필 등 500자 정도의 지문을 읽고, 문장의 개요나 저자의 생각, 인과관계나 이유 등을 이해했는지를 묻는다. 독해 22문제 중 8문제이며, 총 4개의 지문이 나오고, 각 지문당 2문제가 출제된다.

> **❗ 알고 풀자!**
>
> ① 지문을 다 읽지 말고 문제 하나당 해당 단락 하나씩 매칭하여 순서대로 해결한다.
>
> ② '이것, 그것' 같은 지시어가 나오면 바로 앞 문장이나 단락에서 구체적인 내용을 찾아 대입하며 읽는다.
>
> ③ 밑줄 친 부분의 이유나 의미를 물을 때는 본문의 내용을 더 쉬운 표현으로 바꿔 말한 문장을 정답으로 고른다.
>
> ④ 지문 전체의 주제나 결론을 묻는 마지막 문제는 필자의 요약이 담긴 글의 끝부분에서 정답의 근거를 찾는다.

예시

> **問題9** 次の(1)から(4)の文章を読んで、後の問いに対する答えとして最もよいものを、
> 1・2・3・4から一つ選びなさい。
>
> **(1)**
>
> 　人に従順な飼い犬は、もともとオオカミの仲間を飼い馴らしたものである。（中略）
>
> 　ところが、「人間がオオカミを飼い馴らした」という話には<u>謎が多い</u>。犬が人間と暮らすようになったのは、15000年ほど前の旧石器時代のことであると推測されている。当時の人類にとって、肉食獣は恐るべき敵であった。そんな恐ろしい肉食獣を飼い馴らすという発想を当時の人類が持ち得たのだろうか。しかも犬を飼うということは、犬にエサをやらなければならない。わずかな食糧で暮らしていた人類に、犬を飼うほどの余裕があったのだろうか。また当時の人類は犬がいなくても、狩りをすることができた。犬を必要とする理由はなかったのである。
>
> 　最近の研究では、人間が犬を必要としたのではなく、犬の方から人間を求めて寄り添ってきたと考えられている。犬の祖先となったとされる弱いオオカミたちは、群れの中での順位が低く、食べ物も十分ではない。そこで、人間に近づき、食べ残しをあさるようになったのではないかと考えられているのである。

例題　次の文章を読んで、後の問いに対する答えとして、最もよいものを1・2・3・4から一つ
　　　選びなさい。

　日本の木造の家は30年ぐらいで建てかえられるのが普通です。勿論100年以上前の建物もたくさん保存されています。しかしそれらの建物はそれ自体に歴史的な価値があるものがほとんどです。ですから普通は50年も使われている家を目にすることは滅多にありません。以前カナダで招待された家は60年も経つ古い家でしたが、少しも古く感じられませんでした。ご主人がペンキを塗ったりして常に修理し続けていたからです。しかし現在の日本では自分で修理する人は滅多にいません。修理して長く住み続けるという文化が失われているからです。昔は日本の家は風呂やトイレが離れていたので、家そのものが傷みにくかったのですが、今は全てが家の中にあるので内側から駄目になってきます。木の部分は大丈夫でも配管などが駄目になってしまうということもあります。それで建てかえることになります。ある学者によれば80％の家が修繕可能だそうです。家を建てかえるか修繕するかは持ち主の意識によります。全面修繕は新築より格段に安くなるわけではないので、なかなか修繕して住み続けようという人はいません。しかし家を壊してしまうと、その木が保存していた炭酸ガスが出てしまうのです。地球環境を守る上からも全面修繕を勧めたいです。

1　昔の日本の家と今の日本の家の一番大きい違いは何か。

1　昔の家はなかなか古くならなかったが、今の家は直ぐに古くなる。

2　昔の家は傷みにくかったが、今の家は傷みやすい。

3　昔の家は100年保ったが、今の家は30年しか保たない。

4　昔の家は外から駄目になったが、今の家は中から駄目になる。

2　著者の家の修繕や建てかえに対する意見はどれか。

1　手入れしてなるべく長く住み続けるのがいい。

2　家は自分で修理したほうがいい。

3　全面修繕するより建てかえたほうがいい。

4　家が傷まないように配管などを外にしたほうがいい。

해석

　　일본의 목조 가옥은 30년 정도에 재건축되는 것이 보통입니다. 물론 100년 이상 전의 건물도 많이 보존되어 있습니다. 그러나 그 건물들은 그 자체에 역사적인 가치가 있는 것이 대부분입니다. 따라서 보통 50년이나 사용되고 있는 집을 볼 일은 좀처럼 없습니다. 이전 캐나다에서 초대된 집은 60년이나 지난 오래된 집이었지만, 조금도 낡았다고 느껴지지 않았습니다. 주인이 페인트를 칠하거나 해서 항상 수리를 계속하고 있었기 때문입니다. 그러나 현재 일본에서는 스스로 수리하는 사람은 거의 없습니다. 수리해서 오래 계속 산다는 문화가 사라지고 있기 때문입니다. 옛날에는 일본 집은 목욕탕이나 화장실이 떨어져 있었기 때문에, 집 그 자체가 파손되기 어려웠지만, 지금은 모든 것이 집 안에 있기 때문에 내부부터 못쓰게 됩니다. 나무 부분은 괜찮아도 배관 등이 못쓰게 되어 버리는 경우도 있습니다. 그래서 다시 짓게 됩니다. 어느 학자에 따르면 80%의 가옥이 수리가 가능하다고 합니다. 집을 재건축할지 수리할지는 집주인의 의식에 달려 있습니다. 전면 수리가 신축보다 현격히 저렴해지는 것은 아니기 때문에, 좀처럼 수리해서 계속 살려고 하는 사람은 없습니다. 그러나 집을 부셔 버리면 그 나무가 보존하고 있던 탄산가스가 배출되어 버립니다. 지구 환경을 지키는 측면에서도 전면 수리를 권하고 싶습니다.

1 옛날 일본 가옥과 오늘날 일본 가옥의 가장 큰 차이는 무엇인가?

1 옛날 가옥은 좀처럼 낡아지지 않았지만, 오늘날 가옥은 금세 낡아진다.

2 옛날 가옥은 파손되기 어려웠지만, 오늘날 가옥은 파손되기 쉽다.

3 옛날 가옥은 100년 유지됐지만, 오늘날 가옥은 30년밖에 유지되지 않는다.

4 옛날 가옥은 외부부터 못쓰게 됐지만, 오늘날 가옥은 내부부터 못쓰게 된다.

2 저자의 집 수리나 재건축에 대한 의견은 어느 것인가?

1 손질해서 가능한 한 오래 계속 사는 것이 좋다.

2 집은 스스로 수리하는 게 좋다.

3 전면 수리하기보다 재건축하는 게 좋다.

4 집이 파손되지 않도록 배관 등을 외부로 하는 것이 좋다.

해설

〈질문 1〉은 '옛날 일본 가옥과 오늘날 일본 가옥의 가장 큰 차이점'을 묻고 있다. 1번, 지문에서 얼마나 빠르게 낡아지는가에 대한 언급은 없으므로 틀린 내용이다. 2번, 지문에서 '옛날에 일본 집은 목욕탕이나 화장실이 떨어져 있었기 때문에 집 그 자체가 파손되기 어려웠지만, 지금은 모든 것이 집 안에 있기 때문에 내부부터 못쓰게 됩니다'라고 했으므로 정답이 된다. 3번, '옛날 가옥은 100년 유지됐지만, 오늘날 가옥은 30년밖에 유지되지 않는다'고 했는데, 오늘날 집도 수리하면 계속 살 수 있다. 4번, 오늘날 집이 내부부터 못쓰게 된다고는 했지만, 옛날 집이 외부부터 못쓰게 된다는 언급은 없으므로 틀린 내용이다.

〈질문 2〉는 '저자의 집 수리나 재건축에 대한 의견'을 묻고 있다. 저자는 마지막 부분에 집을 재건축할지 수리할지는 집주인의 의식에 달려 있으며, 전면 수리가 신축보다 현저하게 저렴한 것이 아니라서 수리해서 계속 살려는 사람이 그다지 없다고 안타까워하고 있다. 그러면서 지구 환경을 지키기 위해서라도 전면 수리를 권하고 싶다고 했으므로, 1번 '손질해서 가능한 한 오래 계속 사는 것이 좋다'가 정답이 된다. 2번은 '스스로 수리한다'는 부분이, 3번은 '재건축이 좋다'는 부분이, 4번은 '배관 등을 외부로 하는 것이 좋다'는 부분이 틀리므로 정답이 되지 않는다.

단어

建(た)てかえる 다시 짓다, 재건축하다 | 保存(ほぞん) 보존 | 価値(かち) 가치 | 目(め)にする 눈에 띄다, 보다 | 滅多(めった)に〜ない 좀처럼 〜않다 | 塗(ぬ)る 칠하다, 바르다 | 傷(いた)む 상하다, 파손되다 | 駄目(だめ)になる 못쓰게 되다 | 配管(はいかん) 배관 | 修繕(しゅうぜん) 수선, 수리 | 持(も)ち主(ぬし) 소유자(주인) | 新築(しんちく) 신축 | 格段(かくだん)に 현격히, 눈에 띄게 | 〜わけではない (반드시) 〜인 것은 아니다 | 炭酸(たんさん)ガス 탄산가스 | 〜上(うえ)からも 〜라는 측면에서도

問題9　次の(1)から(6)の文章を読んで、後の問いに対する答えとして、最もよいものを
　　　　1・2・3・4から一つ選びなさい。

(1)

　　最近、サルコペニア肥満に気をつけろと言われている。サルコペニア肥満とは全身の筋肉量が減り、そのために筋力が低下する症状である。主な原因は加齢であるが、無理なダイエットをした若者にも症状は現れる。筋肉量が少なく脂肪が多い体だと痩せた人でもサルコペニア肥満と言われる。しかしその多くはやはり高齢者だ。年齢と共に筋肉が落ちてくるのは自然なことだからだ。老化は足からと言われるが、足が衰えるとどうしても全身の動きが悪くなる。体が動かなくなるし動きたくなくなる。その悪循環で益々症状が進む。しかしたとえ80歳になっても運動することでそれを防ぐことができる。特別に何かをして体を鍛えるのは大変だが、日常生活上のちょっとした工夫で身を守ることができる。例えば料理中や歯磨きなどをするようなときに足を肩幅に広げて膝を軽く曲げた状態を保って立つ。そして体重を右の太ももに10秒間かける。次に同様に左に10秒かける。そして両足の太ももにも10秒間かける。なるべくこの動作を繰り返す。歩くときにも工夫が必要だ。理想的な歩幅は身長×0.45だそうだが、なるべく大股で歩いたほうが普段使わない筋肉を使うことになるのでよい。更に早歩きをするともっとよい。1日10分程度でも効果があるそうだ。

1 <u>その悪循環で益々症状が進む</u>とはどういうことか。

1 無理なダイエットを繰り返すことで、若くても筋肉が減り脂肪が増えてしまうこと

2 加齢によって筋肉量が減ると、足の筋肉が衰えてサルコペニア肥満になること

3 足の筋力が落ちて動くのが困難になると、さらに動かなくなって筋力がもっと低下すること

4 日常生活で体を鍛える工夫をしないため、知らぬ間に症状が悪化してしまうこと

2 サルコペニア肥満を予防するために一番良いのはどれか。

1 太らないように注意すること

2 ダイエットをしないこと

3 筋肉量を落とさないこと

4 なるべく長く歩くこと

（2）

　　経営が苦しい中「観光列車」を走らせる鉄道会社が増えてきた。ＪＲ九州の「ななつ星^{ぼし}」の成功に倣っているのである。2013年に初めて登場した豪華観光列車で車内の豪華さは認めるものの１泊２日コースで１人18万円から、３泊４日コースで１人70万円になる運賃設定に度肝を抜かれた。こんなに高い列車に乗る人がいるのかと訝った^{（注1）}が、蓋を開けてみると予約が抽選になるほどの大人気だった。それは列車が単に移動手段以上の価値が持てることを証明した瞬間であった。その後、日本中を豪華観光列車を始め様々な観光列車が走るようになった。特別料金を取るのが普通で、それが鉄道会社の経営の助けにもなっているようだ。

　　実は既に2011年には阪急電鉄では「京とれいん」という京都の町家をイメージした観光列車を走らせていた。外国人にも評判がよく集客にも役立っている。そのため更に2019年に「京とれいん雅洛」を導入することにした。こちらはもっと凝った内装で、１両ごとに季節を定め、円窓や坪庭、枯山水など、京都の寺社や町家で見られる特徴的な構造を取り入れていて、一度は乗ってみたい列車^{（注2）}となっている。しかも特別料金も取らないのだから本当にお客を喜ばせたいという心意気が感じられる。それが却って集客の役に立っているのかも知れない。

（注1）訝った：不審に思った。怪しんだ
（注2）円窓：まるまど。風や光を取り入れる丸い形の窓

3　①それはのそれは何を指しているか。

1　豪華観光列車が登場したこと

2　運賃設定に度肝を抜かれたこと

3　様々な観光列車が走るようになったこと

4　予約が殺到し、大人気になったこと

4　「京とれいん雅洛」はなぜ②一度は乗ってみたい列車なのか。

1　特別料金がいらないから

2　１両ごとに違う車両だから

3　内装が京都らしい構造だから

4　京都の寺社や町家についてわかるから

(3)

　ビジネスモデルに完璧なものはない。ひところ持てはやされた「ジレット・モデル」もそれを免れることはできなかった。「ジレット・モデル」とはコピー機や印刷機などを売る時に本体を安くして、利益はインクやトナーなどの消耗品で稼ぐ方法である。これは結構有効で製品によってはインクカートリッジの全色４回分で本体が買えるほどの安さで売って、高い消耗品を売りつけるようなこともあった。消耗品で利益を出すのである。

　しかしこれに抗（あらが）うように消耗品の模造品が後を絶たない状況も生じた。そもそも発展途上国では最初からこのビジネスモデルは通用しなかった。消費者は本体を改造して高い消耗品を買わなかったのだ。だからメーカーが対抗手段として全く反対とも言える製品を売り出したのもむべなるかなである。大量インクタンクプリンターを開発して従来機の３倍ほどの価格で売り出したのだ。インク代が10分の１ほどで済むので結局は消費者にとって得になる。これで壊れやすい改造品をも駆逐することができた。このような製品が今では途上国だけでなく欧米にも販路を広げているそうだ。さほど印刷量が多くない消費者に合わせた製品も売り出して、こちらもよく売れているそうだ。どの製品もそうだが、使う人の置かれている状況をよく調査する必要がある。（　　　　）ということの例である。

(注) むべなるかな：なるほど、もっともなことだなあ

5 なぜ改造品が駆逐できたのか。

1　改造品が壊れやすかったから

2　インクが大量に入れられるから

3　改造品を使うメリットがないから

4　新製品が３倍ぐらいの値段だったから

6 （　　　）にどんな文を入れたらよいか。

1　ビジネスモデルは次々と変わっていく

2　どのビジネスモデルを選ぶかが大事だ

3　全てに通用するビジネスモデルはない

4　ビジネスモデルは信用しないほうがいい

（4）

　食糧問題解決のために世界中で種々の研究がなされている。その中で「バイオスティミュラント、BS」つまり生物刺激剤と言われる物質は植物に刺激を与えることで生育を進めたり病気を治したりできることで注目されている。肥料や農薬のような負のイメージがないから尚更だ。肥料や農薬は害虫を駆除したり生育を促進したりできる一方で作物や土壌にダメージを与えることが多い。しかしBSは作物そのものの能力を引き出すだけなのでほぼ悪い影響がなく収穫量も増加するのである。

　特にごみとして捨てられていた物をBSにするという発想で進められてきた研究は興味深い。2022年には赤パプリカの収穫時の残り滓（かす）を使ったBSの開発に成功した。しかしこれがどの作物にどれくらい効果があるのかまだわかっていない。現在は葱（ねぎ）の残滓（ざんし）（注1）のBSの開発に取り組んでいる。葱はある種の害虫を防ぐことができる成分を持つ特別な野菜である。長年の経験からキュウリやナス、トマトなどのそばには葱を植えている（注2）人もいるくらいだ。また葱は他の野菜に比べて出荷時に捨てる皮や根などの残滓が多く約27％が捨てられている。だからこそ成功すれば廃棄されていた葱の大部分が利用できるので期待も大きいのである。

(注1) 残滓（ざんし）：何かをした後に残る物

(注2) 葱を植える：野菜によっては生育が悪くなることがある。

7 なぜ、筆者はBSの利用が良いと考えるのか。

    1   作物や環境によく収穫量も増えるから

    2   作物の収穫が増えてゴミもなくなるから

    3   何も買う必要がないので経済的だから

    4   食糧問題が解決できて人類のためになるから

8 筆者がネギのBSに期待する理由は何か。

    1   残滓の有効利用をするから

    2   葱は捨てる部分が多いから

    3   パプリカより効果があるから

    4   害虫を防ぐ成分を持っているから

　茨城県吹奏楽コンクール県南地区大会に、審査員として参加させていただきました。審査員という大役を務めさせていただける機会はそう多くはありません。今回このような貴重な機会をいただき、大変光栄でした。茨城県吹奏楽連盟の皆さま、県南地区の先生方、そして大会を支えてくださったすべての関係者の皆さま、3日間本当にありがとうございました。温かなおもてなしとご配慮のおかげで、幸せな時間を過ごすことができました。コンクールに向けて真摯に努力してきた子供達の「最初の音」を聴かせていただくのは、何よりの喜びです。県大会へ進む学校も、惜しくも涙をのんだ学校も、吹奏楽を愛する気持ちはみんな同じ。それぞれの経験が、きっとこれからの音楽人生の糧になることと思います。そしていつか、この中から次の世代へ音楽をつなぐ「架け橋」となるような存在が現れることを、心から願っています。もちろん、コンクールには点数がつきます。でも、その点数だけで全てが決まるわけではありません。結果に一喜一憂しすぎず、今の自分たちとしっかり向き合い、次の目標へ向かって歩んでいってほしいと思います。望んだものと違う結果だったとしても、どうか「コンクール＝苦しいもの」ではなく、「また頑張ってみたい」と思える経験として、心に残ったら嬉しいです。ちなみに、県南地区の中学A部は昨年より10校以上の増加だそうで、聴き応えがありました。指導される先生方の熱意でそうなったのだと思います。茨城県は他の地域のレベルも高いので、県大会をどう抜けるのか、これからの演奏も、心から楽しみにしています。

－岡村由香里のFACEBOOKより－

9 筆者が子供たちに対して最も伝えたいことは何か。

1 点数を重視しすぎず、経験を大切にしてほしい。

2 点数は関係なく参加したことだけに満足してほしい。

3 この大会を将来プロになるための通過点にしてほしい。

4 大会は単に発表する場なので他校との比較はしないでほしい。

10 筆者が心から楽しみにしていますと述べているのは、どのような気持ちからか。

1 県大会で優勝することを予想しているから

2 指導者たちの演奏技術を高く評価しているから

3 審査員として再び招かれることを期待しているから

4 子供達のこれからの成長や演奏に希望を抱いているから

（6）

　　パウダースノーで多くの外国人を引き付ける北海道の「ニセコ」は今では外国と見紛うほどの人気スキー場となった。これはパウダースノーに目を付けたオーストラリア人のおかげである。地元の人もパウダースノーの素晴らしさはわかっていたものの、当たり前すぎて<u>売りにしようとは考えなかった</u>のだ。世界一として有名なニュージーランドのテカポの星空と同様である。こちらは一人の日本人の功績である。雪質も星空も外国人のほうがその魅力に気付きやすい。
①

　　ニセコ町から40キロほど離れた岩内町（いわないちょう）のスキー場は、ニセコと同じ雪質であるにもかかわらずスキーヤーを引き付けることができなかった。そこにアメリカ人の助っ人が現れた。コースを整備してスキーヤーを大型雪上車で山の頂上まで運んだ。雪上車で運べる人数は限られるからスキーヤーは自然に<u>前人未到ともいえるコースが滑れる</u>。爽快（そうかい）である。1日10回程度の雪上車利用料が13万円もかかるがそれは払う価値があり、お客は大満足だ。ニセコの混雑にうんざりした宿泊客が40分近くかけてやってくるそうだ。ニセコとは全く違う高級路線を取り少数のお客だけを相手にすることで成功していて、今ではレストランやホテルなど地元にお金を落としてくれるありがたい施設となっている。
②

　　外国人が目利きであったために成功したわけだが、外国人だからと言うわけではない。誰でも経験、知識、観察、比較する力がありさえすれば気付けるのではないだろうか。

11 筆者は地元の人が①売りにしようとは考えなかった理由は何だと言っているか。

1 雪が売れるものとは考えなかったから

2 雪質が素晴らしいとは考えなかったから

3 パウダースノーが外国人に人気があるから

4 雪質がセールスポイントになるとは思わなかったから

12 筆者は②前人未到ともいえるコースが滑れる理由は何だと言っているか。

1 スキーヤーは行かないコースだから

2 最初に滑ることができるコースだから

3 ほとんど人が滑った跡がないコースだから

4 スキーヤーが滑ってはいけないコースだから

問題10 내용이해 장문은 해설, 수필, 소설 등 1000자 정도의 지문을 읽고 개요나 논리의 전개 등을 이해했는지를 묻는다. 독해 22문제 중 3문제로, 1개의 지문에 3문제가 나온다.

알고 풀자!

① 첫 단락(문제 제기)과 마지막 단락(최종 요약)을 먼저 읽어 전체 테마를 파악한다.

② 질문 속 고유 명사나 강조어를 지문 내 '이정표'로 삼아 정답 구간을 빠르게 찾는다.

③ '그러나, 예를 들어' 등 접속사를 통해 각 단락이 주장인지 예시인지 역할을 구분한다.

④ 필자의 주관이나 감정이 담긴 어휘(의문, 한탄, 가치 등)를 찾아 비판적/긍정적 입장을 파악한다.

⑤ 본문에서 언급되지 않은 내용이나 과잉 일반화된 선택지를 지워나가며 정답의 범위를 좁힌다.

예시

問題10　次の文章を読んで、後の問いに対する答えとして最もよいものを、1・2・3・4から一つ選びなさい。

　暮らしの中で身近な木といえば、街路樹と公園の樹木、そして住宅の庭の木あたりでしょうか。いずれも毎日目にはしているものの、あらためて意識することは少ないと思います。でも、例えばこれがすべて枯れてしまったとしたらどうでしょう。なんとも寂しく、無味乾燥な、あるいは何か病気を連想させるようなイメージのまちになってしまうのではないでしょうか。また、昨今は、維持管理の面などから街路樹を植えないまちなどもあるようですが、一見近代的、未来都市的なイメージもしますが、うるおいややすらぎのないまちのようにも見えます。このようにまちの樹木は、実はとても大きな役割を持っています。

　では、この木々たちは、ただ植えるだけ、存在するだけでいいのでしょうか。そうではありません。そこに意味や意義がなければならないのです。わかりやすく言うと、街路樹の樹種(じゅしゅ)を何にするかというようなことです。その土地の植生を踏まえ、その上に歴史性や未来性を重ね合わせる。(注1) 季節の移ろいの中で、人々がその木をどのように眺めながら暮らしていくのか。そんな積み重ねの上にはじめて「ここにはこの木を植えよう」ということになる。それがその木がその場所に存在する意義です。
　　　　　　　①
　住宅の庭木も同じです。単に自分の好みばかりでなく、その木が住宅街の小路をどのよ

問題　次の文章を読んで、後の問いに対する答えとして、最もよいものを1・2・3・4から一つ
　　　選びなさい。

　バラの花は世界中に２万５千種類もある。様々なバラが誕生したのは人工受粉の
繰り返しによる品種改良が続けられたからだ。世界中のバラの育種家が新品種を生
み出す競争を繰り広げている。毎年各地で品評会が開かれているが、2009年のジュ
ネーブ国際バラコンクールで「金のバラ賞」に選ばれたのは、オランダから出品され
た菫に似た香りがする薄紫のバラだった。

　青いバラは英語で不可能という意味で使われている。多くの育種家が挑戦したが全
て失敗に終わった。実はバラには青い色素がないので出来ないのは当然だったのだ。
手に入れられないと余計に欲しくなるのが人情だ。そこでオランダの会社が白いバラ
に染料を吸わせて青いバラを作って売り出した。１本600円ぐらいで他の色より高め
だが結構注文があるそうだ。これは本当に真っ青だ。難点は時間が経つと青い色が茎
から染み出してしまうことだ。しかし造花ではない本物の生きたバラだ。

　2004年にこれとは全く違う本物の青いバラが生まれた。人工受粉ではない。日本
とオーストラリアの共同開発で青色の遺伝子を組み込むことに成功したのだ。青い
バラを作ることは大変困難で、研究途中で1999年には青いカーネーションの開発に
成功したが、その後青いバラが完成するまでに14年もかかり、更に発売までになん
と５年も待たなければならなかった。2009年に６千本を１本２千円ほどで発売した
が直ぐに完売となった。現在増産体制に入ったが、世界市場を目指すにはまだ時間
がかかりそうだ。

　実はこの青いバラは確かに青い色素が含まれている本物だが、見た目は青と言う
より紫に近い。ただその色が何とも上品で見る人を感動させる。私はもうこれで十
分だと思うが、将来もっと青いバラが誕生するかもしれない。このような地上には
ない物を創造することは生態系を壊すと危惧する人もいる。カーネーションは花粉
をほとんど作らないし、青いバラは青色遺伝子が花粉にないので量産し市販しても
問題が起きない。しかし遺伝子組み換えで作った新種が自然界の他の種に影響する
可能性もある。当然開発は慎重に進めなければならないし、自然界へ影響するよう
なことは絶対に避けなければならない。しかし人間の欲望には限りがなく、今は百

合や菊などの他の花でも青い花を作りだそうとしている。

　私自身はどうしても青いバラを手に入れたいという欲望もなく、自然の花で十分だと考えている。研究者たちの探求心も理解できるが、ただ自然界に影響を与えるのではないかとの不安が拭いきれない。

(注) 危惧する：恐れる、不安になる

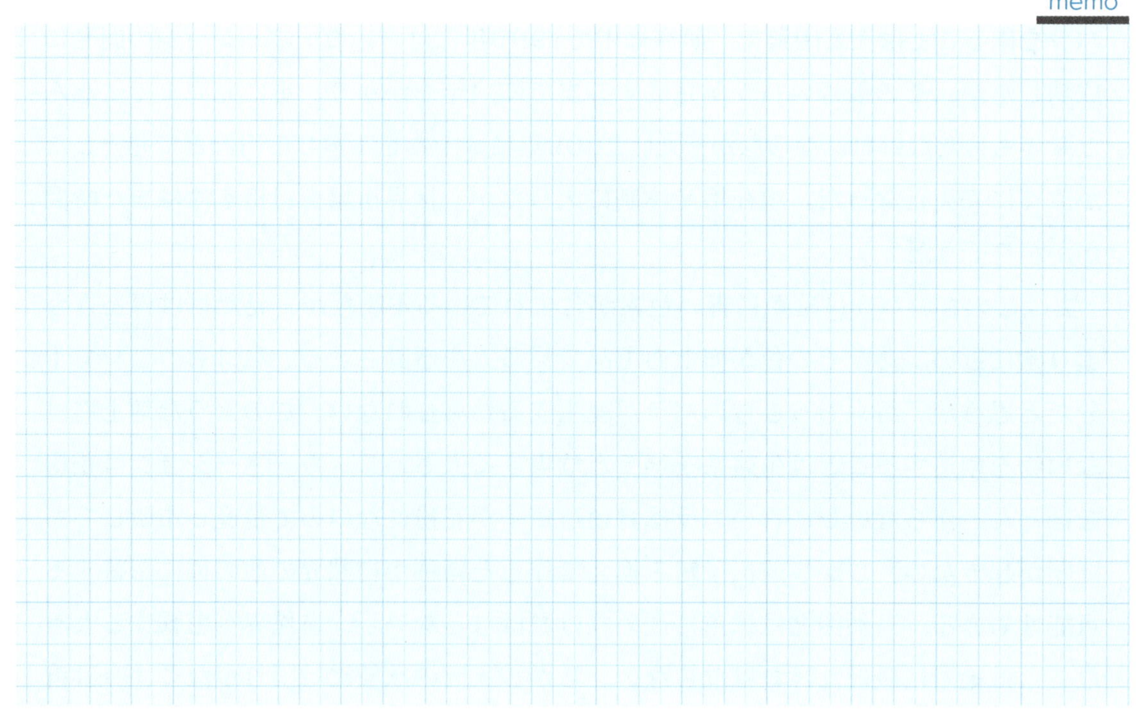

1 新品種のバラの開発についての説明はどれか。

1　今まで人工受粉によって数多くの新品種が生まれた。

2　人工受粉でのみ新品種は作られている。

3　遺伝子組み換えの青いバラ誕生後は新品種の開発が減った。

4　遺伝子組み換え以外の新品種の開発は難しい。

2　2種類の青いバラの違いは何か。

1　生花か造花か　　　　　　　　　2　販売できるかどうか

3　増産ができるかどうか　　　　　4　青い色素があるかどうか

3　青いバラの完成に対する著者の意見でないのはどれか。

1　青いバラが紫っぽくてももう十分だ。

2　研究者が研究を極めたいと思うのは当然だ。

3　遺伝子操作が自然界に影響してはならない。

4　色々なバラを作り出してほしい。

해석

장미꽃은 전 세계에 2만 5천 종이나 있다. 다양한 장미가 탄생한 것은 인공 수분의 반복에 의한 품종 개량이 계속되었기 때문이다. 전 세계의 장미 품종 개량가가 신품종을 만들어내는 경쟁을 펼치고 있다. 매년 각지에서 품평회가 열리고 있는데, 2009년의 제네바 국제 장미 콩쿠르에서 '금 장미상'으로 뽑힌 것은 네델란드에서 출품된 제비꽃과 비슷한 향기가 나는 옅은 자주빛 장미였다.

파란 장미는 영어에서 불가능이라는 의미로 사용되고 있다. 많은 품종 개량가가 도전했지만 모두 실패로 끝났다. 사실 장미에는 파란 색소가 없기 때문에 불가능한 것은 당연했던 것이다. 손에 넣을 수 없으면 괜히 더 갖고 싶어지는 것이 인지상정이다. 그래서 네델란드의 회사가 흰 장미에 염료를 흡수시켜 파란 장미를 만들어 팔기 시작했다. 한 송이에 600엔 정도로 다른 색보다 조금 비싸지만 주문이 꽤 있다고 한다. 이것은 정말로 새파랗다. 단점은 시간이 지나면 파란색이 줄기부터 배어 나온다는 것이다. 그러나 조화가 아닌 진짜 살아 있는 장미이다.

2004년에 이것과는 전혀 다른 진짜 파란 장미가 만들어졌다. 인공 수분이 아니다. 일본과 호주의 공동개발로 파란색의 유전자를 넣는 데 성공한 것이다. 파란 장미를 만드는 것은 매우 어려워서 연구 도중에 1999년에는 파란 카네이션의 개발에 성공했지만, 그 후 파란 장미가 완성되기까지 14년이나 걸렸고, 게다가 발매까지 무려 5년이나 기다리지 않으면 안 되었다. 2009년에 6천 송이를 한 송이 2천 엔 정도에 발매했지만 금세 완판되었다. 현재 증산 체제에 들어갔지만, 세계 시장을 목표로 하기에는 아직 시간이 걸릴 듯하다.

사실 이 파란 장미는 확실히 파란 색소가 들어가 있는 진짜지만, 겉보기에는 파랑이라기보다 자주색에 가깝다. 단 그 색이 정말이지 품위 있어 보는 사람을 감동시킨다. 나는 이제 이것으로 충분하다고 생각하지만, 장래에 더욱 파란 장미가 탄생할지도 모른다. 이와 같은 지상에는 없는 것을 창조하는 일은 생태계를 파괴한다고 염려하는 사람도 있다. 카네이션은 꽃가루를 거의 만들지 않고, 파란 장미는 파란색 유전자가 꽃가루에 없기 때문에 양산하여 시관해도 문제가 일어나지 않는다. 그러나 유전자 조작으로 만든 신종이 자연계의 다른 종에 영향을 줄 가능성도 있다. 당연히 개발은 신중하게 진행해야 하며, 자연계로 영향을 주는 일은 절대로 피하지 않으면 안 된다. 그러나 인간의 욕망에는 한계가 없어서 지금은 백합이나 국화 등의 다른 꽃에서도 파란 꽃을 만들어내려 하고 있다.

나 자신은 어떻게든 파란 장미를 손에 넣고 싶다는 욕망도 없고, 자연의 꽃으로 충분하다고 생각하고 있다. 연구자들의 탐구심도 이해할 수 있지만, 단지 자연계에 영향을 주는 것은 아닐까 하는 불안감을 떨칠 수 없다.

(주) 危惧する : 두려워하다, 불안해지다

---

1 신품종 장미 개발에 대한 설명은 어느 것인가?

  1 지금까지 인공 수분에 의해 수많은 신품종이 생겨났다.
  2 인공 수분으로만 신품종은 만들어지고 있다.
  3 유전자를 조작한 파란 장미 탄생 후에는 신품종의 개발이 줄었다.
  4 유전자 조작 이외의 신품종 개발은 어렵다.

3 파란 장미의 완성에 대한 저자의 의견이 아닌 것은 어느 것인가?

  1 파란 장미가 자주색 같아도 이미 충분하다.
  2 연구자가 연구를 끝까지 하고 싶다고 생각하는 것은 당연하다.
  3 유전자 조작이 자연계에 영향을 주어서는 안 된다.
  4 다양한 장미를 만들어냈으면 한다.

2 두 종류의 파란 장미의 차이는 무엇인가?

  1 생화인가 조화인가
  2 판매 가능한가 아닌가
  3 증산이 가능한가 아닌가
  4 파란 색소가 있는가 없는가

〈질문 1〉은 신품종 장미 개발에 대한 설명으로 올바른 것을 묻는 문제이다. 첫 번째 단락에서 전 세계적으로 장미꽃은 2만 5천 종이 있고, 이런 다양한 장미가 탄생한 것은 인공 수분(사람이 직접 수술의 꽃가루를 암술에 묻혀 수정시키는 것)의 반복에 의한 품종 개량이 계속되었기 때문이라고 했다. 이것과 관련 있는 1번 '지금까지 인공 수분에 의해 수많은 신품종이 생겨났다'가 정답이 된다.

〈질문 2〉는 두 종류의 파란 장미의 차이를 묻는 문제이다. 지문에서는 파란 색소가 없는 장미를 파란 장미로 만들기 위해, 흰 장미에 염료를 흡수시켜 만든 파란 장미와 장미에 파란색 유전자를 넣어 유전자 조작으로 만든 파란 장미에 대해서 설명하고 있다. 따라서 이 두 종류의 파란 장미의 차이는 파란 색소가 있는가 없는가이므로 정답은 4번이 된다.

〈질문 3〉은 파란 장미의 완성에 대한 저자의 의견이 아닌 것을 묻는 문제이다. 저자는 유전자 조작에 의한 파란 장미가 보기에는 파랑이라기보다 자주색에 가깝다고 하면서도 이것으로 충분하다고 생각한다고 했다(①). 또한 유전자 조작으로 만들어진 신종이 자연계의 다른 종에 영향을 줄 가능성이 있으므로, 개발은 신중하게 진행되어야 하고 자연계로 영향을 줄 수 있는 것은 절대로 피해야 한다고 했다(③). 그리고 마지막 단락에서 자연의 꽃으로 충분하다고 하면서 연구자들의 탐구심도 이해할 수 있다고 했다(②). 따라서 이런 저자의 의견과 다른 4번 '다양한 장미를 만들어냈으면 한다'가 정답이 된다.

단어

人工(じんこう)受粉(じゅふん) 인공 수분 | 品種(ひんしゅ)改良(かいりょう) 품종 개량 | 育種家(いくしゅか) 육종가(품종을 기르고 만드는 사람) | 繰(く)り広(ひろ)げる (경쟁 등을) 펼치다 | 品評会(ひんぴょうかい) 품평회 | 出品(しゅっぴん)される 출품되다 | 菫(すみれ) 제비꽃 | 色素(しきそ) 색소 | 余計(よけい)に 더욱, 괜히 | 人情(にんじょう) 인지상정(사람의 마음) | 染料(せんりょう) 염료 | 高(たか)め 조금 비쌈 | 難点(なんてん) 난점, 결점 | 染(し)み出(だ)す 배어 나오다 | 造花(ぞうか) 조화(가짜 꽃) | 遺伝子(いでんし) 유전자 | 組(く)み込(こ)む 넣다, 삽입하다 | 〜途上(とじょう)で 〜하는 도중에 | 完売(かんばい) 완판, 매진 | 増産(ぞうさん)体制(たいせい) 증산 체제 | 上品(じょうひん)だ 고상하다, 품위있다 | 創造(そうぞう) 창조 | 生態系(せいたいけい)を壊(こわ)す 생태계를 파괴하다 | 危惧(きぐ)する 걱정하다, 염려하다 | 市販(しはん)する 시판하다 | 〜かねない 〜할지도 모른다 | 慎重(しんちょう)に 신중하게 | 避(さ)ける 피하다 | 探求心(たんきゅうしん) 탐구심 | 〜との 〜라는 | 不安(ふあん)を拭(ぬぐ)う 불안을 떨쳐버리다 | 〜きれない 다 〜할 수 없다 | 組(く)み換(か)え 조작 | 生花(せいか) 생화 | 研究(けんきゅう)を極(きわ)める 연구를 끝까지 하다(깊이 파고 들다) | 操作(そうさ) 조작 | 〜てはならない 〜해서는 안 된다

問題10　次の(1)から(6)の文章を読んで、後の問いに対する答えとして、最もよいものを
　　　　1・2・3・4から一つ選びなさい。

(1)

　　日本人は昔から言葉遊びが好きだ。詩の形式の一つである「和歌」では1つの言葉に
2つ以上の意味を持たせる「掛詞」という技法が使われた。掛詞は表面上の意味の他
に隠された意味を持たせることができる。日本語は同音異義語が多いのでこのよう
なことができるのだ。「花の色はうつりにけりな、いたづらにわが身世にふるながめ
せしまに」という小野小町(9世紀の女流歌人)の有名な和歌がある。この和歌の「なが
め」には「長雨」と「眺め」、また「ふる」には「降る」と「経る」の意味がある。だからそれ
ぞれ前者の意味で訳すと「美しい花の色はいつの間にか色がさめてしまったわ。むだ
に長雨が降っていた間に」となり、後者なら「私の顔だちも最もいいときは過ぎてし
まったわ。つまらないことをあれこれ考えている間に」となる。このように昔から言
葉を洒落て使うのが粋だと思われていた。
　　言葉遊びの1つに「回文」がある。回文は前から読んでも後から読んでも同じ言葉に
なる。「新聞紙」はこれに当たる。「竹藪焼けた」も有名だ。「ぎなた読み」というのも
ある。言葉や文の区切りを間違えたり、わざと違えて読んだりすることだ。有名な
のは「ここではきものをぬいでください」だ。「ここで、はきものを脱いでください」
あるいは「ここでは、きものをぬいでください」になる。「履き物」と「着物」では大違
いだ。間違えたら笑い事ではない。同音異義語では面白い話が伝わっている。「と
んちの一休さん」の話だ。一休さんを困らせたい人が橋のそばに「このはしわたるべ
からず」と書いた立て札を立てた。これで一休さんは橋を渡れないだろうとワクワ
クして見ていた。しかし一休さんは気にせず渡ってしまった。「どうして渡ったの
だ」と聞くと「端ではなく真ん中を渡ったのです」ととんちで答えたという楽しい話
だ。「語呂合わせ」もある。語呂合わせというのは言葉を似たような音の他の言葉に
換えたり、数字に連想される音を当てはめて意味がある言葉や文にしたりすること
だ。遊びの面もあるが、実用的に使われることが多い。特に数字を覚えるのに便利
だ。1192なら「いいくに」などと言って覚える。神社で「ご縁」があるようにと「5円」

玉を賽銭箱^{（注2）}に入れる人も多い。また反対に縁起が悪いと言葉を換えて使うこともある。語呂合わせではないが果物の「梨」をわざわざ無しの反対の「有りの実」と言ったりするのも面白い。このほかにも日本には様々な面白い言葉の使い方がある。

(注1) 粋：言うことや態度、趣味などが洗練されていること
(注2) 賽銭箱：神社や寺のお参りする場所の前に置いてあるお金を入れる箱

1　「掛詞」とは何か。

　　1　日本の古い歌を作るときに使われた違う意味を持つ言葉の使い方

　　2　同じ意味の違った言い方の言葉

　　3　1つの文に2つ以上の意味を持たせる歌

　　4　同音異義語を使って隠れた意味を持たせる言葉の技法

2　次の中で他とは違う「語呂合わせ」はどれか。

　　1　2月9日は肉の日

　　2　3月3日は耳の日

　　3　4月18日はよい歯の日

　　4　11月1日は犬の日

3　この文の内容を表しているのはどれか。

　　1　日本語の使い方

　　2　日本語の面白い言葉

　　3　日本語の面白い使い方

　　4　同音異義語

（2）

　　人はやはり人を求めているのかもしれない。最近、共同生活に人気があるのだ。日本がまだ貧困にあえいでいたころ、親元を離れた地方出身の多くの若者は下宿に住んでいた。食事付きの下宿もあったが、下宿は一般的には家賃が安いのが取り柄だが、トイレや台所は共同で使う決して環境が良いとはいえないただの共同住宅だった。当時は風呂さえない下宿が多く、隣の部屋の住人と一緒にお風呂屋に行くことも珍しくなかった。一緒に住むことはもめ事の原因にもなるが、そこで一生の友達ができたという話も良く聞いた。しかし当時多くの若者は早くこのような環境から抜け出して自分だけの空間を確保したいと望んでいた。だから日本の景気が上向くにつれ、下宿は消え去る運命を辿った。

　　同様に消えていったものに社員寮がある。安い費用で暮らせるしほとんどの寮は食事も提供していたので、多くの若い社員はそこで暮らしていた。しかし社員寮も前述のような理由で多くの空き部屋を抱える羽目になった。そして都会には狭いながらも独立したトイレ・バスつきのアパートが所狭しと出現するようになった。

　　しかし、最近また人と一緒に過ごすことを求める若者が増加しているようだ。シェアルーム・シェアハウス・ゲストハウスなど呼び方は異なるが、いずれも赤の他人と共同生活する場所だ。安さやアパートを借りるときの様々な煩わしさを避けるためにこのような住まいを選ぶ人もいる。真っ暗な部屋に帰宅したくない人もいる。時には女性の一人暮らしで危険な目にあったので引っ越してきたと言う人もいる。一人は寂しいからと言う人もいる。以前との違いはわざわざ住人同士が交流できるような空間、あるいは行事などが設けられている共同住宅が多いことだ。リビングあるいは食堂でいろいろな人と過ごすことができる。雑多な人が集まるから、普通の生活では決して出逢わなかったような人と知り合えるのも楽しみの一つだ。様々な人の体験を聞いたり、意見を交換したり、当然集団生活のマナーも養うことができるし、コミュニケーション能力も磨ける。それに一人になりたいときは自分の部屋に引きこもることもできる。人との距離感がほどほどで良いのだ。中には同じ目的の住人だけを募る共同住宅もある。ミュージシャンやファッションデザイナー、漫画家やイラストレーターなどそれぞれの分野の卵たちが一緒に暮らすことは互いに刺激して思わぬ効果を<u>生み出す</u>こともあるそうだ。
①

　勿論、共同生活は良いことばかりではない。誤解や喧嘩もあって、苦しい立場に立たされることもあるだろう。しかし補って余りある何かが人々を引きつけているのではないだろうか。
②

4　①思わぬ効果を生み出すとあるが思わぬ効果ではない例はどれか。

1　忙しいときに代わりに食事を作ってもらう。

2　同じ目標を持っているので自分も頑張ろうと思う。

3　作品の作成過程で的確な助言をもらう。

4　一緒に作品を作りあげることができる。

5　②補って余りある何かとは何か。

1　良いことほど嫌なことがないこと

2　良いことと嫌なことが同じぐらいあること

3　嫌なことを帳消しにしてくれる良いこと

4　良いことよりもめ事など嫌なことが多いこと

6　共同生活に対する作者の考えはどれか。

1　コミュニケーション能力を養う一番よい場所である。

2　絶えず人と一緒に過ごせるから寂しくない。

3　会話を通じて友達がたくさんできる。

4　共同生活は悪い点もあるが魅力的なようだ。

(3)

　子供のころ新聞の求人欄で「細面」という漢字がずらっと並んでいるのを見て、やっぱりどこの会社も細面、つまり美人を採用したいんだなと勘違いした。詳しいことは会ってからという「委細面談」の略だと知ったのは結構大人になってからだった。笑い話のような話だが、実は狭い広告欄にできるだけ多くの情報を詰め込むための略語だったのだ。

　日本人は昔から略語をたくさん作ってきた。「細面」は違うが略語は組み合わされた言葉のそれぞれの頭を取って作られた物が大半だ。それで十分意味が通じた。例えば「断トツ」は断然とトップ、「電卓」は電子式卓上計算機、「省エネ」は省力エネルギー。これらは既に元の語彙が不明なほど浸透している。アルファベットもある。日本放送協会はNHKとして周知されていて、正式名のほうが霞んでいる有様だ。
①

　また「サ」や「パ」という一文字のカタカナ略語もある。「500円(税サ込)」は税金・サービス料・込み、「鍋パ」は鍋パーティー、「サ高住」はサービスつき高齢者住宅という意味である。これらは文字で見れば想像が可能だが音だけ聞いたのでは全く何のことだかわからないだろう。略語が新語として独り歩きするには、「ポケットモンスター」の略である「ポケモン」のように、多くの人に認識され使われるようにならなければならない。「鍋パ」は新語として話言葉でも使用される可能性は高いが、残りの2つは新語誕生とまでは言えず、書き言葉でのみ使用されるに留まるに違いない。私は「国連」が国際連合の略だと知った時、じゃ「国際連盟」はどうするんだと考えるようなへそ曲がりの子供だったが、今ではそれがよく理解できる。
②

　現代人は多忙である。短時間にメールでやり取りしなければならない。だから短文の中に多くの情報を入れようとするのでどんどん便利な略語を使用するようになった。「了解→りょ→り」という略語があるが「り」は究極の略語だと思う。

　新し物好きの若者たちは遊び心溢れる様々な略語を使用している。「あね」と書かれていてもお姉さんのことではない。「あ〜なるほどね」という中抜きの略語だ。「乙」は「おつ」という音から「お疲れ様」の意味で使う。これらの略語はまだ一般にまで浸透していない。これらは今の段階ではメールの中だけで使用される語彙に留まる可能性が大だろう。

> 　今後も文字の入力の省力化が進み略語が益々創られていくのは確かだ。どんな略語
> が創作されるかわからないが、ちょっとほっとするような言葉や笑えるような言葉が
> 作られないかなあと思うのである。

7　①正式名のほうが霞んでいるとはどういう意味か。

1　日本放送協会という名称は消えている。

2　今はNHKという名称が席巻している。

3　日本放送協会よりNHKのほうが好きだ。

4　NHKという名称はほとんど使われなくなっている。

8　②それは何を指しているか。

1　「国際連盟」に略語が作られなかったこと

2　「国連」は既に周知されていた言葉になっていたこと

3　「国際連合」も「国際連盟」も「国連」でよいということ

4　「国連連合」が「国際連盟」より多くの人に知られていたこと

9　作者の意見はどれか。

1　遊び心がある略語が広まってほしい。

2　略語は実用的なので短ければ短いほどよい。

3　誰にでも意味がわかる略語でなければ役に立たない。

4　略語には実用性が必要だが、楽しい略語もできるといい。

（4）

　海水でも淡水（たんすい）でもない「好適環境水（こうてきかんきょうすい）」は「第3の水」と言われ、魚が大きく育つと言われている不思議な水です。これは海水から魚に不要な物を取り除いた成分で作られています。魚にとって必要な成分はナトリウムやカリウム、カルシウムなどだと判明しています。ですからその粉末を真水（まみず）に混ぜて作ります。塩分濃度は海水の3分の1以下にした魚の体内と同じ1％です。つまり魚が自分で塩分の調節をする必要がないのでストレスがかからないから早く大きく成長します。例えば、ヒメマス（淡水魚）を第3の水で育てたら、1年で淡水で育てた魚のおよそ倍の大きさになりました。バナメイエビも普通は約5か月かけて成長するところを第3の水なら3か月で生長させることができたそうです。取り扱いも簡単で、真水にまぜるだけですから、どこでも山の中でも魚が育てられます。また海水よりかなり塩分の濃度が低いので排水しても環境破壊がほとんどないことも大変いい点です。それに海水魚と淡水魚を同じ水槽で育てることもできるので大変便利です。これで育てた「うなぎ」を販売したところ、普通のうなぎより肉も厚いし、臭みがなくておいしいと大変評判がよく毎年心待ちにしているお客さんがいてアッという間に売り切れてしまうようになりました。普通、養殖では病気を防ぐために薬を使うことが多いですが、この水なら病気になりにくく生存率が高いので薬も必要ではないです。また、水に匂いがないし、泥臭さもないので食べやすいウナギができたそうです。しかも絶えず育てることができます。

　この水で養殖された魚はアニサキスなどがいないので生で食べても安全です。今いろいろな魚に試しているところですが、マグロやフグでも成功していますし、養殖が難しいと言われている紅鮭（べにざけ）の養殖もできるようになりました。さらに美味しくて売れる様々な魚ができるように研究を続けています。現在、カンボジアではバナメイエビの養殖に使われていますし、海がないモンゴルでも海水魚のハタの養殖ができるようになりました。「どこでも」養殖を目指しているこの水は世界中の海がない国から期待されています。

(注１) 淡水：川や地下水など塩分をほとんど含まない水
(注２) 真水：塩分や何かが混ざっていないきれいな水
(注３) アニサキス：長さ２〜３㎝ほどの白い糸のような虫。激しい腹痛、吐き気や吐いたり
する。

10　「好適環境水」はどうして海水魚、淡水魚の両方を育てられるのか。

1　真水を塩分濃度１％にした水だから

2　海水の濃度を３分の１にして作った水だから

3　魚の体内と同じ１％の成分を入れた海水だから

4　必要な成分を入れて塩分濃度を１％にした水だから

11　筆者は「好適環境水」の利点は何だと言っているか。

1　どこでも短期間で大きく育つこと

2　どんな魚の養殖にも使えること

3　死なないので薬がいらないこと

4　排水で全く環境を破壊しないこと

12　筆者は紅鮭の養殖もできるようになりましたにはどんな意味があると推測しているか。

1　今後、紅鮭の養殖が最も増えるだろう。

2　今後、他の魚も成功する可能性が高いだろう。

3　今後、この養殖技術が認められるようになるだろう。

4　今後、他の養殖方法でも紅鮭の養殖を試すようになるだろう。

（5）

　就職してまもなくのこと、課長の不在中に電話がかかってきた。課長は留守だと伝えて用件を尋ねると「誰か、男の人はいないのか。男の人を出して」と言われた。それが私が初めて受けた男女差別だった。私は子供の頃から女だからとあからさまに差別されたことがなかったのでショックを受けた。我が家は私は大卒だが、弟はシェフでレストランを経営している。幼い時から料理好きだった弟がその道に進むのを誰も反対しなかった。母も父の仕事を手伝っていたから、「男は外で仕事、女は家庭を守る」という一般的な家とは違っていた。

　また学校でも差別されたことはなかった。当時多くの学校ではクラスの代表は男が委員長、女が副委員長だったらしいが、私が通っていた学校ではたくさん投票された人が委員長、次点の人が副委員長だった。高校は女３人に対して男は１人しかいない女子高で、当然女性が強く、入学当時の生徒会の会長は女性、副会長は男性が務めていた。だから女がトップになれないと思ったことはなかった。大学も進歩的な学生が多かったので、女だからと差別されたことはなかった。でもこんなことがあった。大学闘争で８か月間学校が学生によってロックアウトされた時、泊まり込みは男子学生がするので女子学生に何か食べ物を差し入れてほしいと男性が言った時に、それは女性差別じゃないかという声が上がったのだ。進歩的な男性にも刷り込まれたジェンダーバイアスが表に出た瞬間だった。それは無意識だからこそ根強く厄介なものだと言える。結局、泊まり込みは男性がしたがそれにとらわれた私たちは差し入れができない心境になった。今思えばできる人がすればよいことだったが若かったゆえにできなかった。これが私がジェンダーギャップを感じた初めてのできごとだったが、いつの間にか忘れていた。私は会社でショックを受けてから、仕事に関する資格を取って仕事ができることを示すことにした。その後女性だからといって仕事上で差別されたことは記憶にない。また、転職後の仕事のどれもが資格が必要だったり男女に関係なく能力だけで測れる仕事だったりしたのも幸いだった。

　私の時代から何十年も経っているのでジェンダー格差は消滅しているのかと思いきや、現在でも日本はジェンダーギャップ指数で2024年は148カ国中118位に留まっている。特に政治・経済の面での格差が大きい。先進国の中でも女性の政治家が非常に少なく、国会議員に占める女性の割合は19％程度。また、経済でも企業の上層部（管理職や役員）における女性の割合も低く、いまだに「ガラスの天井」が存在している。現在、国は従業員数301人以上の企業に対し、女性管理職の割合を公表する義務を課す方針を示していてこの施策は約１万8000社に影響し、女性管理職が増える可能性を高めると言われている。これにより嫌々女性の力を使うのはもったいない。ただでさえ世界から取り残されつつある日本を立ち直らせるためには遅れている政治・経済にクォータ制を取り入れてでも格差を取り除いたほうがいい。それなくして日本の復活はないと思われる。

(注１) ジェンダーバイアス：性別に基づいた偏見や固定観念のこと
(注２) ガラスの天井：特に女性が社会的・組織的に出世する際に、目には見えないが存在する障害や限界のこと

13 筆者はなぜ電話の対応でショックを受けたのか。

1　初めて女性は駄目だと言われたから
2　初めて女性という理由で拒否されたから
3　社会に出て初めて性差別があると知ったから
4　初めて自分ができないことがあると知ったから

14 それは何を指しているか。

1　差し入れは男性がすべきだということ
2　役割分担するのは良くないということ
3　できる人が差し入れすればよいということ
4　差し入れを女性がするのは差別になるということ

15 著者は何を一番懸念しているか。

1　日本がクォータ制を取り入れないこと
2　ジェンダーギャップが118位で低いこと
3　政治経済面の性別格差が特に大きいこと
4　格差を解消しないと日本が発展しないこと

(6)

　お菓子は心まで癒してくれる食べ物だ。泣き止まない子供の口にポンと入れてやるとどの子も不思議に泣き止む。大人でもストレス解消にお菓子を食べる人が大勢いる。昔から、食べなくても体に何の支障もないのに、どこの国でもいろいろなお菓子が作られていて多くの人に愛されているのはそのためだ。

　日本の菓子といえば何といっても和菓子だ。中でも練り切りと呼ばれる白いんげんという豆に砂糖などを混ぜて作った材料を使って季節の花や風景などを作ったお菓子はほんのり甘く見た目も美しく芸術作品のようだ。これは茶道の発展と深く結びついている。抹茶は苦いからそれに合わせる上品で繊細な甘さの和菓子が必要だったからだ。

　ある店が日本文化体験の一つとして、外国人にも約１時間で２種類の練り切りが作れるコースを提供したところ、料金も２,０００円ほどで手軽に楽しめるとあって大人気になった。格好が悪いが自分が作った練り切りに大満足で、味は形に関係がないからおいしく楽しいと評判になっている。これにはＳＮＳの発信の力が大きい、そうでなければ作ってみようとはなかなか思わないだろう。

　日本に来た観光客が日本のお菓子を爆買いしているのがよく見られる。しかし信じられないだろうが、実は海外に日本のお菓子をお土産に持って行っても受け入れられなかった時代が長かったのだ。私も「日本のケーキが甘くなくてまずい」とたびたび言われたことがある。反対にカナダでケーキが甘すぎて食べるのに苦労した経験もある。欧米では甘さはご馳走という感覚が強いので日本のお菓子は物足りないとか味が薄いとか感じるのだろう。見た目が食べ物っぽくない羊羹などは石鹸と間違えられる始末だった。変わった食感も日本独特の香りも材料も自分の国にない物が多いので違和感があったらしい。また欧米や中東では豆はしょっぱい物なので、豆を甘く煮て作る「あんこ」に拒否感があったようだ。

　それを覆したのはＳＮＳの力かもしれない。練り切りは見た目が美しいのでインスタ映えするからだ。その時、一言「おいしい」と言ったらあっという間に広まる。またアニメや漫画、日本文化の力もある。ドラえもんに度々出てくる「どら焼き」に興味を持つのは自然なことだ。最近の抹茶ブームで抹茶スイーツが世界的に

広まったことや甘さ控えめで低脂肪な和菓子は健康的だという理由もある。短所が
かえって長所になったのが面白い。
②

　日本のお菓子は輸出もしているが、日本でしか売っていない物も多いのでお土産に
買う人が多い。わざわざ、お菓子を買いに来る人さえいるそうだ。これもＳＮＳな
どのおかげだろう。食べたらおいしさがわかるから、安くておいしい日本のお菓子
はさらに人気商品になると確信している。

16　筆者は①そのためだと言っているが理由は何か。

　1　お菓子が子供を喜ばすための食べ物だから

　2　お菓子がストレス解消のための食べ物だから

　3　お菓子が誰にとっても心が安らぐ食べ物だから

　4　お菓子がどこの国の人にも必要な食べ物だから

17　筆者は日本のお菓子が人気になった理由は何だと考えているか。

　1　見た目がおいしそうだったから

　2　独特の食感や香りがあったから

　3　お土産に買う人が増えたから

　4　ＳＮＳでの発信が好意的だったから

18　②短所がかえって長所になった例はどれか。

　1　豆はしょっぱくして食べる物だと思っていたが甘い豆もおいしかった。

　2　見た目では石鹸だと思われていた物がお菓子だと認識されるようになった。

　3　甘くなくておいしくない菓子を砂糖が少ないので健康によいと思うようになった。

　4　抹茶の独特の香りを嫌だと思っていたが気にならなくなった。

問題11 통합이해는 합계 600자 정도의 2개 이상의 지문을 읽고 정보를 비교·통합하면서 이해했는지를 묻는다. 독해 22문제 중 2문제로, 1개의 지문에 2문제가 나온다.

! 알고 풀자!

① 두 글의 '공통 주제'가 무엇인지 문제를 통해 먼저 파악하고 읽기 시작한다.

② 지문 A를 읽고 필자의 태도(찬성/반대 등)를 메모한 뒤, 지문 B를 읽으며 대조한다.

③ 두 필자가 모두 언급한 내용(공통점)과 한 쪽만 주장하거나 의견이 갈리는 부분(차이점)을 구분한다.

④ 같은 현상을 두고 어떤 시각 차이가 있는지 파악하여 선택지를 고른다.

예시

問題11　次のＡとＢの文章を読んで、後の問いに対する答えとして最もよいものを、
　　　　１・２・３・４から一つ選びなさい。

A

　雑談はいろいろな意見を交換し合うことによって、ヒントを得ようというスケールの大きな場である。そこにいる誰もが自由に発言する権利を持っている。仮に自分とは反対意見であっても、まずは聞くという姿勢を保つこと、心理学のカウンセリングと同じである。

　そして相手の発言に対して、自分の意見を軽い気分で述べる、それが雑談である。

　どんなに間違っている、バカバカしいと思われる意見であっても、いったんそれを受け入れること。「なぜあの人はこのような発言をするのか」と考えていくと、自分がそれまで見落としていたことがあることに気がつくこともある。

　「話し上手は聞き上手」という言葉があるように、雑談では「いかに発言するか」よりも「いかに聞くか」が大切になる。

（多湖輝『人の心をつかむ「雑談力」情報が集まる「雑談力」』新講社による）

B

　雑談は無駄だという人がいるが、本当にそうだろうか。辞書を調べると「無駄話」と

例題　次のＡとＢの文章を読んで、後の問いに対する答えとして、最もよいものを1・2・3・4から一つ選びなさい。

A

　日本の農業従事者は65歳以上の人が6割を占めている。農業は今のままでは安い海外農産物に押されて消滅する運命だ。だからもっと新規参入したい企業や意欲のある個人の参加者を増やすことが必要だ。そのためには支援制度^(注1)を充実させなければならない。個々の小規模な農家に補助金を与えて今までの農業を維持するようなことは止めて、海外にも負けない競争力がある農業を経営と考えるやり方を導入していくべきだ。米や果物を海外に売ったり、産直品販売で収益を上げたり、残った野菜を加工して売り出した農家もある。このように創意工夫した農業従事者が報われるシステムを作り出すべきだ。企業なら耕作から加工まで手がけやすい。補助金に頼った産業がどれも衰退しているのを見れば道は自ずから決まっているのではないだろうか。

B

　農業は国の基幹産業だ。いくら衰退しても企業化には反対だ。それより今ある農家を食糧自給率アップ^(注2)という意味からも支えてほしい。企業は利益を追求するから農業には馴染まない。また企業参加により戦前のような地主と小作の制度に戻る恐れもある。地域社会も崩壊するかもしれない。そもそも現在の状況を招いたのは全て国の責任だ。安い海外農産物を無制限に輸入したら、農業が立ち行かなくなるのは自明のことだ。海外との競争に負けないように補助金制度を充実させてほしい。農業に希望が見いだせれば若者も戻ってくる。農業をやりたい人が増えて活性化する。田畑は農家の所有物ではあるけれど、環境保護という点からは守るべき国民全体の財産だ。私たちは決して努力したくないというのではないことも申し添えておく。

（注1）　参入したい：市場などに新たに入りたい

（注2）　食糧自給率：国で必要な食料をその国の中でどれだけ用意できるかを表す率

1　ＡとＢ両者が同じ意見なのはどれか。

1　農家に対する補助金の必要性

2　海外農産物の輸入を制限するべきだ。

3　農業の危機的状況に対する認識

4　田や畑は保護しなければならない。

2　本文の内容と合っているのはどれか。

1　両者とも補助金増加を希望している。

2　Ａ氏は自立を、Ｂ氏は補助金による農業を進めたい。

3　Ａ氏は農業に希望を持ち、Ｂ氏は絶望している。

4　両者とも革新的な方法を採用しようとしている。

해석

A

　일본의 농업 종사자는 65세 이상인 사람이 60%를 차지하고 있다. 농업은 지금 이대로는 값싼 해외 농산물에 밀려 소멸될 운명이다. 따라서 좀 더 신규로 참여하고 싶은 기업이나 의욕 있는 개인 참가자를 늘리는 일이 필요하다. 그러기 위해서는 지원 제도를 충실히 하지 않으면 안 된다. 개개의 소규모 농가에 보조금을 주고 지금까지의 농업을 유지하는 것은 그만두고, 해외에도 지지 않을 경쟁력 있는 농업을 경영이라고 생각하는 방식을 도입해 나가야 한다. 쌀이나 과일을 해외에 팔거나 산지 직송 판매로 수익을 올리거나, 남은 채소를 가공하여 파는 농가도 있다. 이렇게 창의와 연구를 한 농업 종사자가 보상을 받는 시스템을 만들어내야 한다. 기업이라면 경작에서 가공까지 직접 다루기 쉽다. 보조금에 의지한 산업이 모두 쇠퇴하고 있는 것을 보면 길은 자연히 정해져 있는 것은 아닐까?

B

　농업은 국가의 기간산업이다. 아무리 쇠퇴해도 기업화에는 반대다. 그것보다 지금 있는 농가를 식량자급률 향상이라는 의미에서도 지원했으면 한다. 기업은 이익을 추구하기 때문에 농업에는 어울리지 않는다. 또한 기업 참여에 의해 전전(戦前)과 같은 지주와 소작 제도로 돌아갈 우려도 있다. 지역 사회도 붕괴될지도 모른다. 애당초 현재의 상황을 초래한 것은 모두 국가의 책임이다. 값싼 해외 농산물을 무제한으로 수입하면, 농업이 제대로 유지될 수 없게 되는 것은 자명한 일이다. 해외와의 경쟁에 지지 않도록 보조금 제도를 충실히 했으면 한다. 농업에서 희망을 발견할 수 있다면 젊은이도 돌아온다. 농업을 하고 싶은 사람이 늘어 활성화된다. 논밭은 농가의 소유물이기는 하지만, 환경 보호라는 점에서는 지켜야 할 국민 전체의 재산이다. 우리들은 결코 노력하고 싶지 않은 것은 아니라는 말도 덧붙여 둔다.

(주1) 参入したい : 시장 등에 새롭게 들어가고 싶다
(주2) 食糧自給率 : 국가에서 필요한 식재료를 그 국가 안에서 얼만큼 준비할 수 있는지를 나타내는 비율

1 A와 B 양자가 같은 의견인 것은 어느 것인가?

　1　농가에 대한 보조금의 필요성
　2　해외 농산물의 수입을 제한해야 한다.
　3　농업의 위기적 상황에 대한 인식
　4　논이나 밭은 보호하지 않으면 안 된다.

2 본문의 내용과 맞는 것은 어느 것인가?

　1　양자 모두 보조금 증가를 희망하고 있다.
　2　A씨는 자립을, B씨는 보조금에 의한 농업을 추진하고 싶다.
　3　A씨는 농업에 희망을 갖고, B씨는 절망하고 있다.
　4　양자 모두 혁신적인 방법을 채용하려고 하고 있다.

해설

〈질문 1〉은 A와 B의 공통 의견을 묻는 문제이다. 1번, A는 보조금이 필요하지 않다고 했지만, B는 보조금 제도를 충실히 해야 한다고 했으므로 틀리다. 2번, 수입 제한에 대해 A는 언급이 없다. 3번, A와 B 모두 농업의 현 상황을 '소멸'과 '위기'로 인식하고 있으므로 정답이다. 4번, 농지 보호에 대해 A는 언급이 없다.

〈질문 2〉는 본문의 내용과 일치하는 것을 고르는 문제이다. 1번, AB의 보조금에 대한 찬반이 갈려 틀리다. 2번, A는 '보조금 중단과 자립'을, B는 '보조금 확충'을 주장하므로 입장을 정확히 비교한 정답이다. 3번, 두 사람 모두 각자의 해법으로 희망을 드러내어 틀리다. 4번, A와 달리 B는 보조금 외에 새로운 아이디어를 제시하지 않아 틀리다.

단어

従事者(じゅうじしゃ) 종사자 | 押(お)される 압도당하다, 밀리다 | 消滅(しょうめつ) 소멸 | 新規(しんき) 신규 | 参入(さんにゅう) 진입 | 充実(じゅうじつ) 충실함, 알참 | 個々(ここ) 개개 | 維持(いじ) 유지 | 導入(どうにゅう) 도입 | 産直(さんちょく) 산지 직송 | 収益(しゅうえき) 수익 | 創意(そうい)工夫(くふう) 창의적인 고안 | 報(むく)われる 보답받다 | 手(て)がける 다루다, 직접하다 | 補助金(ほじょきん) 보조금 | 衰退(すいたい) 쇠퇴 | 自(おの)ずから 저절로, 자연히 | 利益(りえき) 이익 | 追求(ついきゅう) 추구 | 馴染(なじ)む 어울리다, 친숙해지다 | ～恐(おそ)れがある ～할 우려가 있다 | 崩壊(ほうかい) 붕괴 | そもそも 애당초, 도대체 | 招(まね)く 초래하다 | 立(た)ち行(ゆ)く 유지되다, 성립되다 | 自明(じめい) 자명함 | 見(み)いだす 찾아내다, 발견하다 | 活性化(かっせいか) 활성화 | ～ではある ～이기는 하다 | 申(もう)し添(そ)える 덧붙여 말하다 | 絶望(ぜつぼう) 절망 | 革新的(かくしんてき) 혁신적

例題11　次の（1）から（6）のAとBの文章を読んで、後の問いに対する答えとして、最もよいものを1・2・3・4から一つ選びなさい。

（1）

A

　日本では2018年に水道民営化を可能にする法律ができました。市区町村の財政では老朽化した水道管などの補修ができず、水道事業が維持できない恐れがあります。解決のために民間の会社に委ねようという考えなのでしょうか。しかし水は生きていくのに欠かせないですから、水の安定的供給は住民にとって身を守る砦とも言えます。ですから、弱い経済基盤は都道府県単位にして乗り切ろうと頑張っている地域もあります。日本の水道水はそのまま飲めますが、民間の会社がこの基準を維持しながら利益を出そうとすると料金を上げざるを得ない恐れがあります。実は海外では民間の業者に移管したために水道料金が高騰して困ってまた元に戻した自治体もあるそうです。特に水道事業を外国企業に任せるのは後々問題を起こしかねないと思います。逆転の発想で地方自治体が海外の水道事業に参加して利益を得ることなど他の手段も考えたらよいのではないでしょうか。

B

　水道事業は自治体にとって頭が痛い問題です。人口が減っていることや節水が浸透しているために使用量が減っています。それに伴い収入も減って水道事業は悪化し続けています。ですから設備の老朽化に伴う修理代が賄えないような自治体が水道事業が破綻する前に民間の事業者に任せるのは仕方がないと思います。民間であれば効率的に運営できるでしょう。空港も民営化で赤字を脱皮したり、自治体が民間に公園の管理を任せたらバーベキューや様々な行事をしたり、民間ならではの発想で利益を上げ自治体の経費を大幅に抑えることができたりして実績を上げています。だからといって不安が拭えるわけではありませんが、全てを好き勝手にできるわけではありません。自治体の承認の上で行われるのですから心配することはないと思います。それより老朽化施設の修理ができるメリットを優先したほうがよいと思います。

(注) 砦：軍隊が配置されている強化された駐屯地。

1　ＡとＢで一致している意見は何か。

　1　根本的な解決策は決まっている。

　2　過去の例を参考にすべきである。

　3　このままでは水道事業が破綻しそうである。

　4　自治体の赤字を抑えるために民営化が必要だ。

2　自治体が水道を民営化することに対する意見はどれか。

　1　Ａは民営化の悪い点ばかり述べて反対、Ｂは心配なことは全くないと述べて賛成

　2　民営化の事例を挙げてＡは反対、Ｂは賛成

　3　Ａは水質への心配がなければ賛成、Ｂは自治体の承認が必要なので心配がない
　　から賛成

　4　Ａは他の解決方法があるから反対、Ｂは将来の不安はないから賛成

（２）

A

　現在、日本には約166万人の外国人労働者がいるが、主力は日本に永住する外国人のほかに技能実習生と留学生だ。国が更なる外国人労働者を受け入れるべく特定技能ビザを整えたので、2019年より外国人が入国し始めた。だが他の国がよい条件ならそちらに行くだろう。原則として最長10年、家族帯同不可のビザの条件や賃金などの労働条件が他国に比較して魅力的ではないと思うからだ。また「特定技能」ビザより既に滞在している約38万人の技能実習生の労働環境問題も解決したほうがよい。厚生労働省によると約７割の受け入れ機関が法律違反をしているそうだ。労働時間、安全基準、割増賃金の未払いがその上位を占める。インターネット時代で悪い噂ほどすぐに広まる。日本を選んでもらうためにも今いる外国人労働者を大切にすべきだ。そうすれば８万人弱の不法滞在者問題も解決できるだろう。

B

　外国人労働者と言っても種々様々である。高い能力を買われて企業の経営に携わる者もいれば単純労働者もいる。大幅な労働者不足に陥っているのは後者で様々な問題がある。例えば技能実習生は技能を身に付けられるとは名ばかりで、多くは安い賃金で長時間労働など劣悪な労働環境で働くことを余儀なくさせられている。職場の変更ができないので、それに耐えられなくなり逃亡する人や最長でも５年しか滞在できないので更に働きたい人が不法滞在者となって問題になっている。2019年に始まった特定技能ビザはまだましだが、滞在期間は特別な試験に合格するなど高い専門性を身に付けた場合を除いて最長でも10年に限られている。果たしてこれで日本で働きたいと思うだろうか。外国人労働者を使い捨てにするのか家族の滞在なども認めて一緒に暮らす仲間として受け入れるのか。将来のことを考えれば後者が日本の発展に貢献すると思う。

3　ＡとＢが共に最も心配していることは何か。

1　外国人労働者に日本が選ばれないこと

2　法律では外国人労働者が守れないこと

3　多くの国で労働人口が減っていること

4　外国人労働者が起こす問題が多々あること

4　ＡＢの考えはどれか。

1　ＡもＢも外国人労働者は帰国しないほうがよいという考え

2　ＡもＢも外国人労働者は将来日本の発展に役立つという考え

3　ＡもＢも技能実習や特定技能ビザに欠陥があるという考え

4　ＡもＢもまず技能実習生の問題を解決しなければならないという考え

A

　推し活が大流行です。推し、つまり応援する対象は昔ながらの歌手や俳優、アイドル、スポーツ選手、アーティストを始め最近ではユーチューバー、インフルエンサーなど誰でもいいです。推し活は同じ趣味の人との繋がりができたり、イベントなどに参加したりすることで新しい体験や思い出を作ることができて暮らしを豊かにしてくれます。辛い時などの心の支えになったりしますし、個性を発揮できたりします。しかし、推し活ではお金と時間が消費されますから、あまりのめり込まずに適度な距離を置くことが大切です。自分に賄えないほどのお金を使ったり、没入するあまり他の活動がおろそかになったりしては本末転倒です。自分を見失わない程度で推し活を楽しんでほしいものです。

B

　推し活は人との繋がりや出会いの場が増える素晴らしい楽しみだと思いますが、時に学業や仕事に悪影響を及ぼすこともあります。特に若い子の中には生活が推し活中心になって身を亡ぼすような人もいて社会問題になっています。ホストに入れ込んで普通の女性が返せないような借金を背負ってしまったなどの例が後を絶ちません。推しの相手によっては偏見に晒されることもあって、更に推し活に逃避してしまうこともあります。現実の生活で孤独やストレス、不満、苦難に晒されると現実を見誤って推し活への依存度が高まるかもしれません。推し活だけの生活を持続させると世間が狭くなってしまうでしょう。ですから、現実の生活でも人間関係を築いて他の楽しみを持つことが必要ではないでしょうか。

5 　ＡとＢがともに話題にしていることは何か。

1　推し活の長所と短所

2　推し活の具体的な方法

3　推し活の一般的な対象

4　推し活の悪影響の具体例

6　推し活に対するＡとＢの意見はどれか。

1　両者ともメリットとデメリットは同じ程度あるという意見

2　両者ともメリットは多いが時間とお金の浪費であるという意見

3　両者とも賛否両論だがＡは賛、Ｂは否に重きを置いている意見

4　両者とも人生を豊かにするがやりすぎは破滅に繋がるという意見

（4）

A

　外国人の参政権は海外では主にヨーロッパの国々で、アジアでは韓国が認めています。韓国では永住権と３年以上の居住で地方選挙に投票できると知って、日本に比べて随分進んでいると感じました。外国人でも税金を払ったり社会に貢献したりしているのだから地方選挙に参加する権利があるという意見は人権重視の立場から正しいです。また人種や性別、宗教、価値観など多様性を持つ社会が発展するのは経済面だけではないですから、政治の世界にも様々な意見を取り入れることが重要ですし、また投票権を持つことで地域に関心を持ちその地域にいい影響が出るという受け入れる立場からの期待もあります。私達は外国人と共存していかなければならないので地方参政権は前向きに考えたいです。しかし、日本では反対の意見も多く、世論調査では外国人の参政権に対する賛成は大体30%〜40%程度、反対は50%〜60%だそうです。ですから賛成が大幅に増えない限り実行は無理だと思います。また実際に実行している国に起きている問題を吟味してからでもいいと思います。

B

　外国人に国の参政権は勿論、地方の参政権を与えることにも反対です。参政権は国民の権利ですし、帰化すれば得ることができる権利です。反対の理由は地方参政権を与えた場合人口が減少している地域に外国人が大挙して押しかけたらどうなるのか考えたらわかることです。特定の国と関係が深い外国人が集中して住んだらどうなるのか、もしその国が日本と敵対関係にあったらどうなるのかなど考えれば自明の理です。現在でも地方の水源や多くの土地が外国人に買い占められている危機感から制限の必要を感じているほどです。勿論、日本は人口が減少しつつありますから多くの外国人の助けが必要になるでしょう。そして外国人は身近な存在になるでしょう。ですから、彼らと友好的な関係を築かなければなりませんし、外国人と気持ち良く暮らすために意見を聞くことは益々大事になっていくでしょう。しかし、それは他の方法でなすべきことではないでしょうか。

7 ＡとＢが外国人の参政権についてともに取り上げていることは何か。

1 国民の意向
2 多様性の尊重
3 外国人との共存
4 外国人の存在の危険性

8 ＡとＢの外国人参政権に対する意見はどれか。

1 Ａは賛成するべきだが時期尚早（しょうそう）だ、Ｂは与えた場合、起きる問題が大きいので反対だ。

2 Ａは意見を聞くことは大切だから賛成だ、Ｂは地方参政権の付与には反対だ。

3 Ａは全面的に参政権付与に賛成だが、Ｂは現在の状況を考えると賛成は禍根を残すので反対だ。

4 Ａは与えるのが望ましいが乗り越えるべきことがある、Ｂは意見を聞く方法は選挙じゃない方法がいい。

(5)

A

　韓国に比べて遅れていましたが、2025年に高等学校の授業料無償化が決まりました。これで以前なら貧しさゆえに進学を諦めたり中退を余儀なくさせられたりしていた子供たちが高校に通学できるようになったことは本人だけでなく国全体にとってもよいことです。今までも国は所得の低い家庭の子供には支援金を出していましたが、全員に支給されることで受給していた子供たちに肩身が狭い思いをさせなくて済みます。一方、国や地方自治体は財政負担が増えますが、将来的には社会全体の教育レベルが上がり、優秀な人材が育つことで、取り戻すことができると思います。しかし、公立高校だけでなく私立高校の授業料まで支援する必要はないと考えます。私立高校に子供を通学させられる家庭の多くは裕福だからです。支出が減った分、更に塾などに通わせてますます格差が広がる恐れがあります。また通学に必要なお金は授業料ばかりではありませんから、貧しい家庭の子供たちには他の支援もするべきではないでしょうか。

B

　ヨーロッパの多くの国や、お隣の韓国では高校の授業料が無償です。高校生を持つ家庭への支援金は教育の機会均等と言う意味でも必要なことだと思います。しかし私立高校の授業料が無償だからといってもやはり貧しい家庭の子供たちは希望しても私立へは進学できないでしょう。支援金に限度額があって、それを超えた分は自分で払わなければなりませんし、私立高校は教育充実費、施設整備費などの名目で授業料だけでなく他の費用がかかるからです。入学金も約15万ほどかかりますから結局裕福な子供が通うことになります。公立では年間約12万ぐらいの支援金で済みますが、私立は396,000円までの支援になるそうです。全額でない学校もありますが、かなりの金額です。そのお金を貧困家庭の子供の支援に回せばどんなに有益だろうかと考えます。私立への支援は、学力が伴わない貧困家庭の子供が私立に通わざるを得ない場合にのみ支給するというのはどうでしょうか。貧しい家庭の子供への支援はいくらあっても十分ではないからです。たとえ公立高校へ通ったとしても制服代や交通費、卒業旅行、部活など必要となる様々なお金があるからです。中学卒業時に子供たちに未来を諦めさせたくないのです。

9 　ＡＢ両者の共通の意見は何か。

1　高校授業料の無償化は必要であるが格差を広げる。

2　貧困家庭の子どもたちに対する手厚い教育支援が必要だ。

3　私立高校は裕福な家庭の子供が通うので支援は不必要だ。

4　私立は授業料が高くて貧困家庭の子供は通わないから支援はいらない。

10 　私立高校の無償化についての意見がＡＢとも正しいのはどれか。

1　Ａ支援は無駄にならないからする、Ｂ貧しい家庭の子供もいるので無償化は必要だ。

2　Ａ私立高校の無償化は必要ない、Ｂ特別な条件の子供の支援は必要である。

3　Ａ私立は裕福な子供しか行かないので不要、Ｂ貧困家庭の子供にのみ支給する。

4　Ａは私立への無償化は疑問だ、Ｂ授業料以外の費用もがかかるから授業料を支援する。

(6)

A

　ふるさと納税は寄付した人が住民税を減らすことができて、寄付した地方自治体から返礼品がもらえるお得な制度です。2024年には約1,000万人以上が利用し、約1兆1,727億円のお金が動きました。税金があまりなかった多くの地方自治体に自由に使えるお金が入り、地域の人の生活を豊かにしてくれる、寄付者にも自治体にもよい制度です。しかし、200億円以上集める自治体がある一方で、あまり寄付が集められない自治体があって差が広まっています。競争が激しくてブランド牛や豚、海産物、酒類などの返礼品のある自治体には多くの寄付が集まりますが、人気の返礼品がない自治体はお金を集めることができません。また都会の多くの自治体は税金を減らして中には100億円も減って様々な住民のサービスができなくなったところもあります。また、年によってもらえる金額が違うのである市では前年より40％減ってしまって困ったそうです。ふるさと納税に頼りすぎることは危険だと言えます。

B

　多くの地方自治体がふるさと納税で豊かになることは確かによいことです。寄付者も得をします。しかし高額所得者ほど得をする制度だということを考えるとこのままで良いとは思えません。総務省によると、ふるさと納税額の金額は、例えば1人で給料が5百万円の人は61,000円、1千万円なら180,000円、2千万円なら569,000円、2千5百万なら855,000円まで寄付できます。それ以上なら考えられないほどの金額になるでしょう。そして受け取る返礼品は寄付金の30％以下と決められていますが、実際には50％、中には100％近いものもあります。勿論、原価が50万を超えるような品物をもらうと税金を払わなければならないですが、それでも売っている品物の値段と比べるとずっと低いですから、高額者ほど多くを手に入れられます。ですから、寄付できる金額を制限することも考えるべきではないでしょうか。もちろん、その分地方に回るお金が減ってしまうかもしれませんが、やはり制度の見直しは必要だと思います。そのために高額者ほど非常に得をすることをもっと国民に知らせるべきだと考えます。

11　ＡとＢは主に何を述べているか。

1　Ａはふるさと納税の現状、Ｂは未来

2　Ａはふるさと納税の功罪、Ｂは問題点

3　Ａはふるさと納税の危険性、Ｂは不公平感

4　Ａはふるさと納税のメリット、Ｂはデメリット

12　ふるさと納税に対するＡとＢの共通の意見はどれか。

1　制度を変える必要がある。

2　経済的にいい面より悪い面が多い。

3　地方自治体が豊かになるので良い。

4　有用だが看過できない問題もある。

問題12 주장이해는 사설이나 평론 등의 추상적이고 논리적인 1000자 정도의 지문을 읽고, 지문 전체가 전하려고 하는 주장이나 의견 등이 무엇인지를 묻는다. 독해 22문제 중 3문제이며, 1개의 지문이 나오고 3문제가 출제된다. 독해 문제 중 난이도가 가장 높다.

! 알고 풀자!

① 「しかし, だが, むしろ」 등의 뒤에 필자의 진짜 속마음과 주장이 집약되어 나온다.

② 「～のではないだろうか」, 「～にほかならない」 등 필자의 확신이 담긴 문장 끝 표현을 공략한다.

③ 「確かに～」 부분은 필자의 반대 의견이므로 가볍게 읽고 '그러나' 뒤를 찾는다.

④ 본문의 비유적인 표현을 추상적·일반적 어휘로 정확하게 요약한 선택지가 정답이다.

⑤ 자신의 주관이나 상식을 버리고 오직 지문에 명시된 논리적 근거로만 필자의 생각을 고른다.

예시

問題12　次の文章を読んで、後の問いに対する答えとして最もよいものを、1・2・3・4から一つ選びなさい。

　建築の設計をやっていると様々な職人に出会う。大小を問わずどの現場でも一人や二人、主役を張れる人がいる。そうした人に出会うのが、現場に通う楽しみのひとつだ。長い時間、図面にばかり接していると、現実を離れて思考が一人歩きすることがよくある。そんな時、彼らからもらう情報がかけがえのないものであることが分かる。我々が作り出す図面は、線で描かれた抽象的な記号に過ぎない。彼らは物に触っている。経験則によって裏付けられた、物に近い、深くて確かな情報を持っている。

　図面は人間の頭の中だけで作り出されたものだ。それを現実の建物に移し替えるには、木や鉄やコンクリートといった、物から手によって直接に得られる情報が不可欠だ。頭で生み出されたものは、思いこみや錯誤によって間違うことが多いからだ。

　今はコンピューターと情報通信の時代だ。それにともなって、手を動かす機会がどんどん少なくなってきている。建築の設計でもCAD（コンピューター利用設計）化の勢いはすさまじい。しかし、その図面は、設計の全体を把握しにくい。きれい過ぎて、何であれ、すべてうまくいっているように見えてしまう。手を経ずに、頭の中だけで作業が完結して

例題　次の文章を読んで、後の問いに対する答えとして最もよいものを、1・2・3・4から一つ
　　　選びなさい。

　「クラウド・コンピューティング」して、そこに会社のデータを保存するかどうか
迷っている企業が多いそうです。企業は今までデータやソフトを自分の会社のパソ
コンやサーバーに保存していました。しかし「クラウド」ではデータやソフトを外部
のサーバーに預けることができます。使うたびにネットを使って取り出します。こ
うすることで経費は今までの半分ぐらいで済みます。

　しかし「クラウド」でデータを社外に保存していてデータが失われたとき、データが
外に流出したとき、あるいはその「クラウド」を長期にわたって使い続けることがで
きるかなどの疑問の声が上がっています。

　ここで現在の「クラウド」の問題点を整理してみましょう。まず預けたサーバーが故
障した場合です。企業活動を行えなくなっては困りますから確実なバックアップが
必要です。故障ではないですが、コンピューターが差し押さえられて使えなくなっ
てしまったということが実際に起きたことがあります。そのとき、勿論関係ない会
社や個人の情報も一緒に持って行かれたそうです。

　次にデータの流出問題です。現在は補償などもそれぞれの契約で決まっています。
日本国内で問題が生じた場合、当然日本の法律が適用されます。しかし他の国に「ク
ラウド・コンピューティング」してデータを保存した場合、そちらの国の法律が適用
されるでしょう。国によって法律が違います。これでは困ります。ですから将来的
には当然世界的な標準ルールが必要です。現在国によっては政府のデータを国外の
「クラウド」に保存することを禁じています。自分の国の大切な情報が流れることを
恐れたからです。

　「クラウド・コンピューティング」導入の経済的効果は大きいです。ですからうまく
使うためにも「クラウド」のすべてを民間に任せっぱなしにすることはできないので
はないでしょうか。「クラウド」の設置場所・プライバシー保護の方法などを整備し
て安心して「クラウド」を使えるようにしてもらいたいものです。

　今はまだ不安定な要素が多い「クラウド」です。しかし導入による経費の削減も見逃
せません。会社の場合、現在できる最良な方法は「クラウド」に任せる資料と自分で
持つ資料を分けて管理することではないでしょうか。

1　なぜ企業は「クラウド・コンピューティング」を利用したデータの保存に慎重なのか。

1　どのぐらい経済的かはっきりわからないから

2　どこの国の法律が適用されるかわからないから

3　データの流出や継続使用が可能かわからないから

4　故障した場合の補償がないから

2　国がクラウドについてしなければならないことは何か。

1　クラウド使用の促進

2　クラウド使用の環境の整備

3　クラウド使用の危険性の啓蒙

4　公のデータのクラウド保存の禁止

3　著者は会社のクラウドの使用についてどうしたらいいと考えているか。

1　クラウドにデータ管理を任せる。

2　自社でデータを保存する。

3　クラウドと自社の両方にデータを保存する。

4　データをクラウド保存と自社保存にわける。

해석

　'클라우드 컴퓨팅(인터넷 기반 컴퓨터 기술의 총칭)'해서 거기에 회사의 데이터를 보존할지 어떨지 망설이고 있는 기업이 많다고 합니다. 기업은 지금까지 데이터나 소프트웨어를 자기 회사의 컴퓨터나 서버에 보존하고 있었습니다. 그러나 '클라우드'에서는 데이터나 소프트웨어를 외부 서버에 위탁할 수 있습니다. 사용할 때마다 인터넷을 이용하여 꺼냅니다. 이렇게 하는 것으로 경비는 지금까지의 절반 정도로 끝납니다.

　그러나 '클라우드'로 데이터를 사외에 보존해서 데이터가 분실되었을 때, 데이터가 외부로 유출되었을 때, 혹은 그 '클라우드'를 장기간에 걸쳐 계속 사용할 수 있는가 등의 의문의 목소리가 나오고 있습니다.

　여기서 현재의 '클라우드'의 문제점을 정리해 봅시다. 우선 위탁한 서버가 고장난 경우입니다. 기업 활동을 할 수 없게 되어서는 곤란하므로 확실한 백업이 필요합니다. 고장은 아니지만 컴퓨터가 압류되어 쓸 수 없게 된 일이 실제로 일어난 적이 있었습니다. 그때 물론 관계 없는 회사나 개인 정보도 함께 가지고 갔다고 합니다.

　다음으로 데이터의 유출 문제입니다. 현재는 보상 등도 각각의 계약에서 정해져 있습니다. 일본 국내에서 문제가 발생한 경우, 당연히 일본의 법률이 적용됩니다. 그러나 다른 나라에 '클라우드 컴퓨팅'해서 데이터를 보존한 경우, 그쪽 나라의 법률이 적용되겠지요. 나라에 따라 법률이 다릅니다. 이래서는 곤란합니다. 따라서 장래적으로는 당연히 세계적인 표준 규정이 필요합니다. 현재 나라에 따라서는 정부의 데이터를 국외의 '클라우드'에 보존하는 것을 금하고 있습니다. 자국의 중요한 정보가 빠져나갈 것을 우려했기 때문입니다.

　'클라우드 컴퓨팅' 도입의 경제적 효과는 큽니다. 따라서 잘 사용하기 위해서도 '클라우드'의 모든 것을 민간에 맡긴 채로 둘 수는 없지 않을까요? '클라우드'의 설치 장소·사생활 보호 방법 등을 정비하여 안심하고 '클라우드'를 사용할 수 있게 해 주었으면 합니다.

　지금은 아직 불안정한 요소가 많은 '클라우드'입니다. 그러나 도입에 의한 경비 삭감도 간과할 수 없습니다. 회사의 경우, 현재 할 수 있는 최상의 방법은 '클라우드'에 맡기는 자료와 자신이 가진 자료를 분리해서 관리하는 것은 아닐까요.

---

1 왜 기업은 '클라우드 컴퓨팅'을 이용한 데이터 보존에 신중한 것인가?

1 얼마만큼 경제적인지 확실히 모르기 때문에
2 어느 나라의 법률이 적용될지 모르기 때문에
3 데이터의 유출이나 계속 사용이 가능한지 모르기 때문에
4 고장난 경우의 보상이 없기 때문에

2 국가가 클라우드에 관해서 해야 하는 일은 무엇인가?

1 클라우드 사용의 촉진
2 클라우드 사용 환경의 정비
3 클라우드 사용의 위험성 계몽
4 공적인 데이터의 클라우드 보존 금지

3 저자는 회사의 클라우드 사용에 대해서 어떻게 하면 좋다고 생각하고 있는가?

1 클라우드에 데이터 관리를 맡긴다.
2 자사에서 데이터를 보존한다.
3 클라우드와 자사 양쪽에 데이터를 보존한다.
4 데이터를 클라우드 보존과 자사 보존으로 구분한다.

해설

〈질문 1〉은 기업이 클라우드 컴퓨팅을 이용한 데이터 보존에 신중한 이유를 묻는 문제이다. 두 번째 단락에서 '클라우드로 데이터를 사외에 보존해서~의문의 목소리가 나오고 있다'고 했으므로, 3번이 정답이 된다.

〈질문 2〉는 국가가 클라우드에 관해서 해야 하는 일이 무엇인지를 묻는 문제이다. 5번째 단락에서 클라우드의 모든 것을 민간에 맡긴 채로 둘 수는 없다고 하면서, 클라우드의 설치 장소, 사생활 보호 방법 등을, 정비하여 안심하고 클라우드를 사용할 수 있게 했으면 한다고 했으므로, 이와 관련된 2번 '클라우드 사용 환경의 정비'가 정답이 된다.

〈질문 3〉은 저자가 회사의 클라우드의 사용에 대해서 어떻게 하면 좋다고 생각하는지를 묻는 문제이다. 저자는 마지막 단락에서 클라우드에 맡기는 자료와 자신이 가진 자료를 분리해서 관리하는 것이라고 했으므로, 4번이 정답이 된다.

단어

保存(ほぞん) 보존 | 預(あず)ける 맡기다 | 経費(けいひ) 경비 | 流出(りゅうしゅつ) 유출 | 故障(こしょう) 고장 | ～ては ～해서는 | 差(さ)し押(お)さえる 압류하다 | 補償(ほしょう) 보상 | 禁(きん)じる 금지하다 | 導入(どうにゅう) 도입 | ～っぱなし ～한 채로 내버려 둠 | 整備(せいび) 정비 | ～てもらいたいものだ ～해 주었으면 한다 | 見逃(みのが)す 간과하다 | 最良(さいりょう)な 최선의 | 慎重(しんちょう) 신중함 | 促進(そくしん) 촉진 | 啓蒙(けいもう) 계몽 | わける 나누다, 구분하다

例題12 次の(1)から(6)の文章を読んで、後の問いに対する答えとして、最もよいものを
　　　　1・2・3・4から一つ選びなさい。

(1)

　世界には6000〜7000ぐらいの言語があると言われているが、2500もの多くの言語が消滅する危機にあるそうだ。既に200以上の言語が30年あまりのうちに消滅したそうだ。これはグローバル化が進んだ結果に相違ない。狭い地域で暮らしていて、その地域のみで生活が完結するなら、他の言語を知る必要もない。この反対の例が日本の北海道にある。明治時代(1868〜1912年)に北海道の開拓が進められた。開拓民は日本各地から集められていてそれぞれ違った文化を持ち故郷で使われていた方言を使っていた。そのため他の地域の人との間に意思の疎通に欠けることになった。物や土地などの売買や労働を依頼したり、またその対価の支払いにも共通の認識が必要だ。そこでお互いのコミュニケーションを取るために使われたいわゆる標準語が北海道に次第に浸透し方言は消えていった。言語は手段であるから相手に通じなければ使われなくなる。必要性が低い言語はどんどん消滅していく。専門家の話では約100万人がその言語を使用していれば100年は存続できるそうだ。これに照らして日本の現状を見ると話者が激減しているアイヌ語や沖縄を中心とした島の方言が危機的状況にあることがわかる。世界的にも政治的にも経済的にも弱者である少数民族の言語が失われつつある。

　現在国連の公用語は英語・フランス語・スペイン語・中国語・ロシア語、1973年に追加されたアラビア語の6つである。これらの言語は話者も多いし、経済的にも影響力がある国々で使用されているので消滅する恐れはない。中でも英語の力は強い。かつて植民地だった国が公用語としているだけでなく多くの国が英語を必須言語と見なしている。世界経済がグローバル化している現在、共通のコミュニケーション手段が必要となりそれを英語に求めるのは自然だ。かつて北海道で起きたことが世界規模で起きているような気がする。

　しかしコミュニケーション手段として英語が便利であるということと多くの言語の消滅を放置するのは別問題である。言葉はそれを話す人の文化と密接に結びついている。例えば「遠慮」という言葉は英語に訳せないと言われる。それは英語を話す人達にその概念がないからだという説がある。これが事実だとは思わないが、どうしても英語に訳せない事柄が多々あることも知っている。また単なる名詞でさえ、

肉食の人たちの言葉には肉の部位を表す言葉がいろいろあり、海の物を食べる人たちの言葉は魚や海草の名前でいっぱいだ。それぞれ生活に必要だからだ。感情について言えば、例えば雨の降り方に関心がある人たちの言語には多くの降り方の違いを表現する細やかな言葉が存在する。つまり言語の消滅はその文化の消滅を意味するのであるからそれは食い止めなければならないことだ。なぜなら多様な文化が存在することは人類にとって大切なことだからである。

1 言語が消滅する一番の理由は何か。

1 公用語に選ばれなかったから
2 難しくて理解しにくいから
3 話者や言語の利用価値が減少したから
4 言語を使う民族がいなくなったから

2 これが事実だとは思わないがとあるがこれは何を意味するか。

1 「遠慮」を一言で英語に訳すことができないということ
2 言葉と文化は密接な関係があるということ
3 英語では「遠慮」という気持ちが説明できないということ
4 英語を話す人が「遠慮」という気持ちを持たないということ

3 筆者が言いたいことは何か。

1 英語は世界の共通語として便利であるため、他の言語はあまり重要ではない。
2 グローバル化により方言や少数言語は消滅するが、それは避けられない自然の現象である。
3 言語の消滅はその文化の消滅を意味するため、多様な言語と文化を守る必要がある。
4 国連の公用語に指定された言語以外は、経済的に弱いため早晩消滅する運命にある。

（2）

　ちょっとした仕掛をすることで生活上の困った問題を解決する。決して規則などで強制することなくむしろ人々が楽しんで自ら行動してしまう。このように人の行動を変えることで問題を解決する工夫について研究することを「仕掛学」という。

　「仕掛」として一番有名なのは「男性用小便器の内側に示された蠅」である。オランダの空港でトイレの便器周りの汚れを何とかしたいと考えて、蠅の印をつけたらほとんどの男性がその蠅を目掛けて排尿するようになったそうだ。勿論清掃の費用が激減したので多くの公共トイレに様々な的が付けられるようになった。

　トイレットペーパーを潰して三角形にしたことで使用量を30％ほど減少させた例もある。ライオンの口に手を入れると消毒液が出てきたり、上ると投票される階段もある。私も楽しくてよく音の出る階段を利用していた。思わずやってみてしまったのだ。またゴミ箱の上にバスケットボールのネットを付けたり、ゴミを捨てると音が聞こえるようにしたらきちんとゴミを捨てる人が増えたそうだ。特に後者はゴミを捨てると落下音が8秒ほど続き最後に衝突音が聞こえるので、この音が聞きたくてゴミを捨てる人が増え、公園に設置したらなんと回収率が普通のゴミ箱の2倍近くになったとか。恐るべし「仕掛学」。

　しかしよく考えると仕掛学の理屈は知らなくてもこのような工夫は昔から行われていた。例えばゴミが捨てられたり排尿されたりするような場所に花壇を作ったり、そこに小さな鳥居を立てたりしてそれを防いでいた。鳥居は神の地域に入る入り口なので日本人は汚すと神様の罰が当たると感じて、汚すのをためらうのである。これは行動が制御された例である。

　気が付かないような地味な仕掛けもある。車を1台ずつ整然と止めるように線が引かれていたり、その線が直角でなく斜めになっていたりする高速のサービスエリアの駐車場もある。幅が広いところは大型車用、狭いところは普通車用と明確にわかるし、斜線はバックで入れやすいし、自然に出口の方向に向かって出発するようになっている。出口に導くのでうろうろしなくて済むし、間違えて入り口から出て事故を起こすことなども防げる。

　このように人を動かす「仕掛学」とは費用対効果を考える上でも大変有益だ。身の回りの困ったことがちょっとした仕掛で強制的でなく自然にそうしたくなってしま

> う行動で改善できるのだ。それを考えることは実益もさることながらなんとわくわ
> くすることではないか。（　　　　）。

4　「仕掛学」の考えに合っていないのはどれか。

　1　おもちゃを箱に入れると子供の好きな歌が流れる。

　2　店に入ってくれるように入り口に目玉商品を置く。

　3　現金で払うように現金の時だけポイントを与える。

　4　朝早く起きられるように目覚まし時計をセットする。

5　（　　　　）にはどのような内容が続くと予想されるか。

　1　仕掛学について

　2　仕掛学の欠点について

　3　仕掛学の利用について

　4　仕掛学の有用性について

6　筆者が言いたいことは何か。

　1　「仕掛学」によって人々の行動を自然に変え、生活上の問題を楽しく解決できる。

　2　「仕掛学」の応用は昔からある工夫とほとんど同じである。

　3　公共の場での清掃やゴミ捨ては、人々のモラルに頼るしかない。

　4　「仕掛学」の応用はトイレやゴミ箱など限られた場所でしか効果がない。

（3）

　古代より世界中で人間は気象をコントロールしようとしてきた。日本ではよく「雨ごい」の儀式が神社や村ごとに行われていて権力と結びつくことが多かった。韓国は「龍王祭・祈雨祭」などと呼ばれシャーマニズム色が強かったが、時には王が山に登って祈るなど儒教や天命思想（注1）を背景にしたことも行われていた。中国も同様でどこの国でも科学的な技術がなかったので祈り、儀式、宗教的な力によって天候を動かそうとしていた。（注2）

　現代では科学技術で気象に影響を与えることができる。たとえば「人工降雨」はその一例だ。これは雲にヨウ化銀などの物質を散布し、雨粒を作り出し人工的に雨を降らせる技術で、主に干ばつ対策や農業支援、またイベントにおける天候調整に使われている。中国では北京オリンピックの際に開会式の天気を晴れに保つために使われたという報道もある。アラブ首長国連邦（UAE）では、高温と乾燥の気候の中で水不足対策として人工降雨を積極的に導入している。また、都市部の「ヒートアイランド現象」の緩和のために、水のミストや植栽を用いて部分的に気温を下げる技術なども、気象の一部コントロールと言える。つまり、気象を「ある程度操作する」ことは既に行われている。（注3）

　しかし、完全に操る段階には達していないし、人工降雨は本来の他の地域で降るはずの雨を奪っている可能性もある。また使用物質は比較的に安全だと言われているが土壌や水質に溜まった場合どんな影響を与えるか、わからないことも多い。また、自然なシステムに手を加えることで地球規模の気象現象の均衡を乱すリスクもある。更に技術を使える国と使えない途上国で不公平な状況になることも倫理的にどうなのだろうか。他の懸念材料として気象操作技術の軍事的な利用も挙げられる。こちらは国際連合で1977年に「環境改変技術の軍事的またはその他の敵対的使用の禁止に関する条約（ENMOD条約）」を採択することで守られているが心配だ。

　現代において人間は気象を完全にはコントロールできないものの、限定的に影響を与える技術は存在しており、今後更に発展する可能性がある。しかし、その技術をどのように使うかには科学的根拠だけでなく、倫理的判断や国際的な視点が不可欠だ。人間は自然を支配するのではなく、理解し、調和しながら共に生きる姿勢を持つべきなのではないだろうか。将来気象のコントロールが可能となったとしても、その謙虚さと慎重さを忘れてはならないと思う。また、最近世界各地で起きている、豪雨、干ばつ、竜巻などの異常気象を考えるとコントロールしてほしいこともあるが、それが起きる原因とみなされている温暖化を阻止することがまずやるべきことだと思う。

(注1)　シャーマニズム：神霊や祖先の霊などと、シャーマン（＝みこ）を仲立ちとして心を通わせる
(注2)　天命思想（てんめい しそう）：王や皇帝が国を治める権利は天（＝天意・天命）によって与えられるという考え方
(注3)　植栽（しょくさい）：植物を植えること

7　気象コントロール技術に対する懸念材料として、本文で述べられていないものはどれか。

1　降雨地域の偏り
2　異常気象の増加
3　軍事的利用のリスク
4　気象バランスの崩壊

8　筆者は現在の気象コントロールはどんな状態だと言っているか。

1　科学技術の進歩のおかげで異常気象に対処できるようになっている。
2　人工降雨などの技術が実施されていて環境への影響が懸念されている。
3　国際的な使用基準があるのでそれに基づいてコントロールするようになっている。
4　気象の一部を操作する技術は実現しているが、完全なコントロールはできていない。

9　筆者が最も言いたいことは何か。

1　気象を支配する技術は異常気象を阻止するためだけに使うべきだ。
2　異常気象の制御も望むが、それ以上にしなければならないことがある。
3　昔から気象の制御を願ってきたが、今それが完全に実現できるようになった。
4　悪影響をもたらす異常気象はまだ制御できていないが明るい未来が待っている。

（4）

　人間の体内に小さなマイクロプラスチックが取り込まれ、健康に影響を及ぼすことが明らかになった。最近注目されているイタリアの研究では動脈硬化症の患者から取り除いたプラークの半数からプラスチックが検出され、その後、患者を３年にわたって調査したところ、心筋梗塞(注1)、脳卒中(注2)などで死亡する危険性が約４.５倍高かったそうだ。日本でもまた、人間ドックを受けた人１１人のうち４人から使い捨て容器に多く使用されているポリスチレンというプラスチックが検出された。プラスチックは人体の防衛システムでは分解できない異物であり、体内に蓄積されると健康を害する恐れがある。

　対策としてはなるべくプラスチックで包装された飲食物を避けること、料理の器具は木や金属の物にすること、特に質が悪いプラスチック容器に入っている食べ物を温めないこと、使い捨てのプラスチック容器に入っている食べ物を避けることだ。しかし呼吸することで入り込む空気の対策は難しい。今や富士山の山頂の空気にすら髪の毛の直径の半分ほどの様々なプラスチックが含まれている危険な状況だ①。これまで魚などの海洋生物への影響が心配されていたが、空気を通して体に入り込むとなると個人では手だてがない。結局、世界全体のプラスチックを減らすほか道がない②。

　しかしながら、減らすどころかプラスチックは1980年から急に増加し、２００９年には４.６億トンだったが2060年には12億3,100万トンに達する見込みだ。2024年に韓国のプサンで開催されたプラスチックに関する政府間交渉委員会には170か国以上が参加して、「生産に上限を設ける」ことに期待が寄せられたが、石油産出国の反対で合意できなかった。だが希望もある。ヨーロッパでは再生材使用に関する数値目標や使い捨てプラスチックの禁止が進められている。また、プラスチックに代わる物質の開発も進められていて、代替製品として日本では完全に分解できる「海洋生分解性フィルム」という品も生まれた。しかし製造コストが通常の20〜30倍のため、普及には価格低下と法規制が必要だ。また、日本ではリサイクルは進んでいるが、個人の容器包装プラスチック使用量は何と年間30キロにもなるそうだ。原因の一つに過剰包装がある。個人ではマイボトルを持つなどの取り組みを行い、環境に配慮した企業のガラス容器入りの製品を購入して応援することぐらいしかできない。

早急な世界全体の取り組みが必要だ。健康リスクだけでなく、生物の多様性の維持、気候変動にまでプラスチックが関係していて私たちは既に危険にさらされているのだから。

(注1) プラーク：血管に溜まるコレステロールや脂肪、死んだ白血球、カルシウムなどのかたまり

(注2) 人間ドック：ふつうの健康診断より詳しく行う精密検査のこと

10 筆者はなぜ①富士山の山頂の空気にすらと言っているのか。

1 海だけと考えていたのに山の空気も汚染されていたから

2 空気まで汚染されていたので人間にも影響が及ぶと考えたから

3 最も空気にプラスチックがなさそうな場所にも含まれていたから

4 日本一高い富士山にはプラスチックは存在しないと考えていたから

11 筆者はどうして②世界全体のプラスチックを減らすほか道がないと考えたのか。

1 空気は個人ではなく世界のものだから

2 空気からプラスチックを減らす方法がないから

3 プラスチックを含まない空気が世界中にないから

4 プラスチックがない空気にするには個人では無理だから

12 筆者が最も言いたいことは何か。

1 プラスチックのせいで私達は危険にさらされているが個人でも努力すべきである。

2 マイクロプラスチックは健康に多大な被害をもたらすので削減しなければならない。

3 肺からもプラスチックが入ってくるような環境をなくさなければ健康被害が拡大する。

4 健康被害や気候変動などの原因のプラスチック削減には世界全体で取り組まなければならない。

(5)

　日本は少子高齢化が進んでいて2040年には現役世代が今の８割になる「8がけ社会①」が到来すると言われている。労働力人口の減少で、経済の成長が鈍化するほか、社会保障制度の維持も難しくなり、地域社会の活力も低下する。その社会をどのように生き抜くか今から準備する必要に迫られている。インフラ整備が大変だから、人口を集中させようという意見もある。確かにそれは合理的かもしれないが、好きなところに住めないのは幸せな生活とは言えないだろう。人は幸せに生きる権利があるし国には幸せに生きられるようにする義務があるのではないか。

　そのためにも国が貧しくなるのは避けたい。だから子育て支援、移民受け入れ、テクノロジーの導入が必要だ。子供は日本の将来を支える存在だから子育て支援は必要だし、それは女性が働きやすい環境を整えることにも繋がる。しかし、子供を増やすのが目的なら、経済的な理由で結婚を諦めている若者の支援のほうが有効だ。また、国は移民受け入れを認めていないが、移民同様の外国人が増えていて彼らへの支援が不足していることで様々な問題が発生している現状は却ってよくないと思う。諸外国の移民受け入れの問題を分析し、きちんと制度を整えて移民を受け入れるべきだろう。労働力不足解消のために外国人労働者の受け入れは当然だが、日本以外の国との競争に勝つことができないと人数を十分に確保できるかどうかの保証はない。だからそこに依存しすぎることは危険だ。今まだ働いていない高齢者や女性の力を借りることも大いに結構だが、旧態依然の働き方ならそれで労働力不足が補えるわけもない。だから新たな技術を使うことが最も重要だと考える。

　例えばＡＩを使って無人自動運転の電車、バス、タクシーや物流のトラックを走らせたら、かなり人手不足の解消になって、日本全体で労働者はかなり減少できる。それに無人移動販売車で物品の売買をすれば人が少ない地方でも生活ができるだろう。現在でも無人に近い工場がたくさん稼働しているが、それを更に押し進める必要もある。また遠隔操作ロボットなら現在は戦力外の老人や障害者でも重い物を移動させられる。特に若者が敬遠する肉体労働や勤務・労働環境の厳しい職業、いわゆる「きつい、汚い、危険」から３Ｋと呼ばれる職場でもロボットの操作で働ける可能性が大きいだろう。自宅での勤務ができるので最も期待できるし、経済水準も落とさないで済むと思う。日本は常々生産性が低いと言われているが、生産性が上がり、社会保障制度も維持できるだろう。日本は総花的な産業構造の改革を含めて待ったなしの状況に置かれていると考えられる。
②

13 筆者は①「8がけ社会」はどんな社会だと言っているか。

1 みんなの協力こそが必要な社会。

2 障害者も働かなければならない社会

3 働く人が減ってすべてが打撃を受ける社会

4 テクノロジーの開発を始めなければならない社会

14 ここでいう②待ったなしの状況とはどんな状況か。

1 在宅勤務を増やさなければならないほど大変な状況

2 もっと生産性を高めなければならないほど困った状況

3 新技術で解決しなければならないほど人手不足が深刻な状況

4 新技術をいろいろ利用しなければ産業構造の改革ができない状況

15 筆者が最も言いたいことは何か。

1 労働者不足は潜在労働者の就労で賄おう。

2 労働者不足はテクノロジーの利用で乗り切ろう。

3 労働者不足は外国人労働者の受け入れで解決しよう。

4 労働者不足は老人や障害者の在宅勤務でなんとかなるだろう。

（6）

　私達の腸の中には1,000種類ぐらいの菌が約40兆個、一説には100兆個とも言われている菌が存在している。花や植物の集まりのように見えるので腸内フローラと呼ばれている。腸内フローラは善玉菌と悪玉菌、どちらにも変わる日和見菌の３つ[注1]　[注2]から成り立っている。善玉菌が多い腸内フローラを持つと健康が保たれるが、悪玉菌が増えると善玉菌の活動が阻害されてスムーズにいかず、悪影響が出てくる。善玉菌は食物の消化を助け、必要な栄養素やビタミンを生成し、免疫機能に深く関係して、病原菌の増殖を抑制し、免疫細胞の働きを強める。脳の健康にも肥満などにも影響を与える大切な物だ。この腸内環境をよくする善玉菌を増やす方法には適切な食物や水の摂取、運動、良い睡眠、ストレス解消などがあって、その中でも食物は最も大きい影響力がある。

　善玉菌を増やして腸内環境を整えると健康によいと言われているから栄養学では善玉菌増加のために以下のような食品を推奨している。生きたまま大腸に届きやすい乳酸菌やビフィズス菌を含むヨーグルトや生きたまま納豆菌が届けられる納豆がいい。また善玉菌の餌となる食物繊維が豊富な海藻、きのこ、玄米、またキウイやバナナなどの果物も必要だ。麹菌や乳酸菌などの善玉菌が含まれる味噌もある。但し味噌は温度が50度以下で使用しないと善玉菌が生きたまま摂取できないから生味噌のほうがいい。市販の味噌の多くの菌は死んでいる。但し善玉菌は生きて大腸に届かなくても効果はあると言われているから市販の味噌でも食べたほうがいい。加熱していない乳酸菌が生きているナチュラルチーズはいいが、非加熱だと食中毒を起こすリステリア菌が潜んでいる可能性があるので妊娠中は食べない方がいい。また発酵食品の漬物、特にキムチは植物繊維や乳酸菌が多いので食べたほうがいい。健康に過ごしたいならお好みでこれらの食品を献立に多く取り入れることが望ましい。

　ところが、これとは別に何を食べたら腸内フローラがよくなるのかという研究がある。欧米の21,000人分のアンケートと便をＤＮＡ技術で分析して繁殖している腸内の細菌の種類を特定した研究だ。参加者を肉、乳製品、植物を食べる雑食者、動物の肉や魚肉は食べないベジタリアン、動物性の食物は一切食べないビーガンに分けて調べた。その結果、雑食者の中でも特に牛、豚、羊などの赤肉を食べる人の腸内フローラには炎症性腸疾患や大腸癌のリスクが上昇する多くの悪玉菌が存在したそうだ。一方、果物、野菜、全粒穀物などの植物性ホールフードを多く食べると、血圧やコレステロール値の正常化、炎症の抑制などと関連付けられている善玉菌が増えることがわかった。最もよかったのはビーガンの腸内フローラで善玉菌が豊富だったそうだ。雑食者である私たちは栄養学や細菌の研究を比べてなるべく腸に良い食生活を送るのがよいだろう。

(注1)　善玉菌：体に良い影響を与える菌
(注2)　悪玉菌：体に悪い影響を与える菌

16　筆者は第二段落で何について書いているか。

1　善玉菌を増やす献立の作り方

2　善玉菌を増やすためにしたい行動

3　栄養学が勧める善玉菌を増やす食品

4　善玉菌を有効に取り入れるための工夫

17　どうしてビーガンの腸内フローラが最もよいのか。

1　善玉菌を生成するDNAを、体内に多く持っているから

2　動物性の食物以外の植物性の食物しか摂らないから

3　赤肉を食べず善玉菌を増やす食物だけを摂っているから

4　栄養学で勧める善玉菌を増やす種類の食物を食べているから

18　筆者が最も言いたいことは何か。

1　栄養学や細菌の研究を利用して腸内環境を整えよう。

2　バランスがよい栄養の取り方を学んで善玉菌を増やそう。

3　善玉菌を増やすことができる食べ物だけを選んで食べよう。

4　食べ方で効果があったり危険だったりするから気を付けよう。

問題13 정보검색은 정보 소재 즉 광고, 팸플릿, 정보지, 전단, 비즈니스 문서 등의 정보를 주는 700자 정도의 지문을 읽고 그 속에서 필요한 정보를 찾아낼 수 있는지를 묻는다. 독해 22문제 중 2문제이며 지문의 수는 1개이다.

알고 풀자!

① '누가, 언제, 무엇'을 찾는지 목표 조건을 먼저 정한다.

② 제목, 굵은 글씨, 숫자, ★표시 등 이정표만 따라간다.

③ 하단 주의사항(※)이나 예외 조항에서 정답의 당락이 결정된다.

④ 지문 전체 해석 대신 선택지와 대조하며 안 되는 것부터 지운다.

예시

問題13　右のページは、大森大学の図書館のホームページに書かれたサービスの案内である。下の問いに対する答えとして最もよいものを、1・2・3・4から一つ選びなさい。

69　大森大学の学生のリンさんは、明日中に借りたい本がある。明日行ける図書館の中では、以下の4館が所蔵していることがわかったので、メモをした。リンさんが本を借りられるのは、次の方法のうちどれか。

リンさんのメモ

	協定加盟
長島大学図書館	あり
あおば大学図書館	あり
中山工業大学図書館	あり
さくら大学図書館	なし

1　学生証を持参して、長島大学図書館に行く。

2　今から紹介状を申請し、それを持参して、あおば大学図書館に行く。

3　学生証を持参して、中山工業大学図書館に行く。

4　今から紹介状を申請し、それを持参して、さくら大学図書館に行く。

例題　次のページはサルサ株式会社の社員募集要項である。下の問いに対する答えとして、最もよいものを1・2・3・4から一つ選びなさい。

1　池田さんは大学でシステムエンジニアのIT資格を取った。独身なので寮を希望。社会保険料及び税金を引く前の1か月の受給額はいくらか。

1　220,000円

2　250,000円

3　270,000円

4　300,000円

2　鈴木さんは経営修士を卒業。TOEICは800点である。妻と家賃 120,000円の家を借りていて会社まで自転車で行く予定だ。社会保険料及び税金を引く前の1か月の受給額はいくらか。

1　385,000円

2　375,000円

3　330,500円

4　325,000円

社員募集要項

職種	営業・経理・システムエンジニア
基本給	大卒：250,000円　　大学院：300,000円
IT資格	50,000円
外国語	1語　20,000円
簿記1級	10,000円
家賃補助	家賃の2分の1を補助。但し、単身者30,000円、家族持ち50,000円を限度とする。
通勤手当	実費。但し、自転車利用者は月5,000円。
社会保険	完備
独身寮(朝・夕食付き)	月30,000円（入寮の場合は給料より差し引きます）
昇給	毎年1回　2万円
ボーナス	年2回　1回基本給の1か月分以上。 但し、最初の受給額は半月分。
就業時間	10時〜6時（1時間の休憩を含む）
休暇	週休2日：土曜・日曜・国民の祝日 正月休み：12月29日〜1月4日まで 夏休み：1週間。交替で取る。 年休：初年度10日、1年ごとに1日ずつ増加、最大20日もらえる。未消化の場合、翌年に合算できる。但し、年間40日を超えることはできない。
その他	外国籍の場合は日本政府により在留許可されない場合は契約は無効。

해석

사원모집요강

직종	영업·경리·시스템 엔지니어
기본급	대졸 : 250,000엔 대학원 : 300,000엔
IT자격	50,000엔
외국어	1개어 20,000엔
부기1급	10,000엔
집세보조	집세의 1/2을 보조. 단, 독신자 30,000엔, 가족이 있는 사람 50,000엔을 한도로 한다.
통근수당	실비. 단, 자전거 이용자는 월 5,000엔.
사회보험	완비
독신기숙사(조·석식 포함)	월 30,000엔(기숙사 입실인 경우에는 급여에서 차감합니다)
승급	매년 1회 2만 엔
보너스	연 2회 1회 기본급의 1개월분 이상. 단, 첫 수령액은 반 달분.
근로시간	10시~6시(1시간 휴식을 포함)
휴가	주5일 : 토요일·일요일·국경일 설 휴가 : 12월 29일~1월 4일까지 여름휴가 : 1주일. 교대로 부여. 연차 : 초년도 10일. 1년마다 1일씩 증가, 최대 20일 받을 수 있다. 휴가가 남은 경우 다음 해에 합산할 수 있다. 단, 연간 40일을 초과할 수 없다.
기타	외국 국적인 경우에는 일본정부에 의해 체류가 허가되지 않은 경우에는 계약은 무효.

1 이케다 씨는 대학에서 시스템 엔지니어의 IT자격을 취득했다. 독신이기 때문에 기숙사를 희망. 사회보험료 및 세금을 차감하기 전의 한달 수령액은 얼마인가?

1 220,000엔 　　3 270,000엔
2 250,000엔 　　4 300,000엔

2 스즈키 씨는 경영석사를 졸업. TOEIC은 800점이다. 아내와 집세 12만 엔인 집을 빌렸으며 회사까지 자전거로 갈 예정이다. 사회보험료 및 세금을 차감하기 전의 한 달 수령액은 얼마인가?

1 385,000엔 　　3 330,500엔
2 375,000엔 　　4 325,000엔

해설

〈질문 1〉에서는 이케다 씨의 한 달 급여에 대해 묻고 있다. 이케다 씨의 조건을 보면 대졸이며, IT자격증을 취득했고, 독신으로 기숙사를 희망한다고 했다. 따라서 250,000엔(대졸)+50,000엔(IT자격)−30,000엔(기숙사료 차감)=270,000엔이므로 정답은 3번이 된다.

〈질문 2〉에서는 스즈키 씨의 한 달 급여에 대해 묻고 있다. 스즈키 씨의 조건을 보면 대학원 졸업이며, 영어가 가능하다. 가족이 있으며, 120,000엔의 집을 빌리고 회사까지는 자전거를 이용한다. 따라서 300,000엔(대학원 졸)+20,000엔(영어가능)+50,000엔(집세 보조 50%이므로 6만 엔이지만 한도가 5만 엔까지임)+5,000엔(자전거 이용)=375,000엔이므로 정답은 2번이 된다.

단어

募集(ぼしゅう)要項(ようこう) 모집요강 | 職種(しょくしゅ) 직종 | 経理(けいり) 경리 | 基本給(きほんきゅう) 기본급 | 補助(ほじょ) 보조 | 但(ただ)し 단, 다만 | 単身者(たんしんしゃ) 단신자, 독신자 | 限度(げんど) 한도 | 実費(じっぴ) 실비 | 完備(かんび) 완비 | 差(さ)し引(ひ)く 차감하다, 빼다 | 昇給(しょうきゅう) 승급(급여 인상) | 受給(じゅきゅう) 수급(돈을 받음) | 就業(しゅうぎょう) 취업, 업무 시작 | 休憩(きゅうけい) 휴게, 휴식 | 祝日(しゅくじつ) 공휴일 | 交替(こうたい)で 교대로 | ～ごとに ～마다 | 合算(がっさん) 합산 | 超過(ちょうか) 초과 | 在留(ざいりゅう) 체류 | 無効(むこう) 무효

問題13

（1） 右のページは図書館利用に障害のある方へのサービスである。下の問いに対する
答えとして最もよいものを1・2・3・4の中から一つ選びなさい。

1 目が全く見えない木村さんはどのサービスが受けられるか。

1 点字の広報などのお知らせを郵送してもらえる。

2 自宅で対面で図書館の本などを読んでもらえる。

3 図書館で拡大読書器や拡大鏡を使わせてもらえる。

4 点訳がない資料を点訳してもらえる。

2 耳が不自由な高山さんが受けられないサービスはどれか。

1 調べたいことをFAXで頼むこと

2 窓口で文字でコミュニケーションを取ること

3 来館が困難なため、資料を郵送してもらうこと

4 連絡事項などをＦＡＸしてもらうこと

図書館利用に障害のある方へのサービス

・声の広報の貸し出し：市の広報を中心にお知らせを音訳録音した「声のおたより」を定期的に、そのほか福祉関係の新聞記事や市内の身近な情報をまとめた「最新情報」を随時郵送しています。

・音訳資料の貸し出し：本や雑誌などの資料を録音した「音訳資料」を貸し出しています。市図書館の所蔵資料や他自治体の図書館からの借用や市販物の購入により提供いたします。所蔵していない資料は作成いたします。ご提供には時間がかかる場合もあります。

・プライベート資料の作成：個人的に必要な資料やパンフレット等を録音して提供いたします。資料・CD・USBなどはご自分でご用意ください。

・対面朗読：図書館所蔵の本・雑誌・新聞などの資料やお手持ちの資料などを対面で朗読します。手紙・電気製品の説明書など何でもいいです。又代読・代筆などの支援もしています。場所は図書館の対面朗読室です。ご希望の場合は事前にお申し込みください。個人のプライバシーや読書に関する秘密は厳守します。１回のご利用は２時間以内です。

・点訳資料の作成・貸し出し：本や雑誌などの資料を点訳して貸し出します。所蔵資料や他自治体の図書館からの借用により提供いたします。所蔵していない資料は作成します。個人的に必要な資料なども点訳します。ご提供には時間がかかる場合もあります。

・大活字本：弱視者の方や高齢者の方のために通常の本より文字の大きい大活字本を所蔵しています。「大活字本コーナー」に置いてあります。

・拡大読書器・拡大鏡：テレビの画面に文字を拡大できる拡大読書器と拡大鏡を用意してありますので、利用希望の方はカウンターにお申し出ください。

・機器の貸し出し：再生機の貸し出しをしています。また再生機の使い方の説明もします。貸し出し期限についてはご相談ください。

・耳の不自由な方へ：筆談にてご案内しますので遠慮なくご相談下さい。資料のリクエストや調べ物などについては、ホームページ、文書、FAXでの受付もいたします。図書館からの連絡や、調べ物の回答などもFAXでお送りします。

・資料の郵送貸し出し：視覚障害者の方など図書館への来館が困難な方のお宅へ、郵送にて資料をお送りします。郵便法の許可の範囲内となります。詳しくはご相談ください。

（2）　右のページは「西リサイクル市」のお知らせである。下の問に対する答えとし
　　　　て、最もよいものを1・2・3・4から一つ選びなさい。

3　妻と娘の3人で5月2日に出店したい人はどうしたらよいか。

　　1　普通はがきに3人の名前と必要事項を書いて出す。

　　2　申し込みのはがきを3月の1日から10日の間に出す。

　　3　往信はがきに必要事項を書いて郵送する。

　　4　返信はがきには何も書かないで送る。

4　当選者がしなければならないことは何か。

　　1　リサイクルセンターに当選の連絡をしなければならない。

　　2　出店を取り止める場合センターに連絡しなければならない。

　　3　駐車場利用の場合は料金を払わなければならない。

　　4　晴れている場合は西公園に出店しなければならない。

「西リサイクル市」のお知らせ

・開催期間：毎月第１日曜日　午前９時から12時まで（４月、７月は第２日曜日になります。）雨天決行。

・開催場所：リサイクルセンター内（西公園から変更したので雨での催行、いつでも催行が可能となりました。）

・申込方法：出店を希望する方は往復はがきでお申し込みください。（出店希望日の１か月前の１日から10日の消印がある物のみ有効）
　　　　　：西市在住、在勤の方。１世帯につき１通のみ、電話、来庁での申し込みはできません。

・出店決定：応募多数の場合、抽選となります。当選された方で、その後出店を辞退する場合は必ずリサイクルセンターまでご連絡ください。（落選された方の中から、繰り上げを行います。）

・当　　日　：開催時間前に品物の搬入と設営を行い、正午には片づけてください。

・出店物　：衣類、雑貨、おもちゃなど。食品（賞味期限内の品物、生ものは除外）電気製品は不可。

・その他　：駐車場をご利用の方は「来庁者用駐車場」をご利用ください。（１時間無料）。搬入、搬出後は速やかに車の移動をお願いいたします。

往復はがき

往信		返信	
表	裏	表	裏
〒2020-0002　西市西町三丁目三番地　リサイクルセンター	・代表者の住所 ・代表者の氏名（フリガナ） ・代表者の電話番号 ・代表者の年齢 ・参加者全員の氏名 ・出店物	氏名　　代表者の住所	※当選通知に使用しますので、記入しないでください。

（3）右のページは「トラベルサポーターのお知らせ」である。下の問に対する答えと
して、最もよいものを1・2・3・4から一つ選びなさい。

5 軽いサポートを受けながら最も安いツアーに参加する人はいくら払うか。

1 45,000円

2 50,000円

3 55,000円

4 60,000円

6 海鮮料理を楽しみたい人が絶えずサポートを受けながら旅行したらいくらかかるか。

1 90,000円

2 95,000円

3 100,000円

4 105,000円

ツアー

ツアー	日数	内容	料金
①	1泊2日	寺社巡りと温泉のバスの旅	40,000円
②	1泊2日	花とロケ地巡りのバス旅	50,000円
③	2泊3日	海鮮料理と温泉を楽しむ旅	60,000円
④	2泊3日	豪華温泉旅館の旅	70,000円

※サポータと別室の場合は一泊につき5,000円の追加料金をお支払いください。

サポート内容 （下記参照）		サポート料
	A	1泊5,000円＋保険・事務手数料 5,000円
	B	1泊10,000円＋保険・事務手数料 5,000円
	C	1泊15,000円＋保険・事務手数料 5,000円

※保険・事務手数料は一回だけ支払います。

サポート	内容
A	車いすサポートなど体に触れない軽度のサポート
B	Aにトイレ介助と入浴介助を加えたサポート
C	Bの他夜間も含めた継続的なサポート

※AとBは宿泊時は別室、Cは同室。

（4）右のページは住まいの案内と大下さんと丸山さんの個人情報である。下の問いに
対する答えとして最もよいものを、1・2・3・4から一つ選びなさい。

7 大下さんは夫婦の寝室のほかに子供部屋が2つ、庭付きで会社から家まで1時間以内の
なるべく安い家がほしい。どれを買ったらいいか。

　　1　A
　　2　B
　　3　C
　　4　D

8 丸山さんは駅から歩けるところに家が欲しい。夫婦の寝室のほかに子供部屋が2つ、自
分の書斎も必要である。どの家が購入できるか。

　　1　A
　　2　B
　　3　C
　　4　D

住まいの案内

	価格	会社から駅	駅から家	建物	間取り	その他
A	5000万	大下50分 丸山1時間	バス10分＋ 徒歩 5 分	戸建て	＊4 LDK	庭付き
B	6000万	大下45分 丸山50分	徒歩10分	戸建て	＊3 LDK	庭付き
C	7000万	大下30分 丸山40分	徒歩10分	マンション	4 LDK	
D	8000万	大下25分 丸山30分	徒歩1分	マンション	4 LDK	

＊3LDK ＝ 3つの部屋とリビング・ダイニング・キッチンがある間取りのこと。

＊4LDK ＝ 4つの部屋とリビング・ダイニング・キッチンがある間取りのこと。

大下さんの情報
年齢：30歳　　　　年収：700万円
貯金：1300万円
子供：2人

丸山さんの情報
年齢：32歳　　　　年収：800万円
貯金：1500万円
子供：2人

＊頭金は購入価格の20％以上必要

（5）次のページは障害者雇用の説明である。下の問いに対する答えとして最もよいものを１・２・３・４から一つ選びなさい。

9 2025年従業員200人で今Aランクの障害者３人雇用している会社は、法定雇用率を満たすためにAランクの障害者をあと何人雇わなければならないか。

1　１人
2　２人
3　３人
4　４人

10 Ａ市では2024年３月に常勤職員500人のうち週35時間働く身体障害者・知的障害者が14人いて法定雇用率を満たしている。2028年に法定雇用率を満たすためには週25時間働く重度でない身体障害者を何人雇えばよいか。

1　１人
2　２人
3　３人
4　４人

障害者の法定雇用率の案内

　障害者の法定雇用率は2024年４月から2026年６月までは、民間企業は2.5%、国及び地方自治体等は2.8%、都道府県等の教育委員会は２．７％です。2026年７月以降は 民間企業は2.7%、国及び地方自治体は3.0%、都道府県等の教育委員会は2.9%です。

　民間企業が障害者雇用率より多くの障害者を雇用している場合は、障害者雇用調整金あるいは報奨金がもらえます。

法定雇用率の数え方

	労働者の種別	※人数
A	身体障害者・知的障害者（週30時間以上勤務）	1人
B	精神障害者（週30時間以上勤務）	1人
C	重度身体障害者・重度知的障害者（週30時間以上勤務）	2人
D	重度身体障害者・重度知的障害者（週20〜30時間未満勤務）	1人
E	重度でない身体障害者・知的障害者・精神障害者（週20〜30時間未満）	0.5人
F	重度身体障害者・重度知的障害者・精神障害者（週10〜20時間未満勤務）	0.5人

※ 人数：実際に働いた人数と計算上の人数は違う。Cランクは１人働いても２人働いたことになる。反対にEランクとFランクは１人働いても0.5人しか働いていない計算になる。つまり１人と計算されるためには２人が働かなければならない。

重度身体障害者：1・2級

重度知的障害者：自治体の等級、知能指数や医師の判定から、「重度」に該当した者

精神障害者には重度の区分は設けられていません。

（6）右のページは帰省の予定である。下の問いに対する答えとして最もよいものを、
1・2・3・4から一つ選びなさい。

11　２万円の予算でお酒が飲める大人３人と小学生の子供１人が自家用車でレストランに行くときどこに行くことができるか。

1　Aだけ

2　Bだけ

3　C以外

4　CとD以外

12　大人３人と小学生の子供１人が行きは電車で帰りはバス停まで自家用車で送ってもらった場合交通費はいくらかかるか。

1　80,500円

2　82,250円

3　87,500円

4　88,000円

食事代（食事＋ドリンク）

A　ウナギ定食：1人前 3500円　　小学生 1500円
　　アルコールを飲める人 2000円
　　飲めない人　半額

B　すき焼き定食：1人前 4000円
　　アルコールを飲める人 1200円
　　飲めない人 半額

C　しゃぶしゃぶ定食：1人前 4500円
　　アルコールを飲める人 2000円
　　飲めない人 800円

D　寿司定食：1人前 5000円　　　小学生 2000円
　　アルコールを飲める人 2000円
　　飲めない人 1000円

＊車の運転者はお酒は飲めない。

家から故郷の駅までの交通費

電車片道：大人1人1万5千円、小学生半額
長距離バス片道：大人8千円、小学生半額
市内バス片道：大人500円、小学生半額

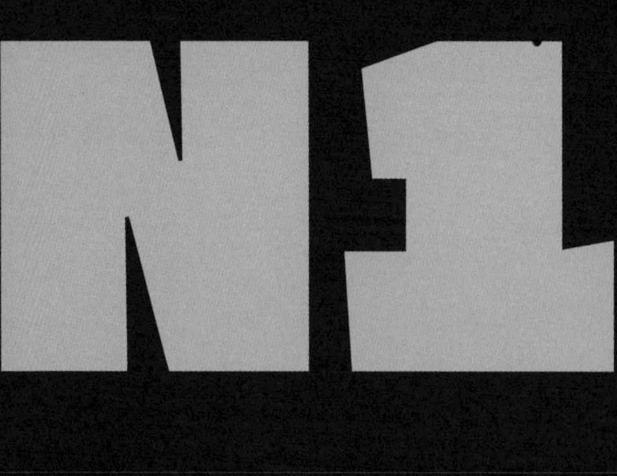

2교시

끝내기

청해

제 5 장

청해
공략편

01 청해요령 알아두기
02 문제유형 공략하기

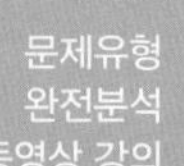

문제유형
완전분석
동영상 강의

청해요령 알아두기

1 문제유형별 청해 포인트

JLPT N1 청해에서는 과제 이해, 포인트 이해, 개요 이해, 즉시 응답, 통합 이해로 총 5가지 문제 유형이 출제된다. 시험의 내용은 폭넓은 장면에서 사용되는 일본어를 이해할 수 있는지를 묻고 있으므로 회화나 뉴스, 강의를 듣고 이야기의 흐름이나 내용, 등장인물의 관계, 내용의 논리 구성 등을 상세하게 이해하거나 요지를 파악할 수 있어야 한다.

1 과제 이해

어떤 장면에서 구체적인 과제 해결에 필요한 정보를 듣고, 다음에 무엇을 하는 것이 적절한 행동인가를 묻는 문제이다. 지시나 조언을 하고 있는 회화를 듣고, 그것을 받아들인 다음의 행동으로 어울리는 것을 고른다. 선택지는 문자로 제시된다.

2 포인트 이해

청자가 화자의 발화(發話)에서 자신이 알고 싶은 것과 흥미가 있는 것으로 내용의 포인트를 좁혀서 들을 수 있는가를 묻는 문제이다. 따라서 문제의 텍스트를 듣기 전에 상황 설명과 질문을 들려 주고, 또한 문제용지에 인쇄되어 있는 선택지를 읽을 시간을 준다. 질문은 주로 화자의 심정이나 사건의 이유 등을 이해할 수 있는지 묻는다.

3 개요 이해

텍스트 전체에서 화자의 의도나 주장 등을 이해할 수 있는가를 묻는 문제이다. 일부의 이해를 묻는 문제와 비교해서 전체를 이해했는지 묻는 문제이므로 고도의 능력을 요구한다.

4 즉시 응답

상대방의 발화에 어떤 응답을 하는 것이 어울리는지 즉시 판단할 수 있는 능력을 묻는다.

5 통합 이해

3명 이상의 대화나 2종류의 음성 텍스트 등 내용이 보다 복잡하고 정보량이 많은 텍스트에 대해서 내용을 이해했는지를 묻는 문제이다. 이 문제를 풀기 위해서는 복수의 정보를 통합할 필요가 있어 고도의 능력이 요구된다.

각 나라말의 음가(音価 : 낱자가 가지고 있는 소리)가 서로 다르듯, 우리말과 일본어의 음가 또한 다르다. 그런데, 우리말의 음가로 일본어의 음가를 파악하려고 하기 때문에 청해에서 오류가 생기는 것이다. JLPT 청해에서 꼭 알아 두어야 할 일본어 발음의 기초를 정리하고, 일본어를 청취할 때 우리나라 사람들이 잘못 알아듣기 쉬운 음(音)을, 우리말 발음과 일본어 발음을 비교해 그 차이점을 분석해 봄으로써 능률적인 청해 학습이 가능하도록 하였다.

1 청음(清音)과 탁음(濁音)

일본어는 청음과 탁음의 대립으로 구별된다. 이때 청음과 탁음이란, 음성학적으로 무성음(無声音)과 유성음(有声音), 즉 '성대의 울림 없이 내는 소리(무성음)'와 '성대를 울려 내는 소리(유성음)'를 말한다. 이에 비해, 우리말은 무기음(無気音)과 유기음(有気音: 'k·t·p' 따위의 파열음이 다음 음에 옮을 때 터져 나오는 소리)의 대립으로 구분된다. 즉, 성대가 울리느냐 울리지 않느냐의 문제가 아니라, 강하게 내뿜어 파열시키는 숨을 동반하느냐 하지 않느냐의 차이로 구분되는 것이다. 따라서 한국인은 유성음과 무성음의 구분에 상대적으로 취약하기 때문에 청음과 탁음을 구별하기가 어렵다. 예를 들어 げた(나막신)를 けだ로 잘못 듣는 경우가 많다.

げた [geta] ➡ けだ [keda]

분석 ❶ 첫소리의 무성음화 : [g] → [k]

우리말에서는 콧소리(鼻音: ㄴ, ㅁ, ㅇ) 외에는 유성음이 첫소리에 오지 않기 때문에 げた[geta]의 첫소리인 유성음 [g]를 무성음 [k]로 잘못 듣게 된다.

분석 ❷ 가운뎃소리의 유성음화 : [t] → [d]

우리말의 무성음은 유성음과 유성음 사이에 오면 자동적으로 유성음화하므로 무성음 [t]를 유성음 [d]로 잘못 듣게 된다.

❶ い<u>き</u> (息 : 숨)   い<u>ぎ</u> (意義 : 의의)

❷ た<u>ん</u>ご (単語 : 단어)   だ<u>ん</u>ご (団子 : 경단)

❸ 天気が悪いので電気をつけた。 (날이 흐려서 불을 켰다.)

❹ 京都の生徒は郷土の制度を調べた。 (교토의 학생은 그 지방의 제도를 조사했다.)

❺ 探偵は「彼が犯人だ」と断定した。 (탐정은 "그가 범인이다"라고 단정했다.)

② 장음(長音)과 단음(短音)

장음이란 연속되는 두 개의 모음을 따로따로 발음하지 않고 길게 늘여서 발음하는 것으로, 1拍(拍은 일본어를 발음할 때 글자 하나하나에 주어지는 일정한 시간적 단위)의 길이를 갖는다. 장음과 단음의 차이를 비교해 보면 다음과 같다.

| 단음(短音) | く<u>つ</u>(靴 : 2拍) | せ<u>き</u>(席 : 2拍) | ほ<u>し</u>(星 : 2拍) |

| 장음(長音) | く<u>つう</u>(苦痛 : 3拍) | せ<u>いき</u>(世紀 : 3拍) | ほ<u>うし</u>(奉仕 : 3拍) |

우리나라 사람들이 장음 구별에 서툰 이유는 다음과 같다.

① 일본어에서는 장음을 독립된 길이를 가진 단위로 인식하나, 우리말에서 장음은 의미의 구별을 도와줄 뿐 독립된 길이를 갖지 않기 때문이다.

② 우리말에서는 첫음절에서만 장음 현상이 나타나는 것을 원칙으로 하기 때문에 2음절 이하에 나타나는 장음의 구별이 어렵다.

③ 우리말은 표기법상에서도 장음을 따로 표기하지 않아 장·단음의 구별이 어렵다. 예를 들어 「とうきょう」를 '도쿄'로, 「おおさか」를 '오사카'로 표기한다.

❶ か<u>ど</u>(角 : 모퉁이)   カー<u>ド</u>(card : 카드)

❷ <u>ビル</u>(building : 빌딩)   <u>ビール</u>(beer : 맥주)

❸ <u>つち</u>(土 : 흙)   <u>つうち</u>(通知 : 통보)

❹ ユキという子は勇気がある。 (유키라는 아이는 용기가 있다.)

❺ 彼女に対する好意が恋に変わった。 (그녀에 대한 호의가 사랑으로 변했다.)

촉음(促音)

일명 つまる音이라고도 하는 촉음에는 다음과 같은 특징이 있다.

① 작은 っ 또는 ッ로 표기된다.

② カ행, サ행, タ행, パ행 앞에만 온다.

③ 뒤에 오는 음(カ행·サ행·タ행·パ행)에 따라 [k·s·t·p]로 발음된다.

④ 1拍의 길이로 발음된다.

⑤ 첫소리에 오지 않는다.

다음은 우리나라 사람들이 청해를 할 때 자주 틀리는 '촉음'에 관한 예이다. 촉음 유무에 따라 문장의 뜻이 달라질 수 있으므로 주의하자.

□ 知っているの？　(알고 있니?)　　　　しているの？　(하고 있니?)

□ 行ってください。(가 주십시오.)　　　　いてください。(있어 주십시오.)

□ 切ってください。(잘라 주십시오.)　　　来てください。(와 주십시오.)

이것은 촉음의 발음이 カ행, サ행, タ행, パ행의 발음에 동화되기 때문에 우리말의 된소리(ㄲ, ㅆ, ㅉ, ㅃ)와 비슷하게 인식되나, 우리말에서는 된소리를 한 음절로 인정하지 않으므로 촉음이 있는 것을 없는 것으로, 또는 촉음이 없는 것을 있는 것으로 잘못 듣게 되는 경우가 많다.

촉음을 구분할 때에는 다음 사항에 유의하자.

① 탁음 앞에서는 촉음 현상이 일어나지 않으므로, 청음과 탁음의 구별을 정확하게 한다.

② 1류동사(5단동사)는 활용할 때 ～た, ～て, ～たり 앞에서 촉음 현상을 일으키므로, 활용하는 동사의 종류를 확인한다.

③ 2자 이상의 한자어에서, 첫 번째 한자의 마지막 음이 く, ち, つ이면 뒤에 이어지는 カ행, サ행, タ행, パ행 앞에서 촉음으로 바뀐다.

□ 学校 : がく＋こう　→　がっこう

□ 一回 : いち＋かい　→　いっかい

□ 圧迫 : あつ＋ぱく　→　あっぱく

듣기연습

🎵 듣기 0-03

❶ かっぱつ(活発 : 활발)

❷ さっかく(錯覚 : 착각)

❸ しっぱい(失敗 : 실패)

❹ 喫茶店に行く前に薬局で薬を買った。 (카페에 가기 전에 약국에서 약을 샀다.)

❺ あの卓球選手は北海道の大会で優勝した。
(저 탁구 선수는 홋카이도 대회에서 우승했다.)

요음(拗音)

일본어의 요음(拗音)은 우리말의 이중모음 'ㅑ, ㅠ, ㅛ' 와 비슷하여 구분이 어렵지 않을 것이라 생각할 수도 있지만, 청해 시험에서 결정적인 실수는 이 요음에서 나온다.

★ 요음을 직음으로 잘못 듣는 예

□ がいしゅつ(外出)する回数が少ない (외출하는 횟수가 적다) → がいしつ

□ じゃま(邪魔)でやっかいな仕事 (거추장스럽고 귀찮은 일) → ざま

이것은 しゅ, じゅ가 し, じ에 가깝게 발음되어 생기는 문제인데, 흔히 말하는 사람이 원인을 제공하는 경우가 많다. 일본인은 しゅ, じゅ로 발음한다고 생각하지만, 실제로는 し, じ에 가깝게 발음하기 때문에 생기는 문제이다. 이런 현상은 しゅ, じゅ가 단음일 때 많이 발생한다. 즉, 장음일 때는 발음하는 시간이 길어 요음을 정확하게 발음할 수 있지만, 단음일 때는 시간적으로 여유가 없기 때문에 생기는 현상인 듯하다.

★ 직음을 요음으로 잘못 듣는 예

□ みち(道)を歩きながら (길을 걸으며) → みちょう歩きながら

□ ごじぶん(ご自分)でき(来)て (몸소 와서) → ごじゅうぶんできて

이것은 듣는 사람이 연속되는 모음을 다음과 같이 이중모음으로 잘못 듣기 때문에 발생한다.

[イ+ア] → [ヤ] / [イ+ウ] → [ユ] / [イ+オ] → [ヨ]

따라서 요음 듣기의 어려움을 극복하려면 다음과 같은 점에 주의하면 된다.

① し, じ라고 들려도 しゅ, じゅ가 아닌지 의심해 본다(대개 한자어가 많다).

② i+あ는 야로, i+う는 유로, i+お(を)는 요로 들리므로 조심한다.

③ 대화 중에서 ~을가 나오리라 짐작되는 곳에 ク 또는 クー가 들리는 경우 i+을가 아닌지 의심해 본다.

듣기연습　　　　　　　　　　　　　　　　　　　　　🎵 듣기 0-04

❶ きゅうこう(急行 : 급행)　　　　くうこう(空港 : 공항)

❷ しょうすう(少数 : 소수)　　　　そうすう(総数 : 총수)

❸ ちゅうしん(中心 : 중심)　　　　つうしん(通信 : 통신)

❹ 見ようによっては妙に見えるかもしれない。
(보기에 따라서는 이상하게 보일지도 모른다.)

❺ 周知の通り、ここは私有地だ。 (알다시피 여기는 사유지다.)

5 **연속되는 모음**

조사 を 앞에 장모음 オ가 올 때는, [o]음이 3박자에 걸쳐 이어지게 되어 미처 다 듣지 못하는
경우가 있다. <u>こうおっ</u>しゃった가 좋은 예이다.

❶ ご<u>うと</u>うをたいほする。(강도를 체포하다.)

❷ 先生_{せんせい}からし<u>どう</u>をうけた。(선생님으로부터 지도를 받았다.)

❸ 休みの日にテレビを見ながら<u>ぶどうを</u>食べた。
(휴일에 텔레비전을 보면서 포도를 먹었다.)

6 **악센트**

일본어에는 악센트의 차이로 그 뜻을 구분하는 단어들이 많아 악센트 또한 청해의 중요한 단
서가 된다. 악센트는 흔히 '높낮이의 차이'로 구분되는 것과 '강약의 차이'로 구분되는 것이 있
는데, 일본어는 '높낮이의 차이'로 구분되는 '고저(高低)악센트'로, 소리가 떨어지는 낙차를 기
준으로 두고형(頭高型), 중고형(中高型), 미고형(尾高型), 평판형(平板型)으로 구분된다.
다음 동음이의어들의 악센트 차이를 살펴보자.

❶ あ「き(空き : 텅 빔)　　　あ˥き(秋 : 가을)

❷ か「う(買う : 사다)　　　か˥う(飼う : 기르다)

❸ あ˥め(雨) の日にあ「め(飴)を買う。(비 오는 날에 엿을 산다.)

❹ 資料_{しりょう}をこう「かい(公開)してこう˥かい(後悔)した。(자료를 공개하고 후회했다.)

❺ し「めい(指名)されて、し˥めい(使命)をおびて出発_{しゅっぱつ}した。
(지명받아 사명을 띠고 출발했다.)

청해를 할 때 혼동을 일으키기 쉬운 발음을 정리해 보면 다음과 같다.

シ와 ヒ

シ를 발음할 때의 혀 위치가 ヒ를 발음할 때의 혀 위치와 가까워져 비슷하게 발음된다.

(○)	布団をしく(요를 깔다)	風邪をひく(감기에 걸리다)
(×)	布団をひく	風邪をしく

듣기연습　　　　　　　　　　　　　　　　　　　　　　　　🎵 듣기 0-07

❶ しがい(市外 : 시외, 市街 : 시가)　　　ひがい(被害 : 피해)

❷ しかく(資格 : 자격, 視覚 : 시각)　　　ひかく(比較 : 비교)

❸ しろい(白い : 희다)　　　　　　　　　ひろい(広い : 넓다)

❹ 肥料の資料を集めた。(비료에 대한 자료를 모았다.)

❺ 悲壮な覚悟で必死に思想を守った。(비장한 각오로 필사적으로 사상을 지켰다.)

ラ와 ダ, ロ와 ド

듣기연습　　　　　　　　　　　　　　　　　　　　　　　　🎵 듣기 0-08

❶ らんぼう(乱暴 : 난폭)　　　　　　　だんぼう(暖房 : 난방)

❷ ひろい(広い : 넓다)　　　　　　　　ひどい(酷い : 심하다)

❸ テレビのためだんらんの時間がだんだん少なくなった。
(텔레비전 때문에 단란한 시간이 점점 적어졌다.)

❹ 村の人は無駄のない生活をした。(마을 사람은 낭비 없는 생활을 했다.)

「ス」와「ツ」

ス와 ツ가 서로 혼동하여 잘못 듣기 쉬운 이유는 다음과 같다.

① ス[su]와 ツ[tsu]에서 [su] 발음이 같기 때문이다. [t]음을 낼 때는 혀끝으로 잇몸 부분을 치게 되는데, 이것이 가벼우면 ス가 되어 버린다.

② 우리말에는 ツ라는 음이 없기 때문이다. 따라서 의미를 모르는 경우 ツ로 들리기도 하고 ス로 들리기도 한다.

★「ス」를「ツ」로 잘못 듣는 예

□ くものす(巣)やほこりだらけだ (거미집과 먼지투성이다) → くものつ

□ あたまをすりよせて (머리를 맞대고) → あたまをつりよせて

★「ツ」를「ス」로 잘못 듣는 예

□ かじやのやつが (대장장이 녀석이) → やす

□ 先生からばつ(罰)を受けた (선생님께 벌을 받았다) → ばす

듣기연습
🎵 듣기 0-09

❶ すいか(西瓜 : 수박)　　　　　　ついか(追加 : 추가)

❷ すうがく(数学 : 수학)　　　　　つうがく(通学 : 통학)

❸ すき(好き : 좋아함)　　　　　　つき(月 : 달)

❹ この山を越すにはこつがある。 (이 산을 넘는 데는 요령이 있다.)

❺ マスが釣れるまで待つつもりだ。 (송어가 잡힐 때까지 기다릴 작정이다.)

어중(語中)의 ガ行

탁음 중에서 ガ行은 특별한 주의가 필요하다. ガ行의 음은 첫소리에 올 때와 둘째 소리 이하에 올 때 차이가 있다. 즉, 둘째 소리 이하에서는 콧소리가 많이 섞이게 되어 잘못 듣는 사례가 많다.

듣기연습
🎵 듣기 0-10

❶ 彼からてがみ(手紙)がきた。 (그에게서 편지가 왔다.)

❷ じゅぎょう(授業)の始まるベルが鳴った。 (수업이 시작되는 벨이 울렸다.)

❸ さぎょう(作業)を一時中止して昼寝をした。 (작업을 일시 중지하고 낮잠을 잤다.)

🎵 듣기 0-11 ①「〜では」 → 「〜じゃ」

　　* それでは　→　それじゃ

　　それじゃなくてあっちのを持ってきてください。(그것 말고 저기 있는 걸 가져다 주세요.)

　　* 騒いでは　→　騒いじゃ

　　廊下でそんなに騒いじゃいけません。(복도에서 그렇게 떠들면 안 됩니다.)

🎵 듣기 0-12 ②「〜ている」 → 「〜てる」

　　* 勉強している　→　勉強してる

　　夜中に勉強してる受験生。(밤중에 공부하고 있는 수험생.)

　　* 持っていない　→　持ってない

　　携帯電話を持ってないので公衆電話を使う。

　　(휴대 전화를 갖고 있지 않아서 공중전화를 쓴다.)

🎵 듣기 0-13 ③「〜ておく」 → 「〜とく」

　　* 置いておく　→　置いとく

　　そんなに大切な物をこんな所に置いとくなよ。

　　(그렇게 중요한 것을 이런 곳에 놓아 두지 마라.)

　　* 放っておく　→　放っとく

　　あいつは注意すると反抗するので、放っとくことにした。

　　(저놈은 주의를 주면 반항하기 때문에 그냥 내버려 두기로 했다.)

　　* 持っておいで　→　持っといで

　　冷蔵庫にすいかがあるから、持っといで。(냉장고에 수박이 있으니까 가져와.)

🎵 듣기 0-14 ④ 〜てあげる → 〜たげる

　　* 貸してあげる　→　貸したげる

　　今、お金を貸したげる。(지금 돈을 빌려 주겠다.)

　　* 読んであげる　→　読んだげる

　　私が読んだげるから、泣かないでね。(내가 읽어 줄 테니까, 울지 마.)

🎵 듣기 0-15 ⑤ 　～てしまう　→　～ちゃう・～ちまう

＊行ってしまう　→　行っちゃう・行っちまう

彼は私をおいてアメリカに行っちゃった。(그는 나를 두고 미국으로 가 버렸다.)

君をおいて行っちまうなんて、ひどい野郎だね。(너를 두고 가 버리다니, 지독한 놈이구나.)

🎵 듣기 0-16 ⑥ 　～でしまう　→　～じゃう・～じまう

＊死んでしまう　→　死んじゃう・死んじまう

あの人が死んじゃうなんて、信じられないわ。

(그 사람이 죽어 버리다니 믿을 수 없어.)

あいつが死んじまうなんて、世の中どうかしてるぜ。

(그놈이 죽어 버리다니 세상에 이런 일이.)

🎵 듣기 0-17 ⑦ 　～らない・～れない・～りない　→　～んない

＊分からない　→　分かんない

こんなむずかしい問題は分かんないよ。(이런 어려운 문제는 몰라.)

＊いられない　→　いらんない

こんなきたない場所にいらんないよ。(이렇게 지저분한 곳에 있을 수 없어.)

＊足りない　→　足んない

これだけじゃ足んないなあ。(이것만으로는 부족한데.)

🎵 듣기 0-18 ⑧ 　～(え)ば

＊行けば　→　行きゃ

東京に行きゃ仕事にありつけるかもしれない。(도쿄에 가면 일자리가 생길지도 모른다.)

＊比べれば　→　比べりゃ

エベレストに比べりゃ富士山なんて赤ん坊だ。

(에베레스트에 비하면 후지산 따위는 어린애다.)

＊高ければ　→　高きゃ・高けりゃ

賃貸料がそんなに高きゃ入る人はいないだろう。

(임대료가 그렇게 비싸면 들어가는 사람은 없을 것이다.)

値段が高けりゃ買わないほうがいいよ。(가격이 비싸면 사지 않는 게 좋아.)

02 문제유형 공략하기

① 問題1 과제 이해

결론이 있는 텍스트(대화)를 듣고, 문제 해결에 필요한 구체적인 정보를 찾아서 다음에 어떻게 행동할 것인지를 묻는다. 먼저 상황을 설명하는 문장과 질문이 나온다. 그리고 대화로 구성된 텍스트가 나오고 질문이 한 번 더 나온다. 청해 30문제 중 5문제이며, 선택지는 주로 문자로 제시된다.

❗ 알고 풀자!

① 문제 시작 전 인쇄된 선택지를 훑으며 대화의 상황과 주제를 미리 예측한다.

② 질문의 주체(남/녀)를 확인하고 '지금 당장' 해야 할 우선순위를 가려낸다.

③ '이미 했다'나 '나중에 하자'는 취소를 걸러내고 '우선(とりあえず)' 같은 확정 단서를 찾는다.

④ 선택지 옆에 O, X를 즉시 표시해 대화 종료와 동시에 정답을 확정하도록 한다.

예시

もんだい
問題 1

問題1では、まず質問を聞いてください。それから話を聞いて、問題用紙の 1 から 4 の中から、最もよいものを一つ選んでください。

れい
例

1 企画書を見せる

2 製品の説明を書き直す

3 データを新しくする

4 パソコンを準備する

れいだい
例題 まず質問を聞いてください。それから話を聞いて、問題用紙の１から４の中から、最もよいものを一つ選んでください。

れい
例　　　　　　　　　　　　　　　　　　　　　　　　　　듣기 1-0

1　ワンコインの席が取れたら旅行する
2　ワンコインの席が取れなかったら４列の席にする
3　ワンコインの席が取れなかったら３列の席にする
4　ワンコインの席が取れなかったら新幹線にする

스크립트 & 해석

(M : 男性, 男の子　F : 女性, 女の子)

女の人と男の人が話しています。女の人はどうしますか。	여자와 남자가 이야기하고 있습니다. 여자는 어떻게 합니까?

女の人と男の人が話しています。女の人はどうしますか。

F: 関西旅行はどうだった？

M: ユニバーサルスタジオにも行ったし、楽しかったから来月も行こうと思っているんだ。

F: よくそんなにお金があるわね。交通費だって高いのに。

M: それが東京大阪間のバスがワンコイン、たったの500円だったんだよ。

F: 嘘。

M: 本当だよ。今、キャンペーン中なんだよ。毎日500円の席を何席か売り出しているんだ。なかなか取れないけど。

F: それじゃ、私は使えないわ。急に休暇を取るなんてことはできっこないから。私は新幹線にするわ。

M: でも他の席もそんなに高くないよ。3列の広い席は4列よりちょっと高いけど、広いし、カーテンがついているんだ。

F: それ快適そうね。どうせならそれにしようかしら。

M: でもまず、ワンコインを試したら？

F: ええ、そうするわ。

여자와 남자가 이야기하고 있습니다. 여자는 어떻게 합니까?

여 : 간사이 여행은 어땠어?

남 : 유니버설 스튜디오에도 갔었고, 재미있어서 다음 달에도 가려고 생각하고 있어.

여 : 잘도 그렇게 돈이 있구나. 교통비도 비싼데.

남 : 그게 말이야, 도쿄 오사카간 버스가 원코인, 겨우 500엔이었어.

여 : 거짓말.

남 : 진짜야. 지금 캠페인 중이야. 매일 500엔 짜리 좌석을 몇 개 내놓고 있어. 좀처럼 예약할 수 없지만.

여 : 그럼, 나는 못 쓰겠네. 갑자기 휴가를 내는 일 같은 건 될 리가 없으니까. 나는 신칸센으로 할래.

남 : 하지만 다른 좌석도 그렇게 비싸지 않아. 3열의 넓은 좌석은 4열보다 조금 비싸지만, 넓고 커튼이 달려 있어.

여 : 그거 쾌적할 것 같아. 어차피 할 거라면 그것으로 할까?

남 : 하지만 우선 원코인을 시도해 보는 게 어때?

여 : 응, 그렇게 할게.

女の人はどうしますか。

1 ワンコインの席が取れたら旅行する
2 ワンコインの席が取れなかったら4列の席にする
3 ワンコインの席が取れなかったら3列の席にする
4 ワンコインの席が取れなかったら新幹線にする

여자는 어떻게 합니까?

1 원코인 좌석을 예약할 수 있으면 여행한다
2 원코인 좌석을 예약할 수 없으면 4열 좌석으로 한다
3 원코인 좌석을 예약할 수 없으면 3열 좌석으로 한다
4 원코인 좌석을 예약할 수 없으면 신칸센으로 한다

해설

여자가 앞으로 어떻게 할 것인지를 묻는 문제이다. 남자는 여자에게 도쿄와 오사카간 버스를 원코인, 단 500엔으로 탈 수 있는 캠페인 중이라는 정보를 알려 주고 있다. 여자가 그것을 사용할 수 없다고 하자, 남자는 다른 좌석도 그렇게 비싸지 않다고 하면서 3열 좌석을 추천하고 있다. 그리고 여자가 3열로 하려고 하자, 남자는 일단 원코인을 시도해 보라고 권하고 여자는 그렇게 하겠다고 했다. 즉, 여자는 먼저 원코인 좌석의 예약을 시도하고, 예약할 수 없을 때 3열 좌석으로 예약한다는 것을 알 수 있다. 따라서 정답은 3번이 된다.

단어

~ようとする ~하려고 하다, ~할 작정이다 | 交通費(こうつうひ) 교통비 | 売(う)り出(だ)す (상품 등을) 내놓다, 팔기 시작하다 | ~っこない (절대) ~할 리 없다, ~할 수 없다 | 休暇(きゅうか) 휴가 | 快適(かいてき) 쾌적함 | どうせなら 기왕이면, 어차피 ~할 거라면 | 試す(ためす) 시험하다, 시도하다

問題1

<ruby>問題<rt>もんだい</rt></ruby>1では、では、まず<ruby>質問<rt>しつもん</rt></ruby>を<ruby>聞<rt>き</rt></ruby>いてください。それから<ruby>話<rt>はなし</rt></ruby>を<ruby>聞<rt>き</rt></ruby>いて、<ruby>問題用紙<rt>もんだいようし</rt></ruby>の1から4の<ruby>中<rt>なか</rt></ruby>から、<ruby>最<rt>もっと</rt></ruby>もよいものを<ruby>一<rt>ひと</rt></ruby>つ<ruby>選<rt>えら</rt></ruby>んでください。

1番 🎵 듣기 1-01

1 <ruby>奨学金<rt>しょうがくきん</rt></ruby>を<ruby>出<rt>だ</rt></ruby>して<ruby>学生<rt>がくせい</rt></ruby>を<ruby>募集<rt>ぼしゅう</rt></ruby>する

2 できる<ruby>学生<rt>がくせい</rt></ruby>のためのクラスを<ruby>作<rt>つく</rt></ruby>る

3 やる<ruby>気<rt>き</rt></ruby>のある<ruby>学生<rt>がくせい</rt></ruby>のためにクラスを<ruby>作<rt>つく</rt></ruby>る

4 <ruby>全部<rt>ぜんぶ</rt></ruby>のクラスを<ruby>能力別<rt>のうりょくべつ</rt></ruby>に<ruby>変<rt>か</rt></ruby>える

2番 🎵 듣기 1-02

1 3つの<ruby>名前<rt>なまえ</rt></ruby>を<ruby>作<rt>つく</rt></ruby>ったらチェックも<ruby>選<rt>えら</rt></ruby>ぶのも<ruby>親<rt>おや</rt></ruby>にしてもらう

2 <ruby>本<rt>ほん</rt></ruby>から<ruby>名前<rt>なまえ</rt></ruby>を<ruby>選<rt>えら</rt></ruby>んで<ruby>発音<rt>はつおん</rt></ruby>を<ruby>確認<rt>かくにん</rt></ruby>して<ruby>自分<rt>じぶん</rt></ruby>たちで<ruby>好<rt>す</rt></ruby>きな<ruby>名前<rt>なまえ</rt></ruby>を<ruby>選<rt>えら</rt></ruby>ぶ

3 3つの<ruby>名前<rt>なまえ</rt></ruby>が<ruby>変<rt>へん</rt></ruby>な<ruby>意味<rt>いみ</rt></ruby>でないか<ruby>両親<rt>りょうしん</rt></ruby>に<ruby>調<rt>しら</rt></ruby>べてもらってから<ruby>選<rt>えら</rt></ruby>ぶ

4 チェックした3つの<ruby>名前<rt>なまえ</rt></ruby>から<ruby>両親<rt>りょうしん</rt></ruby>に<ruby>良<rt>よ</rt></ruby>いものを<ruby>選<rt>えら</rt></ruby>んでもらう

3番　　🎵 듣기 1-03

1 社長にこの製品について説明する
2 価格についてメーカーと相談してみる
3 女の人に説明書を完成してもらう
4 稟議書を作成して社長に見せる

4番　　🎵 듣기 1-04

1 企業の研究所に勤める
2 この大学の博士課程に進む
3 他の日本の大学の博士課程に進む
4 アメリカの大学院に留学する

5番　　🎵 듣기 1-05

1 新聞を読む
2 働く会社を探す
3 何をするか考える
4 リストを見る

6番 ばん　　듣기 1-06

1 足りない物をチェックする
2 持って行く物を準備する
3 明日の天気を調べる
4 敷く場所を山下さんに聞く

7番 ばん　　듣기 1-07

1 村おこしに成功したＩ村と同じことをする
2 資金を作るために大型の発電機を設置する
3 この村ならではの体験ができるようにする
4 宿泊したくなるような体験ができるようにする

8番 ばん　　듣기 1-08

1 忍者展の前にルノワール展を見て上野で昼食を食べる
2 時計展を見て原宿で食事、その後ルノワール展に行く
3 ルノワール展を見て上野でお昼を食べて時計展に行く
4 ルノワール展と昼ごはんの後、時計展で時計を買う

결론이 있는 텍스트(대화)를 듣고, 사전에 제시되는 질문에 입각해서 포인트를 파악할 수 있는지를 묻는다. 먼저 상황을 설명하는 문장과 질문이 나온다. 그리고 선택지를 읽도록 20초 정도의 시간을 준 후 텍스트가 나오고 질문이 한 번 더 나온다. 청해 30문제 중 6문제이며, 선택지는 문자로 제시된다.

알고 풀자!

① 질문과 선택지 4개를 미리 읽어 정답이 될 핵심 정보를 예측한다.

② '하지만', '실은' 뒤에 정답이 나오는 경우가 많으므로 끝까지 집중한다.

③ 소거법을 통해 시점 불일치나 주변 의견 같은 오답을 지워나간다.

④ 본문의 쉬운 말이 선택지에선 어려운 한자어나 유의어로 바뀌는 경우가 많다.

예시

もんだい 問題 2

問題2では、まず質問を聞いてください。そのあと、問題用紙のせんたくしを読んでください。読む時間があります。それから話を聞いて、問題用紙の1から4の中から、最もよいものを一つ選んでください。

れい 例

1　昨日までに資料を渡さなかったから
2　飲み会で飲みすぎて寝てしまったから
3　飲み会に資料を持っていったから
4　資料をなくしてしまったから

例題 まず質問を聞いてください。そのあと、問題用紙のせんたくしを読んでください。読む時間があります。それから話を聞いて、問題用紙の1から4の中から、最もよいものを一つ選んでください。

例

1　ドリルの音が静かになったから
2　磁力がアスファルトを取るようになったから
3　溶けやすいアスファルトを使うようになったから
4　ドリルの代わりにショベルカーを使うようになったから

스크립트 & 해석

(M : 男性, 男の子　F : 女性, 女の子)

女の人と男の人が工事の音について話しています。どうして工事が静かになったのですか。

F: 今日は工事の音が静かねえ。

M: 新しい工法にしたんだって。

F: よかったわ。ドリルの音がうるさくてたまらなかったのよ。

M: このやり方だと普通の会話が出来るぐらいまで騒音が減るんだよ。

F: へえ。ねえ、ちょっと見て。ドリルでアスファルトを砕いていないわ。だから静かなのね。

M: そうだよ。ほら、ショベルカーがそのままアスファルトを剥がしていくでしょう。

F: あんなに硬いアスファルトがどんどん取れていくわ。

M: ショベルカーの下に取り付けたコイルが磁力を出して…詳しいことはわからないけど、熱でアスファルトを柔らかくして剥がすんだって。

F: すごい技術ね。どこもこの方法でやればいいのに。

M: そうだけど、まだ普及するまで時間がかかると思うよ。まだ値段が高いもので…。

여자와 남자가 공사 소리에 대해서 이야기하고 있습니다. 왜 공사가 조용해진 것입니까?

여 : 오늘은 공사 소리가 조용하네.

남 : 새로운 공법으로 했대.

여 : 잘됐다. 드릴 소리가 시끄러워서 참을 수 없었거든.

남 : 이 방식이면 보통 대화가 가능할 정도까지 소음이 줄어들어.

여 : 오~. 저기 좀 봐. 드릴로 아스팔트를 부수고 있지 않아. 그래서 조용한 거네.

남 : 맞아. 봐, 포클레인(쇼벨카)이 그대로 아스팔트를 떼어내 가지?

여 : 저렇게 단단한 아스팔트가 척척 떼어지네.

남 : 포클레인 아래에 장착된 코일이 자기력을 내서……자세한 건 모르지만, 열로 아스팔트를 부드럽게 해서 떼어낸다.

여 : 굉장한 기술이다. 어느 곳이든 이 방법으로 하면 좋을 텐데.

남 : 그렇지만, 아직 보급되기까지 시간이 걸릴 것 같아. 아직 가격이 비싸서…….

どうして工事が静かになったのですか。

1 ドリルの音が静かになったから

2 磁力がアスファルトを取るようになったから

3 溶けやすいアスファルトを使うようになったから

4 ドリルの代わりにショベルカーを使うようになったから

왜 공사가 조용해진 것입니까?

1 드릴 소리가 조용해졌기 때문에

2 자기력이 아스팔트를 떼어내게 되었기 때문에

3 녹기 쉬운 아스팔트를 사용하게 되었기 때문에

4 드릴 대신 포클레인을 사용하게 되었기 때문에

해설

왜 공사가 조용해진 것인지를 묻고 있다. 이 문제에서는 소음의 주범인 드릴을 사용하지 않는 것이 핵심이다. 새로운 공법은 드릴로 아스팔트를 깨부수는 대신, 포클레인(쇼벨카)에 장착된 장비의 열로 아스팔트를 부드럽게 만들어 통째로 벗겨내는 방식이다. 따라서 소음이 대폭 줄어들었다. 1번, 드릴 소리가 작아진 것이 아니라 드릴 작업 자체가 없어졌다. 2번, 자기력은 열을 내는 수단일 뿐, 직접 아스팔트를 제거하는 주체는 포클레인이다. 3번, 아스팔트 재료가 바뀐 것이 아니라 가열하는 기술(공법)이 도입된 것이다.

단어

工法(こうほう) 공법 | ～てたまらない ～해서 견딜 수 없다, 너무 ～하다 | 騒音(そうおん) 소음 | 砕(くだ)く 부수다, 깨뜨리다 | 剥(は)がす 벗기다, 떼어내다 | 磁力(じりょく) 자기력 | 普及(ふきゅう) 보급 | ～もので ～인 까닭에, ～라서

問題2

問題1では、まず質問を聞いてください。そのあと、問題用紙のせんたくしを読んでください。読む時間があります。それから話を聞いて、問題用紙の1から4の中から、最もよいものを一つ選んでください。

1番　　　♬ 듣기 2-01

1　ゴミを減らす方法を話し合うため
2　市の財政悪化について説明するため
3　一般ゴミの有料化を進めるため
4　ゴミの増加を知らせるため

2番　　　♬ 듣기 2-02

1　大会社を誘致したいから
2　倒産する会社が出てくるから
3　新規事業を立ち上げたいから
4　企業の技術力を上げたいから

3番 ばん　　　　　　　　　　　　　　　　　　　　　　🎵 듣기 2-03

1　一村一品運動が広まること
2　農家の奥さんが協力すること
3　利益が増加し続けること
4　加工品が増えること

4番 ばん　　　　　　　　　　　　　　　　　　　　　　🎵 듣기 2-04

1　単純作業じゃない仕事がしたいから
2　高卒でも肉体作業を紹介してくれるから
3　インターンの時の生活費の心配がないから
4　希望がある仕事に就けるから

5番 ばん　　　　　　　　　　　　　　　　　　　　　　🎵 듣기 2-05

1　植物が光る研究を見ていないから
2　省エネの研究の存在を知らないから
3　人類の知恵を信じられないから
4　研究の実用化には時間がかかるから

6番 　🎵 듣기 2-06

1 値段が高いから
2 台所が狭いから
3 料理の数が少ないから
4 食洗器を買うから

7番 　🎵 듣기 2-07

1 祟りは迷信だと思うが受け入れる
2 利用しないのはもったいないが仕方がない
3 祟りを恐れているので大切にするのも当然だ
4 事故を避けたいのでいじらないほうがいい

8番 　🎵 듣기 2-08

1 春物の値引き
2 バーゲンの時期
3 仕入れの時期と量
4 機能性商品の仕入れ

결론이 있는 텍스트(대화)를 듣고, 화자의 의도나 주장 등을 이해하는지를 묻는다.

먼저 상황을 설명하는 문장이 나오고 바로 텍스트가 나온다. 그리고 질문과 선택지가 제시된다. 질문이 한 번밖에 나오지 않고 선택지도 음성으로만 제시되기 때문에 난이도가 상당히 높은 문제라고 할 수 있다.

청해 30문제 중 5문제이며, 선택지가 제시되지 않으므로 듣고 정답을 골라야 한다.

! 알고 풀자!

① 세부 정보보다 화자의 의도나 주제, 주장 등 대화의 큰 줄기를 잡는 데 집중한다.

② 구체적인 정답이 중간이나 마지막에 요약되어 나오므로 처음부터 결론을 내리지 말고 끝까지 듣는다.

③ 대화 중에 여러 번 언급되거나 강조되는 단어가 곧 주제이자 정답의 핵심 키워드이다.

④ 대화가 불만 제기인지, 정보 전달인지, 의견 제안인지 등 대화의 성격을 빠르게 파악해 결론을 유추한다.

예시

もんだい
問題 3

問題 3 では、問題用紙に何も印刷されていません。この問題は、全体としてどんな内容か聞く問題です。話の前に質問はありません。まず話を聞いてください。それから、質問とせんたくしを聞いて、1 から 4 の中から、最もよいものを一つ選んでください。

－ メモ －

例題　問題用紙に何も印刷されていません。この問題は、全体としてどんな内容かを聞く問題です。話の前に質問はありません。まず話を聞いてください。それから、質問とせんたくしを聞いて、1から4の中から、最もよいものを一つ選んでください。

－メモ－

🎵 듣기 3-0

해석 및 해설

스크립트 & 해석

(M：男性, 男の子　F：女性, 女の子)

スポーツ用品会社の部長が会議で話しています。	스포츠 용품 회사의 부장이 회의에서 말하고 있습니다.

M： 最近可愛らしい運動着を着て走る美ジョガーの人気が高まっています。更におしゃれ自転車族、山スカート族も出てきました。山にスカートとは山登りの常識から言えば驚くべきことですが、服装にも気を配りたいと言うのが彼女達の気持ちです。彼女達はおしゃれが好きで、勝つことよりも見られることを楽しんでいるようです。可愛らしい服を着ないと運動する気になれないと言う人さえいます。そこでわが社も他社に見習ってアマチュアの女性用はデザインを完璧に換えたいと思います。これまで勝つことにこだわって製品をデザインしてきました。無駄をなくし、シンプルな製品を目指してきました。しかし考えてみれば良い成績を残せるのは一握りの人だけです。新しい傾向は無視できません。女性用はそのまま街着としても通用するような運動着も作る必要があると考えています。

남： 요즘 귀여운 운동복을 입고 뛰는 예쁜 조깅걸의 인기가 높아지고 있습니다. 게다가 멋을 낸 자전거족, 등산 스커트족도 나왔습니다. 산에 스커트라니 등산의 상식에서 보면 놀랄 만한 일이지만, 복장에도 신경을 쓰고 싶다고 하는 게 그녀들의 마음입니다. 그녀들은 멋을 내는 것을 좋아하고, (남을) 이기는 것보다 (남에게) 보여지는 것을 즐기고 있는 듯합니다. 귀여운 옷을 입지 않으면 운동할 마음이 나지 않는다고 하는 사람조차 있습니다. 그래서 우리 회사도 타사를 본받아 아마추어 여성용은 디자인을 완벽하게 바꾸고 싶습니다. 지금까지 이기는 것에 구애되어 제품을 디자인해 왔습니다. 쓸모없는 것을 없애고 심플한 제품을 지향해 왔습니다. 그러나 생각해 보면 좋은 성적을 남길 수 있는 것은 극소수의 사람뿐입니다. 새로운 경향은 무시할 수 없습니다. 여성용은 그대로 외출복으로도 통용될 것 같은 운동복도 만들 필요가 있다고 생각하고 있습니다.

男の人の意見はどれですか。	남자의 의견은 어느 것입니까?
1 他の会社と同じデザインの服を作る	1 다른 회사와 같은 디자인의 옷을 만든다
2 女性用の可愛らしい普通の服も作る	2 여성용의 귀여운 평상복도 만든다
3 女性用の可愛らしい運動服も作る	3 여성용의 귀여운 운동복도 만든다
4 女性用運動着は全て可愛らしい物に変える	4 여성용 운동복은 모두 귀여운 것으로 바꾼다

해설

부장은 성능 중심이었던 기존 디자인에서 벗어나, 여성들이 선호하는 '귀엽고 일상 생활에서도 입을 수 있는 디자인의 운동복'을 제작하자고 주장하고 있으므로 3번이 정답이다. 1번, 타사를 '참고'하는 것이지 디자인을 똑같이 베끼는 것이 아니다. 2번, '평상복'이 아니라 '외출복으로도 손색없는 운동복'을 만드는 것이 핵심이다. 4번, '모든' 운동복을 바꾼다기보다 새로운 경향에 맞춰 디자인을 강화하겠다는 취지이다.

단어

可愛(かわい)らしい 귀엽다 | 運動着(うんどうぎ) 운동복 | 美(び)ジョガー 미조거(아름다운 조깅객) | 高(たか)まる 높아지다 | 更(さら)に 더욱이 | 山登(やまのぼ)り 등산 | 常識(じょうしき) 상식 | 驚(おどろ)くべき 놀랄 만한 | 気(き)を配(くば)る 신경을 쓰다 | ～さえ ～조차 | 見習(みなら)う 본받다 | 完璧(かんぺき) 완벽 | 換(か)える 바꾸다 | こだわる 구애되다, 집착하다 | 無駄(むだ) 낭비, 쓸모없음 | 目指(めざ)す 지향하다 | 一握(ひとにぎ)り 한 움큼, 극소수 | 傾向(けいこう) 경향 | 街着(まちぎ) 외출복 | 通用(つうよう) 통용

<ruby>問題<rt>もんだい</rt></ruby>３

問題１では、問題用紙に何も印刷されていません。この問題は、全体としてどんな内容かを聞く問題です。話の前に質問はありません。まず話を聞いてください。それから、質問とせんたくしを聞いて、１から４の中から、最もよいものを一つ選んでください。

－メモ－

듣기 3-01~3-08

1　① ② ③ ④

2　① ② ③ ④

3　① ② ③ ④

4　① ② ③ ④

5　① ② ③ ④

6　① ② ③ ④

7　① ② ③ ④

8　① ② ③ ④

問題4 즉시 응답

주로 부모와 자식, 부부, 직장 상사와 부하, 친구 등의 사이에서 주고받는 내용으로, 상대방의 말을 듣고 적절한 응답을 찾는 문제이다. A/B의 응답 형식으로, 짧은 문장이 나오고 그 문장에 대한 응답으로 3개의 음성이 제시된다. 청해 30문제 중 11문제이며, 선택지는 제시되지 않는다. 5개의 청해 문제 유형 가운데 문제 수가 가장 많다.

알고 풀자!

① 짧은 대화이므로 들리는 즉시 반사적으로 대답을 골라야 하며 머뭇거릴 시간이 없다.

② 존경어, 겸양어, 일상적인 관용 표현이 정답으로 직결되므로 평소에 확실히 암기해둬야 한다.

③ 같은 단어라도 말끝의 어조에 따라 긍정, 부정, 반어법이 갈리므로 화자의 태도를 살피는 것이 중요하다.

④ 들으면서 명백히 어색한 응답 두 개를 먼저 지우면 정답 확률을 비약적으로 높일 수 있다.

예시

もんだい 問題 4

問題4では、問題用紙に何も印刷されていません。まず文を聞いてください。それから、それに対する返事を聞いて、1から3の中から、最もよいものを一つ選んでください。

－ メモ －

例題 (れいだい) 問題用紙に何も印刷されていません。まず文を聞いてください。それから、それに対する返事を聞いて、１から３の中から、最もよいものを一つ選んでください。

－メモ－

듣기 4-0

해석 및 해설

스크립트 & 해석

(M：男性, 男の子　F：女性, 女の子)

例1	예1
M：うちはスミスさんあっての会社だから…。 F：1 スミスさんがいてもいいよね。 　　2 スミスさんがいなくてもいいよね。 　　3 スミスさんがいてよかったわね。	남 : 우리 회사는 스미스 씨가 있기에 가능한 회사니까 ……. 여 : 1 스미스 씨가 있어도 되지? 　　2 스미스 씨가 없어도 되지? 　　3 스미스 씨가 있어서 다행이야.
例2	예2
F：会社の売上げ悪化により倒産を余儀なくされました。 M：1 これで売上げがどうなるのかわかりません。 　　2 これからどうしたらいいんでしょう。 　　3 じゃ、もっと頑張らなければなりません。	여 : 회사의 매출 악화에 따라 어쩔 수 없이 도산하게 되었습니다. 남 : 1 이것으로 매출이 어떻게 될지 모르겠습니다. 　　2 앞으로 어떻게 하면 좋을까요? 　　3 그럼, 좀 더 분발해야 됩니다.

해설

〈예1〉은 남자가 '우리는 스미스 씨가 있기에 가능한 회사니까……'라고 했다. 즉 스미스 씨는 회사에 반드시 필요한 존재라고 말하고 있으므로, 남자의 말에 동의한 3번 '스미스 씨가 있어서 다행이야'가 정답이 된다.

〈예2〉는 여자가 '회사의 매출 악화에 따라 어쩔 수 없이 도산하게 되었습니다'라고 했으므로, 정답은 사원의 마음을 나타낸 2번 '앞으로 어떻게 하면 좋을까요?'가 정답이 된다. 1번은 도산했기 때문에 매출과는 관계가 없으므로 틀리고, 3번은 이미 도산했기 때문에 앞으로 분발하더라도 어쩔 수 없으므로 틀리다. ～を余儀なくされる는 화자의 안타까운 심정을 나타낸다.

단어

～あっての ～이 있기에 가능한 | 売上(うりあ)げ 매출 | 悪化(あっか) 악화 | 倒産(とうさん) 도산, 파산 | ～を余儀(よぎ)なくされる ～을 어쩔 수 없이 ～하게 되다

もんだい
問題4

問題4では、問題用紙に何もいんさつされていません。まず文を聞いてください。それから、それに対する返事を聞いて、1から3の中から、最もよいものを一つ選んでください。

－メモ－

듣기 4-01~4-30

1	① ② ③	8	① ② ③
2	① ② ③	9	① ② ③
3	① ② ③	10	① ② ③
4	① ② ③	11	① ② ③
5	① ② ③	12	① ② ③
6	① ② ③	13	① ② ③
7	① ② ③	14	① ② ③

15	①	②	③		23	①	②	③
16	①	②	③		24	①	②	③
17	①	②	③		25	①	②	③
18	①	②	③		26	①	②	③
19	①	②	③		27	①	②	③
20	①	②	③		28	①	②	③
21	①	②	③		29	①	②	③
22	①	②	③		30	①	②	③

다소 긴 텍스트를 듣고 복수의 정보를 비교, 종합하면서 내용을 이해하는 문제이다.

먼저 상황을 설명한 문장이 나온다. 그리고 다소 긴 텍스트가 나오고 이어서 질문이 제시된다. 1번은 하나의 텍스트에 1문제가 나오며, 음성으로 4개의 선택지가 제시된다. 2번 문제는 하나의 텍스트에 2문제가 나오며, 선택지는 인쇄로 제시된다. 청해 30문제 중 3문제이다.

! 알고 풀자!

① 항목별 특징을 적을 수 있는 간단한 표를 그려서 메모한다.

② 질문 2개가 각각 무엇을 묻는지(전체 내용 vs 특정 인물의 의견) 파악한다.

③ 결론을 뒤집는 역접 접속사(하지만, 그렇다 해도 등) 뒤의 내용에 집중한다.

④ 문제 시작 전 선택지 키워드를 훑어 어떤 대상을 비교할지 미리 짐작한다.

예시

2番

まず話を聞いてください。それから、二つの質問を聞いて、それぞれ問題用紙の1から4の中から、最もよいものを一つ選んでください。

質問1

1　富田美術館

2　アーク美術館

3　秋山美術館

4　ポニー美術館

質問2

1　富田美術館

2　アーク美術館

3　秋山美術館

4　ポニー美術館

例題 この問題では長めの話を聞きます。練習はありません。メモをとってもかまいません。

例　　　　　　　　　　　　　　　　　　　　　　　　　　　　🎵 듣기 5-0

まず話を聞いてください。それから、二つの質問を聞いて、それぞれ問題用紙の 1 から 4 の中から、最もよいものを一つ選んでください。

質問 1

1　握りロボットと細巻きロボット
2　細巻きロボットと軍艦巻きロボット
3　軍艦巻きロボット
4　細巻きロボット

質問 2

1　値段が安かったから
2　一番たくさん作れるから
3　パートには作るのが難しい寿司だから
4　作り方が簡単な寿司だから

(M：男性, 男の子　F：女性, 女の子)

機械会社の人が説明しています。

M1: 今回、全ての寿司ロボットを特別割引価格でご提供させていただきます。握りロボットは今までの約１．５倍も寿司を早く握ることができます。ここにすし飯を入れるだけで、１秒に１個握ってくれます。価格は100万円でございます。後はパートの人が魚を乗せるだけで出来上がります。またこちらの軍艦巻きロボットはご飯の周りを海苔で巻きますが、そのスピードも１時間に3,600個です。価格は120万円。また海苔の滓が詰まりにくくなっています。次々出来上がるのでイクラやウニを乗せるのが間に合わないほどです。細巻きロボットは１時間に400本も巻き寿司を作ることができます。こちらは150万円。ですからこれらのロボットを使えば寿司職人がいなくてもおいしい寿司を早く作ることができます。購入時には高いと思われますが、最近の人手不足や人件費の高さを考えれば安い買い物だと思います。

F: 人手不足だから全部買いたいけど、予算もあるからそういうわけにもいかないわね。

M2: 仕方がない。握りロボットは今あるので間に合わせよう。

F: そうね、まだまだ働いてもらわなくちゃ。じゃ、軍艦巻きと細巻きロボットを買う？

M2: 軍艦巻きは握り寿司の周りに海苔を巻けばいいんじゃないか。

F: 軍艦巻きはそれでいいとしても、素人には細巻きを早く作るのは無理じゃない？

M2: そうだな。機械に任せるより仕方がないか。本当は握りロボットが欲しいんだけど。

F: それは次にしましょう。

기계 회사의 사람이 설명하고 있습니다.

남1: 이번에 모든 초밥 로봇을 특별 할인 가격으로 제공해 드립니다. 니기리(쥠) 로봇은 지금까지의 약 1.5배나 빨리 초밥을 쥘 수 있습니다. 여기에 초밥용 밥을 넣기만 하면 1초에 1개를 쥐어 줍니다. 가격은 100만 엔입니다. 그 후에는 파트타임 사람이 생선을 올리기만 하면 완성됩니다. 또 이쪽 군함말이 로봇은 밥 둘레를 김으로 맙니다만, 그 속도도 1시간에 3,600개입니다. 가격은 120만 엔. 또한 김가루가 잘 끼지 않게 되어 있습니다. 계속 완성되기 때문에 연어알이나 성게알을 올리는 게 시간을 맞추지 못할 정도입니다. 호소마키(가는 김밥) 로봇은 1시간에 400개나 말이초밥을 만들 수 있습니다. 이것은 150만 엔. 따라서 이들 로봇을 사용하면 초밥장인이 없어도 맛있는 초밥을 빨리 만들 수 있습니다. 구입시에는 비싸다고 생각하시겠지만, 최근의 일손 부족이나 비싼 인건비를 생각하면 저렴하게 잘 사는 거라고 생각합니다.

여 : 일손이 부족해서 전부 사고 싶지만, 예산도 있으니 그렇게 할 수도 없네.

남2: 어쩔 수 없지. 니기리 로봇은 지금 있으니까 (그걸로) 때우자.

여 : 그래, 아직도 더 일해 줘야지. 그럼 군함말이랑 호소마키 로봇을 살까?

남2: 군함말이는 니기리 초밥 둘레에 김을 감으면 되잖아..

여 : 군함말이는 그걸로 된다고 해도, 아마추어한테는 호소마키를 빨리 만드는 것은 무리 아냐?

남2: 그러게. 기계에 맡길 수밖에 없나. 사실은 니기리 로봇이 갖고 싶지만.

여 : 그건 다음에 하자.

質問1 2人はどのロボットを買いますか。

  1 握りロボットと細巻きロボット
  2 細巻きロボットと軍艦巻きロボット
  3 軍艦巻きロボット
  4 細巻きロボット

質問2 それを選んだ理由は何ですか。

  1 値段が安かったから
  2 一番たくさん作れるから
  3 パートには作るのが難しい寿司だから
  4 作り方が簡単な寿司だから

질문 1 두 사람은 어느 로봇을 삽니까?

  1 니기리 로봇과 호소마키 로봇
  2 호소마키 로봇과 군함말이 로봇
  3 군함말이 로봇
  4 호소마키 로봇

질문 2 그것을 고른 이유는 무엇입니까?

  1 가격이 저렴했기 때문에
  2 가장 많이 만들 수 있기 때문에
  3 파트타임에게는 만들기가 어려운 초밥이라서
  4 만드는 법이 간단한 초밥이라서

해설

〈질문 1〉은 두 사람이 어떤 로봇을 사는지를 묻고 있다. 기계 회사 사람의 설명을 듣고, 남자는 '니기리 로봇은 지금 있는 것으로 쓰자'고 했기 때문에, 니기리 로봇은 사지 않는다. 그리고 남자의 '군함말이는 니기리초밥 둘레에 김을 감으면 되잖아'라는 말에, 여자가 '군함말이는 그걸로 된다고 해도'라고 말했기 때문에 군함말이 로봇 역시 사지 않는다. '아마추어한테는 호소마키를 빨리 만드는 것은 무리 아냐?'라고 한 여자의 말에 남자가 '그러게'라고 동의하고 있기 때문에 호소마키 로봇을 사는 것을 알 수 있다. 따라서 정답은 4번이 된다.

〈질문 2〉는 〈질문 1〉에 이어지는 것으로, 두 사람이 호소마키 로봇을 고른 이유를 묻고 있다. 그 이유는 앞에서 설명한 대로 '아마추어한테는 호소마키를 빨리 만드는 것은 무리 아냐?'라고 한 여자의 말에 남자가 '그러게'라고 동의하고 있기 때문에, 이것과 관련 있는 3번 '파트타임에게는 만들기가 어려운 초밥이라서'가 정답이 된다.

단어

割引(わりびき) 할인 | 提供(ていきょう) 제공 | 握(にぎ)り 니기리, 쥠 | ～だけで ～하기만 해도 | ～でございます ～입니다〈정중〉 | 軍艦巻(ぐんかんま)き 군함말이 | 滓(かす) 찌꺼기, 남은 것 | 詰(つ)まる 막히다, 쌓이다 | 次々(つぎつぎ) 차례차례, 계속 | 出来上(できあ)がる 완성되다 | 乗(の)せる 위에 올리다 | 間(ま)に合(あ)わない 맞추지 못하다 | 細巻(ほそま)き 가는 김밥 | 職人(しょくにん) 장인 | 購入(こうにゅう) 구입 | 人手(ひとで)不足(ぶそく) 일손 부족 | 人件費(じんけんひ) 인건비 | ～わけにもいかない ～할 수도 없다 | 仕方(しかた)がない 어쩔 수 없다 | 間(ま)に合(あ)わせる 임시로 때우다 | 素人(しろうと) 초보자 | 任(まか)せる 맡기다 | ～より仕方(しかた)がない ～할 수밖에 없다

もんだい
問題 5

問題 5 では長めの話を聞きます。この問題には練習はありません。
問題用紙にメモをとってもかまいません。

1番、2番、3番、4番

問題用紙に何も印刷されていません。まず話を聞いて ください。それから、質問とせんたく
しを聞いて、１から４の中から、最もよいものを一つ選んでください。

－メモ－

🎵 듣기 5-01~5-04

1 　　① 　　② 　　③ 　　④

2 　　① 　　② 　　③ 　　④

3 　　① 　　② 　　③ 　　④

4 　　① 　　② 　　③ 　　④

5番、6番、7番、8番

まず話を聞いてください。それから、二つの質問を聞いて、それぞれ問題用紙の1から4の中から、最もよいものを一つ選んでください。

5番　　　　　　　　　　　　　　　　　　　　　　　　🎵 듣기 5-05

質問1

1　Bコース

2　Cコース

3　Dコース

4　Eコース

質問2

1　Bコース

2　Eコース

3　BコースとDコース

4　BコースとEコース

6番^{ばん}

質問^{しつもん}1

    1 2か月

    2 4か月

    3 6か月

    4 7か月

質問^{しつもん}2

    1 2か月

    2 4か月

    3 6か月

    4 7か月

7番^{ばん}

質問^{しつもん}1

質問^{しつもん}2

8月

日	月	火	水	木	金	土
			1	2	3	4
5	6	7	8	9	10	11
12	13	14	15	16	17	18
19	①20	21	②22	23	24	25
③26	27	④28	29	30		

8番

🎵 듣기 5-08

質問 1

1　①

2　②

3　③

4　④

質問 2

1　①

2　②

3　③

4　④

JLPT

실전모의테스트

제1회 실전모의테스트
제2회 실전모의테스트

제 **1** 회

JLPT
실전모의테스트

제1회 실전모의테스트 채점표

자신의 실력이 어느 정도인지 확인할 수 있도록 임의적으로 만든 채점표입니다. 실제 시험은 상대 평가 방식이므로 약간의 오차가 발생할 수 있습니다.

언어지식 (문자·어휘·문법)

		배점	만점	1회	
				정답 문항 수	점수
문자·어휘·문법	문제 1	1점×6문항	6		
	문제 2	1점×7문항	7		
	문제 3	1점×6문항	6		
	문제 4	2점×6문항	12		
	문제 5	1점×10문항	10		
	문제 6	1점×5문항	5		
	문제 7	2점×4문항	8		
합계			54점		

* 점수 계산법 : 언어지식(문자·어휘·문법) [　　　]점÷54×60 = [　　　]점

독해

		배점	만점	1회	
				정답 문항 수	점수
독해	문제 8	2점×4문항	8		
	문제 9	2점×8문항	16		
	문제 10	3점×3문항	9		
	문제 11	3점×2문항	6		
	문제 12	3점×3문항	9		
	문제 13	2점×2문항	4		
합계			52점		

* 점수 계산법 : 독해 [　　　]점÷52×60 = [　　　]점

청해

		배점	만점	1회	
				정답 문항 수	점수
청해	문제 1	2점×5문항	10		
	문제 2	2점×6문항	12		
	문제 3	2점×5문항	10		
	문제 4	2점×11문항	22		
	문제 5	2점×3문항	6		
합계			60점		

N1

言語知識（文字・語彙・文法）・読解

（110分）

注 意 Notes

1. 試験が始まるまで、この問題用紙を開けないでください。
   Do not open this question booklet until the test begins.

2. この問題用紙を持って帰ることはできません。
   Do not take this question booklet with you after the test.

3. 受験番号と名前を下の欄に、受験票と同じように書いて
   ください。
   Write your examinee registration number and name clearly in each box below as written on your test voucher.

4. この問題用紙は、全部で31ページあります。
   This question booklet has 31 pages.

5. 問題には解答番号の 1 、 2 、 3 … が付いています。
   解答は、解答用紙にある同じ番号のところにマークして
   ください。
   One of the row numbers 1 , 2 , 3 … is given for each question. Mark your answer in the same row of the answer sheet.

受験番号　Examinee Registration Number	

名 前　Name	

제
1
회

問題1　________の言葉の読み方として最もよいものを、1・2・3・4から
　　　　一つ選びなさい。

1　彼は怒りを必死に抑えた。

1　たえた　　　　　　2　むかえた　　　　　3　おさえた　　　　4　こらえた

2　株式市場で株価が暴落した。

1　ほうらく　　　　　2　ぼうらく　　　　　3　ほうりゃく　　　4　ぼうりゃく

3　その機械は精巧な仕組みで作られている。

1　せいこうな　　　　2　せいごうな　　　　3　せいきゅうな　　4　せいきょうな

4　機嫌が悪い時は無理に話しかけない方がいい。

1　きえん　　　　　　2　きけん　　　　　　3　きげん　　　　　4　けいげん

5　新技術の導入により生産性が著しく向上した。

1　あわただしく　　　2　かんばしく　　　　3　いちじるしく　　4　はなはだしく

6　このレストランは雰囲気が良い。殊に窓からの景色が最高だ。

1　ときに　　　　　　2　さらに　　　　　　3　とくに　　　　　4　ことに

問題2 （　　　）に入れるのに最もよいものを、１・２・３・４から一つ選びなさい。

---

7 彼女は語学に才能があり、５か国語を自在に（　　　）。

1 あやつる　　　　2 たばねる　　　　3 いつわる　　　　4 めぐまれる

8 販売金額から仕入れ値を（　　　）、正確な利益を算出した。

1 削り減らし　　　2 付け加え　　　　3 備え付け　　　4 差し引き

9 毛布に身を包み、外の厳しい寒さを（　　　）。

1 あふれた　　　　2 のぞいた　　　　3 しのいだ　　　4 ゆだねた

10 子どもが、テレビで放映中のアニメにすっかり（　　　）しまい、呼びかけにも応じない。

1 見過ごして　　　2 見入って　　　　3 見つけて　　　4 見せつけて

11 相手の事情も聞かず、一方的に話を進めるのは（　　　）だ。

1 謙虚　　　　　　2 丁重　　　　　　3 順調　　　　　4 失敬

12 週末に旅行に行く計画を立てたが、予算の都合で行ける場所は（　　　）隣の県くらいだ。

1 せいぜい　　　　2 およそ　　　　　3 たちまち　　　4 まさしく

13 彼女は会議で、簡潔な言葉を使って自分の提案を分かりやすく（　　　）した。

1 クレーム　　　　2 アピール　　　　3 ポジティブ　　　4 プレッシャー

問題3 _______ の言葉に意味が最も近いものを、１・２・３・４から一つ選びなさい。

14 彼は私の話をまるっきり信用しなかった。

1 まったく　　　　2 かろうじて　　　　3 予想外に　　　　4 おそらく

15 彼は世界記録を更新するという課題にいどんだ。

1 回避した　　　　2 挑戦した　　　　3 放置した　　　　4 断念した

16 試験の解答をでたらめに書いた。

1 いい加減に　　　　2 丁寧に　　　　3 真面目に　　　　4 正確に

17 市民活動のスローガンとして、簡潔な言葉が選ばれた。

1 規則　　　　2 目的　　　　3 標語　　　　4 成果

18 自然の中で憩いのひとときを過ごした。

1 準備　　　　2 訓練　　　　3 休息　　　　4 没頭

19 過去の実績にうぬぼれている場合ではない。

1 感謝して　　　　2 損をして　　　　3 落ち込んで　　　　4 得意になって

問題4 次の言葉の使い方として最もよいものを、1・2・3・4から一つ選びなさい。

20 樹立

1 内村監督は、次の大会で樹立を目指すと言っている。

2 最新技術の樹立を検討し、競争力を高める方針を立てた。

3 国交を樹立するため、両国の間で交渉が行われた。

4 会議で新しい方針が樹立され、来月から実行に移される。

21 転落

1 彼は誤って階段から転落し、足を骨折してしまった。

2 チームの士気が上がり、雰囲気が一気に転落していった。

3 会社の業績が上がり、利益が一気に転落していった。

4 今年の冬は暖かく、平均気温が少しずつ転落している。

22 よそよそしい

1 家族の集まりで彼はよそよそしい様子で冗談を言った。

2 同僚との飲み会で、彼はよそよそしい態度で楽しんでいた。

3 彼は、自分のよそよそしさを証明するために努力した。

4 彼女は、私を避けるようによそよそしく挨拶した。

23 とだえる

1 出張に必要な書類や荷物をすべてとだえた。

2 彼は、自分の考えをうまくどだえるのが得意だ。

3 彼女からの連絡が急にとだえて、心配している。

4 その小説は、人生を旅にとだえて書かれた物語だ。

24 ネック

1 品質を落とさずにネックを削減する方法を検討している。

2 投資は自己判断が基本だが、専門家のネックも重要だ。

3 この機械を使うネックは、作業効率が飛躍的に向上することだ。

4 予算の不足がこのプロジェクトの最大のネックになっている。

25 やけに

1 頑張って練習したのに、成績がやけに上がらなかった。

2 今日の電車はやけに混んでいて座れなかった。

3 約束の時間になっても、彼はやけに姿を見せない。

4 成功するためには、やけに学ぶ姿勢を持ち続けることが大切だ。

問題5　　次の文の（　　　　）に入れるのに最もよいものを、1・2・3・4から
　　　　　一つ選びなさい。

26　彼は、何事も後回しにする（　　　　）。

1　には及ばない　　　2　きらいがある　　　3　にかたくない　　4　までもない

27　人気番組の最終回（　　　　）、視聴率は過去最高を記録した。

1　にとって　　　　　2　にあって　　　　　3　とあって　　　　4　として

28　山川工業は、新工場の完成（　　　　）生産体制を強化して海外市場への進出を
目指している。

1　にわたって　　　　2　にかけては　　　　3　をよそに　　　　4　を機に

29　この本は難しい専門用語が多いので、解説を読んでも（　　　　）理解できない。

1　ついに　　　　　　2　まるで　　　　　　3　はたして　　　　4　たとえ

30　都市開発（　　　　）、歴史的な建造物が次々と取り壊されていくのは残念だ。

1　なくしては　　　　2　のみならず　　　　3　とひきかえに　　4　にかけては

31　彼は、自分の実力を過信した（　　　　）、何の準備もせずに試験を受け、結局
不合格になってしまった。

1　とおり　　　　　　2　以上は　　　　　　3　ばかりに　　　　4　かと思うと

32　このお菓子は、地元の新鮮な牛乳と卵を使ったこの地域（　　　　）素朴で
優しい味がする。

1　なくして　　　　　2　ほどの　　　　　　3　にもまして　　　4　ならではの

526

33 このパソコンは古いモデルだが、簡単な事務作業をするだけなら、十分に
（　　　　）。

1 使うことはない　　　　　　　　2 使えなくはない

3 使うよりほかない　　　　　　　4 使わないわけにはいかない

34 たとえ小さなこと（　　　　）、お客様からのご意見やご要望には耳を傾けるよ
うにしている。

1 にともなって　　　　　　　　　2 であろうと

3 ともなると　　　　　　　　　　4 にかわって

35 本来ならばこちらから伺う（　　　　）、ご足労いただき恐縮です。

1 はずところを　　　　　　　　　2 ことがあって

3 べきところを　　　　　　　　　4 ところなのに

問題6 次の文の ___★___ に入る最もよいものを、1・2・3・4から一つ選びなさい。

（問題例）

あそこで ＿＿＿＿ ＿＿＿＿ ＿＿★＿＿ ＿＿＿＿ は山田さんです。

　　1　テレビ　　　　　2　見ている　　　3　を　　　　　　4　人

（解答のしかた）

1．正しい文はこうです。

あそこで ＿＿＿＿＿ ＿＿＿＿＿ ＿＿★＿＿ ＿＿＿＿＿ は山田さんです。

　　1　テレビ　　3　を　　2　見ている　　4　人

2．___★___ に入る番号を解答用紙にマークします。

（解答用紙）　（例）　① ● ③ ④

---

36 手元に資料が ＿＿＿＿ ＿＿＿＿ ＿＿★＿＿ ＿＿＿＿ ので、後日改めて報告します。

　　1 説明のしようがない　　　　　　2 ないのだから

　　3 一切　　　　　　　　　　　　　4 詳しい内容について

37 警察官 ＿＿＿＿ ＿＿＿＿ ＿＿★＿＿ ＿＿＿＿ ことが判明し、警察組織への批判が高まった。

　　1 違法な捜査が　　　　　　　　　2 行われていた

　　3 として　　　　　　　　　　　　4 あるまじき

38 登山家の山下さんは、山岳ガイドとしての ＿＿＿＿ ＿＿＿＿ ＿★＿ ＿＿＿＿
最適な行動を判断し、参加者の安全を確保することができる。

1 急な　　　　　　　　　　　　　　　2 経験が豊富な

3 天候悪化でも　　　　　　　　　　　4 彼だけあって

39 住民の理解と協力 ＿＿＿＿ ＿＿＿＿ ＿★＿ ＿＿＿＿ 難しく、行政だけの取り組
みでは限界がある。

1 ことは　　　　　　　　　　　　　　2 成功させる

3 なくして　　　　　　　　　　　　　4 地域の環境保全活動を

40 体調が優れないため、病院に行って ＿＿＿＿ ＿＿＿＿ ＿★＿ ＿＿＿＿ と分かり、
ほっとした。

1 検査を　　　　　　　　　　　　　　2 深刻な病気ではない

3 軽い炎症があるだけで　　　　　　　4 受けたところ

問題7　　　次の文章を読んで、文章全体の趣旨を踏まえて、　41　から　44　の中に
　　　　　入る最もよいものを、１・２・３・４から一つ選びなさい。

　僕は昔、モノをたくさん持っていれば安心できると思っていた。自分にとっ
て大切なものをいっぱい持っていれば、それが幸せを形作ってくれると信じて
いた。でも、実際はどんどんモノが増えて、物理的にも精神的にも圧倒される
ようになっていた。モノをためて他人と比べてばかりいて、自分が本当にやり
たいことがわからなくなり、毎日が無駄に感じていた。

　でも、ある時、大量のモノを手放すことに決めた。最初は不安だったけど、
やってみると、意外と　41　。モノを減らしていくうちに、物理的なスペース
が空くだけでなく、心にも余裕ができた。そして、驚いたのは、手放して後悔
することがほとんどなかったことだ。むしろ「　42　」と感じる瞬間の方が
多かった。どうして今までこんなにモノに執着していたんだろうと思うくらい
だ。

　「捨てられない性格」　43　ものは実は存在しない。捨てられないのはただ
の思い込みにすぎないことに気づいた。僕も最初は「捨てるなんて無理だ」と
思っていたけれど、実際には捨てる技術が足りなかっただけだ。モノを減らす
こと自体は大した時間がかかるわけじゃない。

　例えば、僕はたくさんの本を持っていた。でも、1年も触れていない本がある
ことに気づいて、それを全部手放すことにした。最初は「もったいない」と思
ったけど、手放してみると心が軽くなり、逆に新しい本に対する興味が湧いて
きた。結局、使わないものを持っていることで、逆に新しいものを受け入れる
スペースを奪っていたのだ。

　モノを捨てるという行為は、単に　44　、過去の重荷や執着から自分自身を
解放し、もっと自由に、自分らしく生きるための第一歩だと思う。

41

1 ごちゃごちゃした

2 みすぼらしかった

3 すっきりした

4 重苦しかった

42

1 捨てればどうなるんだろう

2 捨てるべきではなかった

3 捨ててもいいのか

4 捨ててよかった

43

1 なんて　　　　2 なにか　　　　3 なにかしら　　4 なんと

44

1 気分転換にはならず

2 物理的な整理にとどまらず

3 部屋が広くなると感じられる反面

4 空間を確保しづらく

問題8　次の(1)から(4)の文章を読んで、後の問いに対する答えとして最もよいものを、1・2・3・4から一つ選びなさい。

（1）

　友達が見せてくれた孫の写真では妹さんが七五三の着物を来てちょっとはにかんでいました。お姉さんのほうは妹を慈しむように見ながら微笑んでいました。二人の手は幸せを逃がさないようにとでも言うようにぎゅっと握られていました。二人は驚くほど似た顔をしていましたが、実は二人に血の繋がりはありません。望まれて特別養子縁組で迎えられた子供たちで幸いなことにすくすくと育ちました。赤ちゃんの時から愛情をたっぷり受けたおかげか、おっとりとしているそうです。一緒に暮らしているうちに同じ雰囲気をまとうようになったのでしょう。養子をもらったと聞いた時はちょっと心配しましたが、杞憂でした。本当にいい縁を結ぶことができたと思いました。幸せのお裾分けをもらったひと時でした。

45　筆者が杞憂でしたと書いた理由はどれか。

　　1　養子に問題があると思ったが、実際はいい子だったから

　　2　血縁がなく心配したが、実際は仲良く幸せそうだったから

　　3　着物を着せないと思ったが、実際は似合っていたから

　　4　似るはずだと思っていたが、実際にそっくりだったから

（2）

　Ａ４版ほどの布製のバッグを発熱させて屋外で温かい食事ができる発明品が注目されている。火を使わないで食べ物を加熱したり保温したりできる優れものだ。付属のモバイルバッテリー[注]を使えばレトルト食品を20分ほどで温めることができる。重さも全部で300ｇほどなので持ち運びも苦にならない。更に便利なのが折りたためることだ。これがあればいつでもどこでもホカホカの食事が取れる。寒空の下、野球に励む息子を思う母心が開発の元になったと言うことだ。

（注）モバイルバッテリー：携帯できるスマホなどを充電できる機器

46　筆者が最も評価している便利ポイントは何か。

　　1　何でも20分で温められること

　　2　布のバッグが300ｇほどで軽いこと

　　3　袋に入れるだけで食べ物が温められること

　　4　Ａ４版より小さくすることができること

（3）

　2024年に「CO_2を食べる自販機」と呼ばれる自動販売機が開発されて450台が日本中に置かれた。見るからに自然を守っているようなデザインで目立っている。吸収されたCO_2はコンクリートなどの材料として使われている。1台で1年間に56～60年育った杉の木約20本と同じ量のCO_2を吸収することができるから、日本中の自販機にその装置が付けられたら効果が高い。大変いいことだと思うが、1台の自販機を動かすと排出するCO_2は年間約300～350kg、このCO_2吸収材で吸収できるCO_2は最大でも60～70kgに過ぎないということを忘れてはならない。

47　筆者が言っていることと違うのは何か。

　　1　CO_2を食べる自販機も量は減るがCO_2を出さないわけではない。

　　2　CO_2を食べる自販機は CO_2を出すより吸収するほうが5倍多い。

　　3　CO_2を食べる自販機が吸収できるCO_2は出す量の5分の1に過ぎない。

　　4　CO_2を食べる自販機には、吸収したCO_2を再利用する仕組みがある。

（4）

謹啓

　初夏の候、貴社におかれましては益々ご清栄のこととお慶び申し上げます。

　この度、弊社が開発したプラチナを織り込んだ布を使用して、デザインをマイケル・スミス氏に依頼した各種のスポーツウエアの発表会を別紙の通り開催いたします。ご多忙とは存じますが、ご意見を賜りたく是非ご出席くださいますようにお願いいたします。

　尚、発表会に引き続き、日頃の感謝を込めてマイケル・スミス氏を囲んでの懇親会を行いますのでお楽しみいただければ幸いでございます。

謹白

48　どんな発表会か。

　1　画期的な布製品を紹介するための発表会

　2　マイケル・スミス氏を紹介するための発表会

　3　新製品使用のウエアを紹介するための発表会

　4　消費者にスポーツウエアを紹介するための発表会

問題9 次の(1)から(4)の文章を読んで、後の問いに対する答えとして最もよいものを、1・2・3・4から一つ選びなさい。

（1）

　最近のキャンプ人気に伴い便利な商品が発売されている。その中の一つにかまど炊飯器があってよく売れているそうだ。かまど[注1]は普通は土・石・レンガなどで囲って作られていて薪(まき)などを燃やして使用する。それにかまどは普通燃料を入れる口が一つだが、この新素材の製品は前面に二つ丸い穴が並んで付いている。そして何と燃料に薪や炭などではなく手に入れやすくて燃え方が一定だからという理由で新聞紙を使うのだ。これで白米なら見開き新聞紙11枚で5合(ごう)までご飯が炊(た)ける。[注2]1分から1分半ごとに火が消えないように丸めた新聞紙を右左の穴に順番に入れて燃やす。丸め方は詳しく説明書に書かれている。

　まず、新聞紙を開いて半分に切って2枚にする。各々対角線に折ってから丸めてねじる。これを25分間次々と燃やして、火を止めてから蓋(ふた)をしたまま15分置くと5合の白いご飯ができあがる。新聞紙の代わりに牛乳パックを燃やしてもパルプだからよく燃えるそうだ。この製品はキャンプなどで薪を探さずに済むのでなかなかの人気だそうだ。しかし、それだけではない。売れ行きが良いのは何かが起きた時のために買っておこうという人が増えているかららしい。実際、大きな地震の後に売れ行きが大幅に増えたことで<u>それがわかる</u>。

(注1) かまど：鍋(なべ)などの下で火をたいて料理をするための設備
(注2) 5合(ごう)：1合は約150ｇなので750ｇ

제1회

49 筆者はこのかまど炊飯器の特徴は何だと言っているか。

1 11個の燃料で5合のご飯が炊けること

2 燃やす物は新聞紙しか利用できないこと

3 紙の燃料だけでご飯が炊けること

4 新聞紙が全部燃えたらご飯ができること

50 筆者はそれがわかると言ったが、それは何か。

1 災害用に買う人が増えていること

2 キャンプで使用する人が増加していること

3 ガスや電気がいらないので経済的なこと

4 この製品が高い人気で売れ行きがよいこと

（2）

　災害が起きた時に何をするか。あるいは日常的に困っている人を見た時に何をするか。見て見ない振りができない人は寄付をしたりボランティアをしたりする。それは相手のためでも自分のためでもある。寄付の場合は名前を言わない人も名前を告げる人も税金対策の人もいるが、どの場合でもしないよりするほうがよほどよい。

　ボランティアはもっと広まることが望ましいのだが、芸能人などの有名人の場合売名行為だと非難されることも多い。芸能人の寄付やボランティアは一般人にも強く影響すると思うのだが、それが嫌で有名人たちがボランティアができない現状がある。ある有名な俳優はたびたび批判されてきた。彼は「偽善で売名ですよ。偽善のために今まで数10億円も自腹を切ってきたんです」と言い切っている。150人以上のベトナム人の里子がいる彼は、災害時の援助を始め様々な活動に40億円ものお金を費やしてきた。既に有名人の彼が売名のために大金を使う必要があるものか。非難する人達が何かをしているのかと言えば、ほとんどの人が何もしていないらしい。心理学者によると自分では何もしないのに何かをする人を偽善者とか売名行為だと非難する人は何もしない自分を正当化したいのだそうだ。たとえ偽善や売名行為が事実であったとしても、大勢の人が助かっているのならそれでいいではないか。むしろ偽善や売名行為をどんどんやってもらいたいぐらいだ。

(注１) 売名行為：自分の名前を広めるためにわざと目立つことをすること

(注２) 自腹を切る：自分のお金を出す

(注３) 里子：他人の家で育てられている子供

51 著者は<u>ある有名な俳優</u>はどんな人だと言っているか。

1 売名のために寄付やボランティアをする人

2 自分の行為で他の人によい影響を与えている人

3 非難をものともせずに自分の考えで行動する人

4 芸能人がボランティアをしにくい状況を変えたい人

52 著者のボランティアに対する考えはどれか。

1 相手にとって良ければ売名でもかまわない。

2 芸能人は一般人を引き込んでするのがよい。

3 売名だと非難する人こそ非難されるべきだ。

4 ボランティアは自腹を切らなければならない。

（３）

　日本はギャンブルに関して特異な国と言える。日本はカジノがないにも関わらず、ギャンブル依存症の割合が他国より高いからである。具体的にはアメリカ０.４２％、マカオ１.８％に対して、日本は３.６％と突出している。ゲーム機の設置台数がアメリカ86万台に対して、日本は457万台と桁違い^{けたちが}なのだから当然ではある。日本では競馬を始め、競輪・競艇^{きょうてい}・オートレース・宝くじ・ロト・TOTO・パチンコ・パチスロなどが認められている。その中で抜群の市場規模を持つのは何と言ってもパチンコ・パチスロである。最近は遊戯^{ゆうぎ}人口は頭打ちだそうだが、2024年レジャー白書によると約15.7兆円で、年々伸びている世界のカジノ市場の約24兆円と比較してもかなり存在感がある。日本が世界最大のギャンブル王国であると言われるゆえんである。

　毎日開店前ともなればどこのパチンコ屋の前にも良い台を確保しようと多くの人が列をなす。それを見るたびに心が痛い。更に最近、日本では違法のオンラインカジノにのめり込む人も増えていて、特に多くの若者の依存症患者を生んで問題になっている。インターネットで手軽に世界中と繋がることができるので注意が必要だ。

　ギャンブル依存症は人生を壊し取り返しがつかない事態を引き起こす可能性がある病気である。ギャンブルは健全な範囲内で行えば問題ないが、それを踏み外す人が多い。2018年にギャンブル等依存症対策基本法が施行されたが、残念ながら効果が上がっていない。

(注１) 桁違^{けたちが}い：数の位の段階が違うこと。ここではアメリカが10万の位なのに

　　　　日本が100万の位なので１桁違う、つまり桁違いなのである。

(注２) 遊戯^{ゆうぎ}：遊び、ゲーム、楽しみのための行動をすること

(注３) 約24兆円：The Business Research Companyの数値

53 筆者はなぜ日本は特異な国だと言っているのか。

1 世界最大のギャンブル王国だと思うから

2 ギャンブルなら何でも認められていると思うから

3 ギャンブル依存症になりやすい人が多いと思うから

4 カジノ以外でギャンブル依存症になる人が多いと思うから

54 著者は日本のギャンブルの現状を何と言っているか。

1 パチンコ・パチスロの市場が際立っている。

2 カジノがないからパチンコ・パチスロが発展した。

3 パチンコよりオンラインカジノをする若者が多い。

4 ギャンブルの市場規模はカジノと比べても遜色がない。

（４）

　朝はパン食が多いがやはり日本の主食は米だろう。2025年には米不足で日本中が大騒ぎになった。銘柄米が５kg4000円〜4500円、政府は備蓄米の古米から古古米、とうとう古古古古米まで放出したようだが、なかなかその価格は下がらなかった。そこに割り込んできたのがカリフォルニア米で５kg2300〜3500円ぐらいで売られた。以前よりチェーン店の外食産業では使用する店が多かったが、今回のコメ騒動で個人でも買う人が出てきた。

　2024年の異常気象のせいだとか、政府の減反政策（注1）のせいだとか言われているが、米農家の高齢化や跡継ぎがいない、労働者を確保できないなど以前から問題があった。これが解決できなければ今後も米不足問題が起こり得る。

　そんな状況の中、米農家の田植え前後の労働時間を７割減らすことができる農法が注目を集めている。節水型の乾田直播方式と呼ばれる方法で米を作る。種を専用のトラクターを使って直播（注2）する。水がない田んぼに種を蒔くと１か月後に芽が出て20センチぐらいに伸びる。その後１回も水を入れないで収穫する。こんなことがなぜ可能なのか。種を蒔く前にビール醸造の副産物を使った液体肥料を吹き付けると種が病気になったと勘違いするらしい。植物は本能的に子孫を残そうとして「芽や根を出さなければならない」と芽や根を一気に出してくる。生き延びるためにその根は水田の稲の根より強く丈夫だそうだ。雑草のようにどんどん下に根を張っていくのでしっかり養分が摂れる。収穫量は水田に比べるとやや少ないそうだが、味がいいので今後期待できる農法だと言える。これが広まって少しでも離農者が減るといいのだが。

(注１) 減反政策：米が余って価格が下がらないように、政府が作る量を制限する政策
(注２) 直播：種を直接まくこと

55 筆者は米不足についてどのように考えているか。

1 米不足は異常気象や減反が原因であり、他の問題はさまつな問題だと考えている。

2 米不足は政府の減反政策を改めなければ今後も起きる可能性があると考えている。

3 米不足は気象や政策だけでなく、農家が抱える根本的な問題があると考えている。

4 米不足は一時的な問題であり、備蓄米の放出で将来的には何とかなると考えている。

56 筆者は節水型乾田直播方式の農法についてどのように考えているか。

1 労働時間が減っても収穫量が少ないので広める必要はないと考えている。

2 メリットばかりあるので広めれば米農家の減少が防げるだろうと考えている。

3 新種の種の出現で働く時間が減って農業を辞める人が減ってほしいと考えている。

4 労働時間が大幅に減り味もいいので、離農者減少が期待できる農法だと考えている。

問題10　　　次の文章を読んで、後の問いに対する答えとして最もよいものを、１・
２・３・４から一つ選びなさい。

　過疎の村おこしはどこも地域が持っている魅力の何かを探すことから始まる。普通はそれをうまく生かせた場所が観光地になっていく。住んでいる人が気が付かないその地域ならではの魅力があるものだ。それは星空だったり、古民家だったり、様々だ。それを使えば工夫次第で人を集めて観光地へと変えていくことができる。

　例を挙げよう。フランスの何もなかった小さな村に世界中の人が集まってくる。ある特別なレストランが目的地だ。1995年にフランス料理の競技会で最も権威があるとされている「ボキューズ・ドール」(Bocuse d'Or)で優勝したシェフのレストランである。優勝後人口250人ほどだった村に年間数万人が訪れるようになって村も変わったそうだ。特別な何かがあれば一人の力でも多くの観光客が来る村に変えることができるわけだ。2025年にシェフの息子が同じ大会で優勝したので、その地位は更に盤石なものとなった。

　だが、本当に何の目玉もない地域はどうするのか。目玉を作ればいい。その例がただの原っぱを観光地に変えたＶ村だ。約119ヘクタールの広い丘に人工的に造られた日本最大級の商業リゾート施設村である。場所はどこの駅からも遠くて車でしか行けないような不便なところだ。だから本当に成功するのかと疑問に感じた人も多かったようで、出店してくれる人を集めるのも大変だったそうだ。今ではホテル、マルシェやレストラン、ミュージアム、アトリエなど70店舗ほどが集まっていてバスでも行けるようになった。ホテルは泊まることと薬草のお風呂だけを提供するので、レストランも経営が成り立つ。中には海女さんがその日海に潜って取ってきた貝などが食べられるレストランもある。話題性がある店があちこちにある。ホテルからは下にある店が良く見える。また、木から家具やアート作品を作るワークショップや、火を起こす体験ができる森の様々な活動、薬草を利用したお風呂、国産木材を使用した木の香りがあふれるキッズパークなどがあって一日中楽しむことができる。Ｖ村ができたおかげで地域の人は仕事ができ、若者が戻ってきたそうで、レストランの従業員は本当にありがたいと言っている。目的の一つが達成できたと言えるだろう。

　V村が成功したことでこれを更に他のところでやってみようという動きが出てくるだろう。V村は素晴らしいが、同じような内容では共倒れになりかねない。日本各地に全く内容が違う目玉を作るのも難しい。やはり何もないところに何かを作り出すよりその土地の看板になるような物を探して利用するのが一番間違いがないだろう。観光地化を進めていく上で売り出し方は色々あるが、成功するかどうかはそこにかかっているのだから。

57 フランスの小さな村に多くの客が訪れるようになった要因は何か。

　1　世界的な料理大会の優勝者が店を開いているため

　2　村の歴史的な古い建物が観光資源になったため

　3　行政による手厚い支援と宣伝が成功したため

　4　一人の指導者が村の近代化を成功させたため

58 筆者は何の目玉もない地域とは、どのような状態のことだと言っているか。

　1　客を呼び寄せるための象徴的な資源を持たない状態

　2　地理的な制約により、外部との交流が途絶えている状態

　3　固有の魅力はあるものの、情報発信が不足している状態

　4　土地の利点を生かさず、新しい施設の建設を優先する状態

59 筆者の考えはどれか。

　1　観光資源に乏しい地域であっても、新たな目玉を人工的に創出すべきだ。

　2　V村の成功例を模倣することは、各地の観光地の共倒れを招く危険がある。

　3　一人の力で村を変えるより、多くの店舗を集める方が長期的な成功に繋がる。

　4　既存の看板となる物を探して活用することが、観光地化において最も確実だ。

問題11　次のAとBは子供のSNS利用制限についての意見である。後の問いに対する答えとして最もよいものを、1・2・3・4から一つ選びなさい。

A

　オーストラリアは16歳未満の子供がSNSを利用するのを禁止する世界初の法案を可決しました。対象はX（旧ツイッター）やTikTokなどで、子供が接続できないようにする対応を怠った企業には罰金が科されます。これは危険なコンテンツや人物との接触、いじめやネガティブな情報に晒されること、SNS依存症を防止する手段として有効だと言われています。ですが、本来家族がすることを国家にゆだねる必要があるのかどうか疑問に思います。特定の年齢に適したコンテンツのみを表示するためのフィルタリングソフトもありますし、子供との話し合いで規則を決めることもできます。利用制限は個人が自由に意見や感情を表現する権利を失い、重要な情報などの収集が難しくなります。子供であっても権利は守られるべきではないでしょうか。

B

　オーストラリアのニュースを見て、ここまで来たかと思いました。やはり、家庭で制限することは難しいと思います。犯罪やいじめの加害者や被害者になっても、実際に死亡者が出るなどの重大な事件になるまで表に出にくいのが普通ですから。子供も表現の自由を持っていますし、SNSで多くの情報を得るメリットもありますし、困難な状況になってさえ判断能力が鍛えられるという意見も多いです。うまく規制している家庭もありますから、国がする必要はないという意見もあります。SNSの利点と同時に危険性も教えればよいという意見もあります。しかし子供を見守る必要があるとの認識は持っていますが、現実にはそこから漏れてしまう子供が大勢います。ですから、メディアの方を規制してしまうのは有効だと思います。全面的な制限にはデメリットがありますから、年齢や何を制限するかなど議論してから決めたらよいのではないでしょうか。

60 国によるＳＮＳの規制についてＡとＢの意見はどれか。

1 Ａは規制は家庭に任せる、Ｂは詳細を検討して国がするのがいい。

2 Ａは規制の効果を疑問視している、Ｂはオーストラリアに倣うのがいい。

3 Ａは規制は家庭ができなければ国がする、Ｂは部分的に規制するのがいい。

4 Ａは規制はデメリットのほうが多いので反対、Ｂは全てを規制するのには反対だ。

61 両者とも話題にしていることは何か。

1 企業との関係

2 規制のデメリット

3 ＳＮＳを禁止する手段

4 年齢制限ソフトの有効性

問題12　次の文章を読んで、後の問いに対する答えとして最もよいものを、１・
　　　　　２・３・４から一つ選びなさい。

　日本の食料自給率は主要先進国の中でも最低でカロリーベースで38％しかない。
1965年には70％以上あったが、安い外国産に押されたり、食事の洋風化で米では
なくパン食が増加し、肉や油を使った料理を食べることが増えたことで激減した。
現在のように海外依存度が高いと<u>不測の事態</u>が起きた場合、食糧不足になる恐れが
　　　　　　　　　　　　　　　①
ある。温暖化の影響で穀物の生産量が年々減少していることも危惧する点である。
金を出しても買えない状況も起こり得る。勿論食糧の増産に向けて国も手を拱いて
いるわけではないが、日本の農家は高齢化が進み担い手が減りつつある。農業を魅
力的な産業に育て多くの若者に従事してもらう策が必要だ。種々の助成金も必要だ
が、儲かる農業を目指す農家に手厚くして将来的には助成金無しでも十分に稼げる
農業を目指すべきである。しかしそれにはまだ時間が必要である。また、水産業も
人手不足や温暖化の影響を受けていてその未来は明るくない。

　こんな<u>綱渡り状態</u>なのに2024年の農林水産省の調査では日本で廃棄された食料は
　　　　②
食べられる物798万トン、不可食部分つまり食べられないで捨てられる部分の野菜
の芯や皮などを含めると2531万トンに上るそうだ。これには生産地で発生する規格
外や生産余剰作物などは含まれていないから更に数値は跳ね上がるだろう。

　不可食部分の量はとても多いからこちらの問題が解決できたらその効果は莫大
だ。解決手段の一つになりそうなのが「過熱蒸煎機」である。食材に高温の水蒸気
を吹きかけて、劣化と酸化を抑え、風味や栄養価を残しながら殺菌や乾燥ができる
装置だ。5〜10秒で食品が乾燥できるからランニングコストが安いし、機械本体も
他の乾燥機が数億円もするのに対して1500万円と格安だ。そこで調理中に大量に出
る玉ネギの屑の処理に頭を悩ませていた会社がこれを使い玉ねぎの粉末を作り売り
だした。玉ネギを捨てる時の費用も要らないから一石二鳥である。この装置を使う
会社が増えてきている。

548

제
1
회

　今後、この分野で更に画期的な技術が開発されたり、農業や水産業の改革も進んで食料の増産が進んだりするかもしれない。また、食品ロスは個人でも協力できることもある。なんとか日本の食料が安全に確保できるようになってほしいものだ。

(注1) ランニングコスト: 維持費
(注2) 屑: 物の破片や残り

62　著者は今後どんな①不測の事態が起きると想像しているのか。

　　1　食生活が変化すること

　　2　食料を海外に依存すること

　　3　温暖化で生産量が減ること

　　4　戦争や輸入先が凶作になること

63　著者は今どんな②綱渡り状態にあると言っているか。

　　1　食糧の確保が不可能になった状態

　　2　農業や水産業が衰えていっている状態

　　3　輸入品だけでは食糧がまかなえない状態

　　4　食糧が入手できなくなってきている状態

64　著者の言いたいことは何か。

　　1　輸入規制を強め、パンから米中心の食生活へ早急に戻すべきだ。

　　2　助成金を一律に増やし、若い農業の担い手を早急に確保すべきだ。

　　3　農業改革に加え、廃棄食料の有効活用など多角的な対策が必要だ。

　　4　過熱蒸煎機のような格安な装置を全農家に普及させることが不可欠だ。

問題13 右のページは日本体験村の案内書である。下の問いに対する答えとして
最もよいものを、1・2・3・4から一つ選びなさい。

65 7歳の子どもと両親が予約をせずに午後4時40分に到着した。子どもが体験
できるコースに参加する場合、子どもの料金はいくらか。

1　3,000円

2　5,000円

3　15,000円

4　体験できるコースはない

66 この体験村の利用規則として正しいものはどれか。

1　Bコースは、13時30分の回であれば予約なしでも最大6人まで参加できる。

2　Cコースを16時に予約した場合、料理作りに加えて茶道も体験することが
できる。

3　Dコースは、17時までに受付を済ませれば、5歳の子どもでも1人で参加が
可能である。

4　AコースとBコースは、実施時間の途中に到着して参加することは認められ
ていない。

日本体験村のご案内

	内容	対象	所要時間	実施時間	金額(1 人)	その他
A	学校体験	12歳以上	6時間	10：30〜 16：30	40,000円	12人まで
B	サムライ 体験	16歳以上	3時間	10：00〜 13：30〜	30,000円	6人まで ※追加巻き藁 切り見学
C	料理作り 体験	6歳以上	3時間	10：00〜 16：00〜	15,000円	10人まで ※追加茶道体験 (午前のみ可)
D	忍者体験	3歳以上	1時間	10：00〜 いつでも 最終入場 17：00	6歳未満 3,000円 6歳以上 5,000円	6歳未満は 付き添いが必要

＊AコースとBコースは予約が必要です。

＊体験は途中で参加することはできません。

N1

聴解

（55分）

注　意
Notes

1. 試験が始まるまで、この問題用紙を開けないでください。
   Do not open this question booklet until the test begins.

2. この問題用紙を持って帰ることはできません。
   Do not take this question booklet with you after the test.

3. 受験番号と名前を下の欄に、受験票と同じように書いてください。
   Write your examinee registration number and name clearly in each box below as written on your test voucher.

4. この問題用紙は、全部で12ページあります。
   This question booklet has 12 pages.

5. この問題用紙にメモをとってもかまいません。
   You may make notes in this question booklet.

受験番号　Examinee Registration Number

名前　Name

もんだい
問題 1

問題 1 では、まず質問を聞いてください。それから話を聞いて、問題用紙の 1 から 4 の中から、最もよいものを一つ選んでください。

例

1　企画書を見せる

2　製品の説明を書き直す

3　データを新しくする

4　パソコンを準備する

1番

1　ソン社に部品を発注する

2　ソン社と値段の交渉をする

3　オーロラ社に納期の相談をする

4　ソーダ社に納期の延長を依頼する

2番

1　空調服を従業員にためしてもらう

2　試用するための商品を注文する

3　1万円の作業服を買って着てみる

4　新しい作業服がよかったら買う

3番

1　おみくじを木に結び付ける

2　結び付けるための木を探す

3　おみくじを持って帰る

4　神様にお願いをする

4番

1　滓をプラスチックにしてもらう

2　近所の農家に肥料と交換してもらう

3　インターネットで滓を引き取る農家を探してもらう

4　滓を利用してくれる近所の農家を探して使ってもらう

5番

1　樹木葬の墓地を訪れる

2　山本さんに樹木葬の話を聞く

3　墓地のパンフレットを集める

4　先祖の墓を墓終いする

もんだい
問題2

問題2では、まず質問を聞いてください。そのあと、問題用紙のせんたくしを読んでください。読む時間があります。それから話を聞いて、問題用紙の1から4の中から、最もよいものを一つ選んでください。

例

1　昨日までに資料を渡さなかったから
2　飲み会で飲みすぎて寝てしまったから
3　飲み会に資料を持っていったから
4　資料をなくしてしまったから

1番

1 ミシュランの星をもらったから

2 料理が一流であるから

3 店の雰囲気がいいから

4 珍しい器を使っているから

2番

1 社員のみんなが犬が好きなこと

2 愛犬と離れないで働けること

3 社員の癒しに犬を使っていること

4 犬の世話を仕事にできること

3番

1 マンションの解体費用が高すぎたこと

2 住民の反対を無視して建築を続けたこと

3 S社の評判が世間で悪くなったこと

4 評判を守るために多額のお金を払ったこと

4番

1 空からの観光も兼ねた寿司店だから

2 1人4万円の寿司を提供しているから

3 わざわざ離れ小島に店を開いたから

4 ヘリコプターなら東京からあっという間に来られるから

5番

1 経団連の提言と世論があっても可能性は低い

2 経団連の提言でも政府が受け入れることはないだろう

3 経団連の提言で実現の可能性があるが断定はできない

4 経団連の提言だから実現しそうである

6番

1 賞狙いの面白い研究

2 役に立たないが、価値がある研究

3 人間の医療に役立つ可能性がある研究

4 動物の病気を治すための研究

<ruby>問題<rt>もんだい</rt></ruby>

問題３

　問題３では、問題用紙に何も印刷されていません。この問題は、全体としてどんな内容かを聞く問題です。話の前に質問はありません。まず話を聞いてください。それから、質問とせんたくしを聞いて、１から４の中から、最もよいものを一つ選んでください。

－メモ－

もんだい
問題 4

問題 4 では、問題用紙に何も印刷されていません。まず文を聞いてください。

それから、それに対する返事を聞いて、１から３の中から、最もよいものを一つ

選んでください。

－メモ－

もんだい
問題5

問題5では長めの話を聞きます。この問題には練習はありません。
問題用紙にメモをとってもかまいません。

1番

まず話を聞いてください。それから、質問とせんたくしを聞いて、1から4の中から、最もよいものを一つ選んでください。

－メモ－

2 番

まず話を聞いてください。それから、二つの質問を聞いて、それぞれ問題用紙の
1 から 4 の中から、最もよいものを一つ選んでください。

質問 1

1　A

2　B

3　C

4　D

質問 2

1　A

2　B

3　C

4　D

제 2 회
JLPT
실전모의테스트

제2회 실전모의테스트 채점표

자신의 실력이 어느 정도인지 확인할 수 있도록 임의적으로 만든 채점표입니다. 실제 시험은
상대 평가 방식이므로 약간의 오차가 발생할 수 있습니다.

언어지식 (문자·어휘·문법)

		배점	만점	2회	
				정답 문항 수	점수
문자·어휘·문법	문제 1	1점×6문항	6		
	문제 2	1점×7문항	7		
	문제 3	1점×6문항	6		
	문제 4	2점×6문항	12		
	문제 5	1점×10문항	10		
	문제 6	1점×5문항	5		
	문제 7	2점×4문항	8		
	합계		54점		

* 점수 계산법 : 언어지식(문자·어휘·문법) [   ]점÷54×60 = [   ]점

독해

		배점	만점	2회	
				정답 문항 수	점수
독해	문제 8	2점×4문항	8		
	문제 9	2점×8문항	16		
	문제 10	3점×3문항	9		
	문제 11	3점×2문항	6		
	문제 12	3점×3문항	9		
	문제 13	2점×2문항	4		
	합계		52점		

* 점수 계산법 : 독해 [   ]점÷52×60 = [   ]점

청해

		배점	만점	2회	
				정답 문항 수	점수
청해	문제 1	2점×5문항	10		
	문제 2	2점×6문항	12		
	문제 3	2점×5문항	10		
	문제 4	2점×11문항	22		
	문제 5	2점×3문항	6		
	합계		60점		

N1

言語知識（文字・語彙・文法）・読解

（110分）

注　意
Notes

1.　試験が始まるまで、この問題用紙を開けないでください。
Do not open this question booklet until the test begins.

2.　この問題用紙を持って帰ることはできません。
Do not take this question booklet with you after the test.

3.　受験番号と名前を下の欄に、受験票と同じように書いてください。
Write your examinee registration number and name clearly in each box below as written on your test voucher.

4.　この問題用紙は、全部で31ページあります。
This question booklet has 31 pages.

5.　問題には解答番号の 1 、 2 、 3 … が付いています。解答は、解答用紙にある同じ番号のところにマークしてください。
One of the row numbers 1 , 2 , 3 … is given for each question. Mark your answer in the same row of the answer sheet.

受験番号　Examinee Registration Number

名 前　Name

問題 1 ＿＿＿＿の言葉の読み方として最もよいものを、1・2・3・4から一つ選びなさい。

1 世代間の<u>隔たり</u>を埋めるのは難しい。

1 かくたり　　　2 かけたり　　　3 へきたり　　　4 へだたり

2 結局、その計画は<u>空しく</u>終わってしまった。

1 からしく　　　2 くうしく　　　3 あたらしく　　　4 むなしく

3 彼は自身の失敗を<u>痛切</u>に反省した。

1 つうせつ　　　2 つうぜつ　　　3 とうせつ　　　4 とうぜつ

4 この村では、多くの住民が漁業を<u>営んで</u>いる。

1 いとなんで　　　2 うらんで　　　3 まなんで　　　4 はげんで

5 うちのチームはライバルと最後まで優勝を<u>競った</u>。

1 あらそった　　　2 きそった　　　3 さそった　　　4 まかなった

6 激しい地震で古い建物が<u>崩壊</u>した。

1 ふうかい　　　2 ふうがい　　　3 ほうかい　　　4 ぼうかい

問題2　（　　　）に入れるのに最もよいものを、１・２・３・４から一つ選び
なさい。

7　彼の成功は、偶然ではなく、毎日の（　　　）努力の結果である。

　　１ 軽薄な　　　　　　２ 複雑な　　　　　　３ 地道な　　　　　４ 派手な

8　最近の国際情勢は（　　　）展開を見せており、一瞬も目が離せない。

　　１ すがすがしい　　２ たやすい　　　　　３ そそっかしい　４ めまぐるしい

9　商品の在庫が過剰にならないよう、（　　　）量を慎重に調整する。

　　１ 仕打ち　　　　　２ 仕入れ　　　　　　３ 値打ち　　　　　４ 値切り

10　彼女はほめられることに慣れており、少しでも（　　　）しないとすぐに不機
嫌になる。

　　１ すらすら　　　　２ へとへと　　　　　３ ちやほや　　　　４ いらいら

11　一人で旅行中、予想もしない場所で偶然に昔の同僚と（　　　）。

　　１ 出直した　　　　２ 出くわした　　　　３ 待ち合わせた　４ 待ちくたびれた

12　メディアは、安易に人に（　　　）を貼り、偏見を助長する傾向がある。

　　１ シグナル　　　　２ アポイント　　　　３ コマーシャル　４ レッテル

13　事故の目撃者は、大ショックを受け、証言を求められても（　　　）するばか
りだった。

　　１ のびのび　　　　２ おろおろ　　　　　３ はきはき　　　　４ てきぱき

問題 3　　　　　　　の言葉に意味が最も近いものを、１・２・３・４から一つ選びなさい。

14　会議は円滑に進み、予定より早く終わった。

１　滞りなく　　　　　　２　混乱して　　　　　　３　予想に反して　　４　複雑に

15　家族のはげましが大きな支えになった。

１　批判　　　　　　　　２　声援　　　　　　　　３　忠告　　　　　　４　説得

16　田中_{たなか}教授は、学会で自分の研究成果を積極的にとなえた。

１　主張した　　　　　　２　無視した　　　　　　３　承認した　　　　４　軽視した

17　彼女はあらわに不満を表した。

１　冷静に　　　　　　　２　露骨に　　　　　　　３　控えめに　　　　４　漠然と

18　新しい契約の成立の証として、互いに書類に署名した。

１　印　　　　　　　　　２　枠　　　　　　　　　３　根拠　　　　　　４　理由

19　先週は会議や出張の予定がぎっしり詰まっていて、ゆっくり食事を取る時間もなかった。

１　まばらに　　　　　　２　ほんの少し　　　　　３　ぼんやり　　　　４　みっちり

問題 4　次の言葉の使い方として最もよいものを、1・2・3・4から一つ選びなさい。

20　素朴

1　彼女の衣装は素朴で、豪華な装飾が目立っていた。

2　彼が素朴な表情で部屋に入ってきたので心配だ。

3　彼女は素朴な人柄で、多くの人に愛されている。

4　彼は素朴な態度をとったことを反省して、すぐに謝罪した。

21　下地

1　引っ越しの下地を進めるうちに、不要な物がたくさん見つかった。

2　長年培った技術力が新製品開発の下地として役に立った。

3　プレゼンの下地を徹底したおかげで、当日は自信を持って発表に臨んだ。

4　旅行の持ち物は、衣類や日用品の下地も忘れずに用意した方がいい。

22　告げる

1　ベルの音が、休憩時間の終了を告げた。

2　先生は生徒に宿題のやり方を告げた。

3　母親はねだる子供を優しく告げた。

4　彼は告げられても、諦めずに挑戦を続けた。

23 見計らう

1　うちのチームは、この計画の目的を<u>見計らう</u>ことに成功した。

2　新作映画の内容を<u>見計らって</u>、友だちに勧めた。

3　上司の機嫌のよい時を<u>見計らって</u>、声をかけようと思う。

4　監督は<u>見計らい</u>に満ちた言葉で選手たちを励ました。

24 了承

1　役員会で人事異動を<u>了承</u>することが正式に決定された。

2　前回の会議では彼の実績を<u>了承</u>して賞を与えることにした。

3　計画を完成させるため、何度も<u>了承</u>を重ねながら努力し続けた。

4　新しい制度の導入をめぐって、委員会で激しい<u>了承</u>が行われた。

25 あどけない

1　議長は<u>あどけない</u>表情で、議会の開会宣言を行った。

2　<u>あどけない</u>声で歌う子供たちの歌が聞こえた。

3　<u>あどけない</u>研究が実を結び、新しい発見につながった。

4　企画案に対して、上司から<u>あどけない</u>返事が返ってきた。

問題5 次の文の（　　　）に入れるのに最もよいものを、１・２・３・４から一つ選びなさい。

26 長引く不況の影響で、企業の経営環境は厳しさを（　　　）。

　　1 増しうる　　　　　　2 増しかねる　　　　　3 増しつつある　　4 増しようがない

27 彼女はダイエットを始めるものの、長く（　　　）しないのがいつものパターンだ。

　　1 続けは　　　　　　　2 続けては　　　　　　3 続けさせては　　4 続けさせられれば

28 このたび、十年間勤めた会社を今月末（　　　）退職することを決意しました。

　　1 を受けて　　　　　　2 を皮切りに　　　　　3 をめぐって　　　4 をもって

29 この問題は簡単だから、誰でも解ける（　　　）。

　　1 始末だ　　　　　　　　　　　　　　　　2 ばかりだ

　　3 に決まっている　　　　　　　　　　　　4 わけがない

30 資金不足（　　　）、新しいプロジェクトは一時中止せざるを得なくなった。

　　1 といえば　　　　　　2 ゆえに　　　　　　　3 なくして　　　　4 どころか

31 住民の安全を（　　　）、市は災害時に備えて、様々な活動を日常的に行っている。

　　1 確保すればこそ　　　　　　　　　　　　2 確保しようとも

　　3 確保するべく　　　　　　　　　　　　　4 確保するにせよ

32 誠に恐縮ではございますが、この件につきましては、即答は難しいと（　　　　）。

1 存じます　　　　　　　　　　　　2 承ります

3 頂戴します　　　　　　　　　　　4 いらっしゃいます

33 A：今度の旅行、楽しみだね。費用ってどのくらいになりそう？

B：うーん、飛行機代とホテル代、それに現地での食事とか考えたら、30万円
　といった（　　　　）かな。

1 ばかり　　　　　2 ところ　　　　　3 こと　　　　　　4 だけ

34 彼は、今回の選挙で多くの支持を（　　　　）、惜しくも落選してしまった。

1 集められなかったものの　　　　　2 集めたものの

3 集めたからといって　　　　　　　4 集められなかったからといって

35 売上が大きく伸びていることから、今年は最高利益を更新する（　　　　）。

1 ものだ　　　　　2 ところだ　　　　3 見込みだ　　　　4 ほどだ

問題6　次の文の　★　に入る最もよいものを、1・2・3・4から一つ選びなさい。

（問題例）

あそこで ＿＿＿＿ ＿＿＿＿ ＿★＿ ＿＿＿＿ は山田さんです。

　　　1　テレビ　　　　2　見ている　　　3　を　　　　4　人

（解答のしかた）

1．正しい文はこうです。

| あそこで ＿＿＿＿ ＿＿＿＿ ＿★＿ ＿＿＿＿ は山田さんです。 |
| 1　テレビ　　3　を　　2　見ている　　4　人 |

2．　★　に入る番号を解答用紙にマークします。

（解答用紙）　（例）　① ● ③ ④

36　イベントの主催者は、参加者から寄せられた ＿＿＿＿ ＿＿＿＿ ＿★＿ ＿＿＿＿ 、より満足度の高い企画を立てている。

　　1　幅広い意見を　　　　　　　　　　2　イベントの内容を

　　3　踏まえて　　　　　　　　　　　　4　大幅に見直し

37　その会社は、顧客満足を優先し、 ＿＿＿＿ ＿＿＿＿ ＿★＿ ＿＿＿＿ 返品対応を行った。

　　1　コストをかけて　　　　　　　　　2　利益が

　　3　にもかかわらず　　　　　　　　　4　ほとんど出ない

38 インターネット上の情報を用いる ＿＿＿ ＿＿＿ ＿★＿ ＿＿＿ 必ず確認する姿勢が大切だ。

1 信頼できるもの　　2 かどうかを　　　3 上で　　　　　4 その情報源が

39 村田選手の体調が回復しつつある。彼が ＿＿＿ ＿＿＿ ＿★＿ ＿＿＿ かかっている。

1 医師の判断に　　　2 次の試合に　　　3 出場できる　　4 か否かは

40 女性の社会進出が進んでいる ＿＿＿ ＿＿＿ ＿★＿ ＿＿＿ 課題は依然として残っている。

1 現代　　　　　　　　　　　　2 といった

3 仕事と家庭の両立　　　　　　4 にあっても

問題7 次の文章を読んで、文章全体の趣旨を踏まえて、 41 から 44 の中に入る最もよいものを、1・2・3・4から一つ選びなさい。

　知人が勤めていた会社が今年の５月に倒産した。その会社は、人口５万人余りの地方都市で最大の企業で、倒産に伴って関連会社を含めると千人以上が職を失うことになった。さらに、隣の市にある大企業もリストラを進めており、この地域の職業安定所は求職者であふれかえっている。雇用状況はかつてないほどの不景気で非常に厳しく、特に50代の知人が再就職するのは容易ではないだろうと心配していた。

　ところが、先日偶然にその知人と再会し、声をかけると、予想に反して 41 返答が返ってきた。「失業して２か月で、量販店のパート店員として働き始めた。それに、朝の２時に起きて、妻と一緒に牛乳配達もしている」と言うのだ。以前の職歴を考えれば、確かに決して 42 だろう。しかし、彼はどこか楽しそうにこう続けた。「仕事を得ただけでも、恵まれていると思っている」と。

　その話を聞いて、私は彼の姿に驚くと同時に、何とも言えない感動を覚えた。彼は、厳しい状況の中でも前向きに生きる力を持っている。それが何よりも力強く伝わってきた。過去の職種や待遇 43 、どんな仕事でもその中に意味や生きがいを見いだして前向きに頑張ることができるのだと、彼の姿を通して学ぶことができた。

　もちろん、政府は今年度の補正予算において、中高年の再就職支援などの雇用対策に５,０００億円を盛り込む方針を固めた。こうした政策的な支援も確かに重要だが、最終的には再就職を果たすために最も大切なのは「本人の自覚」ではないかと私は思う。 44 支援があったとしても、最終的にその人自身が「働くこと」への意欲を持ち続け、前向きに取り組む姿勢を持たなければ、再就職は難しいだろう。

　彼のように、どんな職業でも自分の中で意義を見いだし、楽しさを感じながら働けることこそが、何よりも重要だと強く感じた。失業という大きな困難に直面しながら、新たな働き方を見つけ、生き生きとした様子で自分なりに楽しみながら働く彼の姿が、その真実を身をもって教えてくれた。

41

　1　意外な　　　　　　2　息苦しい　　　　　3　悲観的な　　　　4　期待通りの

42

　1　悪いことばかりではない　　　　　　2　恵まれた条件とは言えない

　3　無理な職種ではない　　　　　　　　4　気に入らないとも限らない

43

　1　からして　　　　　2　どころか　　　　　3　をかわきりに　　4　にこだわらず

44

　1　それほど　　　　　2　このように　　　　3　どんなに　　　　4　どうして

問題8 次の(1)から(4)の文章を読んで、後の問いに対する答えとして最もよいものを、1・2・3・4から一つ選びなさい。

（1）

「〜ハラ」はハラスメントの略で「嫌がらせ・いじめ」を意味する。「セクハラ」[注1]「パワハラ」[注2]は浸透している。しかし、最近「〜ハラ」が次々生まれて困惑している。中には「ちょっと待って」と言いたくなるものさえある。例えば若者がメールなどの文末に「。」が付いた文章を冷たいと感じ、「マルハラ」と言い始めたことである。これには多くの中高年が戸惑った。本来、文法通りの丁寧な表現がなぜ「嫌がらせ」になるのだろうか。このように何でもハラスメントと決めつける風潮には疑問を抱かざるを得ない。数年後には、こうした過剰な呼び方が修正されていることを願うばかりだ。

(注1) セクハラ：セクシャルハラスメント。性的な嫌がらせやいじめ

(注2) パワハラ：パワーハラスメント。権力がある人がする嫌がらせやいじめ

45 筆者はどんな気持ちで「ちょっと待って」と言っているのか。

    1 ハラスメントが多すぎると危惧する気持ち

    2 ハラスメントなのかどうか疑問だという気持ち

    3 ハラスメントの認定には時間がかかるという気持ち

    4 ハラスメントは阻止しなければならないという気持ち

（2）

　学生が就職の面接で自己紹介する時の留意事項です。まず、自分の能力を印象付けることです。例えば英語力、コミュニケーション能力の高さなどですが、その能力を使った具体的なエピソードについて話すことが大切です。そして入社後、自分の能力を発揮してどのような貢献ができるかを伝えます。内容をスムーズに伝えるために文章に起こして検討したほうがいいです。十分準備しておけば当日落ち着いて面接に臨むことができるでしょう。

46　筆者が伝えたほうが良いと考えていることはどれか。

1　高学歴なのでどんな問題にも素早く対処できること

2　TOEFLが満点なので海外での営業もそつなくこなせること

3　インドでボランティアしていたので現地の調査などに貢献できること

4　人を差別せず誰とでも仲良くできるので海外でも現地の人と協力できること

（3）

　左から右に□と△と○の形が描かれている作品がある。江戸時代(1603年〜1867年)に仙厓というお坊さんが筆で描いた物だ。こんなの誰でも描けると思ってしまうかもしれない。でも誰も描こうとはしなかった。また、□△○はデザインなのでこれは絵だ、あるいは□△○は文字だとはっきり言うこともできない。仙厓は四角は修行する前、三角は修行の途中、丸は修行を完成させた自分だという文章を残しているので、仏教の悟りに至る3段階を示している可能性が高い。私は江戸時代には文字は右から左に書いていたので、文字だと順番が反対になってしまうので絵だと考える。しかしこれが何を表しているのかはどうでもいいことだ。見て何かを考えたり感じたりするだけで十分だ。

47　筆者はこの作品はどんな作品だと言っているか。

　1　□△○について諸説あると言われている作品

　2　何の意味もない□△○が描かれた作品

　3　仏教で悟った時の状況を□△○で表した作品

　4　□△○で何かを感じてもらうために描かれた作品

（4）

「生き甲斐」という言葉が日本語にしかないらしいと聞いて驚いた。言葉は関心があるところに生まれるから、それは日本人が生きる意味を絶えず考えて生きてきたことを表しているのだろう。生き甲斐は決して大げさなものだけではない。人々は生き甲斐を「子供の成長、友達に会うこと、農作業ができること」など様々な日常生活の中にも見出している。この言葉が世界に広まったのはスペインの作家が「IKIGAI」という本を出版したからだ。人は何をしている時に生きる意味を感じるか。今、世界中で苦しい生活をしていて人生に悩む人が増えている。誰もが生き甲斐が持てる世の中になってほしいと切に思うのである。

48 筆者が「生き甲斐」という言葉が日本語にしかないと聞いて驚いた理由は何か。

1 スペインの作家がその言葉を先に使っていたと思っていたから

2 日本人が日常生活に関心を持っていないと思っていたから

3 日本人が生きる意味を常に考え続けてきたことが、言葉に表れていると感じたから

4 世界中の人が「生き甲斐」という言葉をすでに知っているはずだと思ったから

問題9 次の(1)から(4)の文章を読んで、後の問いに対する答えとして最もよいものを、1・2・3・4から一つ選びなさい。

（1）

　パンを常食としている外国人が日本に来てパンの種類の多さに驚くと言う。主食と主食の組み合わせが変なそばパンやカレーパン、そのほかの総菜パンも、「あんパン」などの菓子パン、そのどれもがその発想が素晴らしいと言う。だから日本にしかないパンも種々ある。それで日本は「パン王国」と言われるほどになったのだと思う。サンドイッチではコンビニの卵サンドですら安くて大変おいしいと外国人に人気がある。また、最近、朝食でご飯よりパンを食べる人が多くなってもいる。

　こんなに人気があるパンだが国民の生活に浸透するにはかなりの年月を要した。最初にパンが伝えられたのは1543年で種子島に流れ着いたポルトガル人からだとされる。その後キリスト教の宣教師が来日すると日本でもパンが焼かれるようになったが普及しなかった。江戸時代（1603年～1867年）にはパンが保存性と携帯性に優れているので兵の食料として使われたが、一般には遠い存在だった。明治時代（1868年～1912年）になると西洋料理と共に出されるようになったが、それでもなかなか広まらなかった。パンの普及には「あんパン」の登場を待たなければならなかったのだ。「あんパン」は和菓子のイメージから「あん」を餅ではなくパンで包むという発想から生まれた。主食というより和菓子に代わるお菓子として受け入れられたのである。その後パンの中にはクリームやジャム、様々な具を入れるようになって、とうとうカレーまで入れられて、これがパンの普及に大いに貢献した。「あんパン」なくしては日本の多彩なパンは生まれなかったし普及もしなかったに違いない。

(注) あん：小豆などの豆を煮て砂糖で甘く味付けしたどろっとした状態の食べ物

49 筆者はなぜパンの普及に「あんパン」が貢献したと言っているか。

1 和菓子感覚のお菓子として受け入れられたから

2 保存性と携帯性の高さが一般に広まったから

3 西洋料理の主食として定着したから

4 最初からカレーなど様々な具を入れていたから

50 本文の内容と一致するものはどれか。

1 江戸時代のパンは兵の食料として使われ、庶民の間にも広く普及した。

2 外国人はコンビニの卵サンドについて、高いが味は素晴らしいと評価している。

3 日本が「パン王国」になった決定的なきっかけは、明治時代の西洋料理である。

4 あんパンは、餅の代わりにパンで「あん」を包むという和菓子の発想から生まれた。

（2）

　最近の韓国の歌や映画の国際的な躍進を見て、日本の文化産業の遅れを痛感し、将来を危ぶむようになった。韓国は「クールコリア」政策により国が文化産業を積極的に支援し、海外での韓国ブランドの確立に成功している。翻って日本政府の支援が韓国に比べて手薄なのが残念だ。韓国が長年にわたって人材育成に力を入れてきたことが、K-POPの人気や映画でアカデミー賞などの国際的な賞を受賞する土台になったと思う。一度作られたブランドは強いからよほどのことがなければその地位を脅かされることはないので羨ましい限りだ。

　韓国のアーティストは独自の音楽スタイルと洗練されたパフォーマンスを持ち、交流イベントやオンラインライブを定期的に開催することでファンとの距離を縮め、直接的なコミュニティーを構築している。このアプローチは特に若者の心を掴む要素になり、SNSやYouTubeを多く利用する世代への訴求力を高めている。また韓国が国際的な傾向の把握に優れ、周到な準備をして海外進出を果たしていることも重要な要素だと思う。BTSやBLACKPINKなどの成功は、こうした戦略の結果だ。

　一方、日本の「クールジャパン」は韓国に比べて見劣りする点が多く、特にSNSやデジタルマーケティングを活用した戦略の欠如は致命的な問題ではないかと思う。日本にもいいコンテンツがあって人気を博している分野もあるのだから、今後は韓国を見習い、より効果的な戦略を取り入れて韓国を追い抜く気持ちで多くの日本文化を広めていってほしいものだ。

61 筆者はなぜ日本の文化産業の遅れを感じたのか。

1 日本より韓国の文化支援が強力だから

2 日本文化の海外進出が全面的に遅いから

3 韓国文化の海外でのブレークを知ったから

4 海外にアピールできる日本文化が少ないから

62 筆者は韓国のアーティストが若者から支持される一番の理由は何だと言っているか。

1 高度のパフォーマンスが披露できるから

2 ソーシャルメディアを活動の中心にしているから

3 排他的な独自のコミュニティーを構築しているから

4 ファンと個人的に直接出会うことを重視しているから

（３）

　警視庁と言えば誰もがお堅いイメージ持つと思う。しかし今その殻を破るツイッ
ターが人気アカウントになっている。きっかけは2011年に発生したあの東日本大震
災である。当時デマを含めて様々な情報が飛び交っていた。警視庁として適切な情
報を適切な時期に届けるにはどうすればいいのかを考え、その結果、災害時でも比
較的通信が途切れにくいSNSを活用することに決めた。実現したのは災害が落ち着
いた2013年で災害対策課が担当したそうだ。防災のプロが書いた役に立つ知識は注
目を集めてその集積された内容は書籍として発売されているほどになっている。

　最初は当然災害時に関することばかり書いていた。今では多くの人に周知されて
いるような生活の知恵も多くなっている。最初のヒット作は「ツナ缶ランプ」だっ
たそうだ。缶に穴を開け、紙のこよりや綿の紐などを差し込んで火をつけると２時
間くらいもつという内容で最後にツナ缶が美味しかったと書かれていたそうだ。そ
れがバズって気をよくしたのか、今ではその守備範囲がかなり広がってきたよう
だ。また他の部署でもツイッターするようになってお堅い警視庁とのギャップが面
白いと人気になっている。

(注１) 警視庁：東京都を管轄する警察の組織

(注２) こより：細長い紙や糸などをねじって作った細いひも状のもの

(注３) バズる：インターネットやSNS上で、短期間に爆発的に話題になること

53 筆者は警視庁がツイッターを始めた理由は何だと言っているか。

1 必要な時に正しい情報を伝えたかったから

2 東日本大震災の後デマばかりが広まったから

3 事実ではない情報の発信を止めたかったから

4 東日本大震災の情報を発信すべきだったから

54 著者が<u>その守備範囲が広がってきた</u>と言ったのはなぜか。

1 災害以外の内容も書くようになったから

2 災害時でも通信が切れないようにしたから

3 警視庁の他の部署も発信を始めたから

4 災害に関係があることは何でも取り上げたから

（4）

　金は昔から人々を魅了してきた。錬金術（れんきんじゅつ）は金を作り出す学問というわけではないが、中世から多くの人が金を作ろうと実験を繰り返してきた。そして現在それは科学的には可能になった。だが、金1gを作るのに数十億円～数百億円かかるそうだからやはり夢の話だ。

　金は2025年には1トロイオンス（注1）、約3,440～3,480ドルで取引されていて今後も下がる見込みはない。急に生産量が増えることがないからだ。日本の菱刈鉱山（ひしかり）は高品位鉱山（こうひんいこうざん）（注2）と言われているが、それでも1トンから10～30gしか取れない。鉱山からではなく都市鉱山（注3）から金を得る方法もある。東京オリンピックのメダルは金メダルも含めて全て都市鉱山の金属を使ったそうだからかなり有望な鉱山だ。しかし回収、分解、分離、精錬などの費用を考えると普通の鉱山の倍ぐらいの価格になってしまうから、廃棄物を資源化する環境問題の解決策としての役割を持たせたほうがいい。

　最近ラン藻（そう）という藻（も）から作ったシートを液体の中に入れて金を吸着させて回収するという新技術が開発された。深海熱水噴出孔（しんかいねっすいふんしゅつこう）（注4）や温泉など、金が溶け込んでいる液体にこれを設置し回収する。従来の採掘に比べて環境への悪影響が少なく、低コストで金を回収することができる。商業ベースに乗って世の中がひっくり返るところを見てみたい。

（注1）1トロイオンス：約31.1035グラム

（注2）高品位鉱山（こうひんいこうざん）：鉱石中に含まれる金（や他鉱物）の濃度が高い鉱山

（注3）都市鉱山：都市にある廃棄家電や電子機器などから回収できる金属資源のこと

（注4）深海熱水噴出孔（しんかいねっすいふんしゅつこう）：深い海の底から高温の熱水が噴き出す場所

55 筆者は都市鉱山から金を得る方法についてどのように考えているか。

1 今後は環境問題重視の面から都市鉱山が主流になると考えている。

2 普通の鉱山よりも安く金を得られるので、経済的に最適だと考えている。

3 オリンピックのメダルの作成の利用の方法としてしか価値がないと考えている。

4 環境問題解決の面で役立つが、コスト面では難点があると考えている。

56 筆者はラン藻を使った金の回収技術についてどのように考えているか。

1 コストは安いがあまり期待できない研究だと思っている。

2 事業として成り立てば世の中を変える可能性があると期待している。

3 いいことずくめでデメリットがないから役には立つと思っている。

4 環境に悪いから実用化に時間がかかるので難しいと思っている。

問題10　次の文章を読んで、後の問いに対する答えとして最もよいものを、１・
２・３・４から一つ選びなさい。

　秦の始皇帝は、不老不死の薬を求めたそうだが、人が年を取りたくない、長生き
したいという願望を抱くのは自然だ。若さを保つために整形手術を受ける人もいる
が、見た目は変えられても老化を止めることはできない。富裕層はスイスの施設で約
300万円で若返りを図っているが、それでも効果は１年半から２年ほどと限定的だ。

　老化の元凶と言われる「糖化」は、体内のタンパク質と余分な糖が結びついて
「AGE（終末糖化産物）」と呼ばれる物質が生成されることで起こる。AGEは、肌や
血管、内臓に悪影響を与え、茶色なので「体の焦げ」とも呼ばれていて老化を促進
する。最近、糖化と寿命の深い関係が明らかになり、糖化が進んでいる人はそうで
ない人と比べると糖尿病や心臓病にかかるリスクが３倍、死亡リスクが５倍も増加
することがわかった。体に悪いコレステロールや血圧とは関係なく糖化度が高いだ
けで５倍に跳ね上がるそうで、糖化が最も病気や老化の危険性を正確に予測できる
理由になっている。

　健康に気を使っている人でも、糖化度が低いとは限らず、調べた結果は個人差が
大きかったそうだ。見るからに若い20代の人が80代という結果にショックを受ける
一方で、すっかり年寄りじみた70代が50代の結果に喜ぶこともある。だから自分は
健康だと過信しないで糖化年齢を知って糖化年齢が寿命と密接に関係していること
を認識してほしい。

　AGEは血管を傷つけ皮膚の弾力性を減らして、しわ、たるみを引き起こすばかり
でなく、溜まった場所によって脳梗塞、心血管疾患、動脈硬化、肝臓病、腎臓病、
糖尿病、がん、骨粗しょう症、認知症などあらゆる病気の原因になる。自分の糖化
度はわかりにくいが、白目にできる瞼裂斑という黄白色のAGEの塊は自分の糖化
度を示すバロメーターだから、気になる人は鏡を見てみたらどうだろう。

　また、甘い物好きや運動不足、睡眠不足、朝食を抜く人はAGEの値が高くなり
がちだが、これ以外でも煙草、飲酒、早食い、食後の眠気、夕方の倦怠感、焦げの
多い食品や加工食品を多く摂取するなどの10項目を含めた糖化度チェックで３〜４
個当てはまる人は糖化リスクに注意、５つ以上あったら要注意だそうだ。また、健
康的な生活をしていても食後に体を動かさないと高血糖になる。高血糖が続くと糖
化が進行してしまうから要注意だ。食後30分後は特に血糖値が上がりやすい時間だ

が、２分程度の運動でも血糖値を下げられるとの研究もある。ある研究者はそれを方ぐために階段を一段抜きに上がり、下がる時はちょこちょこと１段ずつ下りることを勧めている。また、絶えずちょくちょく動くことや立っているだけでも効果があるそうだ。「座っている時間が長いと寿命が縮む」と言われるゆえんだ。一度焦げ付いた体を急に元に戻すのは難しいので、健康でいたかったらこれからAGEを増やさない生活をするほかない。健康維持のために、できることから始めていこうではないか。

57 「AGE」という物質について、本文の内容と合っているものはどれか。

　1　体内のタンパク質が不足すると生成されやすくなる物質である。

　2　肌や内臓に悪影響を与えるだけでなく、見た目にも変化をもたらす。

　3　血圧が高い人ほど生成されやすく、死亡リスクを５倍に高める。

　4　白目のAGEの塊は、健康状態に関わらず誰にでも現れるものである。

58 筆者は糖化度を上げないためにどうするのがよいと言っているか。

　1　何かを食べた直後に運動する。

　2　糖質を絶対に摂取しないようにする。

　3　10項目すべてに注意して生活をする。

　4　血糖値が上がりやすい時に運動する。

59 筆者は何を望んでいるのか。

　1　生活習慣を見直し、体内に蓄積されたAGEを取り除く努力をすること

　2　糖化年齢の測定結果から、自身の正確な残り寿命を把握すること

　3　健康だと過信せず、糖化年齢が寿命と密接に関係していることを認識すること

　4　見た目の老化と糖化年齢の差をなくし、実際の年齢に見合った健康状態を保つこと

問題11　次のAとBは少子化についての意見である。後の問いに対する答えとして
最もよいものを、1・2・3・4から一つ選びなさい。

A

　最近の日本でも子供を産む女性が減少して少子化が進んでいます。これは将
来的な労働力不足を意味します。外国人労働者を雇おうという意見もあります
が、ヨーロッパなどの移民の状況を考えると、一筋縄ではいかないと思います。
_(注)
　国は出生率の向上を掲げて、子供にかかる様々な費用の援助を増やしていま
す。しかし教育費などの負担が大きくてなかなか子供が増えません。ですから
「子供がいることで恩恵を受けられる」状況を作る必要があると思います。例え
ば子供を持つ世帯の税金を大幅に減税したら効果は絶大ではないでしょうか。
　また、そもそも結婚する人の減少を解決しない限り子供の増加は望めないで
しょう。若者の出会いの場を作ることを始め、若者が結婚できるだけの資金面
での援助も必要ですが、若者が経済的基盤を持てる社会の実現こそ重要だと考
えます。

B

　少子化による将来的な労働力不足が、日本経済に与える影響が懸念されてい
ます。国も子育てを支援する様々な対策を講じていますが、なかなか効果が上
がっていません。
　実は、経済的な理由で結婚に踏み切れない若者が増えていることこそが、少
子化の主な原因なのです。これは一朝一夕には解決できない問題です。そのた
め、労働力不足を補うには、ロボットの活用や、主婦や高齢者の社会進出を促
したり、外国人労働者を受け入れたりするほかありません。
　しかし、無理をしてまで今の経済成長を維持することが、私たちにとって本
当に幸せなことなのかは疑問です。世界には、日本より経済規模が小さくて
も、多くの国民が幸福を感じている国もあります。経済発展を追い求めるだけ
でなく、経済が拡大しなくても国民が満足して暮らせる社会を築くべきではな
いでしょうか。

（注）一筋縄ではいかない：ここでは簡単には解決できない。

60 ＡとＢの考えが同じなのはどれか。

1 経済と幸福度

2 出生率を上げる方法

3 労働者不足の解決方法

4 少子化が原因で起きること

61 ＡとＢは少子化問題についてどう考えているか。

1 Ａは子育て上の支援強化で解決できる、Ｂは簡単には解決できないと考えている。

2 Ａは子育てできるような社会を実現する、Ｂは少子化社会に適応しようと考えている。

3 Ａは少子化は放置できない解決すべき問題だ、Ｂ少子化社会のほうがいいと考えている。

4 Ａは少子化阻止の対策を取ろう、Ｂは少子化の影響を減らす方法はないと考えている。

問題12　次の文章を読んで、後の問いに対する答えとして最もよいものを、１・
　　　　　　２・３・４から一つ選びなさい。

　日本経済が低迷している原因の一つに、産業構造の変化に対応できなかったこと
が挙げられます。日本は長年にわたって製造業を中心に成長してきており、1980年
代から1990年代初めにかけての経済の発展は目覚ましいものでした。そのため当時
の日本の経済モデルや企業のマネジメント手法、労働文化は称賛されていました。
しかし、成功体験ゆえに世の中の変化に気づきにくく、気づいても利益を上げてい
る分野に固執するあまり、変化を避ける傾向がありました。確かに、日本は物づく
りに強く、自動車や電子機器、工作機械、化学製品、精密機器などの分野で世界的
に高い評価を受けていました。しかしこれらの分野でも円安に依存し、利益を溜め
込むだけで投資や研究開発を怠った結果、競争力は年々低下しています。まさに
「奢れるものは久しからず」と言えます。

　近年では、デジタルサービス産業が著しく成長しており、特にIT関連企業のソフ
トウェアサービスやクラウドコンピューティングは高い利益率を誇る重要な分野と
なっています。ところが、日本はこの分野での競争に後れを取り、特にソフトウェ
ア関連では海外企業のデジタルサービス利用料が増加し、貿易サービス支出が増大
する中で赤字を拡大し続けています。インバウンド観光客の増加で多少持ち直して
いますが、2024年にはデジタル貿易赤字が７兆円に迫っています。後れを取り戻
すべくデジタル分野へのシフトを図ることは一挙にできることではなく、見通しは
厳しいと言えます。特に、AI技術においても他国に抜かされているため、今後の赤
字は更に拡大する見込みです。

　デジタルサービスの利益が高いため、産業構造を変えたいと考えるものの、それ
は短期間では実現できません。また、日本が得意とするハードウェアも必要とされ
ています。したがって、日本は高品質な工業製品を提供し続けながら、更に研究開
発を進めて日本ならではの製品を生み出すことに道を求めるのが賢明だと思いま
す。「塵も積もれば山となる」と言いますから、産業規模は小さくても他国が真似で
きない、多くの人に必要とされるような「緩まないねじ」や「痛くない注射針」に
匹敵する新製品を開発することです。また、医療・バイオテクノロジーやロボット
分野など、現在は優位性を維持できているものの、いつその地位を明け渡さなけれ
ばならなくなるか分からない分野を強化するべきです。

　もちろん、デジタル化の促進も避けては通れません。そのために日本の技術やデザイン、ソフトウェアの開発を進めなければなりません。政府の統計では2024年6月末時点で日本企業は内部留保を約588兆円保有しているそうです。これを研究開発に投資し、新しい産業に適応できる人材の育成にも力を入れるべきです。更に長い目で見れば教育が最も重要ですから、企業ばかりでなく国も教育を投資と認識し、有能な人材の育成に努めなければなりません。即効性はないにせよ、辛抱強く待たなければなりませんが、必ず実を結ぶ一番有効な方法だと考えます。

62 筆者は日本経済の衰退をもたらした原因は何だと言っているか。

　　1　製造業で多くの利益を上げていたから

　　2　世の中の変化に気が付かなかったから

　　3　日本モデルがもてはやされていたから

　　4　産業構造の変化の必要性を無視したから

63 筆者はなぜ<ruby>奢<rt>おご</rt></ruby>れるものは久しからずと言っているのか。

　　1　日本経済が良好だったので産業構造の変化の必要性を感じなかったから

　　2　日本経済がいくら隆盛であっても産業構造の変化が必要だと考えていたから

　　3　日本の経済が良いので思い上った結果、産業構造の変化の遅れで衰退してきたから

　　4　日本経済が称賛されるほど隆盛だったので産業構造の変化は必要ではなかったから

64 筆者の言いたいことは何か。

　　1　過去の成功体験に固執せず、デジタル貿易赤字の解消のみに専念すべきである。

　　2　産業構造の転換は一挙には困難なため、強みを活かした新製品開発と人材育成に注力すべきである。

　　3　内部留保を活用して既存の製造業を縮小し、AI中心の産業へと即座に切り替えるべきである。

　　4　デジタル分野での遅れを認め、経済成長よりも国民の幸福度を重視した社会を構築すべきである。

問題13 次のページは「地域おこし協力隊」の募集要項の抜粋である。下の問い
に対する答えとして最もよいものを１・２・３・４から一つ選びなさい。

65 清水さんは英語を生かして人との触れ合いがある仕事がしたい。土・日・祝日
勤務もできるが不規則な働き方は望まない。清水さんはどの仕事を選んだらい
いか。

1 A

2 B

3 C

4 D

66 韓国語と英語が堪能なキムさんは、月給20万円以上の仕事を希望している。
キムさんは運転免許を持っており、公用車を貸与してくれるところを希望して
いる。また、土日は休みを希望している。キムさんが応募できるのはどれか。

1 A

2 B

3 C

4 D

<table>
<tr><td colspan="4" align="center">「地域おこし協力隊」の募集要項</td></tr>
<tr><td>市</td><td>給料</td><td>勤務日・時間</td><td>資格／仕事など</td></tr>
<tr>
<td>A</td>
<td>15万円
まかない付き寮貸与
パソコン貸与
公用車貸与</td>
<td>月・火・木・金
9：00〜17：00
イベント開催日も勤務
時間は同じ。</td>
<td>・パソコン（Word・Excel
　・PowerPoint、
・インターネット、
・メール及びSNS等）
・商店街の活性化のための
　イベントの企画及び実行
　など</td>
</tr>
<tr>
<td>B</td>
<td>20万円
市営住宅
２DK貸与。
但し、公共料金は
自己負担</td>
<td>水・木・金
15：00〜21：00
土・日・祝日
10：00〜17：00</td>
<td>・運転免許
・できればパソコン
　(Word・Excel)
・英語のほかできれば
　ポルトガル語、
　スペイン語できる方
・明るい方
・外国人のための相談員</td>
</tr>
<tr>
<td>C</td>
<td>25万円
家賃半額補助
パソコン貸与
公用車貸与</td>
<td>月〜金
9：00〜17：00</td>
<td>・運転免許
・パソコン
・建物や施設の整備など</td>
</tr>
<tr>
<td>D</td>
<td>30万円
職員住宅
　１DK貸与
但し、公共料金は
自己負担
公用車貸与</td>
<td>月〜金
9：00〜17：00
土日及び祝日の行事参加
や夜間の会など、不規則
な勤務に対応できる方</td>
<td>・運転免許
・パソコン
・英語
・観光客増加のための
　イベント企画など</td>
</tr>
</table>

N1

聴解

（55分）

注　意
Notes

1. 試験が始まるまで、この問題用紙を開けないでください。
   Do not open this question booklet until the test begins.

2. この問題用紙を持って帰ることはできません。
   Do not take this question booklet with you after the test.

3. 受験番号と名前を下の欄に、受験票と同じように書いてください。
   Write your examinee registration number and name clearly in each box below as written on your test voucher.

4. この問題用紙は、全部で12ページあります。
   This question booklet has 12 pages.

5. この問題用紙にメモをとってもかまいません。
   You may make notes in this question booklet.

受験番号　Examinee Registration Number	

名　前　Name	

もんだい
問題1

問題1では、まず質問を聞いてください。それから話を聞いて、問題用紙の1から4の中から最もよいものを一つ選んでください。

例

1 企画書を見せる

2 製品の説明を書き直す

3 データを新しくする

4 パソコンを準備する

1番

1 男の人と宣伝部が作った名前に投票してもらう

2 社内の全員から募集した名前に投票してもらう

3 みんなから公募して一番多い名前にする

4 会社が挙げた名前からみんなに選んでもらう

2番

1 値段をチェックする

2 同業者に評判を聞く

3 代理店に連絡する

4 近所の住民の意見を集める

3番

1 体にいいことを全てすることにする

2 正しい姿勢にしたり深呼吸をしたりする

3 できる運動をしてキウイを食べる

4 運動したり好きな果物を食べたりする

4番

1 一人で全部を完成する方式にする

2 セル方式を取り入れる

3 従業員を他の工程に移動させる

4 従業員の給料を上げる

5番

1 代（か）わりの車（くるま）を手配（てはい）する

2 事故車（じこしゃ）の運転手（うんてんしゅ）に電話（でんわ）する

3 責任者（せきにんしゃ）に連絡（れんらく）する

4 納品時間（のうひんじかん）を連絡（れんらく）する

もんだい
問題2

　問題2では、まず質問を聞いてください。そのあと、問題用紙のせんたくしを読んでください。読む時間があります。それから話を聞いて、問題用紙の1から4の中から、最もよいものを一つ選んでください。

例

1　昨日までに資料を渡さなかったから

2　飲み会で飲みすぎて寝てしまったから

3　飲み会に資料を持っていったから

4　資料をなくしてしまったから

1番

1　仕事ができる人は手帳を使うから

2　色を付けたりして目立たせることができるから

3　スケジュールが一目でわかるから

4　スケジュール以外に書き込みができるから

2番

1　全ての脱酸素剤の表示を9か国語にした

2　輸出品に脱酸素剤を入れることにした

3　輸出品の脱酸素剤の表示を6か国語増やした

4　輸出品に入れる脱酸素剤を増加した

3番

1　朝ドラとコーヒーが相性がいいこと

2　ストーリーがわくわくして面白いこと

3　いろいろな役ができる人が出演していること

4　悪役ばかりしていた人にチャンスが与えられること

4番

1　細胞凍結では種の絶滅は防げない

2　森林を増やせば動物を絶滅から救うことができる

3　動物が絶滅するような環境は人間にとってもよくない

4　人間を絶滅から救うために森林を増やさなければならない

5番

1 費用をかけないで見返りがあること
2 金融商品に投資するより儲かること
3 損しないし、何かの形で戻ってくること
4 おばあちゃんプログラマーみたいになれること

6番

1 コンテストで世界1位になったこと
2 自分の農園のカカオを使っていること
3 新鮮な材料で作られていること
4 コロンビア産の上等な豆を使っていること

もんだい
問題 3

　問題 3 では、問題用紙に何も印刷されていません。この問題は、全体としてどんな内容かを聞く問題です。話の前に質問はありません。まず話を聞いてください。それから、質問とせんたくしを聞いて、1 から 4 の中から、最もよいものを一つ選んでください。

－メモ－

もんだい
問題 4

問題 4 では、問題用紙に何も印刷されていません。まず文を聞いてください。それから、それに対する返事を聞いて、 1 から 3 の中から、最もよいものを一つ選んでください。

－メモ－

もんだい
問題5

問題5では長めの話を聞きます。この問題には練習はありません。
問題用紙にメモをとってもかまいません。

1番

まず話を聞いてください。それから、質問とせんたくしを聞いて、1から4の中から、最もよいものを一つ選んでください。

ーメモー

2番ばん

まず話はなしを聞きいてください。それから、二つふたの質問しつもんを聞きいて、それぞれ問題用紙もんだいようしの1から4の中なかから、最もっともよいものを一つひと選えらんでください。

質問しつもん1

    1 A

    2 B

    3 C

    4 D

質問しつもん2

    1 A

    2 B

    3 C

    4 D

JLPT 일본어능력시험
한권으로 끝내기 N1

지은이 이치우, 기타지마 치즈코, 김성곤
펴낸이 정규도
펴낸곳 (주)다락원

1판 1쇄 발행 1998년 7월 15일
2판 1쇄 발행 2005년 8월 10일
3판 1쇄 발행 2010년 8월 19일
4판 1쇄 발행 2015년 12월 21일
5판 1쇄 발행 2021년 9월 30일
6판 1쇄 발행 2026년 3월 30일
6판 2쇄 발행 2026년 4월 23일

편집장 송화록
편집 김은경, 시라이 나오코
디자인 장미연, 최예원(표지), 김희정

다락원 경기도 파주시 문발로 211
내용문의: (02)736-2031 내선 460~465
구입문의: (02)736-2031 내선 250~252
Fax: (02)732-2037
출판등록 1977년 9월 16일 제406-2008-000007호

Copyright © 2026, 이치우, 기타지마 치즈코, 김성곤

ISBN 978-89-277-1333-3 14730
     978-89-277-1332-6(세트)

http://www.darakwon.co.kr

- 다락원 홈페이지를 방문하시면 상세한 출판 정보와 함께 동영상강좌, MP3 자료 등 다양한 어학 정보를 얻으실 수 있습니다.
- 다락원 홈페이지 또는 표지의 QR코드를 스캔하시면 MP3 파일 및 관련 자료를 다운로드하실 수 있습니다.

JLPT 한 권으로 끝내기

일본어능력시험

이치우, 기타지마 치즈코, 김성곤 공저

스피드 체크북
문자·어휘·문법

N1

다락원

목차

언어지식

문자·어휘 직전 체크!

□ **合間** (あいま) 틈, 사이

□ **悪癖** (あくへき) 나쁜 버릇

□ **鮮やか** (あざ) 선명함

□ **値する** (あたい) ～할 만하다, ～(에) 상당하다 2회

□ **跡地** (あとち) 철거부지, 잔해

□ **侮る** (あなど) 깔보다, 업신여기다

□ **余る** (あま) 남다

□ **危ぶむ** (あや) 의심하다, 걱정하다

□ **粗い** (あら) 거칠다, 조잡하다

□ **争う** (あらそ) 다투다

□ **新た** (あら) 새로움

□ **淡い** (あわ) (맛, 빛깔) 진하지 않다

□ **遺憾** (いかん) 유감

□ **意義** (いぎ) 의의

□ **憤り** (いきどお) 분노 2회

□ **憩い** (いこ) 휴식

□ **潔い** (いさぎよ) 떳떳하다, 미련 없이 깨끗하다

□ **遺跡** (いせき) 유적

□ **依然として** (いぜん) 여전히

□ **至る** (いた) 이르다

□ **一概に** (いちがい) 일률적으로, 무조건

□ **偽り** (いつわ) 거짓

□ **挑む** (いど) 도전하다

□ **否めない** (いな) 부정할 수 없다

□ **戒める** (いまし) 경고하다, 제지하다 2회

□ **印象** (いんしょう) 인상

□ **訴える** (うった) ① 호소하다 ② 소송하다

□ **促す** (うなが) 재촉하다, 촉구하다 2회

□ **潤う** (うるお) ① 축축해지다 ② 혜택을 받다

□ **潤す** (うるお) ① 축이다, 적시다 ② 윤택하게 하다

□ **栄養** (えいよう) 영양

□ **閲覧** (えつらん) 열람

□ **円滑** (えんかつ) 원활함 2회

□ **演奏** (えんそう) 연주

□ **応募** (おうぼ) 응모

□ **大幅** (おおはば) 대폭적임

□ **丘** (おか) 언덕

□ **お菓子** (かし) 과자

□ **怠る** (おこた) ①게을리하다 ②방심하다

□ **惜しむ** (お) 아까워하다, 애석해하다 2회

□ **襲う** (おそ) 덮치다, 습격하다

□ **穏やか** (おだ) 온화함 2회

□ **訪れる** (おとず) 방문하다 2회

□ **衰える** (おとろ) 쇠약해지다

□ **脅かす** (おびや) 위협하다

□ **表向き** (おもてむ) 표면화함

□ **愚かな** (おろ) 어리석은

□ **恩恵** (おんけい) 은혜

□ **改革** (かいかく) 개혁

□ **貝殻** (かいがら) 조개껍데기

□ **海峡** (かいきょう) 해협

□ **回顧** (かいこ) 회고

☐ 介護（かいご） 간호 [2회]

☐ 回収（かいしゅう） 회수

☐ 怪獣（かいじゅう） 괴수

☐ 解消（かいしょう） 해소

☐ 改善（かいぜん） 개선

☐ 開拓（かいたく） 개척 [2회]

☐ 概略（がいりゃく） 개략, 대략

☐ 省みる（かえりみる） 돌이켜보다, 반성하다

☐ 輝く（かがやく） 빛나다

☐ 垣根（かきね） 울타리

☐ 画一的（かくいつてき） 획일적

☐ 架空（かくう） 가공

☐ 格差（かくさ） 격차

☐ 各種（かくしゅ） 각종

☐ 駆ける（かける） (전속력으로) 달리다, 뛰다

☐ 火災（かさい） 화재

☐ 賢い（かしこい） 현명하다

☐ 稼ぐ（かせぐ） (돈을) 벌다

☐ 偏る（かたよる） 치우치다 [3회]

☐ 花壇（かだん） 화단

☐ 兼ねる（かねる） 겸하다

☐ 絡む（からむ） 얽히다

☐ 管轄（かんかつ） 관할

☐ 干渉（かんしょう） 간섭 [2회]

☐ 頑丈（がんじょう） 튼튼함, 견고함 [2회]

☐ 鑑定（かんてい） (미술품 등의) 감정

☐ 監督（かんとく） 감독 [2회]

☐ 芳しくない（かんばしくない） 바람직하지 않다, 별로 좋지 않다

☐ 緩和（かんわ） 완화

☐ 企業（きぎょう） 기업

☐ 戯曲（ぎきょく） 희곡

☐ 既婚者（きこんしゃ） 기혼자

☐ 築く（きずく） 쌓다

☐ 軌跡（きせき） 궤적

☐ 偽造（ぎぞう） 위조

☐ 厳しい（きびしい） 엄하다, 심하다 [2회]

☐ 寄附（きふ） 기부

☐ 義務（ぎむ） 의무

☐ 脚本（きゃくほん） 각본, 대본

☐ 救援（きゅうえん） 구원

☐ 丘陵（きゅうりょう） 구릉, 언덕

☐ 凝縮（ぎょうしゅく） 응축

☐ 行政（ぎょうせい） 행정

☐ 驚嘆（きょうたん） 경탄

☐ 胸中（きょうちゅう） 흉중, 가슴 속, 심정

☐ 共鳴（きょうめい） ① 공명, 공진 ② 동감함, 공감함

☐ 拒否（きょひ） 거부

☐ 均衡（きんこう） 균형

☐ 緊迫（きんぱく） 긴박함

☐ 吟味（ぎんみ） 음미, 잘 조사하여 고름

☐ 草花（くさばな） 화초

☐ 崩す（くずす） 무너뜨리다 [2회]

☐ 崩れる（くずれる） 무너지다 [2회]

☐ 砕ける（くだける） 부서지다, 깨지다

☐ 朽ち果てる（くちはてる） 썩어 없어지다

☐ 覆す（くつがえす） 뒤엎다

☐ 配る（くばる） 나눠 주다

☐ 工夫（くふう） 궁리, 고안

☐ 詳しい（くわしい） 상세하다, 자세하다

☐ 群衆（ぐんしゅう） 군중

☐ 経緯（けいい） 경위 [2회]

☐ 傾斜する（けいしゃする） 경사지다

☐ 軽率（けいそつ） 경솔함 [2회]

☐ 欠陥（けっかん） 결함

□ 欠乏 (けつぼう) 결핍
□ 気配 (けはい) 낌새, 기운
□ 検閲 (けんえつ) 검열
□ 嫌悪感 (けんおかん) 혐오감
□ 厳正 (げんせい) 엄정함
□ 顕著に (けんちょ) 현저하게
□ 検討 (けんとう) 검토
□ 賢明 (けんめい) 현명함 2회
□ 行為 (こうい) 행위
□ 豪快 (ごうかい) 호쾌함
□ 貢献 (こうけん) 공헌 2회
□ 香辛料 (こうしんりょう) 향신료
□ 強盗 (ごうとう) 강도
□ 興奮 (こうふん) 흥분
□ 巧妙な (こうみょう) 교묘한 2회
□ 行楽地 (こうらくち) 행락지
□ 考慮 (こうりょ) 고려
□ 高齢化 (こうれいか) 고령화
□ 枯渇 (こかつ) 고갈
□ 克服 (こくふく) 극복
□ 克明 (こくめい) ① 자세하고 꼼꼼함 ② 성실하고 정직함 2회
□ 心地よい (ここち) 기분이 상쾌하다(좋다)
□ 心遣い (こころづか) 마음을 씀, 걱정함, 배려.
□ 快い (こころよ) 상쾌하다, 기분 좋다 2회
□ 故障 (こしょう) 고장
□ 小銭 (こぜに) 잔돈
□ 誇張 (こちょう) 과장
□ 込める (こ) 담다, 포함하다
□ 志す (こころざ) 지향하다, 지망하다
□ 拒む (こば) 거부하다
□ 雇用 (こよう) 고용
□ 献立 (こんだて) 식단, 메뉴

□ 根底 (こんてい) 근저, 밑바탕, 기초
□ 混乱 (こんらん) 혼란

さ

□ 採択 (さいたく) 채택
□ 債務 (さいむ) 채무
□ 遮る (さえぎ) 막다, 차단하다
□ 裂く (さ) 찢다
□ 削減 (さくげん) 삭감
□ 探る (さぐ) 탐색하다
□ 避ける (さ) 피하다 2회
□ 支える (ささ) 지탱하다
□ 指図 (さしず) 지시, 지휘
□ 錯覚 (さっかく) 착각
□ 殺菌 (さっきん) 살균
□ 諭す (さと) 잘 타이르다
□ 裁く (さば) 중재하다, 재판하다
□ 寂しい (さび) 쓸쓸하다
□ 色彩 (しきさい) ① 색채 ② 특색, 경향 2회
□ 自己 (じこ) 자기
□ 自粛 (じしゅく) 자숙
□ 姿勢 (しせい) 자세 2회
□ 施設 (しせつ) 시설
□ 事態 (じたい) 사태
□ 慕う (した) ① 그리워하다, 연모하다 ② 우러르다
□ 慕われる (した) 존경받다 2회
□ 実費 (じっぴ) 실비
□ 執筆 (しっぴつ) 집필
□ 芝居 (しばい) 연극, 연기
□ 視野 (しや) 시야
□ 斜面 (しゃめん) 경사면

☐ 収益 (しゅうえき)	수익	
☐ 終始 (しゅうし)	시종, 줄곧, 내내	
☐ 重視 (じゅうし)	중시	
☐ 充実 (じゅうじつ)	충실함	
☐ 執着 (しゅうちゃく)	집착	
☐ 柔軟 (じゅうなん)	유연함	2회
☐ 従来 (じゅうらい)	종래	
☐ 修行 (しゅぎょう)	수행(불교 불도를 닦음, 학문·기예를 연마함)	
☐ 祝賀会 (しゅくがかい)	축하 모임	
☐ 趣旨 (しゅし)	취지	
☐ 縮小 (しゅくしょう)	축소	
☐ 首相 (しゅしょう)	수상	2회
☐ 寿命 (じゅみょう)	수명	
☐ 樹木 (じゅもく)	수목	
☐ 需要 (じゅよう)	수요	
☐ 症状 (しょうじょう)	증상	
☐ 承諾 (しょうだく)	승낙	
☐ 譲歩 (じょうほ)	양보	
☐ 奨励 (しょうれい)	장려	
☐ 処罰 (しょばつ)	처벌	
☐ 視力 (しりょく)	시력	
☐ 神経 (しんけい)	신경	
☐ 信仰 (しんこう)	신앙	
☐ 振興 (しんこう)	진흥	2회
☐ 審査 (しんさ)	심사	
☐ 人材 (じんざい)	인재	
☐ 真珠 (しんじゅ)	진주	
☐ 迅速 (じんそく)	신속함	2회
☐ 慎重 (しんちょう)	신중함	
☐ 辛抱 (しんぼう)	참음, 인내	
☐ 人脈 (じんみゃく)	인맥	
☐ 遂行 (すいこう)	(계획·책임 등) 수행	

☐ 随時 (ずいじ)	수시	
☐ 推進 (すいしん)	추진	
☐ 崇高 (すうこう)	숭고함	
☐ 崇拝 (すうはい)	숭배	
☐ 透ける (す-ける)	비쳐 보이다, 들여다 보이다	
☐ 健やか (すこ-やか)	튼튼함, 건전함	
☐ 筋道 (すじみち)	조리, 도리	
☐ 勧める (すす-める)	권하다	
☐ 廃れる (すた-れる)	스러지다, 유행하지 않게 되다	
☐ 速やか (すみ-やか)	재빠름, 신속함	
☐ 澄む (す-む)	맑다, 맑아지다	
☐ 盛大 (せいだい)	성대함	
☐ 政府筋 (せいふすじ)	정부 소식통	
☐ 誓約書 (せいやくしょ)	서약서	
☐ 施錠 (せじょう)	자물쇠를 채움	
☐ 是正 (ぜせい)	시정(잘못된 것을 바로잡음)	2회
☐ 絶叫 (ぜっきょう)	절규	
☐ 設置 (せっち)	설치	
☐ 折衷 (せっちゅう)	절충	2회
☐ 迫る (せま-る)	① (시각) 다가오다 ② (상태) 직면하다	2회
☐ 前途 (ぜんと)	전도, 앞길	
☐ 潜伏 (せんぷく)	잠복	
☐ 相互 (そうご)	상호	
☐ 騒然とする (そうぜん-とする)	시끄럽다	
☐ 相場 (そうば)	시세	
☐ 添える (そ-える)	첨부하다, 곁들이다	
☐ 束縛 (そくばく)	속박	
☐ 損なう (そこ-なう)	파손하다, 상하게 하다	
☐ 素材 (そざい)	소재	
☐ 阻止 (そし)	저지	
☐ 訴訟 (そしょう)	소송	
☐ 措置 (そち)	조치, 조처	2회

□ 率先 (そっせん) 솔선 **2회**	□ 邸宅 (ていたく) 저택
□ 存続 (そんぞく) 존속	□ 手軽に (て がる) 간편하게, 손쉽게

	□ 手際 (て ぎわ) 솜씨, 수완
□ 互いに (たが) 서로, 다 함께	□ 徹底 (てってい) 철저, 투철
□ 多岐(にわたる) (た き) 여러 갈래(에 걸치다)	□ 徹夜 (てつ や) 철야
□ 妥協 (だ きょう) 타협	□ 転換 (てんかん) 전환
□ 卓越 (たくえつ) 탁월, 뛰어남	□ 典型 (てんけい) 전형
□ 託す (たく) 맡기다	□ 伝統的 (でんとうてき) 전통적
□ 蓄える (たくわ) 대비해 두다, 저장하다	□ 添付 (てん ぶ) 첨부
□ 漂う (ただよ) 떠돌다, 감돌다, 표류하다 **3회**	□ 陶器 (とう き) 도기, 도자기
□ 脱する (だっ) 벗어나다	□ 踏襲する (とうしゅう) 답습하다, 전철을 밟다
□ 秩序 (ちつじょ) 질서	□ 尊い (とうと) 소중하다, 귀중하다
□ 治癒 (ち ゆ) 치유	□ 督促 (とくそく) 독촉
□ 忠告 (ちゅうこく) 충고	□ 滞る (とどこお) 정체되다, 막히다
□ 中旬 (ちゅうじゅん) 중순	□ 唱える (とな) 외치다, 주장하다
□ 中枢 (ちゅうすう) 중추	□ 隣 (となり) 이웃
□ 彫刻 (ちょうこく) 조각 **2회**	□ 乏しい (とぼ) 부족하다, 가난하다
□ 徴収 (ちょうしゅう) 징수	□ 取り除く (と のぞ) 제거하다
□ 沈下 (ちん か) 침하, 물속에 가라앉음	□ 泥沼 (どろぬま) 수렁
□ 沈黙 (ちんもく) 침묵	□ 問屋 (とん や) 도매상
□ 陳列 (ちんれつ) 진열	

□ 費やす (つい) 소비하다	□ 苗 (なえ) 모종
□ 尽くす (つ) 다하다, 애쓰다	□ 眺める (なが) 바라보다 **2회**
□ 償い (つぐな) 보상, 속죄	□ 慰める (なぐさ) 달래다, 위로하다
□ 告げる (つ) 알리다	□ 嘆く (なげ) 탄식하다
□ 努めて (つと) 애써, 되도록	□ 名残 (な ごり) 여운, 흔적
□ 募る (つの) ① 모집하다 ② 더해지다 **2회**	□ 倣う (なら) 모방하다, 따르다
□ 貫く (つらぬ) 관철하다	□ 日夜 (にち や) ① 밤낮 ② 언제나, 늘
□ 提案 (ていあん) 제안	□ 鈍い (にぶ) 둔하다
□ 定義 (てい ぎ) 정의	□ 鈍る (にぶ) 둔해지다

□ 如実に（にょじつ）　여실히, 있는 그대로
□ 認識（にんしき）　인식　[2회]
□ 忍耐（にんたい）　인내
□ 縫う（ぬう）　꿰매다
□ 粘る（ねばる）　끈덕지게 버티다
□ 狙う（ねらう）　노리다
□ 粘膜（ねんまく）　점막
□ 臨む（のぞむ）　임하다　[3회]

は

□ 把握（はあく）　파악　[3회]
□ 廃棄物（はいきぶつ）　폐기물
□ 背後（はいご）　등 뒤, 배후
□ 映える（はえる）　빛나다, 사진이 잘 받다
□ 漠然（ばくぜん）　막연함
□ 暴露（ばくろ）　폭로
□ 励む（はげむ）　힘쓰다, 노력하다
□ 端（はし）　끝, 가장자리
□ 派生（はせい）　파생
□ 破損（はそん）　파손
□ 鉢（はち）　화분, 사발
□ 発掘（はっくつ）　발굴
□ 華やか（はなやか）　화려함　[2회]
□ 阻む（はばむ）　막다, 저지하다　[2회]
□ 浜辺（はまべ）　바닷가
□ 犯罪（はんざい）　범죄
□ 反射（はんしゃ）　반사　[2회]
□ 繁殖（はんしょく）　번식
□ 万能（ばんのう）　만능
□ 被害者（ひがいしゃ）　피해자
□ 悲惨（ひさん）　비참함
□ 潜む（ひそむ）　숨어 있다, 잠재하다

□ 人影（ひとかげ）　사람의 그림자, 인적
□ 人柄（ひとがら）　인품
□ 人質（ひとじち）　인질
□ 微妙（びみょう）　미묘함
□ 評判（ひょうばん）　평판
□ 披露（ひろう）　피로, 공표함
□ 貧富（ひんぷ）　빈부　[2회]
□ 普及（ふきゅう）　보급
□ 侮辱（ぶじょく）　모욕
□ 再び（ふたたび）　재차, 다시
□ 負担（ふたん）　부담
□ 復興（ふっこう）　부흥　[2회]
□ 赴任（ふにん）　부임
□ 腐敗（ふはい）　부패　[3회]
□ 不平等（ふびょうどう）　불평등
□ 踏み場（ふみば）　발 디딜 곳
□ 閉鎖（へいさ）　폐쇄　[2회]
□ 別荘（べっそう）　별장
□ 返済（へんさい）　반제, (빚을) 갚음
□ 変遷（へんせん）　변천　[2회]
□ 奉仕（ほうし）　봉사
□ 膨大（ぼうだい）　방대함
□ 冒頭（ぼうとう）　모두, 서두
□ 豊富（ほうふ）　풍부함
□ 抱負（ほうふ）　포부
□ 飽和（ほうわ）　포화
□ 朗らか（ほがらか）　명랑함　[2회]
□ 誇る（ほこる）　자랑하다
□ 墓地（ぼち）　묘지
□ 滅ぶ（ほろぶ）　멸망하다
□ 本場（ほんば）　본고장
□ 奔放な（ほんぽう）　(자유)분방한

- □ 賄う （まかなう） 조달하다, 마련하다, 식사를 제공하다 `2회`
- □ 紛らわしい （まぎらわしい） 헷갈리기 쉽다
- □ 街角 （まちかど） 길모퉁이
- □ 磨く （みがく） 닦다
- □ 自ら （みずから） 스스로
- □ 身近 （みぢか） 자기 몸에 가까운 곳, 신변
- □ 源 （みなもと） 근원, 수원
- □ 無言 （むごん） 무언, 말이 없음
- □ 矛盾 （むじゅん） 모순
- □ 無条件 （むじょうけん） 무조건
- □ 迷信 （めいしん） 미신
- □ 名誉 （めいよ） 명예
- □ 巡り （めぐり） 한바퀴 돎, 여기저기 들름, 순례
- □ 巡る （めぐる） ①돌다 ②둘러싸다
- □ 網羅 （もうら） 망라
- □ 猛烈 （もうれつ） 맹렬함
- □ 模索 （もさく） 모색
- □ 戻す （もどす） 되돌리다
- □ 物事 （ものごと） 세상사, 매사
- □ 模様 （もよう） 모양, 무늬
- □ 催す （もよおす） 개최하다

- □ 躍進 （やくしん） 약진(눈부시게 진출함)
- □ 和らぐ （やわらぐ） 누그러지다
- □ 由緒 （ゆいしょ） 유서
- □ 勇敢に （ゆうかんに） 용감하게
- □ 融通 （ゆうずう） ① (돈의) 융통 ② 융통성
- □ 有望 （ゆうぼう） 유망함

- □ 夕闇 （ゆうやみ） 땅거미, 황혼 `2회`
- □ 幽霊 （ゆうれい） 유령
- □ 容易 （ようい） 용이함
- □ 様相 （ようそう） 양상
- □ 余暇 （よか） 여가
- □ 装う （よそおう） ① 치장하다 ② 가장하다

- □ 寮 （りょう） 기숙사
- □ 了承 （りょうしょう） 승낙, 납득, 양해
- □ 履歴 （りれき） 이력
- □ 倫理的 （りんりてき） 윤리적
- □ 類似 （るいじ） 유사, 비슷함
- □ 連日 （れんじつ） 연일, 매일
- □ 廊下 （ろうか） 복도
- □ 老衰 （ろうすい） 노쇠
- □ 枠 （わく） 틀, 테두리 `2회`
- □ 枠内 （わくない） 테두리 안
- □ 技 （わざ） 기술

□ **愛想** ^{あい そ} 붙임성
□ **愛着** ^{あいちゃく} 애착
□ **合間** ^{あい ま} 틈, 짬
□ **あえて** 감히, 굳이
□ **あかす** 밝히다, 털어놓다
□ **あくどい** 악랄하다, 악착같다
□ **足手まとい** ^{あして} 거치적거림, 짐
□ **足止めされる** ^{あし ど} 발이 묶이다
□ **頭打ち** ^{あたま う} 한계점에 이름
□ **あっけない** 어이없다, 싱겁다
□ **あっさり** 간단히, 깨끗이
□ **圧倒** ^{あっとう} 압도
□ **圧迫** ^{あっぱく} 압박
□ **危ぶむ** ^{あや} 걱정하다, 의심하다
□ **危ぶまれる** ^{あや} 의심스럽다
□ **あやふや** 불확실함, 모호함
□ **誤る** ^{あやま} 실수하다, 잘못하다
□ **あらかじめ** 미리, 사전에 2회
□ **改める** ^{あらた} 고치다
□ **ありのままに** 사실대로
□ **安静** ^{あんせい} 안정 2회
□ **言い張る** ^{い は} 우기다
□ **生かす** ^い 살리다
□ **いかにも** 정말, 매우
□ **異色** ^{い しょく} 이색적임, 색다름
□ **いじる** 만지작거리다
□ **一概に** ^{いちがい} 일률적으로, 무조건

□ **一任** ^{いちにん} 일임
□ **一面** ^{いちめん} ① 일면 ② 온통
□ **一連** ^{いちれん} ① 일련 ② 일행
□ **一環** ^{いっかん} 일환 2회
□ **一挙に** ^{いっきょ} 일거에, 단숨에
□ **逸材** ^{いつざい} 우수한 인재
□ **いっそ** 차라리
□ **一掃する** ^{いっそう} 일소하다
□ **逸脱する** ^{いつだつ} 벗어나다
□ **意図** ^{い と} 의도
□ **いとも** 매우, 아주
□ **いやらしい** 불쾌하다
□ **意欲** ^{い よく} 의욕
□ **ウイルス** 바이러스
□ **ウエイト** 무게, 중점(＝ウエート)
□ **受け入れる** ^{う い} 받아들이다
□ **受ける** ^う 받다
□ **うすうす** 어렴풋이, 짐작으로
□ **うずうずしている** 좀이 쑤시다
□ **うっかり** 깜빡
□ **うっとうしい** ① (기분・날씨) 울적하고 답답하다 ② 귀찮다
□ **腕前** ^{うでまえ} 솜씨, 역량
□ **うなぎのぼり** 빠르게 올라감
□ **うぬぼれる** 자만하다
□ **運用** ^{うんよう} 운용
□ **閲覧室** ^{えつらんしつ} 열람실
□ **エレガント** 우아함
□ **円滑** ^{えんかつ} 원활함

□ 円満 ^{えんまん} 원만함
□ 負う ^お ① 짊어지다 ② 혜택을 입다
□ 応急 ^{おうきゅう} 응급
□ 旺盛 ^{おうせい} 왕성
□ 大筋 ^{おおすじ} 대강, 대략, 요점
□ オーバー 초과, 오버
□ おおかた 거의, 대강
□ 大げさ ^{おお} 과장됨, 야단스러움
□ おおまか 대범함, 대충
□ おおらか 대범하고 느긋함
□ 怠る ^{おこた} ①소홀히 하다 ②방심하다
□ おさまる 잠잠해지다
□ おどおど 쭈뼛쭈뼛
□ おびただしい (수·양) 엄청나다 [2회]
□ おもむき 풍취, 멋
□ 及ぼす ^{およ} (영향) 미치다
□ おろか 어리석음
□ おろそか 소홀함

か

□ 快挙 ^{かいきょ} 쾌거
□ 回収 ^{かいしゅう} 회수
□ 改修 ^{かいしゅう} 개수, 수리
□ 解除 ^{かいじょ} 해제
□ 会心 ^{かいしん} 회심, 마음에 듦
□ 概説 ^{がいせつ} 개설
□ (改訂)版 ^{かいてい ばん} (개정)판
□ 該当 ^{がいとう} 해당
□ 介入 ^{かいにゅう} 개입
□ 概念 ^{がいねん} 개념
□ 介抱 ^{かいほう} 간호, 병구완
□ 顔が広い ^{かお ひろ} 발이 넓다

□ 掲げる ^{かか} 내걸다, 내세우다
□ 確実 ^{かくじつ} 확실함
□ 革新 ^{かくしん} 혁신
□ 確保 ^{かくほ} 확보
□ 駆けつける ^か 서둘러 가다, 급히 달려가다
□ 可決される ^{かけつ} 가결되다
□ 加減 ^{かげん} 가감, 조절
□ 加工 ^{かこう} 가공
□ かさばる 부피가 커지다
□ 過疎 ^{かそ} 과소(지나치게 성김)
□ かたわら 옆, 곁
□ かつ 동시에, 한편
□ 画期的 ^{かっきてき} 획기적임
□ 合併 ^{がっぺい} 합병
□ 稼働 ^{かどう} 가동 [2회]
□ 加筆する ^{かひつ} 덧붙이다
□ 過密 ^{かみつ} 과밀(함), 빽빽함
□ がやがやと 왁자지껄
□ がらりと 확, 싹(갑자기 변하는 모양)
□ ガレージ 차고
□ 過労 ^{かろう} 과로
□ かろうじて 겨우, 간신히
□ 完結 ^{かんけつ} 완결
□ 還元 ^{かんげん} 환원
□ 頑固 ^{がんこ} 완고함
□ 肝心 ^{かんじん} 중요함, 요긴함
□ カンニング 커닝
□ 危害 ^{きがい} 위해
□ 気掛かり ^{きが} 걱정, 마음에 걸림
□ 規格 ^{きかく} 규격
□ きがね 어렵게 여김, 스스럼
□ ぎくしゃく 껄끄러움, 어색함

□ 棄権（きけん）	기권	□ 経緯（けいい） 경위
□ きしむ 삐걱거리다		□ 軽快（けいかい） 경쾌함
□ 規制（きせい） 규제		□ 形勢（けいせい） 형세
□ きっちり 꼭 맞는 모양		□ 経歴（けいれき） 경력
□ きっぱり(と) 딱 잘라, 단호하게 2회		□ 結成（けっせい） 결성
□ 気に障る（きにさわる） 비위에 거슬리다		□ 結束（けっそく） 결속
□ 規範（きはん） 규범		□ けなす 혹평하다, 헐뜯다
□ 基盤（きばん） 기반		□ 煙たい（けむたい） 냅다, 맵고 싸하다
□ 気品（きひん） 기품		□ ～圏（けん） ～권
□ 起伏（きふく） 기복 2회		□ 権威（けんい） 권위
□ 却下（きゃっか） 각하, 기각		□ 言及（げんきゅう） 언급
□ キャリア 커리어, 경력		□ 堅実（けんじつ） 견실함
□ 急遽（きゅうきょ） 급히, 갑작스럽게		□ 健全（けんぜん） 건전함
□ 休養（きゅうよう） 휴양		□ 厳密（げんみつ） 엄밀함
□ 寄与（きよ） 기여		□ 合意（ごうい） 합의
□ 起用（きよう） 기용		□ 抗議（こうぎ） 항의
□ 教訓（きょうくん） 교훈 2회		□ 交錯（こうさく） 교착, 뒤얽힘
□ 強硬（きょうこう） 강경함		□ 交渉（こうしょう） 교섭
□ 興じる（きょうじる） 즐기다, 흥겨워하다		□ 向上（こうじょう） 향상
□ 強制（きょうせい） 강제 2회		□ 考慮（こうりょ） 고려
□ 切り出す（きりだす） (말을) 꺼내다, 시작하다		□ 互角（ごかく） 호각, 막상막하
□ 緊急（きんきゅう） 긴급		□ ここちよい 기분 좋다
□ 禁物（きんもつ） 금물		□ 心得（こころえ） 소양, 이해
□ 食い込む（くいこむ） 파고들다, 차지하다		□ 心がける（こころがける） 유의하다
□ 食い止める（くいとめる） 저지하다		□ 心強い（こころづよい） 마음 든든하다
□ 駆使する（くしする） 구사하다		□ 心細い（こころぼそい） 불안하다 2회
□ くだす ①(지위) 낮추다 ②(명령) 내리다		□ こじれる 뒤틀리다, 복잡해지다 2회
□ 口がかたい（くちがかたい） 입이 무겁다		□ こだわる 구애되다
□ 覆す（くつがえす） 뒤엎다		□ 誇張（こちょう） 과장
□ ぐっすり 푹(깊은 잠을 자는 모양)		□ こつ 요령
□ くよくよ 끙끙(사소한 일을 늘 걱정하는 모양)		□ ことごとく 모조리, 죄다
□ クレーム 불만, 클레임		□ ことによると 어쩌면

□ ごまかす　속이다, 얼버무리다	□ 実情（じつじょう）　실정
□ こまやか　자상함, 세밀함	□ しぶとい　고집이 세다
□ こみあげる　치밀어 오르다	□ 染みる（し）　스며들다, 배다
□ コミュニケーション　커뮤니케이션	□ じめじめ　축축, 끈적끈적(습기가 많은 모양)
□ こめる　넣다, 담다	□ 視野（しゃ）　시야
□ 孤立（こりつ）　고립	□ 遮断（しゃだん）　차단
□ これといった　이렇다 할	□ ジャンル　장르
□ ごろごろ(と)　데굴데굴	□ 従事（じゅうじ）　종사
□ コンスタントに　꾸준히	□ 周到な（しゅうとう）　주도면밀한
□ 根底（こんてい）　근저, 근본	□ 修復（しゅうふく）　수복, 복원
	□ 収容（しゅうよう）　수용
	□ 熟知（じゅくち）　숙지
	□ 主張（しゅちょう）　주장

□ サイクル　사이클, 주기	□ 主導権（しゅどうけん）　주도권
□ 在庫（ざいこ）　재고	□ (情報)網（じょうほう もう）　(정보)망
□ サイズ　사이즈	□ 処置（しょち）　처치, 조치
□ 再発（さいはつ）　재발	□ 助長する（じょちょう）　조장하다
□ さえる　(머리가) 맑아지다	□ 自立（じりつ）　자립
□ 差し支える（さ つか）　지장이 있다	□ しわざ　짓, 소행
□ さじをなげる　가망이 없어 포기하다	□ 迅速（じんそく）　신속함
□ 察する（さっ）　헤아리다	□ 進呈（しんてい）　증정, 드림
□ さも　자못, 아주, 정말로	□ 推移（すいい）　추이
□ 参照（さんしょう）　참조	□ すがすがしい　상쾌하다　2회
□ 仕上げる（し あ）　완성하다	□ すくう　떠내다, 건져 올리다
□ しいて　억지로, 굳이, 구태여　2회	□ すさまじい　무섭다, 굉장하다
□ シェア　점유율	□ スタイル　스타일
□ 自覚（じ かく）　자각	□ ずっしりと　묵직한
□ しかけ　장치, 속임수	□ ストック　재고
□ 時期（じき）　시기	□ すばしこい　민첩하다
□ 仕組み（しく）　구조(＝メカニズム)	□ スペース　공간
□ 支障（ししょう）　지장	□ すべすべ　(피부가) 매끈매끈
□ 辞退（じたい）　사퇴	□ すんなり　척척, 순조롭게
□ シック　멋진 모양, 세련된 모양	

□ 制限 (せいげん) 제한	□ だぶだぶ 헐렁헐렁
□ 盛大に (せいだい) 성대하게	□ ためらう 주저하다
□ 精力的 (せいりょくてき) 정력적임 2회	□ 保つ (たも) 유지하다
□ せかせかと 성급하게, 침착하지 못하게	□ だるい 나른하다
□ 切実 (せつじつ) 절실함	□ 断言 (だんげん) 단언
□ 摂取 (せっしゅ) 섭취	□ 短縮 (たんしゅく) 단축
□ 絶大な (ぜつだい) 절대적인	□ 忠告 (ちゅうこく) 충고
□ せつない 애달프다 2회	□ 仲裁 (ちゅうさい) 중재
□ 設立 (せつりつ) 설립	□ 忠実に (ちゅうじつ) 충실히
□ セレモニー 세레모니, 의식	□ 直面 (ちょくめん) 직면
□ 選考 (せんこう) 선고, 전형	□ 直感的に (ちょっかんてき) 직감적으로
□ センサー 센서	□ 使いこなす (つか) 잘 다루다, 구사하다
□ センス 센스	□ (最善を)尽くす (さいぜん)(つ) (최선을) 다하다
□ 壮大 (そうだい) 장대함 3회	□ つくづく 정말, 매우, 절실히 2회
□ 備わる (そな) 갖추어지다	□ つじつま 사리, 이치
□ そっけない 무정하다, 냉담하다	□ 強み (つよ) 강점, 장점
□ そわそわ 안절부절 못함	□ 貫く (つらぬ) 관철하다
□ ぞんざい 아무렇게나 함	□ データ 데이터
□ 存続 (そんぞく) 존속	□ 手遅れ (て おく) 때늦음, 시기를 놓침
	□ てがかり 단서, 실마리
	□ 適応 (てきおう) 적응 2회

□ 対処 (たいしょ) 대처	□ てきぱきと 일을 척척 해내는 모양
□ 大胆 (だいたん) 대담함	□ てぎわ 솜씨, 수완
□ 台無し (だい な) 엉망이 됨	□ デザイン 디자인
□ 打開 (だ かい) 타개	□ デザート 디저트, 후식
□ 多角的 (た かくてき) 다각적	□ 手先 (て さき) 손재주
□ 妥協 (だ きょう) 타협	□ 手順 (て じゅん) 순서, 절차
□ たくましい 늠름하다	□ 撤去 (てっきょ) 철거
□ 打診 (だ しん) 타진	□ てっきり 틀림없이 2회
□ たたえる 칭찬하다, 기리다	□ 手配 (て はい) 준비
□ 立て替える (た か) 대신 갚아주다	□ 同意 (どう い) 동의
□ たどる 길을 따라가다	□ 同感 (どうかん) 동감

□ 統合　통합

□ 踏襲する　답습하다

□ 到底　도저히

□ どうにか　그럭저럭, 겨우

□ 当(ホテル)　당, 저희(호텔)

□ 特技　특기

□ とっさに　순간적으로, 바로

□ 突破　돌파

□ 唱える　주창하다

□ とぼける　시치미를 떼다

□ とぼしい　부족하다

□ とりあえず　우선, 일단

□ 取り締まり　단속

□ 取り締まる　단속하다

□ 取り次ぐ　(전화를) 연결하다, 전하다　2회

□ 取り戻す　되찾다, 회복하다

□ とりわけ　유난히, 특히

□ どんより　날씨가 잔뜩 흐린 모양

□ 長い目で見る　긴 안목으로 보다

□ なごやか　부드러움, 온화함

□ なだめる　달래다

□ なにげない　아무렇지도 않다

□ 何とぞ　부디, 아무쪼록

□ 波に乗る　시류에 편승하다

□ なれなれしい　지나치게 친한 척하다

□ 難航している　난항을 겪고 있다

□ ナンセンス　넌센스

□ 荷が重い　짐(책임)이 무겁다

□ にじむ　번지다, 스미다, 드러나다

□ 担う　짊어지다　2회

□ ニュアンス　뉘앙스, 미묘한 차이

□ 認識　인식

□ ネックになる　걸림돌이 되다

□ ねばり　찰기, 끈기

□ 練る　① 반죽하다 ② (계획·문장 등) 다듬다, 짜다　2회

□ 念願　염원　3회

□ 念頭　염두

□ ノウハウ　노하우

□ 脳裏　뇌리

□ のきなみ　일제히, 다 함께

□ のぞましい　바람직하다

□ のどか　① 한가로움　② 날씨가 화창함

□ ノルマ　기준량, 할당량

□ ～派　～파

□ 背景　배경　2회

□ 配慮　배려

□ ハードル　① 기준　② 장애물

□ ばかばかしい　몹시 어리석다

□ 破棄　파기

□ はじく　튀기다, 튕겨 내다　2회

□ 弾む　들뜨다, 신이 나다

□ 発覚　발각

□ 発散　발산

□ 抜粋　발췌

□ 鼻をつく　코를 찌르다

□ 幅広い　폭넓다

□ 生やす　(수염·초목 등) 기르다

□ はらはら　조마조마

□ 反応　반응

□ 非　잘못

□ ひいては　(더) 나아가서는

□ ひしひしと　절실히

□ 一息（ひといき）　한숨 돌림

□ 人出（ひとで）　나들이 인파

□ ひとまず　일단, 우선

□ 表明（ひょうめい）　표명

□ 貧弱（ひんじゃく）　빈약함　2회

□ ピント　핀트, 초점

□ 頻繁（ひんぱん）　빈번함　2회

□ ファイト　파이팅, 투지

□ 風習（ふうしゅう）　풍습

□ フォーム　폼, 모양

□ フォロー　지원

□ 深まる（ふか）　깊어지다

□ ふさわしい　어울리다

□ 払拭（ふっしょく）　불식

□ 無難（ぶなん）　무난함

□ 不備（ふび）　충분히 갖추어지지 않음

□ ふらふら　휘청휘청, 비틀비틀

□ ぶらぶら　① 어슬렁어슬렁　② 빈둥빈둥

□ ブランク　공백, 경력 단절

□ 振り出し（ふだ）　출발점, 처음 상태

□ 付録（ふろく）　부록

□ 並行（へいこう）　병행

□ へとへと　몹시 지쳐서 힘이 없는 모양　2회

□ 便宜（べんぎ）　편의

□ 返却（へんきゃく）　반납, 반환

□ 返上（へんじょう）　반납, 반환

□ 報じる（ほう）　알리다

□ ほぐれる　풀리다, 누그러지다

□ 保護（ほご）　보호

□ 補充（ほじゅう）　보충

□ 募集（ぼしゅう）　모집

□ 没収（ぼっしゅう）　몰수

□ 発足（ほっそく）　발족

□ 施す（ほどこ）　행하다, 장식하다

□ ぼやける　흐려지다, 희미해지다　2회

□ 本音（ほんね）　본심, 속마음

ま

□ 紛らわしい（まぎ）　헷갈리기 쉽다　2회

□ 紛れる（まぎ）　헷갈리다, (비슷해서) 분간 못하다

□ まく　뿌리다

□ まじわる　① 교차하다　② 뒤섞이다

□ まちまち　제각각, 각기 다름

□ まぬがれる　면하다, 피하다

□ ～まみれ　～투성이

□ 満場（一致）（まんじょう いっち）　만장(일치)

□ 見合わせる（みあ）　보류하다

□ 見返り（みかえ）　대가, 보상

□ 見かける（み）　언뜻 보다

□ 見苦しい（みぐる）　보기 흉하다

□ 見込み（みこ）　전망, 예정

□ 密接（みっせつ）　밀접함

□ みっちり　착실히

□ 見積もる（みつ）　어림잡다

□ 身なり（み）　옷차림

□ 身の回り（みまわ）　신변

□ 未練（みれん）　미련

□ ムード　무드, 분위기

□ 無計画（むけいかく）　무계획

□ 無効（むこう）　무효

□ むしゃくしゃする　짜증나다, 언짢다

□ 無性に（むしょう）　몹시, 공연히, 무턱대고

□ **無茶** 터무니 없음, 당치 않음	□ **ユーモア** 유머
□ **むなしい** 공허하다, 허무하다	□ **誘惑** 유혹
□ **無謀** 무모함	□ **行き違い** 오해, 착오(いきちがい로도 읽음)
□ **明白** 명백함	□ **行き届く** 구석구석까지 미치다
□ **名誉** 명예	□ **ゆとり** 여유 
□ **明朗** 명랑함	□ **揺らぐ** 흔들리다
□ **めきめき** 눈에 띄게, 두드러지게	□ **ゆるめる** 늦추다
□ **目先** 눈앞, 현재, 당장	□ **抑制** 억제
□ **めざましい** 눈부시다	□ **養成** 양성
□ **メディア** 미디어, 매체	□ **予断** 예측
□ **めど** 목표, 전망	□ **余波** 여파
□ **面倒を見る** 돌봐 주다	□ **よみがえる** 되살아나다 3회
□ **綿密** 면밀함	
□ **猛(反対)** 맹(반대)	

□ **猛烈** 맹렬함	□ **楽観的** 낙관적
□ **模型** 모형	□ **リード** 리드 2회
□ **目下** 목하, 현재	□ **リスク** 위험
□ **もっぱら** 오로지, 한결같이	□ **リストアップ** 나열, 열거
□ **もてなす** 대접하다, 환대하다	□ **理性的** 이성적
□ **もどかしい** 애가 타다, 안타깝다	□ **流出** 유출
□ **催す** 개최하다	□ **領域** 영역
□ **もろい** 약하다, 여리다	□ **良識** 양식
□ **もろに** 정면으로, 직접	□ **類推** 유추
	□ **ルーズ** 단정치 못함, 허술함
	□ **レイアウト** 레이아웃
	□ **(歴史)上** (역사)상
□ **焼け石に水** 언발에 오줌누기(임시방편)	□ **歴然と** 또렷하게
□ **野心** 야심	□ **レベル** 레벨, 수준
□ **ややこしい** 까다롭다	□ **連帯** 연대
□ **和らぐ** 누그러지다	□ **浪費** 낭비
□ **和らげる** 완화시키다	□ **ろくに** 제대로, 변변히
□ **やんわり** 부드럽게, 살며시	□ **ロマンチック** 로맨틱함, 낭만적임
□ **有望** 유망함	

☐ **論理** 논리

☐ **わざわざ** 일부러, 특별히

☐ **わずらわしい** 귀찮다, 성가시다

☐ **割り当てる** 분배하다

☐ **割り込む** 끼어들다

あ

□ あっけない 어이없다, 싱겁다	≒	意外につまらない 의외로 재미없다	
□ あどけない 천진난만한	≒	無邪気な 천진난만한	
□ あらかじめ 미리	≒	事前に 사전에, 미리	
□ ありありと 뚜렷이, 똑똑히	≒	はっきり 분명히, 확실히	
□ ありきたりの 흔한	≒	平凡な 평범한	
□ ありふれた 흔해빠진	≒	平凡な 평범한	
□ 安堵した 안도했다	≒	ほっとした 안심했다	
□ 案の定 아니나다를까	≒	やはり 역시	
□ 意気込み 기세, 패기	≒	意欲 의욕	
□ 委託する 위탁하다	≒	任せる 맡기다, 위임하다	
□ いたって 지극히, 대단히	≒	非常に 매우	
□ 糸口 실마리, 단서	≒	ヒント 힌트	
□ 嫌味 불쾌감을 주는 말이나 행동	≒	皮肉 비꼼, 야유	
□ 請け負う 맡다	≒	引き受ける 맡다, 떠맡다	
□ うすうす 어렴풋이	≒	なんとなく 왠지 모르게	

□ 打ち込んでいる 몰두하고 있다 `2회` ≒ 熱心に取り組んでいる 열심히 몰두하고 있다
熱中する 열중하다

□ うなだれる 고개를 떨구다(숙이다)	≒	下を向く 아래를 향하다, 머리를 숙이다	
□ うやむやに 흐지부지	≒	あいまいに 애매하게, 두루뭉술하게	
□ 裏付け 뒷받침	≒	証拠 증거	
□ うろたえずに 당황하지 않고 `2회`	≒	慌てずに 허둥대지 않고	
□ エキスパート 엑스퍼트, 전문가	≒	専門家 전문가	
□ エレガントな 우아한	≒	上品な 고상한	
□ おおむね 대체로, 대강	≒	だいたい 대개	
□ おっくうだ 귀찮다, 번거롭다	≒	面倒だ 귀찮다	
□ お手上げだ 속수무책이다 `2회`	≒	どうしようもない 어쩔 도리가 없다	

☐ 自（おの）ずと 자연스레	≒	自然（しぜん）に 자연스럽게
☐ おびえて 무서워서	≒	怖（こわ）がって 무서워서
☐ おろそかになる 소홀해지다	≒	いいかげんになる 어영부영해지다
☐ お詫（わ）びした 사죄했다	≒	あやまった 사과했다
☐ 温和（おんわ）な 온화한	≒	穏（おだ）やかな 온화한, 평온한

か

☐ 回想（かいそう）する 회상하다	≒	思（おも）いかえす 다시 생각하다
☐ 架空（かくう）の 가공의	≒	想像（そうぞう）の 상상의
☐ 格段（かくだん）に 현격히	≒	大幅（おおはば）に 큰폭으로
☐ かたくなな 완고한	≒	頑固（がんこ）な 완고한
☐ 画期的（かっきてき）な 획기적인	≒	今（いま）までになく新（あたら）しい 지금까지 없이 새로운
☐ かねがね 전부터, 미리 [2회]	≒	以前（いぜん）から 전부터
☐ 寡黙（かもく）な 과묵한	≒	口数（くちかず）が少（すく）ない 말수가 적은
☐ かろうじて 겨우, 간신히	≒	なんとか 그럭저럭, 간신히
☐ 肝心（かんじん）な 중요한	≒	重要（じゅうよう）な 중요한
☐ 簡素（かんそ）な 간소한	≒	シンプルな 단순한
☐ 気掛（きが）かり 걱정	≒	心配（しんぱい） 걱정
☐ 拮抗（きっこう）する 팽팽하다	≒	差（さ）がない 차이가 없다
☐ 気（き）ままな 제멋대로의, 자유로운	≒	自由（じゆう）な 자유로운
☐ 寄与（きよ） 기여	≒	貢献（こうけん） 공헌
☐ 凝視（ぎょうし）した 응시했다	≒	じっと見（み）た 지그시 봤다
☐ 仰天（ぎょうてん）した 깜짝 놀랐다	≒	とても驚（おどろ）いた 아주 놀랐다
☐ 極力（きょくりょく） 최대한, 힘껏 [2회]	≒	できる限（かぎ）り・できるだけ 가능한 한
☐ 吟味（ぎんみ）する 음미하다, 조사하다	≒	検討（けんとう）する 검토하다
☐ くつろぐ 편안히 쉬다	≒	ゆっくりする 편안히 하다
☐ 工面（くめん）する 마련하다	≒	用意（ようい）する 마련하다, 준비하다
☐ クレーム 클레임, 불만	≒	苦情（くじょう） 불평, 불만
☐ けげんな 의아한	≒	不思議（ふしぎ）そうな 이상한, 신기한
☐ けなされる 비방의 말을 듣다	≒	悪（わる）く言（い）われる 나쁜 말을 듣다
☐ 懸念（けねん）される 염려되다, 우려되다	≒	心配（しんぱい）される 걱정되다

□ 故意に 고의로	≒ わざと 일부러
□ 互角だ 막상막하다	≒ 大体同じだ 대체적으로 같다
□ 克明に 극명하게, 정확하고 세밀하게	≒ 詳しくて丁寧に 자세하고 주의 깊게
□ 誇張して 과장해서 [2회]	≒ 大げさに 과장되게
□ ことごとく 모두, 모조리 [2회]	≒ すべて 전부
□ コントラスト 대비	≒ 対比 대비
□ コンパクトな 아담한	≒ 小型の 소형의

さ

□ ささいな 사소한	≒ 小さな 작은
□ 錯覚する 착각하다	≒ 勘違いする 착각하다
□ 殺到した 쇄도했다	≒ 一度に大勢来た 한꺼번에 많이 왔다
□ 雑踏 붐빔, 혼잡	≒ 人込み 붐빔
□ 仕上げる 완성하다	≒ 完成する 완성하다
□ しきたり 관습, 관례	≒ 慣習 관습
□ しきりに 자주, 몇 번씩이나	≒ 何度も 몇 번이고
□ しくじる 망치다	≒ 失敗する 실패하다
□ 自尊心 자존심	≒ プライド 프라이드, 자존심
□ シビアだ 엄격하다	≒ 厳しい 엄격하다
□ しぶっている 주저하다	≒ なかなかしようとしない 좀처럼 하려고 하지 않다
□ 自前 자비, 스스로 부담함	≒ 自分で買う 자기가 사다
□ 尺度 척도	≒ 基準 기준
□ 若干 약간 [2회]	≒ わずか 조금, 약간 / いくつか 약간
□ 従来 종래	≒ これまで 지금까지
□ 出馬する 출마하다	≒ 選挙に出る 선거에 나가다
□ 手腕 수완	≒ 能力 능력
□ 照会する 조회하다	≒ 問い合わせる 문의하다
□ 触発される 촉발되다, 자극받다 [2회]	≒ 刺激をうける 자극을 받다
□ 助言 조언	≒ アドバイス 어드바이스, 충고
□ 試練 시련	≒ 苦難 고난
□ 進呈する 증정하다, 드리다	≒ 差し上げる 드리다

□ 辛抱（しんぼう） 참음	≒	我慢（がまん） 참음, 견딤
□ すがすがしい 상쾌한, 시원한 2회	≒	爽（さわ）やかな 상쾌한
□ スケール 스케일, 규모 2회	≒	規模（きぼ） 규모
□ ストレートに 단도직입적으로	≒	率直（そっちょく）に 솔직하게
□ すべがない 방법이 없다	≒	方法（ほうほう）がない 방법이 없다
□ スポット 장소	≒	場所（ばしょ） 장소
□ すみやかに 빨리, 신속히	≒	できるだけはやく 가능한 한 빨리
□ スライスして 슬라이스 해서	≒	薄（うす）く切（き）って 얇게 잘라서
□ ずれ込（こ）みそうだ 늦어질 것 같다	≒	遅（おそ）くなりそうだ 늦어질 것 같다
□ せかす 재촉하다	≒	急（いそ）がせる 재촉하다(＝急（いそ）がす)
□ 絶賛（ぜっさん）する 극찬하다	≒	非常（ひじょう）に素晴（すば）らしいとほめる 매우 훌륭하다고 칭찬하다
□ 先方（せんぽう） 상대편	≒	相手（あいて） 상대
□ ぞんざいな 함부로 하는, 거친	≒	雑（ざつ）な 거친, 조잡한

□ 打撃（だげき） 타격	≒	ダメージ 대미지, 피해
□ 端的（たんてき）に 단적으로	≒	明白（めいはく）に 명백하게
□ 断念（だんねん）する 단념하다	≒	あきらめる 포기하다
□ 丹念（たんねん）に 정성들여	≒	じっくりと 꼼꼼히
□ 着手（ちゃくしゅ）して 착수해서	≒	始（はじ）めて 시작해서
□ 調達（ちょうたつ）した 조달했다	≒	用意（ようい）した 준비했다
□ 重宝（ちょうほう）している 쓸모가 있어 편리하다	≒	便利（べんり）で役（やく）に立（た）っている 편리해서 도움이 된다
□ つかの間（ま） 잠깐 동안, 순간	≒	短（みじか）い間（あいだ） 잠깐 동안
□ つぶさに 자세히, 구체적으로	≒	詳細（しょうさい）に 상세하게
□ つぶやく 중얼거리다, 투덜대다	≒	小（ちい）さな声（こえ）で言（い）う 작은 목소리로 말하다
□ 手（て）がかり 단서	≒	ヒント 힌트
□ てきぱきと (일을) 척척	≒	早（はや）く正確（せいかく）に 빠르고 정확하게
□ 手立（てだ）て 방법, 방도	≒	方法（ほうほう） 방법
□ 撤回（てっかい）した 철회했다	≒	とりけした 취소했다
□ 手分（てわ）け 분담 2회	≒	分担（ぶんたん） 분담
□ 当面（とうめん）ない 당분간 없다 3회	≒	しばらくない 당분간 없다

□ とまどって 당황해서　≒　困_{こま}って 곤란해서, 난처해서

□ トレンド 트랜드, 경향　≒　傾向_{けいこう} 경향

□ どんよりした天気_{てんき}だ 날씨가 잔뜩 흐리다　≒　曇_{くも}っていて暗_{くら}い 흐려서 어둡다

な

□ なじむ 친숙해지다　≒　慣_なれる 친숙해지다

□ 難点_{なんてん} 난점, 단점　≒　悪_{わる}いところ 나쁜 점, 단점

□ 入念_{にゅうねん}に 자세히, 정성들여　≒　細_{こま}かく丁寧_{ていねい}に 세심하게 공들여

□ にわかには 갑자기는　≒　すぐには 바로는

□ 根_ねこそぎ 전부, 몽땅　≒　すべて 모두, 전부

□ 粘_{ねば}り強_{づよ}く 끈기 있게　≒　あきらめずに 포기하지 않고

は

□ はかどっている 순조롭게 진행되고 있다 2회　≒　順調_{じゅんちょう}に進_{すす}んでいる 순조롭게 진행되고 있다

□ 破格_{はかく}な 파격적인　≒　特_{とく}によい 특히 좋은

□ 漠然_{ばくぜん} 막연함　≒　ぼんやりしている 어렴풋하다

□ バックアップ 지원　≒　支援_{しえん} 지원

□ 抜群_{ばつぐん}だった 뛰어났다　≒　ほかと比_{くら}べてとくによかった 다른 것과 비교해서 특히 좋았다

□ ばててしまった 지쳐 버렸다　≒　疲_{つか}れてしまった 지쳐 버렸다

□ 張_はり合_あう 경쟁하다 2회　≒　競争_{きょうそう}する・競_{きそ}い合_あう 경쟁하다

□ ひそかに 살짝, 몰래 2회　≒　こっそり 몰래

□ 冷_ひやかして 놀리고　≒　からかって 놀리고

□ ふいに 갑자기　≒　突然_{とつぜん} 갑자기

□ 不審_{ふしん}な 수상한　≒　怪_{あや}しい 수상한

□ 不用意_{ふようい} 조심성이 없음　≒　不注意_{ふちゅうい} 부주의함

□ 不慮_{ふりょ} 뜻밖, 의외　≒　思_{おも}いがけない 뜻밖이다, 의외이다

□ 紛糾_{ふんきゅう}した 시끄러워졌다　≒　混乱_{こんらん}した 혼란스러웠다

□ 奮闘_{ふんとう}する 분투하다　≒　必死_{ひっし}に頑張_{がんば}る 필사적으로 힘내다

□ 閉口_{へいこう}した 질렸다, 곤란했다　≒　困_{こま}った 곤란했다

□ 弁解_{べんかい}して 변명하고　≒　言_いい訳_{わけ}して 변명하고

□ 妨害する 방해하다 ≒ じゃまする 방해하다
□ 抱負 포부 ≒ 決意 결의
□ 没頭する 몰두하다 ≒ 熱中する 열중하다
□ ぼやいている 투덜거리고 있다 ≒ 愚痴を言っている 투덜거리고 있다

ま

□ まっとうする 완수하다, 다하다 ≒ 完了する 완료하다
□ まばらだ 드문드문하다 ≒ 少ない 적다
□ 見合わせる 실행을 미루다, 보류하다 ≒ 中止する 중지하다
□ 脈略 맥락 ≒ つながり 연계, 연결
□ 無償で 무상으로 ≒ ただで 무료로
□ むっとした 화가 났다 ≒ 怒った 화가 났다
□ めいめいに 각각에게 ≒ 一人一人に 한 사람 한 사람에게
□ メカニズム 메커니즘 ≒ 仕組み 구조
□ 珍しい 드문, 희귀한 ≒ 異例の 이례적인
□ もくろむ 계획하다 ≒ 計画する 계획하다
□ 目下 현재, 지금 ≒ 今 지금

□ 厄介な 귀찮은, 번거로운 ≒ 面倒な 귀찮은
□ やむを得ず 어쩔 수 없이 ≒ しかたなく 어쩔 수 없이
□ やつれる 야위다 ≒ やせ衰える 바짝 마르다, 수척해지다
□ ゆとり 여유 ≒ 余裕 여유
□ 落胆する 낙담하다 ≒ がっかりする 실망하다
□ リスク 위험 ≒ 危険 위험
□ ルーズだ 루즈하다, 허술하다 2회 ≒ だらしない 칠칠치 못하다
□ 歴然としている 확실하다 ≒ はっきりしている 분명하다
□ 朗報 낭보, 기쁜 소식 ≒ うれしい知らせ 기쁜 소식
□ ろくに 제대로, 충분히 ≒ たいして 그다지, 별로
□ ロスする 낭비하다 ≒ 無駄にする 헛되게 하다, 낭비하다
□ わずらわしい 번거로운, 귀찮은 2회 ≒ 面倒な 귀찮은

あ

- 間柄 (あいだがら) 관계
- あざやか 선명함
- 当てはめる (あ) 꼭 들어 맞추다, 적용시키다
- ありきたりだ 흔하다, 평범하다
- 安静 (あんせい) (심신) 안정
- 案の定 (あん じょう) 예상대로, 아니나다를까
- 潔い (いさぎよ) 미련없이 깨끗하다, 떳떳하다
- 意地 (いじ) 고집
- 一律 (いちりつ) 일률
- 一括 (いっかつ) 일괄, 한데 묶음
- 一見 (いっけん) 언뜻 보기에
- 今更 (いまさら) 이제와서
- いやに 이상하게, 묘하게
- 内訳 (うちわけ) 내역, 명세
- うなだれる 고개를 숙이다
- 裏腹 (うらはら) 정반대, 모순이 됨
- 運用 (うんよう) 운용
- 円滑 (えんかつ) 원활함 2회
- 押収 (おうしゅう) 압수
- 怠る (おこた) ① 게으름을 피우다 ② 방심하다 2회
- おごる 한턱내다
- 帯びる (お) (성질, 경향) 띠다
- 思い詰める (おも つ) 골똘히 생각하다
- (〜は)おろか (〜은) 고사하고, (〜은) 물론

か

- 改修 (かいしゅう) 개수, 수리
- 解明 (かいめい) 해명, 밝힘
- 解約 (かいやく) 해약
- 抱え込む (かか こ) ① (양팔로) 껴안다 ② 떠맡다
- 加工 (かこう) 가공
- かさばる 부피가 커지다
- かすれる (목이) 쉬다, (글씨가) 흐릿하게 써지다
- かたくな 완고함, 막무가내임
- 合致 (がっち) 합치, 일치
- かなう 희망대로 되다, 이루어지다
- かばう (남의 죄, 잘못) 감싸주다
- 過密 (かみつ) 과밀(함), 빽빽함
- 加味 (かみ) (맛, 다른 요소) 더함, 가미
- 仮に (かり) 가령, 임시로
- 完結 (かんけつ) 완결
- 還元 (かんげん) 환원
- 閑静 (かんせい) 조용함, 고요함
- 簡素 (かんそ) 간소
- かんぺき 완벽함
- 緩和 (かんわ) 완화
- ぎこちない 어색하다, 딱딱하다
- きざ 불쾌함, 아니꼬움
- 兆し (きざ) 조짐, 징조
- 規制 (きせい) 규제
- 基調 (きちょう) 기조, 바탕
- 軌道 (きどう) 궤도

☐	**極端**（きょくたん）	극단적임
☐	**拠点**（きょてん）	거점
☐	**均等に**（きんとう）	균등하게
☐	**緊密**（きんみつ）	긴밀함
☐	**禁物**（きんもつ）	금물
☐	**食い違う**（く・ちが）	어긋나다, 엇갈리다
☐	**くじける**	(기세가) 꺾이다
☐	**口出し**（くち・だ）	말참견
☐	**覆す**（くつがえ）	뒤집어엎다, 뒤엎다
☐	**くまなく**	분명히, 뚜렷하게, 빠짐없이
☐	**工面**（く・めん）	변통, 주머니 사정
☐	**経緯**（けい・い）	경위
☐	**軽率**（けいそつ）	경솔함
☐	**欠如**（けつじょ）	결여
☐	**結末**（けつまつ）	결말
☐	**気配**（け・はい）	낌새, 기색
☐	**交錯**（こうさく）	교착, 이리 저리 뒤섞임
☐	**高尚**（こうしょう）	고상함
☐	**広大**（こうだい）	광대함
☐	**交付**（こう・ふ）	교부 2회
☐	**巧妙**（こうみょう）	교묘함
☐	**互角**（ご・かく）	호각, 막상막하
☐	**心当たり**（こころ・あ）	짐작 가는 곳
☐	**心構え**（こころがま）	마음가짐, 각오
☐	**コンスタントに**	꾸준히

さ

☐	**細心**（さいしん）	세심함
☐	**指図**（さし・ず）	지시, 지휘
☐	**察する**（さっ）	헤아리다, 살피다
☐	**作動**（さ・どう）	작동

☐	**しがみつく**	매달리다
☐	**資質**（ししつ）	자질
☐	**失脚する**（しっきゃく）	실각하다
☐	**質素**（しっ・そ）	검소함
☐	**実に**（じつ）	실로
☐	**しなやか**	탄력이 있고 유연함
☐	**辞任**（じ・にん）	사임
☐	**しぶとい**	고집이 세다, 완고하다
☐	**遮断する**（しゃだん）	차단하다
☐	**終日**（しゅうじつ）	종일
☐	**執着**（しゅうちゃく）	집착
☐	**重複**（じゅうふく）	중복
☐	**収容する**（しゅうよう）	수용하다 2회
☐	**出荷**（しゅっ・か）	출하
☐	**照合**（しょうごう）	대조
☐	**昇進**（しょうしん）	승진 2회
☐	**処置**（しょ・ち）	처치, 조치
☐	**ショック**	쇼크, 충격
☐	**退く**（しりぞ）	물러나다, 후퇴하다
☐	**仕業**（し・わざ）	소행, 짓
☐	**親善**（しんぜん）	친선
☐	**素早い**（す・ばや）	재빠르다 2회
☐	**ずばりと**	딱(정곡을 정확히 찌르는 모양)
☐	**ずらっと**	늘어선 모양, 주욱
☐	**正当な**（せいとう）	정당한
☐	**絶大な**（ぜつだい）	절대적인
☐	**絶滅**（ぜつめつ）	절멸, 멸종
☐	**相応**（そうおう）	상응, 어울림
☐	**総じて**（そう）	대체로, 일반적으로
☐	**底力**（そこぢから）	저력
☐	**損なう**（そこ）	① 망가뜨리다 ② (기분·성질) 상하게 하다

□ そそる (식욕 등을) 돋우다	□ 遂げる 이루다
□ 備え付ける 비치하다, 설비하다	□ とっくに 훨씬 전에, 벌써
□ そらす (딴 데로) 돌리다, 빗나가게 하다	□ とっさに 순간적으로
	□ 突如 갑자기, 별안간

た

□ 耐えがたい (괴로움, 자극) 견디기 힘들다	
□ 打開 타개	□ なつく 따르다
□ 巧み 솜씨가 좋음	□ なんとか 어떻게든, 그럭저럭
□ 携わる (어떤 일) 관계하다, 종사하다	□ にぎわう 활기차다, 붐비다
□ 脱却する 탈피하다, 벗어나다	□ にじむ 번지다
□ たやすい 쉽다, 용이하다	□ 抜き打ち 갑자기, 불시에
□ 単一 단일	□ 入手 입수, 손에 넣음
□ 断じて 결코	□ 望ましい 바람직하다
□ 緻密な 치밀한	□ 乗り出す 적극적으로 나서다, 착수하다
□ 忠実 충실함	□ ののしる 욕을 퍼붓다, 매도하다
□ 中毒 중독	
□ 調達 조달	

は

□ 痛烈な 통렬한	
□ 使いこなす 잘(능숙하게) 다루다	□ 配属 배속
□ つぶやく 중얼거리다, 투덜거리다	□ 配布 배포 **2회**
□ 手厚い 극진하다, 융숭하다	□ はがす 벗기다, 떼다
□ 提起 제기	□ はかどる 진척되다
□ 手痛い 뼈아프다, 타격이 크다	□ 迫力 박력, 압도적인 힘
□ 手際 솜씨, 수완	□ 発散 발산
□ 撤回 철회	□ 抜粋 발췌
□ デマ 헛소문, 유언비어	□ はなはだしい 매우 심하다, 대단하다
□ 問い詰める 추궁하다, 힐난하다	□ 腹が立つ 화가 나다
□ 統合 통합	□ 煩雑 번잡함(번거롭고 복잡함)
□ どうやら 어쩐지, 아무래도	□ 繁盛 번성, 번창
□ とぐ 갈다	□ ひたむき 외곬으로, 한결같이
□ 特産 특산	□ 人一倍 두 배, 갑절, 한층 더
	□ 人手 일손

□ **ひとまず** 일단, 하여튼

□ **秘(ひ)める** ① 숨기다 ② (속에) 간직하다 `2회`

□ **拍子(ひょうし)** ① 박자 ② ~하는 바람에

□ **品種(ひんしゅ)** 품종

□ **風潮(ふうちょう)** 풍조

□ **ぶかぶか** 헐렁헐렁

□ **不順(ふじゅん)** 불순함

□ **復旧(ふっきゅう)** 복구

□ **赴任(ふにん)** 부임

□ **不服(ふふく)** 불만, 납득이 가지 않음

□ **不満(ふまん)** 불만

□ **ブランク** 여백, 공백 기간

□ **ぺこぺこ** 굽실굽실

□ **へりくだる** 자기를 낮추다

□ **ボイコット** 보이콧, 불매 동맹

□ **発足(ほっそく)** (단체의) 발족 `2회`

□ **没頭(ぼっとう)** 몰두

□ **ぼつぼつ** 슬슬, 조금씩

□ **補填(ほてん)する** 보충하다, 채우다

□ **ほどける** (저절로) 풀어지다

□ **程遠(ほどとお)い** 동떨어지다, 차이가 많이 나다

□ **ほほえましい** 흐뭇하다

□ **滅(ほろ)びる** 멸망하다, 쇠퇴하다

□ **保留(ほりゅう)** 보류

□ **本場(ほんば)** 본고장

□ **交(まじ)える** 섞다, 교차시키다, 주고받다

□ **まちまち** 각기 다름, 가지각색

□ **真(ま)っ先(さき)** 맨 먼저

□ **まるまる** 전부, 완전히

□ **まろやかな** 부드러운, 순한

□ **満喫(まんきつ)** 만끽

□ **見失(みうしな)う** 보던 것을 놓치다

□ **見落(みお)とす** 간과하다, 빠뜨리고 보다 `2회`

□ **見込(みこ)み** ① 예상 ② 장래성

□ **満(み)たない** (기준·한도에 차지 않아) 부족하다

□ **密集(みっしゅう)** 밀집

□ **無造作(むぞうさ)に** 손쉽게, 간단히, 아무렇게나

□ **目(め)がさえる** 잠이 안 오다, 눈이 말똥말똥하다

□ **めきめき** 눈에 띄게 (성장), 부쩍부쩍

□ **目先(めさき)** ① 눈앞 ② 당장, 현재

□ **目覚(めざ)ましい** 눈부시다, 놀랍다

□ **目(め)まぐるしい** 눈이 핑핑 돌다, 변화가 빠르다

□ **目安(めやす)** 목표, 기준

□ **面識(めんしき)** 면식, 안면

□ **免除(めんじょ)** 면제

□ **もたらす** 가져오다, 초래하다

□ **もはや** 이제는, 벌써 `2회`

□ **もろい** 약하다, 무너지기 쉽다

□ **養(やしな)う** 양육하다, 기르다

□ **優位(ゆうい)** 우위(다른 것보다 유리한 입장)

□ **有数(ゆうすう)** 유수, 손꼽힘

□ **誘致(ゆうち)** (공장이나 기업의) 유치

□ **譲(ゆず)る** 넘겨주다, 양도하다

□ **ゆとり** (공간, 시간, 정신, 체력적) 여유

□ **要請(ようせい)** 요청

□ **様相(ようそう)** 양상, 모양, 모습

□ **要望(ようぼう)** 요망, 간절히 바람

□ **よほど** 훨씬, 상당히

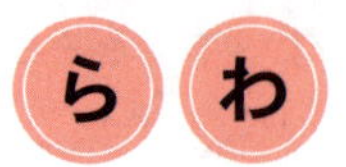

- □ **リタイア**　①기권　②은퇴
- □ **両立**〔りょうりつ〕　양립, 병행
- □ **連携**〔れんけい〕　제휴
- □ **露骨**〔ろこつ〕　노골적임　2회
- □ **わざわざ**　일부러

MEMO

언어지식

문법 직전 체크!

001

~(よ)うが・~(よ)うと （설령) ~하더라도, ~하든

~(よ)うが~まいが・~(よ)うと~まいと ~하든 ~하지 않든

~だろうが、~だろうが・~だろうと、~だろうと

~이든, ~이든

鈴木さんという人は、他人がどんなに困ろうが、まったく気にかけない冷たい人だ。

스즈키 씨라는 사람은 다른 사람이 아무리 곤란해 해도, 전혀 개의치 않는 매정한 사람이다.

彼が食べようが食べまいが、いちおう食事の準備はしなければならない。

그가 먹든 먹지 않든, 일단 식사 준비는 해야 한다.

雪だろうと雨だろうと、試合は行う予定です。

눈이 오든 비가 오든, 시합은 치를 예정입니다.

002

~限り/~限りでは/~ない限り　~하는 한 / ~한 바로는 / ~하지 않는 한

私の知る限り、石原社長は絶対そんなことをするような人ではありません。

내가 아는 한, 이시하라 사장은 절대 그런 일을 할 만한 사람이 아닙니다.

朝早くから営業している店は、私の調べた限りではここしかなかった。

아침 일찍부터 영업하고 있는 가게는, 내가 조사한 바로는 여기밖에 없었다.

この契約は、２年後にどちらかが契約の取り消しを申し出ない限り、自動的に継続されます。

이 계약은, 2년 후에 어느 한 쪽이 계약 취소를 신청하지 않는 한, 자동적으로 계속됩니다.

003

~がちだ　자주 ~하다, ~하기 쉽다

若い人は経験に乏しいので、とかく現実離れにした考えをいだきがちだ。

젊은 사람은 경험이 부족하기 때문에, 자칫 현실과 동떨어진 생각을 품기 쉽다.

004

~かというと・~かといえば　~하는가 하면, ~하냐 하면

ドラマに出た名所だからといってみんなが見に行くかというと、そうでもない。

드라마에 나온 명소라고 해서 모두가 보러 가는가 하면, 그렇지도 않다.

～かねる/～かねない　　～하기 어렵다 / ～할지도 모른다

うちの娘は大学に進学するか就職するか決めかねているらしい。
우리 딸은 대학에 진학할지 취직할지 결정하기 어려운 것 같다.

誤解を招きかねない表現を使わないように気をつけてください。
오해를 초래할 수도 있는 표현을 쓰지 않도록 주의하세요.

～からには・～以上は・～上は　　～할 바에는, ～한 이상에는

複数の人間が共同生活を営むからには、そこには秩序が必要である。
다수의 인간이 공동생활을 영위하는 이상에는, 그곳에는 질서가 필요하다.

夏目漱石の名言に『山が来てくれない以上は、自分が行くよりほかにしかたがあるまい』がある。
나츠메 소세키의 명언에 『산이 와주지 않는 이상에는, 자신이 가는 것 외에 달리 방법이 없을 것이다』가 있다.

事態がこうなった上は、最後までやり遂げるしかありません。
사태가 이렇게 된 이상, 끝까지 해낼 수밖에 없습니다.

007

～きる/～きれる/～きれない

다(완전히) ～하다 / 다(완전히) ～할 수 있다 / 다(완전히) ～할 수 없다

バッテリーは充電前に使い切った方がいいって本当ですか。
배터리는 충전 전에 다 쓰는 편이 좋다는 게 정말입니까?

困難に屈せず、最後までやり切れるのが私の長所です。
어려움에 굴하지 않고, 끝까지 해낼 수 있는 것이 제 장점입니다.

山本さんは押しが強いから、君には断り切れないかもしれないよ。
야마모토 씨는 밀어붙이는 힘이 강해서, 자네는 끝까지 거절하지 못할지도 몰라.

～極まりない・～極まる　　～하기 짝이 없다, 극히(너무) ～하다

私は、店員の失礼きわまりない態度に我慢がならなかった。
나는 점원의 무례하기 짝이 없는 태도에 참을 수 없었다.

田中さん以外知らず、「パーティーは退屈極まるだろう」と思った。
다나카 씨 이외는 몰라서 '파티는 너무 지루할 거야'라고 생각했다.

～くらいなら/～ぐらいでないと　　～할 정도라면, ～할 바에야 / ～할 정도가 아니면

あいつに議長を頼むくらいなら会議を中止した方がましだ。
그 녀석에게 의장직을 부탁할 바에야 회의를 중지하는 편이 더 낫다.

長年の経験を積むぐらいでないと、この仕事で一人前とは認められない。
오랜 경험을 쌓는 정도가 아니면, 이 일에서 한 사람의 몫을 한다고는 인정받을 수 없다.

010 〜こそ〜が 〜는 〜지만

彼は怒りこそしなかったが、その態度は十分に不満そうだった。
그는 화는 안 냈지만, 그 태도는 충분히 불만스러워 보였다.

011 〜ことから・〜ところから 〜로 인해, 〜때문에

奈良公園は特に重要な歴史遺産が多いことから「歴史公園」とも言われている。
나라공원은 특히 중요한 역사 유산이 많아서 '역사공원'이라고도 불리고 있다.

この球場は、大きな卵の形をしているところから、「ビッグ・エッグ」と呼ばれている。
이 구장은 커다란 달걀 모양을 하고 있기 때문에 '빅 에그'라 불리고 있다.

012 〜ごとき/〜ごとく 〜와 같은 / 〜와 같이, 〜처럼

君ごとき人間には、僕の気持ちは分からないだろう。
너 같은 인간은, 내 기분은 모를 거야.

降る雪は、まるで花が散るかのごとく見えた。
내리는 눈은, 마치 꽃이 떨어지는 것처럼 보였다.

013 〜ことは〜が・〜は〜が 〜하기는 〜지만

宿題で出された作文を書いたことは書いたが、まだ足りない所がある。
숙제로 내준 작문을 쓰긴 썼지만, 아직 부족한 부분이 있다.

計画を立てはしたが、実行するのはかなり難しそうだ。
계획을 세우긴 했지만, 실행하는 것은 상당히 어려울 것 같다.

014 〜次第で(は)/〜次第だ 〜에 따라서(는) / ①〜에 달려 있다 ②〜한 것이다

努力次第で、結果はいくらでも変わりうる。
노력하기에 따라서, 결과는 얼마든지 변할 수 있다.

現在、生活費と学費は全てアルバイトで賄っていて、奨学金を申請する次第です。
현재 생활비와 학비는 전부 아르바이트로 충당하고 있어, 장학금을 신청하는 것입니다.

015 〜じゃない(か) 〜하지 않은가, 〜잖아

アイスクリームが食べたいのに、もうスーパーは閉まっているじゃないか。
아이스크림을 먹고 싶은데, 벌써 슈퍼마켓은 문을 닫았잖아.

その革のベルト、あなたのロングスカートにとても似合ってるじゃない。
그 가죽벨트, 너의 롱 스커트에 너무 잘 어울리네.

016 **〜ずに/〜ずに済む**　〜하지 않고 / 〜하지 않고 끝나다, 〜하지 않아도 된다

体調が悪い時は無理せずに家でゆっくり休んでください。
컨디션이 안 좋을 때는 무리하지 말고 집에서 푹 쉬세요.

今年の夏は涼しかったので、エアコンを使わずに済んだ。
올 여름은 선선했기 때문에, 에어컨을 사용하지 않아도 되었다.

017 **〜そうにない・〜そう(に)もない**　〜할 것 같지 않다, 〜못 할 것 같다

全然勉強していなくて合格できそうにないから、今回の試験は受けないことにした。
공부를 하나도 안 해 합격할 수 없을 것 같아서, 이번 시험은 보지 않기로 했다.

時間がぎりぎりで間に合いそうにもないので、先に行ってください。
시간이 빠듯해서 시간에 맞추지 못 할 것 같으니, 먼저 가세요.

018 **〜だけ/〜だけでは/〜だけのことだ**　①〜만, 〜뿐 ②〜만큼, 〜해 봤자 / 〜만으로는 / 〜한 일일 뿐이다

優勝は夢としてもせめて一回戦だけは勝ちたいと思う。
우승은 꿈이라고 해도 적어도 1차전만은 이기고 싶다고 생각한다.

ここのパンフレットは欲しいだけ持って行ってもかまいません。
이곳의 팸플릿은 원하는 만큼 가져가도 상관없습니다.

テクニックの向上だけでは試合で勝つことはできません。
테크닉의 향상만으로는 시합에서 이길 수 없습니다.

ちょっと熱が出たというだけのことで、医者を呼ぶのは大げさすぎる。
열이 좀 났던 것뿐으로, 의사를 부르는 것은 너무 호들갑이다.

019 **〜だけあって・〜だけに/〜だけのことはある**　(과연) 〜인 만큼 / 〜라 할 만하다, 〜라 할 만한 가치가 있다

日本一のすし屋の娘だけあって、彼女はさすがに魚の種類に詳しい。
일본 제일의 초밥집 딸인 만큼, 그녀는 과연 생선의 종류를 잘 알고 있다.

大きな事故にもつながりかねないだけに、より安全で丈夫に製造してほしいです。
큰 사고로 이어질지도 모르는 만큼, 보다 안전하고 튼튼하게 제조해 주었으면 합니다.

この松茸は最高品だけど、産地直売だけのことはあってめちゃくちゃ安い。
이 송이버섯은 최상품이지만, 산지 직매라 할 만하게 굉장히 싸다.

020 **～だけで** ①～만으로도, ～하기만 해도 ②～하기만 하고, ～만 할 뿐

旅行に行くことを考える**だけで**楽しくなってくる。
여행가는 것을 생각하기만 해도 즐거워진다.

父は黙って聞く**だけで**何も言わなかった。
아버지는 잠자코 듣기만 하고(듣기만 할 뿐) 아무 말도 하지 않았다.

021 **～だけでなく・～のみならず** ～뿐만 아니라

英語圏の国**だけでなく**、スペイン語圏の国も旅してみたい。
영어권 나라뿐만 아니라 스페인어권 나라도 여행해보고 싶다.

彼は俳句を理解する**のみならず**、自らも作っている。
그는 하이쿠를 이해할 뿐만 아니라 스스로도 짓고 있다.

022 **～たって** ①～하더라도 ②～해 보았자
～だって ①～도, ～라도, ～조차도 ②～도 또한 ③～래 ④(아무리) ～해도, ～하더라도

あなたが来**たって**来なく**たって**、かまいやしないよ。
당신이 오든 안 오든 상관하지 않아.

A「このキーホルダーはいくらでしょうか。」
　이 키홀더는 얼마일까요?

B「値段が高い**ったって**せいぜい1,000円でしょう。」
　가격이 비싸 보았자 기껏해야 천 엔이겠죠.

彼の家の庭にはプール**だって**あります。
그의 집 정원에는 수영장도 있습니다.

先生は昼過ぎに来るん**だって**。
선생님은 점심 시간 지나서 온대.

023 **～たところ** ～했더니

地図で調べ**たところ**、ホテルまでは歩いてすぐだった。
지도로 알아 보았더니, 호텔까지는 걸어서 바로였다.

024 **～たら～で/～は～で** ～하면 ～하는 대로 / ～는 ～대로

息子には大学に受かってほしいが、受かっ**たら**受かっ**た**でお金が要って大変だ。
아들이 대학에 합격하기를 바라지만, 합격하면 합격하는 대로 돈이 들어서 큰일이다.

始末書を出したのなら、それ**は**それ**で**いい。今度からは気をつけるように。
시말서를 제출했다면 그건 그거대로 됐어. 다음부터는 조심하도록.

025 **〜つつ(も)/〜つつある**　　〜하면서(도) / 〜하고 있다

母親は口では子供を叱りつつも、心の中では子供がかわいくてたまらないのです。
어머니는 말로는 아이를 야단치면서도, 마음속으로는 아이가 귀여워서 견딜 수가 없습니다.

失われつつある自然を守ろうと、市民たちは運動を始めた。
사라져 가고 있는 자연을 지키려고 시민들은 운동을 시작했다.

026 **〜つもりだ/〜つもりはない**　　①〜할 생각이다 ②〜인 줄 알다 / 〜할 생각은 없다

いつものように買い物したつもりが、予定よりも食費がかさんでしまった。
평소처럼 쇼핑했다고 생각했는데, 예정보다도 식비가 불어나 버렸다.

洗ったつもりのその手、本当にきれいだと思いますか。
씻었다고 생각하는 그 손, 정말로 깨끗하다고 생각합니까?

鍵をかけたつもりでも、不安になって戻ることがある。
문을 잠갔다고 생각해도, 불안해져서 되돌아오는 경우가 있다.

事実を伝えただけで、決して悪口を言ったつもりはありません。
사실을 전했을 뿐으로, 결코 나쁘게 말할 생각은 없었습니다.

027 **〜でしかない・〜にすぎない**　　〜에 불과하다, 〜에 지나지 않다

池田さんとは会えば言葉を交わす程度の付き合いでしかない。
이케다 씨와는 만나면 말을 주고받는 정도의 교제에 불과하다.

人の一生は一瞬の夢にすぎないという人もいるが、私は短くも長くもないと思う。
사람의 일생은 한순간의 꿈에 지나지 않는다는 사람도 있지만, 나는 짧지도 길지도 않다고 생각한다.

028 **〜ては/〜ては〜ては**　　①〜하고는 ②〜해서는 / 〜하고 〜하고

うちの庭にあるこの木はこのまま育ってもらっては困るので、悩んでいる。
우리 집 정원에 있는 이 나무는 이대로 자라서는 곤란하기 때문에, 고민하고 있다.

食っては寝、食っては寝で、夏の間に３キロも太った。
먹고 자고 먹고 자고 해서, 여름 동안에 3킬로나 쪘다.

029 **〜という・〜なんて/〜というような**　　〜라는 / 〜라는, 〜와 같은

ラーメンなんて食べ物、毎日食べても飽きない。
라면 같은 음식, 매일 먹어도 질리지 않는다.

犬や猫というようなペットを飼うのには責任が伴う。
개나 고양이 같은 반려동물을 기르는 데는 책임이 따른다.

～というと・～といえば/～といったら
～라고 하면 / ～은 (정말), ～로 말할 것 같으면

日本の代表的な都市というと、東京や大阪があげられます。
일본의 대표적인 도시라고 하면, 도쿄나 오사카를 들 수 있습니다.

あの時の恥ずかしかったことといったら、本当に穴があったら入りたい思いだった。
그때의 부끄러웠던 일로 말할 것 같으면, 정말로 구멍이 있다면 들어가고 싶은 심정이었다.

～として/～としても　①～로서　②～라고 하여　③～라고 치고 / ～라고 하더라도

山田さんはリーダーとして、チーム全体を導いている。
야마다 씨는 리더로서 팀 전체를 이끌고 있다.

彼は事実と異なる情報として、記事の内容を強く非難した。
그는 사실과 다른 정보라고 하여, 기사 내용을 강하게 비난했다.

どれだけ頑張ったとしても、村上選手にはかなわない。
아무리 노력했다고 해도 무라카미 선수는 못 이긴다.

032

～との・～といった/～といっても　～라는 / ～라고 해도

社長が辞任すべきだとの考えに変わりはありません。
사장이 사임해야 한다는 생각에 변함은 없습니다.

この夏は赤や黄色といった派手な色が流行らしい。
이번 여름은 빨강이나 노랑이라는 화려한 색이 유행인 것 같다.

果物といってもいろいろあるが、私はいちごが好きだ。
과일이라고 해도 여러 가지가 있지만, 나는 딸기를 좋아한다.

～とは　①～란　②～하다니, ～라고는

真の幸せとは何でしょうか。
진정한 행복이란 무엇일까요?

あの強いチームが初出場チームに敗れるとは、全く予想外だった。
그 강한 팀이 첫 출전 팀에게 패하다니 전혀 예상 밖이었다.

～ないでもない・～なくもない　～하지 않는 것도 아니다

今回の計画について、部長が反対する理由もわからないでもない。
이번 계획에 대해 부장님이 반대하는 이유도 모르는 것도 아니다.

お酒は飲ま**なくもない**んですが、あまり強くはありません。
술은 안 마시는 것도 아닌데요, 별로 세지는 않아요.

赤ちゃんのことを考えると、「早めに結婚したい」という気持ちもわから**な
くはない**。
아기를 생각하면, '일찍 결혼하고 싶다'는 기분도 모르는 것은 아니다.

035 　**〜など・〜なんか** 　〜같은 것, 〜따위

彼の言うこと**など**信じない方がいいよ。
그가 하는 말 따위 믿지 않는 게 좋아. 〈멸시〉

私**なんか**にできるでしょうか。
저 같은 사람이 할 수 있을까요? 〈겸손〉

036 　**〜ならではの** 　〜만의, 〜특유의, 〜이 아니고는 할 수 없는

今度の学園祭にはわがクラス**ならではの**展示をしたいものだが、何かいい
企画はないか。
이번 학교 축제에는 우리 반 특유의 전시를 하고 싶은데, 뭔가 좋은 기획은 없을까?

この繊細な彫刻は、熟練した職人**ならでは**と言える。
이 섬세한 조각은 숙련된 장인이 아니고는 할 수 없다고 말할 수 있다.

037 　**〜にして** 　①〜라도, 〜이 되어　②〜로써, 〜에　③〜이면서 동시에

ベテランの彼**にして**こんな失敗をするのだから、素人の山田君が失敗する
のも仕方がない。
베테랑인 그 사람이라도 이런 실수를 하니까, 초보인 야마다 군이 실수하는 것도 어쩔 수 없다.

田中さんは50歳**にして**ようやく結婚相手を見つけた。
다나카 씨는 50세에 겨우 결혼 상대를 찾았다.

彼は優れた経営者**にして**、才能ある芸術家でもある。
그는 뛰어난 경영자이면서 동시에, 재능 있는 예술가이기도 하다.

038 　**〜ばいい／〜ばきりがない** 　〜하면 된다 / 〜하면 한이 없다

A「夜中に騒いじゃいけないという法律はないよ。」
　　한밤중에 떠들면 안 된다는 법률은 없어.

B「あのね、法律違反でなけれ**ばいい**ってもんじゃないだろ。」
　　저기 말야, 법률 위반이 아니면 된다는 말이 아니잖아.

彼はいつも仕事が雑だ。間違いをあげれ**ばきりがない**。
그는 항상 일이 엉성하다. 실수를 들자면 끝이 없다.

～ばかりだ/～ばかりで/～ばかりに

～할 뿐이다 / ～하기만 해서 / ～하는 바람에, ～한 탓에

全員そろった。あとはバスが来るのを待つばかりだ。
전원 다 모였다. 이제는 버스가 오는 것을 기다릴 뿐이다.

あとは新郎新婦の入場を待つばかりとなった。
이제는 신랑신부의 입장을 기다리기만 하면 되었다.

物価は上がるばかりで、貯金が全然できない。
물가는 오르기만 해서, 저축을 전혀 할 수가 없다.

彼は家が貧しかったばかりにアルバイトをして自力で大学を出たそうだ。
그는 집이 가난한 탓에 아르바이트를 해서 자력으로 대학을 나왔다고 한다.

～はしない/～もしない ～하지는 않는다 / ～하지도 않는다

たまにその猫がベランダに逃げ出して、うっかり落ちはしないかとはらはらします。
가끔 그 고양이가 베란다로 도망가서, 까딱 잘못해서 떨어지지는 않을까 조마조마합니다.

彼女は、一言しゃべりもしないで帰ってしまった。
그녀는 한 마디 말도 하지 않고 돌아가 버렸다.

ダイエットは始めはするが、なかなか続かない。
다이어트는 시작하기는 하지만, 좀처럼 계속되지 않는다.

～まい/～しかあるまい

①～하지 않을 것이다〈추측〉 ②～하지 않겠다〈의지〉 / ～할 수밖에 없을 것이다

A「近い将来、富士山は噴火するでしょうか。」
가까운 장래에 후지산은 분화할까요?

B「いや、噴火はするまい。」
아니, 분화는 하지 않을 거야.

目の前で寿司職人さんが作っているのを見たとあれば買うしかあるまい。
눈 앞에서 초밥달인이 만들고 있는 것을 봤다면 살 수밖에 없을 것이다.

～ものか ①～할까 보냐, ～하나 봐라 ②～할 것인지, ～할까

こんなところであきらめるもんか、絶対にやり遂げてやる。
이런 곳에서 포기할까 보냐, 꼭 해내고 말겠다.

仕事の負担を減らせないものかと、いつも考えている。
일의 부담을 줄일 수는 없을까 항상 생각하고 있다.

043 **～ものだ／～ものではない**
①～하는 법이다〈당연〉 ②～하고 싶다〈희망〉 ③～하구나〈놀람·감탄〉 ④～하곤 했다〈회상〉/ ～하는 게 아니다

「本を読め」とあんまり強制されると、かえって本が嫌いになる**ものです**。
"책을 읽어"라고 너무 강요받으면, 오히려 책이 싫어지게 되는 법입니다.〈당연〉

市民運動には、できるだけ政治の介入を避け**たいものだ**。
시민운동에는, 가능한 한 정치 개입을 피하고 싶다.〈희망〉

一年の間、本当にいろいろな事件があった**ものですね**。
1년 동안, 정말로 여러 사건이 있었네요.〈감탄〉

人が真面目な話をしている時に、ニヤニヤ笑ったりする**ものではありません**。
남이 진지한 이야기를 하고 있을 때, 히죽히죽 웃거나 하는 게 아닙니다.

044 **～ゆえ(に)**　～때문(에), ～탓(에)

女性である**がゆえに**こんな差別を受けなければならないなんて、不公平だ。
여성이기 때문에 이런 차별을 받아야 하다니 불공평하다.

これもみな私の未熟さ**ゆえの**ことです。
이것도 모두 저의 미숙함 때문에 일어난 일입니다.

045 **～ようがない／～ようもない**　～할 수가 없다 / ～할 수도 없다

この古い機械は部品がなく、もう修理し**ようがない**。
이 오래된 기계는 부품이 없어서, 이제 수리할 수가 없다.

もっと早くから受験の対策を立てるべきだったのに、ことここに至っては
どうし**ようもない**。
좀더 일찍부터 입시 대책을 세워야 했는데, 일이 이 지경에 이르러서는 어떻게 할 수도 없다.

046 **～ように／～ようで／～ようでは**
①～같이, ～처럼 ②～하도록 ③～하기를(문말) / ～할 것 같아서 / ～해서는

「好きな**ように**生きる」ということを実践できている人は多くないと思います。
'원하는 대로 산다'는 것을 실천할 수 있는 사람은 많지 않다고 생각합니다.

祖父母がいつまでも元気に長生きします**ように**。
할아버지 할머니가 언제까지나 건강하게 오래 사시기를.

今回は、知っている**ようで**知らない出産内祝いのマナーについて紹介します。
이번에는 알다가도 모를 출산 축하 선물에 대한 답례 매너에 대해 소개하겠습니다.

何度説明してもわからない**ようでは**、やっぱり伊藤さんはこの仕事に向い
ていないと思う。
몇 번을 설명해도 이해를 못해서는, 역시 이토 씨는 이 일에 맞지 않는 것 같다.

～わけだ/～わけではない　～한 셈이다 / ～하는 것은 아니다

A 「加藤さんは中学時代に陸上部にいたんだって。」
가토 씨는 중학생 때 육상부에 있었대.

B 「どうりで足が速いわけだ。」
그래서 발이 빠르구나.

文句を言っても、石原さんに反対しているわけじゃありません。
불평을 해도, 이시하라 씨에게 반대하고 있는 건 아니에요.

048

～わけにはいかない　～할 수는 없다

A 「山田先生、今から原稿をいただきにあがってもよろしいでしょうか。」
야마다 선생님, 지금부터 원고를 받으러 방문해도 괜찮겠습니까?

B 「すみません、まだなんです。あと1週間待っていただくわけにはいきませんか。」
죄송합니다, 아직이에요. 앞으로 1주일 기다려주실 수는 없으세요?

あまり付き合いがなくても、お見舞いに行かないわけにはいかない。
별로 왕래가 없어도, 병문안을 안 갈 수는 없다.

～を機に・～を契機に　～을 계기로

小林さんは定年退職を機に絵を習い始めたそうだ。
고바야시 씨는 정년퇴직을 계기로 그림을 배우기 시작했다고 한다.

内田さんは病気を契機にお酒とタバコをやめた。
우치다 씨는 병을 계기로 술과 담배를 끊었다.

～をもって/～をもってすれば
①～으로, ～을 끝으로　②～으로, ～을 통해 / ～(으로)라면

これをもってパーティーを終了させていただきます。
이것으로 파티를 끝내겠습니다.

あなたの実力をもってすれば、どんなことでもやれると思うよ。
당신 실력이라면 어떤 일이든 할 수 있을 거라 생각해.

051 **~あげく** ~한 끝에

２時間も待たされた**あげく**、翌日来てくれと言われた。
2시간이나 기다리게 된 끝에, 다음 날 와달라는 말을 들었다.

052 **~あっての** ~이 있기에 가능한, ~이 있어야 성립되는

今回の勝利はチームワーク**あっての**ものだと思います。
이번 승리는 팀워크가 있기에 가능했다고 생각합니다.

053 **~上で / ~上に** ①~한 후에 ②~하는 데 있어서 / ~인 데다가

資料をまとめた**上で**、上司に提出した。
자료를 정리한 후에 상사에게 제출했다.

企画を立てる**上で**、事前調査は欠かせない。
기획을 세우는 데 있어서, 사전 조사는 빼놓을 수 없다.

このへんは物価が高い**うえに**交通も不便なので暮らしにくい。
이 근처는 물가가 비싼 데다가 교통도 불편하기 때문에 살기 불편하다.

054 **~(よ)うにも~(でき)ない** ~하려 해도 ~할 수 없다

論文がまだ完成しないので、ディズニーランドへ遊びに行こ**うにも行けない**。
논문이 아직 완성되지 않아서, 디즈니랜드에 놀러 가려고 해도 갈 수 없다.

055 **~恐れがある** ~할 우려가 있다, ~할 위험이 있다

食品を適切に保存しないと、腐敗する**恐れがある**。
식품을 적절하게 보존하지 않으면 부패할 위험이 있다.

056 **~思いをする・~思いだ** ~한 기분이 되다, ~한 심정이다

ぼくは手術の前には水が飲めなくて、大変つらい**思いをした**。
나는 수술 전에는 물을 마실 수 없어서, 정말 괴로운 경험을 했다.

もう夫に会えないかと思うと、胸が詰まる**思いです**。
이제 남편을 만날 수 없나 하고 생각하니, 가슴이 메이는 심정입니다.

～か否か　～인지 아닌지

この計画が成功するか否かは、全員の協力にかかっている。
이 계획이 성공할지 아닌지는 전원의 협력에 달려 있다.

～がたい　～하기 어렵다

彼の説明は難しすぎて、理解しがたい部分がある。
그의 설명은 너무 어려워서 이해하기 어려운 부분이 있다.

～かのようだ　(마치) ～인 듯하다, ～인 것 같다

日に焼けた黒い腕が競技会で優勝した勝利の印であるかのようだった。
햇볕에 탄 까만 팔이 경기 대회에서 우승한 승리의 증표인 것 같았다.

山田さんはまるで自分の家を建てるかのように親身になって対応してくれた。
야마다 씨는 마치 자기 집을 짓는 듯이 정성을 다해 응대해주었다.

～から言えば・～からすれば　～으로 보아, ～의 입장에서

この成績から言えば、東大はかなり無理だと思う。
이 성적으로 보건대, 도쿄대는 상당히 무리라고 생각한다.

どっちにも行ったことがある自分から言わせてもらえば、まず金閣寺は見逃せないですね。
두 곳 모두 가본 적이 있는 제 입장에서 보건대, 우선 금각사는 놓칠 수 없죠.

061

～からして　①～부터가　②～으로 보아

部長からして事態を把握していないのだから、平社員によくわからないのも無理はない。
부장부터가 사태를 파악하고 있지 않으니까, 평사원이 잘 모르는 것도 무리는 아니다.

この手紙は筆跡からして彼が書いたに違いない。
이 편지는 필적으로 보아 그가 쓴 것임에 틀림없다.

～からといって・～からって　～라고 해서

日本に住んでいるからといって、日本語が話せるとは限らない。
일본에 살고 있다고 해서, 일본어를 할 수 있다고는 할 수 없다.

値段が高いからって、必ずしも質がいいわけではない。
가격이 비싸다고 해서, 반드시 질이 좋은 것은 아니다.

063 ～ことなしに(は)・～ことなく　　～하지 않고(는)

事実関係を確認することなしに、うわさだけで彼を犯人だと決めつけるの
はおかしい。
사실 관계를 확인하지 않고, 소문만으로 그를 범인이라고 단정짓는 것은 이상하다.

失敗をおそれることなく行動してほしい。
실패를 두려워하지 않고 행동해 주었으면 한다.

064 ～ことか　(얼마나) ～한가, ～한 일인가

君には何度だまされ、裏切られたことか、もう許せない。
너한테는 몇 번이나 속고, 배신당했는지, 이제 용서할 수 없다.

15年も一緒に暮らした犬に死なれて、どんなに悲しかったことか。
15년이나 같이 살았던 개가 죽어서, 얼마나 슬펐던가!

065 ～ことはない / ～こともある　　～할 필요는(일은) 없다 / ～할 때도 있다

時間は十分あるから、そんなに急ぐことはない。
시간은 충분하니까 그렇게 서두를 필요는 없다.

普段は穏やかだが、彼は突然怒り出すこともある。
평소에는 온화하지만, 그는 갑자기 화를 낼 때도 있다.

066 ～際は　～할 때는

退室の際は、電気を消したか確認しましょう。
퇴실 시에는 불을 껐는지 확인합시다.

会議室を利用する際は、必ず予約をしてください。
회의실을 이용할 때는 반드시 예약을 해 주십시오.

067 ～さえ～ば　～만 ～하면

生きて帰ってきてくれさえすれば、それだけでいい。
살아서 돌아와 주기만 하면, 그것만으로 좋아.

あなたが幸せでさえあれば、私はほかのことなどどうでもいい。
당신이 행복하기만 하다면, 나는 다른 건 아무래도 좋아.

068 ～始末だ　～꼴이다, ～지경이다

ああした方がいい、こうした方がいいと大騒ぎしたあげく、このしまつだ。
이렇게 하는 게 낫다, 저렇게 하는 게 낫다며 큰 소란을 피운 끝에 이 모양이다.

069 **〜た末(に)・〜の末(に)** 〜한 끝에

よく考えた末(に)、田中さんはその申し出を断りました。
곰곰이 생각한 끝에, 다나카 씨는 그 제의를 거절했습니다.

長年の苦労の末(に)、山田さんはとうとう実験に成功した。
오랜 고생 끝에, 야마다 씨는 드디어 실험에 성공했다.

070 **〜たとたん(に)・〜なり** 〜한 순간(에), 〜하자마자

家を出ようとしたとたんに、雨が激しく降り出した。
집을 나서려는 순간, 비가 세차게 내리기 시작했다.

ベルが鳴るなり、生徒たちは一斉に教室を飛び出した。
벨이 울리자마자, 학생들은 일제히 교실을 뛰쳐나갔다.

071 **〜だろうに** 〜할 텐데

もう少しだけ注意を払っていれば、事故は起きなかっただろうに。
조금만 더 주의를 기울였더라면 사고는 일어나지 않았을 텐데.

072 **〜っけ** 〜더라?, 〜던가?, 〜였지?

あのレストラン、予約が必要だったっけ？
그 레스토랑, 예약이 필요했던가?

073 **〜っこない** 〜할 리가 없다

60冊もの漫画を一晩じゃとうてい読み切れっこないからあきらめた。
60권이나 되는 만화책을 하룻밤에 도저히 다 읽을 수 있을 리가 없어서 포기했다.

074 **〜っぱなし** 〜한 채로

窓を開けっぱなしにしていたら、部屋が冷たくなった。
창문을 열어둔 채로 두었더니 방이 차가워졌다.

075 **〜つもりで/〜つもりになる** 〜한 셈치고 / 〜한 셈이 되다

志望する大学に向けて死んだつもりで勉強します。
지망하는 대학을 목표로 죽은 셈치고 공부하겠습니다.

旅行の計画を立てただけで、もう旅行に行ったつもりになる。
여행 계획을 세운 것만으로, 이미 여행을 간 셈이 된다.

076

てからというもの／〜というもの　　〜하고 나서 (계속) / 최근 〜동안

車を手に入れてからというもの、彼は毎週ドライブに出かけている。
차를 구입하고 나서 계속, 그는 매주 드라이브를 가고 있다.

彼女はここ1か月というもの授業を休んでいる。
그녀는 요 한 달 동안 수업을 쉬고 있다.

〜てこそ　　〜해서야 비로소, 〜해야만

多くの人々の支えがあってこそ、今の自分がいる。
많은 사람들의 지원이 있었기에 비로소, 지금의 내가 있다.

〜てならない・〜てたまらない　　〜해서 견딜 수 없다, 너무 〜하다

中村さんは、試験の結果が気になってならないくせに、平然とした顔をしていた。
나카무라 씨는, 시험 결과가 신경쓰여 견딜 수 없는 주제에, 태연한 얼굴을 하고 있었다.

鈴木さんは、嬉しくてたまらないかのような顔をしてみせた。
스즈키 씨는 기뻐서 견딜 수 없다는 듯한 표정을 지어 보였다.

〜では(でも)あるまいし／〜では(でも)あるまい

〜도 아니고, 〜도 아닐 테고 / 〜하지 않을 것이다, 〜도 아닐 것이다

君ではあるまいし、そんな話にはだまされないよ。
(내가) 너도 아닌데, 그런 말에는 안 속아.

「どうせ大したものが入っているわけではあるまい」と思ったものの、結局買ってしまった。
'어차피 대단한 게 들어 있는 것도 아닐 거야'라고 생각했지만, 결국 사고 말았다.

〜てはいられない　　〜하고 있을 수는 없다

レポートの締め切りが明日だから、ゆっくり休んではいられない。
리포트 마감이 내일이라서 느긋하게 쉬고 있을 수는 없다.

〜てばかりいる／〜てばかりは(も)いられない

〜하고만 있다 / 〜하고만 있을 수는(도) 없다

そんなずっと食べてばかりいると太るよ。
그렇게 계속 먹고만 있으면 살쪄.

もう親に甘えてばかりはいられないので自立することにした。
이제 부모님께 어리광만 부릴 수는 없어서 독립하기로 했다.

082

～てまで/～までして　～하면서까지 / ～까지 해서

環境破壊をしてまで工業化をおし進めていくのには疑問がある。
환경 파괴를 하면서까지 공업화를 밀고 나가는 것에는 의문이 있다.

いずれにせよ、盗作までして賞を取ろうとする神経は理解できない。
어쨌든, 표절까지 해서 상을 받으려고 하는 정신 상태는 이해할 수 없다.

～てみせる　～해 보이겠다, ～하고야 말겠다

私はあのハンサムな男の人ときっと結婚してみせよう。
나는 저 잘생긴 남자하고 반드시 결혼하고 말겠어.

～ても仕方がない・～ても始まらない

～해도 하는(어쩔) 수 없다, ～해도 소용없다

全然勉強していないんだから、試験に落ちてもしかたがない。
전혀 공부를 안하니까, 시험에 떨어져도 어쩔 수 없다.

後になって悔しがっても始まらない。後悔とはそういう言葉だ。
나중에 분하게 여겨도 소용없다. 후회란 그런 말이다.

～と相まって　～와 더불어, ～와 함께

監督の熱意と出演者の努力とが相まって、素晴らしい番組ができ上がった。
감독의 열의와 출연자의 노력이 어우러져 멋진 프로그램이 완성되었다.

～とあって/～とあっては・～とあれば　～이라서 / ～이라면

10年に一度のお祭りとあって、村は見物客でにぎわった。
10년에 한 번 있는 축제인 만큼, 마을은 구경꾼으로 북적였다.

君がうそをついたとあっては許すわけにはいかない。
자네가 거짓말을 한 거라면 용서할 수는 없어.

最近の親は、子どものためとあれば出費を惜しまない。
요즘 부모는 자녀를 위해서라면 지출을 아끼지 않는다.

～というところだ・～といったところだ

잘해야(기껏해야) ～이다, ～정도다

家の建築費は少なめに見積もっても２千万円というところだろう。
집 건축비는 적게 어림잡아도 2천만 엔 정도일 것이다.

店はだいぶ軌道に乗ってきたが、まだ収支トントンといったところだ。
가게는 상당히 궤도에 올랐지만, 아직 수지가 엇비슷한 정도다.

088 **〜と思いきや**　〜라고 생각했는데

てっきり二人は結婚すると思いきや、実はただの飲み友だった。
틀림없이 두 사람은 결혼할 줄 알았는데, 실은 그냥 술친구였다.

089 **〜とか/〜とかで**　〜라(고 하)던데 / 〜라(고 하)면서

病院での４年間はＯＬ時代には感じることのできなかった楽しさだったとか。
병원에서의 4년간은 회사를 다닐 때에는 느끼지 못했던 즐거움이었다던데.

A「山本君は？」
　야마모토 군은?

B「急用ができたとかで、今帰りました。」
　급한 용무가 생겼다면서 방금 돌아갔어요.

090 **〜ところだ/〜たいところだ**

①막 〜하려는 참이다　②한창 〜하는 중이다　③막 〜한 참이다 / 〜하고 싶다

これから準備して家を出るところだ。
이제부터 준비해서 집을 나가려던 참이다.

この企画は完璧にやり遂げたいところだが、時間がない。
이 기획은 완벽하게 해내고 싶지만 시간이 없다.

091 **〜ところだった**　(하마터면) 〜할 뻔했다

ちゃんと前を見て運転してよ。今となりの車にぶつかるところだったよ。
앞을 제대로 보고 운전해. 지금 옆 차에 부딪힐 뻔했어.

092 **〜どころではない**　〜할 상황이 아니다

台風が近づいているので、のんびり散歩するどころではない。
태풍이 다가오고 있어서, 한가롭게 산책할 상황이 아니다.

093 **〜ところに(へ)/〜ところで/〜ところを**

〜하던 차에 / 〜할 즈음에 / ①〜한 와중에, 〜인데도, 〜하는데　②〜하던 참에

ちょうど出かけようとしていたところへ、国の母から小包が届いた。
마침 나가려던 차에, 고향에 있는 어머니로부터 소포가 도착했다.

買い物に出かけようとしたところで、急に雨が降ってきて諦めた。
쇼핑을 나가려던 참에, 갑자기 비가 와서 포기했다.

先日はお忙しいところをおいでくださいまして、本当にありがとうござい
ました。
일전에는 바쁘신 와중에 와 주셔서 정말로 감사했습니다.

本来は「政府が」と言うべきところを「国が」と言っていることがあります。
본래는 '정부가'라고 말해야 되는데 '나라가'라고 말하는 경우가 있습니다.

094 ～ところを見ると ～하는 것을 보니

二人があんなに親密なところを見ると、付き合っているに違いない。
두 사람이 저렇게 친밀한 것을 보니, 사귀고 있는 게 틀림없다.

095 ～とする/～とすれば ～로 하다 / ～라고 한다면

新しい方針は、来月から適用するものとする。
새로운 방침은 다음 달부터 적용하기로 한다.

これだけ大量の農薬が使用され続けるとすれば、人畜に与える害は計り知
れない。
이만큼 대량의 농약이 계속 사용된다고 한다면, 사람과 가축에게 주는 피해는 헤아릴 수 없다.

096 ～と(も)なると・～と(も)なれば ～이라도 되면, ～쯤 되면

一国の首相となると、忙しくてゆっくり家族旅行などしてはいられないだ
ろう。
한 나라의 수상쯤 되면, 바빠서 여유롭게 가족 여행 같은 것은 하고 있을 수 없을 것이다.

動物の世界ではボスともなれば、縄張りを守るために命をかけて戦わねばな
らない。
동물의 세계에서는 보스쯤 되면, 자기 영역을 지키기 위해서 목숨을 걸고 싸워야 한다.

097 ～とは限らない ～하다고는 할 수 없다

太っているからといって大食いとは限らない。
뚱뚱하다고 해서 대식가라고는 할 수 없다.

098 ～と引き換えに/～に引き換え ～와 바꿔, ～와 교환으로 /～와는 달리, ～에 비해

男は人質とひきかえに3000万円を要求した。
남자는 인질과 교환으로 3000만 엔을 요구했다.

優秀な成績で大学を卒業した兄に引き換え、弟は遊んでばかりだ。
우수한 성적으로 대학을 졸업한 형과는 달리 남동생은 놀기만 한다.

099 **〜とも** 〜하더라도

独りのときは誰が来ようとも、玄関の戸を開けてはいけないよ。
혼자일 때는 누가 오더라도, 현관문을 열어서는 안 돼.

100 **〜ないことには** 〜하지 않으면

この件は上司に相談してみないことには、お返事できません。
이 건은 상사에게 상담해 보지 않으면 답변할 수 없습니다.

101 **〜ないまでも** 〜까지는 않더라도

手品のプロにはならないまでも、これを使って人を喜ばせることができたらいい。
프로 마술사까지는 되지 않더라도, 이것을 이용해 남을 기쁘게 할 수 있으면 된다.

102 **〜ながらに(して)/〜ながらも** 〜인 채로, 〜하면서 / 〜이지만, 〜이면서도

家に居ながらにして、世界中のニュースを知ることができる。
집에 있으면서 전 세계의 뉴스를 알 수 있다.

彼女は生まれながらの優しい性格で、誰に対しても親切だ。
그녀는 타고난 상냥한 성격으로 누구에게나 친절하다.

苦労の末に手に入れた2DKの部屋は、狭いながらも楽しいわが家だ。
고생 끝에 구입한 2DK의 방은 좁지만 즐거운 우리 집이다.

103 **〜なくして(は)・〜なしに(は)** 〜없이(는)

皆様のご協力なくしては、とてもこの事業は達成できなかったでしょう。
여러분의 협력 없이는, 도저히 이 사업은 달성할 수 없었을 것입니다.

死ぬほどの努力をすることなしには、この壁を乗り越えることはできない。
죽을 만큼의 노력하는 일 없이는, 이 벽을 뛰어넘을 수는 없다.

104 **〜ならともかく・〜ならまだしも** 〜라면 몰라도

専門家ならともかく、素人ではこの機械を修理することはできない。
전문가라면 몰라도, 초보가 이 기계를 수리할 수는 없다.

遅れてくるならまだしも、連絡もなしに休むなんて信じられない。
늦게 오는 거라면 몰라도, 연락도 없이 쉬다니 믿을 수 없다.

105 ~なりに/~なりの　　~나름대로 / ~나름(대로)의

私が有名な大学に入れたのは、自分なりに一生懸命勉強したからだと思います。
제가 유명한 대학에 들어갈 수 있었던 것은, 제 나름대로 열심히 공부했기 때문이라고 생각합니다.

若い人には若い人なりの考えがあるだろう。
젊은 사람에게는 젊은 사람 나름의 생각이 있을 것이다.

106 ~にあたり・~にあたって　　~을 할 때에, ~함에 있어서

本サービスのご利用にあたり、必ず利用規約をご確認ください。
본 서비스를 이용할 때에, 반드시 이용 약관을 확인해 주십시오.

論文の発表を始めるにあたって、資料を配布した。
논문 발표를 시작할 때에 자료를 배포했다.

107 ~にあって(は/も)　　~에서(는/도)

彼女は担任という立場にあって、進路指導などを公平にしなければならない。
그녀는 담임이라는 입장에서, 진로 지도 등을 공평하게 해야 한다.

情報化社会にあっては、個人情報の保護が非常に重要だ。
정보화 사회에서는 개인정보 보호가 매우 중요하다.

多忙な日々にあっても、健康管理は怠らないようにしたい。
바쁜 나날 속에서도, 건강관리는 소홀히 하지 않도록 하고 싶다.

108 ~に至って(は)/~に至るまで　　~에 이르러서(는) / ~에 이르기까지

ことここにいたっては、未経験の僕にはどうすることもできない。
일이 이 지경에 이르러서는, 경험이 없는 나로서는 어떻게 할 수도 없다.

最近の店は、食料品から雑貨・化粧品に至るまで、手広く扱っているところが多い。
요즘의 가게는 식료품에서 잡화·화장품에 이르기까지 폭넓게 취급하고 있는 곳이 많다.

109 ~において/~における　　~에서 / ~에서의

卒業式は体育館において9時より開催いたします。
졸업식은 체육관에서 9시부터 개최합니다.

世界におけるその国の役割はますます重要になってきている。
세계에서의 그 나라의 역할은 더욱더 중요해지고 있다.

110 **〜にかけては** 　〜에서는, 〜에 있어서는

彼女は仕事の段取り**にかけては**、誰にも負けない。
그녀는 일 처리 능력에서는 누구에게도 지지 않는다.

111 **〜に決まっている** 　당연히 〜이다, 〜할 게 뻔하다

こんなに難しい問題は、誰がやっても解けない**に決まっている**。
이렇게 어려운 문제는 누가 해도 풀리지 않을 게 뻔하다.

112 **〜に越したことはない** 　〜보다 나은 것은 없다, 〜가 제일이다

万が一の事態に備えて、保険には加入しておく**に越したことはない**。
만일의 사태에 대비해, 보험은 가입해 두는 것이 제일이다.

113 **〜にしたら・〜にすれば／〜にしても**
〜로서는, 〜의 입장에서는 / 〜라고 해도

あの人の立場**にしたら**、そんなことはできなかっただろう。
그 사람의 입장에서는, 그런 일은 할 수 없었을 것이다.

事故で電車が止まった**にしても**、一言連絡くらいはできたはずだ。
사고로 전철이 멈췄다고 하더라도, 한마디 연락 정도는 할 수 있었을 것이다.

114 **〜にしては** 　〜치고는

この店のカレーライスはこの値段**にしては**おいしい。
이 가게의 카레라이스는 이 가격치고는 맛있다.

115 **〜にしろ・〜にせよ／〜にしろ〜にしろ** 　〜라 하더라도 / 〜든 〜든

無礼とまでは言わない**にせよ**、彼はぶっきらぼうに話した。
무례하다고까지는 말하지 않더라도, 그는 퉁명스럽게 말했다.

本当**にしろ**うそ**にしろ**大したことじゃない。
정말이든 거짓이든 별일 아니야.

116 **〜にたえる／〜にたえない**
〜할 만한 / ①(차마) 〜할 수 없다 ②〜해 마지않다, 너무나도 〜하다

彼は、どんな重要な仕事でも任せられる、信頼**にたえる**人物だ。
그는 어떤 중요한 일이라도 맡길 수 있는, 신뢰할 만한 인물이다.

有名な作家の講演会に行ったところ、あまりに聞くにたえない内容でがっかりした。

유명한 작가의 강연회에 갔더니, 너무나 들어줄 수 없는 내용이라 실망했다.

117 ～につけ(て)/～につけ～につけ/～につけても

～때마다, ～에 따라 / ～든 ～든 / ～와 관련하여 (항상)

学生時代の親友と会うにつけ、昔と変わらない友情を感じる。

학창시절 친한 친구와 만날 때마다 옛날과 다름없는 우정을 느낀다.

電子辞典の登場は良きにつけ悪きにつけ出版界に多大な影響を与えた。

전자사전의 등장은 좋든 나쁘든 출판계에 지대한 영향을 끼쳤다.

それにつけても人は見かけによらないものだ。

그것과 관련하여 사람은 겉보기와는 다른 법이다.

118 ～にほかならない　　바로 ～이다, ～임에 틀림없다

あなたの言ったことはセクハラにほかなりません。

당신이 한 말은 바로 성희롱입니다.

親が子供を叱るのは、愛しているからにほかならない。

부모가 아이를 꾸짖는 것은 바로 사랑하기 때문이다.

119 ～にもかかわらず　～임에도(인데도) 불구하고

何度も失敗したにもかかわらず、彼は諦めずに挑戦しつづけた。

몇 번이나 실패했음에도 불구하고, 그는 포기하지 않고 계속 도전했다.

120 ～にもほどがある　～에도 정도가 있다

長すぎるにもほどがある。会議がもう５時間も続いている。

너무 긴 것도 정도가 있다. 회의가 벌써 5시간이나 이어지고 있다.

121 ～の(ん)じゃなかった　　～하는 게 아니었어, ～하지 말걸

ダイエット中の人なら、やっぱり食べるのじゃなかった、と後で悔いることも多い。

다이어트중인 사람이라면, 역시 먹는 게 아니었어, 하고 나중에 후회하는 일도 많다.

あ、困った、こんなことじゃ、招待なんか受けるんじゃなかった。

아, 난처하네, 이런 거라면, 초대 같은 거 수락하지 말걸.

122 **〜のをいいことに・〜にかこつけて** 〜을 구실로, 〜을 핑계 삼아

上司が留守なのをいいことに、彼は万事を思いどおりにした。
상사가 부재인 것을 핑계 삼아, 그는 만사를 마음대로 했다.

取材にかこつけて、憧れの俳優に会いに行った。
취재를 핑계로, 동경하던 배우를 만나러 갔다.

123 **〜はいいが** 〜는 좋지만, 〜하기는 한데

健康のために運動するのはいいが、無理をしてはいけない。
건강을 위해 운동하는 것은 좋지만 무리를 해서는 안 된다.

124 **〜ばこそ** 〜하기 때문에 (비로소)

道が険しければこそ、頂上にたどり着いた時の感動は大きい。
길이 험하기 때문에 비로소, 정상에 도착했을 때의 감동이 크다.

今回のプロジェクトが無事に完了できたのは、ひとえに貴社のご協力があればこそです。
이번 프로젝트가 무사히 완료될 수 있었던 것은, 전적으로 귀사의 협력이 있었기에 비로소 가능했던 일입니다.

125 **〜はともかく・〜はどうあれ** 〜은 차치하고, 〜은 어찌 됐든

結果はともかく、そこに至るまでの過程が大切だ。
결과는 어찌 됐든, 거기에 이르기까지의 과정이 중요하다.

事情はどうあれ、無断欠席は認められない。
사정은 차치하고, 무단결석은 인정할 수 없다.

126 **〜ばよかった** 〜했더라면(했으면) 좋았겠다

学生時代にもっと真面目に日本語の勉強をしておけばよかった。
학창시절에 좀 더 성실하게 일본어 공부를 해두었으면 좋았겠다.

127 **〜べきだ/〜べきではない** 〜해야 한다 / 〜해서는 안 된다

自分の行動には、自分で責任をとるべきだ。
자신의 행동에는 스스로 책임을 져야 한다.

運転中には、携帯電話を操作すべきではない。
운전 중에는 휴대폰을 조작해서는 안 된다.

128 ～べく　～하기 위해, ～하고자

山田さんは、借金を返すべく昼となく夜となく働いている。
야마다 씨는 빚을 갚기 위해 밤낮없이 일하고 있다.

129 ～まじき　～해서는 안 될

幼い小学生を何人も殺すとは、人間としてあるまじき行為だ。
어린 초등학생을 몇 명이나 죽이다니, 인간으로서 있어서는 안 될 행위다.

130 ～まで(に)/～までになった　～할 만큼, ～할 정도(로) / ～할 정도까지 되었다

我が社の革製品は、完璧なまでに魅力的なデザインを備えている。
우리 회사의 가죽제품은, 완벽할 정도로 매력적인 디자인을 갖추고 있다.

毎日コツコツ勉強して、辞書なしで新聞が読めるまでになった。
매일 꾸준히 공부해서, 사전 없이 신문을 읽을 수 있을 정도까지 되었다.

131 ～までもない/～とまでは言わないが　～할 것까지도 없다, ～할 필요도 없다 / ～라고까지는 할 수 없지만

戦争がどんなに恐ろしい結果をもたらすか、今さら言うまでもない。
전쟁이 얼마나 무서운 결과를 초래하는지, 새삼스레 말할 필요도 없다.

最高にうまいとまでは言わないが、値段を考えれば大満足だ。
최고로 맛있다고까지는 할 수 없지만, 가격을 생각하면 대만족이다.

132 ～まま　～되는 대로, ～하는 대로

専門家に勧められるまま、投資を始めた。
전문가가 권유하는 대로, 투자를 시작했다.

133 ～見込みだ　～할 전망이다, ～할 예정이다

円高の影響で、来年の輸出量は減少する見込みだという。
엔고의 영향으로, 내년의 수출량은 감소할 전망이라고 한다.

134 ～も～ないも　～든 ～하지 않든

息子が大学に合格するもしないも、ただ応援するだけだ。
아들이 대학에 합격하든 안 하든, 그저 응원할 뿐이다.

135 **〜も〜ば(なら)〜も**　　〜도 〜하고(하거니와) 〜도

洗濯の好きな人もいれば、料理が趣味という人もいる。
빨래를 좋아하는 사람도 있고 요리가 취미라는 사람도 있다.

こんな事件を起こすなんて、親も親なら子も子だ。
이런 사건을 일으키다니, 부모도 부모지만 자식도 자식이다.

136 **〜もさることながら**　　〜도 물론이지만 (또)

A教授は、研究業績もさることながら、政治手腕の方もなかなかのものだ。
A교수는, 연구실적도 물론이지만 정치 수완 쪽도 대단하다.

137 **〜もの・〜もん**　　〜인걸, 〜란 말이야

そんなに怒らないでよ、だって、そんなこと全然知らなかったんだもの。
그렇게 화내지 마, 왜냐하면 그런 거 전혀 몰랐단 말이야.

A：この店、いつも行列ができるんだね。

B：だってこの店のケーキ、おいしいんだもん。

A: 이 가게, 항상 줄을 서는구나.
B: 왜냐하면 이 가게 케이크, 맛있거든.

138 **〜(もの)と思われる/〜(もの)とは思えない**

〜라고 여겨지다 / 〜라고는 여겨지지 않는다

この実験は加藤さんの理論を参考にしたものと思われる。
이 실험은 가토 씨의 이론을 참고한 것으로 보인다.

この仕事はそれほど誇りの持てるものとは思えないよ。
이 일은 그리 긍지를 가질 수 있다고는 여겨지지 않아.

139 **〜ものなら**　　①〜할 수 있으면　②〜했다가는

一緒に行けるものなら行ってあげたいが、仕事の都合上、そうもいかない。
같이 갈 수 있다면 가 주고 싶지만, 일의 형편상 그렇게도 안 된다.

掃除をさぼろうものなら、先生にしかられる。
청소를 땡땡이 쳤다가는 선생님에게 야단맞는다.

140 **〜ものの**　　〜이기는 하지만

軽い怪我だったからいいようなものの、大事故になっていたらと思うと
こわい。
가벼운 부상이었기에 다행이긴 하지만, 큰 사고가 났다면 하고 생각하니 무섭다.

141 **〜ものを** 〜인데, 〜일 텐데, 〜일 것을

対応がもっと早ければよかった**ものを**、救助が遅れて被害が広がった。
대응이 좀 더 빨랐더라면 좋았을 텐데, 구조가 늦어져 피해가 커졌다.

142 **〜よう/〜ようによっては** 〜하는 방법 / 〜하기에 따라서는

本のタイトルさえ分かれば、探し**よう**もあるのだが。
책 제목만 알면 찾을 방법도 있는데.

考え**ようによっては**、彼らの人生も幸せだったと言えるかもしれない。
생각하기에 따라서는, 그들의 인생도 행복했었다고 말할 수 있을지도 모른다.

143 **〜ようとする/〜ようと(は/も)しない**
〜하려고 하다 / 〜하려고(는/도) 하지 않는다

チームのみんなは今回のプロジェクトを成功させ**ようとして**、全力を尽くしている。
팀원 모두는 이번 프로젝트를 성공시키려고 전력을 다하고 있다.

彼は、自分の考えを変え**ようとはしない**ので、議論にならない。
그는 자신의 생각을 바꾸려고는 하지 않아서, 토론이 되지 않는다.

144 **〜を受け(て)** 〜을 받아, 〜의 영향으로

高橋さんは兄たちの影響**を受けて**サッカー部に入ったそうです。
다카하시 씨는 형들의 영향을 받아 축구부에 들어갔다고 합니다.

株価の急落**を受けて**、株式市場は一時パニック状態となった。
주가 급락의 영향으로, 주식시장은 한때 패닉 상태가 되었다.

145 **〜を皮切りに** 〜을 시작으로

A社は、国内市場での成功**を皮切りに**、海外進出を果たした。
A사는 국내 시장에서의 성공을 시작으로 해외 진출을 이뤄냈다.

146 **〜を〜とする** ①〜을 〜로 하다 ②〜을 〜라고 (간주)하다

環境保護**を**目的**とした**団体に所属しています。
환경보호를 목적으로 한 단체에 소속되어 있습니다.

多くの学者は、若者の将来への不安**を**人口減少の最大の要因**としている**。
많은 학자들은, 젊은이들의 장래에 대한 불안을 인구 감소의 최대 요인이라고 간주하고 있다.

147 **〜を控(ひか)えて** 〜을 앞두고

新商品(しんしょうひん)の発売(はつばい)を控(ひか)えて、店員(てんいん)たちは陳列(ちんれつ)の準備(じゅんび)で忙(いそが)しい。
신상품 발매(출시)를 앞두고, 점원들은 진열 준비로 바쁘다.

148 **〜を踏(ふ)まえ(て)** 〜을 고려하여, 〜을 바탕으로

お客様(きゃくさま)の要望(ようぼう)を踏(ふ)まえて、商品(しょうひん)のデザインを一部変更(いちぶへんこう)することにした。
고객의 요청을 고려하여 상품의 디자인을 일부 변경하기로 했다.

149 **〜を余儀(よぎ)なくされる/〜を余儀(よぎ)なくさせる**

어쩔 수 없이 〜하게 되다 / 어쩔 수 없이 〜하게 하다

楽(たの)しみにしていた文化祭(ぶんかさい)であるが、雨(あめ)のため、中止(ちゅうし)を余儀(よぎ)なくされた。
기대하고 있었던 문화제지만, 비 때문에 어쩔 수 없이 중단하게 되었다.

干(かん)ばつは野菜(やさい)の値上(ねあ)げを余儀(よぎ)なくさせた。
가뭄은 어쩔 수 없이 채소 가격을 인상하게 했다.

150 **〜をよそに** 〜을 아랑곳하지 않고

住民(じゅうみん)の不安(ふあん)をよそに、原子力発電所(げんしりょくはつでんしょ)の建設(けんせつ)はどんどん進(すす)められた。
주민의 불안을 아랑곳하지 않고, 원자력 발전소 건설은 착착 진행되었다.

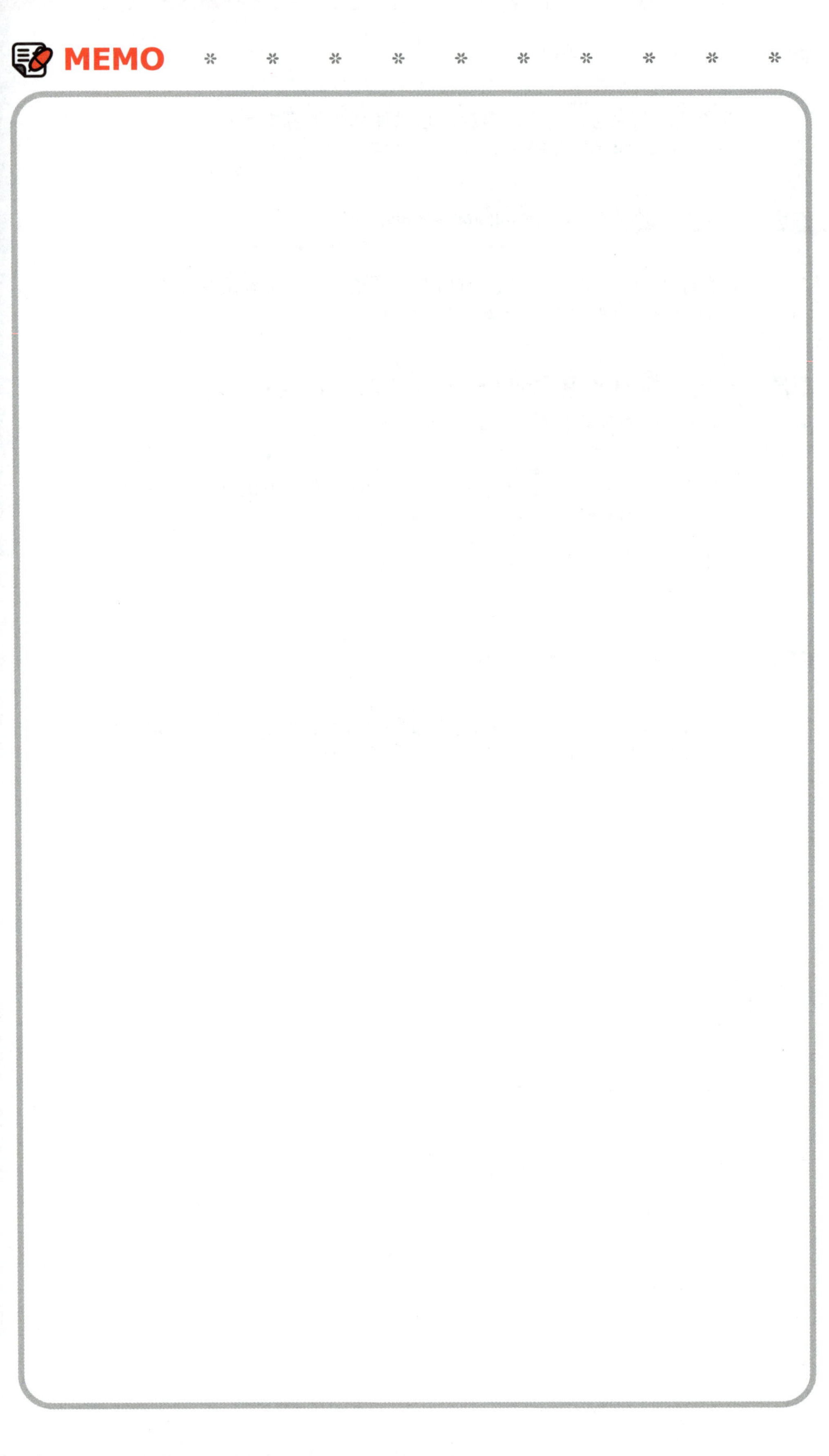

JLPT 한 권으로 끝내기

일본어능력시험

이치우, 기타지마 치즈코, 김성곤 공저

N1 해설집

다락원

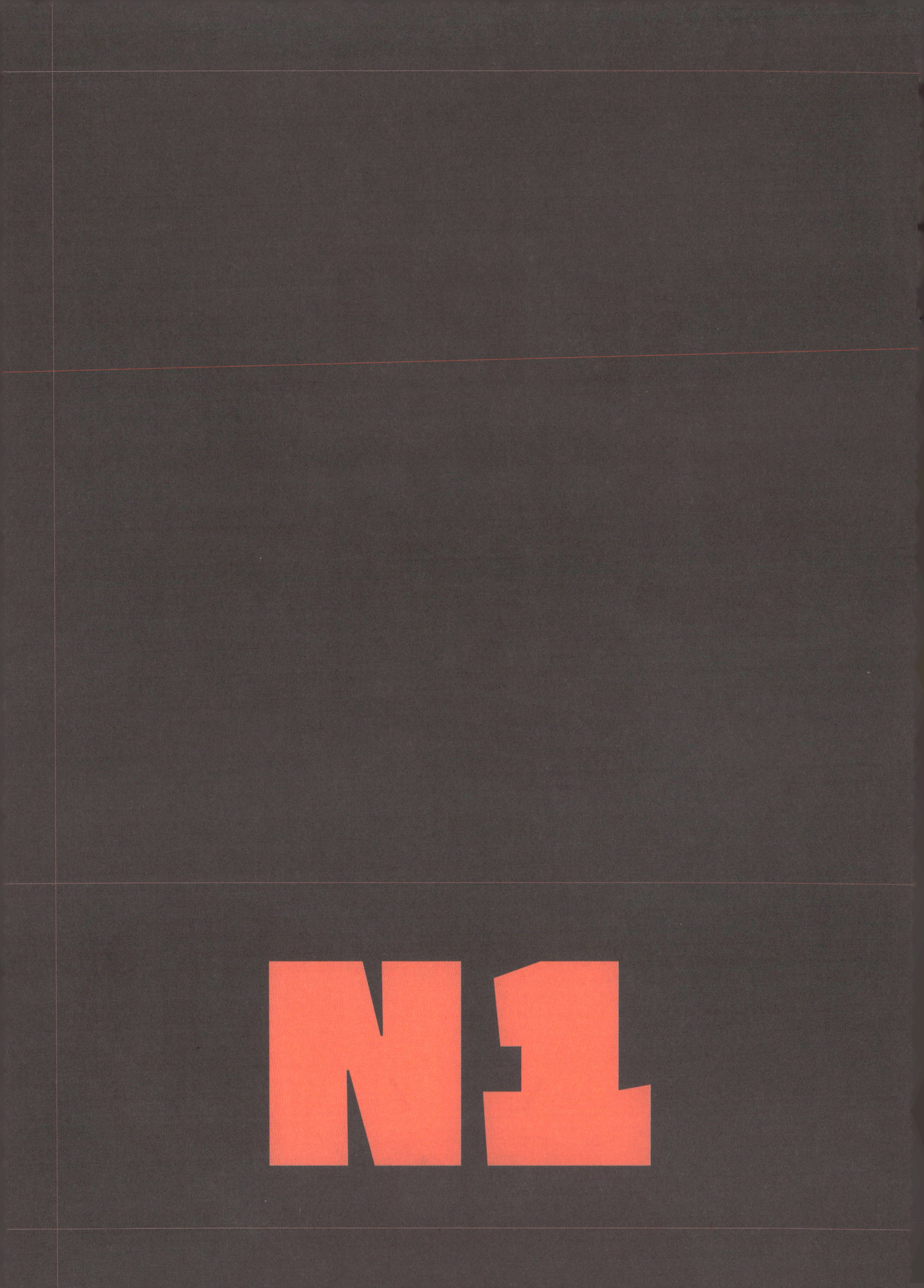

N1

JLPT

해설집

문자·어휘 / 문법 / 독해 / 청해

01 問題1 한자읽기 공략하기

문제 1 _____의 단어의 읽기로 가장 알맞은 것을 1·2·3·4에 서 하나 고르시오.

01 기출어휘 확인문제 한자읽기 p.19

1 선생님은 그의 잘못을 부드럽게 **타일렀다**.

해설 諭した는 **2 さとした**라고 읽는다. 諭す는 '타이르다, 깨우쳐 주다'라는 뜻으로 단순히 잘못을 지적하는 것을 넘어, 부드럽게 설득하여 깨닫게 하는 뉘앙스가 담겨 있다.

단어 間違(まちが)い 잘못, 실수 | いやす(癒す) 치유하다 | つくす(尽くす) 다하다 | ただす(正す) 바로잡다

2 자연의 **은혜**를 소중히 여기며 살아가다.

해설 恩恵는 '은혜, 혜택'이라는 뜻으로 **1 おんけい**라고 읽는다. 자연이나 사람으로부터 받은 고마운 혜택을 의미한다.

단어 自然(しぜん) 자연 | 大切(たいせつ)にする 소중히 여기다 | 暮(く)らす 살아가다, 지내다

3 그는, **마음 속**의 불안을 필사적으로 억눌렀다.

해설 胸中는 '가슴 속, 마음 속' 이라는 뜻으로 **2 きょうちゅう**라고 읽는다. 마음 속에 품은 생각이나 감정을 의미한다.

단어 必死(ひっし)に 필사적으로 | 抑(おさ)える 억누르다, 억제하다

4 커튼 너머로 달이 **비쳐서** 보인다.

해설 透けて는 **3 すけて**로 읽는다. 透ける는 '비치다', '투명하게 보이다'라는 뜻으로 얇은 물체 너머로 무언가가 보이는 상태를 나타낸다.

단어 カーテン越(ご)し 커튼 너머 | かける(掛ける) 걸치다 | かたむける(傾ける) 기울이다 | ぼける 흐릿해지다

5 태풍에 **막혀**, 불꽃놀이 축제는 취소되었다.

해설 阻まれる는 '막히다, 방해받다'라는 의미로, 태풍 같은 자연 재해가 일어났을 때 어떤 일이 진행되지 않게 되는 상황에서 사용된다. 올바른 읽기는 **3 はばまれ**이다.

단어 台風(たいふう) 태풍 | 花火大会(はなびたいかい) 불꽃놀이 축제 | 中止(ちゅうし) 중지, 취소

6 이야기를 재미있게 하기 위해서인지, 그는 **과장**해서 말하는 버릇이 있다.

해설 誇張는 '과장'이라는 뜻으로 올바른 읽기는 **1 こちょう**이다.

단어 〜ためか 〜위해서인지〈추측〉 | 癖(くせ) 버릇

7 이 작가의 작품은, **자유분방**한 표현이 매력적이어서 인기가 있다.

해설 奔放는 '자유분방, 제멋대로'라는 뜻으로 올바른 읽기는 **3 ほんぽう**이다.

단어 作家(さっか) 작가 | 作品(さくひん) 작품 | 魅力(みりょく) 매력

8 상대팀의 실력을 **얕보고** 있었던 것을, 시합에서 뼈저리게 느끼게 되었다.

해설 侮る는 '얕보다, 깔보다'라는 뜻으로 侮って는 **2 あなどって**로 읽는다.

단어 実力(じつりょく) 실력 | 試合(しあい) 시합 | 痛感(つうかん)する 통감하다, 뼈저리게 느끼다 | つちかう(培う) 배양하다, 기르다 | からかう 놀리다 | ののしる(罵る) 욕하다, 매도하다

9 매출 데이터는 경제 침체를 **여실히** 보여주고 있다.

해설 如実에는 '여실히, 사실 그대로'라는 뜻으로 올바른 읽기는 **2 にょじつに**이다.

단어 売上(うりあげ) 매출 | 落(お)ち込(こ)み 침체 | 示(しめ)す 보이다, 나타내다

10 인터넷상에는, 다양한 위험이 **잠재해** 있다.

해설 潜む는 '숨어 있다, 잠재하다'라는 뜻으로, 潜んで는 **3 ひそんで**라고 읽는다.

단어 〜上(じょう) 〜상 | 危険(きけん) 위험

02 기출어휘 확인문제 한자읽기 p.20

1 외출 시에는 반드시 현관문을 **잠그**도록 유의합시다.

해설 施錠는 문에 자물쇠를 채우거나 잠그는 것을 뜻하며 올바른 읽기는 **4 せじょう**이다.

단어 玄関(げんかん) 현관 | 心(こころ)がける 유의하다, 명심하다

2 그는 부하 직원의 부주의한 언행을 엄하게 **경고했다**.

해설 戒める는 '훈계하다, 타이르다, 경고하다'라는 뜻이며, 戒めた는 **2 いましめた**로 읽는다.

단어 不注意(ふちゅうい)な 부주의한 | 言動(げんどう) 언행 | 厳(きび)しく 엄하게, 혹독하게

3 화재 소식에 가게 안은 **소란스러워**졌다.

해설 騒然은 '시끌벅적함, 소란스러움'이란 뜻으로 **2 そうぜん**으로 읽는다. 騒然となる가 '소란스러워지다'라는 표현으로 쓰이는 것을 함께 알아두자.

단어 火災(かさい) 화재 | 知(し)らせ 소식, 알림 | 店内(てんない) 가게 안

4 지반의 **침하**가 진행되어, 건물이 기울었다.

해설 沈下는 '침하' 즉, 지반이나 구조물이 가라앉는 것을 뜻하며, 올바른 읽기는 **3 ちんか**이다.

단어 地盤(じばん) 지반 | 進(すす)む 나아가다, 진행되다 | 建物(たてもの) 건물 | 傾(かたむ)く 기울다

5 인류의 평화라는 **숭고**한 이념을 내걸고 활동한다.

해설 崇高는 '숭고함, 고결함'이라는 뜻으로 **1 すうこう**라고 읽는다. 뜻이나 품격이 높고 위대함을 의미한다.

단어 理念(りねん) 이념 | 掲(かか)げる 내걸다, 내세우다

6 시험 결과는 **좋지** 않았다.

해설 芳(かんば)しいは '향기롭다, 평판이 좋다'라는 뜻으로, 芳しく **2 かんばしく**라고 읽는다. 주로 부정형으로 쓰여 상황이나 결과가 좋지 않음을 의미한다.

단어 こうばしい 고소하다 | このましい(好ましい) 바람직하다 | あさましい(浅ましい) 비열하다

7 그는 아르바이트 수입으로 생활비를 **마련하고** 있다.

해설 賄うは '충당하다, 마련하다, 식사를 제공하다'라는 뜻으로 올바른 읽기는 **4 まかなって**이다.

단어 収入(しゅうにゅう) 수입 | 生活費(せいかつひ) 생활비 | きらう(嫌う) 싫어하다 | になう(担う) 떠맡다 | ふるまう 행동하다

8 꽃가루가 코의 **점막**을 자극해서, 재채기가 멈추지 않는다.

해설 粘膜는 '점막'을 뜻하는 의학 용어이다. 코 안이나 내장 기관을 덮고 있는 막으로, 올바른 읽기는 **2 ねんまく**이다.

단어 花粉(かふん) 꽃가루 | 鼻(はな) 코 | 刺激(しげき) 자극 | くしゃみ 재채기 | 止(と)まる 멈추다

9 인간의 평균 **수명**은 계속 늘어나고 있다.

해설 寿命는 '수명'이라는 뜻으로 **3 じゅみょう**라고 읽는다.

단어 平均(へいきん) 평균 | 延(の)びる 늘어나다, 길어지다

10 그녀는 **명랑**한 성격의 소유자다.

해설 朗らかは '명랑함, 쾌활함'을 뜻하는 な형용사로, 올바른 읽기는 **2 ほがらか**이다.

단어 性格(せいかく) 성격 | 持(も)ち主(ぬし) 소유자 | あきらか(明らか) 명백함 | なめらか(滑らか) 매끄러움 | やすらか(安らか) 편안함

---

03 **기출어휘 확인문제** 한자읽기　　　　p.21

1 법률에 따라 부정을 **심판한다**.

해설 裁くは '심판하다, 판결하다'라는 뜻으로 **2 さばく**라고 읽는다.

단어 法律(ほうりつ) 법률 | 不正(ふせい) 부정 | あざむく(欺く) 속이다 | そむく(背く) 등지다, 배신하다 | もがく 발버둥치다

2 그의 이야기에는 **모순**이 많아서 신뢰할 수 없다.

해설 矛盾은 '모순'이라는 뜻으로 앞뒤가 맞지 않는 상황이나 상태를 의미한다. 올바른 읽기는 **1 むじゅん**이다.

단어 信頼(しんらい) 신뢰

3 회사의 과거 20년의 **궤적**을 되돌아본다.

해설 軌跡는 '궤적, 지나온 발자취'라는 뜻으로 **1 きせき**라고 읽는다. 물체가 지나간 자취나 사람이 걸어온 과정을 의미한다.

단어 過去(かこ) 과거 | 振(ふ)り返(かえ)る 되돌아보다

4 지진의 강한 흔들림에, **절규**하는 소리가 들렸다.

해설 絶叫는 '절규'라는 뜻으로 올바른 읽기는 **2 ぜっきょう**이다. ぜっきゅう를 고르지 않도록 주의한다.

단어 地震(じしん) 지진 | 揺(ゆ)れ 흔들림

5 그의 상처는 순조롭게 **치유**되어, 내일 퇴원한다고 한다.

해설 治癒는 '치유'라는 뜻으로 올바른 읽기는 **1 ちゆ**이다.

단어 傷(きず) 상처 | 順調(じゅんちょう)に 순조롭게 | 退院(たいいん) 퇴원

6 그를 **따르는** 동료가 많이 있다.

해설 慕うは '존경하다, 따르다, 그리워하다'라는 뜻으로 **2 したう**라고 읽는다.

단어 同僚(どうりょう) 동료 | 数多(かずおお)く 수없이, 많이 | うやまう(敬う) 공경하다 | つちかう(培う) 기르다, 가꾸다 | すくう(救う) 구하다

7 지하수가 **고갈**되어, 농업에 심각한 영향이 나오고 있다.

해설 枯渇는 '고갈'이라는 뜻으로 올바른 읽기는 **3 こかつ**이다.

단어 地下水(ちかすい) 지하수 | 農業(のうぎょう) 농업 | 深刻(しんこく)な 심각한 | 影響(えいきょう) 영향

8 **등 뒤**에서 말을 걸어와서 놀라서 뒤돌아봤다.

해설 背後는 '등 뒤, 배후'라는 뜻으로 올바른 읽기는 **3 はいご**이다.

단어 声(こえ)をかける 말을 걸다 | 驚(おどろ)く 놀라다 | 振(ふ)り返(かえ)る 뒤돌아보다

9 **빈부** 격차가 확대되어 교육 기회에 영향을 미치고 있다.

해설 貧富는 '빈부'라는 뜻으로 올바른 읽기는 **2 ひんぷ**이다.

단어 格差(かくさ) 격차 | 広(ひろ)がる 넓어지다, 확대되다 | 教育(きょういく) 교육 | 機会(きかい) 기회 | 影響(えいきょう)する 영향을 미치다

10 그녀의 연주는, **탁월**한 표현력으로 가득 차 있었다.

해설 卓越는 '탁월, 뛰어남'이라는 뜻으로 **3 たくえつ**라고 읽는다.

단어 演奏(えんそう) 연주 | 表現力(ひょうげんりょく) 표현력 | 満(み)ちる 가득 차다

---

04 **기출어휘 확인문제** 한자읽기　　　　p.26

1 우리 일에 **간섭**하는 것은 그만두고, 그냥 내버려 뒀으면 좋겠다.

해설 干渉는 '간섭'이라는 뜻으로 올바른 읽기는 **2 かんしょう**이다.

단어 そっとしておく 가만히 내버려 두다 | ～てほしい ～하길 바란다

2 공무원의 범죄가 증가하고 있는 것은 **유감**이다.

해설 遺憾은 '유감'이라는 뜻으로 올바른 읽기는 **2 いかん**이다.

단어 公務員(こうむいん) 공무원 | 犯罪(はんざい) 범죄 | 増加(ぞうか) 증가

3 다문화 사회에서의 생활은 종종 **인내**가 필요해진다.

해설 忍耐는 '인내'라는 뜻으로 올바른 읽기는 **4 にんたい**이다.

단어 多文化(たぶんか) 다문화 | 暮(く)らし 생활, 삶 | しばしば 자주, 종종

4 그는 농업을 하기 위해 사막 **개척**에 힘을 쏟았다.

해설 開拓는 '개척'이라는 뜻으로 올바른 읽기는 **3 かいたく**이다.

단어 砂漠(さばく) 사막 | 力(ちから)を注(そそ)ぐ 힘을 쏟다

5 이 빙하에는 지구 온난화의 영향이 **현저**하게 나타나고 있다.

해설 顕著는 '현저함, 두드러짐'이라는 뜻으로 올바른 읽기는 **1 けんちょ**이다.

단어 氷河(ひょうが) 빙하 | 地球(ちきゅう)温暖化(おんだんか) 지구 온난화 | 影響(えいきょう) 영향 | 現(あらわ)れる 나타나다

6 그녀는 내성적인 성격을 서서히 **극복**해 나갔다.

해설 克服는 '극복'이라는 뜻으로 올바른 읽기는 **4 こくふく**이다.

단어 引(ひ)っ込(こ)み思案(じあん) 내성적임, 소심함 | 徐々(じょじょ)に 서서히, 점점

7 주머니 안에서 비스킷이 **부서져** 있었다.

해설 砕ける는 '부서지다, 깨지다'라는 뜻으로, 딱딱한 것이 산산조각 나는 것을 의미한다. 砕けて의 올바른 읽기는 **1 くだけて**이다.

단어 かける(掛ける) 걸다 | はじける 터지다, 튀다 | さける(裂ける) 찢어지다

8 일본어 스피치 대회의 참가자를 **모집하고** 있습니다.

해설 募る는 '모집하다, 모으다'라는 뜻으로 募って의 올바른 읽기는 **3 つのって**이다.

단어 しぼる(絞る) 짜다, 비틀다 | ねる(練る) 반죽하다, 고안하다 | さぐる(探る) 찾다, 조사하다

9 나는 일기 쓰는 것을 2, 3일 **게을리했다**.

해설 怠る는 '게을리하다, 소홀히 하다'라는 뜻으로 怠った의 올바른 읽기는 **2 おこたった**이다.

단어 日記(にっき)をつける 일기를 쓰다 | ためらう 망설이다 | いつわる(偽る) 속이다 | あやまる(謝る) 사과하다

10 그녀의 취미는 **다방면**에 걸쳐 있다.

해설 多岐는 '다양한 갈래나 방면'을 의미하며, 올바른 읽기는 **1 たき**이다. 多岐にわたる(다방면에 걸치다)는 관용적인 표현으로 사용된다.

단어 趣味(しゅみ) 취미

1 모두가 도중에 포기해버리는데, 그녀는 끝까지 **끈기 있게 버텼다**.

해설 粘る는 '끈기 있게 버티다, 끈적거리다'라는 뜻으로 粘った의 올바른 읽기는 **1 ねばった**이다.

단어 途中(とちゅう)で 도중에 | あきらめる 포기하다 | あらそう(争う) 경쟁하다 | きそう(競う) 경쟁하다 | ふんばる 버티다

2 그 회사는 약 100억 엔의 **채무** 초과에 빠져 있다.

해설 債務는 '채무, 빚'이라는 뜻으로 올바른 읽기는 **1 さいむ**이다. '채무 초과'는 빚이 자산을 초과하는 상태로, 회사가 심각한 경영난에 빠졌음을 나타낸다.

단어 超過(ちょうか) 초과 | 陥(おちい)る (나쁜 상황에) 빠지다

3 그 사건의 해명에 **방대**한 시간이 걸렸다.

해설 膨大는 '방대함'이란 의미로, 양이나 크기가 매우 크다는 것을 나타낸다. 올바른 읽기는 **4 ぼうだい**이다.

단어 解明(かいめい) 해명 | 時間(じかん)がかかる 시간이 걸리다

4 예약은 받지 않으므로, **양해** 부탁드립니다

해설 了承는 '양해'나 '승낙'의 의미로, 올바른 읽기는 **1 りょうしょう**이다. 承(うけたまわ)る는 '받다, 듣다'라는 의미의 겸양어로, 주로 고객의 주문이나 요청 등을 정중하게 받을 때 사용한다.

5 근처에 새로운 가게가 문을 연 뒤로 그 가게는 갑자기 **쇠퇴해**버렸다(손님의 발길이 뜸해졌다).

해설 廃れる는 '쇠퇴하다, 유행에 뒤떨어지다'라는 의미다. 문맥상 '손님이 줄어들어 망하게 되었다'는 의미로, 廃れての 올바른 읽기는 **4 すたれて**이다.

단어 近(ちか)く 근처 | 急(きゅう)に 갑자기 | くずれる(崩れる) 무너지다 | かすれる (목이) 쉬다 | つぶれる(潰れる) 망하다

6 그의 수필은 현역 시절의 **회고**로 일관하고 있다.

해설 回顧는 '회고', 즉 지나간 과거를 되돌아보는 것을 의미하며, 올바른 읽기는 **2 かいこ**이다.

단어 随筆(ずいひつ) 수필 | 現役(げんえき) 현역 | 終始(しゅうし)する 일관하다

7 야마다 씨는 마지막까지 **깨끗한**(당당한) 태도를 고수했다.

해설 潔い는 '깨끗하다, 미련이 없다, 결백하다'라는 의미로, 올바른 읽기는 **3 いさぎよい**이다.

단어 貫(つらぬ)く 관철하다, 고수하다 | きよい(清い) 맑다, 깨끗하다 | とうとい(尊い) 귀하다 | こころよい(快い) 기분 좋다

8 그는 대출 상환이 두 달 **밀려** 있다.

해설 滞る는 '정체되다, 밀리다'라는 의미로, 滞って의 올바른 읽기는 **1 とどこおって**이다.

단어 ローン 대출 | 支払(しはら)い 지불, 상환 | つまる(詰まる) 막히다 | てこずる(手こずる) 애먹다, 곤란하다 | たまる(溜まる) 쌓이다

9 내 **지시**대로 하면 잘 될 거야.

해설 指図는 '지시, 명령'이라는 뜻으로 손짓으로 무언가를 하라고 가리키는 것에서 유래한다. 올바른 읽기는 **2 さしず**이다.

단어 〜どおりに 〜대로 | うまくいく 잘 되다

10 만약의 경우를 위해 돈은 어느 정도 **모아**두는 편이 좋아.

해설 蓄える는 '모으다, 저축하다'라는 의미로, 蓄えて의 올바른 읽기는 **4 たくわえて**이다.

단어 もしものとき 만약의 경우, 비상시 | 多少(たしょう) 다소, 어느 정도 | たずさえる(携える) 휴대하다 | そなえる(備える) 갖추다, 준비하다 | かかえる(抱える) 안다, 부담하다

1 청소년 범죄에 대해 필요한 **조치**를 취했다.

해설 措置는 '조치'라는 뜻으로 **1 そち**라고 읽는다. '조치를 취하다'는 措置を取(と)る이다.

단어　青少年(せいしょうねん) 청소년 | 犯罪(はんざい) 범죄 | ～に対(たい)して ～에 대해 | そうち(装置) 장치 | しょち(処置) 처치 | しょうち(承知) 알고 있음

2　이 연못에서 희귀한 개구리가 **번식**하고 있다.

해설　繁殖는 '번식'이라는 뜻으로 **3** はんしょく 라고 읽는다.

단어　池(いけ) 연못 | 珍(めずら)しい 희귀하다, 드물다

3　은행업계는 정치 헌금을 **자제**하기로 결정했다.

해설　自粛는 '자숙, 자제'라는 뜻으로 **2** じしゅく 라고 읽는다.

단어　業界(ぎょうかい) 업계 | 献金(けんきん) 헌금

4　시장 동향을 **파악**하고, 적절한 전략을 세워야 한다.

해설　把握는 '파악'이라는 뜻으로 **1** はあく 라고 읽는다.

단어　市場(しじょう)動向(どうこう) 시장 동향 | 的確(てきかく)な 정확하고 적절한 | 戦略(せんりゃく)を立(た)てる 전략을 세우다

5　박물관에는 선사 시대의 토기가 **전시**되어 있었다.

해설　陳列는 '진열, 전시'라는 뜻으로 **1** ちんれつ 라고 읽는다.

단어　博物館(はくぶつかん) 박물관 | 先史時代(せんしじだい) 선사 시대 | 土器(どき) 토기

6　이 그림은 진품 피카소라고 **감정**되었다.

해설　鑑定는 '감정(진위 판단)'이라는 뜻으로 **2** かんてい 라고 읽는다. 작품의 진품 여부나 가치를 판단할 때 쓴다.

단어　本物(ほんもの) 진짜, 진품

7　그녀는 상사의 성차별 발언에 **분노하고** 있었다.

해설　憤る는 '분노하다'라는 뜻으로 憤って는 **3** いきどおって 라고 읽는다.

단어　上司(じょうし) 상사 | 性差別(せいさべつ) 성차별 | 発言(はつげん) 발언 | どなる(怒鳴る) 소리치다, 꾸짖다 | ののしる(罵る) 욕하다, 매도하다 | うなる(唸る) 신음하다

8　그는 지망 학교 합격을 목표로 하여, 매일 공부에 **힘쓰고** 있다.

해설　励む는 '힘쓰다, 노력하다'라는 뜻으로, 励んで는 **3** はげんで 라고 읽는다. 주로 실력을 쌓거나 목표를 이루기 위해 정성을 다하는 맥락에서 쓰인다.

단어　志望校(しぼうこう) 지망 학교 | 合格(ごうかく) 합격 | 目指(めざ)す 목표로 하다, 겨냥하다 | 日々(ひび) 매일, 나날 | いどむ(挑む) 도전하다 | およぶ(及ぶ) 미치다, 달하다 | いとなむ(営む) 경영하다

9　공장의 허술한 안전관리 실태가 **폭로**되었다.

해설　暴露는 '폭로'라는 뜻으로 **3** ばくろ 라고 읽는다.

단어　ずさんな 엉망인, 허술한 | 実態(じったい) 실태

10　짐이 어느 한쪽으로 **치우치**면 보트가 기울어져 버린다.

해설　偏る는 '치우치다'라는 뜻으로 **4** かたよる 라고 읽는다.

단어　荷物(にもつ) 짐 | 傾(かたむ)く 기울다 | こだわる 구애되다, 집착하다 | あやまる(謝る) 사과하다 | いつわる(偽る) 속이다

---

07 **기출어휘 확인문제**　한자읽기　　　　p.29

1　피의자는 완강하게 진술을 **거부하고** 있다.

해설　拒む는 '거부하다'라는 뜻으로 拒んで는 **2** こばんで 라고 읽는다.

단어　被疑者(ひぎしゃ) 피의자 | かたくなに 완고하게, 완강하게 | 供述(きょうじゅつ) 진술 | いとなむ(営む) 경영하다 | あゆむ(歩む) 걷다, 나아가다 | つつしむ(慎む) 삼가다

2　경기장은 **흥분**한 관객들로 가득했다.

해설　興奮은 '흥분'이라는 뜻으로 **1** こうふん 라고 읽는다.

3　우리들의 활동은 빈곤 퇴치가 그 **취지**입니다.

해설　趣旨는 '취지'라는 뜻으로 **4** しゅし 라고 읽는다. 어떤 행동이나 계획의 근본 목적을 의미한다.

단어　貧困(ひんこん) 빈곤 | 撲滅(ぼくめつ) 박멸, 퇴치

4　우리들은 예정대로 계획을 **수행**했다.

해설　遂行는 '수행'이라는 뜻으로 **1** すいこう 라고 읽는다. 정해진 일이나 계획을 끝까지 해내는 것을 말한다.

5　노년의 고독에서 **벗어날** 방법은 없다.

해설　逃れる는 '벗어나다, 도망치다'라는 뜻으로 **3** のがれる 라고 읽는다.

단어　老(お)い 노년, 늙음 | 孤独(こどく) 고독 | すべ 방법, 수단 | それる(逸れる) 빗나가다 | はなれる(離れる) 떨어지다, 벗어나다 | まぬかれる(免れる) 면하다, 피하다

6　경찰은 보석 절도는 전문가의 소행이라고 **추리**했다.

해설　推理는 '추리'라는 뜻으로 **2** すいり 라고 읽는다.

단어　警察(けいさつ) 경찰 | 宝石(ほうせき) 보석 | 窃盗(せっとう) 절도 | 仕業(しわざ) 소행, 짓

7　그는 전임자의 방식을 **답습**하려고는 하지 않았다.

해설　踏襲는 '답습, 전철을 밟음'이라는 뜻으로 **2** とうしゅう 라고 읽는다. 이전의 방식을 그대로 따르는 것을 말한다.

단어　前任者(ぜんにんしゃ) 전임자 | やり方(かた) 방식, 방법 | ～ようとはしない ～하려고는 하지 않다

8　혀의 감각이 점점 **둔해**졌습니다.

해설　鈍る는 '둔해지다, 무뎌지다'라는 뜻으로 鈍って는 **1** にぶって 라고 읽는다.

단어　舌(した) 혀 | 感覚(かんかく) 감각 | どんどん 점점, 빠르게 | になう(担う) 짊어지다 | つぶる(눈을) 감다 | おどる(踊る) 춤추다

9　주택의 **수요**와 공급의 균형이 잡혀 있다.

해설　需要는 '수요'라는 뜻으로 **4** じゅよう 라고 읽는다.

단어　住宅(じゅうたく) 주택 | 供給(きょうきゅう) 공급 | バランスが取(と)れる 균형이 잡히다

10　이 거리는 **유서** 깊은 건축물이 매력이다.

해설　由緒는 '유서, 내력'이라는 뜻으로 **3** ゆいしょ 라고 읽는다. 由緒ある는 '유서 깊은'이라는 표현이다.

단어　街(まち) 거리 | 建築(けんちく) 건축(물) | 魅力(みりょく) 매력

1　주말에 **휴식**의 한때를 가지다.

해설　憩いは '휴식'이라는 뜻으로 **1 いこい** 라고 읽는다.

단어　ひととき 한때, 잠시

2　**엄정**한 추첨 결과 20명이 선정되었습니다.

해설　厳正は '엄정함, 공정하고 엄격함'이라는 뜻으로 **3 げんせい** 라고 읽는다.

단어　抽選(ちゅうせん) 추첨 | 選(えら)ばれる 선택되다, 선정되다

3　꼬박 하루를 **들여** 자료를 훑어보았다.

해설　費やすは '(시간·돈 등을) 들이다, 소비하다'라는 뜻으로 費やして는 **4 ついやして** 라고 읽는다.

단어　丸１日(まるいちにち) 꼬박 하루, 온종일 | 資料(しりょう) 자료 | 目(め)を通(とお)す 훑어보다 | はやす(生やす) 자라나게 하다 | ひやす(冷やす) 차게 하다

4　채무 상환을 **독촉**받고 있다.

해설　督促は '독촉'이라는 뜻으로 **1 とくそく** 라고 읽는다.

단어　借金(しゃっきん) 빚, 채무 | 返済(へんさい) 변제, 상환

5　단지 덕분에 주변의 상점가도 **풍요로워지고** 있다.

해설　潤うは '풍요로워지다, 혜택을 받다'라는 뜻으로 潤って는 **1 うるおって** 라고 읽는다.

단어　団地(だんち) (주택)단지 | 周辺(しゅうへん) 주변 | 商店街(しょうてんがい) 상점가 | あきなう(商う) 장사하다 | まかなう(賄う) 조달하다 | もうかる(儲かる) 돈을 벌다

6　자네 보고서는 언제나 **가장 중요**한 점이 빠져 있어.

해설　肝心は '가장 중요함, 핵심'이라는 뜻으로 **3 かんじん** 이라고 읽는다.

단어　報告書(ほうこくしょ) 보고서 | 抜(ぬ)ける 빠지다

7　연금 제도는 수많은 **변천**을 거쳐 오늘에 이르고 있다.

해설　変遷은 '변천'이라는 뜻으로 **3 へんせん** 이라고 읽는다.

단어　年金(ねんきん)制度(せいど) 연금 제도 | 幾多(いくた) 수많은 | 経(へ)る 거치다 | 今日(こんにち) 오늘날

8　아기는 **기분** 좋은 듯이 잠들어 있다.

해설　心地는 '기분, 느낌'이라는 뜻으로 **2 ここち** 라고 읽는다. 心地よい는 '기분 좋다, 마음이 편안하다'라는 뜻의 い형용사이다.

단어　赤(あか)ん坊(ぼう) 아기 | 眠(ねむ)る 잠들다

9　A씨가 과연 노벨상을 **받을 만**한 걸까?

해설　値するは '~에 값하다, ~할 만하다'라는 뜻으로 **4 あたいする** 라고 읽는다.

단어　果(は)たして 과연 | ノーベル賞(しょう) 노벨상

10　올해는 우리 회사에 있어서 **도약**의 해였다.

해설　躍進은 '약진, 도약'이라는 뜻으로 **2 やくしん** 이라고 읽는다. 주로 성과나 발전의 정도가 크고 눈에 띌 때 사용한다.

단어　わが社(しゃ) 우리 회사 | 年(とし) 해

1　출발이 눈앞으로 **다가오고** 있는데도 준비는 아직이다.

해설　迫るは '다가오다, 접근하다'라는 뜻으로 迫って는 **2 せまって** 라고 읽는다. 시간이나 기한, 상대가 가까워질 때 사용한다.

단어　目前(もくぜん)に 눈앞으로 | 準備(じゅんび) 준비 | とまる(泊まる) 묵다, 숙박하다 | たまる(溜まる) 쌓이다 | そまる(染まる) 물들다, 영향을 받다

2　그는 무엇을 해도 세상 물정 모르는 도련님 수준을 **벗어나지** 못한다.

해설　脱するは '벗어나다'라는 뜻으로 脱して는 **3 だっして** 라고 읽는다.

단어　世間知(せけんし)らず 세상 물정 모름 | お坊(ぼっ)ちゃん 도련님 | 域(いき) 범위, 단계 | さっする(察する) 헤아리다 | ぜっする(絶する) 끊다 | いっする(逸する) 놓치다

3　우리 딸의 옷차림으로 말할 것 같으면 **색채** 감각을 의심하고 싶어진다.

해설　色彩는 '색채'라는 뜻으로 **1 しきさい** 라고 읽는다.

단어　娘(むすめ) 딸 | 服装(ふくそう) 복장, 옷차림 | ～ときたら ～로 말할 것 같으면 | 感覚(かんかく) 감각 | 疑(うたが)う 의심하다

4　도쿄의 도로는 **포화** 상태이다.

해설　飽和는 '포화'라는 뜻으로 **4 ほうわ** 라고 읽는다. 이미 한계까지 차서 더 이상 수용할 수 없는 상태를 말한다.

5　한밤중에 자고 있을 때 아파트에 **강도**가 든 적이 있다.

해설　強盗는 '강도'라는 뜻으로 **3 ごうとう** 라고 읽는다.

단어　夜中(よなか) 한밤중

6　시야를 **가리는** 나무가 제거되었다.

해설　遮るは '가리다, 차단하다'라는 뜻으로 **3 さえぎる** 라고 읽는다.

단어　視線(しせん) 시선, 시야 | 除(のぞ)かれる 제거되다 | せばめる(狭める) 좁히다 | へだてる(隔てる) 사이에 두다 | さまたげる(妨げる) 방해하다

7　이 두 제품은 디자인이 **유사**하기 때문에, 소비자의 혼동을 초래할 우려가 있다.

해설　類似는 '유사'라는 뜻으로 **2 るいじ** 라고 읽는다. 비슷한 모양이나 성질을 나타낼 때 쓰이며, 似의 독음이 に가 아닌 じ로 발음되는 것에 주의해야 한다.

단어　製品(せいひん) 제품 | 消費者(しょうひしゃ) 소비자 | 混同(こんどう) 혼동 | 招(まね)く 초래하다, 부르다 | ～おそれがある ～할 우려가 있다

8　인생은 좀처럼 자신이 그린 **각본**대로는 풀리지 않는 법이다.

해설　脚本은 '각본, 시나리오'라는 뜻으로 **4 きゃくほん** 이라고 읽는다.

단어　描(えが)く 그리다 | いかない 가지 않다, (일이) 풀리지 않다 | ～ものだ ～법이다〈당연〉

9　장마철에는 음식물의 **부패**가 빨리 진행된다.

해설　腐敗는 '부패'라는 뜻으로 **3 ふはい** 라고 읽는다. 음식이 썩거나, 사회의 도덕이 타락할 때도 쓴다.

단어　梅雨時(つゆどき) 장마철 | 進(すす)む 진행되다

10　같은 **자세**인 채로(자세로) 너무 오랜 시간 앉아 있으면 허리에 무리가 온다.

해설　姿勢는 '자세'라는 뜻으로 **2 しせい** 라고 읽는다.

단어　〜まま 〜채로 | 長時間(ちょうじかん) 장시간, 오랜 시간 | 腰(こし)にくる 허리에 무리가 오다, 허리에 부담이 되다

---

⑩ 기출어휘 확인문제　한자읽기　　　　　p.35

1　경찰은 테러 용의자가 살고 있는 집을 **덮쳤다**.

해설　襲う는 '습격하다, 덮치다'라는 뜻으로 襲った는 **1 おそった** 라고 읽는다.

단어　警察(けいさつ) 경찰 | 容疑者(ようぎしゃ) 용의자 | うばう(奪う) 빼앗다 | しばる(縛る) 묶다, 매다 | なぐる(殴る) 때리다

2　태양은 순식간에 지고 **어스름한 어둠**이 다가왔다.

해설　夕闇는 해가 진 후, 완전히 어두워지기 직전의 어스름한 상태를 나타내는 말로 **1 ゆうやみ** 라고 읽는다. 보통 땅거미나 어스름한 어둠으로 해석한다.

단어　あっという間(ま)に 순식간에 | 沈(しず)む 지다 | 迫(せま)ってくる 다가오다

3　내일을 끝으로 당 공장은 **폐쇄**됩니다.

해설　閉鎖는 '폐쇄'라는 뜻으로 **2 へいさ** 라고 읽는다. 시설이나 기관을 닫는 것을 의미한다.

단어　〜をもって 〜을 끝으로 | 当(とう) 당, 저희 | 工場(こうじょう) 공장

4　**철야** 복구 작업으로 겨우 중앙선은 운행을 재개했다.

해설　徹夜는 '철야, 밤샘'이라는 뜻으로 **3 てつや** 라고 읽는다.

단어　復旧(ふっきゅう) 복구 | 作業(さぎょう) 작업 | 運転(うんてん) 운전, 운행 | 再開(さいかい) 재개

5　기동대는 시위 행진의 앞길을 **저지**했다.

해설　阻止는 '저지'라는 뜻으로 **2 そし** 라고 읽는다.

단어　機動隊(きどうたい) 기동대 | 行進(こうしん) 행진 | 行(ゆ)く手(て) 앞길, 진행 방향

6　아이들은 **맑은** 눈으로 나를 응시했다.

해설　澄む는 '맑다, 깨끗하다'라는 뜻으로 澄んだ는 **2 すんだ** 라고 읽는다. 물, 공기, 마음 등이 깨끗하고 투명할 때 사용한다.

단어　見(み)つめる 응시하다 | くむ(組む) 짜다, 맞추다 | しずむ(沈む) 가라앉다 | とむ(富む) 부유하다

7　은행 강도가 **인질**을 잡고 가게 안에 틀어박혀 있다.

해설　人質는 '인질'이라는 뜻으로 **4 ひとじち** 라고 읽는다. 「훈독+음독」으로 읽는 드문 단어이다.

단어　強盗(ごうとう) 강도 | 店内(てんない) 가게 안 | 立(た)てこもる 농성하다, 틀어박히다

8　이 마을은 세토 내해에 접해 있어서 날씨가 **온화**하다.

해설　穏やか는 '온화함, 평온함'이라는 뜻으로 **2 おだやか** 라고 읽는다. 날씨나 성격이 온화하고 평온할 때 사용한다.

단어　町(まち) 마을 | 瀬戸内海(せとないかい) 세토 내해 | 〜に面(めん)する 〜에 접하다 | 気候(きこう) 기후, 날씨

9　이렇게 된 이상 **소송**으로 끌고 갈 수밖에 없다.

해설　訴訟는 '소송'이라는 뜻으로 **1 そしょう** 라고 읽는다.

단어　持(も)ち込(こ)む 가져가다, 끌고 가다

10　저 유치원 선생님은 원아들에게 **사랑받고** 있다.

해설　慕う는 '따르다, 사모하다'라는 뜻으로 존경하는 마음으로 따르거나 애틋하게 그리워하는 감정이다. 慕われて는 **1 したわれて** 라고 읽는다.

단어　幼稚園(ようちえん) 유치원 | 園児(えんじ) 원아 | したがう(従う) 따르다 | うやまう(敬う) 존경하다 | ともなう(伴う) 동반하다

---

⑪ 기출어휘 확인문제　한자읽기　　　　　p.36

1　무역의 불균형을 **시정**하기 위한 조치를 취한다.

해설　是正는 '시정, 바로 잡음'이라는 뜻으로 올바른 읽기는 **4 ぜせい** 이다. 정책이나 제도 개선, 사회 문제 해결 등 공식 문서에서 자주 쓰인다.

단어　貿易(ぼうえき) 무역 | 不均衡(ふきんこう) 불균형 | 措置(そち)をとる 조치를 취하다

2　전체의 의견을 **원활**하게 정리하는 것은 사회자의 역할이다.

해설　円滑는 '원활함'이라는 뜻으로 **1 えんかつ**로 읽는다. 회의나 협의, 협상 등에서 사용된다.

단어　まとめる 정리하다 | 司会(しかい) 사회(자) | 役目(やくめ) 역할

3　우리는 조직 변경에 대해 **유연**한 대응이 필요합니다.

해설　柔軟는 '유연함, 부드럽고 융통성 있음'이라는 뜻으로 **4 じゅうなん**이라고 읽는다. 사고방식이나 태도, 계획의 조정 등에서 사용된다.

단어　組織(そしき) 조직 | 変更(へんこう) 변경 | 対応(たいおう) 대응

4　이것은 선례에 **따라서** 처리하겠습니다.

해설　倣う는 '따르다, 본받다'라는 뜻으로 倣って는 **1 ならって** 라고 읽는다. 공식 문서나 업무 보고, 행정 처리에서 자주 쓰인다.

단어　先例(せんれい) 선례 | 処理(しょり) 처리 | たよる(頼る) 의지하다 | したがう(従う) 따르다 | ともなう(伴う) 동반하다

5　긴 **침묵** 후, 그녀는 마침내 입을 열었다.

해설　沈黙는 '침묵'이라는 뜻으로 **3 ちんもく** 라고 읽는다.

단어　重(おも)い口(くち)を開(ひら)く 무거운 입을 열다, 마침내 입을 열다

6　할 수 있는 최대한의 **보상**은 할 생각입니다..

해설　償い는 '속죄, 보상'이라는 뜻으로 **2 つぐない** 라고 읽는다. 도덕적 책임이나 금전적 보상 모두 포함된다.

단어　できる限(かぎ)りの 할 수 있는 최대한의 | 〜つもりだ 〜할 생각(작정)이다 | つきあい(付き合い) 교제 | あつかい(扱い) 취급 | あらそい(争い) 다툼

[7] 그는 아르바이트로 생활비를 **벌고** 있다.

해설 稼ぐ는 '돈을 벌다'라는 뜻으로 稼いで는 **3 かせいで**라고 읽는다. 주로 노동을 통해 보수를 얻거나, 경기에서 점수를 따다, 또는 시간을 벌다(時間を稼ぐ)와 같은 맥락에서 폭넓게 쓰인다.

단어 生活費(せいかつひ) 생활비 | ふせぐ(防ぐ) 막다, 방지하다 | つなぐ(繋ぐ) 잇다, 연결하다 | あおぐ(仰ぐ) 우러러보다

[8] 이메일로 도착한 **가짜** 청구서에 속아서는 안 된다.

해설 架空는 '가공, 가짜'라는 뜻으로 **1 かくう**라고 읽는다. 허위 정보, 사기, 가상의 상황 등에서 사용된다.

단어 送(おく)り届(とど)ける 배달하다, 전달하다 | 請求書(せいきゅうしょ) 청구서 | 〜てはいけない 〜해서는 안 된다

[9] 미술관 직원은 카메라를 사용하지 않도록 주의를 **촉구했다.**

해설 促す는 '재촉하다, 촉구하다'라는 뜻으로, 促した는 **4 うながした**라고 읽는다.

단어 職員(しょくいん) 직원 | すます(済ます) 끝내다 | ほどこす(施す) 베풀다, 실시하다 | せかす(急かす) 재촉하다

[10] 경찰관은 나에게 도로 **가장자리로** 붙어 멈추도록 신호했다.

해설 端은 '끝부분, 가장자리'라는 뜻으로 **4 はし**라고 읽는다.

단어 警官(けいかん) 경찰관 | 合図(あいず) 신호 | すみ(隅) 구석 | おく(奥) 안쪽, 깊숙한 곳 | かど(角) 모서리, 모퉁이

02 問題2 **문맥구성** 공략하기

문제 2 (   )에 들어가는 데 가장 알맞은 것을 1·2·3·4에서 하나 고르시오.

12 기출어휘 확인문제 문맥구성 p.43

[1] 사진의 **초점**이 어긋나서, 인물이 흐릿하게 찍혔다.

해설 문맥상 가장 자연스러운 것은 **3 ピント**이다.

단어 ピント 핀트, 초점 | ずれる 어긋나다 | 人物(じんぶつ) 인물 | ぼやける 흐릿해지다, 희미해지다 | 写(うつ)る 찍히다 | コントラスト 명암

[2] 오늘이 공휴일이라고 **깜빡** 착각해서 학교를 쉬어버렸다.

해설 문맥상 가장 자연스러운 것은 **4 てっきり**이다. 사실과 다르게 확신하거나 착각한 경우에 쓰인다.

단어 祝日(しゅくじつ) 공휴일 | てっきり 완전히, 깜빡 | 勘違(かんちが)い 착각 | しっかり 확실히 | ちゃっかり 빈틈없이 | きっぱり 단호히

[3] 아플 때에는 건강의 소중함을 **절실히** 실감하기 마련이다.

해설 문맥상 가장 자연스러운 것은 **3 つくづく**이다. 마음속 깊이 느끼거나 뼈저리게 깨닫는 경우에 쓰인다.

단어 健康(けんこう) 건강 | ありがたみ 고마움, 소중함 | つくづく 절실히, 새삼 | 実感(じっかん)する 실감하다 | 〜ものだ 〜하기 마련이다〈당연〉 | おどおど 겁내며 | せいぜい 기껏해야, 고작 | はきはき 또렷하게

[4] 두 회사의 **합병**에 의해 탄생한 거대 그룹은 세계 시장에서의 경쟁력을 높였다.

해설 문맥상 가장 자연스러운 것은 **1 合併**이다. 두 조직이 하나로 합쳐지는 것을 뜻하며, 기업 그룹 형성 상황에 가장 적절하다.

단어 合併(がっぺい) 합병 | 巨大(きょだい) 거대 | 競争力(きょうそうりょく) 경쟁력 | 集約(しゅうやく) 집약(한데 모아 정리함) | 連携(れんけい) 연계, 협력 | 組立(くみたて) 조립

[5] 무언가를 설명할 때는 **혼동하기 쉬운** 표현을 피하고, 분명하게 전달해야 한다.

해설 문맥상 가장 자연스러운 것은 **2 まぎらわしい**이다. 의미가 헷갈리거나 오해를 부르기 쉬운 경우에 쓰인다.

단어 まぎらわしい 혼동하기 쉽다, 애매하다 | 避(さ)ける 피하다 | はっきりと 확실하게, 분명하게 | みすぼらしい 초라하다 | はなはだしい 심하다 | もっともらしい 그럴 듯하다

[6] 예산 부족이 제품 개발의 최대 **걸림돌**이 되어 진행되지 않는다.

해설 문맥상 가장 자연스러운 것은 **1 ネック**이다.

단어 予算不足(よさんぶそく) 예산 부족 | 製品開発(せいひんかいはつ) 제품 개발 | ネック 걸림돌, 난점 | 進(すす)む 진행되다 | ロック 잠금 | ノイズ 잡음 | ロス 손실

[7] 이 분야에서는 일본과 미국의 연구 수준은 **막상막하**이다.

해설 문맥상 가장 자연스러운 것은 **2 互角**이다. 서로 실력이나 능력이 대등함을 뜻한다.

단어 分野(ぶんや) 분야 | 研究(けんきゅう) 연구 | 互角(ごかく) 호각, 막상막하 | 接近(せっきん) 접근 | 並行(へいこう) 병행 | 均等(きんとう) 균등

[8] **경쾌**한 음악이 흘러 나와 자연스럽게 기분도 밝아졌다.

해설 문맥상 가장 자연스러운 것은 **2 軽快**이다. 리듬이나 움직임이 가볍고 활기찬 경우에 쓰인다.

단어 軽快(けいかい)な 경쾌한 | 音楽(おんがく)が流(なが)れる 음악이 나오다(흐르다) | 自然(しぜん)と 자연스럽게 | 軽率(けいそつ)な 경솔한 | 手軽(てがる)な 간편한 | 軽薄(けいはく)な 경박한

[9] 노래방에서 마음껏 노래하며 스트레스를 **발산**했다.

해설 문맥상 가장 자연스러운 것은 **1 発散**이다.

단어 思(おも)い切(き)り 마음껏 | 発散(はっさん) 발산 | 流出(りゅうしゅつ) 유출 | 排出(はいしゅつ) 배출 | 追放(ついほう) 추방

[10] 오랜 노력의 결과, **염원**하던 자격을 취득하여, 그는 눈물을 흘렸다.

해설 문맥상 가장 자연스러운 것은 **2 念願**이다.

단어 長年(ながねん) 오랜 세월 | 努力(どりょく) 노력 | 念願(ねんがん) 염원 | 資格(しかく) 자격 | 取得(しゅとく) 취득 | 絶望(ぜつぼう) 절망 | 欲求(よっきゅう) 욕구 | 本番(ほんばん) 본무대

⑬ 기출어휘 확인문제　문맥구성　　　　　p.44

1 빌딩 공사는 예상 밖의 문제로 인해 **난항**을 겪어 완성이 크게 늦어지고 있다.

해설　문맥상 가장 자연스러운 것은 **4 難航**이다. 계획이나 일이 순조롭지 않고 진행이 어려운 경우에 쓰인다.

단어　工事(こうじ) 공사 | 予想外(よそうがい) 예상외, 예상 밖 | 難航(なんこう)する 난항을 겪다 | 大幅(おおはば)に 대폭, 크게 | 低迷(ていめい) 침체 | 沈下(ちんか) 침하 | 衰退(すいたい) 쇠퇴

2 그는 팀의 **짐**이 되지 않도록 필사적으로 연습을 거듭했다.

해설　문맥상 가장 자연스러운 것은 **2 足手まとい**이다.

단어　足手(あしで)まとい 짐(짝), 민폐, 걸림돌 | 必死(ひっし)に 필사적으로 | 重(かさ)ねる 거듭하다 | および腰(ごし) 주저함 | 骨折(ほねお)り 수고, 애씀 | すご腕(うで) 뛰어난 능력

3 이 호텔은 서비스가 세세한 부분에 이르기까지 **빈틈없이 잘 갖춰져** 있어 감동했다.

해설　문맥상 가장 자연스러운 것은 **4 行き届いて**이다. 行き届く는 사소한 부분까지 세심하게 신경쓰는 경우에 쓰인다. 行き의 읽기는 いき・ゆき 모두 가능하다.

단어　細部(さいぶ) 세부 | ～に至(いた)るまで ～에 이르기까지 | 行(ゆ)き届(とど)く 배려·관리 등이 잘 미치다, 세심히 이루어지다 | 行(い)き詰(づ)まる 막히다, 궁지에 몰리다 | 行(い)き交(か)う 오가다, 왕래하다 | 行(い)き通(とお)る 통하다

4 언론의 과도한 보도가 불안을 **조장**하는 경우도 있다.

해설　문맥상 가장 자연스러운 것은 **3 助長**이다. 바람직하지 않은 행동이나 감정을 키우거나 부추길 때 쓰인다.

단어　過剰(かじょう)な 과도한 | 報道(ほうどう) 보도 | 助長(じょちょう) 조장 | 指導(しどう) 지도 | 催促(さいそく) 재촉 | 補充(ほじゅう) 보충

5 이 가게는, 구매 금액의 10%를 포인트로 **환원**하는 캠페인을 실시 중이다.

해설　문맥상 가장 자연스러운 것은 **2 還元**이다. 지불한 돈이나 가치의 일부를 다시 돌려주는 경우에 쓰인다.

단어　購入(こうにゅう) 구입, 구매 | 金額(きんがく) 금액 | 還元(かんげん) 환원 | 実施中(じっしちゅう) 실시 중 | 返上(へんじょう) 반납 | 譲渡(じょうと) 양도 | 配当(はいとう) 배당

6 이번 세계대회에서 일본인 선수가 우승이라는 **쾌거**를 이루었다.

해설　문맥상 가장 자연스러운 것은 **3 快挙**이다.

단어　優勝(ゆうしょう) 우승 | 快挙(かいきょ) 쾌거 | 成(な)し遂(と)げる 이루다, 달성하다 | 好況(こうきょう) 호황 | 繁盛(はんじょう) 번성 | 脈絡(みゃくらく) 맥락

7 그녀는 **손재주**가 좋아서, 수제 액세서리를 인터넷에서 판매하고 있다.

해설　문맥상 가장 자연스러운 것은 **3 手先**이다. 手先が器用だ는 '손재주가 좋다'는 관용 표현이다.

단어　手先(てさき) 손재주 | 器用(きよう)だ 솜씨가 좋다 | 販売

(はんばい) 판매 | 手元(てもと) 수중, 가까운 곳 | 手際(てぎわ) 솜씨, 수단 | 手間(てま) 수고, 품

8 운전 중 사람이 튀어 나와서 **순간적으로** 브레이크를 밟았다.

해설　문맥상 가장 자연스러운 것은 **4 とっさに**이다. 갑작스러운 상황에서 순간적으로 행동을 취할 때 쓰인다.

단어　運転中(うんてんちゅう) 운전 중 | 飛(と)び出(だ)す 튀어 나오다 | とっさに 순간적으로, 즉시 | 踏(ふ)む 밟다 | いまに 곧 | まもなく 얼마 안 있어 | とっくに 이미

9 사소한 오해로 두 사람의 관계가 **어색해지**기 시작했다.

해설　문맥상 가장 자연스러운 것은 **2 ぎくしゃく**이다. 관계나 상황이 부드럽지 않고 어색하게 되는 경우에 쓰인다.

단어　ささいな 사소한 | 誤解(ごかい) 오해 | ぎくしゃく 어색함, 껄끄러움 | がっちり 단단히 | しょんぼり 풀이 죽은 | どうどうと 당당하게

10 관리직에게는, 사원에게 업무를 공평하게 **배분할** 책임이 있습니다.

해설　문맥상 가장 자연스러운 것은 **3 割り当てる**이다. 업무나 임무를 분담시키거나 할당하는 것을 뜻한다.

단어　管理職(かんりしょく) 관리직 | 公平(こうへい)に 공평하게 | 割(わ)り当(あ)てる 할당하다, 배분하다 | 引(ひ)き起(お)こす 일으키다, 야기하다 | 繰(く)り上(あ)げる 앞당기다 | 振(ふ)りまく 뿌리다

⑭ 기출어휘 확인문제　문맥구성　　　　　p.45

1 이 낙서는 옆집 아이의 **짓**임에 틀림없다.

해설　문맥상 가장 자연스러운 것은 **1 しわざ**이다. 남이 저지른 고약한 '짓'이나 '소행'을 나타낸다.

단어　落書(らくが)き 낙서 | ～に違(ちが)いない ～임에 틀림없다 | そぶり(素振り) 태도, 낌새 | わざわい(災い) 재앙, 재난 | ておち(手落ち) (일의) 누락, 실수

2 이 크림을 사용하면, 피부가 **매끈매끈**해진다고 평판이 좋다.

해설　문맥상 가장 자연스러운 것은 **1 すべすべ**이다. 부드럽고 매끄러운 상태를 묘사할 때 사용된다.

단어　肌(はだ) 피부 | すべすべ 매끈매끈 | 評判(ひょうばん)だ 평판이 좋다 | かさかさ 거칠거칠 | ねばねば 끈적끈적 | ざらざら 거칠거칠

3 우리 회사는 고객 제일을 **내걸고**, 항상 서비스 개선에 힘쓰고 있다.

해설　문맥상 가장 자연스러운 것은 **3 掲げて**이다. 掲げる는 '이념이나 목표를 내세우다'라는 뜻이다.

단어　顧客第一(こきゃくだいいち) 고객 제일 | 掲(かか)げる 내걸다, 표방하다 | 改善(かいぜん) 개선 | 努(つと)める 힘쓰다 | 担(にな)う 짊어지다, 담당하다 | 察(さっ)する 헤아리다 | 添(そ)える 곁들이다, 더하다

4 갑작스런 비로 **발이 묶**여, 잠시 커피숍에서 시간을 때웠다.

해설　문맥상 가장 자연스러운 것은 **2 足止め**이다.

단어　突然(とつぜん)の 갑작스런 | 足止(あしど)めされる 발이

묶이다 | 喫茶店(きっさてん) 커피숍 | 時間(じかん)をつぶ
す 시간을 때우다 | 息抜(いきぬ)き 휴식 | 手抜(てぬ)き 대충
함, 날림 | 棚上(たなあ)げ 보류, 미루어 둠

5 재해 때는 불안을 **불식**시키기 위해 정확한 정보를 전달할
필요가 있다.

해설 문맥상 가장 자연스러운 것은 **3 払拭**로, 불안이나 걱정 등을 없
애는 의미로 사용된다.

단어 災害(さいがい) 재해 | 払拭(ふっしょく) 불식 | 正確(せい
かく)な 정확한 | 排斥(はいせき) 배척 | 蓄積(ちくせき) 축
적 | 喪失(そうしつ) 상실

6 **당장**의 이익에 얽매이지 않고 장기적인 시각으로 생각할
필요가 있다.

해설 문맥상 가장 자연스러운 것은 **4 目先**로, 당장의 이익이나 상황
을 나타낸다.

단어 目先(めさき) 눈앞, 당장 | 利益(りえき) 이익 | とらわれる
얽매이다 | 長期的(ちょうきてき) 장기적 | 手中(しゅちゅ
う) 손안, 수중 | 胸中(きょうちゅう) 마음속 | 背後(はいご) 배
후, 배경

7 의견이 **서로 맞지 않아서**, 논의가 좀처럼 진행되지 않는다.

해설 문맥상 가장 자연스러운 것은 **1 かみ合わず**이다.

단어 かみ合(あ)う 서로 맞다, 맞물리다 | 議論(ぎろん) 논의 | 釣
(つ)り合(あ)う 균형이 맞다 | 張(は)り合(あ)う 경쟁하다 | も
み合(あ)う 뒤엉키다, 서로 밀치다

8 양측의 주장을 들은 후에, 상사가 **중재**에 나섰다.

해설 문맥상 가장 자연스러운 것은 **3 仲裁**이다. 仲裁に入る는 '중재
에 나서다'라는 뜻이다.

단어 言(い)い分(ぶん) 할 말, 주장 | 〜た上(うえ)で 〜한 후에 |
上司(じょうし) 상사 | 仲裁(ちゅうさい)に入(はい)る 중재
에 나서다 | 判決(はんけつ) 판결 | 代行(だいこう) 대행 | 干
渉(かんしょう) 간섭

9 지진 재해 때 목격한 광경이 너무나 충격적이어서, 지금도
뇌리에서 사라지지 않는다.

해설 문맥상 가장 자연스러운 것은 **2 脳裏**이다. 충격적인 장면이 기
억 속에서 지워지지 않는 상황을 나타낸다.

단어 震災(しんさい) 지진 재해 | 目(め)にする 목격하다 | 衝撃的
(しょうげきてき) 충격적 | 脳裏(のうり) 뇌리, 머릿속 | 消
(き)える 사라지다 | 心境(しんきょう) 심경 | 裏目(うらめ)
예상과 반대되는 결과 | 頭部(とうぶ) 머리 부분, 두부

10 상사에게 꾸중을 듣고 **짜증나고 울적**한 기분으로 하루를
보냈다.

해설 문맥상 가장 자연스러운 것은 **4 むしゃくしゃ**이다. 마음이 울
적하고 짜증스러워 초조한 상태를 나타낸다.

단어 上司(じょうし) 상사 | 叱(しか)る 꾸짖다 | うとうと 꾸벅꾸
벅 조는 모양 | じりじり 애가 타는 모양 | ふらふら 비틀거리
는 모양

---

15 기출어휘 확인문제 문맥구성   p.51

1 증거 불충분으로 고소는 **기각**되었다.

해설 문맥상 가장 자연스러운 것은 **2 却下**이다. 제안이나 청원을 기
각하거나 거절할 때 쓰인다.

단어 証拠(しょうこ) 증거 | 不十分(ふじゅうぶん) 불충분 | 訴
(うった)え 고소 | 却下(きゃっか) 기각 | 脱却(だっきゃく)
탈피 | 駆除(くじょ) 구제, 제거 | 除去(じょきょ) 제거

2 그는 다음 대통령 선거에는 출마하지 않겠다고 **표명**했다.

해설 문맥상 가장 자연스러운 것은 **4 表明**이다.

단어 大統領(だいとうりょう) 대통령 | 選(せん) 선거 | 出馬(し
ゅつば) 출마 | 表明(ひょうめい) 표명, 밝힘 | 証言(しょう
げん) 증언 | 開示(かいじ) 개시 | 供述(きょうじゅつ) 진술

3 확실히 프로와 아마추어에는 **뚜렷**한 실력 차이가 있다.

해설 문맥상 가장 자연스러운 것은 **1 歴然と**이다. 歴然とした는
'뚜렷한'이라는 뜻이다.

단어 確(たし)かに 확실히 | 歴然(れきぜん)と 뚜렷하게 | 実力差
(じつりょくさ) 실력 차이 | 整然(せいぜん)と 정돈되게 |
続々(ぞくぞく)と 계속해서 | 堂々(どうどう)と 당당하게

4 장래에 나는 자원봉사 활동에 **매진**할 생각입니다.

해설 문맥상 가장 자연스러운 것은 **1 従事**이다. 어떤 직업에 종사하
거나 특정 일에 전념할 때 쓴다.

단어 従事(じゅうじ) 종사, 매진함 | 勤務(きんむ) 근무 | 在籍(ざ
いせき) 재적, 재직 | 就労(しゅうろう) 취업, 근로

5 어머니는 하루 종일 **바쁘게** 집안을 돌아다니고 있다.

해설 문맥상 가장 자연스러운 것은 **3 せかせかと**이다.

단어 一日中(いちにちじゅう) 하루 종일 | せかせかと 바쁘게 |
のろのろと 느릿느릿, 굼뜨게 | すいすいと 부드럽게, 술술 |
ふらふらと 비틀비틀, 어슬렁어슬렁

6 오늘은 일본 일주를 하게 된 **경위**에 대해 써 보려고 합니다.

해설 문맥상 가장 자연스러운 것은 **2 経緯**로, 어떤 일이 일어난 배경
이나 경과를 설명할 때 사용된다.

단어 一周(いっしゅう) 일주 | 経緯(けいい) 경위 | 軌道(きどう)
궤도 | 経路(けいろ) 경로 | 軌跡(きせき) 궤적

7 그의 행동은 사회 상식을 현저하게 **벗어나** 있다.

해설 문맥상 가장 자연스러운 것은 **2 逸脱**이다. 규범이나 기준을 벗
어나는 행동을 할 때 사용된다.

단어 行為(こうい) 행위, 행동 | 常識(じょうしき) 상식 | いちじ
るしく(著しく) 현저하게 | 逸脱(いつだつ) 벗어남 | 脱退(だ
ったい) 탈퇴 | 分解(ぶんかい) 분해 | 拡散(かくさん) 확산

8 방범 대책의 **일환**으로 감시카메라를 설치하게 되었다.

해설 문맥상 가장 자연스러운 것은 **3 一環**이다. 전체적인 계획이나
활동 중의 한 부분을 의미한다.

단어 防犯(ぼうはん) 방범 | 対策(たいさく) 대책 | 一環(いっか
ん) 일환 | 設置(せっち) 설치 | 一定(いってい) 일정함 | 一体
(いったい) 일체, 도대체 | 一律(いちりつ) 일률적

9 문을 닫고 셔터를 내린 점포는 상점가에서 자주 **보는** 광경이다.

해설 문맥상 가장 자연스러운 것은 **3 見かける**이다. 자주 보는, 일상적으로 나타나는 장면을 표현할 때 사용된다.

단어 閉店(へいてん) 폐점, 문을 닫음 | シャッターを閉(し)める 셔터를 닫다(내리다) | 店舗(てんぽ) 점포 | 商店街(しょうてんがい) 상점가 | 見(み)かける 눈에 띄다, 자주 보다 | 光景(こうけい) 광경 | 見合(みあ)わせる 미루다 | 見過(みす)ごす 간과하다 | 見違(みちが)える 몰라 보다, 착각하다

10 그녀는 옷의 **센스**가 뛰어나서, 항상 멋진 옷차림을 하고 있다.

해설 문맥상 가장 자연스러운 것은 **1 センス**이다. 스타일이나 감각을 칭찬할 때 사용된다.

단어 服(ふく) 옷 | 抜群(ばつぐん) 뛰어남 | 服装(ふくそう) 복장, 옷차림

16 **기출어휘 확인문제**　문맥구성　　　　p.52

1 타카하시 씨는 승진한 것을 모두에게 말하고 싶어서 **입이 근질근질**하다.

해설 문맥상 가장 자연스러운 것은 **1 うずうず**이다. 뭔가 하고 싶은데 못해서 안절부절 못하는 상태를 표현할 때 쓰인다.

단어 昇進(しょうしん) 승진 | うずうず 안절부절 | はらはら 조마조마 | おどおど 벌벌 떨며, 쭈뼛쭈뼛 | びくびく (겁을 먹고) 벌벌

2 고바야시 씨의 가장 큰 **걱정**은 병든 어머니의 일이었다.

해설 문맥상 가장 자연스러운 것은 **3 気がかり**이다. 무엇에 대해 계속 신경을 쓰거나 걱정하는 것을 나타낸다.

단어 気(き)がかり 걱정 | 手(て)つかず 손대지 않은 | 臆病(おくびょう) 겁이 많음, 소심함 | 迷惑(めいわく) 폐, 방해

3 주민들은 그 건물의 **철거**를 요구했다.

해설 문맥상 가장 자연스러운 것은 **3 撤去**이다.

단어 建物(たてもの) 건물 | 撤去(てっきょ) 철거 | 消去(しょうきょ) 소거, 삭제 | 駆除(くじょ) 구제, 퇴치 | 消除(しょうじょ) 소거, 삭제

4 경영진은 영업부장에게 젊은 사람을 **기용**하는 것에 난색을 표했다.

해설 문맥상 가장 자연스러운 것은 **4 起用**이다.

단어 経営陣(けいえいじん) 경영진 | 若手(わかて) 젊은 사람 | 起用(きよう) 기용 | 難色(なんしょく)を示(しめ)す 난색을 표하다 | 採取(さいしゅ) 채취 | 引用(いんよう) 인용 | 採択(さいたく) 채택

5 새로운 사장은 회사 재건이라는 십자가를 **짊어지**게 된다.

해설 문맥상 가장 자연스러운 것은 **1 になう**이다. 어떤 책임이나 부담을 지는 경우 사용된다.

단어 再建(さいけん) 재건 | 十字架(じゅうじか)をになう 십자가를 지다, 힘든 책임을 감당하다 | いたわる 배려하다, 돌보다 | かなう(叶う) 이루어지다, 적합하다 | かかげる(掲げる) 내걸다

6 우리 회사는 일본의 디지털 카메라 시장에서 20%의 **점유율**을 차지하고 있다.

해설 문맥상 가장 자연스러운 것은 **4 シェア**이다. 시장 점유율을 나타낼 때 사용된다.

단어 市場(しじょう) 시장 | シェア 점유율 | 占(し)める 차지하다, 점유하다 | レート 비율 | ランク 순위, 등급

7 한마디로 와인이라고 해도, 고급스러운 것부터 요리용까지 **다양**하다.

해설 문맥상 가장 자연스러운 것은 **2 まちまち**이다. 여러 가지로 다양하고 서로 다를 때 사용된다.

단어 高級(こうきゅう)な 고급스러운 | まちまちだ 다양하다 | ごろごろだ 뒹굴거리다 | ぐらぐらだ 흔들리다 | ぬるぬるだ 미끄럽다

8 그는 고집스럽게 자신의 **잘못**을 인정하려 하지 않았다.

해설 문맥상 가장 자연스러운 것은 **2 非**이다.

단어 頑(がん)として 고집스럽게, 완강하게 | 非(ひ) 잘못 | 悪(あく) 악 | 苦(く) 고통 | 没(ぼつ) 탈락, 없어짐

9 어떤 스토리를 가진 것은 **애착**이 있어 좀처럼 버릴 수 없는 법이다.

해설 문맥상 가장 자연스러운 것은 **4 愛着**이다.

단어 何(なん)らか 어떠한, 무슨 | 愛着(あいちゃく) 애착 | 心情(しんじょう) 심정, 감정 | 好感(こうかん) 호감 | 熱意(ねつい) 열의

10 우리는 최선을 **다해** 그 일을 해야 한다.

해설 문맥상 가장 자연스러운 것은 **2 尽くして**이다. 最善を尽くす(최선을 다하다)로 하나의 표현으로 알아두면 좋다.

단어 最善(さいぜん)を尽(つ)くす 최선을 다하다 | 遂(と)げる 이루다 | 果(は)たす 완수하다 | 極(きわ)める 극에 달하다

17 **기출어휘 확인문제**　문맥구성　　　　p.53

1 비때문에 시합이 취소되는 것은 아닌지 **염려하는** 야구 팬들도 많았다.

해설 문맥상 가장 자연스러운 것은 **4 危ぶむ**이다.

단어 試合(しあい) 시합 | 流(なが)れる 흐르다, 취소되다 | 危(あや)ぶむ 염려하다, 걱정하다 | 損(そこ)なう 손상시키다 | 恐(おそ)れる 두려워하다 | 崩(くず)れる 무너지다

2 그 토기에는 아름다운 장식이 **되어** 있었다.

해설 문맥상 가장 자연스러운 것은 **4 施されて**이다. 施する '베풀다, (장식이) 되어 있다'라는 뜻이다.

단어 土器(どき) 토기 | 装飾(そうしょく) 장식 | 施(ほどこ)す 베풀다, (장식이) 되어 있다 | 設(もう)ける 설치하다, 마련하다 | 装(よそお)う 꾸미다, 가장하다 | 据(す)える (물건을) 놓다, 설치하다

3 도쿄 지방에 발령됐던 호우경보가 **해제**되었습니다.

해설 문맥상 가장 자연스러운 것은 **1 解除**이다. 解除는 경계, 제한, 구속 등을 풀 때 쓰인다.

단어 大雨(おおあめ) 호우, 폭우 | 警報(けいほう)が出(で)る 경보가 발령되다 | 解除(かいじょ) 해제 | 解禁(かいきん) 해금 | 廃止(はいし) 폐지 | 停止(ていし) 정지

4 **건설적인** 시점에서 에너지 문제에 대해 의논해 봅시다.

해설 문맥상 가장 자연스러운 것은 **1 建設的な**이다. 建設的な는 미래지향적이며 도움이 되는 방향으로 생각하거나 이야기하는 경우에 쓰인다.

단어 建設的(けんせつてき)な 건설적인 | 視点(してん) 시점 | 話(はな)し合(あ)う 의논하다 | 盲目的(もうもくてき)な 맹목적인 | 圧倒的(あっとうてき)な 압도적인 | 多角的(たかくてき)な 다각적인

5 대지진 발생 시에는 신속한 가스 공급의 **차단**이 요구된다.

해설 문맥상 가장 자연스러운 것은 **3 遮断**이다.

단어 大地震(おおじしん) 대지진 | 発生(はっせい) 발생 | ～際(さい)は ～때는, ～시에는 | 迅速(じんそく)な 신속한 | 供給(きょうきゅう) 공급 | 遮断(しゃだん) 차단 | 求(もと)められる 요구되다 | 拒絶(きょぜつ) 거절 | 駆除(くじょ) 구제, 퇴치 | 隔離(かくり) 격리

6 스즈키 씨는 TV 디렉터로서의 긴 **경력**을 가지고 있다.

해설 문맥상 가장 자연스러운 것은 **3 経歴**이다.

단어 経歴(けいれき) 경력 | 由来(ゆらい) 유래 | 経路(けいろ) 경로 | 従来(じゅうらい) 종래

7 그녀는 영어 시험에서 **꾸준히** 80점 이상을 받고 있다.

해설 문맥상 가장 자연스러운 것은 **4 コンスタント**에이다.

단어 コンスタントに 꾸준히, 지속적으로 | 取(と)る (점수를) 받다 | クリアに 명확하게 | ストレートに 솔직하게, 곧바로 | シンプルに 단순하게

8 많은 사람이 지진 재해로 생활의 **기반**을 잃었다.

해설 문맥상 가장 자연스러운 것은 **2 基盤**이다.

단어 震災(しんさい) 지진 재해 | 基盤(きばん) 기반, 토대 | 失(うしな)う 잃다 | 根拠(こんきょ) 근거 | 源(みなもと) 근원 | 基地(きち) 기지, 본거지

9 그는 펜션 경영의 기본적인 **노하우**를 알고 싶어 한다.

해설 문맥상 가장 자연스러운 것은 **4 ノウハウ**이다. ノウハウ는 어떤 일을 하는 데 필요한 전문적인 지식이나 기술을 말한다.

단어 経営(けいえい) 경영 | 基本的(きほんてき)な 기본적인 | ～たがる ～하고 싶어 하다 | ライフワーク 평생의 일

10 고바야시 씨는 오랫동안 걸은 뒤라 **녹초가 되어** 완전히 지쳐 있었다.

해설 문맥상 가장 자연스러운 것은 **3 へとへとに**이다. へとへとに는 기진맥진하여 녹초가 된 상태를 나타낸다.

단어 長(なが)いこと 오랫동안 | へとへとに 몹시 지쳐, 녹초가 되어 | 疲(つか)れきる 완전히 지치다 | すっきり 산뜻하게 | からからに 바싹 마르게 | ぎっしり 꽉, 빈틈없이

1 벽화의 **복원**을 하려고 했을 때, 여러 가지 준비와 어려운 문제가 많다는 것을 듣고 몹시 놀랐다.

해설 문맥상 가장 자연스러운 것은 **1 修復**이다. 修復는 파손된 건물이나 미술품 등을 고쳐 원래의 모습으로 되돌리는 것을 말한다.

단어 壁画(へきが) 벽화 | 修復(しゅうふく) 수복, 복원 | 準備(じゅんび) 준비 | びっくりする 깜짝 놀라다 | 回復(かいふく) 회복 | 復興(ふっこう) 부흥 | 復旧(ふっきゅう) 복구

2 **엄청나게 많은** 수의 군중이 광장을 가득 메웠다.

해설 문맥상 가장 자연스러운 것은 **3 おびただしい**이다. おびただしい는 수나 양이 매우 많거나 정도가 대단한 것을 말한다.

단어 おびただしい 엄청나게 많다 | 群衆(ぐんしゅう) 군중 | 広場(ひろば) 광장 | 埋(う)めつくす 가득 메우다 | 限(かぎ)りない 한없다 | 極(きわ)まりない 끝없다, 극심하다 | めまぐるしい (변화가) 빠르다, 어지럽다

3 위기가 사원의 **결속**을 강화한다.

해설 문맥상 가장 자연스러운 것은 **4 結束**이다.

단어 危機(きき) 위기 | 結束(けっそく) 결속, 단결 | 強(つよ)める 강화하다 | 結晶(けっしょう) 결정 | 結合(けつごう) 결합 | 結成(けっせい) 결성

4 도로의 확장으로 인해, 차량 2대가 **나란히** 달릴 수 있게 되었다.

해설 문맥상 가장 자연스러운 것은 **2 並行**이다.

단어 拡張(かくちょう) 확장 | 並行(へいこう) 병행, 나란히 감 | 並列(へいれつ) 병렬 | 同伴(どうはん) 동반 | 同盟(どうめい) 동맹

5 그가 사퇴하는 것은 전혀 **염두**에 없었다.

해설 문맥상 가장 자연스러운 것은 **3 念頭**이다. 念頭にない는 '염두에 없다, 전혀 생각하고 있지 않다'는 관용 표현으로 쓰인다.

단어 辞退(じたい) 사퇴, 사양 | まるで ①전혀 ②마치 | 念頭(ねんとう) 염두, 마음속 | 専念(せんねん) 전념 | 専用(せんよう) 전용 | 念願(ねんがん) 염원

6 공장에는 에어컨이 없어, 사원들은 매일 땀**투성이**가 되어 일하고 있다.

해설 문맥상 가장 자연스러운 것은 **4 まみれ**이다. まみれ는 땀, 흙, 피처럼 표면에 지저분하게 묻어 있는 상태를 나타내고, ずくめ는 좋은 일, 검은색, 규칙처럼 상황이나 색깔이 온통 그것일 때를 나타낸다.

단어 工場(こうじょう) 공장 | 汗(あせ) 땀 | ～まみれ ～투성이 | 働(はたら)く 일하다 | ～がらみ ～정도, ～관련 | ～ずくめ 온통 ～뿐임 | ～ぐるみ ～째, ～전체

7 이번 달은 며칠 쉬었지만, 어떻게든 보험 계약의 **할당량**은 완수할 수 있을 것 같다.

해설 문맥상 가장 자연스러운 것은 **3 ノルマ**이다. ノル마는 집단이나 개인에게 의무적으로 부과된 '할당량, 목표치'를 말한다.

단어 数日(すうじつ) 며칠 | 何(なん)とか 어떻게든 | 保険(ほけん)契約(けいやく) 보험 계약 | 果(は)たす 완수하다 | ブランク 공백, 경력 단절

8	그 운동은 빈곤 지역의 복지에 크게 **기여**했다.
해설	문맥상 가장 자연스러운 것은 **2 寄与**이다.
단어	貧困(ひんこん) 빈곤	地域(ちいき) 지역	福祉(ふくし) 복지	大(おお)いに 크게, 대단히	寄与(きよ) 기여, 공헌	関与(かんよ) 관여	波及(はきゅう) 파급	普及(ふきゅう) 보급, 확산

9	연휴 기간 중의 유원지는 어디든 상당한 **인파**가 예상되고 있다.
해설	문맥상 가장 자연스러운 것은 **2 人出**이다.
단어	連休(れんきゅう) 연휴	遊園地(ゆうえんち) 유원지	相当(そうとう)な 상당한	人出(ひとで) 인파	見込(みこ)まれる 예상되다	人影(ひとかげ) 사람 그림자	人通(ひとどお)り 사람의 왕래	人並(ひとな)み 보통 사람 정도, 평범한 수준

10	**대범**한 사람이란, 마음이 넓고, 사소한 것을 신경 쓰지 않는 사람을 말합니다.
해설	문맥상 가장 자연스러운 것은 **2 おおらか**이다.
단어	おおらかな 대범한, 너그러운	細(こま)かい 사소하다, 세세하다	気(き)にする 신경 쓰다	あざやかな 선명한, 산뜻한	すみやかな 신속한	ささやかな 작은, 보잘것없는

🔴19 기출어휘 확인문제 　문맥구성　　　　　p.55

1	어제 파티에서는 즐거운 화제로 이야기가 **활기를 띠었다**.
해설	문맥상 가장 자연스러운 것은 **3 弾んだ**이다. 話が弾む는 이야기가 즐거워서 끊이지 않고 계속 이어지는 것을 말한다.
단어	弾(はず)む (이야기가) 활기를 띠다, 튀다	舞(ま)う 춤추다	転(ころ)がる 구르다, 넘어지다	跳(は)ねる (위로) 튀다, 뛰어오르다

2	그는 감독이나 팀 동료로부터 **절대적인** 신뢰를 얻고 있다.
해설	문맥상 가장 자연스러운 것은 **4 絶大な**이다.
단어	監督(かんとく) 감독	絶大(ぜつだい)な 절대적인, 엄청난	信頼(しんらい) 신뢰	得(え)る 얻다	強大(きょうだい)な 강대한	偉大(いだい)な 위대한	膨大(ぼうだい)な 방대한

3	어떤 풍습도 그 문화적 **배경**을 떠나서는 이해할 수 없다.
해설	문맥상 가장 자연스러운 것은 **2 背景**이다.
단어	風習(ふうしゅう) 풍습	背景(はいけい) 배경	離(はな)れる 떠나다	発端(ほったん) 발단, 시초	根源(こんげん) 근원	系統(けいとう) 계통

4	그녀는 **회심**의 연기로 마지막 무대를 장식했다.
해설	문맥상 가장 자연스러운 것은 **1 会心**이다. 会心の演技는 스스로 마음에 흡족할 정도로 잘한 연기를 말한다.
단어	会心(かいしん) 회심, 만족스러움	演技(えんぎ) 연기	飾(かざ)る 장식하다	肝心(かんじん) 가장 중요함	心地(ここち) 기분, 느낌	心境(しんきょう) 심경

5	**본심**과 명분이라는 개념은, 외국인에게는 아무래도 잘 이해하기 어렵다고들 한다.
해설	문맥상 가장 자연스러운 것은 **3 本音**이다. 建前가 겉으로 내세우는 명분이라면, 本音는 마음속의 진실된 기분이나 의도를 말한다.
단어	本音(ほんね) 본심, 속마음	建前(たてまえ) 표면상의 방침, 명분	概念(がいねん) 개념	どうも 아무래도, 대체로	弱音(よわね) 약한 소리	弱気(よわき) 소심함, 약한 태도	本気(ほんき) 진심, 본심

6	요리 **솜씨**를 겨루는 대회가 열렸다.
해설	문맥상 가장 자연스러운 것은 **1 腕前**이다.
단어	腕前(うでまえ) 솜씨, 실력	競(きそ)う 겨루다, 경쟁하다	開(ひら)かれる 열리다	内心(ないしん) 내심, 속마음	素振(そぶ)り 태도, 낌새	口出(くちだ)し 말참견, 간섭

7	이것은 최신 CG 기술을 **구사**하여 만들어진 영상입니다.
해설	문맥상 가장 자연스러운 것은 **4 駆使**이다.
단어	技術(ぎじゅつ) 기술	駆使(くし) 구사, 마음대로 씀	映像(えいぞう) 영상	勃発(ぼっぱつ) (사건·전쟁 등의) 발발	勃興(ぼっこう) (세력·산업 등의) 발흥, 갑작스러운 발전	駆除(くじょ) 구제, 퇴치

8	이 드라마의 스즈키 씨는, 매우 감정의 **기복**이 심한 사람이라고 생각합니다.
해설	문맥상 가장 자연스러운 것은 **4 起伏**이다.
단어	起伏(きふく) 기복, 굴곡	激(はげ)しい 격렬하다, 심하다	高低(こうてい) 고저, 높낮이	出没(しゅつぼつ) 출몰	明暗(めいあん) 명암

9	어머니는 숙부 회사의 경리를 **일임**하고 있다.
해설	문맥상 가장 자연스러운 것은 **4 一任**이다.
단어	おじ 아저씨, 숙부	経理(けいり) 경리	一任(いちにん) 일임, 모두 맡김	訃告(ふこく) 부고, 사망 통지	訃報(ふほう) 부고	一括(いっかつ) 일괄, 한꺼번에 묶음

10	오늘 밤은 10년에 한 번 나올 만한 **인재**로 평가받는 밴드의 라이브가 있다.
해설	문맥상 가장 자연스러운 것은 **2 逸材**이다.
단어	今夜(こんや) 오늘 밤	逸材(いつざい) 인재, 뛰어난 인물	玄人(くろうと) 전문가, 숙련자	大家(たいか) 대가, 권위자	巨匠(きょしょう) 거장

🔴20 기출어휘 확인문제 　문맥구성　　　　　p.59

1	현재 실업 중이라 매일 **빈둥빈둥** 지내고 있습니다.
해설	문맥상 가장 자연스러운 것은 **4 ぶらぶら**이다. 일이 없어 목적 없이 시간을 보내는 상태를 말한다.
단어	目下(もっか) 현재, 지금	失業中(しつぎょうちゅう) 실업 중	ぶらぶら 빈둥빈둥, 어슬렁어슬렁	ずるずる (액체 등이) 주르륵, 질질 (끌다)	くるくる 빙글빙글	ちらちら 힐끗힐끗

2	살기가 힘들다고 해서 마약에 손을 대다니 **어리석은** 일이다.
해설	문맥상 가장 자연스러운 것은 **1 おろか**이다.
단어	生(い)きる 살다	つらい 괴롭다, 힘들다	～といって ～라고 해서	麻薬(まやく)に走(はし)る 마약에 손을 대다, 마약에 빠지다	おろかな(愚かな) 어리석은, 바보 같은	かすかな(微かな) 희미한, 가냘픈	のどかな(長閑な) 한가로운	はるかな(遥かな) 아득한

[3] 어머니는 내 마음을 민감하게 **헤아려** 아무 말도 하지 않았다.

해설 문맥상 가장 자연스러운 것은 **3 察して**이다.

단어 敏感(びんかん)に 민감하게 | 察(さっ)する 헤아리다, 살피다
| 制(せい)する 억누르다, 제압하다 | 称(しょう)する 일컫다,
칭하다 | 即(そく)する 부합하다, 따르다

[4] 이번 여름은 무덥고 **눅눅한** 날이 계속되었다.

해설 문맥상 가장 자연스러운 것은 **1 うっとうしい**이다. うっとう
しい는 습도가 높아 눅눅하거나 상황이 답답해서 기분이 상쾌
하지 않을 때 사용한다.

단어 むし暑(あつ)い 무덥다 | 気味悪(きみわる)い 기분 나쁘다,
섬뜩하다 | あつかましい(厚かましい) 뻔뻔하다, 몰염치하다
| 生(なま)ぬるい 미지근하다, 어중간하다

[5] 바퀴벌레는 **날렵해서** 좀처럼 잡히지 않는다.

해설 문맥상 가장 자연스러운 것은 **4 すばしこくて**이다.

단어 ゴキブリ 바퀴벌레 | すばしこい 날쌔다, 민첩하다 | 捕(つか)
まる 잡히다 | ひさしい(久しい) 오래다 | とうとい(尊い) 고
귀하다, 소중하다 | なまぐさい(生臭い) 비리다

[6] 강연자의 이야기는 긴 것에 비해서는 내용이 **빈약**했다.

해설 문맥상 가장 자연스러운 것은 **1 貧弱**이다.

단어 講演者(こうえんしゃ) 강연자 | 〜わりには 〜에 비해서는 |
中身(なかみ) 내용물, 알맹이 | 貧弱(ひんじゃく) 빈약함, 내
용이 보잘것없음 | 陰湿(いんしつ) 음습함, 음흉하고 집요함 |
貧乏(びんぼう) 가난함 | 陰気(いんき) 음침함, 음산함

[7] 그가 책임을 지고 사직할 생각임이 **명백**해졌다.

해설 문맥상 가장 자연스러운 것은 **2 明白**이다.

단어 責任(せきにん)を取(と)る 책임을 지다 | 辞職(じしょく) 사
직 | 〜つもりだ 〜할 생각(작정)이다 | 明白(めいはく) 명백
함, 확실함 | 正規(せいき) 정규 | 詳細(しょうさい) 상세함,
자세함 | 素朴(そぼく) 소박함, 꾸밈이 없음

[8] 그들은 일면식도 없는 우리를 따뜻하게 **대접해** 주었다.

해설 문맥상 가장 자연스러운 것은 **4 もてなして**이다. 손님을 친절
하게 접대하고 환영하는 것을 말한다.

단어 見(み)ず知(し)らず 일면식도 없는, 모르는 | もてなす 대접
하다, 환대하다 | もらす(漏らす) 흘리다, 누설하다 | もがく
발버둥 치다, 몸부림치다 | もたらす 초래하다, 가져오다

[9] **굳이** 말하자면, 자네 의견에는 꽤 편견이 있네.

해설 문맥상 가장 자연스러운 것은 **2 あえて**이다.

단어 あえて 굳이, 무리해서 | 言(い)わせてもらう 말하다〈겸양〉|
偏見(へんけん) 편견 | まして 하물며, 더욱이 | せめて 적어
도, 최소한

[10] 만약 그것이 필요하다면 **미리** 연락 주십시오.

해설 문맥상 가장 자연스러운 것은 **3 あらかじめ**이다.

단어 あらかじめ(予め) 미리, 사전에 | あしからず(悪しからず)
양해 바랍니다 | あいにく 공교롭게도, 마침 | あいかわらず
(相変わらず) 변함없이

---

[1] 거대한 쓰나미로 그 지역의 집은 **남김없이** 파괴되었다.

해설 문맥상 가장 자연스러운 것은 **4 ことごとく**이다.

단어 巨大(きょだい)な 거대한 | 津波(つなみ) 쓰나미, 해일 | 地
域(ちいき) 지역 | ことごとく 모두, 남김없이 | 破壊(はかい)
파괴 | とかく 하여간, 어쨌든 | つくづく 곰곰이, 절실히 | よ
うやく 겨우, 간신히

[2] 아폴로 계획은 인류의 꿈을 실은 **장대**한 계획이었다.

해설 문맥상 가장 자연스러운 것은 **3 壮大**이다. 인간이 만든 계획이
나 구상에는 壮大가 가장 적절하다.

단어 計画(けいかく) 계획 | 人類(じんるい) 인류 | 乗(の)せる 실
다 | 壮大(そうだい)な 장대한, 웅장한 | 多大(ただい)な 매우
많은 | 偉大(いだい)な 위대한 | 盛大(せいだい)な 성대한

[3] 민족 투쟁에 제삼국이 **개입**해 큰 전쟁으로 발전했다.

해설 문맥상 가장 자연스러운 것은 **4 介入**이다.

단어 民族(みんぞく) 민족 | 闘争(とうそう) 투쟁 | 介入(かいにゅ
う) 개입 | 戦争(せんそう) 전쟁 | 侵入(しんにゅう) 침입 |
潜入(せんにゅう) 잠입 | 加入(かにゅう) 가입

[4] 문자를 하면서 걷다가, 전봇대에 **정면으로** 부딪히고 말았다.

해설 문맥상 가장 자연스러운 것은 **3 もろに**이다.

단어 電柱(でんちゅう) 전봇대 | もろに 정면으로, 고스란히 | ぶ
つかる 부딪히다 | いやに 몹시, 이상하게 | かりに(仮に) 가
령, 만약에 | ふいに 갑자기

[5] 그는 의학 연구 분야에서 **눈부신** 업적을 올렸다.

해설 문맥상 가장 자연스러운 것은 **4 めざましい**이다.

단어 医学(いがく) 의학 | 研究(けんきゅう) 연구 | めざましい
(目覚ましい) 눈부시다, 괄목할 만하다 | 業績(ぎょうせき)
をあげる 업적을 올리다 | やかましい 시끄럽다, 까다롭다 |
なやましい(悩ましい) 골치 아프다 | かしましい(여럿이)
시끄럽다

[6] 그는 항상 아내를 남들 앞에서 **헐뜯는다**.

해설 문맥상 가장 자연스러운 것은 **1 けなす**이다.

단어 人前(ひとまえ) 남들 앞 | けなす 헐뜯다, 비난하다 | くるし
む(苦しむ) 괴로워하다 | おいこむ(追い込む) 몰아넣다 | お
びやかす(脅かす) 위협하다, 겁주다

[7] 그는 수재이며 **또한** 대단한 노력가이다.

해설 문맥상 가장 자연스러운 것은 **1 かつ**이다. 앞선 사실에 더하여
또 다른 속성을 동시에 가지고 있음을 말한다.

단어 秀才(しゅうさい) 수재 | かつ 또한, 동시에 | 非常(ひじょう)
な 대단한 | 努力家(どりょくか) 노력가 | それでも 그런데
도 | ゆえに 그러므로, 때문에 | しかしながら 그렇기는 하지
만, 그러나

[8] 사회 안전을 유지하기 위해 경찰은 교통위반이나 부정행
위를 **단속할** 의무가 있다.

해설 문맥상 가장 자연스러운 것은 **2 とりしまる**이다.

단어 維持(いじ) 유지 | 警察(けいさつ) 경찰 | 交通違反(こうつ
ういはん) 교통위반 | 不正行為(ふせいこうい) 부정행위 |

とりしまる(取り締まる) 단속하다, 규제하다 | 義務(ぎむ) 의무 | とりこむ(取り込む) 도입하다 | とりあつかう(取り扱う) 다루다, 취급하다 | とりまぜる(取り混ぜる) 뒤섞다, 혼합하다

9 **부디** 허가해 주시기를 부탁드립니다.

해설 문맥상 가장 자연스러운 것은 **3 何とぞ**이다. 상대방에게 간절하고 강하게 요청하는 표현이다.

단어 何(なに)とぞ 부디, 아무쪼록 | 許可(きょか) 허가 | 何(なん)だか 왠지, 어쩐지 | 何(なん)でも 무엇이든 | 何(なに)より 무엇보다도, 가장

10 그의 증언에는 **앞뒤**가 맞지 않는 부분이 있었다.

해설 문맥상 가장 자연스러운 것은 **3 つじつま**이다.

단어 証言(しょうげん) 증언 | つじつまが合(あ)う 앞뒤가 맞다, 말이 되다 | あべこべ 뒤바뀜, 거꾸로 | よしあし(良し悪し) 좋고 나쁨, 선악 | まとまり 정리, 통일성

22 **기출어휘 확인문제** 문맥구성 　　　　p.61

1 이것은 정권을 **무너뜨릴** 만한 스캔들이다.

해설 문맥상 가장 자연스러운 것은 **4 覆す**이다.

단어 政権(せいけん) 정권 | 覆(くつがえ)す 뒤엎다, 무너뜨리다 | 反(そ)る 젖혀지다, 휘다 | 繕(つくろ)う 수선하다, 꾸미다 | 断(た)つ 끊다, 단절하다

2 아이와 떨어져 살고 있는 어머니는 얼마나 **애틋할**까.

해설 문맥상 가장 자연스러운 것은 **3 せつない**이다.

단어 離(はな)れる 떨어지다 | 暮(く)らす 살다, 지내다 | さぞ~だろう 얼마나 ~할까 | せつない 애틋하다, 애가 타다 | たやすい 쉽다, 용이하다 | あくどい 악랄하다, 지나치게 진하다 | いやしい(卑しい) 천하다, 비열하다

3 문제와 답안 용지는 나중에 전부 **회수**하겠습니다.

해설 문맥상 가장 자연스러운 것은 **4 回収**이다.

단어 答案用紙(とうあんようし) 답안 용지 | 後(のち)ほど 나중에, 후에 | 回収(かいしゅう) 회수 | 没収(ぼっしゅう) 몰수 | 領収(りょうしゅう) 영수 | 徴収(ちょうしゅう) 징수

4 최신 기술의 **혁신**은 실로 눈부시다.

해설 문맥상 가장 자연스러운 것은 **1 革新**이다.

단어 技術(ぎじゅつ) 기술 | 革新(かくしん) 혁신 | 実(じつ)に 실로, 참으로 | めざましい 눈부시다, 괄목할 만하다 | 革命(かくめい) 혁명 | 改修(かいしゅう) 개수, 수리 | 改定(かいてい) 개정

5 그의 부주의로 모처럼의 계획이 **수포로 돌아**갔다.

해설 문맥상 가장 자연스러운 것은 **3 台無し**이다.

단어 不注意(ふちゅうい) 부주의 | せっかく 모처럼, 애써 | 計画(けいかく) 계획 | 台無(だいな)しになる 수포로 돌아가다, 허사가 되다 | 不合理(ふごうり) 불합리함 | うつろ(虚ろ) 공허함, 텅 빔 | 不適切(ふてきせつ) 부적절함

6 결혼식 때는, 제대로 된 **옷차림**으로 참석해야 한다.

해설 문맥상 가장 자연스러운 것은 **1 身なり**이다. きちんとした身なりは 단정한 복장이나 용모를 의미한다.

단어 きちんとした 깔끔한, 단정한 | 身(み)なり 옷차림, 모양새 | 出席(しゅっせき) 출석, 참석 | 身(み)の上(うえ) 신상, 신세 | 身(み)の回(まわ)り 신변, 일상생활 | 身(み)ぶり 몸짓, 제스처

7 아침 공기는 뭐라 말할 수 없이 **상쾌하다**.

해설 문맥상 가장 자연스러운 것은 **2 すがすがしい**이다.

단어 空気(くうき) 공기 | 何(なん)とも言(い)えず 뭐라 말할 수 없이 | すがすがしい 상쾌하다, 시원하다 | わかわかしい(若々しい) 젊다, 생기발랄하다 | めざましい(目覚ましい) 눈부시다, 괄목할 만하다 | たくましい 강인하다, 씩씩하다

8 부탁받아도 무리한 일이라면 **딱 잘라** 거절하는 편이 좋다.

해설 문맥상 가장 자연스러운 것은 **3 きっぱり**이다.

단어 頼(たの)む 부탁하다 | きっぱり 단호히, 딱 잘라 | 断(ことわ)る 거절하다 | じっくり 차분히, 신중히 | げっそり 홀쭉, 핼쑥 | くっきり 선명하게, 또렷하게

9 이 코트는 비는 **튕겨내**지만 땀은 통과시킨다.

해설 문맥상 가장 자연스러운 것은 **3 はじく**이다. 雨をはじくは 비가 스며들지 않고 표면에서 튕겨 나오는 것을 말한다.

단어 はじく 튕기다, 튀기다 | 汗(あせ) 땀 | 通(とお)す 통과시키다, 통하다 | なげく(嘆く) 한탄하다, 슬퍼하다 | もがく 발버둥 치다, 애쓰다 | つつく 쿡쿡 찌르다

10 취직할 때에는, 옛날 반 친구가 **편의**를 봐 주었다.

해설 문맥상 가장 자연스러운 것은 **4 便宜**이다.

단어 就職(しゅうしょく) 취직 | ～に際(さい)しては ~할 때에는 | 級友(きゅうゆう) 반 친구 | 便宜(べんぎ)をはかる 편의를 봐주다 | 適宜(てきぎ) 적절히, 알맞게 | 有利(ゆうり) 유리함

03　問題3 **유의표현 공략하기**

문제 3 　　　　의 단어에 의미가 가장 가까운 것을 1·2·3·4에서 하나 고르시오.

23 **기출어휘 확인문제** 유의표현 　　　　p.68

1 상사의 허가를 얻은 후에 **착수하**기로 했다.

해설 着手する(착수하다)와 비슷한 표현은 **3 始める**(시작하다)이다. 어떤 일에 손을 대어 시작함을 뜻한다.

단어 上司(じょうし) 상사 | 許可(きょか)を得(え)る 허가를 얻다 | 着手(ちゃくしゅ)する 착수하다 | 取り戻(と)す 되찾다 | 断(ことわ)る 거절하다 | 始(はじ)める 시작하다 | やり直(なお)す 다시 하다

2 책임 소재가 **애매모호**하게 끝나버렸다.

해설 うやむや(애매모호함)와 비슷한 표현은 **2 あいまい**(애매함)이다.

단어 責任(せきにん) 책임 | 所在(しょざい) 소재 | うやむやに 애매모호하게, 흐지부지 | ほがらかに 명랑하게, 쾌활하게 | ひそかに(密かに) 은밀히 | おおらかに 대범하게

3 **뜻밖의** 문제로 일정이 틀어져 버렸다.

해설 不慮の(뜻밖의)와 비슷한 표현은 **3 思いがけない**(뜻밖의)이다.

단어 不慮(ふりょ) 불의, 뜻밖 | 予定(よてい)が狂(くる)う 예정(일정)이 틀어지다 | みっともない 보기 흉하다, 꼴사납다 | しょうがない 어쩔 수 없다 | 思(おも)いがけない 뜻밖이다, 예상 밖이다 | 言(い)うまでもない 말할 것도 없다

4 오래된 **관습**에 얽매이지 않고, 자유로운 삶의 방식을 선택하다.

해설 しきたり(관례, 관습)와 비슷한 표현은 **3 慣習**(관습)이다.

단어 縛(しば)られる 얽매이다 | 生(い)き方(かた) 삶의 방식 | 選(えら)ぶ 선택하다 | 歴史(れきし) 역사 | 思想(しそう) 사상 | 慣習(かんしゅう) 관습, 관례 | 法律(ほうりつ) 법률

5 장소를 바꿨더니 작업이 **순조롭게 진행되었다.**

해설 はかどった(순조롭게 진행되었다)와 비슷한 표현은 **1 スムーズに進んだ**(순조롭게 진행되었다)이다.

단어 作業(さぎょう) 작업 | スムーズに 순조롭게 | 進(すす)む 나아가다, 진행되다 | 大幅(おおはば)に 대폭, 크게 | 落(お)ちる 떨어지다

6 그는 연구에 **몰두한** 나머지, 식사조차 잊고 있었다.

해설 没頭する(몰두하다)와 비슷한 표현은 **3 熱中する**(열중하다)이다.

단어 研究(けんきゅう) 연구 | 没頭(ぼっとう)する 몰두하다 | ～あまり ～한 나머지 | あこがれる 동경하다 | 失望(しつぼう)する 실망하다 | 熱中(ねっちゅう)する 열중하다 | 疲労(ひろう) 피로

7 **번거로운** 인간관계가 원인이 되어, 이직을 결정했다.

해설 わずらわしい(번거로운, 귀찮은)와 비슷한 표현은 **4 面倒な**(귀찮은)이다.

단어 転職(てんしょく) 이직 | 気軽(きがる)な 부담 없는, 가벼운 | 危険(きけん)な 위험한 | 退屈(たいくつ)な 지루한 | 面倒(めんどう)な 귀찮은, 성가신

8 현지 사람에게 추천 **장소**를 소개받았다

해설 スポット(장소, 지점)와 비슷한 표현은 **1 場所**(장소)이다.

단어 地元(じもと) 지역, 현지 | おすすめ 추천 | 場所(ばしょ) 장소 | 時期(じき) 시기, 때

9 야마다 씨는 **척척** 일을 처리했다.

해설 てきぱきと(척척)와 비슷한 표현은 **2 手際よく**(능숙하고 솜씨 있게)이다.

단어 てきぱきと 척척, 재빠르게 | こなす 처리하다, 해내다 | 心(こころ)を込(こ)める 마음을 담다 | 手際(てぎわ)よい 솜씨가 좋다, 능숙하다 | いやいや 마지못해, 억지로

10 그는 큰 **시련**을 극복하고 성장했다.

해설 試練(시련)과 비슷한 표현은 **1 苦難**(고난)이다.

단어 試練(しれん) 시련, 어려운 고난 | 乗(の)り越(こ)える 극복하다 | 成長(せいちょう) 성장 | 苦難(くなん) 고난 | 遭遇(そ

うぐう) 조우, 뜻밖의 만남 | 協力(きょうりょく) 협력 | 反省(はんせい) 반성

24 **기출어휘 확인문제** 유의표현　　　　p.69

1 태풍으로 집이 **모조리** 휩쓸려 가 버렸다.

해설 根こそぎ(모조리)와 비슷한 표현은 **2 すべて**(전부, 모두)이다.

단어 根(ね)こそぎ 뿌리째, 모조리 | 流(なが)される 휩쓸려 가다 | めったに 좀처럼, 거의 | わざわざ 일부러 | 直(ただ)ちに 즉시, 곧바로

2 기후 변동에 따른 농작물에 대한 영향이, 농업 관계자들 사이에서 **우려**되고 있다.

해설 懸念(우려)과 같은 표현은 **2 心配**(걱정)이다.

단어 気候(きこう) 기후 | 変動(へんどう) 변동 | 農作物(のうさくぶつ) 농작물 | 影響(えいきょう) 영향 | 農業(のうぎょう) 농업 | 懸念(けねん) 염려, 우려

3 새로운 설비 도입에 필요한 물자를 **마련**했다.

해설 調達(마련)와 비슷한 표현은 **3 用意**(준비, 마련)이다.

단어 設備(せつび) 설비 | 導入(どうにゅう) 도입 | 物資(ぶっし) 물자 | 調達(ちょうたつ) 조달, 마련 | 保存(ほぞん) 보존 | 返却(へんきゃく) 반납, 반환 | 用意(ようい) 준비, 마련 | 積載(せきさい) 적재

4 성공의 **척도**는 사람에 따라 다르다.

해설 尺度(척도)와 비슷한 표현은 **2 基準**(기준)이다.

단어 尺度(しゃくど) 척도, 기준 | 異(こと)なる 다르다 | 基準(きじゅん) 기준 | 分類(ぶんるい) 분류 | 理想(りそう) 이상

5 아이들의 **천진난만한** 표정이 지금도 눈에 선하다.

해설 あどけない(천진난만한, 순진한)와 비슷한 표현은 **2 無邪気な**(천진난만한)이다.

단어 表情(ひょうじょう) 표정 | 目(め)に浮(う)かぶ 눈에 선하다 | 慎重(しんちょう)な 신중한 | 無邪気(むじゃき)な 천진난만한 | 健全(けんぜん)な 건전한

6 신입 사원이 **분투하는** 모습이 가장 인상적이었다.

해설 奮闘する(분투하는)'와 비슷한 표현은 **2 必死に頑張る**(필사적으로 노력하는)이다.

단어 新人(しんじん) 신인, 신입 | 奮闘(ふんとう)する 분투하다 | 姿(すがた) 모습 | 印象的(いんしょうてき) 인상적 | 我慢(がまん)する 참다, 인내하다 | 必死(ひっし)に 필사적으로 | 頑張(がんば)る 노력하다 | やる気(き)をなくす 의욕을 잃다

7 건강 관리를 **소홀히** 하면, 큰 병으로 이어질 우려가 있다.

해설 おろそかに(소홀히, 게을리)와 비슷한 표현은 **1 いいかげんに**(적당히, 대충)이다.

단어 健康(けんこう) 건강 | 管理(かんり) 관리 | おろそかにする 소홀히 하다 | つながる 이어지다 | ～おそれ(恐れ)がある ～할 우려가 있다 | ほどよく(程よく) 적당히, 알맞게 | 厳重(げんじゅう)に 엄중하게 | 適切(てきせつ)に 적절하게

8 그 영화의 **스케일**에 압도당했다.

해설 スケール(스케일, 규모)와 비슷한 표현은 **2 規模**(규모)이다.

단어 圧倒(あっとう)される 압도당하다 | 規模(きぼ) 규모 | 反響 (はんきょう) 반향, 메아리 | 方針(ほうしん) 방침

9 새로운 **트렌드**가 급속히 퍼지기 시작했다.

해설 トレンド(트렌드, 경향)와 비슷한 표현은 **1 傾向**(경향)이다. 시 대의 흐름이나 유행을 뜻하는 영어(trend)에서 온 외래어이다.

단어 新(あら)たな 새로운 | 急速(きゅうそく)に 급속히 | 広(ひ ろ)まる 퍼지다 | 傾向(けいこう) 경향 | 理論(りろん) 이론 | 論争(ろんそう) 논쟁 | 影響(えいきょう) 영향

10 그는, 모두가 **당황하는** 가운데 지시를 내렸다.

해설 うろたえる(당황하다, 허둥대다)와 비슷한 표현은 **4 慌てる** (당황하다)이다.

단어 指示(しじ)を出(だ)す 지시를 내리다 | 唱(とな)える 주장하 다, 외치다 | 嫌(いや)がる 싫어하다 | 諦(あきら)める 포기하 다 | 慌(あわ)てる 당황하다

25 기출어휘 확인문제 유의표현 p.70

1 그는 경영자로서의 **수완**을 발휘하여, 프로젝트를 성공으로 이끌었다.

해설 手腕(수완)과 같은 표현은 **1 能力**(능력)이다.

단어 手腕(しゅわん) 수완, 능력 | 発揮(はっき)する 발휘하다 | 導(みちび)く 이끌다 | 能力(のうりょく) 능력 | 戦略(せん りゃく) 전략 | 経験(けいけん) 경험 | 権利(けんり) 권리

2 상품을 **파격적인** 가격으로 판매한다.

해설 破格の(파격적인)와 비슷한 표현은 **4 大幅に割安な**(대폭 저렴 한)이다.

단어 破格(はかく) 파격적임, 보통의 기준을 벗어남 | 価格(かかく) 가격 | 販売(はんばい) 판매 | 均一(きんいつ) 균일 | 平常通 (へいじょうどお)りの 평상시대로의 | 大幅(おおはば)に 대 폭 | 割安(わりやす) 저렴함, 가성비가 좋음

3 인원 **손실**이 계속되어, 생산성이 저하되었다.

해설 ロス(Loss, 손실)와 비슷한 표현은 **2 損失**(손실)이다. 물건, 인 원, 기회 등을 잃어버린 경우에 쓰인다.

단어 人員(じんいん) 인원 | 生産性(せいさんせい) 생산성 | 低下 (ていか)する 저하되다 | 延長(えんちょう) 연장 | 損失(そん しつ) 손실 | 補完(ほかん) 보완 | 過剰(かじょう) 과잉, 과다

4 **현재**, 계약 건은 최종 단계에 들어가 있다.

해설 目下(현재)와 비슷한 표현은 **3 現在**(현재)이다. 바로 지금, 당장 그 시점임을 나타내는 경우에 쓰인다.

단어 目下(もっか) 목하, 현재 | 契約(けいやく) 계약 | 件(けん) 건 | 現在(げんざい) 현재 | 最低限(さいていげん) 최소한

5 휴일은 좋아하는 음악을 들으면서, 집에서 **편안히 쉬고** 있다.

해설 くつろいで(편안히 쉬고)와 비슷한 표현은 **1 ゆっくりして** (느긋하게 지내고)이다. 마음이 편안하고 여유롭게 휴식하는 경 우에 쓰인다.

단어 休日(きゅうじつ) 휴일 | くつろぐ 편안히 쉬다, 느긋하게 지 내다 | ゆっくりする 천천히 하다, 느긋하게 지내다 | うっか りする 깜빡하다, 무심코 실수하다 | はらはらする 조마조마

하다, 아슬아슬하다 | しっかりする 정신 차리다, 확실히 하다

6 그녀는 **자신이 구입한** 식재료로 요리를 만들었다.

해설 自前の(자비로 마련한)와 비슷한 표현은 **2 自分で買った**(스스 로 구입한)이다. 自前는 남에게 의지하지 않고 스스로 비용을 대거나 마련함을 뜻한다.

단어 自前(じまえ) 자비로 마련함, 자신이 준비함 | 食材 (しょく ざい) 식재료

7 이번 불미스러운 일은 회사의 신용에 심각한 **타격**을 주었다.

해설 打撃(타격)와 비슷한 표현은 **1 ダメージ**(damage, 손상/피해) 이다.

단어 不祥事(ふしょうじ) 불상사, 불미스러운 일 | 深刻(しんこく) な 심각한 | 打撃(だげき) 타격, 손상 | 与(あた)える 주다 | プレッシャー 압력, 부담 | メリット 장점, 이점 | アイデン ティティー 정체성

8 그의 제멋대로인 행동에, 교사도 **두 손 들었다**.

해설 お手上げだ(두 손 들다)와 비슷한 표현은 **4 どうしようもな い**(어찌할 도리가 없다)이다.

단어 わがままな 제멋대로인 | 行動(こうどう) 행동 | 教師(きょ うし) 교사 | お手上(てあ)げだ 두 손 들다, 손쓸 도리가 없다 | 意欲(いよく) 의욕 | 満(み)ちる 가득 차다 | びっくりする 깜짝 놀라다 | 歓迎(かんげい)する 환영하다

9 **위험**을 알고서 새로운 사업에 도전했다.

해설 リスク(risk, 위험)와 비슷한 표현은 **4 危険**(위험)이다.

단어 承知(しょうち) 알고 있음, 승낙 | ～の上(うえ)で ～한 후에 | 事業(じぎょう) 사업 | 挑戦(ちょうせん)する 도전하다 | 変動(へんどう) 변동 | 利益(りえき) 이익 | 反対(はんたい) 반대 | 危険(きけん) 위험

10 작업을 **분담**해서 진행하기로 했다.

해설 手分け(분담)와 같은 표현은 **3 分担**(분담)이다.

단어 作業(さぎょう) 작업 | 手分(てわ)け 분담 | 進(すす)める 진 행하다 | 分析(ぶんせき) 분석 | 分割(ぶんかつ) 분할 | 分担 (ぶんたん) 분담 | 分裂(ぶんれつ) 분열

26 기출어휘 확인문제 유의표현 p.78

1 30살에 사장이 되다니 **이례적인** 승진이다.

해설 異例の(이례적인)와 비슷한 표현은 **1 めずらしい**(드문, 진귀 한)이다.

단어 異例(いれい)の 이례적인, 예외적인 | 昇進(しょうしん) 승 진 | めでたい 축하할 만한, 경사스러운 | 立派(りっぱ)な 훌 륭한, 멋진 | 幸運(こううん)な 행운의, 운 좋은

2 그녀는 자주 **맥락**이 없는 이야기를 한다.

해설 脈絡(맥락)와 비슷한 표현은 **3 つながり**(연결, 관련성)이다.

단어 脈絡(みゃくらく) 맥락, 연관 | 面白(おもしろ)み 흥미, 재미

3 어제 **소형의** 카메라를 구입했다.

해설 コンパクトな(소형의)와 비슷한 표현은 **2 小型の**(소형의)이 다. 크기가 작고 공간을 차지하지 않는다는 의미로 쓰인다.

단어　購入(こうにゅう) 구입 | 新型(しんがた) 신형 | 小型(こが
た) 소형 | 家族向(かぞくむ)け 가족용 | 若者向(わかものむ)
け 젊은 사람을 위한 것

4　**수상한** 일이 있으면 즉시 알려주세요.

해설　不審な(수상한)와 비슷한 표현은 **3 怪しい**(수상한)이다.

단어　不審(ふしん)な 수상한, 의심스러운 | でたらめな 허튼, 엉터
리의 | 頼(たよ)りない 믿을 수 없다, 불안하다 | 怪(あや)し
い 수상하다, 의심스럽다 | あいまいな 모호한, 불확실한

5　레몬을 **슬라이스했다**.

해설　スライスした(슬라이스했다)와 비슷한 표현은 **2 薄く切った**
(얇게 썰었다)이다. 細かく切った는 작은 조각으로 만드는 뉘
앙스이다.

단어　細(こま)かく 잘게 | 薄(うす)く 얇게 | 焼(や)く 굽다

6　**신속하게** 청소해 주세요.

해설　すみやかに(신속하게)와 비슷한 표현은 **3 できるだけ早く**(가
능한 빨리)이다.

단어　掃除(そうじ) 청소 | 元(もと)の通(とお)りに 원래대로, 원상
태로

7　신임 사장은 취임의 **포부**를 말했다.

해설　抱負(포부)와 비슷한 표현은 **4 決意**(결의)이다. 앞으로 어떤 목
표나 계획을 가지고 임하겠다는 생각을 말할 때 쓰인다.

단어　就任(しゅうにん) 취임 | 抱負(ほうふ) 포부 | 語(かた)る 말
하다 | 見解(けんかい) 견해, 의견 | 感謝(かんしゃ) 감사 | 反
省(はんせい) 반성 | 決意(けつい) 결의, 다짐

8　**끈질기게** 노력했다.

해설　粘り強く(끈질기게)와 비슷한 표현은 **4 あきらめずに**(포기하
지 않고)이다.

단어　粘(ねば)り強(づよ)く 끈질기게, 집요하게 | 努力(どりょく)
노력 | 覚悟(かくご) 각오 | 油断(ゆだん)せずに 방심하지 않
고 | 思(おも)い切(き)って 과감하게, 결단력 있게

9　이 일은 **전부터** 부모님에게 들었었다.

해설　かねがね(전부터)와 비슷한 표현은 **2 以前から**(이전부터)이
다.

단어　以前(いぜん)から 이전부터 | ぜひ 부디, 꼭 | 早(はや)いう
ちに 빠른 시일 내에, 조만간

10　그 사건은 황폐해진 세상을 **단적으로** 말해주고 있다.

해설　端的に(단적으로)와 비슷한 표현은 **1 明白に**(명백하게)이다.
핵심을 찔러 분명하게 표현하는 경우에 쓰인다.

단어　荒廃(こうはい)する 황폐해지다 | 世相(せそう) 세상, 세태
| 端的(たんてき)に 단적으로, 간결하게 | 物語(ものがた)る
말해주다 | 明白(めいはく)に 명백하게, 분명하게 | 大(おお)
げさに 과장되게, 지나치게 | 主(おも)に 주로

㉗ 기출어휘 확인문제 유의표현　　　　　　　p.79

1　그녀는 유전 연구에 **몰두했다**.

해설　打ち込んだ(몰두했다)와 비슷한 표현은 **1 熱中した**(열중했다)
이다.

단어　遺伝(いでん) 유전 | 研究(けんきゅう) 연구 | 打(う)ち込(こ)
む 몰두하다, 열중하다 | 熱中(ねっちゅう)する 열중하다 |
協力する(きょうりょくする) 협력하다 | 苦労(くろう)する
고생하다

2　그는 조사 결과를 상사에게 **자세히** 보고했다.

해설　つぶさに(자세히, 빠짐없이)와 비슷한 표현은 **3 詳細に**(상세
하게)이다.

단어　調査(ちょうさ) 조사 | 上司(じょうし) 상사 | 報告(ほうこ)
く)する 보고하다 | のんびりと 느긋하게 | 繰(く)り返(かえ)
す 반복하다 | 詳細(しょうさい)に 상세하게, 자세히 | 懐(なつ)
つ)かしい 그립다

3　**최대한** 지출을 줄이자.

해설　極力(최대한)와 비슷한 표현은 **1 できるだけ**(가능한 한)이다.

단어　極力(きょくりょく) 힘껏, 최대한 | 出費(しゅっぴ) 지출 |
減(へ)らす 줄이다 | 大幅(おおはば)に 대폭 | 一気(いっき)
に 단숨에 | 思(おも)い切(き)って 과감하게, 큰맘 먹고

4　나는 이 뜻밖의 말을 듣고, 무심코 그의 얼굴을 **응시했다**.

해설　凝視した(응시했다)와 비슷한 표현은 **2 じっと見た**(빤히 보았
다)이다.

단어　意外(いがい)な 의외의 | 言葉(ことば) 말 | 思(おも)わず 무
심코 | 凝視(ぎょうし)する 응시하다, 노려보다 | ざっと 대
강, 훑어 | じっと 빤히, 가만히 | ちらっと 힐끗, 얼핏 | ぼう
っと 멍하니

5　연구 경과를 **자세히** 기록했다.

해설　克明に(자세히)와 비슷한 표현은 **4 詳しく丁寧に**(상세하고 꼼
꼼하게)이다.

단어　経過(けいか) 경과 | 克明(こくめい)に 세밀하게, 자세히 | 記
録(きろく)する 기록하다 | 簡潔(かんけつ)に 간결하게 | ま
とめる 정리하다 | 生(い)き生(い)きと 생생하게, 활기차게 |
客観的(きゃっかんてき)に 객관적으로 | 詳(くわ)しい 자세
하다 | 丁寧(ていねい)に 정중하게, 꼼꼼하게

6　**방해할** 생각은 없었다.

해설　妨害する(방해하다)와 비슷한 표현은 **4 じゃまする**(방해하다)
이다.

단어　妨害(ぼうがい)する 방해하다 | ～つもりはない ～할 생각
은 없다 | だます 속이다 | いたずらする 장난치다 | からか
う 놀리다, 희롱하다

7　일본의 실업률은 **약간** 감소하고 있다.

해설　若干(약간)과 같은 표현은 **2 わずか**(불과, 조금)이다. 수량이나
정도가 매우 적음을 나타낸다.

단어　失業率(しつぎょうりつ) 실업률 | 若干(じゃっかん) 약간, 조
금 | 減少(げんしょう)する 감소하다 | いまだ(未だ) 아직 | つ
ねに(常に) 항상, 늘 | さらに 더욱이, 게다가

8　친구도 **어렴풋이** 눈치채고 있었다고 생각합니다.

해설　うすうす(어렴풋이, 막연히)와 비슷한 표현은 **3 なんとなく**
(왠지 모르게)이다.

단어　友人(ゆうじん) 친구 | 気(き)づく 눈치채다, 알아차리다 | お
そらく 아마도 | さすがに 과연, 역시 | とっくに 진작에, 훨
씬 전에

9 3월로 예정되어 있던 신제품 발표는 **미뤄질 것 같다**.

해설 ずれ込む(미뤄지다)와 비슷한 표현은 遅くなる(늦어지다)이다. 따라서 정답은 **3 遅くなりそうだ**(늦어질 것 같다)이다.

단어 新製品(しんせいひん) 신제품 | 発表(はっぴょう) 발표 | ずれ込(こ)む 늦춰지다, 미뤄지다

10 **간신히** 막차에 늦지 않았다.

해설 かろうじて(간신히, 겨우)와 비슷한 표현은 **2 何とか**(어떻게든)이다.

단어 最終(さいしゅう)バス 막차 | 間(ま)に合(あ)う 늦지 않다, 시간에 맞추다 | なぜか 왜인지, 어쩐지 | 何(なん)とか 어떻게든, 그럭저럭 | すぐに 곧바로 | たまたま 우연히, 가끔

---

28 **기출어휘 확인문제** 유의표현 p.80

1 저 선생님은 유아 교육의 **전문가**이다.

해설 エキスパート(Expert, 전문가)와 비슷한 표현은 **4 専門家**(전문가)이다.

단어 幼児(ようじ) 유아 | 発明家(はつめいか) 발명가 | 協力者(きょうりょくしゃ) 협력자 | 責任者(せきにんしゃ) 책임자 | 専門家(せんもんか) 전문가

2 계약할 때 내용을 잘 **검토**했습니까?

해설 吟味(충분히 검토함)와 비슷한 표현은 **3 検討**(검토)이다. 어떤 내용에 대해 자세히 조사하고 따져서 심사숙고하는 경우에 쓰인다.

단어 契約(けいやく)する 계약하다 | 吟味(ぎんみ)する 음미하다, 충분히 검토하다 | 報告(ほうこく) 보고 | 提案(ていあん) 제안 | 検討(けんとう) 검토 | 決定(けってい) 결정

3 그는 투덜투덜 **중얼거리고** 있었다.

해설 つぶやいて(중얼거리고, 혼잣말하고)와 비슷한 표현은 **4 小さな声で言って**(작은 소리로 말하고)이다. 다른 사람에게 들리지 않도록 작은 목소리로 중얼거리거나 불평하는 경우에 쓰인다.

단어 ぶつぶつ 중얼중얼, 투덜투덜 | ゆっくり 천천히 | 早口(はやくち) 말이 빠름

4 그녀는 주어진 임무를 **완수하고** 귀국했다.

해설 まっとうして(완수하고)와 비슷한 표현은 **2 完了して**(완료하고)이다.

단어 与(あた)える 주다 | 任務(にんむ) 임무 | 帰国(きこく) 귀국 | 継続(けいぞく)する 계속하다 | 完了(かんりょう)する 완료하다 | 実行(じっこう)する 실행하다 | 担当(たんとう)する 담당하다

5 그 광경은 아직도 **생생하게** 기억에 남아 있다.

해설 ありありと(생생하게, 역력하게)와 비슷한 표현은 **3 はっきり**(또렷하게, 확실하게)이다.

단어 光景(こうけい) 광경 | 記憶(きおく) 기억 | 残(のこ)る 남다 | 次々(つぎつぎ)と 연이어, 계속해서 | ぼんやり 멍하니, 희미하게 | ふと 문득, 갑자기

6 **짧은** 행복이었다.

해설 つかの間の(잠깐의, 짧은)와 비슷한 표현은 **1 短い**(짧은)이다.

단어 つかの間(ま) 잠깐 동안, 짧은 시간 | 幸(しあわ)せ 행복 | 充実(じゅうじつ)する 충실하다 | 十分(じゅうぶん)な 충분한

7 두 사장은 서로 **경쟁했다**.

해설 張り合った(경쟁했다)와 비슷한 표현은 **3 競い合った**(겨루었다)이다.

단어 張(は)り合(あ)う 경쟁하다, 다투다 | 見(み)つめ合(あ)う 서로 바라보다 | 助(たす)け合(あ)う 서로 돕다 | 競(きそ)い合(あ)う 서로 경쟁하다, 겨루다 | 傷(きず)つけ合(あ)う 서로 상처 입히다

8 그녀는 **화가 난 듯했다**.

해설 むっとする(화가 나다, 심기가 불편하다)와 비슷한 표현은 怒る(화내다)이므로, 정답은 **2 怒ったような顔をしていた**(화난 듯한 얼굴을 하고 있었다)이다. 순간적으로 화가 나거나 불쾌한 표정을 짓는 경우에 쓰인다.

단어 驚(おどろ)く 놀라다 | 怒(おこ)る 화내다 | 疲(つか)れる 피곤하다 | 飽(あ)きる 싫증나다

9 그녀는 **두려워하는** 듯했다.

해설 おびえて(두려워하고, 무서워하고)와 비슷한 표현은 **2 怖がって**(무서워하고)이다.

단어 焦(あせ)る 초조해하다 | 怖(こわ)がる 무서워하다 | 悩(なや)む 고민하다 | 悔(く)やむ 후회하다

10 개가 밤새도록 짖어서 **제대로** 잠을 잘 수 없었다.

해설 ろくに(제대로, 충분히)는 뒤에 부정형을 수반하여 '만족할 만큼 충분히 ~하지 못한다'는 의미로 쓰이며, 비슷한 표현은 **3 たいして**(그다지, 별로)이다.

단어 一晩中(ひとばんじゅう) 밤새도록 | ほえる 짖다 | 眠(ねむ)る 잠들다, 자다 | 全(まった)く 전혀 | なかなか ①꽤 ②좀처럼(~않다) | 事前(じぜん)に 사전에

---

29 **기출어휘 확인문제** 유의표현 p.81

1 현대 사회의 **메커니즘**은 복잡하다.

해설 メカニズム(메커니즘, 구조)와 비슷한 표현은 **1 しくみ**(구조)이다. 기계나 조직이 움직이는 내부적인 구조나 원리를 설명하는 경우에 쓰인다.

단어 しくみ(仕組み) 구조, 짜임새, 장치 | きっかけ 계기 | 可能性(かのうせい) 가능성 | 危険性(きけんせい) 위험성

2 그녀는 필사적으로 **변명하고** 있었다.

해설 弁解して(변명하고)와 비슷한 표현은 **4 言い訳して**(변명하고)이다.

단어 必死(ひっし)に 필사적으로 | 弁解(べんかい)する 변명하다, 해명하다 | 反論(はんろん)する 반론하다, 반박하다 | 謝(あやま)る 사과하다 | 言(い)い訳(わけ)する 변명하다

3 날씨가 좋지 않아서, 오늘 밤 출발은 **보류할** 수밖에 없다.

해설 見合わせる(보류하다)와 비슷한 표현은 **3 中止する**(중지하다)이다. 계획했던 일이나 진행 중이던 행사를 도중에 그만두는 것을 의미한다. 変更する는 내용이나 계획을 '바꾸는' 것이지 하던 일을 '그만두는 것'은 아니기 때문에 맞지 않다.

단어 見合(みあ)わせる 보류하다, 중단하다 | 変更(へんこう)する 변경하다 | 承認(しょうにん)する 승인하다 | 中止(ちゅうし)する 중지하다, 그만두다 | 実施(じっし)する 실시하다

4 우선 **상대방**의 주장을 들어보자.

해설 先方(상대방)와 비슷한 표현은 **2 相手**(상대방)이다.

단어 先方(せんぽう) 상대방 | 言(い)い分(ぶん) 주장, 할 말 | 専門家(せんもんか) 전문가 | 相手(あいて) 상대방 | 手相(てそう) 손금

5 모든 암에 효과가 있는 **획기적인** 신약의 등장이 기다려진다.

해설 画期的な(획기적인)와 비슷한 표현은 **4 今までになく新しい**(지금까지 없었던 새로운)이다.

단어 ガン 암 | 効(き)く 효과가 있다 | 画期的(かっきてき) 획기적 | 新薬(しんやく) 신약 | 登場(とうじょう) 등장 | めずらしい(珍しい) 드물다, 희귀하다 | 非常(ひじょう)に 매우

6 폭발 소리에 마을 사람들은 **깜짝 놀랐다**.

해설 仰天した(깜짝 놀랐다)와 비슷한 표현은 **3 とても驚いた**(매우 놀랐다)이다.

단어 爆発(ばくはつ) 폭발 | 音(おと) 소리 | 村人(むらびと) 마을 사람 | 仰天(ぎょうてん)する 몹시 놀라다, 깜짝 놀라다 | 同情(どうじょう)する 동정하다 | 驚(おどろ)く 놀라다 | 喜(よろこ)ぶ 기뻐하다

7 빨리 먹으라고 아이를 **재촉하다**.

해설 せかす(재촉하다)와 비슷한 표현은 **3 急がせる**(서두르게 하다)이다.

단어 せかす(急かす) 재촉하다, 서두르게 하다 | 驚(おどろ)かせる 놀라게 하다 | 急(いそ)がせる 서두르게 하다, 재촉하다

8 그는 베토벤의 음악에 **자극받아** 작곡가를 목표로 했다.

해설 触発されて(자극받아)와 비슷한 표현은 **4 刺激を受けて**(자극을 받아)이다.

단어 触発(しょくはつ)する 촉발하다, 자극하다 | 作曲家(さっきょくか) 작곡가 | 志(こころざ)す 지향하다, 목표로 하다 | 誘発(ゆうはつ) 유발 | 衝撃(しょうげき) 충격 | 感銘(かんめい) 감명, 깊은 인상 | 刺激(しげき) 자극

9 그녀는 그 소식을 듣고 몹시 **낙담했다**.

해설 落胆した(낙담했다)와 비슷한 표현은 **1 がっかりした**(실망했다)이다.

단어 知(し)らせ 소식, 통지 | 落胆(らくたん)する 낙담하다, 실망하다 | びっくりする 깜짝 놀라다 | 動揺(どうよう)する 동요하다 | 暴動(ぼうどう) 폭동

10 드디어 **귀찮은** 작업에서 해방되었다.

해설 厄介な(귀찮은)와 비슷한 표현은 **4 面倒な**(번거로운)이다. 처리하기가 까다롭거나 성가셔서 귀찮은 경우에 쓰인다.

단어 厄介(やっかい)な 성가신, 귀찮은 | 作業(さぎょう) 작업 | 解放(かいほう)する 해방하다 | 退屈(たいくつ)な 지루한, 따분한 | 苦手(にがて)な 서투른, 잘 못하는 | 地味(じみ)な 수수한, 소박한 | 面倒(めんどう)な 귀찮은, 번거로운

1 왠지 오늘은 **우중충한 날씨였다**.

해설 どんよりした天気だった(우중충한 날씨였다)와 비슷한 표현은 **3 曇っていて暗かった**(흐려서 어두웠다)이다. どんよりした는 날씨가 흐릴 때(우중충한, 흐릿한) 또는 분위기나 기분이 무겁고 가라앉았을 때(우울한, 침울한) 쓴다.

단어 なんだか 왠지 | 晴(は)れる 개다 | 涼(すず)しい 시원하다 | 曇(くも)る 흐리다 | 暗(くら)い 어둡다 | 蒸(む)し暑(あつ)い 무덥다, 후덥지근하다

2 그의 어색한 연기에 박수도 **드문드문 했다**.

해설 まばらだった(드문드문 했다)와 비슷한 표현은 **3 少なかった**(적었다)이다. まばら는 사람이나 물건이 드문드문하고 수가 적은 상태를 나타낸다.

단어 ぎこちない 어색하다, 서투르다 | 演技(えんぎ) 연기 | 拍手(はくしゅ) 박수 | ふまじめだ(不真面目だ) 불성실하다

3 **느슨한** 사람에게 일은 맡길 수 없다

해설 ルーズな(느슨한, 칠칠치 못한)와 비슷한 표현은 **4 だらしない**(단정치 못한, 야무지지 못한)이다. 규율이나 매사에 대한 태도가 느슨하여 긴장감이 없는 경우에 쓰인다.

단어 任(まか)せる 맡기다 | うるさい ①시끄럽다 ②까다롭다 | ずうずうしい 뻔뻔스럽다

4 영화는 **허무한** 결말이었다.

해설 あっけない(허무한, 싱거운)와 비슷한 표현은 **1 意外につまらない**(의외로 시시한)이다.

단어 あっけない 허무하다, 싱겁다 | 幕切(まくぎ)れ 막이 내림, 결말 | 意外(いがい)に 의외로

5 그가 세운 기획은 **모조리** 실패했다.

해설 ことごとく(모조리, 전부)와 비슷한 표현은 **2 すべて**(모두, 전부)이다.

단어 企画(きかく)を立(た)てる 기획을 세우다 | だいたい 대개 | おおむね 대체로

6 비 오는 날에 외출하는 것은 **귀찮다**.

해설 おっくうだ(귀찮다, 성가시다)와 비슷한 표현은 **1 面倒だ**(귀찮다)이다.

단어 外出(がいしゅつ)する 외출하다 | 面倒(めんどう)だ 귀찮다, 성가시다 | 平気(へいき)だ 아무렇지 않다 | 愉快(ゆかい)だ 유쾌하다 | 困難(こんなん)だ 곤란하다

7 겸손한 것은 좋은 일이지만, 정도가 지나치면 **빈정거림**으로 들린다.

해설 いやみ(비꼬는 말, 빈정거림)와 비슷한 표현은 **1 皮肉**(비꼼)이다.

단어 謙虚(けんきょ)だ 겸손하다 | 度(ど)が過(す)ぎる 정도가 지나치다 | 皮肉(ひにく) 비꼼, 빈정거림 | 愚痴(ぐち) 푸념 | 冗談(じょうだん) 농담 | 不平(ふへい) 불평

8 어젯밤, **갑자기** 친구가 찾아왔다.

해설 ふいに(갑자기, 불현듯)와 비슷한 표현은 **4 突然**(갑자기)이다.

단어 昨夜(さくや) 어젯밤 | 訪(たず)ねる 찾아가다, 방문하다 | わざわざ 일부러 | 再(ふたた)び 다시 | 突然(とつぜん) 돌연, 갑자기

9 올여름 물 부족은 매우 **심각했다**.

해설 シビアだった(심각했다)와 비슷한 표현은 **1 厳しかった(심했다)**이다.

단어 水不足(みずぶそく) 물 부족 | 厳(きび)しい 엄격하다, 심하다 | 弱気(よわき)だ 소심하다 | 注意深(ちゅういぶか)い 주의 깊다 | 柔軟(じゅうなん)だ 유연하다

10 국민 투표를 실시할 계획은 **당분간** 없다.

해설 当面(당분간)과 같은 표현은 **4 しばらくは(당분간은)**이다. 직면한 상황에서 앞으로 얼마 동안은 상태가 지속될 것임을 나타낸다.

단어 国民(こくみん)投票(とうひょう) 국민투표 | 実施(じっし)する 실시하다 | 当面(とうめん) 당분간 | 直接(ちょくせつ)は 직접은 | 大(たい)して 별로, 그다지 | まさか 설마

04 問題4 **용법** 공략하기

문제 4 다음 단어의 사용법으로써 가장 알맞은 것을 1·2·3·4 에서 하나 고르시오.

31 기출어휘 확인문제 **용법** p.88

1 質素 검소함

1 기계 조작에 검소해서 작업이 좀처럼 진행되지 않는다.
2 굽실굽실 머리를 숙이고 있는 자신이 검소하다.
3 고민거리가 많아 검소해지는 소재가 끊이지 않는다.
4 사치에 익숙해진 몸에는 산촌의 검소한 삶은 힘들다.

해설 質素(しっそ)는 '(생활이나 물건이) 사치스럽지 않고 검소함, 소박함'을 의미하므로, 올바른 문장은 4번이다. 1번은 未熟で(미숙해서)나 不慣れで(서툴러서), 2번은 情けない(한심하다), 3번은 心配の種が尽きない(걱정거리가 끊이지 않다) 등으로 바꿔야 한다.

단어 機械(きかい) 기계 | 操作(そうさ) 조작, 다루는 일 | 作業(さぎょう) 작업 | 進(すす)む 나아가다, 진행되다 | ぺこぺこ ①꼬르륵 ②굽실굽실(머리를 숙이는 모양) | 頭(あたま)を下(さ)げる 머리를 숙이다 | 悩み(なやみ)ごと 고민거리, 걱정거리 | 贅沢(ぜいたく) 사치, 호화로움 | 慣(な)れる 익숙해지다 | 身(み) 몸, 처지, 신분 | 山村(さんそん) 산촌 | 暮(く)らし 생활, 살림 | 辛(つら)い 괴롭다, 고통스럽다 | 未熟(みじゅく)だ 미숙하다 | 不慣(ふな)れだ 서투르다 | 情(なさ)けない 한심하다, 형편없다 | 心配(しんぱい)の種(たね)が尽(つ)きない 걱정거리가 끊이지 않다

2 遮断 차단

1 두꺼운 커튼이 밖에서 오는 빛을 완전히 차단하고 있다.
2 컨디션이 나쁠 때는 무리한 운동을 차단해야 한다.
3 담당자의 판단으로 회의 개최가 차단되었다고 한다.

4 의사의 지시에 따라 격렬한 운동은 당분간 차단하기로 했다.

해설 遮断(しゃだん)은 '(빛, 소리, 통로 등을) 가로막아 끊음, 차단'을 의미하므로 올바른 문장은 1번이다. 2번과 4번은 控える(자제하다), 3번은 中止(중지)로 바꾸어야 한다.

단어 厚(あつ)い 두껍다 | 完全(かんぜん)に 완전히 | 体調(たいちょう)が悪(わる)い 컨디션(몸 상태)이 안 좋다 | 判断(はんだん) 판단 | 開催(かいさい) 개최 | 医師(いし) 의사 | 指示(しじ) 지시 | ～に従(したが)って ～에 따라 | 激(はげ)しい 격렬하다 | しばらく 당분간, 잠시 | 控(ひか)える 삼가다, 자제하다 | 中止(ちゅうし) 중지

3 なつく 잘 따르다, 친숙해지다

1 처음에는 긴장했지만, 몇 번의 연습으로 무대에 친숙해졌다.
2 우리 집 개는 모르는 사람에게도 금방 친숙해진다.
3 외국에서의 생활에 친숙해질 때까지는 장보기도 어려움이 있었다.
4 곤란할 때는 신뢰할 수 있는 사람에게 친숙해지는 것도 중요하다.

해설 なつく는 '잘 따르다, 친숙해지다'라는 뜻으로 주로 동물이나 어린아이 등이 경계심을 풀고 사람에게 익숙해져서 친근하게 다가오거나 곁을 따를 때 쓰는 표현이다. 따라서 올바른 문장은 2번이다. 1번은 慣れて(익숙해), 3번은 慣れる(익숙해질), 4번은 頼る(의지하는)로 바꾸어야 한다.

단어 最初(さいしょ) 최초, 처음 | 緊張(きんちょう)する 긴장하다 | 舞台(ぶたい) 무대 | 苦労(くろう) 고생, 어려움 | 信頼(しんらい) 신뢰 | 大切(たいせつ)だ 중요하다 | 慣(な)れる 익숙해지다 | 頼(たよ)る 의지하다

4 リタイア 퇴직, 은퇴, 기권

1 자금 부족으로 해외 진출 계획은 퇴직되게 되었다.
2 음악을 듣는 것으로 기분이 퇴직될 때도 있다.
3 오래 근무한 회사를 퇴직하고 시골에서 제2의 인생을 즐긴다.
4 악천후의 영향으로 모든 열차가 운행을 퇴직하고 있다.

해설 リタイア(retire)는 (직장, 선수 생활 등에서) 은퇴, 퇴직 또는 (계획, 경기 등에서) 중도 포기, 기권을 의미한다. 따라서 올바른 문장은 3번이다. 1번은 中止(중지), 2번은 リラックス(릴랙스), 4번은 中止(중지)로 바꿔야 한다.

단어 資金(しきん)不足(ぶそく) 자금 부족 | ～ことで ～하는 것으로, ～함으로써 | 長年(ながねん) 오랫동안 | 勤(つと)める 근무하다 | 田舎(いなか) 시골 | 悪天候(あくてんこう) 악천후 | 影響(えいきょう) 영향 | 列車(れっしゃ) 열차 | 運行(うんこう) 운행 | 中止(ちゅうし)する 중지하다, 중단하다

5 断じて 결단코, 절대로

1 아침부터 죽 계속 일해서 결단코 쉬지 않았다.
2 어려운 문장이라 결단코 의미를 알 수 없었다.
3 회사의 명예를 지키기 위해 결단코 이 사태를 묵과할 수 없다.
4 그는 결단코 자신의 의견을 말하는 일이 없다.

해설 断(だん)じては '(주로 부정 표현과 함께 쓰여) 결단코, 절대로'라는 의미로, 강한 결의나 부정의 의지를 나타낸다. 올바른 문장은 3번이다. 1번은 全く(전혀), 2번은 どうしても(도저히), 4번은 決して(결코)로 바꾸어야 한다. 断じては 그 순간의 강한 결심/판단을 강조하므로, 4번에서 평소의 습관을 나타내는 ～することがない와는 어울리지 않는다.

단어 働(はたら)き続(つづ)ける 계속 일하다 | 文章(ぶんしょう) 문장 | 名誉(めいよ) 명예 | 見過(みす)ごす 묵과하다, 못 본 체하고 넘기다 | 全(まった)く 전혀 | 決(けっ)して 결코

1 間柄 관계, 사이

1 기후와 농작물 수확량에는 밀접한 관계가 있다.

2 경제와 사회 문제의 관계는 복잡해서 이해가 어렵다.

3 그 사건과 그는 전혀 관계가 없다고 증명되었다.

4 친구라는 관계에서도, 말해도 좋은 것과 나쁜 것이 있다.

해설 間柄(あいだがら)는 주로 사람과 사람 사이의 '관계, 사이'를 의미하므로, 올바른 문장은 4번이다. 1~3번은 사물이나 현상, 사건과의 '관계, 연관성'이므로 関係(관계)로 바꿔야 한다.

단어 気候(きこう) 기후 | 農作物(のうさくぶつ) 농작물 | 収穫量(しゅうかくりょう) 수확량 | 密接(みっせつ)な 밀접한 | 経済(けいざい) 경제 | 複雑(ふくざつ) 복잡함 | いっさい 일절, 전혀 | 証明(しょうめい) 증명 | 友人(ゆうじん) 친구

2 さえる (정신/감각이) 맑아지다

1 개점 직후에 갔더니, 가게 안이 맑아서 쾌적하게 쇼핑할 수 있었다.

2 심야에 커피를 마신 탓에, 눈이 말똥말똥해져서 잠을 잘 수 없게 되었다.

3 통근 러시를 피한 덕분에, 전철이 맑아서 앉을 수 있었다.

4 여름의 강한 햇살로 인해, 커튼 너머의 사람 그림자가 맑아 보였다.

해설 さえる는 '①(정신/감각이) 맑아지다, 또렷하다 ②(빛깔 등이) 선명하다' 등의 의미로, 올바른 문장은 2번이다. 目がさえる는 '잠이 깨다, 눈이 말똥말똥하다'라는 표현이다. 1, 3번은 空いて(한산해), 4번은 くっきりと(선명하게), はっきりと(뚜렷하게) 등으로 바꿔야 한다.

단어 開店(かいてん) 개점 | 店内(てんない) 가게 안 | 快適(かいてき)に 쾌적하게 | 深夜(しんや) 심야 | ~せいで ~탓에, ~때문에 | 通勤(つうきん)ラッシュ 통근 러시 | 避(さ)ける 피하다 | 日差(ひざ)し 햇살 | カーテン越(ご)し 커튼 너머 | 人影(ひとかげ) 사람 그림자 | 空(す)く 비다, 한가하다

3 ぎこちない 어색하다, 서투르다

1 태풍의 영향으로, 강의 수위가 어색한 수준에 도달했다.

2 대화 도중에 침묵이 계속되어 어색한 분위기가 퍼졌다.

3 범인의 피해자에 대한 냉혹한 태도에 많은 사람들이 어색함을 느꼈다.

4 경영 악화 속에서, 사장은 어색하게 대규모 구조조정을 실시했다.

해설 ぎこちない는 '(동작, 태도, 분위기 등이 자연스럽지 못하고) 어색하다, 서투르다'를 의미한다. 따라서 올바른 문장은 2번이다. 1번은 危ない(위험한), 3번은 憤り(분노), 4번은 容赦なく(가차 없이) 등으로 바꿔야 한다.

단어 台風(たいふう) 태풍 | 影響(えいきょう) 영향 | 川(かわ)の水位(すいい) 강물의 수위 | 達(たっ)する 달하다, 이르다 | ~途中(とちゅう)で ~도중에 | 沈黙(ちんもく) 침묵 | 雰囲気(ふんいき) 분위기 | 広(ひろ)がる 퍼지다 | 犯人(はんに

ん) 범인 | 被害者(ひがいしゃ) 피해자 | 冷酷(れいこく)な 냉혹한 | 態度(たいど) 태도 | 経営(けいえい)悪化(あっか) 경영 악화 | 大規模(だいきぼ)な 대규모의 | リストラ 구조조정 | 行(おこな)う 행하다, 실시하다 | 憤(いきどお)り 분노 | 容赦(ようしゃ)なく 가차 없이

4 露骨 노골적, 숨김없이 드러냄

1 그의 발언에는 노골적인 편견이 있어, 주변을 놀라게 했다.

2 방 안은 노골적인 장식으로 불안한 인상이었다.

3 설명이 노골적이지 않으면 오해를 부를 우려가 있다.

4 발표가 실패한 원인은 준비 부족에 있는 것은 노골적이다.

해설 露骨(ろこつ)는 '노골적, 숨김없이 드러남'을 의미한다. 따라서 올바른 문장은 1번이다. 2번은 派手(화려함)나 過剰(과도함), 3번은 明確(명확함), 十分(충분함), 4번은 明らか(분명함) 등으로 바꿔야 한다.

단어 発言(はつげん) 발언 | 偏見(へんけん) 편견 | 周囲(しゅうい) 주위, 주변 | 驚(おどろ)かせる 놀라게 하다 | 装飾(そうしょく) 장식 | 落(お)ち着(つ)く 안정되다 | 印象(いんしょう) 인상 | 誤解(ごかい)を招(まね)く 오해를 부르다 | ~おそれがある ~할 우려가 있다 | 準備(じゅんび)不足(ぶそく) 준비 부족 | 派手(はで) 화려함 | 過剰(かじょう) 과도, 지나침 | 明確(めいかく) 명확함 | 明(あき)らか 분명함

5 保留 보류

1 컴퓨터에 작성한 문서를 보류하는 것을 잊었다.

2 식품은 냉장고에서 적절히 보류할 필요가 있다.

3 점원은 상품을 선반에 보류해 두었다.

4 협상이 마무리되지 않아, 결론은 보류되었다.

해설 保留(ほりゅう)는 당장의 처리나 결정을 뒤로 미루고 일시적으로 멈추어 두는 것을 의미하므로, 올바른 문장은 4번이다. 1번은 저장(保存)이나 백업(バックアップ), 2번은 보존(保存)이나 보관(保管)으로, 3번은 보관(保管)으로 바꿔야 자연스럽다.

단어 作成(さくせい) 작성 | 文書(ぶんしょ) 문서 | 忘(わす)れる 잊다 | 食品(しょくひん) 식품 | 冷蔵庫(れいぞうこ) 냉장고 | 適切(てきせつ)に 적절하게 | 商品(しょうひん) 상품 | 棚(たな) 선반 | 交渉(こうしょう) 교섭, 협상 | まとまる 정리되다, 결론나다 | 結論(けつろん) 결론

1 問い詰める 캐묻다, 추궁하다

1 거짓말을 한 것을 추궁당해, 그는 진실을 이야기했다.

2 이벤트의 참가 방법에 대해, 주최자에게 자세한 사항을 추궁했다.

3 선생님의 설명을 이해할 수 없어, 한 번 더 추궁해 확인했다.

4 시험에 떨어진 것을 추궁해, 방에 틀어박혀 있었다.

해설 問(と)い詰(つ)める는 상대의 잘못이나 사실을 '캐묻다, 추궁하다'라는 뜻으로 올바른 문장은 1번이다. 2번은 問い合わせた(문의했다), 3번은 質問して(질문해서), 4번은 思い詰めて(비관해) 등으로 바꿔야 한다.

단어 嘘(うそ)をつく 거짓말을 하다 | 真実(しんじつ) 진실 | 参加(さんか) 참가 | 主催者(しゅさいしゃ) 주최자 | 詳細(しょうさい) 상세, 자세한 사항 | 確認(かくにん) 확인 | 試験(し

けん) 시험 | 落(お)ちる 떨어지다 | こもる 틀어박히다 | 問(と)い合(あ)わせる 문의하다 | 思(おも)い詰(つ)める 깊이 고민하다, 비관하다

2 かたくな 완고함

1 이 빵은 너무 구워서, 바깥쪽이 매우 <u>완고하게</u> 되어 버렸다.

2 유학 전에, <u>완고하게</u> 어학의 기초를 습득해 두고 싶다.

3 경비가 <u>완고하여</u>, 내부에는 관계자 외에는 들어갈 수 없다.

4 협상 상대는 <u>완고한</u> 자세를 무너뜨리지 않아, 회담은 좀처럼 진전되지 않는다.

해설 かたくな는 '고집이 세고 완고한 모양'이라는 의미로, 자신의 주장을 굽히지 않는 태도에 적절하다. 따라서 올바른 문장은 4번이다. 1번은 固く(딱딱하게), 2번은 なるべく(가능한 한), 3번은 厳重で(삼엄해서) 등으로 바꿔야 한다.

단어 焼(や)く 굽다 | 外側(そとがわ) 바깥쪽, 겉 | 基礎(きそ) 기초 | 身(み)につける 몸에 익히다, 습득하다 | 警備(けいび) 경비 | 交渉(こうしょう) 교섭, 협상 | 姿勢(しせい) 자세, 태도 | 崩(くず)す 무너뜨리다, 흐트러뜨리다 | 話(はな)し合(あ)い 대화, 회담 | 進(すす)む 나아가다, 진전되다 | 固(かた)い 딱딱하다, 단단하다 | 厳重(げんじゅう) 엄중함, 삼엄함

3 目まぐるしい 눈부시게 빠르다, 어지럽다

1 그녀는 <u>눈부시게 빠른</u> 연기로, 관객을 매료시켰다.

2 시장 환경은 <u>눈부시게 빠른</u> 변화를 계속하고 있다.

3 건강을 위해서는, <u>눈부시게 빠른</u> 생활을 보내는 것이 중요하다.

4 그의 설명은 <u>눈부시게 빠르기</u> 때문에, 내용을 알 수 없었다.

해설 目(め)まぐるしい는 '눈부시게 빠른, 어지러운'이라는 뜻이다. 주변 상황이나 변화가 너무 빨라서 어지러운 상태를 의미한다. 올바른 문장은 2번이다. 1번은 見事な(멋진), 3번은 規則正しい(규칙적인), 4번은 複雑な(복잡한)가 자연스럽다.

단어 演技(えんぎ) 연기 | 観客(かんきゃく) 관객 | 魅了(みりょう)する 매료시키다 | 市場(しじょう)環境(かんきょう) 시장 환경 | 健康(けんこう) 건강 | 見事(みごと)な 멋진 | 規則(きそく)正(ただ)しい 규칙적이다 | 複雑(ふくざつ)な 복잡한

4 緩和 완화

1 오래된 자료를 자세히 <u>완화하고</u> 나서 보고서를 작성했다.

2 제품의 품질을 <u>완화하는</u> 것이 앞으로의 과제이다.

3 정체를 <u>완화하기</u> 위해, 새로운 도로가 건설되었다.

4 새로운 기술을 <u>완화함</u>으로써 생산성이 향상되었다.

해설 緩和(かんわ)는 '완화'라는 뜻으로 긴장이나 고통, 규제 따위를 누그러뜨려 느슨하게 함을 의미한다. 올바른 문장은 3번이다. 1번은 検討(검토), 2번은 改善(개선), 4번은 導入(도입)으로 바꿔야 자연스럽다.

단어 資料(しりょう) 자료 | 詳(くわ)しく 자세히 | 報告書(ほうこくしょ) 보고서 | 作成(さくせい) 작성 | 製品(せいひん) 제품 | 品質(ひんしつ) 품질 | 今後(こんご) 금후, 앞으로 | 課題(かだい) 과제 | 渋滞(じゅうたい) 정체 | 建設(けんせつ) 건설 | 技術(ぎじゅつ) 기술 | 生産性(せいさんせい) 생산성 | 向上(こうじょう) 향상 | 検討(けんとう) 검토 | 改善(かいぜん) 개선 | 導入(どうにゅう) 도입

5 秘める 품다, 간직하다

1 아이들은 무한한 가능성을 <u>품고</u> 있어, 미래가 기대된다.

2 자신의 실수를 <u>품기</u> 위해 거짓말을 했으나, 결국 탄로나고 말았다.

3 아이는 주사의 아픔을 견디고, 필사적으로 눈물을 <u>품고</u> 있었다.

4 누군가에게 의지하지 않고 혼자서 <u>품는</u> 것이, 멋있다고는 할 수 없다.

해설 秘める는 '(가능성, 비밀 등을) 속에 숨기다, 간직하다, 품다'라는 의미로, 올바른 문장은 1번이다. 2번은 隠す(숨기기), 3번은 こらえて(참고), 4번은 やり遂げる(해내는) 등으로 바꿔야 한다.

단어 無限(むげん) 무한 | 可能性(かのうせい) 가능성 | 楽(たの)しみ 즐거움, 기대 | 嘘(うそ)をつく 거짓말을 하다 | 結局(けっきょく) 결국 | ばれる 들키다, 탄로 나다 | 注射(ちゅうしゃ) 주사 | 痛(いた)み 아픔, 통증 | 耐(た)える 견디다, 참다 | 必死(ひっし)に 필사적으로 | 涙(なみだ) 눈물 | 頼(たよ)る 의지하다 | ～とは限(かぎ)らない ～라고는 할 수 없다 | 隠(かく)す 숨기다 | こらえる 참다, 억누르다 | やり遂(と)げる 해내다, 완수하다

34 기출어휘 확인문제   용법   p.91

1 痛烈 통렬, 매우 강렬함

1 <u>통렬한</u> 폭풍의 영향으로 교통 기관이 모두 멈췄다.

2 그의 연설은 경제 정책에 대한 <u>통렬한</u> 비판을 담고 있었다.

3 양측은, <u>통렬한</u> 논의 끝에, 마침내 합의에 도달했다.

4 <u>통렬한</u> 도로 상황이 교통사고를 증가시키고 있다.

해설 痛烈(つうれつ)는 '통렬, 매우 강렬함'이란 뜻으로 비판이나 공격 등이 매우 강하고 심하다는 의미이다. 올바른 문장은 2번이다. 1번은 強烈な(강렬한), 3번은 熱い(뜨거운, 열띤), 4번은 深刻な(심각한) 등으로 바꿔야 한다.

단어 嵐(あらし) 폭풍, 폭풍우 | 止(と)まる 멈추다 | 演説(えんぜつ) 연설 | 政策(せいさく) 정책 | 批判(ひはん) 비판 | 含(ふく)む 포함하다, 담다 | 議論(ぎろん) 논의, 논쟁 | ～の末(すえ) ～끝에 | 合意(ごうい) 합의 | 達(たっ)する 도달하다 | 増加(ぞうか)する 증가하다 | 強烈(きょうれつ)な 강렬한 | 熱(あつ)い 뜨거운, 열띤 | 深刻(しんこく)な 심각한

2 そそる 돋우다, 자극하다

1 입상을 목표로, 선수들은 연습에 전력을 <u>자극하고</u> 있다.

2 지역의 리더가, 교통 안전 운동으로의 참가를 주민에게 <u>자극하고</u> 있다.

3 한정판이라는 말이 구매욕을 <u>자극하는</u> 것은, 심리적인 효과가 크기 때문이다.

4 가정 사정이 그에게 진학 단념을 <u>자극하게</u> 되었다.

해설 そそる는 '돋우다, 자극하다'라는 의미로, 주로 특정 감정이나 욕구, 흥미를 자극하여 일어나게 만들 때 사용된다. 따라서 올바른 문장은 3번이다. 1번은 注いで(쏟고), 2번은 促して(촉구하고)나 勧めて(권유하고), 4번은 進学の断念をそそる 부분을 進学を断念させる(진학을 단념시키는)로 바꿔야 한다.

단어 入賞(にゅうしょう) 입상 | 目指(めざ)す 목표로 하다 | 全力(ぜんりょく)を注(そそ)ぐ 전력을 쏟다 | 地域(ちいき) 지역 | 限定品(げんていひん) 한정판 | 購買欲(こうばいよく) 구매욕 | 断念(だんねん) 단념 | 促(うなが)す 촉구하다 | 勧(すす)める 권유하다

| 3 | 迫力 박력, 기세

1 호랑이가 큰 소리로 울부짖은 순간, 그 기세에 압도되었다.

2 이 기계의 기세는 타사 제품보다 뛰어나다.

3 그는 지금 하는 일의 기세를 이해하고 진지하게 임했다.

4 이 회사는 기세 높은 제품을 만들고 있다.

| 해설 | 迫力(はくりょく)는 '박력, 기세'라는 뜻으로, 보는 사람이나 듣는 사람의 마음을 강하게 흔들어 놓는 박진감이나 힘을 의미한다. 올바른 문장은 1번이다. 2번은 性能(성능), 3번은 重要性(중요성), 4번은 品質(품질) 등으로 바꿔야 자연스럽다.

| 단어 | 虎(とら) 호랑이 | ほえる 짖다, 울부짖다 | 圧倒(あっとう) 압도 | 機械(きかい) 기계 | 優(すぐ)れる 뛰어나다, 우수하다 | 真剣(しんけん)に 진지하게 | 取(と)り組(く)む 임하다, 몰두하다 | 性能(せいのう) 성능 | 重要性(じゅうようせい) 중요성 | 品質(ひんしつ) 품질

| 4 | ありきたり 흔해 빠진

1 그의 제안은 흔해 빠져서, 딱히 새로움을 느끼지 못했다.

2 그는 젊은 시절에 흔해 빠진 고생을 극복해 온 모양이다.

3 어제 이벤트에는, 흔해 빠진 사람이 모여 있었다.

4 사회의 일원으로서, 질서를 지키는 것은 흔해 빠진 의무이다.

| 해설 | ありきたり는 '특별할 것 없이 흔해 빠진, 평범한'이라는 의미로, 올바른 문장은 1번이다. 2번은 ありとあらゆる(갖은), 3번은 多様な(다양한), 4번은 あたりまえの(당연한) 등으로 바꿔야 한다.

| 단어 | 提案(ていあん) 제안 | 特(とく)に 특별히, 딱히 | 新(あたら)しさ 새로움 | 苦労(くろう) 고생, 수고 | 乗(の)り越(こ)える 극복하다 | 一員(いちいん) 일원 | 秩序(ちつじょ) 질서 | 守(まも)る 지키다 | 義務(ぎむ) 의무 | 多様(たよう)な 다양한

| 5 | コンスタントに 꾸준히

1 새로운 제도가 도입될 때마다, 꾸준히 혼란이 발생한다.

2 그 작가는 꾸준히 작품을 발표하여 주목을 끌고 있다.

3 그녀는 꾸준히 누구에게도 말하지 않고 고민을 안고 있었다.

4 행사장 앞에는 개장을 기다리는 손님이 꾸준히 줄을 서 있었다.

| 해설 | コンスタントに는 '꾸준히, 지속적으로'라는 의미로, 올바른 문장은 2번이다. 1번은 毎回(매번), 3번은 ずっと(계속), 4번은 ずらっと(주욱, 길게) 등으로 바꿔야 한다.

| 단어 | 制度(せいど) 제도 | 導入(どうにゅう)される 도입되다 | 混乱(こんらん) 혼란 | 生(しょう)じる 발생하다 | 注目(ちゅうもく)を集(あつ)める 주목을 받다(끌다) | 悩(なや)み 고민 | 抱(かか)える 안다, 떠맡다 | 開場(かいじょう) 개장 | 並(なら)ぶ 줄지어 서다

| 1 | もはや 이미, 이제는

1 그 동전은 일본에서는 이제는 통용되지 않는다.

2 시험은 예상했던 것보다 이제는 쉬웠다.

3 그는 이제는 보다 더 학업에 힘쓰게 되었다.

4 그 후 이제는 해서 비가 내리기 시작했다.

| 해설 | もはや는 '이미, 벌써, 이제는'이라는 의미로, 올바른 문장은 1번이다. 2번은 ずっと(훨씬), 3번은 以前(이전), 4번은 もはやして를 しばらくして(얼마 후에) 등으로 바꿔야 한다.

| 단어 | 硬貨(こうか) 경화, 동전 | 通用(つうよう) 통용 | 勉学(べんがく) 학업, 공부 | 励(はげ)む 힘쓰다 | 降(ふ)り出(だ)す 내리기 시작하다 | 以前(いぜん)にもまして 이전보다 더

| 2 | 乗り出す 착수하다, 나서다

1 그는 젓가락 쓰는 것을 그만두자고 모두에게 착수했다.

2 그녀는 아슬아슬하게 되지 않으면 숙제에 착수하지 않는다.

3 경찰은 마침내 그 사건의 수사에 착수했다.

4 임원들은 새로운 시장에 착수하려 하지 않았다.

| 해설 | 乗(の)り出(だ)す는 '(일이나 계획 등에) 적극적으로 착수하다, 나서다'라는 의미로, 올바른 문장은 3번이다. 1번은 提案した(제안했다), 2번은 문맥상 宿題に取り掛からない(숙제에 손을 대지 않는다)가 더 일반적이다. 4번은 뒤에 의지 부정(~しようとしない)이 있으므로, 강한 의지를 나타내는 乗り出す보다 進出する(진출하다)가 더 자연스럽다.

| 단어 | 割(わ)り箸(ばし) 젓가락 | ぎりぎり 아슬아슬, 막바지 | 警察(けいさつ) 경찰 | 捜査(そうさ) 수사 | 提案(ていあん)する 제안하다 | 取(と)り掛(かか)る 착수하다, 손을 대다 | 進出(しんしゅつ)する 진출하다

| 3 | 繁盛 번성, 번창

1 야마모토 씨는 미국으로 출발하기 전에 번창한 환송을 받았다.

2 인터넷상에서 홍보하기 시작했더니, 장사가 번창하게 되었다.

3 정원의 조금 위의 번창하고 있는 곳이 반려견의 묘입니다.

4 화재 발생으로부터 5시간 지났지만, 불은 아직 번창하고 있었다.

| 해설 | 繁盛(はんじょう)는 '번성, 번창(사업이나 장사가 잘되는 것)'을 의미하므로, 올바른 문장은 2번이다. 1번은 盛大な(성대한), 3번은 茂って(풀이 우거져), 4번은 燃え盛って(맹렬하게 타고) 등으로 바꿔야 한다.

| 단어 | 見送(みおく)り 배웅, 환송 | 宣伝(せんでん)する 선전(홍보)하다 | 商売(しょうばい) 장사, 상업 | 庭(にわ) 정원 | 愛犬(あいけん) 반려견 | 墓(はか) 무덤 | 火事(かじ) 화재 | 盛大(せいだい)な 성대한 | 茂(しげ)る 풀이 우거지다 | 燃(も)え盛(さか)る 맹렬히 타다

| 4 | 内訳 내역, 상세

1 전체의 영양을 생각해서 내역이 좋은 식사를 하도록 유의합시다.

2 합계는 10만 엔이고 내역은 다음과 같습니다.

3 오늘은 6월 1일에 거행된 입학식의 내역을 소개합니다.

4 일단, 다음 주의 내역을 확인한 후에, 다시 연락드리겠습니다.

| 해설 | 内訳(うちわけ)는 전체의 내용을 세분화한 '내역, 명세'를 의미하므로, 올바른 문장은 2번이다. 1번은 バランス(균형), 3번은 様子(모습), 4번은 日程(일정)이나 スケジュール(스케줄) 등으로 바꿔야 한다.

| 단어 | 栄養(えいよう) 영양 | 心(こころ)がける 유의하다, 유념하다 | 合計(ごうけい) 합계 | 本日(ほんじつ) 오늘 | 一度(いちど) ①한 번 ②일단 | 確認(かくにん)する 확인하다 | ~た上(うえ)で ~한 후에 | 改(あらた)めて 다시, 새삼스럽게 | バランスの良(よ)い 균형 잡힌 | 日程(にってい) 일정

| 5 | うなだれる 고개를 숙이다, 풀이 죽다

1 기대했던 성적을 거둔 그는, 환희의 표정을 지으면서 고개를 숙였다.

2 그녀의 변명은 우리에게는 <u>고개를 숙이지 않는</u> 부분이 있었다.

3 그는 충격을 받은 나머지 <u>고개를 숙이고(풀이 죽어)</u> 아무 말 없이 방에서 나갔다.

4 출렁다리가 조금 <u>고개를 숙였을</u> 뿐인데 그녀는 큰 소리를 질렀다.

해설 うなだれる는 '고개를 숙이다, 풀이 죽다'라는 뜻으로 실망, 좌절, 부끄러움 등의 감정으로 인해 고개를 숙이는 사람의 동작/태도에만 사용된다. 따라서 올바른 문장은 3번이다. 1번은 喜んだ (기뻐했다), 2번은 納得できない(납득할 수 없는), 4번은 揺れた(흔들렸다) 등으로 바꿔야 한다.

단어 成績(せいせき)を収(おさ)める 성적을 거두다 | 歓喜(かんき) 환희 | 表情(ひょうじょう)を浮(う)かべる 표정을 짓다 | 言(い)い訳(わけ) 변명 | 〜のあまり 〜한 나머지 | つり橋(ばし) 출렁다리, 현수교 | 大声(おおごえ)をあげる 큰 소리를 지르다 | 喜(よろこ)ぶ 기뻐하다 | 納得(なっとく) 납득 | 揺(ゆ)れる 흔들리다

㊱ 기출어휘 확인문제 용법　　　　　　p.97

1 しぶとい 끈질기다, 고집이 세다

1 그것은 열에 <u>고집이 세서</u>, 더욱 가공도 하기 쉬운 소재였다.

2 장마부터 여름 시기는 습기가 <u>고집이 세서</u>, 눅눅한 날씨가 이어지죠.

3 그 녀석은 좀처럼 자신의 패배를 인정하지 않는 <u>고집 센</u> 녀석이다.

4 오늘은 아침부터 미열이 있어서 몸이 <u>고집이 세다</u>.

해설 しぶとい'는 '끈질기다, 고집이 세다'라는 의미로, 올바른 문장은 3번이다. 1번은 強くて(강해서), 2번은 多くて(많아서), 4번은 だるい(나른하다)나 重い(무겁다)로 바꿔야 한다.

단어 熱(ねつ) 열 | 加工(かこう) 가공 | 素材(そざい) 소재 | 梅雨(つゆ) 장마 | 湿気(しっけ) 습기 | じめじめとした 눅눅한, 후텁지근한 | 負(ま)け 패배 | 認(みと)める 인정하다 | 微熱(びねつ) 미열 | 体(からだ)がだるい/重(おも)い 몸이 나른하다, 무겁다

2 失脚 실각

1 그 정치가는 상당한 실력자였지만 이번 정변으로 <u>실각</u>한 것 같다.

2 그 배우는 첫 무대에서 야유를 받고 완전히 자신감을 <u>실각</u>하고 말았다.

3 그 교수는 고명한 학자이지만, 인격적으로는 <u>실각</u>이다.

4 목격자는 "비행기는 추락 전에 갑자기 <u>실각</u>했다"고 말했다.

해설 失脚(しっきゃく)는 '(주로 정계에서) 지위나 발판을 잃는 것, 실각'을 의미하므로, 올바른 문장은 1번이다. 2번은 失って(잃고), 3번은 失格(실격), 4번은 失速(속도를 잃음) 등으로 바꿔야 한다.

단어 政治家(せいじか) 정치가 | 政変(せいへん) 정변 | 役者(やくしゃ) 배우 | 初舞台(はつぶたい) 첫 무대 | やじる 야유하다 | 教授(きょうじゅ) 교수 | 高名(こうめい)な 고명한 | 人格的(じんかくてき)に 인격적으로 | 目撃者(もくげきしゃ) 목격자 | 墜落(ついらく) 추락 | 失(うしな)う 잃다 | 失格(しっかく) 실격 | 失速(しっそく) 속도를 잃음

3 滅びる 멸망하다, 없어지다

1 자금이 멸망하여 그의 가게는 폐점에 내몰렸다.

2 그녀는 가장 사랑하는 아들을 먼저 보내고 살 희망을 <u>멸망</u>했다.

3 그 재난 소식을 듣고 <u>멸망</u>할 정도로 놀랐다.

4 핵전쟁이 일어난다면 인류는 <u>멸망</u>할 것이다.

해설 滅(ほろ)びる는 '존재나 종족이 사라지다, 멸망하다'라는 의미로, 올바른 문장은 4번이다. 1번은 尽きて(바닥나서), 2번은 失った(잃었다), 3번은 飛び上がる(뛰어오를) 등으로 바꿔야 한다.

단어 閉店(へいてん) 폐점 | 追(お)い込(こ)まれる 내몰리다 | 最愛(さいあい)の 가장 사랑하는 | 息子(むすこ) 아들 | 先立(さきだ)たれる 먼저 (세상을 떠나) 보내다 | 望(のぞ)み 희망 | 災難(さいなん) 재난 | 核戦争(かくせんそう) 핵전쟁 | 人類(じんるい) 인류 | 資金(しきん)が尽(つ)きる 자금이 바닥나다 | 飛(と)び上(あ)がる 뛰어오르다

4 ひたむきに 한결같이, 열심히

1 다나카 씨가 <u>열심히</u> 사는 그 모습은 정말 대견하다.

2 해가 졌다고 생각했더니 <u>열심히</u> 바람이 차가워졌다.

3 우주 개발은 인류의 꿈이지만, 그 실현에는 <u>열심히</u> 자금이 필요합니다.

4 선거에서 이길 수 있었던 것은 <u>열심히</u> 여러분 덕분입니다.

해설 ひたむきに는 '오로지 한 방향으로, 한결같이, 열심히'라는 의미로, 어떤 목표나 일에 정신을 집중하여 전심전력하는 태도나 자세를 나타낸다. 올바른 문장은 1번이다. 2번은 急に(갑자기), 3번은 常に(항상)로 바꿔야 한다. 4번은 '여러분 덕분이다'를 수식할 때 ひたむきに를 쓰는 것은 어색하다. '오로지/전적으로' 여러분 덕분이라는 의미를 전달할 때는 ひとえに(오로지)를 쓰는 것이 자연스럽다.

단어 生(い)きる 살다 | 姿(すがた) 모습 | けなげだ 장하다, 대견하다 | 日(ひ)が暮(く)れる 해가 지다 | 宇宙(うちゅう) 우주 | 資金(しきん) 자금 | 選挙(せんきょ) 선거 | 急(きゅう)に 갑자기 | 常(つね)に 항상

5 基調 기조, 바탕

1 이번 일본 대표팀은 주장인 나카무라 선수를 <u>기조</u>로 잘 뭉쳐 있다.

2 사람들에게 충격을 준 이 뉴스를 <u>기조</u>로 쓰인 소설이 이 영화의 원작이다.

3 본원에서는 예약자/급병 환자를 <u>기조</u>로 하여 진찰하고 있습니다.

4 검은색을 <u>기조</u>로 한 심플하고 차분한 분위기의 침실이다.

해설 基調(きちょう)는 '미술, 음악, 분위기 등의 중심이 되는 색이나 사상, 기조, 바탕'을 의미하므로, 올바른 문장은 4번이다. 1번은 中心(중심), 2번은 もと(바탕)나 題材(소재), 3번은 優先して(우선해서) 등으로 바꿔야 한다.

단어 主将(しゅしょう) 주장 | まとまる 정리되다, 뭉치다 | 衝撃(しょうげき)を与(あた)える 충격을 주다 | 原作(げんさく) 원작 | 当院(とういん) 본원, 저희 병원 | 急病(きゅうびょう) 급병(급성 질병) | 診察(しんさつ)する 진찰하다 | 〜かつ 〜하면서 | 落(お)ち着(つ)く 차분하다, 안정되다 | 雰囲気(ふんいき) 분위기 | 寝室(しんしつ) 침실 | 題材(だいざい) 제재, 소재 | 優先(ゆうせん) 우선

1 めきめき 눈에 띄게, 부쩍부쩍

1 아이는 선생님의 질문에 눈에 띄게 대답했다.

2 잇따라 걸려오는 전화에 눈에 띄게 응대했다.

3 그의 영어는 눈에 띄게 능숙해졌다.

4 어젯밤에는 숙모에게 밤늦도록 눈에 띄게 설교를 들었다.

해설　めきめき는 '눈에 띄게, 부쩍부쩍'이라는 의미로, 특히 학습이나 기술이 빠르게 향상되는 모습을 나타내는 데 적절하다. 따라서 올바른 문장은 3번이다. 1번은 はきはきと(시원시원하게), 2번은 てきぱきと(척척), 4번은 だらだらと(장황하게) 등으로 바꿔야 한다.

단어　相次(あいつ)いで 잇따라 | 上達(じょうたつ)する 능숙해지다, 향상되다 | ゆうべ 어젯밤 | 伯母(おば) 숙모, 이모 | 説教(せっきょう)する 설교하다

2 ほほえましい 미소 짓게 하다, 흐뭇하다

1 정원 가꾸기는 어느 세대 사람에게도 흐뭇한 것이다.

2 아이들이 놀고 있는 모습은 흐뭇했다.

3 그 연구팀은 과학상의 흐뭇한 업적을 올렸다.

4 남자아이가 태어났다는 흐뭇한 소식이 언니에게서 도착했다.

해설　ほほえましい는 보기에 만족스럽고 정다워서 '미소를 짓게 하다, 흐뭇하다'는 의미이므로, 올바른 문장은 2번이다. 1번은 楽しい(즐거운), 3번은 素晴らしい(훌륭한), 4번은 うれしい(기쁜) 등으로 바꿔야 한다.

단어　世代(せだい) 세대 | 様子(ようす) 모습 | 業績(ぎょうせき)を挙(あ)げる 업적을 올리다 | 生(う)まれる 태어나다 | 知(し)らせ 소식 | 届(とど)く 도착하다 | 素晴(すば)らしい 훌륭하다

3 交錯 교착, 뒤섞임

1 이시하라 씨의 이야기에는 진실과 허구가 뒤섞여 있었다.

2 틈새바람이 불어 들어와 문서들이 뒤섞여 책상에서 떨어졌다.

3 그 대학은, 큰 도로를 뒤섞인 반대쪽 길가에 있다.

4 여러 사람들과 뒤섞이면서 인간관계가 깊어졌다.

해설　交錯(こうさく)는 '여러 가지가 뒤섞여 엇갈림, 교착'이란 뜻으로 '두 가지 이상의 추상적인 요소(진실/거짓, 감정/기억 등)가 뒤섞여 얽히는 것' 또는 '수많은 사람이나 물체가 어지럽게 뒤섞여 지나다니는 것'을 의미한다. 올바른 문장은 1번이다. 2번에서 交錯는 서류가 바람에 흩날리는 단순 상황에 쓰기엔 어색하므로 散乱して(흩어져서), 3번은 渡った(건넌), 4번은 사람들과 '교류한다'는 의미가 자연스러우므로 交流する(교류하다)로 바꿔야 한다.

단어　虚構(きょこう) 허구 | すきま風(かぜ) 틈새 바람 | 吹(ふ)き込(こ)む 불어 들어오다 | 道沿(みちぞ)い 길가 | 深(ふか)まる 깊어지다 | 散乱(さんらん)する 흩어지다, 흩날리다 | 交流(こうりゅう)する 교류하다

4 円滑 원활함, 순조로움

1 이 법률은 개정을 반복한 결과 더욱 더 원활해졌다.

2 회의의 원활한 운영을 도모하기 위해, 의사운영위원회를 설치한다.

3 변경이 있었을 경우에는 원활하게 알려 주세요.

4 그녀는 원활한 인품으로, 누구에게나 사랑받고 있다.

해설　円滑(えんかつ)는 '일이 순조롭고 매끄럽게 진행됨, 원활함'을 의미하므로, 올바른 문장은 2번이다. 1번은 複雑に(복잡해), 3번은 速やかに(신속하게)나 早めに(빨리), 4번은 円満な(원만한)로 바꿔야 한다.

단어　法律(ほうりつ) 법률 | 改正(かいせい) 개정 | 繰(く)り返(か)す 반복하다 | 運営(うんえい) 운영 | 図(はか)る 도모하다 | 設(もう)ける 설치하다 | 変更(へんこう) 변경 | 知(し)らせる 알리다 | 人柄(ひとがら) 인품, 성품 | 慕(した)われる 사랑받다, 존경받다 | 速(すみ)やかに 신속하게 | 円満(えんまん)な 원만한

5 退く 물러나다, 은퇴하다

1 긴급하지도 않은데 밤늦게 전화하는 것은 물러나 주세요.

2 그 선수는 체력 저하로 인해 현역에서 물러났다.

3 이 일을 물러나지 않으면 집에 돌아갈 수 없다.

4 그 가수는 약물 중독 갱생 프로그램 참여를 약속하고 기소를 물러났다.

해설　退(しりぞ)く는 '(직위, 현역 등에서) 물러나다, 은퇴하다'라는 의미이므로, 올바른 문장은 2번이다. 보통 ～を退く(～에서 물러나다)라는 형태로 쓰인다. 1번은 控えて(삼가), 3번은 終わらせないと(끝내지 않으면), 4번은 免れた(면했다)로 바꿔야 한다.

단어　緊急(きんきゅう) 긴급함 | 衰(おとろ)え 저하, 쇠퇴 | 現役(げんえき) 현역 | 薬物(やくぶつ)中毒(ちゅうどく) 약물 중독 | 更生(こうせい) 갱생 | 参加(さんか) 참가 | 起訴(きそ) 기소 | 控(ひか)える 삼가다, 자제하다 | 免(まぬか)れる 면하다

1 帯びる 띠다, 지니다

1 요즘 페인트에는 다양한 기능을 띤 것이 있다.

2 이 사건은 정치적 성격을 띠어 왔다.

3 자격 취득에 힘써 왔으므로, 복수의 자격을 띠고 있다.

4 고바야시 사장은 부하를 띠고 해외 시찰에 갔다.

해설　帯(お)びる는 '(색채, 성격, 분위기 등을) 띠다, 지니다'라는 의미이므로, 올바른 문장은 2번이다. 1번은 持った(가진)나 備えた(갖춘), 3번은 持って(가지고), 4번은 連れて(데리고)로 바꿔야 한다.

단어　塗料(とりょう) 도료, 페인트 | 機能(きのう) 기능 | 資格(しかく) 자격 | 取得(しゅとく) 취득 | 力(ちから)を入(い)れる 힘쓰다 | 複数(ふくすう) 복수 | 視察(しさつ) 시찰 | 備(そな)える 갖추다 | 連(つ)れる 데리고 가다

2 軌道 궤도

1 벌써 9월인데 나는 아직 졸업 후의 궤도가 정해지지 않았다.

2 역이라면 다음 교차로에서 오른쪽으로 가는 것이 궤도이다.

3 우리의 연구도 궤도에 오른 것 같다.

4 만리장성이 어떤 궤도로 쌓였는지 알고 싶다.

해설　軌道(きどう)는 '(인공위성 등의) 궤도 또는 (일이나 계획의) 정상적인 진행 방향'을 의미하므로, 올바른 문장은 3번이다. 1번은 進路(진로), 2번은 近道(지름길), 4번은 過程(과정)나 方法(방법)로 바꿔야 한다.

단어　交差点(こうさてん) 교차로 | 軌道(きどう)に乗(の)る 궤도에 오르다, 순조롭게 되다 | 万里(ばんり)の長城(ちょうじょう) 만리장성 | 築(きず)かれる 쌓이다 | ～たいものだ ～하고 싶다〈강조〉 | 進路(しんろ) 진로 | 近道(ちかみち) 지름길 | 過程(かてい) 과정

3　発足 발족

1 셔틀버스는 서쪽 출구 터미널에서 발족한다.

2 수상은 강권을 발족하여 개혁을 단행했다.

3 그 항공사는 여객기 18대를 미국 회사에 발족했다.

4 그 단체는 발족한 지 아직 얼마 되지 않았다.

해설　発足(ほっそく)는 '발족'이라는 뜻으로, 조직, 단체 등이 새로 조직되어 활동을 시작하는 것을 말한다. 올바른 문장은 4번이다. 1번은 出発(출발), 2번은 発動(발동), 3번은 発注(발주)로 바꿔야 한다.

단어　西口(にしぐち) 서쪽 출구 | 首相(しゅしょう) 수상, 총리 | 強権(きょうけん) 강권 | 改革(かいかく) 개혁 | 断行(だんこう)する 단행하다 | 航空(こうくう)会社(がいしゃ) 항공사 | 旅客機(りょかくき) 여객기 | 団体(だんたい) 단체 | まだまもない 아직 얼마 되지 않았다 | 発動(はつどう) 발동 | 発注(はっちゅう) 발주

4　ほどける 풀리다, 느슨해지다

1 걷는 동안 신발 끈이 풀려졌다.

2 무 껍질을 술술 능숙하게 칼로 풀려간다.

3 세월이 지나면 페인트가 풀려서 더러워진다.

4 조개를 소금물에 담가 두었더니 모래가 풀렸다.

해설　ほどける는 '(매듭, 묶인 것이) 풀리다, 느슨해지다'라는 의미이므로, 올바른 문장은 1번이다. 2번은 剝いて(벗겨), 3번은 剝がれて(벗겨져), 4번은 出た(나왔다)나 抜けた(빠졌다)로 바꿔야 한다.

단어　～うちに ～동안에 | 靴(くつ)のひも 신발 끈 | 大根(だいこん) 무 | 皮(かわ) 껍질 | するすると 술술, 미끈하게 | 器用(きよう)に 능숙하게, 솜씨 좋게 | 包丁(ほうちょう) 식칼 | 年月(ねんげつ)がたつ 세월이 지나다 | 汚(きたな)い 더럽다 | 貝(かい) 조개 | 塩水(しおみず) 소금물 | 漬(つ)ける 담그다 | 砂(すな) 모래 | 剝(む)く 벗기다, 깎다 | 剝(は)がれる 벗겨지다 | 抜(ぬ)ける 빠지다

5　不服 불복, 불만

1 서비스에 비해 불만하게 높은 대금을 청구받았다.

2 그 드라마의 최종회는 시청자로부터 불만의 목소리가 나왔다.

3 그는 내 방식에 불만을 제기했다.

4 그녀의 불만을 해소하기에는 시간이 걸릴 것이다.

해설　不服(ふふく)는 '(결정, 판결 등에) 승복하지 않음, 불복, 불만'을 의미하므로, 올바른 문장은 3번이다. 1 不当(부당), 2번과 4번은 不満(불만)으로 바꿔야 한다. 不服는 법적/공식적 결정에 대한 불승복의 뉘앙스가 강하다.

단어　代金(だいきん) 대금 | 請求(せいきゅう)される 청구받다 | 最終回(さいしゅうかい) 최종회 | 視聴者(しちょうしゃ) 시청자 | 声(こえ)が上(あ)がる 목소리가 나오다 | やり方(かた) 방식 | 不服(ふふく)を唱(とな)える 불복(불만)을 제기하다 | 晴(は)らす 풀다, 해소하다 | 不当(ふとう)に 부당하게 | 不満(ふまん) 불만

1　思い詰める 깊이 생각하다, 곰곰이 생각하다

1 스즈키 씨는 항상 선생님들에게 칭찬을 받고 있으므로 깊이 생각하고 있다.

2 이케다 씨는 무슨 일에 관해서든 깊이 생각하는 (경향이 있는) 성격이다.

3 이시하라 씨는 깊이 생각하고 새로운 사업에 착수했다.

4 나카무라 씨는 취직할 생각이었지만, 깊이 생각하여 진학하기로 했다.

해설　思(おも)い詰(つ)める는 '깊이 생각하다, 곰곰이 생각하다'라는 뜻이다. 한 가지 일을 너무 깊이 생각해 마음이 괴롭고 우울해지는 상태를 가리키므로 긍정적인 행동이나 결정과는 어울리지 않는다. 올바른 문장은 2번이다. 나머지 모두 긍정적이고 전향적인 행동이므로, 1번은 思い上がって(자만하고), 3번은 思い切って(과감하게), 4번은 思い直して(다시 생각해서)로 바꿔야 한다.

단어　何事(なにごと)に関(かん)しても 무슨 일에 관해서든 | ～がちな ～하는 경향이 있는 | 乗(の)り出(だ)す 착수하다 | 就職(しゅうしょく)する 취직하다 | 進学(しんがく)する 진학하다 | 思(おも)い上(あ)がる 자만하다 | 思(おも)い切(き)って 과감하게 | 思(おも)い直(なお)す 다시 생각하다

2　復旧 복구

1 야마노테선은 몇 시간 후에 복구될 전망이다.

2 야마모토 씨는 벽화의 복구 전문가이다.

3 이 오토바이는 복구하면 아직 쓸 수 있어.

4 야마모토 씨는 체력이 있어서 복구가 빠를 것이다.

해설　復旧(ふっきゅう)는 '(시설, 시스템 등이) 원래의 상태로 되돌아옴, 복구'를 의미하므로, 올바른 문장은 1번이다. 2번은 復元(복원)이나 修復(복원), 3번은 修理(수리), 4번은 回復(회복)로 바꿔야 한다.

단어　山手線(やまのてせん) 야마노테선(철도 노선명) | 見込(みこ)み 전망 | 壁画(へきが) 벽화 | 専門家(せんもんか) 전문가 | 体力(たいりょく) 체력 | 復元(ふくげん) 복원 | 修復(しゅうふく) 수복, 복원 | 修理(しゅうり) 수리 | 回復(かいふく) 회복

3　意地 고집, 오기

1 선수들 간의 고집 소통이 부족했던 것이 패인이다.

2 제트코스터가 급강하했을 때는 산 고집이 나지 않았다.

3 그런 시시한 일로 너무 고집을 부리지 마라.

4 그는 시험에 떨어져 고집을 잃었다.

해설　意地(いじ)는 '(주로 부정적으로) 고집, 오기 또는 (긍정적으로) 근성, 오기'라는 의미로, 올바른 문장은 3번이다. 1번은 意思(의사), 2번은 心地(기분, 느낌), 4번은 意欲(의욕)로 바꿔야 한다.

단어　欠(か)く 부족하다 | 敗因(はいいん) 패인 | 急降下(きゅうこうか) 급강하 | つまらない 시시하다, 하찮다 | 意地(いじ)を張(は)る 고집을 부리다 | 試験(しけん)に落(お)ちる 시험에 떨어지다 | 意思(いし)の疎通(そつう) 의사소통 | 生(い)きた心地(ここち)がしない 살아있는 느낌이 들지 않다 | 意欲(いよく) 의욕

[4] ブランク 공백, 경력 단절

1 그의 경력에는 2년간의 공백이 있다.

2 일본 팀은 공백이 약한 것이 결점이다.

3 용기를 내서 그녀에게 사랑을 공백했다.

4 관동 공백에서는 두 팀이 대표로 선발된다.

해설 ブランク(blank)는 '기록, 경력 등의 공백, 단절된 기간'을 의미하므로, 올바른 문장은 1번이다. 2번은 ディフェンス(수비), 3번은 アピール(어필), 4번은 ブロック(블록, 구역) 등으로 바꿔야 한다.

단어 経歴(けいれき) 경력 | 欠点(けってん) 결점 | 勇気(ゆうき)を出(だ)す 용기를 내다 | 関東(かんとう) 관동 | 代表(だいひょう) 대표 | 選(えら)ばれる 선발되다 | 守備(しゅび) 수비 | 告白(こくはく) 고백 | 地域(ちいき) 지역

[5] 目覚ましい 눈부시다, 괄목할 만하다

1 그 유학생의 일본어 실력이 느는 모습은 눈부시다.

2 그 남자는 돈벌이에만 관심 있는 눈부신 인간이다.

3 선생님은 눈부신 표정으로 교실에 들어왔다.

4 그 아이는 상처에서 피가 눈부시게 흘렀다.

해설 目覚(めざ)ましい는 '눈부시다, 괄목할 만하다'라는 의미이므로, 올바른 문장은 1번이다. 2번은 卑しい(비열한), 3번은 恐ろしい(무서운), 4번은 激しく(격렬하게) 등으로 바꿔야 한다.

단어 上達(じょうたつ) 실력이 향상됨 | ～ぶり ～하는 모습 | 金(かね)もうけ 돈벌이 | 形相(ぎょうそう) 얼굴 모습이나 표정 | 傷口(きずぐち) 상처 부위 | 血(ち)が流(なが)れる 피가 흐르다 | 卑(いや)しい 비열하다 | 恐(おそ)ろしい 무섭다 | 激(はげ)しい 격렬하다

🔴40 기출어휘 확인문제 용법 　　　　p.101

[1] はなはだしい 현저하다, 매우 심하다

1 최근 그녀의 영어 실력이 느는 모습에는 매우 심한 데가 있다.

2 회복 기간 중에는, 더운 환경에서의 운동이나 매우 심한 운동은 엄금이다.

3 그의 매우 심한 점은 매일 연습으로 바쁠 터인데도, 성적이 좋은 점이다.

4 볼트, 너트의 부식이 매우 심한 경우는 새것과 교환해 주세요.

해설 はなはだしい는 '정도가 매우 심하다, 두드러지다'라는 의미로, 주로 부정적인 상황이나 정도가 지나칠 때 사용한다. 올바른 문장은 4번이다. 1번은 긍정적인 상황이므로 目覚ましい(눈부신), 2번 '심한' 운동은 激しい運動가 자연스럽다. 3번은 驚くべき(놀랄 만한) 등으로 바꿔야 한다.

단어 回復(かいふく) 회복 | 厳禁(げんきん) 엄금 | 成績(せいせき) 성적 | 腐食(ふしょく) 부식 | 新品(しんぴん) 새것, 신제품 | 交換(こうかん) 교환 | 目覚(めざ)ましい 눈부시다, 경이롭다 | 激(はげ)しい 심하다, 격렬하다 | 驚(おどろ)く 놀라다

[2] 工面 마련함, 조달함

1 수업료 100만 엔을 어떻게든 마련했다.

2 기술을 마련하여 이 기계를 만들어냈습니다.

3 그 터널의 마련은 매우 어려웠다.

4 요즘 몸의 마련이 매우 좋다.

해설 工面(くめん)은 '돈이나 물건 등을 마련하거나 조달하는 것'을 의미하므로, 올바른 문장은 1번이다. 2번은 駆使(구사), 3번은 工事(공사), 4번은 調子(컨디션)로 바꿔야 한다.

단어 何(なん)とか 어떻게든, 간신히 | 技術(ぎじゅつ) 기술 | 造(つく)り上(あ)げる 만들어내다, 완성하다 | 困難(こんなん)を極(きわ)める 어려움이 극에 달하다, 매우 어렵다 | このところ 요즘, 근래 | 駆使(くし)する 구사하다, 최대한 활용하다 | 調子(ちょうし) 상태, 컨디션

[3] 打開 타개

1 이야기는 의외의 방향으로 타개했다.

2 사태의 타개를 도모하는 대책이 필요하다.

3 모든 국민에게 정보의 타개는 필요하다.

4 그 화재는 그의 사업에는 큰 타개였다.

해설 打開(だかい)는 '타개, 돌파'라는 뜻으로 어떤 사태나 국면을 깨뜨리고 새로운 길을 연다는 의미이다. 따라서 올바른 문장은 2번이다. 1번은 展開(전개), 3번은 公開(공개), 4번은 打撃(타격)로 바꿔야 한다.

단어 物語(ものがたり) 이야기 | 意外(いがい)な 뜻밖의, 의외의 | 事態(じたい) 사태 | はかる 도모하다, 꾀하다 | 対策(たいさく) 대책 | 情報(じょうほう) 정보 | 火災(かさい) 화재 | 展開(てんかい) 전개 | 公開(こうかい) 공개 | 打撃(だげき) 타격

[4] とっくに 진작에

1 숙제는 진작에 해 버렸다.

2 도쿄에 도착하면 진작에 전화해 주세요.

3 야마모토 씨는 진작에 돌아왔을 것이다.

4 진작에 진상이 밝혀질 것이다.

해설 とっくに는 '벌써 오래전에, 진작에'라는 의미이므로, 올바른 문장은 1번이다. 2번은 すぐ(바로), 3번은 '벌써'라는 의미로 もう가 더 자연스럽다. 4번은 まもなく(머지않아)나 近いうちに(가까운 시일 내에)로 바꿔야 한다.

단어 ～はずだ ～일 것이다〈예정, 당연〉| 真相(しんそう) 진상 | 明(あき)らかになる 밝혀지다 | 近(ちか)いうちに 조만간, 가까운 시일 내에

[5] 調達 조달, 마련

1 경영 방침에 관한 조달이 난항을 겪고 있다.

2 법원으로부터 출두하라는 조달이 있었다.

3 서양식 가구가 이 다다미방에 잘 조달하고 있다.

4 재해 지역에 식량을 조달하는 것이 급선무다.

해설 調達(ちょうたつ)는 '필요한 물자나 자금 등을 구해 마련함, 조달'을 의미하므로, 올바른 문장은 4번이다. 1번은 調整(조정), 2번은 通知(통보), 3번은 調和(조화)로 바꿔야 한다.

단어 方針(ほうしん) 방침 | 難航(なんこう)する 난항을 겪다 | 裁判所(さいばんしょ) 재판소, 법원 | 出廷(しゅってい) 출정, 출두 | 洋風(ようふう) 서양식 | 家具(かぐ) 가구 | 和室(わしつ) 일식 방, 다다미방 | 被災地(ひさいち) 재해 지역 | 食糧(しょくりょう) 식량 | 急務(きゅうむ) 급선무 | 調整(ちょうせい) 조정 | 通知(つうち) 통지, 통보 | 調和(ちょうわ) 조화

41 기출어휘 확인문제 용법   p.104

1 手際 솜씨, 수완

1 무엇을 하는 데에도 그는 변함없이 솜씨가 좋다.

2 그는 그 범인을 잡는다는 솜씨를 세웠다.

3 이 자료는 소중하므로, 항상 솜씨에 놓아둔다.

4 여기까지 오는 데 꽤 솜씨가 들었네.

해설 手際(てぎわ)는 '솜씨, 수완'이라는 뜻으로, 일 처리가 능숙하고 솜씨가 좋은 모양을 나타낸다. 올바른 문장은 1번이다. 2번은 手柄(공적), 3번은 手元(손이 닿는 곳), 4번은 手間(시간, 수고)로 바꿔야 한다.

단어 相変(あいか)わらず 변함없이 | 犯人(はんにん) 범인 | つかまえる 잡다 | 資料(しりょう) 자료 | ずいぶん 꽤, 상당히 | 手柄(てがら)をあげる 공을 세우다 | 手元(てもと) 손이 닿는 곳, 가까운 곳 | 手間(てま)がかかる 시간(품)이 들다

2 おごる 대접하다, 한턱내다

1 여기에 있는 책은 제가 아버지께 대접한 것입니다.

2 점심을 대접할 테니 이 서류를 대충 훑어봐 줘.

3 직접 만든 케이크를 대접받아 황송합니다.

4 졸업 축하 선물로 정성(약소하지만 마음)이 담긴 선물을 대접했다.

해설 おごる는 '(자신이 돈을 내어) 남에게 한턱내다, 대접하다'라는 의미로, 올바른 문장은 2번이다. 1번은 贈った(선물한), 3번에서는 '돈을 내서 사주는 행위'를 뜻하는 おごる와 '직접 만든 것'을 뜻하는 手作り를 함께 사용하는 것은 논리적으로 모순되므로 おごっていただいて를 いただいて(받아)로 바꾸어야 한다. 4번은 贈った(보냈다)로 바꾸면 된다.

단어 書類(しょるい) 서류 | ざっと 대충, 휙 | 目(め)を通(とお)す 훑어보다 | 手作(てづく)り 수제, 직접 만듦 | 恐縮(きょうしゅく) 황송함, 죄송함 | 卒業(そつぎょう)祝(いわ)い 졸업 축하 선물 | 贈(おく)る 보내다, 선물하다

3 ずらっと 주욱, 줄줄이

1 나는 카탈로그를 주욱 훑어보았다.

2 홋카이도는 내일은 주욱 맑을 것 같아요.

3 아들은 1년 사이에 주욱 키가 컸다.

4 길가에는, 선수를 응원하는 사람들이 주욱 늘어서 있었다.

해설 ずらっと는 '주욱, 줄줄이'란 뜻으로, 길게 한 줄로 늘어서거나 줄지어 있는 모양을 의미한다. 올바른 문장은 4번이다. 1번은 ざっと(대충), 2번은 からっと(화창하게), 3번은 ぐっと(단번에, 훌쩍)로 바꿔야 한다.

단어 目(め)を通(とお)す 훑어보다 | 晴(は)れる 맑다 | 息子(むすこ) 아들 | 背(せ)が伸(の)びる 키가 크다 | 沿路(えんろ) 길가 | 応援(おうえん) 응원 | 並(なら)ぶ 늘어서다

4 はかどる 진척되다

1 그 회사는 해마다 진척되고 있다.

2 이 병원은 지역 최고의 설비를 진척되고 있다.

3 노선 공사는 착착 진척되고 있다.

4 그녀의 사고방식은 10년 진척되고 있다.

해설 はかどる는 일이나 작업 등이 '진척되다, 순조롭게 진행되다'라는 의미로, 올바른 문장은 3번이다. 1번은 成長して(성장하고),

2번은 備えて(갖추고), 4번은 進んで(앞서가)로 바꿔야 한다.

단어 年々(ねんねん) 해마다 | 地区(ちく) 지구, 지역 | 設備(せつび) 설비 | 着々(ちゃくちゃく)と 착착, 순조롭게 | 成長(せいちょう)する 성장하다 | 備(そな)える 갖추다 | 進(すす)む 앞서가다

5 へりくだる 겸손하다

1 후보자의 겸손한 태도가 유권자의 마음을 사로잡았다.

2 어렸을 때, 올라간 나무에서 겸손할 수 없어서 곤란했던 적이 있다.

3 시냇물의 흐름을 겸손하는 산길을 걸어갔다.

4 아버지는 나에게 머리를 겸손하여, 가업을 이어 달라고 했다.

해설 へりくだる는 '겸손하다, 자신을 낮추다'라는 의미로, 올바른 문장은 1번이다. 2번은 降りられなくて(내려오지 못해서), 3번은 下る(내려가는), 4번은 下げて(숙이며)로 바꿔야 한다.

단어 候補者(こうほしゃ) 후보자 | 有権者(ゆうけんしゃ) 유권자 | 心(こころ)をつかむ 마음을 사로잡다 | 登(のぼ)る 올라가다 | 小川(おがわ) 시냇물 | 流(なが)れ 흐름 | 山道(やまみち) 산길 | 家業(かぎょう) 가업 | 継(つ)ぐ 잇다 | 下(くだ)る 내려가다 | 頭(あたま)を下(さ)げる 머리를 숙이다

42 기출어휘 확인문제 용법   p.105

1 指図 지시

1 나는 그녀에게 잘못을 지시해 주었다.

2 그는 먼 곳의 간판을 지시하여 "저 가게다"라고 말했다.

3 너의 지시 따위 받을까 보냐.

4 펜이 없었으므로, 모르는 글자를 지시하여 가르침을 받았다.

해설 指図(さしず)는 '지시, 명령'이라는 뜻으로 올바른 문장은 3번이다. 1번은 指摘(지적), 2번과 4번은 指さして(손가락으로 가리켜) 로 바꿔야 한다.

단어 誤(あやま)り 잘못, 실수 | 遠(とお)く 먼 곳 | 看板(かんばん) 간판 | ～もんか ～할까 보냐 〈강한 부정〉 | 字(じ) 글자 | 指摘(してき) 지적 | 指(ゆび)さす 손가락으로 가리키다

2 つぶやく 중얼거리다

1 아이들이 서로 중얼거리면서 활기차게 놀고 있었다.

2 베짱이는 여름 내내 즐거운 듯이 중얼거리고 있었다.

3 저 노인은 항상 투덜투덜 뭔가 중얼거리고 있다.

4 잘 알아들을 수 없으니, 좀 더 큰 소리로 중얼거려 주세요.

해설 つぶやく는 작은 소리로 혼잣말을 하거나 불평하며 중얼거리는 것을 의미하므로, 올바른 문장은 3번이다. 1번은 じゃれあいながら(서로 장난치며), 2번은 鳴いて((벌레가) 울고), 4번은 言って(말해)로 바꿔야 한다.

단어 キリギリス 베짱이 | 夏中(なつじゅう) 여름 내내 | 老人(ろうじん) 노인 | ぶつぶつ 투덜투덜 | 聞(き)き取(と)る 알아듣다 | 大声(おおごえ) 큰 소리 | 話(はな)しあう 서로 이야기하다 | 鳴(な)く (벌레가) 울다

3 執着 집착

1 그는 내일 밤 집착할 예정입니다.

2 그는 자신의 의견에 집착하여 타인에게 귀를 기울이지 않는다.

3 마음에 드는 코트를 매일 집착하고 있습니다.

4 용의자의 신발에는 진흙이 집착되어 있었다.

해설　執着(しゅうちゃく)는 '집착, 고집'이라는 의미이므로, 올바른 문장은 2번이다. 1번은 到着(도착), 3번은 着用(착용), 4번은 付着(부착, 묻어)로 바꿔야 한다.

단어　耳(みみ)を貸(か)す 귀를 기울이다 | お気(き)に入(い)り 마음에 듦 | 容疑者(ようぎしゃ) 용의자 | 靴(くつ) 신발 | 泥(どろ) 흙, 진흙 | 到着(とうちゃく) 도착 | 着用(ちゃくよう) 착용 | 付着(ふちゃく) 부착, 달라붙음

4　交付 교부

1 보조금이 교부될 때까지는 시간이 걸립니다.

2 주문하신 물품은 5일 이내에 교부하도록 하겠습니다.

3 급여 외에 교통비가 별도로 교부됩니다.

4 이웃 사람에게 하와이 여행의 선물을 교부했다.

해설　交付(こうふ)는 '교부'라는 뜻으로 문서나 금품 등을 공적으로 상대방에게 건네주는 것을 의미한다. 올바른 문장은 1번이다. 2번은 納品(납품), 3번은 支給(지급), 4번은 渡した(건넸다)로 바꿔야 한다.

단어　補助金(ほじょきん) 보조금 | 給与(きゅうよ) 급여 | 交通費(こうつうひ) 교통비 | 別途(べっと) 별도 | 納品(のうひん) 납품 | 支給(しきゅう) 지급 | 渡(わた)す 건네다

5　巧妙 교묘함

1 우리들은 그의 교묘한 수법에 속았다.

2 이 가구는 장인에 의해 하나하나 교묘하게 만들어졌다.

3 차를 손질했기 때문에, 이전에 비해 교묘해졌다.

4 우리 집 반려동물은 얼굴이 매우 교묘하고 귀엽다.

해설　巧妙(こうみょう)는 '교묘함, 솜씨가 뛰어남'이란 의미로, 솜씨나 수법이 교묘하고 뛰어나며, 때로는 잔꾀를 부리는 것을 뜻한다. 올바른 문장은 1번이다. 2번은 精巧に(정교하게), 3번은 快調に(상태가 좋아), 4번은 愛らしくて(사랑스럽고)로 바꿔야 한다.

단어　手口(てぐち) 수법, 솜씨 | だまされる 속다 | 職人(しょくにん) 장인 | 腕(うで) 솜씨, 팔 | 手入(てい)れ 손질 | かわいらしい 귀엽다 | 精巧(せいこう) 정교함 | 快調(かいちょう) 쾌조, 상태가 좋음 | 愛(あい)らしい 사랑스럽다

🔴43 기출어휘 확인문제　용법　　p.106

1　とっさに 순간적으로, 즉시

1 순간적으로 용무가 생겨버려서, 파티에 참석할 수 없었다.

2 폭탄이 폭발했을 때, 그는 순간적으로 땅에 엎드렸다.

3 그의 병세는, 순간적으로 좋아지고 있다.

4 어젯밤은 약속이 있었기 때문에, 일이 끝나자 순간적으로 돌아갔다.

해설　とっさに는 '순간적으로, 반사적으로, 즉시'라는 의미로, 올바른 문장은 2번이다. 1번은 急に(갑자기), 3번은 だんだん(점점), 4번은 すぐに(바로)로 바꿔야 한다.

단어　用事(ようじ)ができる 용무(볼일)가 생기다 | 出席(しゅっせき) 출석, 참석 | 爆弾(ばくだん) 폭탄 | 爆発(ばくはつ)する 폭발하다 | 地面(じめん) 지면, 땅 | 伏(ふ)せる 엎드리다 | 病状(びょうじょう) 병의 상태, 병세 | 急(きゅう)に 갑자기

2　不順 불순함, 순조롭지 못함

1 날씨 불순(궂은 날씨) 때문에, 수영장의 입장객은 작년보다 줄었다.

2 가게에는 많은 상품이, 불순하게 늘어서 있었다.

3 당신이라면, 불순하게 연습하면 발음도 좋아질 거야.

4 요 근래, 회사가 실적이 불순하여 걱정입니다.

해설　不順(ふじゅん)은 '불순함'이란 뜻으로 순조롭지 못하거나 규칙적이지 않음을 나타낸다. 올바른 문장은 1번으로 天候不順은 순조롭지 못한 날씨, 즉 궂은 날씨를 가리킨다. 2번은 乱雑に(어지럽게), 3번은 熱心に(열심히), 4번은 不振(부진)으로 바꿔야 한다.

단어　天候(てんこう) 날씨 | 入場客(にゅうじょうきゃく) 입장객 | 減(へ)る 줄다 | 成長(せいちょう) 성장 | 乱雑(らんざつ)に 어지럽게 | 熱心(ねっしん)に 열심히 | 不振(ふしん) 부진(함)

3　仮に 가령, 임시로

1 가령 노력하여, 훌륭한 성적을 거둘 수 있었다.

2 가령 그를 설득했지만, 결국 그는 오지 않았다.

3 가령 자신이 사고를 당했을 경우를 한 번 생각해봐야 한다.

4 가령 1달러를 110엔이라고 하여 비용을 계산해 보자.

해설　仮(かり)に는 '①가령, 만약 ②임시로'라는 의미로, 어떤 것을 임시로 설정하거나 실현 가능성이 낮은 상황을 설정할 때 쓴다. 올바른 문장은 4번이다. 1번은 懸命(けんめい)に(열심히), 2번은 必死に(필사적으로), 3번에서 사고를 당하는 것은 현실적인 가정이므로 もし(만약)나 万が一(만일의 경우)로 바꿔야 자연스럽다.

단어　りっぱな 훌륭한 | 成績(せいせき)をおさめる 성적을 거두다 | 説得(せっとく) 설득 | 事故(じこ)にあう 사고를 당하다 | 費用(ひよう) 비용 | 懸命(けんめい)に 열심히 | 必死(ひっし)に 필사적으로 | 万(まん)が一(いち) 만일의 경우

4　にじむ 번지다

1 이 천은 물에 담그면 색이 번진다.

2 오늘은 감기로 코가 번지고 있습니다.

3 너무 큰 소리를 내서 목소리가 번져버렸다.

4 조림은 하룻밤 두면 맛이 번져 한층 더 맛있어진다.

해설　にじむ는 '(물감, 잉크 등이) 액체 속으로 번져 퍼지다 또는 (맛, 감정, 땀 등이) 은은하게 배어 나오다'라는 의미로, 올바른 문장은 1번이다. 2번은 詰まって(막혀), 3번은 かすれて(쉬어), 4번은 しみて(배어)로 바꿔야 한다. 이 경우 にじむ도 가능은 하지만 しみる가 더 일반적이고 자연스럽다.

단어　布(ぬの) 천 | つける 담그다, 묻히다 | 大声(おおごえ)を出(だ)す 큰 소리를 내다 | 煮物(にもの) 조림 | 一晩(ひとばん) 하룻밤 | 味(あじ) 맛 | 一層(いっそう) 한층, 더욱 | 詰(つ)まる 막히다 | 声(こえ)がかすれる 목이 쉬다 | しみる 배다, 스며들다

5　まるまる 통째로, 완전히

1 와 있는 사람들 완전히에게 선물을 준비해 두었습니다.

2 그 신제품은 매우 호평이어서 완전히였다고 한다.

3 그 점에서 당신과 의견이 완전히 일치하는 것은 아니다.

4 테이블 밑에서 완전히 자고 있는 것이 내 고양이입니다.

해설 　まるまる는 '통째로, 완전히'라는 의미로, 올바른 문장은 3번이다. 1번은 全員(전원), 2번은 売り切れ(품절), 4번은 丸くなって(웅크리고)로 바꿔야 한다.

단어 　用意(ようい)する 준비하다 | 新製品(しんせいひん) 신제품 | 好評(こうひょう) 호평 | 一致(いっち)する 일치하다 | ～わけではない ～한 것은 아니다 | 売(う)り切(き)れ 품절, 매진 | 丸(まる)くなる 웅크리다, 동그래지다

44 기출어휘 확인문제　용법　p.107

[1] なんとか 어떻게든, 그럭저럭

1 열심히 달려서 막차에 어떻게든 시간을 맞췄다.

2 요즘 음식은 어떻게든 맛이 없어진 것 같은 느낌이 든다.

3 그녀는 어떻게든 나를 피하고 있는 것 같다.

4 요즘 어떻게든 쉽게 지친다.

해설 　なんとか는 '(고생 끝에) 어떻게든, 간신히 또는 (좋은 결과를 위해) 수단과 방법을 가리지 않고'라는 의미로, 올바른 문장은 1번이다. 2번과 4번은 どうも(어쩐지)나 なんだか(왠지 모르게), 3번은 わざと(일부러)로 바꿔야 한다.

단어 　終電(しゅうでん) 막차 | 間(ま)に合(あ)う 시간을 맞추다, 늦지 않다 | まずい 맛없다 | 気(き)がする 느낌이 들다 | 避(さ)ける 피하다

[2] 両立 양립

1 이 지역에서는 폭우와 강풍이 양립하고 있으니 주의하세요.

2 공부와 동아리 활동을 양립시키는 것은 어렵다.

3 나와 그는 목표를 향해 양립하여 나아갔다.

4 역 북쪽 출구와 남쪽 출구에 두 개의 아파트가 양립하고 있다.

해설 　両立(りょうりつ)는 '양립'이라는 뜻으로 두 가지 일을 동시에 잘 해내거나 모순 없이 성립하는 것을 의미한다. 올바른 문장은 2번이다. 1번은 両立して를 重なって(겹치고), 3번은 協力(협력), 4번은 両立して를 向かい合って(마주 보고)로 바꿔야 한다.

단어 　部活動(ぶかつどう) 동아리 활동 | 目標(もくひょう) 목표 | ～に向(む)かって ～을 향해 | 重(かさ)なる 겹치다 | 協力(きょうりょく) 협력 | 向(む)かい合(あ)う 마주 보다

[3] 突如 돌연, 갑자기

1 돌연으로 새로운 생각이 떠올랐다.

2 내 머리에 돌연 좋은 생각이 번뜩였다.

3 돌연한 지진이었지만, 다행히 부상자는 나오지 않았다.

4 앞차가 돌연히 차선 변경을 했다.

해설 　突如(とつじょ)는 '돌연히, 갑자기, 예고 없이'라는 의미의 부사로, 올바른 문장은 2번이다. 부사이므로 1/3/4번처럼 突如で/突如な/突如に로 활용하는 것은 어색하다. 따라서 1번과 4번은 突如, 3번은 突然の/急な(갑작스러운)로 바꿔야 한다.

단어 　浮(う)かぶ 떠오르다 | ひらめく 번뜩이다 | 地震(じしん) 지진 | 幸(さいわ)い 다행히 | けが人(にん) 부상자 | 突然(とつぜん)の 갑작스런 | 急(きゅう)な 갑작스런

[4] どうやら 아무래도, 간신히

1 아무래도 내일은 비가 올 것 같다.

2 나는 이 단어의 의미를 아무래도 모르겠다.

3 그녀의 일은 걱정하지 않아도, 아무래도 될 것이다.

4 아무래도 저 대학에 합격하고 싶다고 생각하고 있다.

해설 　どうやら는 '(추측이나 상황을 종합해 볼 때) 아무래도, 보아하니'라는 의미로, 올바른 문장은 1번이다. 2번은 どうも(도무지), 3번은 どうにか(어떻게든), 4번은 どうしても(어떻게 해서든)로 바꿔야 한다.

단어 　合格(ごうかく)する 합격하다

[5] 一括 일괄

1 참가자는 일괄하여 50명이었다.

2 오늘 오후 딸과 일괄하여 쇼핑하러 갈 생각이다.

3 그는 맥주 한 잔을 일괄하여 들이켜 마셨다.

4 이 문제들은 일괄하여 처리할 수 있다.

해설 　一括(いっかつ)는 '일괄'이라는 뜻으로 여러 가지 것을 한데 묶거나 한꺼번에 처리함을 말한다. 올바른 문장은 4번이다. 一括して를 1번은 合計(총), 2번은 一緒に(함께), 3번은 一気に(단숨에)로 바꿔야 한다.

단어 　娘(むすめ) 딸 | ～つもりだ ～할 생각이다 | ジョッキ (맥주)잔 | 飲(の)み干(ほ)す 들이켜 마시다 | 処理(しょり)する 처리하다 | 合計(ごうけい) 합계, 총 | 一気(いっき)に 단숨에

01 예상어휘 확인문제　한자읽기　p.162

문제 1 _____의 단어의 읽기로 가장 알맞은 것을 1·2·3·4에서 하나 고르시오.

[1] 비단의 부드러운 **감촉**을 좋아합니다.

해설 　感触는 '감촉, 촉감'이라는 뜻으로 **3 かんしょく**라고 읽는다.

단어 　絹(きぬ) 비단 | 柔(やわ)らかい 부드럽다

[2] 그 작가는 이번에 처음으로 장편 소설을 **저술했다.**

해설 　著す는 '저술하다, 책을 쓰다'라는 뜻으로 著した는 **2 あらわした**라고 읽는다.

단어 　作家(さっか) 작가 | 初(はじ)めて 처음으로 | 長編(ちょうへん)小説(しょうせつ) 장편 소설 | もたらす 초래하다 | おびやかす(脅かす) 위협하다 | もてあます 감당하지 못하다

[3] 그 사람에게서 받은 은혜는, **평생** 잊을 수 없다.

해설 　終生는 '평생, 죽을 때까지'라는 뜻으로 **4 しゅうせい**라고 읽는다.

단어 　恩(おん)を受(う)ける 은혜를 받다

33

4	정보 기술이 **현저한** 진보를 보이고 있다.
해설	著しい는 '현저하다, 두드러지다'라는 뜻으로 **2 いちじるしい**라고 읽는다. 변화나 차이가 크고 분명함을 나타내는 い형용사이다.
단어	情報(じょうほう)技術(ぎじゅつ) 정보 기술 │ 進歩(しんぽ) 진보 │ 見(み)せる 보이다 │ たくましい 씩씩하다 │ けがらわしい 불결하다 │ おびただしい 엄청나게 많다

5	골프의 요령을 **터득**하는 데에는 시간이 걸린다.
해설	会得는 '터득, 이해'라는 뜻으로 **4 えとく**라고 읽는다. 배우거나 경험하여 기술이나 이치를 완전히 깨닫고 몸에 익히는 것을 의미한다.

6	그들은 자신들의 팀이 점수를 넣을 때마다 **환성**을 질렀다.
해설	歓声는 '환성'이라는 뜻으로 **3 かんせい**라고 읽는다.
단어	点(てん)を入(い)れる 점수를 넣다 │ ～たびに ～할 때마다 │ 歓声(かんせい)を上(あ)げる 환성을 지르다

7	사람들은 **앞다투어** 복주머니를 샀다.
해설	競う는 '(앞)다투다, 경쟁하다'라는 뜻으로 競って는 **1 きそって**라고 읽는다.
단어	福袋(ふくぶくろ) 복주머니(일본 신년의 상품 묶음) │ ねらう(狙う) 노리다 │ まかなう(賄う) 마련하다 │ あきなう(商う) 장사하다

8	절의 **경내**에는 많은 포장마차가 나와 있었다.
해설	境内는 '경내'라는 뜻으로 **3 けいだい**라고 읽는다. 절이나 신사 등의 부지 안을 의미한다. 内를 だい로 읽는 것에 주의한다.
단어	お寺(てら) 절 │ 屋台(やたい) 포장마차, 노점

9	그는 **고집불통**이라서, 한번 결정하면 좀처럼 바꾸지 않는다.
해설	強情는 '고집불통, 완고함'이라는 뜻으로 **4 ごうじょう**라고 읽는다.

10	외야수는 **맨손**으로 공을 잡아서 3루로 화살 같은 송구를 했다.
해설	素手는 '맨손'이라는 뜻으로 **3 すで**라고 읽는다.
단어	外野手(がいやしゅ) 외야수 │ つかむ 잡다 │ 3塁(さんるい) 3루 │ 矢(や) 화살 │ 送球(そうきゅう) 송구

02 **예상어휘 확인문제** 한자읽기   p.163

1	아버지는 간을 상하게 하여 술을 **끊었다**.
해설	断つ는 '끊다, 단절하다'라는 뜻으로 断った는 **3 たった**라고 읽는다.
단어	肝臓(かんぞう) 간 │ 悪(わる)くする (몸을) 상하게 하다 │ 酒(さけ) 술

2	그 집에 용의자가 들렀던 **흔적**이 있다.
해설	形跡는 '흔적, 자취'라는 뜻으로 **4 けいせき**라고 읽는다.
단어	容疑者(ようぎしゃ) 용의자 │ 立(た)ち寄(よ)る 들르다

3	내가 아무리 변명해도 선생님을 **납득**시킬 수 없었다.
해설	納得는 '납득, 이해'라는 뜻으로 **1 なっとく**라고 읽는다.
단어	いくら～ても 아무리 ～해도 │ 釈明(しゃくめい) 변명, 해명

4	6년간, 축구에 **정진**한 선수에게 경의를 표합니다.
해설	精進은 '정진, 전념'이라는 뜻으로 **2 しょうじん**이라고 읽는다. 進을 じん으로 읽는 것에 주의한다.
단어	敬意(けいい)を表(ひょう)する 경의를 표하다

5	지사는 신공항 건설을 **계획하고** 있다.
해설	図る는 '도모하다, 계획하다'라는 뜻으로 図って는 **1 はかって**라고 읽는다. 어떤 일의 실현을 꾀하거나 계획을 세우는 것을 의미한다.
단어	知事(ちじ) 지사 │ 新空港(しんくうこう) 신공항 │ 建設(けんせつ) 건설 │ ねらう(狙う) 노리다 │ すくう(救う) 구하다 │ さらう 납치하다

6	30명의 학생을 **인솔**하여 쓰쿠바 산으로 캠핑을 갔다.
해설	引率는 '인솔'이라는 뜻으로 **2 いんそつ**라고 읽는다.
단어	生徒(せいと) 학생

7	조금 좋은 점수를 받은 정도로 **우쭐**대지 마라.
해설	有頂天은 '우쭐댐, 기고만장'이라는 뜻으로 **1 うちょうてん**이라고 읽는다. 有頂天은 불교에서 가장 높은 곳을 가리키는 말에서 왔다.
단어	いい点(てん)を取(と)る 좋은 점수를 받다 │ 有頂天(うちょうてん)になる 우쭐대다, 기고만장하다 │ ～じゃないよ ～하지 마라, ～하는 게 아니다〈강한 충고〉

8	**그릇**이 좋으면 요리도 맛있다.
해설	器는 '그릇, 용기'라는 뜻으로 **4 うつわ**라고 읽는다. 그릇 외에 사람의 도량이나 재능을 비유하기도 한다.
단어	おもむき(趣) 운치, 정취 │ たましい(魂) 영혼 │ なまり(鉛) 납

9	X사에 프린터의 재고 **유무**를 메일로 문의했다.
해설	有無는 '유무, 있고 없음'이라는 뜻으로 **2 うむ**라고 읽는다.
단어	在庫(ざいこ) 재고 │ 問(と)い合(あ)わせる 문의하다

10	그 나라에 새로운 산업이 **일어났다**.
해설	興る는 '일어나다, 흥하다'라는 뜻으로 興った는 **4 おこった**라고 읽는다. 새로운 일이나 사물, 세력 등이 발생하거나 활발해지는 것을 의미한다.
단어	国(くに) 나라 │ 産業(さんぎょう) 산업 │ さとる(悟る) 깨닫다 │ たもつ(保つ) 유지하다 │ しぼる(絞る) (쥐어)짜다

03 **예상어휘 확인문제** 한자읽기   p.164

1	우리는 이케다 씨를 학생회장으로 **추천했다**.
해설	推す는 '추천하다, 밀다'라는 뜻으로 推した는 **1 おした**라고 읽는다.
단어	生徒(せいと)会長(かいちょう) 학생회장 │ たくす(託す) 맡기다 │ そそのかす(唆す) 부추기다 │ おびやかす(脅かす) 위협하다

2	그는 피카소의 그림에 대해 독자적인 **해석**을 했다.
해설	解釈는 '해석'이라는 뜻으로 **4 かいしゃく**라고 읽는다.
단어	絵(え) 그림 │ ～について ～에 대해(서) │ 独自(どくじ) 독자(적)

3 그곳에서는 7일 밤부터 새벽에 걸쳐 맹렬한 비가 내려, **하천**의 범람이 잇따랐다.

해설 河川은 '하천'이라는 뜻으로 **2 かせん**이라고 읽는다. 강과 내를 통틀어 이르는 말이다.

단어 未明(みめい) 새벽 | 猛烈(もうれつ)な 맹렬한 | 氾濫(はんらん) 범람 | 相次(あいつ)ぐ 잇따르다

4 그녀는 **맨발**에 스니커즈를 신고 있었다.

해설 素足는 '맨발'이라는 뜻으로 **1 すあし**라고 읽는다. 훈독으로 읽는 단어이다.

단어 履(は)く (신발 등을) 신다

5 많은 기업이 오일 쇼크로 경영 **부진**에 빠졌다.

해설 不振은 '부진'이라는 뜻으로 **3 ふしん**이라고 읽는다. 상태나 성과가 좋지 않은 것을 의미한다.

단어 企業(きぎょう) 기업 | 経営(けいえい) 경영 | 陥(おちい)る 빠지다

6 저 여배우는 **기질**이 드세다.

해설 気性은 '기질, 성미'라는 뜻으로 **1 きしょう**라고 읽는다. 타고난 성질이나 성향을 의미한다.

단어 女優(じょゆう) 여배우 | 激(はげ)しい 격렬하다, 드세다

7 그녀는 머리가 아프다고 하며 조퇴했지만, 그건 **꾀병**이야.

해설 仮病은 '꾀병'이라는 뜻으로 **4 けびょう**라고 읽는다. 仮를 け로 읽는 것에 주의한다.

단어 早退(そうたい) 조퇴

8 지갑을 **습득**해서 파출소에 신고했다.

해설 拾得은 '습득'이라는 뜻으로 **3 しゅうとく**라고 읽는다.

단어 財布(さいふ) 지갑 | 交番(こうばん) 파출소 | 届(とど)ける 신고하다, 알리다

9 본회의 경리는 예산에 근거하여 **출납**하고, 여러 장부를 정리하여 감사를 받는다.

해설 出納는 '출납'이라는 뜻으로 **2 すいとう**라고 읽는다. 돈이나 물건을 내주거나 받는 것을 의미한다. 특이하게 읽는 단어이다.

단어 本会(ほんかい) 본회 | 経理(けいり) 경리 | 予算(よさん) 예산 | 〜に基(もと)づいて 〜에 근거하여 | 諸帳簿(しょちょうぼ) 여러 장부 | 整理(せいり) 정리 | 監査(かんさ)を受(う)ける 감사를 받다

10 그는 아버지로부터 장사의 비결을 **전수받았다**.

해설 授ける는 '전수하다, 하사하다'라는 뜻으로 授けられた는 **1 さずけられた**라고 읽는다.

단어 父親(ちちおや) 아버지 | 商売(しょうばい) 장사, 상업 | 秘訣(ひけつ) 비결 | もうける(設ける) 설치하다 | ぼやける 흐릿해지다 | とろける 녹다

---

04 🔴 **예상어휘 확인문제** 한자읽기   p.165

1 이 그림에는 작가의 마음이 **솔직**하게 표현되어 있다.

해설 素直는 '솔직함, 순수함'이라는 뜻으로 **1 すなお**라고 읽는다.

단어 絵(え) 그림 | 作者(さくしゃ) 작가 | 表現(ひょうげん)する 표현하다

2 지금은 일의 **시비**를 다투고 있을 상황이 아니다.

해설 是非는 '시비, 옳고 그름'이라는 뜻으로 **4 ぜひ**라고 읽는다.

단어 事(こと) 일 | 争(あらそ)う 다투다 | 場合(ばあい) 상황, 경우

3 우리 회사는 유럽 시장에서 **철수**하는 것을 결정했다.

해설 撤退는 '철수'라는 뜻으로 **3 てったい**라고 읽는다.

단어 我(わ)が社(しゃ) 우리 회사 | 市場(しじょう) 시장 | 決定(けってい)する 결정하다

4 넥타이를 하지 않은 것은 나뿐이었기 때문에 **체면**이 말이 아니었다(창피했다).

해설 体裁는 '체재, 체면, 겉모양'이라는 뜻으로 **1 ていさい**라고 읽는다. 体裁が悪い는 '체면이 서지 않다, 남들 보기에 창피하다'라는 관용표현이다. 体를 てい로 읽는 것에 주의한다.

5 가스 보일러의 불완전 **연소**로 일산화탄소가 발생했다.

해설 燃焼는 '연소'라는 뜻으로 **3 ねんしょう**라고 읽는다.

단어 ガス給湯器(きゅうとうき) 가스 온수기, 가스 보일러 | 不完全(ふかんぜん) 불완전 | 一酸化炭素(いっさんかたんそ) 일산화탄소 | 発生(はっせい)する 발생하다

6 어느 나라에든 각각 **풍속** 습관이 있다.

해설 風俗는 '풍속'이라는 뜻으로 **1 ふうぞく**라고 읽는다.

단어 習慣(しゅうかん) 습관

7 나는 학교 창립 100주년 기념 모금의 **발기인**이 되었다.

해설 発起人은 '발기인, 주창자'라는 뜻으로 **1 ほっきにん**이라고 읽는다. 発를 ほっ으로 읽는 것에 주의한다.

단어 創立(そうりつ) 창립 | 記念(きねん) 기념 | 募金(ぼきん) 모금

8 가끔 천식 **발작**이 일어난다.

해설 発作는 '발작'이라는 뜻으로 **3 ほっさ**라고 읽는다.

단어 ときどき 가끔 | ぜんそく 천식 | 起(お)こる 일어나다

9 그는 에베레스트에 등정하여, **숙원**을 이루었다.

해설 本望는 '본래 바라던 소원, 숙원'이라는 뜻으로 **4 ほんもう**라고 읽는다. 望를 もう로 읽는 것에 주의한다.

단어 登頂(とうちょう) 등정 | 遂(と)げる (소원 등) 이루다

10 이 이야기는 역사적 사실에 **근거하여** 쓰여진 것이다.

해설 基づく는 '기초를 두다, 근거하다'라는 뜻으로 基づいては **3 もとづいて**라고 읽는다. 보통 〜に基づいて(〜에 근거하여)라는 문법 기능으로 자주 쓰인다.

단어 史実(しじつ) 사료, 역사적 사실 | 近(ちか)づく 접근하다

---

05 🔴 **예상어휘 확인문제** 한자읽기   p.166

1 교수의 **유언**에 따라, 장서는 모두 대학에 기부되었다.

해설 遺言은 '유언'이라는 뜻으로 **2 ゆいごん**이라고 읽는다. 두 한자 모두 예외로 읽는다.

단어 教授(きょうじゅ) 교수 | 蔵書(ぞうしょ) 장서, 소장 도서 | 寄付(きふ) 기부

2 **노련**한 투자가에게도 최근의 시세는 읽기 어렵다고 한다.

해설 老練은 '노련, 능숙'이라는 뜻으로 **3 ろうれん**이라고 읽는다.

단어 | 投資家(とうしか) 투자가 | 相場(そうば) 시세

3 외출 중에 선생님을 만나, **목례**를 하고 지나쳤다.

해설 | 会釈는 '목례, 가볍게 인사함'이라는 뜻으로 **3 えしゃく** 라고 읽는다.

단어 | 外出中(がいしゅつちゅう) 외출 중 | 通(とお)り過(す)ぎる 지나치다

4 파티는 시종일관 **온화한** 분위기로 진행되었다.

해설 | 和やかな는 '온화한, 화목한'이라는 뜻으로 **2 なごやかな** 라고 읽는다. 부드럽고 평화로운 분위기나 상태를 나타내는 な형용사이다.

단어 | 終始(しゅうし) 시종일관 | 雰囲気(ふんいき) 분위기 | あざやかな(鮮やかな) 선명한 | ゆるやかな(緩やかな) 완만한 | はなやかな(華やかな) 화려한

5 아버지는 딸이 의학부로 진학하는 것을 **간절히 바라**고 있었다.

해설 | 切望는 '간절히 바람'이라는 뜻으로 **1 せつぼう** 라고 읽는다.

단어 | 娘(むすめ) 딸 | 医学部(いがくぶ) 의학부 | 進学(しんがく) 진학

6 그녀의 헌신적인 봉사 활동은 많은 사람들에게 **감명**을 주었다.

해설 | 感銘는 '감명'이라는 뜻으로 **4 かんめい** 라고 읽는다.

단어 | 献身的(けんしんてき) 헌신적 | 奉仕(ほうし)活動(かつどう) 봉사 활동 | 感銘(かんめい)を与(あた)える 감명을 주다

7 이 시도는 대성공하여, 이 전염병의 **종식** 선언에 이르렀다.

해설 | 終息는 '종식, 끝남'이라는 뜻으로 **2 しゅうそく** 라고 읽는다..

단어 | 試(こころ)み 시도 | 大成功(だいせいこう) 대성공 | 伝染病(でんせんびょう) 전염병 | 宣言(せんげん) 선언 | 〜に至(いた)る 〜에 이르다

8 **사족**이지만 신부는 제 아내의 고등학교 시절 친구이기도 합니다.

해설 | 蛇足는 '사족, 덧붙이는 말'이라는 뜻으로 **3 だそく** 라고 읽는다.

단어 | 新婦(しんぷ) 신부 | 妻(つま) 아내 | 友人(ゆうじん) 친구 | 〜でもある 〜이기도 하다

9 마침내 뮤지컬 배우가 되는 꿈이 **성취**되었다.

해설 | 成就는 '성취, 이룸'이라는 뜻으로 **2 じょうじゅ** 라고 읽는다.

단어 | ついに 마침내, 드디어 | 俳優(はいゆう) 배우 | 夢(ゆめ) 꿈

10 경찰은, 불법 주차를 **용서** 없이 단속해 주었으면 좋겠다.

해설 | 容赦는 '용서'라는 뜻으로 **1 ようしゃ** 라고 읽는다. 容赦なく (용서 없이, 가차 없이)라는 형태로 자주 쓰인다.

단어 | 警察(けいさつ) 경찰 | 違法(いほう)駐車(ちゅうしゃ) 불법 주차 | 取(と)りしまる 단속하다 | 〜てほしい 〜해 주었으면 좋겠다

🔴06 예상어휘 확인문제 한자읽기 p.167

1 야생 조수를 허가 없이 **포획**할 수는 없다.

해설 | 捕獲는 '포획'이라는 뜻으로 **2 ほかく** 라고 읽는다. 짐승이나 새 등을 잡는 것을 의미한다.

단어 | 野生(やせい) 야생 | 鳥獣(ちょうじゅう) 조수(야생 동물) | 許可(きょか) 허가

2 법원은 개인정보 보호법의 엄정한 **시행**을 명했다.

해설 | 施行는 '시행'이라는 뜻으로 **1 しこう** 라고 읽는다.

단어 | 裁判所(さいばんしょ) 재판소, 법원 | 個人(こじん)情報(じょうほう) 개인정보 | 保護法(ほごほう) 보호법 | 厳正(げんせい)な 엄정한 | 命(めい)じる 명(령)하다

3 그녀의 제안을 **전제**로 하여 논의를 진행하자.

해설 | 前提는 '전제'라는 뜻으로 **1 ぜんてい** 라고 읽는다.

단어 | 提案(ていあん) 제안 | 議論(ぎろん) 논의 | 進(すす)める 진행하다

4 그녀의 브로치에는 섬세한 **세공**이 되어 있었다.

해설 | 細工는 '세공, 장식'이라는 뜻으로 **4 さいく** 라고 읽는다.

단어 | 繊細(せんさい)な 섬세한 | 施(ほどこ)す 베풀다, (장식 등을) 하다

5 그 강연은 **시사**하는 바가 풍부하여, 얻을 점이 많았다.

해설 | 示唆는 '시사, 암시'라는 뜻으로 **3 しさ** 라고 읽는다. 어떤 힌트를 주어 깨닫게 하는 것을 의미한다.

단어 | 講演(こうえん) 강연 | 〜に富(と)む 〜이 풍부하다 | 得(え)る 얻다

6 뜻하지 않게 적의 계략에 **빠지다**.

해설 | 陥る는 '빠지다, 함정에 들다'라는 뜻으로 **1 おちいる** 라고 읽는다. 주로 좋지 않은 상황이나 곤란한 상태에 처하게 되는 것을 나타낸다.

단어 | 思(おも)いがけず 뜻하지 않게 | 敵(てき) 적 | 計略(けいりゃく) 계략 | むさぼる 탐내다 | まぎれる(紛れる) 섞이다 | ほうむる(葬る) 장사 지내다

7 그녀는 아이도 얻게 되어 행복한 **생애**를 보냈다.

해설 | 生涯는 '생애, 일생'이라는 뜻으로 **4 しょうがい** 라고 읽는다. 〜に恵まれる는 '〜을 타고나다, 〜의 혜택을 받다'라는 뜻이다.

단어 | 子供(こども)に恵(めぐ)まれる 아이를 얻게 되다 | 幸(しあわ)せな 행복한 | 送(おく)る 보내다

8 모은 부비를 **유익**하게 사용하는 방법을 생각하자.

해설 | 有益는 '유익'이라는 뜻으로 **2 ゆうえき** 라고 읽는다.

단어 | 部費(ぶひ) 부비(동아리 회비 등) | 道(みち) 길, 방법

9 함부로 삼림을 **벌채**하는 것은, 중대한 환경 파괴로 이어진다.

해설 | 伐採는 '벌채'라는 뜻으로 **3 ばっさい** 라고 읽는다. 나무를 베어 내는 것을 의미한다.

단어 | むやみに 함부로, 마구 | 森林(しんりん) 삼림 | 重大(じゅうだい)な 중대한 | 環境破壊(かんきょうはかい) 환경 파괴 | 〜につながる 〜로 이어지다

10 농가는 서늘한 여름으로 인한 **흉작**에 괴로워했다.

해설 | 凶作는 '흉작'이라는 뜻으로 **4 きょうさく** 라고 읽는다.

단어 | 農家(のうか) 농가 | 冷夏(れいか) 서늘한 여름 | 苦(くる)しむ 괴로워하다, 고통받다

07 예상어휘 확인문제 문맥구성   p.168

문제 2 ( )에 들어가는 데 가장 알맞은 것을 1·2·3·4에서 하나 고르시오.

1 이 근처는 **한때** 바다였다고 하며, 조개 화석을 많이 볼 수 있다.

해설 문맥상 가장 자연스러운 것은 **4 かつて**이다. かつて는 '한때, 이전에'라는 뜻으로 과거의 사실을 말한다.

단어 このあたり 이 근처 | 貝(かい) 조개 | 化石(かせき) 화석 | すでに 이미, 벌써 | もはや 이미, 벌써 | いつか 언젠가

2 여행을 떠나기 전날 밤에는 확실히 준비를 **마친** 후에 잔다.

해설 문맥상 가장 자연스러운 것은 **4 ととのえて**이다. 整(ととの)える는 '갖추다, 마치다'라는 뜻으로 여행 전 준비를 끝낸다는 표현에 적절하다. 準備をそなえる는 '준비를 준비한다'는 느낌으로 어색하다.

단어 前(まえ)の晩(ばん) 전날 밤 | しっかり 확실히 | 準備(じゅんび) 준비 | ～てから ～한 후에 | そなえる(備える) 준비하다, 갖추다 | とどめる(留める) 멈추게 하다 | ふける(更ける) (밤이) 깊어지다

3 그 섬의 자연은 **손대지 않은** 채 그대로 남아있다.

해설 문맥상 가장 자연스러운 것은 **1 手つかず**이다. 手(て)つかず는 '손대지 않음, 손이 가지 않음'이라는 뜻으로 개발이나 인위적인 개입 없이 자연 그대로의 상태를 표현할 때 사용한다.

단어 島(しま) 섬 | 自然(しぜん) 자연 | ～のまま ～한 채 그대로 | 残(のこ)される 남겨지다 | 臆病(おくびょう) 겁이 많음 | 気(き)がかり 걱정, 마음에 걸림 | 迷惑(めいわく) 폐, 민폐

4 그녀의 계좌에 예금이 없으므로, 은행은 수표의 지불을 **정지**했다.

해설 문맥상 가장 자연스러운 것은 **4 停止**이다. 停止(ていし)는 '정지', '멈춤'이라는 뜻이다.

단어 口座(こうざ) 계좌 | 預金(よきん) 예금 | 小切手(こぎって) 수표 | 支払(しはら)い 지불 | 解禁(かいきん) 해금, 해제 | 廃止(はいし) 폐지 | 解除(かいじょ) 해제

5 가격에 대해서는 내가 결정하기 어려웠으므로, 매니저의 판단에 **맡겼다.**

해설 문맥상 가장 자연스러운 것은 **4 ゆだねた**이다. 委(ゆだ)ねる는 '맡기다, 위임하다'라는 뜻이다.

단어 値段(ねだん) 가격 | ～かねる ～하기 어렵다 | 判断(はんだん) 판단 | とどめる(留める) 멈추게 하다 | なだめる 달래다 | すすめる(勧める) 권유하다

6 이 단말기는 본사의 고객 **데이터베이스**와 연결되어 있습니다.

해설 문맥상 가장 자연스러운 것은 **1 データベース**이다.

단어 端末(たんまつ) 단말기 | 顧客(こきゃく) 고객 | つながる 연결되다 | ノウハウ 노하우 | ライフワーク 라이프워크, 평생의 일 | ベテラン 베테랑

7 경제 불황 속, 기업은 실적 회복을 위해 다양한 궁리를 **하고** 있다.

해설 문맥상 가장 자연스러운 것은 **4 こらして**이다. 凝(こ)らする는 '궁리하다, 짜내다'라는 뜻으로 특히 工夫(くふう)を凝らす(궁리를 하다)의 형태로 많이 쓰인다.

단어 経済(けいざい)不況(ふきょう) 경제 불황 | 企業(きぎょう) 기업 | 業績(ぎょうせき) 업적, 실적 | 回復(かいふく) 회복 | ～に向(む)けて ～을 위해서 | かためる(固める) 굳히다 | ねんじる(念じる) 염원하다, 마음속에 두다 | たちあげる(立ち上げる) 시작하다, 설립하다

8 영어에서는, 그와 **어깨**를 나란히 할 정도의 실력이 있는 학생은, 현재로서는 없다.

해설 문맥상 가장 자연스러운 것은 **2 肩**이다. 肩(かた)を並(なら)べる는 '어깨를 나란히 하다'라는 관용구로, 실력이나 지위가 대등함을 의미한다.

단어 力(ちから) 힘, 실력 | 生徒(せいと) 학생 | 今(いま)のところ 현재로서는

9 이 물질은 사람의 건강을 **해칠** 우려가 있다.

해설 문맥상 가장 자연스러운 것은 **1 損なう**이다. 損(そこ)なう는 '손상시키다, 해치다'라는 뜻으로 건강이나 명예 등에 나쁜 영향을 미쳐 상하게 하는 것을 말한다.

단어 物質(ぶっしつ) 물질 | 健康(けんこう) 건강 | ～おそれがある ～할 우려가 있다 | 危(あや)ぶむ 염려하다, 불안하게 여기다 | 恐(おそ)れる 두려워하다 | 崩(くず)れる 무너지다

10 병에는 '어린이의 손이 닿지 않는 곳에 보관할 것'이라는 **라벨**이 붙어 있었다.

해설 문맥상 가장 자연스러운 것은 **2 レッテル**이다. レッテル는 '라벨(Label), 표'라는 뜻의 외래어로, 병이나 상품에 붙이는 주의 사항, 명칭 등을 나타내는 종이를 의미한다. 그외에 '낙인, 꼬리표'라는 의미도 있다.

단어 瓶(びん) 병 | 手(て)の届(とど)かないところ 손이 닿지 않는 곳 | 保管(ほかん) 보관 | ～こと ～할 것 | はってある 붙어 있다 | シェア 점유율 | レート 비율, 환율 | ランク 등급, 순위

08 예상어휘 확인문제 문맥구성   p.169

1 자동차가 **배출**하는 가스에 의해, 대기는 상당히 오염되어 있다.

해설 문맥상 가장 자연스러운 것은 **4 排出**이다. 排出(はいしゅつ)는 '배출'이라는 뜻이다.

단어 大気(たいき) 대기 | 汚染(おせん) 오염 | 消除(しょうじょ) 제거 | 追放(ついほう) 추방 | 一掃(いっそう) 일소, 완전히 없앰

2 체육관에는 많은 의자가 **질서정연하게** 늘어서 있었다.

해설 문맥상 가장 자연스러운 것은 **2 整然と**이다. 整然(せいぜん)と는 '(질서) 정연하게'라는 뜻이다.

단어 体育館(たいいくかん) 체육관 | 並(なら)べる 늘어놓다 | 堂々(どうどう)と 당당하게 | 続々(ぞくぞく)と 계속해서, 잇따라 | 歴然(れきぜん)と 뚜렷하게

3 이러한 채소들은 어떤 **경로**를 거쳐서 소비자의 손에 도착하는 걸까.

해설　문맥상 가장 자연스러운 것은 2 経路이다. 経路(けいろ)는 '경로'라는 뜻이다.

단어　野菜(やさい) 채소 | たどる 거치다, 따라가다 | 消費者(しょうひしゃ) 소비자 | 手元(てもと) 수중, 손 안 | 届(とど)く 도착하다 | 従来(じゅうらい) 종래, 이전부터 | 由来(ゆらい) 유래 | 経歴(けいれき) 경력

4　그 지역에 큰 지진이 일어나서 지반이 약 30센티미터 **가라앉았다.**

해설　문맥상 가장 자연스러운 것은 4 沈んだ이다. 沈(しず)む는 '가라앉다, 침몰하다'라는 뜻이다.

단어　地域(ちいき) 지역 | 地震(じしん) 지진 | 地盤(じばん) 지반 | 潤(うるお)う 촉촉해지다 | 染(し)みる 스며들다 | 溶(と)ける 녹다

5　온 마을이 어제 일어난 신기한 사건의 소문으로 **떠들썩**했다.

해설　문맥상 가장 자연스러운 것은 2 もちきり이다. 持(も)ちきり다는 '어떤 화제나 소문으로 떠들썩하다, 온통 그 얘기뿐이다'라는 뜻이다.

단어　町中(まちじゅう) 온 마을 | 起(お)こる 일어나다, 발생하다 | 不思議(ふしぎ)な 신기한 | 出来事(できごと) 사건 | うわさ 소문 | 申(もう)し出(で) 신청, 제의 | 出直(でなお)し 다시 시작함 | すれ違(ちが)い 엇갈림

6　경기가 **침체**되어, 실업률이 5%를 넘었다.

해설　문맥상 가장 자연스러운 것은 4 停滞이다. 停滞(ていたい)는 '정체, 침체'라는 뜻으로 흐름이 멈추거나 발전이나 진전이 없는 상태를 가리킨다.

단어　景気(けいき) 경기 | 失業率(しつぎょうりつ) 실업률 | 超(こ)える 넘다 | 休止(きゅうし) 휴지, 일시 정지 | 停止(ていし) 정지, 멈춤 | 渋滞(じゅうたい) 정체, 교통 체증

7　히말라야의 **웅대한** 풍경에 나는 그저 압도되었다.

해설　문맥상 가장 자연스러운 것은 3 雄大な이다. 雄大(ゆうだい)な는 '웅대한, 장대한'이라는 뜻으로 히말라야와 같이 규모가 크고 웅장한 자연 경관을 묘사하는 데 가장 적절하다.

단어　眺(なが)め 풍경 | ただただ 그저, 오직 | 圧倒(あっとう)される 압도되다 | 巨大(きょだい)な 거대한 | 盛大(せいだい)な 성대한 | 絶大(ぜつだい)な 절대적인

8　심판이 카운트를 시작하자, 복서는 **비틀거리며** 일어섰다.

해설　문맥상 가장 자연스러운 것은 4 ふらふらと이다. ふらふらと는 '비틀비틀, 휘청휘청'이라는 뜻으로 행동이나 상태가 불안정하거나 흔들리는 모습을 묘사한다.

단어　レフリー 심판 | 立(た)ち上(あ)がる 일어서다 | すいすいと 술술, 막힘없이 | せかせかと 바쁘게, 조급하게 | ひしひしと 절실히, 뼈저리게

9　너무 많이 일해서, 턱을 **내밀었다**(녹초가 되었다).

해설　문맥상 가장 자연스러운 것은 3 出した이다. あごを出(だ)す는 숨을 헐떡이며 턱을 앞으로 내미는 모습에서 '몹시 지치다, 녹초가 되다'라는 관용 표현이 되었다.

단어　働(はたら)く 일하다 | あごを下(さ)げる 고개를 숙이다, 겸손하다 | 落(お)とす 떨어뜨리다 | あごを上(あ)げる 턱을 들다, 거만하다

10　신문 기자는, 보고 온 전쟁의 **실상**을 자세하게 이야기했다.

해설　문맥상 가장 자연스러운 것은 1 ありさま이다. ありさま는 '상태, 실상'이라는 뜻이다.

단어　記者(きしゃ) 기자 | 戦争(せんそう) 전쟁 | くわしく(詳しく) 자세하게 | ありかた 있어야 할 모습, 본연의 자세 | ありあり 생생하게, 또렷하게 | ありきたり 평범함, 흔함

09 예상어휘 확인문제　문맥구성　p.170

1　당 협회에 소속된 문제 해결 전문가가 재빨리 문제를 해결하여, 회원님의 불안을 **일소**하겠습니다.

해설　문맥상 가장 자연스러운 것은 1 一掃이다. 一掃(いっそう)는 '일소, 완전히 없애버림'이라는 뜻으로 불안, 걱정, 악습 등 좋지 않은 것을 깨끗이 제거함을 말한다.

단어　当協会(とうきょうかい) 당 협회 | 所属(しょぞく) 소속 | いち早(はや)く 재빨리 | 不安(ふあん) 불안 | 追放(ついほう) 추방 | 削除(さくじょ) 삭제 | 排出(はいしゅつ) 배출

2　그는 경찰에게 이 사람이 호텔에서 나오는 것을 보았다고 **진술**했습니다.

해설　문맥상 가장 자연스러운 것은 3 供述이다. 供述(きょうじゅつ)는 '진술'이라는 뜻으로 특히 경찰이나 재판 등 공적인 기관에서 사실 관계를 말할 때 사용한다.

단어　警察(けいさつ) 경찰 | 表明(ひょうめい) 표명 | 認証(にんしょう) 인증 | 開示(かいじ) 개시, 공개

3　그 고등학교에는 약 1,200명의 학생이 **재적**하고 있다.

해설　문맥상 가장 자연스러운 것은 3 在籍이다. 在籍(ざいせき)는 '재적, 재직'이라는 뜻으로, 학교나 회사 등에 소속되어 있다는 의미이다.

단어　就労(しゅうろう) 취업, 근로 | 従事(じゅうじ) 종사 | 勤務(きんむ) 근무

4　지진으로 집이 **흔들흔들** 흔들리는 것을 알았다.

해설　문맥상 가장 자연스러운 것은 3 ぐらぐら이다. ぐらぐら는 '흔들흔들, 덜컹덜컹'이라는 뜻으로 큰 물체나 건물이 안정적이지 못하게 크게 흔들리는 모양을 나타낸다.

단어　地震(じしん) 지진 | 揺(ゆ)れる 흔들리다 | ぬるぬる 미끌미끌 | ごろごろ 뒹굴뒹굴, 우르릉 | とんとん 톡톡, 척척

5　여성의 사회 진출에 대해 **편견**을 가진 사람이 있다.

해설　문맥상 가장 자연스러운 것은 4 偏見이다. 偏見(へんけん)은 '편견'이라는 뜻이다.

단어　進出(しんしゅつ) 진출 | ～に対(たい)して ～에 대해서 | 無効(むこう) 무효 | 禁物(きんもつ) 금물 | 不当(ふとう) 부당

6　전염병에 걸려있던 귀국자들은 1개월간 **격리**되었다.

해설　문맥상 가장 자연스러운 것은 4 隔離이다. 隔離(かくり)는 '격리'라는 뜻이다.

단어　伝染病(でんせんびょう) 전염병 | 駆除(くじょ) 구제, 박멸 | 遮断(しゃだん) 차단 | 拒絶(きょぜつ) 거절

7　다카하시 씨는 높이뛰기에서 180cm를 **클리어**했습니다.

해설　문맥상 가장 자연스러운 것은 1 クリア이다. クリア(clear)는

스포츠 경기에서 '클리어, 통과하다'라는 뜻으로 쓰이며, 그 외에 문제나 장애에서는 '해결, 해소'의 뜻으로도 쓰인다.

단어 高跳(たかと)び 높이뛰기 | コンスタント 컨스턴트, 꾸준함 | シンプル 심플, 단순함 | ストレート 스트레이트, 곧장

8 다리에 부상을 입은 후 사토 씨는 마라톤에 대한 **열의**를 잃었다.

해설 문맥상 가장 자연스러운 것은 **3 熱意**이다. 熱意(ねつい)는 '열의, 열정'이라는 뜻이다.

단어 けがをする 부상을 입다, 다치다 | 失(うしな)う 잃다 | 同感(どうかん) 동감 | 心情(しんじょう) 심정 | 好感(こうかん) 호감

9 나는 여행용 가방에 의류를 **가득** 채워 넣었다.

해설 문맥상 가장 자연스러운 것은 **4 ぎっしり**이다. ぎっしり는 '가득, 빽빽하게'라는 뜻으로 빈틈없이 꽉 채워 넣는 모양을 나타낸다.

단어 衣類(いるい) 의류 | 詰(つ)め込(こ)む 채워 넣다 | へとへとに 지쳐서, 기진맥진하여 | からからに 바싹 마르게 | すっきり 시원하게, 깔끔하게

10 고민이 있을 때에는 신뢰할 수 있는 친구에게 상담하는 것이 **가장 좋**다.

해설 문맥상 가장 자연스러운 것은 **4 なにより**이다. なによりだ는 '가장 좋다, 최고다'라는 뜻이다.

단어 悩(なや)み 고민 | 信頼(しんらい) 신뢰 | 相談(そうだん) 상담 | よほど 상당히, 매우 | もとより 물론, 본디 | まだしも 그나마, 차라리

⑩ 예상어휘 확인문제 문맥구성 p.171

1 그 무렵 그는 직업을 전전하며 바꿨다. 아무리 잘 참아도 **기껏해야** 4개월로, 반년 계속된 적은 없었다.

해설 문맥상 가장 자연스러운 것은 **1 せいぜい**이다. せいぜい는 '기껏해야, 아무리 해봤자'라는 뜻으로 최대한의 정도를 나타내며 그 이상은 되지 않음을 강조할 때 사용된다.

단어 職業(しょくぎょう) 직업 | 転々(てんてん)と 전전하며 | 変(か)える 바꾸다 | がまんする 참다 | 半年(はんとし) 반년 | 続(つづ)く 계속되다 | ほどよく 적당히, 알맞게 | すっかり 완전히 | せめて 적어도, 최소한

2 그 영화는 많은 사람들의 **공감**을 얻었다.

해설 문맥상 가장 자연스러운 것은 **4 共感**이다. 共感(きょうかん)은 '공감'이라는 뜻이다.

단어 得(え)る 얻다 | 強調(きょうちょう) 강조 | 感心(かんしん) 감탄 | 協調(きょうちょう) 협조

3 상대는 신입이니까 **일일이** 설명해야 한다.

해설 문맥상 가장 자연스러운 것은 **1 いちいち**이다. いちいち는 '일일이, 하나하나, 자세히'라는 뜻이다.

단어 相手(あいて) 상대방 | 新人(しんじん) 신인, 신입 | ぺらぺら 술술, (외국어를) 유창하게 | たまたま 때마침, 우연히 | のろのろ 느릿느릿, 느리게

4 공부로 바빠지겠네요. 감기에 걸리지 않도록 **아무쪼록** 조

심하세요.

해설 문맥상 가장 자연스러운 것은 **4 くれぐれも**이다. くれぐれも는 '부디, 아무쪼록'이라는 뜻으로 상대방에게 반복해서 신신당부하며 주의를 촉구하는 마음을 전할 때 사용된다.

단어 風邪(かぜ)を引(ひ)く 감기에 걸리다 | 気(き)をつける 조심하다, 주의하다 | ことによると 어쩌면, 경우에 따라서는 | ことごとく 모조리, 전부 | もしかして 혹시, 어쩌면

5 **아무리** 뻔뻔한 남자라도 백화점에서 값을 깎는 것은 할 수 없을 것이다.

해설 문맥상 가장 자연스러운 것은 **3 いかに**이다. いかに는 '아무리, 얼마나'라는 뜻으로 뒤에 ~ても(でも)를 수반하여 정도가 심함을 강조하고, 그럼에도 불구하고 어렵다는 판단을 나타낼 때 사용된다.

단어 あつかましい 뻔뻔하다 | 値切(ねぎ)る 값을 깎다 | どうにか 어떻게든 | さも 정말로, 실로 | もっぱら 오로지, 한결같이

6 협상은 **불발**로 끝나, 계약을 체결할 수 없었다.

해설 문맥상 가장 자연스러운 것은 **4 不調**이다. 不調(ふちょう)는 외교나 사업에서 '불발, 결렬'이라는 뜻으로 쓰인다.

단어 交渉(こうしょう) 교섭, 협상 | 契約(けいやく)を交(か)わす 계약을 맺다(체결하다) | 不振(ふしん) 부진함 | 不順(ふじゅん) 불순함, 순조롭지 않음 | 不当(ふとう) 부당함

7 재해 대책 물품은 갖추었지만, **막상** 필요할 때, 정말로 도움이 될까.

해설 문맥상 가장 자연스러운 것은 **2 いざ**이다. いざ는 '막상, 정작'이라는 뜻으로 결정적인 순간이나 중요한 때가 되었음을 강조한다. いざという時(막상 필요할 때, 만일의 사태)의 형태로 자주 사용된다.

단어 災害(さいがい)対策(たいさく) 재해 대책 | 品(しな) 물품 | そろえる 갖추다 | 役(やく)に立(た)つ 도움이 되다 | さぞ 필시, 분명히 | さも 정말로, 실로 | いまだ 아직도

8 남동생은 수험 공부 때문에 **홀쭉하게** 말라버렸다.

해설 문맥상 가장 자연스러운 것은 **4 げっそり**이다. げっそり는 '홀쭉하게, 수척하게'라는 뜻으로 급격히 마른 모양을 나타낸다.

단어 受験(じゅけん) 수험 | ~のせいで ~때문에 | やせる 마르다 | がっくり 실망하는 모양 | じっくり 차분하게, 곰곰이 | くっきり 또렷이, 선명하게

9 결론이 나지 않아서, 밤늦게까지 **협의**했다.

해설 문맥상 가장 자연스러운 것은 **4 協議**이다. 協議(きょうぎ)는 '협의, 의논'이라는 뜻이다.

단어 結論(けつろん)が出(で)る 결론이 나다 | 夜遅(よるおそ)く 밤늦게 | 協調(きょうちょう) 협조 | 協力(きょうりょく) 협력 | 協同(きょうどう) 협동

10 최근의 정보 기술의 진보는 상상을 **훨씬** 넘어선 것이다.

해설 문맥상 가장 자연스러운 것은 **1 はるか**에이다. はるか에는 '훨씬, 아득히'라는 뜻으로 정도나 차이가 매우 큼을 강조하는 표현이다.

단어 進歩(しんぽ) 진보 | 想像(そうぞう) 상상 | 越(こ)える 넘다 | ~ものだ ~한 것이다〈감탄〉 | さすがに 과연, 역시 | とっくに 훨씬 전에, 벌써 | ひそかに 몰래, 은밀히

⑪ 예상어휘 확인문제　문맥구성　　　p.172

1 저 사람의 이상한 언행에는, 모두 눈살을 **찌푸리고** 있지만, 본인은 전혀 모르고 있는 것 같다.

해설　문맥상 가장 자연스러운 것은 **3 ひそめて**이다. 眉(まゆ)をひそめる는 '눈살을 찌푸리다'라는 관용 표현이다.

단어　おかしな 이상한 | 言動(げんどう) 언행 | 本人(ほんにん) 본인 | ぜんぜん 전혀 | ぬく 빼다 | うく 뜨다, 붕 뜨다 | たつ 서다

2 이 요리는 **깔끔**해서 맛있다.

해설　문맥상 가장 자연스러운 것은 **2 さっぱり**이다. さっぱり는 '산뜻하게, 깔끔하게'라는 뜻으로 음식의 맛이 느끼하지 않고 개운하며 담백한 것을 표현할 때 사용된다.

단어　とっぷり (해가) 푹 저물어 | どっぷり 푹, 흠뻑 | きっぱり 단호하게, 딱 잘라서

3 비는 오지 않는다고 했지만, **만약을 위해** 우산을 가져가기로 했다.

해설　문맥상 가장 자연스러운 것은 **3 ねんのため**이다. 念(ねん)のため는 '만약을 위해, 혹시 모르니'라는 뜻으로 확신할 수 없거나 혹시 모를 사태에 대비하여 미리 행동함을 나타낸다.

단어　傘(かさ) 우산 | あんのじょう(案の定) 예상대로, 아니나 다를까 | まえもって(前もって) 미리, 사전에 | あらかじめ(予め) 미리, 사전에

4 시간에 **까다로운** 친구는, 내가 5분 늦어도, 기다려 주지 않는다.

해설　문맥상 가장 자연스러운 것은 **1 うるさい**이다. うるさい는 '시끄럽다'는 본래의 의미 외에, 어떤 일에 대해 잔소리가 많거나 '까다롭다, 엄격하다'라는 뜻으로 도 사용된다.

단어　遅(おく)れる 늦다 | あさましい 비열하다, 야비하다 | あくどい 악랄하다 | しぶとい 끈질기다, 강인하다

5 앞으로 5년 동안 실업자를 제로로 만들겠다니, **도저히** 무리한 이야기다.

해설　문맥상 가장 자연스러운 것은 **1 とても**이다. とても는 '도저히'라는 뜻으로 뒤에 ～できない, ～ない, ～無理だ 등 부정적인 표현을 수반하여 아무리 해도 불가능하다는 판단을 강조한다.

단어　今後(こんご) 앞으로 | 失業者(しつぎょうしゃ) 실업자 | ～なんて ～라니〈놀라움, 경멸〉 | まさか 설마 | すっかり 완전히 | たしか 확실히

6 생각해 보면, 우리의 생활에는 **너무나도** 많은 낭비가 있다.

해설　문맥상 가장 자연스러운 것은 **3 あまりにも**이다. あまりにも는 '너무나도, 지나치게'라는 뜻으로 놀라움이나 비판적인 감정을 담아 강조할 때 사용된다.

단어　むだ 낭비 | 思(おも)いがけない 뜻밖의 | はるばる 멀리서 | むやみに 함부로, 마구

7 커피를 **쏟았기** 때문에, 컴퓨터가 고장나 버렸다.

해설　문맥상 가장 자연스러운 것은 **2 こぼした**이다. こぼす는 '쏟다, 흘리다'라는 뜻이다.

단어　～ため ～때문에 | こわれる 고장나다 | こもる 틀어박히다 | ごまかす 속이다, 얼버무리다 | おごる 한턱 내다, 대접하다

8 **함부로** 남의 이야기를 믿어서는 안 된다.

해설　문맥상 가장 자연스러운 것은 **3 むやみに**이다. むやみに는 '함부로, 경솔하게, 마구'라는 뜻이다.

단어　信(しん)じる 믿다 | ～ものではない ～해서는 안 된다 | ひそかに 몰래, 은밀히 | かならず(必ず) 반드시 | とくに(特に) 특히

9 등산 도중에, 길을 잃었지만, 간신히 산장에 **겨우 도착했다**.

해설　문맥상 가장 자연스러운 것은 **3 たどりついた**이다. たどり着(つ)く는 '겨우 도착하다, 간신히 다다르다'라는 뜻으로 길을 헤매거나 어려운 과정을 거쳐 목적지에 도착한다는 의미이다.

단어　登山(とざん) 등산 | 途中(とちゅう) 도중 | 道(みち)に迷(まよ)う 길을 잃다 | やっとのことで 간신히, 겨우 | 山小屋(やまごや) 산장 | たよりつく(頼りつく) 기대다, 의지하다 | かけつける(駆けつける) 달려가다 | たちどまる(立ち止まる) 멈춰서다

10 최근 몇 년간, 일본 IT 산업의 기초 체력과 국제 경쟁력 저하는 **현저하다**.

해설　문맥상 가장 자연스러운 것은 **4 いちじるしい**이다. 著(いちじる)しい는 '현저하다, 두드러지다'라는 뜻으로 변화나 차이의 정도가 매우 크고 분명함을 나타낸다.

단어　ここ数年(すうねん) 최근 몇 년(간) | 産業(さんぎょう) 산업 | 基礎(きそ)体力(たいりょく) 기초 체력 | 国際(こくさい) 국제 | 競争力(きょうそうりょく) 경쟁력 | 低下(ていか) 저하 | わずらわしい(煩わしい) 번거롭다, 귀찮다 | はなばなしい(華々しい) 화려하다, 눈부시다 | めざましい(目覚ましい) 눈부시다

⑫ 예상어휘 확인문제　문맥구성　　　p.173

1 여름의 **절정**, 좁은 방에 갇히는 고통은 냉방이라도 하지 않는 한 견딜 수 없다.

해설　문맥상 가장 자연스러운 것은 **3 さなか**이다. さなか(最中)는 '한창, 절정'이라는 뜻이다.

단어　狭(せま)い 좁다 | 閉(と)じ込(こ)められる 갇히다 | 苦(くる)しさ 고통 | 冷房(れいぼう) 냉방 | ～ない限(かぎ)り ～하지 않는 한 | 耐(た)える 견디다 | めつき(目つき) 눈초리, 눈매 | なぎさ 물가, 해변 | はだし(裸足) 맨발

2 할아버지의 편지는, 어려워서 판독하는 데 힘이 **든다**.

해설　문맥상 가장 자연스러운 것은 **4 おれる**이다. 骨(ほね)が折(お)れる는 '고생하다, 힘이 들다'라는 뜻의 관용 표현이다.

단어　判読(はんどく) 판독 | ～のに ～하는 데 | 骨(ほね) 뼈 | こおる(凍る) 얼다 | こわれる(壊れる) 부서지다, 고장나다 | いたむ(痛む) 아프다, 상하다

3 저 사람이 나에게만 친절하게 구는 것은, 뭔가 **속셈**이 있기 때문일까.

해설　문맥상 가장 자연스러운 것은 **2 したごころ**이다. 下心(したごころ)는 '속셈, 딴마음'이라는 뜻이다.

단어　親切(しんせつ) 친절함 | ～のかしら ～일까 | かたこと(片言) 서툰 말, 더듬거리는 말 | たてまえ(建前) 표면상의 방침, 명분 | こころえ(心得) 마음가짐, 유의사항

4 그녀는 나와 만날 약속을 **어기고** 결국 오지 않았다.

해설 문맥상 가장 자연스러운 것은 **2 やぶって**이다. 破(やぶ)る는 '어기다, 깨다'라는 뜻이다.

단어 とうとう 결국, 마침내 | かくす(隠す) 숨기다 | あきらめる (諦める) 포기하다 | ことわる(断る) 거절하다

5 정해진 매일의 일에 **넌더리가 난**다.

해설 문맥상 가장 자연스러운 것은 **4 うんざり**이다. うんざり는 '넌더리가 남, 지긋지긋함'이라는 뜻이다.

단어 決(き)まりきった 정해진, 판에 박힌 | あっさり 산뜻하게, 깨끗하게 | げっそり 홀쭉하게, 앙상하게 | じっくり 차분하게, 곰곰이

6 계속해서 쇼핑을 했더니, 결국 적자가 **나** 버렸다.

해설 문맥상 가장 자연스러운 것은 **3 出て**이다. 足(あし)가 出(で)る는 '예산을 초과하다, 적자가 나다'라는 관용 표현이다.

단어 次(つぎ)から次へと 계속해서 | とうとう 결국 | 運(はこ)ぶ 옮기다 | すべる(滑る) 미끄러지다 | おれる(折れる) 부러지다

7 은행의 현금 카드로 돈을 **인출했다**.

해설 문맥상 가장 자연스러운 것은 **4 おろした**이다. お金(かね)을 下(お)ろす는 '돈을 인출하다'라는 뜻이다.

단어 さげる(下げる) 내리다(가치, 위치 등) | くだす(下す) (명령을) 내리다 | くずす(崩す) (잔돈으로) 바꾸다

8 중요한 서류는, 반드시 **공식적**인 기록으로서 남겨둘 필요가 있다.

해설 문맥상 가장 자연스러운 것은 **2 公**이다. 公(おおやけ)는 '공적, 공식적'이라는 뜻이다.

단어 書類(しょるい) 서류 | 必(かなら)ず 반드시 | 記録(きろく) 기록 | 値(あたい) 가치 | 暦(こよみ) 달력 | 脈(みゃく) 맥, 맥박

9 양국 간의 장기간에 걸친 무역 마찰이, 마침내 **타결**에 이르렀다.

해설 문맥상 가장 자연스러운 것은 **1 妥結**이다. 妥結(だけつ)는 '타결, 합의'라는 뜻이다.

단어 長期(ちょうき)にわたる 장기간에 걸친 | 貿易(ぼうえき)摩擦(まさつ) 무역 마찰 | ようやく 마침내, 드디어 | ～に至(いた)る ～에 이르다 | 対立(たいりつ) 대립 | 審議(しんぎ) 심의

10 장관의 부주의한 발언이, 국내외에서 큰 **물의**를 일으켰다.

해설 문맥상 가장 자연스러운 것은 **3 物議**이다. 物議(ぶつぎ)를 かもす는 '물의를 일으키다, 논란을 야기하다'라는 관용 표현이다.

단어 長官(ちょうかん) 장관 | 不用意(ふようい)な 부주의한, 조심성 없는 | 発言(はつげん) 발언 | 国内外(こくないがい) 국내외 | 討議(とうぎ) 토의 | 協議(きょうぎ) 협의 | 抗議(こうぎ) 항의

⑬ 예상어휘 확인문제 문맥구성 p.174

1 기획의 전제에 오류가 발견되어, 모든 것을 처음부터 **다시 시작하**게 되었다.

해설 문맥상 가장 자연스러운 것은 **3 出直す**이다. 出直(でなお)す는 '다시 시작하다, 재출발하다'라는 뜻으로 처음부터 일을 다

시 해야 하는 상황에 적절하다.

단어 企画(きかく) 기획 | 前提(ぜんてい) 전제 | 誤(あやま)り 오류 | 見(み)つかる 발견되다 | いちから 처음부터 | 繰(く)り返(かえ)す 반복하다 | 引(ひ)き返(かえ)す 되돌아가다 | 読(よ)み通(とお)す 끝까지 읽다

2 오랜만에 만난 두 사람은, 웃는 얼굴로 인사를 **나누었다**.

해설 문맥상 가장 자연스러운 것은 **4 交わした**이다. 交(か)わす는 '주고받다, 나누다'라는 뜻으로 あいさつを交わす(인사를 나누다)라는 형태로 자주 쓰인다.

단어 笑顔(えがお) 웃는 얼굴 | 通(つう)じる 통하다 | 届(とど)ける 전달하다, 배달하다 | 伝(つた)わる 전해지다

3 학교는, 학생들에게 과도한 경쟁을 **강요하는** 교육 방침을 개선해야 한다.

해설 문맥상 가장 자연스러운 것은 **3 強いる**이다. 強(し)いる는 '강요하다, 강제하다'라는 뜻이다.

단어 過度(かど)な 과도한 | 競争(きょうそう) 경쟁 | 教育(きょういく)方針(ほうしん) 교육 방침 | 改(あらた)める 고치다, 개선하다 | 与(あた)える 주다 | 届(とど)ける 전달하다 | 授(さず)ける 수여하다, 전수하다

4 이번에 발표된 두 모델은 디자인이 **서로 비슷해서**, 구별이 어렵다.

해설 문맥상 가장 자연스러운 것은 **3 にかよって**이다. 似通(にかよ)う는 '서로 비슷하다, 닮아 있다'라는 뜻이다.

단어 発表(はっぴょう) 발표 | 区別(くべつ)がつく 구별이 가다 | とびぬける(飛び抜ける) (수준이) 뛰어나다 | きりぬける(切り抜ける) (위기를) 헤쳐나가다 | めざす(目指す) 목표로 하다

5 그는 고급 명품 시계를, 일부러 티나게 **뽐내려는** 듯이 손을 움직이고 있었다.

해설 문맥상 가장 자연스러운 것은 **3 みせびらかす**이다. 見(み)せびらかす는 '과시하다, 뽐내다'라는 뜻이다.

단어 高級(こうきゅう) 고급 | ブランド品(ひん) 명품 | わざとらしく 일부러 티나게, 부자연스럽게 | ～かのように ～인 것처럼 | 手(て)を動(うご)かす 손을 움직이다 | かくす(隠す) 감추다 | あつかう(扱う) 다루다, 취급하다 | ひっくりかえる(ひっくり返る) 뒤집어지다

6 그는, 일부러 **짓궂은** 질문을 해서, 상대를 곤란하게 했다.

해설 문맥상 가장 자연스러운 것은 **1 意地悪い**이다. 意地悪(いじわる)い는 '심술궂다, 짓궂다'라는 뜻이다.

단어 わざと 일부러 | 困(こま)らせる 곤란하게 하다 | 情(なさ)け深(ぶか)い 인정이 많다 | 丁寧(ていねい)な 정중한, 친절한 | 頑固(がんこ)な 완고한, 고집이 센

7 할머니는, **아주 먼** 옛날의 일들을 어제 일처럼 이야기했다.

해설 문맥상 가장 자연스러운 것은 **4 遥かな**이다. 遥(はる)か는 '아주 먼, 오랜'이라는 뜻으로 시간적이나 공간적으로 아주 멀리 떨어져 있음을 나타낸다.

단어 祖母(そぼ) 할머니 | 出来事(できごと) 일, 사건 | 語(かた)る 이야기하다 | 真新(まあたら)しい 아주 새롭다 | 目下(もっか)の 현재의, 당면한

[8] 프로젝트의 실패를 피하기 위해, 모든 가능성을 상정하여 **주도면밀하게** 준비해야 한다.

해설 문맥상 가장 자연스러운 것은 **2 周到に**이다. 周到(しゅうとう)에는 '주도면밀하게, 빈틈없이'라는 뜻이다.

단어 避(さ)ける 피하다 | あらゆる 모든 | 可能性(かのうせい) 가능성 | 想定(そうてい) 상정 | 準備(じゅんび) 준비 | 急(いそ)いで 서둘러서 | 適当(てきとう)に 적당히 | 謙虚(けんきょ)に 겸허하게

[9] 이 약은 바로 효과가 나타나기보다, **서서히** 효과가 나타나는 타입이다.

해설 문맥상 가장 자연스러운 것은 **3 じわじわと**이다. じわじわと는 '서서히, 점차적으로'라는 뜻이다.

단어 薬(くすり) 약 | 効果(こうか) 효과 | 効(き)いてくる 효과가 나타나다 | さっと 휙, 잽싸게 | ずらりと 줄지어 | ちらっと 힐끗, 언뜻

[10] 이야기 도중, 상대방 말의 이면에 숨겨진 의도를 **문뜩** 깨달았다.

해설 문맥상 가장 자연스러운 것은 **1 はっと**이다. はっとする는 '문득 깨닫다, 정신이 번쩍 들다'라는 뜻이다.

단어 言葉(ことば) 말 | 裏(うら) 이면, 뒤 | 隠(かく)す 숨기다 | 意図(いと) 의도 | ぼんやり 멍하니, 어렴풋이 | のんびり 한가롭게, 느긋하게 | うっかり 깜빡, 무심코

⑭ 예상어휘 확인문제 유의표현 p.175

문제 3 ＿＿＿의 단어에 의미가 가장 가까운 것을 1·2·3·4에서 하나 고르시오.

[1] 그녀는 **대답을 주저하고 있었다.**

해설 返事をしぶっていた(대답을 주저하고 있었다)와 비슷한 표현은 **1 なかなか返事をしようとしなかった**(좀처럼 대답하려고 하지 않았다)이다.

단어 返事(へんじ) 대답 | しぶる 꺼리다, 주저하다 | すっかり 완전히 | 要求(ようきゅう) 요구

[2] 이 집은 1층이 **차고**로 되어 있다.

해설 ガレージ(garage, 차고)와 비슷한 표현은 **2 車庫**(차고)이다.

단어 倉庫(そうこ) 창고 | 車庫(しゃこ) 차고 | 金庫(きんこ) 금고 | 書庫(しょこ) 서고

[3] 이번 여름 방학에는 **실컷** 놀고 싶다.

해설 思う存分(실컷)과 비슷한 표현은 **2 精一杯**(마음껏)이다.

단어 夏休(なつやす)み 여름 방학 | 思(おも)う存分(ぞんぶん) 마음껏, 실컷 | 土壇場(どたんば) 막판, 최후의 순간 | 精一杯(せいいっぱい) 있는 힘껏, 마음껏 | 道理(どうり)で 어쩐지, 역시나 | 無闇(むやみ)に 함부로, 마구

[4] 그녀는 **약간** 사교성이 부족하다.

해설 いまひとつ(약간, 조금)와 비슷한 표현은 **2 少々**(조금)이다. 만족스럽지 못한 상태나 정도가 조금 부족함을 나타낸다.

단어 社交性(しゃこうせい) 사교성 | 欠(か)ける 부족하다 | 次々(つぎつぎ) 차례차례 | 少々(しょうしょう) 조금, 약간 | 段々(だんだん) 점점 | 続々(ぞくぞく) 잇따라

[5] 입회 시에 **번거로운** 절차는 없습니다.

해설 わずらわしい(번거로운)와 비슷한 표현은 **4 面倒な**(귀찮은)이다.

단어 入会(にゅうかい) 입회 | ～に際(さい)して ~할 때에, ~시에 | 手続(てつづ)き 절차, 수속 | 苦手(にがて)な 잘 못하는 | 膨大(ぼうだい)な 방대한 | 単調(たんちょう)な 단조로운 | 面倒(めんどう)な 귀찮은, 번거로운

[6] 이틀 밤 밤샘이 이어져 완전히 **지쳐** 버렸다.

해설 ばてて(지쳐, 녹초가 되어)와 비슷한 표현은 **2 疲れて**(지쳐)이다.

단어 徹夜(てつや) 밤샘, 철야 | 続(つづ)き 이어짐 | すっかり 완전히 | 飽(あ)きる 질리다 | 疲(つか)れる 지치다 | のどが渇(かわ)く 목이 마르다 | おなかがすく 배가 고프다

[7] 악천후 때문에, 오늘 기념식의 거행은 **보류하겠습니다.**

해설 見合わせます(보류하겠습니다)와 비슷한 표현은 **4 延期します**(연기하겠습니다)이다. 상황을 지켜보며 실행을 일시적으로 미루는 것을 의미한다.

단어 悪天候(あくてんこう) 악천후 | 本日(ほんじつ) 오늘 | 式典(しきてん) 기념식 | 挙行(きょこう) 거행 | 見合(みあ)わせる 보류하다, 연기하다 | 実施(じっし)する 실시하다 | 参観(さんかん)する 참관하다 | 見学(けんがく)する 견학하다 | 延期(えんき)する 연기하다

[8] 저 사람의 변명에는, **납득이 가지 않는** 면이 있다.

해설 ふに落ちない(납득이 가지 않는)와 비슷한 표현은 **2 納得できない**(납득할 수 없는)이다.

단어 言(い)い訳(わけ) 변명 | ふに落(お)ちない 납득이 가지 않다 | 落(お)ち着(つ)かない 진정되지 않다, 불안하다 | 納得(なっとく)できない 납득할 수 없다 | 許(ゆる)されない 허락되지 않다 | うまくいかない 잘 되지 않다

[9] 너의 충고는 **절실히** 받아들였다.

해설 ひしと(절실히, 단단히)와 비슷한 표현은 **1 きびしく**(엄하게, 강하게)이다. 충고 등이 마음에 뼈저리게 와닿는 모양이나 힘주어 껴안는 모양을 나타낸다.

단어 忠告(ちゅうこく) 충고 | 受(う)け止(と)める 받아들이다 | くわしく(詳しく) 자세하게 | やさしく(優しく) 다정하게 | したしく(親しく) 친하게

[10] 자신의 용모에 **열등감**을 가지고 있다.

해설 劣等感(열등감)과 비슷한 표현은 **1 コンプレックス**(complex, 콤플렉스)이다.

단어 容姿(ようし) 용모 | 劣等感(れっとうかん) 열등감 | イメージ 이미지 | プライド 프라이드, 자존심 | コントロール 컨트롤, 통제

⑮ 예상어휘 확인문제 유의표현 p.176

[1] 그의 **완고한** 태도는 변하지 않았다.

해설 かたくなな(완고한, 고집이 센)와 비슷한 표현은 **4 頑固な**(완고한)이다.

단어 態度(たいど) 태도 | 真剣(しんけん)な 진지한 | 強引(ごういん)な 강압적인 | 冷静(れいせい)な 냉정한 | 頑固(がんこ)な 완고한, 고집 센

[2] 그녀는, 언제나 **우아한** 옷을 입고 있다.

해설 エレガントな(elegant, 우아한)와 비슷한 표현은 **2 上品な**(우아한)이다.

단어 個性的(こせいてき)な 개성적인 | 上品(じょうひん)な 우아한, 고상한 | 活動的(かつどうてき)な 활동적인 | 地味(じみ)な 수수한

[3] 그는 정계에서 **물러나는** 것을 결심했다.

해설 しりぞく(물러나는)와 비슷한 표현은 **4 引退する**(은퇴하는)이다. 직책이나 현역에서 떠나는 것을 의미한다.

단어 政界(せいかい) 정계 | しりぞく(退く) 물러나다, 은퇴하다 | 決心(けっしん)する 결심하다 | 出席(しゅっせき)する 출석하다 | 進出(しんしゅつ)する 진출하다 | 入門(にゅうもん)する 입문하다 | 引退(いんたい)する 은퇴하다

[4] 아기의 발은 **말랑말랑하다**.

해설 ふにゃふにゃしている(말랑말랑하다)와 비슷한 표현은 **2 やわらかい感触だ**(부드러운 감촉이다)이다. 탄력이 없고 무르거나 매우 부드러운 상태를 나타낸다.

단어 赤(あか)ちゃん 아기 | 丈夫(じょうぶ)な 튼튼한 | 感(かん)じ 느낌 | 感触(かんしょく) 감촉 | 今(いま)にも 당장이라도 | 倒(たお)れる 쓰러지다 | か弱(よわ)い 가냘프다

[5] 기름진 음식은 **금물이다**.

해설 禁物だ(금물이다)와 비슷한 표현은 **3 避けるべきだ**(피해야 한다)이다.

단어 脂(あぶら)っぽい 기름지다 | 禁物(きんもつ) 금물, 피해야 할 것 | 避(さ)ける 피하다 | 捨(す)てる 버리다

[6] 그는 "잘 가"라고 말하고 인파 속으로 **재빨리** 모습을 감추었다.

해설 さっと(재빨리, 휙)와 비슷한 표현은 **2 すばやく**(재빨리)이다. 동작이 민첩하고 신속함을 나타낸다.

단어 人(ひと)ごみ 인파 | 姿(すがた) 모습 | 消(け)す 지우다, 감추다 | ゆったり 느긋하게 | どたばた 우당탕탕 | すらすら 술술

[7] 그는 마술을 선보여 모임의 **분위기를 띄웠다**.

해설 盛り上げた(분위기를 띄웠다)와 비슷한 표현은 **3 活気づけた**(활기를 불어넣었다)이다.

단어 手品(てじな) 마술 | 披露(ひろう)する 선보이다 | 会(かい) 모임 | 盛(も)り上(あ)げる 분위기를 띄우다 | 動機(どうき)づける 동기 부여를 하다 | 元気(げんき)づける 원기를 북돋아 주었다 | 活気(かっき)づける 활기를 불어넣다, 활기차게 만들다 | 義務(ぎむ)づける 의무화하다

[8] 그는 **마치** 그 집의 주인인 듯한 행동을 한다.

해설 あたかも(마치, 흡사)와 비슷한 표현은 **2 まるで**(마치)이다. 뒤에 보통 ~のような/~のごとく(~인 듯한/~처럼) 등의 표현이 온다.

단어 主人(しゅじん) 주인 | 振(ふ)る舞(ま)い 행동, 처신 | やっと 겨우, 드디어 | てんで 전혀, 도무지 | ほっと 휴우, 안심

[9] 저 사람의 사고방식은 **유치하다**.

해설 おさない(어리다, 유치하다)와 비슷한 표현은 **4 幼稚だ**(유치하다)이다.

단어 頑固(がんこ)だ 완고하다 | 膨大(ぼうだい)だ 방대하다 | 綿密(めんみつ)だ 면밀하다 | 幼稚(ようち)だ 유치하다

[10] 실력이 향상되기 위해서는 매일 연습하는 것이 **가장 중요하다**.

해설 肝心だ(가장 중요하다)와 비슷한 표현은 **3 重要だ**(중요하다)이다.

단어 上達(じょうたつ)する 실력이 향상되다 | 練習(れんしゅう)する 연습하다 | 肝心(かんじん)だ 가장 중요하다, 핵심이다 | 格別(かくべつ)だ 각별하다, 특별하다 | 安易(あんい)だ 안이하다, 쉽게 생각하다 | 重要(じゅうよう)だ 중요하다 | 簡易(かんい)だ 간단하다

16 예상어휘 확인문제　유의표현　p.177

[1] 컴퓨터의 **구조**를 아는 사람은 거의 없다.

해설 仕組み(구조)와 비슷한 표현은 **4 構造**(구조)이다. 사물이 이루어진 짜임새나 방식을 의미한다.

단어 仕組(しく)み 구조, 원리 | 改造(かいぞう) 개조 | 偽造(ぎぞう) 위조 | 構想(こうそう) 구상 | 構造(こうぞう) 구조

[2] 그렇게 **비열한** 짓을 할 만한 남자가 아니다.

해설 卑劣な(비열한)와 비슷한 표현은 **3 あさましい**(비열한, 야비한)이다.

단어 卑劣(ひれつ)な 비열한 | めざましい(目覚ましい) 눈부시다 | ややこしい 복잡하다, 까다롭다 | あさましい(浅ましい) 비열하다 | うっとうしい 울적하다, 성가시다

[3] 그 의사의 **겸손한** 태도에 누구나 존경심을 품었다.

해설 つつましい(검소한, 겸손한)와 비슷한 표현은 **1 ひかえめな**(겸손한)이다.

단어 医師(いし) 의사 | 誰(だれ)もが 누구나 | 尊敬(そんけい) 존경 | 抱(いだ)く 품다 | ひかえめな(控えめな) 삼가는, 겸손한 | ざっくばらんな 솔직한, 털털한 | でたらめな 엉터리인 | いじわるな(意地悪な) 심술궂은

[4] **어차피** 이루어질 수 없는 꿈이라며 포기했다.

해설 しょせん(결국, 어차피)와 비슷한 표현은 **2 どうせ**(어차피)이다. 최종적인 결론이나 한계를 단정할 때 사용한다.

단어 かなう(叶う) 이루어지다 | あきらめる(諦める) 포기하다 | どうか 부디, 제발

[5] 그녀는 이것저것 **분주한** 나날을 보내고 있다.

해설 あわただしい(분주한)와 비슷한 표현은 **1 せわしい**(바쁜)이다.

단어 あれやこれやと 이것저것 | あわただしい(慌ただしい) 분주하다 | せわしい(忙しい) 바쁘다 | だるい 나른하다, 노곤하다 | きつい 힘들다, 빡빡하다

[6] 학생들은 **번갈아** 방에 들어왔다가 나갔다.

해설 代わる代わる(번갈아)와 비슷한 표현은 **4 交互に**(교대로)이다.

단어 代(か)わる代(が)わる 번갈아, 교대로 | 即座(そくざ)に 즉시, 당장에 | 即時(そくじ)に 즉시 | 交番(こうばん) 파출소 | 交互(こうご)に 교대로, 번갈아

7 **솔직히** 말하자면, 나는 이 안이 마음에 들지 않는다.

해설 ざっくばらんに(솔직하게, 털털하게)와 비슷한 표현은 **1 率直に**(솔직하게)이다.

단어 案(あん) 안, 계획 | 気(き)に入(い)る 마음에 들다 | 率直(そっちょく)に 솔직하게 | 厳密(げんみつ)に 엄밀하게 | 大柄(おおがら)に 대범하게 | 手近(てぢか)に 가까이에, 손쉽게

8 **비꼬는 말**을 한 셈이었지만, 그녀는 몰랐던 것 같다.

해설 いやみ(비꼬는 말, 빈정거림)와 비슷한 표현은 **4 皮肉**(비꼬는 말)이다.

단어 ～つもりだ ～한 셈(작정)이다 | 愚痴(ぐち) 푸념, 불평 | 不平(ふへい) 불평, 불만 | 冗談(じょうだん) 농담 | 皮肉(ひにく) 비꼬는 말, 빈정거림

9 벨 소리와 함께 **레이스**는 시작되었다.

해설 レース(race, 경주/시합)와 비슷한 표현은 **2 競走**(경주)이다.

단어 ～とともに ～와 함께 | 闘志(とうし) 투지 | 競走(きょうそう) 경주 | 規則(きそく) 규칙 | 姿勢(しせい) 자세

10 그는 문학에 대한 섬세한 **감각**을 가지고 있다.

해설 感覚(감각)와 비슷한 표현은 **3 センス**(sense, 센스/감각)이다.

단어 文学(ぶんがく) 문학 | 繊細(せんさい)な 섬세한 | 感覚(かんかく) 감각 | ボイコット 보이콧, 불매운동 | コントロール 통제, 제어

⑰ 예상어휘 확인문제 유의표현　　　　p.178

1 몇 년 만에 방문한 여행지에서, 옛 친구와 **우연히** 마주쳤다.

해설 ばったり(우연히, 뜻밖에)와 비슷한 표현은 **1 偶然**(우연히)이다. 예상이나 계획 없이 일이 일어나는 우연성을 강조한다.

단어 ～ぶりに ～만에 | 訪(おとず)れる 방문하다 | 旅行先(りょこうさき) 여행지 | 旧友(きゅうゆう) 옛 친구, 오랜 친구 | 出(で)くわす 마주치다, 우연히 만나다 | とうとう 마침내, 드디어 | 思(おも)わず 무심코, 자기도 모르게 | こっそり 몰래, 살짝

2 딱 하나 **마음에 걸리는** 일이 있다.

해설 気掛かりな(마음에 걸리는)와 비슷한 표현은 **4 心配な**(걱정되는)이다.

단어 気掛(きが)かりな 마음에 걸리는, 걱정되는 | 微妙(びみょう)な 미묘한 | 異常(いじょう)な 이상한 | 格別(かくべつ)な 각별한, 특별한 | 心配(しんぱい)な 걱정되는

3 그 사고에 대해서는 충분한 **보상**이 이루어졌다.

해설 つぐない(보상)와 비슷한 표현은 **2 補償**(보상)이다.

단어 十分(じゅうぶん)な 충분한 | なす(成す) 이루다 | つぐない(償い) 보상, 배상 | 選考(せんこう) 전형, 선발 | 補償(ほしょう) 보상 | 評価(ひょうか) 평가 | 分担(ぶんたん) 분담

4 이 **위기**를 어떻게 해야 극복할 수 있을까.

해설 ピンチ(pinch, 위기/궁지)와 비슷한 표현은 **4 危機**(위기)이다.

단어 乗(の)り越(こ)える 극복하다 | 没落(ぼつらく) 몰락 | 頂点(ちょうてん) 정점 | 補足(ほそく) 보충 | 危機(きき) 위기

5 새로운 제도에 대한 **비난**이 거세지고 있다.

해설 風当たり(비난)와 비슷한 표현은 **4 批判**(비판)이다.

단어 制度(せいど) 제도 | 風当(かぜあ)たり 비난, 비판 | 強(つよ)まる 강해지다, 세지다 | 信頼(しんらい) 신뢰 | 効用(こうよう) 효용, 효과 | 批判(ひはん) 비판

6 나는 **부주의**하게도 문 잠그는 것을 잊었다.

해설 不注意(부주의함)와 비슷한 표현은 **1 軽率**(경솔함)이다.

단어 不注意(ふちゅうい) 부주의함, 조심성 없음 | かぎをかける 잠그다, 자물쇠를 채우다 | 忘(わす)れる 잊다 | 軽率(けいそつ) 경솔함 | 残酷(ざんこく) 잔혹함, 잔인함 | 露骨(ろこつ) 노골적임 | 質素(しっそ) 검소함, 소박함

7 아버지의 **의도**로는 장사를 남동생에게 물려줄 모양이다.

해설 思わく(의도)와 비슷한 표현은 **3 意図**(의도)이다.

단어 思(おも)わく 의도, 생각 | 商売(しょうばい) 장사 | 継(つ)がせる 물려주다, 이어받게 하다 | 意味(いみ) 의미 | 意外(いがい) 의외 | 意図(いと) 의도 | 意義(いぎ) 의의

8 그는 그것에 대해 아무런 **비평**도 하지 않았다.

해설 批評(비평)와 비슷한 표현은 **1 コメント**(comment, 코멘트/논평)이다.

단어 何(なん)の 아무런 | 批評(ひひょう) 비평, 논평

9 그녀의 잔소리가 심한 것에는 **넌더리가 나네**.

해설 参る(질리다, 넌더리가 나다)와 비슷한 표현은 **2 うんざりする**(넌더리가 나다)이다. 参る는 본래 '가다'의 겸양어이지만, 관용적으로 '넌더리가 나다'라는 뜻으로도 쓰인다.

단어 口(くち)うるさい 잔소리가 심하다 | やんわりする 부드럽게 하다 | ひんやりする 썰렁하다, 서늘하다 | ぼんやりする 멍하니 있다

10 버터나 설탕을 **아낌없이** 사용한 케이크가 진열되어 있었다.

해설 ふんだんに(충분히, 아낌없이)와 비슷한 표현은 **2 大量に**(대량으로)이다. 많은 양이나 정도를 충분히 사용하여 사치스러운 느낌을 나타낸다.

단어 砂糖(さとう) 설탕 | 並(なら)んでいる 줄지어 있다, 진열되어 있다 | 微量に(びりょうに) 미량으로, 아주 소량으로 | 大量に(たいりょうに) 대량으로 | 前向(まえむ)きに 적극적으로 | 控(ひか)え目(め)に 적당히, 소량으로

⑱ 예상어휘 확인문제 유의표현　　　　p.179

1 우리 회사에게 강력한 **라이벌**이 나타났다.

해설 ライバル(rival, 라이벌/경쟁자)와 비슷한 표현은 **2 敵**(적)이다.

단어 わが社(しゃ) 우리 회사 | 強力(きょうりょく)な 강력한 | 出現(しゅつげん)する 출현하다, 나타나다 | 的(まと) 표적, 과녁 | 敵(てき) 적, 적수 | 翼(つばさ) 날개 | 魂(たましい) 영혼

2 그의 무례한 태도는 보는 것도 **싫다**.

해설 うとましい(싫다, 거슬리다)와 비슷한 표현은 **1 いやだ**(싫다)이다. 멀리하고 싶을 정도로 싫은 감정을 나타낸다.

단어 不作法(ぶさほう)な 무례한, 버릇없는 | 態度(たいど) 태도 | まれだ 드물다 | ずるい 교활하다 | かゆい 가렵다

[3] **부디** 폐를 끼친 것을 용서해 주십시오.

해설 何とぞ(아무쪼록, 부디)와 비슷한 표현은 **3 どうか**(부디, 제발)이다. 상대방에게 강하게 부탁하거나 소망하는 마음을 담아 정중하게 요청할 때 사용된다.

단어 何(なに)とぞ 아무쪼록, 부디 | 迷惑(めいわく)をかける 폐를 끼치다 | 許(ゆる)す 용서하다 | お〜ください 〜해 주십시오 | どうも 아무래도, 왠지 | 何(なん)だか 왠지, 무언가 | 何(なん)となく 왠지 모르게

[4] 긴 의자에 기대는 **자세**를 취해 주십시오.

해설 姿勢(자세)와 비슷한 표현은 **2 ポーズ**(pose, 자세)이다.

단어 長(なが)いす 긴 의자, 벤치 | 寄(よ)りかかる 기대다, 의지하다 | 姿勢(しせい)をとる 자세를 취하다

[5] 그는 그 노인을 **속여서** 재산을 빼앗았다.

해설 あざむいて(속여서)와 비슷한 표현은 **1 だまして**(속여서)이다.

단어 老人(ろうじん) 노인 | あざむく(欺く) 속이다 | 財産(ざいさん) 재산 | 取(と)り上(あ)げる 빼앗다 | くるしませる(苦しませる) 괴롭히다 | きずつける(傷つける) 상처 입히다 | まよわせる(迷わせる) 헤매게 하다

[6] 일은 **순조롭게** 진행되었다.

해설 なめらかに(순조롭게, 매끄럽게)와 비슷한 표현은 **4 順調に**(순조롭게)이다.

단어 事(こと) 일 | 運(はこ)ぶ 나르다, 진행되다 | 微妙(びみょう)に 미묘하게 | 退屈(たいくつ)に 지루하게 | 慎重(しんちょう)に 신중하게 | 順調(じゅんちょう)に 순조롭게

[7] 그의 갑작스러운 인사 이동에, 사내의 전원이 **깜짝 놀랐다**.

해설 仰天した(몹시 놀랐다)와 비슷한 표현은 **2 驚いた**(놀랐다)이다. 하늘을 쳐다볼 정도로 크게 놀라는 것을 의미한다.

단어 突然(とつぜん)の 갑작스러운 | 人事(じんじ)異動(いどう) 인사 이동 | 社内(しゃない) 사내 | 全員(ぜんいん) 전원 | 仰天(ぎょうてん)する 몹시 놀라다, 깜짝 놀라다 | 喜(よろこ)ぶ 기뻐하다 | 驚(おどろ)く 놀라다 | 動揺(どうよう)する 동요하다 | 共感(きょうかん)する 공감하다

[8] 버스 정류장 앞에서, 학생들의 **무리**가 지나가기를 기다렸다.

해설 群れ(무리)와 비슷한 표현은 **1 グループ**(group, 그룹/집단)이다.

단어 バス停(てい) 버스 정류장 | 群(む)れ 무리, 떼 | 通(とお)り過(す)ぎる 지나가다 | ガードマン 경비원 | レッスン 레슨, 수업

[9] 납기를 **엄수하**기 위해, 사원들은 연일 잔업을 계속했다.

해설 厳守する(엄수하다)와 비슷한 표현은 **1 まもる**(지키다)이다.

단어 納期(のうき) 납기 | 厳守(げんしゅ)する 엄수하다 | 連日(れんじつ) 연일 | 残業(ざんぎょう) 잔업 | 続(つづ)ける 계속하다 | まもる(守る) 지키다 | そなえる(備える) 갖추다, 대비하다 | はからう(計らう) 처리하다, 조치하다 | くりあげる(繰り上げる) 앞당기다

[10] 특정 식품 첨가물이, 알레르기 반응을 **유발할** 가능성이 있다.

해설 誘発する(유발할)와 비슷한 표현은 **3 引き起こす**(일으킬)이다.

단어 特定(とくてい) 특정 | 食品(しょくひん) 식품 | 添加物(てんかぶつ) 첨가물 | 反応(はんのう) 반응 | 誘発(ゆうはつ)する 유발하다 | 可能性(かのうせい) 가능성 | 引(ひ)き返(かえ)す 되돌아가다, 철회하다 | 引(ひ)き換(か)える 교환하다 |

引(ひ)き起(お)こす 일으키다, 유발하다 | 引(ひ)き落(お)とす 인출하다, 자동 이체하다

[1] 차분한 색채의 방은, **우아한** 분위기가 감돌고 있었다.

해설 エレガントな(elegant, 우아한)와 비슷한 표현은 **1 優雅な**(우아한)이다.

단어 落(お)ち着(つ)く 차분하다, 안정되다 | 色合(いろあ)い 색채 | 雰囲気(ふんいき) 분위기 | 漂(ただよ)う 감돌다 | 優雅(ゆうが)な 우아한 | 高価(こうか)な 고가인 | 気(き)ままな 제멋대로인 | 微妙(びみょう)な 미묘한

[2] 회의 중에는, 사담(잡담)을 **삼가는** 것이 기본적인 매너이다.

해설 控える(삼가는)와 비슷한 표현은 **3 自制する**(자제하는)이다.

단어 私語(しご) 사담, 잡담 | 控(ひか)える 삼가다, 자제하다 | 基本的(きほんてき)な 기본적인 | 削減(さくげん)する 삭감하다 | 禁止(きんし)する 금지하다 | 自制(じせい)する 자제하다 | 節約(せつやく)する 절약하다

[3] 일부 매스컴에 의한 **경솔한** 보도가, 언론의 자유를 위협하고 있다.

해설 浅はかな(경솔한)와 비슷한 표현은 **1 軽薄な**(경박한)이다.

단어 浅(あさ)はかな 천박한, 경솔한 | 報道(ほうどう) 보도 | 言論(げんろん)の自由(じゆう) 언론의 자유 | 脅(おびや)かす 위협하다 | 軽薄(けいはく)な 경박한, 천박한 | 簡潔(かんけつ)な 간결한 | 幼稚(ようち)な 유치한 | 不確実(ふかくじつ)な 불확실한

[4] 그는, **남몰래** 연모했던 그녀에게, 용기를 내서 고백했다.

해설 密かに(남몰래)와 비슷한 표현은 **1 こっそりと**(몰래, 살짝)이다.

단어 密(ひそ)かに 남몰래, 몰래 | 恋慕(こいした)う 연모하다, 사모하다 | 勇気(ゆうき)を出(だ)す 용기를 내다 | 告白(こくはく) 고백 | 公然(こうぜん)と 공공연하게 | 無理(むり)に 억지로 | 大(おお)っぴらに 공공연하게

[5] 그는, 잔에 담긴 맥주를 **쭈욱** 단숨에 들이켰다.

해설 ぐっと(쭈욱, 벌컥)와 비슷한 표현은 **2 勢いよく**(기세 좋게)이다. ぐっと는 이밖에 '훨씬, 급격히'란 뜻으로 사태나 정도가 크게 변할 때도 쓴다.

단어 一気(いっき)に 단숨에 | 飲(の)み干(ほ)す 들이키다, 잔을 비우다 | ゆっくりと 천천히 | 勢(いきお)いよく 기세 좋게, 힘차게 | 丁寧(ていねい)に 정중하게 | はらはらしながら 조마조마해 하면서

[6] 앞으로, 적극적으로 외부와 **제휴함**으로써, 사업의 폭을 넓힐 필요가 있다.

해설 提携する(제휴하는)와 비슷한 표현은 **1 協力する**(협력하는)이다.

단어 今後(こんご) 금후, 앞으로 | 積極的(せっきょくてき)に 적극적으로 | 外部(がいぶ) 외부 | 提携(ていけい)する 제휴하다 | 〜ことで 〜함으로써, 〜하는 것으로 | 事業(じぎょう) 사업 | 幅(はば)を広(ひろ)げる 폭을 넓히다 | 協力(きょうりょく)する 협력하다 | 担当(たんとう)する 담당하다 | 参加(さんか)する 참가하다 | 契約(けいやく)する 계약하다

| 7 | **협상**의 장에서는, 냉정한 태도를 유지하는 것이 중요하다. |

해설　ネゴ(nego, 교섭/협상)와 비슷한 표현은 **3 交渉**(협상)이다.

단어　場(ば) 장소, 자리 | 冷静(れいせい)な 냉정한 | 態度(たいど) 태도 | 保(たも)つ 유지하다 | 重要(じゅうよう)だ 중요하다 | 談合(だんごう) 담합 | 連絡(れんらく) 연락 | 交渉(こうしょう) 교섭, 협상 | 討議(とうぎ) 토의

| 8 | 이 과일은, 모양이나 색, 흠집의 유무에 따라 세 개의 **등급**으로 나누어진다. |

해설　랭크(rank, 등급/순위)와 비슷한 표현은 **1 等級**(등급)이다.

단어　果物(くだもの) 과일 | 形(かたち) 모양 | 傷(きず) 흠집 | 有無(うむ) 유무 | 分(わ)ける 나누다 | 等級(とうきゅう) 등급 | 標準(ひょうじゅん) 표준 | 種類(しゅるい) 종류 | 段階(だんかい) 단계

| 9 | 비즈니스에서는, **영감**은 중요하지만, 그것을 실현하는 꾸준한 노력도 빠뜨릴 수 없다. |

해설　ひらめき(번뜩임, 영감)와 비슷한 표현은 **4 着想**(착상)이다. 순간적으로 떠오르는 뛰어난 생각이나 착상을 의미한다.

단어　～においては ～에서는 | 大切(たいせつ)だ 중요하다 | 実現(じつげん)する 실현하다 | 地道(じみち)な 꾸준한, 성실한 | 努力(どりょく) 노력 | 欠(か)かせない 빠뜨릴 수 없다 | 発想(はっそう) 발상 | 構想(こうそう) 구상 | 着眼(ちゃくがん) 착안 | 着想(ちゃくそう) 착상

| 10 | 충분히 준비하고, 노력을 계속해 나가면, 결과는 **저절로** 따라오는 법이다. |

해설　おのずから(저절로, 자연히)와 비슷한 표현은 **2 自然に**(자연히)이다.

단어　しっかり 충분히, 제대로 | 準備(じゅんび)する 준비하다 | 努力(どりょく) 노력 | 結果(けっか) 결과 | ついてくる 따라오다 | ～ものだ ～하는 법이다〈당연〉 | 必(かなら)ず 반드시 | 自然(しぜん)に 자연히 | すぐに 곧바로 | 積極的(せっきょくてき)に 적극적으로

⑳ 예상어휘 확인문제　용법　　　　　p.181

문제 4　다음 단어의 사용법으로써 가장 알맞은 것을 1·2·3·4에서 하나 고르시오.

| 1 | 備え付ける 비치하다 |

　1 이 아파트에는 가구 일체가 비치되어 있다.
　2 자택의 차고에 비치해 두었던 차가 타 버렸다.
　3 이것저것 모두 절약해서 꽤 돈이 비치되었겠죠.
　4 저녁 식사는 호텔에서 먹지만, 점심 식사는 각자 비치해 오세요.

해설　備(そな)え付(つ)ける는 건물이나 방 등에 필요한 설비나 가구 등을 '갖추어 놓다, 비치하다'라는 의미로, 올바른 문장은 1번이다. 2번은 駐車して(주차해), 3번은 蓄えられた(모였다), 4번은 準備して/用意して(준비해)로 바꿔야 한다.

단어　家具(かぐ)一式(いっしき) 가구 일체 | 自宅(じたく) 자택 | 車庫(しゃこ) 차고 | 燃(も)える 타다 | 何(なに)から何(なに)まで 이것저것 모두 | 節約(せつやく) 절약 | 夕食(ゆうしょく) 저녁 식사 | 昼食(ちゅうしょく) 점심 식사 | 各自(かく

じ) 각자 | 駐車(ちゅうしゃ)する 주차하다 | 蓄(たくわ)える 모으다, 저축하다 | 準備(じゅんび)する 준비하다 | 用意(ようい)する 준비하다

| 2 | かえって 오히려 |

　1 오랜 노력이 결실을 맺어, 오히려 높이 평가받았다.
　2 상황을 수습하려던 행동이, 오히려 혼란을 확산시켜 버렸다.
　3 신상품의 매출은 예상대로여서, 오히려 안심할 수 있었다.
　4 실험은 계획대로 진행되어, 오히려 문제는 없었다.

해설　かえって는 '예상이나 기대와 반대로, 오히려'라는 의미로, 올바른 문장은 2번이다. 1번은 ついに(마침내), 3번은 そのまま(그대로), 4번은 特に(딱히)로 바꿔야 한다.

단어　長年(ながねん) 오랜 세월 | 実(みの)る 결실을 맺다 | 評価(ひょうか) 평가 | 事態(じたい) 사태, 상황 | 収拾(しゅうしゅう) 수습 | 混乱(こんらん) 혼란 | 広(ひろ)げる 넓히다, 확산시키다 | 売上(うりあげ) 매출 | ～どおり ～대로 | 実験(じっけん) 실험 | 進(すす)む 진행되다 | 特(とく)に 특별히, 딱히

| 3 | なんとなく 왠지 모르게 |

　1 들었던 것은 왠지 모르게 하겠습니다.
　2 그는 왠지 모르게 외출했을지도 모른다.
　3 왠지 모르게 알기 쉽게 설명해 주세요.
　4 벌레 소리를 듣고 있으면 왠지 모르게 쓸쓸해진다.

해설　なんとなく는 '뚜렷한 이유 없이, 왠지 모르게, 어쩐지'라는 의미로, 올바른 문장은 4번이다. 1번은 一応(일단), 2번은 もしかしたら(어쩌면), 3번은 もっと(좀 더)로 바꿔야 한다.

단어　言(い)われたこと 들은 것 | 虫(むし)の声(こえ) 벌레 소리 | 寂(さび)しい 쓸쓸하다 | 一応(いちおう) 일단

| 4 | いちじ 잠시, 한때 |

　1 너도 한때는 외국을 보고 오는 편이 좋아.
　2 귀찮으니까, 한때에 해 버리자.
　3 한때는 나도 여름이 올 때마다 등산을 가곤 했다.
　4 부디 한때 쉬십시오.

해설　一時(いちじ)는 '잠시, 한때'라는 의미로, 올바른 문장은 3번이다. 1번은 一度(한 번), 2번은 一気に(단숨에), 4번은 しばらく(잠시)로 바꿔야 한다. 4번도 '잠시'로 해석하면 가능해보이지만, 一時는 한국어의 '일시'와 마찬가지로 '과거의 한때'나 '일시적 상태'를 나타내는 말이므로, 상대방에게 휴식을 권유할 때는 一休み(잠깐 쉼)나 しばらく(잠시)를 쓰는 것이 자연스럽다.

단어　めんどうだ(面倒だ) 귀찮다 | 山登(やまのぼ)り 등산 | ～ものだ ～하곤 하다〈회상〉 | どうぞ 부디, 아무쪼록 | 一気(いっき)に 단숨에 | 一休(ひとやす)み 잠깐 쉼

| 5 | とどける 전달하다, 배달하다 |

　1 나는, 친구를 역까지 차로 전달해 보냈다.
　2 그녀는 그 지갑을 경찰에 전달했다.
　3 나는 감사의 마음을 그에게 전달했습니다.
　4 전화로 상사에게 결석 이유를 전달했습니다.

해설　届(とど)ける는 '물건이나 서류 등을 상대방에게 전달하다, 배달하다, 제출하다'라는 의미로, 올바른 문장은 2번이다. 1번은 주체가 사람이므로 送って(바래다주고), 3번은 추상적인 감정이므로 伝えました(전했습니다), 4번은 구두로 전한다는 의미이므로 伝えました(전했습니다)로 바꿔야 한다.

단어　友人(ゆうじん) 친구 | 財布(さいふ) 지갑 | 警察(けいさつ) 경찰 | 感謝(かんしゃ) 감사 | 上司(じょうし) 상사 | 送(おく)る 보내다, 바래다주다

21 예상어휘 확인문제　용법　　　　　　p.182

1　わりに ~치고는, ~에 비해서

1 겨울에 비해 여름은 <u>치고는</u> 기온이 높다.

2 사과는 귤과 <u>치고는</u> 달콤하다.

3 이 집은 건축비 <u>치고는</u> 잘 지어졌다.

4 시험 전 <u>치고는</u> 감기에 걸리지 않도록 조심하세요.

해설　~わりには '~에 비해서, ~치고는'이라는 의미로, 기대되는 기준에 비해 실제 결과가 좋을 때 쓴다. 올바른 문장은 3번이다. 1번은 かなり(상당히, 꽤), 2번은 比べて(비교해서), 4번은 試験の前のわりにを 試験の前なので(시험 전이니)로 바꿔야 한다.

단어　気温(きおん) 기온 | 建築費(けんちくひ) 건축비 | できている 만들어져 있다 | 試験(しけん) 시험 | 風邪(かぜ)を引(ひ)く 감기에 걸리다 | ~ないように ~하지 않도록 | 気(き)をつける 조심하다 | ~と比(くら)べて ~와 비교해서

2　ぜひ 꼭, 반드시

1 꼭 그를 설득할 수는 없었다.

2 이번 시험에는, 이 문제가 <u>꼭</u> 나올 것이라고 생각한다.

3 우리는 <u>꼭</u> 이 계획을 실행에 옮겨야 한다.

4 이대로 간다면, 실업률은 <u>꼭</u> 5%는 오를 것이다.

해설　ぜひは '꼭, 반드시'라는 뜻으로, 말하는 사람의 강한 의지, 소망, 부탁이 담겨 있어야 하며 단순한 추측이나 결과에는 쓰지 않는다. 따라서 올바른 문장은 3번이다. 1번은 どうしても(아무리 해도), 2번은 추측이므로 きっと(분명, 꼭), 4번도 사실에 대한 추측이므로 たぶん(아마)으로 바꿔야 한다. ぜひ는 그 외 '제발, 부디'라는 의미도 있다.

단어　説得(せっとく) 설득 | 今度(こんど) 이번 | 実行(じっこう)に移(うつ)す 실행에 옮기다 | 失業率(しつぎょうりつ) 실업률

3　いちがいに 일률적으로, 무조건

1 그녀는 가난한 가정에서 자랐지만, <u>일률적으로</u> 불행했다.

2 모두 <u>일률적으로</u> 검은색 정장을 입고 있었다.

3 그 아이는 <u>일률적으로</u> 어디로 갔을까.

4 그녀만이 잘못했다고는 <u>일률적으로</u> 말할 수 없어요.

해설　いちがいには '일률적으로, 무조건'이라는 의미로, 눈에 보이는 '모양새나 동작'이 똑같다는 뜻이 아니라, '판단이나 결론'을 하나로 묶어 그것에는 무리가 있다고 부정할 때 쓴다. 따라서 뒤에는 ~ない(~아니다), ~とは言えない(~라고는 할 수 없다) 등의 부정 표현이 온다. 올바른 문장은 4번이다. 1번은 문장 끝에 不幸だったとは言えない(불행했다고는 할 수 없다), 2번은 모양새를 말하므로 一斉に(일제히), 3번은 一体(도대체)로 바꿔야 한다.

단어　貧(まず)しい 가난하다 | 家庭(かてい) 가정 | 育(そだ)つ 자라다 | 不幸(ふこう)だ 불행하다 | 一斉(いっせい)に 일제히 | 一体(いったい) 대체, 도대체

4　いちおう 일단, 우선

1 노크도 하지 않고 일단 문을 열지 마세요.

2 이야기는 일단 들어 두겠습니다.

3 그 사고로 일단 500명이나 되는 사망자가 나왔다.

4 1년에 일단 일본에 갑니다.

해설　一応(いちおう)는 '일단, 우선'이라는 의미로, 완벽하지는 않지만 최소한의 기준을 만족하는 상태를 나타낸다. 올바른 문장은 2번이다. 1번은 勝手に(함부로), 3번은 約(약), 4번은 一度(한 번)로 바꿔야 한다.

단어　うかがう 듣다〈겸양〉 | 事故(じこ) 사고 | ~もの ~이나 되는 | 死者(ししゃ) 사망자 | 勝手(かって)に 함부로 | 約(やく) 약

5　かたむける 기울이다

1 조금은 내 이야기에도 귀를 <u>기울여</u> 주세요.

2 일은 좀 더 열을 <u>기울여서</u> 하세요.

3 기차 창문에서 얼굴을 <u>기울이면</u> 위험하다.

4 그는 진지한 표정을 지으며 고개를 <u>기울였다</u>.

해설　傾(かたむ)ける는 '(물건을) 기울이다 또는 (주의, 노력 등을) 집중하다, 쏟다'라는 의미로, 올바른 문장은 1번이다. 2번은 入れて(넣어서), 3번은 出すと(내밀면), 4번은 かしげた(갸우뚱했다)로 바꿔야 한다.

단어　耳(みみ)を傾(かたむ)ける 귀를 기울이다 | 熱(ねつ)を入(い)れる 열중하다 | 汽車(きしゃ) 기차 | 顔(かお)を出(だ)す 얼굴을 내밀다 | 首(くび)をかしげる 고개를 갸우뚱하다, 의아해하다

22 예상어휘 확인문제　용법　　　　　　p.183

1　けっして 결코

1 그 사람은 <u>결코</u> 돌아옵니다.

2 나는 당신의 생각에는 <u>결코</u> 반대입니다.

3 그 건물은 이미 <u>결코</u> 완성되어 있다.

4 그러한 행위는 <u>결코</u> 용서되어서는 안 된다.

해설　けっしては '결코, 절대로'라는 의미로, 뒤에 부정 표현(~ない, ~べきではない)을 수반하여 '절대로 ~하지 않는다'는 강한 부정을 나타낸다. 올바른 문장은 4번이다. 1번은 きっと(분명), 2번은 断固(단호히), 3번은 とっくに(진작에)로 바꿔야 한다.

단어　考(かんが)え 생각 | 反対(はんたい) 반대 | 建物(たてもの) 건물 | 行為(こうい) 행위 | 許(ゆる)される 용서되다 | ~べきではない ~해서는 안 된다 | 断固(だんこ) 단호(하게)

2　いったん 일단

1 그는 일단 충고에 귀를 기울이려고 하지 않는다.

2 일단 제안을 수락한 이상 바꿔서는 안 된다.

3 나도 일단 대학생입니다.

4 올해는 평소보다 일단 추위가 심하다.

해설　いったんは '일단, 한 번 (~하면)'이라는 의미로, 보통 조건을 나타내는 문장에 쓰인다. 올바른 문장은 2번이다. 1번은 けっして(결코)나 全く(전혀), 3번은 '겉보기에는' 또는 '자칭'이라는 뉘앙스를 나타내는 一応(일단), 4번은 一段と(한층 더)로 바꿔야 한다.

단어　忠告(ちゅうこく) 충고 | 耳(みみ)を貸(か)す 귀를 기울이다

| 提案(ていあん) 제안 | 承知(しょうち)する 수락하다, 납득하다 | ~た以上(いじょう) ~한 이상 | 変(か)える 바꾸다 | いつもより 평소보다 | 厳(きび)しい 심하다, 혹독하다 | 全(まった)く 전혀 | 一応(いちおう) 일단, 대체로 | 一段(いちだん)と 한층 더

[3] かばう 감싸다, 덮어주다

1 내가 들어가자, 그녀는 잽싸게 무언가를 서랍에 감쌌다.

2 소년은 여동생을 감싸고 자신이 잘못했다고 주장했다.

3 남편은 방이 아무리 어질러져 있어도 감싸지 않는 사람이다.

4 눈이 내리기 시작했으므로 코트를 푹 머리부터 뒤집어쓰고 감쌌다.

해설 かばう는 '(위험이나 비난 등으로부터) 보호하다, 감싸주다'라는 의미로, 올바른 문장은 2번이다. 1번은 隠した (숨겼다), 3번 かまわない (개의치 않는), 4번은 かぶった (덮어썼다)로 바꿔야 한다.

단어 さっと 잽싸게, 순간적으로 | 引(ひ)き出(だ)し 서랍 | 言(い)い張(は)る 주장하다, 우기다 | 主人(しゅじん) 주인, 남편 | 散(ち)らかる 어질러지다 | いくら~ても 아무리 ~해도 | 降(ふ)り出(だ)す 내리기 시작하다 | すっぽり 푹, 완전히(뒤집어쓰는 모양) | 隠(かく)す 숨기다, 감추다

[4] 斡旋 알선, 주선

1 회의에 필요한 자료를 전날까지 알선해 두다.

2 지인을 통해 아르바이트 자리를 알선 받았다.

3 파티장에서 야마다 씨에게 친구를 알선했다.

4 관광객에게 현지의 맛있는 가게를 알선해 주었다.

해설 斡旋(あっせん)은 '알선, 주선'이라는 의미로, 당사자 사이를 중개하여 일이 잘 진행되도록 주선하거나, 일자리나 물건 등을 소개하여 편의를 제공하는 것을 말한다. 올바른 문장은 2번이다. 1번은 準備・手配(준비), 3번/4번은 紹介(소개)로 바꿔야 한다.

단어 会議(かいぎ) 회의 | 資料(しりょう) 자료 | 前日(ぜんじつ) 전날 | 知人(ちじん) 지인 | ~を通(つう)じて ~을 통해 | アルバイト先(さき) 아르바이트 자리 | パーティー会場(かいじょう) 파티장 | 現地(げんち) 현지 | 準備(じゅんび) 준비 | 手配(てはい) 수배, 준비 | 紹介(しょうかい) 소개

[5] 暗示 암시

1 주가의 움직임을 정확히 암시하는 것은 어렵다.

2 이 새로운 기계의 사용법을 암시해 주세요.

3 실패의 원인을 분석하여 해결책을 암시했다.

4 구름의 움직임이 격렬한 폭풍을 암시하고 있다.

해설 暗示(あんじ)する는 '암시하다, 넌지시 비치다'라는 뜻으로, 올바른 문장은 위험성을 넌지시 전달하는 4번이다. 1번은 予測(예측), 2번은 教えて(가르쳐), 3번은 提示(제시)로 바꿔야 한다.

단어 株価(かぶか) 주가 | 動(うご)き 움직임 | 正確(せいかく)に 정확히 | 機械(きかい) 기계 | 分析(ぶんせき)する 분석하다 | 解決策(かいけつさく) 해결책 | 雲(くも) 구름 | 激(はげ)しい 격렬하다 | 嵐(あらし) 폭풍 | 予測(よそく) 예측 | 提示(ていじ) 제시

[1]　回覧 회람

1 회의 자료를 사원들에게 회람하여 의견을 구했다.

2 집을 짓기 위한 도면을 몇 번이고 회람했다.

3 주말 일정에 대해, 가족과 회람하여 정했다.

4 이 미술관에서는 귀중한 그림을 손님에게 회람하고 있다.

해설 回覧(かいらん)은 '문서 등을 여러 사람에게 돌려 읽게 함, 회람'을 의미하므로, 올바른 문장은 1번이다. 2번은 検討(검토), 3번은 相談(상의), 4번은 公開(공개)나 展示(전시)로 바꿔야 한다.

단어 会議(かいぎ) 회의 | 資料(しりょう) 자료 | 求(もと)める 구하다 | 建(た)てる 짓다 | 図面(ずめん) 도면 | 決(き)める 정하다 | 美術館(びじゅつかん) 미술관 | 貴重(きちょう)な 귀중한 | 絵画(かいが) 회화, 그림 | 検討(けんとう) 검토 | 相談(そうだん) 상담, 상의 | 公開(こうかい) 공개 | 展示(てんじ) 전시

[2]　顧みる 돌아보다, 반성하다

1 양사의 부정한 거래를 경찰이 돌아보고 있다.

2 그는, 실패의 원인을 냉정하게 돌아봤다.

3 오랜 친구들과 이야기를 나누며, 밤을 돌아봤다.

4 이 회사는 고객 서비스를 돌아보는 것에 중점을 두고 있다

해설 顧(かえり)みる는 '(과거, 실패 등을) 돌아보다, 반성하다'라는 의미로, 올바른 문장은 2번이다. 1번은 捜査して(수사하고), 3번은 明かした(새웠다), 4번은 重視する(중시하는)로 바꿔야 한다.

단어 不正(ふせい)な 부정한 | 取引(とりひき) 거래 | 警察(けいさつ) 경찰 | 冷静(れいせい)に 냉정하게 | 語(かた)り合(あ)う 이야기를 나누다 | 顧客(こきゃく) 고객 | 重点(じゅうてん)を置(お)く 중점을 두다 | 捜査(そうさ)する 수사하다 | 夜(よる)を明(あ)かす 밤을 새우다 | 重視(じゅうし)する 중시하다

[3]　健在 건재

1 이 회사는 에너지 분야에서 건재한 실적을 올리고 있다.

2 사장은 고령이지만, 회사 경영 실력은 건재하다.

3 그녀는 병에서 회복하여, 건재한 매일을 보내고 있다.

4 이 지역에서는, 지금도 풍요로운 자연이 건재하고 있다.

해설 健在(けんざい)는 '건재'라는 뜻으로 '(사람이) 건강하고 잘 지냄, (능력, 실력 등이) 여전히 남아 있음'을 의미한다. 올바른 문장은 2번이다. 1번은 優れた業績(뛰어난 실적), 3번은 健康な毎日(건강한 매일), 4번은 残っている(남아 있다)로 바꿔야 한다.

단어 業績(ぎょうせき)をあげる 업적(실적)을 올리다 | 高齢(こうれい) 고령 | 腕(うで) 솜씨, 실력 | 回復(かいふく) 회복 | 地域(ちいき) 지역 | 豊(ゆた)かな 풍요로운 | 自然(しぜん) 자연 | 優(すぐ)れる 뛰어나다 | 健康(けんこう)な 건강한 | 残(のこ)る 남다

[4]　格別 각별, 특별함

1 그는 각별한 성격으로, 누구와도 사이좋게 지낼 수 있는 사람이다.

2 이 일은 간단하므로, 각별하게 시간은 걸리지 않는다.

3 이 가게의 커피는 향이 좋고, 맛도 각별하게 맛있다.

4 몇 번 설명을 들어도, 나(에게)는 각별하게 이해할 수 없다.

해설 　格別(かくべつ)는 '보통과 현저하게 다름, 특별함, 각별함'을 의미하므로, 올바른 문장은 3번이다. 1번은 円満(원만한), 2번은 それほど(그다지), 4번은 さっぱり(전혀)로 바꿔야 한다.

단어 　誰(だれ)とでも 누구와도 | 仲良(なかよ)くする 사이좋게 지내다 | 簡単(かんたん)だ 간단하다 | 香(かお)り 향기 | 味(あじ) 맛 | 円満(えんまん)な 원만한

5 倹約 검약, 절약

1 아이들의 놀이 시간을 절약하는 것은 좋지 않다.

2 개인 정보의 절약이 더욱 요구되고 있다.

3 장래를 위해 조금이라도 절약해서 저금하고 싶다.

4 이 보고서는, 연구의 배경이 절약되어 있다.

해설 　倹約(けんやく)는 '검약, 절약'을 의미하므로, 올바른 문장은 3번이다. 1번은 減らすのは(줄이는 것), 2번은 保護(보호), 4번은 省略(생략)로 바꿔야 한다.

단어 　個人(こじん)情報(じょうほう) 개인 정보 | 求(もと)められる 요구되다 | 貯金(ちょきん) 저금 | 背景(はいけい) 배경 | 減(へ)らす 줄이다 | 保護(ほご) 보호 | 省略(しょうりゃく) 생략

24 예상어휘 확인문제　용법　　　p.185

1 殺到 쇄도

1 개점과 동시에, 많은 손님이 가게에 쇄도했다.

2 태풍의 피해 상황에 대해 자세히 쇄도하고 있다.

3 질병의 유행으로, 약 값이 쇄도하고 있다.

4 이 지역은 인구가 쇄도하여, 주택 부족이 심각하다.

해설 　殺到(さっとう)는 '쇄도'라는 뜻으로 많은 사람이나 물건, 문의 등이 한 곳으로 세차게 몰려들거나 집중되는 것을 말한다. 올바른 문장은 1번이다. 2번은 調査(조사), 3번은 高騰(폭등), 4번은 集中(집중)로 바꿔야 한다.

단어 　開店(かいてん) 개점 | 大勢(おおぜい) 많은 사람 | 台風(たいふう) 태풍 | 被害(ひがい) 피해 | 流行(りゅうこう) 유행 | 薬(くすり) 약 | 値段(ねだん) 값, 가격 | 地域(ちいき) 지역 | 人口(じんこう) 인구 | 住宅(じゅうたく)不足(ぶそく) 주택 부족 | 深刻(しんこく)だ 심각하다 | 調査(ちょうさ) 조사 | 高騰(こうとう) 폭등 | 集中(しゅうちゅう) 집중

2 ゆだねる 맡기다, 위임하다

1 도서관에 책을 위임하고, 새로운 것을 빌렸다.

2 회의 자료가 부족해서, 상사에게 복사를 위임했다.

3 이케다 감독은 팀의 지휘를 코치에게 위임했다.

4 우산을 동생에게 위임하고 편의점에서 새 것을 샀다.

해설 　ゆだねる는 '(권한, 일 등) 다른 사람에게 맡기다, 위임하다'라는 의미이므로, 올바른 문장은 3번이다. 1번은 返して(반납하고), 2번은 頼んだ(부탁했다), 4번은 預けて(맡기고)로 바꿔야 한다.

단어 　借(か)りる 빌리다 | 足(た)りない 부족하다 | 上司(じょうし) 상사 | 監督(かんとく) 감독 | 指揮(しき) 지휘 | かさ(傘) 우산 | 返(かえ)す 반납하다 | 頼(たの)む 부탁하다 | 預(あず)ける 맡기다〈보관〉

---

3 手口 수법, 솜씨

1 일의 효율을 높이는 수법을 검토하다.

2 그 사기의 교묘한 수법이 TV에서 보도되었다.

3 이 회사의 제조법은 타사가 흉내 낼 수 없는 수법이다.

4 문제 해결을 위해, 이 수법을 참고하자.

해설 　手口(てぐち)는 '(주로 범죄 등 나쁜 일) 수법, 솜씨'를 의미하므로, 올바른 문장은 2번이다. 1번과 4번은 方法(방법), 3번은 技術(기술)로 바꿔야 한다.

단어 　効率(こうりつ) 효율 | 検討(けんとう)する 검토하다 | 詐欺(さぎ) 사기 | 巧妙(こうみょう)な 교묘한 | 報道(ほうどう)される 보도되다 | 製法(せいほう) 제조법 | 真似(まね) 흉내 | 解決(かいけつ) 해결 | 参考(さんこう) 참고 | 技術(ぎじゅつ) 기술

4 だらだら 주절주절, 느릿느릿, 질질

1 회의가 느릿느릿 이어져서, 결국 아무것도 결정되지 않았다.

2 그는, 세세한 작업에서도 타협하지 않는 느릿느릿한 사람이다.

3 상대방의 이야기를 느릿느릿 들음으로써, 신뢰가 생긴다.

4 숙제를 느릿느릿 했더니, 눈 깜짝할 사이에 끝났다.

해설 　だらだら는 '(일이) 느릿느릿, 질질 이어지는 모양 또는(말을) 장황하게 하는 모양'을 의미하므로, 올바른 문장은 1번이다. 2번은 厳格な(엄격한), 3번은 熱心に(열심히), 4번은 てきぱきと(척척)로 바꿔야 한다.

단어 　会議(かいぎ) 회의 | 結局(けっきょく) 결국 | 細(こま)かい 세세하다 | 作業(さぎょう) 작업 | 妥協(だきょう) 타협 | 信頼(しんらい) 신뢰 | 生(う)まれる 생기다 | あっという間(ま)に 눈 깜짝할 사이에 | 厳格(げんかく)な 엄격한 | 熱心(ねっしん)に 열심히

5 仕業 짓, 소행

1 이번 사건은 범죄 조직의 소행으로 보이고 있다.

2 신상품 개발은, 사원들의 소행에 의해 성공했다.

3 방을 깨끗하게 청소해 준 것은 그녀의 소행일 것이다.

4 이 기계의 소행을 이해하면 간단히 수리할 수 있다.

해설 　仕業(しわざ)는 '(주로 좋지 않은 일의) 짓, 소행'을 의미하므로, 올바른 문장은 1번이다. 2번은 努力(노력), 3번은 配慮(배려), 4번은 仕組み(구조)로 바꿔야 한다.

단어 　犯罪(はんざい)組織(そしき) 범죄 조직 | ～と見(み)られている ～로 보이고 있다 | 開発(かいはつ) 개발 | 成功(せいこう)する 성공하다 | 掃除(そうじ)する 청소하다 | 機械(きかい) 기계 | 修理(しゅうり)する 수리하다 | 努力(どりょく) 노력 | 配慮(はいりょ) 배려 | 仕組(しく)み 구조, 원리

25 예상어휘 확인문제　용법　　　p.186

1 披露 피로, 선보임

1 그는, 어려운 문제를 간단히 피로해 버렸다.

2 그 배우는, 훌륭한 연기를 피로했다(선보였다).

3 문제 해결을 위해, 먼저 행동을 피로해야 한다.

4 회의 스케줄을 피로하고, 참석자 전원의 의견을 들었다.

해설 　披露(ひろう)는 '피로, 선보임'이라는 뜻으로 다른 사람에게 널리 알리거나 보여주는 것을 말한다. 올바른 문장은 2번이다.

1번은 解いて(풀어)나 解決して(해결해), 3번은 起こすべき だ(나서야 한다), 4번은 提示して(제시하고)로 바꿔야 한다.

단어 俳優(はいゆう) 배우 | 素晴(すば)らしい 훌륭하다 | 演技 (えんぎ) 연기 | 参加者(さんかしゃ) 참가자, 참석자 | 解(と) く 풀다 | 行動(こうどう)を起(お)こす 행동에 나서다 | 提示 (ていじ)する 제시하다

[2] 波及 파급

1 이 약은, 질병의 회복을 파급하는 효과가 있다.

2 이 참고서는 시험 범위를 모두 파급하고 있다.

3 그는, 외국어 능력을 최대한으로 파급했다.

4 새로운 정책의 효과가 경제 전체에 파급되고 있다.

해설 波及(はきゅう)는 '파급'이라는 뜻으로, 영향 등이 물결처럼 퍼 져 나가는 것을 의미한다. 올바른 문장은 4번이다. 1번은 促進 (촉진), 2번은 網羅(망라), 3번은 発揮(발휘)로 바꿔야 한다.

단어 薬(くすり) 약 | 回復(かいふく) 회복 | 効果(こうか) 효과 | 参考書(さんこうしょ) 참고서 | 範囲(はんい) 범위 | 能力 (のうりょく) 능력 | 最大限(さいだいげん)에 최대한으로 | 政策(せいさく) 정책 | 促進(そくしん) 촉진 | 網羅(もうら) 망라 | 発揮(はっき) 발휘

[3] ついに 마침내, 드디어

1 회의 도중에 피곤해서, 마침내 졸고 말았습니다.

2 그녀는 항상 약속에 늦으니까, 마침내 오늘도 지각할 것이다.

3 어제는 바빠서, 마침내 점심을 먹지 못했다.

4 오랜 협상 끝에, 양사는 마침내 합의에 도달했다.

해설 ついに는 '(길고 어려운 과정이나 기다림 끝에) 마침내, 드디어' 라는 의미로, 올바른 문장은 4번이다. 1번은 うっかり(깜빡), 2 번은 きっと(분명히), 3번은 結局(결국)로 바꿔야 한다.

단어 居眠(いねむ)りをする 졸다 | 遅刻(ちこく)する 지각하다 | 昼食(ちゅうしょく) 점심 식사 | 長年(ながねん) 오랜 세월 | 交渉(こうしょう) 교섭, 협상 | ～の末(すえ) ～끝에 | 合意 (ごうい) 합의 | 達(たっ)する 도달하다

[4] おまけ 덤, 경품

1 그는, 자신의 심정을 솔직하게 덤했다.

2 초콜릿을 샀더니, 점원이 껌을 덤으로 주었다.

3 시험에서 좋은 점수를 받았더니, 아버지에게서 덤을 받았다.

4 사건 해결로 이어지는 덤을 찾고 있다.

해설 おまけ는 '상품에 덤으로 붙여 주는 물건, 경품 또는 덤'이라는 의미로, 올바른 문장은 2번이다. 1번은 打ち明けた(털어놓았 다), 3번은 ご褒美(상), 4번은 手がかり(단서)로 바꿔야 한다.

단어 心情(しんじょう) 심정 | 率直(そっちょく)に 솔직하게 | ～ につながる ～로 이어지다 | 探(さが)す 찾다 | 打(う)ち明 (あ)ける 털어놓다 | ご褒美(ほうび) 포상, 상 | 手(て)がかり 단서

[5] あざむく 속이다

1 그 정치가(의원)는 국민의 신뢰를 속이는 듯한 발언을 했다.

2 기자가 어떤 기업의 부정을 속이는 기사를 썼다.

3 그는 지금까지 비밀로 했던 과거를 친한 친구에게 속였다.

4 그녀는 라이벌의 실패를 속이는 일 없이 지켜보았다.

해설 欺(あざむ)く는 '속이다, 기만하다'라는 의미로, 올바른 문장은 1번이다. 2번은 暴く(폭로하는), 3번은 打ち明けた(털어놓았

다), 4번은 あざ笑う(비웃는)로 바꿔야 한다.

단어 政治家(せいじか) 정치가, 의원 | 信頼(しんらい) 신뢰 | 発 言(はつげん) 발언 | 記者(きしゃ) 기자 | 企業(きぎょう) 기 업 | 不正(ふせい) 부정 | 秘密(ひみつ) 비밀 | 過去(かこ) 과 거 | 見守(みまも)る 지켜보다 | 暴(あば)く 폭로하다 | 打(う) ち明(あ)ける 털어놓다 | あざ笑(わら)う 비웃다

26 예상어휘 확인문제   용법   p.187

[1] 軽減 경감

1 회의 시간을 짧게 하기 위해, 자료를 경감했다.

2 차량 속도를 경감하여, 안전 운전을 유념한다.

3 이 약은 통증을 즉시 경감하는 효과가 있다.

4 그의 말을 듣고, 조금 경감된 기분이 되었다.

해설 軽減(けいげん)은 '부담, 고통, 정도 등을 가볍게 함, 경감'을 의 미하므로, 올바른 문장은 3번이다. 1번은 削減(삭감), 2번은 減 速(감속), 4번은 楽な(편안한)로 바꿔야 한다.

단어 安全(あんぜん)運転(うんてん) 안전 운전 | 心(こころ)がけ る 유념하다 | 痛(いた)み 통증 | 言葉(ことば) 말 | 気持(き も)ち 기분 | 削減(さくげん) 삭감 | 減速(げんそく) 감속 | 楽(らく)な 편안한

[2] 察する 헤아리다, 살피다

1 그는, 상대방의 안색으로부터 곧바로 기분을 헤아렸다.

2 심한 실패를 경험하고 완전히 헤아려 버렸다.

3 학생은 선생님의 설명을 듣고, 그 내용을 헤아렸다.

4 의사는 혈압을 헤아려, 몸 상태를 확인했다.

해설 察(さっ)する는 '(남의 마음이나 사정을) 헤아리다, 살피다'라 는 의미로, 올바른 문장은 1번이다. 2번은 落ち込んで(낙담 해), 3번은 理解した(이해했다), 4번은 測(はか)って(재서)로 바꿔야 한다.

단어 顔色(かおいろ) 안색 | 経験(けいけん) 경험 | すっかり 완 전히 | 体(からだ)の調子(ちょうし) 몸 상태, 컨디션 | 確認 (かくにん)する 확인하다 | 落(お)ち込(こ)む 낙담하다 | 理解 (りかい)する 이해하다 | 血圧(けつあつ)を測(はか)る 혈압 을 재다

[3] 着目 착목, 주목

1 문제 해결을 위해, 먼저 행동에 주목해야 한다.

2 연구원은 소비 동향에 주목하여 보고서를 작성했다.

3 추웠으므로, 코트를 주목하고 외출했다.

4 그는 회의에서 문제의 해결책을 주목했다.

해설 着目(ちゃくもく)는 '착목, 주목'이라는 뜻으로, 어떤 대상에 주목하거나 중요하게 여기는 것을 말한다. 올바른 문장은 2번 이다. 1번은 着手(착수), 3번은 着て(입고), 4번은 提示した(제 시했다)로 바꿔야 한다.

단어 行動(こうどう) 행동 | 消費(しょうひ) 소비 | 動向(どうこ う) 동향 | 報告書(ほうこくしょ) 보고서 | 作成(さくせい) 작성 | 外出(がいしゅつ) 외출 | 着手(ちゃくしゅ) 착수 | 提 示(ていじ) 제시

[4] 進呈 증정, 드림

1 계획의 증정에 대해서는, 조정이 필요하다.

50

2 방문해 주신 손님에게 기념품을 증정하겠습니다.

3 새로운 기획을 사장에게 증정하여 승인을 얻었다.

4 이 서류를 구청에 증정하면 절차는 끝난다.

해설 進呈(しんてい)는 '(주로 윗사람에게) 물건을 증정하거나 선사함'을 의미하므로, 올바른 문장은 2번이다. 1번은 進行(진행), 3번은 提案して(제안하여), 4번은 提出(제출)로 바꿔야 한다.

단어 調整(ちょうせい) 조정 | ご来場(らいじょう) 내장, 방문 | 記念品(きねんひん) 기념품 | 企画(きかく) 기획 | 承認(しょうにん)を得(え)る 승인을 얻다 | 書類(しょるい) 서류 | 役所(やくしょ) 구청, 관공서 | 手続(てつづ)き 절차, 수속 | 進行(しんこう) 진행 | 提案(ていあん) 제안 | 提出(ていしゅつ) 제출

5 おごそか 엄숙함

1 교장 선생님은 엄숙한 사람이라, 학생들에게 인기가 없다.

2 그녀는 엄숙하게 약속을 지키는 사람이다.

3 장례식은 엄숙한 분위기에서 치러졌다.

4 그는 엄숙한 태도로 일에 임하고 있다.

해설 おごそか는 '분위기, 의식 등이 장중하고 엄숙함'을 의미하므로, 올바른 문장은 3번이다. 1번은 厳格な(엄격한), 2번은 きちんと(확실하게), 4번은 真面目な(성실한)로 바꿔야 한다.

단어 校長(こうちょう) 교장 | 生徒(せいと) 학생 | 葬式(そうしき) 장례식 | 雰囲気(ふんいき) 분위기 | 行(おこな)われる 행해지다, 치러지다 | 態度(たいど) 태도 | 取(と)り組(く)む 임하다 | 厳格(げんかく)な 엄격한 | 真面目(まじめ)な 성실한

㉗ 예상어휘 확인문제　용법　　　　p.188

1 このましい 바람직하다, 호감이 가다

1 그는 바람직한 사람이라, 함께 있으면 즐겁다.

2 다나카 선생님은 바람직해서, 학생들에게 인기가 있다.

3 양국의 관계는 바람직한 방향으로 나아가고 있다.

4 저 가게의 요리는 바람직해서, 자주 먹으러 간다.

해설 このましい는 '(상황, 방향 등이) 바람직하다, 호감이 가다'라는 의미로, 올바른 문장은 3번이다. 1번은 愉快な(유쾌한), 2번은 優しくて(상냥해서), 4번은 おいしくて(맛있어서)로 바꿔야 한다.

단어 両国(りょうこく) 양국 | 愉快(ゆかい)な 유쾌한 | 優(やさ)しい 상냥하다, 온화하다

2 促進 촉진

1 아이들 교육에는, 촉진보다 칭찬하는 것이 중요하다.

2 정부는, 경제 활성화를 촉진하는 정책을 실시했다.

3 빌린 책을 돌려주라고 친구에게 촉진했다.

4 몇 번이나 촉진해도, 그에게서 답장이 오지 않는다.

해설 促進(そくしん)은 '어떤 일이 진전되도록 재촉하거나 돕는 것, 촉진'을 의미하며, 주로 경제나 판매, 성장 등에 쓰인다. 올바른 문장은 2번이다. 1번은 強制(강제), 3번과 4번은 催促(재촉)로 바꿔야 한다.

단어 教育(きょういく) 교육 | ほめる 칭찬하다 | 大切(たいせつ)だ 중요하다 | 政府(せいふ) 정부 | 活性化(かっせいか) 활성화 | 実施(じっし)する 실시하다 | 借(か)りる 빌리다 | 返

（かえ)す 돌려주다, 반납하다 | 返事(へんじ) 답장 | 強制(きょうせい) 강제, 억지로 시킴 | 催促(さいそく) 재촉, 독촉

3 ねたむ 질투하다

1 나는 두 번 다시 실패를 하지 않겠다고 깊이 질투했다.

2 그는 친구의 성공을 질투하여, 태도가 차가워졌다.

3 두 사람은, 오랜 시간을 함께 보내며 우정을 질투했다.

4 그녀는 친구의 행복을 질투하여, 결혼식에 참석했다.

해설 ねたむ는 '남의 성공이나 행복 등을 부러워하여 미워하거나 시샘하다, 질투하다'라는 의미로, 올바른 문장은 2번이다. 1번은 決意した(결심했다), 3번은 育んだ(키웠다), 4번은 祝って(축하하여)로 바꿔야 한다.

단어 二度(にど)と 두 번 다시 | 共(とも)に 함께 | 過(す)ごす 보내다 | 友情(ゆうじょう) 우정 | 幸(しあわ)せ 행복 | 結婚式(けっこんしき) 결혼식 | 出席(しゅっせき)する 출석하다, 참석하다 | 決意(けつい)する 결의하다, 결심하다 | 育(はぐく)む 키우다, 쌓다 | 祝(いわ)う 축하하다

4 おろそか 소홀히 함, 게으리함

1 그녀는 소홀한 사람이라, 약속을 지키지 않는다.

2 일이 바빠서, 수면이 소홀해지고 있다.

3 그의 설명은 소홀해서 알기 어렵다.

4 그런 위험한 짓을 하다니 소홀하다.

해설 おろそか는 '해야 할 일을 소홀히 함, 게으리함'을 의미한다. 올바른 문장은 2번으로, 잠을 제대로 못자고 있음을 나타낸다. 1번은 だらしない(야무지지 못한), 3번은 不十分で(불충분해서), 4번은 愚かだ(어리석다)로 바꿔야 한다.

단어 睡眠(すいみん) 수면 | 危険(きけん)な 위험한 | 不十分(ふじゅうぶん)だ 불충분하다 | 愚(おろ)かだ 어리석다

5 手がかり 단서, 실마리

1 그는, 그녀와의 단서를 깊게 했다.

2 선생님은 학생들에게 과제를 단서했다.

3 사건 해결의 단서가 아직 발견되지 않았다.

4 어머니가 생일에 단서의 케이크를 구워 주었다.

해설 手(て)がかり는 '문제나 사건 등을 해결하는 데 도움이 되는 실마리나 단서'를 의미하므로, 올바른 문장은 3번이다. 1번은 関係(관계), 2번은 与えた(주었다), 4번은 手作(てづく)りの(손수 만든)로 바꿔야 한다.

단어 深(ふか)める 깊게 하다 | 課題(かだい) 과제 | 見(み)つかる 발견되다 | 誕生日(たんじょうび) 생일 | 焼(や)く 굽다 | 与(あた)える 주다 | 手作(てづく)り 손수 만듦

㉘ 예상어휘 확인문제　용법　　　　p.189

1 ぐるみ ~째, ~전체

1 그는 돈 전체인 사건에 휘말렸다.

2 지역 전체가 환경보호에 힘쓰고 있다.

3 사교적인 그는, 일 전체인 친구가 많다.

4 이 계획은 예산 전체로 아직도 진행되지 않고 있다.

해설 ~ぐるみ는 '~째, ~통째로, ~전체'라는 의미로, 올바른 문장은 2번이다. 1번은 まみれ(투성이, 범벅), 3번은 関係(관계, 관련), 4번은 予算の都合で(예산 사정으로)로 바꿔야 한다.

단어 巻(ま)き込(こ)まれる 휘말리다 | 地域(ちいき) 지역 | 環境(かんきょう)保護(ほご) 환경보호 | 取(と)り組(く)む 힘쓰다 | 社交的(しゃこうてき)な 사교적인 | 予算(よさん) 예산 | 未(いま)だに 아직도, 여전히 | 都合(つごう) 사정, 형편

2 順調 순조로움

1 빌딩 건설은, 계획대로 **순조롭게** 진행되고 있다.

2 그는 **순조로운** 성격이라, 모두에게 신뢰받고 있다.

3 이 산길은 **순조로워서**, 초보자도 안전하게 오를 수 있다.

4 새로운 기계는, 조작이 **순조로워서** 사용하기 쉽다.

해설 順調(じゅんちょう)는 '일이나 상황이 거침없이 잘 되어 가는 모양, 순조로움'을 의미하므로, 올바른 문장은 1번이다. 2번은 穏やかな(온화한), 3번은 緩やかで(완만해서), 4번은 簡単で(간단해서)로 바꿔야 한다.

단어 建設(けんせつ) 건설 | 信頼(しんらい) 신뢰 | 山道(やまみち) 산길 | 初心者(しょしんしゃ) 초보자 | 安全(あんぜん)に 안전하게 | 登(のぼ)る 오르다 | 機械(きかい) 기계 | 操作(そうさ) 조작 | 穏(おだ)やかだ 온화하다 | 緩(ゆる)やかだ 완만하다 | 簡単(かんたん)だ 간단하다

3 公然 공공연함, 공개적임

1 새로운 계획의 구체적인 내용을 **공개적으로** 했다.

2 그는 자신의 결점을 **공개적으로** 인정하지 않는다.

3 저 두 사람은 직장에서 **공개적으로** 사귀고 있다.

4 인기 가수의 신곡이 오늘 **공개적으로** 된다.

해설 公然(こうぜん)은 '공공연함, 공개적임'이라는 의미로, 올바른 문장은 3번이다. 公然と(공공연하게, 드러내고)의 형태로 자주 쓰인다. 1번은 公表(공표), 2번은 素直(솔직함), 4번은 公開(공개)로 바꿔야 한다.

단어 具体的(ぐたいてき)な 구체적인 | 欠点(けってん) 결점 | 認(みと)める 인정하다 | 職場(しょくば) 직장 | 付(つ)き合(あ)う 사귀다 | 新曲(しんきょく) 신곡 | 公表(こうひょう) 공표 | 素直(すなお)に 솔직하게 | 公開(こうかい) 공개, 발표

4 アピール 어필, 호소

1 그는 회의에서 프레젠테이션용 자료를 어필했다.

2 교사는 보호자에게 연락 사항을 어필했다.

3 무라야마 선수는 시합에서 자신의 실력을 어필했다.

4 그녀는 어머니에게 쇼핑 일정을 어필했다.

해설 アピール(appeal)은 '(주의, 흥미 등) 강하게 끌거나 호소함, 어필'을 의미하므로, 올바른 문장은 3번이다. 1번은 提示した(제시했다), 2번은 伝えた(전달했다), 4번은 話した(이야기했다)로 바꿔야 한다.

단어 プレゼン用(よう) 프레젠테이션용 | 資料(しりょう) 자료 | 教師(きょうし) 교사 | 保護者(ほごしゃ) 보호자 | 事項(じこう) 사항 | 試合(しあい) 시합 | 実力(じつりょく) 실력 | 買(か)い物(もの) 장보기, 쇼핑 | 予定(よてい) 예정, 일정 | 提示(ていじ)する 제시하다 | 伝(つた)える 전달하다

5 培う 기르다, 배양하다

1 형은 자금을 길러서, 염원하던 레스토랑을 열었다.

2 그녀는 아르바이트로 생활비를 기르면서 공부하고 있다.

3 그 가게는 유명한 셰프를 기르고 있다.

4 그는 오랜 연구로 전문 지식을 길러왔다.

해설 培(つちか)う에는 '(농작물을) 재배하다, (능력, 지식, 경험 등을) 기르다'라는 2가지 의미가 있다. 올바른 문장은 4번이다. 1번은 貯めて(모아서), 2번은 稼ぎながら(벌면서), 3번은 雇って(고용하고)로 바꿔야 한다.

단어 資金(しきん) 자금 | 念願(ねんがん) 염원, 숙원 | 開(ひら)く 열다, 개업하다 | 生活費(せいかつひ) 생활비 | 長年(ながねん) 오랫동안 | 知識(ちしき) 지식 | 貯(た)める 모으다, 저축하다 | 稼(かせ)ぐ (돈을) 벌다 | 雇(やと)う 고용하다

01 문법 확인문제 1순위 001~025 p.218

문제 5 다음 문장의 (　)에 들어갈 가장 알맞은 것을 1·2·3·4에서 하나 고르시오.

1 설령 상대가 어떤 사람**이든**, 정정당당하게 싸울 생각입니다.

해설 공란에 들어갈 표현은 **1 だろう**이다. たとえ~だろうと의 형태로, '설령 ~이든'이라는 의미를 나타낸다.

단어 たとえ 설령, 비록 | 相手(あいて) 상대 | 正正堂堂(せいせいどうどう)と 정정당당하게 | 闘(たたか)う 싸우다 | ~つもりだ ~할 작정(생각)이다

2 나카무라 씨는 학교 선생님을 했었**던 만큼**, 지금도 사람들 앞에서 말하는 것을 잘한다.

해설 공란에 들어갈 표현은 **1 だけあって**이다. '(과연) ~인 만큼'의 의미로, 앞선 이유나 경험에 걸맞은 결과를 나타낸다.

단어 人前(ひとまえ) 사람들 앞 | うまい 잘하다

3 그곳에 가게 된다고 생각한 것**만으로도** 딸은 기뻐졌다.

해설 공란에 들어갈 표현은 **3 だけで**이다. ~だけで는 '~만으로도'라는 의미로, 앞선 행위나 조건이 전체 결과의 충분한 원인이나 한계임을 나타낸다.

4 그의 무례**하기 짝이 없는** 태도에는 굉장히 화가 났다.

해설 공란에 들어갈 표현은 **4 極まりない**이다. ~極(きわ)まりない는 '~하기 짝이 없다, 지극히(너무) ~하다'라는 의미로, 주로 부정적이거나 과도한 감정을 나타낸다. 極(きわ)まる로 바꿔 써도 된다.

단어 失礼(しつれい) 실례, 무례 | 態度(たいど) 태도 | 腹(はら)がたつ 화가 나다

5 결혼식은 돈도 들고 귀찮다. 하지만 **하면 하는대로** 그것에 걸맞은, 또한 그 이상의 감동과 추억을 얻을 수 있다.

해설 공란에 들어갈 표현은 **4 やったらやったで**이다. ~たら~で는 '~하면 ~하는대로'라는 의미를 나타낸다.

단어 結婚式(けっこんしき) 결혼식 | 面倒(めんどう)だ 귀찮다 | 見合(みあ)う 걸맞다, 상응하다 | 感動(かんどう) 감동 | 思(おも)い出(で) 추억

6 개인적으로 최근에는 '**일할 수 있는** 한은 일하는 편이 좋다'고 느낍니다.

해설 공란에 들어갈 표현은 **4 働ける**이다. ~限(かぎ)りは는 '~하는 한은'이라는 의미로, 능력이 허락하는 최대치를 나타낸다.

단어 個人的(こじんてき)に 개인적으로 | 働(はたら)く 일하다 | 感(かん)じる 느끼다

7 (인터뷰에서)
A "그 소설, 문화제 장면이 인상적이었습니다."
B "감사합니다. 다 쓰고 다시 읽어보니, 꽤 잘 **쓰여 있잖아** (썼잖아) 하고 생각했습니다."

해설 공란에 들어갈 표현은 **3 書けてるじゃない**이다. ~じゃない(か)는 '~하지 않은가, ~잖아'라는 의미로, 발견이나 가벼운 감탄, 동의를 구하는 구어체 표현이다. 書けてる는 書けている (가능형+ている)의 축약형으로 잘 쓰여져 있는 상태나 결과를 나타낸다. 즉 내용이 훌륭하게 완성되어 있다는 상태를 칭찬할 때 자주 쓰인다.

단어 文化祭(ぶんかさい) 문화제 | 場面(ばめん) 장면 | 印象的(いんしょうてき) 인상적 | 読(よ)み返(かえ)す 다시 읽다

8 감기가 오래 가고 있어서, 이대로라면 모처럼의 휴가가 엉망이 **될 수도 있다**.

해설 공란에 들어갈 표현은 **1 なりかねない**이다. ~かねない는 '~할 수도 있다'라는 의미로, 주로 바람직하지 않거나 나쁜 결과가 될 가능성을 경고할 때 사용된다.

단어 長引(ながび)く 오래 끌다, 오래 가다 | 台無(だいな)しになる 엉망이 되다, 수포로 돌아가다

9 아기의 첫 애착 요구 대상은 반드시 엄마**여야만 한다고 하면**, 꼭 그렇지는 않다고 생각합니다.

해설 공란에 들어갈 표현은 **2 なくてはならないかというと**이다. ~なくてはならない(~해야만 한다)+かというと(~인가 하면)가 합쳐진 표현으로, '~해야만 한다고 하면'의 의미가 된다. 일반적인 주장을 부정하거나 반론을 제기할 때 사용된다.

단어 愛着(あいちゃく) 애착 | 要求(ようきゅう) 요구 | 対象(たいしょう) 대상 | 絶対(ぜったい)に 반드시, 절대로 | 必(かなら)ずしも~ない 꼭 ~은 아니다 | ~からといって ~라고 해서 | ~わけにはいかない ~할 수는 없다

10 책이라는 것은 언제 또 다시 읽고 싶어질지 모른다. 공간이 있다면 놓아두고 싶은 물건이다. 그래서 모은 책이 1,000권 이상. 죽을 때까지는 도저히 **다 읽을 수 없을** 분량이다.

해설 공란에 들어갈 표현은 **3 読みきれっこない**이다. ~きれる는 '다 ~할 수 있다', ~っこない는 '절대로 ~할 리가 없다, 도저히 ~할 수 없다'는 의미로, 강한 부정의 추측을 나타낸다.

단어 読(よ)み返(かえ)す 다시 읽다 | 場(ば) 장소, 공간 | とうてい

도저히 | 分量(ぶんりょう) 분량 | ~かけ ~하다 만 | ~っぱなし ~한 채 그대로 | ~くせに ~주제에

11 종이를 붙여서 정정할 **바에야**, 다시 한 번 처음부터 다시 쓰는 편이 좋아.

해설 공란에 들어갈 표현은 **1 くらいなら**이다. '~할 정도라면, ~할 바에야'라는 의미로, 앞의 행위보다 뒤의 대안을 선택하는 것이 낫다는 뉘앙스를 나타낸다.

단어 貼(は)る 붙이다 | 訂正(ていせい) 정정 | 書(か)き直(なお)す 다시 쓰다 | ~だけに ~인 만큼 | ~ばかりか ~뿐만 아니라 | ~までもない ~할 필요도 없다

12 고집 센 아버지께는 **말해봤자** 소용없으니까, 어머니께 상담해 보기로 했다.

해설 공란에 들어갈 표현은 **3 言うだけ**이다. ~だけ無駄(むだ)だ는 '~해봤자 소용없다'는 의미로, 관용적으로 자주 쓰이는 표현이다.

단어 頑固(がんこ)な 완고한, 고집 센 | ~なり ~하자마자

13 만약을 위해, 과거의 데이터도 **보았더니**, 의외의 사실이 밝혀졌다.

해설 공란에 들어갈 표현은 **3 見たところ**이다. ~たところ는 '했더니'라는 의미로, '데이터 조사 후 사실이 판명되었다'는 문맥에서 가장 자연스럽다.

단어 念(ねん)のため 만약을 위해 | 過去(かこ) 과거 | 判明(はんめい)する 판명되다, 밝혀지다 | ~きり ~한 채 | ~限(かぎ)りでは ~한 바로는 | ~た上(うえ)で ~한 후에

14 최근 전화기도 얇아지고 성능도 좋아졌**기 때문에** 스마트폰 이용자는 늘기만 한다.

해설 공란에 들어갈 표현은 **4 ことから**이다. '~로 인해, ~하기 때문에'라는 의미로, 어떤 사실이나 현상을 근거로 삼아 뒤의 결론을 이끌어낼 때 사용한다.

단어 薄(うす)い 얇다 | 性能(せいのう) 성능 | 増(ふ)える 늘다 | ~一方(いっぽう)だ ~하기만 하다 | ~ものを ~할 것을 | ~とともに ~와 함께

15 야마모토 선수는 우승**은** 놓쳤지만, 최종일을 베스트 스코어로 잘 분발했다. 다음 시즌에 대한 기대와 꿈을 이루어 줄 것 같다.

해설 공란에 들어갈 표현은 **2 こそ**이다. ~こそ~が는 '~는 ~지만'이라는 의미로, 앞의 내용을 강조하면서 뒤에서 다른 시각이나 조건을 덧붙일 때 사용한다.

단어 優勝(ゆうしょう) 우승 | 逃(のが)す 놓치다 | 最終日(さいしゅうび) 최종일 | 来(らい)シーズン 다음 시즌 | 夢(ゆめ)を叶(かな)える 꿈을 이루다

16 세금은 국민의 의무라고는 하나, **내지 않아도 된다면**, 조금이라도 절세하고 싶다고 누구나가 생각한다.

해설 공란에 들어갈 표현은 **4 払わずに済むものなら**이다. ~ずに済(す)む(~하지 않아도 된다)와 ~ものなら(~한다면)가 결합하여 '내지 않아도 된다면'이라는 의미가 되었다. 실현 가능성이 낮은 희망 사항을 강하게 가정할 때 사용된다.

단어 税金(ぜいきん) 세금 | 義務(ぎむ) 의무 | ~とはいえ ~라고는 하나 | 節税(せつぜい) 절세 | 誰(だれ)しも 누구나

17 하나코 "어? 반지가 없어. 어디서 떨어뜨렸지? 다로야, 같이 찾아줘."

다로 "**찾는다고 한들**, 이렇게 넓은 모래사장에서 어떻게 찾아?"

해설 공란에 들어갈 표현은 **1 探すったって**이다. ～ったっては ～と言ったって의 구어체 축약형으로, '～한다고 한들, ～라고 해도'라는 의미로, 앞의 주장이나 제안을 받아들이기 어렵다는 가벼운 반박을 나타낸다.

단어 指輪(ゆびわ) 반지 | 落(お)とす 떨어뜨리다 | 探(さが)す 찾다 | 砂浜(すなはま) 모래사장 | ～かどうか ～인지 아닌지 | ～わりには ～에 비해서는

18 검사 결과**에 따라서는**, 현재 하고 있는 아르바이트를 그만두려고 생각하고 있습니다.

해설 공란에 들어갈 표현은 **3 次第では**이다. ～次第(しだい)では는 '～에 따라서는'이라는 의미로, 어떤 조건에 의해 뒤의 내용이 결정됨을 나타낸다.

단어 検査(けんさ) 검사 | やめる(辞める) 그만두다 | 次第(しだい)に 점차, 차츰 | ～次第(しだい) ～하는 대로

19 (전화로)
야마다 "여보세요? 이시하라 씨? 미안, 길이 막혀서."
이사하라 "어? 그래? 콘서트는 6시부터야."
야마다 "응. **제시간에 못 맞출 것 같으면** 다시 전화할게."

해설 공란에 들어갈 표현은 **1 間に合いそうになかったら**이다. ～そうにない는 '～할 것 같지 않다, ～못 할 것 같다'는 추측의 부정이며, 가정형(たら)이 붙어 '맞출 수 없을 것 같은 상황이라면'이라는 조건을 나타낸다.

단어 混(こ)む 막히다 | 間(ま)に合(あ)う 시간에 맞추다

20 대부분의 경우, 빅데이터란 단순히 양이 많을 **뿐만 아니라**, 다양한 종류·형식이 포함된 비구조화 데이터·비정형적 데이터입니다.

해설 공란에 들어갈 표현은 **1 のみならず**이다. '～뿐만 아니라'라는 의미로, 앞의 조건에 뒤의 조건이 추가됨을 나타낸다.

단어 単(たん)に 단순히 | 形式(けいしき) 형식 | 含(ふく)まれる 포함되다 | ～どころではなく ～할 상황이 아니라 | ～までもなく ～할 필요도 없이 | ～ともなしに ～할 생각도 없이

문제 6   다음 문장의 ＿＿＿★＿＿＿에 들어갈 가장 알맞은 것을 1·2·3·4에서 하나 고르시오.

21 레코드가 **팔리든 팔리지 않든 상관없이** 그는 자신이 만들고 싶은 음악을 계속 만들었다.

해설 핵심 문형은 ～ようが～まいが関係なく(～하든 ～하지 않든 상관없이)이다. 동사를 사용하여 (3+1+2)를 구성하고 (4)로 마무리한다.

단어 売(う)れる 팔리다 | 作(つく)り続(つづ)ける 계속 만들다

22 **치료에 의해 회복세로 돌아서고 있는 단계에서**, 우울증 상태가 좋아졌다가 나빠지기를 반복하면서 조금씩 회복되어 갑니다.

해설 '치료에 의해(1)'가 수단을 나타내고, ～つつある(3+4)가 단계

단어 治療(ちりょう) 치료 | 回復(かいふく)に向(む)かう 회복세로 돌아서다 | うつ病(びょう) 우울증 | 繰(く)り返(かえ)す 반복하다

23 삼림은 **단순히 목재의 공급원으로서 뿐만 아니라**, 물과 환경을 지키는 역할도 있다.

해설 単にAとしてのみではなくB(단순히 A로서 뿐만 아니라 B)의 형태이므로 2 → 4 → 1 → 3으로 연결된다.

단어 森林(しんりん) 삼림 | 単(たん)に 단순히 | 木材(もくざい) 목재 | 供給源(きょうきゅうげん) 공급원 | 役割(やくわり) 역할

24 그는 신입인 만큼, 아직 업무에 **익숙하지 않은 부분이 있지만, 진지하게 임하고 있다는 것을** 잘 알 수 있다.

해설 '신입인 만큼' 뒤에 부족한 점(4+1)과 긍정적인 평가(3+2)가 온다. ～だけに는 '(과연) ～인 만큼'이라는 뜻으로, 그 재능이나 신분에 걸맞게 ～한다는 의미이다.

단어 新人(しんじん) 신인, 신입(사원) | 慣(な)れる 익숙하다 | 真剣(しんけん)に 진지하게 | 取(と)り組(く)む 임하다, 몰두하다

25 새로운 기획이 채택되지 않은 것은, **일부 데이터에 실수가 있었던 일일 뿐이므로 지금부터 수정해서** 다시 도전하기로 했다.

해설 ～だけのことだ(～일일 뿐이다) 문형이 이유를 나타내는 ～なので(～이므로)와 결합하여 사용되었다. '일부 데이터에(3) 실수가 있었던(1) 일일 뿐이므로(4) 지금부터 수정해서(2)'로 연결한다.

단어 採用(さいよう) 채택 | 一部(いちぶ) 일부 | 修正(しゅうせい) 수정 | 再度(さいど) 다시, 재차 | 挑戦(ちょうせん) 도전

26 오늘 회의에 **제출된 기획서의 내용을 검토한 바로는**, 비용 면에서 큰 과제가 있다는 것을 알았다.

해설 ～限(かぎ)りでは(～한 바로는)는 정보를 얻은 범위 내에서 판단함을 나타내는 문형이다. '제출된(2) 기획서의 내용을(1) 검토한(4) 바로는(3)'으로 연결한다.

단어 提出(ていしゅつ) 제출 | 企画書(きかくしょ) 기획서 | 検討(けんとう) 검토 | 課題(かだい) 과제

27 '이미 탄 배'라는 속담은, 타고서 해안을 떠난 배에서는 내릴 수 없다는 **점에서 일을 시작해 버린 이상 도중에 그만둘 수는 없는** 것에 대한 비유이다.

해설 ～た以上～(～한 이상～)의 구문이다. '～라는 점에서(4) 일을 시작해버린 이상(1+2) 도중에 그만둘 수는 없는(3)'으로 연결한다.

단어 乗(の)り掛(か)かった船(ふね) 이미 탄 배 | ことわざ 속담 | 岸(きし) 해안 | 下船(げせん) 하선, 배에서 내림 | 物事(ものごと)を始(はじ)める 일을 시작하다 | 途中(とちゅう)で 도중에 | ～わけにはいかない ～할 수는 없다 | たとえ 비유

28 효율화나 비용 절감만 **중시되기 쉬운 시대에서 기업이 '배움'을 중요시하고 그것을** 사회와의 접점으로 삼는다는 사고방식은 앞으로의 지역 기업의 새로운 스타일이 될 것입니다.

해설 ばかり 뒤에 '중시되기 쉬운(4) 시대에서(3)'가 연결되어 배경을 설명하고, 주어인 '기업이(1)'가 '그것을(2)' 사회와의 접점

로 삼는다는 흐름으로 연결한다.

단어 効率化(こうりつか) 효율화 | コストダウン 비용 절감 | 重視(じゅうし)される 중시되다 | ～がちな ～하기 쉬운 | ～において ～에 있어서, ～에서 | 重(おも)んじる 중요시하다 | 接点(せってん) 접점

29 논문을 대략 **읽기는 읽었지만**, 내용을 전혀 알 수 없었습니다.

해설 ～ことは～が(～하기는 ～지만)는 부분적인 인정과 동시에 반대의 결과를 나타내는 문형이다. 4 → 3 → 2 → 1로 완성한다.

단어 論文(ろんぶん) 논문 | ひと通(とお)り 대략, 대충

30 세상을 떠들썩하게 했던 그 사건은 수개월 전의 일인데도, 마치 **처음부터 존재하지 않았던 것처럼** 사람들의 기억에서 사라졌다.

해설 まるで～かのごとく(마치 ～인 것처럼)는 비유를 나타내는 문형이다. 2 → 4 → 1 → 3으로 연결한다.

단어 世間(せけん) 세상 | 騒(さわ)がせる 떠들썩하게 하다 | 記憶(きおく) 기억 | 消(き)え去(さ)る 사라지다

문제 7 다음 문장을 읽고, 문장 전체의 취지를 바탕으로 **31** 부터 **34** 에 들어갈 가장 알맞은 것을 1·2·3·4에서 하나 고르시오.

요즘 과실이라고는 도저히 생각할 수 없는 듯한 비참한 교통사고 뉴스가 잇따르고 있다. 그래서 교통사고나 피해자의 인권에 대해, 이제부터 면허를 딸 젊은 사람들에게 **생각해 보게 하고 싶어서**,『교통사(交通死)』라는 책의 독서 리포트를 부과했다.

대학생이었던 저자의 따님은, 자전거로 교차로를 횡단하던 중, 빨간 신호를 무시하고 돌진해 온 자동차에 치여서 사망했다. 가해자인 여성은 집행유예가 붙은 판결로 교도소에 들어가는 일도 없었고, 또한, 손해배상의 협상도 지불도 보험회사가 대행했다.

가해자의 신호 무시로 피해자는 목숨을 빼앗겼는데도, 가해자는 (적어도 형식 상으로는) 이전과 변함없는 생활을 영위할 수 있는 것이다. 가해자에게 후한 현행의 여러 제도는, 사람의 목숨보다도 차(=기업)를 중시하는 **사회라는** 저자의 주장에는 설득력이 있다고 나는 생각했다.

그렇지만, 적지 않은 학생들의 반응은 예상을 하지 못한 것이었다. '가해자가 불쌍하다'는 것이다. 피해자의 입장에서 본 주장만이 서술되어 있는 것은 '객관성이 결여되어 있다'고 한다. 나는 **머리를 싸매고 말았다**. 저자의 문장은, 딸을 잃은 아버지의 침통한 심정이 간절히 전해져 오기는 하지만, 결코 격정에 사로잡혀 쓰인 것이 아니다. 오히려 용케 여기까지 냉정하게 **쓸 수 있구나** 하고 감탄할 정도인 것이다.

물론, 가해자에게는 가해자의 인생이 있다. 그러나 학생들은, 그 인생에 풍부한 사회적 상상력을 작용시키는 것도 아니고, 단순히, 피해자 측의 견해만으로는, 일방적이라고 주장한다. 융통성 없이 객관적·중립적 입장을 요구해야 한다고 굳게 믿고 있는 듯하다. 마치 입장이 다른 두 사람 사이에서 의견의 대립이 보였을 경우에는, 중간을 취하면 가장 적절하다고 하는 듯이.

(오가사와라 유코『논단』에서)

31 1 생각해 주고 싶어서
2 생각해 주고 싶어서
3 생각해 보게 하고 싶어서
4 생각해서 (나에게) 해주고 싶어서(어색)

32 **1 사회라는**　　　　2 사회로서의
3 사회에서의　　　　4 사회인 만큼

33 1 배를 잡고 웃어버리다　　2 배를 잡고 웃어버렸다
3 머리를 싸매고 말다　　**4 머리를 싸매고 말았다**

34 1 틀린 표현　　　　2 틀린 표현
3 쓸 수 있는 것이 아니다　　**4 쓸 수 있구나**

해설 **31** 필자가 젊은이들(학생)에게 '생각하도록 요구하거나 유도하고 싶다'는 의도를 나타내는 **3 考えてもらいたくて**가 가장 적절하다. ～てもらう는 '상대방에게 ～을 해달라고 하다'는 의미이므로, 필자의 의도와 일치한다.

32 빈칸 뒤에 '저자의 주장'이 이어지므로, 주장의 내용을 제시해야 한다. 내용의 주장이나 견해를 나타내는 ～との(～라는)가 쓰인 **1 社会だとの**가 적절하다.

33 필자가 학생들의 예상치 못한 비판적인 반응을 듣고 몹시 곤란하고 난처했음을 표현해야 한다. 頭を抱える(머리를 싸매다)는 곤란함을 의미하며, 문장이 이미 끝난 과거 상황을 서술하므로 과거형인 **4 頭を抱えてしまった**가 가장 적절하다.

34 필자는 저자가 딸을 잃은 슬픔 속에서도 냉정하게 글을 쓸 수 있었다는 점에 감탄하고 있다. 따라서 감탄을 나타내는 ～ものだ(～하구나)가 있는 **4 書けるものだ**가 가장 자연스럽다.

단어 過失(かしつ) 과실, 실수 | とうてい 도저히 | 悲惨(ひさん)な 비참한 | 交通(こうつう)事故(じこ) 교통사고 | 相次(あいつ)ぐ 잇따르다, 계속되다 | 人権(じんけん) 인권 | 課(か)す 부과하다 | 著者(ちょしゃ) 저자 | お嬢(じょう)さん 따님 | 交差点(こうさてん) 교차로 | 横断中(おうだんちゅう) 횡단 중 | 突入(とつにゅう)する 돌진하다 | はねられる (차 등에) 치이다 | 亡(な)くなる 사망하다 | 加害者(かがいしゃ) 가해자 | 執行(しっこう)猶予(ゆうよ) 집행유예 | 判決(はんけつ) 판결 | 刑務所(けいむしょ) 교도소 | ～ことなく ～하는 일 없이, ～하지 않고 | 損害(そんがい)賠償(ばいしょう) 손해배상 | 交渉(こうしょう) 협상 | 代行(だいこう) 대행 | 奪(うば)われる 빼앗기다 | 少(すく)なくとも 적어도 | 形(かたち)の上(うえ)では 형식 상으로는 | 手厚(てあつ)い 후하다, 극진하다 | 現行(げんこう) 현행 | 諸制度(しょせいど) 여러 제도 | 重(おも)んじる 중시하다 | 説得力(せっとくりょく) 설득력 | 少(すく)なからぬ 적지 않은 | 反応(はんのう) 반응 | 客観性(きゃっかんせい) 객관성 | 欠(か)ける 결여되다, 부족하다 | 頭(あたま)を抱(かか)える 머리를 싸매다, 몹시 곤란해 하다 | 沈痛(ちんつう)な 침통한 | せつせつと 간절히 | ～ものの ～하기는 하지만 | 激情(げきじょう) 격정 | かられる 사로잡히다 | 冷静(れいせい)に 냉정하게 | ～ものだ ～하구나〈감탄〉 | 感心(かんしん)する 감탄하다 | 豊(ゆた)かな 풍부한 | 想像力(そうぞうりょく) 상상력 | 働(はたら)かせる 작용시키다 | ～わけでもない ～하는 것도 아니다 | 単(たん)に 단순히 | 見解(けんかい) 견해 | ～だけでは ～만으로는 | 杓子(しゃくし)定規(じょうぎ) 융통성 없이 | 思(おも)い込(こ)む 굳게 믿다 | 立場(たちば) 입장 | 異(こと)なる 다르다 | 足(た)して二(に)で割(わ)る 중간을 취하다, 적당히 타협하다 | ～んばかりに ～라는 듯이 | 腹(はら)を抱(かか)える 배를 잡고 웃다 | ～べきではない ～해서는 안 된다

55

문제 5 다음 문장의 (　　)에 들어갈 가장 알맞은 것을 1·2·3·4 에서 하나 고르시오.

1 대학생이나 되어서 그런 간단한 것도 못 하**다니**, 정말 한심한 일이다.

해설 공란에 들어갈 표현은 **3 とは**이다. '~하다니, ~라니'라는 의미로, 놀라움, 비난, 실망 등의 감정을 담아 강한 감탄을 나타낸다.

단어 情(なさ)けない 한심하다 | ~ものの ~하기는 하지만

2 고베는 항구도시 **특유의** 이국 정서가 넘치는 마을이다.

해설 공란에 들어갈 표현은 **1 ならではの**이다. '~만의, ~특유의'라는 의미로, 오직 그 주체만이 가질 수 있는 독특한 특성을 강조한다.

단어 港町(みなとまち) 항구도시 | 異国(いこく)情緒(じょうちょ) 이국 정서 | あふれる 넘치다

3 명문가의 장남과 결혼했**기 때문에**, 그녀는 남에게 말 못 할 고생을 했다.

해설 공란에 들어갈 표현은 **4 がゆえに**이다. '~하기 때문에, ~이므로'라는 원인이나 이유를 격식 있게 표현하는 문어체이다.

단어 旧家(きゅうか) 옛 가문, 명문가 | 長男(ちょうなん) 장남 | 苦労(くろう) 고생, 어려움 | ~上(うえ)には ~한 바에는 | ~とばかりに ~라는 듯이

4 나의 미모와 재능**으로**라면(재능이라면), 어떤 남성도 푹 빠질 거야.

해설 공란에 들어갈 표현은 **4 をもって**이다. ~をもってすれば는 '~(으로)라면, ~이라면'이라는 의미로, 뒤의 행위나 상태를 이끌어내는 도구나 수단을 나타낸다.

단어 美貌(びぼう) 미모 | 才能(さいのう) 재능 | 夢中(むちゅう)になる 푹 빠지다

5 다수의, 게다가 확실한 목격자가 엄연히 존재하기 때문에 **속일 수가 없다**.

해설 공란에 들어갈 표현은 **2 ごまかしようがない**이다. ~ようがない는 '~할 수가 없다'는 의미로, 뒤에 방법이나 수단이 전혀 없음을 강조한다. 3번의 ~そうもない(~할 것 같지 않다)는 가능성이 낮을 때 쓰는 추측이므로 맞지 않다.

단어 多数(たすう) 다수 | 確(たし)かな 확실한 | 目撃者(もくげきしゃ) 목격자 | 厳然(げんぜん)として 엄연히 | ごまかす 속이다, 얼버무리다 | ~わけがない ~할 리가 없다 | ~ほかはない ~할 수밖에 없다

6 그는 **썼다가는** 지우고, **썼다가는** 지우며, 겨우 편지를 다 썼다.

해설 공란에 들어갈 표현은 **1 書いては / 書いては**이다. ~ては~ては는 '~하고 ~하고'라는 뜻으로, 두 가지 동작을 반복적, 교대적으로 행하는 모습을 나타낸다.

단어 消(け)す 지우다 | 書(か)き上(あ)げる 다 쓰다

7 선생 "평소 대학에서 수업을 받던 때와 비교해서, 온라인 수업은 어때?"
학생 "역시, 대학에서 (수업)받는 것과 집에서 배우는 것은

전혀 달라서, 머리에 안 들어온다**고 할까**, 집중이 안 돼요."

해설 공란에 들어갈 표현은 **3 というか**이다. '~라고 할까'라는 의미로, 말하기가 조심스럽거나 애매할 때 사용한다.

단어 授業(じゅぎょう)を受(う)ける 수업을 받다 | 比(くら)べる 비교하다 | 集中(しゅうちゅう) 집중

8 자신에게도 단점이 있었다는 것은 인정하지 않**는 것도 아니다**.

해설 공란에 들어갈 표현은 **4 でもない**이다. ~ないでもない는 '~하지 않는 것도 아니다'라는 뜻으로, 부분적으로 부정하거나, '~인 것만은 아니다'라는 의미로 완곡하게 말할 때 사용한다.

단어 悪(わる)い点(てん) 나쁜 점, 단점 | 認(みと)める 인정하다 | ~にかたくない ~하기 어렵지 않다 | ~にいたる ~에 이르다

9 A "이 책은 야마모토 씨에게 빌렸어요."
B "아아, 야마모토 씨 **말인데**, 그분 아버님 병환은 어떠신가요?"

해설 공란에 들어갈 표현은 **1 といえば**이다. '~라고 하면, ~말인데'라는 의미로, 앞서 언급된 내용을 계기로 다른 관련 화제로 전환할 때 사용된다.

단어 借(か)りる 빌리다 | ご病気(びょうき) 병환 | ~といっても・~としたって ~라고 해도 | ~としたら ~라고 한다면

10 회사 측은 경영 악화**라고 하여**, 갑작스러운 해고를 통보했다.

해설 공란에 들어갈 표현은 **1 だとして**이다. ~としては는 '~라고 하여'라는 의미로, 어떤 행동을 하게 된 이유, 판단을 나타낸다.

단어 悪化(あっか) 악화 | 突然(とつぜん)の 갑작스런 | 解雇(かいこ) 해고 | 言(い)い渡(わた)す 통보하다, 명하다 | ~としたって ~라고 해도 | ~とばかりに (마치) ~라는 듯이 | ~からには ~한 이상은

11 브로드웨이의 걸작이 동영상으로 배포되는 것은, 무대나 영화·드라마 팬들에게 있어 없어서는 안 될 도구**라고 해도 과언이 아니다**.

해설 공란에 들어갈 표현은 **3 といっても過言(かごん)ではない**이다. '~라고 해도 과언이 아니다'라는 의미로, 내용을 단정적으로 강조한다.

단어 傑作(けっさく) 걸작 | 動画(どうが)配信(はいしん) 동영상 배포 | 舞台(ぶたい) 무대 | 疑(うたが)い 의심, 혐의 | ~よりほかはない ~할 수밖에 없다 | ~を余儀(よぎ)なくさせる ~을 어쩔 수 없이 ~하게 하다

12 준비가 완전히 끝나서, 여행을 **떠나기만 하면 된다**.

해설 공란에 들어갈 표현은 **3 出かけるばかりになっている**이다. ~ばかりになっている는 '(이제) ~하기만 하면 된다'라는 의미로, 최종 단계에 있음을 나타낸다.

단어 すっかり 완전히 | 準備(じゅんび) 준비 | 出(で)かける 나가다, 떠나다

13 일의 양을 줄이는 것은 어려워서, 결국 스스로 세세한 노력을 거듭해 나가는 **수밖에 없을 것이다**.

해설 공란에 들어갈 표현은 **2 しかあるまい**이다. '~할 수밖에 없을 것이다'라는 뜻으로 강한 추측과 한정을 나타낸다. ~しかないだろう와 같은 의미이다.

단어 減(へ)らす 줄이다 | 結局(けっきょく)のところ 결국 | 細(こま)かな工夫(くふう) 세세한 궁리(노력) | 重(かさ)ねる 거듭하다 | ～どころではない ～할 상황이 아니다

14 처음으로 직접 피자를 만들어봤다. 조금 귀찮은 점은 있지만, 의외로 간단하게 **만들 수 있구나** 하고 생각했다.

해설 공란에 들어갈 표현은 **3 作れるものだ**이다. ～ものだは 가능형과 결합하여 '～할 수 있구나'라는 감탄이나 깨달음을 나타낸다.

단어 初(はじ)めて 처음으로 | 自分(じぶん)で 스스로, 직접 | 面倒(めんどう)な 귀찮은 | 意外(いがい)と 의외로 | ～までだ ～할 뿐이다 | ～に限(かぎ)る ～가 제일이다 | ～だけのことはある ～할 만큼의 가치가 있다

15 9할 정도는 이길 수 있겠지만, 약간 컨디션이 좋지 않으니, 걱정이 **없는 것은 아니다**.

해설 공란에 들어갈 표현은 **2 ないわけではない**이다. ～ないわけではない는 '～하지 않는 것은 아니다'라는 이중 부정으로, 완곡하게 긍정하거나 일부를 인정하는 표현이다.

단어 九分(くぶ)どおり 9할 정도 | 体調(たいちょう) 컨디션 | ～はずがない ～일 리가 없다〈논리적 추론〉 | ～てはならない ～해서는 안 된다 | ～わけがない ～일 리가 없다〈주관적·감정적 추론〉

16 12월 20일에 사쿠라역이 개업 100주년을 맞이하는 것**을 계기로**, 사쿠라역의 매력을 느낄 수 있는 기념 여행 상품을 기간 한정으로 발매합니다.

해설 공란에 들어갈 표현은 **4 を機(き)に**이다. '～을 계기로'라는 의미로, 어떤 사건을 전환점이나 시작점으로 삼음을 나타낸다.

단어 開業(かいぎょう) 개업 | 迎(むか)える 맞이하다 | 魅力(みりょく) 매력 | ふれる 접하다, 느끼다 | 発売(はつばい) 발매 | ～を限(かぎ)りに ～을 끝으로 | ～を皮切(かわき)りに ～을 시작으로 | ～をよそに ～을 아랑곳하지 않고

17 기업의 자선 활동은 결국 이미지 향상을 노린 광고 전략**에 불과하다**는 의견도 들린다.

해설 공란에 들어갈 표현은 **2 でしかない**이다. '～에 불과하다, ～에 지나지 않는다'라는 의미로, 가치나 의미를 낮추어 평가 절하하는 표현이다.

단어 企業(きぎょう) 기업 | 慈善(じぜん)活動(かつどう) 자선 활동 | 広告(こうこく)戦略(せんりゃく) 광고 전략

18 사장님의 갑작스러운 사임**이라는** 사태에, 회사 전체가 크게 동요했다.

해설 공란에 들어갈 표현은 **1 という**이다. ～というような는 '～라는, ～와 같은'이라는 의미로, 앞의 명사를 예시로 들어 뒤의 사태와 유사성을 나타낸다.

단어 突然(とつぜん)の 갑작스러운 | 辞任(じにん) 사임 | 動揺(どうよう) 동요 | ～にあたる ～에 해당하다

19 그 사람은 자신의 잘못을 인정하는 **일 같은 것은** 절대로 하지 않을 것이다.

해설 공란에 들어갈 표현은 **3 ことなんか**이다. ～なんかは 구어체로 '～같은 것, ～따위'라는 의미로, 대상을 가볍게 보거나 무시하는 뉘앙스를 담고 있다.

단어 過(あやま)ち 잘못, 실수 | 認(みと)める 인정하다 | 絶対(ぜったい)に 절대로

20 직장에서 신입에게 **가르쳐 주려고 생각했는데**, 오히려 가르침을 받아버려서 너무나 창피한 경험을 했어(창피했어).

해설 공란에 들어갈 표현은 **2 教えるつもりが**이다. ～つもりが는 '～하려고 생각했는데 (결과는 반대가 되었다)'라는 의미로, 의도와 실제 결과가 어긋났음을 나타낸다.

단어 新人(しんじん) 신입 | 逆(ぎゃく)に 반대로 | ～たあげく ～한 끝에 | ～ものを ～했을 텐데〈아쉬움〉 | ～ばかりか ～뿐만 아니라

문제 6 다음 문장의 ______ ★ ______ 에 들어갈 가장 알맞은 것을 1·2·3·4에서 하나 고르시오.

21 저의 할아버지 세대는 전쟁의 **비참함을 몸소 겪은** 세대입니다.

해설 身(み)をもって(몸소, 직접)라는 구문이 사용되어 '비참함을(2) 몸소(4+1) 겪은(3) 세대'로 연결한다.

단어 祖父(そふ) 할아버지 | 悲惨(ひさん)さ 비참함 | 味(あじ)わう 맛보다, 겪다

22 스즈키 하나코 씨와는 **나이가 비슷한 것도 있어서, 같은 세대이기에 할 수 있는** 이야기를 하고 있습니다.

해설 '나이가 비슷하다(3)에 ～라는 것도 있어서(2)'를 연결하고, '같은 세대이기에 할 수 있는(4+1) 이야기를'로 연결한다.

단어 年(とし)が近(ちか)い 나이가 가깝다, 나이가 비슷하다 | ～こともあって ～한 것도 있어서 | 同世代(どうせだい) 같은 세대 | ～ならではの ～만의, ～이기에 할 수 있는

23 이 음악제도 코로나 **영향으로 70년째가 되어 처음으로** 연주회를 개최할 수 없게 되었습니다.

해설 이유를 나타내는 '영향으로(3)' 뒤에, ～にして初めて (～가 되어 처음으로) 구문(2+1+4)이 연결된다.

단어 音楽祭(おんがくさい) 음악제 | 影響(えいきょう) 영향 | 演奏会(えんそうかい) 연주회 | 開催(かいさい) 개최

24 그 행위가 사람으로서 도리에 맞는지, 손님이나 세상에 알려져도 부끄러워할 **것 없이 당당하게 있을 수 있는 것인지 어떤지를** 판단 기준으로 삼아 주십시오.

해설 ～ことなしに(～하는 일 없이)(4)가 恥じる에 연결되고, '당당하게(3) 있을 수 있는지 어떤지를(2+1)' 순서로 판단 기준에 이어진다.

단어 行為(こうい) 행위 | 人(ひと)の道(みち) 도리 | 恥(は)じる 부끄러워하다 | 胸(むね)を張(は)って 당당하게 | ～ものか ～할 것인지 | 判断(はんだん)基準(きじゅん) 판단 기준

25 가족 앞에서 "**반드시 성공시키겠다**"고 선언한 이상은 도중에 **포기할** 수는 없다.

해설 ～からには(～한 이상은)와 ～わけにはいかない(～할 수는 없다)가 핵심으로, '반드시 성공시키겠다고 선언한(1+3) 이상은(2) 도중에 포기할(4) 수는 없다'로 연결한다.

단어 絶対(ぜったい)に 반드시, 절대로 | 宣言(せんげん) 선언 | 諦(あきら)める 포기하다

26　올해는 기온 차가 심한 겨울이네요. **유빙이 가까워졌다가 멀어지기를 반복하고 있습니다.**

해설　AてはBを繰り返す(A해서는 B하기를 반복하다)는 구문으로, '유빙이(3) 가까워졌다가(2) 멀어지기를(1) 반복하고(4) 있습니다'로 연결한다. ～ては(～해서는)가 쓰인 문제이다.

단어　寒暖(かんだん)の差(さ) 기온 차 | 厳(きび)しい 심하다 | 流氷(りゅうひょう) 유빙 | 近(ちか)づく 가까워지다, 접근하다 | 離(はな)れる 멀어지다 | 繰(く)り返(かえ)す 반복하다

27　그는 사전에 **배부된 회의 자료를 읽지도 않고 성의 없는 발언을** 하다니, 정말 민폐.

해설　'배부된(3) 자료(2)를 읽지도 않고(4)'라는 조건에 이어 '성의 없는 발언을(1) 하다니'라는 비난의 흐름으로 연결한다.

단어　事前(じぜん)に 사전에 | 配(くば)る 배부하다 | 資料(しりょう) 자료 | ～もしないで ～하지도 않고 | いい加減(かげん)な発言(はつげん) 성의 없는 발언 | 迷惑(めいわく) 민폐

28　환자분을 **기다리게 하는 일 없이, 예약 시간대로 진찰이 가능하도록,** 예약 시간에 맞춰 채혈을 시행하고 있습니다.

해설　～ことなく(～하는 일 없이)(4+3)가 조건을 나타내고, 뒤에 '예약 시간대로(2) 진찰이 가능하도록(1)' 목적을 연결한다.

단어　患者様(かんじゃさま) 환자분 | 待(ま)たせる 기다리게 하다 | ～通(どお)りに ～대로 | 診察(しんさつ) 진찰 | 採血(さいけつ) 채혈

29　그의 설명은 **책임으로부터 도망가기 위한 변명에 지나지 않는 것이**라고 비판받았다.

해설　～にすぎない(～에 지나지 않는다)가 핵심 표현이다. '책임에서(1) 도망가기 위한(4) 변명에 지나지 않는(3) 것이다(2)'로 논리를 연결한다.

단어　責任(せきにん) 책임 | 逃(のが)れる 도망가다 | 言(い)い訳(わけ) 변명 | 批判(ひはん)される 비판받다

30　면접에서 긴장된다면, **몇 번이라도 모의 면접을 반복해서 익숙해지게 해두면 좋다는** 조언을 받았다.

해설　～ておけばいい(～해 두면 좋다)가 조언의 내용이다. '모의 면접을(3) 반복해서(2) 익숙해지게(1) 해두면 좋다는(4)' 조언으로 연결한다.

단어　緊張(きんちょう)する 긴장되다 | 模擬(もぎ)面接(めんせつ) 모의 면접 | 慣(な)れる 익숙해지다 | 助言(じょげん)を受(う)ける 조언을 받다

문제 7　다음 문장을 읽고, 문장 전체의 내용을 생각해서 31 부터 34 에 들어갈 가장 알맞은 것을 1·2·3·4에서 하나 고르시오.

박물관 뒷길을 통해 JR역으로 서두른다. 도중에는 간에이사(寛永寺)가 있는데, 에도(江戸)의 옛 모습을 간직하고 있어, 내가 좋아하는 풍경 중 하나이다. 역에 도착했다. 딱히 드문 일은 아니지만, 큰 포스터가 많이 붙어 있다. 무심코 범인을 찾는 (포스터) 한 장을 보니 "앗, 이 얼굴이다"라고 여성자의 단문이 **인쇄되어 있다.**

일본어는 재미있는 언어여서, 그때 그때의 상황을 알고 그것을 전제로 하면, 아주 단문이라도 의미가 통한다. 예를 들면 둘이서 식당에 들어가 "너 뭐?" "나, 장어"라고 하면 의미 전달로서는 충분하지만, 그 **상황을 빼고,** 그것을 그대로 영어로라도 번역했다가는, "나는 장어이다"가 되어, 마치 동화의 세계가 된다.

그것과 조금 전의 여섯자인데, "アッ"은 가타카나, "この・だ"가 히라가나, "顔"가 한자로 세 종류의 문자가 병용되어 있다. 말할 필요도 없이 한자에 비해 가타카나와 히라가나 모두 일본에서 고안되어 창출된 문자이다. **즉** 아주 짧은 문장에서의 의사전달에는 여러 종류의 문자의 병용, 혼용이 대단히 효과적인 것이다.

역의 게시판을 본다. "ジュン子' いつものParkで待つ' 3時(준코, 언제나 가던 공원에서 기다릴게. 3시). 이것은 특정한 두 사람 사이에서의 의사전달이기 때문에, 이해가 가지 않는 점도 있지만, 그것보다도 한자, 가타카나, 히라가나, 알파벳, 아라비아 숫자로, 이 정도의 단문에 **5종류의 문자나 기호가** 병용되어 있다. 이것은 상품 광고 포스터나 여성 잡지의 펜팔을 구하는 편지 등에도 아주 흔한 표현으로서 볼 수 있다.

영어나 중국어, 혹은 이웃의 조선반도에서의 잡지나 신문을 봐도 여러 종류의 문자 병용은 드문 일이다. 특히 조선민주주의 인민공화국의 문자는, 한자는 일절 쓰지 않고 한글만이 사용되고 있으며, 그 나라 사람에게도 어느 부분이 지명이나 인명인지, 그것을 구별하고 판독하는데 상당한 시간이 걸리고 있다.

(모리 고이치 『우에노 산책』에서)

31　1 **인쇄되어 있다**　　2 인쇄하고 있다
　　3 해석되어 있다　　4 해석하고 있다

32　1 상황을 빼도　　2 상황을 빼면서
　　3 **상황을 빼고**　　4 상황을 빼면서

33　1 다만　　2 **즉**
　　3 예를 들어　　4 물론

34　1 4종류의 문자나 기호　　2 4종류의 한자나 외래어
　　3 **5종류의 문자나 기호**　　4 5종류의 한자나 외래어

해설　31 ～てある는 동작 완료 후의 상태 유지를 뜻하므로, 포스터 문구가 인쇄된 상태를 나타내는 **1 印刷してある**가 정답이다.

　　32 문맥은 '상황(전제)이 있을 때는 짧은 문장이 통하지만, 그 상황을 빼버리면 의미가 통하지 않는다'는 것이다. 따라서 **3 状況をぬきにして**가 가장 적합하다.

　　33 앞 문장의 내용을 요약하거나 결론지을 때 사용하는 접속사가 필요하므로 **2 つまり**가 정답이다. 즉 한자·가나의 병용과 창출 과정을 근거로, 여러 문자를 섞어 쓰는 것이 의사전달에 효과적이라는 결론을 도출하고 있다.

　　34 앞에서 한자, 히라가나, 가타카나, 알파벳, 아라비아 숫자로 5가지가 제시되어 있으므로, **3 5種類の文字や記号**가 정답이다.

단어　博物館(はくぶつかん) 박물관 | 裏道(うらみち) 뒷길 | いそぐ 서두르다 | 寛永寺(かんえいじ) 간에이지(사찰 이름) | 面影(おもかげ)をとどめる 옛 모습을 간직하다 | 珍(めずら)

しい 신기하다, 희귀하다 | 何気(なにげ)なく 무심히 | 犯人
(はんにん) 범인 | 印刷(いんさつ)してある 인쇄되어 있다 |
前提(ぜんてい) 전제 | 伝達(でんたつ) 전달 | 訳(やく)する
번역하다 | ～ものなら ～한다면 | 併用(へいよう) 병용 | 工
夫(くふう) 고안, 궁리 | 創出(そうしゅつ) 창출 | 混用(こん
よう) 혼용 | 伝言板(でんごんばん) 전언판 | 特定(とくて
い) 특정 | ありふれた 흔한, 평범한 | 朝鮮半島(ちょうせん
はんとう) 조선 반도(한반도) | 稀(まれ)な 드문 | 一切(いっ
さい) 일절, 전혀 | 区別(くべつ) 구별 | 判読(はんどく) 판독
| 解釈(かいしゃく)してある 해석되어 있다 | 記号(きごう)
기호 | 外来語(がいらいご) 외래어 | ～をぬきにして ～을
빼고 | ～つつ ～하면서

03 문법 확인문제　2순위 051~075　　　　p.272

**문제 5　다음 문장의 (　　)에 들어갈 가장 알맞은 것을 1·2·3·4
에서 하나 고르시오.**

1 신뢰**가 있어야 기능한** 비즈니스이며, 눈앞의 이익보다 신
용을 소중히 여겨야 한다.

해설　공란에 들어갈 표현은 **4 あっての**이다. '～가 있어야 기능한'이
라는 의미로, 앞의 조건이 절대적인 기반임을 강조한다.

단어　信頼(しんらい) 신뢰 | 利益(りえき) 이익 | 信用(しんよう) 신
용 | 大切(たいせつ)にする 소중히 여기다 | ～たる ～인 자
(로서) | ～ならではの ～특유의 | ～とはいえ ～라고는 하나

2 위험을 감수하지 **않고**, 새로운 길을 개척할 수는 없을 것이다.

해설　공란에 들어갈 표현은 **2 なしに**이다. ～ことなしには '～하지
않고'라는 뜻으로, ～ことなくろ 바꿔 쓸 수 있다.

단어　負(お)う 짊어지다, 감수하다 | 切(き)り開(ひら)く 개척하다,
열다

3 결국 그는 100만 엔이나 하는 회사 기계를 고장 내버렸다.
순서대로 조작하지 않으면 문제가 발생한다고 신신당부해
서 주의시킨 결과가 이 **꼴이다.**

해설　공란에 들어갈 표현은 **1 しまつだ**이다. このしまつ(始末)だ
는 '이 꼴(지경)이다'라는 의미로, 최종적인 나쁜 결과를 비난하
거나 한탄할 때 사용한다.

단어　機械(きかい) 기계 | 手順(てじゅん) 순서, 절차 | ～通(どお)
りに ～대로 | 操作(そうさ) 조작 | さんざん 몹시, 신신당부
하여 | 注意(ちゅうい)する 주의를 주다 | ～かぎりだ ～하
기 짝이 없다

4 몹시 불평을 **한 끝에**, 그 손님은 아무것도 사지 않고 나갔다.

해설　공란에 들어갈 표현은 **4 言ったあげく**이다. ～たあげくは '～
한 끝에, 결국 ～한 결과'라는 의미로, 반복 행위의 결과가 좋지
않거나 허무할 때 사용한다.

단어　文句(もんく)を言(い)う 불평을 하다 | ～ついでに ～하는
김에

5 시작할 때의 장벽이 너무 높아서 사용자들의 의욕을 **잃게
만들 우려가 있다**면, 그 장벽을 점차 올려 가면 됩니다.

해설　공란에 들어갈 표현은 **1 失わせてしまうおそれがある**이다.
～おそれがあるは '～할 우려(위험)가 있다'라는 의미로, 바람

직하지 않은 결과가 발생할 가능성을 경고한다.

단어　～際(さい)の ～할 때의 | ハードル 허들, 장벽 | 意欲(いよく)
의욕 | 失(うしな)わせる 잃게 하다 | ～つつある ～하고 있
다 | ～てはならない ～해서는 안 된다 | ～ところだ ～할 참
이다

6 인간관계를 구축하는 **데 있어서**, 상대를 배려하는 커뮤니
케이션은 빠뜨릴 수 없다.

해설　공란에 들어갈 표현은 **2 上で**이다. 동사 사전형+上(うえ)で는
'～하는 데 있어서'라는 의미로, 어떤 목적이 성립하는 데 필요
한 조건이나 상황을 나타낸다.

단어　築(きず)く 구축하다 | 思(おも)いやる 배려하다 | 欠(か)か
せない 빠뜨릴 수 없다

7 올림픽. 각국의 선수들이 모여 힘과 기술을 겨룬다. 이 얼
마나 멋진 **일인가**!

해설　공란에 들어갈 표현은 **2 ことか**이다. なんと～ことかは '얼마
나 ～인가, ～한 일인가'라는 의미로, 감정이나 느낌을 강하게
강조하는 감탄 표현이다.

단어　技(わざ) 기술 | 競(きそ)う 겨루다 | なんと 이 얼마나

8 리더**부터가** 의욕이 너무나 없으니, 다른 사람들이 할 리가
없다.

해설　공란에 들어갈 표현은 **4 からして**이다. '～부터가'라는 의미로,
가장 기본적인 예시를 들어 뒤의 판단이나 추론의 근거로 삼는다.

단어　やる気(き) 의욕 | あまりにも 너무나도 | ～までして ～하
면서까지 | ～とともに ～와 함께 | ～にしては ～치고는

9 내일 첫 출근 날을 생각하니 긴장되는 **느낌**입니다.

해설　공란에 들어갈 표현은 **2 思い**이다. ～思いだは '～한 느낌이
다'라는 뜻이다.

단어　初(はつ)出勤日(しゅっきんび) 첫 출근 날 | 身(み)が引(ひ)
き締(し)まる 마음이 다잡아지다, 긴장되다 | 始末(しまつ)
꼴, 형편 | 見込(みこ)み 전망, 예상

10 A '일하다'를 즐기기 위해서 필요한 것은 무엇이라고 생각
합니까?"
B "지금은 저희 때보다 1인당 일의 양이 많아진 시대. 그래
서, 경영자라는 입장**에서 말하자면**, 즐길 여유보다 확실하
게 일을 완수하는 것이 더 중요하다고 느껴지곤 합니다."

해설　공란에 들어갈 표현은 **2 から言わせてもらえば**이다. '～의 입
장에서 말하자면'이라는 의미로 ～から言えば의 겸손 표현이다.

단어　一人(ひとり)当(あ)たり 1인당 | 経営者(けいえいしゃ) 경
영자 | 立場(たちば) 입장 | 余裕(よゆう) 여유 | やりぬく 끝
까지 해내다, 완수하다

11 담배 가게 아저씨는 사람 얼굴**만** 보면 "배운 사람은 다르
네."라고 말한다.

해설　공란에 들어갈 표현은 **4 さえ**이다. ～さえ～ばは '～만 ～하
면'이라는 뜻으로 가정을 나타낸다.

단어　たばこ屋(や) 담배 가게 | おやじ 아저씨, 아버지 | 学(がく)
のある 학식이 있는, 배운 게 있는

12 새로운 제품이 매장에 진열되**자마자**, 몇 시간 만에 매진되어 버렸다.

해설 공란에 들어갈 표현은 **2 なり**이다. '～하자마자'라는 의미로, 동사 사전형에 접속한다.

단어 製品(せいひん) 제품 | 店頭(てんとう) 점포 앞, 매장 | 並(なら)ぶ 진열되다 | 売(う)り切(き)れ 매진 | ～たとたん ～하자마자 | ～とは ～라고는

13 아이가 밥을 먹은 후의 식기를 테이블에 **놓아 둔 채**, 놀러 나가버렸다.

해설 공란에 들어갈 표현은 **2 置きっぱなしにして**이다. ～っぱなし는 '～한 채로 (방치된 상태)'라는 의미로, 주로 뒤처리를 하지 않고 내버려 두는 부정적인 뉘앙스를 나타낸다.

단어 食器(しょっき) 식기 | 置(お)く 두다, 놓다 | ～にして ～이 되어서, ～만에 | ～つつ ～하면서 | ～にあたって ～을 즈음하여

14 혹독한 겨울을 **견뎌낸 끝에** 눈을 가르듯이 피어나는 봄꽃은 아름답다.

해설 공란에 들어갈 표현은 **4 耐えぬいた末に**이다. ～た末(すえ)에는 '～한 끝에, ～한 결과'라는 의미로, 긴 과정이나 노력이 끝난 후에 최종적인 결과가 나타났음을 나타낸다.

단어 厳(きび)しい 혹독하다 | 耐(た)えぬく 끝까지 견뎌내다 | 割(わ)る 가르다, 쪼개다 | 咲(さ)く (꽃이) 피다 | ～かねる ～하기 어렵다

15 방을 깨끗이 청소한 **줄 알고** 있었는데, 책상 밑은 먼지투성이였다.

해설 공란에 들어갈 표현은 **3 つもりになって**이다. ～つもりになっている는 '～인 줄 알고 있다'라는 의미로, 실제와 다른 상태로 오해하고 있음을 나타낸다.

단어 掃除(そうじ) 청소 | ～だらけ ～투성이

16 어린 시절 괴롭힘을 당한 경험은, **잊기 힘든** 마음의 상처가 되었다.

해설 공란에 들어갈 표현은 **4 忘れがたい**이다. ～がたい는 '～하기 어렵다'라는 의미로, 심리적 또는 도덕적인 어려움 때문에 행위가 불가능함을 나타낸다.

단어 幼(おさな)い 어리다 | 経験(けいけん) 경험 | 心(こころ)の傷(きず) 마음의 상처 | ～かねない ～할지도 모른다 | ～までもない ～할 필요도 없다 | ～っぽい ～인 것 같다

17 작은 실수로 **침울해 할 필요는 없다**. 좋은 경험으로 삼아 다음에 활용하면 되는 것이다.

해설 공란에 들어갈 표현은 **3 落ち込むことはない**이다. ～ことはない는 '～할 필요는 없다'는 의미로, 불필요한 행동에 대해 조언할 때 사용된다.

단어 落(お)ち込(こ)む 침울해지다 | 生(い)かす 활용하다 | ～ないでもない ～하지 않는 것도 아니다 | ～わけではない ～인 것은 아니다

18 A "야마다 군 전화번호, **안 바뀌었었나?**"
B "아마 안 바뀌었을 거야."

해설 공란에 들어갈 표현은 **2 変わってないんだっけ**이다. ～だっけ는 '～였던가?'라는 의미로, 과거 정보의 재확인이나 기억을 더듬을 때 사용한다.

19 비상**시에는** 당황하지 말고 담당 직원의 지시에 따라 침착하게 행동해 주십시오.

해설 공란에 들어갈 표현은 **3 の際は**이다. ～の際(さい)は는 '～때에는, ～시에는'이라는 의미로, 특정한 때를 가리키는 격식 있는 표현이다.

단어 非常(ひじょう) 비상 | 慌(あわ)てる 당황하다 | 係員(かかりいん) 담당 직원 | 指示(しじ) 지시 | ～に従(したが)って ～에 따라 | 落(お)ち着(つ)く 침착하다 | ～のたびに ～일 때마다 | ～の末(すえ)に ～끝에 | ～のもとで ～아래에서

20 부장의 생각은 시대에 뒤떨어져서, 젊은 사원에게 **받아들여질 리가 없을** 것이다.

해설 공란에 들어갈 표현은 **3 受け入れられっこない**이다. ～っこない는 '절대로 ～할 리가 없다'는 의미로, 강한 부정의 추측을 나타낸다.

단어 時代遅(じだいおく)れ 시대에 뒤떨어짐 | 受(う)け入(い)れる 받아들이다 | ～ほか(は)ない ～할 수밖에 없다 | ～ても差(さ)し支(つか)えない ～해도 지장없다

문제 6 다음 문장의 _____★_____에 들어갈 가장 알맞은 것을 1·2·3·4에서 하나 고르시오.

21 교도소에서 화재가 있었지만, **재소자들은 도망치려 해도 도망칠 수 없어서** 많은 사람이 사망했다.

해설 ～(よ)うにも～(でき)ない(～하려고 해도 ～할 수 없다)는 불가능함을 나타낸다. '재소자들은(4) 도망치려 해도(3+1) 도망칠 수 없어서(2)'로 연결한다.

단어 刑務所(けいむしょ) 교도소 | 火事(かじ) 화재 | 受刑者(じゅけいしゃ) 수형자, 재소자 | 逃(に)げる 도망치다 | 亡(な)くなる 사망하다

22 일 우선으로 가정을 돌보지 않았던 그는, 아이들**에게는 무시당하고 아내에게도 버림받는** 지경이었다.

해설 아이들에게는(1) 무시당하고(4) 아내에게도(2) 버림받는(3)이 병렬로 연결되어 나쁜 결과가 ～始末로 마무리된다.

단어 仕事(しごと)優先(ゆうせん) 일 우선 | 家庭(かてい)を顧(かえり)みる 가정을 돌보다 | 去(さ)られる 떠나보내다, 버림받다 | ～始末(しまつ)だ ～꼴(지경)이다

23 수많은 영화의 무대도 되었던 **장소에서 영화의 주인공이 된 듯한** (사진) 한 장을 찍어보는 것은 어떨까요?

해설 '무대도 되었던 장소에서(3)'라는 배경 뒤에, A かのようなB (A인 것처럼 B) 구문(2+4)을 연결하여 '주인공이 된 듯한(1+2+4) 사진'을 제안한다.

단어 数々(かずかず)の 수많은 | 舞台(ぶたい) 무대 | 主人公(しゅじんこう) 주인공 | なりきる 완전히 되다

24 몸 **전체에서 넘쳐흐르는 표현력부터가** 너에게는 배우로서의 소질이 있다고 생각한다.

해설 ～からして(～부터가)는 어떤 특징적인 예시를 들어 전체를 판단할 때 쓴다. '몸 전체에서 (4+3) 넘쳐흐르는 표현력(1) 부터가(2)' 소질의 근거임을 나타낸다.

단어 体(からだ)じゅう 몸 전체, 온몸 | 溢(あふ)れる 넘쳐흐르다 | 表現力(ひょうげんりょく) 표현력 | 素質(そしつ) 소질

25 일상적인 시설이 없는 것은 곤란하지만, **나의 입장에서 보면 역 근처인지 아닌지**는 그다지 중요하지 않습니다.

해설 〜からすれば(〜의 입장에서 보면)가 판단 기준을 제시하고 (3+2), 1+4가 판단의 대상이 된다. 따라서 3 → 2 → 1 → 4로 연결된다.

단어 日常的(にちじょうてき)な 施設(しせつ) 일상 시설 | 駅近(えきちか) 역 근처, 역세권 | 〜かどうか 〜인지 아닌지, 〜여부 | さほど 그다지

26 그가, **이 분야의 전문가라고 해서 다른 분야의 의견을 완전히 무시하는** 태도는 위험하지 않을까?

해설 AからといってB (A라고 해서 B)는 A를 이유로 B 하는 것이 부적절함을 나타낸다. '전문가라고 해서(4+2) 의견을 무시하는(3+1)' 태도로 연결한다.

단어 専門家(せんもんか) 전문가 | 完全(かんぜん)に 완전히

27 정부가 내놓은 **이번 대책이 적절했는지 아닌지는 곧바로 알 수 없고**, 수년 후의 결과를 보고서야 비로소 명확해질 것이다.

해설 Aか否(いな)かはB (A인지 아닌지는 B)가 판단의 여부를 나타낸다. '대책이(3) 적절했는지 아닌지는(1+4) 곧바로 알 수 없고(2)'로 연결한다.

단어 政府(せいふ) 정부 | 対策(たいさく) 대책 | 適切(てきせつ) 적절함 | 〜て初(はじ)めて 〜해서야 비로서 | 明(あき)らかになる 명확해지다

28 좀 더 일찍 출발했더라면 **회의에도 늦지 않고 끝났을 텐데**.

해설 〜ずに済(す)む(하지 않고 끝나다)와 〜だろうに(〜할 텐데)라는 표현이 핵심이다. 회의에도(3) 늦지 않고 끝났을(4+2) 텐데(1)로 연결한다.

단어 出発(しゅっぱつ)する 출발하다 | 〜ていれば 〜했더라면 | 遅(おく)れる 늦다

29 외국어 지식은, **국제적인 비즈니스를 함에 있어서의 하나의 수단에 불과하다는 것을** 명확히 기억해 두어야 한다.

해설 〜を行う上での(〜을 함에 있어서의)(2+4)와 〜にすぎない(〜에 불과하다)(1+3)가 결합된다.

단어 知識(ちしき) 지식 | 国際的(こくさいてき)な 국제적인 | 行(おこな)う 하다, 행하다 | 一手段(いちしゅだん) 하나의 수단

30 장래를 위해, 저축한 **셈 치고 매월 일정한 금액을 주식에 투자하면** 수년 후에는 큰 자산이 되어 있을지도 모른다.

해설 AつもりでB(A한 셈 치고 B)와 가정법 〜ば(〜하면)가 결합되었다. '저축한 셈 치고(2) 일정한 금액을(4+1) 투자하면(3)'이라는 조건으로 연결한다.

단어 将来(しょうらい) 장래 | 貯金(ちょきん)する 저금(저축)하다 | 毎月(まいつき) 매월 | 一定(いってい)の 일정한 | 金額(きんがく) 금액 | 株(かぶ)に投資(とうし)する 주식에 투자하다 | 資産(しさん) 자산

문제 7 다음 문장을 읽고, 문장 전체의 내용을 생각해서 **31** 부터 **34** 에 들어갈 가장 알맞은 것을 1・2・3・4에서 하나 고르시오.

사람은 젊었을 때의 실패를 자주 말한다. 그러나 **젊기에 겪은 실패**란, 일반적으로 일종의 미소를 띄고 회상되기 마련이다. 자신의 역량이나 재능을 돌이켜보지 않고, 나중에 생각하면 그 무모함에 어이가 없어질 만한 일에 손을 댄 것을, **혹은** 주위 사람들의 생각을 완전히 무시하고, 틀림없이 사람들에게 걱정이나 폐를 끼쳤을 듯한 일을 강행했던 것을 반쯤은 참회의 심정으로, 그러나 한편으로는 순진하고 한결같았던 젊은 날의 자신의 모습에 반쯤 자랑스러운 기분을 느끼며, '정말 젊은 혈기에 겪은 실패였지요.'하고 사람들은 고백하는 것이다.

이러한 고백하는 것에 오히려 일종의 쾌감을 느끼는 추억은 설령 그것이 실패나 과실의 추억이라 해도 그런 추억을 많이 가지는 것은 청춘시절이 알찼다는 것을 나타내는 것이며, 이것을 회한이라는 말로 부르는 것은 **어울리지 않을** 것이다.

젊은 사람들을 훈계하는 표현으로서 '젊은이는 금세 늙어버리나, 학문은 이루기 어렵다(시간을 아껴 공부해야 한다)'라는 충고를 우리들은 옛날부터 되풀이해서 들어왔다. 이것은 여러 번 되풀이되어도 충분하지 않다 할 정도로 옳은 충고이다. 사람이 가지고 태어난 재능 같은 것은 결국 큰 차이가 없으며, 본인의 시종 변치않는 노력과 공부가 마지막에 큰 힘을 발휘하는 것이다. 타인이 하는 것을 바라보며 저 정도의 일은 언제든 자신이 해낼 자신이 있다고 생각하는 동안에, 실천에 의해 정말로 배울 수 있고, 자신의 일을 **비록** 조금씩이라도 확실히 쌓아간 상대에게서, 어느 사이엔가 멀리 간격이 벌어져버리는 것이다.

(가와모리 요시조 『사랑・자유・행복』에서)

31 1 가난하기에 거둔 성공　　2 젊기에 거둔 성공
3 가난하기에 겪은 실패　　**4 젊기에 겪은 실패**

32 1 다시, 새삼스럽게　　2 즉
3 혹은, 또는　　4 그런데

33 1 당연한 일　　**2 어울리지 않을**
3 부끄럽지 않을　　4 매우 어울릴

34 1 다시　　2 그만큼
3 비록　　4 과연, 정말로

해설 **31** 지문은 '젊은 시절의 실패'로 시작해 무모함과 폐를 끼친 사례들을 나열하고 있으므로, 맥락상 **4 若さゆえの失敗**가 가장 적절하다. 〜ゆえの는 '〜이기 때문에 생기는, 〜(으)로 인한'이라는 뜻의 문법 기능어이다.

32 빈칸 앞뒤로 '무모한 도전'과 '걱정을 무시한 강행'이라는 두 실수가 병렬 배치되어 있다. 따라서 이들을 대등하게 묶어주는 **3 あるいは**가 가장 적절하다.

33 필자는 실패조차 '청춘의 충실함'으로 긍정하기에, 이를 '후회'라는 부정적 단어로 표현하는 것은 부적절하다고 비판한다. 따라서 **2 ふさわしくない**라는 비판적인 평가가 되어야 문맥상 논리가 성립한다.

34 '조금씩'이라는 아주 작은 양을 '비록 ~라도(たとえ~で
も)'라는 강조 표현과 연결하여, 그 꾸준함의 가치를 부각하고
있다. 정답은 **3 たとえ**이다.

단어 失敗(しっぱい) 실패, 실수 | 口(くち)にする 이야기하다, 말
하다 | 微笑(びしょう) 미소 | 回想(かいそう)される 회상되
다 | 力量(りきりょう) 역량 | 才能(さいのう) 재능 | 省(かえ
り)みる 돌이켜보다 | 無謀(むぼう) 무모함 | あきれかえる
기가 막히다, 어이가 없다 | 手(て)を出(だ)す 손을 대다 | 周囲
(しゅうい) 주변 | 思惑(おもわく) 생각, 속셈 | さだめし 필
시, 분명히 | 迷惑(めいわく)をかける 폐를 끼치다 | 強行(き
ょうこう) 강행 | 半(なか)ば 반쯤은 | ざんげ 참회 | 純真(じ
ゅんしん)だ 순진하다 | ひたむきだ 한결같다 | 誇(ほこ)ら
しい 자랑스럽다 | 若気(わかげ) 젊은 혈기 | あやまち 실수,
잘못 | 告白(こくはく)する 고백하다 | 快感(かいかん) 쾌감
| 覚(おぼ)える 느끼다 | 過失(かしつ) 과실, 실수 | 追憶(つ
いおく) 추억 | 充実(じゅうじつ)ぶり 충실함 | 悔恨(かいこ
ん) 회한 | ~をもって ~으로 | ふさわしい 어울리다 | 戒(い
まし)める 훈계하다 | 忠告(ちゅうこく) 충고 | 幾度(いくど
) 몇 번, 여러 차례 | 持(も)って生(う)まれる 타고나다 | 当人
(とうにん) 당사자 | 終始(しゅうし) 시종일관 | ものをいう
큰 힘을 발휘하다 | ~うちに ~동안에 | 実践(じっせん) 실
천 | 確実(かくじつ)に 확실히 | 積(つ)み重(かさ)ねる 쌓아
올리다 | 引(ひ)き離(はな)される 뒤처지다

🔴 04 문법 확인문제 2순위 076~100 p.296

문제 5 다음 문장의 (　)에 들어갈 가장 알맞은 것을 1·2·3·4
에서 하나 고르시오.

1 초보자도 **아닐 텐데**, 그 정도 일은 당연히 알 거야.

해설 공란에 들어갈 표현은 **3 あるまいし**이다. ~じゃ(では)ある
まいし는 '~도 아닐 텐데'라는 뜻으로, 앞 조건이 성립하지 않
으므로 뒤 내용이 당연함을 주장한다.

단어 初心者(しょしんしゃ) 초보자

2 목장에서 마신 우유는 갓 짠 **것이어서**, 과연 진하고 아주
맛있었다.

해설 공란에 들어갈 표현은 **1 とあって**이다. '~이라서'라는 의미로,
특별한 상황이나 이유가 있어서, 당연히 그에 걸맞은 결과가 나
타났을 때 쓴다.

단어 牧場(ぼくじょう) 목장 | 牛乳(ぎゅうにゅう) 우유 | 絞(しぼ)
りたて 갓 짜낸 것 | 濃厚(のうこう)だ 농후하다, 진하다 | ~
にあって ~(라는 상황)에서 | ~にして ~면서 동시에

3 시간을 들여 논의를 **거듭해야만**, 설득력 있는 결론에 이르
는 법이다.

해설 공란에 들어갈 표현은 **1 重ねてこそ**이다. ~てこそ는 '~하고
나서야 비로소, ~해야만'이라는 의미로, 앞의 행위가 뒤의 결
과에 필수적인 조건임을 강조한다.

단어 議論(ぎろん) 논의, 토론 | 重(かさ)ねる 거듭하다 | 説得力
(せっとくりょく) 설득력 | 結論(けつろん) 결론 | 至(いた)
る 이르다 | ~ながらも ~하면서도 | ~とはいえ ~라고는
하나 | ~たが最後(さいご) 일단 ~했다 하면

4 드디어 장마가 끝났다**고 생각했는데**, 이번에는 대형 태풍
이 접근 중이라고 한다.

해설 공란에 들어갈 표현은 **1 と思いきや**이다. '~라고 생각했는데'
라는 의미로, 예상과 전혀 다른 상황이 뒤따를 때 사용한다.

단어 梅雨(つゆ)が明(あ)ける 장마가 끝나다 | 大型(おおがた) 대
형 | 台風(たいふう) 태풍 | 接近中(せっきんちゅう) 접근
중 | ~との ~라는 | ~といえども ~라고 해도 | ~とばか
りに (마치) ~라는 듯이

5 부모에게 반대**당하면서까지** 굳이 그와 결혼하려고는 생각
하지 않는다.

해설 공란에 들어갈 표현은 **4 されてまで**이다. ~てまでは '~하면
서까지'라는 의미로, 지나친 행위임을 나타내어 화자의 부정적
인 판단을 강조한다.

단어 あえて 굳이, 구태여 | ~にせよ ~라 할지라도 | ~だけで
~만으로 | ~ばこそ 바로 ~이기 때문에

6 사들인 상품은 어떻게든 다 팔아치웠지만, 원가에 가까운
땡처리였으므로, **잘해야** 본전**이다**.

해설 공란에 들어갈 표현은 **3 といったところだ**이다. '잘해야 ~이
다'라는 의미로, 상황이나 정도를 대략적으로 나타내거나 기대
에 못 미치는 수준임을 나타낸다.

단어 仕入(しい)れる 사들이다, 매입하다 | 売(う)りつくす 다 팔
아치우다 | 原価(げんか) 원가 | たたき売(う)り 떨이 판매,
땡처리 | 損益(そんえき)なし 손익 없음, 본전 | ~にはあた
らない ~할 것까지는 없다

7 일류 체조 선수**쯤 되면**, 과연 실력이 다른 것 같다.

해설 공란에 들어갈 표현은 **2 ともなると**이다. '~쯤 되면'이라는
의미로, 어떤 수준이 되면 그에 따라 당연히 예상되는 결과가
온다는 것을 나타낸다.

단어 一流(いちりゅう) 일류 | 体操(たいそう) 체조 | 実力(じつ
りょく) 실력 | ~とあれども ~일지라도

8 언니가 조용한 성격인 것**과는 달리**, 여동생은 사교적인 타
입의 아이다.

해설 공란에 들어갈 표현은 **1 にひきかえ**이다. '~와는 달리'라는
의미로, 앞뒤 내용이 극명하게 대조적임을 강조한다.

단어 社交的(しゃこうてき) 사교적 | ~はもとより ~은 물론이
고 | ~とはいえ ~라고는 하나 | ~とともに ~와 함께

9 이 소설은 작가 특유의 유머가 리드미컬한 문체와 **어우러
져**, 읽는 사람을 지루하게 하지 않는다.

해설 공란에 들어갈 표현은 **4 あいまって**이다. ~とあいまっては
'~와 어우러져'라는 의미로, 두 가지 이상의 요소가 결합하여
시너지 효과를 낼 때 사용한다.

단어 作家(さっか) 작가 | 独特(どくとく) 독특, 특유 | 文体(ぶん
たい) 문체 | あきさせる 지루하게 하다 | ~とあれば ~라면
| ~といったら ~로 말할 것 같으면

10 "성공률은 낮지만, 이 수술은 반드시 성공**하고 말겠다**"고
그는 힘차게 말했다.

해설 공란에 들어갈 표현은 **4 してみせる**이다. ~てみせる는 '~하
고야 말겠다, ~해 보이겠다'라는 의미로, 화자의 강한 의지나
결의를 나타낸다.

단어 成功率(せいこうりつ) 성공률 | 手術(しゅじゅつ) 수술 | 絶対(ぜったい) 반드시 | 力強(ちからづよ)く 힘차게

11 지난달 야구 시합에서, 자신의 실수로 패배한 이후로 계속 침울해져 연습에 집중할 수 없었다. 하지만, **침울해 하고만 있어봤자 소용없다**고 생각하며, 다시 연습에 힘쓰기로 했다.

해설 공란에 들어갈 표현은 **4 落ち込んでばかりいても始まらない**이다. ~てばかりいる(~하고만 있다)+ても始(はじ)まらない(~해도 소용없다)의 형태로 '~하고만 있어봤자 소용없다'는 의미를 나타낸다. 같은 상태에 머물지 말고 행동을 촉구할 때 사용한다.

단어 試合(しあい) 시합 | 負(ま)ける 지다 | ~てからというもの ~하고 나서 계속 | 落(お)ち込(こ)む 침울해지다 | 集中(しゅうちゅう) 집중 | 励(はげ)む 힘쓰다, 정진하다 | ~もしない ~도(조차) 하지 않다 | ~わけではない ~인 것은 아니다

12 강풍으로 인해 전철이 지연되어, 하마터면 지각할 **뻔했다**.

해설 공란에 들어갈 표현은 **2 ところだった**이다. '~할 뻔했다'라는 의미로, 거의 일어날 뻔했으나 일어나지 않은 상황을 나타낸다.

단어 強風(きょうふう) 강풍 | 遅(おく)れる 늦어지다 | あやうく 하마터면 | 遅刻(ちこく) 지각 | ~どころではない ~할 상황이 아니다

13 문을 확실히 잠그지 않으면, 도둑이 **들지도 모른다**.

해설 공란에 들어갈 표현은 **3 入られないともかぎらない**이다. ~ないともかぎらない는 이중 부정을 통해 '~할지도 모른다'는 완곡한 추측이나 경고를 나타낸다.

단어 しっかり 확실히 | 鍵(かぎ)をかける (열쇠로) 문을 잠그다 | 泥棒(どろぼう)に入(はい)られる 도둑이 들다 | ~ことはない ~할 필요는 없다 | ~とはかぎらない ~라고는 할 수 없다 | ~なくもない ~하지 않는 것도 아니다

14 A라는 이탈리아 요리점은 최근 TV에서 소개되었다**면서**, 아내가 가고 싶다고 예약해서 가족 4명이 다녀왔습니다.

해설 공란에 들어갈 표현은 **4 とかで**이다. '~라면서'라는 의미로, 불확실하거나 간접적으로 들은 정보를 이유로 제시한다.

15 아무리 **비판받을지라도**, 저는 이 방침을 바꿀 생각은 없습니다.

해설 공란에 들어갈 표현은 **2 批判されようとも**이다. どんなに~(よ)うとも는 '아무리 ~할지라도'라는 의미로, 앞 조건에 영향을 받지 않는 강한 의지를 강조한다.

단어 批判(ひはん) 비판 | 方針(ほうしん) 방침 | 変(か)える 바꾸다 | ~つもりはない ~할 생각은 없다 | ~といえば ~라고 하면 | ~にもかかわらず ~임에도 불구하고

16 이번 시험을 생각하니 너무 긴장돼서 **견딜 수 없고**, 밤에도 잠을 못 잘 정도로 걱정되어서 어쩔 줄 모르겠다.

해설 공란에 들어갈 표현은 **4 ならず**이다. ~てならない는 '~해서 견딜 수 없다'는 의미로, 어떤 감정이나 상태를 참을 수 없을 때 쓴다. 여기서는 문장 중간을 잇는 것이므로 ならず가 되었다.

단어 緊張(きんちょう) 긴장 | 眠(ねむ)る 잠들다 | 仕方(しかた)がない 어쩔 수 없다

17 시간이 없다고 한탄해도 **소용없을**테니, 지금 있는 시간을 최대한으로 활용해야 한다.

해설 공란에 들어갈 표현은 **3 始まらない**이다. ~ても始まらない는 '~해도 소용 없다'라는 의미로, 후회나 불평이 무의미함을 나타낸다.

단어 嘆(なげ)く 한탄하다 | 最大限(さいだいげん) 최대한 | 活用(かつよう) 활용 | ~べきだ ~해야 한다

18 여러분, 식사 중**이신데** 대단히 죄송합니다만, 한 말씀 인사 드리겠습니다.

해설 공란에 들어갈 표현은 **3 ところを**이다. '~하는 때에 (죄송하게도), ~인데'라는 의미로, 상대방의 상황을 고려하며 양해를 구할 때 사용하는 정중한 표현이다.

단어 恐縮(きょうしゅく)だ 송구하다, 죄송하다 | 一言(ひとこと) 한 마디 | 挨拶(あいさつ) 인사

19 진실을 **털어놓고 싶은** 심정이지만, 지금은 아직 그 시기가 아니라고 생각한다.

해설 공란에 들어갈 표현은 **4 打ち明けたい**이다. ~たいところだ는 '~하고 싶은 심정이다'라는 의미로, 화자의 강한 바람이나 희망을 나타낸다.

단어 真実(しんじつ) 진실 | 打(う)ち明(あ)ける 털어놓다, 고백하다

20 월급날까지 돈이 없으므로, 새 옷을 살 **상황이 아니다**.

해설 공란에 들어갈 표현은 **2 どころではない**이다. '~할 상황이 아니다'라는 의미로, 앞선 상황 때문에 뒤의 행위를 할 수 없음을 나타낸다.

단어 給料日(きゅうりょうび) 월급날 | ~ことはない ~할 필요는 없다 | ~ことだ ~하는 것이 상책이다 | ~ところだ ~할 참이다

문제 6 다음 문장의 _____ ★ _____ 에 들어갈 가장 알맞은 것을 1·2·3·4에서 하나 고르시오.

21 아이가 **태어나고 나서 계속** 내 시간을 좀처럼 낼 수 없다.

해설 ~てからというもの(~하고 나서 계속)는 어떤 변화를 기점으로 그 상태가 계속됨을 나타낸다. 1 → 3 → 4 → 2로 연결한다.

단어 生(う)まれる 태어나다 | 時間(じかん)がとれない 시간을 낼 수 없다

22 자전거 가게에서 가게 간판이 오른쪽에서 왼쪽으로 **붙어 있는 것을 보니, 쇼와 20년대 혹은** 전쟁 전의 간판일까?

해설 ~ところを見ると(~하는 것을 보니)는 판단의 근거를 나타낸다. '붙어 있는(4) 것을 보니(2+1) 쇼와 20년대 혹은(3)'이라는 추측의 흐름이다.

단어 自転車屋(じてんしゃや) 자전거 가게 | 看板(かんばん) 간판 | 貼(は)られている 붙어 있다 | 戦前(せんぜん) 전쟁 전

23 그가 **이야기하고 있는 것이 거짓말도 아닐 거라고 생각하고 싶지만**, 역시 증거를 보여주었으면 좋겠다.

해설 ~でもあるまい(~도 아닐 것이다)와 ~と思いたいが(~라고 생각하고 싶지만)가 결합되는 문장이다. 1 → 3 → 4 → 2로 연결된다.

단어 嘘(うそ) 거짓말 | 証拠(しょうこ) 증거

24 의뢰받은 원고의 마감 직전**이라면 일 분 일 초라도 낭비할 수는 없기** 때문에, 전력으로 집중해야 한다.

 직전이라면(3)과 낭비할 수는 없다(2+4)가 결합된다. '일분일초라도' 낭비할 수 없다고 해야 자연스럽기 때문에 3 → 1 → 2 → 4의 순서로 구성된다.

단어 依頼(いらい)される 의뢰받다 | 原稿(げんこう) 원고 | 締(し)め切(き)り 마감 | 直前(ちょくぜん) 직전 | 一分一秒(いちぶいちびょう) 일분 일초 | 無駄(むだ)にする 낭비하다 | ～わけにはいかない ～할 수는 없다

25 위원회는 신중한 논의 끝에, 이번 **회의 결과는 외부에는 공개하지 않기로 하는 결정을 내렸다**고 한다.

해설 '회의의 결과는(2) 외부에는(1) 공표하지 않기로 하는(4) 결정을 내렸다(3)'는 흐름으로 연결한다.

단어 委員会(いいんかい) 위원회 | 慎重(しんちょう)な議論(ぎろん) 신중한 논의 | ～の末(すえ) ～끝에 | 外部(がいぶ) 외부 | 公表(こうひょう) 공표, 공개 | 決定(けってい)を下(くだ)す 결정을 내리다

26 비록 상황 증거가 갖추어져 있었다**고 하더라도 결정적인 증거가 없으면**, 그를 범인이라고 단정할 수는 없다.

해설 たとえ～としても(비록 ～한다고 하더라도)와 ～ないことには(～하지 않으면)가 결합되었다. '결정적인 증거가 없으면(1+3+2)' 단정할 수 없다는 논리이다. 4 → 1 → 3 → 2로 연결된다.

단어 状況(じょうきょう)証拠(しょうこ) 상황 증거 | 揃(そろ)っている 갖추어져 있다 | 断定(だんてい)する 단정하다

27 올해 보너스는 **예년보다 많다고 해서 사내에서 화제가 되고 있어**, 사원들은 그것을 기대하고 있다.

해설 ～とかで(～라면서)는 소문을 이유로 나타낸다. '예년보다(1) 많다고 해서(4) 화제가(2) 되고 있어(3)'로 연결한다.

단어 例年(れいねん) 예년 | 楽(たの)しみにする 기대하다

28 레스토랑에서 친구와 식사를 마치고, 드디어 **가게를 나가려고 하던 차에 지갑이 없다는 것을** 깨닫고 당황해버렸다.

해설 ～ようとしたところ(に)(～하려고 하던 차에)는 어떤 행위를 하려던 순간에 예기치 않은 일이 발생함을 나타낸다. '가게를 나가려고 하던 차에(2+4) 지갑이 없다는(1) 것을(3)' 깨달았다는 내용으로 연결한다.

단어 食事(しょくじ)を終(お)える 식사를 마치다 | 財布(さいふ) 지갑 | 慌(あわ)てる 당황하다

29 원재료 가격 인상으로 인해, **제품의 생산 비용이 이 이상 든다고 한다면, 생산을 중지**하게 될지도 모른다.

해설 AとすればB(A라고 한다면 B)는 가정이나 전제를 나타낸다. '생산 비용이(2) 이 이상 든다고 한다면(4+1) 생산을 중지하는(3)' 상황으로 연결한다.

단어 原材料(げんざいりょう) 원재료 | 価格(かかく) 가격 | 値上(ねあ)げ 가격 인상 | 生産(せいさん)コスト 생산 비용 | 中止(ちゅうし)する 중지하다

30 고객의 불만이 잇따르고 있으므로, **그대로 방치하고 있을 수는 없는 상황이기에, 조속히** 개선책을 실시해야 한다.

해설 ～てはいられない(～하고 있을 수는 없다)는 감당하기 어려움을 나타낸다. '그대로(1) 방치하고 있을 수 없는(4) 상황이기에(3) 조속히(2)'라는 긴급함을 강조한다.

단어 顧客(こきゃく) 고객 | 苦情(くじょう) 불만, 클레임 | 相次(あいつ)ぐ 잇따르다 | 放置(ほうち)する 방치하다 | 早急(そうきゅう)に 조속히 | 改善策(かいぜんさく) 개선책

문제 7 다음 문장을 읽고, 문장 전체의 내용을 생각해서 **31** 부터 **34** 에 들어갈 가장 알맞은 것을 1·2·3·4에서 하나 고르시오.

앨범을 펼치면, 먼 어느 날의 소중한 사진이 한 장 있다. 네덜란드의 초등학교 6학년 소풍 기념사진이다. 장소는 로테르담 남쪽에 있는 Zeeland 라는 해안으로, 여자 아이들도 남자 아이들과 마찬가지로 아무렇게나 다리를 꼬고 모래 위에 앉아 있다. 금발이나 갈색, 황갈색 머리의 아이들 속에, 혼자만 검은 머리인 나는, 걱정 없는 **행복해 보이는 미소**를 보이고 있다.

명랑하고 구김살 없이 찍혀 있는 나지만, 예전 일본 초등학교 1학년 때의 통지표에는 내 성격을 언급하며 '내성적임'이라고 적혀 있었다.

(중략)

네덜란드어의 **습득과 함께** 나는 네덜란드인의 커뮤니케이션의 기본적인 방식을 선생님과 반 친구의 다양한 상황에서의 대화부터 **배워나갔다**. 일본에서는 친구 집에서 간식이나 식사를 권유받거나, 어딘가 함께 놀러가는데 데려가 주겠다고 해도 우선은 사양하는 게 무난하지만, 네덜란드에서는 오히려 우선 솔직하게 감사를 표하는 점. 또 기쁜 일이나 싫은 일이 있었을 때, 일본에서는 **어쨌든** 우선 눈에 띄지 않도록 주위를 배려하여 본심을 숨긴 무표정이 가장 탈이 없지만, 네덜란드에서는 기쁨이나 슬픔, 때로는 분노의 감정을 솔직하게 드러내도 좋은 점. 또 일본 초등학교에서는 고학년쯤 되면 선생님에게 직접 질문하는 아이는 그다지 없지만, 네덜란드에서는 잘 모르는 것이 있으면 수업 중에 활발하게 질문을 하거나, 선생님의 지시나 학교 규칙의 이유에 대해서도 겁내지 않고 질문해도 되는 점 등.

이것은 자기억제적인 일본인과는 대조적으로, 아이의 자기주장 발달에 가치를 두는 네덜란드인의 대인행동의 방식이다.

(사토 요시코 『영국의 착한 아이 일본의 착한 아이』에서

31　1 불행해 보이는 쓴웃음　　　2 명랑하지 않은 듯한 쓴웃음
　　　3 행복해 보이는 미소　　　4 행복해 보이지 않는 미소

32　**1 습득과 함께**　　　2 습득과 어우러져
　　　3 습득하는 김에　　　4 습득에도 불구하고

33　1 배우지 않아도 되었다　　　**2 배워나갔다**
　　　3 배우고 있는 중이었다　　　4 배워 왔다

34　**1 어쨌든**　　　2 모든
　　　3 분명히, 틀림없이　　　4 진작에

해설 **31** 뒤 문장에서 '명랑하고 구김살 없이 찍혀 있는 나'라고 설명하고 있으며, くったくのない(걱정 없는, 명랑한)라는 긍정적인 수식어가 붙어 있으므로, **3 幸福そうな笑顔**가 가장 적절한 표현이다.

32 네덜란드어 학습과 함께 그 나라 사람들의 커뮤니케이션 방식을 배웠다는 의미이므로, 두 가지 행동이 동시에 혹은 함께 일어났음을 나타내는 **1 習得とともに**가 가장 자연스럽다.

33 오랫동안의 유학 생활과 교류를 통해 '커뮤니케이션 방식'이라는 추상적인 능력을 시간을 들여 습득하고 변화시켜 나갔음을 나타낸다. ～ていった는 변화의 진행이나 습득 과정의 계속을 나타내므로, **2 学んでいった**가 가장 적절하다.

34 이 문장은 일본에서의 바람직한 행동 방식(배려와 본심 숨기기)을 요약하고 있다. '눈에 띄지 않도록 배려하여 본심을 숨긴 무표정이 가장 거슬리지 않는다'는 의미를 압축적으로 전달하기 위해 **1 とにかく**가 가장 적절하다.

단어 遠足(えんそく) 소풍 | 海岸(かいがん) 해안 | ラフに 편하게, 대충 | 足(あし)を組(く)む 다리를 꼬다 | 亜麻色(あまいろ) 아마색 | くったくのない 구김살 없는, 걱정 근심이 없는 | 幸福(こうふく) 행복 | 笑顔(えがお) 웃는 얼굴, 미소 | 明朗(めいろう)だ 명랑하다 | のびやかに 구김살 없이, 활달하게 | 写(うつ)っている 찍혀 있다 | 通知表(つうちひょう) 통지표 | 触(ふ)れる 언급하다 | ひっこみじあん 내성적 | 習得(しゅうとく) 습득 | ～とともに ～와 더불어(함께) | あり方(かた) 방식 | やりとり 대화, 교환 | 連(つ)れていく 데려가다 | まずは 일단은 | 遠慮(えんりょ)する 사양하다 | 無難(ぶなん)だ 무난하다, 탈이 없다 | むしろ 오히려 | 素直(すなお)に 솔직하게 | 感謝(かんしゃ) 감사 | 表(あらわ)す 표하다, 나타내다 | とにかく 어쨌든 | 目立(めだ)つ 눈에 띄다 | 周囲(しゅうい) 주변 | 配慮(はいりょ) 배려 | 本音(ほんね) 본심 | 隠(かく)す 숨기다 | 無表情(むひょうじょう) 무표정 | あたりさわりがない 거슬리지 않다 | 悲(かな)しみ 슬픔 | 怒(いか)り 분노 | 率直(そっちょく)に 솔직하게 | 高学年(こうがくねん) 고학년 | ～ともなると ～쯤 되면 | 活発(かっぱつ)に 활발하게 | 指示(しじ) 지시 | きまり 규칙 | 臆(おく)せずに 거리낌 없이 | 自己(じこ)抑制的(よくせいてき) 자기 억제적 | 対照的(たいしょうてき)に 대조적으로 | 自己(じこ)主張(しゅちょう) 자기 주장 | 発達(はったつ) 발달 | 価値(かち)をおく 가치를 두다 | 対人(たいじん)行動(こうどう) 대인 행동 | 苦笑(くしょう) 쓴웃음

🔴05 문법 확인문제   2순위 101~125   p.318

문제 5 다음 문장의 (　)에 들어갈 가장 알맞은 것을 1·2·3·4에서 하나 고르시오.

1 도민 여러분의 협력 **없이**, 쓰레기 문제의 해결은 불가능하다.

해설 공란에 들어갈 표현은 **2 なくして**이다. '～없이'라는 의미로, 뒤에는 부정적인 결과가 따른다.

단어 都民(とみん) 도민 | 協力(きょうりょく) 협력 | 不可能(ふかのう) 불가능 | ～とおりに ～대로 | ～ならでは ～나름 | ～に限(かぎ)らず ～뿐만 아니라

2 반드시라고 **까지는** 말할 수 없**더라도**, 성공할 확률은 상당히 높다고 생각합니다.

해설 공란에 들어갈 표현은 **4 までも**이다. ～ないまでも는 '～까지는 않더라도'라는 의미로, 완전한 단정은 피하면서 특정 수준에 가까움을 나타낸다.

단어 確率(かくりつ) 확률 | かなり 상당히

3 회의 준비**를 함에 있어서**, 자료를 정리하고 발표 내용을 확인할 필요가 있다.

해설 공란에 들어갈 표현은 **2 にあたって**이다. '～에 즈음하여, ～을 함에 있어서'라는 의미로, 중요한 일을 시작하는 때를 나타낸다.

단어 準備(じゅんび) 준비 | 資料(しりょう) 자료 | 整理(せいり) 정리 | 確認(かくにん) 확인

4 그만두려고 생각하**면서도**, 담배는 끊을 수가 없다.

해설 공란에 들어갈 표현은 **3 ながらも**이다. '～이면서도, ～이지만'이라는 의미로, 앞뒤 사실이 모순되거나 대조적임을 나타낸다.

단어 やめる 끊다, 그만두다 | ～ながらに ～하면서 | ～かたがた ～하는 김에 | ～ついでに ～하는 김에

5 자연주의 전성기**에서**, 시류를 초월한 고답적인 입장에서 개인주의에 철저했던 것은 오가이와 소세키이다.

해설 공란에 들어갈 표현은 **3 にあって**이다. '～(라는 상황)에서'라는 의미로, 특정 배경에 초점을 맞추어 사용한다.

단어 自然(しぜん)主義(しゅぎ) 자연주의 | 全盛期(ぜんせいき) 전성기 | 時流(じりゅう) 시류, 시대의 흐름 | 高踏的(こうとうてき) 고답적 | 立場(たちば) 입장 | 個人(こじん)主義(しゅぎ) 개인주의 | 徹(てっ)する 철저히 하다, 전념하다 | ～だけしか 오직 ～밖에 | ～ばかりか ～뿐만 아니라

6 경제 상황이 어려움**에도 불구하고**, 사장님은 새로운 사업으로의 투자를 결단했다.

해설 공란에 들어갈 표현은 **4 にもかかわらず**이다. '～에도 불구하고'라는 의미로, 예상 밖의 결과가 나왔음을 나타낸다.

단어 厳(きび)しい 가혹하다, 어렵다 | 事業(じぎょう) 사업 | 投資(とうし) 투자 | 決断(けつだん) 결단

7 그들에게는 그들 **나름의** 생각이 있고, 공포가 있고, 교훈이 있었다.

해설 공란에 들어갈 표현은 **4 なりの**이다. '～나름의'라는 의미로, 그 주체만의 독자적인 방식을 나타낸다.

단어 恐怖(きょうふ) 공포 | 教訓(きょうくん) 교훈 | ～向(む)きの ～에게 적합한 | ～なみの ～수준의 | ～次第(しだい)の ～하기 나름의

8 이 일을 경험자의 지시 없이 진행하면, 어딘가에서 실수를 저지를 **게 뻔하다**.

해설 공란에 들어갈 표현은 **3 にきまっている**이다. '당연히 ～이다, ～할 게 뻔하다'라는 의미로, 강하게 단정하거나 필연적인 결론임을 나타낸다.

단어 指示(しじ) 지시 | ～なしに ～없이 | 間違(まちが)い 실수 | 犯(おか)す 저지르다 | ～にはあたらない ～할 것까지는 없다 | ～に限(かぎ)る ～가 제일이다

9 아빠도 참, 우산만**이라면 몰라도**, 가방까지 전철 안에 두고 오셨지 뭐야.

해설 공란에 들어갈 표현은 **1 ならまだしも**이다. '～라면 몰라도'라는 의미로, 앞 조건은 용인되지만 뒤 조건은 용납할 수 없다는 부정적인 감정을 나타낸다.

단어 傘(かさ) 우산 | 忘(わす)れる 잊다, 두고 오다 | ～ともなると ～쯤 되면 | ～にあって ～(라는 상황)에서

10 여행할 때에는, 컨디션을 망치지 않도록 **조심하는 것이 제일이**라고 생각해요.

해설 공란에 들어갈 표현은 **1 用心するにこしたことはない**이다. ～に越(こ)したことはない는 '～가 제일이다'라는 의미로, 가장 바람직한 방법이나 선택을 조언한다.

단어 体調(たいちょう)を崩(くず)す 컨디션을 망치다 | 用心(ようじん)する 조심하다 | ～にたりない ～할 가치가 없다 | ～てならない 너무 ～하다 | ～ようがない ～할 수가 없다

11 어머니가 입시에 열심인 것**에 비해서는**, 아들은 너무나 무관심하다.

해설 공란에 들어갈 표현은 **3 にしては**이다. '～치고는, ～에 비해서는'이라는 의미로, 앞의 기준에 비해 뒤의 사실이 의외임을 나타낸다.

단어 母親(ははおや) 어머니 | 受験(じゅけん) 수험, 입시 | 熱心(ねっしん)だ 열심이다 | 息子(むすこ) 아들 | 無関心(むかんしん) 무관심 | ～につけても ～와 관련하여 (항상) | ～とみえて ～으로 보아, ～인 듯

12 회의에서 한 그의 무례한 발언에는, 용서하는 것에도 **정도**가 있다고 참가자 전원이 느꼈음에 틀림없다.

해설 공란에 들어갈 표현은 **1 ほど**이다. ～にもほどがある는 '～에도 정도가 있다'라는 의미로, 어떤 행위가 도를 넘었음을 비판적으로 나타낸다.

단어 無礼(ぶれい)な 무례한 | 発言(はつげん) 발언 | 許(ゆる)す 용서하다 | ～に違(ちが)いない ～임에 틀림없다

13 건강을 위해 **운동하는 것은 좋지만**, 무리하면 오히려 몸을 망친다.

해설 공란에 들어갈 표현은 **2 運動するのはいいが**이다. ～のはいいが는 '～하는 것은 좋지만'이라는 의미로, 앞 사실을 인정하면서도 뒤에 문제점을 지적한다.

단어 健康(けんこう) 건강 | かえって 오히려 | 体(からだ)を壊(こわ)す 몸을 망치다 | ～にもかかわらず ～임에도 불구하고 | ～だけあって 과연 ～인 만큼

14 국내여행**이라면 몰라도**, 해외여행을 가게 되면 준비도 힘들다.

해설 공란에 들어갈 표현은 **4 ならともかく**이다. '～라면 몰라도'라는 의미로, 앞 상황과 뒤 상황을 비교하여 뒤 상황이 훨씬 어렵거나 대조적임을 강조한다.

단어 ～ともなれば ～쯤 되면 | ～がゆえに ～때문에

15 그가 너무 착한 **것을 구실로**, 그녀는 항상 그에게 일을 떠넘긴다.

해설 공란에 들어갈 표현은 **1 なのをいいことに**이다. '～을 핑계 삼아, ～을 구실로'라는 의미로, 앞의 조건을 악용하여 좋지 않은 행동을 할 때 사용한다.

단어 お人(ひと)よし 너무 착한 사람 | 仕事(しごと)を押(お)しつける 일을 떠넘기다

16 저 고갯길은 자전거 통행도 많다. 자동차 운전자 **입장에서는** 운전하기 상당히 힘들 것이다.

해설 공란에 들어갈 표현은 **1 にしたら**이다. '～로서는, ～의 입장에서는'이라는 의미로, 특정 인물의 시점에서 판단할 때 사용한다.

단어 峠(とうげ) 고갯길 | 通行(つうこう) 통행 | ～といっても ～라고 해도 | ～はともかくとして ～은 차치하고 | ～からして ～부터가

17 그 영화는 통상적인 대작의 수준에는 훨씬 못 미친다 **하더라도**, 코로나 사태로 3월에 많은 영화관이 폐쇄된 이후 최대의 히트작이 되었다.

해설 공란에 들어갈 표현은 **4 にしろ**이다. '～라 하더라도'라는 뜻의 문어적 표현으로 ～にせよ로 바꿔 쓸 수 있다.

단어 通常(つうじょう) 보통, 통상 | 大作(たいさく) 대작 | 水準(すいじゅん) 수준 | 遠(とお)く 훨씬, 멀리 | 及(およ)ばない 미치지 못하다 | コロナ禍(か) 코로나 사태 | 閉鎖(へいさ) 폐쇄 | ～につけ ～할 때마다 | ～にして ～이 되어서야, ～만에

18 재해 지역의 참상을 볼 **때마다** 지진의 무서움을 통감하지 않을 수 없다.

해설 공란에 들어갈 표현은 **1 につけ**이다. '～할 때마다'라는 의미로, 앞의 행위를 계기로 뒤의 감정이나 생각이 듦을 나타낸다.

단어 被災地(ひさいち) 재해 지역 | 惨状(さんじょう) 참상 | 恐(おそ)ろしさ 무서움 | 痛感(つうかん) 통감 | ～ずにはいられない ～하지 않을 수 없다 | ～とは ～하다니 | ～なり ～하자마자 | ～にしてみれば ～의 입장에서 보면

19 냉장고에는 먹을 것이 없고, 돈도 없다. 이런 식으로는 조기 퇴직 따위는 **하는 게 아니었어**. 정년까지 회사에 매달려서 더 일해 둘 걸 그랬다.

해설 공란에 들어갈 표현은 **2 するんじゃなかった**이다. ～んじゃなかった는 '～하는 게 아니었다'라는 의미로, 이미 일어난 일에 대한 후회나 반성을 나타낸다.

단어 冷蔵庫(れいぞうこ) 냉장고 | 早期(そうき)退職(たいしょく) 조기 퇴직 | 定年(ていねん) 정년 | しがみつく 매달리다, 집착하다

20 결과**가 어찌 됐든**, 도전하는 것에 의미가 있다고 나는 생각한다.

해설 공란에 들어갈 표현은 **3 はどうあれ**이다. '～는 어찌 됐든, ～는 차치하고'라는 의미로, 앞의 요소는 제쳐두고 뒤의 내용이 중요함을 강조한다. ～はともかく, ～は関係なく와 같은 의미이다.

단어 挑戦(ちょうせん) 도전 | ～のみならず ～뿐만 아니라 | ～ともなると ～쯤 되면 | ～にかわって ～을 대신하여

문제 6 다음 문장의 ______★______에 들어갈 가장 알맞은 것을 1·2·3·4에서 하나 고르시오.

21 모두의 시선을 **받으며 말없이 앉아 있을 수 없는** 분위기였다.

해설 ～にたえない(차마 ～할 수 없다) 구문이 사용되었다. '시선을 받으며(2) 말없이(4) 앉아 있을 수 없는(1+3)' 분위기로 연결한다.

단어 視線(しせん)を浴(あ)びる 시선을 받다 | 黙(だま)って 말없이 | 雰囲気(ふんいき) 분위기

22 문제에 **대한 관심이 깊기 때문에**, 이렇게 오래 연구를 계속해 올 수 있었던 것이다.

해설 AばこそB(A하기 때문에 B)는 A가 B의 유일한 이유임을 강조

한다. '문제에 대한(3) 관심이(2) 깊기 때문에(1+4)'로 연결한다.

단어 | 関心(かんしん) 관심 | 研究(けんきゅう) 연구

23 은행 융자를 포함한 이 정도의 거액을 투자했으므로, **주주나 고객이 기대할 만한 성과를 내야 하며** 실패해서는 안 된다.

해설 | ~にたえる(~할 만한)와 ~べきである(~해야 한다)가 핵심이다. '기대할 만한(3+4) 성과를 내야 하며(1+2)'로 연결한다.

단어 | 融資(ゆうし) 융자 | 大金(たいきん) 큰돈, 거액 | 投資(とうし)する 투자하다 | 株主(かぶぬし) 주주 | 顧客(こきゃく) 고객 | 成果(せいか)を出(だ)す 성과를 내다 | ~てはならない ~해서는 안 된다

24 전후 70년을 거쳐 일본은 물론 **세계 각지에서조차 판화가 쇠퇴 조짐을 보이고, 현대 미술의 동향으로부터 뒤처지고 있는 지금이야말로**, 비판적인 시각으로 역사를 재고해야 할 것이다.

해설 | AはもとよりB(A는 물론 B)와 今こそ(지금이야말로)가 사용되었다. 문맥상 '일본은 물론(もとより) 세계 각지에서조차(3)'라는 병렬 구조가 주제를 이룬다.

단어 | 戦後(せんご) 전후 | ~においてさえ ~에서조차 | 衰退(すいたい) 쇠퇴 | 兆候(ちょうこう) 징후, 조짐 | 置(お)き去(ざ)りにする 내버려두다, 방치하다 | 批評的(ひひょうてき)な 비평적인, 비판적인 | 目(め) 눈, 시각 | 歴史(れきし)を再考(さいこう)する 역사를 재고하다

25 지금 직장은 잔업도 많고 신체적인 부담을 느끼고 있다. 하지만, **급여는 어찌 됐든, 직장 분위기나 인간관계가 좋다면** 다소 바빠도 일을 계속하고 싶다.

해설 | AはともかくB(A는 어찌 됐든 B)는 A는 차치하고 B를 우선시함을 나타낸다. '급여는 어찌 됐든(2+4) 분위기나 인간관계가 좋다면(1+3)'이라는 조건으로 연결된다.

단어 | 残業(ざんぎょう) 잔업 | 身体的(しんたいてき)な 신체적인 | 負担(ふたん) 부담 | 給料(きゅうりょう) 급여 | 職場(しょくば) 직장

26 이시하라 군은 기억력이 대단하다. 특히 사람 이름을 **외우는 것에 있어서는 그만큼 정확하게 많이 게다가** 빨리 외울 수 있는 사람은 달리 없을 것이다.

해설 | ~にかけては(~에 있어서는)는 특정 분야에서의 능력을 강조한다. '외우는 것에 있어서는(1+3) 그만큼 정확하게(4) 많이 게다가(2) 빨리 외운다'로 연결된다.

단어 | 記憶力(きおくりょく) 기억력 | 正確(せいかく)に 정확하게 | 覚(おぼ)える 외우다

27 젊은이들이 외래어를 선호하는 것은 **바로 그 나름의 이유가 있기 때문**이라고 생각합니다.

해설 | ~からにほかならない(바로 ~때문이다)는 단정적으로 이유를 강조한다. '그 나름의(3) 이유가 있기(2) 때문이다(1+4)'로 연결된다.

단어 | 外来語(がいらいご) 외래어 | 好(この)む 선호하다 | ~なりの ~나름의

28 회의에서는 다양한 의견이 나왔지만, 결국 **합의에 도달하는 것에는 이르지 못한 채로** 종료했다.

해설 | ~には至らない(~하기에는 이르지 못하다)와 ~ないまま(~하지 않은 채로)를 활용하여 '합의에 도달하는 것에는(1+4) 이르지 못한 채(2+3)'라는 상황을 나타낸다.

단어 | 合意(ごうい)に達(たっ)する 합의에 도달하다 | 終了(しゅうりょう) 종료

29 야마다 씨는 항상 어머니의 **병환을 핑계 삼아 회의에 불참하고** 있다.

해설 | ~にかこつけて는 '~을 핑계 삼아(구실로)'라는 뜻이다. '어머니의 병환을 핑계 삼아(2+1) 회의를 불참하고(3+4) 있다는 의미로 연결한다.

단어 | 会議(かいぎ) 회의 | 欠席(けっせき) 결석, 불참

30 그의 의견은 **편향되어 있다고 하더라도 논의를 활성화시키는 계기가 된** 것은 부정할 수 없다.

해설 | ~にしても(~라고 하더라도)가 핵심 문법이다. '편향되어 있다고(4) 하더라도(1) 활성화시키는(3) 계기가 된(2) 것은'으로 연결된다.

단어 | 偏(かたよ)る 편향되다, 치우치다 | 議論(ぎろん)を活性化(かっせいか)させる 논의를 활성화시키다 | 否定(ひてい) 부정

문제 7 다음 문장을 읽고, 문장 전체의 내용을 생각해서 **31** 부터 **34** 에 들어갈 가장 알맞은 것을 1·2·3·4에서 하나 고르시오.

유엔의 발표에 따르면 세계의 인구증가와 산업의 확대, 그리고 소비 증대가 지구환경에 대규모적인 변화를 초래하고 있다고 한다. 세계 인구는 작년 62억 명을 넘고, 또 세계의 총소비지출액은 22조 달러에 달했다. 인구는 1960년 시점에서 30억 명이었으니, 40년 동안 2배로 늘었다. 이대로 가면 20년 후에는 80억 명이나 된다고 예상되고 있다. 총소비지출의 증가도 **인구증가와 더불어** 급격하며, 1970년 시점의 10조 2천억 달러가, 그 후 30년 동안 2배를 넘기에 이르렀다. **이런 이유로**, 인류는 다양한 문제에 직면해 있는데, 그 하나로써 물부족과 수질 오염이 심각한 상태에 있다. 마찬가지로 유엔에 따르면, 물 문제로 고민하는 나라는 2000년에 31개국. 2025년에는 48개국에서 물이 부족하여, 12억 명 이상이 안전한 음료수를 확보할 수 없게 되는 상태가 우려되고 있다. 또한, 세계 물 포럼에 따르면 '인구증가나 산업발전에 대해, 하수도 등의 위생설비가 수준에 미치지 못하는 **개발도상국을 중심으로**, 수질오염이 문제가 되고' 있으며, 오늘날 개발도상국에서의 질병의 80%의 원인이 더러워진 물, 게다가 물이 관련된 질병으로 아이들이 8초에 한 명씩 사망하고 있다고 한다.

물 문제는 오늘날, **온난화를 비롯하여** 도시화에 의한 토지 이용의 변화, 삼림의 감소, 공업화의 진전에 따른 담수 이용(해수를 제외한 하천, 호수와 늪, 지하수의 이용)의 변화 등, 우리 생활양식(생활 방식)과 밀접하게 연관되어, 급선무적인 과제가 되고 있다.

31 　1 인구 증가와 더불어　　　　2 인구 증가와 관계없이
　　　3 인구 감소와 더불어　　　　4 인구 감소와 관계없이

| 32 | 1 요즈음 | 2 그때마다 |
| | **3 이런 이유로** | 4 그때마다 |

| 33 | 1 개발도상국에 더하여 | 2 개발도상국을 통해 |
| | 3 개발도상국뿐만 아니라 | **4 개발도상국을 중심으로** |

| 34 | 1 온난화를 불문하고 | **2 온난화를 비롯하여** |
| | 3 온난화를 근거로 | 4 온난화를 둘러싸고 |

해설 **31** 앞 문장에서 '인구'가 40년 만에 2배로 늘었다고 설명했고, 그 뒤에서 '총 소비 지출의 증가' 또한 급격하다고 설명한다. 이는 소비 지출의 증가가 인구 증가와 함께 진행되고 있음을 보여주므로, **1 人口増にともなって**가 가장 자연스럽다.

32 앞 문단에서 인구 증가와 소비 증대라는 대규모적인 변화가 있음을 설명했고, 빈칸 뒤에서는 그 결과로 물 부족이라는 문제에 직면하고 있다고 서술한다. 따라서 앞 문단의 내용을 원인으로 받아 그 결과를 이끌어내는 **3 このため**가 가장 적절하다.

33 빈칸 뒤의 내용이 '개발도상국 질병의 80%가 오염된 물 때문'이라며 특정 지역의 사례를 강조하고 있다. 따라서 수질 오염이 특히 심하게 나타나는 범위를 한정하는 **4 途上国を中心に**가 가장 적절하다.

34 빈칸 뒤에 '도시화로 인한 변화', '삼림 감소', '공업화 진전' 등 물 문제와 관련된 다양한 요소가 나열되고 있다. ～をはじめ는 '～를 비롯하여'라는 뜻으로, 대표적인 예시 하나를 들어 여러 관련 사항들을 포괄할 때 사용되므로 **2 温暖化をはじめ**가 가장 적절하다.

단어 国連(こくれん) 유엔 | 人口(じんこう)増加(ぞうか) 인구 증가 | 産業(さんぎょう)の拡大(かくだい) 산업의 확대 | 消費(しょうひ) 소비 | 増大(ぞうだい) 증대 | 大規模(だいきぼ)な 대규모적인 | もたらす 가져오다, 초래하다 | 支出額(ししゅつがく) 지출액 | 達(たっ)する 달하다 | 時点(じてん) 시점 | 伸(の)び 증가, 상승 | 急激(きゅうげき)だ 급격하다 | 人口増(じんこうぞう) 인구 증가 | 直面(ちょくめん)する 직면하다 | 水不足(みずぶそく) 물 부족 | 水質(すいしつ)汚濁(おだく) 수질 오염 | 深刻(しんこく)な 심각한 | 悩(なや)む 고민하다 | 確保(かくほ) 확보 | 下水道(げすいどう) 하수도 | 衛生(えいせい)設備(せつび) 위생 설비 | 追(お)いつく 뒤따라가다 | 途上国(とじょうこく) (개발)도상국 | ～における ～에서의 | 汚(よご)れる 더러워지다 | 死亡(しぼう) 사망 | 都市化(としか) 도시화 | 森林(しんりん)の減少(げんしょう) 삼림의 감소 | 工業化(こうぎょうか) 공업화 | 淡水(たんすい) 담수 | 海水(かいすい) 해수 | 河川(かせん) 하천 | 湖沼(こしょう) 호수 | 地下水(ちかすい) 지하수 | 密接(みっせつ)に 밀접하게 | つながる 연결되다 | 急務(きゅうむ) 급선무 | 人口減(じんこうげん) 인구 감소 | その都度(つど) 그때마다 | ～を通(とお)して ～을 통해

● 06 문법 확인문제　1순위 126~150　p.340

문제 5　다음 문장의 (　　)에 들어갈 가장 알맞은 것을 1·2·3·4에서 하나 고르시오.

1 소나기로 인해 야구 시합은 **어쩔 수 없이** 중단**하게 되었다**.

해설 공란에 들어갈 표현은 **3 余儀なくされた**이다. ～を余儀(よぎ)なくされる는 '어쩔 수 없이 ～하게 되다'라는 의미로, 외부 상황에 의해 특정 행위를 강요당할 때 사용한다.

단어 にわか雨(あめ) 소나기 | 試合(しあい) 시합 | 中止(ちゅうし) 중지, 중단

2 사회가 제공**해야 할** 복지 제도는, 약자에 대한 지원에 그치지 않고, 사회 전체의 안정에도 이어진다.

해설 공란에 들어갈 표현은 **1 するべき**이다. ～べきは '～해야 할, ～하는 것이 당연한'이라는 의미로, 도덕적 의무나 당연한 당위성을 나타낸다.

단어 提供(ていきょう) 제공 | 福祉(ふくし)制度(せいど) 복지 제도 | 弱者(じゃくしゃ) 약자 | 支援(しえん) 지원 | ～にとどまらず ～에 그치지 않고 | 安定(あんてい) 안정 | ～ほどではない ～할 정도는 아니다 | ～まじき ～해서는 안 될

3 5분 일찍 일어나면 될 **텐데**, 침대 안에서 꾸물거리고 있으니 지각하는 것이다.

해설 공란에 들어갈 표현은 **1 ものを**이다. '～일 텐데, ～일 것을'이라는 의미로, 앞의 사실대로 했으면 좋았을 것이라는 아쉬움을 나타낸다.

단어 ぐずぐずする 꾸물거리다, 밍기적거리다 | 遅刻(ちこく) 지각

4 쇼핑하려는 오**긴 했지만**, 너무 비싼 것들만 있어서, 사는 것이 싫어지고 말았다.

해설 공란에 들어갈 표현은 **1 ものの**이다. '～이기는 하지만'이라는 의미로, 앞의 내용을 인정하면서도 뒤에 그에 반하는 사실이나 상황이 이어짐을 나타낸다.

단어 いやになる 싫어지다 | ～ものか ～할까 보냐 | ～ものなら ～할 것 같으면 | ～たとたん ～하자마자

5 시민의 안전을 **지키기 위해**, 경찰은 순찰을 강화하고 있다.

해설 공란에 들어갈 표현은 **3 守るべく**이다. ～べく는 '～하기 위해'라는 뜻의 문어적 표현이다. ～ために와 같은 의미이다.

단어 警察(けいさつ) 경찰 | パトロール 순찰 | 強化(きょうか) 강화 | ～べきだ ～해야 한다 | ～べし ～할 것 | ～べからず ～해서는 안 된다

6 선배의 충고**를 무시하고** 놀러 다녔더니 유급되고 말았다.

해설 공란에 들어갈 표현은 **2 をよそに**이다. '～을 무시하고, ～을 아랑곳하지 않고'라는 의미로, 주변의 충고를 신경 쓰지 않고 자신의 행동을 할 때 사용한다.

단어 忠告(ちゅうこく) 충고 | 遊(あそ)びまわる 놀러 다니다 | 落第(らくだい) 낙제, 유급 | ～をもとに ～을 바탕으로 | ～をもって ～을 끝으로 | ～をこめて ～을 담아

7 태풍의 피해는 예상하고 있었지만, 이토록 심각한 피해**를 가져올 것**이라고는 여겨지지 않았다.

해설 공란에 들어갈 표현은 **1 をもたらすもの**이다. ～ものとは思えない는 '～라고는 여겨지지 않는다'라는 의미로, 강한 의구심이나 부정적인 판단을 내릴 때 사용한다.

단어 被害(ひがい) 피해 | 予想(よそう) 예상 | 深刻(しんこく)な 심각한 | もたらす 가져오다, 초래하다 | ～をものともしない ～을 조금도 개의치 않다 | ～にいたらない ～할 것까지는 없다 | ～にたえる ～할 만한

8 몇 번이나 대화의 장을 마련했지만, 상대측은 마지막까지 이쪽의 제안을 **받아들이려 하지 않았다.**

해설 공란에 들어갈 표현은 **4 受け入れようとはしなかった**이다. ～ようとはしない는 '～하려고 하지 않다'라는 의미로, 상대 방이 어떤 행동을 할 의지가 전혀 없음을 나타낼 때 사용한다

단어 話(はな)し合(あ)い 대화, 협의 | 場(ば)を設(もう)ける 자리 를 마련하다 | 相手側(あいてがわ) 상대측 | 提案(ていあん) 제안 | 受(う)け入(い)れる 받아들이다 | ～かねない ～할지 도 모른다 | ～ざるを得(え)ない ～하지 않을 수 없다 | ～ま でもない ～할 필요도 없다

9 두부 짜고 남은 찌꺼기(비지)는 두부 가게에서는 폐기물 취 급을 받지만, **쓰는 방식에 따라서는** 영양 풍부한 비료나 사 료가 된다.

해설 공란에 들어갈 표현은 **4 使いようによっては**이다. ～ように よっては는 '～하기에 따라서는'이라는 의미로, 방법이나 수단 에 따라 결과가 달라짐을 나타낸다.

단어 豆腐(とうふ)の搾(しぼ)りカス 두부 찌꺼기(비지) | 廃棄物 (はいきぶつ) 폐기물 | 扱(あつか)い 취급 | 栄養(えいよう) 豊(ゆた)かな 영양 풍부한 | 肥料(ひりょう) 비료 | 飼料(し りょう) 사료 | ～と(も)なると ～쯤 되면 | ～(よ)うものな ら ～했다가는 | ～んばかりに 당장이라도 ～할 듯이

10 친한 친구를 역에서 얼핏 봤지만 말을 걸지 못하고, '역에 서 봤어'라고 문자 보냈더니 '알아봤다면 말을 걸어**줬으면 좋았을 텐데**'라고 답장이 왔다.

해설 공란에 들어갈 표현은 **3 くれればよかったのに**이다. ～ばよ かったのに는 '～했더라면 좋았을 텐데'라는 의미로, 상대방이 하지 않은 행동에 대한 아쉬움을 나타낸다.

단어 仲(なか)のよい 사이가 좋은, 친한 | 見(み)かける 얼핏 보다 | 声(こえ)をかける 말을 걸다 | 気(き)づく 알아보다, 눈치채다

11 시민 단체의 강한 항의**를 받아**, 시 당국은 재개발 계획을 전면 재검토하기로 결정했다.

해설 공란에 들어갈 표현은 **2 を受けて**이다. ～を受(う)けて는 '～을 받아, ～의 영향으로'라는 의미로, 앞선 사건이나 요구, 상 황에 반응하여 어떠한 조치나 행동이 뒤따름을 나타낸다.

단어 市民(しみん)団体(だんたい) 시민 단체 | 抗議(こうぎ) 항의 | 当局(とうきょく) 당국 | 再開発(さいかいはつ) 재개발 | 見直(みなお)す 재검토하다, 다시 보다 | ～に際(さい)して ～할 때, ～에 즈음하여 | ～はおろか ～은커녕, ～은 말할 것 도 없고 | ～を限(かぎ)りに ～을 끝으로

12 겨울의 이른 아침, 이 시기는 춥기 때문에 창가라면 추울 텐데라고 생각하면서도, 점원이 권유하는 **대로** 창가 자리 에 앉았다.

해설 공란에 들어갈 표현은 **1 まま**이다. '～대로'라는 뜻으로, 동사 수동형에 접속해 다른 사람의 지시나 상황에 따름을 나타낸다.

단어 早朝(そうちょう) 이른 아침 | 窓際(まどぎわ) 창가 | ～つ つ ～하면서 | 勧(すす)める 권유하다

13 정부는 이대로 경기 회복이 진행되면, 고용 상황은 개선될 **전망이**라고 발표했다.

해설 공란에 들어갈 표현은 **4 見込みだ**이다. '～할 전망이다, ～할 예정이다'라는 의미로, 상황에 대한 예측을 나타낸다.

단어 政府(せいふ) 정부 | 景気(けいき)回復(かいふく) 경기 회복 | 雇用(こよう)状況(じょうきょう) 고용 상황 | 改善(かいぜ

ん) 개선 | ～かぎりだ 매우 ～하다 | ～始末(しまつ)だ ～꼴 (형편)이다

14 그녀는 그 회사에 파트타임 직원으로 일하기 시작하여, 4년 후에 정직원이 되어, 하나의 부문을 **맡게 될 정도까지 되었다.**

해설 공란에 들어갈 표현은 **4 任されるまでになった**이다. ～まで になる는 '～할 정도까지 되다'라는 의미로, 노력이나 시간 경 과를 통해 특정 수준이나 상태에 도달했음을 나타낸다.

단어 従業員(じゅうぎょういん) 종업원, 직원 | 正社員(せいし ゃいん) 정직원 | 部門(ぶもん) 부문 | 任(まか)される 임무 를 맡다

15 회사의 명령을 거역**했다가는**, 해고당할지도 모른다.

해설 공란에 들어갈 표현은 **2 ものなら**이다. ～(よ)うものなら는 '～했다가는'이라는 뜻으로, 뒤에 바람직하지 않은 결과가 따를 가능성을 경고한다.

단어 命令(めいれい) 명령 | 背(そむ)く 거역하다 | 首(くび)にさ れる 해고당하다 | ～かねない ～할지도 모른다 | ～ものを ～할 텐데 | ～ものだから ～이기 때문에

16 **성공하든 하지 않든**, 우리에게 할 수 있는 일은 모두 했다.

해설 공란에 들어갈 표현은 **2 成功するもしないも**이다. ～も～な いも는 '～든 ～하지 않든'이라는 의미로, 두 가지 가능성 모두 를 포괄하여 뒤의 상황과는 상관없음을 나타낸다. ～にせよ～ ないにせよ의 문어적 표현이다.

단어 ～たが最後(さいご) 일단 ～했다 하면 | ～がはやいか ～하 자마자 | ～にもかかわらず ～임에도 불구하고

17 A "너, 그렇게 단 것만 먹고 말이야."
B "왜냐하면 스트레스가 **쌓였단 말이야**, 참을 수 없었다구."

해설 공란에 들어갈 표현은 **3 たまったんだもん**이다. ～もの(もん) 은 '～인걸, ～란 말이야'라는 구어체/여성어 표현으로, 이유나 변명을 주장할 때 사용한다.

단어 たまる 쌓이다 | 我慢(がまん)する 참다 | ～なんて ～라니 | ～っけ ～던가? | ～ことか (얼마나) ～한가

18 오늘은 태풍의 영향으로, 항공편의 결항이 **잇따를 것으로 생각된다.**

해설 공란에 들어갈 표현은 **2 相次ぐものと思われる**이다. ～もの と思われる는 '～할 것으로 생각된다(여겨진다)'라는 의미로, 객관적인 상황을 근거로 추측하거나 예측하는 표현이다.

단어 台風(たいふう) 태풍 | 影響(えいきょう) 영향 | 航空便(こ うくうびん) 항공편 | 欠航(けっこう) 결항 | 相次(あいつ) ぐ 잇따르다 | ～てやまない ～해 마지않다 | ～わけにはい かない ～할 수 없다 | ～にかぎる ～이 제일이다

19 학장의 인사말**을 시작으로**, 입학식은 막힘없이 진행되어 갔다.

해설 공란에 들어갈 표현은 **4 をかわきりに**이다. ～を皮切(かわき) りには '～을 시작으로'라는 의미로, 일련의 사건 시작점을 나 타낸다.

단어 学長(がくちょう) 학장 | あいさつ 인사 | 滞(とどこお)りな く 막힘없이 | 進行(しんこう) 진행 | ～にひきかえ ～와는 달리 | ～につき ～때마다 | ～をよそに ～을 아랑곳하지 않고

20 지난 회의에서 나온 지적**을 고려하여**, 이번 제안서는 보다 구체적인 사례를 담았다.

해설 공란에 들어갈 표현은 **2 をふまえて**이다. ~をふまえて는 '~을 바탕으로, ~을 고려하여'라는 의미로, 앞의 상황을 토대로 뒤의 행동이나 판단을 할 때 사용한다.

단어 指摘(してき) 지적 | 提案書(ていあんしょ) 제안서 | 具体的(ぐたいてき)な 구체적인 | 事例(じれい) 사례 | 盛(も)り込(こ)む 담다 | ~をかえりみず ~을 개의치 않고 | ~にかぎって ~에 한해서

문제 6 다음 문장의 ___★___에 들어갈 가장 알맞은 것을 1·2·3·4에서 하나 고르시오.

21 직무상 알게 된 정보는 **설령 가족이라도 입에 담아서는 안 될** 일이다.

해설 ~まじき(~해서는 안 될)는 강한 금지를 나타낸다. '설령(4) 가족이라도(3) 입에 담아서는 안 될(1+2)' 일로 연결한다.

단어 職務上(しょくむじょう) 직무상 | 知(し)り得(え)る 알게 되다 | たとえ~ても 설령 ~라도 | 口(くち)にする 입에 담다

22 근처 가게에서도 팔고 있는 것이므로, 일부러 백화점에 **사러 갈 필요도 없다**.

해설 ~までもない(~할 필요도 없다)는 불필요함을 나타낸다. '사러 갈(2+1) 필요도 없다(3+4)'로 연결한다.

단어 近所(きんじょ) 근처 | わざわざ 일부러

23 본 법 시행 후, 신규 진입 신청은 급증하지 않고 있다. 이는 최근의 지가 폭등도 **물론이지만 노동력 부족 등의 요인에 기인하는 바가 크다고** 생각된다.

해설 ~もさることながら(~도 물론이지만)와 ~によるところが大きい(~에 기인하는 바가 크다)가 결합되었다. 1 → 4 → 3 → 2로 연결된다.

단어 本法(ほんぽう) 본 법 | 施行(しこう) 시행 | 新規(しんき) 신규 | 参入(さんにゅう)申請(しんせい) 진입 신청 | 地価(ちか)高騰(こうとう) 지가 폭등 | 労働力(ろうどうりょく)不足(ぶそく) 노동력 부족 | 要因(よういん) 요인

24 지난달 사쿠라시에서 재무성 직원을 사칭하여, 79세 **여성으로부터 현금카드 2장을 훔쳤다고 하여** 무직 남성이 체포되었습니다.

해설 '여성으로부터(1) 카드 2장을(2) 훔쳤다고(4) 하여(3) 체포되었다'는 흐름이다. ~として(~라고 하여)가 이유를 나타낸다.

단어 財務省(ざいむしょう) 재무성 | 職員(しょくいん)を装(よそお)う 직원을 사칭하다 | 盗(ぬす)む 훔치다 | 逮捕(たいほ)される 체포되다

25 A "집 찾기를 시작한 계기를 알려주세요. "
　　B "연말에 **출산을 앞두고 그전에 라고 생각해서**, 찾기 시작했습니다."

해설 ~を控(ひか)えて(~을 앞두고)와 1 → 4로 이어지는 부분에 유의해야 한다. '출산을 앞두고(2+3) 그전에(1) 라고 생각해서(4)'로 연결한다.

단어 住(す)まい探(さが)し 집 찾기 | きっかけ 계기 | 年末(ねんまつ) 연말 | 出産(しゅっさん) 출산

26 이번에 발매된 A사의 신제품은 **디자인도 좋고 조작 방법도 간단해서** 꽤 평판이 좋다.

해설 ~も~ば~も(~도 ~하고 ~도)가 핵심 문법으로, 두 가지 장점이나 특징을 나열할 때 쓴다. '디자인도 좋고(2+4) 조작 방법도(1) 간단해서(3)'로 연결된다.

단어 発売(はつばい) 발매 | 新製品(しんせいひん) 신제품 | 操作(そうさ) 조작 | 評判(ひょうばん)だ 평판이 좋다

27 그녀는, **첫 급여 명세서를 독립의 기념으로 하여**, 지금도 파일에 넣어 소중히 간직하고 있다.

해설 ~を~として(~을 ~으로 하여)가 핵심이다. '첫(1) 급여명세서를(4) 독립의(2) 기념으로 하여(3)'라는 의미로 연결한다. 2-3-1-4도 의미는 통하지만, 일본어의 일반적인 수식 구조와 문법 배열로 볼 때 1-4-2-3이 가장 정확한 정답이다.

단어 初(はじ)めて 처음, 첫 | 給与(きゅうよ)明細(めいさい) 급여 명세서 | 独立(どくりつ) 독립 | 記念(きねん) 기념 | 大事(だいじ)にする 소중히 하다

28 어떤 조직의 일원인 **이상, 주어진 역할에 대해 노력하든** 하지 않든 결과(성과)를 내지 못하면 정당한 평가는 얻을 수 없다.

해설 ~以上(いじょう)(~인 이상)와 ~も~ないも(~든 ~하지 않든)가 핵심문법이다. '일원인 이상(3) 주어진 역할(1)에 대해(4) 노력하는(2)' 것이 필수임을 나타낸다.

단어 組織(そしき)の一員(いちいん) 조직의 일원 | 与(あた)えられる 주어지다 | 役割(やくわり) 역할 | 努力(どりょく)する 노력하다 | 正当(せいとう)な 評価(ひょうか) 정당한 평가

29 이 지역은 이전에 그저 밭이 펼쳐져 있던 곳이었지만, **이제는 고층 빌딩이 늘어선 대도시가 될 정도로** 발전했다.

해설 ~までに(~할 만큼, ~할 정도로)로 발전의 정도를 나타낸다. '이제는(4) 고층 빌딩이 늘어선(2) 대도시가 될(1) 정도로(3)'로 연결한다.

단어 畑(はたけ) 밭 | 広(ひろ)がる 펼쳐지다 | 今(いま)となっては 이제는 | 高層(こうそう)ビル 고층 빌딩 | 立(た)ち並(なら)ぶ 늘어서다 | 大都会(だいとかい) 대도시

30 도서관이나 미술관 같은 조용한 장소에서는, 주변 이용자에게 배려하여, **휴대 전화의 착신음을 울려서는 안 된다는** 규칙이 있다.

해설 ~べきではない(~해서는 안 된다)는 금지를 나타낸다. '휴대 전화의(2) 착신음을(1) 울려서는 안 된다는 (4+3) 규칙'으로 연결한다.

단어 美術館(びじゅつかん) 미술관 | 配慮(はいりょ)する 배려하다 | 携帯(けいたい)電話(でんわ) 휴대 전화 | 着信音(ちゃくしんおん) 착신음 | 鳴(な)らす 울리다

문제 7 다음 문장을 읽고, 문장 전체의 내용을 생각해서 31 부터 34 에 들어갈 가장 알맞은 것을 1·2·3·4에서 하나 고르시오.

우리나라에서는 최근 무분별하게 경어가 유행하고 있는 느낌이다. 어쩐지 그런 기분이 든다. **그런** 동향을 그들은 누구보다 먼저 감지하고, 아무래도 경어부정론은 인기가 없는 모양이라고 생각해서, (관련) 사업을 자제하고 있는 것은 아닐까?
예를 들어 「역에서 기다리고 있자니 ○○씨가 来られまして」 같이 말한다. 이런 것은 역시 「お見えになって(오셔서)」 라든가 「いらっしゃって(오셔서)」로 말했으면 한다. 또 예를 들어 「○○씨가 이렇게 言われました」같이 말한다. 이것도 「おっしゃいました(말하셨습니다)」일 것이다. 아무래도 요즘의 경어는, 그것이 샐러리맨 경어라고 한다지만, 만사를 「れる」「られる」로 끝내는 경향이 있어서 듣기에 유쾌하지 않고 운치(멋)가 없다. 그러나 **내 입장에서 말하자면**, 듣기에 유쾌하고 운치가 있다는 것이야말로 경어 본래의 목적이기 때문에, 딱히 손위, 손아래라는 인간관계를 노골적으로 드러내 보이는 것이 경어의 목적은 아니다.
이것을 역사적으로 생각하면 「れる」「られる」로 전부 끝내는 최근의 경향은 전후, 경어라는 것이 평판이 나빠져서, 그야말로 멸종될 뻔했다가 다시 숨통이 트여 **보긴 했지만**, 본래의 방식을 몰라서 어쩔 수 없이 임시방편으로 발명한 것일지도 모른다. 물론 경어의 조동사 「れる」「られる」는 옛날부터 있지만, 옛날에는 예를 들어 「ご覧になる(보시다)」라고 한 것을 지금은 「見られる」 등으로, 마치 수동이나 가능의 조동사처럼 사용하는 것이 대유행이다. 「おでかけになる(외출하시다)」가 「ゆかれる」, 「めしあがる(드시다)」가 「食べられる」, 「おっしゃる(말씀하시다)」가 「話される」라는 식으로, 사무적, 능률적으로 휙 갖다 붙인다. 편리하다고 하면 확실히 편리하지만, 아무래도 그것은 진정한 일본어가 아니라, 왠지 번역투라는 느낌이 든다. 나는 **경어존중론자이기는 하**지만, 그 샐러리맨 경어보다는 오히려 경어를 뺀 쪽이 낫다고 하고 싶어질 정도로, 그런 표현들이 도무지 마음에 들지 않는다. 그렇게 「れる」「られる」만 하고 있으면, 혀의 상태가 이상해지지 않을까 같은 쓸데없는 걱정을 할 정도이다.

(마루야 사이이치 「일본어를 위해서」에서)

31
1 왜
2 **그런**
3 당시
4 현재

32
1 그렇다고는 해도
2 타인의 입장에서 말하자면
3 그렇게는 말하지만
4 **내 입장에서 말하자면**

33
1 **보긴 했지만**
2 해버리든 간에
3 두었더라면
4 있었다고 해도

34
1 **경어 존중론자이기는 하다**
2 사업 존중론자는 아니다
3 경어 부정론자이기는 하다
4 사업 부정론자는 아니다

해설   31   여기서 '동향'은 바로 앞 문장에서 언급한 '경어가 무분별하게 유행하고 있는 상황'이다. 따라서 '그러한(앞에서 말한 것과 같은)'이라는 뜻을 가진 지시어 **2 そういう**가 들어가는 것

이 가장 자연스럽다.

32   앞 문장에서 요즘 경어가 '듣기에 유쾌하지 않고 운치가 없다'고 비판했다. 이어서 경어의 본질에 대한 작가만의 독특한 철학을 제시하는 대목이므로 '내 입장은 이렇다'라는 표현이 필요하다. 따라서 정답은 **4 わたしにいわせれば**가 된다.

33   문맥상 '경어가 다시 살아난 상황(긍정)'과 '본래의 방식을 모르는 상황(부정)'을 연결해야 한다. **1 みたものの**는 '~해 보기는 했지만(그런데 결과는 좋지 않다)'라는 의미로, 앞의 사실을 인정하면서 뒤에 반전되는 한계나 문제점을 지적할 때 가장 적절하다.

34   뒤 문장에서 '경어를 뺀 쪽이 낫다고 하고 싶을 정도'라며 강한 거부감을 드러내고 있는데, 이는 경어의 가치를 아는 사람이 질 낮은 경어를 보았을 때 느끼는 분노를 강조하는 맥락이어야 하므로 정답은 **1 敬語尊重論者ではある**이다.

단어   むやみに 무분별하게, 함부로 | 敬語(けいご) 경어 | はやる 유행하다, 인기가 있다 | 動向(どうこう) 동향 | いち早(はや)く 재빨리, 누구보다 먼저 | 感知(かんち) 감지 | 否定論(ひていろん) 부정론 | ～なんて ～라고 | 商売(しょうばい) 장사, 사업 | 手(て)びかえる 자제하다 | お見(み)えになる 오시다 | いらっしゃる 오시다, 가시다, 계시다 | おっしゃる 말씀하시다 | どうも 아무래도, 도무지 | 万事(ばんじ) 만사, 모든 일 | すます 끝내다 | 傾向(けいこう) 경향 | 耳(みみ)に快(こころよ)く 귀에 쾌적하게 | 風情(ふぜい) 운치 | 何(なに)も 굳이, 딱히 | 目上(めうえ) 손위 | 目下(めした) 손아래 | むきだしにする 노골적으로 드러내다 | ねらい 목적 | 評判(ひょうばん)が悪(わる)い 평판이 나쁘다 | 絶滅(ぜつめつ)しかける 멸종될 뻔하다 | 息(いき)を吹(ふ)き返(かえ)す 되살아나다, 숨통이 트이다 | 本式(ほんしき) 정식, 본래의 방식 | やむを得(え)ず 어쩔 수 없이 | 間(ま)に合(あ)わせ 임시방편 | ご覧(らん)になる 보시다 | 受(う)け身(み) 수동태 | ～みたいに ～처럼 | 用(もち)いる 사용하다 | 大流行(だいりゅうこう) 대유행 | おでかけになる 외출하시다 | めしあがる 드시다 | 調子(ちょうし) 식, 방식 | 事務的(じむてき)に 사무적으로 | 能率的(のうりつてき)に 능률적으로 | ひょいと 휙, 톡 | くっつける 붙이다 | 何(なん)となく 왠지(모르게) | 欧文直訳体(おうぶんちょくやくたい) 구문 직역체, 번역투 | 趣(おもむき) 느낌, 정취 | 尊重論者(そんちょうろんしゃ) 존중론자 | よしとする 괜찮다고 하다 | 気(き)にくわない 마음에 들지 않다 | 舌(した)の具合(ぐあい) 혀의 상태 | 余計(よけい)な 쓸데없는

---

07 문법 확인문제   경어·사역·수동·사역수동   p.359

문제 5 다음 문장의 (　)에 들어갈 가장 알맞은 것을 1·2·3·4에서 하나 고르시오.

1 저희 회사의 야마모토라는 사람이 오후에 원고를 받으러 **방문하오니** 잘 부탁드립니다.

(1번 오십니다, 2번 방문합니다, 3번 주십니다, 4번 드립니다)

해설   공란에 들어갈 표현은 **2 あがります**이다. 외부인에게 자기 측 인원의 방문을 낮추어 말할 때는 '가다, 방문하다'의 겸양어인 あがります를 쓰는 것이 비즈니스 매너이다.

단어   弊社(へいしゃ) 저희 회사 | 者(もの) 사람〈겸양〉 | 原稿(げんこう) 원고 | いただく 받다〈겸양〉

2 아이가 싫어하는데도 불구하고 억지로 **시키는** 것은, 오히려 더 싫어하게 될 뿐입니다.

(1번 끝까지 해내다, 2번 하고 싶어 하다, 3번 당하다, 4번 시키다)

해설 공란에 들어갈 표현은 **4 やらせる**이다. 아이에게 억지로 '시키는' 행위가 문맥상 자연스러우므로 사역형이 정답이다.

단어 嫌(いや)がる 싫어하다 | 〜にもかかわらず 〜임에도 불구하고 | 無理(むり)に 억지로 | 余計(よけい)に 오히려, 더욱 | 〜だけだ 〜일 뿐이다

3 (편지에서)
연말을 맞이하여, 바쁜 나날을 보내고 계시리라 **생각합니다**만, 건강히 잘 지내고 계십니까?

(1번 합니다, 2번 받듭니다, 3번 생각합니다, 4번 말씀드립니다)

해설 공란에 들어갈 표현은 **3 存じます**이다. 存(ぞん)じる는 思う(생각하다)의 겸양어로, 화자가 상대방의 상황을 추측할 때 겸손하게 말하는 표현이다.

단어 師走(しわす) 연말, 12월 | 迎(むか)える 맞이하다 | 慌(あわ)ただしい 바쁘다, 분주하다 | いらっしゃる 계시다〈존경〉

4 다나카 씨를 비롯한 여러분과 귀중한 시간을 **보낸 가운데**, 평소 듣기 힘든 이야기를 들을 수 있어, 크게 공부가 되었습니다.

(1번 보내 주시는 한편으로, 2번 보내게 해 주시는 한편으로, 3번 보내 주시는 가운데, 4번 보낸 가운데)

해설 공란에 들어갈 표현은 **4 過ごさせていただく中で**이다. 상대방의 호의 덕분에 시간을 보냈으므로, させてもらう를 사용하여 감사와 겸양을 표하는 것이 가장 적절하다.

단어 〜をはじめ 〜를 비롯하여 | 貴重(きちょう)な 귀중한 | 〜中(なか)で 〜하는 가운데 | 普段(ふだん) 평소 | 伺(うかが)う 듣다, 찾아뵙다〈겸양〉

5 너무 코골이가 심하면, 친구나 가족에게 **미움을 받아서**(친구나 가족이 싫어해서), 함께 여행을 가 주지 않는 경우도 있습니다.

(1번 (내가) 싫어서, 2번 (남에게) 미움을 받아, 3번 (남이) 싫어하지 않고, 4번 괴롭힘)

해설 공란에 들어갈 표현은 **2 嫌がられ**이다. '친구와 가족'이 '나'의 코골이를 싫어하는 행위이므로, 嫌がる(싫어하다)의 수동형 嫌がられる(미움을 받다)가 오는 것이 자연스럽다.

단어 いびき 코골이 | 嫌(いや)がる 싫어하다 | 嫌(いや)がらせ 짓궂은 장난, 괴롭힘

6 작년 개원 전에는 젖소 목장이었다. 사방에 밭이 이어지고, 소 울음소리에 주변까지 느긋한 기분이 **들게 되는** 곳이었다.

(1번 (절로) 〜하게 되다, 2번 하고 있다, 3번 되어 있다, 4번 〜하기 십상인)

해설 공란에 들어갈 표현은 **1 させられる**이다. 사역 수동형은 보통 '억지로 시킴을 당하다'라는 뜻으로 쓰이지만, 풍경이나 분위기 같은 무생물이 주체일 때는 '그 분위기 때문에 나도 모르게 (자연스럽게) 어떤 기분이 들다'라는 뜻으로 쓰인다.

단어 開園(かいえん) 개원 | 乳牛(にゅうぎゅう) 젖소 | 牧場(ぼくじょう) 목장 | 一面(いちめん)に 일면에, 온통 | 畑(はたけ) 밭 | 続(つづ)く 이어지다 | 鳴(な)き声(ごえ) 울음소리 | あたり 주변 | のんびり 한가로운, 느긋한

7 나는, 교내에 밭을 만들어 학생들에게 채소를 **키우게 하는** 것을 교장에게 제안했다.

(1번 키워지다, 2번 문법적으로 어색함, 3번 키우게 하다, 4번 자라다)

해설 공란에 들어갈 표현은 **3 育てさせる**이다. '나'가 학생들에게 채소를 '키우도록 시키는' 행위이므로, 育てる(키우다)의 사역형이 가장 적절하다.

단어 校内(こうない) 교내 | 生徒(せいと) 학생 | 育(そだ)てる 재배하다, 키우다 | 提案(ていあん) 제안 | 育(そだ)つ 자라다

8 딸은 아버지 때문에 피아노를 **억지로 배우고 있지만**, 최근에는 자발적으로 연습하게 되어, 콩쿠르에서의 입상을 목표로 하고 있다.

(1번 배우게 했지만, 2번 배우게 하고 있지만, 3번 배워 주었지만, 4번 (억지로) 배우고 있지만)

해설 공란에 들어갈 표현은 **4 習わせられているが**이다. 처음에는 아버지 때문에 억지로 시작했지만(사역수동), 지금은 자발적으로 하게 되었다는 반전의 맥락이다.

단어 自分(じぶん)から進(すす)んで 자발적으로 | 入賞(にゅうしょう) 입상 | 目指(めざ)す 목표로 하다

9 벌집을 직접 처리하시면, 만일 **쏘이기라도 하면** 대단히 위험하오니, 전문 업자에게 의뢰하시는 것을 추천합니다.

(1번 쏘이기만 하면, 2번 (혹시라도) 쏘이기라도 하면, 3번 쏘게 시키는 등의 일을 해도, 4번 쏘게 시키는 정도의 일을 해도)

해설 공란에 들어갈 표현은 **2 刺されでもしたら**이다. 万が一〜でもしたら (만일 〜라도 하면)의 호응이 가장 자연스러우며, 벌에 쏘이는 것이므로 刺す의 수동형 刺される에 접속한다.

단어 ハチの巣(す) 벌집 | 対処(たいしょ)する 대처하다, 처리하다 | 万(まん)が一(いち) 만일, 혹시 | 刺(さ)す 쏘다 | ご依頼(いらい) 의뢰〈존경〉 | お勧(すす)めする 추천하다〈겸양〉

10 이번 교통사고는, 운전자가 앞을 잘 보지 않았던 것이 원인이라고 **보여지고** 있으며, 경찰은 더욱 자세히 조사를 진행하고 있다.

(1번 보여서, 2번 보여주게 해서, 3번 보여져서, 4번 (남에 의해 억지로) 보게 되어서)

해설 공란에 들어갈 표현은 **3 見られて**이다. 사고의 원인이 일반적인 사람들에 의해 '판단되다, 간주되다'라는 의미이므로, 見る의 수동형이 가장 적절하다.

단어 交通(こうつう)事故(じこ) 교통사고 | 運転者(うんてんしゃ) 운전자 | 警察(けいさつ) 경찰 | さらに 더욱, 한층 더 | 詳(くわ)しく 자세히 | 調(しら)べ 조사

11 (메일에서)
이번에 야마다 님이 다치셔서 입원하셨다고 하니, 정말 놀랐습니다. 그 후의 상태는 어떠십니까? 한시라도 빨리 회

복 **하시기를** (바랍니다).

　(1번 하시기를, 2번 바라는 게 어떠신가요?, 3번 하고자 합니다, 4번 하고 계시는 중인가요?)

해설　공란에 들어갈 표현은 **1 されますように**이다. 상대방의 회복을 기원하는 ～ように에, 回復する(회복하다)의 존경형 回復される를 사용하고 있다.

단어　このたびは 이번에 | おける 부상 | お(ご)～なさる ～하시다〈존경〉 | ～とのこと ～라고 하니 | 驚(おどろ)く 놀라다 | 具合(ぐあい) 상태 | ～でございます ～입니다〈정중〉 | 一刻(いっこく)も早(はや)く 한시라도 빨리 | 回復(かいふく) 회복 | いたす 하다〈겸양〉 | いらっしゃる 계시다〈존경〉

12　리 씨는 반에서 일본어를 가장 잘하지만, 지금까지 많은 학생을 가르쳐 온 나에게 **말하게 하면** 아직 멀었다.

　(1번 (남에게) 말을 듣고 보니, 2번 (남에게) 말을 들으면, 3번 (내 입장에서) 말하게 하면(말하자면), 4번 말하게 해서)

해설　공란에 들어갈 표현은 **3 言わせると**이다. ～に言わせると는 '～의 입장에서 판단하게 하면'이라는 의미로, 화자(나)의 경험을 바탕으로 평가할 때 사용된다.

13　회장에서 스마트폰을 사용할 수 없다는 것은 참가자들에게 **공지되지 않아**, 모두 곤란해 했다. 주최자는 모두 알고 있었던 것 같다.

　(1번 공지되지 않아, 2번 공지되지 않으면, 3번 공지되면서도, 4번 공지된 탓인지)

해설　공란에 들어갈 표현은 **1 知らされておらず**이다. 知らされていない(공지되지 않다) + ておらず(～하지 않아서)의 형태로, '참가자들이 공지를 받지 못했기 때문에' 곤란했다는 인과 관계를 나타낸다.

단어　会場(かいじょう) 회장 | 主催者(しゅさいしゃ) 주최자

14　출품·구매 모두, 각각 해당되는 접수 기간, 조건·주의 사항이 있으므로, 아래 설명을 **보신 후에** 절차를 진행해 주십시오.

　(1번 보신 결과, 2번 보신 결과, 3번 보신 후에, 4번 봐 주신 데다가)

해설　공란에 들어갈 표현은 **3 ご覧になった上で**이다. 見る의 존경어 ご覧(らん)になる(보시다)에 ～た上(うえ)で(～한 후에)가 함께 쓰였다.

단어　出品(しゅっぴん) 출품 | 購入(こうにゅう) 구입, 구매 | 共(とも)に 함께 | 該当(がいとう) 해당 | 受付(うけつけ) 접수 | 条件(じょうけん) 조건 | 注意(ちゅうい)事項(じこう) 주의 사항 | ございます 있습니다〈정중〉 | 下記(かき) 아래 | お手続(てつづ)き 절차, 수속

15　어제 2시간이나 **기다리게 된** 끝에, 맛없는 요리를 먹게 되었다.

　(1번 기다리게 했다, 2번 (어쩔 수 없이) 기다리게 되다, 3번 기다리게 하다, 4번 (억지로) 기다리게 되었다)

해설　공란에 들어갈 표현은 **4 待たされた**이다. '타의에 의해 어쩔 수 없이 기다림을 당한' 상황이므로 사역수동형이 와야 한다. ～たあげく(～한 끝에)에 접속되므로 과거형인 待たされた가

알맞다.

16　전쟁의 비참함을 그린 영화를 보고, 인간의 평화에 대해 좀 더 진지하게 **생각하게 (되도록)** 되었다.

　(1번 생각하게 될 것 같이, 2번 (남에게) 생각하게 할 것 같이, 3번 생각하게 되도록, 4번 (남이) 생각하도록)

해설　공란에 들어갈 표현은 **3 考えさせられるように**이다. 어떤 외부의 자극(영화, 사건 등)에 의해 '강제로 혹은 자연스럽게 그런 생각을 하게 되었다'는 뉘앙스를 줄 때는 사역수동형(～させられる)을 쓴다.

단어　戦争(せんそう) 전쟁 | 悲惨(ひさん)さ 비참함 | 描(えが)く 그리다 | 平和(へいわ) 평화 | 真剣(しんけん)に 진지하게

17　하루 사용한 헬멧을 청결하게 유지하여, 다음에 착용할 때에는 기분 좋게 **써 주셨으면 좋겠다.**

　(1번 써 주셨으면 좋겠다, 2번 (당신에게) 씌우고 싶지 않다, 3번 써 주고 싶다, 4번 문법적으로 어색함)

해설　공란에 들어갈 표현은 **1 かぶって頂きたい**이다. 상대방(사용자)에게 정중하게 요청하는 ～て頂(いただ)きたい(～해 주시기를 바라다)가 가장 적절하다.

단어　清潔(せいけつ)に 청결하게 | 保(たも)つ 유지하다 | 装着(そうちゃく) 장착, 착용 | ～の際(さい)は ～할 때는 | かぶる (모자 등) 쓰다, 착용하다

18　부모와 자식의 관계는 신뢰에 의해 **지탱되고** 있다. 그러므로, 일방적으로 아이를 엄하게 야단치기만 해서는, 그 관계를 망가뜨려 버린다.

　(1번 지탱되고, 2번 지탱하려고 해서, 3번 지탱하고, 4번 (억지로) 지탱하게 되어서)

해설　공란에 들어갈 표현은 **1 支えられて**이다. 주어 '부모 자식 관계'가 '신뢰'라는 요소에 의해 '받쳐지고 있는' 상태를 나타내므로, 支える(지탱하다)의 수동형이 알맞다.

단어　親子(おやこ) 부모 자식 | 信頼(しんらい) 신뢰 | 支(ささ)える 지탱하다 | 一方的(いっぽうてき)に 일방적으로 | 叱(しか)りつける 엄하게 야단치다 | ～だけでは ～만으로는 | 壊(こわ)す 부수다, 망가뜨리다

19　A 아쿠타가와상 수상, 축하드립니다. 수상하셨을 때의 심정을 **들려주실 수 있을까요?**

　B 수상 소식을 들었을 때는 전혀 믿을 수 없었습니다.

　(1번 들어 주시지 않겠습니까?, 2번 들려주실 수 있을까요?, 3번 말씀하실 건가요?, 4번 말씀드릴까요?)

해설　공란에 들어갈 표현은 **2 お聞かせ願えますか**이다. 상대방에게 정중하게 요청하는 お(ご)～願う(～해 주시기를 바라다)의 형태를 사용한다. 聞かせる는 '들려주다'라는 뜻이므로 お聞かせ願えますか는 '(말씀을) 들려주시기를 바라도 괜찮겠습니까?'가 되며, 자연스럽게 해석하면 '말씀해 주시겠습니까?, 들려주실 수 있을까요?'라는 최고 수준의 존경 표현이 된다.

단어　受賞(じゅしょう) 수상 | 知(し)らせ 소식, 알림 | 信(しん)じる 믿다

20　몇 년인가 전에 뜰에 심은 벚나무가, 올해 처음으로 꽃을 **피워서**, 가족 모두가 매우 기뻐하고 있다.

단어　計画(けいかく) 계획 | ～ところを見(み)ると ～하는 것을 보니 | 準備(じゅんび)作業(さぎょう) 준비 작업 | ～だけで ～만으로 | 必(かなら)ずしも 반드시(～은 아니다) | まさか 설마 | 仮(かり)に 가령, 만약

6　회사를 그만둔 **이후로 죽**, 그는 어디서 무엇을 하고 있는지, 아무도 모르는 것이 현 상황이다.

해설　공란에 들어갈 표현은 **2 きり**이다. ～きり는 '～한 이후로 계속'이라는 의미로, 앞선 행위를 마지막으로 상태가 계속됨을 나타낸다.

단어　辞(や)める 그만두다 | 現状(げんじょう) 현 상황, 현실 | ～ついでに ～하는 김에 | ～からには ～하는 이상

7　그 소식을 들었을 때, 너무 큰 충격에 나는 말**조차** 나오지 않았다. 무슨 일이 일어났는지, 머리가 새하얗게 되었다.

해설　공란에 들어갈 표현은 **1 すら**이다. ～すら는 '～조차, ～마저'라는 뜻으로, 보통 쉽게 할 수 있는 행위(말)조차 불가능했다는 극단의 강조를 나타낸다.

단어　知(し)らせ 소식 | あまりの 너무나도 (큰) | 衝撃(しょうげき) 충격 | 言葉(ことば) 말 | 真(ま)っ白(しろ)に 새하얗게

8　작년 조사에서는, 2개사 중 1개사가 '정사원 부족'이라고 답하고 있다. 비정규직 사원에서는, 특히 음식점에서 80%가 일손 부족이다. **이러한** 현장은, 학생 아르바이트생이 가혹한 근무로 꾸려나가고 있다.

해설　공란에 들어갈 표현은 **3 こうした**이다. こうした는 '이러한, 이와 같은'이라는 뜻으로, 앞에서 언급된 복수의 부정적인 상황(정사원 부족, 비정규직 인력 부족) 전체를 묶어 다음 문장의 주어인 '현장'을 수식하는 지시어 역할을 한다.

단어　調査(ちょうさ) 조사 | 正社員(せいしゃいん) 정사원 | 答(こた)える 답하다 | 非正規(ひせいき)社員(しゃいん) 비정규직 사원 | 特(とく)に 특히 | 飲食店(いんしょくてん) 음식점 | 8割(はちわり) 80% | 人手(ひとで)不足(ぶそく) 일손 부족 | 現場(げんば) 현장 | 過酷(かこく)な 가혹한, 혹독한 | 勤務(きんむ) 근무 | 回(まわ)す 돌리다, 꾸려나가다 | その他(た) 기타

9　A　월급 올려준다고 했잖아요.
　　B　**하지만** 말이야, 우리도 불경기라서.

해설　공란에 들어갈 표현은 **2 しかし**이다. 상대방의 주장(급여 인상)에 반대되는 사정(불경기)을 제시하며 거절하는 역접의 접속사이다.

단어　給料(きゅうりょう) 월급 | ～じゃないですか ～했잖아요〈강조〉 | 不景気(ふけいき) 불경기 | ついに 마침내 | いったい 도대체 | そうやって 그렇게 해서

10　계획은 실패하는 것이 아닌가 하는 생각이 들었었는데, **역시** 그대로 되었다.

해설　공란에 들어갈 표현은 **4 果たして**이다. 果(は)たして는 '과연, 역시'라는 뜻으로, 실패할 것 같았는데 그대로 실패했다는 문맥에 적절하다.

단어　～のではないか ～하는 것이 아닐까 | 気(き)がする ～한 기분이 들다 | その通(とお)り 그대로 | 仮(かり)に 가령 | まさか 설마 | どうにか 어떻게든, 간신히

(1번 피어서, 2번 피어버려서, 3번 피게 해서, 피워서, 4번 (억지로) 피게 되어서)

해설　공란에 들어갈 표현은 **3 咲かせて**이다. 식물이 어떤 결과(꽃을 피움, 열매를 맺음)를 냈을 때, 일본어에서는 이를 '사역형'으로 표현하여 그 식물이 가진 능력을 발휘했다는 뉘앙스를 준다. 특히 花を咲かせる(꽃을 피우다)는 하나의 관용구처럼 자주 쓰인다.

단어　庭(にわ) 뜰, 정원 | 植(う)える 심다 | 桜(さくら) 벚나무 | 初(はじ)めて 처음으로 | 咲(さ)く 피다 | 喜(よろこ)ぶ 기뻐하다

08 문법 확인문제 　접속어·지시어·조사　　p.374

문제 5　다음 문장의 (　)에 들어갈 가장 알맞은 것을 1·2·3·4에서 하나 고르시오.

1　지금까지는 상사의 지시가 정확하게 부하에게 전달되었다. **그런데** 최근 왜인지 대립만 해서 분위기가 나쁜 부서가 되어버렸다.

해설　공란에 들어갈 표현은 **4 それが**이다. 앞 문장의 긍정적인 내용과 반대되는 예상 밖의 결과가 뒤에 올 때 쓰는 역접의 접속사이다.

단어　上司(じょうし) 상사 | 指示(しじ) 지시 | 的確(てきかく)に 정확하게 | 伝(つた)わる 전달되다 | 対立(たいりつ)する 대립하다 | ～てばかりで ～하기만 하고, ～만 해서 | 雰囲気(ふんいき) 분위기 | 部署(ぶしょ) 부서

2　프로젝트 진행에는, 많은 관계자의 협력이 필요해서, 1년**으로는** 끝나지 않을 것이라고들 한다.

해설　공란에 들어갈 표현은 **4 では**이다. ～では는 '～(라는 한계나 기준)으로는'이라는 의미로, 조건을 나타낸다.

단어　進行(しんこう) 진행 | 協力(きょうりょく) 협력

3　이 이벤트는 **어쩌면** 1회로 없어질지도 모르니, 그 점은 주의해 주세요.

해설　공란에 들어갈 표현은 **3 もしかしたら**이다. 뒤에 ～かもしれない(～일지도 모른다)와 호응하여 '어쩌면, 혹시'라는 불확실한 가능성을 강조한다.

단어　無(な)くなる 없어지다 | そこ 그 점 | 気(き)をつける 주의하다 | とはいえ 그렇다고는 하나 | 確(たし)かに 확실히 | 実(じつ)は 실은

4　이 새로운 기술은, 지금까지의 산업 구조**까지도** 근본부터 바꿀 가능성을 숨기고 있다.

해설　공란에 들어갈 표현은 **3 をも**이다. ～をも는 '～도, ～까지도'라는 의미로, 강한 강조나 예외적인 대상을 나타낸다.

단어　技術(ぎじゅつ) 기술 | 産業(さんぎょう)構造(こうぞう) 산업 구조 | 根本(こんぽん) 근본 | 変(か)える 바꾸다 | 可能性(かのうせい) 가능성 | 秘(ひ)める 숨기다, 간직하다

5　그 계획은 현재까지 발표되지 않은 것을 보니, **아무래도** 준비 작업만으로 끝나버린 것 같다.

해설　공란에 들어갈 표현은 **2 どうやら**이다. '아무래도, 아마도'라는 뜻으로, 정황으로 미루어 추측할 때 사용하며, 뒤의 ～ようだ와 호응한다.

11 아들이 착실히 공부하고 있다고 생각해서, 우리는 돈을 계속 보냈다. **그런데** 아들은 매일 놀기만 하고 있었던 것이다.

해설 공란에 들어갈 표현은 **2 なのに**이다. 앞 문장의 예상과 반대되는 사실이 뒤에 오고 있으므로, 역접을 나타내는 접속사 なのに(그런데도, 그런데)가 가장 적절하다.

단어 息子(むすこ) 아들 | しっかり 제대로, 착실히 | ～ときたら ～은, ～로 말할 것 같으면〈화제 제시 및 비난〉 | 遊(あそ)びほうける 놀기만 하다

12 건강한 몸을 유지하**려면**, 매일 균형 잡힌 식사를 하는 것과 적당한 운동을 계속하는 것이 중요하다.

해설 공란에 들어갈 표현은 **1 には**이다. ～には는 '～하려면'이라는 뜻으로, 목적을 위한 수단이나 조건을 나타낸다.

단어 健康(けんこう)な 건강한 | 維持(いじ)する 유지하다 | バランスの取(と)れた 균형 잡힌 | 適度(てきど)な 적당한 | 大切(たいせつ)だ 중요하다

13 이 시스템은, 보안을 위해, 특별한 패스워드를 입력한 사람**에게서만** 접속할 수 있게 되어 있다.

해설 공란에 들어갈 표현은 **2 からしか**이다. ～からしか는 '～로부터밖에(～않다), ～에서만(～하다)'라는 의미로, 강한 한정이나 제한을 나타낸다.

단어 保安(ほあん) 보안 | 特別(とくべつ)な 특별한 | 入力(にゅうりょく)する 입력하다 | アクセス 접속

14 창고에서 일하는 사원은 새로운 기기가 들어오면 한달음에 보러 가는 타입이 많지만, 나는 기기에는 **전혀** 관심이 없다.

해설 공란에 들어갈 표현은 **4 まるで**이다. まるで는 '마치'라는 뜻 외에, 뒤에 부정 표현과 함께 사용하여 '전혀 (～하지 않다)'라는 강한 부정을 나타낸다.

단어 倉庫(そうこ) 창고 | 働(はたら)く 일하다 | 機器(きき) 기기 | 一目散(いちもくさん)に 한달음에 | 興味(きょうみ) 흥미, 관심 | 二度(にど)と 두 번 다시 | たとえ 설령, 비록 | とうとう 마침내, 결국

15 이것은 일본인에게 있어 자신과 타인이 나누기 어렵게 결합되어 있다는 점, **즉** 타인과의 조화로운 관계가 자기 안정에 있어 중요하다는 점과도 관계하고 있다.

해설 공란에 들어갈 표현은 **3 すなわち**이다. 앞 문장과 뒷 문장이 같은 내용을 다른 말로 표현하는 환언(換言) 관계이므로, 접속사 すなわち(즉, 다시 말해)가 가장 적절하다.

단어 ～において ～에 있어서 | 分(わ)かち難(がた)い 나누기 어렵다 | 結(むす)びつく 결합되다 | 調和的(ちょうわてき) 조화적, 조화로운 | 自己(じこ) 자기 | 安定(あんてい) 안정 | もっとも 가장 | しかも 게다가 | それどころか 그뿐만 아니라, 오히려

16 세상을 떠들썩하게 했던 그 사건의 범인은, 지금도 어딘**가쯤**에 숨어 있을지도 모른다.

해설 공란에 들어갈 표현은 **3 かしらに**이다. どこかしらに는 '어딘가, 어딘가 쯤'이라는 불명확한 장소를 나타낸다. ～かもしれない(～일지도 모른다)와 함께 쓰여 '어딘가에 숨어 있을 가능성'을 추측하는 문맥에 적절하다.

단어 世間(せけん) 세상 | 騒(さわ)がせる 떠들썩하게 하다 | 犯人(はんにん) 범인 | 潜(ひそ)む 숨어 있다

17 아이는, 장난감 매장 앞에서, 새 장난감을 사 달라**고라도** 생각하고 있는 것인지, 부모의 옷을 잡아당겼다.

해설 공란에 들어갈 표현은 **1 とでも**이다. ～とでも는 '～라고라도 (생각하고 있는 것은 아닐까)'라는 의미로, 화자가 상대방의 의도나 생각을 추측할 때 사용한다.

단어 売(う)り場(ば) 매장 | おもちゃ 장난감 | ～てほしい ～해 주면 좋겠다 | 親(おや) 부모 | 服(ふく) 옷 | 引(ひ)っ張(ぱ)る 잡아당기다 | ～ばかりか ～뿐만 아니라 | ～までも ～까지도

18 업무도 궤도에 올랐다. **그런데** 하나 상담해 주었으면 하는 것이 있다.

해설 공란에 들어갈 표현은 **4 そこで**이다. そこで는 앞 문장(업무가 궤도에 오름)의 상황을 받아들여, 그것을 배경으로 다음 행동(상담)을 제안하거나 화제를 전환할 때 쓰는 접속 부사로, '그래서, 그런데' 등의 의미로 사용된다.

단어 仕事(しごと) 일, 업무 | 軌道(きどう)に乗(の)る 궤도에 오르다 | 相談(そうだん)に乗(の)る 상담에 응하다 | 必(かなら)ず 반드시

19 나는 옷을 살 때에, **그것을** 손에 들어 잘 확인한 후에 삽니다.

해설 공란에 들어갈 표현은 **3 それを**이다. 앞 구(옷을 살 때에)에서 언급된 대상인 '옷'을 가리키는 지시대명사 それ에 목적격 조사 を를 붙인 형태이다. '옷을 살 때, 그 옷을(그것을) 손에 든다'는 일련의 행동을 자연스럽게 연결하는 문맥에 가장 적절하다.

단어 洋服(ようふく) 양복, 옷 | 手(て)に取(と)る 손에 들다 | 確(たし)かめる 확인하다 | ～てから ～한 후에 | というのは 왜냐하면 | 実(じつ)は 실은 | ただし 다만, 단

20 지금은 정보가 컴퓨터 회선을 통해 전 세계에 전해진다. **이러한** 것은 옛날 사람들에게는 상상도 할 수 없었음에 틀림없다.

해설 공란에 들어갈 표현은 **2 こんな**이다. こんな는 '이러한'이라는 뜻으로, 바로 앞 문장에서 언급된 '정보가 컴퓨터 회선을 통해 전 세계에 전해지는' 구체적인 현상을 가리키며, 다음 문장의 주어 역할을 하므로 적절하다.

단어 情報(じょうほう) 정보 | コンピューター回線(かいせん) 컴퓨터 회선 | ～を通(つう)じて ～을 통하여 | 世界中(せかいじゅう) 전 세계 | 伝(つた)わる 전해지다 | 想像(そうぞう)がつく 상상이 가다 | ～に違(ちが)いない ～임에 틀림없다 | そうして 그리고

단문	1 ②	2 ③	3 ②	4 ③	5 ④	6 ①	7 ②	8 ①				
중문	1 ③	2 ③	3 ④	4 ③	5 ③	6 ③	7 ①	8 ②	9 ①	10 ④	11 ④	12 ③
장문	1 ④	2 ④	3 ③	4 ①	5 ③	6 ④	7 ②	8 ②	9 ④	10 ④	11 ①	12 ②
	13 ②	14 ④	15 ④	16 ③	17 ④	18 ③						
통합이해	1 ③	2 ②	3 ①	4 ③	5 ①	6 ③	7 ③	8 ④	9 ②	10 ②	11 ②	12 ④
주장이해	1 ③	2 ④	3 ③	4 ④	5 ③	6 ①	7 ②	8 ④	9 ②	10 ③	11 ④	12 ④
	13 ③	14 ③	15 ②	16 ③	17 ②	18 ①						
정보검색	1 ④	2 ③	3 ③	4 ②	5 ③	6 ②	7 ②	8 ③	9 ②	10 ②	11 ④	12 ①

01 문제8 내용이해 단문

p.383

문제 8 다음 (1)부터 (8)의 문장을 읽고, 다음 질문에 대한 답으로서 가장 적당한 것을 1·2·3·4에서 하나 고르시오.

단문(1)

해석 가을밤, 조용히 귀를 기울이면 벌레 소리가 들려온다. 달을 보면서 쐬는 시원한 바람에 벌레 소리. 일본 특유의 운치 있는 풍경이다. 귀뚤귀뚤, 또르르, 쓰잇 딱 하는 사랑스러운 울음소리. **일본인은 벌레 소리를 기분 좋게 느끼고 있다.** 게다가 일본인은 벌레 소리를 듣고 구분도 할 수 있다. 한편, **서양인에게는 모든 것이 잡음으로밖에 들리지 않는 것 같다.** 같은 소리를 듣고 있는데 왜일까? 인간의 뇌는 우뇌와 좌뇌로 나뉘어져 있다. 벌레 소리를 어느 쪽 뇌로 듣는가 라는 점에서 일본인과 서양인의 차이가 나타난다고 한다. 서양인은 벌레 소리를 기계음이나 잡음과 똑같이 우뇌 즉 음악뇌로 처리하는 반면, 일본인은 좌뇌 즉 언어뇌로 받아들인다고 한다. 즉 서양인은 음악으로서, 일본인은 목소리로서 듣고 있다는 셈이 된다.

1 **이 글은 무엇에 대해서 쓰여 있는가?**
 1 일본인과 서양인의 벌레에 대해 느끼는 방식의 차이
 2 일본인과 서양인의 벌레 소리가 들리는 방식의 차이
 3 일본인과 서양인의 귀의 구조의 차이
 4 일본인과 서양인의 뇌의 구조의 차이

해설 질문은 '이 글이 무엇에 대해서 쓰여 있는지'를 묻고 있다. 지문은 일본인과 서양인이 벌레 소리를 어떻게 받아들이는가에 대해서 기술하고 있다. 일본인은 벌레 소리를 기분 좋게 느끼지만, 서양인은 모든 것이 잡음으로밖에 들리지 않는다고 하면서 이것은 벌레 소리를 어느 쪽 뇌로 듣는가에서 차이가 나타난다고 했다. 따라서 정답은 2번 '일본인과 서양인의 벌레 소리가 들리는 방식의 차이'가 된다. 1번은 벌레가 아니라 벌레 소리에 대해 느끼는 방식의 차이이므로 틀리다. 3번과 4번은 일본인과 서양인이 귀와 뇌의 구조가 차이난다고 했는데, 인간의 신체 구조는 같으므로 틀리다.

단어 耳(みみ)を澄(す)ます 귀를 기울이다 | 夕涼(ゆうすず)み (여름철) 저녁에 시원한 바람을 쐼 | ～ならではの ～아니고는 없는, ～특유의 | 風情(ふぜい) 풍치, 운치 | 風景(ふうけい) 풍경 | チンチロリン 귀뚤귀뚤(귀뚜라미가 우는 소리) | リンリン 또르르(방울벌레 등이 우는 소리) | スイッチョン 쓰잇 딱(베짱이가 우는 소리) | 可愛(かわい)らしい 귀엽다, 사랑스럽다 | 鳴(な)き声(ごえ) (새, 벌레, 동물의) 울음소리 | 心地(ここち)よい 기분 좋다, 상쾌하다 | 聞(き)き分(わ)け 듣고 구분함 | 雑音(ざつおん) 잡음 | 脳(のう) 뇌 | 右脳(うのう) 우뇌 | 左脳(さのう) 좌뇌 | 分(わ)かれる 나뉘다 | 聴(き)く 듣다 | 処理(しょり)する 처리하다 | ～に対(たい)し ～인 반면 | 受(う)けとめる 받아들이다 | ～ことになる ～하는 셈이 된다 | 構造(こうぞう) 구조 | 仕組(しく)み 구조, 장치

해석   호주산 와규가 소고기시장을 석권하고 있다. 진짜 일본 와규 자손의 소고기이다. 소위 **차돌박이로 녹는 것처럼 부드럽다. 게다가 가격은 일본산 와규에 비해 반값에 가까워서 팔리지 않는 것이 더 이상하다.** 이 와규 비즈니스를 호주에서는 'WAGYU'로써 고기뿐만 아니라 중국을 비롯하여 세계 각국에 수정란 수출까지 시작했다. 수 년 후에는 중국산 와규도 상품화될 것이다. 와규는 이미 일본의 독자적인 소고기가 아니게 된 것이다. 소비자로서는 싸고 맛있는 소고기를 먹을 수 있는 것은 기쁘지만, 농가의 입장을 생각하면 복잡한 심정이 된다.

(주1) 正真正銘 : 진짜를 말함

(주2) 霜降り肉 : 차돌박이. 기름살이 서리처럼 점점이 섞여 있어서 대단히 부드러운 소고기

2   본문의 내용과 일치하는 것은 어느 것인가?

1 수 년 후에는 국산 와규는 먹을 수 없게 된다.

2 저자는 농가를 위해서 'WAGYU'를 먹는 것을 주저하고 있다.

3 **'WAGYU'는 맛과 저렴함을 무기로 하고 있다.**

4 'WAGYU'는 호주에서 만들어진 신종 소고기이다.

해설 1번은 중국산 와규가 상품화될 것이라고 했지, 일본산 와규가 사라진다는 언급은 없다. 2번, 농가의 입장을 생각하면 '복잡한 심정', 즉 미안함이나 걱정이 된다고 했을 뿐 먹는 것을 주저한다는 내용은 없다. '주저한다'는 것은 먹으려다가 '아니야, 농가를 생각해서 먹지 말아야지' 하고 행동을 멈추거나 망설이는 것을 의미하기 때문이다. 3번, '입에서 녹을 정도로 부드럽다(맛)'와 '일본산의 반값에 가깝다(가격)'고 설명하며, '팔리지 않는 것이 이상하다'고 했으므로 정답이다. 4번, WAGYU는 '일본 와규의 자손의 소고기'라고 첫부분에서 말하고 있다.

단어 オーストラリア産(さん) 호주산 | 和牛(わぎゅう) 와규(일본의 재래종 소) | 市場(しじょう) 시장 | 席巻(せっけん) 석권 | ~つつある ~하고 있다 | 正真正銘(しょうしんしょうめい) 거짓없음, 진짜 | 子孫(しそん) 자손 | いわゆる 소위, 이른바 | 霜降(しもふ)り肉(にく) 차돌박이 | とろける 녹다 | 柔(やわ)らかい 부드럽다 | 値段(ねだん) 가격 | 半値(はんね) 반값 | ~ばかりでなく ~뿐만 아니라 | ~を始(はじ)め ~을 비롯하여 | 受精卵(じゅせいらん) 수정란 | 輸出(ゆしゅつ) 수출 | 既(すで)に 이미 | 消費者(しょうひしゃ) 소비자 | 農家(のうか) 농가 | 立場(たちば) 입장 | 複雑(ふくざつ)な 복잡한 | 躊躇(ちゅうちょ) 주저 | 武器(ぶき) 무기 | 新種(しんしゅ) 신종

해석   히바리지구(1초메~5초메)의 방재(화재방지)를 향상시켜 안전하고 쾌적한 마을을 실현하기 위해 '도시계획협의회'를 만듭니다. 시에서는 협의회 설립을 목표로 동회, 상점회 대표자와 준비를 진행해왔습니다. 이번에 **동회와 상점회에서 추천을 받은 분에 더해, 거주하고 있는 분, 토지나 건물의 권리자, 사업을 운영하고 있는 분으로부터 5명의 멤버를 공모하여** 지역균형 등을 고려, 서류심사 후 멤버를 정하고 싶습니다. 여러분의 응모를 기다리고 있습니다.

3   누구에게 응모하기를 바란다고 말하고 있는가? 포함되지 않는 것은 누구인가?

1 히바리지구에 이사온 지 얼마 안 된 주민

2 **히바리지구의 동회로부터 추천을 받은 지구 외의 사람**

3 히바리지구의 건설회사 경영자로 이웃의 시의 주민

4 히바리지구에 아파트를 소유하고 있는 이웃 시의 주민

해설 1번은 거주하는 주민, 3번의 건설회사 경영자는 사업을 운영하고 있는 사람, 4번의 아파트를 소유하고 있는 사람은 토지나 건물의 권리자이므로 응모할 수 있다. 2번의 동회로부터 추천을 받은 사람은 이미 멤버 조건에 속해 있으므로 새로 모집하는 사람에 포함될 수 없다.

단어 防災(ぼうさい) 방재, 화재방지 | 向上(こうじょう)させる 향상시키다 | 快適(かいてき)な 쾌적한 | 町(まち)づくり 도시계획 | 協議会(きょうぎかい) 협의회 | 設(もう)ける 마련하다, 만들다 | ~に向(む)けて ~을 목표로 | 町会(ちょうかい) 동회 | 商店会(しょうてんかい) 상점회 | 推薦(すいせん) 추천 | ~に加(くわ)え(て) ~에 더해, ~에다가 | 居住(きょじゅう) 거주 | 営(いとな)む 일하다, 경영하다 | 公募(こうぼ) 공모 | 地域(ちいき)バランス 지역균형 | 考慮(こうりょ)する 고려하다 | 書類選考(しょるいせんこう) 서류전형, 서류심사 | ~の上(うえ) ~한 후에 | ご応募(おうぼ) 응모 | ~てほしい ~하길 바라다 | 引(ひ)っ越(こ)す 이사하다 | ~たばかり ~한 지 얼마 안 된 | 所有(しょゆう) 소유

해석
　벌이 멸종될 때 인간도 멸망할지도 모른다고들 한다. 최근 수분(암술에 수술의 화분을 붙여 줌)을 돕는 벌이 감소하여 농업이 타격을 받고 있다. 수분용 꿀벌의 매매가 이루어지고 있을 정도이다. 게다가 자진해서 수분용 드론의 개발도 행해지고 있다. 그러나 드론은 제조할 때도 운전할 때도 끊임없이 에너지를 필요로 하며 쓰레기도 발생시킨다. **지금 해야 할 일은 드론 제조보다도 벌이 계속 살 수 있는 환경의 정비일 것이다.** <u>그것은</u> 우리들 인간에게도 도움이 됨에 틀림없다.

4 ‘그것은’은 무엇을 가리키고 있는가?

1　벌을 키워서 늘리는 일

2　벌에게 수분을 시키는 일

3　벌에게 좋은 환경을 만드는 일

4　드론보다 벌을 사용하는 일

해설 ‘그것은’을 가리키는 부분은 보통 앞문장을 가리킬 때가 많다. 여기서는 벌이 계속 살 수 있는 환경의 정비, 즉 벌에게 좋은 환경을 만들어 준다는 3번이 정답이 된다.

단어 蜂(はち) 벌 | 絶滅(ぜつめつ)する 멸종되다 | 滅(ほろ)びる 멸망하다 | ～かねない ～할지도 모른다 | 授粉(じゅふん) 수분 | 手助(てだす)け 도움, 조력 | 減少(げんしょう) 감소 | 打撃(だげき)を受(う)ける 타격을 받다 | 蜜蜂(みつばち) 꿀벌 | 売買(ばいばい) 매매 | 進(すす)んで 자진해서 | ドローン 드론 | 製造(せいぞう) 제조 | 絶(た)えず 끊임없이 | 必要(ひつよう)とする 필요로 하다 | ～べきな ～해야 할 | 整備(せいび) 정비 | ためになる 도움이 되다 | ～に相違(そうい)ない ～임에 틀림없다 | 育(そだ)てる 키우다 | 増(ふ)やす 늘리다

해석
　일본의 수도는 수도관이나 시설이 낡아 그것을 교체하는 데 막대한 자금이 필요합니다. 특히 (주)과소(過疎) 지역의 마을은 수도 요금만으로는 도저히 다 충당할 수 없습니다. 그 **해결 수단으로써 개발된 설비**가 2025년에 어느 과소 마을의 3분의 1의 가정에 설치되었습니다. 빗물로 식수를 만들고, 생활에서 사용한 물은 다시 깨끗하게 하여 목욕이나 주방 설거지, 세탁에 반복해서 사용합니다. 화장실 물도 깨끗하게 해서 다시 화장실에 사용합니다. 이것은 **수도관을 새로 하는 것에 비해 30%나 비용을 줄일 수 있어서** 크게 기대하고 있습니다.

(주) 과소(過疎) : 인구가 적어져 지역의 경제적 활동도 줄어드는 상태

5 필자가 특히 기대하고 있는 것은 무엇인가?

1　수도 요금이 필요 없게 되는 것

2　과소 마을의 인구가 늘어나는 것

3　수도관을 싸게 교체할 수 있는 것

4　새로운 설비는 비용을 줄일 수 있는 것

해설 필자가 특히 기대하고 있는 것은 새로운 설비를 도입함으로써 비용을 줄일 수 있다는 점이다. 지문에서는 수도관을 새로 교체하는 것보다 30%나 비용을 줄일 수 있기 때문에 크게 기대하고 있다고 명시하고 있다. 따라서, 정답은 4번이다. 1번, 수도 요금이 필요 없다는 내용은 본문에 언급되지 않았기 때문에 맞지 않다. 2번, 인구가 늘어난다는 내용은 본문의 범위를 벗어난 추측이므로 맞지 않다. 3번, 수도관 자체를 싸게 교체하는 것이 아니라, 수도관을 교체하는 것보다 새로운 설비를 설치하는 것이 더 저렴하다는 내용이다.

단어 水道管(すいどうかん) 수도관 | 施設(しせつ) 시설 | 更新(こうしん) 갱신, 교체 | 莫大(ばくだい)な 막대한 | 資金(しきん) 자금 | 過疎(かそ) 과소, 인구가 적은 상태 | ～だけでは ～만으로는 | とても 도저히 | 賄(まかな)う 충당하다 | ～きれない 다 ～할 수 없다 | 設備(せつび) 설비 | 雨水(あまみず) 빗물 | 飲(の)み水(みず) 식수 | 食器洗(しょっきあら)い 설거지 | 繰(く)り返(かえ)す 반복하다 | 費用(ひよう) 비용 | 抑(おさ)える 억제하다, 줄이다 | 大(おお)いに 대단히, 크게 | 取(と)り換(か)える 교체하다

해석 일본은 20년 후에는 생산연령인구가 크게 줄어들어 모든 직장에서 일손이 20%나 부족할 거라고 한다. 그럼에도 불구하고 한국에 비해 디지털화가 뒤처져 있다. 국가나 지방자치단체에 납부하는 세금이나 보험료 등이 아직 종이로 이루어지는 경우가 많다. 종이로는 납부하는 사람에게도 수고스럽고 행정(기관)도 은행에서 돌아오는 통지서로 입금을 확인해야 하므로 엄청난 시간이 필요하다. 사망 시에 필요한 수많은 서류, 고등학교 입시 자료 등도 종이가 많다. 정말이지 비효율적이다. 적어도 공공 서비스의 효율화는 시급한 과제가 아닐까?

6 필자는 어떻게 해야 한다고 말하고 있는가?
   1 디지털화로 행정 업무의 능률을 높여야 한다.
   2 입금 확인이 안 되므로 종이 납부는 중단해야 한다.
   3 노동 인구가 줄어드는 20년 이내에 디지털화를 추진해야 한다.
   4 일손 부족 해소를 위해 공공 서비스에서 서류를 없애야 한다.

해설 필자는 인력 부족이 심각한 상황에서 행정 업무가 여전히 종이로 이루어지는 것이 '정말로 비효율적'이라고 비판하고 있다. 따라서 적어도 공공 서비스의 '효율화가 시급한 과제이다'라고 주장하고 있으며, 이는 곧 1번 디지털화로 행정 업무의 능률을 높여야 한다는 주장이다. 2번, 종이 납부가 입금 확인이 안 되는 것이 아니라 시간이 오래 걸리는 비효율성을 지적하고 있다. 3번, '20년 이내'라는 구체적인 시한을 제시한 것이 아니라 단지 상황의 시급함을 강조하고 있을 뿐이다. 4번, 서류를 없애는 것은 목표가 아닌 수단이며, 필자의 최종 목적은 공공 서비스의 효율화이다.

단어 生産(せいさん) 생산 | 年齢(ねんれい) 연령 | 人口 (じんこう) 인구 | 激減(げきげん) 격감, 크게 줄어듦 | 働(はたら)き手(て) 일손, 노동자 | ～にもかかわらず ～임에도 불구하고 | 遅(おく)れる 더디다, 뒤처지다 | 地方(ちほう)自治体(じちたい) 지방자치단체 | 納付(のうふ) 납부 | 保険料(ほけんりょう) 보험료 | 手間(てま)がかかる 수고스럽다 | 行政(ぎょうせい) 행정 | 通知書(つうちしょ) 통지서 | 入金(にゅうきん) 입금 | 多大(ただい)な 막대한, 엄청난 | 死亡時(しぼうじ) 사망 시 | 受験(じゅけん) 수험, 입시 | 全(まった)く 정말이지 | 非能率(ひのうりつ) 비능률, 비효율 | 公共(こうきょう) 공공 | 効率化(こうりつか) 효율화 | 急務(きゅうむ) 급선무, 시급한 과제 | 高(たか)める 높이다 | 人手(ひとで)不足(ぶそく) 일손 부족 | 解消(かいしょう) 해소 | なくす 없애다

해석 살아가는 데 있어서 필요한 것에 '유형 자산'과 '무형 자산'이 있습니다. 누구나 돈과 같은 '유형 자산'을 쌓는 중요성은 인식하고 있지만, '무형 자산' 쪽은 그다지 돌아보지 않는 것 같습니다. 하지만 무형 자산에는 살아가는 데 있어서 필요한 친구나 가족, 지식이나 경험 등 모든 것이 포함됩니다. 건강이나 삶의 보람 등도 있습니다. 그러므로 이쪽(무형 자산)이 살아가는 기쁨이라는 면에서는 더 중요합니다. 무형 자산이 적은 인생은 쓸쓸한 법입니다. 그러므로 무형 자산을 쌓는 것이 좋습니다. 젊은이는 사회인이 되면 돈을 벌게 됩니다. 그것을 저축과 같은 유형 자산을 모으는 데 사용하는 것도 필요하지만, 그 일부를 자신에게 투자하면 어떨까요?

7 왜 필자는 그 일부를 자신에게 투자하면 어떨까요 라고 말하고 있는가?
   1 효율적으로 돈을 사용하여 유형·무형 자산을 균형 있게 얻을 수 있는 방법이기 때문에
   2 생활의 기반을 다지는 동시에 정신적으로도 풍요로운 생활을 얻을 수 있는 가능성이 있기 때문에
   3 유형자산을 늘리는 것은 물론, 무형자산을 늘리는 데는 자신으로의 투자가 가장 좋기 때문에
   4 유형자산의 중요성은 알고 있겠지만, 무형자산 쪽이 더 중요하다고 가르쳐주고 싶기 때문에

해설 지문은 유형 자산(돈)은 생활에 필요하지만, 무형 자산(경험·보람)은 삶의 기쁨을 위해 더 중요하다고 했다. 여기서 투자의 의미는 저축(유형 자산)만 하지 말고 자기 투자를 통해 무형 자산을 쌓으라는 권유이다. 따라서 '유형 자산(생활 기반)'과 '무형 자산(정신적 풍요)'을 모두 챙겨 인생을 풍요롭게 만들라는 2번이 필자의 의도를 가장 잘 나타내고 있다. 1번, '균형'보다는 무형 자산의 가치에 초점이 있다. 3번, 지문에 '자기 투자가 가장 좋은(最もいい) 방법'이라는 단정적 표현은 없다. 일본어 독해 시험에서 '가장(最も)', '반드시(必ず)'와 같은 극단적인 표현이 들어간 선택지는 오답일 확률이 높다. 4번, 필자가 중요성을 가르쳐주고 싶어 하는 마음은 느껴지지만, '왜 투자하라고 하는가'에 대한 직접적인 이유(목적)로는 2번이 더 포괄적이고 적절하다.

독해 공략편

단어 生(い)きる 살다 | 〜上(うえ)で 〜하는 데 있어서 | 有形資産(ゆうけいしさん) 유형 자산 | 無形資産(むけいしさん) 무형 자산 | 蓄(たくわ)える 비축하다, 쌓다 | 認識(にんしき) 인식 | 顧(かえり)みる 돌아보다, 신경 쓰다 | 生(い)き甲斐(がい) 삶의 보람 | 侘(わび)しい 쓸쓸하다, 초라하다 | 積(つ)み上(あ)げる 쌓아 올리다 | 若者(わかもの) 젊은이 | お金(かね)を稼(かせ)ぐ 돈을 벌다 | 貯金(ちょきん) 저축, 예금 | 溜(た)める 모으다, 쌓다 | 〜に向(む)ける 〜에 돌리다, 〜에 사용하다 | 投資(とうし) 투자

단문(8)

해석　　고급 레스토랑이 오세치(일본 전통 명절 음식) 등의 택배 서비스를 이용하게 되었다. 이것은 가게의 맛을 거의 그대로 전달될 수 있게 되었기 때문이다. 품질을 떨어뜨리지 않고 장기 보존이 가능한 액체 동결이 가능한 기계를 사용한다. 식품을 밀폐하여 영하 30도의 액체 알코올로 냉동하면 일반적인 공기 냉동의 약 20배 속도로 냉동할 수 있어서 세포를 파괴하지 않는다. 해동 시에 (주)드립(국물)도 거의 나오지 않는다. 따라서 마치 갓 만든 것 같은 요리를 제공할 수 있다. 음식 보존 기술은 여기까지 진화하고 있다.

(주)ドリップ : 국물, 물기

8　어떤 냉동 기술인가?

　1　급속한 냉동으로 세포를 파괴하지 않고, 맛과 식감을 유지하는 기술
　2　생고기나 생선을 가능한 한 신선한 상태로 유지하는 기술
　3　냉동해도 품질의 변화를 적게 하는 기술
　4　세포를 보호하기 위해 온도를 내리면서 천천히 식히는 기술

해설　지문에서 '약 20배 속도로', '세포를 파괴하지 않는다', '갓 만든 것 같은 요리'와 모두 일치하는 설명은 1번이다. 2번, '오세치(おせち)'와 같은 조리된 음식을 예로 들고 있으며, '생고기나 생선'에 한정된 기술이라는 언급은 없다. 3번, 목적은 맞지만 '액체 동결'이라는 기술의 핵심적인 방법(급속 냉동)과 결과(세포 파괴 방지)를 설명하지 못하는 불완전한 해설이다. 4번, 지문에는 '약 20배 속도'로 냉동한다고 되어 있어, '천천히 식힌다'는 설명은 맞지 않다.

단어　高級(こうきゅう) 고급 | 宅配(たくはい) 택배 | 届(とど)ける 전달하다, 배달하다 | 品質(ひんしつ) 품질 | 落(お)とす 떨어뜨리다, 낮추다 | 長期(ちょうき) 장기 | 保存(ほぞん) 보존 | 液体(えきたい) 액체 | 凍結(とうけつ) 동결 | 機械(きかい) 기계 | 密閉(みっぺい) 밀폐 | 冷凍(れいとう) 냉동 | 細胞(さいぼう) 세포 | 壊(こわ)す 파괴하다 | 解凍(かいとう) 해동 | まるで〜ような 마치 〜같은 | 出来立(できた)て 갓 만든, 갓 나온 | 提供(ていきょう) 제공 | 進化(しんか) 진화 | 急速(きゅうそく)な 급속한 | 保(たも)つ 유지하다 | 温度(おんど)を下(さ)げる 온도를 내리다 | 冷(ひ)やす 차게 하다, 식히다

02　문제9 내용이해 중문　　　　　　　　　　　　　　　　　　　　　　　　　　　　　p.394

문제 9　다음 (1)부터 (6)의 문장을 읽고, 다음 질문에 대한 답으로서 가장 적당한 것을 1·2·3·4에서 하나 고르시오.

중문(1)

해석　　최근 사르코페니아(sarcopenia) 비만을 조심하라고들 한다. 사르코페니아 비만이란 전신의 근육량이 줄어, 그 때문에 근력이 저하하는 증상이다. 주요 원인은 노화지만, 무리한 다이어트를 한 젊은 사람에게도 증상은 나타난다. 근육량이 적고 지방이 많은 몸이라면 마른 사람이라도 사르코페니아 비만이라고 불린다. 그러나 그 대부분은 역시 고령자이다. 나이와 함께 근육이 줄어드는 것은 자연스러운 일이기 때문이다. 노화는 다리부터 라고 하는데 다리가 쇠약해지면 아무래도 전신의 움직임이 나빠진다. 몸이 움직이지 않게 되고 움직이기 싫어진다. 그 악순환으로 점점 증상이 진행된다. 그러나 가령 80세가 되어도 운동으로 그것을 방지할 수 있다. 특별히 뭔가를 해서 몸을 단련하는 것은 힘들지만, 일상생활상의 작은 궁리(아이디어)로 몸을 지킬 수 있다. 예를 들면 요리 중이나 양치질 등을 하는 그런 때에 다리를 어깨폭으로 벌리고 무릎을 가볍게 굽힌 상태를 유지하며 선다. 그리고 체중을 오른쪽 넓적다리에 10초간 싣는다. 그 다음에 마찬가지로 왼쪽에 10초 싣는다. 그 다음에 양다리의 넓적다리에도 10초간 싣는다. 가능한 한 이 동작을 반복한다. 걸을 때에도 노력이 필요하다. 이상적인 보폭은 신장×0.45라고 하는데, 되도록 큰 걸음으로 걷는 편이 평소 쓰지 않는 근육을 쓰게 되어서 좋다. 게다가 빨리걷기를 하면 더욱 좋다. 하루 10분 정도라도 효과가 있다고 한다.

1 **그 악순환으로 점점 증상이 진행된다**란 무슨 말인가?

1 무리한 다이어트를 반복함으로써 젊어도 근육이 줄고 지방이 늘어나는 것

2 노화에 의해 근육량이 줄어들면, 다리 근육이 쇠약해져 사르코페니아 비만이 되는 것

3 다리 근력이 떨어져 움직이기 힘들어지면, 더욱 움직이지 않게 되어 근력이 더 저하되는 것

4 일상생활에서 몸을 단련하는 궁리를 하지 않기 때문에, 모르는 사이에 증상이 악화되어 버리는 것

2 사르코페니아 비만을 예방하기 위해서 가장 좋은 것은 어느 것인가?

1 살이 찌지 않도록 주의하는 것

2 다이어트를 하지 않는 것

3 근육량을 떨어뜨리지 않는 것

4 되도록 오래 걷는 것

해설 〈질문 1〉은 밑줄 친 그 악순환으로 점점 증상이 진행된다의 의미를 묻고 있다. 지문에서 '악순환'은 〈足が衰える(다리가 쇠약해짐) → 全身の動きが悪くなる(전신 움직임이 나빠짐) → 動きたくなくなる(움직이기 싫어짐)〉의 과정을 의미한다. 따라서 다리의 근력 저하가 활동량 감소로 이어지고, 이것이 다시 근력 저하를 심화시킨다는 내용인 3번이 정답이다. 1번과 2번은 지문에 나오는 내용이지만 '악순환'의 직접적인 인과관계는 아니며, 4번은 예방법에 관한 설명이므로 오답이다.

〈질문 2〉는 사르코페니아 비만을 예방하기 위해서 가장 좋은 것은 무엇인지 묻고 있다. 1번은 '살이 찌지 않도록 주의하는 것'인데 살이 찌지 않는 것이 근육량을 늘리는 것은 아니므로 맞지 않다. 2번은 '다이어트를 하지 않는 것'인데 다이어트는 근육량을 늘리는 것이 아니라 줄일 가능성이 있다. 3번은 '근육량을 떨어뜨리지 않는 것'인데 전신의 근육량이 줄어 근력이 저하되는 증상이 사르코페니아 비만이므로, 이를 예방하기 위해서는 근육량을 떨어뜨리지 않는 것이 되므로 정답이 된다. 4번은 '되도록 오래 걷는 것'이라고 했는데 오래 걷는 것보다는 빨리 걷기 등의 서술이 있으므로 맞지 않다.

단어 肥満(ひまん) 비만 | 筋肉量(きんにくりょう) 근육량 | 低下(ていか) 저하 | 症状(しょうじょう) 증상 | 加齢(かれい) 나이를 먹음, 노화 | 脂肪(しぼう) 지방 | 痩(や)せる (몸이) 마르다 | 高齢者(こうれいしゃ) 고령자 | ～と共(とも)に ～와 함께 | 筋肉(きんにく)が落(お)ちる 근육이 줄어들다 | 老化(ろうか) 노화 | 衰(おとろ)える 쇠약해지다 | どうしても 아무래도 | 悪循環(あくじゅんかん) 악순환 | 益々(ますます) 점점, 점차 | 防(ふせ)ぐ 방지하다 | 鍛(きた)える 단련하다 | ～上(じょう) ～상 | ちょっとした 사소한, 작은 | 工夫(くふう) 궁리, 아이디어 | 歯磨(はみが)き 양치질 | 肩幅(かたはば) 어깨폭 | 膝(ひざ)を曲(ま)げる 무릎을 굽히다 | 体重(たいじゅう)をかける 체중을 싣다 | 太(ふと)もも 넓적다리 | 動作(どうさ) 동작 | 繰(く)り返(かえ)す 반복하다 | 歩幅(ほはば) 보폭 | 大股(おおまた) 보폭이 넓음, 큰 걸음 | 早歩(はやある)き 빨리 걷기 | 減少(げんしょう) 감소 | 鈍(にぶ)る 둔해지다 | 麻痺(まひ) 마비 | 移(うつ)る 옮기다 | 悪化(あっか) 악화 | 影響(えいきょう)を及(およ)ぼす 영향을 끼치다

독해 공략편

중문(2)

해석　　경영이 힘든 가운데 '관광열차'를 운행시키는 철도회사가 늘어났다. JR규슈의 '일곱개별'의 성공을 모방하고 있는 것이다. 2013년에 첫 등장한 호화관광열차로 차내의 호화로움은 인정하기는 하지만, 1박2일 코스에 1인 18만 엔부터, 3박 4일 코스로 1인 70만 엔이나 되는 운임설정에 깜짝 놀랐다. 이렇게 비싼 열차를 탈 사람이 있을까(주1)의심했지만, 뚜껑을 열어보니 예약이 추첨이 될 정도로 엄청난 인기였다. ①그것은 열차가 단순히 이동수단 이상의 가치를 가질 수 있다는 것을 증명한 순간이었다. 그 후, 일본 전국을 호화관광열차를 비롯하여 다양한 관광열차가 달리게 되었다. 특별요금을 받는 것이 일반적으로, 그것이 철도회사의 경영에도 도움이 되고 있는 듯하다.

　　사실 이미 2011년에는 한큐전철에서는 '교 트레인'이라는 교토의 상가 주택을 이미지한 관광열차를 운행시키고 있었다. 외국인에게도 평판이 좋아 손님을 모으는 데도 도움이 되고 있다. 그래서 거듭(더욱) 2019년에 '교 트레인 가라쿠'를 도입하기로 했다. 이것은 좀더 공들인 인테리어로, 1량마다 계절을 정해 (주2)둥근 창이나 작은 정원, 고산수(물을 사용하지 않고 지형(地形)으로써만 산수를 표현한 정원) 등, 교토의 절과 신사, 전통 상가 주택에서 볼 수 있는 특징적인 구조를 도입하고 있어, ②한 번은 타보고 싶은 열차가 되고 있다. 게다가 특별요금도 받지 않기 때문에 정말로 손님을 기쁘게 하고 싶다는 의지가 느껴진다. 그것이 오히려 손님을 모으는 데 도움이 되고 있는지도 모르겠다.

(주1) 訝った : 의아하게 생각했다, 의심했다

(주2) 円窓 : 둥근 창. 바람이나 빛을 들게 하는 둥근 모양의 창

3 **①그것은**의 그것은 무엇을 가리키고 있는가?

1 호화관광열차가 등장한 것

2 운임설정에 깜짝 놀란 것

3 다양한 관광열차가 다니게 된 것

4 예약이 쇄도하여 큰 인기를 얻는 것

4 '교 트레인 가라쿠'는 왜 **②한 번은 타보고 싶은 열차**인가?

1 특별요금이 필요 없어서

2 1량마다 다른 차량이어서

3 인테리어가 교토다운 구조여서

4 교토의 절이나 신사, 전통상가에 대해 알 수 있어서

81

〈질문 3〉에서 지시어 それ(그것)는 앞 문장의 내용을 가리킨다. 앞 문장에서는 '운임 설정에 깜짝 놀랐지만, 실제로 뚜껑을 열어보니 예약이 추첨제일 정도로 대인기였다'는 내용을 담고 있다. 즉, 매우 비싼 가격임에도 불구하고 예약이 쇄도하고 큰 인기를 얻은 사실이 '열차가 단순한 이동 수단 이상의 가치를 가질 수 있다'는 것을 증명한 것이므로 4번이 정답이다.

〈질문 4〉는 열차를 타고 싶은 이유에 대해 묻고 있다. 이유는 ②가 포함된 문장의 바로 앞부분에서 찾을 수 있다. '교 트레인 가라쿠'는 '인테리어가 더 정교하며, 원형 창이나 작은 정원, 고산수 등 교토의 사찰이나 상가 주택에서 볼 수 있는 특징적인 구조를 도입하고 있다'고 설명한다. 이러한 특별한 내부 인테리어 때문에 '한 번쯤 타보고 싶은 열차'가 된 것이므로 3번이 정답이다. 1번, 특별 요금이 없는 것은 승객을 기쁘게 하는 요소이지만, '한 번쯤 타보고 싶은' 이유로 직접 언급된 디자인적 특징과는 별개의 장점이다. 2번은 인테리어 설명의 일부로 3번이 더 포괄적인 정답이다.

단어 | ～に倣(なら)う ～을 따르다, ～을 모방하다 | 豪華(ごうか) 호화 | ～ものの ～하기는 하지만 | 運賃(うんちん) 운임 | 度肝(どぎも)を抜(ぬ)かれる 깜짝 놀라다 | 蓋(ふた)を開(あ)ける 뚜껑을 열다, 일을 시작하다 | 抽選(ちゅうせん) 추첨 | 証明(しょうめい) 증명 | ～を始(はじ)め ～을 비롯하여 | 料金(りょうきん)を取(と)る 요금을 받다 | 助(たす)け 도움 | 既(すで)に 이미 | 町家(まちや) 전통 상가 주택 | 集客(しゅうきゃく) 손님을 모으는 일, 모객 | 役立(やくだ)つ 도움이 되다 | 更(さら)に 더욱, 거듭 | 導入(どうにゅう) 도입 | 凝(こ)る 공들이다 | 内装(ないそう) 내장, 인테리어 | ～ごとに ～마다 | 寺社(じしゃ) 절과 신사 | 特徴的(とくちょうてき)な 특징적인 | 構造(こうぞう) 구조 | 取(と)り入(い)れる 도입하다, 받아들이다 | 心意気(こころいき) 마음가짐, 의지 | 却(かえ)って 오히려 | ～らしい ～답다

중문(3)

해석

비즈니스 모델에 완벽한 것은 없다. 한때 인기가 있었던 '질레트 모델'도 그것을 피할 수는 없었다. '질레트 모델'이란 복사기나 인쇄기 등을 팔 때 본체를 싸게 하고, 이익은 잉크나 토너 등의 소모품으로 돈을 버는 방식이다. 이것은 꽤 효과적이라 제품에 따라서는 잉크 카트리지의 전색 4회분으로 본체를 살 수 있을 만큼 저렴하게 팔고, 비싼 소모품을 강매하는 일도 있었다. 소모품으로 이익을 내는 것이다.

그러나 이에 항거하듯 소모품의 모조품이 끊이지 않는 상황도 발생했다. 애초에 개발도상국에서는 처음부터 이 비즈니스 모델은 통용되지 않았다. 소비자는 본체를 개조해서 비싼 소모품을 사지 않았던 것이다. 그래서 제조사가 대항수단으로서 전혀 반대라고도 할 수 있는 제품을 팔기 시작한 것도 (주)당연한 일이다. 대량 잉크탱크 프린터를 개발하여 종래 기계의 3배 정도의 가격으로 팔기 시작한 것이다. **잉크료가 10분의 1정도로 끝나기 때문에 결국 소비자에게 이득이 된다. 이것으로 고장나기 쉬운 개조품도 몰아낼 수 있었다.** 이러한 제품이 지금은 개발도상국뿐만 아니라 구미에도 판로를 넓히고 있다고 한다. 그다지 인쇄량이 많지 않은 소비자에 맞춘 제품도 내놓아, 이것도 잘 팔리고 있다고 한다. 어느 제품이든 그렇지만, **사용하는 사람에게 놓여진 상황을 잘 조사할 필요가 있다.** (　　)라는 일의 예이다.

(주)むべなるかな : 과연, 당연하구나

---

5 왜 개조품을 몰아낼 수 있었는가?
1 개조품이 고장나기 쉬웠기 때문에
2 잉크를 대량으로 넣을 수 있기 때문에
3 개조품을 쓰는 장점이 없기 때문에
4 신제품이 3배 정도의 가격이었기 때문에

6 (　　)에 어떤 문장을 넣으면 좋은가?
1 비즈니스 모델은 끊임없이 변해간다
2 어느 비즈니스 모델을 고르는가가 중요하다
3 모든 것에 통용되는 비즈니스 모델은 없다
4 비즈니스 모델은 신용하지 않는 편이 좋다

해설 〈질문 5〉는 개조품을 몰아낼 수 있었던 이유에 대해 묻고 있다. 지문 후반부에 따르면, 제조사가 기존 모델과는 반대로 본체 가격을 높이는 대신 잉크 값을 1/10 수준으로 낮춘 '대량 잉크탱크 프린터'를 출시했다. 이 제품은 잉크 비용이 매우 저렴하여 결국 소비자에게 득이 되었고, 이로 인해 굳이 고장이 잘 나는 개조품을 쓸 이유가 사라졌기 때문에 개조품을 몰아낼 수 있었다고 설명하고 있다. 따라서 정답은 3번이다. 1번, 개조품이 잘 고장 나는 것은 하나의 요인이지만, 결정적으로 '정품 탱크 프린터가 소비자에게 이득이 되었다'는 경제적 메리트가 몰아낼 수 있었던 핵심 근거이다. 2번과 4번은 새로운 제품의 특징일 뿐, 직접적인 이유를 포괄하지 못한다.

〈질문 6〉의 괄호에는 본문의 요약이라고도 할 수 있는 문장을 넣어야 한다. 지문의 첫 문장에서 "비즈니스 모델에 완벽한 것은 없다'라고 화두를 던졌으며, 한때 각광받던 '질레트 모델'조차 개발도상국이나 특정 상황에서는 통용되지 않았음을 사례로 들고 있다. 마지막 문장의 '사용하는 사람에게 놓여진 상황을 잘 조사할 필요가 있다'는 결론과 호응하며, 어떤 상황에서나 완벽하게 통할 수 있는 모델은 존재하지 않는다는 내용이 들어가는 것이 가장 적절하다.

단어 完璧(かんぺき)な 완벽한 | ひところ 한때, 이전의 어떤 시기 | 持(も)てはやされる 인기가 있다 | 免(まぬか)れる 피하다, 모면하다 | コピー機(き) 복사기 | 印刷機(いんさつき) 인쇄기 | 消耗品(しょうもうひん) 소모품 | 稼(かせ)ぐ (돈·시간 등을) 벌다 | 有効(ゆうこう)だ 효과적이다 | 売(う)りつける 강매하다 | 抗(あらが)う 다투다, 항거하다 | 模造品(もぞうひん) 모조품 | 後(あと)を絶(た)たない 끊이지 않다 | 生(しょう)じる 발생하다, 생기다 | そもそも 처음, 애초 | 改造(かいぞう) 개조 | むべなるかな 당연한 일, 지당한 일 | ~にとって ~에게, ~에게 있어서 | 駆逐(くちく)する 몰아내다 | ~だけでなく ~뿐만 아니라 | 販路(はんろ)を広(ひろ)げる 판로를 넓히다 | さほど 그다지, 별로 | ~ごとに ~마다 | 投入(とうにゅう) 투입 | それほど 그렇게, 그다지 | メリット 장점 | 次々(つぎつぎ)と 잇달아, 끊임없이 | 通用(つうよう)する 통용되다

중문(4)

해석

　식량 문제 해결을 위해 전 세계에서 다양한 연구가 이루어지고 있다. 그중에서 '바이오스티뮬런트, BS', 즉 '생물 자극제'라고 불리는 물질은 식물에 자극을 줌으로써 성장을 촉진하거나 병을 치료할 수 있기 때문에 주목받고 있다. 비료나 농약과 같은 부정적인 이미지가 없기 때문에 더더욱 그렇다. 비료나 농약은 해충을 없애거나 성장을 촉진시킬 수 있는 한편, 작물이나 토양에 손상을 주는 경우가 많다. 하지만 BS는 작물 그 자체의 능력을 끌어낼 뿐이어서 나쁜 영향이 거의 없고 수확량도 증가한다.

　특히 쓰레기로 버려지던 것을 BS로 만든다는 발상으로 진행된 연구는 매우 흥미롭다. 2022년에는 빨간 파프리카 수확 시 남은 찌꺼기를 활용한 BS 개발에 성공했다. 하지만 이 BS가 어떤 작물에 얼마나 효과가 있는지 아직 모른다. 현재는 파의 (주1)찌꺼기를 이용한 BS 개발에 힘쓰고 있다. 파는 특정한 해충을 막을 수 있는 성분을 가진 특별한 채소이다. 오랜 경험으로 오이나 가지, 토마토 등의 옆에 (주2)파를 심는 사람도 있을 정도이다. 또한 파는 다른 채소에 비해 출하 시 버리는 껍질이나 뿌리 등 찌꺼기가 많아 약 27%가 버려지고 있다. 그렇기 때문에 (이 연구가) 성공한다면 버려지던 파의 대부분을 이용할 수 있기 때문에 기대도 크다.

(주1)残滓 : 무언가를 한 후에 남는 물건

(주2)葱を植える : 파를 심다. 채소에 따라서는 생육이 나빠지는 경우가 있다.

7 왜 필자는 BS 이용이 좋다고 생각하는가?

　1　작물과 환경에 좋고 수확량도 늘기 때문에

　2　작물 수확이 늘고 쓰레기도 없어지기 때문에

　3　아무것도 살 필요가 없어서 경제적이기 때문에

　4　식량 문제를 해결할 수 있고 인류에게 도움이 되기 때문에

8 필자가 파의 BS에 기대하는 이유는 무엇인가?

　1　찌꺼기를 유용하게 활용하기 때문에

　2　파는 버리는 부분이 많기 때문에

　3　파프리카보다 효과가 있기 때문에

　4　해충을 막는 성분을 가지고 있기 때문에

해설 〈질문 7〉은 왜 필자가 BS 이용이 좋다고 생각하는지 묻고 있다. 지문에서 비료나 농약과 달리 BS는 작물과 토양에 부정적인 영향을 거의 주지 않으면서 수확량을 늘릴 수 있다는 점을 강조하고 있다. 이는 '작물과 환경에 좋고 수확량도 증가한다'는 1번 보기와 가장 잘 부합한다. 나머지 보기들은 지문 내용의 일부를 잘못 해석하거나 과도하게 일반화한 것이다.

〈질문 8〉은 필자가 파의 BS에 기대하는 이유에 대해 묻고 있다. 글 마지막을 보면 '파는 다른 채소에 비해~기대도 크다'에서 파 BS에 기대하는 주된 이유는 파가 버려지는 부분이 많기 때문임을 알 수 있다. 따라서 답은 2번이다. 1번(찌꺼기의 유용한 활용)은 파뿐만 아니라 다른 작물에도 적용 가능한 일반적 개념이다. 3번(찌꺼기의 효과)에서는 파의 효과가 파프리카보다 뛰어나다는 내용은 언급되어 있지 않다. 4번(해충 방지 성분)도 사실 파의 특성이지만, 기대 이유는 '많이 버려지는 부분이 많아 그 점을 이용하려는 점'을 강조하고 있는 것이다.

단어 食糧(しょくりょう) 식량 | 種々(しゅじゅ) 여러 가지, 다양함 | なす 이루다 | 生物(せいぶつ)刺激剤(しげきざい) 생물 자극제 | 植物(しょくぶつ) 식물 | 刺激(しげき)を与(あた)える 자극을 주다 | ~ことで ①~함으로써, ~하는 것으로〈수단·방법〉 ②~하기 때문에〈이유〉 | 生育(せいいく) 생장, 성장 | 負(ふ) 부정적, 마이너스 | 尚更(なおさら)だ 더더욱 그렇다 | 駆除(くじょ) 구제, 없앰 | 促進(そくしん) 촉진 | 引(ひ)き出(だ)す 끌어내다 | 収穫量(しゅうかくりょう) 수확량 | 増加(ぞうか) 증가 | 興味深(きょうみぶか)い 매우 흥미롭다 | 残滓(ざんし) 잔여물, 찌꺼기 | 取(と)り組(く)む 몰두하다, 힘쓰다 | ある種(しゅ)の 어떤 종류의, 특정한 | 成分(せいぶん) 성분 | 出荷(しゅっか) 출하 | 根(ね) 뿌리 | 廃棄(はいき) 폐기 | ためになる 도움이 되다, 유익하다 | 有効(ゆうこう) 효과 있음, 유용함

해석

　　이바라키현 취주악 콩쿠르 현남 지역 대회에 심사위원으로 참가했습니다. 심사위원이라는 큰 역할을 맡을 수 있는 기회는 그렇게 많지 않습니다. 이번에 이런 귀한 기회를 주셔서 정말 영광이었습니다. 이바라키현 취주악 연맹의 여러분, 현남 지역 선생님들, 그리고 대회를 위해 힘써주신 모든 관계자분들께 3일간 진심으로 감사했습니다. 따뜻한 환대와 배려 덕분에 행복한 시간을 보낼 수 있었습니다. 콩쿠르를 목표로 성실하게 노력해 온 아이들의 '첫 소리'를 듣는 것은 무엇보다 큰 기쁨입니다. 현 대회에 진출하는 학교도, 아쉽게도 눈물을 삼킨 학교도, 취주악을 사랑하는 마음은 모두 같습니다. 각자의 경험이 분명 앞으로의 음악 인생의 양식이 될 것이라고 생각합니다. 그리고 언젠가 이 아이들 중에서 다음 세대로 음악을 잇는 '가교'가 될 존재가 나타나기를 진심으로 바랍니다. 물론 콩쿠르에는 점수가 매겨집니다. 하지만 그 점수만으로 모든 것이 결정되는 것은 아닙니다. 결과에 너무 일희일비하지 말고, 지금의 자신들과 진심으로 마주하며 다음 목표를 향해 나아갔으면 좋겠습니다. 바랐던 것과 다른 결과였더라도, 부디 '콩쿠르=괴로운 것'이 아니라, '다시 한번 힘내고 싶다'고 생각할 수 있는 경험으로 마음에 남았으면 좋겠습니다. 참고로 현남 지역 중학교 A 부는 작년보다 10개교 이상 늘어났다고 하며, 들을 만했습니다. 지도하시는 선생님들의 열정으로 그렇게 되었으리라 생각합니다. 이바라키현은 다른 지역의 수준도 높으니, 현 대회를 어떻게 통과할지, 앞으로의 연주도 진심으로 기대하고 있습니다.

－ 오카무라 유카리 페이스북에서 발췌 －

9　필자가 아이들에게 가장 전하고 싶은 말은 무엇인가?

1 점수를 너무 중시하지 말고, 경험을 소중히 여기길 바란다.
2 점수와 상관없이 참가했다는 사실만으로 만족하길 바란다.
3 이 대회를 장래에 프로가 되기 위한 통과점으로 삼길 바란다.
4 대회는 단순히 발표하는 장소이므로 다른 학교와 비교하지 말길 바란다.

10　필자가 진심으로 기대하고 있습니다라고 서술한 것은 어떤 마음에서인가?

1 현 대회에서 우승할 것이라고 예상하고 있기 때문에
2 지도자들의 연주 기술을 높게 평가하고 있기 때문에
3 심사위원으로서 다시 초대받기를 기대하고 있기 때문에
4 아이들의 앞으로의 성장이나 연주에 희망을 품고 있기 때문에

해설

〈질문 9〉는 저자가 아이들에게 전하고 싶은 메시지에 대해 묻고 있다. 필자는 점수라는 결과보다 대회를 준비하고 치른 과정, 그리고 그 경험이 앞으로의 '음악 인생의 양식'이 되는 것을 강조하고 있다. 따라서 1번이 정답이다. 2번은 '만족만 해라'라는 수동적인 태도라 틀렸고, 3번은 '프로'가 되는 것만을 강조하지 않았으며, 4번은 타교와의 비교보다는 본인들의 성장을 강조하고 있다.

〈질문 10〉은 필자가 기대를 나타내는 이유에 대해 묻고 있다. 필자는 아이들이 이번 지구 대회를 거쳐 현 대회로 나아가는 과정, 그리고 그들이 보여줄 미래의 음악적 발전을 긍정적으로 바라보고 있다. 이는 아이들의 성장 가능성에 대한 희망을 담은 표현이므로 4번이 가장 적절하다. 1번(우승 예상), 2번(지도자의 기술 평가), 3번(재초빙 기대) 등은 필자가 언급한 '아이들의 연주에 대한 기대'라는 본질적인 감정과 거리가 멀다.

단어

吹奏楽(すいそうがく) 취주악, 관악 합주 | 審査員(しんさいん) 심사위원 | 大役(たいやく)を務(つと)める 큰 역할을 맡다 | 貴重(きちょう) 귀중함, 소중함 | 光栄(こうえい) 영광 | おもてなし 환대, 정성 어린 대접 | 配慮(はいりょ) 배려 | ～に向(む)けて ～을 향해, ～을 목표로 | 真摯(しんし) 진지함, 성실함 | なによりの 무엇보다도 큰, 가장 큰 | 喜(よろこ)び 기쁨 | 惜(お)しくも 아쉽게도 | 涙(なみだ)をのむ 눈물을 삼키다, 참다 | 糧(かて) 양식, 밑거름 | 架(か)け橋(はし) 가교 | 心(こころ)から 진심으로 | ～わけではない ～한 것은 아니다 | 一喜一憂(いっきいちゆう) 일희일비 | 向(むき合(あ)う 마주 대하다, 정면으로 맞서다 | 歩(あゆ)む 걷다, 나아가다 | どうか 부디, 아무쪼록 | 聴(き)き応(ごた)え 들을 만한 가치, 듣는 보람 | 熱意(ねつい) 열의, 열정 | 抜(ぬ)ける 빠져나가다, 통과하다 | 演奏(えんそう) 연주 | 楽(たの)しみにする 기대하다 | 重視(じゅうし)する 중시하다 | ～だけに ～만으로 | 通過点(つうかてん) 통과점 | 比較(ひかく) 비교 | 招(まね)かれる 초대받다 | 抱(いだ)く (마음속에) 품다

해석

　　파우더 스노우로 많은 외국인을 끌어들이는 홋카이도의 '니세코'는 지금은 외국으로 착각할 정도의 인기 스키장이 되었다. 이는 파우더 스노우에 주목한 호주인의 덕분이다. 현지인도 파우더 스노우의 훌륭함은 알고 있긴 했지만, 너무 당연해서 그것을 상품화할 생각은 하지 않았던 것이다. 세계 최고로 유명한 뉴질랜드 테카포의 별하늘과 마찬가지다. 이쪽은 한 일본인의 공적이다. 눈의 질도 별하늘도 외국인이 그 매력을 더 잘 알아차리기 쉽다.

　　니세코 마을에서 40킬로미터 정도 떨어진 이와나이 마을의 스키장은, 니세코와 같은 눈의 질을 가지고 있음에도 불구하고 스키어들을 끌어들이지 못했다. 그런 곳에 미국인 조력자가 나타났다. 그는 코스를 정비하고, 스키어들을 대형 설상차로 산 정상까지 태워 날랐다. 설상차로 태워 나를 수 있는 인원수는 한정되어 있어서, 스키어는 자연스럽게 전인미답이라고 할 수 있는 코스를 탈 수 있다. 상쾌하다. 하루 10번 정도의 설상차 이용료가 13만 엔이나 들지만, 그것을 지불할 가치가 있으며, 손님들은 매우 만족하고 있다. 니세코의 혼잡함에 질린 숙박객들이 40분 가까이 들여 (이곳까지) 찾아온다고 한다. 니세코와는 전혀 다른 고급 노선을 취해 소수의 고객만을 상대함으로써 성공했고, 지금은 레스토랑이나 호텔 등 현지에 돈을 써주는(경제에 도움이 되는) 고마운 시설이 되었다.

　　외국인의 안목이 있었기에 성공한 것이지만, 외국인이기 때문이라는 뜻은 아니다. 누구든지 경험과 지식, 관찰력, 비교하는 힘만 있다면 (그 매력을) 알아차리지 않을까.

11 필자는 현지 사람들이 상품화할 생각을 하지 않은 이유를 무엇이라고 말하는가?

1 눈을 팔 수 있는 것이라고는 생각하지 않았기 때문에
2 눈의 질이 훌륭하다고는 생각하지 않았기 때문에
3 파우더 스노우가 외국인에게 인기가 있기 때문에
4 눈의 질이 판매 포인트가 된다고는 생각하지 않았기 때문에

12 필자는 전인미답이라고 할 수 있는 코스를 탈 수 있는 이유를 무엇이라고 말하는가?

1 스키어들이 가지 않는 코스이기 때문에
2 맨 먼저 탈 수 있는 코스이기 때문에
3 거의 사람이 탄 흔적이 없는 코스이기 때문에
4 스키어들이 타서는 안 되는 코스이기 때문에

해설

〈질문 11〉은 현지 사람들이 상품화할 생각을 하지 않은 이유에 대한 필자의 의견을 묻고 있다. 지문은 현지 사람들이 파우더 스노우의 훌륭함을 알고 있었지만, 너무 당연해서 상품화할 생각을 못했다고 명시한다. '눈의 질이 훌륭하다'는 것을 알았지만, 그것이 '판매 포인트'가 될 줄은 몰랐다는 의미이다. 따라서 정답은 4번이다.

〈질문 10〉에서 '전인미답'은 '아무도 도달하지 못한 곳'이라는 뜻으로, 지문에서는 설상차로 태워 나를 수 있는 인원이 한정되어 있기 때문에 스키어들이 자연스럽게 전인미답이라고 할 수 있는 코스를 탈 수 있다고 설명하고 있다. 이는 '거의 사람이 활강한 흔적이 없는 코스'라는 3번의 해석과 가장 가깝다. 1번, 스키어들이 가지 않는다는 이유가 명확하지 않고, 2번, '맨 먼저'라는 표현이 지문의 '한정된 인원'이라는 의미를 모두 담지 못한다. 4번, 활강 금지 구역을 뜻하므로 지문의 내용과 다르다.

단어

引(ひ)き付(つ)ける 끌어당기다, 매혹하다 | 見紛(みまが/みまご)う 혼동하다, 착각하다 | 目(め)を付(つ)ける 주목하다 | 〜ものの 〜이긴 하지만 | 地元(じもと) 현지, 로컬 | 売(う)りにする 판매 포인트로 삼다, 상품화하다 | 星空(ほしぞら) 별하늘 | 功績(こうせき) 공적, 업적 | 雪質(ゆきしつ) 눈의 질, 설질 | 〜にもかかわらず 〜임에도 불구하고 | 助っ人(すけっと) 조력자, 도와주는 사람 | 整備(せいび) 정비 | 大型(おおがた) 대형 | 頂上(ちょうじょう) 정상, 꼭대기 | 限(かぎ)られる 제한되다, 한정되다 | 前人未到(ぜんじんみとう) 전인미답(아무도 도달하지 못한 곳) | 滑(すべ)る (스키·스케이트를) 타다 | 爽快(そうかい) 상쾌함, 시원함 | 混雑(こんざつ) 혼잡 | うんざりする 질리다, 싫증나다 | 宿泊客(しゅくはくきゃく) 숙박객 | 路線(ろせん)を取(と)る 노선을 취하다 | お金(かね)を落(お)とす (지역·가게 등에) 돈을 쓰다 | 目利(めき)き 안목, 감식안 | 観察(かんさつ) 관찰 | 比較(ひかく) 비교 | 〜さえすれば 〜만 하면 | 跡(あと) 흔적

문제 10 다음 (1)부터 (6)의 문장을 읽고, 다음 질문에 대한 답으로서 가장 적당한 것을 1·2·3·4에서 하나 고르시오.

장문(1)

해석

　　일본인은 옛날부터 말장난을 좋아한다. 시의 형식 중 하나인 '와카(和歌)'에서는 하나의 단어에 2개 이상의 의미를 가지게 하는 '가케코토바(掛詞)'라는 기법이 사용되었다. 가케코토바는 표면상의 의미 외에 숨겨진 의미를 가지게 할 수 있다. 일본어는 동음이의어가 많기 때문에 이러한 일이 가능한 것이다. 「花の色はうつりにけりな、いたづらにわが身世にふるながめせしまに」라는 오노노 고마치(9세기 여류가인)의 유명한 와카가 있다. 이 와카의 「ながめ」에는 「長雨(장마)」와 「眺め(전망)」, 또 「ふる」에는 「降る(내리다)」와 「経る(지나다, 경과하다)」의 의미가 있다. 따라서 각각 전자의 의미로 풀이하면 '아름다운 꽃의 색은 어느샌가 색이 바래 버렸구나, 공연히 장마가 내리고 있던 동안에'가 되고, 후자라면 '나의 용모도 전성기는 지나 버렸구나, 쓸데없는 생각을 이리저리 하고 있는 동안에'가 된다. 이와 같이 옛부터 말을 재치 있게 쓰는 것이 세련되었다고 여겼다.

　　말장난 중 하나로 '회문'이 있다. 회문은 앞에서 읽어도 뒤에서 읽어도 같은 말이 된다. 「新聞紙(しんぶんし: 신문지)」는 여기에 해당된다. 「竹薮焼けた(たけやぶやけた: 대나무 밭이 탔다)」도 유명하다. 「기나타요미(ぎなた読み)」라는 것도 있다. 말이나 글의 구두점을 틀리거나 일부러 다르게 읽거나 하는 것이다. 유명한 것은 「ここではきものをぬいでください」이다. 「ここで、はきものを脱いでください(여기서, 신발을 벗어 주세요)」 혹은 「ここでは、きものをぬいでください(여기서는 옷을 벗어 주세요)」가 된다. 「履き物(はきもの: 신발)」와 「着物(きもの: 옷)」는 큰 차이이다. 틀린다면 웃어넘길 일이 아니다. 동음이의어에서는 재미있는 이야기가 전해지고 있다. '재치 있는 잇큐 씨'의 이야기이다. 잇큐 씨를 난처하게 만들고 싶은 사람이 다리 옆에 「このはしわたるべからず(이 다리(はし)를 건너지 마시오)」라고 쓴 팻말을 세웠다. 이제 잇큐 씨는 다리를 건널 수 없을 거라고 두근거리며 보고 있었다. 그러나 잇큐 씨는 신경 쓰지 않고 건너 버렸다. '왜 건넜느냐?'하고 물으니 '가장자리(はし)가 아니라 정중앙을 건넜어요'라고 재치 있게 대답했다는 재미있는 이야기다. 「고로아와세(語呂合わせ)」도 있다. 고로아와세란 말을 비슷한 음의 다른 말로 바꾸거나, 숫자에 연상되는 음을 적용하여 의미가 있는 말이나 글로 만드는 것이다. 놀이의 측면도 있지만, 실용적으로 사용될 때가 많다. 특히 숫자를 기억하는 데에 편리하다. 1192라면 '이이쿠니(좋은 나라)' 등으로 말하며 외운다. 신사에서 「ご縁(ごえん: 인연)」이 있게 하려고 「5円(ごえん: 5엔)」 동전을 새전함에 넣는 사람도 많다. 또한 반대로 불길하다고 말을 바꿔서 쓸 때도 있다. 고로아와세는 아니지만 과일의 「梨(なし: 배)」를 일부러 無し(なし: 없음)의 반대말인 '있음 열매'라고 말하거나 하는 것도 재미있다. 이 외에도 일본에는 여러 가지 재미있는 말의 사용법이 있다.

(주1) 粋 : 말하는 것이나 태도, 취미 등이 세련된 것

(주2) 賽銭箱 : 신사나 절의 참배하는 장소 앞에 놓여 있는 돈을 넣는 함

1 '가케코토바'란 무엇인가?

　1 일본의 옛날 노래를 만들 때에 사용된 다른 의미를 가진 말의 사용법

　2 같은 의미의 다른 어법의 말

　3 하나의 글에 2개 이상의 의미를 갖게 하는 노래

　4 동음이의어를 사용하여 숨겨진 의미를 갖게 하는 말의 기법

2 다음 중 다른 것과 성격이 다른 '고로아와세'는 무엇인가?

　1 2월 9일은 고기의 날

　2 3월 3일은 귀의 날

　3 4월 18일은 좋은 치아의 날

　4 11월 1일은 개의 날

3 이 글의 내용을 나타내고 있는 것은 어느 것인가?

　1 일본어의 사용법

　2 일본어의 재미있는 말

　3 일본어의 재미있는 사용법

　4 동음이의어

〈질문 1〉은 밑줄 친 '가케코토바'가 무엇인지에 대해서 묻고 있다. 앞뒤 문장을 살펴보면, 가케코토바는 시의 형식 중 하나인 와카의 기법으로, 하나의 단어에 2개 이상의 의미를 가지게 하는 것이라고 했다. 그리고 바로 뒤에 표면상의 의미 외에 숨겨진 의미를 가지게 하는 것이고, 이것은 일본어에 동음이의어가 많기 때문에 가능하다고 했다. 따라서 이것과 관련 있는 4번 '동음이의어를 사용하여 숨겨진 의미를 갖게 하는 말의 기법'이 정답이 된다.

〈질문 2〉는 '고로아와세를 나타낸 말 중에서 형식이 다른 것이 어느 것인지'를 묻고 있다. 선택지는 모두 고로아와세로 표현한 말이다. 1번 '2월 9일은 고기의 날'은 2(に)와 9(く)로 肉(にく)를 표현했고, 2번 '3월 3일은 귀의 날'은 3(み)과 3(み)으로 耳(みみ)를 표현했고, 3번 '4월 18일은 좋은 이의 날'은 418(よい(ち)は(ち))로 よい 歯(よいは)를 표현했고, 4번 '11월 1일은 개의 날'은, 1은 영어로 ワン이기 때문에 111로 ワンワンワン을 표현했다. 즉 1~3은 일본어로 표현했지만, 4번은 영어로 표현했기 때문에 정답은 4번이 된다.

〈질문 3〉은 본문의 내용이 나타내고 있는 것에 대해서 묻고 있다. 지문은 일본인이 옛날부터 좋아하는 여러 가지 말장난인 가케코토바, 회문, 고로아와세 등 일본어의 재미있는 사용법에 대해서 기술하고 있다. 따라서 3번 '일본어의 재미있는 사용법'이 정답이 된다.

言葉遊(ことばあそ)び 말장난 | 和歌(わか) 와카(일본 고유의 정형시) | 技法(ぎほう) 기법 | 表面上(ひょうめんじょう) 표면상 | 隠(かく)す 감추다, 숨기다 | 同音異義語(どうおんいぎご) 동음이의어 | 女流(じょりゅう) 여류 | 歌人(かじん) 가인(和歌의 작가) | 長雨(ながめ) 장마(ながあめ의 준말) | 眺(なが)め 전망 | 経(へ)る 지나다, 경과하다 | 訳(やく)す 번역하다, 풀이하다 | さめる 바래다, 퇴색하다 | むだに 공연히, 헛되이 | 顔(かお)だち 얼굴 생김새, 용모 | 洒落(しゃれ)る 세련되다, 멋지다, 재치 있다 | 粋(いき) 세련됨, 멋짐 | 当(あ)たる 해당하다 | 区切(くぎ)り 구두점, 단락 | わざと 일부러 | 履(は)き物(もの) 신발 | 大違(おおちが)い 큰 차이 | 笑(わら)い事(ごと)ではない 웃어넘길(하찮은) 일이 아니다 | 伝(つた)わる 전해지다 | とんち 기지, 재치 | 困(こま)らせる 곤란하게 하다 | 橋(はし) 다리(교량) | ～べからず ～하지 말라, ～해서는 안 된다〈금지〉 | 立(た)て札(ふだ) 팻말 | ワクワクする 두근거리다 | 気(き)にする 신경 쓰다 | 端(はし) 가장자리 | 真(ま)ん中(なか) 한가운데, 정중앙 | 連想(れんそう)する 연상하다 | 当(あ)てはめる 맞추다, 적용하다 | ～円玉(えんだま) ～엔 동전 | 縁起(えんぎ)が悪(わる)い 불길하다 | 無(な)し 없음, 무 | 有(あ)り 있음 | 実(み) 열매 | 洗練(せんれん)される 세련되다 | お参(まい)りする 참배하다 | 歯(は) 이, 치아

장문(2)

사람은 역시 사람을 원하고 있는지도 모른다. 요즘 공동생활에 인기가 있다. 일본이 아직 빈곤에 허덕이고 있었을 무렵, 부모 곁을 떠난 지방출신의 많은 젊은이는 하숙에 살고 있었다. 식사가 제공되는 하숙도 있었지만, 하숙은 일반적으로는 집세가 저렴한 것이 장점이지만, 화장실이나 부엌은 공동으로 사용하는 결코 환경이 좋다고는 할 수 없는 그냥 공동주택이었다. 당시에는 욕실조차 없는 하숙이 많아서 옆방에 사는 사람과 함께 공중목욕탕에 가는 일도 드물지 않았다. 함께 사는 것은 분쟁의 원인도 되지만, 그곳에서 평생 친구가 생겼다는 이야기도 자주 들었다. 그러나 당시 많은 젊은이는 빨리 이러한 환경에서 벗어나 자기만의 공간을 확보하고 싶다고 바라고 있었다. 따라서 일본의 경기가 호전됨에 따라, 하숙은 사라질 운명을 걸었다.

마찬가지로 사라져간 것으로 사원기숙사가 있다. 저렴한 비용으로 살 수 있고 대부분의 기숙사는 식사도 제공되고 있었기 때문에, 많은 젊은 사원은 그곳에서 지내고 있었다. 그러나 사원 기숙사도 앞서 서술한 이유로 빈 방을 많이 떠안게 되는 처지가 되었다. 그리고 도시에는 좁지만 독립된 화장실·욕실이 딸린 연립주택이 아주 많이 출현하게 되었다.

그러나 최근 다시 다른 사람과 함께 지내기를 원하는 젊은이가 증가하고 있는 듯하다. 셰어룸·셰어하우스·게스트하우스 등 호칭은 다르지만, 모두 전혀 관계가 없는 사람과 공동생활하는 장소이다. 저렴함이나 연립주택을 빌릴 때의 여러 번거로움을 피하기 위해 이러한 집을 고르는 사람도 있다. 아주 컴컴한 방으로 귀가하고 싶지 않은 사람도 있다. 때로는 혼자 자취를 하는 여성이 위험한 일을 당해서 이사왔다고 하는 사람도 있다. 혼자는 외로워서 라고 말하는 사람도 있다. 이전과의 차이는 일부러 입주자끼리 교류할 수 있는 공간, 혹은 행사 등이 마련되어 있는 공동주택이 많은 점이다. 거실 혹은 식당에서 다양한 사람과 지낼 수 있다. 잡다한 사람이 모이므로 보통 생활에서는 결코 만나지 않았던 사람과 알게 되는 것도 즐거움의 하나이다. 다양한 사람의 체험을 듣거나, 의견을 교환하거나, 당연히 집단생활의 매너도 기를 수 있고, 커뮤니케이션 능력도 기를 수 있다. 게다가 혼자 있고 싶을 때는 자기 방에 틀어박힐 수도 있다. 사람과의 거리감이 적당해서 좋은 것이다. 그중에는 같은 목적을 가진 입주자만을 모집하는 공동주택도 있다. 뮤지션이나 패션 디자이너, 만화가나 일러스트레이터 등 각기 분야의 새내기들이 함께 지내는 것은 서로 자극이 되어 ①뜻밖의 효과를 낳는 경우도 있다고 한다.

물론 공동생활은 좋은 점만 있는 것은 아니다. 오해나 싸움도 있고 괴로운 입장에 서게 될 때도 있을 것이다. 그러나 ②보충하고도 남음이 있는 무언가가 사람들을 끌어당기고 있는 것은 아닐까.

4 ①뜻밖의 효과를 낳는이라고 되어 있는데, 뜻밖의 효과가 아닌 예는 무엇인가?

1 바쁠 때 대신 식사를 만들어 준다.
2 같은 목표를 가지고 있으므로 나도 힘내야겠다고 생각한다.
3 작품 제작 과정에서 적절한 조언을 받는다.
4 함께 작품을 만들어 낼 수 있다.

5 ②보충하고도 남음이 있는 무언가란 무엇인가?

1 좋은 일만큼 싫은 일이 없는 것
2 좋은 일과 싫은 일이 같은 정도로 있는 것
3 싫은 일을 상쇄해주는 좋은 것
4 좋은 일보다 분쟁 등 싫은 일이 많은 것

6 공동생활에 대한 작자의 생각은 어느 것인가?

1 커뮤니케이션 능력을 기르는 가장 좋은 장소이다.
2 끊임없이 다른 사람과 함께 지낼 수 있어서 쓸쓸하지 않다.
3 대화를 통해 친구가 많이 생긴다.
4 공동생활은 나쁜 점도 있지만 매력적인 것 같다.

해설 〈질문 4〉는 뜻밖의 효과가 아닌 예를 고르는 문제이다. 지문에서 언급된 '뜻밖의 효과'는 뮤지션이나 디자이너 같은 특정 분야의 지망생들이 모여 살면서 서로 전문적인 자극을 주고받아 생기는 창의적인 발전을 의미한다. 2, 3, 4번은 모두 서로의 실력이나 의욕을 높여주는 '시너지 효과'에 해당하며, 1번은 단순히 공동생활의 '가사 도움'이나 '편의'일 뿐, 지문에서 강조하는 전문적인 자극에 의한 결과라고 보기는 어렵다.

〈질문 5〉는 ②보충하고도 남음이 있는 무언가의 의미를 묻고 있다. 보충한다는 것은 여기서는 좋지 않은 것을 무언가로 메운다는 것을 말한다. 즉 보충을 하고도 「余りある(남음이 있다)」라고 했으므로 그것 이상 좋은 일이 있다는 의미이다. 따라서 3번 '싫은 일을 상쇄해주는 좋은 것'이 정답이 된다.

〈질문 6〉은 공동생활에 대한 작자의 생각을 묻고 있다. 1번은 '커뮤니케이션 능력을 기르는 가장 좋은 장소이다'라고 했는데, 가장 좋은 장소라는 기술은 없으므로 맞지 않다. 2번은 '끊임없이 다른 사람과 함께 보낼 수 있어서 쓸쓸하지 않다'고 했는데 끊임없이 함께 지낼 수는 없으므로 맞지 않다. 3번은 '대화를 통해 친구가 많이 생긴다'고 했는데 평생 친구가 생길 수도 있다고 했지만 반드시 친구가 많이 생긴다고는 할 수 없다. 4번은 '공동생활은 나쁜 점도 있지만 매력적인 것 같다'고 했는데, 마지막 단락에서 '물론 공동생활은 좋은 점만 있는 것은 아니다~무언가가 사람들을 끌어당기고 있다'라고 했으므로 정답이 된다.

단어 共同(きょうどう) 공동 | 貧困(ひんこん)にあえぐ 빈곤에 허덕이다 | 親元(おやもと)を離(はな)れる 부모 곁을 떠나다 | 下宿(げしゅく) 하숙 | 食事付(しょくじつ)き 식사제공 | 家賃(やちん) 집세 | 取(と)り柄(え) 장점 | もめ事(ごと) 분쟁 | 抜(ぬ)け出(だ)す 빠져나가다 | 確保(かくほ) 확보 | 上向(うわむ)く 호전되다 | ～につれ ～에 따라 | 消(き)え去(さ)る 사라져 버리다 | 運命(うんめい)を辿(たど)る 운명을 걷다 | 寮(りょう) 기숙사 | 提供(ていきょう) 제공 | 空(あ)き部屋(べや) 빈 방 | 抱(かか)える 떠안다 | 羽目(はめ)になる (곤란한) 처지가 되다 | ～ながらも ～하면서도, ～하지만 | 所狭(ところせま)しと 가득, 꽉 차게 | 増加(ぞうか) 증가 | いずれも 모두 | 赤(あか)の他人(たにん) 생판 남 | 煩(わずら)わしさ 번거로움 | 避(さ)ける 피하다 | 住(す)まい 집, 사는 곳 | 帰宅(きたく) 귀가 | 危険(きけん) 위험 | 目(め)にあう 어떤 일을 당하다 | わざわざ 일부러 | 設(もう)ける 마련하다 | 雑多(ざった)な 잡다한 | 出逢(であ)う 우연히 만나다 | 知(し)り合(あ)う 아는 사이가 되다 | 交換(こうかん) 교환 | 養(やしな)う 기르다 | 磨(みが)く 기르다, 연마하다 | 引(ひ)きこもる 틀어박히다 | 距離感(きょりかん) 거리감 | ほどほど 적당함 | 募(つの)る 모집하다 | 卵(たまご) 새내기 | 刺激(しげき) 자극 | 思(おも)わぬ効果(こうか) 생각지 못한(뜻밖의) 효과 | 生(う)み出(だ)す 낳다, 창출하다 | 誤解(ごかい) 오해 | 喧嘩(けんか) 싸움 | 補(おぎな)って余(あま)りある 보충하고도 남음이 있다 | 引(ひ)きつける 끌어당기다 | 的確(てきかく)な 정확한 | 助言(じょげん) 조언 | 帳消(ちょうけ)しにする 상쇄하다 | 絶(た)えず 끊임없이 | 魅力的(みりょくてき) 매력적

해석

어렸을 때 신문의 구인란에서 '細面(갸름한 얼굴)'이라는 한자가 죽 나열된 것을 보고, 역시 어느 회사든 갸름한 얼굴, 즉 미인을 채용하고 싶구나 하고 착각했다. 자세한 것은 만나고 나서라는 '委細面談'의 준말이라고 안 것은 꽤 어른이 되고 나서였다. 우스갯소리 같은 이야기지만, 사실 좁은 광고란에 가능한 한 많은 정보를 집어넣기 위한 준말이었던 것이다.

일본인은 예전부터 준말을 많이 만들어왔다. '細面'은 다르지만 준말은 조합된 말의 각각 머리글자를 떼어 만들어진 것이 대부분이다. 그래서 충분히 의미가 통했다. 예를 들어 '단토츠(斷トツ)'는 '단연 톱(斷然とトップ)', '전탁(電卓)'은 '전자식 탁상계산기', '省エネ'는 '에너지절약(省力エネルギー)'. 이것들은 이미 원래 어휘가 명확하지 않을 정도로 침투해 있다. 알파벳도 있다. 일본방송협회는 NHK로 주지되어 있어, ①정식명칭이 더 희미한 상태이다.

또 '사(サ)'나 '파(パ)'라는 한 글자의 가타카나 준말도 있다. '500엔(税サ込)'은 세금·서비스료·포함, '鍋パ'는 냄비요리 파티, 'サ高住'는 서비스가 포함된 고령자 주택이라는 의미이다. 이것들은 문자로 보면 상상이 가능하지만 소리만 들어서는 전혀 무슨 말인지 모를 것이다. 준말이 신조어로써 독립하려면, '포켓몬스터'의 준말인 '포켓몬'처럼 많은 사람들에게 인식되어 사용되게 해야 한다. '냄비パ'는 신조어로써 구어체에서도 사용될 가능성이 높지만, 남은 2가지는 신조어 탄생이라고까지는 할 수 없고, 문장체에서만 사용되기에 그칠 것임에 틀림없다. 나는 '국련'이 국제연합의 준말이라고 알았을 때, 그럼 '국제연맹'은 어떻게 할 건데 하고 생각하는, 심사가 비뚤어진 아이였지만, 지금은 ②그것을 잘 이해할 수 있다.

현대인은 아주 바쁘다. 단시간에 문자로 주고 받아야 한다. 따라서 단문 안에 많은 정보를 넣으려고 하기 때문에 계속 편리한 준말을 사용하게 되었다. '了解(りょうかい: 알았어)→りょ→り'라는 준말이 있는데, 'り'는 궁극의 준말이라고 생각한다.

새로운 것을 좋아하는 젊은이들은 장난끼 넘치는 다양한 준말을 사용하고 있다. 'あね(누나, 언니)'라고 쓰여 있어도 '누나나 언니'를 말하는 것이 아니다. '아~ 그렇구나'라는 중간을 생략한 준말이다. '乙'은 '오츠'라는 음에서 '오츠카레사마(수고하셨습니다)'의 의미로 사용한다. 이들 준말은 아직 일반에게까지 침투하지 않았다. 이것들은 지금의 단계에서는 문자 안에서만 사용되는 어휘로 그칠 가능성이 클 것이다.

앞으로도 글자 입력의 줄임화가 진행되어 준말이 점점 더 만들어져 가는 것은 확실하다. 어떤 준말이 창작될지 모르지만, 좀 한숨 놓을 수 있는 말이나 웃을 수 있는 말을 만들 수는 없을까 하고 생각한다.

7 ①정식명칭이 더 희미하다란 어떤 의미인가?

1 일본방송협회라는 명칭은 사라졌다.

2 지금은 NHK라는 명칭이 우위를 차지하고 있다.

3 일본방송협회보다 NHK를 더 좋아한다.

4 NHK라는 명칭은 거의 쓰이지 않게 되고 있다.

8 ②그것은 무엇을 가리키고 있는가?

1 '국제연맹'에 준말이 만들어지지 않은 것

2 '국련'은 이미 주지되어 있던 말로 되어 있던 것

3 '국제연합'과 '국제연맹' 모두 '국련'으로 된다는 것

4 '국제연합'이 '국제연맹'보다 많은 사람들에게 알려져 있던 것

9 저자의 의견은 어느 것인가?

1 장난끼 있는 준말이 널리 알려지길 바란다.

2 준말은 실용적이므로 짧으면 짧을수록 좋다.

3 누구나 의미를 알 수 있는 준말이 아니라면 도움이 되지 않는다.

4 준말에는 실용성이 필요하지만 즐거운 준말도 생기면 좋다.

해설

〈질문 7〉은 NHK의 ①정식명칭이 더 희미하다는 것이 무엇을 의미하는지 묻고 있다. 1번, 일본방송협회라는 명칭이 사라졌다는 기술은 없다. 2번, '일본방송협회는 NHK로써 주지되어 있다'라고 했으므로 더 우위에 있는 것이 맞다. 3번, 싫고 좋고의 문제로 사용하고 있는 것이 아니다. 4번, NHK라는 명칭이 더 많이 사용되고 있다.

〈질문 8〉은 밑줄 친 ②그것이 무엇을 가리키는지 묻고 있다. 1번, 이 글만으로는 '국제연맹'의 준말이 만들어지지 않았는지 어떤지 모른다. 2번에서 '국련'은 많은 사람들에게 인식되어 사용되고 있으므로 알맞다. 3번에 대한 기술은 없으며, 동일한 준말을 만들 수도 없다. 4번의 기술은 없으며 어느 쪽이 더 유명한가에 대해서도 알 수 없다.

〈질문 9〉는 저자의 의견에 대해 묻고 있다. 1번, 준말이 좋다고는 했지만 널리 알려지길 바란다는 내용은 없다. 2번, 'り'의 예를 궁극의 준말이라고는 했지만 짧은 것이 좋다고는 말하지 않았다. 3번, 도움이 된다거나 하는 내용의 서술은 없다. 4번, '한숨 놓을 수 있는 말이나 웃을 수 있는 말을 만들 수는 없을까'라고 말하고 있으므로 알맞다.

단어 求人欄(きゅうじんらん) 구인란 | 細面(ほそおもて) 갸름한 얼굴 | ずらっと 죽, 줄줄이 | 勘違(かんちが)い 착각 | 略(りゃく) 줄임, 생략 | 笑(わら)い話(ばなし) 우스갯 소리 | 広告欄(こうこくらん) 광고란 | 詰(つ)め込(こ)む 밀어넣다, 집어넣다 | 略語(りゃくご) 약어, 준말 | 組(く)み合(あ)わす 조합하다, 짜 맞추다(=組み合わせる) | 大半(たいはん) 대부분임 | 断然(だんぜん) 단연, 압도적으로 | 電子式(でんししき) 전자식 | 卓上(たくじょう) 탁상 | 計算機(けいさんき) 계산기 | 省力(しょうりょく) 절감 | 既(すで)に 이미, 벌써 | 浸透(しんとう) 침투 | 協会(きょうかい) 협회 | 周知(しゅうち) 주지 | 霞(かす)む 안개가 끼다, 희미해지다 | 有様(ありさま) 모양, 상태 | 一文字(ひともじ) 한 글자 | 税金(ぜいきん) 세금 | 込(こ)み 포함 | 鍋(なべ) 냄비 | ～つき ～가 있음, ~포함 | 高齢者(こうれいしゃ) 고령자 | ～のでは ～해서는 | 独(ひと)り歩(ある)きする 독립하다 | ～には ～하려면 | 認識(にんしき) 인식 | 話言葉(はなしことば) 구어체 | ～とまでは言(い)えず ～라고까지는 할 수 없고 | 書(か)き言葉(ことば) 문장체 | ～のみ ～만 | ～に留(とど)まる ～에 머물다, ～(범위)에 그치다 | 国際(こくさい)連合(れんごう) 국제연합, UN | 連盟(れんめい) 연맹 | へそ曲(ま)がり 비뚤어진 심사, 심술쟁이 | 多忙(たぼう) 매우 바쁨 | やり取(と)り 주고 받음 | 究極(きゅうきょく) 궁극, 최강 | 新(あたら)し物好(ものず)き 새로운 것을 좋아함 | 遊(あそ)び心(ごころ) 장난끼, 위트 | 溢(あふ)れる 넘치다 | 中抜(なかぬ)き 중간을 생략함 | 大(だい)だ 크다 | 益々(ますます) 점점 더 | 創作(そうさく) 창작 | ほっとする 마음이 놓이다 | 名称(めいしょう) 명칭 | 席巻(せっけん) 석권, 우위를 차지함 | 広(ひろ)まる 널리 퍼지다, 널리 알려지다 | ～でなければ ～가 아니면 | 役(やく)に立(た)つ 도움이 되다

장문(4)

해석 바닷물도 (주1)민물도 아닌 '호적환경수'는 '제3의 물'이라고 불리며, 물고기가 크게 자란다고 하는 신기한 물입니다. 이것은 바닷물에서 물고기에게 필요 없는 것을 제거한 성분으로 만들어졌습니다. 물고기에게 필요한 성분은 나트륨이나 칼륨, 칼슘 등이라고 밝혀졌습니다. 따라서 그 가루를 (주2)순수한 물에 섞어 만듭니다. 염분 농도는 바닷물의 3분의 1 이하로 한, 물고기 체내와 같은 1%입니다. 즉, 물고기가 스스로 염분 조절을 할 필요가 없으므로 스트레스를 받지 않아 빨리 크게 성장합니다. 예를 들어, 송어(민물고기)를 제3의 물에서 키웠더니, 1년 만에 민물에서 키운 물고기의 약 두 배 크기가 되었습니다. 흰다리새우도 보통 약 5개월에 걸쳐 성장하는데 제3의 물이라면 3개월 만에 성장시킬 수 있었다고 합니다. 취급도 간단해서 순수한 물에 섞기만 하면 되므로, 어디든 산 속에서도 물고기를 키울 수 있습니다. 또, 바닷물보다 염분 농도가 상당히 낮아 배수하더라도 환경 파괴가 거의 없는 것도 아주 좋은 점입니다. 게다가 바닷물고기와 민물고기를 같은 수조에서 키울 수도 있어 매우 편리합니다. 이 물에서 키운 '장어'를 판매했더니, 일반 장어보다 살도 두껍고 비린내가 없어 맛있다고 평판이 아주 좋아, 매년 애타게 기다리는 손님들이 있어 순식간에 다 팔리게 되었습니다. 보통 양식에서는 질병을 막기 위해 약을 사용하는 경우가 많지만, 이 물이라면 질병에 걸리기 어렵고 생존율이 높아 약도 필요하지 않습니다. 또한 물에 냄새가 없고 흙 비린내도 없어서 먹기 좋은 장어가 탄생했다고 합니다. 게다가 끊임없이 키울 수 있습니다.
 이 물에서 양식된 물고기는 (주3)고래회충 등이 없으므로 날것으로 먹어도 안전합니다. 지금 다양한 물고기에게 시도하고 있는 중인데, 참치나 복어에서도 성공했고, 양식이 어렵다고 알려진 붉은 연어 양식도 가능해졌습니다. 더 맛있고 잘 팔리는 다양한 물고기를 만들 수 있도록 연구를 계속하고 있습니다. 현재 캄보디아에서는 흰다리새우 양식에 사용되고 있고, 바다가 없는 몽골에서도 바닷물고기인 능성어 양식이 가능해졌습니다. '어디서든' 양식을 목표로 하는 이 물은 전 세계 바다가 없는 나라에서 기대를 받고 있습니다.
(주1) 淡水: 담수. 강이나 지하수 등 염분을 거의 포함하지 않은 물
(주2) 真水: 염분이나 무언가가 섞이지 않은 깨끗한 물
(주3) アニサキス: 아니사키스. 길이가 2~3cm 정도 되는 흰 실처럼 생긴 벌레. 심한 복통, 메스꺼움, 구토 증상이 나타난다.

10 '호적환경수'는 왜 바닷물고기와 민물고기를 모두 키울 수 있는가?

1 순수한 물을 염분 농도 1%로 만든 물이기 때문에

2 바닷물 농도를 3분의 1로 해서 만든 물이기 때문에

3 물고기의 체내와 같은 1%의 성분을 넣은 바닷물이기 때문에

4 필요한 성분을 넣고 염분 농도를 1%로 만든 물이기 때문에

11 필자는 '호적 환경수'의 장점은 무엇이라고 말하고 있는가?

1 어디서든 단기간에 크게 성장하는 점

2 어떤 물고기 양식에도 사용할 수 있다는 점

3 죽지 않으므로 약이 필요 없다는 점

4 배수에서 환경을 전혀 파괴하지 않는다는 점

12 필자는 <u>붉은 연어 양식도 가능해졌습니다</u>에는 어떤 의미가 있다고 추측하고 있는가?

1 앞으로 붉은 연어 양식이 가장 늘어날 것이다.

2 앞으로 다른 물고기도 성공할 가능성이 높을 것이다.

3 앞으로 이 양식 기술이 인정받게 될 것이다.

4 앞으로 다른 양식 방법에서도 붉은 연어 양식을 시도하게 될 것이다.

해설 〈질문 10〉은 '호적환경수'는 왜 바닷물고기와 민물고기를 모두 키울 수 있는지 묻고 있다. 지문에 따르면 '호적환경수(적합한 환경을 위한 물)'는 바닷물에서 물고기에게 불필요한 것을 제거하고, 물고기에게 필요한 나트륨, 칼륨, 칼슘 등의 성분을 순수한 물에 섞어 염분 농도를 물고기 체내와 같은 1%로 만든 물이다. 따라서 이 물은 바닷물고기와 민물고기 모두에게 적합한 환경을 제공한다.

〈질문 11〉은 '호적환경수'의 장점에 대해 묻고 있다. 지문에는 '호적환경수'의 여러 장점이 언급되어 있는데, 그중 필자가 가장 핵심적으로 강조하는 내용은 다음과 같다. 스트레스를 받지 않아 '빨리 크게 성장'한다(단기간에 크기가 두 배가 되는 등)는 점과 취급이 간단해 '어디서든 산 속에서도' 물고기를 기를 수 있다는 점이다. 1번은 이 두 가지 핵심적인 이점('어디서든'과 '단기간에 크게')을 모두 포함하고 있으므로 알맞다. 2, 3, 4번은 지문에 언급된 여러 이점 중 일부에 불과하다.

〈질문 12〉는 밑줄 친 붉은 연어 양식도 가능해졌습니다에 대한 의미를 묻고 있다. 지문을 보면 "양식이 어렵다고 알려진 붉은 연어 양식도 가능해졌습니다. 더 맛있고 잘 팔리는 다양한 물고기를 만들 수 있도록 연구를 계속하고 있습니다"라고 언급하고 있다. 이는 양식이 어려운 물고기마저 양식이 성공했으니 앞으로는 다른 물고기들도 성공할 가능성이 높다는 의미로 해석할 수 있다. 따라서 정답은 2번이다.

단어 淡水(たんすい) 민물 | 好適(こうてき) 호적, 적합 | 育(そだ)つ 자라다, 성장하다 | 不思議(ふしぎ) 불가사의, 신기함 | 成分(せいぶん) 성분 | 取(と)り除(のぞ)く 제거하다 | 判明(はんめい) 판명 | 粉末(ふんまつ) 분말, 가루 | 真水(まみず) 순수한 물 | 混(ま)ぜる 섞다 | 塩分(えんぶん) 염분 | 濃度(のうど) 농도 | 調節(ちょうせつ) 조절 | 育(そだ)てる 키우다 | ～ところを ～하는 상황인데, ～하는데 | 取(と)り扱(あつか)い 취급 | ～だけだ ～만 하면 된다 | 排水(はいすい) 배수 | 環境(かんきょう)破壊(はかい) 환경 파괴 | 販売(はんばい) 판매 | ～たところ ～했더니 | 臭(くさ)み 비린내, 역한 냄새 | 評判(ひょうばん) 평판 | 心待(こころま)ち 몹시 기다림 | アッという間(ま) 눈 깜짝할 사이, 순식간 | 売(う)り切(き)れる 다 팔리다, 매진되다 | 養殖(ようしょく) 양식 | 防(ふせ)ぐ 막다 | 生存率(せいぞんりつ) 생존율 | 泥臭(どろくさ)さ 흙비린내 | 絶(た)えず 끊임없이 | 試(ため)す 시험하다, 시도하다 | ～ているところだ ～하고 있는 중이다 | 目指(めざ)す 목표로 삼다, 지향하다

장문(5)

해석　취직하고 얼마 되지 않았을때의 일, 과장님이 부재 중일 때 전화가 걸려왔다. 과장님은 부재중이라고 전하고 용건을 묻자, '누구, 남자는 없나. 남자를 바꿔줘'라는 말을 들었다. 그것이 내가 처음 받은 남녀차별이었다. 나는 어릴 때부터 여자라는 이유로 노골적으로 차별받은 적이 없었기 때문에 충격을 받았다. 우리 집은 나는 대졸이지만, 남동생은 요리사로 레스토랑을 경영하고 있다. 어릴 때부터 요리를 좋아했던 동생이 그 길로 나가는 것을 아무도 반대하지 않았다. 어머니도 아버지의 일을 돕고 있었기 때문에, '남자는 밖에서 일, 여자는 가정을 지킨다'는 일반적인 집과는 달랐다.

또 학교에서도 차별받은 적은 없었다. 당시 많은 학교에서는 학급 대표는 남자가 위원장, 여자가 부위원장이었다고 하는데, 내가 다녔던 학교에서는 가장 많이 투표를 받은 사람이 위원장, 차점인 사람이 부위원장이었다. 고등학교는 여자 3명에 비해 남자는 1명밖에 없는 여고로, 당연히 여성이 강했고, 입학 당시의 학생회 회장은 여성, 부회장은 남성이 맡고 있었다. 그래서 여자가 최고가 될 수 없다고 생각한 적은 없었다. 대학도 진보적인 학생이 많았기 때문에, 여자라고 차별받은 적은 없었다. 하지만 이런 일이 있었다. 대학 투쟁으로 8개월 동안 학교가 학생에 의해 봉쇄되었을 때, 숙박은 남학생이 하니 여학생들에게 뭔가 먹을 것을 넣어달라고 남성이 말했을 때, 그것은 여성차별이 아니냐는 목소리가 나왔던 것이다. 진보적인 남성에게도 깊이 새겨져 있던 (주1)젠더 편견이 겉으로 드러난 순간이었다. 그것은 무의식적이기 때문에 (더욱) 뿌리 깊고 성가신 것이라고 할 수 있다. 결국, 숙박은 남성이 했지만 그것에 얽매인 우리는 음식을 넣지 못하는 심경이 되었다. 지금 생각하면 할 수 있는 사람이 하면 되는 일이었지만 어렸기 때문에 할 수 없었다. 이것이 내가 젠더 격차를 느낀 첫 번째 사건이었지만, 어느새 잊고 있었다. 나는 회사에서 충격을 받은 후, 일에 관한 자격을 따서 일을 잘할 수 있다는 것을 보여주기로 했다. 그 후 여성이라고 해서 업무상 차별 받은 것은 기억에 없다. 또, 이직 후의 일들이 모두 자격이 필요하거나 남녀에 관계없이 능력만으로 측정되는 일이었던 것도 다행이었다.

내가 살던 시대에서 몇 십 년이나 지났기 때문에 젠더 격차는 소멸되었을까 했더니, 현재에도 일본은 젠더 격차 지수에서 2024년에는 148개국 중 118위에 머물러 있다. 특히 정치·경제 면에서의 격차가 크다. 선진국 중에서도 여성 정치인이 매우 적고, 국회의원에 차지하는 여성의 비율은 19% 정도. 또, 경제에서도 기업의 고위층(관리직이나 임원)에서의 여성 비율도 낮아, 여전히 '(주2)유리 천장'이 존재하고 있다. 현재, 국가는 종업원 수 301명 이상의 기업에 대해, 여성 관리직의 비율을 공표할 의무를 부과하는 방침을 나타내고 있고, 이 정책은 약 1만 8000개 회사에 영향을 미치고, 여성 관리직이 늘어날 가능성을 높인다고 한다. 이것으로 마지못해 여성의 힘을 사용하는 것은 아깝다. 그렇지 않아도 세계에서 뒤처지고 있는 일본을 재건시키기 위해서는 낙후된 정치·경제에 쿼터제를 도입해서라도 격차를 없애는 것이 좋다. 그것 없이는 일본의 부활은 없다고 생각된다.

(주1) ジェンダーバイアス : 젠더 바이어스. 성별에 기초한 편견이나 고정 관념을 말함
(주2) ガラスの天井 : 유리 천장. 특히 여성들이 사회적 조직적으로 승진할 때, 보이지는 않지만 존재하는 장애물이나 한계를 말함

13 필자는 왜 전화 응대에서 충격을 받았는가?

  1 처음으로 여성은 안 된다고 들었기 때문에

  2 처음으로 여성이라는 이유로 거절당했기 때문에

  3 사회에 나가니 성차별이 있다고 알았기 때문에

  4 처음으로 자신이 할 수 없는 일이 있다고 알았기 때문에

14 그것은 무엇을 가리키는가?

  1 음식을 전달하는 것은 남성이 해야 한다는 것

  2 역할 분담하는 것은 좋지 않다는 것

  3 할 수 있는 사람이 음식을 전달하면 된다는 것

  4 음식 전달을 여성이 하는 것은 차별이 된다는 것

15 필자는 무엇을 가장 우려하고 있는가?

  1 일본이 쿼터제를 도입하지 않는 것

  2 젠더 갭이 118위로 낮은 것

  3 정치 경제면의 성별 격차가 특히 큰 것

  4 격차를 해소하지 않으면 일본이 발전하지 않는 것

해설 〈질문 13〉은 필자가 왜 전화 응대에서 충격을 받았는지 묻고 있다. 지문에 따르면, 필자는 '남자는 없나. 남자를 바꿔줘'라는 말을 들었다. 이로 인해 자신이 여자라는 이유만으로 상대방에게 거절당했다는 것을 깨닫고 충격을 받았다. 어릴 때부터 이러한 노골적인 차별을 경험한 적이 없었기에 더욱 충격적이었던 것이다. 따라서 정답은 2번이다.

〈질문 14〉는 밑줄 친 '그것'에 대해 묻고 있다. 이 문제에서 가리키는 '그것'은 바로 앞 문장의 상황인 '남학생이 숙박을 하니 여학생이 음식을 좀 챙겨달라'고 요구한 상황을 의미한다. 당시 학생들은 이러한 요구에 대해 '여성이기 때문에 음식을 준비해야 한다는 논리는 여성 차별이다'라고 주장하며 반발했으므로, 4번이 정답이다. 1번, 남성이 음식을 준비해야 한다는 주장이 아니므로 틀리다. 2번, 역할 분담 전반이 아닌 성별에 기반한 고정관념을 문제 삼은 것이므로 틀리다. 3번, 필자가 세월이 흐른 뒤 '지금 와서 생각해보니 그랬다'라며 회고하는 현재의 관점일 뿐, 당시 학생들이 차별이라고 외쳤던 구체적인 내용과는 거리가 있다.

〈질문 15〉는 필자가 가장 우려하는 것이 무엇인지 묻고 있다. 지문 마지막 부분에서 필자는 '그렇지 않아도 세계에서 뒤처지고 있는 일본을 재건시키기 위해서는~격차를 없애는 것이 좋다. 그것 없이 일본의 부활은 없다고 생각된다'고 강조하고 있다. 이는 젠더 격차를 해소하지 않으면 일본 전체의 발전이 어렵다는 점을 가장 크게 우려하고 있음을 나타낸다.

단어 まもなくの 얼마 되지 않은 | 不在中(ふざいちゅう) 부재 중 | 留守(るす) 부재 중 | 尋(たず)ねる 묻다 | 男女(だんじょ)差別(さべつ) 남녀차별 | あからさまに 노골적으로, 뻔하게 | 大卒(だいそつ) 대졸 | 経営(けいえい) 경영 | 副(ふく)委員長(いいんちょう) 부위원장 | 次点(じてん) 차점 | 務(つと)める 역할을 하다, 맡다 | 進歩的(しんぽてき) 진보적 | 闘争(とうそう) 투쟁 | ロックアウト 록아웃, 봉쇄 | 泊(と)まり込(こ)み 숙박 | 差(さ)入(い)れ (격려, 위문 등을 위해) 음식 등을 넣어주는 것 | 刷(す)り込(こ)まれる (생각 등이) 깊이 새겨지다, 세뇌되다 | 表(おもて)に出(で)る 겉으로 드러나다 | 無意識(むいしき) 무의식 | ～だからこそ ～이기 때문에〈강조〉 | 根強(ねづよ)い 뿌리 깊다 | 厄介(やっかい) 골칫거리, 곤란한 일 | とらわれる 얽매이다 | 心境(しんきょう) 심경 | ～ゆえに ～때문에, ～까닭에 | 資格(しかく)を取(と)る 자격을 따다 | ～だからといって ～라고 해서 | ～上(じょう) ～상 | 転職(てんしょく) 이직 | 測(はか)る 측정하다 | 幸(さいわ)い 다행, 행운 | 経(た)つ (시간이) 흐르다 | ジェンダー格差(かくさ) 젠더 격차 | 消滅(しょうめつ) 소멸 | ～かと思(おも)いきや ～인가 했더니 | 留(とど)まる 머무르다, 그치다 | 政治(せいじ) 정치 | 経済(けいざい) 경제 | 国会(こっかい)議員(ぎいん) 국회의원 | 割合(わりあい) 비율 | 上層部(じょうそうぶ) 상층부, 고위층 | 管理職(かんりしょく) 관리직 | 役員(やくいん) 임원 | ～における ～에서의 | 公表(こうひょう) 공표 | 義務(ぎむ) 의무 | 課(か)す (의무 등을) 부과하다 | 方針(ほうしん) 방침 | 施策(しさく) 시책, 정책 | 嫌々(いやいや) 마지못해, 억지로 | もったいない 아깝다 | ただでさえ 그렇지 않아도 | 取(と)り残(のこ)される 뒤처지다 | ～つつある ～하고 있다 | 立(た)ち直(なお)らせる 회복시키다, 재건시키다 | 遅(おく)れる 뒤처지다, 낙후되다 | 取(と)り入(い)れる 도입하다 | ～てでも ～해서라도 | 取(と)り除(のぞ)く 제거하다, 없애다 | ～なくして(は) ～없이(는) | 復活(ふっかつ) 부활 | 拒否(きょひ) 거부 | 解消(かいしょう) 해소

장문(6)

해석 과자는 마음까지 달래주는 음식이다. 울음을 그치지 않는 아이의 입에 쏙 넣어주면 어떤 아이든 신기하게도 울음을 그친다. 어른도 스트레스 해소로 과자를 먹는 사람이 많이 있다. 예전부터 먹지 않아도 몸에 아무런 지장이 없는데도 어느 나라에서든 여러 가지 과자가 만들어져 많은 사람에게 사랑받는 것은 ①그 때문이다.

일본의 과자라고 하면 뭐니 뭐니 해도 화과자다. 그중에서도 네리키리(팥소를 주재료로 하여 만든 화과자의 일종)라고 불리는 흰 강낭콩이라는 콩에 설탕 등을 섞어 만든 재료를 사용해 계절의 꽃이나 풍경 등을 만든 과자는 은은하게 달콤하고 모양도 아름다워 예술 작품 같다. 이것은 다도의 발전과 깊이 연관되어 있다. 말차는 쓰기 때문에 거기에 맞춘 고급스럽고 섬세한 단맛의 화과자가 필요했기 때문이다.

어떤 가게가 일본 문화 체험의 하나로 외국인에게도 약 1시간에 2종류의 네리키리를 만들 수 있는 코스를 제공했더니, 요금도 2,000엔 정도로 부담 없이 즐길 수 있다고 하여 큰 인기를 얻었다. 모양은 좋지 않지만 자신이 만든 네리키리에 매우 만족하며, 맛은 모양과 관계가 없기 때문에 맛있고 즐겁다고 평판이 나고 있다. 여기에는 SNS의 발신(글의 게시나 공유)의 힘이 크고, 그렇지 않으면 만들어보려고는 좀처럼 생각하지 않을 것이다.

일본에 온 관광객이 일본 과자를 폭풍 구매하는 것을 자주 볼 수 있다. 그러나 믿기 어렵겠지만, 사실은 해외에 일본 과자를 선물로 가져가도 받아들여지지 않았던 시대가 길었다. 나도 '일본 케이크는 달지 않아 맛없다'는 말을 자주 들은 적이 있다. 반대로 캐나다에서 케이크가 너무 달아서 먹는 데 고생한 경험도 있다. 서구에서는 단맛은 '맛있는 음식'이라는 감각이 강해서 일본 과자는 부족하거나 맛이 옅다고 느낄 것이다. 모양이 음식 같지 않은 양갱 등은 비누로 오해받는 지경이었다. 독특한 식감도 일본 특유의 향기도 재료도 자기 나라에 없는 것이 많아 위화감이 있었던 것 같다. 또한 서양이나 중동에서는 콩은 짠 것이어서, 콩을 달게 삶아 만드는 '팥소'에 거부감이 있었던 것 같다.

그것을 뒤엎은 것은 SNS의 힘일지도 모른다. 네리키리는 모양이 아름다워서 인스타그램에 올리기 좋기 때문이다. 그때 한마디 '맛있다'고 말하면 순식간에 퍼진다. 또 애니메이션이나 만화, 일본 문화의 힘도 있다. 도라에몽에 자주 나오는 '도라야키'에 흥미를 갖는 것은 자연스러운 일이다. 최근의 말차 붐으로 말차 디저트가 세계적으로 확산된 것과, 단맛을 억제하고 저지방인 화과자는 건강에 좋다는 이유도 있다. ②단점이 오히려 장점이 된 것이 재미있다.

일본 과자는 수출도 하고 있지만, 일본에서만 팔고 있는 것도 많아서 선물로 사는 사람이 많다. 일부러 과자를 사러 오는 사람까지 있다고 한다. 이것도 SNS 등의 덕분일 것이다. 먹어보면 맛있다는 것을 알기 때문에, 싸고 맛있는 일본 과자는 더욱 인기 상품이 될 것이라고 확신한다.

16 필자는 ①그 때문이다 라고 하는데, 그 이유는 무엇인가?

1 과자가 아이를 기쁘게 하기 위한 음식이기 때문에

2 과자가 스트레스 해소를 위한 음식이기 때문에

3 과자가 누구에게나 마음이 편안해지는 음식이기 때문에

4 과자가 어느 나라 사람에게나 필요한 음식이기 때문에

17 필자는 일본 과자가 인기 있게 된 이유가 무엇이라고 생각하는가?

1 모양이 맛있어 보였기 때문에

2 독특한 식감이나 향이 있었기 때문에

3 선물로 사는 사람이 늘었기 때문에

4 SNS에서의 게시·공유가 호의적이었기 때문에

18 ②단점이 오히려 장점이 된 예는 어느 것인가?

1 콩은 짜게 해서 먹는 것이라 생각했지만 단 콩도 맛있었다.

2 겉모양에서는 비누로 생각되었던 것이 과자로 인식되게 되었다.

3 달지 않아 맛없던 과자를 설탕이 적어 건강에 좋다고 생각하게 되었다.

4 말차의 독특한 향이 싫었지만 신경 쓰이지 않게 되었다.

해설 〈질문 16〉은 밑줄 친 ①그 때문이다의 이유에 대해 묻고 있다. 지문 첫 문단에서 "과자는 마음까지 달래주는 음식이다. 울음을 그치지 않는 아이의 입에 쏙 넣어주면 신기하게도 울음을 그친다. 어른도 스트레스 해소를 위해 과자를 먹는다"라고 서술하고 있다. 이 문장들은 과자가 단순히 배를 채우는 음식이 아니라, 아이와 어른 모두의 마음을 달래주고 편안하게 해주는 역할을 한다는 것을 보여준다. 따라서 '누구에게나 마음이 편해지는 음식'이라는 3번이 가장 적절하다.

〈질문 17〉은 일본 과자가 인기 있게 된 이유에 대해 묻고 있다. 지문에서는 일본 과자가 인기 있게 된 여러 이유를 제시하고 있다. 하지만 특히 'SNS의 힘'을 두 번이나 강조하고 있다. 처음에는 네리키리 만들기 체험이 인기를 얻은 이유로 SNS를 들었고, 다음에는 '그것을 뒤엎은 것은 SNS의 힘일지도 모른다'며 과거에는 받아들여지지 않았던 일본 과자가 이제는 인기를 얻게 된 가장 큰 이유로 SNS를 꼽고 있다. 따라서 SNS를 통한 긍정적인 정보 확산이 일본 과자의 인기 상승에 큰 영향을 미쳤다고 판단할 수 있다.

〈질문 18〉은 밑줄 친 ②단점이 오히려 장점이 된 예가 무엇인지 묻고 있다. 지문에서 필자는 '일본의 케이크가 달지 않아 맛없다'는 평가를 받았다고 언급하며, 서양에서는 단맛이 '맛있는 음식'이라는 인식이 강하다고 설명한다. 이는 단맛이 적은 것이 일본 과자의 단점이었다는 것을 보여준다. 그러나 이후 '최근의 말차 붐~단맛을 억제하고 저지방인 화과자는 건강에 좋다는 이유도 있다. 단점이 오히려 장점이 된 것이 재미있다'라고 서술하며, 과거에는 맛없다고 여겨졌던 '단맛이 적다'는 특징이 '건강에 좋다'는 이유로 오히려 장점이 되었음을 명확히 밝히고 있다.

단어 癒(いや)す (마음을) 달래다, 치유하다 | 泣(な)き止(や)む 울음을 그치다 | 解消(かいしょう) 해소 | 支障(ししょう) 지장 | 和菓子(わがし) 일본식 과자, 화과자 | ほんのり 은은하게, 살짝 | 見(み)た目(め) 겉모습, 겉모양 | 結(むす)びつく 결부되다, 연관되다 | 繊細(せんさい)な 섬세한 | ～たところ ～했더니 | 手軽(てがる)に 간단하게, 손쉽게 | ～とあって ～라고 해서, ～때문에 | 格好(かっこう)が悪(わる)い 모양이 좋지 않다 | 爆買(ばくが)い 폭풍 구매 | 受(う)け入(い)れる 받아들이다, 수용하다 | たびたび 자주, 여러 번 | 欧米(おうべい) 유럽과 미국, 서구 | ご馳走(ちそう) 맛있는 음식, 대접 | 物足(ものた)りない 뭔가 부족하다, 아쉽다 | 羊羹(ようかん) 양갱 | 石鹸(せっけん) 비누 | ～始末(しまつ)だ ～지경이다, ～꼴이다 | 変(か)わった 색다른, 독특한 | 独特(どくとく) 독특, 특유 | 違和感(いわかん) 위화감 | しょっぱい 짜다 | 煮(に)る 삶다 | 拒否感(きょひかん) 거부감 | 覆(くつがえ)す 뒤집다, 뒤엎다 | インスタ映(ば)えする 인스타그램에 올리기 좋다 | 抹茶(まっちゃ) ブーム 말차 붐 | スイーツ 디저트, 단 것 | 控(ひか)えめ (양, 정도를) 억제함 | 低脂肪(ていしぼう) 저지방 | かえって 오히려 | わざわざ 일부러 | 確信(かくしん) 확신 | 喜(よろこ)ばす 기쁘게 하다 | 安(やす)らぐ 편안해지다, 안정되다

문제 11 다음 (1)부터 (6)의 A와 B의 문장을 읽고, 다음 질문에 대한 답으로서 가장 적당한 것을 1·2·3·4에서 하나 고르시오.

해석

A

　일본에서는 2018년에 수도민영화를 가능하게 하는 법률이 생겼습니다. 시구읍면의 재정으로는 노후화된 수도관 등의 보수가 불가능해, 수도사업을 유지할 수 없을 우려가 있습니다. 해결을 위해서 민간 회사에 위임하려는 생각일까요. 그러나 물은 살아가는 데에 빠뜨릴 수 없기 때문에 물의 안정적인 공급은 주민에게 있어 몸을 지키는 (주)요새라고도 할 수 있습니다. 따라서 약한 경제기반은 도도부현 단위로 하여 극복하려고 힘쓰는 지역도 있습니다. 일본의 수돗물은 그대로 마실 수 있지만, 민간 회사가 이 기준을 유지하면서 이익을 내려고 하면 요금을 올릴 수밖에 없을 가능성이 있습니다. 사실 해외에서는 민간 업자에게 이관했기 때문에 수도요금이 폭등해서 곤란하여 다시 원래대로 되돌린 자치단체도 있다고 합니다. 특히 수도사업을 외국기업에 맡기는 것은 장래 문제를 일으킬지도 모른다고 생각합니다. 역전의 발상으로 지방자치단체가 해외의 수도사업에 참여하여 이익을 얻는 일 등 다른 수단도 생각하면 좋지 않을까요.

B

　수도 사업은 자치단체에게 골치 아픈 문제입니다. 인구가 줄고 있는 것이나 절수가 침투해있기 때문에 사용량이 줄어들고 있습니다. 그에 따라 수입도 줄어 수도 사업은 계속 악화되고 있습니다. 따라서 설비의 노후화에 따른 수리비를 조달할 수 없는 자치단체가 수도 사업이 파탄나기 전에 민간 사업자에게 맡기는 것은 어쩔 수 없다고 생각합니다. 민간이라면 효율적으로 운영할 수 있겠지요. 공항도 민영화로 적자를 탈피하거나, 자치단체가 민간에게 공원 관리를 맡겼더니 바비큐나 다양한 행사를 하여, 민간 특유의 발상으로 이익을 올려 자치단체의 경비를 대폭 억제할 수 있거나 해서 실적을 올리고 있습니다. 그렇다고 해서 불안감을 지울 수 있는 것은 아니지만, 모든 것을 마음대로 할 수 있는 것은 아닙니다. 자치단체의 승인 후 행해지기 때문에 걱정할 필요는 없다고 생각합니다. 그것보다 노후화 시설의 수리가 가능한 장점을 우선하는 편이 좋을 듯합니다.

1 A와 B에서 일치하고 있는 의견은 무엇인가?	**2** 자치단체가 수도를 민영화하는 것에 대한 의견은 어느 것인가?
1　근본적인 해결책은 정해져 있다.	1　A는 민영화의 나쁜 점만 서술하며 반대, B는 걱정할 일은 전혀 없다고 서술하며 찬성
2　과거의 예를 참고로 해야 한다.	**2　민영화의 사례를 들어 A는 반대, B는 찬성**
3　이대로는 수도사업이 파탄날 것 같다.	3　A는 수질에 대한 걱정이 없다면 찬성, B는 자치단체의 승인이 필요하므로 걱정이 없어서 찬성.
4　자치단체의 적자를 억제하기 위해 민영화가 필요하다.	4　A는 다른 해결방법이 있으므로 반대, B는 장래에 대한 불안은 없으므로 찬성

해설　〈질문 1〉은 두 글에서 일치하고 있는 의견을 묻고 있다. A는 노후화된 수도관 보수를 못 해 '수도 사업을 유지할 수 없을 우려가 있다'고 진단하며, B 역시 인구 감소와 사용량 저하로 '수도 사업이 파탄 나기 전'에 대책이 필요하다고 본다. 즉, 두 지문 모두 현재의 수도 사업 시스템이 붕괴 위기라는 점에 동의한다. 1번, A는 '다른 수단도 생각해야 한다'며 대안을 찾는 중이므로 해결책이 확정된 상태가 아니다. 2번, A는 해외의 실패 사례를, B는 공항·공원의 성공 사례를 들고 있어 참고하는 사례의 성격과 방향이 서로 다르다. 4번, B는 민영화가 필요하다고 주장하나, A는 광역화(도도부현 단위) 등 공공 주도의 해결책을 우선시하며 민영화에는 비판적이다.

〈질문 2〉는 자치단체가 수도를 민영화하는 것에 대한 의견을 묻고 있다. A는 해외의 요금 급등 사례를 근거로 민영화가 주민의 삶을 위협할 수 있다며 반대한다. 반면 B는 공항과 공원의 민간 위탁 성공 사례를 근거로 효율적인 운영이 가능하다며 찬성한다. 따라서 정답은 2번이다. 1번, B는 '불안감을 지울 수 있는 것은 아니다'라고 언급했으므로, 걱정이 전혀 없다고 단정하는 것은 오답이다. 3번, A는 수질뿐만 아니라 요금 인상과 외국 기업의 지배력 등 경제·안보적 측면을 복합적으로 우려한다. 4번, B는 현실적인 이득이 크다고 보면서도 심리적 불안감은 여전히 존재한다고 서술했으므로 '장래의 불안이 없다'는 설명은 지문 내용과 다르다.

단어　民営化(みんえいか) 민영화｜市区町村(しくちょうそん) 시구읍면｜老朽化(ろうきゅうか) 노후화｜補修(ほしゅう) 보수｜〜ず(に) 〜하지 않고｜維持(いじ) 유지｜委(ゆだ)ねる 맡기다, 위임하다｜欠(か)かせない 빠뜨릴 수 없다｜供給(きょうきゅう) 공급｜砦(とりで) 성채, 요새｜乗(の)り切(き)る 극복하다｜利益(りえき)を出(だ)す 이익을 내다｜〜ざるを得(え)ない 〜하지 않을 수 없다｜移管(いかん) 이관｜〜ために 〜때문에｜高騰(こうとう)する 폭등하다｜元(もと)に戻(もど)す 원래대로 되돌리다｜後々(のちのち) 장래, 먼 훗날｜〜かねない 〜할지도 모른다｜逆転(ぎゃくてん) 역전｜頭(あたま)が痛(いた)い 머리가 아프다, 골치 아프다｜浸透(しんとう) 침투｜〜に伴(ともな)い 〜에 따라｜収入(しゅうにゅう) 수입｜賄(まかな)う 조달하다｜破綻(はたん)する 파탄나다｜仕方(しかた)がない 어쩔 수 없다｜〜であれば 〜라면｜効率的(こうりつてき)に 효율적으로｜運営(うんえい) 운영｜赤字(あかじ) 적자｜脱

皮(だっぴ)する 탈피하다 | ～ならではの ～특유의 | 大幅(おおはば)に 큰 폭으로, 대폭 | 抑(おさ)える 억제하다 | 実績(じっせき)を 上(あ)げる 실적을 올리다 | だからといって 그렇다고 해서 | 不安(ふあん)が拭(ぬぐ)える 불안감을 지울 수 있다 | ～わけではない ～하는 것은 아니다 | 好(す)き勝手(かって) 제멋대로 함 | 承引(しょうにん) 승인 | ～の上(うえ)で ～후에 | ～ことはない ～할 필요는 없다 | 施設(しせつ) 시설 | 優先(ゆうせん)する 우선하다 | 解決策(かいけつさく) 해결책 | 事例(じれい)を挙(あ)げる 사례를 들다

통합이해(2)

해석

A

　현재 일본에는 약 166만 명의 외국인 노동자가 있지만, 주력은 일본에 영주하는 외국인 외에 기능실습생과 유학생이다. 국가가 한층 더 외국인 노동자를 수용하기 위해 특정기능비자를 갖추었기 때문에, 2019년부터 외국인이 입국하기 시작했다. 하지만 다른 나라가 좋은 조건이라면 그쪽으로 갈 것이다. 원칙적으로 최장 10년, 가족동반 불가인 비자 조건이나 임금 등의 노동조건이 타국에 비교해 매력적이지 않다고 생각하기 때문이다. 또 '특정기능'비자보다 이전에 체류하고 있는 약 38만 명의 기능실습생의 근로환경문제도 해결하는 편이 좋다. 후생노동성에 따르면 약 70%의 수용기관이 법률을 위반하고 있다고 한다. 노동시간, 안전기준, 할증임금의 미지급이 그 상위를 차지한다. 인터넷 시대에서 나쁜 소문일수록 금세 퍼진다. 일본을 선택해주길 위해서도 지금 있는 외국인 노동자를 소중히 해야 한다. 그렇게 하면 약 8만 명의 불법체류자 문제도 해결할 수 있을 것이다.

B

　외국인 노동자라고 해도 각양각색이다. 높은 능력을 인정받아 기업 경영에 종사하는 사람도 있거니와 단순 노동자도 있다. 큰 폭의 노동자 부족에 빠져 있는 것은 후자로 다양한 문제가 있다. 예를 들어 기능실습생은 기능을 익힐 수 있다는 건 이름뿐으로, 대부분은 싼 임금에 장시간 노동 등 열악한 근로환경에서 어쩔 수 없이 일하고 있다. 직장을 변경할 수 없기 때문에 그것을 참지 못해 도망치는 사람이나 길어봐야 5년밖에 체류할 수 없기 때문에 일하고 싶은 사람이 더욱 불법체류자가 되어 문제가 되고 있다. 2019년에 시작된 특정기능비자는 그나마 낫지만, 체류기간은 특별한 시험에 합격하는 등 높은 전문성을 익힌 경우를 제외하고 길어봐야 10년으로 한정되어 있다. 과연 이것으로 일본에서 일하고 싶다고 생각할까. 외국인 노동자를 일회성으로 할지 가족의 체류 등도 인정하여 함께 살 동료로 받아들일지. 장래를 생각하면 후자가 일본의 발전에 공헌한다고 생각한다.

독해 공략편

3　A와 B가 모두 가장 걱정하고 있는 것은 무엇인가?

　1　외국인 노동자에게 일본이 선택받지 못하는 것

　2　법률로는 외국인 노동자를 지킬 수 없는 것

　3　많은 나라에서 노동인구가 줄어들고 있는 것

　4　외국인 노동자가 일으키는 문제가 많은 것

4　AB의 생각은 어느 것인가?

　1　AB 모두 외국인 노동자는 귀국하지 않는 편이 좋다는 생각

　2　AB 모두 외국인 노동자는 장래 일본의 발전에 도움이 된다는 생각

　3　AB 모두 기능실습이나 특정기능비자에 결함이 있다는 생각

　4　AB 모두 우선 기능실습생 문제를 해결해야 한다는 생각

해설　〈질문 3〉은 A와 B가 공통적으로 가장 걱정하는 것에 대해 묻고 있다. A는 낮은 임금과 비자 조건 때문에, B는 인권 침해적 환경 때문에 일본이 외국인에게 외면받을 것을 우려한다. 즉, 두 글 모두 일본이 선택받지 못하는 상황을 공통적으로 걱정하고 있다. 2번, 법 자체가 없는 것이 아니라 법 위반과 제도적 한계가 문제이다. 3번, 타국의 노동 인구 감소 문제는 본문에 언급되지 않았다. 4번, 외국인이 일으키는 문제보다 일본 사회의 수용 방식이 문제라는 지적이다.

　〈질문 4〉는 A와 B의 공통 견해를 묻고 있다. A는 특정기능 비자의 '가족 동반 불가'와 '임금' 문제를 지적하고, B는 '직장 변경 불가'와 '체류 기간 제한'을 비판한다. 즉, 두 지문 모두 현행 비자 제도의 결함을 공통적으로 주장한다. 1번, A는 귀국 여부보다 '처우 개선'에 집중하며, B는 일회용이 아닌 '정착'을 강조한다. 2번, B는 '발전'을 언급하나, A는 발전보다 '불법 체류 해결'과 '노동자 보호'를 우선시한다. 4번, A는 '기능실습생 문제'를 선결 과제로 꼽지만, B는 '인식의 전환(동료로 수용)'이라는 근본적 변화를 요구한다.

단어　労働者(ろうどうしゃ) 노동자 | 永住(えいじゅう)する 영주하다 | 技能(ぎのう) 기능 | 更(さら)なる 한층 더 | 受(う)け入(い)れる 수용하다, 받아들이다 | ～べく ～하기 위해 | 整(ととの)える 갖추다 | 原則(げんそく)として 원칙적으로 | 最長(さいちょう) 최장 | 帯同(たいどう) 대동, 동반 | 賃金(ちんぎん) 임금 | 比較(ひかく) 비교 | 魅力的(みりょくてき) 매력적 | 既(すで)に 이미 | 滞在(たいざい)する 체재하다, 체류하다 | 割増(わりまし) 할증 | 未払(みばら)い 미지급 | 上位(じょうい)を占(し)める 상위를 차지하다 | 弱(じゃく) 약～ | 種々(しゅじゅ)様々(さまざま) 각양각색 | 買(か)われる 인정받다 | 携(たずさ)わる 종사하다 | ～も～ば～も ～도 ～하거니와 ～도 | 大幅(おおはば)な 큰 폭의 | ～に陥(おちい)る ～에 빠지다 | 身(み)に付(つ)ける 익히다 | ～ばかりだ ～뿐이다 | 劣悪(れつあく)な 열악한 | ～を余儀(よぎ)なくさせられる 어쩔 수 없이 ～하다 | 職場(しょくば) 직장 | 耐(た)える 견디다, 참다 | 逃亡(とうぼう) 도망 | まだましだ 그나마 낫다 | ～を除(のぞ)いて ～을 제외하고 | 使(つか)い捨(す)て 일회용, 일회성 | 仲間(なかま) 동료 | 貢献(こうけん) 공헌 | 多々(たた)ある 많이 있다 | 役立(やくだ)つ 도움이 되다 | 欠陥(けっかん) 결함

해석

A

　팬 활동(오시카츠)이 대유행하고 있습니다. '오시', 즉 응원하는 대상은 예전부터 있던 가수나 배우, 아이돌, 스포츠 선수, 아티스트를 비롯해, 최근에는 유튜버나 인플루언서 등 누구라도 좋습니다. 팬 활동은 같은 취미를 가진 사람들과 인연이 생기거나, 이벤트 등에 참가함으로써 새로운 경험과 추억을 만들 수 있어 삶을 풍요롭게 해줍니다. 힘든 시기에는 마음의 버팀목이 되기도 하며, 개성을 발휘할 수도 있습니다. 하지만 팬 활동에는 돈과 시간이 소비되기 때문에, 지나치게 빠져들지 않고 적절한 거리를 두는 것이 중요합니다. 자신이 감당할 수 없을 정도의 돈을 쓰거나, 너무 몰입한 나머지 다른 활동이 소홀해지면 본말이 전도된 것입니다. 자신을 잃지 않을 정도로 팬 활동을 즐기기를 바랍니다.

B

　팬 활동은 사람들과의 유대나 만남의 장이 늘어나는 멋진 즐거움이라고 생각합니다만, 때로 학업이나 일에 나쁜 영향을 미칠 때도 있습니다. 특히 젊은 사람들 중에는 생활이 팬 활동 중심이 되어 몸을 망치는 사람도 있어 사회 문제가 되고 있습니다. 호스트에 빠져서 평범한 여성이 갚을 수 없는 빚을 지게 되는 등의 예가 끊이지 않습니다. 응원하는 대상에 따라서는 편견에 노출되는 경우도 있어서, (그런 부정적인 시선을 피하려고) 더욱 팬 활동으로 도피해 버리는 경우도 있습니다. 현실 생활에서 고독이나 스트레스, 불만, 고난에 노출되면 현실을 잘못 인식하고 팬 활동으로의 의존도가 높아질 지도 모릅니다. 팬 활동만 하는 생활을 지속시키면 세상이 좁아져 버릴 것입니다. 따라서 현실 생활에서도 인간관계를 쌓고, 다른 즐거움을 갖는 것이 필요하지 않을까요?

5 A와 B가 함께 화제로 삼고 있는 것은 무엇인가?	**6** 팬 활동에 대한 A와 B의 의견은 어느 것인가?
1 팬 활동의 장점과 단점	1 둘 다 장점과 단점이 같은 정도 있다는 의견
2 팬 활동의 구체적인 방법	2 둘 다 장점은 많지만 시간과 돈의 낭비라는 의견
3 팬 활동의 일반적인 대상	**3 둘 다 찬반양론이지만 A는 찬성, B는 반대에 중점을 둔 의견**
4 팬 활동의 악영향에 대한 구체적인 예	4 둘 다 인생을 풍요롭게 하지만 지나치면 파멸로 이어진다는 의견

해설

〈질문 5〉는 A와 B가 함께 화제로 삼고 있는 것에 대해 묻고 있다. 지문 A와 B 모두 推し活의 긍정적인 면, 예를 들어 사람들과의 인연이나 삶을 풍요롭게 하는 점 등에 대해 언급하고 있다. A는 장점을 강조하면서 주의점도 제시하고 있고, B는 부정적인 예시가 많지만 서두에서 「素晴らしい楽しみ」라고 언급하여 장점을 인정하고 있다. 따라서 정답은 1번이다. 2번, 두 지문 모두 推し活를 어떻게 하는지 그 방법에 대해서는 구체적으로 설명하지 않았다(예를 들어 라이브에 가거나 굿즈를 사는 등의 방법). 3번, A 지문에는 아이돌, 유튜버 등 대상 예시가 나오지만, B 지문에는 일반적인 대상에 대한 언급은 없다. 4번, B 지문에서는 실제 사례(호스트에 빠진 여성 등)를 들며 구체적인 악영향을 강조하고 있으나, A 지문은 '시간과 돈의 낭비' 등 일반적인 경고 수준이며, 구체적 사례는 없다.

〈질문 6〉은 팬 활동에 대한 A와 B의 의견에 대해 묻고 있다. A는 推し活가 삶을 풍요롭게 하고 감정적으로도 도움이 된다고 하며, 약간의 주의를 요한다고 하지만 전반적으로는 긍정적인 시각을 가지고 있다. 반면 B는 긍정적인 면을 언급하긴 하지만 부정적인 사례와 문제점을 중점적으로 다루고 있으며, 사회 문제화된 예시까지 들어서 부정적인 시각에 더 중점을 두고 있다. A는 긍정, B는 부정에 무게를 둔 찬반 혼재의 시각이므로 3번이 정답이다. 4번, 지나치면 파멸로 이어진다는 의견은 B의 구체적 사례에서만 유추할 수 있는 내용이다.

단어

推(お)し活(かつ) 팬 활동(자신이 좋아하는 인물이나 작품 등을 응원하는 활동, 덕질) | 大流行(だいりゅうこう) 대유행 | 応援(おうえん) 응원 | 〜ながらの 〜그대로의 | 俳優(はいゆう) 배우 | 〜を始(はじ)め 〜을 비롯해 | 繋(つな)がり 연결, 인연, 유대 | 暮(く)らし 삶, 생활 | 豊(ゆた)かに 풍요롭게 | 辛(つら)い 힘들다, 괴롭다 | 心(こころ)の支(ささ)え 마음의 버팀목 | 発揮(はっき) 발휘 | 消費(しょうひ) 소비 | のめり込(こ)む 빠져들다, 몰두하다 | 適度(てきど)な 적당한 | 賄(まかな)う (돈을) 감당하다, 마련하다 | 没入(ぼつにゅう) 몰입 | おろそかになる 소홀해지다 | 本末転倒(ほんまつてんとう) 본말전도 | 見失(みうしな)う 잃다, 놓치다 | 〜てほしいものだ 〜하길 바란다〈조언・바람〉 | 及(およ)ぼす (영향을) 미치다 | 身(み)を滅(ほろ)ぼす 몸을 망치다, 파멸하다 | 入(い)れ込(こ)む ① 빠지다, 몰두하다 ②돈을 쏟아붓다 | 借金(しゃっきん) 빚, 차금 | 背負(せお)う 짊어지다 | 後(あと)を絶(た)たない 끊이지 않다 | 偏見(へんけん) 편견 | 晒(さら)される (위험, 편견 등에) 노출되다 | 逃避(とうひ) 도피 | 見誤(みあやま)る 잘못 판단하다, 잘못 보다 | 依存度(いぞんど) 의존도 | 高(たか)まる 높아지다, 고조되다 | 持続(じぞく) 지속 | 世間(せけん) 세상 | 築(きず)く 쌓다 | 浪費(ろうひ) 낭비 | 賛否(さんぴ)両論(りょうろん) 찬반양론 | 重(おも)きを置(お)く 중점을 두다 | 破滅(はめつ) 파멸 | 〜に繋(つな)がる 〜으로 이어지다

해석

A

　외국인 참정권은 해외에서는 주로 유럽 국가들에서, 아시아에서는 한국이 인정하고 있습니다. 한국에서는 영주권과 3년 이상의 거주로 지방 선거에 투표할 수 있다는 것을 알고, 일본에 비해 상당히 앞서 있다고 느꼈습니다. 외국인도 세금을 내거나 사회에 공헌하고 있으므로 지방 선거에 참여할 권리가 있다는 의견은 인권 존중의 입장에서 옳습니다. 또한 인종이나 성별, 종교, 가치관 등 다양성을 가진 사회가 발전하는 것은 경제적인 면뿐만이 아니므로, 정치 세계에도 다양한 의견을 수용하는 것이 중요하며, 또 투표권을 가짐으로써 지역에 관심을 갖고 그 지역에 좋은 영향을 끼칠 것이라는 수용하는 입장에서의 기대도 있습니다. 우리는 외국인과 공존해 나가야 하므로 지방 참정권은 긍정적으로 생각하고 싶습니다. 그러나 일본에서는 반대 의견도 많고, 여론 조사에서는 외국인 참정권에 대한 찬성이 대략 30%~40% 정도, 반대는 50%~60%라고 합니다. 따라서 찬성이 큰 폭으로 늘지 않는 한 실행은 무리라고 생각합니다. 또한 실제로 실행하고 있는 나라에서 일어나는 문제를 충분히 검토한 후에 해도 좋다고 생각합니다.

B

　외국인에게 국가 참정권은 물론, 지방 참정권을 부여하는 것에도 반대입니다. 참정권은 국민의 권리이며, 귀화하면 얻을 수 있는 권리입니다. 반대하는 이유는 지방 참정권을 부여했을 경우 인구가 감소하고 있는 지역에 외국인이 대거 몰려들면 어떻게 될지 생각하면 알 수 있는 일입니다. 특정 국가와 관계가 깊은 외국인이 집중적으로 거주하면 어떻게 될지, 만약 그 나라가 일본과 적대 관계에 있다면 어떻게 될지 등을 생각하면 자명한 이치입니다. 현재도 지방의 수원지나 많은 토지가 외국인에게 매점되고 있다는 위기감에서 제한의 필요성을 느끼고 있을 정도입니다. 물론 일본은 인구가 감소하고 있으므로 많은 외국인의 도움이 필요하게 될 것입니다. 그리고 외국인은 가까운 존재가 될 것입니다. 따라서 그들과 우호적인 관계를 구축해야 하고, 외국인과 기분 좋게 살기 위해 의견을 듣는 것은 점점 더 중요해질 것입니다. 그러나 그것은 다른 방법으로 해야 할 일이 아닐까요?

7 A와 B가 외국인 참정권에 대해 공통적으로 다루고 있는 것은 무엇인가?

1　국민의 의향
2　다양성의 존중
3　외국인과의 공존
4　외국인 존재의 위험성

8 A와 B의 외국인 참정권에 대한 의견은 어느 것인가?

1　A는 찬성해야 하지만 시기상조이다, B는 부여할 경우 일어나는 문제가 커서 반대한다.
2　A는 의견을 듣는 것이 중요하므로 찬성이다, B는 지방 참정권 부여에는 반대한다.
3　A는 전면적으로 참정권 부여에 찬성이지만, B는 현재 상황을 고려하면 찬성은 화근을 남기므로 반대한다.
4　A는 부여하는 것이 바람직하지만 극복해야 할 것이 있고, B는 의견을 듣는 방법은 선거가 아닌 방법이 좋다.

해설　**〈질문 7〉**은 A와 B가 외국인 참정권에 대해 공통적으로 다루고 있는 사항에 대해 묻고 있다. 1번, A는 여론조사 결과를 거론했으나, B는 국민의 의향을 언급하지 않았다. 2번, A는 사회 발전을 위해 다양성이 중요하다고 했으나, B는 다양성 존중이 아닌 인구 감소에 따른 현실적 필요성을 말하고 있다. 3번, A는 '외국인과 공존해야 한다'고 명시했고, B는 '인구 감소로 외국인의 도움이 필요하며 우호적 관계를 쌓아야 한다'고 언급했다. 따라서 '공존의 필요성'은 두 사람의 공통된 인식이다. 4번, B는 외국인의 존재를 위험요소로 거론하지만, A는 오히려 지역사회에 줄 긍정적 효과를 기대하고 있다.

　〈질문 8〉은 A와 B가 공통적으로 가장 걱정하는 것에 대해 묻고 있다. 1번, A는 '시기상조'라기보다 여론의 지지와 타국 사례의 검토가 선행되어야 함을 강조한다. B의 의견은 대체로 일치한다. 2번, A가 찬성하는 이유는 단순히 의견 청취 때문만이 아니라 인권, 다양성, 지역 발전 등을 포함한다. B의 반대 입장은 맞지만, A에 대한 설명이 다소 부족하다. 3번, A는 무조건적인 전면 찬성이 아니라, 여론이 찬성으로 돌아서고 앞선 사례들을 충분히 음미해야 한다는 현실적인 조건을 달고 있다. 4번, A는 참정권 부여를 긍정적으로 보면서도 '찬성이 대폭 늘지 않는 한 무리', '문제점을 음미해야 한다'는 등 '넘어야 할 과제'를 언급했다. B는 참정권 부여에는 반대하지만, 외국인의 의견을 듣는 것은 중요하므로 '다른 방법(선거 이외의 방법)'을 제시했다.

단어　参政権(さんせいけん) 참정권 | 永住権(えいじゅうけん) 영주권 | 居住(きょじゅう) 거주 | 地方(ちほう)選挙(せんきょ) 지방 선거 | 投票(とうひょう) 투표 | 随分(ずいぶん) 상당히, 몹시 | 税金(ぜいきん) 세금 | 貢献(こうけん) 공헌 | 人権(じんけん) 인권 | 重視(じゅうし) 중시 | 多様性(たようせい) 다양성 | 取(と)り入(い)れる 받아들이다, 수용하다 | ～ことで ～함으로써 | 地域(ちいき) 지역 | 共存(きょうぞん) 공존 | 前向(まえむ)きに 긍정적으로, 적극적으로 | 世論(よろん)調査(ちょうさ) 여론 조사 | 大幅(おおはば)に 대폭, 큰 폭으로 | ～ない限(かぎ)り ～하지 않는 한 | 吟味(ぎんみ) 음미, 충분히 검토함 | 勿論(もちろん) 물론 | 帰化(きか) 귀화 | 減少(げんしょう) 감소 | 大挙(たいきょ)して 대거, 떼를 지어 | 押(お)しかける 몰려들다 | 敵対(てきたい) 적대 | 自明(じめい)の理(り) 자명한 이치 | 水源(すいげん) 수원지 | 買(か)い占(し)める 매점하다, 사재기하다 | 危機感(ききかん) 위기감 | ～つつある ～하고 있다 | 身近(みぢか)な 가까운, 친근한 | 友好的(ゆうこうてき) 우호적 | 益々(ますます) 더욱, 점점 더 | なすべきこと 해야 할 일 | 取(と)り上(あ)げる 다루다, 거론하다 | 時期(じき)尚早(しょうそう) 시기상조 | 禍根(かこん)を残(のこ)す 화근을 남기다 | 望(のぞ)ましい 바람직하다 | 乗(の)り越(こ)える 극복하다, 이겨내다

해석

A

　한국에 비해 늦었지만, 2025년에 고등학교 수업료 무상화가 결정되었습니다. 이로 인해 예전에는 가난 때문에 진학을 포기하거나 중퇴할 수밖에 없었던 아이들이 고등학교에 다닐 수 있게 된 것은 본인뿐만 아니라 나라 전체에도 좋은 일입니다. 지금까지도 국가는 소득이 낮은 가정의 아이들에게는 지원금을 지급했지만, 모두에게 지급됨으로써 지원금을 받던 아이들에게 위축되는 느낌을 주지 않아도 됩니다. 한편, 국가나 지방자치단체는 재정 부담이 늘어나지만, 장래에는 사회 전체의 교육 수준이 올라가고 우수한 인재가 성장함으로써 되찾을 수 있다고 생각합니다. 그러나 공립 고등학교뿐만 아니라 사립 고등학교 수업료까지 지원할 필요는 없다고 생각합니다. 사립 고등학교에 자녀를 통학시킬 수 있는(보낼 수 있는) 가정의 대부분은 부유하기 때문입니다. 지출이 줄어든 만큼, 더욱 학원 등에 보내 격차가 더욱 확대될 우려가 있습니다. 또한 통학에 필요한 돈은 수업료뿐만이 아니므로, 가난한 가정의 아이들에게는 다른 지원도 해야 하지 않을까요.

B

　유럽의 많은 나라나 이웃 나라인 한국에서는 고등학교 수업료가 무상입니다. 고등학생을 둔 가정에 대한 지원금은 교육의 기회균등이라는 의미에서도 필요한 일이라고 생각합니다. 그러나 사립 고등학교 수업료가 무상이라고 해도 역시 가난한 가정의 아이들은 원하더라도 사립으로는 진학할 수 없을 것입니다. 지원금에 한도액이 있어 그것을 넘는 부분은 스스로 지불해야 하고, 사립 고등학교는 교육 충실비, 시설 정비비 등의 명목으로 수업료뿐만 아니라 다른 비용이 들기 때문입니다. 입학금도 약 15만 엔 정도 들기 때문에 결국 부유한 아이들이 다니게 됩니다. 공립은 연간 약 12만 엔 정도의 지원금으로 충분하지만, 사립은 39만 6천 엔까지 지원하게 된다고 합니다. 전액이 아닌 학교도 있지만, 상당한 금액입니다. 그 돈을 빈곤 가정의 아이들 지원에 돌린다면 얼마나 유익할까 생각합니다. 사립에 대한 지원은 학업 능력이 뒤따르지 않는 빈곤 가정의 아이가 사립에 다닐 수밖에 없는 경우에만 지급하는 것은 어떨까요. 가난한 가정의 아이들에 대한 지원은 아무리 많아도 충분하지 않기 때문입니다. 비록 공립 고등학교에 다닌다고 해도 교복비나 교통비, 졸업 여행, 동아리 활동 등 필요하게 되는 다양한 돈이 있기 때문입니다. 중학교 졸업 시에 아이들에게 미래를 포기하게 하고 싶지 않습니다.

9　A와 B 두 사람의 공통된 의견은 무엇인가?

1　고등학교 수업료의 무상화는 필요하지만 격차를 확대한다.
2　**빈곤 가정의 아이들에 대한 충분한 교육 지원이 필요하다.**
3　사립 고등학교는 부유한 가정의 아이들이 다니므로 지원이 불필요하다.
4　사립은 수업료가 비싸서 빈곤 가정의 아이들은 다니지 않으므로 지원은 필요 없다.

10　사립 고등학교 무상화에 대한 A와 B의 의견이 모두 옳은 것은 무엇인가?

1　A는 지원은 낭비가 되지 않으므로 해야 한다, B는 가난한 가정의 아이도 있으므로 무상화가 필요하다.
2　**A는 사립 고등학교 무상화는 필요 없다, B는 특별한 조건의 아이들에 대한 지원은 필요하다.**
3　A는 사립은 부유한 아이들만 가므로 필요 없다, B는 빈곤 가정의 아이들에게만 지급해야 한다.
4　A는 사립에 대한 무상화는 의문이다, B는 수업료 이외의 비용도 들기 때문에 수업료를 지원한다.

해설　〈질문 9〉는 A와 B 두 사람의 공통된 의견에 대해 묻고 있다. A는 지문 마지막에 '가난한 가정의 아이들에게는 다른 지원도 해야 하지 않을까요'라고 제안하며 빈곤 가정 지원의 필요성을 언급한다. B는 '가난한 가정의 아이들에 대한 지원은 아무리 많아도 충분하지 않기 때문입니다'라고 말하며 마찬가지로 빈곤 가정에 대한 충분한 지원의 필요성을 강조하고 있다. 따라서 두 지문 모두 빈곤 가정의 자녀를 위한 교육 지원이 충분하지 않다는 점에 동의하며 추가 지원의 필요성을 주장하고 있다. 1번, 격차 확대가 공통된 입장이 아니며, A만 해당된다. 3번, B는 조건부(학업 능력이 뒤따르지 않는 빈곤한 가정의 자녀)로 사립 지원을 인정하므로 완전 부정은 아니다. 4번, B가 '특수한 경우 지원해야 한다'고 했기 때문에 해당되지 않는다.

　〈질문 10〉은 사립 고등학교 무상화에 대한 A와 B의 의견에 대해 묻고 있다. A는 사립 고등학교의 무상화 자체를 반대하며, 이유는 부유한 가정이 대부분이기 때문이라고 언급하고 있다. B는 사립 고등학교 지원은 조건부로 필요하다고 주장하며, 특히 학업 능력이 뒤따르지 않는 빈곤한 가정의 아이일 경우에만 지원하는 건 어떨까 한다. 1번, A는 사립 무상화에 반대하고 있다. 3번, B는 무조건 '빈곤 가정 아이들'에만 주자는 게 아니라, 학업 능력(성적)도 조건에 포함된다. 4번, B는 수업료 외 비용이 너무 비싸서 빈곤층이 사립에 못 가므로, 그 예산을 공립 빈곤층의 교복비, 교통비 등으로 돌리자고 주장한다.

단어　無償化(むしょうか) 무상화 | 貧(まず)しさ 가난 | ～ゆえに ～때문에 | 諦(あきら)める 포기하다 | 中退(ちゅうたい) 중퇴 | ～を余儀(よぎ)なくさせられる ～을 ～할 수밖에 없다 | 支援金(しえんきん)を出(だ)す 지원금을 지급하다 | 受給(じゅきゅう) 수급, 지급을 받음 | 肩身(かたみ)が狭(せま)い 위축되다, 부끄럽다 | ～思(おも)いをする ～한 일을 겪다, ～한 느낌을 받다 | ～なくて済(す)む ～하지 않아도 된다 | 財政(ざいせい)負担(ふたん) 재정 부담 | 優秀(ゆうしゅう)な 우수한 | 取(と)り戻(もど)す 되찾다 | 裕福(ゆうふく) 유복, 부유함 | 塾(じゅく) 학원 | 格差(かくさ) 격차 | ～恐(おそ)れがある ～할 우려가 있다 | 機会(きかい)均等(きんとう) 기회균등 | 限度額(げんどがく) 한도액 | 名目(めいもく) 명목 | 費用(ひよう)がかかる 비용이 들다 | 金額(きんがく) 금액 | 貧困(ひんこん)

빈곤 | 回(まわ)す 돌리다, 배정하다 | 有益(ゆうえき) 유익 | 伴(ともな)う 동반하다, 따르다 | ～ざるを得(え)ない ～할 수밖에 없다 | 制服代(せいふくだい) 교복비 | 交通費(こうつうひ) 교통비 | 部活(ぶかつ) 동아리 활동 | 手厚(てあつ)い 후한, 충분한 | ～のみ ～만, ～뿐 | 疑問(ぎもん) 의문

통합이해(6)

해석

A

　고향 납세는 기부한 사람이 주민세를 줄일 수 있고, 기부한 지방자치단체로부터 답례품을 받을 수 있는 이득이 되는 제도입니다. 2024년에는 약 1,000만 명 이상이 이용했고, 약 1조 1,727억 엔의 돈이 오갔습니다. 세금이 별로 없었던 많은 지방자치단체에 자유롭게 쓸 수 있는 돈이 들어와 지역 주민의 생활을 풍요롭게 해 주는, 기부자에게도 자치단체에게도 좋은 제도입니다. 하지만 200억 엔 이상 모으는 자치단체가 있는 한편으로, 기부를 별로 모으지 못하는 자치단체가 있어 격차가 벌어지고 있습니다. 경쟁이 치열해서 명품 소고기나 돼지고기, 해산물, 주류 등의 답례품이 있는 자치단체에는 많은 기부가 모이지만, 인기 있는 답례품이 없는 자치단체는 돈을 모을 수 없습니다. 또 대도시의 많은 자치단체는 세금이 줄어들어 그중에는 100억 엔이나 줄어 다양한 주민 서비스를 할 수 없게 된 곳도 있습니다. 또 해에 따라 받을 수 있는 금액이 달라서 어떤 시에서는 전년보다 40%나 줄어 곤란해졌다고 합니다. 고향 납세에 너무 의존하는 것은 위험하다고 할 수 있습니다.

B

　많은 지방자치단체가 고향 납세로 풍요로워지는 것은 확실히 좋은 일입니다. 기부자도 이득을 봅니다. 하지만 고소득자일수록 이득을 보는 제도라는 것을 생각하면 이대로 좋다고는 생각되지 않습니다. 총무성에 따르면 고향 납세액 금액은, 예를 들어 혼자서 월급이 5백만 엔인 사람은 61,000엔, 1천만 엔이면 180,000엔, 2천만 엔이면 569,000엔, 2천5백만 엔이면 855,000엔까지 기부할 수 있습니다. 그 이상이라면 상상할 수 없을 정도의 금액이 될 것입니다. 그리고 받는 답례품은 기부금의 30% 이하로 정해져 있지만, 실제로는 50%, 그중에는 100% 가까운 것도 있습니다. 물론 원가가 50만 엔을 넘는 물품을 받으면 세금을 내야 하지만, 그래도 판매하는 물건의 가격에 비하면 훨씬 낮기 때문에 고소득자일수록 더 많은 것을 얻을 수 있습니다. 그러므로, 기부할 수 있는 금액을 제한하는 것도 고려해야 하지 않을까요? 물론, 그만큼 지방에 돌아가는 돈이 줄어들지도 모르지만, 역시 제도의 재검토는 필요하다고 생각합니다. 그러기 위해서는 고소득자일수록 매우 이득을 본다는 것을 국민에게 더 알려야 한다고 생각합니다.

11　A와 B는 주로 무엇을 말하고 있는가?
　1　A는 고향 납세의 현 상황, B는 미래
　2　A는 고향 납세의 공죄, B는 문제점
　3　A는 고향 납세의 위험성, B는 불공평함
　4　A는 고향 납세의 장점, B는 단점

12　고향 납세에 대한 A와 B의 공통된 의견은 무엇인가?
　1　제도를 바꿀 필요가 있다.
　2　경제적으로 좋은 면보다는 나쁜 면이 많다.
　3　지방 자치단체가 부유해지므로 좋다.
　4　유용하지만 간과할 수 없는 문제도 있다.

해설〈질문 11〉은 A와 B가 주로 무엇에 대해 말하고 있는지 묻고 있다. A는 제도의 장점(지역 활성화, 기부자 혜택)과 단점(지자체 간 격차, 도시 지역의 세수 감소)을 모두 다루고 있다. 즉, 공(功)과 죄(罪)를 함께 언급했다. B는 고액 소득자일수록 더 큰 혜택을 보는 구조적 모순과 답례품의 실질 가치 문제 등 제도의 문제점을 집중적으로 비판하며 제도 개선을 촉구하고 있다. 따라서 정답은 2번이다. 1번, B는 현재 제도의 불합리함을 지적하는 것이지 미래를 예측하는 내용이 아니다. 3번, B가 불공평함을 다루는 것은 맞지만, A는 '위험성' 하나만을 핵심으로 보기에는 제도의 긍정적 측면(1조 엔 이상의 자금 유동 등)도 비중 있게 다루었다. 4번, A가 장점만 말한 것이 아니므로 적절하지 않다.

〈질문 12〉는 고향 납세에 대한 A와 B의 공통된 의견에 대해 묻고 있다. A와 B는 모두 고향납세가 자치단체 재정에 도움을 주고 기부자에게 혜택을 주는 유용한 제도라는 점을 인정한다. 그러나 동시에 A는 자치단체 간의 격차와 세수 감소의 위험성을, B는 고소득자에게 유리한 불공평성을 지적하며 제도에 간과할 수 없는 문제가 있다는 공통된 시각을 보인다. 1번, B와 달리 A가 구체적인 제도 개정까지는 주장하지 않았다는 점에서 차이가 있다. 2번, 두 필자 모두 제도의 긍정적 효과 자체를 부정하는 것은 아니기에 적절하지 않다. 3번, 두 지문 모두 후반부에서 제도의 부작용을 비판적으로 다루고 있으므로 공통된 의견으로 보기 어렵다.

단어 納税(のうぜい) 납세 | 寄付(きふ) 기부 | 減(へ)らす 줄이다 | 自治体(じちたい) 자치단체 | 返礼品(へんれいひん) 답례품 | お得(とく)な 이득이 되는, 유리한 | 兆(ちょう) 조(단위) | お金(かね)が動(うご)く 돈이 오가다(쓰이다) | 地域(ちいき) 지역 | 豊(ゆた)かに 풍요롭게 | ～一方(いっぽう)で ～한편으로 | 広(ひろ)まる 퍼지다, 확대되다 | 競争(きょうそう) 경쟁 | 激(はげ)しい 격렬하다 | 海産物(かいさんぶつ) 해산물 | 酒類(さけるい) 주류 | 頼(たよ)りすぎる 너무 의존하다 | 高額(こうがく)所得者(しょとくしゃ) 고소득자 | 得(とく)をする 이득을 보다 | 総務省(そうむしょう) 총무성(일본 정부 부처) | 手(て)に入(い)れる 손에 넣다 | 制限(せいげん) 제한 | 見直(みなお)し 재검토 | 現状(げんじょう) 현 상황 | 功罪(こうざい) 공죄, 장점과 단점 | 看過(かんか) 간과

문제 12 다음 (1)부터 (6)의 문장을 읽고, 다음 질문에 대한 답으로서 가장 적당한 것을 1·2·3·4에서 하나 고르시오.

주장이해(1)

해석　　세계에는 6000~7000개 정도의 언어가 있다고 하는데, 2500개나 되는 많은 언어가 소멸될 위기에 있다고 한다. 이미 200개 이상의 언어가 30년 남짓 동안에 소멸했다고 한다. 이것은 글로벌화가 진행된 결과임에 틀림없다. 좁은 지역에서 살고 있고, 그 지역에만 있어도 생활이 완결된다면 다른 언어를 알 필요도 없다. 이 반대의 예가 일본의 홋카이도에 있다. 메이지시대(1868~1912년)에 홋카이도의 개척이 추진되었다. 개척민은 일본 각지에서 모여들어 각각 다른 문화를 가지고 고향에서 사용되었던 사투리를 쓰고 있었다. 그 때문에 다른 지역의 사람과의 사이에 의사소통이 원활하지 않게 되었다. 물건이나 토지 등의 매매나 노동을 의뢰하거나, 또 그 대가의 지불에도 공통된 인식이 필요하다. 그래서 서로 커뮤니케이션을 하기 위해서 사용된 이른바 표준어가 홋카이도에 점차 침투하여 사투리는 사라져갔다. 언어는 수단이므로 상대에게 통하지 않으면 사용되지 않게 된다. 필요성이 낮은 언어는 속속 소멸해간다. 전문가의 말로는 약 100만 명이 그 언어를 사용하고 있으면 100년은 존속할 수 있다고 한다. 이에 비추어 일본의 현 상황을 보면 말하는 사람이 크게 감소하고 있는 아이누어나 오키나와를 중심으로 한 섬의 사투리가 위기적 상황에 있음을 알 수 있다. 세계적, 정치적, 경제적으로도 약자인 소수민족의 언어가 사라지고 있다.

현재 UN의 공용어는 영어·프랑스어·스페인어·중국어·러시아어, 1973년에 추가된 아라비아어 6개이다. 이들 언어는 말하는 사람도 많고 경제적으로도 영향력이 있는 나라들에서 사용되고 있기 때문에 소멸될 우려는 없다. 그중에서도 영어의 힘은 강력하다. 일찍이 식민지였던 나라가 공용어로 하고 있을 뿐만 아니라 많은 나라가 영어를 필수언어로 간주하고 있다. 세계경제가 글로벌화하고 있는 현재, 공통 커뮤니케이션 수단이 필요해지고 그것을 영어에서 추구하는 것은 자연스럽다. 이전에 홋카이도에서 일어난 일이 세계 규모로 일어나고 있는 듯한 기분이 든다.

그러나 커뮤니케이션 수단으로써 영어가 편리하다는 것과 많은 언어의 소멸을 방치하는 것은 다른 문제이다. 언어는 그것을 말하는 사람의 문화와 밀접하게 결부되어 있다. 예를 들면 '삼감, 조심함'이라는 말은 영어로 번역할 수 없다고들 한다. 그것은 영어를 말하는 사람들에게 그 개념이 없기 때문이라는 주장이 있다. 이것이 사실이라고는 생각하지 않지만, 아무리 해도 영어로 번역할 수 없는 사항이 많은 것도 알고 있다. 또 단순한 명사에서조차 육식을 하는 사람들의 말에는 고기의 부위를 나타내는 말이 다양하며, 해산물을 먹는 사람들의 말은 생선이나 해초 이름으로 가득하다. 각기 생활에 필요하기 때문이다. 감정에 대해 말하면, 예를 들어 비가 내리는 모양에 관심이 있는 사람들의 언어에는 비가 내리는 모양의 차이를 표현하는 세세한 말이 많이 존재한다. 즉 언어의 소멸은 그 문화의 소멸을 의미하므로 그것은 막아야 할 일이다. 왜냐하면 다양한 문화가 존재하는 것은 인류에게 있어 중요한 일이기 때문이다.

1　**언어가 소멸하는 가장 큰 이유는 무엇인가?**

1　공용어로 뽑히지 않았기 때문에

2　어려워서 이해하기 어렵기 때문에

3　말하는 사람이나 언어의 이용가치가 감소했기 때문에

4　언어를 사용하는 민족이 없어졌기 때문에

2　**이것이 사실이라고는 생각하지 않지만이라고 하는데 이것은 무엇을 의미하는가?**

1　'삼감'을 한마디로 영어로 번역할 수 없다는 것

2　말과 문화는 밀접한 관계가 있다는 것

3　영어로는 '삼감'이라는 마음을 설명할 수 없다는 것

4　영어를 말하는 사람이 '삼감'이라는 마음을 가지지 않는다는 것

3　**필자가 말하고자 하는 것은 무엇인가?**

1　영어는 세계의 공통어로 편리하므로, 다른 언어는 그다지 중요하지 않다.

2　글로벌화로 인해 사투리나 소수 언어는 소멸하지만, 그것은 피할 수 없는 자연 현상이다.

3　언어의 소멸은 그 문화의 소멸을 의미하므로, 다양한 언어와 문화를 지킬 필요가 있다.

4　UN의 공용어 지정된 언어 이외는 경제적으로 약하기 때문에 조만간 소멸될 운명에 있다.

해설　〈질문 1〉은 언어가 소멸하는 가장 큰 이유가 무엇인지를 묻고 있다. 1번째 단락 중간 부분에서 '언어는 수단이므로 상대에게 통하지 않으면 사용되지 않게 된다. 필요성이 낮은 언어는 속속 소멸해간다'라고 했으므로 3번이 정답이 된다. 1번, '공용어로 뽑히지 않았기 때문에'라고 했는데 뽑히지 않아도 소멸되지는 않는다. 2번, '어려워서 이해하기 어렵기 때문에'라고 했는데 이것에 대한 기술은 없다. 4번, '언어를 사용하는 민족이 없어졌기 때문에'라고 했는데, 민족은 있어도 언어는 소멸되어 갈 수 있으므로 맞지 않다.

<질문 2>는 밑줄 친 이것이 사실이라고는 생각하지 않지만에서 이것이 의미하는 것을 묻고 있다. 앞문장을 보면 영어를 말하는 사람들에게 이 삼감·배려의 개념이 없다는 주장을 사실이라고 생각하지 않는 것이다. 따라서 4번이 정답이 된다.

<질문 3>은 필자가 말하고자 하는 요지를 묻고 있다. 글 후반에서 언어 소멸 = 문화 소멸이라고 명시하며, 다양한 문화 보존의 중요성을 강조하고 있다. 따라서 글의 핵심 주장은 3번과 일치한다. 1번, 영어가 편리하다는 사실은 언급되지만, 글의 핵심 주장은 영어 사용의 편리함이 아니라 소멸되는 언어와 문화의 중요성이다. 2번, 언어 소멸이 자연현상이라는 시각은 글에서 부정적 의미로 다루며, 방치해서는 안 된다고 말하고 있다. 4번, 경제적 힘과 언어 소멸의 연관성은 일부 언급되지만, 글의 주장 전체를 대표하지 않는다.

단어　～もの ～이나 되는 | 消滅(しょうめつ)する 소멸되다 | 危機(きき) 위기 | ～に相違(そうい)ない ～임에 틀림없다 | ～のみで ～만으로 | 完結(かんけつ)する 완결되다 | 開拓(かいたく) 개척 | 意思(いし)の疎通(そつう)に欠(か)ける 의사소통이 결여되다(원활하지 않다) | 売買(ばいばい) 매매 | 労働(ろうどう) 노동 | 依頼(いらい) 의뢰 | 対価(たいか) 대가 | 支払(しはら)い 지불 | 認識(にんしき) 인식 | そこで 그래서 | いわゆる 소위, 이른바 | 標準語(ひょうじゅんご) 표준어 | 次第(しだい)に 점차 | 浸透(しんとう) 침투 | ～に照(て)らして ～에 비추어 | 激減(げきげん)する 크게 감소하다 | 弱者(じゃくしゃ) 약자 | ～つつある ～하고 있다 | かつて 일찍이 | 植民地(しょくみんち) 식민지 | 必須(ひっす) 필수 | 見(み)なす 간주하다 | 規模(きぼ) 규모 | 放置(ほうち)する 방치하다 | 密接(みっせつ)に 밀접하게 | 結(むす)びつく 결부되다 | 訳(やく)す 번역하다 | 概念(がいねん) 개념 | 事柄(ことがら) 사항, 사정 | 多々(たた)ある 많다 | 単(たん)なる 단순한 | ～でさえ ～에서조차 | 細(こま)やかな 세세한 | 食(く)い止(と)める 막다, 저지하다 | 価値(かち) 가치 | 避(さ)ける 피하다 | 指定(してい) 지정 | 早晩(そうばん) 조만간, 머지않아

주장이해(2)

해석　**사소한 장치를 함으로써 생활상의 곤란한 문제를 해결한다. 결코 규칙 등으로 강요하지 않고 오히려 사람들이 즐겁게 스스로 행동한다. 이렇게 사람의 행동을 바꾸는 것으로 문제를 해결하는 아이디어에 대해 연구하는 것을 '장치학'이라고 한다.**
　'장치'로써 가장 유명한 것은 '남성용 소변기 안쪽에 표시된 파리'이다. 네덜란드 공항에서 화장실 변기 주위가 더러운 것을 어떻게든 하고 싶다고 생각하여, 파리 표시를 했더니 대부분의 남성이 그 파리를 겨냥하여 소변을 보게 되었다고 한다. 물론 청소 비용이 격감했기 때문에 많은 공공화장실에 다양한 표적이 붙여지게 되었다.
　화장지를 눌러 삼각형으로 함으로써 사용량을 30%정도 감소시킨 예도 있다. 사자 입에 손을 넣으면 소독액이 나오거나 올라가면 투표가 되는 계단도 있다. 나도 재밌어서 소리가 나는 계단을 자주 이용했었다. 나도 모르게 해보고 만 것이다. 또 쓰레기통 위에 농구 네트를 설치하거나, 쓰레기를 버리면 소리가 들리도록 했더니 쓰레기를 제대로 버리는 사람이 늘었다고 한다. 특히 후자는 쓰레기를 버리면 낙하음이 8초 정도 이어지고 마지막으로 충돌음이 들리기 때문에, 이 소리가 듣고 싶어서 쓰레기를 버리는 사람이 늘어, 공원에 설치했더니 놀랍게도 회수율이 평소 쓰레기통의 2배 가까이 되었다던가. 가공할 만한 '장치학'.
　그러나 잘 생각하면 장치학의 이치는 몰라도 이러한 아이디어는 옛날부터 행해지고 있었다. 예를 들어 쓰레기가 버려지거나 소변을 보는 장소에 화단을 만들거나, 거기에 작은 토리이를 세워서 그것을 방지하고 있었다. 토리이는 신의 지역으로 들어가는 입구이기 때문에 일본인은 더럽히면 신의 벌을 받는다고 느껴, 더럽히는 것을 망설이는 것이다. 이것은 행동이 제어된 예이다.
　눈치채지 못할 만한 수수한 장치도 있다. 차를 한 대씩 가지런히 주차하도록 선이 그어져 있거나, 그 선이 직각이 아니라 사선이 되어 있는 고속도로의 휴게소 주차장도 있다. 폭이 넓은 곳은 대형차용, 좁은 곳은 보통차용으로 명확히 알 수 있고, 사선은 뒤로 넣기 쉬우며, 자연스럽게 출구 방향을 향해 출발하도록 되어 있다. 출구로 인도하기 때문에 우왕자왕하지 않아도 되고, 잘못해서 입구에서 나와 사고를 일으키는 일 등도 방지할 수 있다.
　이렇게 사람을 움직이는 '장치학'이란 비용 대비 효과를 생각하는데 있어서도 대단히 유익하다. 신변의 곤란한 일이 사소한 장치로 강제적이 아닌 자연스럽게 그렇게 하고 싶어지는 행동으로 개선할 수 있는 것이다. 그것을 생각하는 것은 실익은 물론이거니와 참으로 두근두근한 일이 아닌가. (　　).

4　'장치학'의 생각에 부합되지 않는 것은 어느 것인가?
　1　장난감을 상자에 넣으면 아이가 좋아하는 노래가 흘러나온다.
　2　가게에 들어오도록 입구에 특가상품을 놓는다.
　3　현금으로 지불하도록 현금일 때만 포인트를 준다.
　4　아침 일찍 일어날 수 있도록 자명종을 맞춘다.

5　(　　) 안에는 어떤 내용이 이어질 것으로 예상되는가?
　1　장치학에 대해서
　2　장치학의 단점에 대해서
　3　장치학의 이용에 대해서
　4　장치학의 유용성에 대해서

6　필자가 말하고자 하는 것은 무엇인가?
　1　「장치학」을 통해 사람들의 행동을 자연스럽게 바꾸어 생활상의 문제를 즐겁게 해결할 수 있다.
　2　「장치학」의 응용은 옛날부터 있던 아이디어와 거의 같다.
　3　공공장소에서 청소나 쓰레기 처리는 사람들의 도덕성에 의존할 수밖에 없다.
　4　「장치학」의 응용은 화장실이나 쓰레기통 등 제한된 장소에서만 효과가 있다.

 〈질문 4〉는 '장치학'의 생각에 부합되지 않는 경우를 찾는 문제이다. 1번, 노래를 듣고 싶어서 장난감을 정리하므로 장치학에 부합된다. 2번, 입구에 이득이 되는 상품이 있으면 사고 싶어진다. 그 가게에 이것저것 그러한 물건이 더 있지는 않을까 하고 가게를 보고 싶어지므로 부합한다. 3번, 현금으로 지불할 때만 포인트를 주면 손님은 자연스레 현금으로 지불할 가능성이 높아지므로 부합된다. 4번은 자명종에 의해 어쩔 수 없이 그 행동을 하게 하므로 장치학에 부합되지 않는다.

〈질문 5〉는 괄호 안에 어떤 내용이 이어질지에 대해 묻고 있다. 1번과 4번은 이미 앞에서 다루었으므로 맞지 않다. 2번, 계속 좋은 내용이 쓰여져 있고 '두근두근하다'로 끝나고 있는데 갑자기 단점에 대해 쓰는 것은 부자연스럽다. 앞에 화제전환이나 반대 내용으로 바뀌는 접속사가 있다면 가능하다. 3번, '두근두근하다'의 뒤이므로 장치학을 어떻게 이용해나간다든가 좀더 이용해나가고 싶다 등의 문장이 오는 것이 자연스럽다.

〈질문 6〉은 필자가 말하고자 하는 요지에 대해 묻고 있다. 글 전체에서 필자는 다양한 사례를 들어, 사람들이 강요하지 않아도 자연스럽게 행동하게 하는 '장치학'이 생활 문제 해결에 효과적이고 즐겁다고 설명하고 있다. 따라서 정답은 1번이다. 2번, 일부 사례가 옛날부터 있었음을 언급하지만, 필자의 핵심 주장은 장치학의 유용하고 재미있는 문제 해결 방법이다. 3번, 필자는 강제나 도덕에만 의존하지 않고, 장치로 자연스럽게 행동을 유도할 수 있다고 했다. 4번, 장치학의 응용은 화장실, 쓰레기통뿐 아니라 계단, 주차장 등 다양한 장소를 포함한다.

 ちょっとした 대수롭지 않은, 사소한 | 仕掛(しかけ) 장치 | ～ことで ～함으로써, ～하는 것으로 | ～上(じょう) ～상 | 決(けっ)して 결코 | 強制(きょうせい)する 강제하다, 강요하다 | ～ことなく ～하지 않고 | 工夫(くふう) 고안, 아이디어 | 内側(うちがわ) 안쪽 | 蠅(はえ) 파리 | オランダ 네덜란드 | 便器(べんき) 변기 | 周(まわ)り 주변 | 汚(よご)れ 더러움 | 何(なん)とかする 어떻게든 하다 | 印(しるし)をつける 표시를 하다 | 目掛(めが)ける 목표로 하다, 노리다 | 排尿(はいにょう)する 소변을 보다 | 清掃(せいそう) 청소 | 激減(げきげん) 격감 | 的(まと)が付(つ)けられる 표적이 붙여지다 | 潰(つぶ)す 찌부러뜨리다 | 三角形(さんかくけい) 삼각형 | 消毒液(しょうどくえき) 소독액 | 投票(とうひょう) 투표 | 思(おも)わず 나도 모르게 | ゴミ箱(ばこ) 쓰레기통 | 衝突音(しょうとつおん) 충돌음 | ～べし ～하는 것이 당연함 | 理屈(りくつ) 이치, 도리 | 防(ふせ)ぐ 방지하다 | 入(い)り口(ぐち) 입구 | 汚(よご)す 더럽히다 | 罰(ばち)が当(あ)たる 벌을 받다 | ためらう 주저하다, 망설이다 | 制御(せいぎょ) 제어 | 地味(じみ)な 수수한 | 整然(せいぜん)と 정연하게, 가지런히 | 線(せん)を引(ひ)く 선을 긋다 | 斜(なな)め 비스듬함, 사선 | 高速(こうそく)のサービスエリア 고속도로 휴게소 | 大型(おおがた) 대형 | 導(みちび)く 인도하다 | うろうろ 우왕좌왕, 허둥지둥 | ～なくて済(す)む ～하지 않아도 된다 | 有益(ゆうえき) 유익함 | 身(み)の回(まわ)り 신변 | 改善(かいぜん) 개선 | 実益(じつえき) 실익 | ～もさることながら ～도 물론이지만 (또) | 欠点(けってん) 결점 | 目玉(めだま)商品(しょうひん) 눈을 끄는 상품, 특가상품 | 目覚(めざ)まし時計(どけい) 자명종시계 | モラル 도덕성

주장이해(3)

 고대부터 전 세계적으로 인간은 기상을 통제하려고 해왔다. 일본에서는 자주 「雨ごい(기우제)」 의식이 신사나 마을마다 행해졌고 권력과 결부되는 경우가 많았다. 한국은 '용왕제·기우제' 등으로 불리며 (주1)샤머니즘적 색채가 강했지만, 때로는 왕이 산에 올라 기원하는 등 유교나 (주2)천명 사상을 배경으로 한 것도 행해졌다. 중국도 마찬가지로 어느 나라든 과학적인 기술이 없었기 때문에 기도, 의식, 종교적인 힘을 통해 날씨를 움직이려고 했었다.

현대에는 과학 기술로 기상에 영향을 줄 수 있다. 예를 들어 '인공 강우'가 그 한 예이다. 이것은 구름에 요오드화은 등의 물질을 살포하여 빗방울을 만들어 인공적으로 비를 내리게 하는 기술로, 주로 가뭄 대책이나 농업 지원, 또한 행사에서의 날씨 조정에 사용되고 있다. 중국에서는 베이징 올림픽 때 개회식 날씨를 맑게 유지하기 위해 사용되었다는 보도도 있다. 아랍에미리트(UAE)에서는 고온과 건조한 기후 속에서 물 부족 대책으로 인공 강우를 적극적으로 도입하고 있다. 또한, 도시의 '열섬 현상' 완화를 위해 물 안개나 (주3)식재를 이용하여 부분적으로 기온을 낮추는 기술 등도 기상 컨트롤의 일부라고 할 수 있다. 즉, 기상을 '어느 정도 조작하는' 것은 이미 이루어지고 있다.

그러나 완전히 조종하는 단계에는 이르지 못했으며, 인공 강우는 본래 다른 지역에 내릴 비를 빼앗고 있을 가능성도 있다. 또 사용 물질은 비교적 안전하다고 하지만 토양이나 수질에 쌓였을 경우 어떤 영향을 줄지는 알 수 없는 점도 많다. 또, 자연스러운 시스템에 손을 대어 지구 규모의 기상 현상의 균형을 깨뜨릴 위험도 있다. 더욱이 기술을 사용할 수 있는 국가와 사용할 수 없는 개발도상국 간에 불공평한 상황이 되는 것도 윤리적으로 어떠할까? 다른 우려 사항으로서 기상 조작 기술의 군사적 이용도 거론된다. 이것은 국제 연합에서 1977년에 '환경 변경 기술의 군사적 또는 기타 적대적 사용의 금지에 관한 조약(ENMOD 조약)'을 채택함으로써 보호되고 있지만 걱정이다.

현대에서 인간은 기상을 완전히는 통제할 수 없긴 하지만, 한정적으로 영향을 주는 기술은 존재하며, 앞으로 더욱 발전할 가능성이 있다. 그러나 그 기술을 어떻게 사용할지는 과학적 근거뿐만 아니라, 윤리적 판단이나 국제적인 시각이 필수적이다. 인간은 자연을 지배하는 것이 아니라, 이해하고, 조화하면서 함께 살아가는 자세를 가져야 하는 것이 아닐까? 장래 기상 컨트롤이 가능하게 된다고 해도, 그 겸손함과 신중함을 잊어서는 안 된다고 생각한다. 또한, 최근 세계 각지에서 일어나고 있는, 호우, 가뭄, 토네이도 등의 이상 기상을 생각하면 통제해 주었으면 하는 마음도 있지만, 그것이 일어나는 원인으로 여겨지는 온난화를 저지하는 것이 우선 해야 할 일이라고 생각한다.

7 기상 통제 기술에 대한 우려 사항으로, 본문에서 언급되지 않은 것은 무엇인가?

1 강우 지역의 편중

2 이상 기상의 증가

3 군사적 이용의 위험

4 기상 균형의 붕괴

8 필자는 현재의 기상 통제는 어떤 상태라고 말하고 있는가?

1 과학 기술의 진보 덕분에 이상 기상에 대처할 수 있게 되었다.

2 인공 강우 등의 기술이 시행되고 있어 환경에 대한 영향이 우려되고 있다.

3 국제적인 사용 기준이 있으므로 그것에 근거하여 통제하게 되었다.

4 기상의 일부를 조작하는 기술은 실현되었지만, 완전한 통제는 이루어지지 않았다.

9 필자가 가장 말하고 싶은 것은 무엇인가?

1 기상을 지배하는 기술은 이상 기상을 막는 데만 사용해야 한다.

2 이상 기상 제어도 원하지만, 그것 이상으로 해야 할 일이 있다.

3 예전부터 기상 제어를 바래왔지만, 지금 그것이 완전히 실현될 수 있게 되었다.

4 나쁜 영향을 미치는 이상 기상은 아직 제어할 수 없지만 밝은 미래가 기다리고 있다.

해설 〈질문 7〉은 기상 통제 기술에 대한 우려 사항으로, 본문에서 언급되지 않은 것을 묻고 있다. 2번, 이상 기상(폭우, 가뭄 등)은 기술의 우려 사항이 아니라, 오히려 인간이 기술을 통해 해결하고 싶어 하는 대상으로 언급되었다. 1번, '본래 다른 지역에 내릴 비를 빼앗을 가능성'으로 언급되었다. 3번, '기상 조작 기술의 군사적 이용'으로 언급되었다. 4번, '지구 규모의 기상 현상 균형을 해칠 위험'으로 언급되었다.

〈질문 8〉은 현재 기상 통제의 상태에 대해 묻고 있다. 2문단의 '어느 정도 조작은 이미 행해지고 있다'는 사례와 3문단의 '완전히 조종하는 단계는 아니다'라는 한계를 모두 담고 있는 4번이 정답이다. 즉, 인간의 기술력이 특정 목적(인공 강우 등)에는 미치고 있으나 자연 전체를 통제하기엔 역부족이라는 필자의 현실 인식을 정확히 요약하고 있다. 1번, 이상 기상 대처는 필자의 '바람'일 뿐, 현재 기술로 완벽히 통제하고 있는 상태가 아니다. 2번, 환경에 대한 영향 우려는 기술의 부작용 중 하나일 뿐, 기상 조절의 전반적인 기술 수준을 설명하기엔 부족하다. 3번, 언급된 조약은 '군사적 사용 금지'에 한정되며, 일반적인 기술 활용에 대한 국제적 기준은 여전히 미비한 상태.

〈질문 9〉는 필자가 가장 말하고 싶은 요지를 묻고 있다. 필자는 마지막 단락에서 '통제해 주었으면 하는 것도 있지만'으로 이상 기상 통제에 대한 희망을 드러냈다. 하지만 곧바로 '그것이 일어나는 원인으로 여겨지는 온난화를 저지하는 것이 우선 해야 할 일이라고 생각한다'고 하여, 기상 통제보다 더 근본적인 문제 해결이 중요함을 강조하고 있다. 따라서 2번이 정답이다. 1번, 필자는 기술 사용의 목적보다는 온난화 방지를 '우선해야 할 일'로 꼽았다. 3번, 필자는 '완전히 조작하는 단계에는 이르지 않았다'고 명확히 부정하고 있다. 4번, 필자는 '밝은 미래'에 대해 이야기하기보다, 기술 사용에 대한 '겸허함과 신중함' 및 '윤리적 판단'의 중요성을 강조하고 있어 낙관적인 미래 예측은 주장이 아니다.

단어 気象(きしょう) 기상 | コントロール 통제, 제어 | 儀式(ぎしき) 의식 | ～ごとに ～마다, ～별로 | 結(むす)びつく 결부되다, 연결되다 | 儒教(じゅきょう) 유교 | 背景(はいけい) 배경 | 人工降雨(じんこうこうう) 인공 강우 | 散布(さんぷ) 살포 | 雨粒(あまつぶ) 빗방울 | 干(かん)ばつ 가뭄 | 調整(ちょうせい) 조정 | 保(たも)つ 유지하다 | 乾燥(かんそう) 건조 | 導入(どうにゅう) 도입 | 緩和(かんわ) 완화 | 操作(そうさ) 조작 | 操(あやつ)る 조종하다 | ～に達(たっ)する ～에 이르다 | 奪(うば)う 빼앗다 | 溜(た)まる 쌓이다, 모이다 | 手(て)を加(くわ)える 손을 대다, 손을 가하다 | 均衡(きんこう) 균형 | 倫理的(りんりてき) 윤리적 | 懸念(けねん)材料(ざいりょう) 우려 사항, 걱정거리 | 軍事的(ぐんじてき) 군사적 | 条約(じょうやく) 조약 | 採択(さいたく) 채택 | ～ものの ～기는 하지만 | 限定的(げんていてき) 한정적 | 根拠(こんきょ) 근거 | 不可欠(ふかけつ) 불가결, 필수적 | 調和(ちょうわ) 조화 | 姿勢(しせい) 자세 | 謙虚(けんきょ)さ 겸손함 | 慎重(しんちょう)さ 신중함 | ～てはならない ～해서는 안 된다 | 豪雨(ごうう) 호우, 폭우 | 竜巻(たつまき) 토네이도, 회오리 | 異常(いじょう)気象(きしょう) 이상 기상 | みなす 간주하다 | 温暖化(おんだんか) 온난화 | 阻止(そし) 저지 | 偏(かたよ)り 편중, 치우침 | 崩壊(ほうかい) 붕괴 | ～に基(もと)づいて ～에 근거하여 | もたらす 초래하다

해석

인간의 체내에 작은 미세 플라스틱이 흡수되어 건강에 영향을 미치는 것이 밝혀졌다. 최근 주목받는 이탈리아의 연구에서는 동맥 경화증 환자에게서 제거한 (주1)플라크의 절반에서 플라스틱이 검출되었고, 이후 환자를 3년에 걸쳐 조사했더니, 심근경색, 뇌졸중 등으로 사망할 위험성이 약 4.5배 높았다고 한다. 일본에서도 또한, (주2)종합 건강 검진을 받은 사람 11명 중 4명에게서 일회용 용기에 많이 사용되는 폴리스티렌이라는 플라스틱이 검출되었다. 플라스틱은 인체의 방어 시스템으로는 분해할 수 없는 이물질이며, 체내에 축적되면 건강을 해칠 우려가 있다.

대책으로는 가능한 한 플라스틱으로 포장된 음식물을 피할 것, 조리 기구는 나무나 금속 제품으로 할 것, 특히 질이 나쁜 플라스틱 용기에 담긴 음식을 데우지 말 것, 일회용 플라스틱 용기에 담긴 음식을 피하는 것이다. 그러나 호흡함으로써 들어오는 공기의 대책은 어렵다. 이제는 ①후지산 정상의 공기에조차 머리카락 지름의 절반 정도의 다양한 플라스틱이 포함되어 있는 위험한 상황이다. 지금까지 물고기 등의 해양 생물에 대한 영향이 걱정되었지만, 공기를 통해 몸에 들어온다고 하면 개인으로서는 손 쓸 방법이 없다. 결국, ②전 세계적으로 플라스틱을 줄이는 것 외에는 길이 없다.

그러나 줄이기는커녕 플라스틱은 1980년부터 급격히 증가하여, 2009년에는 4.6억 톤이었지만 2060년에는 12억 3,100만 톤에 달할 전망이다. 2024년 한국 부산에서 개최된 플라스틱에 관한 정부 간 협상위원회에는 170개국 이상이 참가하여, '생산에 상한선을 마련하는' 것에 기대가 모아졌지만, 석유 산출국의 반대로 합의되지 못했다. 하지만 희망도 있다. 유럽에서는 재생 재료 사용에 관한 수치 목표나 일회용 플라스틱의 금지가 추진되고 있다. 또한 플라스틱을 대체할 물질의 개발도 진행되고 있어, 대체 제품으로 일본에서는 완전히 분해될 수 있는 '해양 생분해성 필름'이라는 제품도 탄생했다. 그러나 제조 비용이 일반 제품의 20~30배이기 때문에, 보급에는 가격 인하와 법 규제가 필요하다. 또한, 일본에서는 재활용은 진행되고 있지만, 개인의 용기 포장 플라스틱 사용량은 무려 연간 30킬로그램이나 된다고 한다. 원인 중 하나는 과잉 포장이다. 개인으로서는 텀블러를 가지고 다니는 등의 노력을 하고, 환경을 배려한 기업의 유리 용기 제품을 구매하여 응원하는 것 정도밖에 할 수 없다. 조속한 전 세계적인 노력이 필요하다. 건강 위험뿐만 아니라, 생물의 다양성 유지, 기후 변동에까지 플라스틱이 관련되어 있어 우리는 이미 위험에 노출되어 있기 때문이다.

(주1) プラーク : 플라크. 혈관에 쌓이는 콜레스테롤, 지방, 죽은 백혈구, 칼슘 등의 덩어리

(주2) 人間ドック : 종합 건강 검진. 보통 건강 검진보다 더 자세히 하는 정밀 검사

10　필자는 왜 ①후지산 정상의 공기에조차 라고 말하고 있는가?

1　바다만이라고 생각했는데 산의 공기도 오염되었기 때문에

2　공기까지 오염되었기 때문에 인간에게도 영향이 미친다고 생각했기 때문에

3　공기에 플라스틱이 가장 없을 것 같은 장소에도 포함되어 있었기 때문에

4　일본에서 가장 높은 후지산에는 플라스틱이 존재하지 않는다고 생각했기 때문에

11　필자는 왜 ②전 세계적으로 플라스틱을 줄이는 것 외에는 길이 없다고 생각했는가?

1　공기는 개인이 아닌 세계의 것이기 때문에

2　공기에서 플라스틱을 줄이는 방법이 없기 때문에

3　플라스틱을 포함하지 않은 공기가 전 세계에 없기 때문에

4　플라스틱이 없는 공기로 만들려면 개인으로서는 무리이기 때문에

12　필자가 가장 말하고 싶은 것은 무엇인가?

1　플라스틱 때문에 우리는 위험에 처해 있지만 개인도 노력해야 한다.

2　미세 플라스틱은 건강에 큰 피해를 초래하므로 삭감해야 한다.

3　폐를 통해서도 플라스틱이 들어오는 환경을 없애지 않으면 건강 피해가 확대된다.

4　건강 피해나 기후 변동 등의 원인인 플라스틱 삭감에는 세계 전체가 노력해야 한다.

해설

〈질문 10〉은 밑줄 친 ①후지산 정상의 공기에조차 라고 말하는 이유에 대해 묻고 있다. '후지산 산정상'은 일반적인 상식선에서 공기가 가장 깨끗한 곳의 상징이다. 여기에조차 플라스틱이 있다는 것은 오염이 광범위하게 퍼졌음을 강조한다. 따라서 3번이 정답이다. 1번, 바다 오염 이야기가 앞에 나오긴 하지만, 후지산을 언급한 주된 이유는 오염의 '범위(고지대)'를 강조하기 위함이다. 2번, 공기 오염으로 인한 인간 영향은 문장 뒷부분의 결론이지, 후지산을 예로 든 직접적인 이유는 아니다. 4번, 필자가 주관적으로 '존재하지 않는'고 믿었다는 근거는 지문에 없다.

〈질문 11〉은 밑줄 친 ②전 세계적으로 플라스틱을 줄이는 것 외에는 길이 없다고 생각한 이유에 대해 묻고 있다. 음식물은 개인이 골라 먹을 수 있지만, 공기는 누구나 마셔야 하므로 개인적인 수단이 없다는 점을 근거로 전 세계적인 대책을 촉구하고 있다. 따라서 4번이 정답이다. 1번, 공기가 세계의 것이라는 철학적 이유보다는, 개인이 통제 불가능하다는 '실질적 한계'가 핵심이다. 2번, 공기에서 플라스틱을 걸러내는 기술적 방법 유무를 논하는 것이 아니라, 개인 차원의 대응 불가능을 말하고 있다. 3번, 전 세계에 깨끗한 공기가 없다는 사실 나열보다, 그로 인해 개인이 무력하다는 논리에 가깝다.

<질문 12>는 필자가 가장 말하고 싶은 요지를 묻고 있다. 지문 전체가 개인의 노력(마이보틀 등)의 한계를 지적하며, 결론적으로 '세계 전체의 조속한 노력'이 필요함을 역설하고 있다. 따라서 4번이 정답이다. 1번, 개인의 노력을 언급하긴 했지만, 그것만으로는 부족하다는 것이 필자의 핵심 요지이다. 2번, 건강 피해는 도입부의 근거일 뿐이며, 글의 목적은 '피해 알림'을 넘어선 '전 세계적 해결 촉구'이다. 3번, 환경 정화 자체보다 그 해결 방법(세계적 합의와 규제)에 무게 중심이 쏠려 있다.

단어 体内(たいない) 체내 | 取(と)り込(こ)む 흡수하다, 받아들이다 | 明(あき)らかになる 명백해지다, 밝혀지다 | 取(と)り除(のぞ)く 제거하다 | 検出(けんしゅつ) 검출 | 〜たところ 〜했더니 | 使(つか)い捨(す)て 일회용 | 防衛(ぼうえい) 방어 | 蓄積(ちくせき) 축적 | 害(がい)する 해치다 | なるべく 가능한 한 | 温(あたた)める 데우다 | 呼吸(こきゅう) 호흡 | 山頂(さんちょう) 산 정상 | 手(て)だて 방법, 방도 | 道(みち)がない 길(방법)이 없다 | 〜どころか 〜는커녕 | 見込(みこ)み 전망 | 開催(かいさい) 개최 | 交渉(こうしょう) 교섭, 협상 | 設(もう)ける 마련하다 | 寄(よ)せられる 모아지다, 쏠리다 | 再生材(さいせいざい) 재생 재료 | 代替(だいたい) 대체 | 法規制(ほうきせい) 법 규제 | 過剰(かじょう)包装(ほうそう) 과잉 포장 | 取(と)り組(く)み 노력, 대처 | 早急(さっきゅう)な 조속한, 긴급한 | 維持(いじ) 유지 | 気候(きこう)変動(へんどう) 기후 변동(변화) | さらされる 노출되다 | 汚染(おせん) 오염 | 影響(えいきょう)が及(およ)ぶ 영향이 미치다 | 〜には 〜하려면 | 被害(ひがい)をもたらす 피해를 초래하다 | 削減(さくげん) 삭감 | なくす 없애다 | 取(と)り組(く)む 몰두하다, 노력하다

주장이해(5)

해석 일본은 저출산 고령화가 진행되어 2040년에는 현역 세대가 지금의 80%가 되는 ①'80% 사회'가 도래한다고 한다. 노동력 인구의 감소로 경제 성장이 둔화되는 것 외에, 사회보장제도 유지도 어려워지고 지역 사회의 활력도 저하된다. 그 사회를 어떻게 헤쳐 나갈지 지금부터 준비할 필요에 직면해 있다. 인프라 정비가 힘들기 때문에 인구를 집중시키려는 의견도 있다. 확실히 그것은 합리적일지도 모르지만, 좋아하는 곳에 살 수 없는 것은 행복한 생활이라고 할 수 없을 것이다. 사람은 행복하게 살 권리가 있고 국가는 행복하게 살 수 있도록 할 의무가 있는 것은 아닐까.

그러기 위해서라도 국가가 가난해지는 것은 피하고 싶다. 따라서 육아 지원, 이민 수용, 기술 도입이 필요하다. 아이들은 일본의 장래를 지탱하는 존재이므로 육아 지원은 필요하며, 그것은 여성이 일하기 쉬운 환경을 정비하는 것으로도 이어진다. 하지만 아이를 늘리는 것이 목적이라면, 경제적인 이유로 결혼을 포기하고 있는 젊은이들을 지원하는 것이 더 효과적이다. 또, 국가는 이민 수용을 인정하지 않고 있지만, 이민과 유사한 외국인이 늘고 있고 그들에 대한 지원이 부족한 것으로 인해 다양한 문제가 발생하는 현 상황은 오히려 좋지 않다고 생각한다. 여러 외국의 이민 수용 문제를 분석하고, 제대로 제도를 정비하여 이민을 받아들여야 할 것이다. 노동력 부족 해소를 위해 외국인 노동자 수용은 당연하지만, 일본 이외의 나라와의 경쟁에서 이길 수 없으면 인원을 충분히 확보할 수 있을지에 대한 보장은 없다. 그래서 거기에 너무 의존하는 것은 위험하다. 지금 아직 일하지 않는 고령자나 여성의 힘을 빌리는 것도 매우 좋지만, 구태의연한 일하는 방식이라면 그것으로 노동력 부족이 채워질 리도 없다. 그래서 새로운 기술을 사용하는 것이 가장 중요하다고 생각한다.

예를 들어 AI를 사용하여 자동 운전하는 전철, 버스, 택시나 물류 트럭을 운행시키면, 상당히 인력 부족 해소가 되어, 일본 전체에서 노동자는 상당히 감소시킬 수 있다. 게다가 무인 이동 판매차로 물품을 매매하면 사람이 적은 지방에서도 생활이 가능할 것이다. 현재도 무인에 가까운 공장이 많이 가동되고 있지만, 그것을 더욱 추진할 필요도 있다. 또 원격 조작 로봇이라면 현재는 전력 외인 노인이나 장애인도 무거운 물건을 이동시킬 수 있다. 특히 젊은이들이 기피하는 육체 노동이나 근무·노동 환경이 열악한 직업, 이른바 '힘들고, 더럽고, 위험한' 3K로 불리는 직장에서도 로봇 조작으로 일할 수 있는 가능성이 클 것이다. 자택에서의 근무가 가능하므로 가장 기대할 수 있고, 경제 수준도 떨어뜨리지 않아도 된다고 생각한다. 일본은 늘 생산성이 낮다고 하지만, 생산성이 올라가고, 사회보장제도도 유지할 수 있을 것이다. 일본은 모든 분야를 아우르는 산업 구조의 개혁을 포함하여 ②더는 미룰 수 없는 상황에 놓여 있다고 생각된다.

13 필자는 '①80% 사회'는 어떤 사회라고 말하고 있는가?
1 모두의 협력이 필요한 사회
2 장애인도 일해야 하는 사회
3 일하는 사람이 줄어들어 모든 것이 타격을 받는 사회
4 기술 개발을 시작해야 하는 사회

14 여기서 말하는 ②더는 미룰 수 없는 상황은 어떤 상황인가?
1 재택근무를 늘려야 할 정도로 어려운 상황
2 더욱 생산성을 높여야 할 정도로 곤란한 상황
3 새로운 기술로 해결해야 할 정도로 인력 부족이 심각한 상황
4 새로운 기술을 다양하게 이용하지 않으면 산업구조의 개혁을 할 수 없는 상황

15 필자가 가장 말하고 싶은 것은 무엇인가?
1 노동력 부족은 잠재 노동자의 취업으로 충당하자.
2 노동력 부족은 기술 이용으로 극복하자.
3 노동력 부족은 외국인 노동자의 수용으로 해결하자.
4 노동력 부족은 노인이나 장애인의 재택근무로 어떻게든 될 것이다.

〈질문 13〉은 '①80% 사회'는 어떤 사회인지 묻고 있다. 지문 도입부에서 필자는 '80% 사회'에 대해 '노동력 인구의 감소로, 경제의 성장이 둔화되는 외에, 사회보장제도 유지도 어려워지고 지역 사회의 활력도 저하된다'고 설명하고 있다. 이는 일하는 사람, 즉 현역 세대가 줄어 들면서 경제, 사회보장, 지역 활력 등 사회 전반에 걸쳐 부정적인 영향을 미치는 사회라는 것을 의미한다. 따라서 3번이 가장 적절하다.

〈질문 14〉는 밑줄 친 ②더는 미룰 수 없는 상황에 대해 묻고 있다. 글에서는 인력 부족을 해결하려면 새로운 기술의 도입이 필요하고, 기술을 활용해야만 노동력 부족 문제를 해결할 수 있다는 내용이 강조된다. 따라서 3번이 적절한 답이다. 待ったなし라는 표현은 즉시 해결이 필요한 급박한 상황을 의미하며, 이는 인력 부족을 해결하기 위한 새로운 기술의 도입을 뜻한다.

〈질문 15〉는 필자가 가장 말하고 싶은 요지를 묻고 있다. 글에서는 노동력 부족 문제를 해결하기 위해 기술의 활용을 강조하고 있다. 특히 로봇, AI, 원격 근무 등을 통해 노동력 부족을 해결할 수 있다고 언급된다. 즉, 기술 활용이 핵심 해결책으로 제시되므로 2번이 가장 적절한 답이다. 1번, 잠재 노동자 취업은 언급되긴 했지만, 기술 활용이 더 중요한 해결책으로 제시되고 있다. 3번, 외국인 노동자 수용도 언급되었지만, 글의 중심은 기술 활용에 있다. 4번, 노인과 장애인의 재택근무는 한 해결책일 뿐, 기술 활용이 가장 중요한 해결책으로 제시된다.

少子(しょうし)高齢化(こうれいか) 저출산 고령화 | 現役(げんえき)世代(せだい) 현역 세대 | 8がけ 8할, 80% | 労働力(ろうどうりょく)人口(じんこう) 노동력 인구 | 減少(げんしょう) 감소 | 鈍化(どんか) 둔화 | 維持(いじ) 유지 | 活力(かつりょく) 활력 | 低下(ていか) 저하 | 生(い)き抜(ぬ)く 살아남다, 헤쳐 나가다 | 必要(ひつよう)に迫(せま)られる 필요에 쫓기다, 필요에 직면하다 | インフラ整備(せいび) 인프라 정비 | 合理的(ごうりてき) 합리적 | 義務(ぎむ) 의무 | 子育(こそだ)て 육아 | 支援(しえん) 지원 | 受(う)け入(い)れ 받아들임, 수용 | 整(ととの)える 정비하다 | 繋(つな)がる 이어지다, 연결되다 | 諦(あきら)める 포기하다 | 却(かえ)って 오히려 | 諸外国(しょがいこく) 여러 외국 | 分析(ぶんせき) 분석 | 競争(きょうそう) 경쟁 | 保証(ほしょう) 보증, 보장 | 依存(いぞん) 의존 | 旧態(きゅうたい)依然(いぜん) 구태의연 | 補(おぎな)う 보충하다, 메우다 | 〜わけもない 〜할 리도 없다 | 新(あら)たな 새로운 | 物流(ぶつりゅう) 물류 | 走(はし)る 달리다, 운행하다 | 人手(ひとで)不足(ぶそく) 일손(인력) 부족 | 売買(ばいばい) 매매 | 稼働(かどう) 가동 | 押(お)し進(すす)む 강하게 추진하다 | 遠隔(えんかく)操作(そうさ) 원격 조작 | 戦力外(せんりょくがい) 전력 외 | 敬遠(けいえん)する 기피하다 | 肉体(にくたい)労働(ろうどう) 육체 노동 | 水準(すいじゅん) 수준 | 〜ないで済(す)む 〜하지 않고 끝나다, 〜하지 않아도 된다 | 総花的(そうばなてき) 모든 분야를 아우르는, 이것저것 다 하는 | 改革(かいかく) 개혁 | 待(ま)ったなし 지체할 수 없음, 더는 미룰 수 없음 | 打撃(だげき)を受(う)ける 타격을 받다 | 深刻(しんこく)な 심각한 | 潜在(せんざい) 잠재 | 賄(まかな)う 마련하다, 충당하다 | 乗(の)り切(き)る 극복하다 | なんとかなる 어떻게든 되다

주장이해(6)

우리 장 속에는 1,000종류 정도의 균이 약 40조 개, 어떤 설에는 100조 개라고도 하는 균이 존재하고 있다. 꽃이나 식물의 무리처럼 보여서 장내 플로라라고 불리고 있다. 장내 플로라는 (주1)유익균과 (주2)유해균, 둘 다로 변하는 기회균의 세 가지로 이루어져 있다. 유익균이 많은 장내 플로라를 가지면 건강이 유지되지만, 유해균이 늘어나면 유익균의 활동이 방해되어 원활하게 진행되지 않고, 악영향이 나타난다. 유익균은 음식물의 소화를 돕고, 필요한 영양소나 비타민을 생성하며, 면역 기능에 깊이 관계하여 병원균의 증식을 억제하고 면역 세포의 기능을 강화한다. 뇌 건강이나 비만 등에도 영향을 주는 중요한 것이다. 이 장내 환경을 좋게 하는 유익균을 늘리는 방법에는 적절한 음식이나 물 섭취, 운동, 좋은 수면, 스트레스 해소 등이 있으며, 그중에서도 음식은 가장 큰 영향력이 있다.

유익균을 늘려 장내 환경을 정돈하면 건강에 좋다고 하기 때문에 영양학에서는 유익균 증가를 위해 다음과 같은 식품을 권장하고 있다. 살아서 대장에 도달하기 쉬운 유산균이나 비피더스균을 포함하는 요구르트나 살아있는 낫토균이 전달되는 낫토가 좋다. 또한 유익균의 먹이가 되는 식이섬유가 풍부한 해조류, 버섯, 현미, 또 키위나 바나나 등의 과일도 필요하다. 누룩균이나 유산균 등의 유익균이 포함된 된장도 있다. 단, 된장은 온도가 50도 이하에서 사용하지 않으면 유익균을 살아서 섭취할 수 없어 생된장이 더 좋다. 시판되는 된장의 많은 균은 죽어 있다. 하지만 유익균은 살아서 대장에 도달하지 않아도 효과는 있다고 하므로 시판 된장이라도 먹는 것이 좋다. 가열하지 않은 유산균이 살아있는 자연 치즈는 좋지만, 비가열 상태에서는 식중독을 일으키는 리스테리아균이 잠복해 있을 가능성이 있으므로 임신 중에는 먹지 않는 것이 좋다. 또한 발효 식품인 절임류, 특히 김치는 식물 섬유나 유산균이 많으므로 먹는 것이 좋다. 건강하게 지내고 싶다면 취향에 따라 이러한 식품을 식단에 많이 포함시키는 것이 바람직하다.

그런데 이것과는 별개로 무엇을 먹으면 장내 플로라가 좋아지는지에 대한 연구가 있다. 서양의 21,000명분의 설문지와 변을 DNA 기술로 분석하여 번식하고 있는 장내 세균의 종류를 특정한 연구이다. 참가자를 고기, 유제품, 식물을 먹는 잡식가, 동물의 고기나 생선 살은 먹지 않는 채식주의자(베지테리언), 동물성 음식은 전혀 먹지 않는 완전 채식주의자(비건)로 나누어 조사했다. 그 결과, 잡식자 중에서도 특히 소, 돼지, 양 등의 붉은 고기를 먹는 사람의 장내 플로라에는 염증성 장 질환이나 대장암의 위험이 높아지는 많은 유해균이 존재했다고 한다. 한편, 과일, 채소, 통곡물 등의 식물성 '자연식품'을 많이 먹으면 혈압이나 콜레스테롤 수치의 정상화, 염증 억제 등과 관련된 유익균이 늘어나는 것으로 나타났다. 가장 좋았던 것은 비건의 장내 플로라로, 유익균이 풍부했다고 한다. 잡식가인 우리는 영양학이나 세균 연구를 비교하여 가능한 한 장에 좋은 식생활을 보내는 것이 좋을 것이다.

(주1) 善玉菌 : 유익균, 몸에 좋은 영향을 주는 균

(주2) 悪玉菌 : 유해균, 몸에 나쁜 영향을 주는 균

106

16 필자는 두 번째 단락에서 무엇에 대해 쓰고 있는가?

1 유익균을 늘리는 식단 짜는 법

2 유익균을 늘리기 위해 하고 싶은 행동

3 영양학이 권장하는 유익균을 늘리는 식품

4 유익균을 효과적으로 섭취하기 위한 요령

17 왜 비건의 장내 플로라가 가장 좋은가?

1 영양학이 추천하는 유익균을 늘리는 음식을 먹고 있기 때문에

2 동물성 음식 외의 식물성 음식만 섭취하기 때문에

3 붉은 고기를 먹지 않고 유익균을 늘리는 음식만 섭취하고 있기 때문에

4 영양학이 권장하는 유익균을 늘리는 종류의 음식을 먹고 있기 때문에

18 필자가 가장 말하고 싶은 것은 무엇인가?

1 영양학과 세균 연구를 활용하여 장내 환경을 정리하자.

2 균형 잡힌 영양 섭취 방법을 배워서 유익균을 늘리자.

3 유익균을 늘릴 수 있는 음식만 선택해서 먹자.

4 먹는 방법에 따라 효과가 있거나 위험할 수 있으니 조심하자.

해설 〈질문 16〉은 두 번째 단락의 내용에 대해 묻고 있다. 두 번째 단락의 첫 문장에서 '영양학에서는 유익균 증가를 위해 다음과 같은 식품을 권장하고 있다'고 명확히 밝히고 있다. 그 뒤에는 요구르트, 낫토, 해조류, 버섯, 된장, 김치 등 구체적인 식품들을 열거하고 있으며, 이들 식품이 유익균을 늘리는 데 어떻게 도움이 되는지 설명한다. 따라서 이 단락의 주요 내용은 3번, 영양학이 권장하는 유익균을 늘리는 식품이다.

〈질문 17〉은 왜 비건의 장내 플로라가 가장 좋은지 묻고 있다. 세 번째 단락의 연구 결과에 따르면, 붉은 고기를 먹는 잡식가는 유해균이 많았던 반면, 동물성 식품을 일절 먹지 않는 비건의 장내 플로라에 유익균이 가장 풍부했다고 명시되어 있다. 따라서 정답은 2번이다. 1, 4번, 비건이 영양학에서 추천하는 특정 음식(요거트, 낫토 등)을 골라 먹어서가 아니라, 동물성 식품을 배제한 식단 자체의 결과로 설명되고 있다. 3번, 유익균을 늘리는 음식만 섭취한다는 표현은 본문의 연구 내용보다 범위가 좁고 극단적이다.

〈질문 18〉은 필자가 가장 말하고 싶은 요지를 묻고 있다. 필자는 제2단락의 '영양학적 권장'과 제3단락의 '세균 연구 결과'를 모두 제시한 후, 마지막 문장에서 '우리는 영양학이나 세균 연구를 비교하여 가능한 한 장에 좋은 식생활을 보내는 것이 좋다'라고 결론을 맺고 있다. 따라서 두 정보를 모두 활용하자는 1번이 정답이다. 2번, 일반적인 '영양 균형'보다는 '장내 세균(유익균)'에 초점이 맞춰진 글이다. 3번, '그 음식만' 먹으라는 것이 아니라 정보를 참고하여 좋은 식생활을 보내자는 것이 요지다. 4번, 먹는 방법에 대한 주의사항은 세부적인 조언일 뿐, 글 전체를 관통하는 핵심 주제는 아니다.

단어 菌(きん) 균 | 一説(いっせつ) 일설, 어떤 설 | 集(あつ)まり 무리, 집합체 | 腸内(ちょうない)フローラ 장내 플로라 | 日和見菌(ひよりみきん) 기회균 | 成(な)り立(た)つ 성립되다, 이루어지다 | 阻害(そがい) 저해, 방해 | 消化(しょうか) 소화 | 免疫(めんえき) 면역 | 増殖(ぞうしょく) 증식 | 抑制(よくせい) 억제 | 細胞(さいぼう) 세포 | 肥満(ひまん) 비만 | 食物(しょくもつ) 음식물 | 摂取(せっしゅ) 섭취 | 推奨(すいしょう) 권장 | 乳酸菌(にゅうさんきん) 유산균 | ビフィズス菌(きん) 비피더스균 | 納豆菌(なっとうきん) 낫토균 | 餌(えさ) 먹이 | 食物(しょくもつ)繊維(せんい) 식이섬유 | 豊富(ほうふ)な 풍부한 | 市販(しはん) 시판 | 加熱(かねつ) 가열 | 食中毒(しょくちゅうどく)を起(お)こす 식중독을 일으키다 | 潜(ひそ)む 잠복하다, 숨다 | 発酵(はっこう) 발효 | お好(この)み 기호, 취향 | 献立(こんだて) 식단 | 取(と)り入(い)れる 도입하다, 포함시키다 | 望(のぞ)ましい 바람직하다 | 欧米(おうべい) 서양, 구미 | 技術(ぎじゅつ) 기술 | 繁殖(はんしょく) 번식 | 細菌(さいきん) 세균 | 雑食者(ざっしょくしゃ) 잡식가 | 魚肉(ぎょにく) 생선 살 | 炎症性(えんしょうせい) 염증성 | 腸疾患(ちょうしっかん) 장 질환 | 大腸癌(だいちょうがん) 대장암 | 全粒(ぜんりゅう)穀物(こくもつ) 통곡물 | ホールフード 홀푸드, 자연식품 | 血圧(けつあつ) 혈압 | 正常化(せいじょうか) 정상화 | 関連付(かんれんづ)けられる 관련되다

정보검색(1)

오른쪽 페이지는 도서관 이용에 장애가 있는 분을 위한 서비스이다. 아래 질문에 대한 답으로서 가장 적당한 것을 1·2·3·4에서 하나 고르시오.

해석

도서관 이용에 장애가 있는 분을 위한 서비스

- 목소리로 된 홍보 대여 : 시의 홍보를 중심으로 소식을 소리로 바꿔 녹음한 '목소리 소식'을 정기적으로, 그 외 복지관계 신문기사나 시내의 일상적인 정보를 정리한 '최신정보'를 수시로 우송하고 있습니다.
- 소리자료 대여 : 책이나 잡지 등의 자료를 녹음한 '소리자료'를 대여하고 있습니다. 시도서관의 소장자료나 다른 자치단체의 도서관에서 빌리거나 시판물의 구입에 의해 제공합니다. 소장하고 있지 않은 자료는 작성합니다. 제공에는 시간이 걸리는 경우도 있습니다.
- 개인적 자료의 작성 : 개인적으로 필요한 자료나 팸플릿 등을 녹음하여 제공합니다. 자료·CD·USB 등은 본인이 준비해주세요.
- 대면낭독 : 도서관 소장의 책·잡지·신문 등의 자료나 가지고 계신 자료 등을 대면으로 낭독합니다. 편지·전기제품의 설명서 등 무엇이든 좋습니다. 또 대독·대필 등의 지원도 하고 있습니다. 장소는 도서관의 대면낭독실입니다. 희망하실 경우에는 사전에 신청해주세요. 개인의 프라이버시나 독서에 관한 비밀은 엄수합니다. 1회 이용은 2시간 이내입니다.
- 점자번역 자료의 작성·대여 : 책이나 잡지 등의 자료를 점자로 바꾸어 대여합니다. 소장자료나 다른 자치단체의 도서관에서 빌려 제공합니다. 소장하고 있지 않은 자료는 작성합니다. 개인적으로 필요한 자료 등도 점자번역합니다. 제공에는 시간이 걸리는 경우도 있습니다.
- 대활자본 : 약시인 분이나 고령자인 분을 위해서 보통 책보다 글씨가 큰 대활자본을 소장하고 있습니다. '대활자본 코너'에 놓여져 있습니다.
- 확대독서기·확대경 : TV 화면에 글씨를 확대할 수 있는 확대독서기와 확대경을 준비해두고 있으니, 이용을 희망하는 분은 카운터에 신청해 주세요.
- 기기 대여 : 재생기를 대여하고 있습니다. 또 재생기의 사용법 설명도 합니다. 대여기한에 대해서는 상담해 주세요.
- 귀가 불편한 분에게 : 필담으로 안내해 드리오니 거리낌없이 상담해 주세요. 자료요청이나 조사 등에 대해서는 홈페이지, 문서, FAX로도 접수합니다. 도서관에서 온 연락이나 조사의 회답 등도 FAX로 보내드립니다.
- 자료의 우편 대여 : 시각장애인인 분 등 도서관에 오시기 힘든 분의 댁으로, 우편으로 자료를 보내드립니다. 우편법의 허가 범위 내에서 합니다. 자세한 것은 상담해 주세요.

1 눈이 전혀 보이지 않는 기무라 씨는 어떤 서비스를 받을 수 있는가?

1 점자로 된 홍보 등의 소식을 우송받을 수 있다.
2 자택에서 대면으로 도서관 책 등의 낭독을 들을 수 있다.
3 도서관에서 확대독서기나 확대경을 사용할 수 있다.
4 점자번역이 없는 자료를 점자번역 받을 수 있다.

2 귀가 불편한 다카야마 씨가 받을 수 없는 서비스는 어느 것인가?

1 조사하고 싶은 것을 FAX로 부탁하는 것
2 창구에서 문자로 커뮤니케이션을 하는 것
3 도서관에 오기가 어렵기 때문에 자료를 우송 받는 것
4 연락사항 등을 FAX로 받는 것

해설 〈질문 1〉은 눈이 전혀 보이지 않는 기무라 씨가 받을 수 있는 서비스가 무엇인지 묻고 있다. 1번, 안내문의 '목소리의 홍보 대출' 항목에 따르면, 홍보물은 점자가 아닌 음성(음역 녹음) 형태로 우송한다. 2번, '대면 낭독' 서비스가 존재하나, 장소는 '도서관 내 대면 낭독실'로 한정된다. 자택 방문 서비스에 대한 언급은 없다. 3번, 확대 독서기와 확대경은 시력이 낮은 약시자를 위한 도구이므로, 앞이 전혀 보이지 않는 사람에게는 적합하지 않다. 4번, '점역 자료의 작성·대출' 항목에 '소장하지 않은 자료는 작성하며, 개인적으로 필요한 자료 등도 점역한다'고 명시되어 있으므로 알맞다.

〈질문 2〉는 귀가 불편한 다카야마 씨가 받을 수 없는 서비스에 대해 묻고 있다. 1번, '귀가 불편한 분에게' 항목에 조사 업무 등을 FAX로 접수할 수 있다고 기록되어 있다(가능). 2번, 창구에서 '필담(글자)'을 통해 소통하며 안내받을 수 있다고 명시되어 있다(가능). 3번, '자료의 우송 대출' 대상자는 '시각장애인 등'으로 한정된다. 지문 내에서 청각장애만으로 우송 대출 서비스를 받을 수 있다는 근거는 찾을 수 없다(불가능). 4번, 도서관 측의 연락이나 조사 결과 회신 등을 FAX로 수신하는 것이 가능하다(가능).

 障害(しょうがい) 장애 | 点字(てんじ) 점자 | 広報(こうほう) 홍보 | 対面(たいめん) 대면 | 拡大(かくだい) 확대 | 点訳(てんやく) 점자
번역 | 窓口(まどぐち) 창구 | コミュニケーションを取(と)る 커뮤니케이션을 하다 | 資料(しりょう) 자료 | 貸(か)し出(だ)し 대출, 대여
| 音訳(おんやく) 소리로 바꿈 | 録音(ろくおん) 녹음 | おたより 소식 | 定期的(ていてき) 정기적 | 福祉(ふくし) 복지 | 身近(みぢか)
な 일상적인 | 随時(ずいじ) 수시 | 所蔵(しょぞう) 소장 | 借用(しゃくよう) 차용, 빌림 | 市販物(しはんぶつ) 시판물 | 購入(こうにゅう)
구입 | 提供(ていきょう) 제공 | 用意(ようい) 준비 | 朗読(ろうどく) 낭독 | お手持(ても)ち 가지고 있음 | 申(もう)し込(こ)む 신청하
다 | 厳守(げんしゅ) 엄수 | 大活字(だいかつじ) 대활자 | 弱視(じゃくし) 약시 | 高齢者(こうれいしゃ) 고령자 | 通常(つうじょう)
통상 | 申(もう)し出(で)る 신청하다 | 機器(きき) 기기 | 筆談(ひつだん) 필담 | ～にて ～으로〈수단·재료〉 | 受付(うけつけ) 접수(처) |
視覚(しかく) 시각 | 許可(きょか) 허가 | 範囲(はんい) 범위

정보검색(2)

오른쪽 페이지는 '니시 벼룩시장'의 공지이다. 아래 질문에 대한 답으로서, 가장 좋은 것을 1·2·3·4에서 하나 고르시오.

해석

「니시 벼룩시장」의 공지

- 개최기간 : 매월 첫째 일요일 오전 9시부터 12시까지(4월, 7월은 둘째 일요일이 됩니다.) 우천시 결행.
- 개최장소 : 재활용센터 내(니시공원에서 변경했으므로 비가 와도 개최함, 언제든 개최가 가능하게 되었습니다.)
- 신청방법 : 출점을 희망하는 분은 왕복엽서로 신청해 주세요. (출점 희망일의 한 달 전 1일부터 10일의 소인이 있는 것만 유효함)
         : 니시시 거주, 재직하는 분. 1가구당 1통만, 전화, 청사를 방문한 신청은 불가능합니다.
- 출점결정 : 응모가 다수인 경우 추첨이 됩니다. 당첨된 분 중 그 후 출점을 포기할 경우에는 반드시 재활용센터로 연락해주세요.
         (떨어진 분 중 차례로 위로 올라갑니다.)
- 당일   : 개최시간 전에 물건의 반입과 설치를 하고, 정오에는 정리해 주세요.
- 출점품목 : 의류, 잡화, 장난감 등. 식품(유통기한 내의 물품, 날것은 제외). 전기제품은 불가.
- 기타   : 주차장을 이용하시는 분은 '청사 방문자용 주차장'을 이용해 주세요. (1시간 무료).
         반입, 반출 후에는 신속하게 차를 이동시켜 주세요.

왕복 엽서

왕신(보내는 엽서)		회신(받는 엽서)	
앞	뒤	앞	뒤
우2020-0002 니시시 니시동 3초메 3번지 재활용 센터	• 대표자의 주소 • 대표자의 성명(후리가나) • 대표자의 전화번호 • 대표자의 연령 • 참가자 전원의 성명 • 출점품목	대표자의 주소 성명	*당첨 통지에 사용하므로 기입하지 마세요.

독해 공략편

3 아내와 딸 셋이서 5월 2일에 출점하고 싶은 사람은 어떻게 하면 되는가?

1 보통엽서에 3명의 이름과 필요사항을 써서 부친다.
2 신청엽서를 3월 1일부터 10일 사이에 부친다.
3 보내는 엽서에 필요사항을 써서 우송한다.
4 받는 엽서에는 아무것도 쓰지 말고 보낸다.

4 당첨자가 해야 하는 것은 무엇인가?

1 재활용센터에 당첨 연락을 해야 한다.
2 출점을 취소할 경우 센터에 연락해야 한다.
3 주차장을 이용할 경우에는 요금을 내야 한다.
4 날씨가 맑은 경우에는 니시 공원에 출점해야 한다.

해설 〈질문 3〉은 3인 가족이 5월 2일에 출점하고 싶을 때 무엇을 해야 하는지 묻고 있다. 1번, 왕복엽서가 아니면 안 되므로 맞지 않다. 2번, 출점 희망일 한 달 전 1일~10일 사이여야 하므로, 5월 2일이면 4월 1일~10일 사이에 보내야 한다. 3번, 보내는 엽서에 대표자의 주소, 이름 등 필요한 사항을 써서 부쳐야 하므로 알맞다. 4번, 받는 엽서의 앞에는 대표자의 주소와 이름을 기입해야 하므로 맞지 않다.

〈질문 4〉는 당첨자가 해야 하는 일에 대해 묻고 있다. 1번, 출점을 취소할 경우에만 연락이 필요하다. 2번, 출점을 취소할 경우에는 반드시 연락하라고 쓰여 있으므로 알맞다. 3번, 주차장은 1시간 이내라면 무료이므로 요금을 내지 않는 경우도 있다. 4번, 개최장소는 니시 재활용센터이다. 니시 공원은 이전에 개최했던 장소이다.

 お知(し)らせ 알림, 공지 | 出店(しゅってん) 출점 | 普通(ふつう)はがき 보통엽서 | 申(もう)し込(こ)み 신청 | 往信(おうしん) 보내는 것 | 返信(へんしん) 회신 | 当選者(とうせんしゃ) 당선자, 당첨자 | 取(と)り止(や)める 그만두다, 취소하다 | 開催(かいさい) 개최 | 雨天(うてん) 우천, 비가 옴 | 決行(けっこう) 결행 | 催行(さいこう) 행사를 개최·시행함 | 往復(おうふく)はがき 왕복엽서 | 消印(けしいん) 소인 | ～のみ ～만 | 有効(ゆうこう) 유효함 | 世帯(せたい) 세대, 가구 | ～につき ～당 | 応募(おうぼ) 응모 | 抽選(ちゅうせん) 추첨 | 辞退(じたい) 사퇴, 포기 | 落選(らくせん) 낙선, 탈락 | 繰(く)り上(あ)げ 차례로 위로 올림 | 品物(しなもの) 물건 | 搬入(はんにゅう) 반입 | 設営(せつえい) 행사장의 텐트나 매대 등을 설치하여 준비하는 것 | 片(かた)づける 정리하다 | 衣類(いるい) 의류 | 雑貨(ざっか) 잡화 | 賞味(しょうみ)期限(きげん) 유통기한 | 生(なま)もの 생 것, 날 것 | 除外(じょがい) 제외 | 搬出(はんしゅつ) 반출 | 速(すみ)やかに 신속하게 | 移動(いどう) 이동 | 通知(つうち) 통지

정보검색(3)

오른쪽 페이지는 '여행 서포터의 공지'이다. 아래 질문에 대한 답으로서, 가장 좋은 것을 1·2·3·4에서 하나 고르시오.

투어

투어	일수	내용	요금
①	1박 2일	절과 신사 순례와 온천 버스 여행	40,000엔
②	1박 2일	꽃과 촬영지 순례 버스 여행	50,000엔
③	2박 3일	해산물요리와 온천을 즐기는 여행	60,000엔
④	2박 3일	호화 온천여관 여행	70,000엔

※ 서포터와 별실일 경우에는 1박당 5,000엔의 추가요금을 지불해 주세요.

		서포트료
서포트 내용 (하기 참조)	A	1박 5,000엔＋보험·사무수수료 5,000엔
	B	1박 10,000엔＋보험·사무수수료 5,000엔
	C	1박 15,000엔＋보험·사무수수료 5,000엔

※보험·사무수수료는 1회만 지불합니다.

서포트	내용
A	휠체어 서포트 등 몸에 접촉하지 않는 가벼운 서포트
B	A에 화장실 시중과 목욕 시중을 더한 서포트
C	B 외에 야간도 포함한 계속적인 서포트

※A와 B는 숙박 시에는 별실. C는 동실.

5 가벼운 서포트를 받으면서 가장 저렴한 투어에 참가하는 사람은 얼마 지불하는가?
1 45,000엔
2 50,000엔
3 55,000엔
4 60,000엔

6 해산물 요리를 즐기고 싶은 사람이 끊임없이 서포트를 받으며 여행한다면 얼마가 드는가?
1 90,000엔
2 95,000엔
3 100,000엔
4 105,000엔

해설 〈질문 5〉는 가벼운 서포트를 받으며, 가장 저렴한 투어를 할 경우 얼마를 지불하는지 묻고 있다.

투어 선택: 가장 저렴한 투어는 ①번이며, 가격은 40,000엔이다.

서포트 선택: '가벼운 서포트'는 A이다.

서포트료 계산: A는 1박당 5,000엔 + 수수료 5,000엔 = 10,000엔이다.

추가 요금 확인: 서포트 A는 별실을 사용한다. 지문에 따라 별실 이용 시 1박당 5,000엔의 추가 요금이 발생한다. (1박 2일 일정이므로 5,000엔 1회 추가)

총액 계산: 본인 투어비 40,000엔+서포트료(A) 10,000엔+별실 추가 요금 5,000엔=55,000엔. 따라서 정답은 3번이다.

〈질문 6〉은 해산물 요리를 즐기고 싶은 사람이 끊임없이(계속적인) 서비스를 받을 경우의 요금에 대해 묻고 있다.

투어 선택: '해산물 요리' 투어는 ③번이며, 가격은 60,000엔이다.

서포트 선택: '끊임없는 서포트'는 C이다.

서포트료 계산: C는 1박당 15,000엔이다. 2박 3일 일정이므로 2박치인 30,000엔에 수수료 5,000엔을 더해 35,000엔이다.

추가 요금 확인: 서포트 C는 '동실(同室)'을 사용한다. 따라서 별실 추가 요금(1박당 5,000엔)이 발생하지 않는다.

총액 계산: 본인 투어비 60,000엔+서포트료(C) 35,000엔=95,000엔

단어 海鮮(かいせん) 신선한 해산물 | 絶(た)えず 끊임없이 | 寺社巡(じしゃめぐ)り 절과 신사 순례 | 温泉(おんせん) 온천 | ロケ地(ち) 촬영지 | 豪華(ごうか) 호화로움 | 追加(ついか) 추가 | ～につき ～당 | 支払(しはら)う 지불하다 | 保険(ほけん) 보험 | 事務(じむ) 사무 | 手数料(てすうりょう) 수수료 | 車(くるま)いす 휠체어 | 触(ふ)れる 닿다, 접촉하다 | 軽度(けいど) 경도 | 介助(かいじょ) 시중듦 | 入浴(にゅうよく) 입욕, 목욕 | 夜間(やかん) 야간 | 含(ふく)める 포함하다 | 継続(けいぞく) 계속 | 別室(べっしつ) 별실 | 同室(どうしつ) 동실

정보검색(4)

오른쪽 페이지는 주택 안내와 오오시타 씨 및 마루야마 씨의 개인 정보이다. 아래 질문에 대한 답으로 가장 적절한 것을 1・2・3・4에서 하나 고르시오.

해석

주택 안내

	가격	회사 → 역	역 → 집	역건물	구조	기타
A	5000만 엔	오오시타 50분 / 마루야마 1시간	버스 10분 + 도보 5분	단독주택	4LDK	정원 있음
B	6000만 엔	오오시타 45분 / 마루야마 50분 /	도보 10분	단독주택	3LDK	정원 있음
C	7000만 엔	오오시타 30분 / 마루야마 40분 /	도보 10분	맨션	4LDK	
D	8000만 엔	오오시타 25분 / 마루야마 30분 /	도보 1분	맨션	4LDK	

*3LDK = 방 3개와 거실(Living), 식사 공간(Dining), 주방(Kitchen)이 있는 집의 구조를 뜻함.
*4LDK = 방 4개와 거실(Living), 식사 공간(Dining), 주방(Kitchen)이 있는 집의 구조를 뜻함.

오오시타 씨의 정보
나이 : 30세, 연수입 : 700만 엔
저축 : 1300만 엔
자녀 : 2명

마루야마 씨의 정보
나이 : 32세, 연수입:800만 엔
저축 : 1500만 엔
자녀 : 2명

※ 계약금(착수금)은 구매 가격의 20% 이상 필요함

7 오오시타 씨는 부부 침실 외에 아이 방 2개, 정원이 딸려 있고 회사에서 집까지 1시간 이내인 가급적 저렴한 집을 원한다. 어느 것을 사는 것이 좋은가?

1 A   2 B
3 C   4 D

8 마루야마 씨는 역에서 걸어갈 수 있는 곳에 집을 원한다. 부부 침실 외에 아이 방 2개, 자신의 서재도 필요하다. 어느 집을 구매할 수 있는가?

1 A   2 B
3 C   4 D

 〈질문 7〉은 오오시타 씨의 집을 고르는 문제이다.

조건　　방 개수: 부부 침실(1) + 아이 방(2) = 3LDK 이상 필요

특이 사항: 정원(庭)이 있을 것, 출퇴근 1시간 이내

가격: 조건 충족 시 가장 저렴한 것

→'3LDK 이상+정원 있음'에 해당하는 집은 A, B이다. 하지만 회사에서 집까지 1시간 이내인 곳은 B(총 55분)이다. A는 회사에서 집까지 1시간 5분 걸리므로 조건에 위배된다. 회사에서 집까지이므로 회사에서 역+역에서 집까지의 시간을 더해야 한다.

〈질문 8〉은 마루야마 씨의 집을 고르는 문제이다.

조건　　저금 1,500만 엔 보유. 계약금 20% 규정에 따라 최대 7,500만 엔짜리 집까지 가능 (7,500×20% = 1,500만 엔)

방 개수: 부부 침실(1) + 아이 방(2) + 서재(1) = 4LDK 필요

특이 사항: 역에서 집까지 걸어갈 수 있는 곳

→'가격 충족+4LDK 이상+도보'에 해당하는 집은 C이다. A는 역에서 집까지 '버스+도보'이므로 안되고, B는 3LDK이다. D는 가격이 8000만 엔으로 계약금이 20%인 1600만 엔이 필요하므로 불가능하다.

 価格(かかく) 가격 | 建物(たてもの) 건물 | 間取(まど)り 방 배치(구조) | 戸建(こだ)て 단독 주택 | 庭付(にわつ)き 정원이 딸림 | 頭金(あたまきん) 머릿돈, 계약금 | 購入(こうにゅう) 구매 | 価格(かかく) 가격 | 年収(ねんしゅう) 연봉 | 貯金(ちょきん) 저금 | 寝室(しんしつ) 침실 | 書斎(しょさい) 서재 | 徒歩(とほ) 도보 | なるべく 가급적, 가능한 한

정보검색(5)

다음 페이지는 장애인 고용에 대한 설명입니다. 아래 질문에 대한 답으로 가장 좋은 것을 1·2·3·4에서 하나 고르시오.

장애인 법정 고용률 안내

장애인 법정 고용률은 2024년 4월부터 2026년 6월까지는 민간기업은 2.5%, 국가 및 지방자치단체 등은 2.8%, 도도부현 등의 교육위원회는 2.7%입니다. 2026년 7월 이후는 민간기업은 2.7%, 국가 및 지방자치단체는 3.0%, 도도부현 등의 교육위원회는 2.9%입니다.

민간기업이 장애인 고용률보다 많은 장애인을 고용하고 있는 경우, 장애인 고용 조정금 또는 포상금을 받을 수 있습니다.

법정 고용률의 계산 방식

	노동자의 분류	인원수
A	신체장애인 · 지적장애인 (주 30시간 이상 근무)	1명
B	정신장애인 (주 30시간 이상 근무)	1명
C	중증 신체장애인 · 중증 지적장애인 (주 30시간 이상 근무)	2명
D	중증 신체장애인 · 중증 지적장애인 (주 20~30시간 근무)	1명
E	중증이 아닌 신체장애인 · 지적장애인 · 정신장애인 (주 20~30시간 근무)	0.5명
F	중증 신체장애인 · 중증 지적장애인 · 정신장애인 (주 10~20시간 미만 근무)	0.5명

※ 인원수: 실제로 근무한 인원과 계산상의 인원은 다르다. C 랭크는 1명이 근무해도 2명이 근무한 것으로 간주한다. 반대로 E 랭크와 F 랭크는 1명이 근무해도 0.5명만 근무한 것으로 계산된다. 즉, 1명으로 계산되기 위해서는 2명이 근무해야만 한다.

중증 신체장애인:1급·2급

중증 지적장애인:지방자치단체의 등급, 지능지수(IQ) 또는 의사의 판정으로 '중증'에 해당하는 사람

정신장애인에 대해서는 중증 구분이 설정되어 있지 않습니다.

9 2025년, 종업원 200명이며 현재 A랭크 장애인 3명을 고용하고 있는 회사는 법정 고용률을 충족하기 위해 A랭크 장애인을 앞으로 몇 명 더 고용해야 하는가?

　　1 1명
　　2 2명
　　3 3명
　　4 4명

10 A시에서는 2024년 3월에 상근 직원 500명 중 주 35시간 일하는 신체장애인·지적장애인이 14명 있어서 법정 고용률을 충족하고 있다. 2028년에 법정 고용률을 충족하기 위해서는 주 25시간 일하는 중증이 아닌 신체장애인을 몇 명 고용하면 되는가?

　　1 1명
　　2 2명
　　3 3명
　　4 4명

해설 〈문제 9〉는 민간기업이므로 2.5%를 충족해야 한다.
목표 인원: 200명×2.5% = 5명
현재 인원: 3명 (A랭크 3×1 = 3)
추가 필요 인원: 2명
→A랭크 1명은 계산상 1명이므로 2명 필요하다.

〈문제 10〉은 자치단체이고 2028년의 비율이므로 3%를 충족해야 한다.
목표 인원: 500명×3% = 15명
현재 부족분: 15명(목표) − 14명(보유) = 1명이 더 필요함.
주 25시간 일하는 중증 아닌 신체장애인 = E랭크
E랭크 산정 기준: 1명당 0.5명으로 계산됨.
필요 인원 계산: E랭크 직원은 2명(0.5×2=1)을 채용해야 함.

단어 障害者(しょうがいしゃ) 장애인 | 法定(ほうてい)雇用率(こようりつ) 법정 고용률 | 民間企業(みんかんきぎょう) 민간기업 | 地方(ちほう)自治体(じちたい) 지방자치단체 | 以降(いこう) 이후 | 調整金(ちょうせいきん) 조정금 | 報奨金(ほうしょうきん) 포상금 | 労働者(ろうどうしゃ) 노동자 | 種別(しゅべつ) 종류, 분류 | 勤務(きんむ) 근무 | 重度(じゅうど) 중증 | 未満(みまん) 미만 | 等級(とうきゅう) 등급 | 判定(はんてい) 판정 | 該当(がいとう) 해당 | 設(もう)けられる 마련되다, 설정되다

정보검색(6)

오른쪽 페이지는 귀성(고향에 돌아가는 것) 일정이다. 아래 질문에 대한 답으로 가장 적절한 것을 1·2·3·4에서 하나 고르시오.

해석

식사비(식사+음료)

A. 장어정식 : 1인분 3,500엔 / 초등학생 1,500엔
　　술 마시는 사람 2,000엔
　　술 못 마시는 사람 반값

B. 스키야키정식 : 1인분 4,000엔
　　술 마시는 사람 1,200엔
　　술 못 마시는 사람 반값

C. 샤부샤부정식 : 1인분 4,500엔
　　술 마시는 사람 2,000엔
　　술 못 마시는 사람 800엔

D. 초밥정식 : 1인분 5,000엔 / 초등학생 2,000엔
　　술 마시는 사람 2,000엔
　　술 못 마시는 사람 1,000엔

*차 운전자는 술은 마시지 못한다.

집에서 고향 역까지의 교통비와 소요 시간

전철(편도) : 어른 1인 15,000엔 / 초등학생 반값

장거리 버스(편도) : 어른 8,000엔 / 초등학생 반값

시내 버스(편도) : 어른 500엔 / 초등학생 반값

11 2만 엔의 예산으로 술을 마실 수 있는 성인 3명과 초등학
생 아이 1명이 자가용으로 레스토랑에 갈 때, 어디에 갈 수
있는가?
　　1 A만
　　2 B만
　　3 C 이외
　　4 C와 D 이외

12 성인 3명과 초등학생 아이 1명이 갈 때는 전철로 가
고, 올 때는 버스 정류장까지 자가용으로 배웅받은 경
우, 교통비는 총 얼마인가?
　　1 80,500엔
　　2 82,250엔
　　3 87,500엔
　　4 88,000엔

해설　〈문제 11〉
인원 구성: 술 마시는 성인 2명+술 못 마시는 성인(운전자) 1명+초등학생(술 못 마심) 1명
식당별 합계 계산

A (장어):　　성인 식사 3,500×3 = 10,500
　　　　　　　성인 주류: (2,000×2) + 1,000(반값) = 5,000
　　　　　　　어린이: 1,500(식사) + 1,000(반값) = 2,500
합계: 18,000엔 (가능)

B (스키야키): 식사: 4,000×4 = 16,000
　　　　　　　성인 주류: (1,200×2) + 600(반값) = 3,000
　　　　　　　어린이 음료: 600(반값) = 600
합계: 19,600엔 (가능)

C (샤브샤브): 식사: 4,500×4 = 18,000
　　　　　　　성인 주류: (2,000×2) + 800 = 4,800
　　　　　　　어린이 주류: 800
합계: 23,600엔 (불가능)

D (초밥):이미 성인 3명 식사값만 15,000엔 + 주류비가 추가되므로 2만 엔을 초과함.
→ 따라서 A, B만 가능하므로 정답은 4번이다.

〈문제 12〉
1. 가는 길: 전철 (電車)
성인 3명: 15,000×3 = 45,000 엔
초등학생 1명: 15,000 ×0.5 = 7,500 엔
소계: 52,500엔

2. 오는 길: 장거리 버스(長距離バス)
지문 조건: 고향 집에서 장거리 버스 정류장까지 자가용으로 배웅받음. (즉, 고향 집에서 정류장까지의 시내버스비 등은 발생하지 않음)
따라서 오직 '장거리 버스' 요금만 발생한다.
성인 3명: 8,000 ×3 = 24,000 엔
초등학생 1명: 8,000 ×0.5 = 4,000 엔
소계: 28,000엔

3. 총합계: 52,500(가는 편) + 28,000(오는 편) = 80,500 엔
→따라서 정답은 1번이다.

단어　予算(よさん) 예산 | 自家用車(じかようしゃ) 자가용 | ～人前(にんまえ) ～인분 | 故郷(こきょう) 고향 | 片道(かたみち) 편도 | 長
距離(ちょうきょり) 장거리

문제 1	1 ③	2 ④	3 ②	4 ②	5 ①	6 ③	7 ④	8 ③
문제 2	1 ③	2 ③	3 ④	4 ③	5 ④	6 ②	7 ①	8 ③
문제 3	1 ②	2 ②	3 ①	4 ④	5 ②	6 ③	7 ①	8 ②
문제 4	1 ③	2 ①	3 ②	4 ①	5 ②	6 ①	7 ②	8 ③	9 ②	10 ③
	11 ①	12 ④	13 ①	14 ①	15 ②	16 ①	17 ②	18 ①	19 ③	20 ②
	21 ③	22 ②	23 ②	24 ②	25 ①	26 ②	27 ①	28 ②	29 ②	30 ①
문제 5	1 ④	2 ④	3 ④	4 ①	5 1-③ 2-④	6 1-① 2-③	7 1-② 2-④	8 1-② 2-④

問題1

問題1では、まず質問を聞いてください。それから話を聞いて、問題用紙の1から4の中から、最もよいものを一つ選んでください。

1番 　🎵 듣기 1-01

学校で理事たちが話しています。これからこの学校はどんなことをしますか。

F：東大の入学者数の上位高校のランキングが昔と随分違ってきましたね。

M：うん。昔は底辺校だったのに今は上位にランクされている学校がいくつもあるからね。

F：そういう学校はどうやって優秀校になったのでしょうか。

M：最初は奨学金で釣って優秀な子を集めてきたんだそうだよ。

F：その子達がいい大学に入れば後は自然に優秀な子が集まってくるということですね。

M：そうだよ。でも我が校にはそんなにお金はないから今いる子を頑張らせるほかない。

F：それじゃ、できる子だけを集めて特別進学クラスを作ったらどうですか。

M：できる子じゃなくて意欲がある子を集めたほうがいいんじゃないか。

F：それなら、いっそ全てのクラスを能力別に変えたほうがいいんじゃないですか。

M：そうだけど、一番下のクラスがやる気をなくすから、やっぱり1クラスだけでいいよ。

F：では、やってみます。

문제 1

문제 1에서는 먼저 질문을 들어 주세요. 그리고 이야기를 듣고 문제용지의 1에서 4 중에서 가장 적당한 것을 하나 고르세요.

1번

학교에서 이사들이 이야기하고 있습니다. 앞으로 이 학교는 어떤 것을 합니까?

여：도쿄대 입학자 수의 상위고교 랭킹이 옛날과 상당히 달라졌군요.

남：응. 예전에는 하위권인 학교였는데 지금은 상위에 랭크되어 있는 학교가 몇 개나 있으니까.

여：그런 학교는 어떻게 해서 우수 학교가 된 걸까요?

남：처음에는 장학금으로 꾀어서 우수한 학생을 모아왔다고 하더군.

여：그 아이들이 좋은 대학에 들어가면 나중에는 자연스레 우수한 아이가 모여든다는 말이군요.

남：그렇지. 하지만 우리 학교에는 그렇게 돈이 없으니까 지금 있는 아이들에게 분발하게 할 수밖에 없어.

여：그럼 공부 잘하는 학생만을 모아서 특별진학반을 만들면 어떨까요?

남：공부 잘하는 학생이 아니라 의욕이 있는 학생을 모으는 편이 낫지 않아?

여：그럴거면 차라리 모든 반을 능력별로 바꾸는 편이 낫지 않을까요?

남：그렇지만 가장 아랫반이 의욕을 잃으니까 역시 한 반만 해도 돼.

여：그럼, 해보겠습니다.

これからこの学校はどんなことをしますか。

1 奨学金を出して学生を募集する
2 できる学生のためのクラスを作る
3 やる気のある学生のためにクラスを作る
4 全部のクラスを能力別に変える

앞으로 이 학교는 어떤 것을 합니까?

1 장학금을 내서 학생을 모집한다
2 공부 잘하는 학생을 위한 반을 만든다
3 의욕이 있는 학생을 위해서 반을 만든다
4 반 전부를 능력별로 바꾼다

해설 1번은 돈이 없어서 안 되고, 2번은 처음에 이 제안이 있었지만 후에 변경되었기 때문에 맞지 않다. 3번의 의욕이 있는 학생을 모은 반 쪽이 더 낫다는 의견이 나오고, 이에 전체 반을 능력별로 하자는 의견인 4번이 나왔지만 그것은 거절되었다. 따라서 3번이 정답이 된다.

단어 理事(りじ) 이사 | 上位(じょうい) 상위 | 随分(ずいぶん) 상당히, 매우 | 底辺校(ていへんこう) (학력 수준이) 하위권인 학교 | 優秀校 (ゆうしゅうこう) 우수 학교 | 奨学金(しょうがくきん) 장학금 | 釣(つ)る 낚다, 유혹하다 | ～ほかない ～할 수밖에 없다 | 意欲(いよく) 의욕 | いっそ 차라리, 아예 | 能力別(のうりょくべつ) 능력별 | やる気(き)をなくす 의욕을 잃다 | 募集(ぼしゅう) 모집

2番　🎵듣기 1-02

女の人と男の人が子供の名前について話しています。二人は子供の名前をどうやってつけますか。

F：この子に可愛らしい名前をつけたいわ。女の子の一番人気は「陽菜」ちゃんだって。
M：名前は親父達もいくつか考えているようだよ。
F：ええっ。自分たちでつけたいわ。名前は子供への最初のプレゼントなんだから。
M：じゃ、良さそうなのを３つ作ってその中から親に選んでもらうのはどうかな。
F：それならかまわないわ。ねえ、英語の名前から選ぶのはどう？「なおみ」とか。
M：英語と共通の名前は平凡なのしかないよ。やっぱり姓名判断の本を買って来よう。
F：じゃ、その中から可愛らしい発音の名前を探しましょう。
M：音には気をつけなきゃ。「彩子」なんかアメリカで変な名前だと驚かれたって。
F：確かに英語の「サイコ」は精神異常とかよくない意味ばかりあるから。
M：日本語では美しい名前なのに。だから名前を選ぶ前に発音はチェックしよう。
F：そうしましょう。

二人は子供の名前をどうやってつけますか。

1 ３つの名前を作ったらチェックも選ぶのも親にしてもらう
2 本から名前を選んで発音を確認して自分たちで好きな名前を選ぶ
3 ３つの名前が変な意味でないか両親に調べてもらってから選ぶ
4 チェックした３つの名前から両親に良いものを選んでもらう

2번

여자와 남자가 아이의 이름에 대해서 이야기하고 있습니다. 두 사람은 아이의 이름을 어떻게 짓습니까?

여: 이 아이에게 귀여운 이름을 지어주고 싶어. 여자아이에게 제일 인기인 것은 '하루나'래.
남: 이름은 부모님도 몇 개 생각하고 있는 거 같아.
여: 뭐? 우리가 짓고 싶어. 이름은 아이에게 주는 첫 선물이니까.
남: 그럼 좋아보이는 것을 3개 지어서 그중에서 부모님이 골라주는 건 어때?
여: 그거라면 상관없어. 있잖아, 영어 이름에서 고르는 건 어때? '나오미'라든가.
남: 영어와 공통된 이름은 평범한 것밖에 없어. 역시 작명책을 사오자.
여: 그럼 그중에서 귀여운 발음이 나는 이름을 찾자.
남: 발음에는 신경써야 해. '사이코'같은 건 미국에서 이상한 이름이라고 놀랐다나봐.
여: 확실히 영어의 '사이코'는 정신이상이라든가 좋지 않은 의미만 있으니까.
남: 일본어로는 예쁜 이름인데. 그러니까 이름을 고르기 전에 발음은 체크하자.
여: 그렇게 하자.

두 사람은 아이의 이름을 어떻게 짓습니까?

1 세 개의 이름을 지으면 체크도 고르는 것도 부모님이 하게 한다
2 책에서 이름을 골라 발음을 확인해서 자기들끼리 좋아하는 이름을 고른다
3 세 개의 이름이 이상한 의미가 아닌지 부모님에게 조사하게 한 다음 고른다
4 체크한 세 개의 이름에서 부모님이 좋은 것을 고르게 한다

3番　🎵 듣기 1-03

男の人が女の人と新しい保冷剤について話しています。
部長はこの後まず何をしますか。

F：部長、この保冷剤を食品の運搬用に使ったらいかがで
　しょう。

M：今までの2割増しの値段か。ちょっと費用がかかり過
　ぎるんじゃないの？

F：ええ、高いことは高いんですが、説明書にも書きまし
　たが、12度まで氷が解けないことや、今使っている保
　冷剤は果物などの傷みを防ぐために間にシートを挟む
　必要がありますから、シート代とそれを挟む手間賃を
　考えると2割にはならないと思います。

M：12度まで氷が解けないなんて画期的な発明だな。先方
　と値段の交渉をしてみるよ。

F：ぜひ、お願いします。これでお客さまから食品が温か
　くなっているという苦情がなくなると思います。

M：価格が決まり次第、社長にも相談してみるから、稟議
　書を準備して置いてくれないか。

F：かしこまりました。添付はこの説明書でよいでしょうか。

M：現在の費用も入れておいてくれない？新製品の価格は
　とりあえず空欄にしておいて。

F：はい、かしこまりました。

部長はこの後まず何をしますか。
1　社長にこの製品について説明する
2　価格についてメーカーと相談してみる
3　女の人に説明書を完成してもらう
4　稟議書を作成して社長に見せる

3번

남자가 여자와 새 보냉제에 대해서 이야기하고 있습니다. 부장은 이 후 우선 무엇을 합니까?

여：부장님, 이 보냉제를 식품 운반용으로 사용하면 어떨까요?

남：지금까지의 20% 할증 가격이네. 비용이 좀 너무 드는 거 아냐?

여：네, 비싸기는 하지만 설명서에도 썼습니다만, 12도까지 얼음이 녹지 않는 점이나, 지금 쓰고 있는 보냉재는 과일 등이 상하는 것을 방지하기 위해 사이에 시트를 끼울 필요가 있기 때문에, 시트 비와 그것을 끼우는 품삯을 생각하면 20%가 안 된다고 생각합니다.

남：12도까지 얼음이 녹지 않다니 획기적인 발명이군. 상대편과 가격 협상을 해 볼게.

여：꼭 부탁합니다. 이것으로 손님들에게서 식품이 미지근해져 있다는 클레임이 없어지리라 생각해요.

남：가격이 정해지는 대로 사장님께도 의논해 볼테니 품의서를 준비해 두겠나?

여：알겠습니다. 첨부는 이 설명서로 괜찮을까요?

남：현재의 비용도 넣어주지 않겠나? 신제품 가격은 우선 공란으로 해 둬.

여：네, 알겠습니다.

부장은 이후 우선 무엇을 합니까?

1　사장님께 이 제품에 대해서 설명한다
2　가격에 대해서 제조사와 상담해 본다
3　여자에게 설명서를 완성시키도록 한다
4　품의서를 작성하여 사장님께 보여준다

청해 공략편

4番

男の人が女の人と話しています。男の人は修士の勉強が終わったらどうしますか。

F：ねえ、修士が終わったらこのまま上に進むんでしょう？

M：う～ん、実は迷っているんだ。博士に行ってもその後大学に残れる確率が低いから。

F：ポスドクの問題ね。日本で博士になっても仕事がなくて困っている人が大勢いるからね。

M：そうなんだよ。他の大学に移っても条件は同じだろうし。

F：そうね。じゃ、いっそ、研究を止めて就職する？企業の研究所に入れば研究も続けられるし。修士で辞める人が大勢いるらしいわよ。

M：そうだけど、企業が研究したいことを続けさせてくれるかどうかわからないよ。

F：そういうところを探せば？

M：う～ん、探せるかな。難しいよ。

F：アメリカ留学って手もあるんじゃない。海外では博士が優遇されているそうだから。

M：それも考えているんだけど、英語がね。

F：じゃ、準備してから留学したらどう？

M：そうだね。とりあえず、このままで。

F：頑張ってね。

男の人は修士の勉強が終わったらどうしますか。

1　企業の研究所に勤める
2　この大学の博士課程に進む
3　他の日本の大学の博士課程に進む
4　アメリカの大学院に留学する

4번

남자가 여자와 이야기하고 있습니다. 남자는 석사 공부가 끝나면 어떻게 합니까?

여: 있잖아, 석사가 끝나면 이대로 위로 진학하지?

남: 음～, 실은 고민하고 있어. 박사로 가도 그 후 대학에 남을 수 있을 확률이 낮으니까.

여: 박사연구원 문제네. 일본에서 박사가 되도 일거리가 없어서 곤란해하는 사람이 많이 있으니 말이야.

남: 맞아. 다른 대학으로 옮겨도 조건은 같을 테고.

여: 그렇구나. 그럼 차라리 연구를 그만두고 취직할래? 기업에 있는 연구소에 들어가면 연구도 계속할 수 있고. 석사에서 그만두는 사람이 많은 것 같아.

남: 그렇지만 기업이 연구하고 싶은 것을 계속하게 해 줄지 어떨지 몰라.

여: 그런 곳을 찾아보는 게 어때?

남: 음～, 찾을 수 있을까. 어려워.

여: 미국 유학이라는 방법도 있잖아. 해외에서는 박사가 우대받는다고 하니까.

남: 그것도 생각하고 있지만, 영어가 말야.

여: 그럼 준비한 후에 유학 가는 건 어때?

남: 그래. 우선 이대로.

여: 힘내.

남자는 석사 공부가 끝나면 어떻게 합니까?

1　기업에 있는 연구소에서 근무한다
2　이 대학의 박사과정에 진학한다
3　다른 일본 대학의 박사과정에 진학한다
4　미국의 대학원으로 유학 간다

해설　1번은 자기가 좋아하는 것을 연구하게 해줄 기업 연구소를 찾는 것은 어렵다고 했으므로 맞지 않다. 2번은 마지막에 '우선 이대로'라고 말하고 있으므로, 이 대학의 박사과정에 진학하는 것이 맞다. 3번은 일본의 대학은 어디든 박사연구원의 문제가 있다고 했으므로 다른 대학으로 가는 것은 맞지 않다. 4번은 영어를 못하므로 바로 미국의 대학원으로 유학 가는 것은 맞지 않다.

단어　修士(しゅうし) 석사｜迷(まよ)う 헤매다, 고민하다｜博士(はかせ/はくし) 박사｜確率(かくりつ) 확률｜ポスドク 포닥(포스트닥터, 박사 후 연구원)｜大勢(おおぜい) 많은 사람｜就職(しゅうしょく) 취직｜企業(きぎょう) 기업｜研究所(けんきゅうじょ) 연구소｜辞(や)める 그만두다｜手(て) 수단, 방법｜優遇(ゆうぐう) 우대｜とりあえず 우선

5番　

男の人と女の人が話しています。男の人はまず何をしますか。

M：就職の準備している？

F：うん。私は配属ガチャがない会社のリストを作ったわ。

M：配属ガチャがないって、希望する部署で働けるってことだよね。それはいいけど、中小企業ばかりでしょう？

F：新聞、読んでないのね。最近は大企業のほうが配属を決めて採用する傾向があるのよ。

M：えっ、そうなの？じゃ、僕もそういう会社を探してみよう。

F：後でリストを見せてあげるわよ。ところで、どんな仕事をしたいの？

M：迷っているんだ。給料とか休暇と労働条件ばかり気になっちゃってさ。

F：ねえ、まず、したいことを決めなきゃ。会社を選ぶのじゃなくて。

M：そうだね。

F：それには新聞を読まなきゃ。世の中のことがわからないでしょう。

M：まあ、ニュースはネットで読んでいるから。

F：ネットじゃ、足りないわよ。

M：そうか。

男の人はまず何をしますか。

1　新聞を読む
2　働く会社を探す
3　何をするか考える
4　リストを見る

5번

남자와 여자가 이야기하고 있습니다. 남자는 먼저 무엇을 합니까?

남 : 취직 준비 하고 있어?

여 : 응. 나는 부서 배치 뽑기가 없는 회사(희망 부서를 고려해서 배치해주는 회사) 리스트를 만들었어.

남 : 부서 배치 뽑기가 없다는 건, 희망하는 부서에서 일할 수 있다는 말이지? 그건 좋긴 한데, 중소기업뿐이잖아?

여 : 신문 안 읽었구나. 요즘은 대기업 쪽이 부서를 정해서 채용하는 경향이 있어.

남 : 어? 그래? 그럼 나도 그런 회사를 찾아봐야겠다.

여 : 나중에 리스트 보여줄게. 그런데 어떤 일을 하고 싶어?

남 : 고민 중이야. 급여라든가 휴가, 근로 조건만 신경 쓰여서 말야.

여 : 있잖아, 먼저 하고 싶은 일을 정해야지. 회사를 고르는 게 아니라.

남 : 그렇네.

여 : 그러려면 신문을 읽어야 해. 세상 돌아가는 걸 모르잖아.

남 : 뭐, 뉴스는 인터넷으로 읽고 있으니까.

여 : 인터넷으론 부족해.

남 : 그렇구나.

남자는 먼저 무엇을 합니까?

1　신문을 읽는다
2　일할 회사를 찾는다
3　무엇을 할지 생각한다
4　리스트를 본다

해설　여자가 '먼저 하고 싶은 일을 정해야 하고, 그러기 위해서는 세상을 알 수 있는 신문을 읽어야 한다'고 조언하자, 남자가 '그렇구나'라며 수긍한다. 따라서 남자가 가장 먼저 할 일은 1번, 신문을 읽는 것이다. 2번, 일할 회사를 찾는 것은 하고 싶은 일을 정하기 전 단계이므로 미루게 된다. 3번, 무엇을 할지 생각하는 것은 남자가 이미 고민 중인 상태이며, 여자는 이를 해결하기 위한 구체적인 방법으로 신문을 권한 것이다. 4번, 리스트는 여자가 나중에 보여준다고 했으므로 지금 당장 할 일은 아니다.

단어　就職(しゅうしょく) 취직 | 準備(じゅんび) 준비 | 配属(はいぞく)ガチャ 부서 배치 뽑기(ガチャ는 원래 장난감 뽑기 기계 소리에서 유래한 말) | ～って ～라는 것은(～というのは의 회화체) | 希望(きぼう) 희망 | 部署(ぶしょ) 부서 | 採用(さいよう) 채용 | 傾向(けいこう) 경향 | 迷(まよ)う 헤매다, 고민하다 | 労働(ろうどう)条件(じょうけん) 노동(근로) 조건 | 気(き)になる 신경 쓰이다 | 世(よ)の中(なか) 세상, 사회 | 足(た)りない 부족하다

6番

女性社員と男性社員が話しています。男性社員は最初に何をしますか。

F：明日のお花見の場所取りを任されたんだって？

M：朝早くからシートを敷いて夕方までそこにいるんだって。嫌になっちゃうよ。みんなは重要な仕事をしているのに…焦っちゃうよ。

F：新入社員の仕事なんだから仕方がないわよ。それより持って行く物は準備した？

M：うん、倉庫から出しておいたよ。明日、天気かなあ？

F：まだ、チェックしていないの？　一番肝心なことじゃない。

M：直ぐするよ。ところで去年はどのあたりに敷いたのか知っている？

F：去年は山下さんだったから聞いたら。ついでに、過ごすコツも。

M：そうだな。何をして過ごしていたかとか、何を持って行ったかとか。

F：そうね。足りない物も買っておかないと……。

M：リストをチェックしてみるよ。ほんと、憂鬱だなあ。

F：同じことをするなら、好きなことをして過ごせるって考えたら。

M：それもそうだね。

男性社員は最初に何をしますか。

1 足りない物をチェックする
2 持って行く物を準備する
3 明日の天気を調べる
4 敷く場所を山下さんに聞く

6번

여사원과 남사원이 이야기하고 있습니다. 남사원은 처음에 무엇을 합니까?

여 : 내일 꽃놀이 자리 맡는 거 맡았다고?

남 : 아침 일찍부터 돗자리 깔고 저녁까지 거기 있는다고 하더라. 진짜 질려. 다들 중요한 일을 하고 있는데…… 마음이 초조해.

여 : 신입사원의 일이니까 어쩔 수 없지. 그보다 가져갈 물건은 준비했어?

남 : 응, 창고에서 꺼내 놨어. 내일 날씨 좋으려나?

여 : 아직 확인 안 했어? 제일 중요한 거잖아.

남 : 바로 할게. 그런데 작년엔 어디쯤에 깔았는지 알아?

여 : 작년엔 야마시타 씨였으니까 한번 물어봐. 그 김에, 잘 보낼 요령도.

남 : 맞네. 뭘 하며 시간을 보냈는지라든가, 뭘 가져갔는지도.

여 : 그렇지. 부족한 물건도 사놔야 하고…….

남 : 리스트 체크해 볼게. 아, 진짜 우울하다.

여 : 같은 걸 한다면, 좋아하는 걸 하면서 (시간을) 보낼 수 있다고 생각하는 게 어때?

남 : 그것도 그렇네.

남사원은 처음에 무엇을 합니까?

1 부족한 물건을 확인한다
2 가져갈 물건을 준비한다
3 내일 날씨를 알아본다
4 깔 장소를 야마시타 씨에게 묻는다

해설　남사원은 여사원의 '아직 날씨 확인 안 했어?'라는 말에 '바로 할게'라고 대답한다. 따라서 남사원이 가장 먼저 하는 일은 '내일 날씨를 알아보는 것'이다. 그 이후에 장소나 부족한 물건, 리스트 확인 등의 내용이 나온다.

단어　場所取(ばしょと)り 자리 맡기 | 任(まか)される 맡겨지다 | ～だって ～라며? | 敷(し)く (돗자리 등을) 깔다 | 焦(あせ)る 초조해하다, 안달하다 | 仕方(しかた)がない 어쩔 수가 없다 | 倉庫(そうこ) 창고 | 肝心(かんじん)な 가장 중요한, 핵심적인 | ついでに 하는 김에, 겸사겸사 | 過(す)ごす (시간을) 보내다 | コツ 요령, 비결 | 憂鬱(ゆううつ) 우울함, 의기소침함

7番　🎵 듣기 1-07

男の人と女の人が話しています。二人はこれから何をすることにしましたか。

M: 村の人口が減り続けて…若い僕たちが何とかしなきゃ、消えちゃいそうだ。

F: I村では水車型の発電機を付けたら珍しいと言って見に来る人が増えて、今では特産品を作る人たちが移住してきたんだって。

M: 村おこしに成功したんだ。うらやましいな。同じことやってみる？

F: 同じことしても観光客は呼べないと思う。発電するならとても小さな水車を田んぼの水路にたくさん設置して歩いて見て回ってもらうのはどう？ 面白いんじゃない？

M: いいアイディア。発電量は少ないだろうから、資金はあまり集められそうにもないけど。

F: そうね。じゃあ、見るだけじゃなくて何か体験させるのは？

M: 農業体験、かごや草履を作るとか、川でカヌーとかならできそうだな。

F: どこでもやっていることばかりだけどいいんじゃない？ でも村にたくさんお金が落ちるためには泊まってもらえるようなプログラムが必要よ。夏の早朝の蓮の花の見物とか夜の蛍がりを考えているんだけど、他の季節はどうしよう。

M: それが大事だね。星空を見るとか、肝試しとかじっくり考えよう。

二人はこれから何をすることにしましたか。
1 村おこしに成功したI村と同じことをする
2 資金を作るために大型の発電機を設置する
3 この村ならではの体験ができるようにする
4 宿泊したくなるような体験ができるようにする

7번

남자와 여자가 이야기하고 있습니다. 두 사람은 앞으로 무엇을 하기로 했습니까?

남: 마을 인구가 계속 줄어들고 있어…… 우리 젊은이들이 어떻게든 하지 않으면 사라져 버릴 것 같아.

여: I마을에서는 물레방아 모양의 발전기를 설치했더니 신기하다고 보러 오는 사람들이 늘었고, 지금은 특산품을 만드는 사람들이 이주해 왔대.

남: 마을 살리기에 성공했네. 부럽다. 똑같은 거 해볼까?

여: 똑같은 걸 해도 관광객은 부르지 못할 것 같아. 발전을 한다면 아주 작은 물레방아를 논 수로에 많이 설치해서 걸어 다니며 구경하게 하는 건 어때? 재미있지 않을까?

남: 좋은 아이디어네. 발전량(전력량)은 적을 테니 자금은 그다지 모으지 못할 것 같지만.

여: 그러게. 그럼, 보는 것뿐만 아니라 뭔가 체험하게 하는 건?

남: 농업 체험, 바구니나 짚신을 만든다거나, 강에서 카누 같은 거라면 할 수 있을 것 같아.

여: 어디서나 하는 것들뿐이지만 괜찮지 않아? 하지만 마을에 돈이 많이 들어오려면 숙박하게 할 만한 프로그램이 필요해. 여름 이른 아침의 연꽃 구경이나 밤의 반딧불이 잡기를 생각하고 있는데, 다른 계절은 어떻게 하지?

남: 그게 중요하겠네. 별 보기나 담력 시험 같은 것을 천천히 생각해 보자.

두 사람은 앞으로 무엇을 하기로 했습니까?

1 마을 살리기에 성공한 I마을과 같은 일을 한다.
2 자금을 만들기 위해 대형 발전기를 설치한다.
3 이 마을 특유의 독특한 체험을 할 수 있도록 한다.
4 숙박하고 싶어질 만한 체험을 할 수 있도록 한다.

해설 두 사람은 다양한 체험(농업 체험, 카누, 만들기 등)을 이야기하지만, 단순한 체험만으로는 부족하다고 판단하여 '마을에 돈이 많이 들어오려면 숙박하게 할 만한 프로그램이 필요하다'고 말하고 있다. 여자가 여름 아침 연꽃 구경, 밤의 반딧불이 잡기를 제안하고, 남자는 별 보기, 담력 시험 등 다른 계절 프로그램도 고민하자고 한다. 따라서 두 사람이 앞으로 하기로 한 것은 '숙박하고 싶어질 만한 체험 프로그램을 만드는 것'이다.

단어 人口(じんこう) 인구 | 水車型(すいしゃがた) 물레방아 모양 | 発電機(はつでんき) 발전기 | 特産品(とくさんひん) 특산품 | 移住(いじゅう)する 이주하다, 옮겨 살다 | 村(むら)おこし 마을 살리기, 마을 활성화 | 田(た)んぼ 논 | 見(み)て回(まわ)る 구경하며 다니다 | 資金(しきん) 자금 | 〜そうにもない 〜하지 못할 것 같다 | 体験(たいけん) 체험 | 草履(ぞうり) 조리, 짚신 | お金(かね)が落(お)ちる 돈이 들어오다(유입되다) | 蓮(はす)の花(はな) 연꽃 | 蛍(ほたる)がり 반딧불이 잡기(관찰) | 季節(きせつ) 계절 | 星空(ほしぞら) 별이 빛나는 하늘 | 肝試(きもだめ)し 담력 시험

8 番

男の人と女の人が話しています。二人は日曜日にどの順番で回りますか。

M: 今度の日曜日にどこか美術館に行こうって言っていたよね。専用時計展はどう？

F: それってなあに？

M: 個性的な腕時計の展示会だよ。ゆで卵好き専用とか、恋する乙女用、吸血鬼専用もあるんだって。

F: へえ、面白い。その人に合った腕時計なのね。

M: 僕は「忍者専用」に興味があって買いたいんだ。展示だけなのが残念だよ。

F: ふ〜ん。行ってもいいけど、私が見たいルノワール展も忘れないでね。

M: うん、じゃ、そっちは朝一にしよう。

F: お昼はどうする？上野か原宿がいいわね。

M: 見終わったらもうすぐお昼だよ。上野にしない？

F: いいわよ。

二人は日曜日にどの順番で回りますか。

1 忍者展の前にルノワール展を見て上野で昼食を食べる
2 時計展を見て原宿で食事、その後ルノワール展に行く
3 ルノワール展を見て上野でお昼を食べて時計展に行く
4 ルノワール展と昼ごはんの後、時計展で時計を買う

8번

남자와 여자가 이야기하고 있습니다. 두 사람은 일요일에 어떤 순서로 돌아다닙니까?

남: 이번 일요일에 어디 미술관에 가자고 했었지? 전용시계 전시는 어때?

여: 그게 뭐야?

남: 개성 있는 손목시계 전시회야. 삶은 달걀 마니아 전용이라든가, 사랑에 빠진 소녀용, 뱀파이어 전용도 있대.

여: 어머~, 재밌네. 그 사람에게 맞춘 손목시계구나.

남: 나는 '닌자 전용'에 흥미가 있어서 사고 싶어. 전시만 하는 게 아쉬워.

여: 흠, 가도 괜찮지만 내가 보고 싶은 르누아르전도 잊지 마.

남: 응, 그럼 그쪽(르누와르전)은 아침 제일 먼저 가자.

여: 점심은 어떻게 할까? 우에노 아니면 하라주쿠가 좋겠네.

남: 다 보고 나면 곧 점심시간이야. 우에노로 하지 않을래?

여: 좋아.

두 사람은 일요일에 어떤 순서로 돌아다닙니까?

1 닌자 전시 전에 르누아르전을 보고 우에노에서 점심을 먹는다.
2 시계 전시를 보고 하라주쿠에서 식사, 그 후에 르누아르전에 간다.
3 르누아르전을 보고 우에노에서 점심을 먹고 시계 전시에 간다.
4 르누아르전과 점심 식사 후 시계 전시에서 시계를 산다.

해설 여자가 보고 싶어 하는 르누와르전은 朝一(아침 일찍)에 보기로 결정했고, 르누와르전을 보고 난 후 上野(우에노)에서 점심을 먹기로 했다. 남자가 보고 싶어 하는 전용 시계 전시는 이후에 보게 된다. 따라서 순서는 3번 르누와르전→우에노에서 점심→시계 전시이다. 남자의 말 중 そっちは朝一にしよう(그쪽은 아침 일찍 하자)에서 そっち(그쪽)가 여자가 언급한 르누와르전을 가리킨다는 것, 그리고 시계 전시에서는 시계를 살 수 없다는 것을 캐치해야 문제를 풀 수 있다.

단어 〜って 〜라고(=という) | 専用(せんよう) 전용 | 個性的(こせいてき) 개성적 | 腕時計(うでどけい) 손목시계 | 展示会(てんじかい) 전시회 | ゆで卵(たまご) 삶은 계란 | 〜好(ず)き 〜을 좋아하는 사람, 〜마니아 | 乙女(おとめ) 소녀 | 吸血鬼(きゅうけつき) 흡혈귀, 뱀파이어 | 〜だって 〜래〈전해 들음〉 | 朝一(あさいち) 아침 제일 먼저 | 昼食(ちゅうしょく) 점심 식사

問題 2

問題 2 では、まず質問を聞いてください。そのあと、問題用紙のせんたくしを読んでください。読む時間があります。それから話を聞いて、問題用紙の 1 から 4 の中から、最もよいものを一つ選んでください。

문제 2

문제2에서는 먼저 질문을 들어 주세요. 그 후 문제용지의 선택지를 읽어 주세요. 읽는 시간이 있습니다. 그리고 이야기를 듣고 문제용지 1에서 4 중에서 가장 적당한 것을 하나 고르세요.

---

1 番　🎵 듣기 2-01

市の人がゴミの有料化について話しています。どういう目的でこの会は開かれましたか。

M: 当市では年々家庭から出るゴミが増加しています。これに伴い西ゴミ焼却場の焼却能力が限界になってきました。これ以上ゴミが増えれば新焼却施設を造らなければなりません。また、焼却後の灰を埋め立てる「あけぼの処理場」も後数年でいっぱいになってしまうので、新たな埋め立て地を確保しなければなりません。このため莫大な資金が必要になります。ゴミの分類をお願いして参りましたが、なかなか減量に結びつかないのが現状です。既に家具などの大型ゴミの有料化を進めて参りましたが、一般ゴミも有料化を進める所存でございます。有料化でゴミに対する関心が増し、少しでも減量に役立つのではないかと考えています。お配りの資料をご覧くだされば、市の苦しい財政状況もご理解いただけるものと思います。

どういう目的でこの会は開かれましたか。

1 ゴミを減らす方法を話し合うため
2 市の財政悪化について説明するため
3 一般ゴミの有料化を進めるため
4 ゴミの増加を知らせるため

1번

시의 사람이 쓰레기의 유료화에 대해서 이야기하고 있습니다. 어떤 목적에서 이 모임은 열렸습니까?

남: 우리 시에서는 매년 가정에서 배출되는 쓰레기가 증가하고 있습니다. 이에 따라 니시 쓰레기 소각장의 소각 능력이 한계에 도달했습니다. 이 이상 쓰레기가 늘어난다면 새 소각 시설을 만들지 않으면 안 됩니다. 또 소각 후의 재를 매립하는 '아케보노 처리장'도 앞으로 몇 년이면 가득 차게 되기 때문에 새로운 매립지를 확보해야 합니다. 이 때문에 막대한 자금이 필요하게 됩니다. 쓰레기의 분류를 부탁해 왔습니다만, 좀처럼 감량으로 이어지지 않는 것이 현실입니다. 이미 가구 등의 대형 쓰레기의 유료화를 추진해 왔습니다만, 일반 쓰레기도 유료화를 추진할 생각입니다. 유료화로 쓰레기에 대한 관심이 늘어, 조금이라도 양을 줄이는데 도움이 되지 않을까 생각하고 있습니다. 나눠 드린 자료를 봐 주시면 시의 어려운 재정 상황도 이해해 주시리라 생각합니다.

어떤 목적에서 이 모임은 열렸습니까?

1 쓰레기를 줄이는 방법을 의논하기 위해
2 시의 재정 악화에 대해서 설명하기 위해
3 일반 쓰레기의 유료화를 추진하기 위해
4 쓰레기의 증가를 알리기 위해

청해 공략편

해설　시 관계자는 쓰레기와 관련된 시의 상황을 설명하면서 새로운 소각 시설 건립과 새로운 매립지의 확보를 위해 막대한 자금이 필요하게 되었다고 했다. 그리고 이미 추진한 대형 쓰레기의 유료화 외에 일반 쓰레기도 유료화를 추진할 생각이라고 했다. 따라서 이 모임이 열린 목적은 3번 '일반 쓰레기의 유료화를 추진하기 위해'가 된다.

단어　当市(とうし) 우리 시 | 年々(ねんねん) 해마다 | 増加(ぞうか) 증가 | ～に伴(ともな)い ～에 따라 | 焼却場(しょうきゃくじょう) 소각장 | 能力(のうりょく) 능력 | 限界(げんかい) 한계 | 施設(しせつ) 시설 | 造(つく)る 만들다, 건설하다 | 灰(はい) 재 | 埋(う)め立(た)てる 매립하다 | 処理場(しょりじょう) 처리장 | 確保(かくほ) 확보 | 莫大(ばくだい)な 막대한 | 資金(しきん) 자금 | 減量(げんりょう) 감량, 줄이는 것 | 結(むす)びつく 연결되다, 이어지다 | 現状(げんじょう) 현 상황, 현실 | 大型(おおがた)ゴミ 대형쓰레기 | 進(すす)める 추진하다 | 所存(しょぞん) 소신, 생각〈격식 표현〉 | ～でございます ～입니다〈정중〉 | 役立(やくだ)つ 도움이 되다 | 財政(ざいせい)状況(じょうきょう) 재정 상황

2番

🎵 듣기 2-02

町役場で男の人と女の人が話しています。女の人はどうしてコンサルティング会社に相談するのがいいと言いましたか。

M：ねえ、ソリーの工場が閉鎖になるそうだ。下請け企業もたくさんあるし、倒産する会社が出てくるかもしれないし、これから忙しくなるぞ。

F：ここは完全にソリーの城下町なんだから。早く新しい企業を誘致しなくちゃ。

M：誘致と言っても簡単じゃないよ。もっと優遇策を取らなきゃ。

F：土地も提供しているし税金も10年間免除しているのよ。十分じゃないの。

M：他はもっと優遇しているから企業は強気だよ。雇用が増えるだけで御の字なんだから。

F：優遇策で他の町と競争したくなんかないわ。それより下請け企業の技術力を生かした新規事業ができないかしら。この方法で成功している町もあるじゃない。

M：そうだね。大企業に頼るだけではまた今度みたいなことになるし。

F：そうね。でも私たちだけでは無理よ。コンサルティング会社に相談するのがいいと思うわ。

M：じゃ、会議で提案してみてよ。

女の人はどうしてコンサルティング会社に相談するのがいいと言いましたか。

1 大企業を誘致したいから
2 倒産する会社が出てくるから
3 新規事業を立ち上げたいから
4 企業の技術力を上げたいから

2번

동 주민센터에서 남자와 여자가 이야기하고 있습니다. 여자는 왜 컨설팅 회사에 상담하는 것이 좋다고 했습니까?

남 : 있지, SORI 공장이 폐쇄된다고 해. 하청기업도 잔뜩 있고, 도산하는 회사가 나올지도 모르고, 앞으로 바빠지겠어.

여 : 여기는 완전히 SORI의 기업 도시니까. 빨리 새로운 기업을 유치해야 돼.

남 : 유치라고 해도 쉽지 않아. 좀 더 우대책을 취해야 돼.

여 : 토지도 제공하고 있고 세금도 10년간 면제하고 있어. 충분하지 않아?

남 : 다른 곳은 더 우대해주고 있으니까 기업이 세게 나오는 거야. 고용이 늘기만 해도 감지덕지니까.

여 : 우대책으로 다른 마을과 경쟁 따위 하고 싶지 않아. 그것보다 하청기업의 기술력을 살린 신규사업을 할 수 없을까? 이 방법으로 성공하고 있는 마을도 있잖아.

남 : 그래 맞아. 대기업에 기대기만 해서는 또 이번과 같은 일이 될테고.

여 : 그래. 하지만 우리들만으로는 무리야. 컨설팅 회사에 상담하는 게 좋을 것 같아.

남 : 그럼 회의에서 제안해봐.

여자는 왜 컨설팅 회사에 상담하는 것이 좋다고 했습니까?

1 대기업을 유치하고 싶으니까
2 도산하는 회사가 나오니까
3 신규사업을 시작하고 싶으니까
4 기업의 기술력을 올리고 싶으니까

해설 여자가 '하청기업의 기술력을 살린 신규사업을 할 수 없을까?'라고 말하면서 자기들만으로는 무리이니 컨설팅 회사에 상담하는 것이 좋겠다고 했다. 따라서 3번이 정답이 된다. 1번은 기업유치는 문제가 있어서 다른 방책을 제안했으므로 맞지 않다. 2번은 도산하는 회사 때문에 컨설팅 회사에 상담하는 것은 아니다. 4번은 기술력을 올리고 싶은 것이 아니라 지금 보유하고 있는 기술력을 이용하자고 했으므로 맞지 않다.

단어 町役場(まちやくば) 동 주민센터 | 閉鎖(へいさ) 폐쇄 | 下請(したう)け 하청 | 倒産(とうさん) 도산 | 城下町(じょうかまち) 성하 마을(여기서는 특정 기업에 경제가 의존하는 도시를 비유) | 誘致(ゆうち) 유치 | 優遇策(ゆうぐうさく) 우대책 | 提供(ていきょう) 제공 | 税金(ぜいきん) 세금 | 免除(めんじょ) 면제 | 強気(つよき) 강세, 강경한 태도 | 雇用(こよう) 고용 | ~だけで ~만으로, ~하기만 해도 | 御(おん)の字(じ) 감지덕지함, 만족스러움 | 競争(きょうそう) 경쟁 | ~なんか ~따위, ~같은 것 | 技術力(ぎじゅつりょく) 기술력 | 生(い)かす 살리다 | 新規(しんき)事業(じぎょう) 신규 사업 | 頼る(たよる) 의지하다 | ~だけでは ~만으로는, ~만 해서는 | 提案(ていあん) 제안 | 立(た)ち上(あ)げる 시작하다, (회사를) 차리다

3番 　🎵 듣기 2-03

男の人と女の人が一村一品運動について話しています。
どんな傾向が続くと言っていますか。

M: 一村一品運動が随分浸透したね。

F: ええ、農家の奥さんたちの協力のたまものですよ。

M: それにしてもこんなに世界中から見学に来るようになるとは予想外だったね。

F: 有名になりましたから。

M: それだけ困っている農家や村が多いということだよ。

F: 確かにそうですね。初期のころに比べると随分加工品が増えてきましたね。

M: 生産物をそのまま売るより利益が多いし、長期保存も可能だから。

F: これからもこの傾向は続くんでしょうね。

M: うん。農家の奥さんたちが集まって色々考えているようだから、どんな新製品ができるか楽しみだ。

F: そうですね。みなさんとても生き生きと働いていますね。

M: それが一村一品運動を始めて一番よかったことかもしれないなあ。

F: そうですね。生き甲斐だって言っている人もいますから。

どんな傾向が続くと言っていますか。

1 一村一品運動が広まること
2 農家の奥さんが協力すること
3 利益が増加し続けること
4 加工品が増えること

3번

남자와 여자가 일촌일품 운동에 대해서 이야기하고 있습니다. 어떤 경향이 이어진다고 말하고 있습니까?

남: 일촌일품 운동이 상당히 침투했네?

여: 네, 농가 부인들의 협력 덕분이에요.

남: 그렇다 해도 이렇게 전 세계에서 견학을 오게 될 줄은 예상외였지.

여: 유명해졌으니까요.

남: 그만큼 어려움을 겪는 농가나 마을이 많다는 말이야.

여: 확실히 그래요. 초기에 비하면 상당히 가공품이 늘었네요.

남: 생산물을 그대로 팔기보다 이익이 많고 장기보존도 가능하니까.

여: 앞으로도 이 경향은 계속되겠네요.

남: 응. 농가의 부인들이 모여서 이것저것 생각하고 있는 듯하니, 어떤 신제품이 생길지 기대돼.

여: 그렇네요. 모두들 아주 생기 넘치게 일하고 있네요.

남: 그게 일촌일품 운동을 시작해서 가장 좋았던 점일지도 몰라.

여: 맞아요. 사는 보람이라고 말하는 사람도 있으니까요.

어떤 경향이 이어진다고 말하고 있습니까?

1 일촌일품 운동이 확대되는 것
2 농가의 부인이 협력하는 것
3 이익이 계속 증가하는 것
4 가공품이 늘어나는 것

해설 여자가 '초기에 비해 가공품이 늘어났다'고 언급하자, 남자가 그 이유(이익, 보존성)를 설명하며 동조한다. 이어 여자가 '이 경향은 계속되겠네요'라고 지칭한 것은 바로 앞 문맥인 '가공품의 증가'를 의미한다. 1번, 이미 운동은 충분히 침투하여 세계적인 수준이 되었다고 언급되었으므로, 새롭게 지속될 경향으로 보기에는 부족하다. 2번, 협력은 이 운동을 성공시킨 동력(원인)이지, 앞으로 나타날 결과적 경향이 아니다. 3번, 가공품을 만드는 목적이 이익 창출이기는 하나, 대화의 핵심은 제품의 형태가 '생산물'에서 '가공품'으로 변화하고 있다는 사실에 방점이 찍혀 있다.

단어 一村一品(いっそんいっぴん)運動(うんどう) 일촌일품 운동 | 傾向(けいこう) 경향 | 浸透(しんとう) 침투 | 農家(のうか) 농가 | 協力(きょうりょく) 협력 | たまもの(賜物) 덕분, 결과〈격식 표현〉| 予想外(よそうがい) 예상외 | 初期(しょき) 초기 | 加工品(かこうひん) 가공품 | 利益(りえき) 이익 | 長期(ちょうき)保存(ほぞん) 장기 보존 | 新製品(しんせいひん) 신제품 | できる 생기다 | 生(い)き生(い)き 생기 있게, 활발하게 | 生(い)き甲斐(がい) 삶의 보람 | 広(ひろ)まる 확대되다

男の人と女の人が話しています。男の人がその会社のインターンになりたいと思った一番の理由は何ですか。

M：単純作業ばかりでないもっと自分が生かせる仕事をしたいけど僕は高卒だから…。

F：高卒でも中卒でもやる気さえあればやり直せる会社があるわよ。

M：何をする会社？

F：その会社に就職するんじゃなくて、そこでインターンしながら学んで就職の世話をしてもらうの。事務や営業の仕事に就けるそうよ。

M：いいなあ。でもインターンでは貯金がないから生活できないよ。

F：大丈夫。インターンの間、住むところも食事も全てその会社が出してくれるから。

M：え〜？ そんなうまい話、本当にあるの？

F：ええ、但し、18歳から24歳までよ。

M：24歳だからぎりぎりだ。でもお金はいったいどこから出てくるんだ。

F：他の会社の仕事を請け負っていて、それを実践させながらトレーニングするし、修了後就職したら紹介した会社から手数料ももらえるから損はしないと思うよ。いくつかコースがあるから連絡してみたら。後はあなたの努力次第よ。

M：ありがとう。何か希望が見えてきたよ。

男の人がその会社のインターンになりたいと思った一番の理由は何ですか。

1 単純作業じゃない仕事がしたいから
2 高卒でも肉体作業を紹介してくれるから
3 インターンの時の生活費の心配がないから
4 希望がある仕事に就けるから

4번

남자와 여자가 이야기하고 있습니다. 남자가 그 회사의 인턴이 되고 싶다고 생각한 가장 큰 이유는 무엇입니까?

남：단순 작업만 하지 않는 좀더 자신을 살릴 수 있는 일을 하고 싶은데 나는 고졸이라서….

여：고졸이든 중졸이든 의욕만 있으면 다시 시작할 수 있는 회사가 있어.

남：뭘 하는 회산데?

여：그 회사에 취직하는 게 아니라, 거기서 인턴을 하면서 배우고 취업 지원을 받는 거야. 사무직이나 영업직으로 취직할 수 있대.

남：좋겠다. 그런데 인턴이어서는 저축이 없어서 생활할 수가 없어.

여：괜찮아. 인턴을 하는 동안, 살 곳도 식사도 전부 그 회사가 내주니까.

남：어? 그런 좋은 이야기가 정말 있어?

여：응, 단 18세부터 24세까지야.

남：24살이니까 간당간당하네. 하지만 돈은 대체 어디에서 나오는 거지?

여：다른 회사의 업무를 위탁받아서, 그것을 실습시키며 훈련하고, 수료 후에 취직하면 (인턴을) 소개한 회사로부터 수수료도 받을 수 있으니까 손해는 안 볼 거야. 몇 가지 코스가 있으니까 연락해 보는 게 어때? 그 후엔 너의 노력에 달렸어.

남：고마워. 뭔가 희망이 보이기 시작했어.

남자가 그 회사의 인턴이 되고 싶다고 생각한 가장 큰 이유는 무엇입니까?

1 단순 작업이 아닌 일을 하고 싶으니까
2 고졸이라도 육체 작업을 소개해 주니까
3 인턴일 때의 생활비 걱정이 없으니까
4 희망이 있는 일자리를 얻을 수 있으니까

해설　남자는 저축한 돈이 없어 인턴 기간의 생계를 가장 걱정했으나, 회사가 숙소와 식사를 전부 제공한다는 사실을 듣고 기뻐한다. 결국 고졸이라는 제약을 넘어 새로운 일을 시작할 수 있게 해준 현실적인 비용 지원이 희망을 본 결정적 계기가 되었다. 따라서 정답은 3번이다. 1번, 단순 작업에서 벗어나고 싶은 마음은 일을 바꾸려는 동기일 뿐, 이 프로그램을 선택하게 만든 결정적인 조건은 아니다. 2번, 육체 작업이 아니라 사무직·영업직을 소개하므로 내용이 틀리다. 4번, '희망이 보인다'는 남자의 주관적인 소감일 뿐, 구체적 근거는 3번이다.

단어　単純(たんじゅん)作業(さぎょう) 단순 작업 | 生(い)かす 살리다, 활용하다 | 高卒(こうそつ) 고졸 | 中卒(ちゅうそつ) 중졸 | やる気(き) 의욕 | 〜さえあれば 〜만 있으면 | やり直(なお)す 다시 시작하다 | 就職(しゅうしょく) 취직 | 学(まな)ぶ 배우다 | 世話(せわ)をする 돌보다, (일, 취업) 도와주다 | 事務(じむ) 사무 | 営業(えいぎょう) 영업 | 仕事(しごと)に就(つ)ける 취직되다, 일자리를 얻다 | 〜では 〜이어서는, 〜(상황)에서는〈조건·한계〉 | 貯金(ちょきん) 저금, 저축 | うまい話(はなし) 달콤한 이야기 | 但(ただ)し 다만, 단 | 請(う)け負(お)う 하청 맡다, 위탁받다 | 実践(じっせん) 실천, 실무 | 修了(しゅうりょう) 수료 | 手数料(てすうりょう) 수수료 | 損(そん)をする 손해를 보다 | 努力(どりょく) 노력 | 〜次第(しだい) 〜에 달려 있음

5番　🎵 듣기 2-05

男の人と女の人が話しています。男の人はどうして悲観的なのですか。

M：2024年には世界の平均気温が1.5度上がったんだって。22世紀になった時に1.5度以下じゃないと僕たちが年を取った時、地球は人間が住めなくなっているかも。

F：確かに問題は山積みね。国連気候変動枠組条約も国同士の利害がぶつかっていて対策についてなかなか合意できないし…。

M：僕たち子孫のことをもっと考えてほしいよ。何だか絶望的な気持ちになってきた。

F：そうだけど、私は人間の知恵を信じているわ。この間「植物を光らせる」研究というのを知ったの。植物が光っているから照明を全部それに替えたらずいぶん省エネになるし…。

M：そうだけど、その研究が実際に使われるようになるまでに時間がかかるでしょう。

F：でも、世界中で他にもいろいろな研究開発がされているはずだから、大丈夫よ。

M：それはわかるけど、僕は君みたいに楽天的になれないよ。

F：でも人類は今までだっていろいろな困難を乗り越えて生き延びてきたんだよ。

M：そうだけど…。

男の人はどうして悲観的なのですか。
1　植物が光る研究を見ていないから
2　省エネの研究の存在を知らないから
3　人類の知恵を信じられないから
4　研究の実用化には時間がかかるから

5번

남자와 여자가 이야기하고 있습니다. 남자는 왜 비관적입니까?

남 : 2024년에는 세계 평균 기온이 1.5도 상승했대. 22세기가 되었을 때 1.5도 이하가 아니면 우리가 나이가 들었을 때 지구는 사람이 살 수 없게 되어 있을지도 몰라.

여 : 확실히 문제는 산더미야. 유엔 기후 변화 기본 협약도 나라 간 이해가 충돌해서 대책에 대해 좀처럼 합의하지 못하고 있고…….

남 : 우리 자손들을 더 생각해줬으면 해. 왠지 절망적인 기분이 들어.

여 : 그렇지만 나는 인간의 지혜를 믿어. 얼마 전에 '식물을 빛나게 하는' 연구란 것을 알게 됐어. 식물이 빛나니까 조명을 모두 그걸로 바꾸면 꽤 에너지 절약이 되고…….

남 : 그렇긴 한데, 그 연구가 실제로 쓰이기까지는 시간이 걸릴 거야.

여 : 그래도 전 세계에서 그 외에도 여러 연구 개발이 진행되고 있을 테니까 괜찮아.

남 : 그건 알지만, 나는 너처럼 낙관적이 될 수 없어.

여 : 그래도 인류는 지금까지도 여러 난관을 극복하며 살아 남았잖아.

남 : 그렇긴 하지만…….

남자는 왜 비관적입니까?

1 식물이 빛나는 연구를 보지 못해서
2 에너지 절약 연구의 존재를 몰라서
3 인류의 지혜를 믿지 못해서
4 연구의 실용화에는 시간이 걸려서

해설 남자는 '식물을 빛나게 하는 연구'에 대해 실제로 사용되기까지 시간이 걸린다고 말한 것이 비관적인 이유이므로 답은 4번이다. 1번과 2번, 남자는 여자의 이야기를 통해 '식물을 빛나게 하는 연구'나 그것이 省エネ(에너지 절약)에 도움이 된다는 사실을 알고 있다. 3번, 남자는 인간의 지혜 자체를 부정하기보다는 대책이 더디고 실용화에 시간이 걸리는 현실 때문에 비관적인 것이다.

단어 悲観的(ひかんてき) 비관적 | 平均(へいきん)気温(きおん) 평균 기온 | 山積(やまづ)み 산더미처럼 쌓임 | 枠組(わくぐみ)条約(じょうやく) 기본 협약 | 〜同士(どうし) 〜끼리 | 利害(りがい) 이해, 이득과 손해 | ぶつかる 부딪히다, 충돌하다 | 絶望的(ぜつぼうてき) 절망적 | 知恵(ちえ) 지혜 | この間(あいだ) 얼마 전에 | 省(しょう)エネ 에너지 절약 | 〜はずだ 〜일 것이다〈논리적인 추측〉| 楽天的(らくてんてき) 낙천적 | 乗(の)り越(こ)える 극복하다 | 生(い)き延(の)びる 살아남다 | 実用化(じつようか) 실용화

6 番　　　　　　　🎵 듣기 2-06

夫婦が話しています。どうしてこの 調 理器を買いませんか。

M: ねえ、これすごいよ。材料を入れてスイッチを入れさえすればプロが作るような料理ができちゃうんだって。

F: どんな料理もできるの？

M: 中華料理、煮物、揚げ物も。108種類の料理ができるそうだよ。

F: そんなに作れるの？ ほぼ何でもできるのね。便利ね。でも高いんじゃないの？

M: いや。高級な炊飯器より安いよ。プロの味の料理ができるんだから安いよ。スーパーのお惣菜を食べるのにも飽きたし…。

F: でもお惣菜を買うのは仕事が忙しい時だけでしょう。**それに我が家の台所には置く余地がないわ。**

M: そうだな。食洗器も欲しいし…。

F: 食器洗いはもっと大きいわよ。それに食事当番の人がやればいいから。

M: でも…。

どうしてこの調理器を買いませんか。

1 値段が高いから
2 **台所が狭いから**
3 料理の数が少ないから
4 食洗器を買うから

6번

부부가 이야기하고 있습니다. 왜 이 조리기구를 사지 않습니까?

남 : 있잖아, 이거 대단해. 재료를 넣고 스위치를 누르기만 하면 프로가 만든 것 같은 요리가 완성된대.

여 : 어떤 요리든 할 수 있어?

남 : 중화요리, 조림, 튀김도. 108가지 요리가 가능하대.

여 : 그렇게 (많이) 만들 수 있어? 거의 뭐든 할 수 있네. 편리하다. 근데 비싸지 않아?

남 : 아니. 고급 밥솥보다 싸. 프로의 맛이 나는 요리가 가능하니까 싸지. 슈퍼에서 파는 반찬 먹는 것도 질렸고…….

여 : 하지만 반찬을 사는 건 일이 바쁠 때 뿐이잖아. **게다가 우리 집 주방엔 둘 공간이 없어.**

남 : 그렇긴 하네. 식기세척기도 갖고 싶고…….

여 : 식기세척기는 훨씬 더 커. 그리고 식사 당번인 사람이 (설거지)하면 되니까.

남 : 그래도…….

왜 이 조리기구를 사지 않습니까?

1 가격이 비싸기 때문에
2 **주방이 좁기 때문에**
3 요리의 수가 적기 때문에
4 식기세척기를 사기 때문에

해설 아내가 '우리 집 주방에는 둘 공간이 없다'고 말했으므로, 이 조리기구를 사지 않는 이유는 2번 주방이 좁기 때문이다. 1번, 남자가 '고급 밥솥보다 싸다'고 말했으므로 비싸서 안 사는 것이 아니다. 3번, 남자가 '108가지 요리가 가능하다'고 말했으므로 요리의 수가 적어서 안 사는 것이 아니다. 4번, 아내가 식기세척기는 '더 크다'고 말하며 조리기구를 살 수 없는 이유로 주방의 좁은 공간 문제를 강조한 것이지, 식기세척기를 살 예정이라 안 사는 것은 아니다.

단어 調理器(ちょうりき) 조리기, 조리기구 | スイッチを入(い)れる 스위치를 켜다(누르다) | ~さえ~ば ~만 ~하면 | 煮物(にもの) 조림 요리 | 揚(あ)げ物(もの) 튀김 요리 | 炊飯器(すいはんき) 밥솥 | お惣菜(そうざい) 반찬 | 飽(あ)きる 지겹다, 질리다 | 余地(よち) 여지, 공간 | 食洗器(しょくせんき) 식세기, 식기세척기 | 食器洗(しょっきあら)い 설거지, 식기세척기 | 食事(しょくじ)当番(とうばん) 식사 당번

7番　🎵 듣기 2-07

女の人が男の人にインタビューしています。男の人の首塚についての考え方はどれですか。

F：ここ、首塚は1000年以上前に京都で処刑された平将門という侍の首が飛んで来たところだそうで、いじると祟りがあると言われていますが、ご存じですか。

M：ええ、東京駅のすぐ近くの一等地だから何度か有効利用しようとしたらしいですね。そのたびに事故が起きて、大蔵省の建物を造るために首塚を壊したときなんか大蔵大臣を始め10人以上の関係者が死んだり、怪我人や病人が続出してしまったりしたと聞きました。

F：随分お詳しいですね。

M：ええ、僕の会社は直ぐ近くなので…。会社では首塚におしりを向けて座る机の配置はしないんですよ。迷信なのに祟りがあったら嫌だからだと言っています。

F：そうでしたか。確かに戦後アメリカ軍が首塚を取り壊そうとしたら重機が横転して運転手が亡くなる事故もあったそうですよ。

M：そんなこともあったんですか。非合理的だと思いますが、霊に対する恐れがそうさせているので仕方がないですね。

男の人の首塚についての考え方はどれですか。

1　祟りは迷信だと思うが受け入れる。
2　利用しないのはもったいないが仕方がない。
3　祟りを恐れているので大切にするのも当然だ
4　事故を避けたいのでいじらないほうがいい。

7번

여자가 남자에게 인터뷰하고 있습니다. 남자의 쿠비즈카에 대한 생각은 어느것입니까?

여：여기 쿠비즈카는 1000년 이상 전에, 교토에서 처형된 다이라노 마사카도라는 사무라이의 목이 날아온 곳이라고 하며, 건드리면 저주가 있다고 전해지는데, 알고 계시나요?

남：네, 도쿄역 바로 근처의 최고 입지라 몇 번이나 유용하게 사용하려고 했던 것 같더군요. 그 때마다 사고가 일어나고, 대장성 건물을 짓기 위해 쿠비즈카를 허물었을 때는 말이죠, 대장 대신을 비롯해 10명 이상의 관계자가 사망하거나, 부상자와 환자가 속출했다고 들었어요.

여：꽤 잘 알고 계시네요.

남：네, 저희 회사가 바로 근처라서요. 회사에서는 쿠비즈카에 등을 돌려 앉는 책상 배치는 하지 않아요. 미신이지만, 저주가 있으면 싫으니까 라고 말해요.

여：그렇군요. 확실히 (실제로) 전후에 미군이 쿠비즈카를 철거하려고 했더니 중장비가 전복되어 운전자가 사망하는 사고도 있었다고 해요.

남：그런 일도 있었군요. 비합리적이라고 생각하지만, 영혼에 대한 두려움이 그렇게 만들었으니 어쩔 수 없네요.

남자의 쿠비즈카에 대한 생각은 어느 것입니까?

1　저주는 미신이라고 생각하지만 받아들인다.
2　이용하지 않는 건 아깝지만 어쩔 수 없다.
3　저주를 두려워하므로 소중히 여기는 것도 당연하다.
4　사고를 피하고 싶으니까 건드리지 않는 게 좋다.

청해 공략편

해설　남자는 마지막에 '비합리적'이라며 미신임을 시사하면서도, 사람들이 두려워하니 '어쩔 수 없다'고 했다. 즉, 본인은 안 믿지만 사회적 현상으로 수용하는 입장이므로 1번이 정답이다. 2번, 땅값이 비싸다는 언급은 했으나, '아깝다'는 개인적 감정보다 비합리적인 공포심에 초점을 두고 있다. 3번, 남자는 이를 '비합리적'이라 보므로, 소중히 여기는 걸 '당연한 이치'로 보지는 않는다. 4번, 이건 사고를 무서워하는 주변 사람들(회사 동료 등)의 입장이지, 분석적인 태도를 보이는 남자의 생각은 아니다.

단어　首塚(くびづか) 목 무덤(처형된 사람의 머리가 묻힌 곳) | 処刑(しょけい) 처형 | 侍(さむらい) 사무라이 | いじる 손대다, 건드리다 | 祟(たた)り 저주, 재앙 | ご存(ぞん)じだ 알고 계시다 | 一等地(いっとうち) 노른자 땅, 최고 입지 | 有効(ゆうこう)利用(りよう) 유효 이용, 효과적인 활용 | ～なんか ～한 경우에는 ～말이죠 〈예시·강조〉 | ～を始(はじ)め ～을 비롯해 | 怪我人(けがにん) 부상자 | 病人(びょうにん) 병자, 환자 | 続出(ぞくしゅつ) 속출 | おしりを向(む)ける 등을 돌리다 | 迷信(めいしん) 미신 | 取(と)り壊(こわ)す 철거하다 | 重機(じゅうき) 중장비 | 横転(おうてん)する 전복되다 | 非合理的(ひごうりてき) 비합리적 | 霊(れい) 영혼, 귀신

8番

社長と女の店長が話しています。店長は何が大事だと言っていますか。

F：あのう、夏服はいつ入荷するんでしょうか。

M：5月の終わりの予定だけど…。

F：もっと早くできませんか。最近は暑くなるのが早いので4月の中旬には半分は夏物にしたほうがよいと思うんですが…。

M：そんなに早く？

F：ええ、4月末には春物を売り切ってしまいたいです。

M：やれやれ、じゃあ、こんなに仕入れるんじゃなかった。売れ残らないように値引きしよう。

F：そうですね。来年は春物を減らさないと。今年の秋物も…。

M：そうするよ。それにしても日本は四季がなくなって二季に移行しているのかね。

F：ええ、ですから、夏物と冬物に重点を置いたほうが…特に夏物に…。

M：じゃあ、涼しい機能性商品も考えたほうがいいね。

F：ええ、それについてはのちほどご相談を。

M：了解。

店長は何が大事だと言っていますか。

1　春物の値引き
2　バーゲンの時期
3　仕入れの時期と量
4　機能性商品の仕入れ

8번

사장과 여점장이 이야기하고 있습니다. 점장은 무엇이 중요하다고 말하고 있습니까?

여 : 저기, 여름옷은 언제 입고될까요?

남 : 5월 말 예정인데…….

여 : 좀 더 빨리 안 될까요? 요즘은 더워지는 게 빨라서 4월 중순에는 절반은 여름옷으로 하는 게 좋을 것 같아요.

남 : 그렇게 빨리?

여 : 네, 4월 말에는 봄옷을 다 팔아버리고 싶어요.

남 : 어휴, 그럼 이렇게 많이 사들이지 말걸. 재고로 남지 않도록 할인해야겠네.

여 : 맞아요. 내년엔 봄옷을 줄여야 해요. 올해 가을옷도…….

남 : 그렇게 할게. 그렇기는 한데 일본은 사계절이 사라지고 두 계절로 바뀌고 있는 걸까.

여 : 네, 그래서 여름옷과 겨울옷에 중점을 두는 편이…… 특히 여름옷에…….

남 : 그럼 시원한 기능성 상품도 생각해보는 게 좋겠네.

여 : 네, 그것에 대해서는 나중에 상의해요.

남 : 알겠어.

점장은 무엇이 중요하다고 말하고 있습니까?

1　봄옷 할인
2　바겐 세일 시기
3　매입 시기와 물량
4　기능성 상품의 매입

해설　점장은 '4월 중순에는 절반은 여름옷으로 하고 싶다', '내년엔 봄옷을 줄여야 한다'고 말하고 있다. 즉, 시기(언제 사들이는지)와 수량(얼마나 사들이는지)가 매우 중요하다는 입장을 밝힌 것이다. 따라서 정답은 3번이다. 1번, 봄옷을 할인해야 한다는 말은 사장이 했고, 점장은 그에 동의만 했다. 2번, 바겐 세일의 시기에 대한 언급은 없었다. 4번, 기능성 상품에 대해서는 '나중에 상의하자'고 말했을 뿐 중요하다고는 말하지 않았다.

단어　夏服(なつふく) 여름옷 | 入荷(にゅうか) 입고, 물품이 들어옴 | 中旬(ちゅうじゅん) 중순 | 夏物(なつもの) 여름 상품, 여름옷 | 売(う)り切(き)る 다 팔다 | 仕入(しい)れる 사들이다, 매입하다 | 売(う)れ残(のこ)る 팔리지 않고 남다, 재고로 남다 | 値引(ねび)き 할인 | 移行(いこう)する 넘어가다, 바꾸다 | 重点(じゅうてん)を置(お)く 중점을 두다 | 機能性(きのうせい) 기능성 | のちほど 나중에, 잠시 후에

問題3

問題3では、問題用紙に何も印刷されていません。この問題は、全体としてどんな内容かを聞く問題です。話の前に質問はありません。まず話を聞いてください。それから、質問とせんたくしを聞いて、1から4の中から、最もよいものを一つ選んでください。

문제 3

문제3에서는 문제용지에 아무것도 인쇄되어 있지 않습니다. 이 문제는 전체적으로 어떤 내용인가를 묻는 문제입니다. 이야기 전에 질문은 없습니다. 먼저 이야기를 들어 주세요. 그리고 질문과 선택지를 듣고 1에서 4 중에서 가장 적당한 것을 하나 고르세요.

1番　🎵 듣기 3-01

女の人が犬のマイクロチップについて話しています。

F：スイス・ノルウェーなど多くのヨーロッパの国では、犬にマイクロチップを埋め込むことが義務づけられているそうです。イギリスでも全ての犬にマイクロチップを埋め込むことにしました。犬に咬まれて怪我をさせられたという事件が起きているからです。中には凶暴な犬を武器のように使う人までいるそうです。日本でもたまに犬に咬まれて死亡するという事件があります。ですが、私は捨てられて処分される年間10万匹以上もの犬の命を救うためにマイクロチップを義務づけたいと思います。現在保健所に登録されている犬は、実際に飼われている犬の半分ぐらいだという話も聞きます。所有をはっきりさせて飼い主の都合で捨てることのないように、是非必要だと思います。

女の人は何のためにマイクロチップを埋め込みたいと言っていますか。
1　犬の半分しか登録されていないため
2　捨てられる犬を減らすため
3　危害を与えた犬を特定するため
4　世界標準に合わせるため

1번

여자가 개의 마이크로칩에 대해서 말하고 있습니다.

여：스위스·노르웨이 등 많은 유럽 국가에서는 개에게 마이크로칩을 삽입하는 것이 의무화되어 있다고 합니다. 영국에서도 모든 개에게 마이크로칩을 삽입하기로 했습니다. 개에게 물려 다쳤다는 사건이 일어나고 있기 때문입니다. 그중에는 사나운 개를 무기처럼 쓰는 사람까지 있다고 합니다. 일본에서도 가끔 개에 물려 사망하는 사건이 있습니다. 하지만, 저는 버려져서 처분되는 연간 10만 마리 이상이나 되는 개의 생명을 구하기 위해서 마이크로칩을 의무화하고 싶습니다. 현재 보건소에 등록되어 있는 개는, 실제로 사육되고 있는 개의 절반 정도라는 이야기도 듣습니다. 소유를 확실히 해서 주인의 사정으로 버리는 일이 없도록 꼭 필요하다고 생각합니다.

여자는 무엇을 위해서 마이크로칩을 삽입하고 싶다고 말하고 있습니까?
1　개의 절반밖에 등록되어 있지 않으므로
2　버려지는 개를 줄이기 위해
3　위해를 가한 개를 특정화하기 위해
4　세계 표준에 맞추기 위해

해설　여자는 개에게 마이크로칩을 삽입하는 것을 의무화하려는 이유로 버려져 처분되는 연간 10만 마리 이상이나 되는 개의 목숨을 구하기 위해서라고 했다. 그리고 개의 소유를 분명하게 해서 주인의 사정으로 버려지는 개가 없도록 하기 위해 꼭 필요하다고 했다. 따라서 정답은 2번 '버려지는 개를 줄이기 위해'가 된다.

단어　埋(う)め込(こ)む 심다, 삽입하다｜義務(ぎむ)づける 의무화하다｜咬(か)む 물다｜怪我(けが)をする 다치다｜凶暴(きょうぼう)な 흉포한, 사나운｜武器(ぶき) 무기｜死亡(しぼう) 사망｜処分(しょぶん) 처분｜〜もの 〜이나 되는｜命(いのち)を救(すく)う 목숨을 구하다｜保健所(ほけんじょ) 보건소｜登録(とうろく) 등록｜飼(か)う 기르다, 사육하다｜所有(しょゆう) 소유｜はっきりする 확실히 하다｜飼(か)い主(ぬし) 주인, 사육자｜都合(つごう) 형편, 사정｜危害(きがい)を与(あた)える 위해를 가하다｜標準(ひょうじゅん) 표준｜合(あ)わせる 맞추다

2番(ばん)

営業担当(えいぎょうたんとう)の役員(やくいん)が新型太陽電池(しんがたたいようでんち)について話(はな)しています。

M: 今回発表(こんかいはっぴょう)させていただく太陽電池(たいようでんち)は今(いま)までの常識(じょうしき)を覆(くつがえ)すようなものです。皆様(みなさま)よくご存(ぞん)じのように太陽光発電(たいようこうはつでん)は太陽(たいよう)の光(ひかり)の下(した)で発電(はつでん)する必要(ひつよう)があります。しかしこの色素増感型(しきそぞうかんがた)の太陽電池(たいようでんち)は暗(くら)い室内(しつない)でも発電(はつでん)できます。7センチ四方(しほう)の太陽電池(たいようでんち)をろうそくの明(あか)るさである14ルクスぐらいの暗(くら)い室内(しつない)に置(お)いた場合(ばあい)、小型(こがた)LEDを点灯(てんとう)させることができます。色素(しきそ)が赤外光(せきがいこう)を吸収(きゅうしゅう)して発電(はつでん)しているのです。計算上(けいさんじょう)では1メートル四方(しほう)サイズでろうそくの光(ひかり)より暗(くら)い10ルクスで8時間充電(じかんじゅうでん)した場合(ばあい)、ラジオを2時間(じかん)ぐらい聞(き)くことができます。室内(しつない)で発電(はつでん)できますので壁全体(かべぜんたい)に取(と)り付(つ)けることも可能(かのう)です。現在実用化(げんざいじつようか)に向(む)けて更(さら)に小型化(こがたか)を進(すす)めておりまして、名刺(めいし)サイズの試作品(しさくひん)を3ヶ月以内(かげつ いない)に発表(はっぴょう)できる予定(よてい)です。これはどこでも発電(はつでん)できますので、今後様々(こんごさまざま)な分野(ぶんや)での利用(りよう)が見込(みこ)まれておりまして、既(すで)に多(おお)くの企業様(きぎょうさま)より問(と)い合(あ)わせのお電話(でんわ)をいただいております。

新型太陽電池(しんがたたいようでんち)についてどんな発表(はっぴょう)がありましたか。

1 3ヶ月以内(かげつ いない)に名刺(めいし)サイズの製品(せいひん)を売(う)り出(だ)すこと
2 真(ま)っ暗(くら)な室内(しつない)でLED電球(でんきゅう)を点(つ)けられること
3 暗(くら)い室内(しつない)でラジオを聞(き)くことができたこと
4 暗(くら)い室内(しつない)でも発電(はつでん)が可能(かのう)であること

2번

영업담당 임원이 신형 태양전지에 대해서 말하고 있습니다.

남: 이번에 발표하는 태양전지는 지금까지의 상식을 뒤엎는 그런 것입니다. 여러분 잘 아시다시피 태양광발전은 태양빛 아래에서 발전할 필요가 있습니다. 그러나 이 색소증감형 태양전지는 어두운 실내에서도 발전할 수 있습니다. 사방 7센티미터의 태양전지를 양초 밝기인 14룩스 정도의 어두운 실내에 둔 경우 소형 LED를 점등시킬 수 있습니다. 색소가 적외선을 흡수해서 발전하고 있는 것입니다. 계산상으로는 사방 1미터 사이즈에서 양초빛보다 어두운 10룩스로 8시간 충전한 경우 라디오를 2시간 정도 들을 수 있습니다. 실내에서 발전할 수 있기 때문에 벽 전체에 설치하는 것도 가능합니다. 현재 실용화를 위해 더욱 소형화를 추진하고 있어, 명함 크기의 시제품을 3개월 이내에 발표 가능할 예정입니다. 이것은 어디서든 발전할 수 있기 때문에 앞으로 다양한 분야에서의 이용이 전망되고 있으며, 이미 많은 기업에게 문의 전화를 받고 있습니다.

신형 태양전지에 대해서 어떤 발표가 있었습니까?

1 3개월 이내에 명함 크기의 제품을 출시하는 것
2 아주 캄캄한 실내에서 LED 전구를 켤 수 있는 것
3 어두운 실내에서 라디오를 들을 수 있었던 것
4 어두운 실내에서도 발전이 가능한 것

해설 태양 전지는 본래 강한 햇빛이 필요하지만, 이번 발표의 핵심은 적외선(赤外光) 등을 활용하여 '어두운 실내에서도 발전(発電)이 가능하다'는 혁신적인 성능을 강조하는 것이다. 따라서 정답은 4번이다. 1번, '3개월 이내'나 '명함 사이즈'는 시제품의 발표일 뿐으로 출시하는 것이 아니다. 2번, 태양 전지로 전구를 켤 수는 있지만, '아주 캄캄한' 곳에서는 빛이 아예 없으므로 에너지원 자체가 없어 발전이 불가능하다. 3번, 라디오를 들을 수 있다는 것은 발전의 결과 중 하나일 뿐, 기술의 핵심 특징(어두운 곳에서도 발전 가능)을 포괄하는 설명은 4번이 더 적절하다.

단어 役員(やくいん) 임원 | 新型(しんがた) 신형 | 太陽(たいよう)電池(でんち) 태양전지 | 常識(じょうしき) 상식 | 覆(くつがえ)す 뒤집다, 뒤엎다 | ご存(ぞん)じだ 알고 계시다 | 発電(はつでん)する 발전하다 | 色素(しきそ) 색소 | 増感(ぞうかん) 증감 | 四方(しほう) 사방 | 小型(こがた) 소형 | 点灯(てんとう)する 점등하다, 불을 켜다 | 赤外光(せきがいこう) 적외선 | 吸収(きゅうしゅう) 흡수 | 計算上(けいさんじょう) 계산상 | 充電(じゅうでん) 충전 | 取(と)り付(つ)ける 장착하다, 설치하다 | 実用化(じつようか) 실용화 | ～に向(む)けて ～을 향해, ～을 목표로 | 名刺(めいし) 명함 | 試作品(しさくひん) 시제품 | 見込(みこ)む 예상하다, 전망하다 | 問(と)い合(あ)わせ 문의 | 売(う)り出(だ)す 출시하다 | 電球(でんきゅう)を点(つ)ける 전구(불)를 켜다

3番 🎵 듣기 3-03

動物愛護協会の人が話しています。

F：ペットブームで子犬や子猫の売れ行きが良いそうです。小さいと可愛らしさが増すので、買い手は小さい子犬や子猫をほしがります。しかし早くから親から引き離されると犬の場合、噛みつくなどの攻撃的な行動、音や光を恐れたり、吠え癖、留守番ができないなどの問題行動を起こしたりするそうです。動物も親や兄弟と一緒に過ごすことで社会性を身につけることができるのです。欧米では生後56日経たなければ犬や猫の取引は禁止されている国がほとんどです。2013年の改正動物愛護管理法で56日以内の引き渡しの禁止が唱われたのは進歩だと思います。しかしその実施は業者の負担が増すという理由で暫定措置として生後45日以内までの禁止に留まってしまいました。いつになったら56日に延ばされるか未定です。動物たちのためにも飼う私たちのためにも早急に56日にしていただきたくお願いする次第です。

56日ルールについてどのように考えていますか。

1 有効だと思うので暫定措置は直ぐに取り外すべきだ
2 全く何も実行されないので絵に描いた餅である
3 業者の反対で法律が出来なかったのは残念である
4 犬の被害を減らすために作られたルールである

3번

동물애호협회 사람이 말하고 있습니다.

여 : 반려동물 열풍으로 강아지나 새끼고양이의 판매가 좋다고 합니다. 어리면 더 귀엽기 때문에 사는 사람은 어린 강아지나 새끼고양이를 갖고 싶어합니다. 그러나 일찍부터 어미에게서 떼어지면 개의 경우 달려들어 무는 등의 공격적인 행동, 소리나 빛을 무서워하거나 짖는 버릇, 집에 혼자 있지 못하는 등의 문제행동을 일으킨다고 합니다. 동물도 부모나 형제와 함께 지냄으로써 사회성을 익힐 수 있는 것입니다. 서양에서는 생후 56일이 지나지 않으면 개나 고양이의 거래는 금지되고 있는 나라가 대부분입니다. 2013년의 개정 동물애호관리법에서 56일 이내의 인도 금지가 명기된 것은 진보라고 생각합니다. 그러나 그 실시는 업자의 부담이 늘어난다는 이유로 잠정조치로서 생후 45일 이내까지의 금지에 머물고 말았습니다. 언제쯤 56일로 연장될지 미정입니다. 동물들을 위해서도 기르는 우리를 위해서도 조속히 56일 규정이 되기를 바랄 따름입니다.

56일 규정에 대해서 어떻게 생각하고 있습니까?

1 효과가 있다고 생각하므로 잠정조치는 바로 해제되어야 한다
2 전혀 아무것도 실행되지 않기 때문에 그림의 떡이다
3 업자의 반대로 법률이 생기지 않은 것은 유감이다
4 개의 피해를 줄이기 위해서 만들어진 규정이다

해설 56일 규정은 동물도 부모나 형제와 함께 지냄으로써 사회성을 익힐 수 있다고 하여 법률로 되었지만 잠정조치라 아직 실행되지 못하고 있어, 동물애호협회 사람은 실시를 요청하고 있다. 1번은 '조속히 56일 규정이 되기를 바란다'고 말하므로 정답이 된다. 2번은 법률이 되었으므로 아무것도 실행되지 않은 것은 아니다. 3번은 법률은 생겼으므로 맞지 않다. 4번에서 규정은 개에게 물리거나 하는 피해를 줄이기 위한 것 뿐만 아니라 동물을 위해서 만든 점도 있다.

단어 動物(どうぶつ)愛護(あいご)協会(きょうかい) 동물 애호 협회 | 売(う)れ行(ゆ)き 팔리는 상황, 판매고 | 増(ま)す 늘다, 더해지다 | 買(か)い手(て) 사는 사람, 구매자 | 引(ひ)き離(はな)す 떼어 놓다, 분리시키다 | 噛(か)みつく 달려들어 물다 | 攻撃的(こうげきてき) 공격적 | 行動(こうどう) 행동 | 吠(ほ)え癖(ぐせ) 짖는 버릇 | 留守番(るすばん) 집 보기, 혼자 집 지키기 | 身(み)につける 몸에 익히다 | 欧米(おうべい) 구미, 서양 | 生後(せいご) 생후 | 経(た)つ 시간이 지나다 | 取引(とりひき) 거래 | 改正(かいせい) 개정 | 引(ひ)き渡(わた)し 인계, 넘겨줌 | 唱(うた)われる 명기되다, 주창되다 | 進歩(しんぽ) 진보 | 実施(じっし) 실시 | 業者(ぎょうしゃ) 업자 | 負担(ふたん) 부담 | 暫定(ざんてい)措置(そち) 잠정 조치 | 留(とど)まる 머무르다, 그치다 | 延(の)ばす 연장하다 | 未定(みてい) 미정 | 早急(さっきゅう)に 조속히, 시급히(そうきゅう로도 읽음) | ～次第(しだい)だ ～할 따름이다 | 有効(ゆうこう) 효과 있음 | 取(と)り外(はず)す 해제하다 | 絵(え)に描(か)いた餅(もち) 그림의 떡 | 法律(ほうりつ) 법률 | 被害(ひがい) 피해

4番　🎵 듣기 3-04

男の人が「発泡スチロール」の家について話しています。

M: これが発砲スチロールで造られている700万円のドームハウスです。建物そのものは大人4人で1日あれば出来上がります。電気、水道工事を入れても1か月から1か月半と短期間で完成しますから、災害時の避難施設としての利用にも最適です。発砲スチロールと言うと軽いので風で飛んでしまうとか、壊れやすいと思われがちですが、大変硬くて強いです。実際に災害に強く大地震の時にもほとんどの家が壊れた中で発砲スチロールの家だけがそのまま残っていたそうです。また断熱性にも大変優れています。ただ雨の音がうるさいという人もいますが、解決のための塗料などを現在研究中です。加えて自然の中に丸い奇妙な家があったらせっかくの雰囲気が台無しだという意見もありますが、反対に丸い形が可愛らしいと考える人もいらっしゃいます。その他にも店舗として利用する場合はもう建物だけで宣伝にもなるという利点があります。

発砲スチロールの家の一番良い点は何だと言っていますか。

1 宣伝として使えること
2 丸い形がかわいいこと
3 1日で完成してしまうこと
4 強度、断熱性に優れていること

4번

남자가 '발포 스티로폼' 집에 대해 말하고 있습니다.

남: 이것이 발포 스티로폼으로 지어진 700만 엔의 돔하우스입니다. 건물 그 자체는 어른 4명이 하루면 완성합니다. 전기, 수도공사를 넣어도 한 달에서 한 달 반으로 단기간에 완성되기 때문에, 재해 시의 피난시설로서의 이용에도 최적입니다. 발포 스티로폼이라고 하면 가벼워서 바람에 날라가 버린다든가, 무너지기 쉽다고 생각되기 쉽지만, 대단히 단단하고 강합니다. 실제로 재해에 강해서 대지진이 났을 때에도 대부분의 집이 무너진 가운데 발포 스티로폼 집만 그대로 남아 있었다고 합니다. 또 단열성도 대단히 뛰어납니다. 단 빗소리가 시끄럽다는 사람도 있지만, 해결을 위한 페인트 등을 현재 연구중입니다. 게다가 자연 속에 둥근 기묘한 집이 있으면 모처럼의 분위기를 망친다는 의견도 있습니다만, 반대로 둥근 모양이 귀엽다고 생각하는 분도 계십니다. 그외에도 점포로써 이용하는 경우에는 이미 건물만으로 홍보도 된다는 이점이 있습니다.

발포 스티로폼 집의 가장 좋은 점은 뭐라고 말하고 있습니까?

1 홍보로써 사용할 수 있는 점
2 둥근 모양이 귀여운 점
3 하루 만에 완성해 버리는 점
4 강도, 단열성이 뛰어난 점

해설 1번은 주거 등 홍보할 필요가 없는 경우도 있으므로 맞지 않다. 2번은 시골의 분위기를 망친다는 의견도 있으므로 맞지 않다. 3번은 건물만이라면 하루에 가능하지만 전기, 수도공사 등은 한 달 이상 걸리므로 완성할 수 없다. 4번은 지진에도 강하고 단열성도 뛰어나다고 했으므로 알맞다.

단어 発泡(はっぽう)スチロール 발포 스티로폼 | 水道(すいどう)工事(こうじ) 수도 공사 | 完成(かんせい) 완성 | 災害時(さいがいじ) 재해 시 | 避難(ひなん)施設(しせつ) 피난 시설 | 壊(こわ)れる 부서지다, (건물 등) 무너지다 | 硬(かた)い 딱딱하다, 단단하다 | 大地震(おおじしん) 대지진 | 断熱性(だんねつせい) 단열성 | 優(すぐ)れる 뛰어나다 | 塗料(とりょう) 도료, 페인트 | 加(くわ)えて 게다가, 더욱이 | 奇妙(きみょう)な 기묘한, 이상한 | せっかく 모처럼 | 雰囲気(ふんいき) 분위기 | 台無(だいな)しだ 엉망이 되다, 망쳐 놓다 | 店舗(てんぽ) 점포 | 宣伝(せんでん) 선전, 홍보 | 利点(りてん) 이점 | 強度(きょうど) 강도

社会学者が話しています。

F：多くの外国人観光客で溢れているような地域は仕事も豊富で活気があります。しかし、生活という点では住まいの賃貸料が高くなってそこから離れる人も出る始末です。また、アルバイト時給を上げても働く人がなかなか集まらないことも問題です。労働者にとって高い給料がもらえることはいいことですが、これが住民の生活を脅かすまでになってしまいました。ある観光地では高齢者の介護を担う施設が高すぎる給料を払えず廃業に追い込まれたそうです。観光業で潤っているのですから、その利益を住民生活に必要な分野に使ったらどうでしょうか。自治体ができることは色々あるのではないでしょうか。

社会学者の主張は何ですか。

1 観光客増加にはデメリットもある。
2 住民の生活を守るために自治体の対応が必要だ。
3 観光客にも住民にも良いことをしよう。
4 住民を脅かすものは排除したほうがいい。

5번

사회학자가 말하고 있습니다.

여：많은 외국인 관광객으로 넘쳐나는 지역은 일자리도 풍부하고 활기가 있습니다. 하지만 생활이라는 점에서는 주거 임대료가 비싸져서 그곳에서 떠나는 사람도 나오는 실정입니다. 또한, 아르바이트비 시급을 올려도 좀처럼 일할 사람이 모이지 않는 것도 문제입니다. 노동자에게 있어 높은 급여를 받을 수 있는 것은 좋은 일이지만, 이것이 주민의 생활을 위협할 정도가 되고 말았습니다. 어떤 관광지에서는, 고령자의 간호를 맡은 시설이 너무 높은 급여를 지불하지 못해 폐업에 몰렸다고 합니다. 관광업으로 이익을 얻고 있으니, 그 이익을 주민 생활에 필요한 분야에 사용하면 어떨까요. 자치단체가 할 수 있는 일은 여러 가지 있지 않을까요.

사회학자의 주장은 무엇입니까?

1 관광객 증가에는 단점도 있다.
2 주민의 생활을 지키기 위해 자치단체의 대응이 필요하다.
3 관광객과 주민 모두에게 좋은 일을 하자.
4 주민을 위협하는 것은 배제하는 편이 좋다.

해설 사회학자는 단순히 상황 설명을 넘어서 '그 이익을 주민 생활에 필요한 분야에 쓰자', 그리고 '자치단체가 할 수 있는 일도 있다'라고 말하며 정책적 대응을 제안하고 있다. 이 말은 곧 자치단체의 개입 필요성을 주장하는 것으로, 2번이 명확한 정답이다. 1번, 관광객 증가의 문제점 언급은 있었지만, 핵심 주장은 아니고 배경 설명일 뿐이다. 3번, '좋은 일을 하자'는 너무 일반적이고 추상적으로, 사회학자의 구체적 제안과 맞지 않다. 4번, 사회학자는 관광 자체를 배제하자고 하지 않고, 그 이익을 주민에게 환원하자고 제안했다.

단어 溢(あふ)れる (사람・물건이) 넘쳐나다 | 活気(かっき) 활기 | 住(す)まい 주거, 집 | 賃貸料(ちんたいりょう) 임대료 | ～始末(しまつ)だ ～하는 꼴(실정)이다〈주로 부정적 결과〉| 上昇(じょうしょう) 상승 | 脅(おびや)かす 위협하다 | ～までになる ～할 정도까지 되다 | 介護(かいご) 간호 | 担(にな)う 맡다, 담당하다 | 廃業(はいぎょう) 폐업 | 追(お)い込(こ)まれる 몰리다, 압박당하다 | 潤(うるお)う 윤택해지다, 이익을 얻다 | 利益(りえき) 이익 | 自治体(じちたい) 자치단체 | 排除(はいじょ) 배제

日本化粧品工業会の人が話しています。

M：以前から10代20代の間で韓国産化粧品の人気が高まっている風潮は感じていましたが、今回の調査の結果、それが30代40代にも普及してきたことが明確になりました。輸入額も2022年にフランスを抜いて首位に立ち10年前の約7倍である1000億円に達しました。日本の化粧品は長らくフランスといった海外からの輸入超過となっていましたが、2016年に初めて輸出額が輸入額を上回りました。中でも順調だった中国への輸出は、2021年に約4,000億円となりました。更に輸出を伸ばせると考えていたところ2023年に1000億円の減少となりました。その原因に韓国の影響があります。

6번

일본화장품공업회 사람이 말하고 있습니다.

여：예전부터 10대, 20대 사이에서 한국산 화장품의 인기가 높아지고 있는 분위기는 느끼고 있었지만, 이번 조사 결과, 그 인기가 30대, 40대에게도 널리 퍼졌다는 것이 명확해졌습니다. 수입액도 2022년에 프랑스를 제치고 1위에 올랐으며, 10년 전의 약 7배인 1000억 엔에 달했습니다. 일본의 화장품은 오랫동안 프랑스와 같은 해외로부터의 수입 초과 상태였으나, 2016년에 처음으로 수출액이 수입액을 앞질렀습니다. 그중에서도 순조로웠던 중국으로의 수출은 2021년에 약 4,000억 엔에 달했습니다. 더욱 수출을 늘릴 수 있다고 생각했는데, 2023년에 1000억 엔이 감소되었습니다. 그 원인에 한국의 영향이 있습니다.

日本化粧品工業会の人は何が問題だと言っていますか。

1 韓国の化粧品の売り上げが日本で最も多くなったこと
2 韓国からの輸入額がフランスを抜いて一位になったこと
3 韓国の化粧品が日本の輸出入に大きく影響していること
4 韓国の化粧品の輸出額が10年で7倍に増えていること

일본화장품공업회 사람은 무엇이 문제라고 말하고 있습니까?

1 한국 화장품의 매출이 일본에서 가장 많아진 것
2 한국에서의 수입액이 프랑스를 추월해 1위가 된 것
3 한국 화장품이 일본의 수출입에 크게 영향을 주고 있는 것
4 한국 화장품의 수출액이 10년 만에 7배로 증가한 것

해설 일본 시장 내 한국 화장품의 인기가 전 연령대로 확산되며 프랑스를 제치고 수입 1위를 기록했고, 동시에 일본의 주요 수출국인 중국에서도 한국에 밀려 수출액이 감소했다. 즉, 안팎으로 한국의 영향력이 커진 상황이 문제이므로 정답은 3번이다. 1번, '수입 화장품 중 1위'인 것과 '전체 시장 매출 1위'는 다르다. 2번, 프랑스를 이긴 사실 자체보다, 이 현상이 일본의 수출 실적 악화와 연결되어 있다는 점이 화자가 말하고자 하는 핵심 고민이다. 4번, 한국의 전 세계 수출액이 7배가 된 것이 아니라, 일본이 한국에서 사오는 금액(수입액)이 7배가 된 것이다.

단어 高(たか)まる 높아지다, 고조되다 | 風潮(ふうちょう) 풍조, 분위기, 사회적 경향 | 普及(ふきゅう)する 보급되다, 널리 퍼지다 | 〜を抜(ぬ)く 〜을 앞지르다(추월하다) | 首位(しゅい)に立(た)つ 1위에 오르다, 정상을 차지하다 | 長(なが)らく 오랫동안 | 超過(ちょうか) 초과 | 上回(うわまわ)る 상회하다, 앞지르다 | 順調(じゅんちょう) 순조로움 | 更(さら)に 더욱, 한층 | 減少(げんしょう) 감소 | 影響(えいきょう) 영향

7番　　　🎵듣기 3-07

コンサルタントが話しています。

M: 新入社員がすぐに辞めてしまうケースが増えています。労働条件も辞める理由になっていますが、一番の理由が人間関係です。ですから、ぎくしゃくしていると思ったら柔軟にサポートできる先輩がフォローしたり、所属を変更することです。「石の上にも3年」などということは当てはまらない時代です。所属は直ぐに変えられないでしょうから、「大変だね。どのぐらい頑張れそう?」などと労ったり、移動の可能性などを伝えたりすることが大切です。また、以前と違ってここでは成長が見込めないと考えて転職をする傾向もあります。こちらは「成長している感じ」を持たせることがいいです。少し頑張ればなんとかこなせるような仕事を与えて成功したら褒めることです。うまくできるようにサポートすることも大切です。辞めたくなるような状況を作らないことが大事です。

7번

컨설턴트가 말하고 있습니다.

남: 신입사원이 금방 그만두는 사례가 늘고 있습니다. 근무 조건도 그만두는 이유가 되지만, 가장 큰 이유가 인간관계입니다. 그래서, 관계가 삐걱거려 보이면 유연하게 서포트할 수 있는 선배가 도와주거나 소속(부서)을 변경해야 합니다. '고생 끝에 낙이 온다' 같은 말은 적합하지 않은 시대입니다. 소속은 바로 바꿀 수는 없을 테니, "힘들지? 얼마나 더 버틸 수 있을 것 같아?"와 같이 격려하거나, 이동 가능성 등을 전하는 것이 중요합니다. 또한, 예전과 달리, 여기서는 성장을 기대할 수 없다고 생각해서 이직하는 경향도 있습니다. 이 경우는 '성장하고 있다는 느낌'을 갖게 하는 것이 좋습니다. 조금만 노력하면 어떻게든 해낼 수 있을 만한 일을 맡기고, 성공하면 칭찬하는 것입니다. 잘 할 수 있도록 서포트하는 것도 중요합니다. 그만두고 싶어지는 상황을 만들지 않는 것이 중요합니다.

コンサルタントが重点的に話していることは何ですか。

1 辞めたい新入社員への望ましい対応
2 辞めたい新入社員と他の社員の違い
3 新入社員に対する特別な教育の必要性
4 新入社員が直ぐに辞める傾向にあること

컨설턴트가 중점적으로 말하고 있는 내용은 무엇입니까?

1 그만두고 싶은 신입 사원에 대한 바람직한 대응
2 그만두고 싶은 신입사원과 다른 사원들의 차이
3 신입 사원에 대한 특별 교육의 필요성
4 신입사원이 바로 그만두는 경향이 있다는 것

해설 지문의 핵심은 신입 사원이 그만두고 싶어 하는 두 가지 주요 원인(인간관계, 성장 부재)을 파악하고, 그에 따라 선배가 어떻게 위로하고, 어떻게 서포트하며, 어떤 업무를 부여해야 하는지 구체적인 '대응 방안'을 제시하는 것이다. 따라서 이 모든 내용을 아우르는 1번이 정답이다. 2번, 신입 사원의 퇴사 이유만 설명할 뿐, 다른 사원과의 차이점은 언급하지 않는다. 3번, 지문의 '성취감 부여'는 선배의 배려와 관리 차원이지, 체계적인 교육 프로그램을 뜻하지 않는다. 4번, 신입 사원이 바로 그만두는 경향은 지문 도입부의 배경일 뿐, 컨설턴트가 강조하는 해결책(대응)은 아니다.

8番　　🎵듣기 3-08

食肉業界の人が話しています。

F：韓国ほど急速ではないですが、代替肉がじわじわと日本市場に浸透してきました。代替肉は主に大豆やえんどう豆から作られているので環境に優しく健康にも良いと言われています。でもまだ価格が本物に追いついていないので、日本ではビーガン、ベジタリアン、宗教上の理由で肉を食べない人や一部の健康志向の強い人に食べられている傾向があります。よほど味がいいか調理が簡単でないとこれ以上の普及は難しいでしょう。しかし、2040年ごろには世界で消費される肉の半分以上が代替肉や培養肉になる見込みだそうです。本物の肉は高級品として残るしかない運命ではないでしょうか。

食肉業界の人は日本で代替肉の普及が遅れている理由は何だと言っていますか。

1 健康に関心がないから
2 使うメリットが少ないから
3 味がよくないから
4 まだ高級品だから

8번

식육 업계 사람이 말하고 있습니다.

여: 한국만큼 급속하지는 않지만 대체육이 서서히 일본 시장에 침투해 왔습니다. 대체육은 주로 콩이나 완두콩으로 만들어져서 친환경적이고 건강에도 좋다고 알려져 있습니다. 하지만 아직 가격이 진짜 고기를 따라잡지 못해서, 일본에서는 비건, 채식주의자, 종교상의 이유로 고기를 먹지 않는 사람이나 일부 건강 지향이 강한 사람들이 먹는 경향이 있습니다. 어지간히 맛이 좋거나 조리가 간단하지 않으면 더 이상의 보급은 어려울 것입니다. 하지만, 2040년쯤에는 세계에서 소비되는 고기의 절반 이상이 대체육이나 배양육이 될 전망이라고 합니다. 진짜 고기는 고급품으로 남을 수밖에 없는 운명이 아닐까요.

식육 업계 사람은 일본에서 대체육 보급이 늦어지고 있는 이유는 무엇이라고 말하고 있습니까?

1 건강에 관심이 없어서
2 이용할 장점이 적어서
3 맛이 좋지 않아서
4 아직 고급품이어서

청해 공략편

해설　화자는 "맛이 아주 좋거나 조리가 간단하지 않으면 이 이상의 보급은 어렵다"고 말했으므로, 현재 '사용의 추가적인 이점(맛, 편의성)'이 부족한 것이 보급이 늦는 핵심 이유이다. 따라서 정답은 2번이다. 1번, 일부 건강 지향적인 사람이 먹고 있다고 언급되어 있을 뿐 국민 전체가 건강에 무관심해서 늦는 것은 아니다. 3번, 현재 맛이 '좋지 않다'고 단정하지는 않았고, '아주 좋아야 한다'는 조건을 내세워 추가 이점 부족을 지적했다. 4번, 가격이 본래 고기에 미치지 못한다(비싸다)는 점은 이유 중 하나이지만, '맛과 조리의 간편함'에 대한 언급이 보급이 어려운 결정적 난점으로 더 강조되었다.

問題 4 / 문제 4

問題4では、問題用紙に何も印刷されていません。まず、文を聞いてください。それから、それに対する返事を聞いて、1から3の中から、最もよいものを一つ選んでください。

문제4에서는 문제용지에 아무것도 인쇄되어 있지 않습니다. 먼저 문장을 들어 주세요. 그리고 그것에 대한 응답을 듣고 1에서 3 중에서 가장 적당한 것을 하나 고르세요.

1番　🎵 듣기 4-01

F : 店員の応対いかんで売上げがもっと伸びますよ。
M : 1 みんなに応対がいかんと言います。
　　2 対応に満足されたいです。
　　3 店員教育をするようにします。

1번

여 : 점원의 응대 여하에 따라서 매출이 더 늘어나요.
남 : 1 모두에게 응대가 안 된다고 말하겠습니다.
　　2 대응에 만족되고 싶습니다.
　　3 점원 교육을 하도록 하겠습니다.

해설　여자는 점원들이 손님에게 응대하는 태도에 따라 매출이 늘어난다고 했으므로, 점원에게 교육을 시켜 응대하는 법을 배우게 하겠다는 3번이 정답이다.

단어　応対(おうたい) 응대 | ～いかんで ～여하에 따라서 | 売上(うりあ)げ 매출, 매상 | 伸(の)びる 늘어나다 | いかん 안 된다(いけない의 회화체) | 教育(きょういく) 교육

2番　🎵 듣기 4-02

M : 旅行先では桜ばかりか菜の花も満開でした。
F : 1 いい時期に行きましたね。
　　2 いい天気でよかったですね。
　　3 いい場所に行きたいですね。

2번

남 : 여행지에서는 벚꽃뿐만 아니라 유채꽃도 만개했습니다.
여 : 1 좋은 시기에 갔군요.
　　2 날씨가 좋아서 다행이네요.
　　3 좋은 곳에 가고 싶네요.

해설　남자는 여행지에 벚꽃뿐만 아니라 마침 유채꽃도 만개했다고 말하고 있으므로, 벚꽃도 유채꽃도 피는 좋은 시기에 갔다고 말한 1번이 적절하다.

단어　旅行先(りょこうさき) 여행지 | 桜(さくら) 벚꽃 | ～ばかりか ～뿐만 아니라 | 菜(な)の花(はな) 유채꽃 | 満開(まんかい) 만개

3番　🎵 듣기 4-03

M : 悪いけど平社員なんか相手にできないよ。
F : 1 重役だったら馬鹿にできませんよ。
　　2 悪いことをしてはいけません。
　　3 平社員を馬鹿にしてはいけませんよ。

3번

남 : 미안하지만 평사원은 상대가 안 돼.
여 : 1 임원이라면 무시하지 못해요.
　　2 나쁜 짓을 해서는 안 돼요.
　　3 평사원을 무시해서는 안 돼요.

해설　남자는 평사원은 상대가 안 된다고 모욕하고 있기 때문에, 평사원을 무시하지 말라고 한 3번이 정답이 된다. 悪い는 '나쁘다'라는 뜻 이외에 '미안하다'라는 의미도 있다.

단어　平社員(ひらしゃいん) 평사원 | ～なんか ～따위, ～같은 것 | 相手(あいて) 상대 | 重役(じゅうやく) 중역, 임원 | 馬鹿(ばか)にする 무시하다, 깔보다

4番 　🎵 듣기 4-04

F：金メダルが取れるでしょうか。

M：1 結果のいかんにかかわらず努力をほめてやりたいです。

　　2 結果いかんで取りたいです。

　　3 結果のいかんにかかわらず取れると思います。

4번

여：금메달을 딸 수 있을까요?

남：1 결과 여하에 관계없이 노력을 칭찬해 주고 싶습니다.

　　2 결과 여하에 따라 따고 싶습니다.

　　3 결과 여하에 관계없이 딸 수 있다고 생각합니다.

해설　금메달을 딸 수 있을지 묻는 여자에게 결과가 어떻게 되더라도 노력은 칭찬하고 싶다고 말한 1번이 정답이 된다.

단어　メダルを取(と)る 메달을 따다 | ～いかんにかかわらず ～여하에 관계없이 | 努力(どりょく) 노력 | ほめる 칭찬하다

5番 　🎵 듣기 4-05

M：山田は年ばっかり食って、こんなこともできないんだから。

F：1 若いから仕方がないですよ。

　　2 年の割に経験が少ないんですよ。

　　3 老人ばかりですから無理なんです。

5번

남：야마다는 나이만 먹고 이런 일도 못한다니까.

여：1 젊으니까 어쩔 수 없어요.

　　2 나이에 비해 경험이 적어요.

　　3 노인뿐이라서 무리예요.

해설　야마다가 나이가 많은데도 불구하고 이런 일, 즉 간단한 일도 할 수 없다고 비난하는 남자에게, 나이에 비해 경험이 적어서 그렇다고 이유를 말한 2번이 정답이 된다.

단어　年(とし)を食(く)う 나이를 먹다 | 仕方(しかた)がない 어쩔 수 없다 | ～の割(わり)に ～에 비해서 | 経験(けいけん) 경험 | 老人(ろうじん) 노인

6番 　🎵 듣기 4-06

M：いかに生活に困ろうが、国から援助してもらいたくない。

F：1 そんなこと言ったが最後、もらえる物ももらえなくなるわよ。

　　2 そんなこと言ったが最後、生活費をあげるようになるわよ。

　　3 そんなこと言ったが最後、少し考えたほうがいいわよ。

6번

남：아무리 생활이 어려워도 나라에서 도움을 받고 싶지 않아.

여：1 일단 그런 말을 했다 하면, 받을 수 있는 것도 받을 수 없게 돼.

　　2 일단 그런 말을 했다 하면, 생활비를 주게 돼.

　　3 일단 그런 말을 했다 하면, 조금 생각하는 게 좋아.

해설　남자가 아무리 생활이 힘들어도 나라에서 도움을 받고 싶지는 않다고 하자, 그런 말을 하면 본래 받을 수 있는 것도 받을 수 없게 된다고 한 1번이 정답이 된다.

단어　いかに～(よ)うが 아무리 ～하더라도 | 援助(えんじょ) 원조, 도움 | ～たが最後(さいご) 일단 ～했다 하면 | 生活費(せいかつひ) 생활비

7番 　🎵 듣기 4-07

F：ちゃんと戸締まりしてきた？

M：1 ええ、閉めっぱなしにしてきましたよ。

　　2 ええ、しっかり確認してきましたよ。

　　3 ええ、窓を開けっぱなしにしてきましたよ。

7번

여：제대로 문단속하고 왔어？

남：1 네, 닫아둔 채로 하고 왔어요.

　　2 네, 확실히 확인하고 왔어요.

　　3 네, 창문을 열어둔 채로 하고 왔어요.

해설 제대로 문단속을 하고 왔냐고 문단속의 여부를 묻는 여자의 말에 확실히 확인하고 왔다는 2번이 정답이 된다. 1번은 閉(し)めっぱなしに
してきましたよ가 아니라 閉めてきましたよ로 말하는 것이 적당하다.

단어 戸締(とじ)まり 문단속 | 閉(し)める 닫다 | ～っぱなし ～한 채로 | 確認(かくにん) 확인

8番 ^{ばん}　🎵 듣기 4-08

F：お忙しいところお出でくださいましてありがとうございます。

M：1 何かおいて出かけなければならなかったんです。
　　2 本当によくいらっしゃいました。
　　3 何をおいても出席したかったんです。

8번

여 : 바쁘신 중에 와 주셔서 감사합니다.
남 : 1 뭔가 두고 나서야 했습니다.
　　2 정말로 잘 오셨습니다.
　　3 만사를 제쳐놓고 참석하고 싶었습니다.

해설 방문해 준 남자에게 바쁘신 중에 와 주셔서 감사하다는 인사를 하고 있다. 따라서 그에 대한 응답은 만사를 제쳐두고라도 참석하고 싶었다
는 3번이 가장 잘 어울린다. 1번은 何かおいて가 아니라 何(なに)をおいても(만사를 제쳐놓고)로 말해야 한다.

단어 お忙(いそが)しいところ 바쁘신 중에 | お出(い)でくださいまして 와 주셔서 | 出席(しゅっせき) 출석, 참석

9番 ^{ばん}　🎵 듣기 4-09

M：いくらお金を稼いでも病気になったらそれまでだよ。

F：1 ええ、お金があって助かります。
　　2 ええ、健康第一ですね。
　　3 ええ、お金がたくさん要りますね。

9번

남 : 아무리 돈을 벌어도 병에 걸리면 그것으로 끝이야.
여 : 1 네, 돈이 있어서 살았습니다.
　　2 네, 건강이 제일이죠.
　　3 네, 돈이 많이 필요하네요.

해설 아무리 돈을 많이 벌어도 병에 걸리면 아무 소용없다는 남자의 말에 건강이 제일이라고 동의한 2번이 정답이 된다. ～たらそれまでだ는
'～하면 그것으로 끝이다'라는 뜻의 기능어이다.

단어 お金(かね)を稼(かせ)ぐ 돈을 벌다 | 病気(びょうき)になる 병에 걸리다 | 助(たす)かる 목숨을 건지다, 도움이 되다 | 第一(だいいち)
제일, 가장 | 要(い)る 필요하다

10番 ^{ばん}　🎵 듣기 4-10

F：話を聞いた限りではお金は貸せません。

M：1 そんなに話を限らないでください。
　　2 限界はいくらですか。
　　3 担保も出しますからお願いします。

10번

여 : 이야기를 들은 바로는 돈은 빌려 줄 수 없습니다.
남 : 1 그렇게 이야기를 한정하지 마세요.
　　2 한계는 얼마입니까?
　　3 담보도 낼 테니까 부탁합니다.

해설 누군가에게 이야기를 듣고 돈을 빌려 줄 수 없다는 여자의 말에, 돈을 빌리기 위해서 담보도 내겠다고 한 3번이 정답이 된다. ～限(かぎ)り
では는 '～한 바로는'이라는 뜻의 기능어이다. 1번의 話を限る는 쓰지 않는 표현으로, ～を限(かぎ)る는 기일·날짜 등을 한정하거나 塀
(へい)で土地(とち)を限る(담으로 땅을 한정하다, 경계 짓다)와 같은 경우에 사용된다.

단어 貸(か)す 빌려주다 | 限界(げんかい) 한계 | 担保(たんぽ) 담보 | 出(だ)す 내다, 제시하다

11番　🎵 듣기 4-11

F：明日のコンサートに行きますか。
M：1　切符がないので行こうにも行けません。
　　2　行こうが行くまいが気にしません。
　　3　明日行っても行かなくても気が済みます。

11번

여 : 내일 콘서트에 가나요?
남 : 1　표가 없어서 가려고 해도 갈 수 없습니다.
　　2　가든 안 가든 신경쓰지 않습니다.
　　3　내일 가든 안 가든 마음이 놓입니다.

해설　내일 콘서트에 가느냐는 질문에, 가려고 해도 표가 없어서 갈 수 없다고 한 1번이 답이 된다. 2번은 자신의 행동에 대한 의견이지만 답변으로는 적당하지 않다.

단어　切符(きっぷ) 표, 티켓 | ～(よ)うにも～(でき)ない는 ～하려 해도 ～할 수 없다 | ～(よ)うが～まいが ～하든 ～하지 않든 | 気(き)にする 신경쓰다 | 気(き)が済(す)む 마음이 놓이다, 후련해지다

12番　🎵 듣기 4-12

M：また男の子が生まれちゃったんです。
F：1　男か女かどちらがいいんですか。
　　2　男であれ女であれ元気ならいいですよ。
　　3　男も女も健康が一番ですね。

12번

남 : 또 남자아이가 태어나 버렸습니다.
여 : 1　남자 여자, 어느 쪽이 좋아요?
　　2　남자든 여자든 건강하면 돼요.
　　3　남자도 여자도 건강이 제일이네요.

해설　남자는 또 남자아이가 태어났다고 하며 여자아이를 원했다는 마음을 표현하고 있다. 따라서 남자든 여자든 건강하면 된다고 말한 2번이 정답이 된다. 1번, 이미 아이가 태어난 상황에서 어느 쪽이 좋냐고 묻는 것은 뒤늦은 질문이라 부적절하다. 3번, '남녀 모두 건강이 최고다' 라는 일반적인 상식을 나열하는 말투여서, 상대방에 대한 위로로서는 2번보다 어색하다.

단어　生(う)まれる 태어나다 | ～か～か ～인가 ～인가〈선택〉 | ～であれ～であれ ～이든 ～이든 | 健康(けんこう) 건강

13番　🎵 듣기 4-13

M：ここまで楽に来られましたか。
F：1　暗くなってしまったので心細い限りでした。
　　2　地図があったので楽な限りでした。
　　3　前に聞いていたので限りがわかりました。

13번

남 : 여기까지 편하게 오셨습니까?
여 : 1　어두워져 버려서 너무 불안했어요.
　　2　지도가 있어서 아주 편했습니다.
　　3　전에 들었기 때문에 한계를 알았습니다.

해설　여기까지 편하게 오셨냐는 질문이므로, 오는 데 어두워져서 너무 불안했다는 1번이 적절하다. ～限(かぎ)りだ는 '너무 ～하다, ～하기 짝이 없다'는 뜻으로, 心細い限りだ(너무 불안하다), 嬉しい限りだ(기쁘기 그지없다)와 같이 주로 감정을 나타내는 형용사와 함께 쓰인다. 2번, 한국어로는 '아주 편했습니다'라고 해석되어 맞을 것 같지만, 일본어에서 楽な限りでした는 아주 부자연스러운 표현이다. 楽(らく)는 단순히 상태나 상황을 나타내는 경우가 많으므로, '도움이 되었습니다(助かりました)' 혹은 '편하게 올 수 있었습니다(楽に来られました)'라고 하는 것이 자연스럽다. 3번, 여기서의 '한계(限り)'는 명사(끝, 한계)로 쓰여, 맥락상 전혀 맞지 않다.

단어　楽(らく)に 편안하게, 수월하게 | 来(こ)られる 오시다〈존경〉, 올 수 있다〈가능〉 | 心細(こころぼそ)い 불안하다 | ～限(かぎ)りだ 너무 ～하다, ～하기 짝이 없다 | 地図(ちず) 지도

14番　🎵 듣기 4-14

F：あなたをおいてこの難しい仕事ができる人はどこにもいませんよ。
M：1　お世辞を言っても引き受けませんよ。
　　2　難しい仕事ならやる気が出るんですけど。
　　3　誰にでもできることなんかやりたくないですね。

14번

여 : 당신 말고는 이 어려운 일을 할 수 있는 사람은 어디에도 없어요.
남 : 1　달콤한 말을 해도 맡지 않을 거예요.
　　2　어려운 일이라면 의욕이 생기지만요.
　　3　누구든 할 수 있는 일 같은 건 하고 싶지 않네요.

15番 ばん　🎵 듣기 4-15

M: 道路の拡張工事のせいで引っ越しを余儀なくされたんです。

F : 1　引っ越しできてよかったですね。

　　2　引っ越ししなくちゃ駄目ですよ。

　　3　引っ越し大変だったでしょう。

15번

남: 도로 확장 공사 탓에 어쩔 수 없이 이사하게 됐어요.

여 : 1　이사하게 되어서 잘됐네요.

　　2　이사하지 않으면 안 돼요.

　　3　이사 힘들었죠?

16番 ばん　🎵 듣기 4-16

M: 先日のご提案ですが、承知しかねます。

F : 1　それでも飲んでもらうほかありません。

　　2　それでは飲んでいただけるのですね。

　　3　それを飲んでくださって助かりました。

16번

남: 일전의 제안 말인데요, 받아들이기 어렵습니다.

여 : 1　그래도 받아들여 주시는 수밖에 없습니다.

　　2　그럼 받아들여주시는 거군요.

　　3　그것을 받아주셔서 도움이 됐습니다.

17番 ばん　🎵 듣기 4-17

F: 山田さんの発言を皮切りに色々な意見が出ました。

M: 1　じゃ、もっと発言して欲しかったですね。

　　2　じゃ、面白い意見もあったでしょう。

　　3　じゃ、みんなが同じ意見だったんですね。

17번

여: 야마다 씨의 발언을 시작으로 다양한 의견이 나왔습니다.

남: 1　그럼 좀 더 발언하셨으면 했네요.

　　2　그럼 재미있는 의견도 있었죠?

　　3　그럼 모두가 같은 의견이었군요.

18番 　　🎵 듣기 4-18

M：清、また、靴下脱ぎっぱなしだったよ。
F：1 あなた、何とか言ってくださいよ。
　　2 いつもはきちんとしているんだけど。
　　3 大目にみてばかりいるんだから。

18번

남：기요시, 또 양말 벗어놓은 채로 뒀어.
여：1 여보, 뭐라고 말 좀 해 줘요.
　　2 평소에는 제대로 하고 있는데.
　　3 봐주기만 하니까.

해설　1번은 아내가 남편에게 주의를 주도록 부탁하고 있으므로 알맞다. 2번, '평소에(항상) 제대로 한다'는 말은 현재 '또(また)' 그랬다는 상황과 모순된다. 3번에서 大目にみる는 '봐주다'라는 뜻의 숙어표현이므로, 남편이 봐주기만 하지 않고 잔소리를 하고 있으므로 맞지 않다.

단어　靴下(くつした) 양말 | 脱(ぬ)ぐ 벗다 | ～っぱなし ～한 채로 둠 | 何(なん)とか 무언가 | きちんと 제대로, 똑바로 | 大目(おおめ)にみる 너그럽게 봐주다 | ～てばかりいる ～하고만 있다

19番 　　🎵 듣기 4-19

M：1億円当たったなんて夢みたいだ。
F：1 本当かどうか顔を洗ってみたら。
　　2 本当かどうか頭を触ってみたら。
　　3 本当かどうかほっぺたつねってみたら。

19번

남：1억 엔에 당첨됐다니 꿈만 같아.
여：1 정말인지 아닌지 세수해보는 게 어때?
　　2 정말인지 아닌지 머리를 만져보는 게 어때?
　　3 정말인지 아닌지 볼을 꼬집어보는 게 어때?

해설　기쁜 일이 있었을 때, 꿈이 아닌 것을 확인하기 위해 하는 동작은 '볼 꼬집기' 밖에 없으므로 3번이 답이 된다. ～なんて는 '～하다니'란 뜻으로, 예상치 못한 결과에 놀라는 감정을 나타낸다.

단어　当(あ)たる 당첨되다 | ～みたいだ (마치) ～같다 | 触(さわ)る 만지다 | ほっぺた 뺨 | つねる 꼬집다

20番 　　🎵 듣기 4-20

F：健康診断で再検査って言われたのよ。
M：1 健康診断なんか受けたせいだよ。
　　2 まだ病気って決まったわけじゃないよ。
　　3 癌なら早めにわかったほうがいいよ。

20번

여：건강검진에서 재검사란 말을 들었어.
남：1 건강검진 같은 걸 받은 탓이야.
　　2 아직 병에 걸렸다고 결정된 것은 아니야.
　　3 암이라면 빨리 아는 편이 나아.

해설　1번은 건강검진을 받은 것이 나쁘다고 말하므로 맞지 않다. 2번은 위로하는 말이므로 알맞다. 3번, 불안한 사람을 더욱 불안하게 하는 말은 하지 않는 것이 좋으므로 맞지 않다.

단어　健康(けんこう)診断(しんだん) 건강검진 | 再検査(さいけんさ) 재검사 | ～わけじゃない ～한 것은 아니다 | 癌(がん) 암

21番 　　🎵 듣기 4-21

F：アリさんは大げさなんだから、話半分に聞いておきなさいよ。
M：1 はい、半分聞いておくから大丈夫ですよ。
　　2 はい、いい加減に聞いておくから大丈夫ですよ。
　　3 はい、割り引いて聞いておくから大丈夫ですよ。

21번

여：아리 씨는 과장이 심하니까, 반쯤 깎아서 들어 둬.
남：1 네, 절반 들어두니까 괜찮아요.
　　2 네, 되는 대로 들어두니까 괜찮아요.
　　3 네, 가감해서(걸러서) 들어두니까 괜찮아요.

해설 話半分に聞くは 아리 씨의 말을 모두 사실로 듣지 말라는 말이므로 3번이 가장 적당하다. 1번은 양적으로 절반만 듣는다는 의미이고, 2번 의 いい加減に聞く는 '듣는 행위 자체를 대충 한다'는 뜻이 되므로 적절하지 않다.

단어 大(おお)げさ 과장됨 | 話半分(はなしはんぶん) に聞(き)く 반쯤 깎아서 듣다, 에누리해서 듣다 | 割(わ)り引(び)く 할인하다, 가감하다, 걸러서 듣다 | いい加減(かげん)に 되는 대로, 대충

22番　🎵 듣기 4-22

M: 仕事をさぼっている時に限って社長が来るんだから。
F : 1 ほんと、人が悪いね。
　　2 ほんと、ばつが悪いね。
　　3 ほんと、都合が悪いね。

22번

남: 꼭 일을 농땡이 치고 있을 때 사장님이 온다니까.
여: 1 정말, 사람이 나쁘네.
　　2 정말, 난처하네.
　　3 정말, 사정이 안 좋네.

해설 남자의 말은 오지 않았으면 좋을 때에 꼭 온다는 의미이다. 1번은 사장님의 성격이 나쁘다고 말한 것이 아니므로 맞지 않다. 2번의 ばつが 悪い는 '난처하다'는 뜻이므로, 알맞다. 3번의 都合が悪い는 무언가를 하는 것이 사정이나 형편상 어렵다는 것을 나타낸다. 예를 들어 날 짜나 장소 등이 맞지 않아 만날 수 없을 때 등에 사용하는 표현이다.

단어 さぼる 게으름을 피우다, 농땡이 치다 | ～に限(かぎ)って ～에 한해서, 꼭 ～할 때 | ばつが悪(わる)い 난처하다, 민망하다 | 都合(つご う)が悪(わる)い 사정이 좋지 않다

23番　🎵 듣기 4-23

F : きれい好きな姉にひきかえ妹のほうはだらしないんで
　　す。
M: 1 それがお悩みの実ですか。
　　2 それはさぞお困りでしょう。
　　3 それは問題にするほどなんです。

23번

여: 깔끔한 것을 좋아하는 언니와는 달리 여동생은 칠칠치 못해요.
남: 1 그것이 고민의 실체인가요?
　　2 그거 정말 곤란하시겠군요.
　　3 그건 문제 삼을 정도예요.

해설 여자가 언니와 여동생의 상반된 성격 때문에 겪는 어려움을 이야기하고 있으므로, '분명 곤란할 것이다'라고 공감하는 2번이 가장 적절하 다. 1번, 実 대신 種를 사용하여 悩(なや)みの種(たね)라고 하면 어울리는 대화가 된다. 3번, 「ほどじゃない」「ほどなんですか」라고 하 면 맞는 표현이 된다.

단어 ～にひきかえ ～와는 반대로, ～와는 달리 | だらしない 칠칠치 못하다 | 悩(なや)みの種(たね) 고민거리, 걱정거리 | さぞ～でしょう 분명(필시) ～하겠군요 | お困(こま)り 곤란함

24番　🎵 듣기 4-24

F : 弟の受賞を聞いて母は涙を流しました。
M: 1 お母さんは落胆しすぎだね。
　　2 お母さんは感極まったんだね。
　　3 お母さんは態度で示すべきだね。

24번

여: 남동생의 수상을 듣고 어머니는 눈물을 흘렸어요.
남: 1 어머니는 너무 실망하셨구나.
　　2 어머니는 감정이 북받치셨나 보네.
　　3 어머니는 태도로 보여 주셔야지.

해설 '수상을 듣고 눈물을 흘렸다'는 것은 기쁨이나 감동이 극에 달했음을 의미하는 감정 표현이다. 따라서 감동을 받아 강한 감정을 표현한 2번 이 적합하다. 1번, 실망하지 않았기 때문에 틀리다. 3번, 이미 감정을 표현했으므로 맞지 않다.

단어 受賞(じゅしょう) 수상 | 涙(なみだ)を流(なが)す 눈물을 흘리다 | 落胆(らくたん) 낙담, 실망 | 感極(かんきわ)まる 감정이 북받치다, 벅차오르다

<table>
<tr><td>

25<ruby>番<rt>ばん</rt></ruby>   🎵 듣기 4-25

F : <ruby>教授<rt>きょうじゅ</rt></ruby>が<ruby>基本的<rt>きほんてき</rt></ruby>なことを<ruby>間違<rt>まちが</rt></ruby>えるなんて。

M : 1 <ruby>猿<rt>さる</rt></ruby>も<ruby>木<rt>き</rt></ruby>から<ruby>落<rt>お</rt></ruby>ちるっていうから。

    2 <ruby>失敗<rt>しっぱい</rt></ruby>は<ruby>成功<rt>せいこう</rt></ruby>の<ruby>元<rt>もと</rt></ruby>っていうのに。

    3 <ruby>三度目<rt>さんどめ</rt></ruby>の<ruby>正直<rt>しょうじき</rt></ruby>を<ruby>期待<rt>きたい</rt></ruby>したいね。

</td><td>

25번

여 : 교수가 기본적인 것을 틀리다니.

남 : 1 원숭이도 나무에서 떨어진다고 하니까.

    2 실패는 성공의 어머니라고 하는데.

    3 세 번째야말로 진실이기를 기대하고 싶네.

</td></tr>
</table>

해설 교수가 기본적인 것을 틀린 상황은, 아무리 뛰어난 전문가라도 실수할 수 있다는 속담 1번에 해당한다. 2번, '실패는 성공의 어머니'란 실패에 좌절하지 말고 그것을 발판 삼아 노력해야 한다는 속담이므로 맞지 않다. 3번, '세 번째야말로 진실'은 세 번 시도하면 성공한다는 속담이므로 맞지 않다.

단어 猿(さる)も木(き)から落(お)ちる 원숭이도 나무에서 떨어진다 | 失敗(しっぱい)は成功(せいこう)の元(もと) 실패는 성공의 어머니 | 三度目(さんどめ)の正直 (しょうじき) 세 번째야말로 진실

<table>
<tr><td>

26<ruby>番<rt>ばん</rt></ruby>   🎵 듣기 4-26

M : この<ruby>小説<rt>しょうせつ</rt></ruby>は<ruby>胸<rt>むね</rt></ruby>に<ruby>響<rt>ひび</rt></ruby>くものが<ruby>何<rt>なに</rt></ruby>もなかったなあ。

F : 1 <ruby>心<rt>こころ</rt></ruby>に<ruby>響<rt>ひび</rt></ruby>けばいいのよ。

    2 <ruby>胸<rt>むね</rt></ruby>を<ruby>打<rt>う</rt></ruby>ったら<ruby>痛<rt>いた</rt></ruby>いでしょう。

    3 <ruby>売<rt>う</rt></ruby>れているからいいんじゃない。

</td><td>

26번

남 : 이 소설은 마음에 울리는 것이 아무것도 없었어.

여 : 1 마음에 울리면 되는거야.

    2 가슴을 치면 아프겠지.

    3 잘 팔리고 있으니까 괜찮지 않아?

</td></tr>
</table>

해설 남자가 소설에 감동을 받지 못했다고 말하므로, 3번 감동을 못 받아도 '잘 팔리니까 괜찮다'가 대답으로 적합하다. 1번, 마음에 울리는 것이 없다는 말에 마음에 울리면 된다는 대답은 모순이다. 2번, '가슴을 친다'는 물리적 동작을 말하는 표현이므로 맞지 않다.

단어 胸(むね)に響(ひび)く 마음에 울리다, 감동하다 | 心(こころ)に響(ひび)く 마음에 울리다, 심금을 울리다 | 売(う)れる 잘 팔리다

<table>
<tr><td>

27<ruby>番<rt>ばん</rt></ruby>   🎵 듣기 4-27

M : マリさん、<ruby>家族<rt>かぞく</rt></ruby>の<ruby>反対<rt>はんたい</rt></ruby>をものともせずにとうとう<ruby>結婚<rt>けっこん</rt></ruby>したんだって。

F : 1 マリさん、よく<ruby>思<rt>おも</rt></ruby>い<ruby>切<rt>き</rt></ruby>ったわね。

    2 マリさん、<ruby>心変<rt>こころが</rt></ruby>わりしたのね。

    3 マリさん、いつまでぐずぐずしてるのかな。

</td><td>

27번

남 : 마리 씨, 가족의 반대를 개의치 않고 결국 결혼했대.

여 : 1 마리 씨, 정말 잘 결심했네.

    2 마리 씨, 마음이 변했구나.

    3 마리 씨, 언제까지 꾸물거릴까.

</td></tr>
</table>

해설 '가족의 반대'라는 큰 장애를 무릅쓰고 결혼을 결정한 것에 대해 '잘 결심했다'고 말해주는 1번이 가장 자연스럽다. 2번, 결혼을 결심한 상태에서 마음이 변한 것이 아니므로 틀리다. 3번, 결혼을 이미 했으므로 '머뭇거린다'는 대답은 맞지 않다.

단어 〜をものともせずに 〜를 개의치 않고, 〜를 무릅쓰고 | 思(おも)い切(き)る ①결심하다 ②단념하다 | 心変(こころが)わり 변심, 마음이 변함 | ぐずぐずする 꾸물거리다

청해 공략편

28番　🎵 듣기 4-28

M: 先生はどうして怒っているのかな。

F：1 そんなことで怒ったままなんだ。

　　2 そんなこと言い訳がましいんじゃない。

　　3 そんなこと言うまでもないでしょ。

28번

남 : 선생님은 왜 화가 나 있는 걸까?

여 : 1 그런 걸로 계속 화가 난 상태구나.

　　2 그런 건 변명하는 것 같잖아.

　　3 그런 건 말할 필요도 없지.

해설　선생님이 화내는 이유가 너무 명백해서 굳이 물어볼 필요가 없다는 의미를 言うまでもない로 표현하고 있다. 1번은 화난 이유가 아닌 '상태'만 반복하므로 답이 될 수 없다. 2번은 답이 되려면 "네 태도가 변명하는 것 같아서 화나신 거야"라는 인과관계(～から)가 명확해야 한다. 즉 言い訳がましいからじゃない가 되면 답이 될 수 있다.

단어　言(い)い訳(わけ) 변명 | ～がましい ～하는 것 같다 | 言(い)うまでもない 말할 필요도 없다, 당연하다

29番　🎵 듣기 4-29

F : 真理さん、声を震わせて衝突事故のことを話していた

　　わ。

M: 1 すごく面白かったんだな。

　　2 よっぽど怖かったんだな。

　　3 喉の病気じゃないかな。

29번

여 : 마리 씨, 목소리를 떨면서 충돌 사고에 대해 이야기했어.

남 : 1 굉장히 재미있었나 보네.

　　2 꽤 무서웠나 보네.

　　3 목에 병이 난 게 아닐까?

해설　목소리를 떨었다는 것은 두려움이나 충격 같은 감정 때문일 가능성이 높으므로, '꽤 무서웠을 것'이라고 추측하는 2번이 자연스럽다. 1번은 사고가 재미있었다는 표현이므로 틀리고, 3번은 사고와 관련된 이야기인데, 목과 관련된 병을 추측하는 것은 맞지 않다.

단어　声(こえ)を震(ふる)わせる 목소리를 떨게 하다(떨다) | 衝突(しょうとつ)事故(じこ) 충돌 사고 | よっぽど 상당히, 꽤 | 喉(のど) 목(구멍)

30番　🎵 듣기 4-30

M: 山田は必要に迫られて借金を重ねたんだよ。

F : 1 そこまで困っていたとは知らなかったわ。

　　2 山田さんって借金を気にしない人なのね。

　　3 全くちびちびあちこちで借りるなんて。

30번

남 : 야마다는 필요에 쫓겨서(어쩔 수 없이) 빚을 거듭한 거야.

여 : 1 그렇게까지 곤란했는지는 몰랐어.

　　2 야마다 씨는 빚을 신경 쓰지 않는 사람이구나.

　　3 정말이지 조금씩 여기 저기서 빌리다니.

해설　'필요에 쫓겨서'라는 말은 어쩔 수 없는 상황이었음을 의미하므로, '그렇게까지 곤란했는지는 몰랐다'고 공감하는 1번이 적절한 반응이다. 2번은 신경 쓰지 않고 빚을 지는 것이 아니라 절박한 상황에서 빚을 진 것이므로 틀리다. 3번은 빚을 진 방식에 대해 알 수 없고, まったく ～なんて(정말이지 ～하다니)라고 비난하고 있으므로 맞지 않다.

단어　必要(ひつよう)に迫(せま)られる 필요에 쫓기다, 어쩔 수 없이 ～하게 되다 | 借金(しゃっきん)を重(かさ)ねる 빚을 거듭하다 | ちびちび 조금씩

問題 5

問題 5 では長めの話を聞きます。この問題には練習はありません。問題用紙にメモをとってもかまいません。

1番、2番、3番、4番

問題用紙に何も印刷されていません。まず話を聞いてください。それから、質問とせんたくしを聞いて、1 から 4 の中から、最もよいものを一つ選んでください。

1番　🎵 듣기 5-01

日本人の男の人と外国人の 2 人の女の人が話しています。

M：日本の食べ物はどうでしたか。

F1：おいしかったし、目の前で調理してくれるスタイルを初めて見てとても気に入ったわ。

F2：私も初めて見たわ。自分で作って食べたのも新鮮でよかったわ。

M：お好み焼きのことですか。

F1：ええ、とっても楽しかったわ。

F2：料理は嫌いだと言っていたのに…。

F1：それとこれとは別よ。すき焼きもお好み焼きも準備はもう全部できているから。

M：最後にみんなで一緒に作るのが楽しいんですよね。

F1：そうなのよ。イギリスに帰ったら是非やってみたいわ。

M：道具が必要でしょう？河童橋に行きましょう。調理用具をいろいろ売っていますよ。

F2：私も料理が好きだから行きたいわ。日本には便利な道具がいろいろあるって聞いているし。

M：ぜひ、行きましょう。見るだけでも楽しいところですよ。

女の人達はどんなことがよかったと言っていますか。

1 日本に料理の作り方を教えるレストランがあったこと
2 日本には客が最初から自分で料理する店があったこと
3 日本では料理を作ることをショーとして扱っていたこと
4 日本のレストランで珍しい体験ができたこと

문제 5

문제5에서는 긴 이야기를 듣습니다. 이 문제에는 연습은 없습니다. 문제용지에 메모를 해도 상관없습니다.

1번, 2번, 3번, 4번

문제용지에 아무것도 인쇄되어 있지 않습니다. 먼저, 이야기를 들어 주세요. 그리고 질문과 선택지를 듣고 1에서 4 중에서 가장 적당한 것을 하나 고르세요.

1번

일본인 남자와 외국인 여자 두 명이 이야기하고 있습니다.

남 : 일본 음식은 어땠어요?

여1 : 맛있었고, 눈앞에서 요리해 주는 스타일을 처음 봐서 너무 마음에 들었어.

여2 : 나도 처음 봤어. 직접 만들어서 먹은 것도 신선하고 좋았어.

남 : 오코노미야키 말인가요?

여1 : 응, 정말 재미있었어.

여2 : 요리는 싫어한다고 했으면서…….

여1 : 그것과 이것은 별개야. 스키야키도 오코노미야키도 준비는 이미 다 되어 있으니까.

남 : 마지막에 다 함께 만드는 것이 재미있는 거죠?

여1 : 맞아. 영국에 돌아가면 꼭 해보고 싶어.

남 : 도구가 필요하겠죠? 캇파바시로 가요. 조리 용구를 여러 가지 팔고 있어요.

여2 : 나도 요리를 좋아해서 가고 싶어. 일본에는 편리한 도구가 이것저것 있다는 이야기도 들었어.

남 : 꼭 가요. 보기만 해도 재미있는 곳이에요.

여자들은 어떤 것이 좋았다고 말하고 있습니까?

1 일본에 요리 만드는 법(레시피)을 가르쳐주는 레스토랑이 있었던 것
2 일본에는 손님이 처음부터 직접 요리하는 가게가 있었던 것
3 일본에서는 요리 만드는 것을 쇼로 다루었던 것
4 일본의 레스토랑에서 색다른 체험을 할 수 있었던 것

해설 여자들은 처음으로 눈앞에서 요리하는 것을 보았고, 직접 만들어 먹는 체험을 신선하게 느꼈다고 했으므로 4번이 알맞다. 1번, 오코노미야키처럼 '손님이 직접 만드는' 스타일이 좋았다는 것이지, 정식으로 '요리 레시피'를 가르쳐 주는 레스토랑을 언급한 것은 아니다. 2번. 준비는 가게에서 했으므로 틀리다. 3번, 요리를 쇼로 다룬 것은 아니다.

단어 目(め)の前(まえ) 눈앞, 바로 앞 | 調理(ちょうり) 조리, 요리 | 気(き)に入(い)る 마음에 들다, 좋아하다 | 自分(じぶん)で 스스로, 직접 | 別(べつ)だ 별개다, 다르다 | 準備(じゅんび) 준비 | 道具(どうぐ) 도구, 기구 | ～だけでも ～만이라도, ～만 해도

2番 _{ばん}

男の人二人と女の人が会社で話しています。

M1: 画期的な製品を出さないと会社はジリ貧になってしまいます。

F : そうですが、開発するとしたら莫大なお金が必要です。

M2: 一からでは無理ですから他社の特許を使わせてもらうのはいかがでしょうか。

M1: 使用料が高いのでは？それに使わせてくれるでしょうか。

M2: 70万件以上の特許が眠っているそうですから交渉次第でしょう。

F : そうですね。特許の登録の維持にはお金がかかりますから、企業も元を取りたいと考えるのではないでしょうか。

M1: では可能性が高いですね。ところでどんな技術が必要でしょうか。

F : 利用者から寄せられている不満を解消するための技術を探すのはどうでしょうか。

M2: そうですね。それを使って技術を進歩させられればわが社も新しい特許が取れるし。

M1: それほど甘くはないと思いますよ。

F : では共同開発を提案してみたらどうでしょうか。

M2: できれば願ったりかなったりですが。

M1: 難しいですが、やってみる価値はありますね。

他社の特許を使うことに対する三人の共通の意見はどれですか。

1 特許をそのまま利用しようという意見
2 更なる開発を依頼しようという意見
3 開発を進め新特許を取ろうという意見
4 共同開発を提案しようという意見

2번

남자 두 명과 여자가 회사에서 이야기하고 있습니다.

남1: 획기적인 제품을 내놓지 않으면 회사는 점점 악화되고 맙니다.

여 : 그렇지만 개발한다고 하면 막대한 돈이 필요해요.

남2: 처음부터는 무리니까 다른 회사의 특허를 사용하는 건 어떨까요?

남1: 사용료가 비싸지 않습니까? 게다가 사용하게 해 줄까요?

남2: 70만 건 이상의 특허가 잠자고 있다고 하니 협상에 달려 있겠지요.

여 : 그렇군요. 특허 등록 유지에는 돈이 드니까 기업도 본전을 찾고 싶다고 생각하지 않을까요?

남1: 그럼 가능성이 높군요. 그런데 어떤 기술이 필요할까요?

여 : 이용자들로부터 접수되고 있는 불만을 해소하기 위한 기술을 찾는 것은 어떨까요?

남2: 그렇군요. 그것을 사용해서 기술을 진보시키면 우리 회사도 새로운 특허를 딸 수 있고 말이죠.

남1: 그렇게 만만하지는 않을 거에요.

여 : 그럼 공동개발을 제안해 보면 어떨까요?

남2: 그렇게만 되면 바라던 바가 이루어지는 것이지만요.

남1: 어렵겠지만 해볼 가치는 있군요.

타사의 특허를 사용하는 것에 대한 세 명의 공통된 의견은 어느 것입니까?

1 특허를 그대로 이용하자는 의견
2 더욱 더 개발을 의뢰하자는 의견
3 개발을 진행하여 새로운 특허를 따자는 의견
4 공동개발을 제안하자는 의견

해설 '공동개발 제안'에 대해 '우리가 바라는 대로 되는 것' '해볼 가치가 있다'고 말하므로 세 사람의 의견이 일치하고 있다. 따라서 정답은 4번이 된다. 1번은 그대로 이용하자는 것이 아니고 2번은 '기술을 진보시키면 우리 회사도 특허를 딸 수 있다'며 자사에서의 개발을 제안하고 있으므로 의뢰하는 것이 아니다. 3번은 새로운 특허를 따자는 의견에 '만만하지는 않다'라는 의견이 나왔기 때문에 세 사람의 공통된 의견이 아니다.

단어 画期的(かっきてき) 획기적 | ジリ貧(ひん) 점점 나빠짐 | 開発(かいはつ) 개발 | 莫大(ばくだい)な 막대한 | 特許(とっきょ) 특허 | 使用料(しようりょう) 사용료 | 眠(ねむ)る 잠자다(사용되지 않다) | 交渉(こうしょう) 교섭, 협상 | ～次第(しだい)だ ～나름이다, ～에 달려 있다 | 登録(とうろく) 등록 | 維持(いじ) 유지 | 元(もと)を取(と)る 본전을 찾다 | 寄(よ)せる 보내다 | 不満(ふまん) 불만 | 解消(かいしょう) 해소 | 進歩(しんぽ) 진보 | 甘(あま)い 달다, 만만하다 | 願(ねが)ったりかなったりだ 바라던 바가 이루어지다 | 価値(かち) 가치 | 更(さら)なる 더욱 더 | 依頼(いらい) 의뢰

3番
 🎵 듣기 5-03

建設会社の人が話しています。

F：空調服、風を取り入れるので涼しいってみんな喜んでいますよ。

M：ああ、ファン付き作業服のことね。よかった。うちは３Ｋの職場だから、働きやすくしないとみんな辞めちゃうから。だからもっと改善したほうがいいんだけど、何かある？

F：そうですね。今の若者って恰好を気にする人が多くて。作業着で電車に乗るのが嫌みたいですよ。着替えたいけど汗だくのままではそれもできないって言っていました。

M：それは盲点だったな。じゃ、循環式シャワーを買おうか。被災地で使っているのを見たことがあるけど、一度水を入れると100回ぐらいシャワーが使える優れものだよ。500万円は痛いけど。

F：それは凄いですね。スーツを着ることもできるからそのままデートに行けますよ。さっぱりして帰れますから年配の方も大喜びするでしょう。

M：そうだな。買うことにしよう。それが売りになったら安い買い物だ。

どうして循環式シャワーを買いますか。

1 安い買い物だから
2 従業員が希望しているから
3 離職者を減らしたいから
4 100人シャワーが浴びられるから

3번

건설회사 사람이 말하고 있습니다.

여 : 공조복(팬이 달린 작업복), 바람을 끌어들여서 시원하다고 모두들 기뻐하고 있어요.

남 : 아~, 팬이 달린 작업복 말이지? 다행이다. 우리 회사는 3K 직장이라 일하기 좋게 하지 않으면 모두 그만둬버리니까. 그래서 좀 더 개선하는 편이 좋은데. 뭔가 있을까?

여 : 글쎄요. 요즘의 젊은이는 겉모습을 신경쓰는 사람이 많아서요. 작업복 차림으로 전철 타는 것을 싫어하는 것 같아요. 옷을 갈아 입고 싶지만 땀범벅인 채로는 그럴 수도 없다고 했어요.

남 : 그건 맹점이었네. 그럼 순환식 샤워를 구입할까? 재해 지역에서 쓰고 있는 것을 본 적이 있는데, 한번 물을 넣으면 100회 정도 샤워를 쓸 수 있는 뛰어난 물건이야. 500만 엔은 타격이 크지만.

여 : 그거 굉장하네요. 수트를 입을 수도 있으니 그대로 데이트하러 갈 수 있어요. 상쾌하게 귀가할 수 있으니 연세 있으신 분도 크게 기뻐할 거예요.

남 : 그렇겠군. 사기로 하자. 그게 장점이 되면 저렴한 쇼핑이야(싸게 잘 산거야).

왜 순환식 샤워를 삽니까?

1 저렴한 쇼핑이어서
2 종업원이 희망하고 있어서
3 이직자를 줄이고 싶어서
4 100명이 샤워를 할 수 있어서

해설 1번, 500만 엔은 타격이 크다고 했으므로 비싸다고 생각하고 있다. 2번, 종업원이 꼭 집어 순환식 샤워를 설치하길 바란다는 의견은 없으므로 맞지 않다. 3번은 '모두 그만둬버리니까. 그래서 좀더 개선하는 편이 좋다'고 말하므로 알맞다. 4번은 물을 교환하면 몇 명이든 샤워를 할 수 있으므로 100명에 구애될 필요는 없다.

단어 建設(けんせつ)会社(がいしゃ) 건설 회사 | 空調服(くうちょうふく) 공조복(팬이 달린 작업복) | 取(と)り入(い)れる 받아들이다, 끌어들이다 | 涼(すず)しい 시원하다 | 喜(よろこ)ぶ 기뻐하다 | 作業服(さぎょうふく) 작업복 | 職場(しょくば) 직장 | 改善(かいぜん) 개선 | 恰好(かっこう) 모양새, 겉모습 | 作業着(さぎょうぎ) 작업복 | 着替(きが)える 옷을 갈아입다 | 汗(あせ)だく 땀범벅 | 盲点(もうてん) 맹점 | 循環式(じゅんかんしき) 순환식 | 被災地(ひさいち) 재해 지역 | 優(すぐ)れもの 뛰어난 물건 | 痛(いた)い 쓰라리다, 타격이 크다 | さっぱりする 상쾌하다 | 年配(ねんぱい)の方(かた) 연세 있으신 분, 어르신 | 大喜(おおよろこ)び 크게 기뻐함 | 売(う)り 장점, 내세울 만한 점 | 希望(きぼう)する 희망하다 | 離職者(りしょくしゃ) 이직자 | 減(へ)らす 줄이다 | シャワーを浴(あ)びる 샤워하다

4番

<ruby>友達<rt>ともだち</rt></ruby>の<ruby>男<rt>おとこ</rt></ruby>の<ruby>人<rt>ひと</rt></ruby>と<ruby>女<rt>おんな</rt></ruby>の<ruby>人<rt>ひと</rt></ruby>２<ruby>人<rt>にん</rt></ruby>が<ruby>話<rt>はな</rt></ruby>しています。

F1：<ruby>叔母<rt>おば</rt></ruby>から<ruby>手紙<rt>てがみ</rt></ruby>が<ruby>来<rt>き</rt></ruby>たんだけど、<ruby>筆<rt>ふで</rt></ruby>で<ruby>書<rt>か</rt></ruby>いてあったのよ。<ruby>叔母<rt>おば</rt></ruby>はお<ruby>習字<rt>しゅうじ</rt></ruby>の<ruby>先生<rt>せんせい</rt></ruby>をしているからすご〜く<ruby>達筆<rt>たっぴつ</rt></ruby>で、手紙から叔母の<ruby>愛情<rt>あいじょう</rt></ruby>があふれている<ruby>気<rt>き</rt></ruby>がしたわ…。

F2：すご〜い。そんな手紙をもらってみたいわ。

M　：<ruby>僕<rt>ぼく</rt></ruby>も。手紙ならペンで書いたのだって<ruby>嬉<rt>うれ</rt></ruby>しいよ。<ruby>何<rt>なに</rt></ruby>か<ruby>特別<rt>とくべつ</rt></ruby>な<ruby>感<rt>かん</rt></ruby>じがするよ。

F2：そうね。<ruby>字<rt>じ</rt></ruby>が<ruby>上手<rt>じょうず</rt></ruby>だったら私も書きたいけど私は<ruby>悪筆<rt>あくひつ</rt></ruby>だから…。

M　：字なんか<ruby>気<rt>き</rt></ruby>にしなくてもいいじゃないか。<ruby>個性<rt>こせい</rt></ruby>だと<ruby>思<rt>おも</rt></ruby>えばいいよ。<ruby>君<rt>きみ</rt></ruby>の<ruby>丸<rt>まる</rt></ruby>っこい字だってなかなかいいよ。君らしくて。

F2：そんなこと<ruby>言<rt>い</rt></ruby>わないで。<ruby>恥<rt>は</rt></ruby>ずかしいわ。字には<ruby>劣等感<rt>れっとうかん</rt></ruby>を<ruby>持<rt>も</rt></ruby>っているのよ。<ruby>年賀状<rt>ねんがじょう</rt></ruby>に<ruby>一言<rt>ひとこと</rt></ruby>書くのだって<ruby>大変<rt>たいへん</rt></ruby>なんだから。

M　：その<ruby>直筆<rt>じきひつ</rt></ruby>の一言があるかないかで<ruby>全然違<rt>ぜんぜんちが</rt></ruby>うと思うよ。<ruby>印刷<rt>いんさつ</rt></ruby>しただけの年賀状は<ruby>本当<rt>ほんとう</rt></ruby>に<ruby>味気<rt>あじけ</rt></ruby>ないよ。

F1：私は年賀状もメールよ。だって<ruby>便利<rt>べんり</rt></ruby>よ。<ruby>直<rt>す</rt></ruby>ぐに<ruby>返事<rt>へんじ</rt></ruby>が<ruby>来<rt>く</rt></ruby>るし、<ruby>郵便代<rt>ゆうびんだい</rt></ruby>もいらないし。

M　：それはそうだけど…。

<ruby>三人<rt>さんにん</rt></ruby>の<ruby>意見<rt>いけん</rt></ruby>が<ruby>一致<rt>いっち</rt></ruby>していることは何ですか。

1　<ruby>手書<rt>てが</rt></ruby>きの<ruby>手紙<rt>てがみ</rt></ruby>には<ruby>特別<rt>とくべつ</rt></ruby>な<ruby>効果<rt>こうか</rt></ruby>があるということ
2　メールより手紙を<ruby>出<rt>だ</rt></ruby>したほうがいいということ
3　<ruby>筆<rt>ふで</rt></ruby>で<ruby>書<rt>か</rt></ruby>いた手紙ほど<ruby>嬉<rt>うれ</rt></ruby>しい手紙はないということ
4　<ruby>字<rt>じ</rt></ruby>が<ruby>上手<rt>じょうず</rt></ruby>なら手紙を出すのがいいということ

4번

친구인 남자와 여자 두 명이 이야기하고 있습니다.

여1 : 이모에게서 편지가 왔는데, 붓으로 써 있었어. 이모는 서예 선생님을 하고 있어서 글씨 솜씨가 아주 대단해서, 편지에서 이모의 애정이 넘쳐나는 느낌이 들었어.

여2 : 굉장해, 그런 편지를 받아보고 싶어.

남 : 나도. 편지라면 펜으로 쓴 것도 기쁘지. 뭔가 특별한 느낌이 들어.

여2 : 맞아. 글씨를 잘 쓰면 나도 쓰고 싶은데 나는 악필이라…….

남 : 글씨 같은 건 신경 쓰지 않아도 되잖아. 개성이라고 생각하면 돼. 너의 동글동글한 글씨도 꽤 좋아. 너답고.

여2 : 그런 말 하지 마. 부끄러워. 글씨에는 열등감을 갖고 있어. 연하장에 한 마디 쓰는 것도 힘드니까.

남 : 그 손글씨 한 마디가 있냐 없냐로 완전히 다른 것 같아. 인쇄만 된 연하장은 정말 삭막해.

여1 : 나는 연하장도 이메일이야. 왜냐하면 편리해. 바로 답장이 오고, 우편비도 필요없고.

남 : 그건 그렇지만…….

세 사람의 의견이 일치하는 것은 무엇입니까?

1　손글씨 편지에는 특별한 효과가 있다는 것
2　이메일보다 편지를 보내는 것이 좋다는 것
3　붓으로 쓴 편지만큼 기쁜 편지는 없다는 것
4　글씨를 잘 쓰면 편지를 보내는 것이 좋다는 것

해설 세 사람은 모두 손글씨 편지가 특별한 느낌을 준다고 이야기하고 있기 때문에 1번이 알맞다. 2번은 이메일을 선호하는 사람(여1)도 있기 때문에 일치하지 않으며, 3번은 붓글씨가 아닌 다른 방식도 좋다고 했기 때문에 틀리다. 4번은 글씨를 잘 쓰면 좋다고는 했지만 그것이 중요한 요소는 아니라고 했으므로 틀린 답이다.

단어 叔母(おば) 이모, 고모 등 | 筆(ふで) 붓 | お習字(しゅうじ) 서예 | 達筆(たっぴつ) 글씨를 잘 씀, 명필 | 愛情(あいじょう) 애정 | 気(き)がする 느낌이 들다 | 〜だって 〜도 | 感(かん)じがする 느낌이 들다 | 悪筆(あくひつ) 악필 | 気(き)にする 신경쓰다 | 〜じゃないか 〜잖아 | 個性(こせい) 개성 | 丸(まる)っこい 동글동글하다(い형용사 어간+っこい 몹시 〜하다) | 劣等感(れっとうかん) 열등감 | 直筆(じきひつ) 손글씨 | 〜だけの 〜만의, 〜하기만 한 | 味気(あじけ)ない 삭막하다, 재미없다 | 年賀状(ねんがじょう) 연하장 | だって 왜냐하면 | 郵便代(ゆうびんだい) 우편비 | 手書(てが)き 손글씨 | 手紙(てがみ)を出(だ)す 편지를 보내다(부치다) | 〜ほど〜ない 〜만큼 〜없다

まず、話を聞いてください。それから、二つの質問を聞いて、それぞれ問題用紙の1から4の中から、最もよいものを一つ選んでください。

먼저, 이야기를 들어 주세요. 그리고 나서 두 개의 질문을 듣고 각각 문제용지의 1에서 4 중에서 가장 적당한 것을 하나 고르세요.

5番　　　🎵 듣기 5-05

旅行会社の人がツアーの説明をしています。

F1 : これから東京見物のコースを簡単に説明させていただきます。1日目は皆様同じコースです。主な観光地である浅草・東京スカイツリー・明治神宮などを回ります。2日目はご希望のコースを1つ選んでいただきます。ではお手元にお配りしたパンフレットをご覧下さい。Aコースはディズニーランドです。これはご説明しなくてもおわかりだと思います。Bコースは大江戸温泉とお台場見学です。温泉では伝統的な歌や踊りを見ることができます。お台場ではガンダムや船の科学館を見学いたします。Cコースは国立博物館と上野動物園の見学です。動物園ではパンダが見られます。その後桜の花を見ながら上野公園を散策していただきます。Dコースは寿司を作って食べる体験の後、浅草から船に乗って川岸の桜を見ながら浜離宮まで行きます。Eコースは午前中食品サンプル作りをして午後には芸者さんの歌や踊りを見たり、一緒に伝統的な遊びをします。

F2 : どのコースにする？

M : やっぱりAコースかな。

F2 : ディズニーランドは3日目の自由時間に行きましょうよ。

M : じゃ、いいよ。自由時間があったほうがいい？

F2 : ええ、できれば。でもそれより何かをやってみたいわ。

M : じゃ、サンプル作りはどう？

F2 : それだと桜の花が見られないわよ。

M : じゃ、こっちだね。

F2 : そうね。船に乗るのも楽しみだわ。

質問1　二人はどのコースにしますか。

1　Bコース

2　Cコース

3　Dコース

4　Eコース

5번

여행사 사람이 투어 설명을 하고 있습니다.

여1: 지금부터 도쿄 구경 코스를 간단히 설명드리겠습니다. 1일 차는 여러분 모두 같은 코스입니다. 주요 관광지인 아사쿠사・도쿄 스카이트리・메이지 신궁 등을 돕니다. 2일 차는 희망하시는 코스를 하나 선택합니다. 그럼 바로 앞에 나눠드린 팸플릿을 봐 주세요. A코스는 디즈니랜드입니다. 이것은 설명드리지 않아도 아시리라 생각합니다. B코스는 오에도 온천과 오다이바 견학입니다. 온천에서는 전통적인 노래나 춤을 볼 수 있습니다. 오다이바에서는 건담이나 배의 과학관을 견학합니다. C코스는 국립 박물관과 우에노 동물원 견학입니다. 동물원에서는 판다를 볼 수 있습니다. 그 후 벚꽃을 보면서 우에노 공원을 산책합니다. D코스는 초밥을 만들어 먹는 체험 후, 아사쿠사에서 배를 타고 강변에 핀 벚꽃을 보면서 하마리큐까지 갑니다. E코스는 오전 중 식품 샘플을 만들고 오후에는 게이샤의 노래나 춤을 보거나 함께 전통적인 놀이를 합니다.

여2: 어느 코스로 할거야?

남 : 역시 A코스인가.

여2: 디즈니랜드는 셋째 날 자유시간에 가자.

남 : 그럼 됐어. 자유시간이 있는 편이 좋아?

여2: 응, 가능하면. 하지만 그것보다 뭔가를 해보고 싶어.

남 : 그럼 샘플 만들기는 어때?

여2: 그거라면 벚꽃을 볼 수 없어.

남 : 그럼 이거네.

여2: 그래. 배를 타는 것도 기대돼.

질문1　두 사람은 어느 코스로 합니까?

1　B코스

2　C코스

3　D코스

4　E코스

質問2　日本の伝統芸能を鑑賞できるのはどのコースですか。

1　Bコース

2　Eコース

3　BコースとDコース

4　BコースとEコース

질문2　일본의 전통예능을 감상할 수 있는 것은 어느 코스입니까?

1　B코스

2　E코스

3　B코스와 D코스

4　B코스와 E코스

해설　〈질문 1〉은 '무언가를 해보고 싶다'는 여자에게 샘플만들기(E코스)를 제안하자 벚꽃을 볼 수 없으니 다른 코스가 좋다고 한다. 3번의 D코스는 '초밥을 만들어 먹고 강변의 벚꽃을 본다. 배를 타는 것도 기대된다'고 했으므로 정답이 된다. 1번의 B코스는 오에도 온천과 오다이바 견학으로 직접 해보는 체험은 없다. 2번의 C코스는 '우에노공원에서 벚꽃을 보지만 박물관이나 동물원에 갈 뿐 무언가를 하지는 않는다. 4번의 E코스는 샘플만들기는 있지만 벚꽃은 볼 수 없다.

〈질문 2〉에서 전통예능을 감상할 수 있는 코스는 온천에서 전통적인 노래나 춤을 볼 수 있는 B코스와 게이샤의 노래나 춤을 볼 수 있는 E코스이다.

단어　旅行(りょこう)会社(がいしゃ) 여행사 | 見物(けんぶつ) 구경 | 主(おも)な 주요한 | 観光地(かんこうち) 관광지 | 浅草(あさくさ) 아사쿠사 | 明治(めいじ)神宮(じんぐう) 메이지 신궁 | 回(まわ)る 돌아다니다 | お手元(てもと) 가까이, 수중 | 伝統的(でんとうてき)な 전통적인 | 踊(おど)り 춤 | 国立(こくりつ)博物館(はくぶつかん) 국립 박물관 | 上野(うえの)動物園(どうぶつえん) 우에노 동물원 | 散策(さんさく) 산책 | 体験(たいけん) 체험 | 川岸(かわぎし) 강가, 강변 | 浜離宮(はまりきゅう) 하마리큐(정원 이름) | 芸者(げいしゃ) 게이샤 | 楽(たの)しみ 기대됨, 설렘

6番　🎵 듣기 5-06

総務課長がボーナスについて話しています。

F1 : 今年のボーナスの支給割合をお知らせいたします。例年通り夏冬とも基本給の1か月分は保証されています。皆様ご存じのように営業職は歩合制のため普段から給料が毎月まちまちになっておりますが、ボーナスもそれを反映して昨年の6月から今年の5月の目標の売り上げを達成した人にボーナスの割り増しをいたします。基本給が20万円未満の人は年間5ヶ月、20万円以上の人は4ヶ月プラスされます。よろしくお願いいたします。

M : ボーナス楽しみだな。

F2 : 目標達成できたの？

M : まあね。達成できたといっても1割だけだよ。

F2 : それでもボーナスの割り増しがずいぶんもらえるから羨ましい。ホンさんは基本給30万以上はあるんだから随分もらえるじゃないの。

M : 吉田さんだって去年は7か月ももらっていたじゃない。

F : 去年はね。今年は事故で入院しちゃったから…無理だわ。それに私はホンさんと違って基本給がたった18万しかないから…。

M : でも、他の会社に比べたらうちはいいほうだよ。

F2 : それもそうね。来年は頑張るわ。

6번

총무과장이 보너스에 대해 말하고 있습니다:

여1 : 올해의 보너스 지급 비율을 알려드리겠습니다. 예년과 마찬가지로 여름과 겨울 모두 기본급 한 달분은 보장되어 있습니다. 여러분도 아시다시피, 영업직은 성과급제이기 때문에 평소에 급여가 매달 들쭉날쭉합니다만, 보너스도 그것을 반영하여, 작년 6월부터 올해 5월의 목표 매출을 달성한 사람에게 추가 보너스를 지급합니다. 기본급이 20만 엔 미만인 사람은 연간 5개월치가, 20만 엔 이상인 사람은 4개월치가 추가됩니다. 잘 부탁드립니다.

남 : 보너스 기대되네.

여2 : 목표 달성했어?

남 : 뭐, 그렇지. 달성했다고 해도 10% 뿐이야.

여2 : 그래도 추가 보너스를 꽤 받으니까 부럽다. 홍 씨는 기본급이 30만 엔 이상이니까 꽤 받을 수 있잖아.

남 : 요시다 씨도 작년엔 7개월치나 받았잖아.

여2 : 작년은 그렇지. 올해는 사고로 입원했으니까…… 무리야. 게다가 나는 홍 씨랑 달리 기본급이 겨우 18만 엔밖에 안 되니까.

남 : 그래도 다른 회사에 비하면 우리 회사는 나은 편이야.

여2 : 그것도 그렇네. 내년엔 열심히 해야지.

質問1　女の人は今年は何か月分ボーナスがもらえますか。

1　2か月
2　4か月
3　6か月
4　7か月

質問2　男の人は今年は何か月分ボーナスがもらえますか。

1　2か月
2　4か月
3　6か月
4　7か月

질문1　여자는 올해는 몇 개월치 보너스를 받을 수 있습니까?

1　2개월
2　4개월
3　6개월
4　7개월

질문2　남자는 올해는 몇 개월치 보너스를 받을 수 있습니까?

1　2개월
2　4개월
3　6개월
4　7개월

해설　〈질문 1〉 대화에서 여자는 올해 사고로 입원하여 목표 매출을 달성하지 못했기 때문에, 성과급(추가 보너스)을 받을 수 없다. 따라서 지급 받는 보너스는 기본급 기준의 여름 1개월+겨울 1개월로, 총 2개월분이다.

〈질문 2〉 대화에서 남자는 목표 매출을 10% 달성하여, 성과급을 받을 수 있다. 또한, 남자의 기본급은 30만 엔 이상이므로, 기본 2개월+추가 4개월의 보너스를 받는다. 따라서 남자가 받는 보너스는 3번 6개월분이다.

단어　総務課(そうむか) 총무과 | 支給(しきゅう) 지급 | 割合(わりあい) 비율 | 保証(ほしょう) 보증, 보장 | 営業職(えいぎょうしょく) 영업직 | 歩合制(ぶあいせい) 성과급제 | まちまち 제각각, 들쭉날쭉 | 反映(はんえい) 반영 | 売(う)り上(あ)げ 매상, 매출 | 割(わ)り増(ま)し 추가 지급 | 基本給(きほんきゅう) 기본급 | 楽(たの)しみだ 기대되다 | ～といっても ～라고 해도 | 羨(うらや)ましい 부럽다 | 随分(ずいぶん) 꽤, 상당히 | たった～しかない 겨우 ～밖에 안 된다

7番　🎵 듣기 5-07

ロボット会社の人が製品の納入について話しています。

M1：この度は弊社のＡ２ロボットをお買い上げくださいまして誠にありがとうございました。早速ですが納品希望日をお知らせくださいませんか。また納入日と翌日にお時間をいただいて操作方法の説明や実践をいたします。申し訳ございませんが、納入日及び説明、実践日は土・日を避けていただきたいです。また、ご連絡いただいてから納品日まで１週間かかります。こちらの都合ばかりで申し訳ございませんが、スムーズにいくようにご協力のほどよろしくお願いいたします。

F ：私の課、夏休み明けたら一日でも早くロボットを使いたいのよ。

M2：夏休みは８月16日までだから、じゃ、17日の金曜日に納入してもらおうか。

F ：でも、２日間操作指導を受けるから、それだと土日を挟んじゃうわ。

M2：それはよくないね。じゃ、やっぱり、次の週だね。

F ：ええ、週明け一番で。

M2：ところで君の課はどのぐらい使う予定？

F ：5日間。

M2：じゃ、僕の課は一日ゆとりを入れて次の日から使うことにするよ。

F ：ありがとう。

7번

로봇회사의 사람이 제품의 납품에 대해 이야기하고 있습니다.

남1: 이번에는 저희 회사의 A2로봇을 구입해 주셔서 진심으로 감사합니다. 다름이 아니라, 납품 희망 날짜를 알려주시겠습니까? 또한, 납품일과 다음 날에는 시간을 내 주셔서 조작 방법 설명과 실습을 진행하겠습니다. 죄송하지만, 납품일과 설명/실습일은 토요일과 일요일을 피해 주셨으면 합니다. 또 연락을 주신 후 납품일까지 1주일이 걸립니다. 이쪽 사정만 이야기드려 죄송하지만, 원활하게 진행될 수 있도록 협조 부탁드립니다.

여 : 우리 부서는 여름휴가 끝나면 하루라도 빨리 로봇을 사용하고 싶어.

남2: 여름휴가는 8월 16일까지니까, 그럼 17일 금요일에 납품 받도록 할까?

여 : 그런데 이틀 간 조작 지도를 받으니까, 그러면 토요일과 일요일이 끼게 돼.

남2: 그건 안 좋겠네. 그럼, 역시 다음 주로 해야겠네.

여 : 응, 주초 제일 먼저로(월요일 아침 일찍).

남2: 그런데 너희 부서는 얼마나 사용할 예정이야?

여 : 5일간.

남2: 그럼 우리 부서는 하루 여유를 두고 그 다음 날부터 쓰기로 할게.

여 : 고마워.

質問1　女の社員はいつからロボットを使う予定ですか。

質問2　男の社員はいつからロボットを使う予定ですか。

질문1　여사원은 언제부터 로봇을 사용할 예정입니까?

질문2　남사원은 언제부터 로봇을 사용할 예정입니까?

						8月
日	月	火	水	木	金	土
			1	2	3	4
5	6	7	8	9	10	11
12	13	14	15	16	17	18
19	①20	21	②22	23	24	25
③26	27	④28	29	30		

해설　〈질문 1〉 대화에서 여름휴가는 8월 16일까지이고 처음에는 17일(금)에 납품받으려고 했으나, 조작 교육이 이틀간 필요(납품 당일과 다음날)하며 토·일을 피해야 한다. 납품일은 週明け一番(주초 제일 먼저)이라고 했으므로 월요일인 8월 20일이 되고, 교육은 20일(월)+21일(화)에 진행된다. 따라서 로봇은 교육이 끝난 후, 22일(수)부터 사용할 수 있다. 따라서 정답은 2번이다.

　〈질문 2〉 대화에서 남사원은 여사원이 5일간 사용하는 것을 확인한 후, "하루 여유를 두고 그 다음날부터 사용하겠다"고 말한다. 따라서 여사원이 사용하는 기간은 8월 22일(수)~26일(일), 하루 여유(8월 27일)를 두고 쓴다고 했으므로 4번 8월 28일이 된다.

단어　納入(のうにゅう) 납입, 납품 | 弊社(へいしゃ) 저희 회사〈겸양〉 | お買(か)い上(あ)げ 구매, 구입 | 早速(さっそく)ですが 다름이 아니라, 바로 본론으로 들어가자면 | 納品(のうひん) 납품 | 操作(そうさ) 조작 | 実践(じっせん) 실천, 실습 | 土・日(どにち) 토요일과 일요일 | 避(さ)ける 피하다 | 課(か) 부서 | 明(あ)ける 끝나다(어떤 기간이나 상태가 끝나고 다른 시기가 시작될 때) | 指導(しどう)を受(う)ける 지도를 받다 | 挟(はさ)む 사이에 끼다 | 週明(しゅうあ)け 주초, 월요일 | ゆとりを入(い)れる 여유를 두다

8番　　🎵 듣기 5-08

主任の先生が学芸会について話しています。

F1：今年の学芸会ですが、書道部から書道パフォーマンスをしたいとの申し出がありました。これはクラスのパフォーマンスとは別に出演してもらいたいと考えております。例年、①劇の発表、②歌や楽器演奏などの音楽の発表、③ダンス、チア、簡単な組体操などの発表、④学習の成果発表などがありますが、学年やクラスでバランスを取りたいので、何をするかという計画案を10日までに提出してください。

F2：私は2年1組の担任ですが、2年生ではあまり難しいことはできません。

M：そうですね。小さい子供達にお芝居は難しいですね。2年2組は合唱にするそうですよ。

F2：そうですか。私も同じことを考えていましたが、もう、合唱はできませんね。授業で鍵盤ハーモニカを教えているからそれにしようかしら。

M：それもいいですが、小さい子供達が踊るのはかわいいです。

8번

주임 선생님이 학예회에 대해서 이야기하고 있습니다.

여1：올해 학예회입니다만, 서예부에서 서예 퍼포먼스를 하고 싶다는 제안이 있었습니다. 이건 각 반의 발표와는 별도로 출연시키고자 합니다. 해마다 ①연극 발표, ②노래나 악기 연주 등의 음악 발표, ③춤, 치어리딩, 간단한 단체 체조 같은 발표, ④학습 성과 발표 등이 있습니다만, 학년이나 반끼리의 균형을 잡고(맞추고) 싶기 때문에, 무엇을 할지에 대한 계획안을 10일까지 제출해 주세요.

여2：저는 2학년 1반 담임인데요, 2학년 아이들은 너무 어려운 건 못해요.

남 ：그러게요. 어린 아이들에게 연극은 어렵죠. 2학년 2빈은 합창을 한다고 해요.

여2：그래요? 저도 같은 걸 생각하고 있었는데, 이제 합창은 못 하겠네요. 수업에서 멜로디언을 가르치고 있으니까, 그걸 할까 봐요.

남 ：그것도 좋지만, 어린 아이들이 춤추는 모습은 귀여워요.

F2：ええ、でもやっぱり授業でやっていることにします。大島先生のクラスはどうするんですか。

M：6年ですから、何でもできるので劇か勉強の発表にしようと思うんですが…。

F2：いいですね。見ている子供達も参加できるようなことをしていただけたら嬉しいです。

M：クイズなんかでしょうか。

F2：ええ、事前にいろいろ調べたり、クイズを作ったりしたら勉強にもなりますし…。

M：6年らしくていいですね。そうしましょうか。

質問1 女の先生のクラスはどの分野の発表をしますか。

1 ①
2 ②
3 ③
4 ④

質問2 男の先生のクラスはどの分野の発表をしますか。

1 ①
2 ②
3 ③
4 ④

여2: 네, 그래도 역시 수업 시간에서 하고 있는 걸로 할게요. 오오시마 선생님 반은 어떻게 하나요?

남 : 6학년이니까 뭐든 할 수 있어서, 연극이나 공부 발표를 하려고 해요.

여2: 좋네요. 보는 아이들도 참여할 수 있는 걸 해 주시면 좋겠어요.

남 : 퀴즈 같은 거 말인가요?

여2: 네, 미리 이것저것 조사하거나 퀴즈를 만들고 하면 공부도 되고요.

남 : 6학년다워서 좋네요. 그렇게 할까요.

질문1 여선생님 반은 어떤 분야의 발표를 합니까?

1 ①
2 ②
3 ③
4 ④

질문2 남선생님 반은 어떤 분야의 발표를 합니까?

1 ①
2 ②
3 ③
4 ④

해설 〈질문 1〉 대화에서 여선생님(여2)은 2학년 1반 담임으로, "연극(①)은 어렵다", "2반이 합창(②)을 하기로 했다", "수업에서 멜로디언을 가르치고 있으니 그것으로 하겠다"고 말했다. 멜로디언 연주는 음악 발표(②)에 해당하므로 정답은 2번이다.

〈질문 2〉 대화에서 남선생님은 6학년 담임으로, "연극이나 학습 발표 중 고민 중이다", "아이들이 참여할 수 있는 퀴즈 발표는 어때요?", "조사하거나 퀴즈를 만들고 하면 공부도 된다", "6학년답다" 등의 내용으로 보아 퀴즈 형식의 발표이다. 이는 학습 성과 발표(④)에 해당되므로 정답은 4번이다.

단어 学芸会(がくげいかい) 학예회 | 書道(しょどう) 서예 | ～との ～라는 | 申(もう)し出(で) 제안, 신청 | 出演(しゅつえん) 출연 | 例年(れいねん) 예년, 해마다 | 劇(げき) 연극 | 演奏(えんそう) 연주 | チア 치어리딩, 치어 댄스 | 組体操(くみたいそう) 단체 체조 | バランスを取(と)る 균형을 잡다 | お芝居(しばい) 연극 | 合唱(がっしょう) 합창 | 鍵盤(けんばん)ハーモニカ 멜로디언 | 事前(じぜん)に 사전에, 미리

N1

JLPT

해설집

제1회 실전모의테스트
제2회 실전모의테스트

1교시 언어지식(문자·어휘·문법)·독해

문제 1	1 ③	2 ②	3 ①	4 ③	5 ③	6 ④

문제 1   1 ③   2 ②   3 ①   4 ③   5 ③   6 ④

문제 2   7 ①   8 ④   9 ③   10 ②   11 ④   12 ①   13 ②

문제 3   14 ①   15 ②   16 ①   17 ③   18 ③   19 ④

문제 4   20 ③   21 ①   22 ④   23 ③   24 ④   25 ①

문제 5   26 ②   27 ③   28 ④   29 ②   30 ③   31 ③   32 ④   33 ②   34 ②   35 ③

문제 6   36 ④ (3241)   37 ① (3412)   38 ① (2413)   39 ② (3421)   40 ③ (1432)

문제 7   41 ③   42 ④   43 ①   44 ②

문제 8   45 ②   46 ④   47 ②   48 ③

문제 9   49 ③   50 ①   51 ③   52 ①   53 ④   54 ①   55 ③   56 ④

문제 10   57 ①   58 ①   59 ④

문제 11   60 ①   61 ②

문제 12   62 ④   63 ②   64 ③

문제 13   65 ②   66 ④

2교시 청해

문제 1   1 ①   2 ④   3 ③   4 ④   5 ①

문제 2   1 ④   2 ②   3 ④   4 ①   5 ③   6 ③

문제 3   1 ③   2 ②   3 ④   4 ①   5 ②

문제 4   1 ③   2 ③   3 ①   4 ①   5 ②   6 ①   7 ②   8 ①   9 ③   10 ①   11 ②

문제 5   1 ②   2-1 ③   2-2 ②

01 1교시 언어지식(문자·어휘)

문제 1 _____의 단어의 읽기로 가장 알맞은 것을 1·2·3·4에서 하나 고르시오.

1 그는 분노를 필사적으로 **억눌렀다**.

해설 抑えた는 **3 おさえた**라고 읽는다. 抑える는 감정이나 기세 등을 '억누르다, 제어하다'라는 뜻이다.

단어 怒(いか)り 분노 | 必死(ひっし)に 필사적으로 | たえる(耐える) 견디다 | むかえる(迎える) 맞이하다 | こらえる(堪える) 참다, 억누르다

2 주식 시장에서 주가가 **폭락**했다.

해설 暴落는 '폭락'이라는 뜻으로 **2 ぼうらく**라고 읽는다. 값이나 수치 등이 갑자기 큰 폭으로 떨어지는 것을 뜻한다.

단어 株式(かぶしき)市場(しじょう) 주식 시장 | 株価(かぶか) 주가

3 그 기계는 **정교한** 구조로 만들어져 있다.

해설 精巧な는 '정교한'이라는 뜻으로 **1 せいこうな**라고 읽는다. 공작이나 기술이 매우 세밀하고 정밀함을 뜻한다.

단어 機械(きかい) 기계 | 仕組(しく)み 구조, 메커니즘

4 **기분**이 나쁠 때는 무리하게 말을 걸지 않는 편이 좋다.

해설 機嫌은 '기분'이라는 뜻으로 **3 きげん**이라고 읽는다. 機嫌が 悪い는 '기분이 나쁘다'란 뜻의 관용 표현이다.

단어 機嫌(きげん)が悪(わる)い 기분이 나쁘다 | 話(はな)しかける 말을 걸다 | きけん(危険) 위험 | けいげん(軽減) 경감

5 신기술 도입으로 생산성이 **현저히** 향상되었다.

해설 著しくは '현저하게, 두드러지게'라는 뜻으로 **3 いちじるしく**라고 읽는다.

단어 導入(どうにゅう) 도입 | 向上(こうじょう) 향상 | あわただしい(慌ただしい) 분주하다 | かんばしい(芳しい) 향기롭다, (부정형과 함께) 만족스럽다 | はなはだしい(甚だしい) (정도가) 심하다

6 이 레스토랑은 분위기가 좋다. **특히** 창밖의 경치가 최고다.

해설 殊には '특히, 각별히'라는 뜻으로 **4 ことに**라고 읽는다.

단어 雰囲気(ふんいき) 분위기 | 景色(けしき) 경치 | ときに(時に) 때로 | さらに(更に) 더욱더 | とくに(特に) 특히

문제 2 (   )에 들어가는 데 가장 알맞은 것을 1·2·3·4에서 하나 고르시오.

7 그녀는 어학에 재능이 있어, 5개 국어를 자유자재로 **구사한다**.

해설 문맥상 가장 자연스러운 것은 **1 あやつる**이다. 도구나 기계뿐만 아니라 언어를 자유자재로 다루거나 구사할 때도 사용된다.

단어 語学(ごがく) 어학 | 才能(さいのう) 재능 | 自在(じざい)に 자유자재로 | あやつる(操る) 조종하다, 구사하다 | たばねる(束ねる) 묶다, 통솔하다 | いつわる(偽る) 속이다, 거짓말하다 | めぐまれる(恵まれる) (재능 등을) 타고나다

8 판매 금액에서 매입 원가를 **차감해**, 정확한 이익을 산출했다.

해설 문맥상 가장 자연스러운 것은 **4 差し引き**이다. 差し引く는 전체 금액에서 특정 항목을 뺄 때 사용하는 표현이다.

단어 販売(はんばい)金額(きんがく) 판매 금액 | 仕入(しい)れ値(ね) 매입 원가 | 差(さ)し引(ひ)く 차감하다, 공제하다 | 正確(せいかく)な 정확한 | 利益(りえき) 이익 | 算出(さんしゅつ) 산출 | 削(けず)り減(へ)らす 깎아서 줄이다 | 付(つ)け加(くわ)える 덧붙이다 | 備(そな)え付(つ)ける 비치하다, 설치하다

9 담요로 몸을 감싸, 밖의 혹독한 추위를 **견뎌냈다**.

해설 문맥상 가장 자연스러운 것은 **3 しのいだ**이다. しのぐ(凌ぐ)는 추위, 굶주림, 어려움 등을 참고 견디거나 배겨낼 때 쓰인다.

단어 毛布(もうふ) 담요 | 身(み)を包(つつ)む 몸을 감싸다 | 厳(きび)しい 엄하다, 혹독하다 | あふれる(溢れる) 넘치다 | のぞく(覗く) 엿보다 | ゆだねる(委ねる) 맡기다

10 아이가 TV에서 방영 중인 애니메이션에 완전히 **빠져**버려서, 불러도 대답하지 않는다.

해설 문맥상 가장 자연스러운 것은 **2 見入って**이다. 見入る는 무언가를 넋을 잃고 뚫어지게 보거나 집중해서 볼 때 사용한다.

단어 放映中(ほうえいちゅう) 방영 중 | すっかり 완전히 | 見入(みい)る 넋을 잃고 보다 | 呼(よ)びかけ 부름, 호소, 応(おう)じる 응하다 | 見過(みす)ごす 간과하다 | 見(み)つける 찾아내다 | 見(み)せつける 과시하다

11 상대방의 사정도 듣지 않고 일방적으로 이야기를 진행하는 것은 **결례**다.

해설 문맥상 가장 자연스러운 것은 **4 失敬**이다. 예의가 없거나 무례한 행동을 가리킬 때 사용된다.

단어 事情(じじょう) 사정 | 失敬(しっけい) 실례, 결례 | 謙虚(けんきょ) 겸허함 | 丁重(ていちょう) 정중함 | 順調(じゅんちょう) 순조로움

12 주말에 여행 갈 계획을 세웠지만, 예산 사정상 갈 수 있는 곳은 **기껏해야** 옆 동네(현) 정도다.

해설 문맥상 가장 자연스러운 것은 **1 せいぜい**이다. '기껏해야, 고작'의 의미로 기대에 미치지 못하는 정도의 한계를 나타낸다.

단어 予算(よさん) 예산 | 都合(つごう) 사정, 형편 | およそ 대략 | たちまち 금세, 갑자기 | まさしく 바로, 정말로

13 그녀는 회의에서 간결한 단어를 사용하여 자신의 제안을 알기 쉽게 **어필**했다.

해설 문맥상 가장 자연스러운 것은 **2 アピール**이다.

단어 簡潔(かんけつ)な 간결한 | 提案(ていあん) 제안 | クレーム 클레임, 불만 | ポジティブ 긍정적 | プレッシャー 프레셔, 압박

문제 3 _____의 단어에 의미가 가장 가까운 것을 1·2·3·4에서 하나 고르시오.

14 그는 내 이야기를 **전혀** 신뢰하지 않았다.

해설 まるっきり(전혀, 통)와 비슷한 표현은 **1 まったく**(전혀, 완전히)이다. 뒤에 부정어와 호응하여 완전한 부정을 나타낸다.

단어 信用(しんよう) 신용, 신뢰 | かろうじて 겨우, 간신히 | 予想外(よそうがい)に 예상외로 | おそらく 아마도

15 그는 세계 기록을 갱신한다는 과제에 **도전했다**.

해설 いどんだ(도전했다)와 비슷한 표현은 **2 挑戦した**(도전했다)이다.

단어 記録(きろく) 기록 ∣ 更新(こうしん) 경신, 갱신 ∣ 課題(かだい) 과제 ∣ いどむ(挑む) 도전하다 ∣ 回避(かいひ) 회피 ∣ 挑戦(ちょうせん) 도전 ∣ 放置(ほうち) 방치 ∣ 断念(だんねん) 단념

16 시험 답안을 **엉터리로** 적었다.

해설 でたらめに(엉터리로, 함부로)와 비슷한 표현은 **1 いい加減に**(대충)이다.

단어 解答(かいとう) 해답, 답안 ∣ いい加減(かげん)に 무책임하게, 대충 ∣ 丁寧(ていねい)に 정중히, 꼼꼼히 ∣ 真面目(まじめ)에 성실하게 ∣ 正確(せいかく)に 정확하게

17 시민 활동의 **슬로건**으로서, 간결한 단어가 선택되었다.

해설 スローガン(슬로건)과 비슷한 표현은 **3 標語**(표어)이다. 주의나 주장을 짧게 나타낸 문구 또는 표어를 의미한다.

단어 簡潔(かんけつ)な 간결한 ∣ 規則(きそく) 규칙 ∣ 標語(ひょうご) 표어 ∣ 成果(せいか) 성과

18 자연 속에서 **휴식**의 한때를 보냈다.

해설 憩い(휴식)와 비슷한 표현은 **3 休息**(휴식)이다. 한가롭게 쉬며 심신의 피로를 푸는 것을 의미한다.

단어 自然(しぜん) 자연 ∣ 憩(いこ)い 휴식, 안식 ∣ ひととき 한때, 잠시 ∣ 準備(じゅんび) 준비 ∣ 訓練(くんれん) 훈련 ∣ 休息(きゅうそく) 휴식 ∣ 没頭(ぼっとう) 몰두

19 과거의 실적에 **자만하고** 있을 때가 아니다.

해설 うぬぼれて(자만하고)와 비슷한 표현은 **4 得意になって**(우쭐해져)이다. 자신이 실제보다 뛰어나다고 믿고 뽐내는 모양을 뜻한다.

단어 過去(かこ) 과거 ∣ 実績(じっせき) 실적 ∣ ～場合(ばあい)ではない ～할 상황이 아니다 ∣ 感謝(かんしゃ)する 감사하다 ∣ 損(そん)をする 손해를 보다 ∣ 落(お)ち込(こ)む 낙담하다, 우울해하다 ∣ 得意(とくい)になる 우쭐해지다, 득의양양하다

문제 4　다음 단어의 사용법으로써 가장 알맞은 것을 1·2·3·4 에서 하나 고르시오.

20 樹立 수립

　　1 우치무라 감독은 다음 대회에서 수립을 목표로 한다고 말하고 있다.

　　2 최신 기술의 수립을 검토하여 경쟁력을 높일 방침을 세웠다.

　　3 국교를 수립하기 위해 양국 사이에서 교섭이 이루어졌다.

　　4 회의에서 새로운 방침이 수립되어 다음 달부터 실행에 옮겨진다.

해설 樹立(じゅりつ)는 '수립'이라는 뜻으로, 주로 국가 간의 관계(국교)를 맺거나, 새로운 기록(신기록)을 세울 때 사용한다. 따라서 올바른 문장은 3번이다. 1번은 新記録の樹立(신기록 수립)처럼 구체적인 대상이 필요하며, 2번은 導入(도입), 4번은 策定(책정)이나 決定(결정)이 문맥상 더 자연스럽다.

단어 監督(かんとく) 감독 ∣ 目指(めざ)す 목표로 하다 ∣ 技術(ぎじゅつ) 기술 ∣ 検討(けんとう) 검토 ∣ 競争力(きょうそうりょく) 경쟁력 ∣ 方針(ほうしん)を立(た)てる 방침을 세우다 ∣ 国交(こっこう) 국교 ∣ 交渉(こうしょう) 교섭, 협상 ∣ 実行

(じっこう) 실행 ∣ 移(うつ)される 옮겨지다 ∣ 導入(どうにゅう) 도입 ∣ 策定(さくてい) 책정

21 転落 전락, 굴러 떨어짐

　　1 그는 실수로 계단에서 굴러 떨어져, 다리가 골절되고 말았다.

　　2 팀의 사기가 오르고, 분위기가 단숨에 굴러 떨어져 갔다.

　　3 회사의 실적이 오르고, 이익이 단숨에 굴러 떨어져 갔다.

　　4 올해 겨울은 따뜻해서, 평균 기온이 조금씩 굴러 떨어지고 있다.

해설 転落(てんらく)는 높은 곳에서 떨어지는 것(추락)이나, 급격히 나쁜 상태로 빠지는 것(전락)을 의미한다. 따라서 실제 물리적으로 떨어진 상황을 묘사한 1번이 정답이다. 2번은 よくなって(좋아져), 3번은 増加(증가), 4번은 上昇(상승)가 적절하다.

단어 誤(あやま)って 실수로 ∣ 階段(かいだん) 계단 ∣ 足(あし)を骨折(こっせつ)する 다리가 골절되다 ∣ 士気(しき)が上(あ)がる 사기가 오르다 ∣ 雰囲気(ふんいき) 분위기 ∣ 一気(いっき)に 단숨에 ∣ 業績(ぎょうせき) 업적, 실적 ∣ 利益(りえき) 이익 ∣ 平均(へいきん)気温(きおん) 평균 기온 ∣ 増加(ぞうか) 증가 ∣ 上昇(じょうしょう) 상승

22 よそよそしい 서먹서먹하다, 남남 같고 쌀쌀맞다

　　1 가족 모임에서 그는 서먹서먹한 모습으로 농담을 했다.

　　2 동료와의 회식에서, 그는 서먹서먹한 태도로 즐기고 있었다.

　　3 그는 자신의 서먹서먹함을 증명하기 위해 노력했다.

　　4 그녀는 나를 피하듯이 서먹서먹하게 인사했다.

해설 よそよそしい는 친밀해야 할 관계임에도 마치 모르는 사람처럼 거리감을 두고 차갑게 대하는 모양을 뜻한다. 따라서 4번이 가장 자연스럽다. 1번과 2번은 즐거운 분위기이므로 和やかな(화기애애한) 등이 어울리며, 3번은 문맥상 潔白(결백)가 적당하다.

단어 冗談(じょうだん) 농담 ∣ 同僚(どうりょう) 동료 ∣ 飲(の)み会(かい) 회식 ∣ 証明(しょうめい) 증명 ∣ 避(さ)ける 피하다 ∣ 挨拶(あいさつ) 인사 ∣ 和(なご)やかな 화기애애한 ∣ 潔白(けっぱく) 결백

23 とだえる 끊기다, 두절되다

　　1 출장에 필요한 서류나 짐을 모두 끊겼다.

　　2 그는 자신의 생각을 잘 끊기는 것이 특기다.

　　3 그녀로부터의 연락이 갑자기 끊겨서 걱정하고 있다.

　　4 그 소설은 인생을 여행에 끊겨 쓰인 이야기다.

해설 とだえる는 이어지던 것(연락, 왕래 등)이 중간에 끊겨서 그치게 되는 것을 의미한다. 따라서 연락이 끊긴 상황인 3번이 정답이다. 1번은 揃えた(챙겼다), 2번은 伝える(전달하는), 4번은 例えて(비유해서)가 적절하다.

단어 出張(しゅっちょう) 출장 ∣ 書類(しょるい) 서류 ∣ 荷物(にもつ) 짐 ∣ 連絡(れんらく) 연락 ∣ 小説(しょうせつ) 소설 ∣ 物語(ものがたり) 이야기 ∣ 揃(そろ)える 갖추다, 챙기다 ∣ 例(たと)える 비유하다

24 ネック 걸림돌, 장애물

　　1 품질을 떨어뜨리지 않고 걸림돌을 절감하는 방법을 검토하고 있다.

　　2 투자는 자기 판단이 기본이지만, 전문가의 걸림돌도 중요하다.

　　3 이 기계를 사용하는 걸림돌은, 작업 효율이 비약적으로 향상되는 것이다.

　　4 예산 부족이 이 프로젝트의 최대 걸림돌이 되고 있다.

해설　네크는 '병목 현상'에서 유래하며, 일이 진행되는 데 방해가 되는 장애물이나 취약 부분을 뜻한다. 따라서 부정적인 장애 요인을 말하는 4번이 정답이다. 1번은 コスト(비용), 2번은 助言(조언), 3번은 利点(이점) 등이 자연스럽다.

단어　品質(ひんしつ) 품질 | 落(お)とす 떨어뜨리다 | 〜ずに 〜하지 않고 | 削減(さくげん) 삭감, 절감 | 検討(けんとう) 검토 | 投資(とうし) 투자 | 自己(じこ)判断(はんだん) 자기 판단 | 作業(さぎょう)効率(こうりつ) 작업 효율 | 飛躍的(ひやくてき) 비약적 | 予算(よさん)の不足(ふそく) 예산 부족 | 助言(じょげん) 조언 | 利点(りてん) 이점

25　やけに 몹시, 지독히, 유난히

1 열심히 연습했는데도 성적이 <u>유난히</u> 오르지 않았다.

2 오늘 전철은 <u>유난히</u> 붐벼서 앉을 수 없었다.

3 약속 시간이 되었는데도 그는 <u>유난히</u> 모습을 보이지 않는다.

4 성공하기 위해서는 <u>유난히</u> 배우는 자세를 유지하는 것이 중요하다.

해설　やけに는 평소와 다르게 그 정도가 심할 때(유난히, 몹시) 사용하는 부사다. 따라서 2번이 정답이다. 1번과 3번은 뒤에 부정어가 오므로 '전혀'를 뜻하는 ちっともい さっぱり가 어울리며, 4번은 謙虚に(겸허하게) 등이 적절하다.

단어　成績(せいせき)が上(あ)がる 성적이 오르다 | 混(こ)む 붐비다 | 姿(すがた) 모습 | 姿勢(しせい) 자세 | 持(も)ち続(つづ)ける 유지하다, 간직하다 | ちっとも 조금도 | さっぱり 전혀 | 謙虚(けんきょ)に 겸허하게

02　1교시 언어지식(문법)·독해

문제 5　다음 문장의 (　　)에 들어갈 가장 알맞은 것을 1·2·3·4 에서 하나 고르시오.

26　그는 모든 일을 뒤로 미루는 **경향이 있다.**

해설　공란에 들어갈 표현은 **2 きらいがある**이다. '〜하는 경향(우려)이 있다'라는 의미로, 주로 부정적인 성향이나 좋지 않은 습관이 있을 때 사용된다.

단어　何事(なにごと) 모든 일, 어떤 일 | 後回(あとまわ)しにする 뒤로 미루다 | 〜には及(およ)ばない 〜할 것까지는 없다 | 〜にかたくない 〜하기 어렵지 않다 | 〜までもない 〜할 필요도 없다

27　인기 프로그램의 최종회**라서** (그런지), 시청률은 과거 최고를 기록했다.

해설　공란에 들어갈 표현은 **3 とあって**이다. '〜이라서'라는 뜻으로, 특별한 상황이 원인이 되어 어떠한 결과가 나타날 때 쓰인다.

단어　人気(にんき)番組(ばんぐみ) 인기 프로그램 | 最終回(さいしゅうかい) 최종회 | 視聴率(しちょうりつ) 시청률 | 記録(きろく) 기록 | 〜にあって 〜에서 | 〜として 〜로서

28　야마카와 공업은 신공장 완성**을 계기로** 생산 체제를 강화하여 해외 시장으로의 진출을 목표로 하고 있다.

해설　공란에 들어갈 표현은 **4 を機に**이다. '〜을 계기로'라는 뜻으로, 어떠한 사건이나 시점을 전환점으로 삼아 다음 행동을 할

때 사용하는 표현이다.

단어　完成(かんせい) 완성 | 生産(せいさん)体制(たいせい) 생산 체제 | 強化(きょうか) 강화 | 海外(かいがい)市場(しじょう) 해외 시장 | 進出(しんしゅつ) 진출 | 目指(めざ)す 목표로 하다 | 〜にわたって 〜에 걸쳐 | 〜にかけては 〜에 있어서는 | 〜をよそに 〜을 아랑곳하지 않고

29　이 책은 어려운 전문 용어가 많아서, 해설을 읽어도 **전혀** 이해할 수 없다.

해설　공란에 들어갈 표현은 **2 まるで**이다. 뒤에 부정어(ない)와 호응하여 '전혀 〜않다, 도저히 〜않다'라는 의미를 나타낸다.

단어　専門(せんもん)用語(ようご) 전문 용어 | 解説(かいせつ) 해설 | ついに 드디어 | はたして 과연 | たとえ 설령, 비록

30　도시 개발**과 맞바꾸어**, 역사적인 건조물이 차례차례 허물어져 가는 것은 유감이다.

해설　공란에 들어갈 표현은 **3 とひきかえに**이다. '〜와는 반대로'라는 뜻도 있지만, 여기서는 어떤 것을 얻는 대신 다른 것을 희생한다는 '교환, 대가'의 의미로 쓰였다.

단어　歴史的(れきしてき) 역사적 | 建造物(けんぞうぶつ) 건조물 | 取(と)り壊(こわ)される 허물어지다, 철거되다 | 残念(ざんねん) 유감 | 〜なくしては 〜없이는 | 〜のみならず 〜뿐만 아니라 | 〜にかけては 〜에 있어서는

31　그는 자신의 실력을 과신한 **탓에**, 아무런 준비도 하지 않고 시험을 쳐서 결국 불합격되고 말았다.

해설　공란에 들어갈 표현은 **3 ばかりに**이다. 〜たばかりに는 '〜하는 바람에, 〜한 탓에'라는 뜻으로, 주로 좋지 않은 결과의 원인을 나타낼 때 쓰인다.

단어　実力(じつりょく) 실력 | 過信(かしん) 과신 | 準備(じゅんび) 준비 | 結局(けっきょく) 결국 | 不合格(ふごうかく) 불합격 | 〜とおり 〜대로 | 〜以上(いじょう)は 〜이상에는, 〜한 바에는 | 〜かと思(おも)うと 〜인가 싶더니, 〜하자마자

32　이 과자는 현지의 신선한 우유와 달걀을 사용한, 이 지역 **특유의** 소박하고 부드러운 맛이 난다.

해설　공란에 들어갈 표현은 **4 ならではの**이다. '〜만의, 〜특유의'라는 뜻으로, 독특한 가치를 강조할 때 쓰인다.

단어　お菓子(かし) 과자 | 地元(じもと) 현지, 지역 | 新鮮(しんせん)な 신선한 | 牛乳(ぎゅうにゅう) 우유 | 素朴(そぼく) 소박함 | 味(あじ)がする 맛이 나다 | 〜なくして 〜없이 | 〜にもまして 〜보다 더

33　이 컴퓨터는 오래된 모델이지만, 간단한 사무 작업을 하는 것뿐이라면 충분히 **사용하지 못하는 것은 아니다**(사용할 수도 있다).

해설　공란에 들어갈 표현은 **2 使えなくはない**이다. 〜なくはない는 '〜하지 않는 것은 아니다(이중 부정)'라는 뜻으로, '어느 정도 가능하다'는 긍정의 의미를 완곡하게 나타낸다.

단어　事務(じむ)作業(さぎょう) 사무 작업 | 〜ことはない 〜할 필요는 없다 | 〜よりほかない 〜할 수밖에 없다 | 〜ないわけにはいかない 〜하지 않을 수 없다

34　설령 작은 일**이라 할지라도**, 고객님의 의견이나 요청에는 귀를 기울이려고 하고 있다.

161

解説　공란에 들어갈 표현은 **2であろうと**이다. たとえ～であろうと의 형태로 '설령 ～이라 할지라도'라는 양보의 의미를 나타낸다.

単語　**要望(ようぼう)** 요망, 요청 | **耳(みみ)を傾(かたむ)ける** 귀를 기울이다 | ～にともなって ～에 따라 | ～ともなると ～쯤 되면 | ～にかわって ～을 대신해서

35 본래라면 제가 찾아**뵈어야 하는데**, 직접 오시게 해서 송구합니다.

解説　공란에 들어갈 표현은 **3 べきところを**이다. ～べきは '～해야 함', ～ところをは '～하는데'라는 역접의 뉘앙스를 담아, 상대방에게 미안함이나 감사함을 강조할 때 쓰인다. 1번, はずところをは 단순 추측/예정의 의미로 '갈 예정이었던 상황인데'라는 느낌이라, 비즈니스 매너상 지켜야 할 '도리(의무)'가 빠져 있어 어색하다. 2번, ことがあっては '단순 사실'을 말한다. '갈 일이 있어서'라는 뜻이 되어, 뒤에 오는 '송구합니다'와 논리적으로 연결이 되지 않는다. 4번, ところなのには 의미는 통하지만, 뒤에 오는 극존칭(恐縮です)에 비해 말투가 너무 가볍고 격식이 떨어진다.

単語　**本来(ほんらい)** 본래, 원래 | **伺(うかが)う** 찾아뵙다, 방문하다 | **足労(そくろう)いただく** (상대방이) 직접 오시다, 수고스럽게 발걸음 하다 | **恐縮(きょうしゅく)です** 송구합니다

문제 6　다음 문장의 ＿＿＿★＿＿＿에 들어갈 가장 알맞은 것을 1·2·3·4에서 하나 고르시오.

36 수중에 자료가 **전혀 없기 때문에 자세한 내용에 대해서 설명할 수가 없**으므로, 추후 다시 보고하겠습니다.

解説　'자료가 전혀 없다(3+2)'는 이유 뒤에 설명할 수 없는 구체적인 대상(4+1)이 온다. ～ようがない는 '～할 수 없다'라는 뜻으로, 어떤 수단이나 방법이 전혀 없는 상황을 의미한다.

単語　**手元(てもと)** 수중, 손안 | **一切(いっさい)** 전혀, 일체 | **詳(くわ)しい** 자세하다 | **後日(ごじつ)** 추후, 훗날 | **改(あらた)めて** 다시, 새로이 | **報告(ほうこく)** 보고

37 경찰관**으로서 있어서는 안 될 위법한 수사가 행해지고 있었다**는 것이 판명되어, 경찰 조직에 대한 비판이 고조되었다.

解説　'경찰관으로서(3)' 뒤에 자격에 어긋남을 뜻하는 수식어(4)가 오고, 그 뒤에 구체적인 사건 내용(1+2)이 연결된다. あるまじき는 '있어서는 안 될, 있을 수 없는'이라는 뜻으로, 직업이나 신분에 걸맞지 않은 부당한 행위를 강하게 비판할 때 사용한다.

単語　**警察官(けいさつかん)** 경찰관 | **違法(いほう)** 위법 | **捜査(そうさ)** 수사 | **判明(はんめい)する** 판명되다 | **組織(そしき)** 조직 | **批判(ひはん)** 비판 | **高(たか)まる** 고조되다, 높아지다

38 등산가인 야마시타 씨는 산악 가이드로서의 **경험이 풍부한 그인 만큼 갑작스러운 기상 악화에도** 최적의 행동을 판단하여 참가자의 안전을 확보할 수 있다.

解説　가이드로서의 자격(2)을 갖춘 인물임을 강조하는 표현(4)이 오고, 그 뒤에 대처 상황(1+3)이 이어진다. ～だけあっては '(과연) ～인 만큼, ～답게'라는 뜻으로, 높은 능력이나 지위에 어울리는 결과가 나타날 때 사용한다.

単語　**登山家(とざんか)** 등산가 | **山岳(さんがく)** 산악 | **経験(けいけん)** 경험 | **豊富(ほうふ)な** 풍부한 | **最適(さいてき)な** 최적의 | **天候(てんこう)悪化(あっか)** 기상 악화 | **確保(かくほ)** 확보

39 주민의 이해와 협력**없이 지역 환경 보전 활동을 성공시키는 것은** 어렵고, 행정만의 노력으로는 한계가 있다.

解説　필수적인 조건(3)을 먼저 제시한 후, 그 조건이 필요한 대상 활동(4+2+1)을 연결한다. ～なくしては '～없이'라는 뜻으로, 뒤에는 주로 부정적이거나 어려운 상황을 나타내는 말이 온다.

単語　**協力(きょうりょく)** 협력 | **環境(かんきょう)保全(ほぜん)** 환경 보전 | **行政(ぎょうせい)** 행정 | **取(と)り組(く)み** 노력, 대처 | **限界(げんかい)** 한계

40 컨디션이 좋지 않아 병원에 가서 **검사를 받았더니 가벼운 염증이 있을 뿐이고 심각한 병은 아니라는 것을** 알게 되어 안심했다.

解説　병원에서 취한 행동(1+4)의 결과로 밝혀진 구체적인 진단 내용(3+2)이 순서대로 이어진다. ～たところは '～했더니'라는 뜻으로, 어떤 동작을 한 뒤 새로운 사실을 발견했을 때 사용한다.

単語　**体調(たいちょう)が優(すぐ)れない** 컨디션이 좋지 않다 | **検査(けんさ)を受(う)ける** 검사를 받다 | **軽(かる)い** 가볍다 | **炎症(えんしょう)** 염증 | **深刻(しんこく)な** 심각한 | **ほっとする** 안심하다

문제 7　다음 문장을 읽고, 문장 전체의 취지를 고려하여 **31**부터 **34**에 들어갈 가장 알맞은 것을 1·2·3·4에서 하나 고르시오.

　나는 예전에 물건을 많이 가지고 있으면 안심할 수 있다고 생각했다. 자신에게 소중한 것을 잔뜩 가지고 있으면, 그것이 행복을 형성해 줄 것이라고 믿었다. 하지만 실제로는 점점 물건이 늘어나 물리적으로나 정신적으로나 압도당하게 되었다. 물건을 모으고 타인과 비교만 하느라, 내가 정말로 하고 싶은 것을 알 수 없게 되어 매일이 헛되게 느껴졌다.

　하지만 어느 날, 대량의 물건을 비우기로 결심했다. 처음에는 불안했지만, (막상) 해보니 의외로 **홀가분했다**. 물건을 줄여가는 동안 물리적인 공간이 비워질 뿐만 아니라 마음에도 여유가 생겼다. 그리고 놀라운 것은, 비우고 나서 후회하는 일이 거의 없었다는 점이다. 오히려 **"버리길 잘했다"**라고 느끼는 순간이 더 많았다. 어째서 지금까지 이렇게 물건에 집착하고 있었던 걸까 하는 생각이 들 정도다.

　"버리지 못하는 성격"이라는 것은 사실 존재하지 않는다. 버리지 못하는 것은 단지 착각에 불과하다는 것을 깨달았다. 나도 처음에는 "버리는 건 무리야"라고 생각했지만, 실제로는 버리는 기술이 부족했을 뿐이다. 물건을 줄이는 일 자체는 그리 큰 시간이 걸리는 것이 아니다.

　예를 들어, 나는 많은 책을 가지고 있었다. 하지만 1년이나 손대지 않은 책이 있다는 것을 깨닫고 그것을 전부 비우기로 했다. 처음에는 "아깝다"라고 생각했지만, 비워보니 마음이 가벼워졌고 오히려 새로운 책에 대한 흥미가 솟아났다. 결국 사용하지 않는 것을 가지고 있음으로써, 반대로 새로운 것을 받아들일 공간을 빼앗고 있었던 것이다.

　물건을 버린다는 행위는 단순히 **물리적인 정리에 그치지 않고**, 과거의 짐이나 집착으로부터 자기 자신을 해방해 더욱 자유롭고 나답게 살기 위한 첫걸음이라고 생각한다.

41	1 어수선했다	2 초라했다
	3 홀가분했다(시원했다)	4 답답했다(무거웠다)
42	1 버리면 어떻게 될까	2 버리지 말았어야 했다
	3 버려도 되는 걸까	**4 버리길 잘했다**
43	**1 이라는(같은)**	2 무언가
	3 무엇인가	4 얼마나
44	1 기분 전환은 되지 않고	
	2 물리적인 정리에 그치지 않고	
	3 방이 넓어진다고 느껴지는 반면	
	4 공간을 확보하기 어렵고	

해설 **41** 대량의 물건을 비우기로 결정하고 실행한 결과, 마음에 여유가 생겼다는 긍정적인 변화가 이어지므로 '시원하다, 홀가분하다'는 의미인 **3 すっきりした**가 정답이다.

42 비우고 나서 후회하는 일이 거의 없었다는 문장과 '오히려(むしろ)'라는 부사로 호응해야 하므로, 비운 행위에 대한 긍정적인 감정을 나타내는 **4 捨ててよかった**가 적절하다.

43 '버리지 못하는 성격'이라는 관념을 부정하며 그것은 착각일 뿐이라고 주장하는 문맥이므로, 대상을 얕잡아 보거나 부정적으로 예시할 때 쓰는 **1 なんて**가 정답이다.

44 문장 뒤편에서 '과거의 짐이나 집착으로부터 자신을 해방하고 자유롭게 사는 첫걸음'이라는 더 큰 의미를 부여하고 있으므로, 단순히 눈에 보이는 정리 이상의 가치가 있음을 나타내는 **2 物理的な整理にとどまらず**가 가장 적합하다.

단어 形作(かたちづく)る 형성하다 | 圧倒(あっとう)される 압도당하다 | 〜てばかりいる 〜하고만 있다 | 手放(てばな)す 손을 떼다, 비우다 | 減(へ)らす 줄이다 | 〜うちに 〜하는 동안에 | スペースが空(あ)く 공간이 비다 | 余裕(よゆう) 여유 | 後悔(こうかい) 후회 | 執着(しゅうちゃく) 집착 | 思(おも)い込(こ)み 착각, 고정관념 | 〜にすぎない 〜에 불과하다 | 気(き)づく 깨닫다 | 触(ふ)れる 손을 대다 | もったいない 아깝다 | 湧(わ)いてくる (의욕 등이) 솟아나다 | 〜ことで 〜함으로써 | 受(う)け入(い)れる 받아들이다 | 奪(うば)う 빼앗다 | 〜にとどまらず 〜에 그치지 않고 | 重荷(おもに) 무거운 짐 | 解放(かいほう) 해방 | 第一歩(だいいっぽ) 첫걸음

문제 8 다음 (1)부터 (4)의 문장을 읽고, 다음 질문에 대한 답으로서 가장 적당한 것을 1·2·3·4에서 하나 고르시오.

(1)

해석 친구가 보여준 손녀 사진에서는 여동생이 시치고산 기모노를 입고 살짝 수줍어하고 있었습니다. 언니 쪽은 동생을 사랑스럽게 바라보며 미소 짓고 있었습니다. **두 사람의 손은 행복을 놓치지 않으려는 듯이 꽉 쥐어져 있었습니다.** 두 사람은 놀라울 정도로 닮은 얼굴이었지만, 사실 **두 사람에게 혈연 관계는 없습니다.** 원해서 특별양자결연으로 맞이한 아이들인데, 다행스럽게도 무럭무럭 자랐습니다. 아기 때부터 애정을 듬뿍 받은 덕분인지 차분하다고 합니다. 함께 살고 있는 동안에 같은 분위기를 두르게 된 것이겠지요. **양자를 받았다고 들었을 때는 조금 걱정했지만, 기우였습니다.** 정말 좋은 인연을 맺을 수 있었다고 생각했습니다. 행복을 나눠 받은 순간이었습니다.

45 **필자가 기우였습니다라고 쓴 이유는 무엇인가?**

1 양자에게 문제가 있을 줄 알았으나, 실제로는 착한 아이였기 때문에

2 혈연이 없어 걱정했지만, 실제로는 사이좋고 행복해 보였기 때문에

3 기모노를 입히지 않을 줄 알았으나, 실제로는 잘 어울렸기 때문에

4 닮을 줄 알고 있었는데, 실제로 판박이였기 때문에

해설 필자의 걱정은 '혈연 관계가 없는 아이들'이 잘 지낼지에 대한 염려였는데, 실제로 보니 두 아이가 매우 사이가 좋고 행복했으므로 걱정이 기우였음을 깨달은 것이다. 정답은 2번이다. 1번, 입양아 개인의 성격이나 자질이 나쁠 것이라고 걱정했다는 근거는 지문에 없다. 3번, 기모노는 행복한 모습을 묘사하는 배경 소재일 뿐이다. 작가가 '기모노를 입힐지 말지'를 두고 걱정(杞憂)했다는 것은 문맥상 전혀 맞지 않다. 4번, 작가는 처음에 피가 섞이지 않은 것을 알고 걱정(心配)했다. 처음부터 닮을 것이라 예상하고 적중했다는 내용은 '기우'였다는 결론과 모순된다.

단어 孫(まご) 손자, 손녀 | 七五三(しちごさん) 시치고산(아이들의 성장을 축하하는 일본의 행사) | はにかむ 수줍어하다, 부끄러워하다 | 慈(いつく)しむ 사랑하다, 자애롭다, 아끼다 | 微笑(ほほえ)む 미소짓다 | 逃(の)がす 놓치다 | 〜とでも 〜라고도 | ぎゅっと 꽉, 단단히 | 握(にぎ)る 쥐다, 잡다 | 似(に)る 닮다 | 血(ち)の繋(つな)がり 핏줄의 연결, 혈연 | 縁組(えんぐみ) 결연 | 〜ことに 〜하게도 | すくすくと 무럭무럭 | たっぷり 듬뿍 | おっとり 온순하고 느긋함, 차분함 | まとう (분위기 등을) 두르다, 감싸다 | 杞憂(きゆう) 기우(쓸데없는 걱정) | お裾分(すそわ)け (복이나 좋은 것을) 나눔, 분배 | ひと時(とき) 한때, 잠시

해석 　A4 크기 정도의 천으로 된 가방을 발열시켜 야외에서 따뜻한 식사를 할 수 있는 발명품이 주목받고 있다. 불을 사용하지 않고 음식을 가열하거나 보온할 수 있는 뛰어난 물건이다. 부속된 (주)모바일 배터리를 사용하면 레토르트 식품을 20분 정도에 데울 수 있다. 무게도 전부 합쳐 300g 정도이므로 휴대하는 데에도 힘들지 않다. **게다가 편리한 것은 접을 수 있다는 것이다.** 이것이 있으면 언제 어디서든 따끈따끈한 식사를 할 수 있다. 추운 날씨 아래 야구에 힘쓰는 아들을 생각하는 어머니의 마음이 개발의 계기가 되었다고 한다.
　(주)モバイルバッテリー: 모바일 배터리. 휴대할 수 있는 스마트폰 등을 충전할 수 있는 기기

46　**필자가 가장 높게 평가하고 있는 편리한 점은 무엇인가?**
　1　무엇이든 20분 만에 데울 수 있다는 것
　2　천 가방이 300g 정도로 가볍다는 것
　3　봉투에 넣기만 해도 음식을 데울 수 있다는 것
　4　A4 크기보다 작게 만들 수 있다는 것

해설　지문의 更に(더욱)라는 표현을 통해 무게(300g)보다 접어서 작게 만드는 '휴대성'을 더 상위의 장점으로 평가했으므로 4번이 정답이다. 1번은 '레토르트 식품'에 한정된 기능을 '무엇이든' 가능하다고 확대 해석한 과장이며, 2번은 300g을 가방만의 무게로 오해하거나 필자가 꼽은 '최고 장점'이 아니라는 점을 간과하고 있다. 3번은 '배터리 사용'이라는 필수 조건이 빠져 있는 불충분한 설명이다.

단어　布製(ぬのせい) 천으로 만든 제품 | 発熱(はつねつ) 발열 | 優(すぐ)れもの 뛰어난 물건(제품) | 付属(ふぞく) 부속, 딸림 | レトルト食品(しょくひん) 레토르트 식품 | 温(あたた)める 데우다 | 持(も)ち運(はこ)び 휴대, 가지고 다님 | 苦(く)にならない 괴롭지 않다, 힘들지 않다 | 更(さら)に 게다가, 더욱이 | 折(お)りたたむ 접다 | ホカホカ 따끈따끈 | 食事(しょくじ)を取(と)る 식사를 하다 | 寒空(さむぞら) 찬 하늘, 추운 날씨 | 励(はげ)む 힘쓰다, 노력하다 | 母心(ははごころ) 어머니의 마음 | 元(もと) 시초, 계기 | 〜と言(い)うことだ 〜라고 한다〈전달〉

해석 　2024년에 「CO₂를 먹는 자판기」라고 불리는 자동판매기가 개발되어 450대가 일본 전국에 설치되었다. 겉으로 보기에 자연을 보호하고 있는 듯한 디자인으로 눈에 띈다. 흡수된 CO_2는 콘크리트 등의 재료로 사용되고 있다. 1대로 1년 동안 56~60년 자란 삼나무 약 20그루와 같은 양의 CO_2를 흡수할 수 있기 때문에, 일본 전국의 자판기에 그 장치가 부착된다면 효과가 높다. 매우 좋은 일이라고 생각하지만, **1대의 자판기를 작동시키면 배출되는 CO_2는 연간 약 300~ 350kg, 이 CO_2 흡수 장치로 흡수할 수 있는 CO_2는 최대여도 60~70kg에 지나지 않는다**는 것을 잊어서는 안 된다.

47　**필자가 말하고 있는 것과 다른 것은 무엇인가?**
　1　CO_2를 먹는 자판기도 양은 줄지만 CO_2를 배출하지 않는 것은 아니다.
　2　CO_2를 먹는 자판기는 CO_2를 배출하는 양보다 흡수하는 양이 5배 많다.
　3　CO_2를 먹는 자판기가 흡수할 수 있는 CO_2는 배출하는 양의 5분의 1에 불과하다.
　4　CO_2를 먹는 자판기에는, 흡수한 CO_2를 재이용하는 시스템이 있다.

해설　지문에 따르면, 배출량은 약 300~350kg이고 흡수량은 60~70kg이다. 배출량은 흡수량의 5배이므로, 흡수량이 배출량보다 5배 많다는 2번은 사실과 다른 진술이다. 1번, 자판기가 연간 300~350kg의 CO_2를 배출하므로, 이 선택지는 알맞다. 3번, 흡수량(60~70kg)은 배출량(300~350kg)의 약 5분의 1에 해당하므로 지문 내용과 일치한다. 4번, 흡수한 CO_2를 '콘크리트 등의 재료로 사용한다'고 했으므로, 재이용 시스템이 있다는 설명은 맞는 내용이다.

단어　自動(じどう)販売機(はんばいき) 자동판매기, 자판기 | 開発(かいはつ) 개발 | 見(み)るからに 겉으로 보기에, 딱 보기에 | 目立(めだ)つ 눈에 띄다, 두드러지다 | 吸収(きゅうしゅう) 흡수 | 排出(はいしゅつ)する 배출하다 | 杉(すぎ)の木(き) 삼나무 | 装置(そうち) 장치 | 〜に過(す)ぎない 〜에 불과하다, 〜에 지나지 않는다 | 〜ないわけではない 〜하지 않는 것은 아니다 | 仕組(しく)み 구조, 시스템

(4)

해석
> 삼가 아룁니다.
> 초여름을 맞이하여 귀사가 더욱더 번창하심을 경하드립니다.
> 이번에, 저희 회사가 개발한 **플래티넘(백금)을 짜 넣은 천을 사용하여**, 디자인을 마이클 스미스 씨에게 의뢰한 **각종 스포츠웨어 발표회를 별지와 같이 개최합니다**. 매우 바쁘시겠지만, 의견을 받고자 하오니 부디 참석해 주시기를 부탁드립니다.
> 덧붙여, 발표회에 이어서 평소의 감사하는 마음을 담아 마이클 스미스 씨를 모시고 간담회를 개최하오니 즐겨주시면 감사하겠습니다.
>
> 삼가 아룁니다.

48 어떤 발표회인가?

1 획기적인 천 제품을 소개하기 위한 발표회
2 마이클 스미스 씨를 소개하기 위한 발표회
3 신제품(새 천)을 사용한 의류를 소개하기 위한 발표회
4 소비자에게 스포츠웨어를 소개하기 위한 발표회

해설 발표회는 '플래티넘 천을 사용한 각종 스포츠웨어'를 소개하기 위한 것이다. 따라서 새로운 소재로 만든 의류(ウエア) 신제품을 소개하는 발표회이므로 정답은 3번이다. 1번, 발표 목적은 천 자체가 아니라 천을 사용한 '스포츠웨어'이다. 2번, 마이클 스미스 소개가 아니라, 그를 모시고 간담회는 발표회 후에 진행된다. 4번, 초대 대상이 '귀사'이므로 소비자 대상 발표회라고 단정할 수 없다.

단어 謹啓(きんけい) / 謹白(きんぱく) 삼가 아룁니다(편지 첫머리/끝맺음 인사) | 初夏(しょか)の候(こう) 초여름의 계절(계절 인사) | 貴社(きしゃ) 귀사 | ～におかれましては ～께서는(～においては의 존경) | 益々(ますます) 더욱더, 한층 더 | ご清栄(せいえい) 번영과 번창(상대방의 번영을 기원하는 인사) | お慶(よろこ)び申(もう)し上(あ)げます 경하드립니다, 축하드립니다 | 弊社(へいしゃ) 폐사, 저희 회사 | 織(お)り込(こ)む 짜 넣다 | 開催(かいさい) 개최 | ご多忙(たぼう) 매우 바쁘심(상대방의 바쁜 상황을 높여 말함) | ～とは存(ぞん)じますが ～라고 생각합니다만(정중한 도입) | 賜(たまわ)る 받다〈겸양〉 | 尚(なお) 덧붙여, 또한 | 引(ひ)き続(つづ)く 계속하다, 잇따르다 | 日頃(ひごろ) 평소 | ～を込(こ)めて ～을 담아서 | ～を囲(かこ)んで ～을 둘러싸고, ～을 모시고 | 懇親会(こんしんかい) 간담회, 친목회

문제 9 다음 (1)부터 (4)의 문장을 읽고, 다음 질문에 대한 답으로서 가장 적당한 것을 1·2·3·4에서 하나 고르시오.

(1)

해석
> 최근 캠핑 인기에 따라 편리한 상품이 출시되고 있다. 그중 하나인 (주1)가마솥 밥솥이 있는데 잘 팔리고 있다고 한다. 가마솥은 보통 흙, 돌, 벽돌 등으로 둘러싸서 만들어지며 땔나무 등을 태워서 사용한다. 그리고 가마솥은 보통 연료를 넣는 입구가 하나이지만, 이 신소재 제품은 정면에 두 개의 둥근 구멍이 나란히 붙어 있다. 그리고 놀랍게도 **연료로 땔나무나 숯 등이 아닌, 구하기 쉽고 타는 정도가 일정하다는 이유로 신문지를 사용한다.** 이것으로 백미라면 펼친 신문지 11장으로 (주2)5홉까지 밥을 지을 수 있다. 1분에서 1분 30초마다 불이 꺼지지 않도록 둥글게 만 신문지를 오른쪽 왼쪽 구멍에 순서대로 넣어서 태운다. 마는 방법은 설명서에 자세히 쓰여 있다.
> 먼저, 신문지를 펼쳐서 반으로 잘라 2장으로 만든다. 각각 대각선으로 접은 다음 말아서 비튼다. 이것을 25분간 연달아 태우고, 불을 끈 후 뚜껑을 덮은 채로 15분 두면 5홉의 흰밥이 완성된다. **신문지 대신 우유 팩을 태워도 펄프이므로 잘 탄다고 한다.** 이 제품은 캠핑 등에서 땔나무를 찾지 않아도 되기 때문에 꽤 인기가 좋다고 한다. 그러나 그것만이 아니다. **판매량이 좋은 것은 무슨 일이 생겼을 때(재난 시)를 대비해서 사두려는 사람이 늘고 있기 때문인 것 같다. 실제로 큰 지진 후에 판매량이 크게 늘어난 것으로 그것을 알 수 있다.**

(주1) かまど: 냄비 등의 아래에 불을 피워 요리를 하기 위한 설비
(주2) 5合: 1홉은 약 150g이므로 750g

49 필자는 이 가마솥 밥솥의 특징이 무엇이라고 말하고 있는가?

1 11개의 연료로 5홉의 밥을 지을 수 있다는 것
2 태우는 것은 신문지만 이용할 수 있다는 것
3 종이 연료만으로 밥을 지을 수 있다는 것
4 신문지가 전부 타면 밥이 완성된다는 것

50 필자는 그것을 알 수 있다고 햇는데, 그것은 무엇인가?

1 재해용으로 사는 사람이 늘고 있다는 것
2 캠핑에서 사용하는 사람이 증가하고 있다는 것
3 가스나 전기가 필요 없어서 경제적이라는 것
4 이 제품이 높은 인기로 판매량이 좋은 것

 〈49〉 이 밥솥의 특징으로 '연료에 신문지를 사용한다'는 점을 강조하고, 우유 팩도 사용 가능함을 언급했다. 즉 종이 연료만으로 밥을 지을 수 있는 점을 특징으로 들고 있으므로 정답은 3번이다. 1번, 11장 사용은 맞으나, 11개의 연료라는 의미는 아니다. 2번, 신문지 외에 우유 팩도 이용 가능하다. 4번, 불 끄고 15분 뜸 들이는 시간이 필요하다.

〈50〉 필자는 '무슨 일이 생겼을 때를 대비해 사두려는 사람이 늘고 있기 때문인 것 같다'고 언급한 후, '큰 지진 후에 판매량이 늘어난 것으로 그것을 알 수 있다'고 결론지었다. 따라서 정답은 1번이다. 2번, 캠핑 인기는 증가 이유 중 하나일 뿐, 필자가 마지막에 파악하는 최종 이유는 아니다. 3번, 경제성 관련 언급은 지문에 없다. 4번, 높은 인기와 판매량이 좋다'는 것은 이미 전제이며, 필자가 '마지막에' 그것을 통해 알고자 하는 내용이 아니다.

단어 かまど炊飯器(すいはんき) 가마솥 밥솥 | 薪(まき) 땔나무 | 燃(も)やす 태우다 | 手(て)に入(い)れる 손에 넣다, 입수하다 | 燃(も)え方(かた) 타는 정도 | 一定(いってい) 일정함 | 白米(はくまい) 흰쌀, 백미 | 見開(みひら)き (책, 신문 등을) 펼친 면 | ご飯(はん)を炊(た)く 밥을 짓다 | ～ごとに ～마다 | 丸(まる)める 둥글게 말다 | ねじる 비틀다, 꼬다 | 蓋(ふた)をする 뚜껑을 덮다 | ～ずに済(す)む ～하지 않아도 된다 | 売(う)れ行(ゆ)き 판매 상황, 판매량 | 大幅(おおはば)に 대폭, 크게 | 災害用(さいがいよう) 재해용, 비상용

(2)

해석　　재난이 일어났을 때 무엇을 할까? 혹은 일상적으로 어려움을 겪는 사람을 봤을 때 무엇을 할까? 보고도 못 본 척하지 못하는 사람은 기부를 하거나 봉사를 한다. 그것은 상대방을 위해서이기도 하고 자신을 위해서이기도 하다. 기부의 경우에는 이름을 말하지 않는 사람, 이름을 알리는 사람, 세금 대책을 위한 사람도 있지만, 어떤 경우라도 하지 않는 것보다 하는 것이 훨씬 낫다. 봉사는 더 널리 퍼지는 것이 바람직하지만, 연예인 같은 유명인의 경우 (주1)매명 행위(이름을 알리려는 행위)라고 비난받는 경우도 많다. 연예인의 기부나 봉사는 일반인에게도 강하게 영향을 준다고 생각하지만, 그것이 싫어서 유명인들이 봉사를 하지 못하는 현실이 있다. 어떤 유명한 배우는 자주 비판받아 왔다. 그는 **"위선이고 이름을 알리려는 겁니다. 위선을 위해서 지금까지 수십억 엔이나 (주2)사비(私費)를 털어 왔습니다"라고 단언하고 있다.** 150명 이상의 베트남 (주3)위탁 아동이 있는 그는 재해 시 원조를 비롯한 여러 활동에 40억 엔이나 되는 돈을 써 왔다. **이미 유명인인 그가 이름을 알리기 위해 큰돈을 쓸 필요가 있을까?** 비난하는 사람들이 무언가를 하고 있냐 하면, 대부분의 사람이 아무것도 하고 있지 않은 듯하다. 심리학자에 따르면 자신은 아무것도 하지 않으면서 무언가를 하는 사람을 위선자나 이름을 알리려는 행위라고 비난하는 사람들은 아무것도 하지 않는 자신을 정당화하고 싶은 것이라고 한다. **설령 위선이나 이름을 알리려는 행위가 사실이었다고 하더라도, 많은 사람이 도움을 받고 있다면 그것으로 좋지 않은가?** 오히려 위선이나 이름을 알리려는 행위를 계속 해주길 바랄 정도이다.

(주1)売名行為: 자신의 이름을 알리기 위해 일부러 눈에 띄는 행동을 하는 것
(주2)自腹を切る: 자신의 돈을 내다
(주3)里子: 다른 사람의 집에서 자라는 아이

51 **필자는 어떤 유명한 배우는 어떤 사람이라고 말하고 있는가?**

1 자신의 이름을 알리기 위해 기부나 봉사를 하는 사람
2 자신의 행위로 다른 사람에게 좋은 영향을 주고 있는 사람
3 비난을 아랑곳하지 않고 자신의 생각대로 행동하는 사람
4 연예인이 봉사하기 어려운 상황을 바꾸고 싶어 하는 사람

52 **필자의 봉사에 대한 생각은 무엇인가?**

1 상대방에게 좋다면 이름을 알리는 목적이어도 상관없다.
2 연예인은 일반인을 끌어들여 (봉사)하는 것이 좋다.
3 이름을 알리려 한다고 비난하는 사람이야말로 비난받아야 한다.
4 봉사는 자신의 돈을 들여서 해야 한다.

해설 〈51〉 어떤 유명한 배우는 비난에 위축되지 않고 오히려 '위선이고 이름을 알리려는 것'이라고 당당히 단언(言い切る)하며 거액의 기부를 지속한다. 필자는 타인의 시선보다 자신의 신념을 우선시하는 그의 태도를 긍정적으로 묘사한다. 따라서 정답은 3번이다. 1번, 배우가 '오직 매명만을 목적'으로 삼는다고 필자가 동의하는 것이 아니다. 2번, 영향력에 대한 언급은 있으나, 해당 문단의 핵심은 비난에 맞서는 배우의 주체적인 행동력이다. 4번, 상황을 바꾸려는 의도보다는 본인의 활동 자체에 집중하는 모습이 강조된다

〈52〉 지문 말미의 '많은 사람이 도움을 받고 있다면 그것으로 좋지 않은가'라는 문장이 결정적이다. 행위자의 의도가 무엇이든 실질적인 '구제 결과'가 중요하다는 실용주의적 관점을 드러낸다. 2번, 일반인이 영향받는다는 언급은 있으나, 그것이 필자가 제시하는 '봉사의 정석'은 아니다. 3번, 비난하는 자들의 심리(자기 정당화)를 분석했을 뿐, 그들을 처벌하거나 비난하는 것이 글의 주된 목적은 아니다. 4번, 사재를 턴 배우의 사례는 예시일 뿐, 모든 봉사가 반드시 사비를 들여야 한다고 규정하지 않는다.

단어 寄付(きふ) 기부 | ボランティア 봉사활동, 자원봉사 | よほど 훨씬, 차라리 | 望(のぞ)ましい 바람직하다 | 売名(ばいめい)行為(こうい) 이름을 알리려는 행위 | 非難(ひなん)される 비난받다 | 批判(ひはん) 비판 | 偽善(ぎぜん) 위선 | 自腹(じばら)を切(き)る 사비를 털다, 자신의 돈을 내다 | 言(い)い切(き)る 단언하다 | 里子(さとご) 위탁 아동 | 費(つい)やす 소비하다, 쓰다 | ～ものか ～할 것인지, ～할까 | ～かと言(い)えば ～하냐 하면 | 正当化(せいとうか) 정당화 | たとえ～としても 설령 ～라고 하더라도 | 大勢(おおぜい)의 많은 수의, 다수의 | むしろ 오히려 | ～ではないか ～이지 않은가〈반문, 주장〉 | ～ぐらいだ ～정도이다〈강조〉 | ～をものともせずに ～을 아랑곳하지 않고

해석

　　일본은 도박에 관해 특이한 나라라고 할 수 있다. **일본은 카지노가 없음에도 불구하고, 도박 의존증 비율이 다른 나라보다 높기 때문이다.** 구체적으로는 미국 0.42%, 마카오 1.8%에 비해, 일본은 3.6%로 두드러진다. 게임기 설치 대수가 미국 86만 대에 비해, 일본은 457만 대로 (주1)자릿수가 다르므로 당연한 일이기는 하다. 일본에서는 경마를 비롯해, 경륜, 경정(보트 레이스), 오토레이스, 복권, 로또, TOTO, 파칭코, 파치슬롯 등이 인정되고 있다. **그중 압도적인 시장 규모를 가진 것은 뭐니 뭐니 해도 파칭코·파치슬롯이다.** 최근에는 (주2)유희 인구는 정체 상태라고 하지만, 2024년 레저 백서에 따르면 약 15.7조 엔으로, 해마다 늘고 있는 세계 카지노 시장의 (주3)약 24조 엔과 비교해도 **상당히 존재감이 있다.** 일본이 세계 최대의 도박 왕국이라고 불리는 이유이다.

　　매일 개점 전쯤 되면 어느 파칭코 가게 앞이든 좋은 기계를 확보하려고 많은 사람들이 줄을 선다. 그것을 볼 때마다 마음이 아프다. 게다가 최근 일본에서는 불법 온라인 카지노에 빠져드는 사람도 늘고 있어, 특히 많은 젊은이 의존증 환자를 낳아 문제가 되고 있다. 인터넷으로 쉽게 전 세계와 연결될 수 있으므로 주의가 필요하다.

　　도박 의존증은 인생을 망가뜨리고 돌이킬 수 없는 사태를 초래할 가능성이 있는 병이다. 도박은 건전한 범위 내에서 한다면 문제없지만, 그것을 벗어난 사람이 많다. 2018년에 도박 등 의존증 대책 기본법이 시행되었지만, 유감스럽게도 효과가 나타나지 않고 있다.

(주1) 桁違い: 수의 자릿수 단계가 다른 것. 여기서는 미국이 10만의 자리인데 일본이 100만의 자리이므로 1자리가 다름, 즉 자릿수가 다른 것이다.

(주2) 遊戯: 놀이, 게임, 즐거움을 위한 행동을 하는 것

(주3) 約24兆円: The Business Research Company의 수치

---

53 필자는 왜 일본을 특이한 나라라고 말하고 있는가?

1　세계 최대의 도박 왕국이라고 생각하기 때문에

2　도박이라면 무엇이든 인정된다고 생각하기 때문에

3　도박 의존증에 걸리기 쉬운 사람이 많다고 생각하기 때문에

4　카지노 외에서 도박 의존증이 되는 사람이 많다고 생각하기 때문에

54 필자는 일본의 도박 현황을 무엇이라고 말하고 있는가?

1　파칭코·파치슬롯 시장이 두드러진다.

2　카지노가 없어서 파칭코·파치슬롯이 발전했다.

3　파칭코보다 온라인 카지노를 하는 젊은이가 많다.

4　도박의 시장 규모는 카지노와 비교해도 손색이 없다.

해설

〈53〉 지문 첫머리에 '카지노가 없음에도 불구하고 도박 중독 비율이 타국보다 높다'고 언급하고 있다. 보통 도박 중독은 카지노와 연관 짓기 마련인데, 일본은 파칭코나 경마 같은 다른 수단으로 인해 중독률이 높다는 점을 특이하다고 표현한 것이다. 1번, 결과적으로 왕국이라 불리지만, '특이하다'고 한 직접적인 이유는 카지노 부재와 높은 중독률의 대조에 있다. 2번, 모든 도박이 허용되는 것은 아니다(온라인 카지노는 불법이라고 명시됨). 3번, 사람이 문제라기보다 환경(설치 대수 등)의 문제를 지적하고 있다.

〈54〉 지문에서 '그중에서 발군의 시장 규모를 가진 것은 무엇보다 파칭코·파치슬로이다'라고 명시하고 있다. 약 15.7조 엔이라는 구체적인 수치를 들어 그 존재감을 강조하고 있다. 2번, 카지노가 없어서 파칭코가 발전했다는 인과관계는 지문에 나오지 않는다. 3번, 온라인 카지노를 하는 젊은이가 '늘고 있다'고 했지, 파칭코보다 '많다'는 비교는 없다. 4번, 일본의 파칭코 시장(15.7조)만으로도 세계 카지노 시장(24조)과 비교해 상당히 존재감이 있다고 했으므로, 일본 전체 도박 시장을 합치면 손색없는 수준을 넘어선다는 뉘앙스다. 1번이 더 직접적인 지문의 핵심이다.

단어

特異(とくい)な 특이한 | 〜にも関(かか)わらず 〜에도 불구하고 | 依存症(いぞんしょう) 의존증, 중독 | 割合(わりあい) 비율 | 〜に対(たい)して 〜에 비해 | 突出(とっしゅつ)する 두드러지다, 뛰어나다 | 桁違(けたちが)い 자릿수 다름, 비교가 안 됨 | 競輪(けいりん) 경륜 | 競艇(きょうてい) 경정(보트 레이스) | 抜群(ばつぐん) 발군, 압도적임 | 市場(しじょう)規模(きぼ) 시장 규모 | 何(なん)と言(い)っても 뭐니 뭐니 해도〈최고의 강조〉 | 遊戯(ゆうぎ) 놀이, 게임 | 頭打(あたまう)ち 정체 상태, 성장이 멈춤 | 存在感(そんざいかん) 존재감 | 〜ゆえんである 〜인 연유이다, 〜인 이유이다 | 〜ともなれば 〜쯤 되면 | 列(れつ)をなす 줄을 서다 | 〜たびに 〜할 때마다 | 〜にのめり込(こ)む 〜에 빠져들다 | 手軽(てがる)に 손쉽게 | 繋(つな)がる 연결되다, 이어지다 | 取(と)り返(かえ)しがつかない 돌이킬 수 없다 | 踏(ふ)み外(はず)す (선 등을) 벗어나다, 실수하다 | 施行(しこう) 시행 | 残念(ざんねん)ながら 유감스럽게도 | 効果(こうか)が上(あ)がる 효과가 나타나다 | 際立(きわだ)つ 눈에 띄게 두드러지다 | 遜色(そんしょく)がない 손색이 없다, 뒤떨어지지 않다

해석

아침은 빵식이 많지만 역시 일본의 주식은 쌀일 것이다. 2025년에는 쌀 부족으로 일본 전역이 대소동이었다. 브랜드 쌀이 5kg에 4,000엔~4,500엔, 정부는 비축미인 고미(묵은쌀)부터 고고미, 드디어 고고고고미까지 방출한 모양이지만, 좀처럼 그 가격은 내려가지 않았다. 거기에 파고든 것이 캘리포니아 쌀로 5kg에 2,300~3,500엔 정도에 팔렸다. 이전부터 체인점 외식 산업에서는 사용하는 가게가 많았지만, 이번 쌀 소동으로 개인으로도 사는 사람이 나왔다.

2024년의 이상기후 탓이라거나 정부의 (주1)감반 정책(생산 조정 정책) 탓이라고들 하지만, 쌀 농가의 고령화나 후계자가 없는 점, 노동자를 확보할 수 없는 점 등 이전부터 문제가 있었다. 이것이 해결되지 않으면 향후에도 쌀 부족 문제가 일어날 수 있다.

그런 상황 속에서 쌀 농가의 모내기 전후 노동시간을 7할 줄일 수 있는 농법이 주목을 받고 있다. 절수형 건전(마른 논) 직파 방식이라 불리는 방법으로 쌀을 만든다. 씨앗을 전용 트랙터를 사용하여 (주2)직접 뿌린다. 물이 없는 논에 씨를 뿌리면 한 달 후에 싹이 터서 20cm 정도 자란다. 그 후 한 번도 물을 넣지 않고 수확한다. 이런 일이 어째서 가능한가. 씨를 뿌리기 전에 맥주 양조의 부산물을 사용한 액체 비료를 뿌리면 씨앗이 병에 걸렸다고 착각하는 모양이다. 식물은 본능적으로 자손을 남기려고 '싹이나 뿌리를 내야만 한다'며 싹과 뿌리를 단번에 내민다. 살아남기 위해 그 뿌리는 수전의 벼 뿌리보다 강하고 튼튼하다고 한다. 잡초처럼 계속 아래로 뿌리를 내려 나가므로 충분히 양분을 섭취할 수 있다. 수확량은 수전에 비하면 다소 적다고 하지만, 맛이 좋아 향후 기대할 수 있는 농법이라고 할 수 있다. 이것이 확대되어 조금이라도 이농자가 줄어들면 좋으련만.

(주1) 減反政策: 쌀이 남아돌아 가격이 떨어지지 않도록, 정부가 생산량을 제한하는 정책

(주2) 直播: 씨앗을 직접 뿌리는 것

---

55 필자는 쌀 부족에 대해 어떻게 생각하고 있는가?

1 쌀 부족은 이상기후나 감반이 원인이며, 다른 문제는 사소한 문제라고 생각한다.

2 쌀 부족은 정부의 감반 정책을 고치지 않으면 향후에도 일어날 가능성이 있다고 생각한다.

3 쌀 부족은 기후나 정책뿐만 아니라, 농가가 안고 있는 근본적인 문제가 있다고 생각한다.

4 쌀 부족은 일시적인 문제이며, 비축미 방출로 장래에는 어떻게든 될 것이라고 생각한다.

56 필자는 절수형 건전 직파 방식의 농법에 대해 어떻게 생각하고 있는가?

1 노동시간이 줄어도 수확량이 적으므로 보급시킬 필요는 없다고 생각한다.

2 장점만 있으므로 보급시키면 쌀 농가의 감소를 막을 수 있을 것이라 생각한다.

3 신종 씨앗의 출현으로 일하는 시간이 줄어 농업을 그만두는 사람이 줄기를 바라고 있다.

4 노동시간이 대폭 줄고 맛도 좋으므로, 이농자 감소를 기대할 수 있는 농법이라 생각한다.

해설

〈55〉 필자는 이상기후나 감반 정책(減反政策)도 언급하지만, 더 본질적인 이유로 '쌀 농가의 고령화', '후계자 부재', '노동력 확보 불가' 등을 꼽으며 이 문제가 해결되지 않으면 앞으로도 쌀 부족이 일어날 수 있다고 경고한다. 1번, 다른 문제들을 사소하다고 치부하지 않고 오히려 중요하게 다룬다. 2번, 감반 정책만이 유일한 해결책이라고 보지 않는다. 4번, 농가의 고령화 문제를 들며 일시적인 문제가 아니라고 강조한다.

〈56〉 지문에서 이 농법이 '노동 시간을 7할 줄일 수 있고', '맛이 좋다'고 언급하며, 이를 통해 '이농자(농사를 그만두는 사람)가 줄어들기를 기대'하고 있다. 1번, 수확량이 다소 적더라도 긍정적인 면이 많아 기대되는 농법이라고 평가한다. 2번, 수확량이 적다는 단점도 언급했으므로 '장점만 있다'는 설명은 틀리다. 3번, '신종 씨앗'이 출현한 것이 아니라, 씨앗에 액체 비료를 처리하는 '새로운 농법'이 핵심이다.

단어

大騒(おおさわ)ぎ 큰 소동, 난리 | 銘柄(めいがら) 브랜드, 종목 | 備蓄(びちく) 비축 | 古米(こまい) 묵은쌀 | 古古米(ここまい) 재고 묵은쌀 | 放出(ほうしゅつ) 방출 | 割(わ)り込(こ)む 끼어들다, 침범하다 | 騒動(そうどう) 소동 | 異常(いじょう)気象(きしょう) 이상기후 | 減反(げんたん)政策(せいさく) 감반 정책(생산 조정 정책) | 跡継(あとつ)ぎ 후계자 | 確保(かくほ) 확보 | ～得(う)る ～할 수 있다 | 田植(たう)え 모내기 | 注目(ちゅうもく)を集(あつ)める 주목을 받다 | 節水型(せっすいがた) 절수형 | 専用(せんよう) 전용 | 田(た)んぼ 논 | 蒔(ま)く 뿌리다 | 芽(め)が出(で)る 싹이 트다 | 収穫(しゅうかく) 수확 | 醸造(じょうぞう) 양조 | 副産物(ふくさんぶつ) 부산물 | 液体(えきたい) 액체 | 肥料(ひりょう) 비료 | 吹(ふ)き付(つ)ける 내뿜다, 뿜어 대다 | 勘違(かんちが)いする 착각하다 | 本能的(ほんのうてき) 본능적 | 子孫(しそん) 자손 | 一気(いっき)に 단번에, 단숨에 | 生(い)き延(の)びる 살아남다 | 稲(いね) 벼 | 根(ね)を張(は)る 뿌리를 내리다 | 養分(ようぶん)を摂(と)る 양분을 섭취하다 | 離農者(りのうしゃ) 이농자(농업을 그만두는 사람) | ～といいのだが ～하면 좋으련만 | さまつな 사소한, 하찮은 | 改(あらた)める 고치다 | 抱(かか)える 안다, 떠맡다 | 根本的(こんぽんてき) 근본적 | 広(ひろ)める 퍼뜨리다, 보급시키다 | 防(ふせ)ぐ 막다, 방지하다 | 辞(や)める 그만두다

해석

인구감소 지역의 마을 살리기는 어디든 지역이 가진 매력 중 무언가를 찾는 것에서 시작된다. 보통은 그것을 잘 살린 장소가 관광지가 되어 간다. 살고 있는 사람은 깨닫지 못하는 그 지역만의 매력이 있기 마련이다. 그것은 별이 뜬 하늘이기도 하고, 오래된 민가이기도 하는 등 다양하다. 그것을 사용하면 아이디어(고안)에 따라 사람을 모아 관광지로 바꾸어 갈 수 있다.

예를 들어보자. 프랑스의 아무것도 없던 작은 마을에 전 세계 사람들이 모여든다. 어느 특별한 레스토랑이 목적지다. 1995년 프랑스 요리 대회에서 가장 권위 있다고 여겨지는 '보퀴즈 도르(Bocuse d'Or)'에서 우승한 셰프의 레스토랑이다. 우승 후 인구 250명 정도였던 마을에 연간 수만 명이 방문하게 되어 마을도 변했다고 한다. 특별한 무언가가 있다면 한 사람의 힘으로도 많은 관광객이 오는 마을로 바꿀 수 있는 셈이다. 2025년에 셰프의 아들이 같은 대회에서 우승했기에 그 지위는 더욱 반석(기반이 매우 튼튼함)과도 같이 되었다.

하지만 정말로 아무런 명물도 없는 지역은 어떻게 할까? 명물을 만들면 된다. 그 예가 평범한 들판을 관광지로 바꾼 'V빌리지'다. 약 119헥타르의 넓은 언덕에 인공적으로 만들어진 일본 최대급 상업 리조트 시설 마을이다. 장소는 어느 역에서도 멀어 차로만 갈 수 있는 불편한 곳이다. 그래서 정말 성공할까 하고 의문을 가진 사람도 많았던 모양으로, 입점해 줄 사람을 모으는 것도 힘들었다고 한다. 지금은 호텔, 마르쉐(시장)와 레스토랑, 뮤지엄, 아틀리에 등 70개 점포 정도가 모여 있어 버스로도 갈 수 있게 되었다. 호텔은 숙박과 약초 목욕탕만 제공하기 때문에 레스토랑들도 경영이 성립된다(공생이 가능하다). 안에는 해녀가 그날 바다에 잠수해서 잡아 온 조개 등을 먹을 수 있는 레스토랑도 있다. 화제성 있는 가게가 여기저기에 있다. 호텔에서는 아래에 있는 가게들이 잘 보인다. 또한 나무로 가구나 예술 작품을 만드는 워크숍이나, 불을 피우는 체험을 할 수 있는 숲의 다양한 활동, 약초를 이용한 목욕, 국산 목재를 사용한 나무 향기가 넘치는 키즈파크 등이 있어 하루 종일 즐길 수 있다. V빌리지가 생긴 덕분에 지역 사람들은 일자리가 생겼고, 젊은이들이 돌아왔다고 하며, 레스토랑 직원은 정말 감사하다고 말한다. 목적 중 하나가 달성되었다고 할 수 있을 것이다.

V빌리지가 성공함으로써 이것을 더욱 다른 곳에서 해보려는 움직임이 나올 것이다. V빌리지는 훌륭하지만, 비슷한 내용으로는 공멸할지도 모른다. 일본 각지에 완전히 내용이 다른 명물을 만드는 것도 어렵다. 역시 아무것도 없는 곳에 무언가를 만들어 내기보다 그 땅의 간판이 될 만한 것을 찾아 이용하는 것이 가장 실수가 없을 것이다. 관광지화를 추진하는 데 있어 홍보 방법은 다양하지만, 성공 여부는 거기에 달려 있기 때문이다.

---

57 프랑스의 작은 마을에 많은 손님이 방문하게 된 요인은 무엇인가?

1 세계적인 요리 대회의 우승자가 가게를 차렸기 때문에

2 마을의 역사적인 오래된 건물이 관광 자원이 되었기 때문에

3 행정에 의한 전폭적인 지원과 홍보가 성공했기 때문에

4 한 명의 지도자가 마을의 근대화를 성공시켰기 때문에

58 필자는 아무런 명물도 없는 지역이란 어떤 상태를 말한다고 하는가?

1 손님을 불러모으기 위한 상징적인 자원을 가지고 있지 않은 상태

2 지리적인 제약으로 인해 외부와의 교류가 끊겨 있는 상태

3 고유의 매력은 있긴 하지만, 정보 발신(홍보)이 부족한 상태

4 토지의 이점을 살리지 않고 새로운 시설 건설을 우선하는 상태

59 필자의 생각은 어느 것인가?

1 관광 자원이 부족한 지역이라 하더라도, 새로운 명물을 인공적으로 만들어내야 한다.

2 V빌리지의 성공 사례를 모방하는 것은 각지 관광지의 공멸을 초래할 위험이 있다.

3 한 사람의 힘으로 마을을 바꾸는 것보다, 많은 점포를 모으는 편이 장기적인 성공으로 이어진다.

4 기존의 간판(상징)이 되는 것을 찾아서 활용하는 것이 관광지화에서 가장 확실하다.

해설

〈57〉 본문은 아주 평범했던 마을이 '보퀴즈 도르'라는 권위 있는 요리 대회 우승자의 레스토랑 하나로 인해 전 세계적인 명소가 되었음을 말하고 있다. 즉, 강력한 '명물(目玉)'의 등장이 성공의 직접적인 원인이다. 2번, 지문 앞부분에 '오래된 민가'가 매력이 될 수 있다는 일반론이 나오지만, 프랑스 마을의 직접적인 성공 비결은 아니다. 3번, 지문 마지막에 홍보의 중요성이 언급되지만, 이 마을이 처음 주목받게 된 계기로 행정 주도의 활동이 제시되지는 않았다. 4번, 셰프 개인의 힘은 강조되었으나, 그를 마을의 '근대화'를 이끈 '행정적, 정치적 지도자'로 해석하는 것은 비약이다.

〈58〉 본문의 目玉(눈에 띄는 특징, 명물)와 看板(간판, 대표물)은 단순히 눈에 보이는 물건이 아니라, 관광객을 끌어들이는 힘을 가진 지역 자원을 뜻한다. 이를 '손님을 불러 모으는 상징적 자원'으로 정확히 재해석한 1번이 정답이다. 2번, 역에서 멀다는 '교통의 불편함'은 언급되었으나, 이것이 '명물이 없는 상태'의 정의는 아니다. 3번, 홍보(정보 발신)가 부족한 것과 지역 자체에 내세울 명물(자원)이 없는 것은 별개의 문제다. 4번, 필자가 지양해야 한다고 본 '개발 방식'에 대한 설명일 뿐, 명물이 없는 지역의 상태를 정의하는 말은 아니다.

〈59〉 필자는 지문 마지막에서 '그 땅의 간판이 될 만한 것을 찾아 이용하는 것이 가장 실수가 없다'고 결론짓는다. 즉, 기존 자원의 발견과 활용이 지역 활성화의 가장 확실한 방법이라는 생각이다. 따라서 정답은 4번이다. 1번, 인공적으로 조성된 것은 V빌리지의 사례일 뿐, 필자가 최종적으로 권장하는 방식은 아니다. 2번, 공멸은 저자가 주의를 주는 것일 뿐, 이 글 전체를 관통하는 핵심적인 생각은 아니다. 3번, 두 사례를 대조했을 뿐, 점포 수가 많은 것이 더 낫다고 평가하지 않았다.

단어 過疎(かそ) 소외, 인구 희박 | 村(むら)おこし 마을 살리기 | 魅力(みりょく) 매력 | ～ならではの ～만의, ~특유의 | 古民家(こみんか) 오래된 민가 | 工夫(くふう) 고안, 아이디어 | ～次第(しだい)で ～에 따라서 | 競技会(きょうぎかい) 경기 대회 | 権威(けんい) 권위 | ～わけだ (결론적으로) ～한 셈이다 | 盤石(ばんじゃく) 반석, 매우 견고함 | 目玉(めだま) 눈에 띄는 특징, 명물 | 原(はら)っぱ 들판 | 人工的(じんこうてき) 인공적 | 商業(しょうぎょう) 상업 | 疑問(ぎもん)に感(かん)じる 의문을 갖다 | 店舗(てんぽ) 점포 | 成(な)り立(た)つ 성립하다, 유지되다 | 潜(もぐ)る 잠수하다 | 仕事ができる ①일을 잘하다 ②일자리가 생기다 | ～ことで ～함으로써 | ～では ～여서는, ～한다면〈가정〉 | 共倒(ともだお)れ 동반 몰락, 공멸 | ～かねない ～할지도 모른다(부정적) | 看板(かんばん) 간판, 상징 | ～上(うえ)で ～하는 데 있어서 | 売(う)り出(だ)し方(かた) 홍보 방식 | 店(みせ)を開(ひら)く 가게를 열다(차리다) | 資源(しげん) 자원 | 手厚(てあつ)い 극진하다, 두텁다 | 指導者(しどうしゃ) 지도자 | 呼(よ)び寄(よ)せる 불러들이다, 유치하다 | 象徴的(しょうちょうてき) 상징적 | 制約(せいやく) 제약 | 途絶(とだ)える 끊기다, 두절되다 | ～ものの ～하기는 하지만 | 優先(ゆうせん) 우선 | 乏(とぼ)しい 부족하다, 결여되다 | 新(あら)たな 새로운 | 創出(そうしゅつ) 창출 | 模倣(もほう)する 모방하다 | 招(まね)く 초래하다 | ～に繋(つな)がる ～로 이어지다 | ～において ～에서

문제 11 다음 A와 B는 어린이의 SNS 이용 제한에 대한 의견이다. 뒤의 질문에 대한 답으로 가장 좋은 것을 1·2·3·4에서 하나 고르십시오.

해석
A

　호주는 16세 미만 어린이가 SNS를 이용하는 것을 금지하는 세계 최초의 법안을 가결했습니다. 대상은 X(구 트윗터)나 TikTok 등으로, 어린이가 접속하지 못하도록 하는 대응을 게을리한 기업에는 벌금이 부과됩니다. 이것은 위험한 콘텐츠나 인물과의 접촉, 괴롭힘이나 부정적인 정보에 노출되는 것, SNS 의존증을 방지하는 수단으로서 효과가 있다고 합니다. 하지만 **원래 가족이 할 일을 국가에 맡길 필요가 있는지 어떤지 의문이 듭니다.** 특정 연령에 적합한 콘텐츠만 표시하기 위한 필터링 소프트웨어도 있고, **아이와의 대화로 규칙을 정할 수도 있습니다. 이용 제한은 개인이 자유롭게 의견이나 감정을 표현하는 권리를 잃게 하며,** 중요한 정보 등의 수집이 어려워집니다. 아이라도 권리는 지켜져야 하지 않을까요.

B

　호주의 뉴스를 보고 여기까지 왔나 생각했습니다. **역시 가정에서 제한하는 것은 어렵다고 생각합니다.** 범죄나 괴롭힘의 가해자나 피해자가 되어도, 실제로 사망자가 나오는 등 중대한 사건이 되기까지 겉으로 드러나기 어려운 것이 보통이니까요. 아이도 표현의 자유를 가지고 있고, SNS로 많은 정보를 얻는 장점도 있으며, 곤란한 상황이 되어서조차 판단 능력이 단련된다는 의견도 많습니다. 잘 규제하고 있는 가정도 있으니 국가가 할 필요는 없다는 의견도 있습니다. SNS의 이점과 동시에 위험성도 가르치면 된다는 의견도 있습니다. 그러나 아이를 지켜볼 필요가 있다는 인식은 가지고 있지만, 현실에서는 거기서 누락되는 아이들이 아주 많습니다. 그러므로 **미디어 쪽을 규제해 버리는 것은 효과가 있다고 생각합니다. 전면적인 제한에는 단점이 있으므로, 연령이나 무엇을 제한할지 등 논의한 후에 결정하면 좋지 않을까요.**

60 국가에 의한 SNS 규제에 대해 A와 B의 의견은 어느 것인가?

1 A는 규제는 가정에 맡긴다, B는 자세한 내용을 검토하여 국가가 하는 것이 좋다.

2 A는 규제의 효과를 의문시하고 있다, B는 호주를 따르는 것이 좋다.

3 A는 규제는 가정이 못 하면 국가가 한다, B는 부분적으로 규제하는 것이 좋다.

4 A는 규제는 단점이 더 많으므로 반대, B는 모든 것을 규제하는 것에는 반대다.

61 양측 모두 화제로 삼고 있는 것은 무엇인가?

1 기업과의 관계

2 규제의 단점

3 SNS를 금지하는 수단

4 연령 제한 소프트웨어의 유효성

해설 〈60〉 A는 가정 중심으로 '본래 가족이 할 일을 국가에 맡길 필요가 있는지 의문'이라며 필터링 소프트웨어나 대화 등 가정 내 해결을 강조하고 있다. B는 국가 중심으로 '가정에서 제한하는 것은 어렵다'고 반박하며, 국가가 미디어를 규제하되 부작용을 줄이기 위해 상세한 내용(연령 등)을 논의한 뒤 결정하자고 했다. 따라서 정답은 1번이다. 2번, A는 효과 자체보다 '주체(국가 vs 가정)'를 문제 삼았고, B는 무조건적인 모방이 아닌 논의가 필요하다고 했다. 3번, A에게 '가정이 못 하면 국가가 한다'는 언급은 없었다. 4번, B가 전면 규제에 반대하는 것은 맞지만, A의 핵심은 '가정의 역할' 강조에 더 무게가 실려 있으므로 1번이 더 적절하다.

〈61〉 A는 표현의 자유 침해, 정보 수집의 어려움 등 권리 상실을 언급했고, B는 전면적인 제한에는 단점이 있다고 명시하며, 판단 능력 단련 기회 상실 등을 우려했다. 따라서 정답은 2번이다. 1번, A는 기업 벌금을 언급했으나 B는 기업과의 관계를 다루지 않았다. 3번, 두 사람 모두 '금지 수단'보다는 '시행 여부와 범위'에 집중하고 있다. 4번, 필터링 소프트웨어는 A만 언급한 내용이다.

단어 世界初(せかいはつ) 세계 최초 | 可決(かけつ) 가결 | 怠(おこた)る 게을리하다, 소홀히 하다 | 罰金(ばっきん)が科(か)される 벌금이 부과되다 | 接触(せっしょく) 접촉 | 晒(さら)される (위험 등에) 노출되다 | 依存症(いぞんしょう) 의존증, 중독 | 防止(ぼうし) 방지 | 有効(ゆうこう) 유효, 효과가 있음 | ゆだねる 맡기다, 위임하다 | 疑問(ぎもん) 의문 | ～に適(てき)する ～에 적합하다 | 話(はな)し合(あ)い 협의, 대화 | 規則(きそく)を決(き)める 규칙을 정하다 | 収集(しゅうしゅう) 수집 | 加害者(かがいしゃ) 가해자 | 被害者(ひがいしゃ) 피해자 | 表(おもて)に出(で)る 겉으로 드러나다 | 鍛(きた)える 단련하다 | ～との ～라는 | 認識(にんしき) 인식 | 漏(も)れる (감시망 등에서) 빠지다, 누락되다 | 規制(きせい) 규제 | 詳細(しょうさい) 상세, 자세한 내용 | 疑問視(ぎもんし) 의문시 | ～に倣(なら)う ～을 본받다(따르다)

문제 12 다음 문장을 읽고, 뒤의 질문에 대한 답으로 가장 좋은 것을 1·2·3·4에서 하나 고르십시오.

　　일본의 식량 자급률은 주요 선진국 중에서도 최저로 칼로리 기준으로 38%밖에 되지 않는다. 1965년에는 70% 이상이었으나 저렴한 외국산에 밀리거나 식사의 서구화로 쌀이 아니라 빵식이 증가하고, 육류나 기름을 사용한 요리를 먹는 일이 늘어남으로써 격감했다. **현재처럼 해외 의존도가 높으면 ①예측하지 못한 사태가 일어난 경우 식량 부족이 될 우려가 있다.** 온난화의 영향으로 곡물 생산량이 매년 감소하는 것도 우려되는 점이다. **돈을 내도 살 수 없는 상황도 일어날 수 있다.** 물론 식량 증산을 위해 국가도 손을 놓고 있는 것은 아니지만, **일본 농가는 고령화가 진행되어 담당자가 줄어들고 있다.** 농업을 매력적인 산업으로 키워 많은 젊은이가 종사하게 할 대책이 필요하다. 여러 보조금도 필요하지만, 돈을 버는 농업을 지향하는 농가에 후하게 지원하여 장래에는 보조금 없이도 충분히 벌 수 있는 농업을 목표로 해야 한다. 하지만 그것에는 아직 시간이 필요하다. 또한 **수산업도 인력 부족이나 온난화의 영향을 받고 있어 그 미래가 밝지 않다.**

　　②이런 아슬아슬한 상태인데도 2024년 농림수산성 조사에서는 일본에서 폐기된 식량은 먹을 수 있는 것 798만 톤, 불가식 부분 즉 먹지 못하고 버려지는 부분인 채소의 심이나 껍질 등을 포함하면 2531만 톤에 달한다고 한다. 여기에는 생산지에서 발생하는 규격 외나 생산 여분 작물 등은 포함되어 있지 않기에 수치는 더욱 뛰어오를 것이다.

　　불가식 부분의 양은 매우 많으므로 이 문제가 해결된다면 그 효과는 막대하다. **해결 수단 중 하나가 될 법한 것이 '과열증선기'이다. 식재료에 고온의 수증기를 뿜어 열화와 산화를 억제하고, 풍미나 영양가를 남기면서 살균이나 건조를 할 수 있는 장치다.** 5~10초 만에 식품을 건조할 수 있어 (주1)유지비가 저렴하고 기계 본체도 다른 건조기가 수억 엔이나 하는 것에 비해 1500만 엔으로 파격적이다. 거기서 조리 중에 대량으로 나오는 양파 (주2)찌꺼기 처리에 골치를 썩이던 회사가 이것을 사용해 양파 분말을 만들어 팔기 시작했다. 양파를 버릴 때의 비용도 들지 않으니 일석이조다. 이 장치를 사용하는 회사가 늘어나고 있다.

　　향후 이 분야에서 **더욱 획기적인 기술이 개발되거나 농업, 수산업 개혁도 진행되어 식량 증산이 진행되거나 할지도 모른다. 또한 식품 로스는 개인도 협력할 수 있는 일도 있다.** 어떻게든 일본의 식량을 안전하게 확보할 수 있게 되기를 바란다.

(주1) ランニングコスト: 유지비
(주2) 屑: 물건의 파편이나 나머지

---

62 저자는 향후 어떤 ①예측하지 못한 사태가 일어날 것이라 상상하고 있는가?

1 식생활이 변화하는 것
2 식량을 해외에 의존하는 것
3 온난화로 생산량이 줄어드는 것
4 전쟁이나 수입처가 흉작이 되는 것

63 저자는 지금 어떤 ②아슬아슬한 상태에 있다고 말하는가?

1 식량 확보가 불가능해진 상태
2 농업이나 수산업이 쇠퇴해 가고 있는 상태
3 수입품만으로는 식량을 충당할 수 없는 상태
4 식량을 입수할 수 없게 되어 가고 있는 상태

64 저자가 말하고자 하는 바는 무엇인가?

1 수입 규제를 강화하고, 빵에서 쌀 중심의 식생활로 조속히 되돌려야 한다.
2 보조금을 일률적으로 늘려, 젊은 농업 담당자(종사자)를 조속히 확보해야 한다.
3 농업 개혁에 대해, 폐기 식량의 유효 활용 등 다각적인 대책이 필요하다.
4 과열증선기 같은 저렴한 장치를 모든 농가에 보급시키는 것이 필수적이다.

〈62〉 본문에서 '돈을 내도 살 수 없는 상황'을 경고하며 해외 의존의 위험성을 언급했으므로, 이를 구체화한 사태인 4번 '전쟁이나 수입처의 흉작'이 가장 적절하다. 1번, 식생활의 변화는 이미 일어난 현상이지 미래의 예측 못한 사태가 아니다. 2번, 해외 의존은 현재의 상태이다. 3번, 온난화로 인한 생산량 감소는 본문에 언급되어 있으나, 이는 지속적인 경향이지 '예측 못한 사태'로 표현된 핵심은 아니다.

〈63〉 여기서의 상태는 농수산업의 고령화와 인력 부족 등 국내 1차 산업의 쇠퇴로 인해 식량 자급 기반이 위태로워진 상황을 의미한다. 따라서 정답은 2번이다. 1번, 확보가 '불가능'해진 단계까지는 아니며, 유지하기가 아슬아슬한 상태를 말한다. 3/4번, 수입이나 입수 자체의 문제보다는 국내 생산 기반(농수산업)이 무너지고 있는 내부적 위기 상황에 초점이 맞춰져 있다.

〈64〉 필자는 전반부의 생산(농업 개혁)과 후반부의 절약(식품 로스 감소)을 모두 아우르는 다각적 접근을 주장하고 있다. 따라서 3번이 가장 적절하다. 1번, 식생활 변화를 원인으로 언급했을 뿐, 수입 규제 같은 강제적 수단을 주장하지는 않았다. 2번, 보조금은 필요하다고 했으나, 궁극적으로는 '보조금 없이도 자립할 수 있는 농업'이므로 '일률적 증액'은 핵심에서 벗어난다. 4번, 과열증선기는 폐기물을 줄이는 하나의 유용한 수단으로 소개된 사례일 뿐, 식량 문제 해결의 '유일한 필수 조건'은 아니다.

단어 食料(しょくりょう)自給率(じきゅうりつ) 식량 자급률 | 主要(しゅよう) 주요 | 카로리베이스 칼로리 기준 | ～に押(お)される ～에 밀리다 | 激減(げきげん) 격감 | 不測(ふそく) 예측하지 못함 | ～恐(おそ)れがある ～할 우려가 있다 | 穀物(こくもつ) 곡물 | 危惧(きぐ)する 우려하다 | 手(て)を拱(こまね)く 손을 놓다, 방관하다 | ～わけではない ～인 것은 아니다 | 担(にな)い手(て) 담당자, 주역 | ～つつある ～하고 있다 | 従事(じゅうじ) 종사 | 種々(しゅじゅ) 여러 가지, 갖가지 | 助成金(じょせいきん) 조성금, 보조금 | 儲(もう)かる 이익이 나다, 돈을 벌다 | 手厚(てあつ)い (대접이) 후하다 | 稼(かせ)ぐ 돈을 벌다 | 影響(えいきょう)を受(う)ける 영향을 받다 | 綱渡(つなわた)り 줄타기, 위태로운 상황 | 廃棄(はいき) 폐기 | ～に上(あ)がる ～에 달하다 | 規格外(きかくがい) 규격 외 | 余剰(よじょう) 나머지, 여분 | 跳(は)ね上(あ)がる 뛰어오르다, 급등하다 | 莫大(ばくだい) 막대함 | 水蒸気(すいじょうき) 수증기 | 吹(ふ)きかける 내뿜다, (입으로) 불다 | 劣化(れっか) 질적 저하 | 抑(おさ)える 억제하다, 누르다 | 殺菌(さっきん) 살균 | 乾燥(かんそう) 건조 | 装置(そうち) 장치 | 格安(かくやす) 아주 저렴함, 파격적인 가격 | 頭(あたま)を悩(なや)ませる 골머리를 앓다 | 粉末(ふんまつ) 분말, 가루 | 一石二鳥(いっせきにちょう) 일석이조 | 画期的(かっきてき) 획기적 | 改革(かいかく) 개혁 | 依存(いぞん)する 의존하다 | 輸入先(ゆにゅうさき) 수입처 | 凶作(きょうさく) 흉작 | 衰(おとろ)える 쇠퇴하다 | まかなう 조달하다, 메우다 | 入手(にゅうしゅ) 입수 | 強(つよ)める 강화하다 | 早急(さっきゅう)に 조속히 | 一律(いちりつ)に 일률적으로 | 確保(かくほ) 확보 | ～に加(くわ)える ～에 더하다 | 多角的(たかくてき)な 다각적인 | 普及(ふきゅう) 보급 | 不可欠(ふかけつ) 불가결

문제 13 오른쪽 페이지는 일본 체험 마을의 안내서이다. 아래의 질문에 대한 답으로 가장 적절한 것을 1·2·3·4 중에서 하나 고르시오.

해석

일본 체험 마을의 안내

구분	내용	대상	소요 시간	실시 시간	금액(1인)	기타
A	학교 체험	12세 이상	6시간	10:30~16:30	40,000엔	12명까지
B	사무라이 체험	16세 이상	3시간	10:00~ 13:30~	30,000엔	6명까지 ※ 추가 마키와라 베기 견학
C	요리 만들기 체험	6세 이상	3시간	10:00~ 16:00~	15,000엔	10명까지 ※ 추가 다도 체험(오전만 가능)
D	닌자 체험	3세 이상	1시간	10:00~ 언제든지 마지막 입장 17:00	6세 미만 3,000엔 6세 이상 5,000엔	6세 미만은 보호자 동반 필요

*A코스와 B코스는 예약이 필요합니다.
*체험은 도중에 참여할 수 없습니다.

65 7세 아이와 부모님이 예약을 하지 않고 오후 4시 40분에 도착했다. 아이가 체험 가능한 코스에 참여할 경우, 아이의 요금은 얼마인가?

1 3,000엔   2 5,000엔   3 15,000엔   4 체험 가능한 코스는 없다

66 이 체험 마을의 이용 규칙으로서 옳은 것은 무엇인가?

1 B 코스는 13시 30분 회차라면 예약 없이도 최대 6명까지 참가할 수 있다.

2 C 코스를 16시에 예약한 경우, 요리 만들기에 더해 다도도 체험할 수 있다.

3 D 코스는 17시까지 접수를 마치면, 5세 아이라도 혼자서 참가가 가능하다.

4 A 코스와 B 코스는 실시 시간 중간에 도착해서 참가하는 것이 허용되지 않는다.

해설 〈65〉 가족이 예약을 하지 않았으므로 C(요리)와 D(닌자) 코스만 고려 대상이다. 그러나 도착 시간이 16:40이므로 이미 16:00에 시작된 C코스는 중도에 참여할 수 없으며, 17:00까지 최종 입장이 가능한 D코스만 이용 가능하다. 7세 아이는 '6세 이상'에 해당하므로 지불해야 할 금액은 5,000엔이다.

〈66〉 1번, B코스는 시간대와 상관없이 하단 규정에 따라 사전 예약이 필수이다. 2번, C코스의 추가 옵션인 '다도 체험'은 비고란에 '오전만 가능'이라고 명시되어 있어 16시(오후)에는 이용할 수 없다. 3번, D코스는 '6세 미만 보호자 동반 필수' 규정이 있다. 따라서 5세 아이가 혼자 참가하는 것은 불가능하다. 4번, 하단 공통 유의사항에 '체험은 도중에 참가할 수 없다'고 명시되어 있다. 즉, 정해진 시간에 늦게 도착하여 중간부터 참여하는 것은 금지된다. 따라서 정답은 4번이다.

단어 ～をせずに ～을 하지 않고 | 到着(とうちゃく) 도착 | 体験(たいけん) 체험 | 利用(りよう)規則(きそく) 이용 규칙 | 大人数(おおにんずう) 대인원 | 追加(ついか) 추가 | 見学(けんがく) 견학 | 必(かなら)ず 반드시 | 事前(じぜん)に 사전에 | 料理作(りょうりづく)り 요리 만들기 | 茶道(さどう) 다도 | 保護者(ほごしゃ) 보호자 | 所要(しょよう) 소요 | 実施(じっし) 실시 | 金額(きんがく) 금액 | 未満(みまん) 미만 | ～のみ可(か) ～만 가능 | 付(つ)き添(そ)い 동반 | ～に加(くわ)えて ～에 더해 | 受付(うけつけ) 접수 | 済(す)ます 끝내다, 마치다

問題 1

問題1では、まず質問を聞いてください。それから話を聞いて、問題用紙の1から4の中から、最もよいものを一つ選んでください。

문제 1

문제 1에서는 먼저 질문을 들어 주세요. 그리고 이야기를 듣고 문제용지의 1에서 4 중에서 가장 적당한 것을 하나 고르세요.

例　　　🎵 듣기 1-00

女の人が新しい製品の企画書について男の人と話しています。女の人はこのあと何をしなければなりませんか。

F：課長、明日の会議の企画書、見ていただけたでしょうか。

M：うん、分かりやすくできあがってるね。

F：あ、ありがとうございます。ただ、実は製品の説明がちょっと弱いかなって気になってるんですが。

M：うーん、そうだね。でもまあ、この部分はいいかな。で、ええと、この11ページのグラフ、これ、随分前のだね。

F：あ、すみません。

M：じゃ、そのグラフは替えて。あ、それから、会議室のパソコンやマイクの準備はできてる？

F：あ、そちらは大丈夫です。

女の人はこのあと何をしなければなりませんか。

1 企画書を見せる
2 製品の説明を書き直す
3 データを新しくする
4 パソコンを準備する

예

여자가 새로운 제품의 기획서에 대해 남자와 이야기하고 있습니다. 여자는 이후에 무엇을 해야 합니까?

여: 과장님, 내일 있을 회의 기획서, 보셨나요?

남: 응, 알기 쉽게 잘 만들었네.

여: 아, 감사합니다. 단지 실은 제품 설명이 좀 약한가 하고 걱정이 되는데요.

남: 음~, 그렇군. 하지만 뭐, 이 부분은 괜찮아. 그리고, 음~ 이 11페이지의 그래프, 이거 상당히 예전 거네.

여: 아, 죄송합니다.

남: 그럼 그 그래프는 바꾸고. 아 그리고 회의실 컴퓨터나 마이크 준비는 되어 있어?

여: 아, 그쪽은 괜찮습니다.

여자는 이후에 무엇을 해야 합니까?

1 기획서를 보여준다
2 제품 설명을 다시 쓴다
3 데이터를 새롭게 한다
4 컴퓨터를 준비한다

해설　여자가 기획서에 대해 과장과 상의하는 상황이다. 여자는 제품 설명 수정을 고민하지만, 과장은 그 부분은 그대로 두고 오래된 11페이지의 그래프를 바꾸라고 지시한다. 장비 준비는 이미 완료되었으므로 여자가 이어서 할 일은 데이터를 최신으로 교체하는 것이다.

단어　企画書(きかくしょ) 기획서 | できあがる 완성되다 | 弱(よわ)い 부족하다 | 気(き)になる 신경 쓰이다 | 随分(ずいぶん) 상당히 | 替(か)える 바꾸다 | 準備(じゅんび) 준비 | 書(か)き直(なお)す 다시 쓰다

課長と部下が話しています。部下はこれから何をしますか。

M：課長、ソン社から部品Aは98円との返事が来ました。

F：あれ、一個98円？ 担当者と値段のすり合わせしたんじゃなかったの？

M：そうなんですが、95円ではとても無理だと言うことです。

F：98円か。もう少し押してみて、駄目なら仕方がないけど。

M：材料費も上がっていますし、無理だと思いますが聞いてみましょうか。

F：ねえ、オーロラ社はどう？ できないかな。

M：頼みたいところなんですが、今回は納期に間に合わないと言われてしまって。ソン社の部品が届かないとわが社がソーダ社の納期に間に合わなくなってしまいます。

F：ソーダ社に納期を延ばしてもらうわけにはいかないよね。

M：ええ、信用問題ですから。

F：じゃ、とりあえず、今の条件で発注書を出すほかないか。

M：はい、そうします。

部下はこれから何をしますか。

1　ソン社に部品を発注する
2　ソン社と値段の交渉をする
3　オーロラ社に納期の相談をする
4　ソーダ社に納期の延長を依頼する

1번

과장과 부하 직원이 이야기하고 있습니다. 부하 직원은 이제부터 무엇을 합니까?

남 : 과장님, 손 사로부터 부품 A는 98엔이라는 답변이 왔습니다.

여 : 어라, 한 개 98엔? 담당자와 가격 조율을 한 게 아니었어?

남 : 그렇긴 합니다만, 95엔으로는 도저히 무리라고 합니다.

여 : 98엔이라. 조금 더 밀어붙여 보고, 안 되면 어쩔 수 없지만.

남 : 재료비도 오르고 있고 무리라고 생각합니다만, 물어 볼까요?

여 : 저기, 오로라 사는 어때? 안 될까?

남 : 부탁하고 싶은 마음은 굴뚝같지만, 이번에는 납기를 맞출 수 없다는 말을 들어버려서요. 손 사의 부품이 도착하지 않으면 우리 회사가 소다 사의 납기를 맞출 수 없게 됩니다.

여 : 소다 사에 납기를 연장해 달라고 할 수는 없겠지?

남 : 네, 신용 문제니까요.

여 : 그럼 우선, 지금 조건으로 발주서를 내는 수밖에 없겠네.

남 : 네, 그렇게 하겠습니다.

부하 직원은 이제부터 무엇을 합니까?

1　손 사에 부품을 발주한다
2　손 사와 가격 협상을 한다
3　오로라 사에 납기 상담을 한다
4　소다 사에 납기 연장을 의뢰한다

해설　과장의 마지막 지시가 "지금 조건(98엔)으로 발주서를 내자"였고, 부하가 "네, 그렇게 하겠습니다"라고 대답했으므로 1번이 정답이다. 2번, 과장이 중간에 조금 더 밀어붙여 보라고 말하긴 했으나, 대화 마지막에 결국 현재 조건대로 발주하기로 결론이 났으므로 수행하지 않는다. 3번, 오로라 사는 이미 납기 문제로 불가능함이 대화 중에 확인되었다. 4번, 신용 문제로 인해 납기 연장은 하지 않기로 합의되었다.

단어　すり合わせ 조율(의견이나 수치를 맞춤) | とても 도저히 | 〜と言(い)うことだ 〜라고 한다 | 押(お)す 밀어붙이다(협상에서 압박하다) | 〜たいところだ 〜하고 싶은 마음은 굴뚝같다 | 納期(のうき) 납기 | 間(ま)に合(あ)う 시간에 맞추다 | 延(の)ばす 연장하다 | 〜わけにはいかない 〜할 수는 없다(사회적/심리적 이유) | 発注書(はっちゅうしょ) 발주서 | 〜ほかない 〜할 수밖에 없다 | 交渉(こうしょう) 교섭, 협상 | 依頼(いらい) 의뢰

2番 🎵듣기 1-02

社長と課長が話しています。社長はこれから何をしますか。

F：社長、従業員が今の風を取り入れる空調服は猛暑の時は役に立たないと言ってきました。

M：じゃ、首の周りにつけるネッククールはどう？ 使ったら快適だったよ。1000円ぐらいで安いし。

F：冷蔵庫に入れて冷やして使う物ですね。でも性能がよい物でも2時間ぐらいしかもたないから、しょっちゅう替えなければなりませんよ。

M：そうだな、せめて5時間ぐらいはもたないと現場では役に立たないな。

F：保冷剤を使う作業着なら1万円ぐらいで3〜4時間使えますよ。これも保冷剤を替えなければなりませんが…。今一番高性能なのはたぶんウエアラブルエアコンです。首の周りに付けると外の温度より最大20度も低くなるし、反対に寒い時は温めてくれるし長時間使える便利な物ですが6万円もします。

M：それは高すぎる。まずはどれか一つ試してみて、本当に効果があるようなら全員分買うことにしよう。

F：わかりました。では、まずはテスト用として手配しておきますね。

社長はこれから何をしますか。
1 空調服を従業員にためしてもらう
2 試用するための商品を注文する
3 1万円の作業服を買って着てみる
4 新しい作業服がよかったら買う

2번

사장과 과장이 이야기하고 있습니다. 사장은 이제부터 무엇을 합니까?

여: 사장님, 종업원들이 지금의 바람을 끌어들이는 공조복은 폭염 때는 도움이 되지 않는다고 말해 왔어요.

남: 그럼 목 주변에 두르는 넥쿨러는 어때? 써보니 쾌적했어. 1000엔 정도로 싸기도 하고.

여: 냉장고에 넣어 차갑게 해서 쓰는 물건이죠? 하지만 성능이 좋은 것이라도 2시간 정도밖에 가지 않으니까 자주 갈아줘야 해요.

남: 그렇군, 적어도 5시간 정도는 가지 않으면 현장에서는 도움이 안 되겠군.

여: 보냉제를 사용하는 작업복이라면 만 엔 정도로 3~4시간 쓸 수 있어요. 이것도 보냉제를 갈아줘야 하지만요. 지금 가장 고성능인 것은 아마 웨어러블 에어컨이에요. 목 주변에 착용하면 바깥 온도보다 최대 20도나 낮아지고, 반대로 추울 때는 따뜻하게 해주는 장시간 사용 가능한 편리한 물건입니다만 6만 엔이나 해요.

남: 그건 너무 비싸군. 우선 어느 것이든 하나 시험해 보고, 정말 효과가 있는 것 같다면 전원분을 사는 것으로 하자.

여: 알겠습니다. 그럼 우선 테스트용으로 준비해 두겠습니다.

사장은 이제부터 무엇을 합니까?

1 공조복을 종업원에게 테스트하게 한다
2 시험삼아 써 보기 위한 상품을 주문한다
3 만 엔짜리 작업복을 사서 입어 본다
4 새로운 작업복이 좋으면 산다

해설 사장의 마지막 대사 "효과가 있는 것 같다면 사기로 하자"에 정답이 그대로 들어 있다. 즉 성능 확인(조건) → 만족 시 구매(결과)의 흐름이므로, "좋으면 산다"는 4번이 정답이다. 1번, 기존 옷은 이미 실패해서 제외된다. 2번, '주문' 자체보다 '좋은지 확인 후 구매'라는 조건이 더 중요한 핵심이다. 게다가 주문하는 것은 과장(여)이다. 3번, 사장이 직접 입어본다는 언급은 없다.

단어 風(かぜ)を取(と)り入(い)れる 바람을 끌어들이다 | 空調服(くうちょうふく) 공조복(팬이 달린 작업복) | 猛暑(もうしょ) 맹서, 폭염 | 役(やく)に立(た)つ 도움이 되다 | ネッククール 넥쿨러 | 快適(かいてき) 쾌적 | 冷(ひ)やす 차게 하다 | もつ 유지되다 | しょっちゅう 늘, 자주 | 替(か)える 교체하다 | せめて 적어도, 최소한 | 保冷剤(ほれいざい) 보냉제 | 作業着(さぎょうぎ) 작업복 | 高性能(こうせいのう) 고성능 | ウエアラブル 웨어러블(착용형) | 試(ため)す 시험하다 | 手配(てはい) 수배, 준비 | 試用(しよう)する 시험삼아 써 보다

제 1 회 실전모의테스트

女の人と外国人の男の人が話しています。女の人はこれ
からどうしますか。

F : わあ、私のおみくじ「吉」だって。嬉しい。
M : 僕は「大吉」。
F : すごい。「大吉」って一番いいのよ。
M : じゃ、この木に結んで帰ろう。あれ、「この木におみ
　　くじを結び付けないでください。」って書いてある。
　　どうしよう。
F : タム君のおみくじは大吉で最高にいいんだから、持っ
　　て帰ったら。
M : へえ。おみくじは結んで帰るのだと思っていたよ。
F : 結んでもいいけど持って帰ってもいいのよ。私はよく
　　ないおみくじの時は結んで神様に良くしてくださいと
　　お願いするけど、いい時は持って帰るわ。
M : どうしようかな。あっ、あそこに結び付けるところが
　　ある。迷うな。

女の人はこれからどうしますか。
1 おみくじを木に結び付ける
2 結び付けるための木を探す
3 おみくじを持って帰る
4 神様にお願いをする

3번

여자와 외국인 남자가 이야기하고 있습니다. 여자는 이제부터 어떻게
합니까?

여 : 와, 내 오미쿠지(제비 뽑기) '길'이래. 기뻐.
남 : 나는 '대길'.
여 : 대단하다. '대길'은 가장 좋은 거야.
남 : 그럼 이 나무에 묶고 가자. 어라, "이 나무에 오미쿠지를 묶지 마
　　세요"라고 쓰여 있어. 어쩌지.
여 : 탐 군의 오미쿠지는 대길로 최고로 좋으니까, 가져가는 게 어때?
남 : 흠~. 오미쿠지는 묶고 가는 거라고 생각했어.
여 : 묶어도 되지만 가져가도 돼. 나는 좋지 않은 오미쿠지일 때는
　　묶어서 신에게 좋게 해달라고 부탁하지만, 좋을 때는 가지고 돌
　　아가.
남 : 어떡할까. 앗, 저기에 묶는 곳이 있다. 고민되네.

여자는 이제부터 어떻게 합니까?
1 오미쿠지를 나무에 묶는다
2 묶기 위한 나무를 찾는다
3 오미쿠지를 가지고 돌아간다
4 신에게 부탁을 한다

해설　여자는 자신의 오미쿠지가 '길(吉)'이 나오자 기뻐한다. 대화 후반부에 여자는 "나쁜 결과일 때는 나무에 묶어서 신에게 빌지만, 좋은 결과
　　일 때는 가지고 돌아간다"고 자신의 습관을 설명한다. 현재 여자의 결과는 좋은 편(길)이므로, 평소 습관대로 집으로 가져갈 것임을 알 수
　　있다.

단어　おみくじ 제비뽑기(운세) | 吉(きち) 길(운이 좋음) | 大吉(だいきち) 대길 | 結(むす)び付(つ)ける 묶다, 매달다 | 神様(かみさま) 신 |
　　迷(まよ)う 망설여지다, 고민되다

ワイン工場の経営者が話しています。ワインの滓をどう
することにしましたか。

F : ワインを造る時に出る滓を捨てないで何かに利用して
　　もらいましょうよ。
M : そうだね。処分するにもお金がかかるから、ただであ
　　げてもいいよ。
F : 植物からプラスチックのような物を作る工場ができた
　　らしいわ。
M : もし、そんな工場が近くにあれば引き取ってもらえる
　　のに…。

4번

와인 공장 경영자가 이야기하고 있습니다. 와인 찌꺼기를 어떻게 하기
로 했습니까?

여 : 와인을 제조할 때 나오는 찌꺼기를 버리지 말고 무언가에 이용해
　　달라고 하자.
남 : 그러게. 처분하는 데도 돈이 드니까 공짜로 줘도 좋아.
여 : 식물로 플라스틱 같은 것을 만드는 공장이 생겼나 봐.
남 : 만약 그런 공장이 근처에 있다면 가져가 달라고 할 텐데.

F：ちょっと遠すぎるのよ。ねえ、最近畜産農家が牛や豚の餌代が高くて困っているそうだから、農家に餌として引き取ってもらったらどう？

M：いいね。いいね。代わりに動物の糞で堆肥を作ってもらって、ぶどう畑にまいたら一石二鳥だよ。滓と堆肥の交換。

F：虫が良すぎるわよ。滓が処分できるだけでもうちの工場は助かるんだから。

M：じゃ、ただでもいいや。まず近所の農家に聞いてみようか。

F：見つからなかったらインターネットで。

M：そうだね。

ワインの滓をどうすることにしましたか。

1 滓をプラスチックにしてもらう
2 近所の農家に肥料と交換してもらう
3 インターネットで滓を引き取る農家を探してもらう
4 滓を利用してくれる近所の農家を探して使ってもらう

여：좀 너무 멀어. 저기, 최근 축산 농가가 소나 돼지의 사룟값이 비싸서 곤란해한다고 하니까 농가에 사료로 가져가게 하면 어때?

남：좋네, 좋아. 대신에 동물의 분뇨로 퇴비를 만들어서 포도밭에 뿌리면 일석이조야. 찌꺼기와 퇴비의 교환.

여：그건 너무 염치가 없지. 찌꺼기를 처분할 수 있는 것만으로도 우리 공장은 도움이 되니까.

남：그럼 공짜라도 좋아. 우선 근처 농가에 물어볼까.

여：찾지 못하면 인터넷으로 (하고).

남：그러자.

와인 찌꺼기를 어떻게 하기로 했습니까?

1 찌꺼기를 플라스틱으로 만들게 한다
2 근처 농가에 비료와 교환하게 한다
3 인터넷으로 찌꺼기를 가져갈 농가를 찾게 한다
4 찌꺼기를 이용해 줄 근처 농가를 찾아 사용하게 한다

해설　처음에는 플라스틱 공장이나 퇴비 교환 등을 언급하지만, 거리가 멀거나 조건이 까다로워 포기한다. 결국 남자는 "공짜라도 좋으니 우선 근처 농가에 물어보자"고 제안하고 여자가 동의한다. 인터넷은 근처 농가를 찾지 못했을 때의 차선책이므로, 당장 결정된 사항은 근처 농가를 찾아 무상으로라도 제공하는 것이다.

단어　造(つく)る (술 등을) 빚다, 제조하다 | 滓(かす) 찌꺼기(부산물) | 処分(しょぶん) 처분 | ただで 공짜로 | 引(ひ)き取(と)る 인수하다, 가져가다 | 畜産(ちくさん)農家(のうか) 축산 농가 | 餌代(えさだい) 사룟값 | 堆肥(たいひ) 퇴비 | まく 뿌리다 | 一石二鳥(いっせきにちょう) 일석이조 | 交換(こうかん) 교환 | 虫(むし)がいい 염치 없다, 뻔뻔하다 | ~だけでも ~만으로도 | 助(たす)かる 도움이 되다, 살다 | 見(み)つかる 찾게 되다, 발견되다 | 肥料(ひりょう) 비료

5番　🎵 듣기 1-05

夫婦が話しています。二人はお墓を決めるためにまず何をしますか。

M：俺たちも年だから墓のことを考えなきゃ。

F：先祖代々の墓は遠すぎるから、墓終いして近いところに買いたいわね。

M：でも、うちは子供が結婚しそうもないから、普通の墓は無理だよ。

F：そうね。山本さんも跡継ぎがいないから、墓終いして、合同墓地にしたんだって。山本さんに詳しい話を聞いてみる？

M：うん、墓終いする時にはね。俺たちは宇宙葬は無理だけど、散骨がいいんじゃない？

F：私、散骨は嫌だわ。ばらばらになりたくないから。やっぱり、花がいっぱい咲いている公園墓地がいいわ。

M：じゃ、樹木葬か。パンフレットを集めよう。

F：それより実際に見てみたほうがいいわ。

M：そうだな。今度の休みに行ってみようか。

F：いいわね。

5번

부부가 이야기하고 있습니다. 두 사람은 묘지를 정하기 위해 우선 무엇을 합니까?

남：우리도 나이가 들었으니 묘지 일을 생각해야지.

여：조상 대대로의 묘는 너무 머니까, 묘를 정리하고 가까운 곳에 사고 싶네.

남：하지만 우리 집은 애들이 결혼할 것 같지도 않으니 일반 묘지는 무리야.

여：그렇네. 야마모토 씨도 후계자가 없어서 묘를 정리하고 공동 묘지로 했대. 야마다 씨에게 자세한 이야기를 들어볼까?

남：응, 묘를 정리할 때는 말이지. 우리는 우주장은 무리지만 산골(유골을 뿌림)이 좋지 않을까?

여：난 산골은 싫어. 뿔뿔이 흩어지고 싶지 않으니까. 역시 꽃이 많이 피어 있는 공원 묘지가 좋아.

남：그럼 수목장인가. 팸플릿을 모으자.

여：그것보다 실제로 보는 게 좋아.

남：그렇군. 이번 휴일에 가볼까?

여：좋아.

二人はお墓を決めるためにまず何をしますか。

1 樹木葬の墓地を訪れる
2 山本さんに樹木葬の話を聞く
3 墓地のパンフレットを集める
4 先祖の墓を墓終いする

두 사람은 묘지를 정하기 위해 우선 무엇을 합니까?

1 수목장 묘지를 방문한다
2 야마모토 씨에게 수목장 이야기를 듣는다
3 묘지 팸플릿을 모은다
4 조상의 묘를 정리한다

問題 2

問題2では、まず質問を聞いてください。そのあと、問題用紙のせんたくしを読んでください。読む時間があります。それから話を聞いて、問題用紙の1から4の中から、最もよいものを一つ選んでください。

문제 2

문제2에서는 먼저 질문을 들어 주세요. 그 후 문제용지의 선택지를 읽어 주세요. 읽는 시간이 있습니다. 그리고 이야기를 듣고 문제용지 1에서 4 중에서 가장 적당한 것을 하나 고르세요.

例 🎵 듣기 2-00

大学で男の学生と女の学生が話しています。この男の学生は先生がどうして怒ったと言っていますか。

M：ああ、先生を怒らせちゃったみたいなんだよね。困ったな。

F：え、どうしたの？

M：うーん。いやそれがね、先生に頼まれた資料、昨日までに渡さなくちゃいけなかったんだけど、いろいろあって渡せなくて。

F：えー、それで怒られちゃったの？

M：うん、いや、それで怒られたっていうより、おととい、授業のあと、飲み会があってね。で、ついそれを持ってっちゃったんだけど、飲みすぎて、寝ちゃって、忘れてきちゃったんだよね。

F：え？じゃ、なくしちゃったわけ？

M：いや、出てはきたんだけどね、うん。先生が、なんでそんな大事な資料を飲み会なんかに持っていくんだって。

F：ま、そりゃそうよね。

예

대학에서 남학생과 여학생이 이야기하고 있습니다. 이 남학생은 선생님이 왜 화가 났다고 말하고 있습니까?

남: 아~ 선생님을 화나게 한 것 같아. 곤란한데.

여: 어? 무슨 일이야?

남: 음~. 아니 그게 말야. 선생님께 부탁받은 자료, 어제까지 건네드려야 했는데, 여러 사정이 있어서 못 건네드려서.

여: 에~, 그래서 화나신 거야?

남: 응, 아니, 그래서 화나셨다기보다 그저께 수업 후에 술자리가 있어서. 그래서 그만 그것을 갖고 갔는데, 과음하고 자버려서 두고 와버렸거든.

여: 어? 그럼 잃어버렸다는 거야?

남: 아니, 나오기는 했는데, 응. 선생님이 왜 그런 중요한 자료를 술자리 같은 곳에 가지고 가냐고.

여: 뭐, 그건 그렇네.

この男の学生は先生がどうして怒ったと言っていますか。

1 昨日までに資料を渡さなかったから
2 飲み会で飲みすぎて寝てしまったから
3 飲み会に資料を持っていったから
4 資料をなくしてしまったから

이 남학생은 선생님이 왜 화가 났다고 말하고 있습니까?

1 어제까지 자료를 제출하지 않았기 때문에
2 술자리에서 과음해서 자버렸기 때문에
3 술자리에 자료를 가지고 갔기 때문에
4 자료를 잃어버렸기 때문에

해설 남학생이 교수님을 화나게 한 이유를 설명하는 상황이다. 지각 제출이나 음주 자체가 아닌, '왜 그런 중요한 자료를 술자리에 가져갔느냐'는 행동이 교수님이 화를 낸 결정적인 원인이다. 즉, 자료를 술자리에 가져 간 무책임한 태도 때문에 화가 난 것이다.

단어 怒(おこ)らせる 화나게 하다 | 頼(たの)む 부탁하다 | 資料(しりょう) 자료 | 渡(わた)す 건네다, 제출하다 | ~なくちゃいけない ~해야 한다 | 飲(の)み会(かい) 술자리, 회식 | なくす 잃어버리다 | 大事(だいじ)だ 중요하다

1番　🎵 듣기 2-01

男の人と女の人が話しています。女の人がこの店に来た理由は何ですか。

M: わあ、この石の皿、格好いいね。
F: そうでしょ。だからこの店に連れてきたかったのよ。
M: でも、味は？
F: 味も超いいわよ。それに石のお皿に入っているともっとおいしく感じるでしょ。
M: そうだね。店の雰囲気にも合っているし…。
F: ミシュランの星をもらった店が…。
M: ここ、星をもらったレストランなんだ。
F: 違うわよ。話は最後まで聞いて。この石のお皿はミシュランの星を持っている店から注文があったんだって。
M: それはすごいな。インターネット時代だね。

女の人がこの店に来た理由は何ですか。

1 ミシュランの星をもらったから
2 料理が一流であるから
3 店の雰囲気がいいから
4 珍しい器を使っているから

1번

남자와 여자가 이야기하고 있습니다. 여자가 이 가게에 온 이유는 무엇입니까?

남: 와, 이 돌 접시 멋지네.
여: 그렇지? 그래서 이 가게에 데려오고 싶었던 거야.
남: 하지만 맛은?
여: 맛도 엄청 좋아. 게다가 돌 접시에 들어있으면 더 맛있게 느껴지지?
남: 그렇네. 가게 분위기에도 잘 어울리고…….
여: 미슐랭 별을 받은 가게가…….
남: 여기 별을 받은 레스토랑이구나.
여: 아니야. 이야기는 끝까지 들어봐. 이 돌 접시는 미슐랭 별을 가진 가게에서 주문이 들어왔었대.
남: 그거 대단하네. 인터넷 시대구나.

여자가 이 가게에 온 이유는 무엇입니까?

1 미슐랭 별을 받았기 때문에
2 요리가 일류이기 때문에
3 가게 분위기가 좋기 때문에
4 희귀한 그릇을 사용하고 있기 때문에

해설 여자는 미슐랭 별을 받은 식당이 이 가게의 '돌 접시'를 주문했다는 사실을 언급하며, 이 멋진 접시를 보여주기 위해 남자를 데려왔다. 즉, 요리 자체나 별점보다 희귀한 그릇(돌 접시)이 방문의 주요 목적이다.

단어 格好(かっこう)いい 멋지다 | 超(ちょう)いい 매우 좋다〈강조〉 | 雰囲気(ふんいき) 분위기 | ミシュランの星(ほし) 미슐랭 별 | 注文(ちゅうもん) 주문 | 珍(めずら)しい 희귀하다 | 器(うつわ) 그릇

2番　🎵 듣기 2-02

男の人と女の人が話しています。女の人は会社のいい点は何だと言っていますか。

M：ねえ、どうしてそんな会社に就職したの？ 君なら一流の会社に入社できたのに。

F：失礼ね。うちの会社は休みも取りやすいし、福祉の面もとてもいいのよ。

M：でも、給料はそんなに高くないんでしょう？

F：確かにそうね。でも、チロと一緒にいられる会社はないから。

M：えっ。チロって君の犬じゃないか。犬の世話をする仕事なの？

F：いいえ、普通の事務員よ。でも犬を連れて行ってもいいのよ。

M：すごいなあ。でも犬嫌いな人もアレルギーの人もいるから気を付けて。

F：ええ、勿論。ねえ、犬を飼っていて社員を癒やしている会社もあるんだって。チロも役に立っているといいんだけど。

M：世の中、変わってきているんだなあ。

女の人は会社のいい点は何だと言っていますか。

1 社員のみんなが犬が好きなこと
2 愛犬と離れないで働けること
3 社員の癒しに犬を使っていること
4 犬の世話を仕事にできること

2번

남자와 여자가 이야기하고 있습니다. 여자는 회사의 좋은 점이 무엇이라고 말하고 있습니까?

남 : 저기, 왜 그런 회사에 취직했어? 너라면 일류 회사에 입사할 수 있었을 텐데.

여 : 실례네. 우리 회사는 휴가도 내기 쉽고 복지 측면도 아주 좋아.

남 : 하지만 월급은 그렇게 높지 않지?

여 : 확실히 그렇네. 하지만 치로와 함께 있을 수 있는 회사는 없으니까.

남 : 에? 치로라면 네 개잖아. 개를 돌보는 일이야?

여 : 아니, 평범한 사무원이야. 하지만 개를 데리고 가도 되거든.

남 : 대단하네. 하지만 개를 싫어하는 사람이나 알레르기 있는 사람도 있으니 조심해.

여 : 응, 물론이지. 저기, 개를 기르며 사원을 치유해 주는 회사도 있대. 치로도 도움이 되면 좋겠는데.

남 : 세상이 변해가고 있구나.

여자는 회사의 좋은 점이 무엇이라고 말하고 있습니까?

1 사원 모두가 개를 좋아하는 것
2 반려견과 떨어지지 않고 일할 수 있는 것
3 사원의 치유에 개를 이용하고 있는 것
4 개의 관리를 업무로 할 수 있는 것

해설　여자는 자신의 회사에 대해 휴가나 복지도 좋지만, 무엇보다 "치로(반려견)와 함께 있을 수 있는 회사는 없다"고 강조한다. 일반 사무원이지만 개를 데려가도 된다는 점을 최고의 장점으로 꼽고 있다.

단어　就職(しゅうしょく)する 취직하다 | 福祉(ふくし)の面(めん) 복지 측면 | 世話(せわ)をする 돌보다 | 事務員(じむいん) 사무원 | 勿論(もちろん) 물론 | 犬(いぬ)を飼(か)う 개를 기르다 | 癒(い)やす 치유하다 | 世(よ)の中(なか) 세상 | 愛犬(あいけん) 반려견

男の人と女の人が話しています。S社にとって高い勉強になったことは何ですか。

M：家の近くの完成間際のマンションが取り壊されたんだ。

F：そうだってね。ニュースで見たわ。跡地は未定だってね。

M：うん、もうすぐ契約した人が引っ越してくるはずだったのに。

F：それを解約して建物を壊すなんて…S社もよくそんなことしたわね。

M：今になって壊すなんて…。富士山が半分しか見えないとか、近くの住宅の日当たりが悪くなるので4階にしてほしいとの要望に逆らって10階建てを建てたのに。

F：そうね。富士山も日当たりもわかっていたことだし、法律に合っていたのに、どうして今になって壊したのかしら。壊すんだって相当費用がかかるわよ。

M：そうだね。近所の人達と話し合いをしていたけど、反対運動が続いていたみたいだよ。

F：S社は住宅メーカーだから、評判を落としたくなかったのかもね。

M：確かに。S社にとって高い勉強になったね。

S社にとって高い勉強になったことは何ですか。

1　マンションの解体費用が高すぎたこと
2　住民の反対を無視して建築を続けたこと
3　S社の評判が世間で悪くなったこと
4　評判を守るために多額のお金を払ったこと

3번

남자와 여자가 이야기하고 있습니다. S사에게 비싼 공부가 된 것은 무엇입니까?

남: 집 근처의 완공 직전인 맨션이 철거됐어.

여: 그렇다더라. 뉴스에서 봤어. 부지 활용은 미정이라며?

남: 응, 곧 계약한 사람들이 이사 올 예정이었는데.

여: 그걸 해약하고 건물을 부수다니…… S사도 참 대단한 일을 했네.

남: 이제 와서 부수다니…… 후지산이 절반밖에 안 보인다거나 근처 주택의 일조권이 나빠지니 4층으로 해달라는 요구를 거스르고 10층 건물을 지었으면서.

여: 그러게. 후지산도 일조권도 알고 있었던 일이고 법에 적법했는데 왜 이제 와서 부순 걸까. 부순다 해도 상당히 비용이 들 거야.

남: 그러게. 이웃 사람들과 대화를 했지만 반대 운동이 계속되었나 봐.

여: S사는 주택 건설사니까 평판을 떨어뜨리고 싶지 않았을지도 모르겠네.

남: 확실히. S사에게 비싼 공부가 됐겠어.

S사에게 비싼 공부가 된 것은 무엇입니까?

1　맨션 해체 비용이 너무 비쌌던 것
2　주민의 반대를 무시하고 건축을 계속한 것
3　S사의 평판이 세상(사회)에서 나빠진 것
4　평판을 지키기 위해 거액의 돈을 지불한 것

해설　S사는 법적으로 문제가 없었음에도 불구하고, 기업의 평판을 지키기 위해 이미 다 지은 건물을 거액의 비용을 들여 스스로 철거했다. 즉 이 손해를 통해 '법보다 민심(평판)이 무섭다'는 비싼 교훈(공부)을 얻었으므로 정답은 4번이다.

단어　間際(まぎわ) 직전 | 取(と)り壊(こわ)す 허물다, 철거하다 | 跡地(あとち) (건물이 헐린) 빈터, 부지 | 未定(みてい) 미정 | 解約(かいやく) 해약 | 日当(ひあ)たり 일조량(햇볕이 드는 정도) | 要望(ようぼう)に逆(さか)らう 요망(요구)에 거스르다 | 〜だって 〜하더라도 | 費用(ひよう)がかかる 비용이 들다 | 評判(ひょうばん)を落(お)とす 평판을 떨어뜨리다

男の人と女の人が話しています。なぜやり手だと言って
いますか。

M：150万円のランチがあるって知っている？　どんな豪華
　　な料理が出てくるのかなあ。

F：ああ、それは、料理の値段じゃないわ。確か二人で
　　8万円を切るぐらいよ。高いのは東京からそこまで行
　　くヘリコプター代が含まれているからよ。

M：なあんだ。一人4万なら高くないね。どんな料理か興
　　味津々だったのに。それにしてもヘリコプターでお客
　　を呼ぼうと考えるなんて…すごいなあ。

F：本当ね。でもその寿司屋は離島にあるからそうでもし
　　ないとお客が来ないのよ。

M：そうなの。ヘリコプターならあっという間に着いちゃ
　　うよね。

F：ええ、90分だって。金持ちにとって「時は金なり」よ。

M：それだけじゃお客は来ないよ。きっと空から見える景
　　色がいいんだろうな。

F：そうね。いいところにあるから。海に島。素晴らしい
　　景色が見られておいしい料理。お客は大満足よね。

M：やり手だな。

なぜやり手だと言っていますか。

1　空からの観光も兼ねた寿司店だから

2　1人4万円の寿司を提供しているから

3　わざわざ離れ小島に店を開いたから

4　ヘリコプターなら東京からあっという間に来られるから

4번

남자와 여자가 이야기하고 있습니다. 왜 수완가라고 말하고 있습니
까?

남 : 150만 엔짜리 런치가 있다는 거 알아? 얼마나 호화로운 요리가
　　나오는 걸까.

여 : 아, 그건 요리 가격이 아니야. 분명 둘이서 8만 엔이 안 될 정도
　　야. 비싼 건 도쿄에서 거기까지 가는 헬리콥터 비용이 포함되어
　　있기 때문이야.

남 : 뭐야. 1인당 4만 엔이면 비싸지 않네. 어떤 요리일지 흥미진진했
　　는데. 그나저나 헬리콥터로 손님을 부를려고 생각하다니……대
　　단하네.

여 : 정말. 하지만 그 초밥집은 외딴섬에 있어서 그렇게라도 안 하면
　　손님이 안 오거든.

남 : 그렇구나. 헬리콥터라면 순식간에 도착하겠네.

여 : 응, 90분이라더라. 부자에게는 '시간이 금'이지.

남 : 그것만으로는 손님이 안 와. 분명 하늘에서 보이는 경치가 좋을
　　거야.

여 : 맞아. 좋은 곳에 있으니까. 바다에 섬. 멋진 경치를 볼 수 있고 맛
　　있는 요리. 손님은 대만족하겠지.

남 : 수완가네.

왜 수완가라고 말하고 있습니까?

1　하늘에서의 관광도 겸한 초밥집이기 때문에

2　1인당 4만 엔의 초밥을 제공하고 있기 때문에

3　일부러 외딴섬에 가게를 차렸기 때문에

4　헬리콥터라면 도쿄에서 순식간에 올 수 있기 때문에

해설　외딴섬에 위치한 한계를 극복하기 위해 헬리콥터 이동(관광)과 식사를 묶어 150만 엔짜리 상품을 만들었다. 부유층의 시간을 아껴주면서
동시에 멋진 풍경까지 제공하는 아이디어를 높게 평가하여 '수완가(やり手)'라 표현했다. 따라서 정답은 1번이다.

단어　豪華(ごうか)な 호화로운 | ～を切(き)る (기준치보다) 아래로 내려가다 | 含(ふく)まれる 포함되다 | 興味(きょうみ)津々(しんしん)
흥미진진 | それにしても 그건 그렇다 치더라도, 그나저나 | 離島(りとう) 외딴섬 | あっという間(ま)に 순식간에 | 時(とき)は金(かね)
なり 시간은 금이다 | 景色(けしき) 경치 | やり手(て) 수완가, 능력자 | 兼(か)ねる 겸하다 | 提供(ていきょう) 제공 | 離(はな)れ小島
(こじま) 외딴섬 | 店(みせ)を開(ひら)く 가게를 차리다

5番　🎵듣기 2-05

アナウンサーが社会学者にインタビューをしています。社会学者は選択的夫婦別姓はどうなると言っていますか。

M: 2024年のＮＨＫの選択的夫婦別姓の世論調査では賛成59%、反対24%でした。今後どうなるとお考えでしょうか。

F: そうですね。日本では導入を待つ人が年々増加しています。世論調査でもわかるように選択的夫婦別姓は既に国民に受け入れられていますが、なかなか実現しません。しかし、今回日本の主な企業が会員であり、強い影響力を持つ経団連が選択的夫婦別姓を推進するようにとの政府への提言を発表しました。経団連は経済活動をする上でのリスク回避や女性が置かれている環境の改善などを理由としています。これで選択的夫婦別姓が実現するかもしれませんが、政治家の中には強硬に反対する人も多いですから、予断はできません。

M: そうですか。

社会学者は選択的夫婦別姓はどうなると言っていますか。

1 経団連の提言と世論があっても可能性は低い
2 経団連の提言でも政府が受け入れることはないだろう
3 経団連の提言で実現の可能性があるが断定はできない
4 経団連の提言だから実現しそうである

5번

아나운서가 사회학자에게 인터뷰를 하고 있습니다. 사회학자는 선택적 부부별성(부부가 서로 다른 성씨를 쓰는 것)이 어떻게 될 것이라고 말하고 있습니까?

남: 2024년 NHK의 선택적 부부별성 여론조사에서는 찬성 59%, 반대 24%였습니다. 앞으로 어떻게 될 것으로 생각하십니까?

여: 그렇네요. 일본에서는 (제도) 도입을 기다리는 사람이 매년 증가하고 있습니다. 여론조사에서도 알 수 있듯이 선택적 부부별성은 이미 국민에게 받아들여지고 있지만, 좀처럼 실현되지 않고 있습니다. 하지만 이번에 일본의 주요 기업들이 회원이며 강한 영향력을 가진 경단련(경제단체연합회)이 선택적 부부별성을 추진하도록 하라는 정부를 향한 제언(제안)을 발표했습니다. 경단련은 경제 활동을 하는 데 있어서의 리스크 회피나 여성이 처한 환경 개선 등을 이유로 들고 있습니다. 이것으로 선택적 부부별성이 실현될지도 모르지만, 정치인 중에는 강경하게 반대하는 사람도 많기 때문에 예단(단정)할 수는 없습니다.

남: 그렇군요.

사회학자는 선택적 부부별성이 어떻게 될 것이라고 말하고 있습니까?

1 경단련의 제언과 여론이 있어도 가능성은 낮다
2 경단련의 제언이라도 정부가 받아들이는 일은 없을 것이다
3 경단련의 제언으로 실현 가능성이 있지만 단정은 할 수 없다
4 경단련의 제언이므로 실현될 것 같다

해설　강력한 영향력을 가진 경단련(経団連)이 정부에 제언을 했으므로 실현될지도 모르겠다고 언급하면서도, 정치권의 강한 반대가 있어 '예단(단정)할 수 없다'고 결론지었다. 4번은 '예상된다'에 치우쳐 있으나, 본문의 마지막 문장은 3번의 '단정 불가'에 더 가깝다.

단어　夫婦(ふうふ)別姓(べっせい) 부부별성 | 世論(よろん)調査(ちょうさ) 여론조사 | 導入(どうにゅう) 도입 | 受(う)け入(い)れる 받아들이다 | 経団連(けいだんれん) 경단련(경제단체연합회) | 推進(すいしん) 추진 | ~との ~라는 | 提言(ていげん) 제언, 제안 | ~上(うえ)での ~하는 데 있어서의 | リスク回避(かいひ) 리스크 회피 | 強硬(きょうこう)に 강경하게 | 予断(よだん) 예단, 단정

6番

女の人と男の人が、日本人のイグノーベル賞受賞について話しています。「おしり呼吸」はどんな研究ですか。

F：日本人が「おしり呼吸」でイグノーベル賞取ったんだって。

M：イグノーベル賞って面白いノーベル賞だよね。お尻で呼吸するの？ そんなことができるなんてすごいなあ。

F：豚やマウスで実験して哺乳類がおしりから呼吸できることを発見したそうよ。

M：へえ〜。それは確かに人を笑わせたり考えさせたりする賞にふさわしいね。でも、役に立ちそうにもないことをよく研究しているなあ。

F：いいえ、この発見は人に応用できそうなのよ。酸素のガスや液体をおしりから入れる方法も開発したそうだから。

M：それはすごいね。

F：それに一見無意味に見える研究でも、研究の途中で意外なところで活用されたり、将来役に立つかもしれないし…。

M：そうだけど。

「おしり呼吸」はどんな研究ですか。

1 賞狙いの面白い研究
2 役に立たないが、価値がある研究
3 人間の医療に役立つ可能性がある研究
4 動物の病気を治すための研究

6번

여자와 남자가 일본인의 이그노벨상 수상에 대해 이야기하고 있습니다. '엉덩이 호흡'은 어떤 연구입니까?

여 : 일본인이 '엉덩이 호흡'으로 이그노벨상 받았대.

남 : 이그노벨상은 재미있는 노벨상이잖아. 엉덩이로 호흡을 해? 그런 게 가능하다니 대단하네.

여 : 돼지나 쥐로 실험해서 포유류가 엉덩이로 호흡할 수 있다는 것을 발견했대.

남 : 헤에~. 그건 확실히 사람들을 웃게 하거나 생각하게 만드는 상에 어울리네. 하지만 도움이 될 것 같지도 않은 것을 잘도 연구하고 있네.

여 : 아니, 이 발견은 사람에게 응용할 수 있을 것 같아. 산소 가스나 액체를 엉덩이로 넣는 방법도 개발했다고 하니까.

남 : 그거 대단하네.

여 : 게다가 언뜻 보기에는 무의미해 보이는 연구라도, 연구 도중에 의외의 곳에서 활용되기도 하고, 장래에 도움이 될지도 모르고…….

남 : 그렇긴 한데.

'엉덩이 호흡'은 어떤 연구입니까?

1 상을 노린 재미있는 연구
2 도움이 되지 않지만, 가치가 있는 연구
3 인간의 의료에 도움이 될 가능성이 있는 연구
4 동물의 병을 고치기 위한 연구

해설　여자의 대사 중 "사람에게 응용할 수 있을 것 같다"라는 표현과 "산소 주입 방법을 개발했다"는 설명에서 의료적 가치가 드러난다. 마지막에 "장래에 도움이 될지도 모른다"며 연구의 실용성을 강조한다. 따라서 정답은 3번이다. 2번, 이것은 남자의 초기 의견일 뿐, 여자가 '사람에게 응용 가능함'을 설명하며 이 의견은 부정된다.

단어　おしり(尻) 엉덩이 | 呼吸(こきゅう) 호흡 | 哺乳類(ほにゅうるい) 포유류 | 〜にふさわしい 〜에 어울리다(적합하다) | 役(やく)に立(た)つ 도움이 되다 | 〜そう(に)もない 〜할 것 같지도 않다 | 応用(おうよう) 응용 | 酸素(さんそ) 산소 | 液体(えきたい) 액체 | 一見(いっけん) 언뜻 보기에는 | 狙(ねら)い 노림, 겨냥 | 価値(かち) 가치 | 医療(いりょう) 의료 | 治(なお)す 고치다, 치료하다

問題 3

問題3では、問題用紙に何も印刷されていません。この問題は、全体としてどんな内容かを聞く問題です。話の前に質問はありません。まず話を聞いてください。それから、質問とせんたくしを聞いて、1から4の中から、最もよいものを一つ選んでください。

문제 3

문제3에서는 문제용지에 아무것도 인쇄되어 있지 않습니다. 이 문제는 전체적으로 어떤 내용인가를 묻는 문제입니다. 이야기 전에 질문은 없습니다. 먼저 이야기를 들어 주세요. 그리고 질문과 선택지를 듣고 1에서 4 중에서 가장 적당한 것을 하나 고르세요.

例　🎵 듣기 3-00

女の人が男の人に映画の感想を聞いています。

F：この間話してた映画、見に行ったんでしょ？ どうだった？

M：うん、すごく豪華だった。衣装だけじゃなくて、景色もすべて、画面の隅々までとにかくきれいだったよ。でも、ストーリーがなあ。主人公の気持ちになって、一緒にドキドキして見られたらもっとよかったんだけど、ちょっと単調でそこまでじゃなかったな。娯楽映画としては十分楽しめると思うけどね。

男の人は映画についてどう思っていますか。

1 映像も美しく、話も面白い。

2 映像は美しいが、話は単調だ。

3 映像もよくないし、話も単調だ。

4 映像はよくないが、話は面白い。

예

여자가 남자에게 영화의 감상을 묻고 있습니다.

여: 요전에 이야기했던 영화, 보러 갔었지? 어땠어?

남: 응, 굉장히 화려했어. 의상뿐만 아니라 경치도 모두, 화면의 구석구석까지 어쨌든 아름다웠어. 하지만 스토리가 좀~. 주인공이 된 기분이 돼서 함께 두근거리며 볼 수 있었으면 더 좋았을 텐데, 좀 단조롭고 그렇게까지는 아니었어. 오락영화로서는 충분히 즐길 수 있다고 생각하지만 말야.

남자는 영화에 대해서 어떻게 생각하고 있습니까?

1 영상도 아름답고, 이야기도 재미있다.

2 영상은 아름답지만, 이야기는 단조롭다.

3 영상도 좋지 않고, 이야기도 단조롭다.

4 영상은 좋지 않지만, 이야기는 재미있다.

해설　남자가 영화의 감상을 말하는 상황이다. 의상과 경치 등 화면 구석구석이 화려하고 아름다웠다고 호평하지만, 스토리는 주인공에게 몰입하기 어려울 정도로 단조로웠다며 아쉬움을 드러낸다. 따라서 영상미는 훌륭하나 이야기는 지루했다는 것이 남자의 생각이다.

단어　豪華(ごうか)だ 호화롭다 | 衣装(いしょう) 의상 | 景色(けしき) 경치 | 隅々(すみずみ) 구석구석 | 画面(がめん) 화면 | 主人公(しゅじんこう) 주인공 | ドキドキする 두근거리다 | 単調(たんちょう)だ 단조롭다 | 娯楽(ごらく)映画(えいが) 오락 영화 | 映像(えいぞう) 영상

1番　🎵 듣기 3-01

医者が話しています。

F：筋肉をつける方法はいろいろあります。店で商品を並べるために立ったり座ったりしている人は大変筋肉量が多いです。昔の日本人も同じです。椅子の生活ではなかったので、何度も立ったり座ったりしていたので、わざわざ運動しなくても足腰が強かったです。でも、私たちは特別に何かをしなければなりません。毎日5,000歩とか7,000歩いている方も多いですが、時間がない方にお勧めしたいのが「速歩」つまり速く歩くことです。1回1分でも1週間に合計60分すればいいのです。簡単ですからやってみてはいかがでしょう。

1번

의사가 이야기하고 있습니다.

여: 근육을 키우는 방법은 여러 가지가 있습니다. 매장에서 상품을 진열하기 위해 서거나 앉거나 하는 사람은 근육량이 매우 많습니다. 옛날 일본인도 마찬가지입니다. 의자 생활이 아니었기에 몇 번이고 서거나 앉거나 했으므로 굳이 운동하지 않아도 하체가 튼튼했습니다. 하지만 우리는 특별히 무언가를 해야만 합니다. 매일 5,000보나 7,000보씩 걷는 분도 많지만, 시간이 없는 분들께 추천하고 싶은 것이 '속보', 즉 빨리 걷는 것입니다. 1회 1분이라도 1주일에 합계 60분 하면 됩니다. 간단하니까 해보시는 건 어떨까요.

医者は何を勧めていますか。

1 毎日速足で歩いて筋肉をつけること
2 立ったり座ったりで筋肉をつけること
3 週に合計1時間の早歩きで筋肉をつけること
4 1日1分の早歩きで筋肉をつけること

의사는 무엇을 추천하고 있습니까?

1 매일 빠른 걸음으로 걸어서 근육을 키우는 것
2 서거나 앉거나 해서 근육을 키우는 것
3 일주일에 합계 1시간의 빨리 걷기로 근육을 키우는 것
4 하루 1분의 빨리 걷기로 근육을 키우는 것

해설 | 의사는 시간이 없는 사람들에게 '속보'를 추천한다. 1회 1분이라도 좋으니 일주일에 합계 60분(1시간)을 하면 된다고 구체적인 수치를 제시하며 추천하고 있다. 따라서 정답은 3번이다.

단어 | 筋肉(きんにく)を付(つ)ける 근육을 키우다 | 商品(しょうひん)を並(なら)べる 상품을 진열하다 | 筋肉量(きんにくりょう) 근육량 | わざわざ 일부러, 굳이 | 足腰(あしこし)が強(つよ)い 하체가 튼튼하다 | 速歩(そくほ) 속보(빨리 걷기) | つまり 즉, 요컨대 | 合計(ごうけい) 합계 | 週(しゅう)に 일주일에, 주당 | 早歩(はやある)き 빨리 걷기

2番　🎵 듣기 3-02

先生が話しています。

F：日本ではお札はおよそ20年ごとに新しくします。2024年に偽札が作れないようにするために新しいお札が発行されました。今回は今までの技術に加え肖像の周囲に、細かい線で描いた模様が施されています。また3Dで表現された肖像や花などの4つのデザインが見る角度によって違って見える最先端技術も用いています。この技術の銀行券への採用は世界初です。偽造防止のほかに目が不自由な人が使いやすいように一万、五千、千円のお札を識別するマークのざらざら感を強くして触ってはっきりわかるようにしました。またその位置も例えば1万円札なら左右2箇所の中央に入れてあります。

先生は主に何について話していますか。

1 新札のデザイン
2 新札に使用されている技術
3 新札発行の効果
4 新札の障害者への配慮

2번

선생님이 이야기하고 있습니다.

여 : 일본에서 지폐는 약 20년마다 새로 바뀝니다. 2024년에 위조지폐를 만들지 못하게 하기 위해 새로운 지폐가 발행되었습니다. 이번에는 지금까지의 기술에 더해 초상화 주변에 미세한 선으로 그린 무늬가 새겨져 있습니다. 또한 3D로 표현된 초상화나 꽃 등 4가지 디자인이 보는 각도에 따라 다르게 보이는 최첨단 기술도 사용하고 있습니다. 이 기술의 은행권 채택은 세계 최초입니다. 위조 방지 외에 시각 장애인이 사용하기 편하도록 만 엔, 오천 엔, 천 엔 권을 식별하는 마크의 거친 느낌을 강하게 하여 만져서 확실히 알 수 있게 했습니다. 또한 그 위치도 예를 들어 1만 엔권이라면 좌우 두 곳의 중앙에 넣어 두었습니다.

선생님은 주로 무엇에 대해 이야기하고 있습니까?

1 신권의 디자인
2 신권에 사용되고 있는 기술
3 신권 발행의 효과
4 신권의 장애인에 대한 배려

해설 | 2024년 발행된 신권에 대해 위조 방지를 위한 최첨단 3D 기술과 시각 장애인을 위한 식별 마크 기술 등을 설명하고 있다. 디자인이나 장애인 배려도 언급되지만, 전체적인 내용은 이를 가능케 한 '기술적 측면'에 초점이 맞춰져 있다.

단어 | お札(さつ) 지폐 | ～ごとに ～마다 | 偽札(にせさつ) 위조지폐 | 発行(はっこう) 발행 | ～に加(くわ)え(て) ～에 더해〈첨가〉 | 肖像(しょうぞう) 초상 | 模様(もよう) 모양, 무늬 | 施(ほどこ)す (무늬·장식 등을) 입히다 | 最先端(さいせんたん) 최첨단 | 用(もち)いる 이용하다, 사용하다 | 採用(さいよう) 채용, 채택 | 偽造(ぎぞう)防止(ぼうし) 위조 방지 | 識別(しきべつ) 식별 | ざらざら 거칠거칠, 까끌까끌 | 触(さわ)る 만지다 | 箇所(かしょ) 군데(장소) | 新札(しんさつ) 신권 | 障害者(しょうがいしゃ) 장애인 | 配慮(はいりょ) 배려

警察官が話しています。

M: 2024年に自転車の「ながら運転」や酒気帯び運転に罰則を盛り込んだ改正道路交通法が施行されました。「ながら運転」は自転車走行中の携帯電話を使用することで、特に若者がスマートフォンを使いながら自転車に乗って事故を起こすことが増加してきたために入れられました。罰則を強化することで少しでも事故が防げればと願っていました。ルールがみんなに広まったおかげで、事故が減って良かったです。

警察官は自転車の改正道路交通法についてどう考えていますか。

1 自転車に乗る時に携帯電話を持たなくなったのでよかった。
2 自転車の「ながら運転」が禁止されたのでよかった。
3 自転車のルールが知られて事故が防げるようになったのでよかった。
4 罰則を強化したことで、自転車事故がなくなったのでよかった。

3번

경찰관이 이야기하고 있습니다.

남: 2024년에 자전거의 '딴짓 운전(주시 태만 운전)'이나 음주 운전에 벌칙(처벌 규정)을 담은 개정 도로교통법이 시행되었습니다. '딴짓 운전'은 자전거 주행 중 휴대전화를 사용하는 것으로, 특히 젊은 층이 스마트폰을 쓰며 자전거를 타다가 사고를 내는 일이 증가해왔기 때문에 포함되었습니다. 처벌 규정을 강화함으로써 조금이라도 사고를 막을 수 있기를 바랐습니다. 규칙이 모두에게 퍼진 덕분에 사고가 줄어 다행입니다.

경찰관은 자전거 개정 도로교통법에 대해 어떻게 생각하고 있습니까?

1 자전거를 탈 때 휴대전화를 소지하지 않게 되어 다행이다.
2 자전거의 '딴짓 운전'이 금지되어 다행이다.
3 자전거 규칙이 알려져서 사고를 방지할 수 있게 되어 다행이다.
4 벌칙을 강화한 덕분에, 자전거 사고가 없어져서 다행이다.

해설 경찰관은 자전거 '나가라 운전(딴짓 운전)'과 음주운전 처벌을 강화한 개정 도로교통법의 시행 배경을 설명한다. 특히 마지막에 '규칙이 모두에게 퍼진 덕분에 사고가 줄어 다행이다'라고 언급하며 법 시행의 긍정적인 결과에 만족감을 표한다. 따라서 정답은 규칙이 알려져 사고를 방지하게 된 점을 긍정한 3번이다. 1번, 휴대전화 '소지' 자체가 금지된 것이 아니라, 주행 중 '사용'이 금지된 것이므로 사실과 다르다. 2번, 법이 '시행된 사실' 자체보다, 그 내용이 사람들에게 '전달되어 나타나는 효과'를 긍정적으로 평가하고 있으므로 3번이 더 정확한 답이다. 4번, 사고가 줄었다(減った)고 했지, 아예 없어졌다(なくなった)고는 말하지 않았다.

단어 ながら運転(うんてん) 딴짓 운전(주시 태만 운전) | 酒気帯(しゅきお)び運転(うんてん) 음주 운전 | 罰則(ばっそく) 벌칙, 처벌 규정 | 盛(も)り込(こ)む 포함하다, 담다 | 改正(かいせい) 개정 | 施行(しこう/せこう) 시행 | 走行中(そうこうちゅう) 주행 중 | 強化(きょうか) 강화 | 〜ことで 〜함으로써 | 防(ふせ)ぐ 방지하다 | 広(ひろ)まる 퍼지다, 확산되다 | 減(へ)る 줄다, 감소하다

4番 ばん 🎵 듣기 3-04

銀行で部長が行員に話しています。

F: 人手不足や経費を減らすために、来年4月から利用者が少ない20支店を2つずつ組み合わせて営業日を一日おきに、週に3日と週2日開店する支店を作る予定です。月曜日・水曜日・金曜日に営業する支店と火曜日、木曜日に営業する支店になります。営業時間はいままで通りで、ATMもそのままです。ここにいるみなさんは2つの支店に勤務することになります。例えば東支店と西支店の10人のみなさんのうち5人は利用者が多い東支店で週3日、西支店で2日働きます。残りの5人の方は外回りの仕事などをしてもらうことになります。

4번

은행에서 부장이 행원에게 이야기하고 있습니다.

여: 인력 부족이나 경비를 줄이기 위해 내년 4월부터 이용자가 적은 20개 지점을 2개씩 결합하여 영업일을 격일로, 주 3일과 주 2일 개점하는 지점을 만들 예정입니다. 월·수·금요일에 영업하는 지점과 화·목요일에 영업하는 지점이 됩니다. 영업시간은 지금과 같고 ATM도 그대로입니다. 여기에 있는 여러분은 2개 지점에서 근무하게 됩니다. 예를 들어 동지점과 서지점의 10명인 여러분 중 5명은 이용자가 많은 동지점에서 주 3일, 서지점에서 2일 일하게 됩니다. 나머지 5명은 외근 업무 등을 하게 될 것입니다.

行員たちのこれからの働き方について、正しいものはどれですか。

1 ２つの支店で交互に働く人もいる。
2 全員が窓口をやめて、外回りだけをする。
3 自分で好きな曜日を選んで、働くことができる。
4 一番大きい支店に、全員が集まって働く。

행원들의 향후 근무 방식에 대해 옳은 설명은 무엇입니까?

1 두 지점에서 번갈아 가며 일하는 사람도 있다.
2 전원이 창구 업무를 그만두고 외근만 한다.
3 자신이 원하는 요일을 선택해서 근무할 수 있다.
4 가장 큰 지점에 전원이 모여서 근무한다.

해설　지문에서 "여러분은 2개 지점에 근무하게 됩니다"라고 명시했고, 구체적인 예시로 5명은 A지점에서 3일, B지점에서 2일 근무한다고 설명했으므로 '두 지점에서 번갈아 일하는 사람도 있다'는 1번이 정답이다. 2번, 10명 중 5명은 지점 근무를 병행하고, 나머지 5명이 외근을 한다고 했으므로 '전원'이라는 설명은 틀렸다. 3번, 은행 측에서 지정한 요일에 따라 근무하는 형태이며, 행원이 자율적으로 선택한다는 내용은 없다. 4번, 지점을 통합하여 한 곳으로 모이는 것이 아니라, 기존 지점을 유지하며 교대 영업을 하는 방식이다.

단어　人手(ひとで)不足(ぶそく) 인력 부족 | 経費(けいひ)を減(へ)らす 경비를 줄이다 | 支店(してん) 지점 | 組(く)み合(あ)わせる 조합하다, 결합하다 | 一日(いちにち)おきに 하루 걸러, 격일로 | 勤務(きんむ)する 근무하다 | 外回(そとまわ)り 외근(영업) | 指定(してい) 지정 | 交互(こうご)に 교대로, 번갈아 | 窓口(まどぐち) 창구

5番　🎵듣기 3-05

生物の先生が話しています。

M：星空世界一のニュージーランドのテカポで星が良く見えるように街灯を低くしたり、上を傘で覆って光が空に行かないようにしたりしているのを見たことがあります。光の害、いわゆる光害の影響は星だけではありません。フロリダの海岸ではウミガメを守るために海岸の近くの照明を暗くするようになりました。明るいとウミガメの子供の方向感覚が働かないで海に行き着けなかったり、卵を産む亀が上陸しなかったり、短時間で海に戻ってしまったりするのを防ぐためです。ウミガメだけではありません。渡り鳥も光害の犠牲者です。人工の光で方向を見失い、建物の壁や窓に衝突してしまう渡り鳥も多いです。何とアメリカでは建物に衝突して年間10億羽以上の鳥が死んでいるそうです。

5번

생물 선생님이 이야기하고 있습니다.

남：별밤 세계 제일인 뉴질랜드의 테카포에서 별이 잘 보이도록 가로등을 낮게 하거나, 위를 덮개로 덮어 빛이 하늘로 가지 않게 하는 것을 본 적이 있습니다. 빛의 해로움, 소위 빛 공해의 영향은 별뿐만이 아닙니다. 플로리다 해안에서는 바다거북을 지키기 위해 해안 근처 조명을 어둡게 하게 되었습니다. 밝으면 새끼 바다거북의 방향 감각이 작동하지 않아 바다에 도달하지 못하거나, 알을 낳는 거북이 상륙하지 않거나, 짧은 시간 만에 바다로 돌아가 버리는 것을 막기 위해서입니다. 바다거북뿐만이 아닙니다. 철새도 빛 공해의 희생자입니다. 인공 빛으로 방향을 잃어 건물의 벽이나 창문에 충돌하는 철새도 많습니다. 무려 미국에서는 건물에 충돌해 연간 10억 마리 이상의 새가 죽는다고 합니다.

生物の先生は主に何について話していますか。

1 光害がもたらすもの
2 光害が動物に与える影響
3 光害の原因と影響
4 光害を防ぐ方法

생물 선생님은 주로 무엇에 대해 이야기하고 있습니까?

1 빛 공해가 초래하는 것
2 빛 공해가 동물에게 주는 영향
3 빛 공해의 원인과 영향
4 빛 공해를 방지하는 방법

해설　이야기 전체의 80% 이상이 바다거북과 철새라는 '동물'에게 빛이 어떤 '피해'를 주는지를 구체적으로 설명하는 데 할애되고 있다. 따라서 2번이 정답이다. 1번은 너무 포괄적이고, 3번은 원인(발생 이유)에 대한 설명이 부족하며, 4번은 도입부에 잠깐 언급될 뿐 주된 내용은 아니다.

단어　街灯(がいとう) 가로등 | 傘(かさ) 갓, 덮개, 우산 | 覆(おお)う 덮다, 씌우다 | いわゆる 소위, 이른바 | 光害(こうがい/ひかりがい) 빛 공해 | 海岸(かいがん) 해안 | 照明(しょうめい) 조명 | 方向(ほうこう)感覚(かんかく) 방향 감각 | 働(はたら)く 일하다, 작용하다 | 行(い)き着(つ)く 결국 도달하다, 다다르다 | 上陸(じょうりく) 상륙 | 防(ふせ)ぐ 방지하다, 막다 | 渡(わた)り鳥(どり) 철새 | 犠牲者(ぎせいしゃ) 희생자 | 見失(みうしな)う (보던 것을) 놓치다, 잃어버리다 | 衝突(しょうとつ) 충돌 | ～羽(わ) ～마리〈새를 세는 단위〉

問題 4

問題4では、問題用紙に何も印刷されていません。まず、文を聞いてください。それから、それに対する返事を聞いて、1から3の中から、最もよいものを一つ選んでください。

문제 4

문제4에서는 문제용지에 아무것도 인쇄되어 있지 않습니다. 먼저 문장을 들어 주세요. 그리고 그것에 대한 응답을 듣고 1에서 3 중에서 가장 적당한 것을 하나 고르세요.

例　🎵 듣기 4-00

M: ああ、今日は、お客さんからの苦情が多くて、仕事にならなかったよ。
F：1 いい仕事、できてよかったね。
　 2 仕事、なくて大変だったね。
　 3 お疲れ様、ゆっくり休んで。

예

남 : 아~ 오늘은 손님에게서 온 클레임이 많아서 일을 못했어.
여 : 1 일이 잘 되어서 다행이네.
　 2 일이 없어서 힘들었구나.
　 3 수고했어, 푹 쉬어.

해설　仕事(しごと)にならない는 '일이 손에 잡히지 않는다'는 뜻이다. 클레임 때문에 업무에 지장이 있었다는 남자의 하소연에 대해, 위로를 건네는 3번이 정답이다. 1, 2번은 남자의 상황과 어울리지 않는 부적절한 대답이다.

단어　苦情(くじょう) 불평, 클레임 | ゆっくり 푹, 천천히 | 休(やす)む 쉬다

---

1 番　🎵 듣기 4-01

M: 相手が誰であろうが、ルールを守ってもらわないと困るんだ。
F：1 ルールを教えたほうがいいよ。
　 2 相手が誰か分からないの？
　 3 例外は認められないってことね。

1번

남 : 상대가 누구든 간에, 규칙을 지켜주지 않으면 곤란해.
여 : 1 규칙을 가르쳐 주는 편이 좋아.
　 2 상대가 누구인지 몰라?
　 3 예외는 인정되지 않는다는 말이네.

해설　~ようが는 '(설령) ~하더라도, ~하든'이라는 뜻으로, 앞의 조건에 구애받지 않는 상황을 나타낸다. 남자가 "상대가 누구든 규칙을 지켜줘야 곤란하지 않다"며 원칙을 강조하고 있으므로, "예외는 인정되지 않는다는 말이구나"라고 동조하는 3번이 가장 적절하다. 1번은 상대에게 규칙을 가르치라는 엉뚱한 조언이며, 2번은 상대의 정체를 묻는 것이라 문맥에 어긋난다.

단어　相手(あいて) 상대 | 守(まも)る 지키다 | 例外(れいがい) 예외 | 認(みと)める 인정하다

---

2 番　🎵 듣기 4-02

F：あんなところに出店するなんて、どうかしてるよ。
M：1 本当にいい場所に出したね。
　 2 あそこじゃ、目が届かないよ。
　 3 もう少し人通りがありさえすればなあ。

2번

여 : 저런 곳에 가게를 내다니, 제정신이 아니야.
남 : 1 정말 좋은 곳에 냈네.
　 2 저기서는 눈이 닿지 않아(관리가 안 돼).
　 3 조금만 더 유동 인구가 있기만 하다면 (좋을텐데) 말이야.

해설　どうかして(い)る는 '정신이 나갔다, 이상하다'라는 비난의 표현이다. 이에 동조하며 "유동인구, 즉 사람이라도 더 다니면 좋을텐데"라고 아쉬워하는 3번이 자연스럽다. 1번은 비판에 반대되는 내용이며, 2번은 관리가 잘 안된다는 내용이라 문맥상 어색하다.

단어　出店(しゅってん)する 가게를 내다 | 目(め)が届(とど)かない 눈이 미치지 않다, 관리가 안 되다 | 人通(ひとどお)り 유동 인구, 사람의 왕래 | ~さえ~ば ~만 ~하면

ばん
3番　🎵듣기 4-03

M：君も歌手として国内にとどまらず、世界を目指してほしいね。

F：1 世界的スターを手本にします。

　　2 世界的スターを見本にしたんですが。

　　3 世界的スターこそ目指すべきですね。

3번

남 : 너도 가수로서 국내뿐만 아니라 세계를 목표로 했으면 좋겠어.

여 : 1 세계적인 스타를 본보기로 삼겠습니다.

　　2 세계적인 스타를 견본으로 삼았습니다만.

　　3 세계적인 스타야말로 목표로 삼아야겠네요.

해설　手本(てほん)은 배우고 본받을 만한 대상(본보기)을 뜻하며, 見本(みほん)은 견본이나 샘플을 뜻한다. 세계적인 스타를 롤모델로 삼겠다는 의지이므로 1번이 정답이다. 2번은 이미 과거에 했다는 말투이며, 3번은 남의 일처럼 말하는 느낌이 있어 대답으로 어색하다.

단어　〜にとどまらず 〜뿐만 아니라 | 目指(めざ)す 목표로 하다 | 手本(てほん) 본보기, 귀감 | 見本(みほん) 견본, 샘플

ばん
4番　🎵듣기 4-04

M：せっかく日本に来たので、日本ならではの文化体験がしたいんです。

F：1 それなら、伝統工芸のワークショップに参加してみるのはいかがですか。

　　2 それなら、最新のアニメグッズを買いに秋葉原へ行ってみましょう。

　　3 それなら、世界的に有名なチェーン店で食事をするのが一番ですよ。

4번

남 : 기왕 일본에 왔으니, 일본 특유의 문화 체험을 하고 싶습니다.

여 : 1 그렇다면, 전통 공예 워크숍에 참여해 보는 건 어떨까요?

　　2 그렇다면, 최신 애니메이션 굿즈를 사러 아키하바라에 가 봅시다.

　　3 그렇다면, 세계적으로 유명한 체인점에서 식사를 하는 게 최고예요.

해설　〜ならではの는 '〜만의, 〜특유의'라는 뜻이다. 따라서 일본 고유의 색채가 강한 '전통 공예'가 '일본 특유의 체험'이라는 조건에 가장 부합한다. 2번, '쇼핑'은 '체험'의 의미로 부족하며, 3번, '세계적 체인점'은 일본 '특유'의 것이 아니다.

단어　文化(ぶんか)体験(たいけん) 문화 체험 | 伝統(でんとう)工芸(こうげい) 전통 공예 | 参加(さんか) 참가, 참여

ばん
5番　🎵듣기 4-05

M：この作品、手を抜いたんじゃないの？

F：1 でも、それで立派に仕上がったのよ。

　　2 でも、その割によくできているでしょ。

　　3 でも、だから手が付けられなかったのよ。

5번

남 : 이 작품, 적당히 대충 한 거 아냐?

여 : 1 하지만 그걸로 훌륭하게 완성됐어.

　　2 하지만 그것 치고는 잘 만들어졌지?

　　3 하지만 그래서 손을 댈 수 없었어.

해설　手(て)を抜(ぬ)く는 '적당히 요령을 피워 대충 하다'라는 뜻이다. 이 비난에 대해 그런 것치고는 결과물이 나쁘지 않다고 방어하는 2번이 논리적이다. 1번은 문맥상 어색하며, 3번의 '손을 댈 수 없었다'는 전혀 다른 상황(도저히 통제하거나 해결할 수 없을 때)을 말하므로 대화가 성립되지 않는다.

단어　仕上(しあ)がる 완성되다 | 〜割(わり)に 〜치고는 | 手(て)が付(つ)けられない 손을 댈 수 없다, 손 쓸 방도가 없다

6番 🎵 듣기 4-06

M: 健康あってこそ楽しい毎日が送れますよ。

F：1 ええ、私もジムに通うことにします。
　　2 ええ、運動はしないほうがいいです。
　　3 ええ、甘い物を食べるので楽しいです。

6번

남: 건강이 있어야만 즐거운 매일을 보낼 수 있어요.

여: 1 네, 저도 헬스장에 다니기로 할게요.
　　2 네, 운동은 안 하는 것이 좋아요.
　　3 네, 단것을 먹어서 즐거워요.

해설　～あってこそ는 '～이 있어야 (비로소)'라는 강한 강조를 나타내는 표현이다. 건강의 중요성에 동의하며 구체적인 실천 방안을 말하는 1번이 정답이다. 2번과 3번은 건강 관리라는 맥락과 정반대되는 대답이다.

단어　健康(けんこう) 건강 | ジムに通(かよ)う 헬스장에 다니다

7番 🎵 듣기 4-07

F：山田さんが、また、書類を出しっぱなしにして。

M：1 整理整頓ができているね。
　　2 厳しく注意したほうがいいよ。
　　3 だって忙しいんだもん。

7번

여: 야마다 씨가 또 서류를 내놓은 채로 둬서(정리를 안 해서).

남: 1 정리정돈이 잘 되어 있네.
　　2 엄하게 주의 주는 게 좋아.
　　3 그치만 바쁜걸.

해설　～っぱなし는 '～한 채로 방치함'이라는 부정적인 뉘앙스를 담고 있다. 상대방의 잘못된 행동에 대해 해결책(주의 주기)을 제시하는 2번이 대화 흐름상 맞다. 1번은 상황과 맞지 않으며, 3번은 본인이 야마다 씨가 아닌 이상 어색한 변명이다.

단어　整理(せいり)整頓(せいとん) 정리정돈 | 厳(きび)しく 엄하게 | 注意(ちゅうい)する 주의를 주다 | ～もの・もん ～인걸〈변명〉

8番 🎵 듣기 4-08

M: お金が借りられなかったらそれまでのことだ。

F：1 嫌ですよ、倒産なんて。私は諦めたくないです。
　　2 そうですね。これまでの努力が実を結びますね。
　　3 そんなことを言って借金をしないんですか。

8번

남: 돈을 빌릴 수 없다면 그것으로 끝이다(포기해야 한다).

여: 1 싫어요, 도산이라니. 저는 포기하고 싶지 않아요.
　　2 그렇네요. 지금까지의 노력이 결실을 맺겠네요.
　　3 그런 말을 하며 돈을 빌리지 않는 건가요?

해설　それまでのことだ는 '거기까지다, 끝이다'라는 체념의 표현이다. 남자가 "돈을 못 빌리면 끝장이다(망한다)"라고 비관적인 태도를 보이고 있고, 이에 여자가 1번, "도산(망하는 것)은 싫다, 포기하고 싶지 않다"며 남자의 체념에 반대하고 있으므로 문맥상 가장 자연스럽다. 2번은 상황 파악을 못 한 대답이다. 3번, 남자는 빌리고 싶어도 못 빌릴까 봐 걱정하는 것인데, "돈을 안 빌릴 거냐"고 묻는 것은 논점에 어긋난다.

단어　お金(かね)を借(か)りる 돈을 빌리다 | 倒産(とうさん) 도산 | 諦(あきら)める 포기하다 | 実(み)を結(むす)ぶ 결실을 맺다 | 借金(しゃっきん)をする 돈을 빌리다, 빚을 지다

9番 🎵 듣기 4-09

M: 締め切りまで1分たりとも無駄にできない。

F：1 後1分で締め切りなんですか。
　　2 1分の無駄で間に合わなくなるんですね。
　　3 みんなで協力して頑張りましょう。

9번

남: 마감까지 단 1분도 낭비할 수 없어.

여: 1 앞으로 1분이면 마감인가요?
　　2 1분의 낭비로 맞출 수 없게 되는 거군요.
　　3 다 같이 협력해서 힘냅시다!

해설　～たりとも는 수량을 나타내는 말(특히 최소 단위) 뒤에 붙어, '단 ～이라도'라는 뜻을 나타내는 강조 표현이다. 시간이 매우 촉박함을 강조하는 긴박한 상황이므로, 전의를 다지는 3번이 적절하다.

단어　締(し)め切(き)り 마감 | 無駄(むだ)にする 낭비하다 | 間(ま)に合(あ)う 시간에 맞추다 | 協力(きょうりょく)する 협력하다

10番　　🎧 듣기 4-10

M: さっきは社長の手前、叱ってしまって申し訳なかった
ね。

F：1 大丈夫です。課長の立場はわかっていますから。
　　2 社長の後ろで叱ってほしかったです。
　　3 驚きました。社長がいるのに叱るんですね。

10번

남 : 아까는 사장님 앞이라 꾸짖어서 미안했네.
여 : 1 괜찮습니다. 과장님 입장은 알고 있으니까요.
　　2 사장님 뒤에서 꾸짖어 주길 바랐어요.
　　3 놀랐습니다. 사장님이 계신데도 꾸짖으시네요.

해설　~手前(てまえ)는 '~의 체면상, ~의 앞이라서'라는 뜻으로, 주변의 시선이나 자신의 위치 때문에 어쩔 수 없이 행동해야 하는 상황을 뜻한다. 사장님이 보고 있는 자리라 관리자로서 어쩔 수 없이 엄하게 대했다는 남자의 사과에, 그의 '입장'을 이해한다고 답하는 1번이 가장 적절하다. 2번은 물리적인 앞뒤 위치를 뜻하는 게 아니며, 3번은 상황 파악을 못 한 반응이다.

단어　叱(しか)る 꾸짖다 | 申(もう)し訳(わけ)ない 미안하다 | 立場(たちば) 입장 | ~てほしい ~하길 바라다

11番　　🎧 듣기 4-11

F：教授の指導力と学生の努力が相まって素晴らしい作品
が生まれました。

M：1 教授も学生も真剣に取り組んでいたんですが…。
　　2 どちらが欠けても成功しなかったでしょうね。
　　3 両方の影響が至りましたね。

11번

여 : 교수님의 지도력과 학생의 노력이 어우러져 멋진 작품이 태어났습
니다.
남 : 1 교수님도 학생도 진지하게 임했습니다만…….
　　2 어느 쪽이 빠졌어도 성공하지 못했겠지요.
　　3 양쪽의 영향이 미쳤네요.

해설　~と相(あい)まって는 '~와 더불어, ~와 어우러져'라는 뜻이다. 두 가지 요소가 시너지를 냈다는 말에 대해, 두 요소의 필연성을 강조하는 2번이 완벽한 대답이다. 1번은 역접의 의미가 있어 어색하며, 3번은 표현이 부자연스럽다.

단어　指導力(しどうりょく) 지도력 | 努力(どりょく) 노력 | 真剣(しんけん)に 진지하게 | 取(と)り組(く)む 임하다, 대처하다 | 欠(か)ける 빠지다, 부족하다

問題 5

問題 5 では長めの話を聞きます。この問題には練習はあり
ません。問題用紙にメモをとってもかまいません。

문제 5

문제5에서는 긴 이야기를 듣습니다. 이 문제에는 연습은 없습니
다. 문제용지에 메모를 해도 상관없습니다.

1番

問題用紙に何も印刷されていません。まず話を聞いてくださ
い。それから、質問とせんたくしを聞いて、１から４の中か
ら、最もよいものを一つ選んでください。

1번

문제용지에 아무것도 인쇄되어 있지 않습니다. 먼저, 이야기를
들어 주세요. 그리고 질문과 선택지를 듣고 1에서 4 중에서 가
장 적당한 것을 하나 고르세요.

1番 　🎵 듣기 5-01

会社で上司と社員が、成果主義について話しています。

M : 最近、どうも社内がぎくしゃくしている気がするよ。

F1 : ええ、以前のような和気あいあいとした雰囲気が失われています。

F2 : グループのメンバーを入れ替えたほうがいいかもしれません。

F1 : でも、メンバーの問題だけではないような気がします。成果主義が原因では？

M : もしそうだとしても、成果主義にしてから営業成績がぐ～んと良くなっているので止めるわけにはいかないよ。

F1 : でもこれ以上雰囲気が悪くなるのは会社のためにもよくないですよ。みんなが協力するように、個人でなくグループの成果にしませんか。

M : それも一案だけど、それだとやる気はかなり失われそうだ。

F2 : ではどちらにも報酬が与えられるようにしたらどうでしょう。報酬を個人とグループで半々にしたらいかがでしょう。

F1 : グループが多いほうがいいのでは？

M : その割合は後でよく考えて決めよう。

F2 : そうですね。これできっと、みんなが協力し合うようになると思います。

この会社は成果主義をどのように変更しますか。

1　グループの成果主義にする。
2　個人とグループに報酬を与える。
3　報奨を分ける割合を変更する。
4　個人のままメンバーを入れる。

1번

회사에서 상사와 직원이 성과주의에 대해 이야기하고 있습니다.

남 ： 요즘 어쩐지 사내가 서먹서먹한 기분이 들어.

여1 : 네, 이전과 같은 화기애애한 분위기가 사라졌어요.

여2 : 그룹 멤버를 교체하는 편이 좋을지도 모르겠어요.

여1 : 하지만 멤버 문제만은 아닌 것 같은 느낌이 들어요. 성과주의가 원인이 아닐까요?

남 ： 설령 그렇다 하더라도, 성과주의로 한 뒤에 영업 성적이 부쩍 좋아졌으니 그만둘 수는 없어.

여1 : 하지만 이 이상 분위기가 나빠지는 건 회사를 위해서도 좋지 않아요. 모두가 협력하도록, 개인이 아니라 그룹 성과로 하지 않을래요?

남 ： 그것도 한 가지 방안이지만, 그러면 의욕이 상당히 꺾일 것 같군.

여2 : 그럼 양쪽 모두에 보수가 주어지도록 하면 어떨까요? 보수를 개인과 그룹으로 반반씩 하는 건 어떨까요?

여1 : 그룹이 많은 편이 낫지 않을까요?

남 ： 그 비율은 나중에 잘 생각해서 결정하자.

여2 : 그렇네요. 이걸로 분명 다들 서로 협력하게 될 거예요.

이 회사는 성과주의를 어떻게 변경합니까?

1　그룹 성과주의로 한다.
2　개인과 그룹에 보수를 준다.
3　포상금을 나누는 비율을 변경한다.
4　개인(성과주의)을 유지하며 멤버를 넣는다.

해설　사내 분위기 악화의 원인으로 지목된 '개인 성과주의'를 보완하기 위해, 여2가 개인과 그룹 모두에 보수를 주는 방식을 제안했고 남자가 이에 동의하며 비율은 추후 결정하자고 마무리했다. 따라서 정답은 2번이다. 1번은 개인 보수를 없애는 것이라 남자가 우려했고, 3번은 제도가 확정된 후의 세부 사항이며, 4번은 초반에 나온 의견일 뿐 최종 결정이 아니다.

단어　どうも 왠지, 어쩐지 | ぎくしゃくする 서먹서먹하다, 삐걱거리다 | 気(き)がする 기분(느낌)이 들다 | 和気(わき)あいあい 화기애애 | 入(い)れ替(か)える 교체하다 | 成果(せいか)主義(しゅぎ) 성과주의 | ぐ(～)んと 부쩍, 훨씬 | 止(や)める 그만두다 | ～わけにはいかない ～할 수는 없다 | 協力(きょうりょく) 협력 | 一案(いちあん) 한 가지 방안 | やる気(き)が失(うしな)われる 의욕이 꺾이다 | 削減(さくげん) 삭감, 감소 | 報酬(ほうしゅう) 보수, 보상 | 半々(はんはん) 반반 | ～のでは？ ～하지 않을까? | 割合(わりあい) 비율 | 報奨(ほうしょう) 포상

2番

まず、話を聞いてください。それから、二つの質問を聞いて、それぞれ問題用紙の1から4の中から、最もよいものを一つ選んでください。

2번

먼저, 이야기를 들어 주세요. 그리고 나서 두 개의 질문을 듣고 각각 문제용지의 1에서 4 중에서 가장 적당한 것을 하나 고르세요.

2番

🎵 듣기 5-02

販売員がサプリメントについて説明しています。

M1: 今日お持ちしたお試し用サプリメントは4種類です。どの製品も皆様を元気にできる栄養素がたっぷり入っています。一日一本で一か月間無料でお試しいただけます。一か月後には効き目がはっきり出ます。それぞれに違った効果がありますから、ご自分に合ったものをお選びください。例えば、Aは特に健康に問題はないけれど、何となく疲れが取れないと感じる方に向いています。Bは夜眠れず一日中元気が出なくて困っている方にお勧めです。睡眠薬は取りたくないという方が、朝すっきり目覚めて一日中元気でいられると大変喜ばれています。Cはカルシウムも入っていますので骨が弱くなった方に特にお勧めします。Dはお肌が乾燥して困っているという方に効き目があります。是非、お試しください。

F ： 私は肌がガサガサして困っているのよ。

M2: 僕は特に問題がないから疲れを取るための普通のサプリメントにしようかな。

F ： あら、去年スキーで骨折して大騒ぎしていたじゃない。

M2: そうだった。じゃ、こっちにするよ。

F ： サプリを飲むだけじゃなくて、運動して筋肉を付けたりお日様に当たることも大事よ。

M2: うん、そうするよ。君は肌が痒いの？

F ： そういうわけじゃないけど美子さんが、このドリンクで肌がすべすべになったと言っていたから、試してみようと思って。

M2: それより、体のためになる物のほうがいいよ。毎日睡眠薬を飲んでいるでしょう。止めた方がいいよ。

F ： でも、不安で止められないのよ。

M2: そんなこと言わないで、このサプリを試してみたら？

F ： じゃあ、そうしてみるわ。

2번

판매원이 영양제에 대해 설명하고 있습니다

남1: 오늘 가져온 체험용 영양제는 4종류입니다. 어느 제품이나 여러분을 건강하게 해드릴 영양소가 듬뿍 들어 있습니다. 하루 한 병으로 한 달간 무료로 체험해 보실 수 있습니다. 한 달 후에는 효과가 확실히 나옵니다. 각각 다른 효과가 있으니, 본인에게 맞는 것을 선택해 주십시오. 예를 들어, A는 특별히 건강에 문제는 없지만, 왠지 모르게 피로가 풀리지 않는다고 느끼시는 분에게 적합합니다. B는 밤에 잠을 자지 못해 하루 종일 기운이 나지 않아 고민인 분들께 추천합니다. 수면제는 복용하고 싶지 않다는 분들이, 아침에 상쾌하게 깨어나 하루 종일 활기차게 지낼 수 있다며 매우 기뻐하십니다. C는 칼슘도 들어있으므로 뼈가 약해진 분들께 특히 추천합니다. D는 피부가 건조해서 고민이라는 분들에게 효과가 있습니다. 부디, 체험해 주세요.

여 ： 나는 피부가 거칠거칠해서 고민이야.

남2: 나는 딱히 문제가 없으니 피로를 풀기 위한 보통 영양제(A)로 할까나.

여 ： 어머, 작년에 스키 타다 골절돼서 난리였잖아.

남2: 맞다, 그랬지. 그럼 이쪽(C)으로 할게.

여 ： 영양제를 먹기만 하지 말고 운동해서 근육을 키우거나 햇볕을 쬐는 것도 중요해.

남2: 응, 그럴게. 너는 피부가 가려워?

여 ： 그런 건 아닌데, 요시코 씨가 이 음료로 피부가 매끈매끈해졌다고 해서(D) 써볼까 싶어서.

남2: 그것보다 몸에 도움이 되는 게 좋아. 매일 수면제 먹고 있잖아. 끊는 게 좋아.

여 ： 하지만, 불안해서 끊을 수가 없어.

남2: 그런 말 하지 말고, 이 영양제(B)를 한번 써 보는 게 어때?

여 ： 그럼, 그렇게 해볼게.

質問1　男の人はどのサプリメントを選びましたか。

1　A
2　B
3　C
4　D

質問2　女の人はどのサプリメントを選びましたか。

1　A
2　B
3　C
4　D

질문1　남자는 어느 영양제를 선택했습니까?

1　A
2　B
3　C
4　D

질문2　여자는 어느 영양제를 선택했습니까?

1　A
2　B
3　C
4　D

해설　〈질문1〉 남자는 처음에는 일반 피로 해소용(A)을 고르려 했으나, 작년에 골절을 겪었다는 여자의 말을 듣고 칼슘이 든 C를 선택했다.

〈질문2〉 여자는 처음에는 피부용(D)에 관심을 보였으나, 매일 수면제를 먹고 있는 상황을 걱정한 남자가 불면증에 도움을 주는 B를 권유하자 이를 받아들였다.

단어　お試(ため)し用(よう) 체험용 | サプリメント 영양제 | 栄養素(えいようそ) 영양소 | たっぷり 듬뿍 | 効(き)き目(め) 효능, 효과 | はっきり 확실히 | 何(な)となく 왠지 모르게 | 疲(つか)れが取(と)れる 피로가 풀리다 | 〜に向(む)いている 〜에 적합하다 | 睡眠薬(すいみんやく) 수면제 | すっきり 상쾌하게 | 目覚(めざ)める 잠에서 깨다 | 骨(ほね) 뼈 | お肌(はだ) 피부 | 乾燥(かんそう) 건조 | ガサガサ 까칠까칠(건조함) | 特(とく)に 특별히, 딱히 | 骨折(こっせつ) 골절 | 大騒(おおさわ)ぎ 대소동, 난리 | お日様(ひさま)に当(あ)たる 햇볕을 쬐다 | 痒(かゆ)い 가렵다 | 〜わけじゃない 〜인 것은 아니다 | すべすべ 매끈매끈 | 試(ため)す 시험하다, 써 보다 | 〜てみたら 〜해보는 게 어때?〈권유〉

1교시 **언어지식(문자·어휘·문법)·독해**

문제 1	1 ④	2 ④	3 ①	4 ①	5 ②	6 ③			
문제 2	7 ③	8 ④	9 ②	10 ③	11 ②	12 ④	13 ②		
문제 3	14 ①	15 ②	16 ①	17 ②	18 ①	19 ④			
문제 4	20 ③	21 ②	22 ①	23 ③	24 ①	25 ②			
문제 5	26 ③	27 ①	28 ④	29 ③	30 ②	31 ③	32 ①	33 ②	34 ②	35 ③
문제 6	36 ② (1324)	37 ③ (2431)	38 ① (3412)	39 ④ (2341)	40 ③ (1432)				
문제 7	41 ①	42 ②	43 ④	44 ③					
문제 8	45 ②	46 ③	47 ④	48 ③					
문제 9	49 ①	50 ④	51 ③	52 ②	53 ①	54 ①	55 ④	56 ②	
문제 10	57 ②	58 ④	59 ③						
문제 11	60 ④	61 ②							
문제 12	62 ④	63 ③	64 ②						
문제 13	65 ②	66 ③							

2교시 **청해**

문제 1	1 ④	2 ②	3 ②	4 ③	5 ③						
문제 2	1 ④	2 ②	3 ④	4 ③	5 ③	6 ③					
문제 3	1 ②	2 ③	3 ③	4 ③	5 ④						
문제 4	1 ③	2 ③	3 ①	4 ①	5 ③	6 ②	7 ③	8 ①	9 ①	10 ②	11 ①
문제 5	1 ②	2-1 ③	2-2 ①								

문제 1 ____의 단어의 읽기로 가장 알맞은 것을 1·2·3·4에서 하나 고르시오.

1 세대 간의 **격차**를 메우는 것은 어렵다.

해설 隔たり는 '간격, 차이, 격차'라는 뜻으로 **4 へだたり**라고 읽는다. 거리상의 떨어짐이나 시간·생각 등의 차이를 뜻한다.

단어 世代間(せだいかん) 세대 간 | 埋(う)める 메우다, 채우다

2 결국 그 계획은 **허무하게** 끝나 버렸다.

해설 空しく는 '허무하게, 헛되게'라는 뜻으로 **4 むなしく**라고 읽는다.

단어 結局(けっきょく) 결국 | 計画(けいかく) 계획

3 그는 자신의 실패를 **통절**하게(뼈저리게) 반성했다.

해설 痛切는 '통절함, 뼈저림'이라는 뜻으로 **1 つうせつ**라고 읽는다. 느낌이나 감정이 매우 절실하고 강함을 뜻한다.

단어 失敗(しっぱい) 실패, 실수 | 反省(はんせい) 반성

4 이 마을에서는 많은 주민이 어업에 **종사하고** 있다.

해설 営んで는 **1 いとなんで**라고 읽는다. 営む는 사업을 경영하거나 생활을 꾸려나가는 것을 말하며, 漁業を営む는 '어업을 영위하다, 어업에 종사하다'라는 뜻이 된다.

단어 住民(じゅうみん) 주민 | 漁業(ぎょぎょう) 어업 | うらむ(恨む) 원망하다 | まなぶ(学ぶ) 배우다 | はげむ(励む) 힘쓰다, 노력하다

5 우리 팀은 라이벌과 마지막까지 우승을 **다퉜다**.

해설 競った는 **2 きそった**라고 읽는다. 競う는 '겨루다, 경쟁하다'라는 뜻으로 우열을 가리기 위해 서로 경쟁하는 것을 말한다.

단어 優勝(ゆうしょう) 우승 | あらそう(争う) 다투다, 싸우다 | さそう(誘う) 권유하다, 유혹하다 | まかなう(賄う) 조달하다, 마련하다

6 격렬한 지진으로 오래된 건물이 **붕괴**했다.

해설 崩壊는 '붕괴'라는 뜻으로 **3 ほうかい**라고 읽는다. 허물어져 무너짐을 뜻한다.

단어 激(はげ)しい 격렬하다 | 地震(じしん) 지진 | 建物(たてもの) 건물

문제 2 (　　)에 들어가는 데 가장 알맞은 것을 1·2·3·4에서 하나 고르시오.

7 그의 성공은 우연이 아니라 하루하루의 **성실한**(꾸준한) 노력의 결과이다.

해설 문맥상 가장 자연스러운 것은 **3 地道**な이다. 화려하지는 않지만 성실하고 꾸준하게 노력하는 모습을 나타낼 때 사용한다.

단어 偶然(ぐうぜん) 우연 | 地道(じみち)な 성실한, 꾸준한 | 努力(どりょく) 노력 | 軽薄(けいはく)な 경박한 | 複雑(ふくざつ)な 복잡한 | 派手(はで)な 화려한

8 최근의 국제 정세는 **어지러운** 전개를 보이고 있어, 한순간도 눈을 뗄 수 없다.

해설 문맥상 가장 자연스러운 것은 **4 めまぐるしい**이다. '어지럽다, 눈코 뜰 새 없다'는 뜻으로, 상황이나 변화가 너무 빨라 정신이 없을 정도일 때 쓰인다.

단어 国際(こくさい)情勢(じょうせい) 국제 정세 | 展開(てんかい) 전개 | 一瞬(いっしゅん)も 한순간도 | 目(め)が離(はな)せない 눈을 뗄 수 없다 | すがすがしい 상쾌하다 | たやすい 쉽다, 용이하다 | そそっかしい 덜렁대다, 조심성이 없다

9 상품의 재고가 과잉되지 않도록 **매입**량을 신중하게 조정한다.

해설 문맥상 가장 자연스러운 것은 **2 仕入れ**이다. 판매할 물건이나 재료를 사들인다는 뜻으로, 재고 관리 문맥에서 필수적인 단어이다.

단어 商品(しょうひん) 상품 | 在庫(ざいこ) 재고 | 過剰(かじょう) 과잉 | 仕入(しいれ) 매입, 사들임 | 慎重(しんちょう)に 신중하게 | 調整(ちょうせい) 조정 | 仕打(しう)ち (남에 대한) 처사, 대접 | 値打(ねう)ち 가치, 값어치 | 値切(ねぎ)り 값 깎기, 에누리

10 그녀는 칭찬받는 것에 익숙해져서, 조금이라도 **비위를 맞춰 주**지 않으면 금방 기분이 언짢아진다.

해설 문맥상 가장 자연스러운 것은 **3 ちやほや**이다. ちやほやする는 '애지중지하다, 비위를 맞추다'라는 뜻이다.

단어 慣(な)れる 익숙해지다 | 不機嫌(ふきげん)になる 기분이 언짢아지다 | すらすら 거침없이, 술술 | へとへと 녹초가 됨 | いらいら 안절부절

11 혼자 여행하던 중, 예상치 못한 곳에서 우연히 옛 동료와 **마주쳤다**.

해설 문맥상 가장 자연스러운 것은 **2 出くわした**이다. 出くわす는 뜻밖의 장소에서 사람을 만나거나 사건에 맞닥뜨렸을 때 사용한다.

단어 偶然(ぐうぜん)に 우연히 | 同僚(どうりょう) 동료 | 出(で)くわす 마주치다 | 出直(でなお)す 다시 오다 | 待(ま)ち合(あ)わせる 약속해서 만나다 | 待(ま)ちくたびれる 기다리다 지치다

12 미디어는 안이하게 사람에게 **낙인**을 찍어, 편견을 조장하는 경향이 있다.

해설 문맥상 가장 자연스러운 것은 **4 レッテル**이다. 네덜란드어 'Letter'에서 온 말로, 주로 부정적인 평가나 낙인을 찍을 때 レッテルを貼る(낙인을 찍다)라는 관용구로 쓰인다.

단어 安易(あんい)に 안이하게 | レッテル ①라벨 ②낙인, 꼬리표 | 貼(は)る 붙이다 | 偏見(へんけん) 편견 | 助長(じょちょう)する 조장하다 | 傾向(けいこう) 경향 | シグナル 신호 | アポイント 약속(어포인트먼트) | コマーシャル 광고(CM)

13 사고 목격자는 큰 충격을 받아, 증언을 요청받아도 (어찌할 바를 몰라) **당황**할 뿐이었다.

해설 문맥상 가장 자연스러운 것은 **2 おろおろ**이다. 너무 놀라거나 당황해서 어찌할 바를 모르고 허둥대는 모습을 의미한다.

단어 目撃者(もくげきしゃ) 목격자 | 証言(しょうげん) 증언 | ~ばかりだ ~할 뿐이다 | のびのび 느긋하게, 쑥쑥 | はきはき 시원시원, 또박또박 | てきぱき 척척, 시원시원

문제 3 _____의 단어에 의미가 가장 가까운 것을 1·2·3·4에서 하나 고르시오.

[14] 회의는 **원활하게** 진행되어, 예정보다 빨리 끝났다.

해설 円滑に(원활하게)와 비슷한 표현은 **1 滞りなく**(거침없이)이다. 일이나 절차가 막힘없이 매끄럽게 진행되는 상태를 의미한다.

단어 会議(かいぎ) 회의 | 円滑(えんかつ)に 원활하게 | 滞(とどこお)りなく 거침없이, 지체 없이 | 混乱(こんらん) 혼란 | 予想(よそう)に 反(はん)して 예상과 달리

[15] 가족의 **격려**가 큰 버팀목이 되었다.

해설 はげまし(격려)와 비슷한 표현은 **2 声援**(성원)이다.

단어 はげまし 격려 | 支(ささ)え 버팀목, 지탱 | 批判(ひはん) 비판 | 声援(せいえん) 성원, 응원 | 忠告(ちゅうこく) 충고 | 説得(せっとく) 설득

[16] 다나카 교수님은 학회에서 자신의 연구 성과를 적극적으로 **주장했다.**

해설 となえた(주장했다)와 비슷한 표현은 **1 主張した**(주장했다)이다.

단어 教授(きょうじゅ) 교수(님) | 学会(がっかい) 학회 | 積極的(せっきょくてき)に 적극적으로 | となえる(唱える) 주장하다, 외치다 | 主張(しゅちょう) 주장 | 承認(しょうにん) 승인 | 軽視(けいし) 경시, 가볍게 여김

[17] 그녀는 **노골적으로** 불만을 표했다.

해설 あらわに(노골적으로)와 비슷한 표현은 **2 露骨に**(노골적으로)이다.

단어 不満(ふまん) 불만 | 表(あらわ)す 나타내다, 표하다 | 冷静(れいせい)に 냉정하게 | 露骨(ろこつ)に 노골적으로 | 控(ひか)えめに 조심스럽게 | 漠然(ばくぜん)と 막연하게

[18] 새로운 계약 성립의 **증표**로서, 서로 서류에 서명했다.

해설 証(증거)와 비슷한 표현은 **1 印**(증표)이다. 어떤 사실을 증명하거나 확인하기 위한 표식을 의미한다.

단어 契約(けいやく) 계약 | 証(あかし) 증거, 증표 | 署名(しょめい) 서명 | 印(しるし) 표시, 증표 | 枠(わく) 테두리, 틀 | 根拠(こんきょ) 근거

[19] 지난주는 회의나 출장 일정이 **빽빽이** 차 있어서, 느긋하게 식사를 할 시간도 없었다.

해설 ぎっしり(빽빽이)와 비슷한 표현은 **4 みっちり**(빽빽이, 가득)이다. 공간이나 시간이 빈틈없이 꽉 차 있는 모양을 나타낸다.

단어 出張(しゅっちょう) 출장 | 予定(よてい) 예정, 일정 | 詰(つ)まる 가득 차다 | 食事(しょくじ)を取(と)る 식사를 하다 | まばらに 드문드문 | ほんの少(すこ)し 아주 조금 | ぼんやり 멍하니

문제 4 다음 단어의 사용법으로써 가장 알맞은 것을 1·2·3·4에서 하나 고르시오.

[20] 素朴 소박함, 꾸밈없음

　1 그녀의 의상은 소박해서, 호화로운 장식이 눈에 띄었다.
　2 그가 소박한 표정으로 방에 들어와서 걱정이다.
　3 그녀는 소박한 인품으로, 많은 사람에게 사랑받고 있다.
　4 그는 소박한 태도를 취한 것을 반성하고, 즉시 사죄했다.

해설 素朴(そぼく)는 꾸밈이나 거짓이 없고 자연 그대로인 상태를 뜻한다. 사람의 성격이나 인품이 꾸밈없을 때 자주 쓰이므로 3번이 정답이다. 1번은 派手(화려함), 2번은 暗い(어두운), 4번은 失礼な(무례한) 등이 적절하다.

단어 衣装(いしょう) 의상 | 豪華(ごうか)な 호화로운, 화려한 | 装飾(そうしょく) 장식 | 目立(めだ)つ 눈에 띄다 | 人柄(ひとがら) 인품 | 反省(はんせい) 반성 | 謝罪(しゃざい) 사죄 | 派手(はで) 화려함 | 暗(くら)い 어둡다

[21] 下地 토대, 기초, 소양

　1 이사의 토대를 진행하는 동안, 불필요한 물건이 많이 발견되었다.
　2 오랫동안 쌓은 기술력이 신제품 개발의 토대(기초)로서 도움이 되었다.
　3 발표 토대를 철저히 한 덕분에, 당일은 자신 있게 발표에 임했다.
　4 여행 소지품은 의류나 일용품의 토대도 잊지 말고 준비하는 것이 좋다.

해설 下地(したじ)는 어떤 일을 하기 위한 기초 지식이나 능력, 또는 토대를 의미한다. 기술력이 개발의 토대가 되었다는 2번이 정답이다. 1번은 準備(준비)나 片付け(정리), 3번은 準備(준비), 4번은 予備(여분)가 자연스럽다.

단어 引(ひ)っ越(こ)し 이사 | 培(つちか)う 쌓다, 기르다 | 技術力(ぎじゅつりょく) 기술력 | 役(やく)に立(た)つ 도움이 되다 | 徹底(てってい)する 철저히 하다 | 臨(のぞ)む 임하다 | 持(も)ち物(もの) 소지품 | 衣類(いるい) 의류 | 日用品(にちようひん) 일용품 | 片付(かたづ)け 정리 | 予備(よび) 예비분, 여분

[22] 告げる 알리다, 고하다

　1 벨 소리가 휴식 시간의 종료를 알렸다.
　2 선생님은 학생에게 숙제하는 방법을 알렸다.
　3 어머니는 보채는 아이를 부드럽게 알렸다.
　4 그는 알려져도 포기하지 않고 도전을 계속했다.

해설 告(つ)げる는 어떤 사실을 알리거나 선언할 때 쓰는 표현이다. 시간의 종료나 끝을 알리는 문맥인 1번이 정답이다. 2번은 教えた(가르쳤다), 3번은 なだめた(달랬다), 4번은 止められても(말려도) 등이 적절하다.

단어 終了(しゅうりょう) 종료 | ねだる 보채다, 조르다 | 諦(あきら)める 포기하다 | 挑戦(ちょうせん) 도전 | 止(と)められる(나를) 말리다, 제지당하다

[23] 見計らう 가늠하다, (적당한 때를) 보다

　1 우리 팀은 이 계획의 목적을 가늠하는 데 성공했다.
　2 신작 영화의 내용을 가늠하고 친구에게 권했다.
　3 상사의 기분이 좋을 때를 가늠해서 말을 걸려고 한다.
　4 감독은 가늠에 가득찬 말로 선수들을 격려했다.

해설 見計(みはか)らう는 상태를 살펴서 적당한 시기나 정도를 가늠할 때 사용한다. 특히 '때를 가늠하다(時を見計らう)'는 관용구처럼 자주 쓰이므로 3번이 정답이다. 1번은 把握する(파악하다), 2번은 確認して(확인하고), 4번은 愛情(애정) 등이 어울린다.

단어 計画(けいかく) 계획 | 勧(すす)める 권하다 | 機嫌(きげん) 기분 | 声(こえ)をかける 말을 걸다 | ～に満(み)ちる ～에 가득차다, ～이 넘치다 | 励(はげ)ます 격려하다 | 把握(はあく) 파악 | 確認(かくにん) 확인 | 愛情(あいじょう) 애정

24 了承 양해, 승인

1 임원회에서 인사 이동을 승인하는 것이 정식으로 결정되었다.
2 지난 회의에서는 그의 실적을 승인해서 상을 주기로 했다.
3 계획을 완성시키기 위해 몇 번이나 승인을 거듭하며 계속 노력했다.
4 새로운 제도의 도입을 둘러싸고, 위원회에서 격렬한 승인이 벌어졌다.

해설　了承(りょうしょう)는 상대방의 사정이나 제안을 듣고 그것을 받아들이거나 승인하는 것을 뜻한다. 인사 이동 건을 승인했다는 문맥인 1번이 정답이다. 2번은 認めて(인정해서), 3번은 検討(검토)나 修正(수정), 4번은 議論(논의)이 적절하다.

단어　役員会(やくいんかい) 임원회 | 人事(じんじ)移動(いどう) 인사 이동 | 正式(せいしき)に 정식으로 | 実績(じっせき) 실적 | 賞(しょう) 상 | 重(かさ)ねる 거듭하다 | 導入(どうにゅう) 도입 | ～をめぐって ～을 둘러싸고 | 激(はげ)しい 격렬하다 | 検討(けんとう) 검토 | 修正(しゅうせい) 수정 | 議論(ぎろん) 논의, 논쟁

25 あどけない 천진난만하다, 어리다

1 의장은 천진난만한 표정으로, 의회의 개회 선언을 행했다.
2 천진난만한 목소리로 노래하는 아이들의 노래가 들렸다.
3 천진난만한 연구가 결실을 맺어, 새로운 발견으로 이어졌다.
4 기획안에 대해 상사로부터 천진난만한 답변이 돌아왔다.

해설　あどけない는 어린아이답게 천진난만하고 귀여운 구석이 있다는 뜻이다. 아이들의 목소리를 수식하는 2번이 정답이다. 1번은 厳粛な(엄숙한), 3번은 地道な(꾸준한), 4번은 前向きな(긍정적인) 등이 적절하다.

단어　議長(ぎちょう) 의장 | 宣言(せんげん) 선언 | 実(み)を結(むす)ぶ 결실을 맺다 | 企画案(きかくあん) 기획안 | 厳粛(げんしゅく)な 엄숙한 | 地道(じみち)な 꾸준한, 성실한 | 前向(まえむ)きな 긍정적인

02　1교시 언어지식(문법)·독해

문제 5　다음 문장의 (　　)에 들어갈 가장 알맞은 것을 1·2·3·4 에서 하나 고르시오.

26 장기화되는 불황의 영향으로, 기업의 경영 환경은 어려움을 **더해가고 있다.**

해설　공란에 들어갈 표현은 **3 増しつつある**이다. ～つつある는 '～하고 있다, ～하는 중이다'라는 뜻의 문어체 표현으로, 어떤 동작이나 상태가 계속해서 변화하고 있을 때 쓰인다.

단어　長引(ながび)く 오래 끌다, 장기화되다 | 不況(ふきょう) 불황 | 厳(きび)しさ 엄격함, 어려움 | 増(ま)す 더하다, 늘다 | ～うる ～할 수 있다 | ～かねる ～하기 어렵다 | ～ようがない ～할 수가 없다

27 그녀는 다이어트를 시작하기는 하지만, 오래 **계속하지는** 않는 것이 평소의 패턴이다.

해설　공란에 들어갈 표현은 **1 続けは**이다. ～はしない는 '～하지는 않다'라는 뜻으로, 그 동작을 강조하여 부정할 때 사용한다. 동

사 ます형에 접속한다.

단어　始(はじ)める 시작하다 | ～ものの ～하기는 하지만 | いつもの 평소의

28 이번에, 10년간 근무한 회사를 이달 말**을 끝으로** 퇴직하기로 결심했습니다.

해설　공란에 들어갈 표현은 **4 をもって**이다. '～으로, ～을 끝으로'라는 뜻으로, 기한이나 수단, 방법 등을 나타낼 때 쓰인다.

단어　勤(つと)める 근무하다 | 退職(たいしょく) 퇴직 | 決意(けつい) 결의, 결심 | ～を受(う)けて ～을 받아, ～의 영향으로 | ～を皮切(かわき)りに ～을 시작으로 | ～をめぐって ～을 둘러싸고

29 이 문제는 간단하기 때문에, 누구라도 풀 수 있는 **게 당연하다.**

해설　공란에 들어갈 표현은 **3 に決(き)まっている**이다. '당연히 ～이다, ～할 게 뻔하다'라는 뜻으로, 말하는 사람의 확신을 나타낸다.

단어　解(と)く 풀다 | ～始末(しまつ)だ ～한 꼴이다(모양이다) | ～ばかりだ ～하기만 하다 | ～わけがない ～할 리가 없다

30 자금 부족 **때문에**, 새로운 프로젝트는 일시 중지할 수밖에 없게 되었다.

해설　공란에 들어갈 표현은 **2 ゆえに**이다. 격식 있는 문어체로 원인이나 이유(～때문에)를 나타낼 때 사용한다.

단어　資金(しきん)不足(ぶそく) 자금 부족 | 一時(いちじ)中止(ちゅうし) 일시 중지 | ～ざるを得(え)ない ～하지 않을 수 없다 | ～といえば ～라고 하면, ～로 말할 것 같으면 | ～なくして ～없이 | ～どころか ～은커녕

31 주민의 안전을 **확보하기 위해서**, 시는 재해 시에 대비하여 다양한 활동을 일상적으로 행하고 있다.

해설　공란에 들어갈 표현은 **3 確保するべく**이다. ～べくは '～하기 위하여'라는 목적을 나타내는 문어체 표현이다.

단어　確保(かくほ) 확보 | 災害時(さいがいじ) 재해 시 | 備(そな)える 대비하다 | 日常的(にちじょうてき) 일상적 | ～ばこそ ～하기에, ～이기에 바로 | ～(よ)うとも ～하더라도, ～할지라도 | ～にせよ ～라 할지라도

32 정말 죄송합니다만, 이 건에 대해서는 즉답은 어렵다고 **생각합니다.**

해설　공란에 들어갈 표현은 **1 存じます**이다. 存(ぞん)じる는 '생각하다(思う)'의 겸양어 표현으로, 비즈니스 상황에서 자신의 의견을 정중하게 전달할 때 쓰인다.

단어　誠(まこと)に 정말로 | 恐縮(きょうしゅく) 죄송함, 송구함 | ～につきましては ～에 대해서는〈～については의 겸양〉 | 即答(そくとう) 즉답 | 承(うけたまわ)る 듣다, 받들다〈겸양〉 | 頂戴(ちょうだい)する 받다〈겸양〉

33 A: 이번 여행 기대된다. 비용은 어느 정도 들 것 같아?
B: 음, 비행기 값과 호텔비, 그리고 현지 식사 등을 생각하면 대략 30만 엔 엔 **정도**야.

해설　공란에 들어갈 표현은 **2 ところ**이다. ～といったところだ는 '대체로 ～정도이다'라는 뜻의 문법기능어이다.

단어　費用(ひよう) 비용 | 飛行機代(ひこうきだい) 비행기 값 | 現地(げんち) 현지

34 그는 이번 선거에서 많은 지지를 **얻기는 했지만**, 아쉽게도 낙선하고 말았다.

해설 공란에 들어갈 표현은 **2 集めたものの**이다. 〜ものの는 '〜하기는 하지만'이라는 뜻으로, 앞의 사실과 상반되는 결과가 올 때 사용한다.

단어 選挙(せんきょ) 선거 | 支持(しじ)を集(あつ)める 지지를 모으다(얻다) | 惜(お)しくも 아쉽게도 | 落選(らくせん) 낙선 | 〜からといって 〜라고 해서

35 매출이 크게 늘고 있어서, 올해는 최고 이익을 경신할 **전망이다**.

해설 공란에 들어갈 표현은 **3 見込(みこ)みだ**이다. 어떤 일이 일어날 가능성이 크거나 예정되어 있을 때 '〜할 전망이다, 〜할 것으로 보인다'라는 의미로 쓰인다. 〜ほどだ는 涙(なみだ)が出るほどだ(눈물이 날 정도다)처럼 '상태'가 심할 때 쓰므로 맞지 않다.

단어 売上(うりあげ) 매출 | 伸(の)びる 늘다 | 〜ことから 〜라는 이유로, 〜해서 | 更新(こうしん) 경신 | 〜ものだ 〜하는 법이다, 〜하곤 했다 | 〜ところだ 〜하는 참이다

문제 6 다음 문장의 ___★___ 에 들어갈 가장 알맞은 것을 1·2·3·4에서 하나 고르시오.

36 이벤트 주최자는 참가자들로부터 접수된 **폭넓은 의견을 토대로 이벤트 내용을 대폭 재검토하여** 보다 만족도 높은 기획을 세우고 있다.

해설 의견을 반영한다는 근거(1+3)가 먼저 오고, 그에 따른 구체적인 조치(2+4)가 연결된다. 〜を踏(ふ)まえては '〜을 토대로, 〜을 근거로'라는 뜻으로, 앞의 사실이나 의견을 바탕으로 다음 행동을 결정할 때 사용한다.

단어 主催者(しゅさいしゃ) 주최자 | 寄(よ)せられた 접수된, 전달된 | 幅広(はばひろ)い 폭넓다 | 大幅(おおはば)に 대폭 | 見直(みなお)す 재검토하다 | 満足度(まんぞくど) 만족도 | 企画(きかく)を立(た)てる 기획을 세우다

37 그 회사는 고객 만족을 우선시하여, **이익이 거의 나지 않음에도 불구하고 비용을 들여** 반품 대응을 실시했다.

해설 회사가 처한 불리한 상황(2+4)이 먼저 오고, 이를 무릅쓰고(3) 취한 행동(1)이 이어진다. 〜にもかかわらず는 '〜임에도 불구하고'라는 뜻으로, 앞의 상황에서 예상되는 결과와 반대되는 행동을 할 때 사용한다.

단어 顧客(こきゃく)満足(まんぞく) 고객 만족 | 優先(ゆうせん) 우선 | 利益(りえき) 이익 | コストをかける 비용을 들이다 | 返品(へんぴん)対応(たいおう) 반품 대응, 반품 처리

38 인터넷상의 정보를 이용하는 **데 있어서 그 정보원이 신뢰할 수 있는 것인지 어떤지를** 반드시 확인하는 자세가 중요하다.

해설 정보를 이용하는 상황(3)을 먼저 제시하고, 확인해야 할 구체적인 내용(4+1+2)을 연결한다. 〜上(うえ)では '〜하는 데 있어서, 〜할 때'라는 뜻으로, 어떤 일을 할 때의 조건이나 주의점을 나타낸다.

단어 情報(じょうほう) 정보 | 用(もち)いる 이용하다, 사용하다 | 情報源(じょうほうげん) 정보원 | 信頼(しんらい) 신뢰 | 〜かどうか 〜인지 어떤지 | 確認(かくにん) 확인 | 姿勢(しせい) 자세 | 大切(たいせつ)だ 중요하다

39 무라타 선수의 컨디션이 회복되고 있다. 그가 **다음 시합에 출전할 수 있는지 아닌지는 의사의 판단에** 달려 있다.

해설 궁금증의 대상이 되는 사실(2+3+4)이 주어로 오고, 결정권을 가진 주체(1)가 마지막에 위치한다. 〜か否(いな)か는 '〜인지 아닌지'라는 뜻으로 판단이나 확인, 여부를 말할 때 사용된다.

단어 体調(たいちょう) 몸 상태, 컨디션 | 回復(かいふく) 회복 | 〜つつある 〜하고 있다, 〜하는 중이다 | 出場(しゅつじょう) 출장, 출전 | 〜にかかっている 〜에 달려 있다 | 医師(いし) 의사 | 判断(はんだん) 판단

40 여성의 사회 진출이 진행되고 있는 **현대에서도 일과 가정의 양립과 같은** 과제는 여전히 남아 있다.

해설 현재의 시대적 상황(1+4)을 먼저 정의하고, 구체적인 문제점의 예시(3+2)를 들어 과제를 설명한다. 〜にあってもは '〜한 상황에 있어도, 〜에서도'라는 뜻으로, 어떤 상황임에도 불구하고 여전히 상황이 변하지 않음을 나타낸다.

단어 進出(しんしゅつ) 진출 | 両立(りょうりつ) 양립 | 〜といった 〜와 같은 | 課題(かだい) 과제 | 依然(いぜん)として 여전히

문제 7 다음 문장을 읽고, 문장 전체의 취지를 고려하여 41 부터 44 에 들어갈 가장 알맞은 것을 1·2·3·4에서 하나 고르시오.

지인이 근무하던 회사가 올해 5월에 도산했다. 그 회사는 인구 5만 명 남짓의 지방 도시에서 최대 기업으로, 도산에 따라 관련 회사를 포함하면 천 명 이상이 직장을 잃게 되었다. 게다가 옆 시에 있는 대기업도 구조조정을 진행하고 있어, 이 지역의 직업안정소는 구직자로 넘쳐나고 있다. 고용 상황은 전례 없는 불경기라 매우 어려우며, 특히 50대인 지인이 재취업하는 것은 쉽지 않을 것이라고 걱정하고 있었다.

그런데 요전날 우연히 그 지인과 재회하여 말을 걸자, 예상과 달리 **의외의** 대답이 돌아왔다. "실업하고 2개월 만에 대형 마트 파트타임 점원으로 일하기 시작했어. 게다가 새벽 2시에 일어나서 아내와 함께 우유 배달도 하고 있어"라고 말하는 것이다. 이전의 경력을 생각하면 확실히 결코 **혜택받은 조건(좋은 조건)이라고는 할 수 없을** 것이다. 하지만 그는 어딘가 즐거운 듯이 이렇게 덧붙였다. "일자리를 얻은 것만으로도 행운이라고 생각해"라고.

그 이야기를 듣고 나는 그의 모습에 놀람과 동시에 뭐라 말할 수 없는 감동을 느꼈다. 그는 어려운 상황 속에서도 긍정적으로 살아가는 힘을 가지고 있다. 그것이 무엇보다도 강력하게 전해져 왔다. 과거의 직종이나 대우**에 구애받지 않고**, 어떤 일이든 그 안에서 의미나 보람을 찾아내어 긍정적으로 노력할 수 있다는 것을 그의 모습을 통해 배울 수 있었다.

물론 정부는 올해 추가경정예산에서 중장년의 재취업 지원 등 고용 대책에 5,000억 엔을 포함하는 방침을 굳혔다. 이러한 정책적인 지원도 분명 중요하지만, 최종적으로는 재취업을 완수하기 위해 가장 중요한 것은 '본인의 자각'이 아닐까 나는 생각한다. **아무리** 지원이 있었다고 해도, 최종적으로 그 사람 자신이 '일하는 것'에 대한 의욕을 계속 갖고 긍정적으로 임하는 자세를 갖지 않으면 재취업은 어려울 것이다.

그처럼 어떤 직업이라도 자신 안에서 의의를 찾아내고, 즐거움을 느끼며 일할 수 있는 것이야말로 무엇보다 중요하다고 강하게 느꼈다. 실업이라는 큰 어려움에 직면하면서도 새로운 방식의 일자리를 찾아 생기 넘치는 모습으로 나름대로 즐기며 일하는 그의 모습이, 그 진실을 몸소 가르쳐 주었다.

41   **1 의외의**   2 숨 막히는
     3 비관적인   4 기대한 대로의

42   1 나쁜 일만은 아닐
     2 혜택받은 조건(좋은 조건)이라고는 할 수 없을
     3 무리한 직종은 아닐
     4 마음에 들지 않는다고도 할 수 없을

43   1 ~부터가   2 ~은커녕
     3 ~을 시작으로   **4 ~에 구애받지 않고**

44   1 그토록   2 이와 같이
     3 아무리   4 어째서

해설 **41** 필자는 50대의 지인이 재취업하기 어려울 것이라며 비관적인 상황을 걱정했지만, 지인은 이미 두 가지 일을 하며 즐겁게 지내고 있었으므로 예상 밖의 상황을 뜻하는 **1 意外な**가 정답이다.

     42 이전의 화려한 경력(대기업 근무)과 비교했을 때, 현재의 파트타임이나 우유 배달은 객관적으로 대우가 낮아진 상태이

므로 **2 恵まれた条件とは言えない**가 문맥상 적절하다.

43 과거의 조건(직종, 대우)에 얽매이지 않고 현재의 일에서 보람을 찾는다는 내용이 이어지므로 '~에 상관없이/구애받지 않고'라는 뜻의 **4 にこだわらず**가 정답이다.

44 뒤에 '~하더라도(支援があったとしても)'라는 가정 표현과 호응하여, 양보의 의미를 강조할 수 있는 부사 **3 どんなに**가 가장 적합하다.

단어 倒産(とうさん) 도산, 파산 | ~余(あま)り ~남짓 | ~に伴(ともな)って ~에 따라 | 職(しょく)を失(うしな)う 직장을 잃다 | リストラ 구조조정 | あふれかえる 넘쳐나다 | 雇用(こよう) 고용 | かつてないほどの 전례 없는, 지금까지 없었던 | 不景気(ふけいき) 불경기 | 再就職(さいしゅうしょく) 재취업 | 容易(ようい) 쉬움 | 偶然(ぐうぜん)に 우연히 | 意外(いがい)な 의외의 | 量販店(りょうはんてん) 양판점, 대형 마트 | 職歴(しょくれき) 직력, 경력 | 恵(めぐ)まれる 혜택을 받다 | ~とは言(い)えない ~라고는 할 수 없다 | 覚(おぼ)える 외우다, 느끼다 | 前向(まえむ)きに 긍정적으로 | 待遇(たいぐう) 대우 | 生(い)きがい 보람 | 見(み)いだす 찾아내다 | 補正(ほせい)予算(よさん) 추가경정예산 | ~において ~에서 | 盛(も)り込(こ)む 담다, 포함하다 | 固(かた)める 굳히다 | 果(は)たす 다하다, 완수하다 | 自覚(じかく) 자각 | 意欲(いよく) 의욕 | 取(と)り組(く)む 임하다, 대처하다 | ~ながら(も) ~하면서도 | 自分(じぶん)なりに 나름대로 | 身(み)をもって 몸소, 직접

문제 8   다음 (1)부터 (4)의 문장을 읽고, 다음 질문에 대한 답으로서 가장 적당한 것을 1·2·3·4에서 하나 고르시오.

(1)

해석 '~하라'는 해리스먼트(Harassment)의 약자로 '괴롭힘·이지메'를 의미한다. '(주1)세쿠하라(성희롱)', '(주2)파와하라(갑질)'는 널리 퍼져 있다. 하지만 최근 '~하라'가 차례차례 생겨나 당혹스럽다. 그중에는 "잠깐만"이라고 말하고 싶어지는 것조차 있다. 예를 들어, 젊은이들이 문자 등의 문장 끝에 '。'가 붙은 문장을 차갑다고 느끼며 '마루하라'라고 말하기 시작한 것이다. 이것에는 많은 중장년층이 당황했다. 본래 문법대로의 **정중한 표현이 왜 '괴롭힘'이 되는 것일까.** 이처럼 **무엇이든 해리스먼트라고 단정 짓는 풍조에는 의문을 품지 않을 수 없다.** 몇 년 후에는 이러한 지나친 호칭들이 수정되어 있기를 바랄 뿐이다.

(주1) セクハラ: 섹슈얼 해리스먼트. 성적인 괴롭힘이나 이지메
(주2) パワハラ: 파워 해리스먼트. 권력이 있는 사람이 하는 괴롭힘이나 이지메

45   **필자는 어떤 마음으로 "잠깐만"이라고 말하고 있는가?**
     1 해리스먼트가 너무 많다고 우려하는 마음
     2 해리스먼트인지 아닌지 의문이라는 마음
     3 해리스먼트의 인정에는 시간이 걸린다는 마음
     4 해리스먼트는 저지해야만 한다는 마음

해설 본문에서 "정중한 표현(마침표)이 왜 괴롭힘이 되는가?"라며 반문하고 있다. 즉, 사회가 규정하는 새로운 '해리스먼트'들이 실제로 괴롭힘의 범주에 들어가는지에 대해 강한 의구심을 나타내고 있다 따라서 2번이 정답이다. 1번, 단순히 종류가 많아지는 것 자체가 문제가 아니라, 그 내용의 타당성을 묻는 것이다. 3번, 해리스먼트로 인정받는 절차나 시간에 대한 내용은 지문에 언급되지 않았다. 4번, '마루하라'가 저지해야 할 악행이라고 생각하기보다 용어 사용의 타당성을 따지고 있다.

단어 略(りゃく) 약칭 | 嫌(いや)がらせ 괴롭힘 | 浸透(しんとう)する 침투하다, 널리 퍼지다 | 困惑(こんわく)する 곤혹스러워하다 | ~さえ ~조차 | 丁寧(ていねい)な 정중한 | 決(き)めつける 단정 짓다 | 風潮(ふうちょう) 풍조, 경향 | 疑問(ぎもん)を抱(いだ)く 의문을 품다 | 過剰(かじょう)な 과잉의, 지나친 | 修正(しゅうせい) 수정 | ~ばかりだ ~할 뿐이다

해석　학생이 취업 면접에서 자기소개할 때의 유의사항입니다. 우선, 자신의 능력을 인상 깊게 심어주는 것입니다. 예를 들어 영어 실력, 커뮤니케이션 능력의 우수함 등인데, **그 능력을 사용한 구체적인 에피소드에 대해 말하는 것이 중요합니다. 그리고 입사 후, 자신의 능력을 발휘하여 어떤 공헌을 할 수 있는지 전달합니다.** 내용을 원활하게 전달하기 위해 글로 써서 검토하는 것이 좋습니다. 충분히 준비해 두면 당일 차분하게 면접에 임할 수 있을 것입니다.

46 필자가 전달하는 것이 좋다고 생각하는 것은 어느 것인가?

1　고학력이라 어떤 문제든 빠르게 대처할 수 있다는 것
2　TOEFL이 만점이라 해외 영업도 실수 없이 해낼 수 있다는 것
3　인도에서 봉사활동을 했기에 현지 조사 등에 공헌할 수 있다는 것
4　사람을 차별하지 않고 누구와도 사이좋게 지내므로 해외에서도 현지인과 협력할 수 있다는 것

해설　'구체적인 에피소드'와 '입사 후 기여 방안'을 연결하여 말하라는 지침에 가장 적합한 답변은 3번이다. 1번, 학력은 구체적 경험(에피소드)으로 보기 어렵다. 2번, 점수(능력)는 있으나 구체적인 과거 사례가 제시되지 않았다. 4번, 인성 묘사일 뿐, 본문이 강조한 '능력 발휘를 통한 공헌'의 구체성이 떨어진다.

단어　留意(りゅうい)事項(じこう) 유의사항 | 印象付(いんしょうづ)ける 인상을 심어주다 | 発揮(はっき) 발휘 | 貢献(こうけん) 공헌 | 文章(ぶんしょう)に起(お)こす 글로 쓰다 | 検討(けんとう) 검토 | 臨(のぞ)む 임하다 | そつなく 실수 없이, 매끄럽게 | 差別(さべつ) 차별 | 仲良(なかよ)く 사이 좋게 | 現地(げんち) 현지

해석　왼쪽에서 오른쪽으로 □와 △와 ○ 모양이 그려져 있는 작품이 있다. 에도 시대(1603년~1867년)에 센가이라는 승려가 붓으로 그린 것이다. 이런 건 누구라도 그릴 수 있다고 생각할지도 모른다. 하지만 아무도 그리려 하지 않았다. 또한, □△○는 디자인이므로 이것은 그림이다, 혹은 □△○는 글자라고 단정 지어 말할 수도 없다. 센가이는 사각은 수행 전, 삼각은 수행 도중, 원은 수행을 완성시킨 자신이라는 문장을 남겼기에, 불교의 깨달음에 이르는 3단계를 나타낼 가능성이 높다. 나는 에도 시대에는 글자를 오른쪽에서 왼쪽으로 썼기에, 글자라면 순서가 반대가 되므로 그림이라고 생각한다. 하지만 **이것이 무엇을 나타내는지는 아무래도 좋은 일이다. 보고 무언가를 생각하거나 느끼는 것만으로 충분하다.**

47 필자는 이 작품이 어떤 작품이라고 말하고 있는가?

1　□△○에 대해 여러 설이 있다고 전해지는 작품
2　아무런 의미도 없는 □△○가 그려진 작품
3　불교에서 깨달았을 때의 상황을 □△○로 나타낸 작품
4　□△○로 무언가를 느끼게 하기 위해 그려진 작품

해설　필자는 다양한 해석들을 나열하지만, 최종적으로는 관객이 작품을 보고 직접 무언가를 느끼는 행위 자체가 가장 중요하다고 결론짓는다. 따라서 정답은 4번이다. 1, 3번은 본문에 언급된 내용이긴 하나, 필자가 생각하는 작품의 궁극적인 가치는 아니다. 2번, 의미가 없다고 단정하지 않았으며, 오히려 보고 느끼는 가치가 충분하다고 말한다.

단어　お坊(ぼう)さん 스님 | 修行(しゅぎょう) 수행 | ～に至(いた)る ～에 이르다 | 示(しめ)す 나타내다 | 順番(じゅんばん) 순서 | 諸説(しょせつ) 여러 가지 설

해석　'이키가이(삶의 보람)'라는 말이 일본어에만 있다는 말을 듣고 놀랐다. **언어는 관심이 있는 곳에 생겨나기에, 그것은 일본인이 삶의 의미를 끊임없이 생각하며 살아왔음을 나타내는 것**이리라. 삶의 보람은 결코 거창한 것만은 아니다. 사람들은 삶의 보람을 '아이의 성장, 친구를 만나는 것, 농사일을 할 수 있는 것' 등 다양한 일상생활 속에서도 찾아내고 있다. 이 말이 세계로 퍼진 것은 스페인 작가가 「IKIGAI」라는 책을 출판했기 때문이다. 사람은 무엇을 하고 있을 때 삶의 의미를 느끼는가. 지금 전 세계에서 고통스러운 생활을 하며 인생에 고민하는 사람이 늘고 있다. 누구나 삶의 보람을 가질 수 있는 세상이 되기를 간절히 바란다.

필자가 '이키가이'라는 말이 일본어에만 있다는 말을 듣고 놀란 이유는 무엇인가?

1 스페인 작가가 그 말을 먼저 사용했다고 생각했기 때문에

2 일본인이 일상생활에 관심을 갖고 있지 않다고 생각했기 때문에

3 일본인이 삶의 의미를 항상 계속해서 생각해 온 것이 언어에 나타나 있다고 느꼈기 때문에

4 전 세계 사람들이 '이키가이'라는 말을 이미 알고 있을 것이라 생각했기 때문에

해설 이키가이'라는 단어가 일본어에만 있다는 것은, 그만큼 일본인들이 아주 오래전부터 '어떻게 사는 것이 의미 있는가'를 간절히 고민해 왔다는 증거가 되므로, 3번이 정답이다. 1번, 스페인 작가는 나중에 이 단어를 세계에 알린 사람일 뿐이다. 2번, 본문은 일본인이 일상(농사, 친구 등)에 관심이 아주 많다고 말한다. 4번, 일본어에만 있다는 사실에 놀란 것이므로, 전 세계가 다 알고 있었다고 생각한 게 아니다.

단어 生(い)き甲斐(がい) 삶의 보람 | 絶(た)えず 끊임없이 | 大(おお)げさ 거창함, 과장됨 | 見出(みいだ)す 찾아내다, 발견하다 | 出版(しゅっぱん) 출판 | 切(せつ)に 간절히

문제 9 다음 (1)부터 (4)의 문장을 읽고, 다음 질문에 대한 답으로서 가장 적당한 것을 1·2·3·4에서 하나 고르시오.

(1)

해석 　빵을 주식으로 하는 외국인이 일본에 와서 많은 빵 종류에 놀란다고 한다. 주식과 주식의 조합이 희한한 소바빵이나 카레빵, 그 외의 반찬빵(조리빵)도, '(주)단팥빵' 같은 간식용 빵, 그 어느 것이든 그 발상이 훌륭하다고 말한다. 그래서 일본에만 있는 빵도 여러 종류가 있다. 그래서 일본은 '빵 왕국'이라 불릴 정도가 되었다고 생각한다. **샌드위치는 편의점의 계란 샌드위치조차 저렴하고 매우 맛있다며 외국인에게 인기가 있다.** 또한, 최근 아침 식사로 밥보다 빵을 먹는 사람이 많아지고도 있다.

　이렇게 인기가 많은 빵이지만 국민 생활에 침투하기에는 상당한 세월을 필요로 했다. 처음에 빵이 전해진 것은 1543년으로 다네가시마에 흘러 들어온 포르투갈인으로부터라고 한다. 그 후 기독교 선교사가 일본에 오자 일본에서도 빵을 굽게 되었으나 보급되지는 않았다. **에도 시대(1603년~1867년)에는 빵이 보존성과 휴대성이 뛰어나 병사의 식량으로 사용되었으나, 일반인에게는 먼 존재였다.** 메이지 시대(1868년~1912년)가 되자 서양 요리와 함께 나오게 되었으나, 그래도 좀처럼 확산되지 않았다. 빵의 보급에는 '단팥빵'의 등장을 기다려야만 했던 것이다. **'단팥빵'은 화과자의 이미지에서 '팥소'를 떡이 아닌 빵으로 감싼다는 발상에서 태어났다. 주식이라기보다 화과자를 대신하는 과자로서 받아들여진 것이다.** 그 후 빵 안에는 크림이나 잼, 다양한 속재료를 넣게 되었고, **마침내 카레까지 넣게 되어 이것이 빵의 보급에 크게 공헌했다.** '단팥빵' 없이는 일본의 다채로운 빵은 태어나지 않았을 것이고 보급되지도 않았음에 틀림없다.

(주)あん: 팥 등의 콩을 삶아 설탕으로 달게 맛을 낸 걸쭉한 상태의 음식

---

49 **필자는 왜 빵의 보급에 '단팥빵'이 공헌했다고 말하고 있는가?**

1 화과자 느낌의 간식으로 받아들여졌기 때문에

2 높은 보존성과 휴대성이 일반에게 퍼졌기 때문에

3 서양 요리의 주식으로써 정착했기 때문에

4 처음부터 카레 등 다양한 속재료를 넣었기 때문에

50 **본문의 내용과 일치하는 것은 어느 것인가?**

1 에도 시대의 빵은 병사의 식량으로 쓰였으며, 서민들 사이에도 널리 보급되었다.

2 외국인들은 편의점 계란 샌드위치에 대해 비싸지만 맛은 훌륭하다고 평가하고 있다.

3 일본이 '빵 왕국'이 된 결정적인 계기는 메이지 시대의 서양 요리이다.

4 단팥빵은 떡 대신 빵으로 팥소를 감싼다는 화과자적 발상에서 탄생했다.

해설 〈49〉 본문에서 단팥빵은 주식이라기보다 '화과자를 대신하는 과자'로서 받아들여졌고, 이것이 계기가 되어 이후 다양한 속재료를 넣은 빵들이 탄생하며 보급에 크게 기여했다고 설명하고 있다. 2번, 보존성과 휴대성이 강조된 것은 에도 시대의 병사 식량으로서의 특징이며, 일반 보급의 직접적인 원인은 아니다. 3번, 메이지 시대에 서양 요리와 함께 나왔을 때는 좀처럼 확산되지 않았다고 명시되어 있다. 4번, 처음부터 카레 등을 넣은 것이 아니라, 단팥빵 이후에 크림, 잼, 카레 순으로 속재료가 다양해진 것이다.

〈50〉 본문 하단에 단팥빵은 떡 대신 빵으로 '안(속)'을 감싼다는 화과자의 발상에서 태어났다는 내용이 그대로 기술되어 있다. 1번, 에도 시대에 병사 식량으로 쓰이긴 했으나, 일반인(서민)에게는 여전히 거리가 먼 존재였다. 2번, 편의점 계란 샌드위치는 비싼 것이 아니라 싸고 맛있는 것으로 인기가 있다. 3번, 메이지 시대의 서양 요리는 보급에 큰 역할을 하지 못했으며, 결정적인 계기는 단팥빵의 등장이다.

단어 常食(じょうしょく) 주식으로 늘 먹음 | 組(く)み合(あ)わせ 조합 | 発想(はっそう) 발상 | 種々(しゅじゅ) 여러 가지, 다양함 | 浸透(しんとう)する 침투하다, 널리 퍼지다 | 年月(ねんげつ) 세월 | ～を要(よう)する ～을 필요로 하다 | 流(なが)れ着(つ)く (표류하다가) 어느 곳에 닿다 | 宣教師(せんきょうし) 선교사 | 普及(ふきゅう)する 보급되다 | 保存性(ほぞんせい) 보존성 | 携帯性(けいたいせい) 휴대성 | 優(すぐ)れる 뛰어나다, 우수하다 | 兵(へい) 병사 | 食料(しょくりょう) 식량 | 包(つつ)む 감싸다 | ～に代(か)わる ～을 대신하다 | お菓子(かし) 과자, 간식 | 具(ぐ) 속재료, 건더기 | 大(おお)いに 대단히, 크게 | 貢献(こうけん) 공헌 | ～なくしては ～없이는 | 多彩(たさい)な 다채로운 | 定着(ていちゃく) 정착 | 庶民(しょみん) 서민 | 評価(ひょうか) 평가

(2)

해석   최근 한국 노래나 영화의 국제적인 약진을 보고, 일본 문화 산업의 뒤처짐을 통감하며 장래를 걱정하게 되었다. 한국은 '쿨 코리아' 정책에 의해 국가가 문화 산업을 적극적으로 지원하여, 해외에서의 한국 브랜드 확립에 성공하고 있다. 반대로 일본 정부의 지원이 한국에 비해 부족한 것이 아쉽다. 한국이 장기간에 걸쳐 인재 육성에 힘써온 것이 K-POP의 인기나 영화로 아카데미상 등의 국제적인 상을 수상하는 토대가 되었다고 생각한다. 한번 만들어진 브랜드는 강력해서 웬만한 일이 없으면 그 지위를 위협받는 일이 없으니 너무 부럽다.

   한국 아티스트는 독자적인 음악 스타일과 세련된 퍼포먼스를 갖고, 교류 이벤트나 온라인 라이브를 정기적으로 개최함으로써 팬과의 거리를 좁혀 직접적인 커뮤니티를 구축하고 있다. 이 접근(방식)은 특히 젊은이들의 마음을 사로잡는 요소가 되어, SNS나 YouTube를 많이 이용하는 세대에 대한 호소력을 높이고 있다. 또한 한국이 국제적인 경향 파악에 뛰어나고 주도면밀한 준비를 하여 해외 진출을 완수하고 있는 것도 중요한 요소라고 생각한다. BTS나 BLACKPINK 등의 성공은 이러한 전략의 결과다.

   한편, 일본의 '쿨 재팬'은 한국에 비해 뒤떨어지는 점이 많고, 특히 SNS나 디지털 마케팅을 활용한 전략의 결여는 치명적인 문제가 아닐까 생각한다. 일본에도 좋은 콘텐츠가 있어 인기를 얻고 있는 분야도 있으니, 앞으로는 한국을 본받아 보다 효과적인 전략을 도입하여 한국을 추월한다는 마음으로 많은 일본 문화를 넓혀 가 주었으면 한다.

51 필자는 왜 일본 문화 산업의 뒤처짐을 느꼈는가?

1 일본보다 한국의 문화 지원이 강력하기 때문에

2 일본 문화의 해외 진출이 전면적으로 늦기 때문에

3 한국 문화의 해외에서의 성공을 알았기 때문에

4 해외에 어필할 수 있는 일본 문화가 적기 때문에

52 필자는 한국 아티스트가 젊은이들에게 지지받는 가장 큰 이유가 무엇이라고 말하는가?

1 고도의 퍼포먼스를 선보일 수 있기 때문에

2 소셜 미디어를 활동의 중심으로 삼고 있기 때문에

3 배타적인 독자적 커뮤니티를 구축하고 있기 때문에

4 팬과 개인적으로 직접 만나는 것을 중시하고 있기 때문에

해설 〈51〉 지문 첫 문장에서 "한국 노래나 영화의 국제적인 약진을 보고" 일본의 뒤처짐을 통감하게 되었다고 명시하고 있다. 1번은 분석 내용이지 '느끼게 된 계기'가 아니다. 2, 4번은 필자가 내린 결론이나 진단일 뿐 최초의 계기는 한국의 성공을 목격한 것이다.

   〈52〉 두 번째 단락에서 SNS와 YouTube를 이용하는 세대에 대한 호소력을 언급하며, 온라인 라이브 등을 통해 직접적인 커뮤니티를 구축하는 전략을 핵심 요소로 꼽았다. 따라서 정답은 2번이다. 1번은 요소 중 하나이나 '가장 큰 이유'로 강조된 전략적 측면은 아니다. 3번의 '배타적'은 본문 내용과 상반되며, 4번은 '직접 만남'보다 '온라인/디지털 커뮤니티 구축'이 핵심이다.

단어 躍進(やくしん) 약진, 도약 | 遅(おく)れ 지연, 뒤처짐 | 痛感(つうかん) 통감 | 危(あや)ぶむ 위태로워하다, 걱정하다 | 積極的(せっきょくてき) 적극적 | 確立(かくりつ) 확립 | 翻(ひるがえ)って 반대로, 돌이켜 생각해보면 | 手薄(てうす)な 부족한, 허술한 | 受賞(じゅしょう) 수상 | 土台(どだい) 토대, 기초 | 脅(おびや)かす 위협하다 | 羨(うらや)ましい 부럽다 | ～限(かぎ)りだ ～하기 짝이 없다, 너무 ～하다 | 洗練(せんれん) 세련 | ～ことで ～함으로써, ～하는 것으로 | 距離(きょり) 거리 | 縮(ちぢ)める 줄이다, 단축하다 | 構築(こうちく) 구축 | アプローチ 접근(approach) | 掴(つか)む 잡다, 파악하다 | 訴求力(そきゅうりょく) 소구력(구매 의욕을 일으키는 힘) | 高(たか)める 높이다 | 把握(はあく) 파악 | 周到(しゅうとう)な 주도면밀한 | 果(は)たす 완수하다, 이루다 | 戦略(せんりゃく) 전략 | 見劣(みおと)りする 뒤떨어지다 | 欠如(けつじょ) 결여 | 致命的(ちめいてき)な 치명적인 | 博(はく)する (인기를) 얻다 | 見習(みなら)う 본받다 | 取(と)り入(い)れる 받아들이다, 도입하다 | 追(お)い抜(ぬ)く 앞지르다, 추월하다 | ～てほしいものだ ～해 주었으면 한다(강한 희망) | 強力(きょうりょく) 강력 | 全面的(ぜんめんてき)に 전면적으로 | 披露(ひろう) 피로, 보여줌 | 排他的(はいたてき)な 배타적인 | 重視(じゅうし) 중시

해석 (주1)경시청이라고 하면 누구나 딱딱한 이미지를 가질 것이라 생각한다. 하지만 지금 그 틀을 깨는 트위터가 인기 계정이 되어 있다. 계기는 2011년에 발생한 그 동일본 대지진이다. 당시 유언비어를 포함해 다양한 정보가 난무하고 있었다. **경시청으로서 적절한 정보를 적절한 시기에 전달하려면 어떻게 하면 좋을지 생각했고, 그 결과 재해 시에도 비교적 통신이 끊기기 어려운 SNS를 활용하기로 결정했다.** 실현된 것은 재해가 진정된 2013년으로 재해대책과가 담당했다고 한다. 방재 전문가가 쓴 도움이 되는 지식은 주목을 받아 그 축적된 내용은 서적으로 발매될 정도가 되었다.

처음에는 당연히 재해 시에 관한 것만 쓰고 있었다. 지금은 많은 사람에게 주지되어 있는 생활의 지혜도 많아졌다. 첫 히트작은 '참치캔 램프'였다고 한다. 캔에 구멍을 뚫고, 종이 (주2)코요리(종이 노끈)나 면으로 된 끈 등을 끼워 넣어 불을 붙이면 2시간 정도 유지된다는 내용으로 마지막에 참치캔이 맛있었다고 적혀 있었다고 한다. 그것이 (주3)바즈되어(화제가 되어) 기분이 좋아졌는지, **지금은 그 수비 범위가 꽤 넓어진 듯하다.** 또한 다른 부서에서도 트위터를 하게 되어 딱딱한 경시청과의 갭이 재미있다고 인기를 끌고 있다.

(주1) 警視庁 : 도쿄도를 관할하는 경찰 조직
(주2) こより : 가늘고 긴 종이나 실 등을 꼬아 만든 가는 끈 형태의 것
(주3) バズる : 인터넷이나 SNS상에서 단기간에 폭발적으로 화제가 되는 것

---

53 필자는 경시청이 트위터를 시작한 이유는 무엇이라고 말하는가?

1 **필요한 때에 올바른 정보를 전하고 싶었기 때문에**
2 동일본 대지진 후 유언비어만 퍼졌기 때문에
3 사실이 아닌 정보의 발신을 멈추고 싶었기 때문에
4 동일본 대지진의 정보를 발신해야만 했기 때문에

54 저자가 그 수비 범위가 꽤 넓어졌다고 말한 이유는 무엇인가?

1 **재해 이외의 내용도 쓰게 되었기 때문에**
2 재난 시에도 통신이 끊기지 않게 했기 때문에
3 경시청의 다른 부서도 발신을 시작했기 때문에
4 재해에 관계가 있는 일은 무엇이든 다루었기 때문에

해설 〈53〉 '경시청으로서 적절한 정보를 적절한 시기에 전달하려면 어떻게 하면 좋을지 생각하여' SNS 활용을 결정했다고 언급되어 있다. 즉, 필요할 때 정확한 정보를 전달하는 것이 목적이다. 2번, 유언비어가 퍼진 것은 배경 상황일 뿐, 트위터를 시작한 근본적인 목적은 '정보 전달 방식'에 대한 고민이었다. 3번, 잘못된 정보의 발신을 '차단하거나 멈추게 하는 것'이 아니라, 경시청 차원의 '적절한 정보 전달'에 초점이 맞춰져 있다. 4번, 정보를 발신했어야 했다는 후회가 아니라, 향후 재난 시 유용한 소통 수단을 확보하기 위한 결정이었다.

〈54〉 지문의 핵심은 '재해 대책'이라는 한정된 주제에서 '생활의 지혜' 등으로 주제가 확장된 것을 '수비 범위가 넓어졌다'고 표현한 것이다. 2번, 트위터라는 수단을 선택한 기술적 이유이다. 3번, 타 부서의 참여는 범위가 넓어진 뒤에 나타난 추가적인 현상일 뿐이다. 4번, 재해에만 국한된 것이 아니라 '재해 이외'의 것을 다루기 시작한 것이 포인트이다.

단어 お堅(かた)い 딱딱한 | 殻(から)を破(やぶ)る 껍질을 깨다, 틀을 깨다 | アカウント 계정(Account) | 大震災(だいしんさい) 대지진 | デマ 유언비어 | 飛(と)び交(か)う 난무하다, 여기저기서 날아오다 | ～には ～하려면 | 途切(とぎ)れる 끊어지다 | 災害(さいがい) 재해 | 落(お)ち着(つ)く 진정되다, 가라앉다 | 防災(ぼうさい) 방재 | 集積(しゅうせき) 집적, 축적 | 周知(しゅうち) 주지, 널리 알려짐 | 差(さ)し込(こ)む 끼워 넣다 | 火(ひ)をつける 불을 붙이다 | もつ 가지다, 유지하다 | 気(き)をよくする 기분이 좋아지다 | 守備(しゅび)範囲(はんい) 수비 범위 | ギャップ 갭, 격차 | 取(と)り上(あ)げる 다루다, 거론하다

해석 금은 옛날부터 사람들을 매료시켜 왔다. 연금술은 금을 만들어내는 학문인 것은 아니지만, 중세부터 많은 사람들이 금을 만들려고 실험을 반복해 왔다. 그리고 현재 그것은 과학적으로는 가능해졌다. 하지만 금 1g을 만드는 데 수십억 엔~수백억 엔이 든다고 하니 역시 꿈같은 이야기다.

금은 2025년에는 (주1)1트로이온스당 약 3,440~3,480달러에 거래되고 있으며 앞으로도 내려갈 전망은 없다. 갑자기 생산량이 늘어날 일이 없기 때문이다. 일본의 히시카리 광산은 (주2)고품위 광산이라고 불리지만, 그래도 1톤에서 10~30g밖에 얻지 못한다. 광산에서가 아니라 (주3)도시 광산에서 금을 얻는 방법도 있다. 도쿄 올림픽의 메달은 금메달도 포함해 모두 도시 광산의 금속을 사용했다고 하니 꽤 유망한 광산이다. **하지만 회수, 분해, 분리, 제련 등의 비용을 생각하면 일반 광산의 두 배 정도의 가격이 되어 버리므로, 폐기물을 자원화하는 환경 문제의 해결책으로서의 역할을 갖게 하는 것이 좋다.**

최근 **남조류**라는 조류로 만든 시트를 액체 속에 넣어 금을 흡착시켜 회수한다는 **신기술**이 개발되었다. (주4)심해 열수 분출공이나 온천 등 금이 녹아 있는 액체에 이것을 설치해 회수한다. **기존 채굴에 비해 환경에 악영향이 적고 저비용으로 금을 회수할 수 있다.** 상업적 기반에 올라(사업적으로 성공해서) 세상이 뒤집히는 것을 보고 싶다.

(주1) 1トロイオンス: 약 31.1035그램
(주2) 高品位鉱山: 광석 속에 포함된 금(및 기타 광물)의 농도가 높은 광산
(주3) 都市鉱山: 도시에 있는 폐가전이나 전자 기기 등에서 회수할 수 있는 금속 자원을 말함
(주4) 深海熱水噴出孔: 깊은 바다 저점에서 고온의 열수가 뿜어져 나오는 곳

55 필자는 도시 광산에서 금을 얻는 방법에 대해 어떻게 생각하고 있는가?

1 앞으로는 환경 문제 중시 측면에서 도시 광산이 주류가 될 것이라고 생각한다.

2 일반 광산보다 싸게 금을 얻을 수 있으므로 경제적으로 최적이라고 생각한다.

3 올림픽 메달 제작 이용 방법으로서만 가치가 있다고 생각한다.

4 환경 문제 해결 면에서 도움이 되지만, 비용 면에서는 결점이 있다고 생각한다.

56 필자는 남조류를 이용한 금 회수 기술에 대해 어떻게 생각하고 있는가?

1 비용은 싸지만 그다지 기대할 수 없는 연구라고 생각한다.

2 사업으로서 성립된다면 세상을 바꿀 가능성이 있다고 기대하고 있다.

3 좋은 점뿐이고 단점이 없어서 도움이 될 것이라고 생각한다.

4 환경에 나쁘기 때문에 실용화에 시간이 걸려 어려울 것이라고 생각한다.

해설 〈55〉 본문에서 '일반 광산의 두 배 정도의 가격'이 든다고 비용 문제를 지적하면서도, '환경 문제의 해결책으로서의 역할'을 강조하고 있다. 1번은 '주류가 될 것'이라는 구체적인 전망은 없으며, 2번은 본문의 '두 배 정도의 가격'과 정반대의 내용이다. 3번은 올림픽 메달을 예시로 들었을 뿐 그것만이 유일한 가치라고 하지는 않았다.

〈56〉 마지막 단락에서 남조류 시트를 활용한 기술은 저비용으로 금을 회수할 수 있다고 설명한다. 필자는 이 기술이 '상업적 기반에 올라(사업적으로 성공하여)' 세상을 뒤집어 놓는 모습을 보고 싶다며 큰 기대감을 드러내고 있다. 1번, 필자는 '세상이 뒤집히는 것을 보고 싶다"고 할 만큼 매우 기대하고 있다. 3번, 장점을 강조하고는 있으나, '단점이 전혀 없다'는 단정적인 표현은 지문에 나오지 않는다. 4번, 지문에서 이 기술은 기존 채굴에 비해 환경에 나쁜 영향이 적다고 명시하고 있다.

단어 魅了(みりょう) 매료 | 作(つく)り出(だ)す 만들어 내다 | ～わけではない ～인 것은 아니다〈부분 부정〉| 繰(く)り返(かえ)す 반복하다 | 取引(とりひき) 거래 | 下(さ)がる 내려가다, 떨어지다 | 見込(みこ)み 전망, 예상 | 鉱山(こうざん) 광산 | 有望(ゆうぼう)な 유망한 | 精錬(せいれん) 제련 | 廃棄物(はいきぶつ) 폐기물 | 資源化(しげんか) 자원화 | 役割(やくわり) 역할 | 吸着(きゅうちゃく) 흡착 | 溶(と)け込(こ)む 녹아들다, 동화되다 | 採掘(さいくつ) 채굴 | 商業(しょうぎょう)ベースに乗(の)る 상업적 기반에 오르다, 사업적으로 성공하다 | ひっくり返(かえ)る 뒤집히다 | 最適(さいてき) 최적 | 難点(なんてん) 난점, 결점 | 成(な)り立(た)つ 성립하다, 이루어지다 | ～ずくめ ～투성이, 온통 ～뿐임

문제 10 다음 문장을 읽고, 뒤의 질문에 대한 답으로 가장 좋은 것을 1·2·3·4에서 하나 고르십시오.

해석   진시황은 불로불사의 약을 구했다고 하는데, 사람이 나이 들고 싶지 않은, 오래 살고 싶다는 소망을 품는 것은 자연스럽다. 젊음을 유지하기 위해 성형수술을 받는 사람도 있지만, 외모는 바꿀 수 있어도 노화를 멈출 수는 없다. 부유층은 스위스의 시설에서 약 300만 엔으로 젊어지려 노력하고 있지만, 그럼에도 효과는 1년 반에서 2년 정도로 한정적이다.

노화의 원흉이라 불리는 '당화(糖化)'는 **체내의 단백질과 여분의 당이 결합하여 AGE**(최종당화산물)라고 불리는 물질이 생성되면서 일어난다. **AGE는 피부나 혈관, 내장에 악영향을 미치며, 갈색이기 때문에 '몸의 그을음'이라고도 불리며 노화를 촉진한다.** 최근 당화와 수명의 깊은 관계가 밝혀지면서, 당화가 진행된 사람은 그렇지 않은 사람과 비교하면 당뇨병이나 심장병에 걸릴 위험이 3배, 사망 위험이 5배나 증가한다는 사실을 알게 되었다. **몸에 나쁜 콜레스테롤이나 혈압과는 관계없이** 당화도가 높은 것만으로 5배 뛰어오른다고 하며, 당화가 질병이나 노화의 위험성을 가장 정확하게 예측할 수 있는 이유가 되고 있다.

건강에 신경을 쓰고 있는 사람이라도 당화도가 낮다고 할 수는 없으며, 조사한 결과는 개인차가 컸다고 한다. 보기에도 젊은 20대인 사람이 80대라는 결과에 충격을 받는 한편으로, 완전히 노인처럼 보이는 70대가 50대라는 결과에 기뻐하는 일도 있다. **그러니 자신은 건강하다고 과신하지 말고, 당화 연령을 파악하여 당화 연령이 수명과 밀접하게 관계되어 있음을 인식하기 바란다.**

AGE는 혈관을 손상시키고 **피부의 탄력성을 떨어뜨려 주름, 처짐을 유발할 뿐만 아니라**, 쌓인 장소에 따라 뇌경색, 심혈관 질환, 동맥 경화, 간장병, 신장병, 당뇨병, 암, 골다공증, 치매 등 온갖 질병의 원인이 된다. 자신의 당화도는 알기 어렵지만, **흰자위에 생기는 검열반이라는 황백색의 AGE 덩어리는 자신의 당화도를 나타내는 바로미터이므로**, 신경 쓰이는 사람은 거울을 보는 게 어떨까.

또한 단것을 좋아하거나 운동 부족, 수면 부족, 아침을 거르는 사람은 AGE 수치가 높아지기 쉬운데, 이 외에도 담배, 음주, 빨리 먹기, 식후 졸음, 저녁 무렵의 권태감, 탄 부분이 많은 식품이나 가공식품을 많이 섭취하는 것 등 10개 항목을 포함한 당화도 체크에서 3~4개 해당되는 사람은 당화 위험에 주의, 5개 이상이면 요주의라고 한다. 또한 건강한 생활을 하고 있어도 식후에 몸을 움직이지 않으면 고혈당이 된다. 고혈당이 지속되면 당화가 진행되어 버리므로 요주의. **식후 30분 후는 특히 혈당치가 올라가기 쉬운 시간이지만, 2분 정도의 운동으로도 혈당치를 낮출 수 있다는 연구도 있다.** 한 연구자는 그것을 방지하기 위해 계단을 한 칸씩 건너뛰며 올라가고, 내려올 때는 총총걸음으로 한 칸씩 내려올 것을 권장하고 있다. 또한 끊임없이 자주 움직이거나 서 있는 것만으로도 효과가 있다고 한다. '앉아 있는 시간이 길면 수명이 줄어든다'라고 하는 이유다. **한 번 그을린(당화된) 몸을 갑자기 원래대로 돌리기는 어려우므로,** 건강하고 싶다면 앞으로 AGE를 늘리지 않는 생활을 할 수밖에 없다. 건강 유지를 위해 할 수 있는 것부터 시작해 보지 않겠는가.

57 「AGE」라는 물질에 대해 본문의 내용과 일치하는 것은 무엇인가?

1 체내 단백질이 부족하면 생성되기 쉬워지는 물질이다.
2 **피부나 내장에 악영향을 줄 뿐만 아니라, 외모에도 변화를 가져온다.**
3 혈압이 높은 사람일수록 생성되기 쉬우며, 사망 위험을 5배 높인다.
4 흰자위의 AGE 덩어리는 건강 상태와 상관없이 누구에게나 나타나는 것이다.

58 필자는 당화도를 높이지 않기 위해 어떻게 하는 것이 좋다고 말하는가?

1 무언가를 먹은 직후에 운동한다.
2 당질을 절대 섭취하지 않도록 한다.
3 10개 항목 모두에 주의하며 생활을 한다.
4 **혈당치가 올라가기 쉬운 때에 운동한다.**

59 필자는 무엇을 바라고 있는가?

1 생활 습관을 재점검하고, 체내에 축적된 AGE를 제거하는 노력을 하는 것
2 당화 연령의 측정 결과로부터, 자신의 정확한 남은 수명을 파악하는 것
3 **건강하다고 과신하지 말고, 당화 연령이 수명과 밀접하게 관계되어 있음을 인식하는 것**
4 외모의 노화와 당화 연령의 차이를 없애고, 실제 연령에 걸맞은 건강 상태를 유지하는 것

해설 〈57〉 본문에서 AGE는 피부 탄력을 떨어뜨려 주름과 처짐을 유발하고, 갈색 물질이라서 '몸의 그을음'이라 불린다고 설명한다. 따라서 내장뿐만 아니라 외모에도 변화를 가져온다는 2번이 정답이다. 1번, 단백질 부족이 원인이 아니라, 단백질과 '여분의 당'이 결합할 때 생성된다. 3번, 혈압이나 콜레스테롤 수치와는 관계없이 당화도만으로 사망 위험이 높아진다고 서술한다. 4번, 흰자위의 검열반은 당화도를 측정하는 지표이므로 개인의 건강 상태에 따라 다르게 나타난다.

〈58〉 '식후 30분 후는 특히 혈당치가 올라가기 쉬운 시간'이라며 이때 2분 정도의 짧은 운동이라도 할 것을 권장하고 있다. 즉, 혈당이 오르는 타이밍에 맞춰 움직이라는 4번이 가장 적절하다. 1번, '직후'가 아니라 혈당이 오르는 '30분 후'가 포인트다. 2번, 당질을 '절대로' 섭취하지 말라는 극단적인 내용은 지문에 포함되지 않았다. 3번, 10가지 체크 항목은 자신의 위험도를 파악하기 위한 수단일 뿐, 필자가 제시한 구체적인 해결 방안은 아니다.

〈59〉 지문 중반의 '자신은 건강하다고 과신하지 말고~당화 연령이 수명과 밀접하게 관계되어 있음을 인식하길 바란다'라는 문장이 필자의 핵심 의도와 일치한다. 1번, 본문 하단에서 이미 그을린 몸을 원래대로 되돌리기는 어렵다고 못 박았으므로, '제거'를 위해 노력하라는 말은 지문과 어긋난다. 2번, 수명과 관계가 깊다고 표현했을 뿐, 정확한 남은 수명을 파악할 수 있다는 뜻은 아니다. 4번, 외모와 당화 연령의 괴리가 클 수 있다는 사례를 통해 주의를 준 것이지, 그 차이를 없애는 것이 필자의 최종 목적은 아니다.

단어 不老不死(ふろうふし) 불로불사 | 年(とし)を取(と)る 나이를 먹다 | 長生(ながい)き 오래 삶, 장수 | 願望(がんぼう) 소망 | 抱(いだ)く 품다 | 見(み)た目(め) 겉모습, 외관 | 老化(ろうか) 노화 | 富裕層(ふゆうそう) 부유층 | 若返(わかがえ)り 다시 젊어짐, 회춘 | 図(はか)る 꾀하다, 도모하다 | 元凶(げんきょう) 원흉 | 結(むす)びつく 결합하다 | 生成(せいせい) 생성 | 焦(こ)げ 그을음 | 促進(そくしん) 촉진 | 明(あき)らかになる 밝혀지다 | 糖尿病(とうにょうびょう) 당뇨병 | 跳(は)ね上(あ)がる 뛰어오르다 | ~とは限(かぎ)らず ~라고는 할 수 없고 | 見(み)るからに 보기에 | 年寄(としよ)りじみる 노인 티가 나다 | 過信(かしん) 과신 | 密(みっせつ)に 밀접하게 | 皮膚(ひふ) 피부 | 弾力性(だんりょくせい) 탄력성 | 溜(た)まる 쌓이다 | 骨粗(こつそ)しょう症(しょう) 골다공증 | 認知症(にんちしょう) 치매 | 塊(かたまり) 덩어리 | 睡眠(すいみん) 수면 | ~がちだ ~하기 쉽다 | 早食(はやぐ)い 빨리 먹기 | 倦怠感(けんたいかん) 권태감 | 摂取(せっしゅ) 섭취 | 当(あ)てはまる 해당하다 | ちょこちょこと 끊임없이 자주 | ちょくちょく 가끔, 종종 | ~だけでも ~만으로도 | 縮(ちぢ)む 줄어들다 | ゆえん 이유, 유래 | 焦(こ)げ付(つ)く 눌어붙다, 그을리다 | 元(もと)に戻(もど)す 원래대로 되돌리다 | ~ほかない ~할 수밖에 없다 | ~ではないか ~하지 않겠는가〈제안/권유〉 | ~に関(かか)わらず ~와 관계없이 | 見直(みなお)す 재검토하다 | 蓄積(ちくせき) 축적 | 取(と)り除(のぞ)く 제거하다 | 測定(そくてい) 측정 | 差(さ)をなくす 차이를 없애다 | 見合(みあ)う 걸맞다

해석

A

최근 일본에서도 아이를 낳는 여성이 감소하여 저출산이 진행되고 있습니다. **이는 장래의 노동력 부족을 의미합니다.** 외국인 노동자를 고용하자는 의견도 있지만, 유럽 등의 이민 상황을 고려하면 (주)그리 간단히 해결될 문제는 아니라고 생각합니다.

정부는 출생률 향상을 내걸고, 자녀에게 들어가는 다양한 비용 지원을 늘리고 있습니다. 하지만 교육비 등의 부담이 커서 좀처럼 아이가 늘지 않습니다. 따라서 **'아이가 있음으로써 혜택을 받을 수 있는'** 상황을 만들 필요가 있다고 생각합니다. 예를 들어 자녀를 둔 가구의 세금을 대폭 감면하면 효과가 절대적이지 않을까요?

또한, 애초에 결혼하는 사람의 감소를 해결하지 않는 한 아이의 증가는 기대하기 어려울 것입니다. 젊은이들의 만남의 장을 만드는 것을 비롯해, 젊은층이 결혼할 수 있을 만큼의 자금 면에서의 지원도 필요하지만, **젊은이가 경제적 기반을 갖출 수 있는 사회의 실현이야말로 중요하다고 생각합니다.**

B

저출산에 따른 장래의 노동력 부족이 일본 경제에 줄 영향이 우려되고 있습니다. 국가도 육아를 지원하는 다양한 대책을 강구하고 있지만, 좀처럼 효과가 나타나지 않고 있습니다.

사실, 경제적인 이유로 결혼을 결심하지 못하는 젊은이들이 늘어나고 있는 것이야말로 저출산의 주요 원인입니다. 이는 하루아침에 해결할 수 없는 문제입니다. **따라서 노동력 부족을 보완하려면 로봇을 활용하거나, 주부와 고령자의 사회 진출을 장려하고, 외국인 노동자를 받아들일 수밖에 없습니다.**

하지만 무리를 해서까지 지금의 경제 성장을 유지하는 것이 우리에게 정말 행복한 일인지는 의문입니다. 세계에는 일본보다 경제 규모가 작아도 많은 국민이 행복을 느끼는 나라도 있습니다. 경제 발전을 추구할 뿐만 아니라, **경제가 확대되지 않더라도 국민이 만족하며 살 수 있는 사회를 구축해야 하지 않을까요?**

(주) 一筋縄ではいかない: 여기서는 간단히 해결할 수 없다.

60 A와 B의 생각이 같은 것은 어느 것인가?

1 경제와 행복도
2 출생률을 높이는 방법
3 노동자 부족의 해결 방법
4 저출산이 원인이 되어 일어나는 일

61 A와 B는 저출산 문제에 대해 어떻게 생각하고 있는가?

1 A는 육아상의 지원 강화로 해결할 수 있다, B는 간단히는 해결할 수 없다고 생각한다.
2 A는 육아를 할 수 있는 사회를 실현한다, B는 저출산 사회에 적응하려고 생각한다.
3 A는 저출산은 방치할 수 없는 해결해야 할 문제다, B는 저출산 사회 쪽이 더 낫다고 생각한다.
4 A는 저출산 저지 대책을 세우자, B는 저출산의 영향을 줄일 방법은 없다고 생각한다.

해설 〈60〉 두 지문 모두 서두에서 저출산으로 인해 '장래의 노동력 부족'이 발생할 것이라는 인과관계를 공통적으로 제시하고 있다. 1번, '행복'에 대한 가치 판단은 B의 지문에서만 강조되는 개별적인 주장이다. 2번, A는 '세금 감면'을 제안하나, B는 출생률을 높이는 방법보다 '현상에 대한 적응'을 말한다. 3번, A는 '출산 장려'를, B는 '로봇·외국인 활용'을 해결책으로 제시하여 서로 방법이 다르다.

〈61〉 A는 세제 혜택 등 정책적 지원을 통해 출산율을 높여야 한다고 주장하며, B는 경제 성장에 집착하기보다 변화된 사회 구조에서 행복을 찾자고 제안한다. 1번, B는 해결이 어렵다고만 한 것이 아니라, 노동력 대체와 가치관 변화라는 대안을 함께 제시했다. 3번, B는 저출산 사회가 더 좋다고 한 것이 아니라, 경제 규모가 작아도 만족할 수 있는 사회를 구축하자고 한 것이다. 4번, B는 저출산의 영향, 즉 노동력 부족을 메울 방법(로봇, 주부 등)을 구체적으로 열거했으므로 '방법이 없다'는 설명은 틀린 내용이다.

단어 減少(げんしょう) 감소 | 少子化(しょうしか) 저출산 | 雇(やと)う 고용하다 | 一筋縄(ひとすじなわ)ではいかない 쉽게 해결되지 않다 | 向上(こうじょう)を掲(かか)げる 향상을 내걸다(표방하다) | 援助(えんじょ) 원조, 지원 | 恩恵(おんけい)を受(う)ける 혜택을 받다 | 世帯(せたい) 세대, 가구 | 大幅(おおはば)に 대폭 | 減税(げんぜい) 감세 | 絶大(ぜつだい)だ 절대적이다, 매우 크다 | そもそも 애초에, 원래 | ～ない限(かぎ)り ～하지 않는 한 | ～だけ ～만큼 | 資金面(しきんめん) 자금면 | 基盤(きばん) 기반 | 影響(えいきょう)を与(あた)える 영향을 주다 | 懸念(けねん)される 우려되다 | 対策(たいさく)を講(こう)じる 대책을 강구하다 | 効果(こうか)が上(あ)がる 효과가 나타나다 | ～に踏(ふ)み切(き)る ～을 감행하다 | 一朝一夕(いっちょういっせき)に 하루아침에 | 補(おぎな)う 보충하다, 메우다 | 促(うなが)す 촉구하다 | ～ほかない ～할 수밖에 없다 | ～てまで ～해서까지 | 維持(いじ)する 유지하다 | 幸(しあわ)せな 행복한 | 疑問(ぎもん) 의문 | 規模(きぼ) 규모 | 幸福(こうふく) 행복 | 追(お)い求(もと)める 추구하다 | 築(きず)く 구축하다, 쌓다 | 強化(きょうか) 강화 | 適応(てきおう) 적응 | 放置(ほうち) 방치 | 阻止(そし) 저지

문제 12 다음 문장을 읽고, 뒤의 질문에 대한 답으로 가장 좋은 것을 1·2·3·4에서 하나 고르십시오.

해석

일본 경제가 침체되고 있는 원인 중 하나로, 산업 구조의 변화에 대응하지 못했다는 점을 들 수 있습니다. 일본은 오랜 세월에 걸쳐 제조업을 중심으로 성장해 왔으며, 1980년대부터 1990년대 초반에 걸친 경제 발전은 눈부셨습니다. 그 때문에 당시 일본의 경제 모델이나 기업의 경영 수법, 노동 문화는 찬사를 받았습니다. 그러나 성공 체험으로 인해 세상의 변화를 알아차리기 어려웠고, 알아차리더라도 이익을 내고 있는 분야에 고집하는 나머지, 변화를 피하는 경향이 있었습니다. 확실히 일본은 제조업에 강하며 자동차나 전자 기기, 공작 기계, 화학 제품, 정밀 기기 등의 분야에서 세계적으로 높은 평가를 받고 있었습니다. 그러나 이들 분야에서도 엔저에 의존하고, 이익을 쌓아두기만 할 뿐 투자나 연구 개발을 소홀히 한 결과, 경쟁력은 매년 저하되고 있습니다. 그야말로 "부귀영화를 누리는 자 오래가지 못한다"고 할 수 있습니다.

최근에는 디지털 서비스 산업이 현저하게 성장하고 있으며, 특히 IT 관련 기업의 소프트웨어 서비스나 클라우드 컴퓨팅은 높은 이익률을 자랑하는 중요한 분야가 되었습니다. 그런데 일본은 이 분야에서의 경쟁에서 뒤처졌고, 특히 소프트웨어 관련으로는 해외 기업의 디지털 서비스 이용료가 증가하여, 무역 서비스 지출이 증대되는 가운데 적자를 계속 확대하고 있습니다. 인바운드 관광객의 증가로 어느 정도 회복하고 있지만, 2024년에는 디지털 무역 적자가 7조 엔에 육박하고 있습니다. 뒤처진 것을 만회하기 위해 디지털 분야로의 전환을 꾀하는 것은 단번에 할 수 있는 일이 아니며, 전망은 불투명하다고 할 수 있습니다. 특히 AI 기술에서도 타국이 앞지르고 있기 때문에, 향후 적자는 더욱 확대될 전망입니다.

디지털 서비스의 이익이 높기 때문에 산업 구조를 바꾸고 싶다고 바라긴 하지만, 그것은 단기간에는 실현될 수 없습니다. 또한 일본이 잘하는 하드웨어도 필요로 하고 있습니다. 따라서 일본은 고품질의 공업 제품을 계속 제공하면서, 더욱 연구 개발을 진행하여 일본만의 제품을 만들어 내는 것에서 길을 찾는 것이 현명하다고 생각합니다. "티끌 모아 태산"이라고 하니, 산업 규모는 작더라도 타국이 흉내 낼 수 없는, 많은 사람에게 필요로 하는 '풀리지 않는 나사'나 '아프지 않은 주사 바늘'에 필적하는 신제품을 개발하는 것입니다. 또한 의료·바이오 테크놀로지나 로봇 분야 등 현재는 우위성을 유지하고 있긴 하지만, 언제 그 지위를 넘겨주어야만 하게 될지(넘겨주게 될지) 모르는 분야를 강화해야 합니다.

물론 디지털화의 촉진도 피할 수 없는 길입니다. 그것을 위해 일본의 기술과 디자인, 소프트웨어 개발을 추진해야 합니다. 정부 통계로는 2024년 6월 말 시점에 일본 기업은 내부 유보금을 약 588조 엔 보유하고 있다고 합니다. 이를 연구 개발에 투자하고, 새로운 산업에 적응할 수 있는 인재 육성에도 힘을 쏟아야 합니다. 나아가 긴 안목으로 보면 교육이 가장 중요하므로, 기업뿐만 아니라 국가도 교육을 투자로 인식하여, 유능한 인재 육성에 노력해야 합니다. 즉효성은 없다도 해도, 끈기 있게 기다려야 하지만, 반드시 결실을 맺는 가장 유효한 방법이라고 생각합니다.

62 **필자는 일본 경제의 쇠퇴를 초래한 원인은 무엇이라고 말하고 있는가?**
1 제조업에서 많은 이익을 내고 있었기 때문에
2 세상의 변화를 알아차리지 못했기 때문에
3 일본 모델이 찬사를 받고 있었기 때문에
4 산업 구조 변화의 필요성을 무시했기 때문에

63 **필자는 왜 부귀영화를 누리는 자 오래가지 못한다라고 말하고 있는가?**
1 일본 경제가 양호했으므로 산업 구조 변화의 필요성을 느끼지 못했기 때문에
2 일본 경제가 아무리 융성해도 산업 구조의 변화가 필요하다고 생각했기 때문에
3 일본 경제가 좋아 자만한 결과, 산업 구조 변화의 지연으로 쇠퇴해 왔기 때문에
4 일본 경제가 찬사받을 정도로 융성했으므로 산업 구조의 변화는 필요하지 않았기 때문에

64 **필자가 말하고 싶은 것은 무엇인가?**
1 과거의 성공 체험에 고집하지 말고, 디지털 무역 적자의 해소에만 전념해야 한다.
2 산업 구조의 전환은 단번에 어려우므로, 강점을 살린 신제품 개발과 인재 육성에 주력해야 한다.
3 내부 유보금을 활용하여 기존의 제조업을 축소하고, AI 중심의 산업으로 즉시 교체해야 한다.
4 디지털 분야에서의 뒤처짐을 인정하고, 경제 성장보다 국민의 행복도를 중시한 사회를 구축해야 한다.

해설

〈62〉 지문 첫 문장에 변화에 대응하지 못한 것을 원인으로 명시했으며, 변화를 피하는 경향을 지적했다. 따라서 정답은 4번이다. 1번, 제조업의 이익은 과거의 영광일 뿐, 쇠퇴의 직접적 원인은 아니다. 2번, 변화를 인지하지 못한 배경은 있으나, 핵심은 인지 후에도 이를 피한 태도에 있다. 3번, 과거 일본 모델이 찬사받은 사실은 자만의 계기일 뿐 쇠퇴 원인 자체는 아니다.

〈63〉 이 속담은 잘나갈 때 방심하거나 자만하면 결국 몰락한다는 뜻이다. 지문에서는 일본이 과거 경제 모델로 칭송받고 제조업에서 세계적 평가를 받았으나(교만/자만), 그 성공에 안주하여 투자와 연구개발을 게을리한 결과 경쟁력이 저하되었다고 설명한다. 따라서 '경제 상황이 좋아 우쭐해진 결과, 대응 지연으로 쇠퇴해 왔다'는 3번이 정답이다. 1번, 단순히 못 느낀 게 아니라, 잘나갈 때 '방심하고 투자와 연구를 게을리한 결과(인과관계)'가 빠져 있어 부족한 설명이다. 2번, 이건 필자의 일반적인 생각이지, '교만한 자 오래 못 간다'는 속담이 가진 '자만으로 인한 몰락'의 뉘앙스를 다 담지 못한다. 4번, 변화가 불필요했다는 서술은 본문의 전체적인 논조와 정반대되는 내용이다.

〈64〉 지문의 핵심은 변화의 속도와 방법이다. 필자는 산업 구조를 바꾸는 것이 '단번에' 되지 않는다는 현실을 짚었으며, 일본이 가진 '제조업의 강점'을 유지하면서 '교육을 통한 인재 육성'으로 미래를 대비해야 한다고 주장한다. 따라서 정답은 2번이다. 1번, 디지털 적자 해소에만 전념하자는 것은 제조업과 교육을 동시에 강조한 필자의 다각적인 시각과 어긋난다. 3번, 제조업을 축소하거나 즉각 산업을 바꾸자는 제안은 '시간이 걸린다'는 지문의 전제 및 제조업의 중요성 강조와 정반대되는 내용이다. 4번, '행복도 중시'는 경제 성장과 경쟁력을 논하는 본 지문의 논점과 거리가 멀다.

제 2 회 실전모의테스트

문제 13 다음 페이지는 「지역 활성화 협력대」 모집 요강의 발췌본이다. 아래 질문에 대한 답으로 가장 좋은 것을 1·2·3·4에서 하나 고르시오.

지역 활성화 협력대 모집요강

시	급료	근무일·시간	자격/업무 등
A	15만 엔 식사 제공 기숙사 대여 컴퓨터 대여 공용차 대여	월·화·목·금 9:00~17:00 이벤트 개최일도 근무 시간은 동일함	• 컴퓨터 (Word·Excel·PowerPoint, 인터넷, 메일 및 SNS 등) • 상점가 활성화를 위한 이벤트 기획 및 실행 등
B	20만 엔 시영 주택 2DK 대여 단, 공공요금은 자기 부담	수·목·금 15:00~21:00 토·일·공휴일 10:00~17:00	• 운전면허 • 가능하면 컴퓨터(Word·Excel) • 영어 외에 가능하면 포르투갈어, 스페인어 가능자. • 밝은 분 • 외국인을 위한 상담원
C	25만 엔 월세 반액 보조 컴퓨터 대여 공용차 대여	월~금 9:00~17:00	• 운전면허 • 컴퓨터 • 건물이나 시설 정비 등
D	30만 엔 직원 주택 1DK 대여 단, 공공요금은 자기 부담 공용차 대여	월~금 9:00~17:00 토일 및 공휴일 행사 참여나 야간 모임 등 불규칙한 근무에 대응 가능한 분	• 운전면허 • 컴퓨터 • 영어 • 관광객 증가를 위한 이벤트 기획 등

65 시미즈 씨는 영어를 살려서 사람들과 교류하는 일을 하고 싶다. 토·일·공휴일 근무도 가능하지만 불규칙한 근무 방식은 원하지 않는다. 시미즈 씨는 어떤 일을 선택해야 하는가?

1 A 　　　　　　**2 B** 　　　　　　3 C 　　　　　　4 D

66 한국어와 영어가 능숙한 김 씨는 월급 20만 엔 이상의 직장을 찾고 있다. 김 씨는 운전면허를 가지고 있으며, 공용차를 빌려주는 곳을 희망하고 있다. 또한, 주말에는 쉬고 싶어 한다. 김 씨가 응모할 수 있는 곳은 어디인가?

1 A 　　　　　　2 B 　　　　　　**3 C** 　　　　　　4 D

해설 〈65〉 시미즈 씨의 조건은 세 가지다. 첫째, 영어를 활용할 것. 둘째, 사람과의 만남이 있을 것. 셋째, 불규칙한 근무는 피할 것이다. B는 외국인을 위한 상담원으로 영어를 활용하며 사람과 소통하는 직무다. 또한 근무 시간(수~일)이 정해져 있어 불규칙하지 않다. 따라서 2번이 정답이다. A는 영어 관련 언급이 없다. C는 시설 정비 업무로 사람과의 교류나 영어 활용도가 낮다. D는 영어와 사람과의 교류(관광객)가 있으나, '불규칙한 근무에 대응할 수 있는 분'을 구하므로 시미즈 씨의 희망과 맞지 않는다.다.

〈66〉 김 씨의 핵심 조건은 '월급 20만 엔 이상, 공용차 대여, 토·일 휴무'이다. C는 월급이 25만 엔이고 공용차를 대여해주며, 근무일이 월~금으로 주말(토·일)에 확실히 쉴 수 있다. 김 씨가 가진 언어 능력(영어 등)도 지원 자격에 부합한다. 따라서 3번이 정답이다. A는 급여가 15만 엔으로 김 씨의 희망보다 적다. B는 근무일에 토·일·공휴일이 고정적으로 포함되어 있어 주말 휴무를 원하는 조건에 맞지 않는다. D는 급여와 차량 조건은 만족하지만, 토·일 행사 참여 등 불규칙한 주말 근무가 명시되어 있어 제외된다.

03 2교시 **청해**

問題 1

問題1では、まず質問を聞いてください。それから話を聞いて、問題用紙の1から4の中から、最もよいものを一つ選んでください。

문제 1

문제 1에서는 먼저 질문을 들어 주세요. 그리고 이야기를 듣고 문제용지의 1에서 4 중에서 가장 적당한 것을 하나 고르세요.

例　🎵 듣기 1-00

女の人が新しい製品の企画書について男の人と話しています。女の人はこのあと何をしなければなりませんか。

F：課長、明日の会議の企画書、見ていただけたでしょうか。

M：うん、分かりやすくできあがってるね。

F：あ、ありがとうございます。ただ、実は製品の説明がちょっと弱いかなって気になってるんですが。

M：うーん、そうだね。でもまあ、この部分はいいかな。で、ええと、この11ページのグラフ、これ、随分前のだね。

F：あ、すみません。

M：じゃ、そのグラフは替えて。あ、それから、会議室のパソコンやマイクの準備はできてる？

F：あ、そちらは大丈夫です。

女の人はこのあと何をしなければなりませんか。

1 企画書を見せる。
2 製品の説明を書き直す。
3 データを新しくする。
4 パソコンを準備する。

예

여자가 새로운 제품의 기획서에 대해 남자와 이야기하고 있습니다. 여자는 이후에 무엇을 해야 합니까?

여：과장님, 내일 있을 회의 기획서, 보셨나요?

남：응, 알기 쉽게 잘 만들었네.

여：아, 감사합니다. 단지 실은 제품 설명이 좀 약한가 하고 걱정이 되는데요.

남：음~, 그렇군. 하지만 뭐, 이 부분은 괜찮아. 그리고, 음~ 이 11페이지의 그래프, 이거 상당히 예전 거네.

여：아, 죄송합니다.

남：그럼 그 그래프는 바꾸고. 아 그리고 회의실 컴퓨터나 마이크 준비는 되어 있어?

여：아, 그쪽은 괜찮습니다.

여자는 이후에 무엇을 해야 합니까?

1 기획서를 보여준다.
2 제품 설명을 다시 쓴다.
3 데이터를 새롭게 한다.
4 컴퓨터를 준비한다.

해설　여자가 기획서에 대해 과장과 상의하는 상황이다. 여자는 제품 설명 수정을 고민하지만, 과장은 그 부분은 그대로 두고 오래된 11페이지의 그래프를 바꾸라고 지시한다. 장비 준비는 이미 완료되었으므로 여자가 이어서 할 일은 데이터를 최신으로 교체하는 것이다.

단어　企画書(きかくしょ) 기획서 | できあがる 완성되다 | 弱(よわ)い 부족하다 | 気(き)になる 신경 쓰이다 | 随分(ずいぶん) 상당히 | 替(か)える 바꾸다 | 準備(じゅんび) 준비 | 書(か)き直(なお)す 다시 쓰다

企画部の人が話しています。ビールの名前はどうやって決めますか。

M: 来春新発売予定のアルコール分を抑えたビールおいしいですね。

F: ええ、アルコールが半分。最近はノンアルコールビールも人気があるから、よく売れると思うわ。でも、ビールの名前や缶のデザインや色もよくないとね…。

M: 名前は宣伝部が決めるんですか。僕なら「ハレの日のビール」にするんだけど。

F: それいいわね。でももっといいのがあるかもしれないから社内で募集してみましょう。

M: どうせ募集するなら、公募するのはどうでしょう。世間の注目を浴びるし、若者受けするんじゃないですか。

F: いい考えね。でも、集計が大変だし、一番多いのがいいとも限らないし…。

M: 確かに。じゃ、宣伝部に5つ案を出してもらってインターネットで投票してもらいませんか。集計の必要もないですし…。

F: そうね。君の作った名前も案に入れてもらえるように頼んでみましょうか。

M: そうなると嬉しいです。

ビールの名前はどうやって決めますか。

1 男の人と宣伝部が作った名前に投票してもらう
2 社内の全員から募集した名前に投票してもらう
3 みんなから公募して一番多い名前にする
4 会社が挙げた名前からみんなに選んでもらう

1번

기획부 사람이 이야기하고 있습니다. 맥주 이름은 어떻게 정합니까?

남: 내년 봄 신발매 예정인 알코올 도수를 낮춘 맥주, 맛있네요.

여: 응, 알코올이 절반이지. 최근에는 무알코올 맥주도 인기가 있으니까, 잘 팔릴 거라고 생각해. 하지만 맥주의 이름이나 캔 디자인, 색상도 좋아야지 말이야···.

남: 이름은 홍보부가 결정하나요? 저라면 '하레노히(축젯날)의 맥주'로 하겠는데요.

여: 그거 괜찮네. 하지만 더 좋은 게 있을지도 모르니까 사내에서 모집해 보자.

남: 어차피 모집할 거라면, 공모하는 건 어떨까요? 세상의 주목을 받고, 젊은 층에게 인기가 있지 않을까요?

여: 좋은 생각이네. 하지만 집계가 힘들고, 가장 (응모가) 많은 게 꼭 좋다고 단정할 수 없어서…….

남: 확실히 그렇네요. 그럼, 홍보부에 5가지 안을 내게 해서 인터넷으로 투표하게 하면 어떨까요? 집계할 필요도 없고요.

여: 그러게. 네가 만든 이름도 (후보) 안에 넣어 달라고 부탁해 볼까?

남: 그렇게 된다면 기쁘겠습니다.

맥주 이름은 어떻게 정합니까?

1 남자와 홍보부가 만든 이름에 투표하게 한다
2 사내 전원으로부터 모집한 이름에 투표하게 한다
3 모두에게 공모하여 가장 많은 이름으로 한다
4 회사가 제시한 이름에서 모두가 고르게 한다

해설　남자가 제안한 '홍보부가 낸 5가지 안(회사 측 안)'에 대해 인터넷 투표를 진행하여 결정하기로 했으므로, 정해진 후보군 안에서 선택을 받는 방식인 4번이 정답이다. 1번은 남자 개인의 이름이 포함될 가능성은 있지만 아직 미정이며 4번이 더 포괄적이며 정확하다. 2번, 사내 공모는 초반에 나온 의견일 뿐 최종 결정안이 아니다. 3번, 일반 공모는 집계가 어렵다는 이유로 거절당했다.

단어　抑(おさ)える 억제하다, 낮추다 | 宣伝部(せんでんぶ) 홍보부 | 募集(ぼしゅう) 모집 | 公募(こうぼ) 공모 | 注目(ちゅうもく)を浴(あ)びる 주목을 받다 | 若者受(わかものう)け 젊은 층에게 인기 있음 | 集計(しゅうけい) 집계 | ～とも限(かぎ)らない ～라고 단정 할 수 없다 | 案(あん) 안(아이디어) | 挙(あ)げる 들다, 제시하다

2番　🎵 듣기 1-02

レストランで女の人と男の人が話しています。これから女の人は何をしますか。

F：ねえ、85％も水が節約できるノズルがあるらしいわ。皿を洗うのにも水をいっぱい使うので水道代が大変だから、うちの店もそれに換えたらどう？

M：いいね。でもあまり高いと…いくらぐらいなの？

F：それが、値段についてはわからないのよ。

M：じゃ、インターネットで調べてみようか。

F：私も調べてみたんだけど、どこにも出ていないのよ。でも、3か月とか半年で元が取れたって書いてあったわ。付けたい時は代理店に申し込むみたいよ。

M：そうか。でも、その前にインターネットの口コミを調べてみよう。実際に付けたレストランの様子がわかると思うから。

F：それなら私は近所のレストランを回ってみるわ。

これから女の人は何をしますか。
1 値段をチェックする
2 同業者に評判を聞く
3 代理店に連絡する
4 近所の住民の意見を集める

2번

레스토랑에서 여자와 남자가 이야기하고 있습니다. 앞으로 여자는 무엇을 합니까?

여 : 있잖아, 물을 85%나 절약할 수 있는 노즐이 있대. 설거지하는 데도 물을 엄청 써서 수도 요금이 장난 아니니까, 우리 가게도 그걸로 바꾸면 어때?

남 : 좋네. 근데 너무 비싸면…… 얼마 정도야?

여 : 그게 말이야, 가격에 대해선 모르겠어.

남 : 그럼, 인터넷으로 찾아볼까?

여 : 나도 찾아봤는데 어디에도 안 나와 있더라고. 하지만 3개월이나 반년 만에 본전은 뽑았다고 적혀 있었어. 설치하고 싶을 때는 대리점에 신청하는 것 같아.

남 : 그렇구나. 하지만 그전에 인터넷 후기를 찾아 보자. 실제로 설치한 레스토랑의 상황을 알 수 있을 테니까.

여 : 그렇다면 난 근처 레스토랑들을 돌아다녀 볼게.

앞으로 여자는 무엇을 합니까?
1 가격을 체크한다
2 동종 업계 사람들에게 평판을 듣는다
3 대리점에 연락한다
4 근처 주민들의 의견을 모은다

해설　남자가 인터넷 후기를 찾아보겠다고 하자, 여자는 근처 레스토랑(동종 업체)들을 직접 방문하여 실제 사용 후기나 평판을 들어보겠다고 했으므로 2번이 정답이다. 1번, 가격은 인터넷에 나오지 않아 당장 확인할 수 없는 상태이다. 3번, 대리점 신청은 설치를 확정한 뒤의 단계이므로 시점이 맞지 않다. 4번, 여자가 방문하려는 곳은 주민의 집이 아닌 근처 레스토랑(동업자)이다.

단어　節約(せつやく) 절약 | 皿(さら)を洗(あら)う 설거지하다 | 換(か)える 바꾸다, 교체하다 | 元(もと)を取(と)る 본전을 뽑다 | 代理店(だいりてん) 대리점 | 申(もう)し込(こ)む 신청하다 | 口(くち)コミ 입소문, 후기 | 同業者(どうぎょうしゃ) 동종 업계 사람

<ruby>会社<rt>かいしゃ</rt></ruby>で<ruby>従業員<rt>じゅうぎょういん</rt></ruby>が<ruby>話<rt>はな</rt></ruby>しています。<ruby>女<rt>おんな</rt></ruby>の<ruby>従業員<rt>じゅうぎょういん</rt></ruby>は<ruby>職場<rt>しょくば</rt></ruby>でこれから<ruby>何<rt>なに</rt></ruby>をしますか。

F：<ruby>最近<rt>さいきん</rt></ruby>、<ruby>運動不足<rt>うんどうぶそく</rt></ruby>で…<ruby>体<rt>からだ</rt></ruby>の<ruby>調子<rt>ちょうし</rt></ruby>が<ruby>今一<rt>いまいち</rt></ruby>なのよ。<ruby>事務<rt>じむ</rt></ruby>の<ruby>仕事<rt>しごと</rt></ruby>だから<ruby>座<rt>すわ</rt></ruby>ってばかりいるし…。

M：<ruby>座<rt>すわ</rt></ruby>りっぱなしだと<ruby>筋肉<rt>きんにく</rt></ruby>を<ruby>使<rt>つか</rt></ruby>わないから<ruby>寿命<rt>じゅみょう</rt></ruby>が<ruby>縮<rt>ちぢ</rt></ruby>むんだって。だから、<ruby>僕<rt>ぼく</rt></ruby>は<ruby>貧乏<rt>びんぼう</rt></ruby>ゆすりしているんだ。<ruby>田中<rt>たなか</rt></ruby>さんもやったら。

F：<ruby>貧乏<rt>びんぼう</rt></ruby>ゆすり？<ruby>恥<rt>は</rt></ruby>ずかしいわ。

M：じゃ、<ruby>笑<rt>わら</rt></ruby>ったり、<ruby>姿勢<rt>しせい</rt></ruby>を<ruby>正<rt>ただ</rt></ruby>したり、<ruby>深呼吸<rt>しんこきゅう</rt></ruby>したりするのはどう？ 15<ruby>分<rt>ふん</rt></ruby>笑うと40キロカロリー<ruby>消費<rt>しょうひ</rt></ruby>するんだって。

F：<ruby>会社<rt>かいしゃ</rt></ruby>で15<ruby>分<rt>ふん</rt></ruby>笑うのはちょっと、<ruby>周<rt>まわ</rt></ruby>りの<ruby>人<rt>ひと</rt></ruby>に<ruby>変<rt>へん</rt></ruby>に<ruby>思<rt>おも</rt></ruby>われるわ。<ruby>背中<rt>せなか</rt></ruby>を<ruby>伸<rt>の</rt></ruby>ばしたり、<ruby>深呼吸<rt>しんこきゅう</rt></ruby>ならできそうだけど…。

M：そうしたら。あっ、そうそう、<ruby>干<rt>ほ</rt></ruby>しシイタケを<ruby>食<rt>た</rt></ruby>べるのもいいんだって。ビタミンＤが<ruby>筋肉<rt>きんにく</rt></ruby>の<ruby>低下<rt>ていか</rt></ruby>や<ruby>骨<rt>ほね</rt></ruby>がもろくなるのを<ruby>防<rt>ふせ</rt></ruby>いでくれるんだよ。

F：シイタケ<ruby>苦手<rt>にがて</rt></ruby>なのよ。<ruby>他<rt>ほか</rt></ruby>の<ruby>食<rt>た</rt></ruby>べ<ruby>物<rt>もの</rt></ruby>はないの？

M：ヨーグルトにキウイを<ruby>入<rt>い</rt></ruby>れると<ruby>運動<rt>うんどう</rt></ruby>に<ruby>近<rt>ちか</rt></ruby>い<ruby>効果<rt>こうか</rt></ruby>があるし、トウガラシとニンニクは<ruby>食<rt>た</rt></ruby>べるだけで<ruby>体重増加<rt>たいじゅうぞうか</rt></ruby>を<ruby>防<rt>ふせ</rt></ruby>げるって。

F：トウガラシとニンニクはちょっとね。キウイは<ruby>好<rt>す</rt></ruby>きだけどヨーグルトは<ruby>嫌<rt>きら</rt></ruby>いなのよ。

M：じゃ、できることだけでいいんじゃない？

F：そうね。<ruby>仕方<rt>しかた</rt></ruby>がないわ。

<ruby>女<rt>おんな</rt></ruby>の<ruby>従業員<rt>じゅうぎょういん</rt></ruby>は<ruby>職場<rt>しょくば</rt></ruby>でこれから<ruby>何<rt>なに</rt></ruby>をしますか。

1 <ruby>体<rt>からだ</rt></ruby>にいいことを<ruby>全<rt>すべ</rt></ruby>てすることにする
2 <ruby>正<rt>ただ</rt></ruby>しい<ruby>姿勢<rt>しせい</rt></ruby>にしたり<ruby>深呼吸<rt>しんこきゅう</rt></ruby>をしたりする
3 できる<ruby>運動<rt>うんどう</rt></ruby>をしてキウイを<ruby>食<rt>た</rt></ruby>べる
4 <ruby>運動<rt>うんどう</rt></ruby>したり<ruby>好<rt>す</rt></ruby>きな<ruby>果物<rt>くだもの</rt></ruby>を<ruby>食<rt>た</rt></ruby>べたりする

3번

회사에서 직원이 이야기하고 있습니다. 여직원은 직장에서 앞으로 무엇을 합니까?

여: 최근, 운동 부족이라 몸 상태가 별로야. 사무직이라 앉아만 있고 …….

남: 계속 앉은 채로 있으면 근육을 안 써서 수명이 줄어든대. 그래서 난 다리를 떨고 있어. 다나카 씨도 해봐.

여: 다리 떨기? 부끄러워.

남: 그럼, 웃거나 자세를 바로 하거나 심호흡을 하는 건 어때? 15분 웃으면 40칼로리 소비된대.

여: 회사에서 15분 웃는 건 좀, 주변 사람들이 이상하게 생각할 거야. 등을 펴거나 심호흡이라면 할 수 있을 것 같지만…….

남: 그렇게 해봐. 아, 맞다. 말린 표고버섯을 먹는 것도 좋대. 비타민D가 근육 저하나 뼈가 약해지는 걸 막아주거든.

여: 표고버섯은 안 좋아해. 다른 음식은 없어?

남: 요구르트에 키위를 넣으면 운동과 비슷한 효과가 있고, 고추랑 마늘은 먹기만 해도 체중 증가를 막을 수 있대.

여: 고추랑 마늘은 좀 그렇네. 키위는 좋아하지만 요구르트는 싫어해.

남: 그럼, 할 수 있는 것만 하면 되지 않을까?

여: 그래. 어쩔 수 없지.

여직원은 직장에서 앞으로 무엇을 합니까?

1 몸에 좋은 것을 전부 하기로 한다
2 바른 자세를 하거나 심호흡을 하거나 한다
3 가능한 운동을 하고 키위를 먹는다
4 운동하거나 좋아하는 과일을 먹거나 한다

해설 여자는 남자가 제안한 여러 방법 중 다리 떨기나 웃기는 거절했고, 등을 펴는 것(자세 바로 하기)과 심호흡은 가능하다고 했으므로 2번이 정답이다. 1번, 여자가 거절한 항목(다리 떨기, 15분 웃기 등)이 너무 많다. 싫은 것은 안 하겠다고 분명히 의사를 밝혔으므로 정답에서 제외된다. 3번, 여자가 키위를 좋아한다고는 했으나, 함께 먹어야 하는 요구르트는 싫다고 답하였다. 또한 당장 사무실에서 키위를 먹겠다는 뜻도 아니므로 적절하지 않다. 4번, 여자가 하겠다고 동의한 것은 거창한 운동이 아니라 '자세 교정과 심호흡' 같은 간단한 동작이다. 과일 섭취 역시 현재 사무실에서 즉시 실행할 행동과는 거리가 멀다.

단어 今一(いまいち) 그저 그렇다, 별로다 | ～てばかりいる ～하기만 하다 | ～っぱなし ～한 채로 둠(계속 ～함) | 寿命(じゅみょう) 수명 | 縮(ちぢ)む 줄어들다 | 貧乏(びんぼう)ゆすり 다리를 떠는 버릇 | 姿勢(しせい)を正(ただ)す 자세를 바로잡다 | 深呼吸(しんこきゅう) 심호흡 | 消費(しょうひ) 소비 | 苦手(にがて) 서투름, 좋아하지 않음 | 防(ふせ)ぐ 막다, 방지하다 | ～だけで ～하기만 해도

4番

会社で社長と工場長が話しています。会社はまず何をすることにしましたか。

F：工場の従業員がやる気をなくしています。

M：給料を上げたほうがいいのかな。

F：それもいいですが、単純労働のせいで飽きちゃうみたいです。

M：確かに同じ作業の繰り返しではつまらないだろうな。半年ぐらいで他の組み立てをさせるのはどうだろう。

F：教育が大変ですがやってみます。でもやりがいがあるのはやっぱり一人で製品を完成させることだと思いますよ。

M：しかし、それは難しいな。全ての工程を習得するのに時間がかかりすぎると思うんだ。

F：では、1人で5つぐらいの工程をさせるセル方式はいかがでしょう。

M：5つの作業を全部マスターしたらそうしよう。

F：いいですね。将来的には一人で全てができるようにしたいですね。

M：いいね。それを目標として掲げたら、やる気が出るんじゃないか。

会社はまず何をすることにしましたか。

1 一人で全部を完成する方式にする
2 セル方式を取り入れる
3 従業員を他の工程に移動させる
4 従業員の給料を上げる

4번

회사에서 사장과 공장장이 이야기하고 있습니다. 회사는 우선 무엇을 하기로 했습니까?

여: 공장 직원들이 의욕을 잃고 있어요.

남: 월급을 올려주는 게 좋을까?

여: 그것도 좋지만, 단순 노동 탓에 싫증을 느끼는 것 같아요.

남: 확실히 똑같은 작업의 반복은 재미없겠지. 반년 정도에 다른 조립을 시켜보는 건 어떨까?

여: 교육이 힘들겠지만 해보겠습니다. 하지만 보람이 있는 건 역시 혼자서 제품을 완성시키는 일이라고 생각해요.

남: 하지만 그건 어렵겠어. 모든 공정을 습득하는 데 시간이 너무 걸릴 것 같거든.

여: 그럼, 혼자서 5개 정도의 공정을 하게 하는 셀(Cell) 방식은 어떨까요?

남: 5가지 작업을 전부 마스터하면 그렇게 하자.

여: 좋네요. 장기적으로는 혼자서 모든 걸 할 수 있게 만들고 싶어요.

남: 좋네. 그걸 목표로 내걸면 의욕이 생기지 않겠어?

회사는 우선 무엇을 하기로 했습니까?

1 혼자서 전부를 완성하는 방식으로 한다
2 셀 방식을 도입한다
3 직원을 다른 공정으로 이동시킨다
4 직원의 급여를 올린다

해설 공장장(여)의 제안에 사장이 "반년 정도에 다른 조립을 시키는 건 어떨까"라고 말했고, 공장장이 "교육이 힘들겠지만 해보겠다"고 답하며 다른 조립, 즉 다른 공정을 시키겠다고 했으므로 3번이 정답이다. 1번, 장기적인 목표일 뿐, 습득 시간이 너무 오래 걸려 지금 당장은 불가능하다. 2번, 공정을 마스터한 이후에 도입하기로 한 다음 단계의 계획이다. 4번, 사장이 언급만 했을 뿐, 지루함을 해결할 근본 대책으로 채택되지 않았다.

단어 やる気(き)をなくす 의욕을 잃다 | ～せいで ～탓에 | 飽(あ)きる 질리다 | 作業(さぎょう) 작업 | 繰(く)り返(かえ)し 반복 | つまらない 재미없다, 하찮다 | 組(く)み立(た)て 조립 | 工程(こうてい) 공정 | 習得(しゅうとく) 습득 | セル方式(ほうしき) 셀 방식(팀이나 개인이 공정 전체를 담당하는 생산 방식) | 掲(かか)げる 내걸다, 게시하다 | 取(と)り入(い)れる 받아들이다, 도입하다

제2회 실전모의테스트

5番 _{ばん}

男の人と女の人が話しています。女の人はこれから何をしますか。

F：もしもし、大山さんですか。今日3時に納品のお約束でしたが、配送の車が事故を起こしてしまいまして、代わりの車を今現場に向かわせているところです。

M：えっ？じゃ、3時には間に合わないでしょう。

F：はい、申し訳ございません。責任者に確認して、何時に納品できるか折り返しご連絡させていただきます。

M：代わりの車の運転手に直接電話した方が早いでしょう。

F：それはそうなんですが、商品に疵がないかなどの確認が必要なもので…。

M：そうですか。うちは中身が大丈夫なら構わないですよ。とにかく荷物が今日中に届かないと機械を動かせないから困ります。

F：申し訳ございません。何とか間に合うように頑張りますので少々お待ちください。

女の人はこれから何をしますか。

1 代わりの車を手配する
2 事故車の運転手に電話する
3 責任者に連絡する
4 納品時間を連絡する

5번

남자와 여자가 이야기하고 있습니다. 여자는 앞으로 무엇을 합니까?

여 : 여보세요, 오오야마 씨인가요? 오늘 3시에 납품하기로 약속했습니다만, 배송 차량이 사고를 내버려서요. 대신할 차량을 지금 현장으로 보내고 있는 중입니다.

남 : 엣? 그럼 3시에는 못 맞추겠네요.

여 : 네, 죄송합니다. 책임자에게 확인해서 몇 시에 납품할 수 있는지 다시 연락드리겠습니다.

남 : 대신 갈 차량 운전기사에게 직접 전화하는 게 더 빠르겠지요.

여 : 그건 그렇습니다만, 상품에 흠집이 없는지 등의 확인이 필요한 상황이라서요.

남 : 그렇습니까. 우리는 내용물이 괜찮다면 상관없습니다. 어쨌든 짐이 오늘 안으로 도착하지 않으면 기계를 돌릴 수 없어서 곤란합니다.

여 : 죄송합니다. 어떻게든 늦지 않도록 노력할 테니 잠시만 기다려 주십시오.

여자는 앞으로 무엇을 합니까?

1 대체 차량을 수배한다
2 사고 차량의 운전기사에게 전화한다
3 책임자에게 연락한다
4 납품 시간을 연락한다

해설 여자는 사고 소식을 전하며 책임자에게 확인하여 납품 가능 시간을 파악한 뒤 다시 연락하겠다고 말했으므로, 3번이 정답이다. 1번, 대체 차량은 이미 현장으로 출발한 상태이다. 2번, 남자가 제안한 방법이지만, 여자는 상품 파손 확인 등이 필요하다며 거절했다. 4번, 책임자에게 확인한 다음에 할 일이다. 문제에서 묻는 '앞으로(바로 직후)' 할 행동으로는 3번이 우선이다.

단어 納品(のうひん) 납품 | 現場(げんば) 현장 | 向(む)かわせる 가게 하다, 보내다 | ～ているところだ ～하고 있는 중이다 | 折(お)り返(かえ)し 다시(회신) | 疵(きず) 흠집, 상처 | 中身(なかみ) 알맹이, 내용물 | 手配(てはい) 수배, 준비

問題2 _{もんだい}

問題2では、まず質問を聞いてください。そのあと、問題用紙のせんたくしを読んでください。読む時間があります。それから話を聞いて、問題用紙の1から4の中から、最もよいものを一つ選んでください。

문제 2

문제2에서는 먼저 질문을 들어 주세요. 그 후 문제용지의 선택지를 읽어 주세요. 읽는 시간이 있습니다. 그리고 이야기를 듣고 문제용지 1에서 4 중에서 가장 적당한 것을 하나 고르세요.

例　🎵 듣기 2-00

大学で男の学生と女の学生が話しています。この男の学生は先生がどうして怒ったと言っていますか。

M：ああ、先生を怒らせちゃったみたいなんだよね。困ったな。

F：え、どうしたの？

M：うーん。いやそれがね、先生に頼まれた資料、昨日までに渡さなくちゃいけなかったんだけど、いろいろあって渡せなくて。

F：えー、それで怒られちゃったの？

M：うん、いや、それで怒られたっていうより、おととい、授業のあと、飲み会があってね。で、ついそれを持ってっちゃったんだけど、飲みすぎて、寝ちゃって、忘れてきちゃったんだよね。

F：え？じゃ、なくしちゃったわけ？

M：いや、出てはきたんだけどね、うん。先生が、なんでそんな大事な資料を飲み会なんかに持っていくんだって。

F：ま、そりゃそうよね。

この男の学生は先生がどうして怒ったと言っていますか。
1 昨日までに資料を渡さなかったから
2 飲み会で飲みすぎて寝てしまったから
3 飲み会に資料を持っていったから
4 資料をなくしてしまったから

예

대학에서 남학생과 여학생이 이야기하고 있습니다. 이 남학생은 선생님이 왜 화가 났다고 말하고 있습니까?

남 : 아~ 선생님을 화나게 한 것 같아. 곤란한데.

여 : 어? 무슨 일이야?

남 : 음~. 아니 그게 말야. 선생님께 부탁받은 자료, 어제까지 건네드려야 했는데, 여러 사정이 있어서 못 건네드려서.

여 : 에~, 그래서 화나신 거야?

남 : 응, 아니, 그래서 화나셨다기보다 그저께 수업 후에 술자리가 있어서. 그래서 그만 그것을 갖고 갔는데, 과음하고 자버려서 두고 와버렸거든.

여 : 어? 그럼 잃어버렸다는 거야?

남 : 아니, 나오기는 했는데, 응. 선생님이 왜 그런 중요한 자료를 술자리 같은 곳에 가지고 가냐고.

여 : 뭐, 그건 그렇네.

이 남학생은 선생님이 왜 화가 났다고 말하고 있습니까?

1 어제까지 자료를 제출하지 않았기 때문에
2 술자리에서 과음해서 자버렸기 때문에
3 술자리에 자료를 가지고 갔기 때문에
4 자료를 잃어버렸기 때문에

해설　남학생이 교수님을 화나게 한 이유를 설명하는 상황이다. 지각 제출이나 음주 자체가 아닌, '왜 그런 중요한 자료를 술자리에 가져갔느냐'는 행동이 교수님이 화를 낸 결정적인 원인이다. 즉, 자료를 술자리에 가져 간 무책임한 태도 때문에 화가 난 것이다.

단어　怒(おこ)らせる 화나게 하다 | 頼(たの)む 부탁하다 | 資料(しりょう) 자료 | 渡(わた)す 건네다, 제출하다 | ～なくちゃいけない ～해야 한다 | 飲(の)み会(かい) 술자리, 회식 | なくす 잃어버리다 | 大事(だいじ)だ 중요하다

1番　🎵 듣기 2-01

女の人と男の人が話しています。男の人が手帳を使う一番の理由は何ですか。

F：じゃ、吊るし雛を見に行くの３月３日でいい？

M：ちょっと、待って。スケジュールを確認するから。

F：あら、今時まだ手帳を使っているんだ。驚いた。みんなスマホじゃない？

M：できる男は手帳だよ。一目でわかるし…。

F：できる男って言うの止めて。ジェンダー差別よ。

M：ごめん、冗談だよ。でも、手帳っていいんだよ。スケジュール書くだけじゃないんだよ。丸で囲んだり、色も付けられるし…それに何と言っても好きなことが書けるから。

1번

여자와 남자가 이야기하고 있습니다. 남자가 수첩을 사용하는 가장 큰 이유는 무엇입니까?

여 : 그럼, 쓰루시비나(인형 장식)를 보러 가는 거 3월 3일로 괜찮아?

남 : 잠깐만 기다려봐. 스케줄 확인할테니까.

여 : 어머, 요즘 시대에 아직 수첩을 쓰는구나. 놀랐어. 다들 스마트폰이지 않아?

남 : 일 잘하는 남자는 수첩이라고. 한눈에 알 수 있고….

여 : '일 잘하는 남자'라는 말 하지 마. 성차별이야.

남 : 미안, 농담이야. 하지만 수첩은 좋아. 스케줄만 적는 게 아니야. 동그라미를 치거나 색을 칠할 수도 있고…… 게다가 뭐니 뭐니 해도 좋아하는 걸 적을 수 있으니까.

F：へえ～。

M：ちょっとした日記だって書けるし、開いたらぱっと、すべてが目に入るし。

F：いいことだらけってこと？ けっこう手帳使う人がいるのかなあ。

M：大勢いるよ。だから年末、いろいろな手帳がたくさん売られているんだよ。

F：確かに。誰が買うんだと思っていたけど、結構、愛用者がいるのね。

男の人が手帳を使う一番の理由は何ですか。

1 仕事ができる人は手帳を使うから

2 色を付けたりして目立たせることができるから

3 スケジュールが一目でわかるから

4 スケジュール以外に書き込みができるから

여: 헤에～.

남: 짧은 일기도 쓸 수 있고, 펼치면 한 번에 모든 게 눈에 들어오거든.

여: 좋은 점투성이라는 거네? 수첩 쓰는 사람이 꽤 있는 걸까.

남: 엄청 많아. 그러니까 연말에 다양한 수첩이 많이 팔리는 거야.

여: 확실히. 누가 사나 싶었는데, 꽤 애용하는 사람들이 있구나.

남자가 수첩을 사용하는 가장 큰 이유는 무엇입니까?

1 일을 잘하는 사람은 수첩을 쓰기 때문에

2 색을 칠하거나 해서 눈에 띄게 할 수 있기 때문에

3 스케줄을 한눈에 파악할 수 있기 때문에

4 스케줄 이외에 기입이 가능하기 때문에

해설 남자가 수첩의 장점으로 가장 강조한 부분은 "뭐니 뭐니 해도 좋아하는 것을 적을 수 있다"로, 일기 등 스케줄 이외의 기록이 가능하다는 점이다. 따라서 4번이 정답이다. 1번, 농담조로 언급했을 뿐이며, 여자의 지적을 받고 바로 취소한 이유이다. 2번, 강조할 수 있다는 점을 언급했으나, 전체 대화 맥락상 부수적인 기능에 가깝다. 3번, 한눈에 들어온다는 장점도 말했지만, 더 강조된 핵심 이유는 아니다.

단어 今時(いまどき) 요즘, 이 시대 | 手帳(てちょう) 수첩(다이어리) | 一目(ひとめ)で 한눈에 | 冗談(じょうだん) 농담 | 囲(かこ)む 둘러싸다, 원 등을 치다 | 色(いろ)を付(つ)ける 색을 칠하다 | 何(なん)と言(い)っても 뭐니 뭐니 해도 | ちょっとした 사소한, 작은 | ぱっと 한순간에(확) | ～だらけ ～투성이 | 愛用者(あいようしゃ) 애용자 | 目立(めだ)つ 눈에 띄다 | 書(か)き込(こ)み 써넣음, 기입

2番　🎵 듣기 2-02

お店で外国人の男の人と日本人が話しています。事故の後、会社は何を変更しましたか。

M：ねえ、このお菓子の袋に入ってる小袋は何？「食べられません」って書いてある。

F：これは「脱酸素剤」って言って、食べ物を長持ちさせることができる物よ。

M：へ～。フランスでは見たことがなかった。他の国でも…。

F：日本ではちょっとしたお菓子にも入れられていることが多いわ。

M：でも、間違って食べる人もいるかも。

F：そうね。間違ってお菓子に振りかけて食べてしまったという事故がインターネットで広まっているわ。食べても体に悪い影響はないけど、メーカーが心配して、輸出品につけていた「食べられません」という表示を3か国語から9か国語にしたんだって。

M：へえ～。でも、そもそも入れる必要があるのかな。

F：これのおかげで賞味期限が飛躍的に伸びたから、お菓子会社は止めるに止められないのよ。

M：そうかあ。

2번

가게에서 외국인 남자와 일본인이 이야기하고 있습니다. 사고 후 회사는 무엇을 변경했습니까?

남: 저기, 이 과자 봉지에 들어있는 작은 봉지는 뭐야? '먹을 수 없습니다'라고 적혀 있어.

여: 이건 '탈산소제(방부제)'라고 해서, 음식을 오래가게 할 수 있는 물건이야.

남: 헤에～. 프랑스에서는 본 적이 없었어. 다른 나라에서도……

여: 일본에서는 작은 과자에도 들어있는 경우가 많아.

남: 하지만, 실수로 먹는 사람도 있을지도 몰라.

여: 맞아. 실수로 과자에 뿌려 먹어버렸다는 사고가 인터넷에 퍼지고 있어. 먹어도 몸에 나쁜 영향은 없지만, 제조사가 걱정해서 수출품에 붙이던 '먹을 수 없습니다'라는 표시를 3개 국어에서 9개 국어로 했대.

남: 헤에～. 근데 애초에 넣을 필요가 있는 걸까?

여: 이것 덕분에 유통기한이 비약적으로 늘어났기 때문에, 과자 회사는 그만둘래야 그만둘 수가 없는 거야.

남: 그렇구나.

事故の後、会社は何を変更しましたか。
1 全ての脱酸素剤の表示を9か国語にした
2 輸出品に脱酸素剤を入れることにした
3 輸出品の脱酸素剤の表示を6か国語増やした
4 輸出品に入れる脱酸素剤を増加した

사고 후 회사는 무엇을 변경했습니까?
1 모든 탈산소제의 표시를 9개 국어로 했다.
2 수출품에 탈산소제를 넣기로 했다.
3 수출품의 탈산소제 표시를 6개 국어 늘렸다.
4 수출품에 넣는 탈산소제를 늘렸다.

해설 오용 사고가 발생하자 제조사에서 수출용 제품의 경고 문구 언어를 기존 3개 국어에서 9개 국어로 변경(6개 국어 추가)했으므로 3번이 정답이다. 1번, 모든 제품이 아니라 수출용 제품에 한정된 변경 사항이다. 2번, 탈산소제를 새로 넣기로 한 것이 아니라, 기존에 있던 것의 표시를 바꾼 것이다. 4번, 탈산소제의 수량을 늘린 것이 아니라 표시 언어의 수를 늘린 것이다.

단어 小袋(こぶくろ) 작은 봉지 | 脱(だつ)酸素剤(さんそざい) 탈산소제 | 長持(ながも)ちする 오래가다(유지되다) | 間違(まちが)って 실수로, 잘못해서 | 振(ふ)りかける 뿌리다 | 賞味(しょうみ)期限(きげん) 유통기한 | 飛躍的(ひやくてき)に 비약적으로 | 伸(の)びる 늘어나다, 성장하다 | ～に～られない ～하려야 ～할 수 없다

3番　🎵 듣기 2-03

男の人と女の人が話しています。女の人は朝ドラの何がいいと言っていますか。

M：よく飽きずに朝ドラ見てるね。

F：朝食後のコーヒータイムにぴったりなのよ。そのあと、ガンガン、仕事するから。

M：9時から、リモートで仕事だからちょうどいいんだね。でも韓国ドラマに比べるとわくわく感がないでしょう。

F：そうね。15分でいつもドキドキするようなドラマは作れなくて当たり前よ。でも、一番いいと思うのは配役ね。それまで悪役しかしてこなかったような人にいい人の役が割り振られて、ドラマが終わるころには他の番組でもそれまでと違った役がもらえるようになることが多いのよ。売れる人も大勢いるしね。

M：まあ、役って固定されやすいからね。

F：NHKは全国放送だから、殻を打ち破る力があるんだと思う。

M：そうだね。そんなこと考えていたとは思わなかったよ。それで欠かさず見ているんだ。

F：いいえ、いつもじゃないわよ。やっぱり、話の筋が面白くない番組は途中で止めちゃうわ。

女の人は朝ドラの何がいいと言っていますか。
1 朝ドラとコーヒーが相性がいいこと
2 ストーリーがわくわくして面白いこと
3 いろいろな役ができる人が出演していること
4 悪役ばかりしていた人にチャンスが与えられること

3번

남자와 여자가 이야기하고 있습니다. 여자는 아침 드라마의 무엇이 좋다고 말하고 있습니까?

남：정말 질리지도 않고 아침 드라마를 보네.

여：아침 식사 후 커피 타임에 딱이야(딱 좋거든). 그다음에 팍팍 일을 하니까.

남：9시부터 재택으로 업무니까 딱 맞긴 하겠네. 근데 한국 드라마에 비하면 설레는 맛은 없지 않아?

여：맞아. 15분짜리로 항상 두근거리는 드라마는 만들지 못 하는 게 당연하지. 하지만 제일 좋다고 생각하는 건 배역이야. 그전까지 악역밖에 해오지 않았던 사람에게 선한 역할이 배정돼서, 드라마가 끝날 때쯤에는 다른 프로그램에서도 지금까지와 다른 역할을 맡게 되는 경우가 많거든. 인기를 얻는 사람도 엄청 많고 말이야.

남：뭐, 배역이라는 게 고정되기 쉬우니까.

여：NHK는 전국 방송이라서 고정관념(껍질)을 깨부수는 힘이 있는 것 같아.

남：그렇네. 그런 걸 생각하고 있었을 줄은 몰랐어. 그래서 빠짐없이 보고 있구나.

여：아니, 항상 그런 건 아니야. 역시 줄거리가 재미없는 방송은 도중에 그만두거든.

여자는 아침 드라마의 무엇이 좋다고 말하고 있습니까?
1 아침 드라마와 커피가 궁합이 좋다는 점
2 스토리가 흥미진진하고 재미있다는 점
3 여러 가지 역할을 할 수 있는 사람이 출연한다는 점
4 악역만 하던 사람에게 기회가 주어지는 점

4番　🎵 듣기 2-04

アナウンサーが動物保護団体の人にインタビューしています。動物保護団体の人の意見はどれですか。

F：日本だけでも絶滅が危惧される野生動物は約1500種にも上るそうです。種の絶滅を阻止する最前線はどうなっていますか。

M：いろいろ行っていますが、動物園では動物の細胞を凍結保存する方法を採っています。細胞を保存しておけばいつかそれを使って動物を復活することができますから。

F：それは素晴らしい取り組みですね。それで万事解決でしょうか。

M：いえいえ、他にもやるべきことがたくさんあります。森林の減少など人間が原因で進む環境の悪化は多くの動物を絶滅させる可能性が高いですから阻止しなければならないと思います。むしろこちらに力を入れるべきです。動物たちが生きにくい地球は人間にとっても生きにくいです。このことをもっと真剣に考えなければならないと思います。

動物保護団体の人の意見はどれですか。

1　細胞凍結では種の絶滅は防げない
2　森林を増やせば動物を絶滅から救うことができる
3　動物が絶滅するような環境は人間にとってもよくない
4　人間を絶滅から救うために森林を増やさなければならない

4번

아나운서가 동물 보호 단체 사람에게 인터뷰하고 있습니다. 동물 보호 단체 사람의 의견은 어느 것입니까?

여: 일본에서만도 멸종이 우려되는 야생동물은 약 1500종에나 달한다고 합니다. 종의 멸종을 저지하는 최전선은 어떻게 되고 있나요?

남: 여러 가지를 시행하고 있습니다만, 동물원에서는 동물의 세포를 동결 보존하는 방법을 채택하고 있습니다. 세포를 보존해 두면 언젠가 그것을 사용해 동물을 부활시킬 수 있으니까요.

여: 그거 멋진 노력이네요. 그걸로 만사 해결되는 건가요?

남: 아니요, 그 외에도 해야 할 일이 아주 많습니다. 삼림 감소 등 인간이 원인이 되어 진행되는 환경 악화는 많은 동물을 멸종시킬 가능성이 크기 때문에 저지해야 한다고 생각합니다. 오히려 이쪽에 힘을 쏟아야 합니다. 동물들이 살기 힘든 지구는 인간에게도 살기 힘듭니다. 이 점을 좀 더 진지하게 생각해야 한다고 봅니다.

동물 보호 단체 사람의 의견은 어느 것입니까?

1　세포 동결로는 종의 멸종은 막을 수 없다
2　삼림을 늘리면 동물을 멸종에서 구할 수 있다
3　동물이 멸종하는 환경은 인간에게도 좋지 않다
4　인간을 멸종에서 구하기 위해 삼림을 늘려야 한다

5番　　🎵듣기 2-05

男の人と女の人が話しています。女の人は自分に投資するメリットは何だと言っていますか。

M：株が暴落して大損害だ。アンさんも損したでしょう。

F：私は株には投資していないから。

M：じゃ、他の金融商品に投資しているの？

F：ううん、自分に投資しているのよ。

M：えっ。どういうこと？

F：能力アップよ。プログラムの教室に通っているの。

M：いいね。90近いおばあちゃんプログラマーが活躍しているって聞いたことがあるよ。

F：ええ、その人は有名よね。60歳近くになってプログラムの勉強を始めたそうよ。自分に投資したのが今大きくなって帰ってきてるのよ。

M：君もそれを目指しているの？

F：そういうわけじゃないけど、見返りはあるんじゃない？

M：いい仕事に就けるとか？

F：そうね、株みたいに減る危険もないし、自分に投資するのが一番いいと思うわ。

女の人は自分に投資するメリットは何だと言っていますか。

1 費用をかけないで見返りがあること
2 金融商品に投資するより儲かること
3 損しないし、何かの形で戻ってくること
4 おばあちゃんプログラマーみたいになれること

5번

남자와 여자가 이야기하고 있습니다. 여자는 자신에게 투자하는 장점은 무엇이라고 말하고 있습니까?

남 : 주식이 폭락해서 큰 손해야. 안 씨도 손해 봤지?

여 : 나는 주식에는 투자하지 않으니까.

남 : 그럼, 다른 금융 상품에 투자하고 있어?

여 : 아니, 나 자신에게 투자하고 있어.

남 : 어? 그게 무슨 소리야?

여 : 능력 향상이지. 프로그래밍 학원에 다니고 있어.

남 : 좋네. 90세 가까운 할머니 프로그래머가 활약하고 있다고 들은 적이 있어.

여 : 응, 그분은 유명하지. 60세 가까이 되어서 프로그래밍 공부를 시작하셨대. 자신에게 투자한 게 지금 크게 되서 돌아오고 있는 거야.

남 : 너도 그걸 목표로 하고 있는 거야?

여 : 그런 건 아니지만, 보상은 있지 않겠어?

남 : 좋은 직장을 구할 수 있다거나?

여 : 그렇지, 주식처럼 줄어들 위험도 없고, 자신에게 투자하는 게 제일 좋다고 생각해.

여자는 자신에게 투자하는 장점은 무엇이라고 말하고 있습니까?

1 비용을 들이지 않고 보상이 있다는 점
2 금융 상품에 투자하는 것보다 돈을 더 많이 번다는 점
3 손해 보지 않고, 어떤 식으로든 돌아온다는 점
4 할머니 프로그래머처럼 될 수 있다는 점

해설　여자는 자기 계발(자신에 대한 투자)의 장점으로 주식과 달리 자산이 깎일 위험이 없다는 안전성과 미래에 반드시 이득(보상)으로 돌아온다는 점을 강조했으므로 3번이 정답이다. 1번, 프로그램 교실에 다니는 등 비용(수강료)이 발생하므로 틀린 내용이다. 2번, 금융 상품보다 더 많은 수익을 낸다는 구체적인 이익 비교는 언급되지 않았다. 4번, 유명한 사례로 언급했을 뿐, 여자의 직접적인 목표는 아니라고 선을 그었다.

단어　暴落(ぼうらく) 폭락 | 大損害(だいそんがい) 큰 손해 | 損(そん)する 손해를 보다 | 投資(とうし) 투자 | 金融(きんゆう) 금융 | 目指(めざ)す 목표로 하다 | 見返(みかえ)り 보답, 보상 | 仕事(しごと)に就(つ)く 직업을 갖다, 취직하다 | 費用(ひよう)をかける 비용을 들이다 | 儲(もう)かる 이익이 나다, 돈을 벌다

男の人と女の人が話しています。このチョコレートが最もアピールできることは何ですか。

M : このチョコレート、フルーティーで、すご～く、美味しいね。ベルギーのチョコ？

F : 国産よ。チョコレートは外国産がいいと思っているのね。ウィスキーもワインも今は日本産が人気だって知っているでしょ。チョコもそのうちそうなるわよ。

M : そうかな。

F : ここのチョコは原料からして違うのよ。豆をコロンビアの自社農園で栽培して、収穫したらすぐに材料用のチョコレートにして日本に運ぶから鮮度が違うのよ。使うフルーツも契約農家の物で新鮮だし…。売り切れちゃうほどになると思うわ。

M : 世界コンテストで一位になったら、そうなるかも。

F : ならなくてももう認められているわ。それに、この会社は現地の子供たちのために学校を開くなどいろいろな社会貢献もしているのよ。私は応援しているのよ。

M : いいことをしているね。でも僕はエシカルだからって買おうとは思わないよ。商品にはそれだけの価値ないとね。まあ、このチョコには君が言うだけのことはあると思うけど。

このチョコレートが最もアピールできることは何ですか。

1 コンテストで世界1位になったこと
2 自分の農園のカカオを使っていること
3 新鮮な材料で作られていること
4 コロンビア産の上等な豆を使っていること

남자와 여자가 이야기하고 있습니다. 이 초콜릿이 가장 어필할 수 있는 점은 무엇입니까?

남 : 이 초콜릿, 과일 향도 나고 엄～청 맛있네. 벨기에 초콜릿이야?

여 : 국산이야. 초콜릿은 외국산이 좋다고 생각하는구나. 위스키도 와인도 지금은 일본산이 인기라는 거 알고 있지? 초콜릿도 머지않아 그렇게 될 거야.

남 : 그런가.

여 : 여기 초콜릿은 원료부터가 다르다고. 원두를 콜롬비아의 자사 농원에서 재배해서, 수확하면 바로 재료용 초콜릿으로 만들어 일본으로 운반하니까 신선도가 달라. 사용하는 과일도 계약 농가 것이라 신선하고……. 품절될 정도가 될 거라고 생각해.

남 : 세계 대회에서 1위를 한다면 그렇게 될지도 모르지.

여 : 1위를 안 해도 이미 인정받고 있어. 게다가 이 회사는 현지 아이들을 위해 학교를 세우는 등 다양한 사회 공헌도 하고 있어. 나는 응원하고 있거든.

남 : 좋은 일을 하고 있네. 하지만 난 '에시컬(윤리적)'이라고 해서 사려고 하지는 않아. 상품에는 그만한 가치가 있어야지. 뭐, 이 초콜릿에는 네가 말할 만한 가치는 있다고 생각하지만.

이 초콜릿이 가장 어필할 수 있는 점은 무엇입니까?

1 대회에서 세계 1위가 된 점
2 자체 농원의 카카오를 사용하고 있는 점
3 신선한 재료로 만들어졌다는 점
4 콜롬비아산 고급 원두를 사용하고 있는 점

해설 여자는 이 초콜릿의 맛의 비결로 재배 직후 가공하는 신선한 카카오와 계약 농가의 신선한 과일 등 '재료의 신선도'를 가장 큰 차별점으로 꼽았으므로 3번이 정답이다. 1번, 1위가 되면 좋겠다는 남자의 가정일 뿐, 실제로 1위를 한 사실은 없다. 2번, 자사 농원을 운영하는 것은 맞으나, 그것은 결국 '신선도(재료의 질)'를 확보하기 위한 수단으로 언급된 것이다. 3번의 '신선한 재료'가 더 포괄적이고 궁극적인 어필 포인트다. 4번, 단순히 산지가 좋은 것이 아니라, 수확 후 즉시 가공하여 운송하는 과정이 중요하다.

단어 ～からして ～부터가(근거 강조) | 栽培(さいばい) 재배 | 収穫(しゅうかく) 수확 | 売(う)り切(き)れる 매진되다 | 学校(がっこう)を開(ひら)く 학교를 세우다 | 鮮度(せんど) 신선도 | 貢献(こうけん) 공헌 | エシカル 윤리적인(ethical) | ～からって ～라고 해서(～からといって의 회화체) | ～だけのことはある ～할 만한 가치가 있다

問題 3

問題3では、問題用紙に何も印刷されていません。この問題は、全体としてどんな内容かを聞く問題です。話の前に質問はありません。まず話を聞いてください。それから、質問とせんたくしを聞いて、1から4の中から、最もよいものを一つ選んでください。

문제 3

문제3에서는 문제용지에 아무것도 인쇄되어 있지 않습니다. 이 문제는 전체적으로 어떤 내용인가를 묻는 문제입니다. 이야기 전에 질문은 없습니다. 먼저 이야기를 들어 주세요. 그리고 질문과 선택지를 듣고 1에서 4 중에서 가장 적당한 것을 하나 고르세요.

例　　　　　듣기 3-00

女の人が男の人に映画の感想を聞いています。

F：この間話してた映画、見に行ったんでしょ？ どうだった？

M：うん、すごく豪華だった。衣装だけじゃなくて、景色もすべて、画面の隅々まで **とにかくきれいだったよ。でも、ストーリーがなあ。** 主人公の気持ちになって、一緒にドキドキして見られたらもっとよかったんだけど、**ちょっと単調でそこまでじゃなかったな。** 娯楽映画としては十分楽しめると思うけどね。

男の人は映画についてどう思っていますか。
1　映像も美しく、話も面白い。
2　映像は美しいが、話は単調だ。
3　映像もよくないし、話も単調だ。
4　映像はよくないが、話は面白い。

예

여자가 남자에게 영화의 감상을 묻고 있습니다.

여 : 요전에 이야기했던 영화, 보러 갔었지? 어땠어?

남 : 응, 굉장히 화려했어. 의상뿐만 아니라 경치도 모두, 화면의 구석구석까지 **어쨌든 아름다웠어. 하지만 스토리가 좀~.** 주인공이 된 기분이 돼서 함께 두근거리며 볼 수 있었으면 더 좋았을 텐데, **좀 단조롭고 그렇게까지는 아니었어.** 오락영화로서는 충분히 즐길 수 있다고 생각하지만 말야.

남자는 영화에 대해서 어떻게 생각하고 있습니까?
1　영상도 아름답고, 이야기도 재미있다.
2　영상은 아름답지만, 이야기는 단조롭다.
3　영상도 좋지 않고, 이야기도 단조롭다.
4　영상은 좋지 않지만, 이야기는 재미있다.

해설　남자가 영화의 감상을 말하는 상황이다. 의상과 경치 등 화면 구석구석이 화려하고 아름다웠다고 호평하지만, 스토리는 주인공에게 몰입하기 어려울 정도로 단조로웠다며 아쉬움을 드러낸다. 따라서 영상미는 훌륭하나 이야기는 지루했다는 것이 남자의 생각이다.

단어　豪華(ごうか)だ 호화롭다 | 衣装(いしょう) 의상 | 景色(けしき) 경치 | 隅々(すみずみ) 구석구석 | 画面(がめん) 화면 | 主人公(しゅじんこう) 주인공 | ドキドキする 두근거리다 | 単調(たんちょう)だ 단조롭다 | 娯楽(ごらく)映画(えいが) 오락 영화 | 映像(えいぞう) 영상

1番　　　　　듣기 3-01

社会学者が話しています。

F：日本では人口減少に伴い空き家が増えつつあって、地域の存続さえ危ういところが増えています。しかし、**それを生かした街作りに成功した地域も各地に出てきました。** ある村は改築した古民家や特徴がある家やレストランなど様々な個性的な店を集めました。歩いて回れるのでとても楽しいです。それが評判を呼び、元々の住民だけでなく地域外からも集客することができて **地域が生まれ変わったように賑やかになりました。** 地域が活性化したので新たに移住してくる人も出てきました。今ではこのことが拡散して人口が激減している地域も工夫次第で生まれ変われるのだと多くの人を勇気づけています。

1번

사회학자가 이야기하고 있습니다.

여 : 일본에서는 인구 감소에 따라 빈집이 늘어나고 있고, 지역의 존속조차 위태로운 곳이 늘고 있습니다. 하지만, **그것(빈집)을 활용한 마을 만들기에 성공한 지역도 각지에 나오기 시작했습니다.** 어느 마을은 개축한 고택이나 특징이 있는 집, 레스토랑 등 다양한 개성적인 가게들을 모았습니다. 걸어서 둘러볼 수 있기 때문에 무척 즐겁습니다. 그것이 평판이 자자해, 원래의 주민뿐만 아니라 지역 외에서도 손님을 모을 수 있게 되었고 **지역이 새로 태어난 것처럼 활기차졌습니다.** 지역이 활성화되어서 새로 이주해 오는 사람도 나오기 시작했습니다. 지금은 이 사실이 확산되어, 인구가 급감하고 있는 지역도 아이디어에 따라 새로 태어날 수 있다고 많은 사람을 고무시키고 있습니다.

社会学者は何について話していますか。

1 地域外からの観光客を増やすための具体的な広告戦略
2 空き家を活用した街作りによる地域の再生
3 古民家を改築して住むことのメリットとデメリット
4 人口減少によって存続が危ぶまれている村の現状

사회학자는 무엇에 대해 이야기하고 있습니까?

1 지역 외에서 온 관광객을 늘리기 위한 구체적인 광고 전략
2 빈집을 활용한 마을 만들기를 통한 지역 재생
3 고택을 개축해서 사는 것의 장점과 단점
4 인구 감소로 인해 존속이 위태로워진 마을의 현실

해설 빈집을 개축해 상점을 모으고 유동 인구와 이주자를 늘려 지역을 활성화(재생)시킨 사례를 설명하고 있으므로 정답은 2번이다. 1번, 광고 전략이 아니라 빈집 활용 방식과 그 결과에 초점을 맞추고 있다. 3번, 개축의 장단점을 비교하는 것이 아니라 지역 전체의 재생 사례를 소개하고 있다. 4번, 위기 상황에 대한 분석보다는 이를 극복하고 성공적으로 재탄생한 사례를 강조한다.

단어 ～に伴(ともな)い ～에 따라 | 空(あ)き家(や) 빈집 | ～つつある ～하고 있다〈진행 중〉| 危(あや)うい 위태롭다 | 生(い)かす 살리다, 활용하다 | 改築(かいちく) 개축, 리모델링 | 古民家(こみんか) 오래된 전통 민가, 고택 | 評判(ひょうばん)を呼(よ)ぶ 인기를 얻다, 평판이 자자하다 | 生(う)まれ変(か)わる 새롭게 태어나다 | 活性化(かっせいか) 활성화 | 新(あら)たに 새로 | 移住(いじゅう) 이주 | 拡散(かくさん) 확산 | 激減(げきげん) 급감 | 工夫(くふう) 고안(아이디어) | ～次第(しだい)で ～에 따라 | 勇気(ゆうき)づける 용기를 북돋우다, 고무시키다 | 増(ふ)やす 늘리다 | 戦略(せんりゃく) 전략 | 再生(さいせい) 재생 | 危(あや)ぶむ 위태로워하다, 걱정하다

2番

🎵 듣기 3-02

会社の社長が話しています。

M: 植物は世界中どこにでも存在します。価格も石油と違って世界の情勢や市場の動向に左右されないので安定しています。ですから、植物を循環させることができれば温暖化にも貢献できるのではと考えました。しかし植物でもトウモロコシなど食料になる物を大量に使うことは食糧危機に結び着きます。この点、建築などの廃材を使えばその心配もありません。わが社はプラスチックではなく、様々な植物由来の不用品を集めて溶かした植物を使った物で家を建てる材料や家具を造っております。使わなくなったらまた溶かして製品に戻すことができるので、半永久的に循環させることができる優れた物です。

社長は何について話していますか。

1 植物由来の材料の使い方
2 植物の循環の必要性
3 廃材で作る自社製品
4 永久に使用できる樹脂

2번

회사의 사장이 이야기하고 있습니다.

남: 식물은 전 세계 어디에나 존재합니다. 가격도 석유와 달리 세계 정세나 시장 동향에 좌우되지 않기 때문에 안정적입니다. 그렇기 때문에 식물을 순환시킬 수 있다면 온난화에도 기여할 수 있지 않을까 생각했습니다. 하지만 식물이라도 옥수수같은 식량이 되는 것을 대량으로 사용하는 것은 식량 위기로 이어집니다. 이 점, 건축 등의 폐자재를 사용한다면 그런 걱정도 없습니다. 저희 회사는 플라스틱이 아니라 다양한 식물 유래의 쓸모없는 물건을 모아 녹인 식물을 사용한 것으로 집을 짓는 재료나 가구를 만들고 있습니다. 사용하지 않게 되면 다시 녹여서 제품으로 되돌릴 수 있기 때문에 반영구적으로 순환시킬 수 있는 뛰어난 것입니다.

사장은 무엇에 대해 이야기하고 있습니까?

1 식물 유래 재료의 사용 방법
2 식물 순환의 필요성
3 폐자재로 만드는 자사 제품
4 영구적으로 사용 가능한 수지

해설 사장은 식량 위기를 피하기 위해 건축 폐자재 등 식물 유래의 쓸모 없는 물건을 원료로 삼아 자사에서 집의 재료나 가구를 제조하고 있으며, 이것이 다시 제품으로 환원되는 순환형 구조를 갖추고 있음을 설명하고 있으므로 3번이 정답이다. 1번, 식물 유래 재료의 일반적인 사용법이 아니라 자사의 특정 사업에 관한 이야기이다. 2번, 식물 순환의 필요성을 넘어 구체적인 폐자재 활용 사례(제품)를 설명하고 있다. 4번, 반영구 순환은 언급했으나 영구 사용 수지라는 명칭은 주제가 아니다.

단어 情勢(じょうせい) 정세 | 動向(どうこう) 동향 | 左右(さゆう)される 좌우되다 | 循環(じゅんかん) 순환 | ～のでは ～인 것은 (아닐까) | 危機(きき) 위기 | 結(むす)び着(つ)く 결부되다, 이어지다 | 廃材(はいざい) 폐자재 | 由来(ゆらい) 유래 | 不用品(ふようひん) 불용품(쓸모없게 된 물건) | 溶(と)かす 녹이다 | 優(すぐ)れる 뛰어나다 | 樹脂(じゅし) (합성)수지

3番　　　🎵 듣기 3-03

労働者受け入れ業界の人が話しています。

F：韓国は、給料の差別をなくし、国が言葉の教育に力を入れたことで、外国人を呼び込むことに成功しました。日本にとって韓国は手強いライバルです。しかし、ただ人を集めるだけでなく、彼らが社会の一員として安心して暮らせる環境を作ることが大切です。単に「労働力」として見るのではなく、家族や生活を支える「隣人」として受け入れる姿勢が求められています。言葉の壁や文化の違いを乗り越えるためのサポート体制も、まだ十分とは言えません。職場だけでなく地域社会全体で彼らを孤立させないネットワークを構築していくべきです。これからの日本と韓国にとっては、外国人と共に生きていくための準備が一番の課題になるでしょう。

業界の人が最も言いたいことは何ですか。
1 韓国より高い水準の賃金保障
2 外国人向けの言語教育の強化
3 外国人を隣人として受け入れる態度
4 海外の優秀な人材を誘致する競争での勝利

3번

노동자 수용 업계 관계자가 말하고 있습니다.

여 : 한국은 임금 차별을 없애고 국가가 언어 교육에 힘을 쏟음으로써 외국인을 유치하는 데 성공했습니다. 일본에게 한국은 만만치 않은 라이벌입니다. 하지만 단순히 사람을 모으는 것뿐만 아니라, 그들이 사회의 일원으로서 안심하고 살 수 있는 환경을 만드는 것이 중요합니다. 단순히 '노동력'으로서 보는 것이 아니라, 가족이나 생활을 지탱하는 '이웃'으로서 받아들이는 자세가 요구되고 있습니다. 언어 장벽이나 문화 차이를 극복하기 위한 지원 체제도 아직 충분하다고는 할 수 없습니다. 직장뿐만 아니라 지역 사회 전체에서 그들을 고립시키지 않는 네트워크를 구축해 나가야 합니다. 앞으로의 일본과 한국에게는 외국인과 함께 살아가기 위한 준비가 가장 큰 과제가 될 것입니다.

업계 사람이 가장 말하고 싶은 것은 무엇입니까?
1 한국보다 높은 수준의 임금 보장
2 외국인 대상 언어 교육의 강화
3 외국인을 이웃으로 받아들이는 태도
4 해외 우수한 인재를 유치하는 경쟁에서의 승리

해설 '단순한 노동력'이 아닌 생활을 지탱하는 '이웃(隣人)'으로 받아들이는 자세를 강조하고 있다. 따라서 정답은 3번이다. 1번, 2번은 한국의 성공 요인이나 보조적인 수단일 뿐, 화자가 강조하는 궁극적인 태도는 아니다. 4번, 인재 유치 경쟁에서 이기는 것보다 유치한 인원과 '어떻게 함께 살 것인가'가 더 중요한 과제라고 말하고 있다.

단어 受(う)け入(い)れ 수용, 받아들임 | 差別(さべつ) 차별 | 力(ちから)を入(い)れる 힘을 쏟다, 주력하다 | ～ことで ～함으로써, ～하는 것으로 | 呼(よ)び込(こ)む 불러들이다, 유치하다 | 手強(てごわ)い 만만치 않다, 벅차다 | 一員(いちいん) 일원 | 支(ささ)える 지탱하다, 부양하다 | 隣人(りんじん) 이웃 | 乗(の)り越(こ)える 극복하다 | 孤立(こりつ) 고립 | 構築(こうちく) 구축 | 課題(かだい) 과제 | 賃金(ちんぎん) 임금 | 保障(ほしょう) 보장 | 誘致(ゆうち) 유치

4番　　　🎵 듣기 3-04

イチゴ農家の人が話しています。

M：いちごは年に一回しか収穫しない場合でも翌年までいちごが実る元となるいわゆる「親株」を病気や害虫から守らなければならないからとても大変です。最近は特に農家の高齢化が進んでいて、暑い夏に世話をするのが大変だと言う人が多いです。それで廃業してしまう農家も多いです。その救世主とも言えるのが「種子繁殖型」と呼ばれる種から苗を作るいちごで、親の病気などが種に伝染する心配がないですし、一度にたくさん苗を作ることもできます。苗を育てる期間と労力を大幅に削減できると大いに期待しています。

4번

딸기 농가 사람이 이야기하고 있습니다.

남 : 딸기는 1년에 한 번밖에 수확하지 않는 경우라도 내년까지 딸기가 열매를 맺는 바탕이 되는 이른바 '어미 묘'를 병이나 해충으로부터 지켜야 하기 때문에 매우 힘듭니다. 최근에는 특히 농가의 고령화가 진행되고 있어 더운 여름에 보살피는 것이 힘들다고 말하는 사람이 많습니다. 그래서 폐업해 버리는 농가도 많습니다. 그 구세주라고도 할 수 있는 것이 '종자 번식형'이라고 불리는 씨앗으로 모종을 만드는 딸기로, 어미의 병 등이 씨앗으로 전염될 걱정이 없고 한꺼번에 많이 모종을 만들 수도 있습니다. 모종을 키우는 기간과 노동력을 대폭 줄일 수 있을 것으로 크게 기대하고 있습니다.

제2회 실전모의테스트

いちご農家の人は何について話していますか。

1 いちごの苗を育てる難しさ
2 農家の減少と高齢化
3 新しい苗作りへの期待
4 病気に強いいちごの作り方

딸기 농가 사람은 무엇에 대해 이야기하고 있습니까?

1 딸기 모종을 키우는 어려움
2 농가의 감소와 고령화
3 새로운 모종 키우기에 대한 기대
4 병에 강한 딸기를 만드는 법

해설 지문 초반에는 기존 방식의 어려움(고령화, 여름철 관리)을 언급하지만, 중반의 '구세주'라는 표현 이후부터는 새로운 방식인 '종자 번식형'의 장점과 그에 따른 노동력 절감 효과에 대한 기대를 강조하고 있다. 1번/2번은 새로운 방식을 소개하기 위한 배경 설명이자 문제 제기일 뿐이다. 4번은 새로운 방식의 장점을 언급했을 뿐, 구체적인 재배 방법을 설명하는 글은 아니다.

단어 収穫(しゅうかく) 수확 | 実(みの)る 열매 맺다 | 元(もと) 바탕, 근원 | 親株(おやかぶ) 모주(어미 묘) | 害虫(がいちゅう) 해충 | 高齢化(こうれいか) 고령화 | 進(すす)む 진행되다 | 世話(せわ)をする 돌보다 | 廃業(はいぎょう) 폐업 | 救世主(きゅうせいしゅ) 구세주 | 種子(しゅし) 종자 | 繁殖(はんしょく) 번식 | 苗(なえ) 묘목, 모종 | 伝染(でんせん)する 전염되다 | 労力(ろうりょく) 노동력 | 大幅(おおはば)に 대폭 | 削減(さくげん) 삭감, 줄임 | 大(おお)いに 크게 | 減少(げんしょう) 감소 | 苗作(なえづく)りは 모종 키우기

5番　🎵 듣기 3-05

男の人が話しています。

M: 父から相続した田舎の家と土地が売れるかと思いきや、案に反して毎年の草取りや税金の支払いがあってだんだん負担になってきました。日本で不動産がマイナスの負動産になることを実感しました。我が家は最終的には「相続土地国庫帰属制度」を使って手放すことができてほっとしています。でも国に受け取ってもらえない不動産がかなりあると聞きました。それに国に引き取ってもらうには土地だけにしなければならないし、申請費用や国に管理費として払う10年分の負担金があります。私の場合は20万円でした。全てを合わせるとかなりのお金がかかりましたが、それでも子供たちに迷惑をかけなくて済むのでよかったと思っています。

男の人は何が良かったと考えていますか。

1 かかった経費がまずまずだったこと
2 そのままで国に受け取ってもらえたこと
3 国に払うお金だけで済んだこと
4 自分の代で不動産が手放せたこと

5번

남자가 이야기하고 있습니다.

남: 아버지로부터 상속받은 시골의 집과 토지가 팔리는가 했더니, 예상과 달리 매년 잡초 제거와 세금 납부가 있어서 점점 부담이 되었습니다. 일본에서 부동산이 마이너스가 되는 '부동산(負動産, 짐이 되는 부동산)'이 된다는 것을 실감했습니다. 우리 집은 최종적으로는 '상속 토지 국고 귀속 제도'를 사용해 처분할 수 있어서 안심하고 있습니다. 하지만 국가가 받아주지 않는 부동산이 꽤 많다고 들었습니다. 게다가 국가가 인수하게 하려면 토지만 남겨두어야 하고 신청 비용이나 국가에 관리비로 내는 10년 치 부담금이 있습니다. 제 경우에는 20만 엔이었습니다. 모든 것을 합치면 상당한 돈이 들었지만, 그래도 아이들에게 폐를 끼치지 않아도 되어서 다행이라고 생각합니다.

남자는 무엇이 좋았다고 생각합니까?

1 들어간 경비가 그럭저럭 적당했던 것
2 그대로 국가가 받아주었던 것
3 국가에 내는 돈만으로 해결된 것
4 자신의 대에서 부동산을 처분할 수 있었던 것

해설 남자는 비록 비용은 많이 들었지만, 골칫덩이인 토지를 국가에 귀속시킴으로써 자식 세대로 부담을 넘기지 않고 자신의 대에서 해결(처분)했다는 점에 만족하고 있으므로 4번이 정답이다. 1번, 비용이 꽤 들었다고 언급했으므로 적당했다는 내용과 다르다. 2번, 건물을 허물고 토지만 남겨야 하는 조건이 있으므로 틀리다. 3번, 관리비뿐만 아니라 신청 비용, 철거 비용 등 여러 비용이 복합적으로 들었다.

단어 相続(そうぞく) 상속 | ～かと思(おも)いきや ～인가 했더니〈반전〉 | 案(あん)に反(はん)して 예상과 달리 | 実感(じっかん) 실감 | 手放(てばな)す 손을 떼다, 처분하다 | ほっとする 안심하다 | 受(う)け取(と)る 받아주다, 수취하다 | 申請(しんせい) 신청 | 負担金(ふたんきん) 부담금 | 迷惑(めいわく)をかける 폐를 끼치다 | ～なくて済(す)む ～하지 않아도 된다 | 経費(けいひ) 경비 | まずまずだ 그저 그렇다, 그럭저럭 적당하다

問題 4

問題 4 では、問題用紙に何も印刷されていません。まず、文を聞いてください。それから、それに対する返事を聞いて、1 から 3 の中から、最もよいものを一つ選んでください。

문제 4

문제4에서는 문제용지에 아무것도 인쇄되어 있지 않습니다. 먼저 문장을 들어 주세요. 그리고 그것에 대한 응답을 듣고 1에서 3 중에서 가장 적당한 것을 하나 고르세요.

例　🎵 듣기 4-00

M: ああ、今日は、お客さんからの苦情が多くて、仕事にならなかったよ。

F: 1　いい仕事、できてよかったね。

　　2　仕事、なくて大変だったね。

　　3　お疲れ様、ゆっくり休んで。

예

남 : 아~ 오늘은 손님에게서 온 클레임이 많아서 일을 못했어.

여 : 1　일이 잘 되어서 다행이네.

　　2　일이 없어서 힘들었구나.

　　3　수고했어, 푹 쉬어.

해설　仕事(しごと)にならない는 '일이 손에 잡히지 않는다'는 뜻이다. 클레임 때문에 업무에 지장이 있었다는 남자의 하소연에 대해, 위로를 건네는 3번이 정답이다. 1, 2번은 남자의 상황과 어울리지 않는 부적절한 대답이다.

단어　苦情(くじょう) 불평, 클레임 | ゆっくり 푹, 천천히 | 休(やす)む 쉬다

1番　🎵 듣기 4-01

F: コーヒーと紅茶、どちらがよろしいでしょうか。

M: 1　どうぞ、ご面倒なく。

　　2　どうぞ、お世話なく。

　　3　どうぞ、お構いなく。

1번

여 : 커피와 홍차, 어느 것이 좋으실까요?

남 : 1　부디, 번거로움 없이.

　　2　부디, 신세 지는 일 없이.

　　3　부디, 신경 쓰지 마세요.

해설　상대방이 마실 것을 대접하려 할 때, 정중하게 사양하거나 부담 갖지 말라고 답하는 관용구인 3번이 가장 적절하다. 1번과 2번은 대접받는 상황에서 잘 쓰지 않는 어색한 표현이다.

단어　よろしい 좋다, 괜찮다 | 面倒(めんどう) 번거로움, 귀찮음 | お世話(せわ) 신세, 돌봄 | お構(かま)いなく 신경 쓰지 마세요(대접 등을 사양할 때)

2番　🎵 듣기 4-02

F: 昨日の忘年会、ずいぶん遅かったわね。

M: 1　うん、話が飛んじゃって。

　　2　うん、話が尽きちゃって。

　　3　うん、話が弾んじゃって。

2번

여 : 어제 송년회, 꽤 늦었네.

남 : 1　응, 이야기가 딴 데로 새 버려서.

　　2　응, 이야기가 바닥나 버려서.

　　3　응, 이야기가 활기를 띠어서.

해설　송년회가 늦게까지 이어진 이유로 대화가 즐거워 시간 가는 줄 몰랐다는 맥락의 3번이 가장 자연스럽다. 1번의 話가 飛ぶ는 말의 앞뒤가 안 맞거나 정신없다는 느낌을 줄 때 주로 사용한다. 회식이 늦어진 직접적인 원인(즐거운 분위기)을 설명하기에는 부족한 표현이다. 2번은 이야기가 끊겼다는 뜻이므로 늦게까지 남았을 이유와 상충한다.

단어　忘年会(ぼうねんかい) 송년회 | 話(はなし)が飛(と)ぶ 이야기가 딴 데로 새다 | 話(はなし)が尽(つ)きる 이야기가 바닥나다 | 話(はなし)が弾(はず)む 이야기가 활기를 띠다

3 番 　🎵 듣기 4-03

M : 今年は学年全員が落第することなく卒業できました。

F : 1 それは快挙ですね。

2 落ちこぼれが多かったんですね。

3 あと一歩でしたね。

3번

남 : 올해는 학년 전원이 유급되는 일 없이 졸업할 수 있었습니다.

여 : 1 그것 참 쾌거네요.

2 낙오자가 많았군요.

3 한 끗 차이네요.

해설 전원 졸업이라는 긍정적이고 놀라운 성과에 대해 찬사를 보내는 1번이 가장 적절하다. 2번과 3번은 부정적이거나 아쉬움을 나타내는 표현이므로 문맥에 맞지 않는다.

단어 落第(らくだい) 낙제, 유급 | 卒業(そつぎょう) 졸업 | 快挙(かいきょ) 쾌거 | 落(お)ちこぼれ 낙오자 | あと一歩(いっぽ) 한 걸음 직전, 한 끗 차이

4 番 　🎵 듣기 4-04

M : 嬉しいことにボーナスは売り上げの成績いかんで決まるんだって。

F : 1 じゃ、頑張る甲斐があるわね。

2 じゃ、張り合いがないわね。

3 じゃ、適当にすればいいわね。

4번

남 : 기쁘게도 보너스는 매출 성적에 따라 결정된대.

여 : 1 그럼, 노력한 보람이 있겠네.

2 그럼, 의욕(하는 보람)이 없겠네.

3 그럼, 적당히 하면 되겠네.

해설 성과에 따라 보상을 받는다는 긍정적인 소식에 대해 동기부여가 될 것임을 언급하는 1번이 정답이다. 2번과 3번은 성과급 제도의 취지와 어긋나는 부정적인 반응이다.

단어 売(う)り上(あ)げ 매출 | 成績(せいせき) 성적 | 〜いかんで 〜에 따라, 〜여하에 따라 | 〜甲斐(かい)がある 〜한 보람이 있다 | 張(は)り合(あ)い 의욕, 경쟁하는 재미

5 番 　🎵 듣기 4-05

M : 彼は小さいことは気にしないきらいがある。

F : 1 じゃ、完璧に仕事をこなすわね。

2 じゃ、細かいことに気を回すのね。

3 じゃ、緻密な仕事は任せないに限るわね。

5번

남 : 그는 사소한 것은 신경 쓰지 않는 경향이 있어.

여 : 1 그럼 완벽하게 일을 해내겠네.

2 그럼 세세한 것에 신경을 쓰는구나.

3 그럼 치밀한 일은 맡기지 않는 게 상책이겠네.

해설 상대방이 꼼꼼하지 못하다는 단점(경향)을 언급했으므로, 그에 따른 대처법으로 세밀한 업무를 맡기지 말자고 제안하는 3번이 가장 자연스럽다.

단어 〜きらいがある 〜하는 경향이 있다(부정적) | 気(き)を回(まわ)す 세세한 것까지 마음을 쓰다 | 緻密(ちみつ)な 치밀한 | 〜に限(かぎ)る 〜하는 게 제일이다(상책이다)

6 番 　🎵 듣기 4-06

F : 最近会社勤めのかたわらアクセサリーを販売しています。

M : 1 アクセサリーを販売する会社に勤めているんですね。

2 副業を認めているなんていい会社ですね。

3 サイドビジネスは止めたんですね。

6번

여 : 요즘 회사 근무를 하는 한편으로 액세서리를 판매하고 있어요.

남 : 1 액세서리를 판매하는 회사에 근무하고 있군요.

2 부업을 인정해 주다니 좋은 회사네요.

3 사이드 비즈니스(부업)는 그만두었군요.

해설 　본업 이외에 다른 일을 병행한다는 ~かたわら(하는 한편)의 의미를 이해하고, 이를 허용하는 회사 분위기에 대해 언급하는 2번이 가장 적절하다.

단어 　~かたわら ~하는 한편, ~하면서(동시에) | 販売(はんばい) 판매 | 副業(ふくぎょう) 부업 | サイドビジネス 사이드 비즈니스, 부업

7番　🎵 듣기 4-07

M: 君、課長に向かってため口なんて失礼極まりないよ。
F：1 口が軽い人は信用されないですよ。
　 2 口を挟むつもりはなかったんですが。
　 3 ついに口が滑ったんです。

7번

남: 자네, 과장님한테 반말이라니 너무나 실례야.
여: 1 입이 가벼운 사람은 신용받지 못해요.
　 2 말참견을 할 생각은 없었는데요.
　 3 나도 모르게 말실수를 했어요.

해설 　무례한 언행(반말)에 대한 지적에 대해 의도치 않게 말이 헛나왔음을 변명하는 3번이 가장 자연스럽다. 1번은 입이 가볍다(비밀을 못 지키다)는 의미이므로 상황에 맞지 않는다.

단어 　~に向(む)かって ~를 향해서, ~에게 | ため口(ぐち) 반말 | ~極(きわ)まりない ~하기 짝이 없다 | 口(くち)が軽(かる)い 입이 가볍다 | 口(くち)を挟(はさ)む 말참견을 하다 | 口(くち)が滑(すべ)る 입이 미끄러지다, 말실수를 하다

8番　🎵 듣기 4-08

M: いくら提案したところで、その計画は採用されないと思うよ。
F：1 そうであれ、説明したいんです。
　 2 それだからこそ解説したいんです。
　 3 それにもまして、申し込まなければならないんです。

8번

남: 아무리 제안해 봤자 그 계획은 채택되지 않을 것 같아.
여: 1 그렇다 하더라도 설명하고 싶어요.
　 2 그렇기 때문에 해설하고 싶어요.
　 3 그보다 더 신청해야만 해요.

해설 　상대방이 부정적인 결과를 예상하더라도 자신의 의지를 굽히지 않겠다는 표현인 そうであれ(그렇다 하더라도)를 사용한 1번이 가장 적절하다.

단어 　~たところで ~해 봤자 | 採用(さいよう) 채용, 채택 | そうであれ 그렇다 하더라도, 설령 그렇다 해도 | ~にもまして ~보다 더, ~이상으로 | 申(もう)し込(こ)む 신청하다

9番　🎵 듣기 4-09

M: 山田ときたら親をいいことに好き放題しているんだ。
F：1 親に使われているなんてかわいそうだね。
　 2 親をないがしろにしてるんだね。
　 3 親が知ったら怒るだろう。

9번

남: 야마다는 부모님을 믿고(부모님의 관대함을 이용해) 제멋대로 굴고 있어.
여: 1 부모에게 부림당하다니 불쌍하네.
　 2 부모를 소홀히 대하고(무시하고) 있구나.
　 3 부모님이 아시면 화내시겠네.

해설 　~をいいことには '~을 기회로(악용하여), ~을 핑계 삼아'라는 뜻이다. 주로 자신에게 유리한 상황을 이용해 좋지 못한 행동을 할 때 쓴다. 남자가 야마다의 부적절한 처신을 비판하고 있으므로, 그 행동에 대한 결과(부모님의 분노)를 언급한 3번이 가장 자연스럽다. 1번, 야마다가 부모를 '이용하는' 상황이지, 부모에게 '부려지는' 상황이 아니다. 2번, 부모를 소홀히 한다기 보다 부모의 배경을 이용해 맘껏 즐기는 상황에 가깝다.

단어 　~ときたら ~는, ~로 말할 것 같으면〈비난의 대상〉 | 好(す)き放題(ほうだい) 마음껏 함, 제멋대로 함 | ないがしろにする 소홀히 하다, 무시하다

10番　　🎵 듣기 4-10

M: 彼のパフォーマンスは素晴らしいから人気は国内に留まらないだろう？

F：1 ええ、関連グッズの売れ行きが今一だそうですよ。

　　2 ええ、もう世界ツアーも予定されているそうですよ。

　　3 ええ、国内はさっぱりだけど海外では超人気だそうですよ。

10번

남: 그의 퍼포먼스는 훌륭해서 인기가 국내에 머물지 않겠지?

여: 1 네, 관련 굿즈 매출이 그저 그렇다고 하더라고요.

　　2 네, 벌써 세계 투어도 예정되어 있다고 하더라고요.

　　3 네, 국내는 별로지만 해외에서는 엄청난 인기라고 하더라고요.

해설　인기가 국내를 넘어 세계로 뻗어 나갈 것이라는 추측에 동조하며 그 근거를 제시하는 2번이 정답이다. 1번, 인기가 많을 것이라는 말에 판매가 '별로'라고 답하는 것은 논리가 맞지 않다. 3번, 앞사람은 '국내에서도 훌륭하다'고 했는데, '국내는 별로다(さっぱりだ)'라고 답하면 앞의 사실을 부정하게 되어 어색하다.

단어　留(とど)まる 머무르다, 그치다 | 売(う)れ行(ゆ)き 판매 수량, 매출 | 今一(いまいち)だ 조금 부족하다, 그저 그렇다 | さっぱりだ 별로다, 형편없다

11番　　🎵 듣기 4-11

F: 新技術を使ったプロジェクトが成功した理由は何かしら。

M：1 技術もさることながら資金も豊富だったからね。

　　2 技術はともかく資金だけはいっぱいあったからね。

　　3 新技術をおいてプロジェクトが進んだからね。

11번

여: 신기술을 사용한 프로젝트가 성공한 이유는 무엇일까?

남: 1 기술도 물론이지만 자금도 풍부했으니까.

　　2 기술은 어쨌든 자금만은 잔뜩 있었으니까.

　　3 신기술을 제외하고 프로젝트가 진행되었으니까.

해설　'~도 물론이지만(또)'라는 의미의 ~もさることながら를 사용하여 성공 요인으로 기술과 자금 두 가지를 모두 긍정하는 1번이 가장 적절하다.

단어　資金(しきん) 자금 | 豊富(ほうふ) 풍부함 | ~はともかく ~은 어쨌든, ~은 차치하고 | ~をおいて ~을 제외하고

問題 5

問題5では長めの話を聞きます。この問題には練習はありません。問題用紙にメモをとってもかまいません。

문제 5

문제5에서는 긴 이야기를 듣습니다. 이 문제에는 연습은 없습니다. 문제용지에 메모를 해도 상관없습니다.

1番

問題用紙に何も印刷されていません。まず話を聞いてください。それから、質問とせんたくしを聞いて、1から4の中から、最もよいものを一つ選んでください。

1번

문제용지에 아무것도 인쇄되어 있지 않습니다. 먼저, 이야기를 들어 주세요. 그리고 질문과 선택지를 듣고 1에서 4 중에서 가장 적당한 것을 하나 고르세요.

1番　🎵 듣기 5-01

市役所で課長と2人の職員が話しています。

F1：去年は市の予算の中から2,000万円の使い道を市民のみなさんに決めてもらいました。応募が多かったので抽選で決めましたが、今年も同じ方法で良いでしょうか。

M：去年の公園の整備は市民から評判がよかったですから、今年も同じメンバーで決めたらどうでしょうか。専門家にも入ってもらって。

F1：専門家がいたら普通の市民はどうしてもその人の意見に引きずられてしまいますよ。

M：それはまずいですね。

F2：それに去年やりたかったのに抽選で外れた人は今年はやりたいでしょうし。

F1：そうですね。もっと良い方法があります。市民の中からランダムで2000人ぐらいを選んで、その中で応募してもらって更に20名を選ぶのはどうでしょうか。

M：それはいいアイディアですが、事務方の手間が大変ですから無理でしょう。

F1：確かに。でもアルバイトを雇ったらできるでしょう。

F2：そうですね。できるだけいいメンバーを集めて職員では気が付かないような改善点を提言してもらいたいですから。

M：そうですね。じゃあ、そのことは上と相談することにしましょう。

F1：では結果待ちで。

何を相談することになりましたか。

1　去年と同じ募集方法でいいかどうか
2　募集事務にアルバイトが雇えるかどうか
3　専門家を入れるかどうか
4　委員会のメンバーをどう決めるか

1번

시청에서 과장과 2명의 직원이 이야기하고 있습니다.

여1 : 작년에는 시 예산 중에서 2,000만 엔의 사용처를 시민 여러분이 결정하도록 했습니다. 응모가 많아서 추첨으로 정했습니다만, 올해도 같은 방법으로 하면 좋을까요?

남 : 작년의 공원 정비는 시민들로부터 평판이 좋았으니까, 올해도 같은 멤버로 결정하는 건 어떨까요? 전문가도 참여하게 해서요.

여1 : 전문가가 있으면 평범한 시민들은 아무래도 그 사람의 의견에 끌려가 버리고 말아요.

남 : 그건 안 좋네요.

여2 : 게다가 작년에 하고 싶었는데 추첨에서 떨어진 사람은 올해는 하고 싶어 할 테고요.

여1 : 그렇네요. 더 좋은 방법이 있습니다. 시민 중에서 랜덤으로 2,000명 정도를 뽑고, 그 안에서 응모를 받아 다시 20명을 선택하는 건 어떨까요?

남 : 그건 좋은 아이디어지만, 실무진의 품이 너무 많이 들어서 무리일 겁니다.

여1 : 확실히 그래요. 하지만 아르바이트생을 고용하면 가능하겠죠.

여2 : 맞아요. 가능한 좋은 멤버를 모아서 직원들은 알아채지 못하는 개선점을 제안받고 싶으니까요.

남 : 그렇군요. 그럼 그 건은 윗분들과 상의해 보도록 합시다.

여1 : 그럼 결과를 기다릴게요.

무엇을 상담하게 되었습니까?

1　작년과 같은 모집 방법으로 좋을지 어떨지
2　모집 사무(실무)에 아르바이트를 고용할 수 있을지 어떨지
3　전문가를 넣을지 어떨지
4　위원회 멤버를 어떻게 정할지

해설　새로운 모집 방식(2,000명 랜덤 추출)의 인력 부족 문제를 해결하기 위해 '아르바이트 고용'을 제안했고, 과장이 최종적으로 '이 방안(알바 고용 가능 여부)'을 상부와 의논하기로 했으므로 2번이 정답이다. 1번, 작년과 다른 방식을 제안했으므로 틀리다. 3번, 전문가 참여는 초반에 거절당했다. 4번, 위원회의 멤버 결정 방식보다는 그 방식을 실행하기 위한 '인력 충원(알바)' 여부가 최종 상의 내용이다.

단어　予算(よさん) 예산 | 使(つか)い道(みち) 사용처 | 抽選(ちゅうせん) 추첨 | 整備(せいび) 정비 | 評判(ひょうばん) 평판 | 〜に引(ひ)きずられる 〜에 휩쓸리다(끌려가다) | まずい 곤란하다, 좋지 않다 | 外(はず)れる (추첨에서) 떨어지다, 빗나가다 | 事務方(じむかた) 실무진 | 手間(てま) 수고, 품 | 雇(やと)う 고용하다 | 改善点(かいぜんてん) 개선점 | 提言(ていげん) 제언, 제안 | 募集(ぼしゅう) 모집 | 委員会(いいんかい) 위원회

まず、話を聞いてください。それから、二つの質問を聞いて、それぞれ問題用紙の1から4の中から、最もよいものを一つ選んでください。

2番　🎵 듣기 5-02

経済学者がこれからの日本はどうすべきかについて話しています。

F1：日本は20世紀に家電製品や自動車に代表される製造業によって高度経済成長を遂げました。しかし、1990年代にバブルが崩壊してから、失われた30年、いや、40年にもなろうとしている経済の低迷期から未だに脱却できていません。インターネット、半導体、ビッグデータ、プラットフォーム、クラウド、人工知能（AI）などのデジタル技術分野においては完全に後れを取っています。日本の発展のためには、どの分野に進んでいくべきかを見極めることが大事です。例えばAは後塵を拝しているけれども、デジタル技術分野の研究を進めること。Bはいままで通り日本の強みである製造分野を更に強くすること。Cはクールジャパンに代表される日本の文化や観光に力を入れること。Dのように海外投資で利益を得るという考えもあります。どれか一つに限ることもできません。全てをバランスよく行って進んでいくほかないと考えています。

F2：日本の国際収支は黒字だから、大丈夫なんじゃない？

M ：でも、黒字なのは海外に持っている債権が生み出す配当や利子なんだよ。そのお金は日本の景気を良くするためには役に立たないから。

F2：へ～、そうなの。

M ：日本の今の不景気は、企業が円安に頼って研究開発もしなかったせいだから、製造業に頑張ってもらわないと…。

F2：やっぱり製造業は重要ね。それにデジタルの競争力で日本は31位だそうだから、こちらは捨てて得意な観光などの分野に重点を置くのが一番いいと思うわ。

M ：えっ？ 後れを取っているからと言ってこの分野を放置するのはまずいと思うよ。製造業でいくら稼いでもお金をどんどん吸い上げられちゃうから。情報技術サービスの収支はもう年間6兆円を超える赤字になっていてこれからもどんどん増える見込みだよ。こちらを最重要視しなきゃ。

2번

먼저, 이야기를 들어 주세요. 그리고 나서 두 개의 질문을 듣고 각각 문제용지의 1에서 4 중에서 가장 적당한 것을 하나 고르세요.

2번

경제학자가 앞으로의 일본이 어떻게 해야 하는지에 대해 이야기하고 있습니다.

여1 ： 일본은 20세기에 가전제품이나 자동차로 대표되는 제조업을 통해 고도 경제성장을 이루었습니다. 하지만 1990년대에 거품 경제가 붕괴한 이후, 잃어버린 30년, 아니 40년이나 되어가는 경제 침체기에서 여전히 벗어나지 못하고 있습니다. 인터넷, 반도체, 빅데이터, 플랫폼, 클라우드, 인공지능(AI) 등의 디지털 기술 분야에서는 완전히 뒤처져 있습니다. 일본의 발전을 위해서는, 어떤 분야로 나아가야 할지를 판별하는 것이 중요합니다. 예를 들어 A는 뒤처져 있긴 하지만 디지털 기술 분야의 연구를 추진하는 것, B는 지금까지 그래왔듯 일본의 강점인 제조 분야를 더욱 강화하는 것, C는 쿨 재팬으로 대표되는 일본의 문화나 관광에 힘을 쏟는 것. D처럼 해외 투자로 이익을 얻는다는 생각도 있습니다. 어느 하나로 한정할 수도 없습니다. 모든 것을 균형 있게 수행하며 나아갈 수밖에 없다고 생각합니다.

여2 ： 일본의 국제수지는 흑자니까 괜찮은 거 아냐?

남 ： 하지만 흑자인 건 해외에 가지고 있는 채권이 만들어내는 배당이나 이자야. 그 돈은 일본의 경기를 좋게 만들기 위해서는 도움이 되지 않으니까.

여2 ： 헤~ 그렇구나.

남 ： 일본의 지금 불경기는 기업들이 엔저에 의존해서 연구 개발도 하지 않은 탓이니까, 제조업이 힘을 내줘야지.

여2 ： 역시 제조업이 중요하네. 게다가 디지털 경쟁력에서 일본은 31위라고 하니까, 이쪽은 버리고 자신 있는 관광 같은 분야에 중점을 두는 게 가장 좋다고 봐.

남 ： 뭐? 뒤처져 있다고 해서 이 분야를 방치하는 건 좋지 않다고 생각해. 제조업에서 아무리 벌어도 돈을 계속 빨려 나갈 테니까. 정보 기술 서비스 수지는 이미 연간 6조 엔을 넘는 적자가 나고 있고 앞으로도 계속 늘어날 전망이야. 이쪽을 최우선시해야 해.

F2：それはそうだけど、観光の国際収支が６兆円近い黒字だから大丈夫じゃない？

M：甘いなあ。観光分野は今後も増えるだろうけど、人手不足問題もあるし、どんどん増加するというわけにはいかないと思うよ。

F2：そうかな。

質問1　女の人はどの分野を最も重視すべきだと考えていますか。

1　A
2　B
3　C
4　D

質問2　男の人はどの分野を最も重視すべきだと考えていますか。

1　A
2　B
3　C
4　D

여2 : 그건 그렇지만, 관광 국제수지가 6조 엔 가까운 흑자니까 괜찮지 않아?

남 : 너무 낙관적이네. 관광 분야는 앞으로도 늘어나겠지만, 인력 부족 문제도 있고 계속 증가할 수는 없다고 생각해.

여2 : 그런가.

질문 1 여자는 어느 분야를 가장 중시해야 한다고 생각합니까?

1 A
2 B
3 C
4 D

질문 2 남자는 어느 분야를 가장 중시해야 한다고 생각합니까?

1 A
2 B
3 C
4 D

해설　〈질문1〉 여자가 대화 후반부에 "자신 있는 관광 등의 분야에 중점을 두는 게 제일 좋다"고 언급했으므로 3번(C)이 정답이다.
　　　〈질문2〉 남자는 정보 기술 서비스의 적자 문제를 지적하며 "이쪽(디지털 기술 분야)을 최우선시해야 한다"고 강조했으므로 1번(A)이 정답이다.

단어　遂(と)げる 이루다, 달성하다 | 崩壊(ほうかい) 붕괴 | 低迷期(ていめいき) 침체기 | 未(いま)だに 아직까지도, 여태껏 | 脱却(だっきゃく) 탈피, 벗어남 | ～においては ～에 있어서는, ～에서는 | 後(おく)れを取(と)る 뒤처지다 | 見極(みきわ)める 판별하다, 확인하다 | 後塵(こうじん)を拝(はい)する 뒤처지다, 뒤를 쫓다 | 利益(りえき)を得(え)る 이익을 얻다 | ～ほかない ～할 수밖에 없다 | 国際(こくさい)収支(しゅうし) 국제 수지 | 黒字(くろじ) 흑자 | 債権(さいけん) 채권 | 生(う)み出(だ)す 만들어내다 | 配当(はいとう) 배당 | 利子(りし) 이자 | 重点(じゅうてん)を置(お)く 중점을 두다 | ～からと言(い)って ～라고 해서 | 放置(ほうち) 방치 | まずい 곤란하다, 좋지 않다 | 稼(かせ)ぐ (돈을) 벌다 | 吸(す)い上(あ)げられる 빨려 나가다 | 赤字(あかじ) 적자 | 見込(みこ)み 전망, 예상 | 最重要視(さいじゅうようし) 가장 중요시함 | 甘(あま)い 안이하다, 무르다 | 人手(ひとで)不足(ぶそく) 인력 부족 | ～わけにはいかない (사회적·도덕적 이유로) ～할 수는 없다

日本語能力試験　解答用紙

N1 실전모의테스트 1회

言語知識(文字・語彙・文法)・読解

<table>
<tr><td>受 験 番 号
Examinee Registration
Number</td><td></td><td>名 前
Name</td><td></td></tr>
</table>

〈ちゅうい Notes〉
1. くろいえんぴつ (HB、No.2) でかいてください。
（ペンやボールペンではかかないでください。）
Use a black medium soft (HB or No.2) pencil.
(Do not use any kind of pen.)
2. かきなおすときは、けしゴムできれいにけして
ください。
Erase any unintended marks completely.
3. きたなくしたり、おったりしないでください。
Do not soil or bend this sheet.
4. マークれい Marking examples

よいれい Correct Example	わるいれい Incorrect Examples
●	⊘ ◯ ⦵ ⓪ ⊖ ① ◖ ●

問 題 1

1	①	②	③	④
2	①	②	③	④
3	①	②	③	④
4	①	②	③	④
5	①	②	③	④
6	①	②	③	④

問 題 2

7	①	②	③	④
8	①	②	③	④
9	①	②	③	④
10	①	②	③	④
11	①	②	③	④
12	①	②	③	④
13	①	②	③	④

問 題 3

14	①	②	③	④
15	①	②	③	④
16	①	②	③	④
17	①	②	③	④
18	①	②	③	④
19	①	②	③	④

問 題 4

20	①	②	③	④
21	①	②	③	④
22	①	②	③	④
23	①	②	③	④
24	①	②	③	④
25	①	②	③	④

問 題 5

26	①	②	③	④
27	①	②	③	④
28	①	②	③	④
29	①	②	③	④
30	①	②	③	④
31	①	②	③	④
32	①	②	③	④
33	①	②	③	④
34	①	②	③	④
35	①	②	③	④

問 題 6

36	①	②	③	④
37	①	②	③	④
38	①	②	③	④
39	①	②	③	④
40	①	②	③	④

問 題 7

41	①	②	③	④
42	①	②	③	④
43	①	②	③	④
44	①	②	③	④

問 題 8

45	①	②	③	④
46	①	②	③	④
47	①	②	③	④
48	①	②	③	④

問 題 9

49	①	②	③	④
50	①	②	③	④
51	①	②	③	④
52	①	②	③	④
53	①	②	③	④
54	①	②	③	④
55	①	②	③	④
56	①	②	③	④

問 題 10

57	①	②	③	④
58	①	②	③	④
59	①	②	③	④

問 題 11

60	①	②	③	④
61	①	②	③	④

問 題 12

62	①	②	③	④
63	①	②	③	④
64	①	②	③	④

問 題 13

65	①	②	③	④
66	①	②	③	④

日本語能力試験　解答用紙

N1 실전모의테스트 1회
聴　解

受　験　番　号 Examinee Registration Number	名　前 Name

〈ちゅうい Notes〉
1. くろいえんぴつ (HB、No.2) でかいてください。
   (ペンやボールペンではかかないでください。)
   Use a black medium soft (HB or No.2) pencil.
   (Do not use any kind of pen.)
2. かきなおすときは、けしゴムできれいにけして
   ください。
   Erase any unintended marks completely.
3. きたなくしたり、おったりしないでください。
   Do not soil or bend this sheet.
4. マークれい Marking examples

よいれい Correct Example	わるいれい Incorrect Examples
●	⊗◌◍⓪⊜◑◖

問　題　1

例	①	②	●	④
1	①	②	③	④
2	①	②	③	④
3	①	②	③	④
4	①	②	③	④
5	①	②	③	④

問　題　2

例	①	②	●	④
1	①	②	③	④
2	①	②	③	④
3	①	②	③	④
4	①	②	③	④
5	①	②	③	④
6	①	②	③	④

問　題　3

例	①	●	③	④
1	①	②	③	④
2	①	②	③	④
3	①	②	③	④
4	①	②	③	④
5	①	②	③	④

問　題　4

例	①	②	●
1	①	②	③
2	①	②	③
3	①	②	③
4	①	②	③
5	①	②	③
6	①	②	③
7	①	②	③
8	①	②	③
9	①	②	③
10	①	②	③
11	①	②	③

問　題　5

1		①	②	③	④
2	(1)	①	②	③	④
	(2)	①	②	③	④

日本語能力試験　解答用紙

N1 실전모의테스트 2회

言語知識(文字・語彙・文法)・読解

<table>
<tr><td>受 験 番 号
Examinee Registration Number</td><td></td><td>名　前
Name</td><td></td></tr>
</table>

〈ちゅうい Notes〉
1. くろいえんぴつ (HB、No.2) でかいてください。
   (ペンやボールペンではかかないでください。)
   Use a black medium soft (HB or No.2) pencil.
   (Do not use any kind of pen.)
2. かきなおすときは、けしゴムできれいにけしてください。
   Erase any unintended marks completely.
3. きたなくしたり、おったりしないでください。
   Do not soil or bend this sheet.
4. マークれい Marking examples

よいれい Correct Example	わるいれい Incorrect Examples

問 題 1

1	①	②	③	④
2	①	②	③	④
3	①	②	③	④
4	①	②	③	④
5	①	②	③	④
6	①	②	③	④

問 題 2

7	①	②	③	④
8	①	②	③	④
9	①	②	③	④
10	①	②	③	④
11	①	②	③	④
12	①	②	③	④
13	①	②	③	④

問 題 3

14	①	②	③	④
15	①	②	③	④
16	①	②	③	④
17	①	②	③	④
18	①	②	③	④
19	①	②	③	④

問 題 4

20	①	②	③	④
21	①	②	③	④
22	①	②	③	④
23	①	②	③	④
24	①	②	③	④
25	①	②	③	④

問 題 5

26	①	②	③	④
27	①	②	③	④
28	①	②	③	④
29	①	②	③	④
30	①	②	③	④
31	①	②	③	④
32	①	②	③	④
33	①	②	③	④
34	①	②	③	④
35	①	②	③	④

問 題 6

36	①	②	③	④
37	①	②	③	④
38	①	②	③	④
39	①	②	③	④
40	①	②	③	④

問 題 7

41	①	②	③	④
42	①	②	③	④
43	①	②	③	④
44	①	②	③	④

問 題 8

45	①	②	③	④
46	①	②	③	④
47	①	②	③	④
48	①	②	③	④

問 題 9

49	①	②	③	④
50	①	②	③	④
51	①	②	③	④
52	①	②	③	④
53	①	②	③	④
54	①	②	③	④
55	①	②	③	④
56	①	②	③	④

問 題 10

57	①	②	③	④
58	①	②	③	④
59	①	②	③	④

問 題 11

| 60 | ① | ② | ③ | ④ |
| 61 | ① | ② | ③ | ④ |

問 題 12

62	①	②	③	④
63	①	②	③	④
64	①	②	③	④

問 題 13

| 65 | ① | ② | ③ | ④ |
| 66 | ① | ② | ③ | ④ |

日本語能力試験 解答用紙

N1 실전모의테스트 2회
聴 解

<table>
<tr><td>受 験 番 号
Examinee Registration
Number</td><td></td></tr>
</table>

<table>
<tr><td>名 前
Name</td><td></td></tr>
</table>

〈ちゅうい Notes〉
1. くろいえんぴつ (HB、No.2) でかいてください。
   (ペンやボールペンではかかないでください。)
   Use a black medium soft (HB or No.2) pencil.
   (Do not use any kind of pen.)
2. かきなおすときは、けしゴムできれいにけして
   ください。
   Erase any unintended marks completely.
3. きたなくしたり、おったりしないでください。
   Do not soil or bend this sheet.
4. マークれい Marking examples

よいれい Correct Example	わるいれい Incorrect Examples
●	⊗ ◯ ◐ ◑ ◍ ⦶ ◓ ◖

問 題 1

例	①	②	●	④
1	①	②	③	④
2	①	②	③	④
3	①	②	③	④
4	①	②	③	④
5	①	②	③	④

問 題 2

例	①	②	●	④
1	①	②	③	④
2	①	②	③	④
3	①	②	③	④
4	①	②	③	④
5	①	②	③	④
6	①	②	③	④

問 題 3

例	①	●	③	④
1	①	②	③	④
2	①	②	③	④
3	①	②	③	④
4	①	②	③	④
5	①	②	③	④

問 題 4

例	①	②	●
1	①	②	③
2	①	②	③
3	①	②	③
4	①	②	③
5	①	②	③
6	①	②	③
7	①	②	③
8	①	②	③
9	①	②	③
10	①	②	③
11	①	②	③

問 題 5

1		①	②	③	④
2	(1)	①	②	③	④
	(2)	①	②	③	④